U0531932

本书出版得到江苏省重点学科"扬州大学中国史"建设项目经费资助

王永平 著

中国中古社会与文化史论丛

Chinese Medieval Society and Cultural History

中国社会科学出版社

图书在版编目（CIP）数据

中国中古社会与文化史论丛 / 王永平著. -- 北京：中国社会科学出版社，2025.8. -- ISBN 978-7-5227-5083-5

Ⅰ. K235.07

中国国家版本馆 CIP 数据核字第 2025F18E05 号

出 版 人	季为民
责任编辑	宋燕鹏
责任校对	王文源
责任印制	李寡寡

出　　版	中国社会科学出版社
社　　址	北京鼓楼西大街甲 158 号
邮　　编	100720
网　　址	http://www.csspw.cn
发 行 部	010-84083685
门 市 部	010-84029450
经　　销	新华书店及其他书店

印　　刷	北京明恒达印务有限公司
装　　订	廊坊市广阳区广增装订厂
版　　次	2025 年 8 月第 1 版
印　　次	2025 年 8 月第 1 次印刷

开　　本	710×1000　1/16
印　　张	47.25
字　　数	654 千字
定　　价	258.00 元

凡购买中国社会科学出版社图书，如有质量问题请与本社营销中心联系调换
电话：010-84083683
版权所有　侵权必究

目　　录

魏晋南北朝之士族文化与中华文明之传承 …………………………（1）
　一　学术文化传承的"家门化"
　　　——魏晋南北朝文化传承的关键之一 ………………………（1）
　二　魏晋南北朝士族的基本类型及其文化特征 …………………（6）
　三　以儒家礼法为基调的士族门风 ………………………………（16）
　四　以儒家礼学为核心兼容并蓄的士族家学 ……………………（21）

两晋之际汝南周氏之玄化及对东晋初年政局之影响
　　　——以周顗的相关表现与活动为中心 ……………………（30）
　一　两晋间汝南周氏代表人物之崇尚玄风与名士化 ……………（30）
　二　汝南周氏名士对东晋初年政局趋向之影响 …………………（43）

两晋之际江东大族之"接引诸伧"与华夏文明之承传
　　　——以顾荣为中心的考察 ……………………………………（67）
　一　江东大族平定陈敏之乱及其影响 ……………………………（68）
　二　顾荣之接引南渡诸伧及参与创立东晋 ………………………（76）
　三　余论：释后人对顾荣的相关误解 ……………………………（82）

东晋南朝荥阳毛氏之军事活动与家族文化 ………………………（85）
　一　荥阳阳武毛氏之南迁房支及其世系 …………………………（85）
　二　"将帅之家"：荥阳毛氏与晋宋军政局势 ……………………（89）

三　南北朝时期荥阳毛氏人物之文化表现 …………………（108）

南北融通与文质兼备
　　——南北朝后期入北河东柳氏家族之文化风尚及其
　　　影响 …………………………………………………………（124）
　　一　河东柳氏家族之南迁与北徙 …………………………（125）
　　二　入关柳氏人物之崇尚礼法及其从政作风 ……………（143）
　　三　入北柳氏人物之玄化风尚与南北文化融通 …………（157）

齐梁之际豫、梁降魏与南风北渐 ……………………………（173）
　　一　豫、梁降魏及其时代背景 ……………………………（173）
　　二　豫、梁入魏人士之文化素养与南风北渐 ……………（197）

符瑞神异与梁陈鼎革：以陈霸先为中心的考察 ……………（222）
　　一　"神奇怪诞之说"：陈霸先所编造之符瑞神异 ………（223）
　　二　"帝王之兴，必有符瑞"：陈霸先兴造符瑞谶言之社会
　　　文化背景 ……………………………………………………（231）
　　三　"其本甚微"：陈霸先假借神异以缘饰其社会身份 …（241）

北魏平齐民之社会遭际与生活境遇 …………………………（249）
　　一　北魏对青齐移民的安置 ………………………………（250）
　　二　平齐民社会身份地位一度卑贱化 ……………………（255）
　　三　"流移远至，率皆饥寒"：平齐民之生活困顿 ………（267）
　　四　士族社会对平齐民之救助及其处境之改善 …………（273）

入魏青齐医术人士之境遇及其影响 …………………………（285）
　　一　入魏青齐医术人士及其门第身份、社会地位 ………（285）
　　二　"当世上医"与"宜加酬赉"：青齐医士
　　　之术业及其生活待遇 ………………………………………（292）

三　"常在禁中"与"委任甚厚"：青齐医士之
　　　　仕宦、封爵 …………………………………………（300）

入北南朝医术人士之境遇及其影响……………………………（318）
　　一　入北南朝医士及其门第身份、社会地位 ………………（318）
　　二　入北南朝医士之术艺及其物质待遇 ……………………（328）
　　三　入北南朝医士之社会政治地位 …………………………（337）
　　四　"搜采奇异"与"谈义推属"：入北医士对南北
　　　　文化融通之影响 ……………………………………（349）

**"有魏以来，斯人而已"：高允为政为人之品格与北魏
士族共同体之构建** ……………………………………………（362）
　　一　"至如高允者，真忠臣矣"：高允忠直进谏之
　　　　为政作风 …………………………………………（363）
　　二　"忠而不伐"：高允忠实谦谨之儒者品格 ………………（371）
　　三　"丰才博学，一代佳士"：高允之文化修养及其
　　　　对北魏教化之影响 …………………………………（381）
　　四　"笃亲念故，虚己存纳"：高允建构北魏士族
　　　　社会共同体 …………………………………………（395）

"敦厉胄子"：北魏孝文帝对宗室人物之训诫
　　——以孝文帝训导诸弟为中心的考察……………………（408）
　　一　孝文帝所受冯太后之教导与训育 ………………………（409）
　　二　孝文帝对诸弟、诸子之劝勉与训诫 ……………………（414）
　　三　孝文帝对其他宗室人物之训导与惩戒 …………………（431）

北魏后期之抑佛思潮及其特征…………………………………（444）
　　一　宣武帝、孝明帝时期之抑佛谏议 ………………………（446）
　　二　北魏后期抑佛谏议之思想特征 …………………………（456）

三　余论：北魏后期抑佛思潮之先声与余绪 …………………（472）

隋文帝之"雅好符瑞" …………………………………………（477）
一　"符兆已定"：隋文帝利用传统术数造作符命 ……………（478）
二　"天祥下降，地瑞上腾"：隋文帝利用佛教术数
　　造作符命 …………………………………………………（493）
三　"欲以符命曜于天下"：隋文帝"雅信符命"
　　之缘由 ……………………………………………………（507）

隋炀帝之"好祥瑞"与"信邪道" ……………………………（518）
一　隋炀帝"好祥瑞"及对其军政之影响 ………………………（518）
二　隋炀帝"专信邪道"与其军政之关系 ………………………（528）
三　略析隋炀帝"好符瑞""信邪道"之缘由 …………………（544）

隋文帝灭陈之初江南佛教之遭际 ……………………………（552）
一　隋灭陈过程中江南佛教遭受之冲击 ………………………（553）
二　隋平陈初之征召江南高僧及其抵拒 ………………………（563）
三　平定叛乱过程中隋廷对南方佛教政策的微妙变化 ………（576）

隋炀帝招揽江南高僧与南朝佛学北传 ………………………（586）
一　杨广招揽江南高僧与江都佛教繁盛 ………………………（587）
二　杨广荐引江南义学高僧入关与南北佛学融通 ……………（601）
三　杨广推送才艺高僧入北与南风北渐 ………………………（612）
四　余论：杨广对江左道教代表人物的招引与安抚 …………（619）

入隋南人术艺化之表现、特征与缘由
　　——从一个侧面考察南北文化之融通 …………………（622）
一　入隋南人术艺化之代表及其相关表现 ……………………（623）
二　入隋南人术艺化群体之特征与南北融通 …………………（641）

三 "干没荣利,得不以道":入隋南人术艺化之缘由 ……(661)

隋炀帝拔擢南人军政群体与南北朝臣之斗争 ……(670)
　　一 大业年间隋炀帝拔擢南人以执掌军政 ……(671)
　　二 南人军政代表人物品格之佞幸化 ……(688)
　　三 大业年间南人军政群体与关陇集团之斗争 ……(714)

隋炀帝招揽江南学士群体及其佞幸化 ……(731)
　　一 隋炀帝招揽之江南文儒学士群体 ……(732)
　　二 大业年间江南文学人士之普遍佞幸化 ……(740)

后　记 ……(746)

魏晋南北朝之士族文化与
中华文明之传承

  一般而言，在人类文明史上，中华文明是一个长期连贯、持续发展、传承的文明，其文化传统一脉相承，可谓古典文明的一个特例。其实，中华文明在漫长的历史发展过程中，并非一帆风顺，其历经劫难，某些时段几乎陷于万劫不复之困境，魏晋南北朝时代便是如此。当时前后大约四个世纪，在政治上，自秦汉以来形成的以汉族皇权为中心的专制统治崩溃，特别是西晋以降，漠北诸胡相继内迁，中华文明的主要发祥地黄河流域一度成为诸胡政权的统治区域，造成了有史以来历时最长、影响最著的北方民族融合的局面，中国古代历史进入了政局最为动荡、社会最为混乱的阶段，中华文明的传承也遭遇了前所未有的巨大危机。不过，在这一亘古未有的剧烈历史变局中，中华文明非但没有因此陷于绝境而沉沦，相反却历经劫难而得以重生和升华，在此后的隋、唐时代再现新的辉煌，创造了人类文明史上的奇迹。之所以如此，究其原因固然非止一端，但其中一个关键性因素则在于当时汉族士族阶层在文化传承方面发挥了巨大作用。

一 学术文化传承的"家门化"
——魏晋南北朝文化传承的关键之一

  在汉代政治统一的社会背景下，学术文化的中心自然在政治中心的都城，太学及其相关的各级官方学校承担着主要的教育和文化传承的使命。不过，自汉末以降，除西晋的短暂统一之外，魏晋南北朝长期处于南北分裂、东西对峙的混乱状态。与此相关，皇家的太学、国子学及各级地方官学则时断时续，兴废无常，基本丧失了既往的地位与作用。在这种长期分裂与动荡的社会背景下，世家大族往往成为学术文化的重镇或堡垒。陈寅恪先生曾明确指出："盖有自东汉末年之乱，首都洛阳之太学，失其为全国文化学术中心之地位，虽西晋混一区宇，洛阳太学稍复旧观，然为时未久，影响不深。故东汉以后学术文化，其重心不在政治中心之首都，而分散于各地之名都大邑。是以地方之大族盛门乃为学术文化之所寄托。中原经五胡之乱，而学术文化尚能保持不坠者，固由地方大族之力，而汉族之学术文化变为地方化及家门化矣。故论学术，只有家学之可言，而学术文化与大族盛门常不可分离也。"① 学术文化的"地方化""家门化"，是魏晋南北朝时代一个根本性的特征，要真正了解当时之社会文化现象，必须从研究士族文化入手。对此，钱穆先生也指出："魏晋南北朝时代一切学术文化，其相互间种种复杂错综之关系，实当就当时门第背景为中心而贯串说之，始可获得其实情与真相，……当时一切学术文化，可谓莫不寄存于门第中，由于门第之护持而得传习不中断，亦因门第之培育，而得生长有发展。门第在当时历史进程中，可谓已尽一分之功绩。"② 因此，士族及其文化问题无疑是理解和剖析魏晋南北朝时代社会历史与文化的一个关键。

魏晋南北朝时代，世家大族之于当时社会变迁和整个华夏文化传承具有如此关键性的作用，由以上所引诸位先贤的相关论断，自然不难明白。于是，人们很自然地会提出这样一个问题，即那些在中古时代长盛不衰的世家大族是如何取得其门第并凭借什么力量长

---

① 陈寅恪：《崔浩与寇谦之》，《金明馆丛稿初编》，生活·读书·新知三联书店2001年版，第147—148页。

② 钱穆：《略论魏晋南北朝学术文化与当时门第之关系》，《中国学术思想史论丛》卷三，安徽教育出版社2004年版，第184—185页。

期维持的？对此，有人强调世家大族的根底在于大土地私有制的保障；有人则强调世家权门及其人物对政治的垄断及其对皇权的制约；也有人强调世族阶层的社会地位及其免役等相关法律制度的保护作用。这些看法从不同角度或侧面揭示出中古世族社会的基本特征及其发展的原因。不过，仅仅拥有财富未必能获得社会公认的"门望"；因缘际会地取得一时之政治权势，并不意味着能成为世代为官的"士族"。一般说来，世家大族或士族，必须具有其鲜明的文化特征。从汉代起，豪强要转化为"士族"，便必须走"通经致仕"的道路。从这一意义上似乎可以说，文化是士族内在的规定性因素。田余庆先生对此也有非常深刻的认识，他在《东晋门阀政治·后论》中特立"门阀士族的文化面貌"一节，他指出在士族形成过程中，"文化条件是其中之一，它有时也能起决定作用"；又说："社会上崭露头角的世家大族或士族，在学术文化方面一般都具有特征。有些雄张乡里的豪强，在经济、政治上可以称霸一方，但由于缺乏学术文化修养而不为世所重，地位难以持久，更难得入于士流。反之，读书人出自寒微者，却由于入仕而得以逐步发展家族势力，以至于跻身士流，为世望族。"这都肯定了文化在士族形成和发展过程中的重要作用。

特别是在士族社会地位形成后，文化往往成为士族门第的主要标志，以区别于其他社会阶层，其重要性更加突出。各世家大族要想保持门第兴盛，世代承传，必须加强对其子弟的文化教育，培养其德行和才干。魏晋南北朝时代，政局多变，王朝更迭频繁，风云一时的权势人物虽给其家族发展一度带来便利，但不少人也因此在乱局中遭受覆灭之祸。相反，那些文化底蕴深厚的家族虽时遇挫折，但因其代有才人，绵延不绝，因此家世兴盛。钱穆先生对此有深切的体悟，他说："今人论此一时代之门第，大都只看在其政治上之特种优势，与经济上之特种凭藉，而未能注意及于当时门第中人之生活实况，及其内心想像。因此所见浅薄，无以抉发此一时代之共同精神所在。今所谓门第中人者，亦只是上有父兄，下有子弟，为此门第之所赖以维系而久在者,则必在上有贤父兄,在下有贤子弟。若此二者俱无,政治上之权势,经济上之丰盈,岂可支持此门第几百年而不敝不败?"①可见世族名门之所以长期兴盛,除了"政治上之权势,经济上之丰盈"之外,必须"在上有贤父兄,在下有贤子弟",这一因素主要便是其家族文化。

  魏晋南北朝时期社会动荡,汉民族及其文化传承一再遭遇严重的危机。在这一背景下,南北士族成为传承华夏文化的关键。永嘉之乱后,中原沉沦,以洛阳为中心的黄河中下游以南地区的汉族士族及名士,纷纷南渡避祸,魏晋时期所形成的士族阶层的主体部分成为江南的"侨人",其家族门第在东晋南朝获得尊崇。这些脱离了原本乡里籍贯的侨寓士族,之所以能够世代延续其门望,文化因素尤显突出。不仅如此,昔日中原最具文化水平的士族精英阶层整体性的南迁,绝非一般意义上的人口迁移,同时也引发了中国古代文化的大规模传播,传统的学术文化思想与汉魏典章文物制度,都通过他们在江南汉族政权中获得保存和更新。陈寅恪先生曾考察王导在东晋立国过程中的卓越功业,以为"王导之笼络江东士族,统一内部,结合南人北人两种实力,以抵抗外侮,民族因得以独立,文化因得以续延,不谓民族之功臣,似非平情之论也"②。王导为"民族之功臣",其所代表的侨寓士族及其子孙在文化上的传承之功则自应给予大力表彰。因此,无论是留居北方的世家大族,还是南迁之世族,都成为民族文化传承之关键。对此,钱穆先生曾特别指出,江南地区原本在文化上相对落后,因而侨寓士族成为中国传统文化之"宣传人"和"推广人","南方门第对于当时传统文化之保存与绵延,亦有其贡献。一个大门第,决非全赖于外在之权势与财力,而能保泰持盈达于数百年之久;更非清虚与奢汰,所能使闺门雍睦,

---

  ① 钱穆:《略论魏晋南北朝学术文化与当时门第之关系》,前揭《中国学术思想史论丛》卷三,第144页。
  ② 陈寅恪:《述东晋王导之功业》,《金明馆丛稿初编》,生活·读书·新知三联书店2001年版,第77页。

子弟循谨，维持此门户于不衰。当时极重家教门风，孝弟妇德，皆从两汉儒学传来。诗文艺术，皆有卓越之造诣；经史著述，亦灿然可观；品德高洁，堪称中国史上第一、第二流人物者，亦复多有。而大江以南新境之开辟，文物之蔚起，士族南渡之功，尤不可没"①。不仅如此，及至南北朝后期和隋唐之际，随着北方民族融合的深化和南北统一，这些依托侨寓士族之中的传统文化及南朝衍生之新文化，逐渐传入北方，成为华夏文明的主体。

至于留居中土的北方士族，他们在十六国北朝诸胡政权的统治之下，其生活处境等方面比之南方士族似乎更显艰难，他们帮助胡人统治者治理朝政的同时，竭力施教，推进其汉化，钱穆先生比喻他们是惊涛骇浪中的掌舵人和病人身上"起死回生的活细胞"，"中国文化，赖藉这些门第的扶护保养而重得回生。北方士族所遭境遇，视南方士族远为艰苦；而他们所尽的责任，亦较南方士族远为伟大"。南北朝士族在中华文化传承过程中各尽其力，皆有丰功伟绩，诚如钱穆先生所说："门第之在当时，无论南北，不啻如乱流中岛屿散列，黑夜中灯炬闪耀。北方之同化胡族，南方之宏扩斯文，斯皆当时门第之功。固不当仅以变相之封建势力，虚无之庄老清谈，作为褊狭之抨击。"② 对此，日本学者川胜义雄先生也有深切感受，他在比较了以古希腊、罗马为中心的欧洲古典文明衰没的历史事实指出，"事实上，中国世界之所以没有像地中海世界一样断绝，而是能够以上古文明为核心持续发展，同时还增添了更为丰富的国际色彩，在我看来，最大的原因就在于中国知识阶层的广阔与韧性。在西欧，从墨洛温王朝末期到加洛林王朝初期，7—9世纪的知识人都几乎已经无法再用正确的拉丁语写文章了。……而古典文明的这种悲惨下场，在中国却完全不曾出现，毋宁说，正是政治上分裂与大动乱的六朝时代，中国才确立了最华丽、最富于韵律的完善文章体式——

---

① 钱穆：《国史大纲》（修订本），商务印书馆1996年版，第309—310页。
② 前揭《国史大纲》，第310页。

'骈俪体'。这如实地反映出中国知识人强韧精神及其主体坚韧不拔的努力:即使在政治分裂与战乱最严重的时刻,他们仍然能在珍重守护其古典文明的同时,进一步将其发展得更加丰饶"。他又说:"即使在这个可怕的动乱时代,华夏文明也一边引进新的胡族性元素,一边切实地前进,变得更加丰富而深邃。在动乱当中,它的文明圈反而膨胀起来,形成了东亚文明世界。这个时代鲜明地展现出了华夏文明的柔软与强韧,与此同时,肩负着这个文明的中国人,尤其是知识人的强韧,更令人不由得深为注目。"①当时华夏文明的载体,即所谓的"知识人",其主体自然来自士族社会,也就是日本学界所说的"贵族社会"。

由上可见,中古士族文化之传承,无疑是中古华夏文明传承之关键。以往人们研读魏晋南北朝史,对士族似乎抱有太多的成见,或浮于政治史的表面,或因袭"清谈误国"的滥调,未能对南北士族在文化方面艰苦卓绝的贡献给予充分的"理解之同情"。可以笃定地说,如若没有中古时代士族阶层的文化承传接续之努力,屡遭厄运的华夏文明也许难免与古希腊、罗马文明一样,在受到蛮族的疯狂攻击后严重衰落,陷入那种欧洲历史上所谓"黑暗的中世纪"。果真如此,华夏文明的子孙也许早就"不知秦汉,无论魏晋"了。这是一个值得人们深思的重大历史课题。

二 魏晋南北朝士族的基本类型及其文化特征

作为一个社会阶层,魏晋南北朝时期的士族在思想文化上当然有其共通的特性和基本的价值取向,这是毋庸置疑的。不过,士族社会并非一成不变。魏晋之际是士族门第形成的关键时期,当时确立的九品中正制是为士族社会服务的,为士族政治提供了保障。唐

---

① [日]川胜义雄著,林晓光译:《魏晋南北朝》,九州出版社2022年版,第67、363页。

长孺先生曾经指出:"汉末大姓、名士是魏晋士族的基础,而士族形成在魏晋时期,九品中正制保证士族在政治上的世袭特权,实质上就是保证当朝显贵的世袭特权,因而魏晋显贵家族最有资格成为士族。"① 以世族门第形成先后论,有所谓"旧族门户""新出门户"的分别。所谓"旧族门户",一般是指源于汉代的世家大族经过更新发展而来,在文化上"基本上保持儒学传统而又或多或少地兼染玄风,个别的已由儒入玄。他们在魏、西晋居于高位,被视作旧族门户"。所谓"新出门户","一般都是习于玄学或者出入玄儒。他们的政治地位在魏和西晋迅速上升,入东晋后更为突出"②。无论"旧族门户",还是"新出门户",一般说来,在魏晋士族门第观念确立之后,家资背景虽已成为世族社会的"护身符",但在实际历史发展进程中,不断出现新兴势力上升到社会的高层,并在文化上实现脱胎更新后成为高门士族。东晋南朝时期,尽管中正品第业已固定,但是士族内部的高低升降仍然视当时官爵而定。这种情况直到南朝中后期依然有所表现。如东晋南朝时期的陈郡谢氏,晋宋之际还被旧门人物斥为"新出门户"。南朝时期后起的则有兰陵萧氏,唐长孺先生指出:"侨姓中萧氏始起,实因刘宋外戚,后来又是两朝皇室,才得与王、谢、袁并列。"③ 不独江东侨姓士族如此,就江东土著而言,吴兴沈氏也是在南朝中期才确立文化士族地位的。这种情况在北方似乎更为突出,胡人统治下的十六国北朝社会,士族门阀曾长期受到压制,直到北魏孝文帝力行汉化改革,模仿汉族的门阀制度,在北魏上层社会中确立"姓族",北魏孝文帝重定士族"有一个新的准则",唐长孺先生根据《魏书·官氏志》所载代人分为"皇始前和皇始已来两截",以为"差第汉人门阀很可能也分先朝官爵和入

---

① 唐长孺:《士族的形成和升降》,《魏晋南北朝史论拾遗》,中华书局1983年版,第54页。
② 详参田余庆先生《东晋门阀政治·后论》(北京大学出版社2000年版)中"旧族门户和新出门户"一节的有关论述。
③ 唐长孺:《士族的形成和升降》,前揭《魏晋南北朝史论拾遗》第61页。

魏后官爵，二者平衡。那些魏晋旧门，入魏仍有官宦，虽然官品稍低，仍列于士族；次等士族以及本非士族者，只要入魏官爵显赫，也入士族，甚至上升为高门右姓。大致先朝与当代兼顾，而以当代为主。这虽是比附代人姓族之例，当近于事实"。其结论是："孝文帝定士族，以当代官爵为主要标准，从而突破了'士族旧籍'的限止，建立了新的门阀序列。在新的门阀序列中，一些次等士族、非士族地方豪强，有的提高了门户等级，有的进入了士族行列。"① 可见北朝后期新兴士族阶层变化甚巨。"门户"上的新、旧分别，不仅是其资格的问题，而且关涉其家学门风特征的不同。

就其家族等级与层次而言，近人则有高级士族、次等士族等分别，等而下之则有非儒家豪族和军功勋贵，这都属于寒门家族。士族门第，古人已有各种分别与称谓。《隋书》卷三三《经籍志二》说："其中国士人，则第其门阀，有四海大姓、郡姓、州姓、县姓。"这是按其社会影响面而言的。所谓"郡姓"，在北朝是汉族士族，与鲜卑的"国姓"相对。其中"郡姓"之中，依其世代为宦的情况，又有更具体的排列，《新唐书》卷一九九《儒学中·柳冲传》载柳芳说："'郡姓'者，以中国士人差第阀阅为之制，凡三世有三公者曰'膏粱'，有令、仆者曰'华腴'，尚书、领、护而上者为'甲姓'，九卿若方伯者为'乙姓'，散骑常侍、太中大夫者为'丙姓'，吏部正员郎为'丁姓'。凡得人者，谓之'四姓'。"南北朝各政权将其中等第最突出的门第称为"右姓"。南北朝政权尊崇士族，各地区都有士族谱牒，于是又有"侨姓"（江东侨寓士族）、"吴姓"（江东本土士族）、关中士族、山东士族等地域世族群体。对此，柳芳叙述区域士族谱系云："魏氏立九品，置中正，尊世胄，卑寒士，权归右姓已。其州大中正、主簿，郡中正、功曹，皆取著姓士族为之，以定门胄，品藻人物。晋、宋因之，始尚姓已。然其别贵贱，分士庶，不可易也。于时有司选举，必稽谱籍，而考其真伪。故官

---

① 唐长孺：《论北魏孝文帝定姓族》，前揭《魏晋南北朝史论拾遗》，第82、83页。

有世胄，谱有世官，贾氏、王氏谱学出焉。由是有谱局，令史职皆具。过江则为'侨姓'，王、谢、袁、萧为大；东南则为'吴姓'，朱、张、顾、陆为大；山东则为'郡姓'，王、崔、卢、李、郑为大；关中亦号'郡姓'，韦、裴、柳、薛、杨、杜首之；代北则为'虏姓'，元、长孙、宇文、于、陆、源、窦首之。"中古时代各地区士族门第大体如此。具体就士族群体的文化而言，当以"侨姓"士族、"吴姓"士族、中原士族三个地域士族群体最具代表性，各地域士族群体之文化同中有异，各具特点。

先谈"吴姓"士族的文化特征。所谓"吴姓"士族，是相对于侨姓士族而言的江东本土大族，若再加细致分别，又可分为吴郡士族和会稽士族两个地域群体。考察其发展过程，江东大族都可以追溯到汉代，大多是在两汉时期相继从北方迁移江南的，大致在东汉中后期，这些家族多演化为儒学世族，其子弟"通经致仕"，成为当地的"冠族""衣冠"和"族姓"。人们熟知的所谓吴地"四姓"——顾、陆、朱、张；会稽"四姓"——虞、贺、孔、魏等大多如此。东汉中晚期，正是由于这些文化士族的初步形成及其活动，才促成了江东地域社会风貌的改观。孙吴立国江东，前后长达80余年之久。其间，江东地方大族不仅在政治上获得了空前的发展，进入了全面得势的鼎盛时期，而且在学术文化上也有长足的进步，各大家族形成了自身独特的家学与门风，为其以后的门第延续奠定了基础。晋武帝太康元年（280），西晋灭吴，江东世族相对独立的发展状态被打破，从此，他们不得不走上了与中土士族交往、合作的艰难行程，在与北人的交往过程中，他们被当成"亡国之余"，遭受羞辱。然两晋之际，北方陷入民族纷争的危机之中，江东本土局势也颇为混乱，江东士族领导了多次保境安民的活动，这不仅保全了本地区大族的利益，而且为此后中土人士的南下及中华文化的南播奠定了基础。江东士族对此后华夏民族历史、文化转变影响甚著。

"吴姓"士族既多肇始于两汉，自属汉代旧族。在学术文化的渊源上，主要接受了汉朝官方思想文化的影响，今文经学及相关风尚占据着各家族文化的主导地位。魏晋之际，以京洛一带为文化中心而兴起的玄学思潮，对江东地区几乎没有造成影响。汉末、孙吴时期出现的虞翻、陆绩、姚信等几家《周易》注释，都属于今文经学的范围，唐长孺先生曾指出："孙吴时期同时出现了三种《易注》，可见易学之盛，而就三种《易注》看来江南所流行的乃是孟氏、京氏，都是今文说，这与时代学风相背驰，从这一点可以证明江南学风较为保守。"① 正因为如此，他们后来尽管在两晋之际接触到了中原新的玄学风尚，并不同程度地出现了玄化的趋向，但这种重视儒家经术的传统学术风尚始终得到延续。东晋南朝时期，与侨姓世族相比，江东旧族不仅多治经学，而且即便习玄，毕竟少有放诞的名士，诚如唐长孺先生所论云："东晋以后的江南名士受新风气的影响自无可疑，但江南土著与渡江侨旧在学风上仍然有所区别；这只要看《世说新语》中叙述南人者大都不是虚玄之士，而一时谈士南人中可与殷浩、刘惔辈相比的更是一个都没有，便可知道玄谈还不是南士的专长。另一方面我们却可看到南士还相当重视传统经学。"② 确实，东晋南朝时代的江东儒学旧族，无论在士风还是学风上，都在一定程度上保持着自身的传统品格和特性。

次谈"侨姓"士族的文化特征。所谓侨姓士族，主要是指两晋之际北方动乱之后从中土南徙江东的世家大族。从江南地区社会发展史而言，无论是经济开发，还是文化腾飞，每一次重大的突破往往都伴随着北方人口特别是上层精英的南迁。相较而言，两晋之间的北方人口的南迁及其对江东地域社会的深刻而持久的影响，是以往任何一次北方移民运动都无法相比的。这不仅表现为这次移民运动历时长久，而主要在于这次移民层次高，可谓空前绝后。由于诸胡相继进入中原，华夏文化面临毁灭的严重危机，无论出于民族之

---

① 唐长孺：《读〈抱朴子〉推论南北学风的异同》，《魏晋南北朝史论丛》，生活·读书·新知三联书店 1955 年版，第 367 页。
② 唐长孺：《读〈抱朴子〉推论南北学风的异同》，《魏晋南北朝史论丛》，第 373 页。

保种，还是出于文化之存根的想法，中原地区特别是西晋都城洛阳周围地区的汉族文化士族纷纷南奔。《晋书》卷六五《王导传》载"中州士女避乱江左者十六七"，确非虚语。文化士族的大规模南移造成学术文化中心的南迁，东晋南朝的都城建康取代了汉魏与西晋的洛阳，成为高级士族的聚集地，自然也成为新的学术文化中心。此后，随着一部分北方士族相继迁移浙东，山阴等地也成为侨士的聚集地和新的学术文化中心之一，中国的学术文化地理面貌发生了深刻变化。对此，诚如谭其骧先生所言："中原遗黎南渡，虽为民族一般之趋势，然其间要以冠冕缙绅之流为尤盛。……考东晋、南朝虽立国江左，然其庙堂卿相，要皆以过江中州人士及其后裔任之。尝统计《南史》列传中人物，凡七百二十八人（后妃、宗室、孝义不计），籍隶北方者五百有六，南方但得二百二十二人，……自是而后，东南人物声教之盛，遂凌驾北土而上之。"① 东晋南朝江左诸政权，无论其政治与文化，居于主导地位的无疑是侨姓士族。

根据《晋书》等正史文献所载，当时南迁的北方世族甚多，以王导、王敦等为代表的琅邪王氏，因其与琅邪王司马睿的特殊关系，其南迁房支、名士之多，确实超过其他家族，整个东晋南朝时代，其家族都处于兴盛状态。其他如以王承为代表的太原王氏；以周颚、周谟、周嵩兄弟为代表的汝南周氏；以祖逖、祖约兄弟为代表的范阳祖氏；以郗鉴为代表的高平郗氏；以钟雅为代表的颍川钟氏；以应詹为代表的汝南应氏；以范坚、范汪为代表的南阳范氏；以庾亮、庾冰、庾翼兄弟为代表的颍川庾氏；以桓彝为代表的谯国桓氏；以荀崧为代表的汝南荀氏；以袁瑰为代表的陈郡袁氏；以殷浩为代表的陈郡殷氏；以谢鲲为代表的陈郡谢氏；以蔡谟为代表的济阳考城蔡氏；以羊曼为代表的泰山羊氏；以颜含为代表的琅邪颜氏；以诸葛恢为代表的琅邪诸葛氏等。直到东晋后期和南朝时期，仍有北方

---

① 谭其骧：《晋永嘉丧乱后之民族迁徙》，《长水集》（上），人民出版社1987年版，第220页。

大姓南迁，如弘农杨氏、京兆杜氏、河东柳氏等，他们虽本为北方著姓，但由于南渡较晚，被视为"荒伧"，只能致力军旅。两晋之际，除了高门世族外，还有大量的次等士族南迁，如彭城刘氏、兰陵萧氏等，他们在南朝时期相继崛起，个别房支文化积淀日丰，逐渐转变为高门。

在文化风尚方面，东晋南朝时期侨姓士族家学门风普遍玄化。侨姓士族主要是在魏晋之际兴起的，以"新出门户"为主体，即便有的家族可以追溯到汉代，但在汉晋间也经历了儒、玄交融合流的历史过程，从而形成了礼玄双修的家学门风的基本特征。与其他士族群体相比，其玄化色彩最为浓郁。在士风上，他们摆脱了过分压抑的儒家礼法束缚，重视性灵的张扬和个性的呈现，有的还以任诞乖张傲视同侪，标榜"自然"。在学风上，他们改变了汉儒的经学风尚，专门从事传统经学者甚少，即便有人从事经学注疏，也并非拘泥于训诂音声字义的注疏，而是以获得玄学义理为旨趣。东晋时期，他们又积极推动玄学与佛学的结合，由玄儒相掺，发展成玄佛相掺，引起此后思想文化面貌的深刻变化。在玄学思想的影响下，侨寓人物重视山水自然，用情于文学艺术。由于时代的更迭和地域的变迁，侨姓士族在南北文化融通与更新等方面作出了巨大的贡献，对中国文化的发展具有深远的影响。

再次，谈北方士族的文化特征。两晋之际，在北方大规模人口南迁的热潮中，仍有一部分北方大族没有南移，其中主要是河北地区的士族。过去一般说，由于黄河以北地区距江南较远，迁徙难度较大。其实，另一个关键因素在于河北士族当时与西晋洛阳政治核心层的关系相对疏远，政治与社会地位相对较低，惧怕随之南迁江东。确实，在东晋南朝的移民中，河北、关中地区的一些南迁家族，主要聚集在以襄阳为中心的雍州一带，其身份多是武力豪强，朝廷往往以"晚渡荒伧"视之。北朝的高门士族主要集中在河北，其代表性家族主要有清河崔氏、博陵崔氏、范阳卢氏、赵郡李氏、荥阳郑氏等，多是河北旧族。其他诸如陇西李氏，则是在北魏以勋业获得门第的，另当别论。此外，还有一些渊源有自的汉代旧族，如弘农杨氏、河东裴氏、太原王氏、太原郭氏等，他们或缺少杰出名士，或由南入北，或仕魏稍晚，北魏"定姓族"时在门第认定上比崔、卢诸姓相对要低。总体上说，尽管十六国北朝时期在诸胡统治下，汉族的士族制度一度遭到破坏，由于北朝皇权的强大，更不可能形成东晋那样典型的门阀政治，但士族社会毕竟不绝如缕，并在北朝中后期得到一定的恢复，诸胡统治者依赖汉族人士为其经世济国，必须借鉴汉族士族制度，这使得北方士族仍具有特殊的政治与社会地位。

北朝士族的生活环境与生存状态与南朝士族有所不同。陈寅恪先生分析南北朝士族生活说："南朝士族与城市相联系，北朝士族与农村相联系。南朝商业的发达，大家族制度的破坏，带来的一个结果是，士族喜欢住到城市中去，且喜欢住在建康、江陵。大家族制度的破坏，为士人脱离土地、宗族，迁居城市，创造了条件或提供了可能性。"与此不同的是，"北方士族除了在京城和地方上做官，都不在都市，都市被攻破，士族很少受到影响。因此，北方士族的势力可以延长或延续下来。这影响到隋唐的历史"。陈先生概括指出，决定南北朝士族命运的"原因便在南北士族所联系的事物的不同。一个主要与农村、土地、宗族相联系，一个主要与城市、商业相联系，宗族则已分解"[①]。这是很深刻的精辟论断。

自十六国以来，北方的中心城市多为胡人统治者控制，北方士族除少数出仕胡廷者外，大多居于乡村，为抵御外侮，他们多建立起坚固的坞堡。从经济上看，这种坞堡是以自然经济为基础的，当时北方的商业活动几近停滞，这与江南商业贸易发达的情况相比反差甚大；从其组织上看，则是以大族豪强为中心，以宗族血缘关系或乡里关系为纽带，以严密的宗族伦理制度相维系。据相关文献所

[①] 万绳楠整理：《陈寅恪魏晋南北朝史讲演录》，黄山书社1987年版，第329—330页。

载,数千户、上万户的宗族坞壁并非稀少,宋孝王《关东风俗传》便记载一些豪族"一宗将近万室,烟火连接,比屋而居"。《隋书》卷七二《孝义·徐孝肃传》载其"宗族数千家"。这种情况造成了北方社会普遍的大家族观念,数代不分家析户的情况很常见。《魏书》卷八七《节义·李几传》载博陵安平李氏"七世共居同财,家有二十二房,一百九十八口,长幼济济,风礼著闻,至于作役,卑幼竞进。乡里嗟美,标其门闾"。《隋书·孝义·郭俊传》载其"家门雍睦,七叶共居,犬豕同乳,乌鹊通巢,时人以为义感之应"。北方士族的同居共财的生活方式和严格的家族规范,是他们所处的社会环境所决定的,面对动乱的状态,他们只有聚族而居,形成比较强大的宗族力量,才有可能自保,也只有在严格的宗族家长制的组织下,才能形成强大的凝聚力。

在相对恶劣的生活环境下,北方士族普遍具有强烈的进取精神,重视实务,特别是有比较强的军政干才,而在生活上则比较朴素,在家族地位与财产继承等方面,强调"嫡庶分别"。这都与南朝不同。一些晚渡北人到江南后,很明显地感觉到南人不重视同族血亲,《宋书》卷四六《王懿传》载其太原人,字仲德,东晋后期南渡,他开始投靠同宗王愉,便吃了闭门羹:"北土重同姓,谓之骨肉,有远来相投者,莫不竭力营赡,若不至者,以为不义,不为乡里所容。仲德闻王愉在江南,是太原人,乃往依之,愉礼之甚薄,因至姑孰投桓玄。"南北朝后期,颜之推由南入北,他明显地感觉到北人强悍有力,善于实干,生活上则"率能躬俭节用,以赡衣食;江南奢侈,多不逮焉"①,故在《颜氏家训》中从多方面比较了南北朝士族及其社会风气的差异。由于南北朝士族的社会基础不同,居于城市的南朝士族遇到战争,很容易遭受整体性的致命打击,如梁末"侯景之乱"后,南朝侨姓士族便急剧衰落了,而北朝士族则具有乡里宗族的后盾,社会基础深厚,因而能够维持其家族长久的延

---

① 《颜氏家训·治家篇》。

续与发展。

不仅如此，北朝士族的生活方式还深刻地影响到其学术文化风尚。北朝士族在学术文化上，重视儒家经学，其学风基本延续着汉儒的传统，河北地区的学风在魏晋以来便与京洛有所不同，对玄学了解不多，推崇师说，宗尚服虔、郑玄的经注，而对王弼、杜预的玄化经解则不予接受。在治经方法上也沿用汉代烦琐的注疏之学。《隋书·儒林传序》说："南人约简，得其英华；北学深芜，穷其枝叶。"这两种学风其实就是儒学与玄学的差别。在经学方面，北朝士族特别重视礼学。之所以如此，既与他们承继汉儒的学术传统有关，又受到他们生活方式的影响。在相对封闭的坞堡和乡村之中，不可能像生活在中心城市中的南朝士人那样频繁地交游，开展玄谈雅集活动。在南朝，士人的聚集还引起文学艺术创作的唱和与交流，文艺批评风尚颇为浓郁，而在封闭状态下的北方人士则很难有这种条件，必然导致文艺的萧条与冷寂。直到北魏孝文帝迁都洛阳后，随着北方人士生活方式的改变，在南朝文化风尚的影响下，这一文化风尚才有所变化，出现了一些新的文化因素。

此外，北朝士族与南朝士族相比，在文化上以因袭为主，缺乏创新的活力，除了以上因素外，还与他们严重缺乏图书有关，根据《隋书·经籍志》等文献的统计看，北朝保存的图书数量不多，他们著述的新书则更少。《隋书》卷四九《牛弘传》载其上书隋文帝，介绍以往"图书遗逸"情况，说"刘裕平姚，收其图籍，五经子史，才四千卷，皆赤轴青纸，文字古拙。僭伪之盛，莫过二秦，以此而论，足可明矣。故知衣冠轨物，图画记注，播迁之余，皆归江左"。后来北魏"爰自幽方，迁宅伊、洛，日不暇给，经籍阙如"。北周"后加收集，方盈万卷"，后平北齐，"四部重杂，三万余卷。所益旧书，五千而已"。北朝国家藏书如此，而南朝士族有的个人聚书，也有多达数万卷者，反差明显。图书保存和著述是需要大量资财作支撑的，十六国北朝胡人统治者当然不如东晋南朝统治者重视，北朝士族也不具备南朝士族的条件。可以说，与南朝不同的社会环境和生活方式，决定着北朝士族的学术文化活动与表现。

三 以儒家礼法为基调的士族门风

中古士族必有其家学与门风，这是门第的基本特征。陈寅恪先生曾指出："所谓士族者，其初并不专用其先代之高官厚禄为其唯一之表征，而实以家学及礼法等标异于其他诸姓。……凡两晋、南北朝之士族盛门，考其原始，几无不如是。魏晋之际虽一般社会有巨族、小族之分，苟小族之男子以才器著闻，得称为'名士'者，则其人之政治及社会地位即与巨族之子弟无所区别，小族之女子苟能以礼法特见尊重，则亦可与高门通婚，非若后来士族之婚宦二事专以祖宗官职高下为惟一之标准者也。……夫士族之特点既在其门风之优美，不同于凡庶，而优美之门风实基于学业之因袭。"[①] 钱穆先生也曾指出："当时门第传统共同理想，所希望于门第中人，上自贤父兄，下至佳子弟，不外两大要目：一则希望其能具孝友之内行，一则希望其能有经籍文史学业之修养。此两种希望，并合成为当时共同之家教。其前一项表现，则成为家风。后一项之表现，则成为家学。"[②] 他认为那些传承数百年的家族，主要原因在于其家族自身的文化。

何谓门风？一般说来，门风就是世族精神文化传统。一种精神或行为方式在某一宗族内延续三代以上，便可视为某一家族之文化传统，构成其门风。门风是士族文化的基调和底色，具有相当的稳定性，世代相承。门风的承传主要有赖于家教。因此，士族社会为了传承其家族精神，无不重视家族教育，一个显著的事实便是，当时各士族多有家诫、家训、门律、门范、素范；士族掌门人物辞世，

---

① 陈寅恪：《唐代政治史述论稿》，生活·读书·新知三联书店2001年版，第259—260页。
② 钱穆：《略论魏晋南北朝学术文化与当时门第之关系》，前揭《中国学术思想史论丛》卷三，第159页。

往往留有遗言、遗令、遗命，同样是家族的规范，用以教子弟、诫传人。南北朝之末有集大成式的《颜氏家训》一书，可谓中古家族教育的经典。为了向子孙传递家族文化精神，各世族又修撰"家谱""家传""家录"以及以辞赋等形式著述的"祖德颂"之类的纪念文字（又有诔、赞等文体）。王伊同先生在《五朝门第》第七章《高门之风范》中专设"家教"一节，他在详引各世族训诫之言后指出："五朝名家，靡不有家教，所以立身处事，有以见异"，"巨宗重臣，咸有训诫"①。

士族社会为延续宗族的精神传统，维系宗族的和睦友善，他们特别重视孝义之道，使之成为当时最根本的道德观念。南北朝历代正史皆设有《孝义传》《孝行传》《节义传》一类。另据《隋书·经籍志》，可见自晋至梁，又有《孝子传》8家96卷。由于朝廷提倡，世族力行，孝义之风播及社会各个阶层。为了教育世族子弟，当时尤重《孝经》，南齐王俭便直言"此书明百行之首，实人伦所先"②。隋朝重臣苏威为苏绰之子，他曾对隋文帝说："臣先人每诫臣云，唯读《孝经》一卷，足可立身治国，何用多为！"③ 在此风气下，胡人统治者也极重《孝经》，《隋书》卷三二《经籍志一》载："魏氏迁洛，未答华语，孝文帝命侯伏侯可悉陵，以夷语译《孝经》之旨，教于国人，谓之《国语孝经》。"

通观当时史籍，可见各世族无不刻意讲求孝行实践，即使像琅

---

① 王伊同：《五朝门第》，中华书局2006年版，第196、197页。钱穆先生在前揭《略论魏晋南北朝学术文化与当时门第之关系》一文中罗列了当时名士教诲子弟之《诫子书》，"论其数量之多，殆已超前绝后"。当然，除了诉诸文字的家诫、家训之类，也有不言之教。

② 《南齐书》卷三九《陆澄传》。在重视孝道的风气下，《孝经》研究成为显学之一。查《隋书》卷三二《经籍志》可见，著录当时《孝经》之注疏有18部，合63卷；亡佚59部，114卷。张鹏一《隋书经籍志补》又考得11部。甚至连僧人也注疏《孝经》。据《宋书》卷九七《夷蛮传》，僧人慧琳"有才章，兼外内之学"，深得宋文帝宠信，"遂参权要，朝廷大事，皆与议焉"，注《孝经》及《庄子·逍遥篇》等。慧琳注《孝经》等，主要是迎合世俗社会的文化倾向。

③ 《隋书》卷七五《儒林·何妥传》。

邪王氏、陈郡谢氏这样玄化甚深的侨姓世族代表，其子弟依然以孝友传家。清人李慈铭对此颇有感触，他在《越缦堂读书记》有关《南史》的一条札记中说："王、谢子弟，浮华矜躁，服用奢淫，而能仍世贵显者，盖其门风孝友，有过他氏，马粪乌衣，自相师友，家庭之际，雍睦可亲。谢密、王微，尤为眉目，三代两汉，如两人者，亦不多得，读其佳传，为之叹想。"北朝的情况有过之而无不及，《魏书》卷五八《杨播传》载杨播、杨椿、杨津兄弟的情况颇为典型："播家世纯厚，并敦义让，昆季相事，有如父子。……兄弟旦则聚于厅堂，终日相对，未曾入内。有一美味，不集不食。厅堂间，往往帏幔隔障，为寝息之所，时就休偃，还共谈笑。椿年老，曾他处醉归，津扶侍还室，仍假寐阁前，承候安否。椿、津年过六十，并登台鼎，而津尝旦暮参问，子侄罗列阶下，椿不命坐，津不敢坐。椿每近出，或日斜不至，津不先饭，椿还，然后共食。食则津亲授匙箸，味皆先尝，椿命食，然后食。……一家之内，男女百口，缌服同爨，庭无间言，魏世以来，唯有卢渊兄弟及播昆季，当世莫逮焉。"《魏书》卷四七《卢玄传》载："及（卢）渊、（卢）昶等并循父风，远亲疏属，叙为尊行，长者莫不毕拜致敬。闺门之礼，为世所推。谦退简约，不与世竞。父母亡，然同居共财，自祖至孙，家内百口。在洛时有饥年，无以自赡，然尊卑怡穆，丰俭同之。亲从昆弟，常旦省谒诸父，出坐别室，至暮乃久。"就宗族孝道而言，魏晋南北朝的世家大族远甚于两汉。

由于士族倡导孝道，以家族为本位，导致当时社会道德观念的某些变化，其中最突出的是忠、孝关系的倒错。依照儒家传统的学说，忠、孝是一组对立统一、互为补充的观念，但东汉后期思想界的名理之辩造成了忠、孝观念的逐渐分离，特别是入晋后，随着士族门阀制度的形成，士族社会家族本位意识进一步增强，士人忠节观念淡化，对国家易姓多坦然处之，与世浮沉。《南齐书》卷二三传论说："自是世禄之盛，习为旧准，羽仪所隆，人怀羡慕，君臣之节，徒致虚名。贵仕素资，皆由门庆，平流进取，坐致公卿，则知殉国之感无因，保家之念宜切。市朝亟革，宠贵方来，陵阙虽殊，顾眄如一。"清人赵翼在《陔余丛考》卷一七"六朝忠臣无殉节者"条中指出当时士人"其视国家禅代，一若无与于己，且转藉为迁官受赏之资"。对此，唐长孺先生曾分析当时士族的这一心态指出："自晋以后，门阀制度的确立，促使孝道的实践在社会上具有更大的经济上与政治上的作用，因此亲先于君，孝先于忠的观念得以形成。"正是这种新的忠孝观念给世族人物的行为提供了理论依据。唐先生又指出："后世往往不满于五朝士大夫那种对于王室兴亡漠不关心的态度，其实在门阀制度下培养起来的士大夫可以从家族方面获得他所需要的一切，而与王室的恩典无关，加上自晋以来所提倡的孝行足以掩护其行为，因此他们对于王朝兴废的漠视是必然的，而且是心安理得的。"[①]

当然，在共同的文化风尚之外，中古士族社会各家族自有其个性化的门风特点，这与各家族的发展历程、家势盛衰、文化积累、地域环境、代表人物的性格等密切相关。其实，士族人物是很重视自己的门风品格的。《世说新语·方正篇》载："王太尉不与庾子嵩交，庾卿之不置。王曰：'君不得为尔。'庾曰：'卿自君我，我自卿卿。我自用我法，卿自用卿法。'"庾顗不以王衍之作派为意，"我自用我法"。此事发生在西晋。同书《品藻篇》载："桓公少与殷侯齐名，常有竞心。桓问殷：'卿何如我？'殷云：'我与我周旋久，宁作我。'"殷浩不与桓温相竞，"宁作我"。此事发生在东晋。

最典型的恐怕要算王、谢门风之别了，《世说新语·贤媛篇》载："王凝之谢夫人既往王氏，大薄凝之。既还谢家，意大不说。太傅慰释之曰：'王郎，逸少之子，人材亦不恶，汝何以恨乃尔？'答曰：'一门叔父，则有阿大、中郎。群从兄弟，则有封、胡、遏、末。不意天壤之中，乃有王郎！'"谢道韫与王凝之结婚，道韫"大

[①] 唐子孺：《魏晋南朝的君父先后论》，前揭《魏晋南北朝史论拾遗》，第238、247页。

薄凝之""意大不说",其根源在王、谢家风不同。甚至同一宗族的不同房支,其家教也并非完全一致。对士族门风的差异,颜之推《颜氏家训·风操篇》中的一段话很能说明问题:"吾观《礼》经,圣人之教:箕帚匕箸,咳唾唯诺,执烛沃盥,皆有节文,亦为至矣。但既残缺,非复全书;其有所不载,及世事变改者,学达君子,自为节度,相承行之,故世号士大夫风操。而家门颇有不同,所见互称长短;然其阡陌,亦可自知。昔在江南,目能视而见之,耳能听而闻之;蓬生麻中,不劳翰墨。汝曹生于戎马之间,视听之所不晓,故聊记录,以传示子孙。"这种士族间的门风差异,源于对儒家礼法理解的不同,即所谓"自为节度,相承行之"。当然,这种差异只有程度的不同,而非本质的分别。

在士族家教中,女教一向颇为重要。士族子弟的教育,主要在家门之内进行,故血亲男女往往较少拘束,兄弟姐妹更无歧视,故女子也有机会享受同等教育,这一点我们可以通过陈郡谢氏之家教得到证明,谢安对其侄女谢道蕴的培养甚为重视。士族重视女教,不仅是为了培养才女,更重要的在于士族文化重视家传,而在家族内部教育中母亲往往承担着他人无法替代的责任,贤德与才学并重的女教,其最根本的目的在于培养士族的后代精英,以确保家族传统的延续。在魏晋南北朝文献典籍中,我们可以看到很多世族贤妻良母。以母教为例,《魏书》卷三五《崔浩传》载崔浩母卢氏,对崔氏家族礼法传承影响很大,崔浩在所著《食经叙》中说:"余自少及长,耳目闻见,诸母诸姑所修妇功,无不蕴习酒食。朝夕养舅姑,四时祭祀,虽有功力,不任僮使,常手自亲焉。昔遭丧乱,饥馑仍臻,饘蔬糊口,不能具其物用,十余年间不复备设。先妣虑久废忘,后生无知见,而少不习业书,乃占授为九篇,文辞约举,婉而成章,聪辩强记,皆此类也。……故序遗文,垂示来世。"可见崔浩所著《食经》,实际上得自其母所授,反映出崔氏家族祭祀礼仪的情况。《魏书》卷九二《列女传》载:"清河房爱亲妻崔氏者,同郡崔元孙之女。性严明高尚,历览书传,多所闻知。子景伯、景先,崔氏亲授经义，学行修明，并为当世名士。景伯为清河太守，每有疑狱，常先请焉。"清河房氏为北魏"新民"，自青齐被掳至塞外，其子孙培养与地位延续，与崔氏关系极大。《北齐书》卷三一《王昕传》载："昕母清河崔氏，学识有风训，生九子，并风流蕴藉，世号王氏九龙。"王昕出自北海王氏，为北朝士族中的新贵，而其母为清河崔氏女，为传统旧族，其教育诸子，使他们皆为才士，对王氏门望之提升作用显著。这类事例甚多。在某种意义上似乎可以说，没有女教，士族门风便难以传承。钱穆先生曾以梁朝王僧辩母亲魏夫人教子为例，以为"苟无女教，试问何以成此家风"？他指出："《隋志》子部儒家类，著录有《女篇》一卷，《女鉴》一卷，《妇人训诫集》十一卷，《妇姒训》一卷，《曹大家女诫》一卷，《真顺志》一卷，诸书多不载作者姓名，然可见当时之重视女教，亦见提倡女子教育则仍必遵儒家之传统。"又根据《隋书·经籍志》总集部所录妇女之文学作品，指出"盖当时门第既重礼法，又重文艺，即妇人亦然也"[①]。因此，士族之重视女教正体现了门第之精神。

四 以儒家礼学为核心兼容并蓄的士族家学

如果说门风主要侧重于对士族子弟精神品格的塑造，那么家学则主要侧重于对其学术文化的培养，两者相辅相成。对于士族社会各家族而言，门风家教方面的共同点较多，而在家学方面，相对而言，各家族及其名士的个性特征更为突出一些。中古士族之家学，就其传授方式而言，与两汉经学有一定的联系。汉代经学是在一个相对封闭的系统内传授的，皮锡瑞在《经学历史·经学极盛时代》中指出："前汉重师法，后汉重家法。先有师法，而后能成一家之言。师法者，溯其源；家法者，衍其流也。……汉时不修家法之戒，

[①] 钱穆：《略论魏晋南北朝学术文化与当时门第之关系》，前揭《中国学术思想史论丛》卷三，第156页。

盖极严矣。"在重"师法""家法"的学术传授方式下，出现了一些经学世家。赵翼《廿二史札记》卷五"累世经学"条有言："古人习一业，则累世相传，数十百年不坠。盖良冶之子必学为裘，良弓之子必学为箕，所谓世业也。工艺且然，况于学士大夫之术业乎。"并列举了主要的经学世家。实际上，在"通经致仕"这一政治制度导向的引领下，自西汉中后期特别是东汉以来，与"累世经学"的情况一致，一些家族也因此官宦显达，甚至"四世三公"。① 因此，士族多重习经，以期提升家族门望，久而久之，士族社会便形成了普遍的家学传统。

　　士族家学的核心内容主要是儒家之礼学，目的依然是敦睦宗族，延续家世。《颜氏家训·勉学篇》说："士大夫子弟，数岁已上，莫不被教，多者或至《礼》《传》，少者不失《诗》《论》。及至冠婚，体性稍定，因此天机，倍须训诱。有志尚者，遂能磨砺，以就素业；无履立者，自兹堕慢，便为凡人。"可见世族子弟自幼便习礼。《朱子语类》卷八七"《礼》四"总论有云："诸儒议礼颇有好处，……六朝人多是精于此。毕竟当时此学自专门名家，朝廷有礼事，便用此等人议之。"同书"《礼》一""论考礼纲领"条又云："南北朝是甚时节，而士大夫间礼学不废。有考礼者，说得亦自好。"清人沈垚《落帆楼文集》卷八《与张渊甫书》有云："六朝人礼学极精，……史传中所载多礼家精粹之言。"赵翼也说："六朝人最重《三礼》之学，唐初犹然。"② 钱穆先生据《隋书·经籍志》统计，魏晋南北朝时期共有《礼》学著作 136 部，1622 卷；亡佚 221 部，2186 卷。钱先生统计了此期其他经典的著述数量，指出："若以著作数量作为当时对经学中某一部分重视与否之衡量标准，则此时代之经学最重《礼》，次《春秋》，《易》居第三位。刘宋时以《易》

---

① 对此，可参阅赵翼《廿二史札记》卷五"累世经学"条和"四世三公"条的相关论述。
② 赵翼：《廿二史札记》卷二〇"唐初《三礼》、《汉书》、《文选》之学"条。

与《老》《庄》同列为三玄，然固非当时人重视惟《易》也。唐杜佑《通典》引晋宋以下人礼议，多达二百余篇。"①

东晋南朝之《礼》学最重《丧服》。《丧服》本为《仪礼》中的一篇，汉晋之际受到特别的重视。西晋挚虞以为此篇"世之要用，而特易失旨"，"是以《丧服》一卷，卷不盈握，而争说纷然"②。究其原因，正与世族的兴起与门阀制度的形成有关，因为宗族中的亲疏远近有赖于丧服制度加以区别。皮锡瑞在《经学通论》"三礼"条中有论云："论古礼最重《丧服》，六朝人尤精此学，为后世所莫逮。"他在详述相关史实及历代评论后指出："六朝尚清言、习浮华之世，讲论服制，如此谨严。所以其时期功去官，犹遵古礼；除服宴客，致罣弹章，足见江左立国，犹知明伦理，重本原，故能以东南一隅，抗衡中原百余年也。"章太炎《经学略说》中也一再谈到这一现象："《丧服》一篇，自汉末以至六朝，讲究精密，《通典》录其论议，多至二三十卷"；"六朝人天性独厚，守礼最笃，其视君臣之义，不若父子之恩，讲论《丧服》，多有精义"；"南朝二百七十余年，国势虽不盛强，而维持人纪，为功特多。《丧服》一篇，师儒无不悉心探讨，以是团体固结，虽陵夷而不至澌灭。……今讲《仪礼》，自以《丧服》为最要。"③ 由此，可见《丧服经》的研究在当时的盛况。

士族人物特重朝仪典章，这是他们为官入仕的重要条件，关系到门第的兴衰。如琅邪王氏世代蝉联，其子弟多"练悉朝仪"。东晋南朝，王导一脉为王氏显支，其曾孙王弘"明敏有思致，既以民望所宗，造次必存礼法，凡动止施为，及书翰仪体，后人皆依仿之，谓为王太保家法"④。宋、齐间的王俭尤以精通礼仪著名。王彪之一

---

① 钱穆：《略论魏晋南北朝学术文化与当时门第之关系》，前揭《中国学术思想史论丛》卷三，第129页。
② 《晋书》卷一九《礼志》上，第581页。
③ 章太炎：《国学讲演录》，华东师范大学出版社1995年版，第105、106、107页。
④ 《宋书》卷四二《王弘传》。

支也如此,《宋书》卷六〇《王准之传》载:"彪之博闻多识,练悉朝仪,自是家世相传,并谙江左旧事,缄之青箱,世人谓之'王氏青箱学'。"王准之仕于元嘉中,"究识旧仪,问无不对",以致大将军彭城王刘义康每叹曰:"何须高论玄虚,正得如王准之两三人,天下便治矣。"王准之所撰《仪注》,"朝廷至今遵用之"。北朝士族更是如此,《魏书》卷三五《崔浩传》载崔氏父子以熟悉儒家礼制,深得拓跋统治者重视,崔浩"常授太宗经书。每至郊祠,父子并乘轺轺,时人荣之。太宗好阴阳术数,闻浩说《易》及《洪范》五行,善之,因命浩筮吉凶,参观天文,考定疑惑。浩综核天人之际,举其纲纪,诸所处决,多有应验,恒与军国大谋,甚为宠密。……朝廷礼仪、优文策诏、军国书记,尽关于浩。浩能为杂说,不长属文,而留心于制度、科律及经术之言。作家祭法,次序五宗,蒸尝之礼,丰俭之节,义理可观"。

当然,不可否认,东晋南朝士族普遍崇尚玄学,表现出礼玄双修、经学玄化等特点。田余庆先生在《东晋门阀政治·后论》"门阀士族的文化面貌"一节中说:"魏晋以来,玄学逐渐取代了儒学的统治地位,过去的世家大族阶层也逐渐演变而成士族阶层。……两晋时期,儒学家族如果不入玄风,就产生不了为世所知的名士,从而也不能继续维持其尊显的士族地位。东晋执政的门阀士族,其家庭在什么时候、以何人为代表、在多大程度上由儒入玄,史籍都班班可考。他们之中,没有一个门户是原封未动的儒学世家。东晋玄学一枝独秀,符合门阀政治的需要。"玄学对当时士人的言行、思想等各个方面都发生了深刻的影响。从学术文化方面看,魏晋南朝时期士族文化确实普遍具有玄学化的特征,赵翼《廿二史札记》卷八"六朝清谈之习"条中概言:"当时父兄师友之所讲求,专推究《老》《庄》,以为口舌之助,五经中惟崇《易》理,其他尽阁束也。至梁武帝始崇尚经学,儒术由之稍振,然谈义之习已成,所谓经学者,亦皆以为谈辩之资。……是当时虽从事于经义,亦皆口耳之学,开堂升座,以才辩相争胜,与晋人清谈无异,特所谈者不同耳。……梁时五经之外，仍不废《老》《庄》，且又增佛义，晋人虚伪之习依然未改，且又甚焉。"

当然，需要指出的是，关于玄学与玄风问题，江东本土士族群体和北方士族群体则与江东侨寓士族有所不同。就江东本土士族而言，他们在魏晋之际玄学思潮盛行于京洛时，其主体学风是汉代经学之家学传统，学风保守，东晋以后，在侨姓士族的影响下，他们虽趋于玄化，但依然保持着各家族传统的学风，甚至直到隋唐时期皆因沿不废。不过，与其社会政治地位一样，江东本土士族从属于侨姓，他们在文化上自然也不可能处于优势地位。就北朝士族而言，在两晋之际京洛玄化名士群体整体性南迁后，玄风消歇，其经学风尚基本上沿袭了汉代的传统。赵翼《廿二史札记》卷一五"北朝经学"条比较详细考察北朝经学著述情况，说："六朝人虽以词藻相尚，然北朝治经者尚多专门名家。"皮锡瑞《经学历史·经学分立时代》比较南北朝经学风气说："北学反胜于南者，由于北人俗尚朴纯，未染清言之风、浮华之习，故能专宗郑、服，不为伪孔、王、杜所惑。此北学所以纯正胜南也。"北朝士人代表崔浩便"性不好《老》《庄》之书，每读不过数十行，辄弃之，曰：'此矫诬之说，不近人情，必非老子所作。老聃习礼，仲尼所师，岂设败法文书，以乱先王之教。韦生所谓家人筐箧中物，不可扬于王庭也。'"[1] 可见北朝士族对玄学的强烈抵触情绪。直到南北朝后期，随着南学北传和北朝社会文化之变化，才有少数北朝人士效仿南朝风尚。

两汉经学独尊，魏晋以降，文史诸学勃兴。《梁书》卷一四传末引姚察所论云："观夫二汉求贤，率先经术；近世取人，多由文史。"史学获得了相对独立发展的地位，周一良先生曾指出，魏晋南北朝史学的特点，首先是史部著作的独立。"从典籍的分类来看，史学著作摆脱了隶属于《春秋》、作为经部附属品的地位而独立了。这也就意味着，史学从而成为独立的学科。"史学地位的提高和史学著

---

[1] 《魏书》卷三五《崔浩传》。

述的繁荣，一个突出的表现是魏晋南北朝史书的种类、数目都大有增加。据周一良先生统计："从数字看，东汉班固（32～92）《汉书·艺文志》中《春秋》项下所收史部著作，只《国语》《世本》《战国策》及《史记》等十一种三百五十余篇（卷）。到梁阮孝绪《七录》记传录所收，四百余年间，骤增至一千二十种，一万四千八百八十八卷。即种类增加了一千倍；卷数增加四十余倍。"① 刘知几《史通·杂述篇》概述当时正史之外的史著"其流有十"，其中所谓"郡书""家史""别传""杂记""地理书""都邑簿"等皆与士族社会有关。不少士族世代治史，成就卓著。

就文学观念而言，魏晋南北朝时期也是中国古代文学"自觉"的时代。伴随着魏晋玄学的兴起，士风的变异，文学获得了空前的发展，特别是当时的统治者多爱尚文学，将文学作为取仕的重要条件，从而有力地推动了中古文学观念的变革。在这一文化背景下，不少中古时代的大家族都重视文章之事，以此传家。近代刘师培论述中古文学，说："自江左以来，其文学之士，大抵出于世族；而世族之中，父子兄弟各以能文擅名。……惟当时之人，既出自世族，故其文学之成，必于早岁；且均文思敏速，或援笔立成，或文无加点，此亦秦、汉以来之特色。"② 如东晋南朝侨姓士族代表陈郡谢氏、琅邪王氏，皆为文学世族。谢氏子弟皆能文擅诗，出现了谢灵运、谢朓等杰出诗人，在文学史上具有杰出的地位。至于琅邪王氏，沈约羡称"自开辟以来，未有爵位蝉联，文才相继，如王氏之盛者也"。梁代王筠也以此自豪："非有七叶之中，名德重光，爵位相继，人人有集，如吾门世者也。"③ 这里将"爵位蝉联"与"文才相继"联系起来，可见文学与士族门第之间的紧密联系。

除了经术、玄学与文史等学术文化之外，世家大族还特别重视

---

① 周一良：《魏晋南北朝史学发展的特点》，前揭《魏晋南北朝史论集》，第384、390页。
② 刘师培：《中国中古文学史讲义》，人民文学出版社1957年版，第88页。
③ 《梁书》卷三三《王筠传》。

其他才艺，以培养其子弟的性情与爱好，这是当时名士风流所必具的因素。《颜氏家训·杂艺篇》中提到书法、绘画、射箭、卜筮、医疗、弹琴、围棋、算术、博弈、投壶之类，名目甚多，其中尤以书、画二事最受重视。以书法为例，东晋南朝各士族无不擅长书法，其中尤以琅邪王氏最为典型，其家族世代善书，出现了王羲之、王献之父子这样的"书圣"，琅邪王氏重视书道的传授，视之为"家学"秘传。北朝士族也以书艺传世，如清河崔氏、范阳卢氏二大名门皆如此，《北史》卷二一《崔宏传》载："宏祖悦，与范阳卢谌并以博艺齐名。谌法钟繇，悦法卫瓘，而俱习索靖之草，皆尽其妙。谌传子偃，偃传子邈；悦传子潜，潜传子宏。世不替业，故魏初重崔、卢之书。宏自非朝廷文诰，四方书檄，初不妄染，故世无遗文。尤善草隶，为世摹楷，行押特尽精巧，而不见遗迹。"对于崔氏之书，北朝社会上下颇为喜爱，魏道武帝以崔浩"工书，常置左右"，"浩既工书，人多托写《急就章》，从少至老，初不惮劳。……浩书体势及其先人，而巧妙不如也。世宝其迹，多裁割缀连，以为模楷"。崔浩弟崔简，"好学，少以善书知名"。关于范阳卢氏，《北史》卷三〇《卢玄传》载其家世书法传承说："初，谌父志，法钟繇书，子孙传业，累世有能名。至邈以上，兼善草迹。伯源习家法，代京宫殿，多其所题。白马公崔宏亦善书，世传卫瓘体。魏初工书者，崔、卢二门。"可见卢氏家族内部书法"习于家法"的传授情况。

绘画艺术也与士族相关。以江东本土士族为例，吴郡顾氏有顾恺之、顾野王等，陆氏有陆探微、陆杲等，张氏有张僧繇父子等，皆世代相传。唐张彦远《历代名画记·论画六法》有云："自古善画者，莫匪衣冠贵胄、逸士高人，振妙一时，传芳千祀，非闾阎鄙贱之所能为也。"这里明确指出善画者"莫非衣冠贵胄、逸士高人"，符合中古时代的实际情况。

此外，在星历算术、土木机械和医药等方面也重家传。如《南史》卷七二《文学·祖冲之传》载，冲之祖昌宋时任大匠卿，"冲之稽古，有机思"，先后造作指南车、欹器等；又"以诸葛亮有木牛流马,乃造一器,不因风水,施机自运,不劳人力。又造千里船,于新亭江试之,日行百余里"。冲之"又特善算",注《九章算术》,"造《缀述》数十篇"。冲之又精于天文历法,他以刘宋何承天之历法"冲之以为尚疏,乃更造新法,上表言之。孝武令朝士善历者难之,不能屈"。祖冲之子祖暅"少传家业,究极精微,亦有巧思。入神之妙,般、倕无以过也"。梁武世,祖暅改进乃父之历法,"于是始行焉"。祖暅子皓亦"少传家业,善算历"。范阳祖氏世代传习机械、算术、历法,形成了鲜明的家学特色。又如《南史》卷三二《张邵传附徐文伯传》载,东莞徐氏居钱唐,自徐熙得《扁鹊镜经》以来,"精心学之,遂名震海内",其生子秋夫,"弥工其术"。秋夫子道度、叔嚮"皆能精其业",道度子文伯"亦精其业",文伯子雄"亦传家业,尤工诊察";叔嚮子嗣伯亦精通诊治之道。又据《北史》卷九〇《艺术传》,东莞徐氏传人徐謇流落北魏,以"善医药"得宠于魏孝文帝和文明冯太后。徐之才、徐之范兄弟亦以"大善医术"显名于北魏、北齐之间。东莞徐氏自东晋延至隋代,可考者有八代以医术荣显家门。在江东本土士族中,吴兴武康姚氏是一个世代"家业"相承的医术世家。这种家学承继的状况,与当时的秘术家传的家教方式有关。

最后还须指出,宗教信仰也是中古士族文化的重要内容。世家大族虽多有深厚的儒学积淀,并且儒、玄并综,但他们又多崇信佛、道,形成了儒、玄、道、释兼容并蓄的文化特征。两晋之际的葛洪既是著名的道士,也是一个学养深厚的儒生,北魏的寇谦之也如此。在这方面,尤以琅邪王氏最为著名,这是一个源自汉代的儒学世家,又世代崇奉天师道,东晋南朝又接受了佛教,并有子弟出家,故梁代王褒训诫子弟说:"吾始乎幼学,及于知命,既崇周、孔之教,兼循老、释之谈,江左以来,斯业不坠,汝能脩之,吾之志也。"[①] 颜之推在《颜氏家训·归心篇》中说:"内外两教,本为一体,渐积

---

① 《梁书》卷四一《王规传》。

为异，深浅不同。内典初门，设五种禁；外典仁义礼智信，皆与之符。……归周、孔而背释宗，何其迷也！"正是在这种儒、释均善的思想指导下，魏晋南北朝时期的士族阶层采取了诸教并蓄的态度，表现出了相当的包容性。这种文化心态有利于士族社会的发展。

两晋之际汝南周氏之玄化及对东晋初年政局之影响

——以周颛的相关表现与活动为中心

西晋后期，统治集团内讧，社会动荡，诸胡内徙，最终导致司马氏中原王朝的崩溃。当时南北士族共同拥戴琅邪王司马睿在江东建立东晋政权。由于东晋政权之经营与护持，中土士庶得以南渡，民族得以甦生，华夏文明得以存续与流播，进而获得更新与发展。如所周知，东晋立国，琅邪王氏家族代表人物王导、王敦发挥了主导作用，以致形成了"王与马共天下"的门阀政治格局。不过，在这一门阀体制建构、运行之初创阶段，士族权门与皇权及士族群体之间存在着错综复杂的矛盾，引发了激烈的军政冲突。在此过程中，一些士族名士积极调适执政之琅邪王氏与司马氏皇权及士族群体之关系，致力于维护新生东晋政权之稳定，其中汝南周氏代表人物周颛等作用显著，对东晋之初政局影响颇巨。这关乎中国历史演进与华夏文化承传，意义重大，影响深远，应当予以关注。

一 两晋间汝南周氏代表人物之崇尚玄风与名士化

关于汝南周氏之缘起，《新唐书》卷七四下《宰相世系表下》载："周氏出自姬姓。……武王克商，十一世平王迁都王城，河南县是也。平王少子烈，食采汝坟。……秦灭周，并其地，遂为汝南著姓。……汉兴，续周之嗣，复封为汝坟侯，赐号正公。以汝坟下湿，徙于安城。"在漫长的历史过程中，周氏家族后裔流迁各地，形成了诸多新旧郡望，汉晋之际南迁的主要有三支。唐代林宝《元和姓纂》卷五载其"汝南安城县"云："周安平王次子秀，别封汝州，因家焉。汉汝南侯周仁徙汝南，六代孙燕。魏周裔孙浚，扬州刺史，生顗、嵩。顗，左仆射、安城侯。"由其宗族谱系，可见魏晋之际周浚房支成为其宗族之代表。

（一）西晋时期周浚之军政活动及其所显现之门风特征

就汝南周氏家族而言，周浚是较早为正史列传载述之人物，在其家族发展史上具有承先启后的重要地位。从汝南周氏谱系传承看，其宗族虽有悠久的家世传承与深厚的乡里根基，但究之历代史籍，未见其家族人物在两汉时期世代冠冕蝉联之仕宦地位与经术传承之文化风貌。作为魏晋士族社会之成员，以其仕宦地位与文化表现而言，汝南周氏应当属于"新出门户"一类。[①] 西晋时期，周浚主要通过军功业绩提升自身地位，为其后人奠定基础。

《晋书》卷六一《周浚传》载："周浚字开林，汝南安成人也。父裴，[②] 少府卿。浚性果烈，以才理见知，有人伦鉴识。乡人史曜素微贱，众所未知，浚独引之为友，遂以妹妻之，曜竟有名于世"。由此可作两点分析：一是追溯周浚先辈仕宦，仅述其父周裴为"少府

---

① 关于魏晋士族之门户特征，田余庆先生在《东晋门阀政治》（北京大学出版社2012年版）《后论》之"旧族门户与新出门户"中有所论析："魏晋士族，就其一个个的宗族而言，可分为两个类别。一类是东汉的世家大族经过一个更新过程而来，基本上保持儒学传统而又多或少地兼染玄风，个别的已由儒入玄。他们在魏和西晋居于高位，被视作旧族门户。魏晋士族的另一类，多属乘时而起的所谓新出门户，不是来源于世家大族，一般都是习于玄学或者出入玄儒。他们的政治地位在魏和西晋迅速上升，入东晋后更为突出。"就其文化特征而言，"东汉世家大族得入魏晋士族，意识形态由儒入玄也是必要条件"。（第315页）

② "裴"，中华书局校点本校勘记："'裴'当作'斐'。斐著《汝南先贤传》五卷，见《隋书·经籍志》。"

卿",应该是曹魏时所任,绝无可能早于东汉末;二是周浚交结"素微贱"之乡人史曜,并"以妹妻之"。可见其先辈于汉代仕宦不显与门第意识淡薄,表明其家族门户之地位与影响主要囿于地方,属于地方豪族类型。① 至于周浚本人之仕宦经历,《晋书》本传载:"浚初不应州郡之辟,后仕魏为尚书郎。累迁御史中丞,拜折冲将军、扬州刺史,封射阳侯。随王浑伐吴,颇有战功,"以功进封成武侯,食邑六千户,赐绢六千匹。……后迁侍中,转少府,"以本官领将作大匠。改营宗庙讫,增邑五百户。后代王浑为使持节、都督扬州诸军事、安东将军,卒于任。三子:颛、嵩、谟。颛嗣爵,别有传云"。可见周浚之仕宦、军政活动主要在晋武帝时期,② 尤以参与灭吴之军功为著,得晋武帝信重,个人地位明显提升,为其子嗣及宗族的发展奠定了基础。《晋书》本传载:"武帝问浚:'卿宗后生,称谁为可?'答曰:'臣叔父子恢,称重臣宗;从父子馥,称清臣宗。'帝并召用。"可见周浚之军政功业及其地位,使其成为当时汝南周氏宗族最显著之代表。

---

① 周浚本人之婚媾,也体现其家族风尚与个人性格。《世说新语·贤媛篇》载:"周浚作安东时,行猎,值暴雨,过汝南李氏。李氏富足,而男子不在。有女名络秀,闻外有贵人,与一婢于内宰猪羊,作数十人饮食,事事精办,不闻有人声。密觇之,独见一女子,状貌非常,浚因求为妾。父兄不许。络秀曰:'门户殄瘁,何惜一女?若连姻贵族,将来或大益。'父兄从之。遂生伯仁兄弟。络秀语伯仁等:'我所以屈节为汝家作妾,门户计耳!汝若不与吾家作亲亲者,吾亦不惜余年。'伯仁等悉从命。由是李氏在世,得方幅齿遇。"《晋书》卷九六《列女·周𫖮母李氏传》所载大体相同,文句略有差异。对此,刘孝标有案语:"按《周氏谱》曰:'浚取同郡李伯宗女。'此云为妾,妄耳。"余嘉锡先生《世说新语笺疏》于此条下引程炎震推论云:"伯仁死于永昌元年壬午,年五十四。则生于泰始五年己丑。开林若于元康初为安东始纳络秀,伯仁已二十余岁。此之诬妄,不辩可明。孝标更以谱证之,尤为坚据。《晋书》犹取入《列女》,误矣。"由此可见,以周𫖮母李氏为其父之妾的相关记载,当有不实之处,或许将周浚晚年纳妾与其早年婚娶事混杂。由此记载可见由于周浚地位的提升,在地方已有"贵族"之誉,不过,其行事作风表现出典型的豪族特征,与世代传承之儒学士族有所差异。
② 关于周浚仕宦活动时间,《世说新语·贤媛篇》"周浚作安东时"条注引《八王故事》曰:"浚字开林,汝南安城人。少有才名。太康初,平吴,自御史中丞出为扬州刺史。元康初,加安东将军。"结合前引《晋书》本传,可见周浚初仕于曹魏,主要活跃于晋武帝时期,延至晋惠帝元康年间。

不过，置于士族社会总体而言，周浚只是一个注重军政实务的干能之士，尤以武力显，作风质朴，既少有儒学经术之积蕴，更未受魏晋玄学风尚之沾溉。时值士族社会文化、制度等转型之关头，汝南周氏之士族化，尚有赖于其子弟之积极融入玄学风潮，不断名士化，以跻身士族社会"新出门户"之行列。

（二）周顗之名士化及家族门望之提升

周浚诸子明显玄化，其中最为突出的代表人物是其长子周顗。周顗年少时已受玄风薰习，表现出了非凡的玄化气质。《晋书》卷六九《周顗传》载："周顗字伯仁，安东将军浚之子也。少有重名，神彩秀彻，虽时辈亲狎，莫能媟也。司徒掾同郡贲嵩有清操，见顗，叹曰：'汝颍固多奇士！自顷雅道陵迟，今复见周伯仁，将振其旧风，清我邦族矣。'广陵戴若思东南之美，举秀才，入洛，素闻顗名，往候之，终坐而出，不敢显其才辩。顗从弟穆亦有美誉，欲陵折顗，顗陶然弗与之校，于是人士益宗附之。"《世说新语·言语篇》"庾公造周伯仁"条注引《晋阳秋》也有载："顗有风流才气，少知名，正体嶷然，侪辈不敢媟也。汝南贲泰渊通清操之士，尝叹曰：'汝、颍固多贤士，自顷陵迟，雅道殆衰，今复见周伯仁，伯仁将祛旧风，清我邦族矣。'"①

两相比较，文意有所差异：一是《晋书·周顗传》称其"少有重名"云云，比较空泛，《晋阳秋》则载其少知名，"有风流才气"，指出其年少玄化之特征。二是有关贲泰对周顗之赞叹与期许，《晋书·周顗传》载贲泰称"自顷雅道陵迟，今复见周伯仁，将振其旧风，清我邦族矣"，《晋阳秋》则载为"自顷陵迟，雅道殆衰，今复见周伯仁，伯仁将祛旧风，清我邦族矣"，前者所谓"将振其旧风"，不无歧义，后者则为"将祛旧风"，明确为改变旧风，融入时流。由此

---

① 《建康实录》卷五《中宗元皇帝纪》载周顗"少有重名，神彩秀彻，司徒掾贲嵩见而叹曰：'汝、颍固多奇士！清我邦族，必有人矣！'"

可见，周颛年少时已受玄风熏染，以"风流才气"显，深得以"渊通清操"著称的乡邦名士贲泰之赞叹，期望其成为振衰起敝、引领新风的人物。

周颛少时当主要居于都城洛阳，士族名士汇聚，玄学氛围浓郁，这为周颛参与名士群体之交游提供了便利条件。其少时颇具清谈论辩之声名，前引文称戴若思"入洛，素闻颛名，往候之，终坐而出，不敢显其才辩"。戴若思于吴亡后入洛，其"素闻颛名"，可见周颛早已闻名南北。上引文称于时"人士益宗附之"，具有士族新锐名士代表的气质。又，《世说新语·方正篇》"周伯仁为吏部尚书"条周嵩称"君在中朝，与和长舆齐名"，可谓声名渐著。

周颛参预京洛新锐名士之雅集交游。《世说新语·品藻篇》载："王大将军在西朝时，见周侯辄扇障面不得住。后度江左，不得复尔。王叹曰：'不知我进，伯仁退。'"注引沈约《晋书》曰："周颛，王敦素惮之，见辄面热，虽复腊月，亦扇面不休，其惮如此。"王敦何以惧周颛，难以深究，① 但由此可见周颛在洛阳年少玄化名士群体交游圈的活动情况。② 在此过程中，周颛展现出了独特的风貌，

---

① 对此记述，刘孝标以为未必可信，故注云："敦性强梁，自少及长，季伦斩妓，曾无异色，若斯傲狠，岂惮于周颛乎？其言不然也。"余嘉锡《世说新语笺疏》于此条下案曰："《礼记·大学》曰：'小人闲居为不善，无所不至，见君子而后厌然。'小人惮君子，盖有发于不自觉者。……然则周侯之丰采，必有使王敦慑服之处，见辄障面，不可谓必无其事也。又案：《建康实录》五引《中兴书》曰：'王敦素惮颛，每见颛，辄面热。虽冬月仍交扇不休。'则沈约之言系采自《中兴书》，非取《世说》也。"（第510页）

② 关于王敦与周颛在洛阳之交往，王敦杀周颛后有回忆，《世说新语·尤悔篇》载："王大将军于众坐中曰：'诸周由来未有作三公者。'有人答曰：'唯周侯邑五马领头而不克。'大将军曰：'我与周，洛下相遇，一面顿尽。值世纷纭，遂至于此！'因为流涕。"注引邓粲《晋纪》曰："王敦参军有于敦坐樗蒲，临当成都，马头被杀，因谓曰：'周家奕世令望，而位不至三公，伯仁垂作而不果，有似下官此马。'敦慨然流涕曰：'伯仁总角时，与于东宫相遇，一面披衿，便许之三司。何图不幸，王法所裁。悽怆之深，言何能尽！'"由王敦"我与周，洛下相遇"云云，可见其洛下交游之情形。又，《晋书》卷六九《周颛传》亦载："颛之死也，敦坐有一参军樗蒲，马于头被杀，因谓敦曰：'周家奕世令望，而位不至三公，及伯仁及将登而坠，有似下官此马。'敦曰：'伯仁总角于东宫相遇，一面披襟，便许之三事，何图不幸自贻王法。'敦素惮颛，每见颛辄面热，虽复冬月，扇面手不得休。"

得到名士群体的舆论关注。《世说新语·言语篇》载:"世目周侯'嶷如断山。'"注引《晋阳秋》曰:"颛正情嶷然,虽一时俦类,皆无敢媟近。"

魏晋玄化名士普遍注重仪表容止,以显示其风采。这方面,周颛有突出表现。《世说新语·言语篇》载:"周仆射雍容好仪形,诣王公,初下车,隐数人,王公含笑看之。既坐,傲然啸咏。王公曰:'卿欲希嵇、阮邪?'答曰:'何敢近舍明公,远希嵇、阮!'"注引邓粲《晋纪》曰:"伯仁仪容弘伟,善于俛仰应答,精神足以荫映数人。深自持,能致人,而未尝往也。"由周颛"雍容好仪形"、"仪容弘伟"云云,可见其注重仪表,并以此体现其风度,颇具感染力,即所谓"精神足以荫映数人",深得名士群体赞誉,以致王导称其"卿欲希嵇、阮邪"。周颛不仅自身"雍容好仪形",而且以此评论其他名士,引领风尚。《世说新语·容止篇》载:"周伯仁道桓茂伦'嶔崎历落,可笑人。'"① 这是周颛对桓彝的称许。又,《世说新语·容止篇》载:"周侯说王长史父'形貌既伟,雅怀有概,保而用之,可作诸许物也。'"这是周颛对太原王濛父王讷的赏誉。

魏晋名士群体喜好雅集言谈,其中多关涉人物品评。两晋之际,周颛常成为名士群体聚焦之人物。《世说新语·言语篇》载:"庾公造周伯仁。伯仁曰:'君何欣说而忽肥?'庾曰:'君复何所忧惨而忽瘦?'伯仁曰:'吾无所忧,直是清虚日来,滓秽日去耳!'"可见周颛之崇尚"清虚",尤善清言,机锋锐利。于时名士群体之品藻人物,多将周颛与杰出名士相比附。《世说新语·品藻篇》载:"明帝问周伯仁:'卿自谓何如郗鉴?'周曰:'鉴方臣,如有功夫。'复问

---

① 《世说新语·容止篇》此条载周颛此语,又有"或云谢幼舆言"。对此,余嘉锡《世说新语笺疏》此条下笺疏引李治《敬斋古今黈》四曰:"周颛叹重桓彝云:'茂伦嶔崎历落,可笑人也。'渭上老人以为古人语倒,治以为不然。盖颛谓彝为人不群,世多忽之,所以见笑于人耳!此正言其美,非语倒也。"又引程炎震云:"《晋书》彝传亦谓周颛语。"

郗。郗曰：'周顗比臣，有国士之风。'"① 又，《世说新语·品藻篇》载："明帝问周伯仁：'卿自谓何如庾元规？'对曰：'萧条方外，亮不如臣；从容廊庙，臣不如亮。'"② 又，《世说新语·品藻篇》载："人问丞相：'周侯何如和峤？'答曰：'长舆嵯嶭。'"注引虞预《晋书》曰："峤厚自封植，嶷然不群。"可见当时将周顗与两晋名士和峤、庾亮、郗鉴等人相比，可见其声名。又，《世说新语·轻诋篇》载："庾元规语周伯仁曰：'诸人皆以君方乐。'周曰：'何乐？谓乐毅邪？'庾曰：'不尔，乐令耳！'周曰：'何乃刻画无盐，以唐突西子也。'"由于周顗声名卓著，多有征询其品藻与赏誉者。《世说新语·排调篇》载："明帝问伯仁：'真长何如人？'答曰：'故是千斤犗特。'王公笑其言。伯仁曰：'不如捲角牸，有盤辟之好。'"刘惔后来成为声名卓著的名士代表，晋明帝向周顗咨询其"何如人"，可见对其品鉴之重视。③

周顗品藻人物，赏誉后进，扬其声名，多加奖掖。《世说新语·方正篇》载："顾孟著尝以酒劝周伯仁，伯仁不受。顾因移劝柱，而语柱曰：'讵可便作栋梁自遇。'周得之欣然，遂为衿契。"注引徐广《晋纪》曰："顾显字孟著，吴郡人，骠骑荣兄子。少有重名，太兴中为骑郎。蚤卒，时人悼惜之。"周顗何以拒顾显之劝酒，或因

---

① 《世说新语·品藻篇》载："明帝问周侯：'论者以卿比郗鉴，云何？'周曰：'陛下不须牵颗比。'"刘孝标注曰："案颗死弥年，明帝乃即位。《世说》此言妄矣。"余嘉锡《世说新语笺疏》于此有案语："此即前条'明帝问周，周答'鉴方臣，如有工夫''一事，而纪载不同者也。孝标独驳此条，以其称'陛下'耳。"

② 对此条所载，刘孝标注曰："按诸书皆以谢鲲比亮，不闻周顗。"余嘉锡《世说新语笺疏》此条下有案曰："此条语意，全同谢鲲，必传闻之误也。"《世说新语·品藻篇》载："明帝问谢鲲：'君自谓何如庾亮？'答曰：'端委庙堂，使百僚准则，臣不如亮。一丘一壑，自谓过之。'"此特录之以供比对参酌。

③ 其中"犗"字，余嘉锡《世说新语笺疏》于此条下引《玉篇》释之，"犗之言割也。割去其势，故谓之犗。"余先生案语曰："真长年少有才，故伯仁比之骟牛。言其驯扰而有千斤之力也。"对于"不如捲角牸，有盤辟之好"，刘孝标注云："以戏王（导）也。"余嘉锡笺疏引《玉篇》释牸字曰"牸，母牛也"，"盤辟"即"逡巡"之意，"则盤辟为从容雅步，不能速行之貌也。牛老则卷角，筋力已尽，行步盤旋，不能速进。……是导在当时虽为元老宿望，而有不了事之称，故伯仁以此戏之。"（第797页）

其性格乖张，或出于侨旧歧视，难以深究，然顾显亦为名士，于是转而劝酒于柱以自嘲，并语含讥讽，周颛随即引为同道，"得之欣然，遂为衿契"。吴郡顾氏另一名士顾和亦名士性情而得周颛赏识，《世说新语·雅量篇》载："顾和始为扬州从事。月旦当朝，未入顷，停车州门外。周侯诣丞相，历车和边。和觅虱，夷然不动。周既过，指顾心曰：'此中何所有？'顾搏虱如故，徐应曰：'此中最是难测地。'周侯既入，语丞相曰：'卿州吏中有一令仆才。'"① 注引《中兴书》曰："和有操量，弱冠知名。"周颛赏识顾和之散淡行为与超拔心态，对王导称其为"令仆才"。

魏晋玄学风尚崇尚自然，名士群体不拘礼法，普遍"痛饮酒"，多有狂放不羁之任诞表现。两晋之际，周颛的相关表现尤具代表性。《晋书》卷六九《周颛传》载："颛在中朝时，能饮酒一石，及过江，虽日醉，每称无对。偶有旧对从北来，颛遇之欣然，乃出酒二石共饮，各大醉。及颛醒，使视客，已腐肋而死。"《世说新语·任诞篇》载："周伯仁风德雅重，深达危乱。过江积年，恒大饮酒。尝经三日不醒，时人谓之'三日仆射。'"注引《晋阳秋》曰："初，颛以雅望，获海内盛名，后屡以酒失。庾亮曰：'周侯末年，可谓风德之衰也。'"注引《语林》曰："伯仁正有姊丧，三日醉，姑丧，二日醉，大损资望。每醉，诸公常共屯守。"② 可见东晋立国之际，周颛位高权重，然其耽于酗酒，无论其"三日不醒"，还是"三日醒"，都表

---

① 《晋书》卷八三《顾和传》亦载此，文字略异。
② 余嘉锡《世说新语笺疏》于此条下有笺疏云："晏殊二十八引作'颛常醉，及渡江，三日醒。'马国瀚《语林》辑本注曰：'《御览》四百九十七引"周伯仁过江恒醉，止有姊丧三日醒，故丧三日醒也。"'案刘（孝标）引当与《御览》同。后人以《世说》有三日不醒语，遂改两醒字为两醉字。止讹为正，三讹为二。"对此，余嘉锡有案语曰："《御览》所引，于文理事情，皆较《世说》注为协。马说是也。《南史·陈庆之传》载庆之子豫与兄子秀书云'昔周伯仁度江，唯三日醒，吾不以兄为少'云云。正是用《语林》，可以为证。"又，《晋书》卷六九《周颛传》载："初，颛以雅望获海内盛名，后颇以酒失，为仆射，略无醒日，时人号为'三日仆射'。庾亮曰：'周侯末年，所谓风德之衰也。'"

明其"恒大饮酒",毫无节制,以致"屡有酒失",故庾亮讥之。①《晋书》本传载晋元帝司马睿曾特下诏书以劝诫,称其"屡以酒过,为有司所绳"云云。可以说,周𫖮南渡后,虽一度为晋元帝亲重,参决朝廷中枢,但他酗酒成性,基本处于醉酒状态。②

尤需强调指出,在冲击、对抗礼法方面,周𫖮任情纵性,极为狂放。《世说新语·任诞篇》载:"有人讥周仆射与亲友言戏,秽杂无检节。周曰:'吾若万里长江,何能不千里一曲。'"可见周𫖮平时"与亲友言戏,秽杂无检节",有意识地表现出任诞的特征。注引邓粲《晋纪》载有一则实例:"王导与周𫖮及朝士诣尚书纪瞻观伎。瞻有爱妾,能为新声。𫖮于众中欲通其妾,露其丑秽,颜无怍色。有司奏免𫖮官,诏特原之。"周𫖮此举可谓惊世骇俗,令人莫名惊诧,以致有论者以周𫖮之忠孝品德,当不至如此荒诞。对此,余嘉锡先生在《世说新语笺疏》此条下特作论证:"伯仁名德,似不宜有此。然魏、晋之间,蔑弃礼法,放荡无检,似此者多矣。《御览》八百四十五引《典论》曰:'孝灵末,常侍张让子奉为太医令,与人饮,辄去衣露形,为戏乐也。'可见此风起于汉末。本书《德行篇》曰:'王平子、胡毋彦国诸人皆以任放为达,或有裸体者。'注引王隐《晋书》曰:'魏末阮籍嗜酒荒放,露头散发,裸袒箕踞。其后贵游弟阮瞻、王澄、谢鲲、胡毋辅之之徒皆祖述于籍,谓得大道之本。故去巾帻,脱衣服,露丑恶,同禽兽。甚者名之为通,次者名之为达也。'伯仁与瞻等同时,不免名士习气,故其举动相同。特因其死在瞻等之后,晚年名德日隆,故不与诸人同科耳。或谓诸人裸袒,不过朋友作达,何至众中欲通人妾?不知王隐谓瞻等露丑恶,同禽兽,则亦何所不至!且此自是当时风气,亦不独瞻等为然也。《抱朴

---

① 关于周𫖮之"为仆射,略无醒日",《世说新语·雅量篇》"顾和始为扬州从事"条注引《语林》提供一则实例:"周侯饮酒已醉,箸白袷,凭两人来诣丞相。"可见其处理军政事务,基本处于醉酒状态。检点相关记载,类似事例颇多。

② 《晋书》卷六九"史臣曰"有论云:"𫖮招时论,尤其酒德,《礼经》曰'瑕不掩瑜',未足蹈其美也。"

子·疾谬篇》曰：'轻薄之人，迹厕高深。交成财赡，名位粗会，便背礼叛教，托云率任。才不逸伦，强为放达。以傲兀无检者为大度，以惜护节操者为涩少。于是腊月鼓垂，无赖之子，白醉耳热之后，结党合群，游不择类，携手联袂，以遨以集。入他堂室，观人妇女，指玷修短，评论美丑。或有不通主人，便共突前，严饰未办，不复窥听。犯门折关，踰垝穿隙，有似抄劫之至也。其或妾媵藏避不及，至搜索隐僻，就而引曳，亦怪事也。然落拓之子，无骨鲠而好随俗者，以通此为亲密，距此者为不恭。于是要呼愦杂，入室视妻，促膝之狭坐，交杯觞于咫尺。弦歌淫冶之音曲，以誂文君之动心。载号载呶，谑戏丑亵。穷鄙极黩，尔乃笑（此句疑脱一字）。乱男女之大节，蹈《相鼠》之无仪。然而俗习行惯，皆曰此乃京城上国公子王孙贵人所共为也。'沈约《宋书·五行志》一亦曰：'晋惠帝元康中，贵游子弟相与为散发倮身之饮，对弄婢妾。逆之者伤好，非之者负讥。希世之士，耻不与焉。盖胡翟侵中国之萌也。岂徒伊川之民，一被发而祭者乎？'二书之言，虽详略不同，而曲折相合，知当时之风气如此。伯仁大节无亏而言戏秽杂，盖习俗秽人，贤者不免。以彼任率之性，又好饮狂药，昏醉之后，亦复何所不至？固不可以一眚掩其大德，亦不必曲为之辩，以为必无此事。"余嘉锡先生依据魏晋以降之士风状况，特别是元康年间玄化狂放之徒刻意挑战、冲击礼法之相关行为表现，对周𫖮公然"露其丑秽"之举止，"不必曲为之辩，以为必无此事"。在两晋之际士族社会崇尚放达的后进名士群体中，周𫖮之狂饮与放纵颇具代表性。

其实，对于周𫖮之放纵，当时名士社会可谓众所周知，其晚年以德望显著，故其同类竟有人公然讥之。《世说新语·排调篇》载："谢幼舆谓周侯曰：'卿类社树，远望之，峨峨拂清天；就而视之，其根下群狐所托，下聚溷而已。'答曰：'枝条拂青天，不以为高；群狐乱于下，不以为浊。聚溷之秽，卿之所保，何足自称！'"对于权位、名望日重之周𫖮，作为放达之同类，谢鲲心情复杂，故调侃周𫖮，所言明显含有讥讽之意。对"根下群狐所托，下聚溷而已"

之语，刘孝标注曰："谓颛好媒渎故"，可谓直指其要害。可见在当时名士群体中，周颛确实素以"好媒渎"著称。

周颛弟周嵩、周谟也颇为玄化。《世说新语·雅量篇》载："周仲智饮酒醉，瞋目还面谓伯仁曰：'君才不如弟，而横得重名！'须臾，举蜡烛火掷伯仁。伯仁笑曰：'阿奴火攻，固出下策耳！'"又，《世说新语·识鉴篇》载："周伯仁母冬至举酒赐三子曰：'吾本谓渡江无托足所。尔家有相，尔等并罗列吾前，复何忧？'周嵩起，长跪而泣曰：'不如阿母言。伯仁为人志大而才短，名重而识暗，好乘人之弊，此非自全之道。嵩性狼抗，亦不容于世。唯阿奴碌碌，当在阿母目下耳！'"① 又，《世说新语·方正篇》载："周叔治作晋陵太守，周侯、仲智往别，叔治以将别，涕泗不止。仲智恚之曰：'斯人乃妇女，与人别唯啼泣！'便舍去。周侯独留，与饮酒言语，临别流涕，抚其背曰：'奴好自爱。'"注引邓粲《晋纪》载："周谟字叔治，颛次等也。仕至中护军。嵩字仲智，谟兄也。性绞直果侠，每以才气陵物。"由上引可见，周氏兄弟颇为率真任性，不拘一般家庭礼法，特别是周嵩，"性绞直果侠，每以才气陵物"，② 当其母面直言周颛品性之瑕疵，毫不留情，甚至以其兄周颛才、德不配位，醉酒后竟然"举蜡烛火掷伯仁"；为弟周谟饯行，以其啼泣不止，蔑视其"乃妇女"，竟"便舍去"。周嵩如此，表现出典型的任诞、狂狷的名士做派。

由上述可见，两晋之际，以周颛为代表的汝南周氏后进之士深受魏晋玄学风尚熏染，成为两晋之际声名卓著之名士，体现出其门风之玄化。这对其家族社会地位之提升，影响甚著。就个人而言，周颛已进入最具声名的玄化名士行列，并由此获得了显赫的社会声誉与实际权位，进而提升其家族雅望与社会地位，成为当时玄化高门之"新出门户"。上述周嵩以周颛"君才不如弟，而横得重名"，

---

① 《晋书》卷九六《列女·周颛母李氏传》也有大意相同的记载。
② 《晋书》卷六一《周浚传附周嵩传》。又，《晋书》卷九六《列女·周颛母李氏传》载"嵩性抗直"。

"为人志大而才短，名重而识暗，好乘人之弊"云云，固然出于其"绞直"之个性，以致兄弟相妒，但也表明周嵩对周顗何以"横得重名"颇为不解。究其根本，主要在于周顗自觉顺应时代风尚，积极主动地融入玄化风潮，从而"以雅望获海内盛名"，南渡江左后以"德望素重"享誉士林。① 在当时，无论哪种类型的世家大族，不预玄化，皆难以维系其门户声誉与地位，诚如田余庆先生所指出："魏晋以来，玄学逐渐取代了儒学的统治地位，过去的世家大族阶层也逐渐演变而成士族阶层。……两晋时期，儒学家族如果不入玄风，就产生不了为世所知的名士，从而也不能继续维持其尊显的士族地位。东晋执政的门阀士族，其家庭在什么时候、以何人为代表、在多大程度上由儒入玄，史籍都班班可考。他们之中，没有一个门户是原封不动的儒学世家。东晋玄学一枝独秀，符合门阀政治的需要。"② 两晋之际，汝南周氏门户地位得以振作勃兴，其代表人物一度影响政局走向，可谓当时玄化士族社会"新出门户"之典型。

两晋之际汝南周氏家族文化风尚之更新变异，除了深受玄风薰习，其代表人物普遍积极玄化外，另一个突出表现是周氏名士信奉佛法。魏晋以来，士大夫群体之奉佛渐成风尚，汝南周氏名士之相关表现堪称代表。周顗与佛教义学高僧有所交往，对具有代表性的玄化高僧有所品鉴与题目。《世说新语·赏誉篇》载："时人欲题目高坐而未能，桓廷尉以问周侯，周侯曰：'可谓卓朗。'桓公曰：'精神渊箸。'"注引《高坐传》曰："庾亮、周顗、桓彝一代名士，一见和尚，披衿致契。曾为和尚作目，久之未得，有云：'尸利密可称卓朗。'于是桓始咨嗟，以为标之极似。宣武尝云：'少见和尚，称其精神渊箸，当年出伦。'其为名士所叹如此。"高坐法师是一位颇具玄化色彩的域外高僧，周顗等见之，无不"披衿致契"，当时诸名士"欲题目高坐而未能"，桓彝以此问周顗，周顗称其"卓朗"。

---

① 《晋书》卷六九《周顗传》。
② 前揭《东晋门阀政治·后论》之六"门阀士族的文化面貌"，第339—340页。

这不仅体现出周𫖮在名士群体中品评之影响，而且展示出玄佛交融的精神气韵。周𫖮之所以能对高坐法师做出"标之极似"之品鉴，与其相互交往密切相关。《世说新语·言语篇》"高坐道人不作汉语"条注引《高坐别传》曰："和尚胡名尸黎密，西域人。……永嘉中，始到此土，止于大市中。和尚天姿高朗，风韵道迈。丞相王公一见奇之，以为吾之徒也。周仆射领选，抚其背而叹曰：'若选得此贤，令人无恨。'俄而周侯遇害，和尚对其灵坐，作胡祝数千言，音声高畅，既而挥涕收泪，其哀乐废兴皆此类。"可见周𫖮与高坐法师交往密切，相知甚深。

周𫖮子周闵亦奉佛。《太平广记》卷一一三"周闵"条引《冥祥记》载："周闵，汝南人，晋护军。世奉佛法。苏峻之乱，邑人皆东西播迁，闵家有《大品》一部，以半幅八丈素，反复书之。又有他经数部，《大品》亦杂在其中。既当避难单行，不能得尽持去，尤惜《大品》，不知在何部中。仓卒而去，徘徊叹惋，不觉《大品》忽自出外，闵惊喜持去。周氏遂世宝之，至今尚在。"此言周闵"世奉佛法"，可推知其家族魏晋以来已染佛法。

周嵩奉佛甚笃，《世说新语·方正篇》"周叔治作晋陵太守"条注引《晋阳秋》载："嵩事佛，临刑犹诵佛经。"《晋书·周浚传附周嵩传》亦载："嵩精于事佛，临刑犹于市诵经云"。《弘明集》卷一《正诬篇》载："诬曰：'周仲智奉佛亦精进，而竟复不蒙其福云云'。正曰：'寻斯言，似乎幸人之灾，非通言也。仲智虽有好道之意，然意未受戒为弟子也。论其率情亮直，具涉俊上，自是可才，而有强梁之累，未合道家婴儿之旨矣。以此而遇忌胜之雄，丧败理耳。'"《太平广记》一一三引《冥祥记》曰："周嵩妇胡母氏有素书《大品》，其素广五寸，而《大品》一部尽在焉。又并有舍利、银罂实之，并缄于深箧中。永嘉之乱，胡母氏时避兵南奔，经及舍利自出箧外，因求怀之，以渡江东。又尝遇火，不暇取经，及屋尽火灭，得之于灰烬之下，俨然如故。会稽王道子就嵩曾孙云求以供养，后尝暂在新渚寺。刘敬叔云，曾亲见此经，字如麻子，点划分明。新渚寺今天安是也。此经盖得道僧慧则所写也。或云，尝在简靖，道尼转诵。"①

汉魏以降，随着大一统集权统治的崩溃与玄学思潮的兴起，佛教传播日益广泛，一些玄学士大夫引佛理以入玄，出现了玄佛合流的趋向，延至东晋，玄佛交融蔚为风尚。在此过程中，周𫖮、周嵩兄弟作为名士代表，以其相关活动与表现，引领玄佛融汇之风潮。

二 汝南周氏名士对东晋初年政局趋向之影响

周𫖮兄弟的社会政治活动主要表现为参与东晋立国与维护政局稳定。

周氏家族之发展与江南颇有关联。前述周浚之军政仕历与功业，其早年出任扬州刺史，参与灭吴之役，晚年为安东将军、都督扬州诸军事。《晋书》本传载"浚既济江，与（王）浑共行吴城垒，绥抚新附"，其后"移镇秣陵"，针对"时吴新平，屡有逃亡者，频讨平之。宾礼故老，搜求俊义，甚有威德，吴人悦服"。可见周浚对西晋统一孙吴、稳定东南多有贡献。②然延及永嘉之乱，西晋崩溃，中

---

① 对上引《太平广记》所引《冥祥记》，《法苑珠林》卷一八《敬法篇·感应缘》"晋汝南周闵"条也有大意相同之记载，文字略有差异："晋周闵，汝南人也，晋护军将军。家世奉佛。苏峻之乱，都邑人士皆东西波迁。闵家有《大品》一部，以半幅八丈素，反覆书之。又有余经数囊，《大品》亦杂在其中。既当避难单行，不能得尽持之，尤惜《大品》，不知在何囊中。仓卒应去，不展搜寻，徘徊叹诧，不觉《大品》忽自出外，闵惊喜，持去。周氏遂世宝之，今云尚在。一说云：周嵩妇胡母氏有素书《大品》，素广五寸，而《大品》一部尽在焉。又并有舍利、银罂贮之，并缄在深箧。永嘉之乱，胡母避兵南奔，经及舍利自出箧外，因取怀之，以渡江东。又尝遇火，不暇取经，及屋尽火灭，得之于灰烬之下，俨然如故。会稽王道子就曾孙云求以供养，后尝暂在新渚寺。刘敬叔云：曾亲见此经，字如麻大，巧密分明。新渚寺，今天安是也。此经盖得道僧释慧则所写也。或云，尝在简靖寺，靖首尼读诵之。"
② 毋庸讳言，周浚在灭吴后出于稳定江南局势的考虑，采取了一些"绥抚新附"的举措，但就其内在心态而言，作为北人征服者，他对南人则心存轻视。《晋书》卷六一《周浚传》载："初，吴之未平也，浚在弋阳，南北互市，而诸将多相袭夺以为功。吴将蔡敏守于沔中，其兄珪为将在秣陵，与敏书曰：'古者兵交，使在其间，军国固当举信义以相高。而闻疆场之上往往有袭夺互市，甚不可行，弟慎不可为小利而忘大备也。'候者得珪书以呈浚，浚曰：'君子也。'及渡江，求珪，得之，问其本，曰："汝南人也。"浚戏之曰：'吾固疑吴无君子，而卿果吾乡人。'"由此可见其对南人之轻视。这是当时南北分离与诸差异所决定的。

原士庶南迁，汝南周氏也裹挟其中，周浚诸子南渡江左后，参与东晋之创建。①

关于周颛在中朝之仕历，《晋书》卷六九《周颛传》载："州郡辟命皆不就。弱冠，袭父爵武城侯，拜秘书郎，累迁尚书吏部郎。东海王越子毗为镇军将军，以颛为长史。"周颛随司马毗出镇，匈奴刘聪等攻破洛阳，晋怀帝被俘，西晋重臣荀藩、荀组等扶持秦王司马邺（即晋愍帝），南奔至密，组建行台。当时天水人阎鼎招集流民数千人于密，荀藩以其拥众而附之，以阎鼎为冠军将军、豫州刺史，中书令李晅、司徒左长史刘畴、太傅参军邹捷、刘蔚、镇军长史周颛、司马李述等为参佐。不过，这一流亡政权很快发生内讧。《晋书》卷六〇《阎鼎传》载："鼎少有大志，因西土人思归，欲立功乡里，乃与抚军长史王毗、司马傅逊怀翼戴秦王之计，……畴等皆山东人，咸不愿西入，荀藩及畴、捷等并逃散。鼎追藩不及，晅等见杀，唯颛、述走得免"。其中周颛携其家族流迁江左，投依琅邪王司马睿。②

众所周知，东晋之创建，实以王导、王敦兄弟为代表的琅邪王氏家族主导其事，其中王导居于中枢，王敦总揽上流征伐，扶助司马睿以立国，从而形成了"王与马，共天下"的门阀政治格局。《晋书》卷九八《王敦传》载："帝初镇江东，威名未著，敦与从弟

---

① 汝南周氏宗族南迁者不止周浚后人一个房支，《元和姓纂》卷五还载有永安黄州周氏，"状称（周）仁之后，代居黄州"，《新唐书》卷七四下《宰相世系表下》载："永安周氏亦出决曹掾燕。九世孙防，防十三世孙灵超。其先避西晋之乱，南徙居永安黄冈"。又，寻阳周氏，《元和姓纂》卷五载"晋梁州刺史周访"云云。《晋书》卷五八《周访传》载："周访字士达，本汝南安城人也。汉末避地江南，至访四世。吴平，因家庐江寻阳焉。祖纂，吴威远将军。父敏，左中郎将。"可见，周访之先祖于汉末南渡，仕于孙吴，晋灭吴后安置于庐江寻阳。

② 前引《世说新语·识鉴篇》、《晋书》卷九六《列女·周颛母李氏传》载周颛母李氏冬至置酒，举裘赐三子曰"吾本谓度江托足无所"云云，可见周颛当携其母、弟而举家南奔。对于周颛南奔江左，王夫之《读通鉴论》卷一二晋愍帝一条有论云："天下所仅全者江东耳，而汝、洛荒残，则声势不足以相及；贾疋、索綝、麴允崛起乍之旅，不足以系九鼎明矣。周颛等之中道而遁，非蒽怯而背义也，知其亡在旦夕，而江东之犹可为后图也。"

导等同心翼戴，以隆中兴，时人为之语曰：'王与马，共天下。'"在此过程中，无论琅邪王氏执政之权臣，还是晋元帝司马睿，无不致力招揽、笼络南北士族名士群体，以作为立国之基础与根本。然王、马合作过程中必然多有矛盾，以致最终引发王敦变乱的军事冲突。周顗南迁江左及其相关政治态度、倾向与作为，正与此历史背景密切相关。

（一）晋元帝对周氏兄弟之重用与优遇

作为颇具声名的中朝名士，[①] 周顗南渡江左，对至江东未久的司马睿而言，自是重要收获，必当尽力收拢，委以重任。《晋书》卷六《元帝纪》载："永嘉初，用王导计，始镇建邺，以顾荣为军司马，贺循为参佐，王敦、王导、周顗、刁协并为腹心股肱，宾礼名贤，存问风俗，江东归心焉。"《晋书》周顗本传载："元帝初镇江东，请为军谘祭酒，出为宁远将军、荆州刺史、领护南蛮校尉、假节。"西晋末年，荆州一带流民聚集，变乱不已，稳定上流局势，直接关乎东晋之立国。然周顗"始到州，而建平流人傅密等叛迎蜀贼杜弢，顗狼狈失据。陶侃遣将吴寄以兵救之，故顗得免，因奔王敦于豫章。"作为任诞名士，周顗初渡江，元帝即以其代替王澄，出刺荆州，颇有深意。当时王敦主持上流征讨，元帝当有培植新的军政势力以制衡王敦上流权势之目的，只是由于周顗缺乏军政干才而未得成效。[②] 司马睿不久"召为扬威将军、兖州刺史。顗还建康，帝留不

[①] 《晋书》卷七五《王湛传附王承传》载其为太原王氏玄化代表，"及至建邺，为元帝镇东府从事中郎，甚见优礼。承少有重誉，而推诚接物，尽弘恕之理，故众咸亲爱焉。渡江名士王导、卫玠、周顗、庾亮之徒皆出其下，为中兴第一。"由此可见，周顗在两晋之际南渡名士群体中的卓著声誉。

[②] 《晋书》卷六六《陶侃传》载当时陶侃受命攻打杜弢，"时周顗为荆州刺史，先镇浔水城，贼掠其良口。侃使部将朱伺救之，贼退保泠口。"陶侃应对有方，屡获胜，"遣参军王贡告捷于王敦，敦曰：'若无陶侃，便失荆州矣。伯仁方入境，便为贼所破，不知那得刺史？'"表面而言，此言表明王敦对周顗无军政干才的讥刺，但深究而言，透露出作为总揽上流征伐的王敦，明显表现出对晋元帝以周顗刺荆颇为不满，他当不难猜度出司马睿得这一用人动机，故有此言。

遣，复以为军谘祭酒，寻转右长史。中兴建，补吏部尚书。……太兴初，更拜太子少傅，尚书如故。……转尚书左仆射，领吏部如故。"可见周𫖮初至江东，司马睿即任之为荆州刺史，参与上流征伐重任，其"狼狈失据"后，征召入朝，任以吏部尚书、尚书左仆射等中枢要职与德望尊显之太子少傅，领护军将军等。周𫖮上疏让少傅，"臣退自循省，学不通一经，智不效一官，止足良难，未能守分，遂忝显任，名位过量。不悟天鉴忘其顽弊，乃欲使臣内管铨衡，外忝傅训，质轻蝉翼，事重千钧，此之不可，不待识而明矣。若臣受负乘之责，必贻圣朝惟尘之耻，俯仰愧惧，不知所图。"仔细体味周𫖮之疏文，由"使臣内管铨衡，外忝傅训"，他深感司马睿的信重，而"未能守分，遂忝显任，名位过量"云云，虽不无谦辞，但确实少有军政实绩。可以说，周𫖮得以进入朝廷中枢、参与核心决策，主要在于司马睿有意提携与培植。① 需要强调的是，作为任诞名士代表，周𫖮酗酒纵性，屡遭弹劾，元帝屡加庇护。《晋书》本传载其或为"有司所纠，白衣领职"，或免官不久即复职，特别是厉声斥责自比尧舜，以致帝怒而"手诏付廷尉，将加戮"，终赦之，周𫖮自信"近日之罪固知不至于死"；后"荒醉失仪，复为有司所奏"，元帝诏曰："𫖮参副朝右，职掌铨衡，当敬慎德音，式是百辟。屡以酒过，为有司所绳。吾亮其极欢之情，然亦是濡首之诫也。𫖮必能克己复礼者，今不加黜责。"可见晋元帝对其确实优容有加。

周𫖮弟周嵩，也得晋元帝提携与优容。《晋书·周浚传附周嵩传》载"元帝作相，引为参军。及帝为晋王，又拜奉朝请"。因一再忤旨，以致"帝怒，收付廷尉"，廷尉华恒"以大不敬弃市论"，然"时𫖮方贵重，帝隐忍"，拜御史中丞。周𫖮次弟周谟，《晋书·周浚传附周谟传》载"谟以𫖮故，频居显职"。

---

① 《晋书》卷六一《周浚传附周谟传》载其为周𫖮请求追赠，疏文言："臣亡兄𫖮，昔蒙先帝顾眄之施，特垂表启，以参戎佐，显居上列，遂管朝政，并举群后共隆中兴，仍典选曹，重蒙宠授，忝位师傅，得与陛下揖让抗礼，恩结特隆。加以鄙族结婚帝室，义深任重，庶竭股肱，以报所受。"可见晋元帝对周𫖮之优遇。

由上述可见，周顗兄弟南迁江左后，颇得晋元帝司马睿提携，特别对周顗，甚为钦重，委以内外军政要职，得入中枢决策之核心，而对其任情荒纵，则多加包容。司马睿此举，显然意在通过奖掖、提携周顗诸人，以增强其对士族名士群体的感召力，巩固其统治基础，进而有助于其制衡、抑制士族权门代表之琅邪王氏。

（二）琅邪王氏对周顗之笼络

周顗南渡后，以王导为代表的琅邪王氏代表人物亦加以笼络。《晋书》本传载周顗于荆州失利后一度投附王敦，"敦留之。军司戴邈曰：'顗虽退败，未有苞众之咎，德望素重，宜还复之。'敦不从。"王敦有意留周顗，应当出于招揽名士，以借其声名，扩展自身声望。① 王敦起兵后，尚有重用周顗之意，《晋书》卷四九《谢鲲传》载："初，敦谓鲲曰：'吾当以周伯仁为尚书令，戴若思为仆射。'"② 又，《晋书》周顗本传载王敦攻克建康，"敦既得志，问（王）导曰：'周顗、戴若思南北之望，当登三司，无所疑矣。'导不答。又曰：'若不三司，便应令仆邪？'又不答。敦曰：'若不尔，正当诛尔。'导又无言。"可见王敦素重周顗之名望，一度以为"当登三司，无所疑矣"，"若不三司，便应令仆"。王敦之所以如此，在于周顗在当时士林中确实具有崇高之声誉。

王导长期处于中枢执政地位，作为名士群体之政治领袖，时常组织清谈雅集，延揽南北士族人物，他与周顗交往最为频繁、密切。

---

① 王敦与周顗在洛阳早有密切交往，周顗荆州遭挫而投附，王敦有所护持，故始终以为有恩于周顗，后来王敦起兵进攻建康，周顗奉命率兵抵抗而失败，《晋书》卷六九《周顗传》载："既而王师败绩，顗奉诏诣敦，敦曰：'伯仁，卿负我！'"正因为如此，对于诛杀周顗，王敦内心有所不安，有损声誉。

② 正因为王敦曾有重用周顗之意，后来谢鲲有进言，《晋书》卷四九《谢鲲传》载："及至都，（敦）复曰：'近来人情何如？'鲲对曰：'明公之举，虽欲大存社稷，然悠悠之言，实未达高义。周顗、戴若思，南北人士之望，明公举而用之，群情帖然矣。'是日，敦遣兵收周、戴，而鲲弗知，敦怒曰：'君粗疏邪！二子不相当，吾已收之矣。'鲲与顗素相亲重，闻之愕然，若丧诸己。"

《世说新语·言语篇》载："过江诸人,每至美日,辄相邀新亭,藉卉饮宴。周侯中坐而叹曰:'风景不殊,正自山河之异!'皆相视流泪。唯王丞相愀然变色曰:'当共勠力王室,克服神州,何至作楚囚相对!'"①可见南渡之初,周顗面对江左之局势,一度心态沮丧,王导以"勠力王室,克服神州"相激励。又,《世说新语·赏誉篇》载:"周侯于荆州败绩还,未得用。王丞相与人书曰:'雅流弘器,何可得遗?'"注引邓粲《晋纪》亦载:"顗为荆州,始至,而建平民傅密等叛迎蜀贼。顗狼狈失据,陶侃救之,得免。顗至武昌投王敦,敦更选侃代顗。顗还建康,未即得用也。"可见周顗荆州败绩返建康"未即得用",王导以其"雅流弘器,何可得遗",其相关任用,当得王导之助力。

王导与周顗交往甚密,相互间以机锋相竞,轶事颇多。前引《世说新语·言语篇》载:"周仆射雍容好仪形,诣王公,初下车,隐数人,王公含笑看之。既坐,傲然啸咏。王公曰:'卿欲希嵇、阮邪?'答曰:'何敢近舍明公,远希嵇、阮!'"又,《晋书·周顗传》载:"王导甚重之,尝枕顗膝而指其腹曰:'此中何所有也?'答曰:'此中空洞无物,然足容卿辈数百人。'导亦不以为忤。"②前引《世说新语·排调篇》载:"明帝问伯仁曰:'真长何如人?'答曰:'故是千斤犗特。'王公笑其言。伯仁曰:'不如捲角牸,有盘辟之好。'"有意调侃王导。又,《世说新语·排调篇》载:"王公与朝士共饮酒,举琉璃盌谓伯仁曰:'此盌腹殊空,谓之宝器,何邪?'答

---

① 《晋书》卷六五《王导传》载:"桓彝初过江,见朝廷微弱,谓周顗曰:'我以中州多故,来此欲求全活,而寡弱如此,将何以济!'忧惧不乐。往见导,极谈世事,还,谓顗曰:'向见管夷吾,无复忧矣。'"可见两晋之际周顗在南迁人士中颇具地位,桓彝过江即拜访周顗。又,《晋书》卷六七《温峤传》载:"王导、周顗、谢鲲、庾亮、桓彝等并与亲善。于时江左草创,纲维未举,峤殊以为忧。及见王导共谈,欢曰:'江左自有管夷吾,吾复何虑!'"可见周顗与诸名士之交集及其地位。

② 《晋书》所载,当综合《世说新语》相关条目及其他文献,其中《世说新语·排调篇》载:"王丞相枕周伯仁膝,指其腹曰:'卿此中何所有?'答曰:'此中空洞无物,然容卿辈数百人。'"《晋书》叙此有"王导甚重之"、"导不以为忤"诸语,颇合史实与本文旨意,故此处正文引《晋书》。

曰：'此盌英英，诚委清澈，所以为宝耳！'"王导所言"此盌腹殊空"云云，刘孝标注曰："以戏周之无能"。王导问周顗腹中何有，或讥讽其无实务干能，但由此可见相互间颇为亲密随意。作为风雅名士，周顗声名甚著，虽缺乏军政能力，但王导与过从甚密，称其为"雅流弘器"，有所举荐，这是当时士族社会的文化风尚与相关局势所决定的。以此推论，王导与周顗谈论中互有讥讽，实际上当有劝诫之意。周顗晚年为政作风有所变化，以德望显，或与王导之激励不无关系。

周顗与其他琅邪王氏人物也有所交结。《晋书》卷七六《王廙传附王彬传》载"彬与顗善"，以致王敦杀害周顗后，王彬"往哭顗，甚恸"，并对王敦称"向哭伯仁，情不能已"，以致王敦怒之，挑拨说"伯仁自致刑戮，且凡人遇汝，复何为者哉"，但王彬依然称颂其品德。可见周顗与王彬关系颇为密切，相知甚深。① 又，《世说新语·汰侈篇》载："王右军少时，在周侯坐。割牛心啖之，于此改观。"刘孝标注云："俗以牛心为贵，故羲之先飡之。"又，《晋书》卷八〇《王羲之传》载："羲之幼讷于言，人未之奇。年十三，尝谒周顗，顗察而异之。时重牛心炙，坐客未啖，顗先割啗羲之，于是始知名。"对于年少的王羲之，周顗先"割牛心啖之"，有助于提升其声名。

（三）周顗参预之廷议与中枢事务

作为风雅名士，周顗在东晋立国过程中参与的具体军事务史载不多，除王敦之乱外（下文详论），可述者有二。

其一，关于复肉刑之议。据《晋书》卷三〇《刑法志》，河东人卫展，"及帝即位，展为廷尉"，建议恢复"肉刑"，② 元帝有意行

---

① 《世说新语·识鉴篇》"王大将军既亡"条注引《王彬别传》也载"彬与顗素善"。
② 《晋书》卷三六《卫瓘传》载卫展"永嘉中，为江州刺史，累迁晋王大理。……中兴建，为廷尉，上疏宜复肉刑，语在《刑法志》。"

之，诸朝臣受命疏议，其中"尚书周顗、郎曹彦、中书郎桓彝等议，以为：'复肉刑以代死，诚是圣王之至德，哀矜之弘私。然窃以为刑罚轻重，随时而作。时人少罪而易威，则以轻而宽之；时人多罪而难威，则宜化刑而济之。肉刑平世所应立，非救弊之宜也。方今圣化草创，人有余奸，习恶、之徒，为非未已，截头绞颈，尚不能禁，而乃更断足劓鼻，轻其刑罚，使欲为恶者轻犯宽刑，蹈罪更众，是为轻其刑以诱人于罪，残其身以加楚酷也。昔之畏死刑为善人者，今皆犯轻刑而残其身，畏重之常人，反为犯轻而致囚，此则何异断刖常人以为恩仁邪！受刑者转广，而为非者日多，踊贵屦贱，有鼻者丑也。徒有轻刑之名，而实开长恶之源。不如以杀止杀，重以全轻，权小停之。须圣化渐著，兆庶易威之日，徐施行也。'"可见对于是否恢复肉刑，周顗等人虽未明确反对，但显然以为不合时宜，主张不便施行。从当时情况看，周顗所言代表了士族朝臣的主流倾向，《晋书·刑法志》载："议奏，元帝犹欲从展所上，大将军王敦以为：'百姓习俗日久，忽复肉刑，必骇远近。且逆寇未殄，不宜有残酷之声，以闻天下。'于是乃止。"可见在相关重大政策变动方面，周顗站在士族社会共同体立场上做出判断与抉择，并非一味附和君主之意。

其二，有关晋元帝立嗣之争。《世说新语·方正篇》载："元皇帝既登祚，以郑后之宠，欲舍明帝而立简文。时议者咸谓：'舍长立少，既于理非伦，且明帝以聪亮英断，益宜为储副。'周、王诸公，并苦争恳切。唯刁玄亮独欲奉少主，以阿帝旨。元帝便欲施行，虑诸公不奉诏。于是先唤周侯、丞相入，然后欲出诏付刁。周、王既入，始至阶头，帝逆遣传诏，遏使就东厢。周侯未悟，即却略下阶。丞相披拨传诏，迳至御床前曰：'不审陛下何以见臣。'帝默然无言，乃探怀中黄纸诏裂掷之。由是皇储始定。周侯方慨然愧叹曰：'我常自言胜茂弘，今始知不如也。'"这一记载颇具戏曲性，未必尽合史实。注引《中兴书》载："元皇以明帝及琅邪王裒并敬后所生，而谓裒有大成之度，胜于明帝，因从容问王导曰：'立子以德不以年，今二子孰贤？'导曰：'世子、宣城俱有爽明之德，莫能优劣。如此，故当以年。'于是更封哀为琅邪王。"对此，刘孝标注曰："而此与《世说》互异，然法盛采撫典故，何以为实？且从容调谏，理或可安。岂有登阶一言，曾无奇说，便为改计乎？"刘孝标以《世说》所载与《中兴书》对照，以为《世说》所述不合情理。余嘉锡《世说新语笺疏》此条下引李慈铭曰："案简文崩时年五十三。当元帝之崩，未三岁耳。是年三月𫖮即被害。果如此言，又当在前。儿甫堕地，便欲废立，揆之理势，断为虚诬。"李慈铭以为晋元帝不可能以出生未久之简文为嗣。毋庸置疑，晋元帝确实有更易继嗣之意，当如《中兴书》所载有意以司马哀代替晋王世子司马绍。《晋书》卷六五《王导传》载："初，帝爱琅邪王哀，将有夺嫡之议，以问导。导曰：'夫立子以长，且绍又贤，不宜改革。'帝犹疑之。导日夕陈谏，故太子定。"①由此推测，在晋元帝谋划废立继嗣过程中，周𫖮与王导的态度基本一致，而与元帝宠臣刁协相左，从而确立了司马绍的太子位。

由上述两事，可见周𫖮在参决中枢过程中，其政治态度与作为是比较理性稳健的，涉及相关具体国策与人事更易，与琅邪王氏为代表的士族社会的主流政见基本一致。

（四）周𫖮兄弟在王、马相争中的表现及影响

晋元帝称帝后，有意改变"王与马，共天下"的格局，"用申韩以救世"，②力图强化君主专制集权，对以琅邪王氏为代表的门阀士族社会有所抑制与打压。实际上，王、马之间的矛盾早已有之，东晋立国过程中，始终存在着琅邪王氏与司马睿两个阵营曲折隐晦的

---

① 《晋书》卷六四《元四子·琅邪王哀传》也相关记载："琅邪王哀字道成，母荀氏，以微贱入宫，元帝命虞氏养之。……及帝为晋王，有司奏立太子，帝以哀有成人之量，过于明帝，从容谓王导曰：'立太子以德不以年。'导曰：'世子、宣城俱有朗俊之目，因当以年。'于是太子位遂定。"

② 《晋书》卷四九《阮籍传附阮孚传》。

对抗。① 司马睿称帝后则名正言顺地实施强化君权的相关举措，双方矛盾日益激化，最终演变为军事冲突。大体而言，司马睿强化君权之举措主要有二。

其一，在中枢朝政方面，宠幸刘隗、② 刁协③等人，排斥王导。刘、刁之外，戴若思④、周𫖮等人也受倚重，委以军政要职。具体就周𫖮而言，前文已述其太兴年间为尚书左仆射，领吏部尚书，又为

---

① 唐长孺先生在《王敦之乱与所谓刻碎之政》一文（收入氏著《魏晋南北朝史论拾遗》，中华书局1983年版）中指出："元帝与王氏的矛盾，在政策上是'以法御下'和'务在清静'的对立。根据记载，矛盾由来已久，或者可以说，在元帝渡江后不久就已产生，具体反映在刘隗、刁协的被宠任。由于那时元帝在政治上特别在军事上并没有足够的力量可以威胁王氏，同时王氏也还难以取得南北士族必要的支持，因此在彼此克制的情况下暂时相安。到太兴三、四年间（320—321），矛盾日益尖锐，元帝任命亲信大臣分居方镇，积极组织军队，充实军备，而组织军队和粮运的措施又广泛损害了士族和大小地主豪强的利益，使王敦获得更多的支持。于是矛盾迅速激化，一场内战爆发了。"（第156—157页）又指出："我们认为王敦之乱是长期以来王、马之争亦即帝室与南北士族之争的总爆发。二者之间的矛盾早在元帝渡江之始就已有迹象，到元帝即位时更有发展。"（第165页）可见王、马之争由来已久，涉及双方施政理念、相关政策等分歧。

② 《晋书》卷六九《刘隗传》载"隗雅习文史，善求人主意，帝深器遇之。迁丞相司直，委以刑宪"，对诸多士族文武重臣予以弹劾，其中"南中郎将王含以族强显贵，骄傲自恣，一请参佐及守长二十许人，多非其才。隗劾奏文致甚苦，事虽被寝，王氏深疾之。而隗之弹奏不畏强御，皆此类也。"又奏丞相府处狱失当，迫使"右将军王导等上疏引咎，请解职"。元帝称晋王，拜为御史中丞，元帝即位，"长兼侍中，赐爵都乡侯，寻代薛兼为丹杨尹，与尚书令刁协并为元帝所宠，欲排抑豪强。诸刻碎之政，皆云隗、协所建。"

③ 《晋书》卷六九《刁协传》载其避难渡江，元帝"以为镇东军谘祭酒，转长史。……元帝为丞相，以协为左长史。中兴建，拜尚书左仆射。……太兴初，迁尚书令，在职数年，加金紫光禄大夫，令如故。协性刚悍，与物多忤，每崇上抑下，故为王氏所疾。又使酒放肆，侵毁公卿，见者莫不侧目。然悉力尽心，志在匡救，帝甚信任之。以奴为兵，取将吏客使转运，皆协所建也，众庶怨望之。"

④ 《晋书》卷六九《戴若思传》载其广陵人，自祖辈南徙吴地，"元帝召为镇东右司马。……帝为晋王，以为尚书。中兴建，为中护军，转护军将军、尚书仆射，皆辞不拜。出为征西将军、都督兖豫幽冀雍并六州诸军事、假节，加散骑常侍。发投刺王官千人为军吏，调扬州百姓奴万人为兵配之，以散骑常侍王遐为军司，镇寿阳，与刘隗同出。帝亲幸其营，劳勉将士，临发祖饯，置酒赋诗。"

护军将军,参决中枢军政。①晋元帝通过对刘隗、刁协及戴若思、周颛等人的任用,很大程度上分解、削弱乃至架空了王导的中枢行政议决大权。对此,《晋书·王导传》载:"及刘隗用事,导渐见疏远,任真推分,澹如也。有识者咸称导善处兴废焉。"实际上,王导遭受如此境遇,内心极为不满,《晋书》卷九八《王敦传》载:"时刘隗用事,颇疏间王氏,导等甚不平之"。②

二是以宗室、亲信出镇,改变军事格局。《晋书·刘隗传》载:"隗以王敦威权太盛,终不可制,劝帝出腹心以镇方隅,故以谯王承为湘州,续用隗及戴若思为都督"。《晋书》卷六《元帝纪》载太兴四年秋七月甲戌,"以尚书戴若思为征西将军、都督司兖豫并冀雍六州诸军事、司州刺史,镇合肥;丹阳尹刘隗为镇北将军、都督青徐幽平四州诸军事、青州刺史,镇淮阴。壬午,以骠骑将军王导为司空。"晋元帝图谋以此改变东晋地方军镇格局,以制约王敦之军事势力。为组织军队,保障军需,晋元帝采取了征伐奴客等一系列"刻碎之政",③损害了南北大族的利益,以致王敦以"清君侧"之名发动了军事变乱。由于周札迎降,王敦得据石头城,晋元帝力图守卫京师,以刘隗、刁协、戴若思等为主力攻石头,以王导、周颛、郭逸、虞潭等率众出战,然终难敌王敦。王敦控制局势后,刘隗逃窜

---

① 关于周颛在当时政局中的地位与作用,可由王敦致刘隗书略作分析。《晋书》卷六九《刘隗传》载王敦对刘隗向元帝所进策略"甚恶之",故致书相劝,其中有言:"顷承圣上顾眄足下,今大贼未灭,中原鼎沸,欲与足下周生之徒勠力王室,共静海内。若其泰也,则帝祚于是乎隆;若其否也,则天下永无望矣。"其中"欲与足下周生之徒勠力王室"句,应标点为"欲与足下、周生之徒勠力王室","足下"自为刘隗,而"周生",则当为周颛。可见周颛颇受晋元帝信重,以致王敦视之为关涉政局走向之关键人物之一。

② 《世说新语·言语篇》"王敦兄含为光禄勋"条注引邓粲《晋纪》曰:"初,王导协赞中兴,敦有方面之功。敦以刘隗间己,举兵讨之。"又,《晋书》卷一二《天文志中》载:"永昌元年十月辛卯,日中有黑子。时帝宠幸刘隗,擅威福,亏伤君道,王敦因之举兵,逼京师,祸及忠贤。"《晋书》卷二九《五行志下》"牛祸"条载:"(太兴)四年十二月,郊牛死。……今元帝中兴之业,实王导之谋也。刘隗探会上意,以得亲幸,导见疏外,此区雾不睿之祸。"

③ 关于晋元帝所实施之"刻碎之政"之具体内容及其与王敦之乱之关系、影响等,唐长孺先生在前揭《王敦之乱与所谓刻碎之政》一文,已有深入考论,此不赘言。

后赵,①刁协逃亡途中被杀,②周顗、戴若思也遭诛,晋元帝受屈,不久忧愤而死。

王敦第一次起兵,以"清君侧"相号召,锋芒所指为刘隗、刁协诸幸臣,痛斥"刻碎之政",在很大程度上获得了士族社会的共鸣、默许,甚至协助。③王敦在取得军事胜利后,并未乘势改易"王与马,共天下"的政治格局,尽管不久他又发动旨在僭逆的第二次叛乱,但依然未能如愿,以失败告终。王敦变乱平定后,东晋门阀政治格局得以维系并渐趋稳定。何以如此?究其原因,固然涉及诸端宏观、微观局势之演化,④但就当时参与决策之相关朝臣之政治活动及其作用而言,汝南周氏特别是周顗的相关表现具有不可忽视的影响。

周顗作为其家族政治地位最为显达之代表,素得晋元帝提携与重用,参决中枢,在一定程度上能够影响政局走向。但作为士大夫名士代表,他与琅邪王氏多有往来,尤与王导关系密切,相知甚深。对于王导苦心建构之门阀政治格局,他不仅深表赞同,而且协力襄助。他希望平衡、协调王、马共治之现状,以保障新生之东晋政权军政局势的稳定。因此,尽管在王、马相争中,晋元帝对周顗多有重用,但他始终保持相对独立的人格身份与政治立场,而没有像刘隗、刁协那样完全附和晋元帝,与士族群体发生对立,沦为君权集

---

① 《晋书》卷六九《刘隗传》载:"及敦克石头,隗攻之不拔,入宫告辞,帝雪涕与之别。隗至淮阴,为刘遐所袭,携妻子及亲信二百余人奔于石勒,勒以为从事中郎、太子太傅。卒年六十一。"

② 《晋书》卷六九《刁协传》载:"及王敦构逆,上疏罪协,帝使协出督六军。既而王师败绩,协与刘隗俱侍帝于太极殿东除,帝执协、隗手,流涕呜咽,劝令避祸。协曰:'臣当守死,不敢有贰。'帝曰:'今事逼矣,安可不行!'乃令给协、隗人马,便自为计。协年老,不堪骑乘,素无恩纪,募从者,皆委之行。至江乘,为人所杀,送首于敦,敦听刁氏收葬之。帝痛协不免,密捕送协首者而诛之。"

③ 关于王敦首乱之缘起、性质等,前揭唐长孺先生《王敦之乱与所谓刻碎之政》已有精细论述,请参见。

④ 对王敦之乱在东晋门阀政局演化中的影响等相关问题,前揭田余庆先生《东晋门阀政治·释"王与马共天下"》等篇章已有精密论析,请参见。

权之佞臣。

关于周𫖮对司马睿君权之态度，《晋书》本传所载一事有明确体现："帝宴群公于西堂，酒酣，从容曰：'今日名臣共集，何如尧舜时邪？'𫖮因醉厉声曰：'今虽同人主，何得复比圣世！'帝大怒而起，手诏付廷尉，将加戮，累日方赦之。及出，诸公就省，𫖮曰：'近日之罪固知不至于死。'寻代戴若思为护军将军。"① 晋元帝称帝后，以名臣共集之机，自以尧、舜相比附，目的在于提升自身声望，以强化皇权。周𫖮直言"今虽同人主，何得复比圣世"，可谓当头棒喝，给颇具雄心的晋元帝浇了一盆冷水。由此可见周𫖮对晋元帝致力强化君权的态度。对周𫖮如此表现，晋元帝一度恼羞成怒，下诏付廷尉，有杀之以立威之意。周𫖮被释后，诸多朝臣"往省之"，可见周𫖮之相关言论代表了士族社会群体的普遍意向。

就具体表现而言，作为名士代表，周𫖮虽得晋元帝拔擢而参决中枢，但他始终保持士大夫朝臣身份与独立品格，未与刘隗、刁协结盟而佞幸化。检点相关记载可见，作为元帝佞臣之刘隗，在厉行法术过程中，对汝南周氏特别是周𫖮多有弹劾与打压，其相关遭遇，仅次于琅邪王氏。《晋书·周𫖮传》载其为吏部尚书，"顷之，以醉酒为有司所纠，白衣领职。复坐门生斫伤人，免官"；"尚书纪瞻置酒请𫖮及王导等，𫖮荒醉失仪，复为有司所奏"。《晋书·刘隗传》也详载刘隗纠弹周𫖮二事：其一，"庐江太守梁龛明日当除妇服，今日请客奏伎，丞相长史周𫖮等三十余人同会，隗奏曰：'……况龛匹

---

① 《世说新语·方正篇》载："明帝在西堂，会诸公饮酒，未大醉，帝问：'今名臣共集，何如尧、舜时？'周伯仁为仆射，因厉声曰：'今虽同人主，复那得等于圣治！'帝大怒，还内，作手诏满一黄纸，遂付廷尉令收，因欲杀之。"后数日，诏出周，群臣往省之。周曰：'近知当不死，罪不足至此。'对此，刘孝标有注：'按明帝未即位，𫖮已为王敦所杀，此说非也。'《世说新语》载周𫖮此语对晋明帝所言，刘孝标以为"此说非也"。余嘉锡《世说新语笺疏》此条下引程炎震云："《晋书》𫖮传叙此事于元帝太兴初，知唐人所见《世说》本作元帝，此注或后人所为，非孝标原文。"余嘉锡案曰："《晋书》叙事与《世说》异同者多矣。此事抑或别有所本，不必定出于《世说》。且安知非唐之史臣因孝标之注加以修正，程氏疑此注是后人所为，窃恐未然。"综合相关情况看，此条所载，当以《晋书》为据。

夫，暮宴朝祥，慢服之愆，宜肃丧纪之礼。请免觊官，削侯爵。颛等知觊有丧，吉会非礼，宜各夺俸一月，以肃其违。'从之。"其二，"晋国既建，拜御史中丞。周嵩嫁女，门生断道解庐，斫伤二人，建康左尉赴变，又被斫。隗劾嵩兄颛曰：'颛幸荷殊宠，列位上僚，当崇明宪典，协和上下，刑于左右，以御于家邦。而乃纵肆小人，群为凶害，公于广都之中白日刃尉，远近讻哧，百姓喧哗，亏损风望，渐不可长。既无大臣检御之节，不可对扬休命，宜加贬黜，以肃其违。'颛坐免官。"①因此，在王、马相争的特定政治环境中，周颛虽为晋元帝所重用，但他坚守士大夫政治立场，没有趋炎附势，未与刘隗、刁协等佞臣合流。②

当然，对于王敦之拥兵自重，家族势力过于膨胀，特别对其起兵生乱，周颛也明确表示反对。《晋书》本传载："及王敦构逆，温峤谓颛曰：'大将军此举似有所在，当无滥邪？'颛曰：'君年少未更事。人主自非尧舜，何能无失，人臣岂可得举兵以胁主！共相推戴，未能数年，一旦如此，岂云非乱乎！处仲刚愎强忍，狼抗无上，其意宁有限邪！'"③温峤对王敦起兵，希望他确实"清君侧"而"当无滥"，周颛则明确表示"人主自非尧舜，何能无失，人臣岂可得举兵以胁主"，他主张维护司马氏的统绪，担忧士族社会所共同拥戴司马氏之政治格局遭到破坏。其所谓"共相推戴，未能数年"云云，

---

① 根据《晋书》卷六九《刘隗传》所载刘隗历年弹劾之朝廷重臣及相关人物，其中以琅邪王氏与汝南周氏为多，此也可说明周颛与王导之关联及其政治立场。

② 唐长孺先生在《王敦之乱与所谓刻碎之政》一文中，考论司马睿重用刘隗，以法术弹劾琅邪王氏为代表之士族社会，其中关涉汝南周氏，指出："周氏兄弟曾被刘隗弹劾，他们对于刘、刁是不满意的，……周氏兄弟后来并为王敦杀害，那是因为他们虽不满刘、刁，却反对王敦'举兵胁主'的行动，周颛名望素高，为王敦所忌之故。"见前揭氏著《魏晋南北朝史论拾遗》，第155页。

③ 《世说新语·方正篇》载："王大将军当下，时咸谓无缘尔。伯仁曰：'今主非尧、舜，何能无过？且人臣安得称兵以向朝廷？处仲狼抗刚愎，王平子何在？'"注引《颛别传》载："王敦讨刘隗，时温太真为东宫庶子，在承华门外，与颛相见，曰：'大将军此举有在，义无有滥。'颛曰：'君年少，希更事，未有人臣若此而不作乱，共相推戴数年而为此者乎？处仲狼抗而强忌，平子何在？'"

颇为恳切，故指斥王敦"举兵以胁主"，危害大局。王敦攻入京师后，周顗依然基于士族社会之立场，严厉斥责王敦之"犯顺"与失道，绝不妥协，目的在于遏制其进位之图谋，以致付出了生命的代价。《晋书·周顗传》载："既而王师败绩，顗奉诏诣敦，敦曰：'伯仁，卿负我！'顗曰：'公戎车犯顺，下官亲率六军，不能其事，使王旅奔败，以此负公。'敦惮其辞正，不知所答。帝召顗于广室，谓之曰：'近日大事，二宫无恙，诸人平安，大将军故副所望邪？'顗曰：'二宫自如明诏，于臣等故未可知。'护军长史郝嘏等劝顗避敦，顗曰：'吾备位大臣，朝廷丧败，宁可复草间求活，外投胡越邪！'俄而与戴若思俱被收，路经太庙，顗大言曰：'天地先帝之灵：贼臣王敦倾覆社稷，枉杀忠臣，陵虐天下，神祇有灵，当速杀敦，无令纵毒，以倾王室。'语未终，收人以戟伤其口，血流至踵，颜色不变，容止自若，观者皆为流涕。遂于石头南门外石上害之，时年五十四。"①

对于周顗为人与从政之品格，当时士族社会颇有相知者。《晋书》卷七六《王廙传附王彬传》载王敦杀周顗后，王彬甚不平，以为"伯仁长者，君之亲友，在朝虽无謇谔，亦非阿党"，指责王敦"抗旌犯顺，杀戮忠良"。②王彬为琅邪王氏代表人物之一，其所谓周顗为"长者"，"在朝虽无謇谔，亦非阿党"，是"忠良"之臣，

---

① 《世说新语·方正篇》亦有载："王大将军既反，至石头，周伯仁往见之。谓周曰：'卿何以相负？'对曰：'公戎车犯正，下官忝率六军，而王师不振，以此负公。'"注引《晋阳秋》曰："王敦既下，六军败绩。顗长史郝嘏及左右文武劝顗避难，顗曰：'吾备位大臣，朝廷倾扰，岂可草间求活，投身胡房邪？'乃与朝士诣敦，敦曰：'近日战有余力不？'对曰：'恨力不足，岂有余邪？'"对于周顗应对王敦之态度与言辞，余嘉锡《世说新语笺疏》此条下有案语云："伯仁临难不屈，义正词严，可谓正色立朝，有孔父之节者矣。《世说·方正篇》之目，惟伯仁、太真及钟雅数公可以无愧焉。其他诸人之事，虽复播为美谈，皆自好者优之耳。《晋书·孝友·颜含传》曰：'或问江左群士优劣，答曰：周伯仁之正，邓伯道之清，卞望之之节，余则吾不知也。'谅哉言乎！"（第315页）余先生所论周顗之方正云云，确实揭示出其忠正之品格。

② 《世说新语·识鉴篇》"王大将军既亡"条注引《王彬别传》也有相关记载，详见下文所引。

概括出了周颙的政治品格。又,《世说新语·方正篇》"周叔治作晋陵太守"条注引邓粲《晋纪》载王敦杀害周颙后,"使人吊焉",周嵩曰:"亡兄,天下有义人,为天下无义人所杀,复何所吊?'敦甚衔之。"①周嵩称周颙为"天下有义人",指出其为政追求公义,无阿党徇私之言行。对于周颙这一忠正品格,时人已有所论,前引《世说新语·品藻篇》郗鉴称周颙"有国士之风";《晋书》卷八八《孝友·颜含传》载:"或问江左群士优劣,答曰:'周伯仁之正,邓伯道之清,卞望之之节,余则吾不知也。'其雅重行实,抑绝浮伪如此。"颜含以当时朝臣之"正"者,唯以周颙为代表。至于后人之称颂,如《晋书》卷六九"史臣曰"论"伯仁凝正,处腴能约","赞曰"称"周、戴英爽,忠谟允塞",这都概括指出周颙忠正之政治品格。

特别需要指出的是,在王、马斗争激化过程中,作为参决晋元帝中枢朝政的士大夫代表,最能体现其人格品德与政治理性者,是其竭力救助、保全王导及其家族,从而为重建王、马合作、共治的门阀政治体制,尽快稳定东晋军政局势奠定了基础。

前述晋元帝重用刘隗、刁协等人以排斥王导,及至王敦起兵,刘隗等进言诛灭王导及其家族。《晋书·王导传》载:"王敦之反也,刘隗劝帝悉诛王氏,论者为之危心。导率群从昆弟子侄二十余人,每旦诣台待罪。"②又,《晋书·刘隗传》载:"及敦作乱,以讨隗为名,诏征隗还京师,百官迎之于道,隗岸帻大言,意气自若。及入见,与刁协奏请诛诸王氏,不从,有惧色,率众屯金城。"可以说,王敦兴兵,王、马之争发生质的变化,身处京师的王导及其家

---

① 《晋书》卷六一《周浚传附周嵩传》载:"王敦既害颙而使人吊嵩,曰:'亡兄天下人,为天下人所杀,复何所吊!'敦甚衔之,惧失人情,故未加害,用为从事中郎。"周嵩对王敦之吊唁,颇有讥讽之意,然其称周颙为"天下人",不若《晋纪》"天下有义人"语意明晰。

② 《世说新语·言语篇》"王敦兄含为光禄勋"条注引《中兴书》曰:"导以从兄敦,举兵讨刘隗,导率子弟二十余人,旦旦到公车,泥首谢罪。"

族处境艰困，命悬一线，随时有被诛灭的危险。对此，士族社会极为担忧，《世说新语·言语篇》载："王敦兄含为光禄勋。敦既逆谋，屯据南州，含委职奔姑孰。王丞相诣阙谢。司徒、丞相、扬州官僚问讯，仓促不知何辞。顾司空时为扬州别驾，援翰曰：'王光禄远避流言，明公蒙尘路次，群下不宁，不审尊体起居何如？'"由"司徒、丞相、扬州官僚问讯，仓促不知何辞"，可见当时士大夫社会对王导处境之担忧，顾和所言"蒙尘路次，群下不宁，不审尊体起居何如"，体现出当时士族群体的共同关切。

如所周知，东晋立国江东，其创意谋划，聚合南北士族等，主要出于王导苦心孤诣之经营。可以说，王导是当时士族社会无可替代的政治领袖与精神象征。① 具体就当时斗争之局势而言，一旦晋元帝听从刘隗、刁协的建议，诛戮包括王导在内的琅邪王氏家族成员，王敦之变乱必然失去控制。在这一关键时刻，必须有人向晋元帝进言，以理性地处置相关问题。当时得晋元帝信任，参决中枢之重臣，唯有周颛扮演了这一角色。《世说新语·尤悔篇》载："王大将军起事，丞相兄弟诣阙谢。周侯深忧诸王，始入，甚有忧色。丞相呼周侯曰：'百口委卿！'周直过不应。既入，苦相存救。既释，周大悦，饮酒。及出，诸王故在门。周曰：'今日杀诸贼奴，当取金印如斗大系肘后。'大将军至石头，问丞相曰：'周侯可为三公不？'丞相不答。又问：'可为尚书令不？'又不应。因云：'如此，唯当杀之耳！'复默然。逮周侯被害，丞相后知周侯救己，叹曰：'我不杀

---

① 《晋书》卷六五《王导传》载："俄而洛京倾覆，中州士女避乱江左者十六七，导劝帝收其贤人君子，与之图事。时荆、扬晏安，户口殷实，导为政务在清静，每劝帝克己励节，匡主宁邦。于是尤见委杖，情好日隆，朝野倾心，号为'仲父'。帝尝从容谓导曰：'卿，吾之萧何也。'"又，《世说新语·言语篇》"顾司空未知名"条注引邓粲《晋纪》载："导与元帝有布衣之好，知中国将乱，劝帝渡江，求为安东司马，政皆决之，号仲父。晋中兴之功，导实居其首。"又，《晋书》卷八三《顾和传》载和为顾荣侄有言"昔每闻族叔元公道，公叶赞中宗，保全江表"云云。故《晋书·王导传》"史臣曰"称其"辅佐中宗，艰哉甚矣！茂弘策名枝屏，叶情交好，负才智，恃彼江湖，思建克复之功，用成翌宣之道。"

周侯，周侯由我而死。'幽冥中负此人！"①《晋书》卷六九《周顗传》也有大意相同的记载，语意更明，内容丰富："初，敦之举兵也，刘隗劝帝尽除诸王，司空导率群从诣阙请罪，值顗将入，导呼顗谓曰：'伯仁，以百口累卿！'顗直入不顾。既见帝，言导忠诚，申救甚至，帝纳其言。顗喜饮酒，致醉而出。导犹在门，又呼顗。顗不与言，顾左右曰：'今年杀诸贼奴，取金印如斗大系肘。'既出，又上表明导，言甚切至。导不知救己，而甚衔之。敦既得志，问导曰：'周顗、戴若思南北之望，当登三司，无所疑也。'导不答。又曰：'若不三司，便应令仆邪？'又不答。敦曰：'若不尔，正当诛尔。'导又无言。导后料检中书故事，见顗表救己，殷勤款至。导执表流涕，悲不自胜，告其诸子曰：'吾虽不杀伯仁，伯仁由我而死。幽冥之中，负此良友！'"② 由此可见，当王导

---

① 对周顗在护佑王导及其家族过程中的率性表现，余嘉锡《世说新语笺疏》此条下有笺疏引宋施德操《北窗炙輠》卷上云："禹锡问余曰：'周伯仁救王导，逮事已解，固尝同车入见，虽告之以相救之意，庸何伤？卒不告，后竟遇害。伯仁亦□□。'余曰：'不然，此所以见古人用心处也。元帝与王导，岂他君臣比？同甘共苦，相与奋起于艰难颠沛之中。今以王敦，遂相猜疑如此，此君子所以深惜也。故伯仁志救导，欲其尽出于元帝，不出于己，所以全君臣终始之义。伯仁之贤，正在于此。'"对此，余嘉锡先生案云："此论推勘伯仁心思可谓入微。"（第900页）从以上所录相关记载可见，周顗对保全王导及其家族，确实尽心尽力，既向元帝面陈，又有言辞恳切之上表，目的在于确保王导之生命安全，并得以起用。然其面对王导之拜请与询问，竟无所表示，言行颇为随性，以致王导生疑而怨恨。周顗何以如此？一方面在于他作为任诞名士，一贯恣意妄为，不同凡俗，且其酗酒过度，言行乖张。不过，这都是表面现象，关键在于当时内廷情况颇为复杂，最得元帝宠信之刘隗、刁协等皆主张诛杀王氏，对周顗所面陈之言，元帝虽表示采纳，但周顗依然不放心，故退朝后又一再上表。因此，出于多种因素，周顗对王导之公然所托与询问，未作正面回应，目的在于避免引发元帝之疑虑及刘隗、刁协的反击，以导致不堪收拾的局面。因此，从这个意义说，周顗在任诞名士的表象下，其政治理路与具体表现皆能审时度势，颇为清醒。

② 《建康实录》卷五《晋中宗元皇帝纪》引《中兴书》也载周顗"死后，王导校料中书故事，见顗表救己殷勤，乃执表垂泣，悲不自胜，告诸子曰：'吾虽不杀伯仁，伯仁因我而死。幽冥之中，负此良友！'"又，《通鉴》卷九二晋元帝永昌元年载此，胡三省注王导自愧之语曰："自愧于敦三问不答之对也。"又，《晋书》卷六一《周浚传附周谟传》载："王敦死后，诏赠戴若思、谯王承等，而未及顗"，周谟上疏论之："至今不闻复封加赠褒显之言。不知顗有余责，独负殊恩，为朝廷急于时务，不暇论之？此臣之所以痛心疾首，重用哀叹者也。不胜心酸，冒陈愚款"。然"疏奏，不报。谟复重表，然后追赠顗官。"可见周顗之赠官在戴若思之后，周谟两次上疏陈情方有结果。此事颇不合情理。何以如此？是否与王导出于误会，以为周顗不救其族，故不热心其事，甚至有所阻扰，以致存有心结？此仅依相关情理推测而言，聊备一说而已。

出于危难之时，周顗"深忧诸王"，"甚有忧色"，"既见帝，言导忠诚，申救甚至，帝纳其言"，并以此"大悦"，"既出，又上表明导，言甚切至"，从而确保元帝重新起用王导。

《晋书·王导传》载："帝以导忠节有素，特还朝服，召见之。导稽首谢曰：'逆臣贼子，何世无之，岂意今者近出臣族！'帝跣而执之曰：'茂弘，方托百里之命于卿，是何言邪！'乃诏曰：'导以大义灭亲，可以吾为安东时节假之。'"①晋元帝对王导态度的变化，大而言之，固然囿于当时军政局势而无奈做出让步，但具体而言，则与周顗之苦殷勤备至之劝解、协调密不可分。王导得以重新进入执政中枢，参与平定王敦之乱，这使得王敦没有理由进一步扩大事态，失去了变动政局的口实，避免军政局势进一步恶化的趋势，从而为尽快恢复局势稳定、修补士族门阀政治体制提供了契机与条件。②

在维护门阀政治体制与保护王导方面，周顗弟周嵩的政治态度尤为鲜明，代表着士族社会的根本立场与倾向。周嵩在晋元帝称帝前多有"忤旨"之言行，并一再遭受惩处。《晋书·周浚传附周嵩传》载司马睿称晋王，周嵩上疏曰："臣闻取天下者，常以无事。及其有事，不足以取天下。故古之王者，必应天顺时，义全而后取，让成而后得，是以享世长久，重光万载也。今议者以殿下化流江汉，

---

① 《通鉴》卷九二晋元帝永昌元年三月载此，胡三省有注曰："帝之初镇扬州也，领安东将军。"

② 正因为周顗始终坚守其士大夫品格，在士族社会中具有很高的声望，以致琅邪王氏家族也有人对王敦残害周顗表示不满。前引《世说新语·识鉴篇》"王大将军既亡"条注引《王彬别传》载："彬字世儒，琅邪人。祖览，父正，并有名德。彬爽气出侪类，有雅正之韵。与元帝姨兄弟，佐佑皇业，累迁侍中。从兄敦下石头，害周伯仁，彬与顗素善，往哭其尸，甚恸。既而见敦，敦怪其有惨容而问之。答曰：'向哭周伯仁，情不能已。'敦曰：'伯仁自致刑戮，汝复何为者哉？'彬：'伯仁清誉之士，有何罪？'因数敦曰：'抗旌犯上，杀戮忠良！'音辞忼慨，与泪俱下。敦怒甚。丞相在坐，代为之解，命彬曰：'拜谢。'彬曰：'有足疾。比来见天子尚不能拜，何跪之有？'敦曰：'脚疾何如颈疾？'以亲故不害之。"由王彬所言周顗"清誉之士"云云，可见其在当时士林之地位与美誉。《晋书》卷七六《王廙传附王彬传》也有大意相同的记载。

泽被六州，功济苍生，欲推崇尊号。臣谓今梓宫未反，旧京未清，义夫泣血，士女震动；宜深明周公之道，先雪社稷大耻，尽忠言嘉谋之助，以时济弘仁之功，崇谦谦之美，推后己之诚；然后揖让以谢天下，谁敢不应，谁敢不从！"晋元帝称晋王，自是其称帝之前奏，于是周嵩劝其缓行，以为当时之局势与声望尚"不足以取天下"。面对当时议者"欲推崇尊号"之氛围与晋元帝急迫之意愿，周嵩此议，确为另类，其动机与用意何在？王夫之《读通鉴论》卷一二晋愍帝之三条对此有论云："元帝闻长安之破，司马氏已无余矣，南阳王僻处而日就于危，不足赖也，后然徐即王位以嗣大统。读刘琨劝进之表，上下哀籲，求君之心切矣，然周嵩犹劝其勿亟急。得人心者，徐俟天命，非浅人所与知也。"王夫之从民族国家的角度，指出当时东晋立国之急迫，其意义"非浅人所与知"，似对周嵩所言有所误解，对周嵩上疏之动机也未加分析。细心揣度，周嵩当鉴于江左局势未稳，诸多矛盾尚未化解，其中元帝操弄君权，与士族社会关系日益紧张，一旦其正式称帝，必然进一步强化皇权，打压士族，从而激化冲突，造成难以收拾的军政对抗。对周嵩劝阻称帝，元帝自然甚为不满，《晋书》周嵩本传载其"由是忤旨，出为新安太守"，于是"嵩怏怏不悦，临发，与散骑郎张嶷在侍中戴邈坐，褒贬朝士，又诋毁邈，邈密表之。帝召嵩入，面责之曰：'卿矜豪傲慢，敢轻忽朝廷，由吾不德故耳。'嵩跪曰：'昔唐虞至圣，四凶在朝。陛下虽圣明御世，亦安能无碌碌之臣乎！'帝怒，收付廷尉。廷尉华恒以嵩大不敬弃市论，嶷以扇和减罪除名。时顗方贵重，帝隐忍。"周嵩因"忤旨"而被贬，一度"怏怏不悦"，于是"褒贬朝士"。其所攻诋者，当即元帝宠任之刘隗、刁协等佞幸之臣，正是他们极力"推崇尊号"，制造舆论，催促元帝称帝。对于周嵩之表现，元帝面责其"矜豪傲慢，敢轻忽朝廷"，周嵩则以"唐虞至圣，四凶在朝"云云相应，暗喻其政治不明，臣属中有佞幸，以致元帝大怒，将其"收付廷尉"，附会者"以嵩大不敬弃市论"。由以上分析，可见周嵩在东晋立国过程中，对晋元帝之崇尚法术、强化君权，特别是重用佞幸，多有或隐或显的批评，以致一再忤旨受惩。

晋元帝登基后，其施政、用人，皆以强化皇权、打压士族为宗旨。随着王、马相争激化，周嵩的态度尤为鲜明，他坚决反对晋元帝重用刘隗、刁协而排斥王导的相关举措。《世说新语·方正篇》载："周伯仁为吏部尚书，在省内夜疾危急。时刁玄亮为尚书令，营救备亲好之至，良久小损。明旦，报仲智，仲智狼狈来。始入户，刁下床对之大泣，说伯仁昨危急之状。仲智手批之，刁为辟易于户侧。既前，都不问病，直云：'君在中朝，与和长舆齐名，那与佞人刁协有情？'径便出。"周嵩性格刚烈直质，其兄周𫖮夜值班患疾，刁协有相救之情，但周嵩出于士大夫之政治立场，以刁协为佞幸，对相迎诉说病状之刁协，竟"手批之"，公然痛斥其兄"那得与佞人刁协有情"。周嵩此举，似乎不近人情，但在当时阵线分明的紧张斗争中，他很担心身处内廷的周𫖮受刘隗、刁协之影响，与之共谋，故严词警告。

不仅如此，周嵩上书元帝为王导陈情，《晋书》本传载其鉴于"是时帝以王敦势盛，渐疏忌王导等"，其上疏以为古代明君善用贤士，"是以君臣并隆，功格天地"，近代以来君"怀术以御臣，臣挟利以事君"，以致"祸乱相寻"，不可效法。他针对现实指出："今王导、王廙等，方之前贤，犹有所后。至于忠素竭诚，义以辅上，共隆洪基，翼成大业，亦昔之（诸葛）亮也。虽陛下乘奕世之德，有天人之会，割据江东，奄有南极，龙飞海嵎，兴复旧物，此亦群才之明，岂独陛下之力也。今王业虽建，羯寇未枭，天下荡荡，不宾者众，公私匮竭，仓庾未充，梓宫沈沦，妃后不反，正委贤任能推毂之日也。功业垂就，晋祚方隆，而一旦听孤臣之言，惑疑似之说，乃更以危为安，以疏易亲，放逐旧德，以佞伍贤，远亏既往之明，顾伤伊管之交，倾巍巍之望，丧如山之功，将令贤智杜心，义士丧志，近招当时之患，远遗来世之笑。夫安危在号令，存亡在寄任，以古推今，岂可不寒心而哀叹哉！"① 周嵩明确表示江左之立国，"此亦群才之明，岂独陛下之力"，批评元帝重用佞幸。疏文之末，他强烈表示其兄弟绝无私利，其谏言完全出于对内争之"忧愤"："臣兄弟受遇，无彼此之嫌，而臣干犯时讳，触忤龙鳞者何？诚念社稷之忧，欲报之于陛下也。古之明王，思闻其过，悟逆旅之言，以明成败之由，故采纳愚言，以考虚实，上为宗庙无穷之计，下收亿兆元元之命。臣不胜忧愤，竭愚以闻。"对于晋元帝重用刘隗、刁协，而排抑王导，周嵩明确加以指斥，这是"以危为安，以疏易亲，放逐旧德，以佞伍贤，远亏既往之明，顾伤伊管之交，倾巍巍之望，丧如山之功，将令贤智杜心，义士丧志，近招当时之患，远遗来世之笑"。周嵩以王导为士族社会共同之政治代表，称赞他如诸葛亮一样"忠素竭诚，义以辅上"，对东晋创立有"巍巍之望""如山之功"，故对其打压、排抵，必然使士族社会"寒心而哀叹"。② 由此可见，就周嵩之政治立场而言，不仅在根本上与其兄周颛是一致的，主张维护王、马合作、共治的门阀政治格局，而且他更明确地反对晋元帝任用佞幸以排斥王导、强化皇权。当然，由于兄弟二人政治地位有别，就对时局影响而言，自然周颛为大。不过，以周嵩之刚烈正直之性格及其在家族内部、兄弟相处等方面的一贯表现看，其政治主张一定对参决朝廷中枢的周颛具有潜移默化的影响，周颛在王、马相争中相关表现，或与其弟周嵩之时时警示、诫勉不无关系。

综合全文，两晋之际，汝南周氏家族代表人物周颛兄弟，在其先辈以事功奠定之家族门户基础上，顺应时代风尚，积极入玄，参

---

① 《通鉴》卷九一晋元帝太兴四年七月载周嵩此疏，删节其文，文字略有异。胡三省注释其意曰："向者亲倚旱而今疏忌之，是亏既往之恩也，导或自疑，外而与敦同，是招将来之患也。"对于周嵩所疏，胡三省又注曰："史言周颛兄弟保护王导。"

② 《晋书》卷七八《孔愉传》载其为会稽孔氏代表人物，"帝为晋王，使长兼中书郎。于时刁协、刘隗用事，王导颇见疏远。愉陈导忠贤，有佐命之勋，谓事无大小皆宜谘访。由是不合旨，出为司徒左长史，累迁吴兴太守。"由此，可见当时南北士族社会对晋元帝压制王导的不满与忧虑情绪。

与士族社会年少后进名士群体之交游，声名渐著。南渡江左，以其雍容之仪表风度，卓著之品鉴才识，别有新意之清言谈论，狂放任情之行为表现等等名士做派，成为江左最具名望与影响力的名士代表之一。周顗弟周嵩、周谟等也有相关玄化之表现。就其家族文化风尚变化与地位提升而言，周氏兄弟之玄化在一定程度上改变了其家族文化传统，并由此提升其家族的社会地位，成为士族社会中适时玄化之"新出门户"，为其子弟在新的社会与文化环境中的入仕进取拓展了道路。正因为如此，周顗兄弟南渡江左，以其卓著名望，深得晋元帝司马睿之信重与拔擢，周顗得以参决朝廷中枢，成为影响一时历史走向的关键人物。与此相应，执政之琅邪王氏家族代表王导等也对周顗兄弟多有笼络，交往密切，从而共同参与东晋之创立。随着王、马军政对抗日益激化，晋元帝一度重用佞幸以排斥王导，重置方镇以遏制王敦，导致王敦起兵，王、马共治的士族门阀政治体制遭遇危机，面临崩解。在此关键时刻，作为参决朝廷中枢的士大夫代表，周顗表现出了足够的政治理性与独立的人格品质，坚守士族政治的根本原则与理念，竭力维护士族政治体制。综合而言，在政治原则、政治态度，以及诸多具体政务处置方面，他基本上与王导一致，而对晋元帝强化皇权的一些做法并不赞同。之所以如此，在于其基于士族社会共同之政治理念。因此，尽管其受元帝之委寄，但时有相左之政见与议论。在这方面，其弟周嵩之表现更为鲜明。特别需要指出，周顗一度置身元帝内廷，参决机要，但始终与元帝保持正常的君臣关系，而未佞幸化。正因为如此，他在重大历史关头，能够扮演居间协调的角色。具体而言，在刘隗、刁协鼓动元帝诛灭王导及其家族之时，周顗竭力劝说晋元帝，终于保全王导及其家族，并重新起用王导以参与讨伐王敦，从而缓和了紧张的敌对情绪，为平息王敦之乱，稳定军政局势，重构门阀政治体制创造了条件。陈寅恪先生在《述东晋王导之功业》一文中，综论以王导为代表的南北士族在民族危亡之时创立东晋，苦心孤诣，艰难经营，对华夏民族及其文化传承具有重大而深远之影响，称其功德无量，当为民族之大英雄。以此而论周顗，在东晋王朝及其政体之创设、演进过程中的相关表现与作为，可谓竭尽心力，在决定历史走向的关键时刻扮演了重要角色，发挥了无可替代的重要作用，其功德惠泽后世，值得铭记。

两晋之际江东大族之"接引诸伧"与华夏文明之承传

——以顾荣为中心的考察

中古时代,世家大族的形成、发展,既是一定历史阶段的产物,同时也对当时的历史进程产生了广泛而深刻的影响。钱穆先生曾指出,汉代重视儒术,并以此主导选举,推行教化,影响到社会变化,"此下门第之兴,实与提倡孝廉有甚深之关系。而门第乃为此下中国社会一新景象,一新特色。政治乱于上,而社会得安于下。若非有门第,东晋亦无以南渡,南朝亦无以支撑。五胡至于北朝,亦无以构成一胡汉合作之局面。要之,在魏晋南北朝时期,中国社会力量之贡献,乃远过于政治力量。换言之,中国历史文化大传统,寄存于下层社会,实更大于上层政府。此唯门第之功。故言中国社会,于四民社会一传统名称下,不妨增设门第社会一名称"[①]。江东士族本为一地域群体,在两晋之际民族纷争、汉族南迁的严峻历史关头,江东大族及其代表人物平定地方动乱,放弃地域私念,接引南渡北人,参与东晋之创建,为华夏民族及其文化之承传与发展,作出了不可磨灭的历史功业。对此,王夫之《读通鉴论》卷一二"晋惠帝"之七条称西晋末南方动乱,然"国有干城,虽乱而弗难定

---

① 钱穆:《晚学盲言》,广西师范大学出版社2004年版,第178页。

也。……其地有人，而后可以相资而理。李特之乱，蜀土风靡而从之，尽三巴之士，仅一诡僻之范长生而已。吴则贺循、华谭、周玘、顾荣皆洁身退处而为州郡所倚重，民乱而士不与俱，则民且茶然而自废，张昌、石冰之首不难馘已，而陶侃得以行其志于不疑。呜呼！此非晋能得之，其所由来者旧矣。"同书同卷"晋惠帝"之一三条又说："孟子言保国之道，急世臣，重巨室，盖恶游士之徒乱人国也。夫游士者，即不乱人国，而抑不足以系国之重轻，民望所不归也。主其地，习其教，然后人心翕然而附之。陈敏之乱，甘卓反正，而告敏军曰：'所以戮力陈公者，正以顾丹阳、周安丰耳，今皆异矣，汝等何为？'顾荣羽扇一麾，而数万人溃散。琅邪王镇建业，荣与纪瞻拜于道左，而江东之业遂定。夫此数子者，皆孙氏有国以来所培植之世族也，率江东而定八王已乱之天下，抗五胡窥吞之雄心，立国百年而允定，孟子之言，于斯为烈矣。"

鉴于以往人们论及东晋创立等问题，多以侨姓士族为中心，这里则以吴姓士族为主体，以彰显其功业。

一 江东大族平定陈敏之乱及其影响

两晋之际，诸胡内进，西晋灭亡，北方从此进入民族纷争与融合的"十六国北朝"时期，而东晋王朝的建立及其对大量南迁人口的安置，使得江东地域成为传统华夏文化得以保存、延续、演进，进而获得发展、再现生机的新天地。在这一决定华夏民族及其文化的重大历史转折关头，江东地域社会及其士族代表发挥了重大作用。

晋武帝太康元年（280），西晋灭吴，然江东始终局势未稳，屡生动乱。《晋书》卷三《武帝纪》载太康三年（282）九月，"吴故将莞恭、帛奉举兵反，攻害建邺令，遂围扬州，徐州刺史嵇喜讨平之"；太康八年（287）十二月，"吴兴人蒋迪聚党反，围阳羡县，州郡捕讨，皆伏诛"。《晋书》惠帝、愍帝、元帝诸帝纪也都载有吴人暴动之史实。《晋书》卷二八《五行志中》载："武帝太康三年平吴后，江南童谣曰：'局缩肉，数横目，中国当败吴当复。'又曰：'宫门柱，且当朽，吴当复，在三十年后。'又曰：'鸡鸣不掇翼，吴复不用力。'于时吴人皆谓在孙氏子孙，故窃发为乱者相继。"由所谓孙吴亡国后"窃发为乱者相继"的情形看，当时江东地区的局势动荡不安，这给晋武帝等统治者带来了很大的苦恼。《晋书》卷五二《华谭传》载晋武帝亲自策问秀才广陵人华谭，论及"吴人赵𧶏，屡作妖寇""吴人轻锐，难安易动"等问题，并问"今将欲绥静新附，何以为先？"华谭答曰："所安之计，当先筹其人士，使云翔闾阖，进其贤才，待以异礼；明选牧伯，致以威风；轻其赋敛，将顺咸悦，可以永保无穷，长为人臣者也。"又，《晋书》卷四六《刘颂传》载其向晋武帝所上奏文指出："孙氏为国，文武众职，数拟天朝，一旦堙替，同于编户。不识所蒙更生之恩，而灾困逼身，自谓失地，用怀不靖。"他建议对南人加以礼遇，"随才授任，文武并叙"[①]。汉晋之间，孙吴的割据造成江东地域社会获得了长足的发展，以致西晋统一之后遇到了很多新问题，必须适当调整其统治政策，以寻求地方社会的稳定。

西晋统治者确实采取了一些招引江东大族名士的举措，而江东士族群体在相对独立发展进程中断的背景下，不得不入北求仕，踏上了与中土大族交往、合作的艰难行程。但在此过程中，他们被当成"亡国之余"，往往仕途不畅，经历坎坷。及至西晋后期，政局混乱，江东名士代表陆机、陆云兄弟等命丧北土，顾荣、张翰等则返归乡里避难。面对内忧外患，对于顾荣等江东大族代表而言，其主要使命首先在于维护故土的安定，故其屡有平乱之举。两晋之际，江东成为各种军政势力的觊觎之地，所谓"自天下多难，数术者云

[①] 关于西晋灭吴后，吴人之遭遇及其西晋朝廷对待吴人之政策，周一良先生《魏晋南北朝史札记》（中华书局1985年版）"西晋王朝对待吴人"条有比较深入的论述，请参见。王永平《论陆机兄弟之死》（刊于《中华文史论丛》第73辑，上海古籍出版社2003年版）也有所论述，敬请参看。

当有帝王兴于江左"①。江东士族社会平定威胁地方稳定的重大事件有三次，即所谓"三定江南"：一是太安二年（303）平定石冰之乱；二是自永兴二年（305）至永嘉元年（307）平定陈敏之乱；三是永嘉四年（310）平定江东本土豪强钱璯之乱。诸乱之中，影响最大的是陈敏之乱，在此过程中，作为江东士族社会之"首望"，顾荣发挥了决定性作用。

顾荣，《晋书》卷六八本传载其乃孙吴丞相顾雍孙，在吴地大族名士中，以其家世门第和才性品德，享誉士林，有"东南名士"②"南士秀望"③之誉，素以"清望"著称。④其返乡前，江东地方大族于太安二年（303）驱逐了流民帅石冰势力，而在江北负责漕运的广陵度支陈敏也参与并最终平定了石冰之乱。对于江东地域大族而言，面对当时的乱局，他们首先考虑的是如何稳定地域社会的局势及其家族利益。鉴于汉末孙吴割据自治的成功经验，他们很自然地想到了经营地方割据政权。对此，田余庆先生曾有分析指出："八王之乱后期，江南士族名士深知洛阳政权已难维持，亟须一个像孙策兄弟那样的人物来号令江东，保障他们家族的利益。他们在江东没有找到合适的人，而在江北找到了陈敏。他们起先拥护陈敏，为敏所用。"⑤这揭示了江东地方大族人物西晋末企图寻求地方自治的真实心态。

陈敏，据《晋书》卷一〇〇本传，庐江人，少有干能，以郡廉吏补吏部尚书仓部令史。他以晋廷内乱，建议漕运江淮米谷以济北

---

① 《晋书》卷一〇〇《张昌传》。
② 《三国志》卷五二《吴书·顾雍传》注引《晋书》。
③ 《太平御览》卷二四六《晋中兴书》。
④ 《太平御览》卷二四六《晋中兴书》载："时吴朝士人入洛者，唯陆机、陆云及荣三人，而机、云虽有才藻，清望不及荣也。"陆机、陆云兄弟是当时江东最具声望的才俊之士，顾荣固然"才藻"不及之，但其"清望"卓著，并以此获得士林佳誉。所谓"清望"，是对其个人相对超然、幽雅的道德情操的概括，正是其家族敦厚门风长期熏陶的结果。
⑤ 田余庆：《东晋门阀政治》，北京大学出版社2000年版，第21页。

方之困，晋廷命其出任合肥、广陵度支，掌握一支拥有相当实力的漕运兵团。晋惠帝太安二年（303），荆楚一带流民乱起，石冰东趋扬州，席卷江淮，企图占领江东。江东大族愤然而起，悉数举兵，陈敏也起兵响应，并以讨石冰之功而升任广陵相。他见晋室衰微，"遂有割据江东之志"。永兴二年（305）末，陈敏自封扬州刺史，不久又称大司马、楚公。陈敏割据，其目标首在江东，其次在荆楚，从陈敏的部署看，他本人自历阳起兵，自封扬州刺史，不久又进爵大司马、楚公，坐镇建邺；以其弟陈昶、陈闳等助守历阳，又令弟陈恢与钱端等攻打江州、荆州，弟陈斌则协作控制吴、会，视之为根本所在。为此，他必须争取江东大族名士的支持，《晋书·顾荣传》载："属广陵相陈敏反，南渡江，逐扬州刺史刘机、丹杨内史王旷，阻兵据州，分置子弟为列郡，收礼豪杰，有孙氏鼎峙之计。"江东大族对陈敏割据江东的态度如何呢？查核《晋书》之顾荣、甘卓等人的传记，皆言先"伪从之"，然"素有图敏之心"，故"先受敏官，而潜谋图之"。如《晋书·陈敏传》载其"并假江东首望顾荣等四十余人为将军、郡守，荣并伪从之"；《晋书》卷五二《华谭传》亦载"陈敏之乱，吴士多为其所逼。顾荣先受敏官，而潜谋图之"云云。但仔细考察，这些记载存在着明显的伪饰、回护的印迹，特别是《晋书·顾荣传》将不同时间内的事情笼统叙述，有意模糊其真相，使人看不清他们与陈敏分合的过程。实际上，江东大族与陈敏无疑曾经历了短暂的合作过程，后来由于形势的变化转而放弃割据之念，从而与陈敏决裂。否则，不可想像陈敏能轻易占据江东，并能统治一年多时间而没有遭受反抗。关于顾荣诸人与陈敏之合作及其疏离，下文略作考析。

《晋书·顾荣传》载其在陈敏之乱中，曾应征为陈敏之右将军、丹杨内史，陈敏一度"欲诛诸士人"，顾荣劝陈敏曰："中国丧乱，胡夷内侮，观太傅今日不能复振华夏，百姓无复遗种。江南虽有石冰之寇，人物尚全。荣常忧无窦氏、孙、刘之策，有以存之耳。今将军怀神武之略，有孙吴之能，功勋效于已著，勇略冠于当世，带甲数万,舳舻山积,上方虽有数州,亦可传檄而定也。若能委信君子,各得尽怀,散蒂芥之恨,塞谗谄之口,则大事可图也。"这段话很能说明江东大族人士的心态。陈敏听其言,"悉引诸豪族委任之"。很显然,顾荣等希望在中土乱局已定的大背景下,与陈敏合作,恢复孙吴割据之旧业,以维护江东的稳定。此时,陈敏实际上是他们利用的工具。直到后来顾荣劝甘卓起兵反抗陈敏时还说:"若江东之事可济,当共成之。然卿观事势当有济理不?"顾荣策反甘卓,甘卓军士皆言:"本所以勠力陈公者,正以顾丹阳、周安丰耳,今皆异矣,汝等何为!"[1] 以顾荣为代表的江东大族在陈敏之乱中的心态与作用由此可见。[2]

顾荣之所以断然抛弃陈敏,一个重要原因在于东海王司马越祭酒华谭的提醒。《晋书·陈敏传》载"东海王军谘祭酒华谭闻敏自相署置,而顾荣等并江东首望,悉受敏官爵,乃遗荣等书",其具体内容是:"石冰之乱,朝廷录敏微功,故加越次之礼,授以上将之任,庶有韩卢一噬之效。而本性凶狡,素无识达,贪荣干运,逆天而动,阻兵作威,盗据吴会,内用凶弟,外委军吏,上负朝廷宠授之荣,下孤宰辅过礼之惠。天道伐恶,人神所不祐。虽阻长江,命

---

[1] 《资治通鉴》卷八六,晋怀帝永嘉元年二月。
[2] 江东人物中与陈敏关系最密切的是甘卓,《晋书》卷七〇《甘卓传》载其为丹杨人,吴亡后入北,"见天下大乱,弃官东归,前至历阳,与陈敏相遇。敏甚悦,共图纵横之计,遂为其子景娶卓女,共相结托"。《晋书》卷一〇〇《陈敏传》也载"敏因中国大乱,遂请东归,收兵据历阳。会吴王常侍甘卓自洛至,教卓假称皇太弟命,拜敏为扬州刺史,并假江东首望顾荣等四十余人为将军、郡守,荣并伪从之。敏为息娶卓女,遂相为表里"。《晋书》卷六八《顾荣传》称陈敏"仍遣甘卓出横江,坚甲利器,尽以委之"。可见陈敏自谋划起事便依仗甘卓,不仅相互联姻,"共相结托""相为表里",而且起事后"坚甲利兵,尽以委之"。正因为如此,甘卓后来反陈敏时显得特别痛苦、犹疑,但惧于周玘杀陈昶,并受到顾荣的劝告,《晋书》卷七〇《甘卓传》称其"素敬服荣,且以昶死怀惧,良久乃从之"。对这一段经历,甘卓本人后来虽有意掩饰,但当时人都是心知肚明的。王敦之乱时,王敦逼其援助,有人劝其先附王敦观变,甘卓深有感触地说:"昔陈敏之乱,吾亦先从后图,而论者复谓惧逼而谋之,虽吾情本不尔,而事实有似,心恒愧之。"可见当时人一致认为甘卓反陈敏是被动的,即所谓"惧逼而谋之",在这种舆论的压力下,其"心恒愧之"。

危朝露。忠节令图,君子高行,屈节附逆,义士所耻。……况吴会仁人并受国宠,或剖符名郡,或列为近臣,而便辱身奸人之朝,降节逆叛之党,稽颡屈膝,不亦羞乎!……今以陈敏仓部令史,七第顽冗,六品下才,欲蹑桓王之高踪,蹈大皇之绝轨,远度诸贤,犹当未许也。诸君垂头,不能建翟义之谋;而顾生俛眉,已受羁绊之辱。皇舆东轩,行即紫馆,百僚垂缨,云翔凤阙,庙胜之谟,潜运帷幄。然后发荆州武旅,顺流东下,徐州锐锋,南据堂邑;征东劲卒,耀威历阳;飞桥越横江之津,泛舟涉瓜步之渚;威震丹杨,擒贼建邺,而诸贤何颜见中州之士邪!……上欲与诸贤效翼紫宸,建功帝籍。如其不尔,亦可泛舟河渭,击楫清歌。何为辱身小寇之手,以蹈逆乱之祸乎!昔为同志,今已殊域;往为一体,今成异身。瞻江长叹,非子谁思!愿图良策,以存嘉谋也。"华谭以为陈敏乃"仓部令史,七第顽冗,六品下才",而吴、会大族名士"辱身奸人之朝,降节逆叛之党,稽颡屈膝,不亦羞乎"!这是强调江东大族名士与陈敏之间的社会阶级、地位之差异;而附逆必然导致他们与中朝士族、朝廷分离,即所谓"昔为同志,今已殊域;往为一体,今成异身"。以往南北士人之间虽有矛盾,但那只是地域之争,而吴人依附陈敏,不仅有失忠节,而且有辱清操,这在当时门第与阶级意识日益强化的社会环境下,对江东士族人物而言无疑切中要害。正由于华谭此信揭示了顾荣等江东大族名士一度依附陈敏的心态,致使顾荣颇觉难堪,因而后来在司马睿幕中极力压制华谭。《晋书·华谭传》载:"谭不悟荣旨,露檄远近,极言其非,由此为荣所怨。……后为纪瞻所荐,而为顾荣所止遏,遂数年不得调。"

陈寅恪先生分析汉晋间江东地域豪族的动向指出,孙吴以来江东地方豪族势力的膨胀,对晋廷决策与方针颇多影响,然西晋绥靖政策"尚未收大效,而中州已乱,陈敏遂乘此机会据有江东,恢复孙吴故壤,此本极自然之趋势,不足为怪。所可怪者,陈敏何以不能如孙氏之创业垂统,历数十年之久,基业未定,遽尔败亡,为世所笑,斯又吾人所应研究之问题,而当日江东地域即孙吴故壤特殊情势之真相所在也"①。至于江东大族与陈敏之关系，陈先生进一步指出："陈敏之失败由于江东之豪宗大族不与合作之故，史传所载甚明，不待详论。西晋末年孙吴旧壤内文化世族如吴郡顾氏等，武力豪宗如义兴周氏等，皆当日最强之地方势力，陈敏既不属于文化世家，又非武力豪族。故华谭一檄提醒顾、周诸人之阶级性，对症下药，所以奏效若斯之神速也。东汉末年孙氏一门约相当于义兴周氏之雄武，而政治社会地位则颇不及之，孙坚、策、权父子兄弟声望才智又远过于陈敏，此孙氏为江淮之豪家大族所拥戴，得成霸业，而陈敏则为东吴之豪宗大族所离弃，终遭失败也。"② 他又指出："考司马氏之篡魏，乃东汉儒家大族势力之再起，晋之皇室及中州避乱南来之士大夫大抵为东汉末年之儒家大族拥戴司马氏集团之子孙，其与顾荣诸人虽属不同邦土，然就社会阶级言之，实为同一气类，此江东士族宁戴仇雠敌国之子孙以为君主，而羞与同属孙吴旧壤寒贱庶族之陈敏合作之故也。"③ 在这里陈先生一再强调，决定江东大族代表顾荣等最终与陈敏决裂的根本原因在于其间阶级身份与文化地位的差异，而华谭之檄文正及时地警告了顾荣等人，启发其羞耻之心，促使其断然抛弃陈敏，转而与晋廷合作。④

确实，顾荣等江东大族人物与陈敏合作过程中存在阶级地位、文化观念、军政举措等方面的差异与冲突。前已述及陈敏一再有意诛杀江东地区不与之合作的名士豪杰，受到顾荣的劝阻，而顾荣本人的处境也颇不妙。《通鉴》卷八六晋怀帝永嘉元年载："敏弟处知顾荣等有贰心，劝敏杀之，敏不从。……敏单骑北走，追获之于江

---

① 陈寅恪：《述东晋王导之功业》，氏著《金明馆丛稿初编》，生活·读书·新知三联书店2001年版，第57页。
② 陈寅恪：《述东晋王导之功业》，前揭《金明馆丛稿初编》，第58页。
③ 陈寅恪：《述东晋王导之功业》，前揭《金明馆丛稿初编》，第60页。
④ 《晋书》卷二七《五行志上》"鸡祸"条载"其后有陈敏之事。敏虽控制江表，终无纪纲文章，……卒为弈所灭"。陈敏"无纪纲文章"，正是其与江东大族阶级与文化差异的集中体现。

乘，叹曰：'诸人误我，以至今日！'谓弟处曰：'我负卿，卿不负我！'"①胡三省注此曰："谓不用处言杀顾荣等也。"可见陈敏兄弟早有杀害顾荣的图谋，陈敏最终也因为未加实施而后悔。《晋书·陈敏传》载："敏凡才无远略，一旦据有江东，刑政无章，不为英俊所服，且子弟凶暴，所在为患。周玘、顾荣之徒常惧祸败，又得谭书，皆有惭色。玘、荣遣使密报征东大将军刘准遣兵临江，已为内应。"陈敏与江东大族的阶级差异与政治分歧，必然导致双方矛盾不断激化。

此外，华谭除了提醒江东大族代表顾荣、周玘"诸人之阶级性，对症下药"外，也明确向江东代表人物顾荣通报了北方的军事布局，所谓"发荆州武旅，顺流东下，徐州锐锋，南据堂邑；征东劲卒，耀威历阳；飞桥越横江之津，泛舟涉瓜步之渚；威震丹杨，擒贼建邺"云云，虽不无恐吓，但也非无据。陈敏割据江东之后，本欲西占荆州，但遭到荆州刺史刘弘所命之江夏太守陶侃等人的有力阻击，西征失败。征东将军刘准在寿阳已有部署，"徐州锐锋"则指东海王司马越系统的军事力量。司马越后来以周馥代替刘准为征东将军，又以司马睿为安东将军，都与此相关。② 北方军队的集结与协调，表明北方统治者绝对不能容忍江东的独立，而一旦战争爆发，江东必成涂炭之地，而这正是江东大族所不愿看到的。对此，田余庆先生曾指出："华谭此信，显然是受命于司马越、王衍，目的是告诫南士，如果要保障江东士族利益，只有反戈一击，消灭陈敏，与司马越合作。顾荣、甘卓、纪瞻同华谭一样，都曾居司马越幕府，与越

---

① 《晋书》卷一〇〇《陈敏传》载陈敏败亡前其弟陈昶劝杀顾荣等，《通鉴》卷八六之《考异》据《晋春秋》，以为进言杀荣者当是陈处。这是从文献校勘、考证的角度立论的，但实际上，陈敏及其诸弟皆与江东大族有怨恨与冲突。

② 《建康实录》卷五《中宗元皇帝纪》载："怀帝永嘉元年，东海王越秉政。秋七月，以琅邪王睿为安东将军、都督扬州江南诸军事，用王导计渡江，镇建邺。讨陈敏余党，廓清江表，因吴旧都城修而居之，太初宫为府舍。"

有旧,遂与周玘定策灭敏。"① 这一分析颇为中肯,符合实际。

顾荣与江东地域大族抛弃陈敏,放弃了割据之念,深刻地影响到此后南北士族社会的合作与司马氏江东政权的建立。当时,随着诸胡内进,中原地区已成为民族纷争之战场,西晋基业,摇摇欲坠,而洛京沦陷,在所难免,迫在眉睫。当时居于执政地位的东海王司马越与琅邪王衍等皆已有迁移逃亡之计划,而长江中游的荆楚地区则为流民聚集之地,纷乱异常,江东地域则是一个重要的迁移退守的方向。而恰好此时陈敏割据江东,这对晋廷之南迁战略显然是不利的。随着江东士族"弃邪归正",避免南北士族社会上层的军事对抗与冲突,维护了江东的稳定,这为接纳中州士庶流民提供了前提条件。对此,诚如田余庆先生所指出,晋元帝司马睿及北方士族后来"能够实现南迁,还由于江南士族名士合力消灭了陈敏势力,为司马睿扫清了进入建邺的障碍"②。正因为如此,永嘉六年(312),顾荣死后,吴郡太守殷祐上书为其争追赠封官号、谥号,主要理由就是顾荣在平定陈敏之乱中的功业。

二 顾荣之接引南渡诸伧及参与创立东晋

永嘉元年(307)七月,东海王司马越以琅邪王司马睿为安东将军,都督扬州江南诸军事,经营江东,谋立东南。随着西晋在北方的崩溃,大量的北方士庶纷纷南迁,以建康为中心的江东地区不仅成为北方移民的流寓地,而且成为华夏文化传播的中心地。因此,此举不仅对司马睿个人及随之南迁的中原士族意义重大,而且深刻地影响着此后中国历史的发展趋向。毫无疑问,东晋立国,以王导为代表的北方士族社会发挥了主导作用。《晋书》卷六《元帝纪》

---

① 田余庆:《释"王与马共天下"》,《东晋门阀政治》,北京大学出版社2000年版,第21页。

② 田余庆:《释"王与马共天下"》,前揭《东晋门阀政治》,第20页。

载:"永嘉初,用王导计,始镇建邺,以顾荣为军司马,贺循为参佐,王敦、王导、周𫖮、刁协并为腹心股肱,宾礼名贤,存问风俗,江东归心焉。"这里所谓司马睿"用王导计,始镇建邺",绝不仅仅指王导以计谋使司马睿获得出镇江东的任命,更重要的是指王导帮助司马睿联络江东地域大族,促成南北士族上层的联合,从而奠定了东晋立国江东的基础。众所周知,西晋灭吴以来,南人的遭遇使他们对晋廷与北人皆怀有怨怼之情,而司马睿本人声望并不高,军府实力也很微弱。因此,江东地方豪族当初并不以之为意。《晋书》卷六五《王导传》载:"及徙镇建康,吴人不附,居月余,士庶莫有至者,导患之。会敦来朝,导谓之曰:'琅邪王仁德虽厚,而名论犹轻。兄威风已振,宜有以匡济者。'会三月上巳,帝亲观禊,乘肩舆,具威仪,敦、导及诸名胜皆骑从。吴人纪瞻、顾荣,皆江南之望,窃觇之,见其如此,咸惊惧,乃相率拜于道左。导因进计曰:'古之王者,莫不宾礼故老,存问风俗,虚己倾心,以招俊乂。况天下丧乱,九州分裂,大业草创,急于得人者乎!顾荣、贺循,此土之望,未若引之以结人心。二子既至,则无不来矣。'帝乃使导躬造循、荣,二人皆应命而至,由是吴会风靡,百姓归心焉。自此之后,渐相崇举,君臣之礼始定。"这段记载故事情节颇具戏剧性,未必完全属实,但概括当时南北士族之融合过程,则大体无误。又,《晋书·王导传》载:"帝尝从容谓导曰:'卿,吾之萧何也。'对曰:'……愿深弘神虑,广择良能。顾荣、贺循、纪瞻、周玘,皆南土之秀,愿尽优礼,则天下安矣。'帝纳焉。"王导一再建议司马睿主动优遇以顾荣为代表的江东名门代表人士,其根本目的在于争取他们对司马睿政权及南迁北人的认同与支持,形成南北士族上层融合的局面,巩固司马氏立国江东的基础。

面对西晋崩溃、北人南迁的局势,江东地域社会中一些崇尚武力的豪族并不甘心屈服于北人,因而屡生事端,间有变乱,从而对南北士族社会的联合造成了威胁。在此过程中,顾荣作为江东文化士族之"首望",顺应大势,顾全大局,积极与侨寓士族群体合作,配合王导与司马睿创建江东政权。① 顾荣对王导辅助司马睿开创东南伟业，多有赞誉。《晋书》卷八三《顾和传》载顾和为顾荣族侄，王导为扬州刺史，辟之为从事，"和尝诣导，导小极，对之疲睡。和欲叩会之，因谓同坐曰：'昔每闻族叔元公道公叶赞中宗，保全江表。体小不安，令人喘息。'"② 顾荣每每在宗族内称赞王导"叶赞中宗，保全江表"的功业，不仅表明他对此事的赞许，而且实在在于自己也参与其事。《世说新语·言语篇》所载顾荣与司马睿的一段对话也说明了这一点："元帝始过江，谓顾骠骑曰：'寄人国土，心常怀惭。'荣跪对曰：'臣闻王者以天下为家，是以耿、亳无定处，九鼎迁洛邑。愿陛下勿以迁都为念。'"③ 陈寅恪先生曾分析这一段对话，说："东晋元帝者，南来北人集团之领袖。吴郡顾荣者，江东士族之代表。元帝所谓'国土'者，即孙吴之国土。所谓'人'者，即顾荣代表江东士族之诸人。当日北人南来者之心理及江东士族对此种情势之态度可于两人问答数语中窥知。顾荣之答语乃允许北人寄居江左，与之合作之默契。"④ 由此可见，司马睿对于南人是否诚心合作，原本并无绝对把握，所谓"寄人国土，心常怀惭"，实际上是向南人致歉，而顾荣则从大局出发，明确表达了接受北人南

---

① 《晋书》卷九五《艺术·戴洋传》载："陈眕问洋：'人言江南当有贵人，顾彦先、周宣珮当是不？'洋曰：'顾不及腊，周不见来年八月。'荣果以十二月十七日卒；十九日腊矣以明年七月晦亡。"《建康实录》卷五也有大致相同的记载。这是陈敏被灭之后的事。江东民间以顾荣、周玘应所谓"贵人"之谶，绝非偶然，反映出地方社会特别是武力豪族的政治异动倾向。但作为文化士族代表，顾荣则坚定地确立了与北士合作的方针。关于东晋立国过程中义兴周氏之反对侨人，《晋书》卷五八《周处传》载周玘便以"于时中州人士佐佑王业，而玘自以为不得调，内怀怨望，复寻刁协轻之，耻恚愈甚。"其死前谓诸子曰："杀我者诸伧子，能复之，乃吾子也。"周玘子周勰，常铭记父言，"时中国亡官失守之士避乱来者，多居显位，驾御吴人，吴人颇怨。勰因之欲起兵，潜结吴兴郡功曹徐馥"。义兴周氏是吴地武力强宗，在当时南北士族联合以抗御外辱的背景下，他们的这一做法具有破坏性，自然受到遏制。

② 《世说新语·言语篇》"顾司空未知名"条也有相同的记载。

③ 余嘉锡先生在《世说新语笺疏》此条下有案语曰："顾荣卒于元帝未即位以前，不当称陛下。《世说》此条已为敬胤所驳，见汪藻《考异》。"确实，此条文字表达未必准确，但就顾荣接纳司马睿及与北人合作的心态言，则当无误。

④ 陈寅恪：《述东晋王导之功业》，前揭《金明馆丛稿初编》，第59页。

迁并支持在江东建立新政权的态度。对此，有论者指出："在这一时期中，顾荣扮演了一极重要的角色，他成为晋在丧失中原后，尚能在南方找到一立足点——王导'计'中的主角，……不仅全力为元帝谋画，更安慰他们，……王导'计'之成功，由此可见。虽由王导之'计'，亦由顾荣之有此心意，始克臻此。"①

确实，王导、司马睿等创业东南，对顾荣等南士多有倚重。《晋书·顾荣传》载："元帝镇江东，以荣为军司，加散骑常侍，凡所谋画，皆以谘焉。荣既南州望士，躬处右职，朝野甚推敬之。"顾荣之外，当时江东其他名士代表如贺循、纪瞻、薛兼等也都受到重用。众多南士的默许与支持，是东晋立国的基础。《晋书》卷六八"史臣曰"说："元帝树基淮海，百度权舆，梦想群材，共康庶绩。顾、纪、贺、薛等并南金东箭，世胄高门，委质霸朝，豫闻邦政；典宪资其刊辑，帷幄佇其谋猷；望重搢绅，任为元凯，官成名立，光国荣家。非为感会所钟，抑亦材能斯至。"司马睿"树基淮海，百度权舆，梦得群材，共康庶绩"，顾荣等"南金东箭，世胄高门，委质霸朝，豫闻邦政"，成为东晋立国的基础。对于顾荣之功绩，顾荣死后，司马睿以贺循为军司，贺循以疾辞，司马睿致书有言："前者顾公临朝，深赖高算。元凯既登，巢许获逸。至于今日，所谓道之云亡，邦国殄悴，群望颙颙，实在君侯。"由所谓"顾公临朝，深赖高算"云云，可见顾荣之作用。

东晋草创之际，顾荣以南士领袖身份"躬处右职"，除一般的军政谋划外，一个重要使命是向司马睿举荐江东才俊，这一方面是为了进一步巩固和扩大司马睿在江南的统治基础，另一方面则为自吴亡以来沉滞乡里的江东人物拓展仕途。《晋书·顾荣传》载："时南土之士未尽才用，荣又言：'陆士光贞正清贵，金玉其质；甘季思忠款尽诚，胆干殊快；殷庆元质略有明规，文武可施用；荣族兄公让

---

① 何启民：《中古南方门第——吴郡朱张顾陆四姓之比较研究》，前揭《中古门第论集》，第96—97页。

明亮守节,困不易操;会稽杨彦明、谢行言皆服膺儒教,足为公望;贺生沈潜,青云之士;陶恭兄弟才干虽少,实事极佳。凡此诸人,皆南金也。'书奏,皆纳之。"西晋灭吴之后,南士仕进困难,顾荣所荐诸人,虽"皆南金也",然"未尽才用"。周一良先生在《魏晋南北朝史札记》"顾荣推荐之吴士"条中详考诸人家世,多为江东大族子弟,以为"诸人至永嘉元年(307)元帝镇江东后,始获仕进"。司马睿南渡之初,王导需要南人的合作,主动交结南人,顾荣乘机力荐,确实使得不少长期沉滞乡里的江东名士进入司马睿幕府。不仅如此,比之中朝,当时南人的职位也有所提高,他们的处境确实有明显改善。① 顾荣荐士,颇得人心,《初学记》卷一二引王隐《晋书》曰:"当时后进,尽相推谢,称荣有大才令望。"② 而司马睿大力启用南士,赢得了南人的支持,奠定了立国江东的基础,《北堂书钞》卷六三《晋中兴书·吴郡顾录》便载:"于是朝野皆服,中兴基于此焉。"

由上所论,可知顾荣作为江东文化士族之代表、地域社会之领袖,他在两晋之交巨大的历史转折关头,经过痛苦抉择,断然抛弃寻求地方割据自保的念头,接引流迁之中土士族,参与创建东晋。此举意义重大,影响深远。陈寅恪先生曾论述王导在民族与文化遭遇前所未有的巨大危机的关键时刻发挥了至关重要的作用,以为其

---

① 参何启民《永嘉前后吴姓与侨姓关系之转变》,前揭《中古门第论集》,第71—72页。当时华谭也向司马睿举荐人士,《晋书》卷五二《华谭传》载其先荐"干宝、范珧于朝",后以"晋陵朱凤、吴郡吴震并学行清修,老而未调,谭皆荐为著作佐郎"。可见当时沉滞南士甚多。《晋书》卷六《元帝纪》载太兴元年(318)十二月诏曰:"其吴之高德名贤或未旌录者,具条例以闻。"可见司马睿立国之际确实比较重视起用南士。

② 作为南士首望,顾荣对江东后进多有称誉,《晋书》卷七七《陆晔传》载陆晔字士光,少时得从兄陆机赏识,居丧,以孝闻,顾荣与乡人书曰:"士光气息裁属,虑其性命,言之伤心矣。"《晋书》卷八八《孝友·孙晷传》载其吴郡富春人,"晷为儿童,未尝被呵怒。顾荣见而称之,谓其外祖薛兼曰:'此儿神明清审,志气贞立,非常童也。'"至于其赞誉同族子弟,《晋书》卷八三《顾和传》载"和二岁丧父,总角便有清操,族叔荣雅重之,曰:'此吾家麒麟,兴吾宗者,必此子也。'时宗人球亦有令闻,为州别驾,荣谓之曰:'卿速步,君孝超卿矣!'"顾荣出于乡里与宗族感情,赞誉后进,这对诸人的成长颇具影响。

"可称为民族之大功臣","王导之笼络江东士族,统一内部,结合南人北人两种实力,以抵抗外侮,民族因得以独立,文化因得以续延,不谓民族之功臣,似非平情之论也"①。确实,在消弭南北社会矛盾,整合南北士族力量以共同抵御外辱、延续晋祚与华夏文明传统的过程中,王导等北方士族领袖居于主导地位,功勋卓著。不过,以顾荣为代表的江东本土士族群体也能抛弃历史积怨、克服狭隘的地域意识,积极与北人合作,共同开创司马氏立国江东的新局面。对此,陈寅恪先生以为顾荣等南士接引北人,"此两方协定既成,南人与北人勠力同心,共御外侮,而赤县神州免于全部陆沉,东晋南朝三百年之世局因是决定矣"②。从这个意义上说,在拯救民族与文化危机的历史关头,顾荣等江东人物的作用与贡献同样不可忽视,也应当称为"民族之大功臣"。不仅如此,两晋之际华夏文明在华北地区第一次遭遇了灭顶之灾,中原士庶的南迁与东晋的建立则使得华夏文明在江南获得延续、更新与发展,这成为此后屡遭劫难的华夏文明得以长期延续、发展的一种模式。因此,两晋之际南北士族共同导演的晋祚中兴江东的历史活剧极富启示意义。

在这一重大历史转折关头,顾荣及其所代表的江东本土士族群体之所以能抛弃前嫌,其心态颇值得玩味。不可否认,顾荣的选择具有维护江东本土安全的考虑。我们知道,西晋崩溃,除了晋廷内乱外,一个更为重要的原因在于诸胡内进,野蛮而强大的诸胡不仅征服了中原,而且必然给江南也造成巨大的冲击与威胁。陈寅恪先生考察东晋初南北形势便指出:"在匈奴刘渊起兵之后,南方也面临胡马凭陵的危险。南北实力对比,北强南弱,特别在东晋初年是如此。那时南方已经感到后赵石勒、石虎的严重威胁,……后赵在石勒时,曾打到南沙、海虞、娄县、武进。到石虎时,又打到历阳,兵临长江。单凭顾荣是否能以南人的力量不令胡马过江,是有问题

---

① 陈寅恪:《述东晋王导之功业》,前揭《金明馆丛稿初编》,第77页。
② 陈寅恪:《述东晋王导之功业》,前揭《金明馆丛稿初编》,第59页。

的。为江东及本身利害计,江东士族也非与北方士族协力同心,以阻胡骑不可。南北界限比起夷夏界限,又微不足道了。南北士族如果不能协调,司马睿可能到不了南方,东晋南朝的局面也就不能成立。"① 作为江东地域社会的士族领袖,维护地方稳定、保全其乡里宗族利益,是决定顾荣等人作出选择的前提,而当时不断加剧的胡人威胁则促使顾荣必须与南渡士族合作,建立新的政权,以抵御外辱。从这个意义上说,当时接引北人以建立新政权,与维护江东本土利益是相互关联的,具有一致性。

当然,就顾荣排除各种阻力,决意与南渡北人合作的根本原因而言,还是在于他作为江东儒学旧族精英代表,其与北方士族尽管有地域歧视与利益冲突,但他们在思想文化上毕竟渊源有自,"气类"相同,因而在民族危机的背景下,"在南北士族之间,占主要地位的,是阶级和信仰的一致。这决定了他们不是分,而是合"②。因此,从儒家信仰的角度而言,两晋之交顾荣等江东人物之接引北人,乃是践行儒家舍生取义之举。关于江东本土儒学士族稳定江南之功绩,前引王夫之《读通鉴论》卷一二"晋惠帝"之七条、一三条所论尤为精辟,这对两晋之际顾荣等江东士族代表人物在维护地域社会稳定,有"率江东而定八王已乱之天下,抗五胡窥吞之雄心,立国百年而允定"之功,这比之一般称述北人之作用而根本无视南人之功业的看法,确实更为全面而深刻,也更符合历史真相。

三　余论:释后人对顾荣的相关误解

对顾荣与陈敏之"先从后逆"及"接引诸伧"二事,后人皆有微词,颇值得玩味体悟。

对于顾荣与陈敏之关系,华谭致信揭示其原委,致使顾荣颇觉

---

① 万绳楠整理:《陈寅恪魏晋南北朝史讲演录》,黄山书社1987年版,第150页。
② 前揭《陈寅恪魏晋南北朝史讲演录》,第149页。

难堪,因而后来在司马睿幕中顾荣极力压制华谭。《晋书》卷五二《华谭传》载:"谭不悟荣旨,露檄远近,极言其非,由此为荣所怨。……后为纪瞻所荐,而为顾荣所止遏,遂数年不得调。"但在东晋立国之初,出于南北联合的大局,侨姓人士对此非但没有斤斤计较,而且多有包容。《晋书·顾荣传》载顾荣去世后,司马睿"临丧尽哀,欲表赠荣,依齐王功臣格"。吴郡内史殷祐上书议之,以为顾荣之平陈敏,"众无一旅,任非藩翰,孤绝江外,王命不通,临危独断,以身徇国,官无一金之费,人无终朝之劳。元恶既殄,高尚成功,封闭仓廪,以俟大军,故国安物阜,以义成俗,今日匡霸事举,未必不由此而隆也。……荣首建密谋,为方面盟主,功高元帅,赏卑下佐,上亏经国纪功之班,下孤忠义授命之士。夫考绩幽明,王教所崇,况若荣者,济难宁国,应天先事,历观古今,未有立功若彼,酬报如此者也"。殷祐身为侨寓人士,为顾荣所受之赠封规格抱屈,司马睿"由是赠荣侍中、骠骑将军、开府仪同三司,谥曰元。及帝为晋王,追封为公,开国,食邑"。然及至刘宋,侨人态度有变,《宋书》卷八一《顾觊之传》载:"尝于太祖坐论江左人物,言及顾荣,袁淑谓觊之曰:'卿南人怯懦,岂办作贼。'觊之正色曰:'卿乃复以忠义笑人!'淑有愧色。"袁淑在宋文帝时论及顾荣,说出"南人怯懦,岂办作贼",显然是公然暗讽其与陈敏合作之事。东晋中后期以来,侨姓士族掌控大局,地位巩固,而对南人则有轻视之意。袁淑此语正体现了这一心态。

对于顾荣之接引北人,南朝宋齐之际丘灵鞠的看法需要特别加以分析。《南齐书》卷五二《文学·丘灵鞠传》载其吴兴乌程人,"少好学,善属文",是宋齐间著名的文学之士,他曾对顾荣接引北人进行了激烈的批评:"世祖即位,转通直常侍,寻领东观祭酒。灵鞠曰:'久居官不愿数迁,使我终身为祭酒,不恨也。'永明二年,领骁骑将军。灵鞠不乐武位,谓人曰:'我应还东掘顾荣冢。江南地方数千里,士子风流,皆出此中。顾荣忽引诸伧渡,妨我辈途辙,死有余罪。'"丘灵鞠固为一介散诞之文士,性格乖张,仕途偃蹇。

但在南朝侨、旧关系相对固化的背景下，丘灵鞠的个人遭遇只是当时江东本土人士遭受侨人压制的一个缩影。东晋立国，虽以琅邪王氏为代表的北方士族与司马氏皇族为主导，但对顾荣等江东士族则多所依仗，当时江东人士纷纷应召入仕，南人之地位普遍有所提升。但随着东晋国势渐稳，侨姓士族子孙凭借其晋统而逐渐把持中央与地方军政要职，而江东人士则日益边缘化，成为政治上的点缀与陪衬，从而引起南人的强烈不满。[①] 从这一角度看，丘灵鞠对顾荣的怨恨之辞，实际上表达的是江东本土人士对侨人擅位的不满，有可理解、值得同情之处。确实，东晋中期以后，侨人气势渐盛，南人则自叹屈志，这是由当时士族社会的地域分别所造成的。但以此抱怨顾荣、王导等人开创的南北联合以抗御外辱、延续民族国家统绪与文明命脉之功业，则实属现实政治牢骚的情绪化表达，对于顾荣及其同时代人物而言，这绝非客观公允之评论；从华夏文化南播与承传的角度而言，其流于地域意识，更失之狭隘、偏颇与浅薄了。

[①] 关于东晋南朝时期，江东人物政治地位的下降及其处境，周一良先生《南朝境内之各种人及政府对待之政策》有深入参述，收入氏著《魏晋南北朝史论集》，北京大学出版社1997年版，第127—189页。

东晋南朝荥阳毛氏之军事活动与家族文化

有关世族的个案与群体的研究，相当长时间内曾是中古社会历史与文化领域中颇受关注的课题。检点以往相关成果，主要集中于那些门第显赫、执掌军政大局、学术文化卓著的高门大族。众所周知，中古时代社会纷繁复杂，其中最为显著的表象是社会剧烈动荡与长期分裂，处于连绵不断的战争状态。在这一社会背景下，当时存在着数量颇众的武人群体和"家世为将"的"将门"。相对而言，以往对这一类群体或家族关注不多，即便有所涉及，不过叙述其代表人物参与具体军事、政治活动的相关表现而已，少有将其作为一个完整的家族或群体系统地论述其发展历程及其门风变化。有鉴于此，这里就东晋南朝时期武力强宗荥阳阳武毛氏门风演进及其家族文化略作专题考论，以期对中古家族研究有所深化与细化。

一 荥阳阳武毛氏之南迁房支及其世系

关于毛氏之渊源，唐宋以来的姓氏典籍皆追溯至西周，唐林宝《元和姓纂》卷五"毛氏"条："周文王第九子毛伯，受封毛国，因以为氏。支孙为周卿士。毛伯过、毛伯得，并毛公之后也。赵有毛遂。汉有毛公，治《诗》，赵人也，为河间王博士。毛苌亦治《诗》，为诂训。"宋邓名世《古今姓氏书辩证》"毛氏"条："汉有画工毛延寿。晋有西郡丞毛植。唐时荥阳、河阳、北地毛氏，世系皆具《元和姓纂》。延寿画人形,丑好老少必得其真。"由此可见,毛氏得姓之起始及汉魏以降已形成荥阳、河阳、北地诸郡望。

东晋南朝时期,荥阳毛氏至少有三个房支相继南迁。毛宝一支迁移较早,其时大致在西晋末年。《晋书》卷八一《毛宝传》载:"毛宝字硕真,荥阳阳武人也。王敦以为临湘令。敦卒,为温峤平南参军。"两晋之际,王敦平定荆、湘流民武装与地方势力,掌控长江中上游军政,毛宝当因参与相关战事之功绩而被任为临湘令。毛宝南迁后,主要活动在荆州地域,《晋书》本传载:"初,宝在武昌,军人有于市买得一白龟,长四五寸,养之渐大,放诸江中。邾城之败,养龟人被铠持刀,自投于水中,如觉堕一石上,视之,乃先所养白龟,长五六尺,送至东岸,遂得免焉。"这一故事固然神异不经,颇有佛教因果报应意味,但其中所谓"初,宝在武昌"云云,则表明毛宝作为荆州军府之武人活动于武昌之史实。具体就其侨居地而言,毛宝当置家江陵。东晋中后期,毛氏人物相继任职梁、益、秦、宁等西部州镇,《晋书·毛宝传附孙毛璩传》载:"初,璩弟宁州刺史璠卒官,璩兄球孙祐之及参军费恬以数百人送丧,葬江陵。"由毛宝孙毛璠卒后归葬江陵,表明其家族自毛宝以来当侨居于此。

关于荥阳毛氏之门第,由其南迁长江上游、活动于荆州地域,作为武人依附王敦而充任临湘令等情形,可以肯定其当非高门士族,应当属于不以学术文化显而擅长武力之次等士族阶层。① 不过,毛宝

---

① 关于永嘉之乱后中土南迁移民之侨居地域,陈寅恪先生在《述东晋王导之功业》(收入氏著《金明馆丛稿初编》,生活·读书·新知三联书店2001年版)一文中指出,"北人南来避难约略可分为二路线:一至长江上游,一至长江下游,路线固有不同,而避难人群中其社会阶级亦各互异,其上层阶级为晋之皇室及洛阳之公卿士大夫,中层阶级亦为北方士族",其上层多迁移至长江下游东晋之都城建康地域,其尚武之次等士族则多安置于以京口为中心之晋陵郡一带。至于长江上游之移民,"然西晋末年中州扰乱,北人莫不欲南来,以求保全,当时具有逃避能力者自然逐渐向南移动,南阳及新野之上层士族,其政治社会地位稍逊于洛阳胜流如王导等者,则不能或不必侨居江左新邦首都建业,而迁至当日长江上游都会江陵南郡附近旁一带,此不仅以江陵一地距胡族势力较远,自较安全;且因其为当日长江上游之政治中心,要为占有政治上地位之人群所乐居者也。又居住南阳及新野地域之次等士族同时徙至襄阳一带"。(第65、73页)据陈先生所论,两晋之际南迁长江下游建康与上游江陵之人群在门第身份与社会地位上存在差异。

曾孙毛修之随刘裕北伐关中而被俘入大夏，后入北魏，出自清河崔氏的北魏士族朝臣代表崔浩"以其中国旧门"而"每推重之"。① 这表明自汉魏以降，荥阳毛氏已成门户，故有所谓"中国旧门"之誉。但需要指出，崔浩身处北魏前期胡汉冲突激烈的社会环境中，他对入魏南士尤为钦慕，体现出其内心以江左为华夏正统所系的文化心态，故其对毛修之门第的称誉显然具有特定时代背景下的个人情感因素。②

荥阳毛氏另一南迁房支代表人物毛德祖，其南迁较晚，《宋书》卷九五《索虏传》载："德祖，荥阳阳武人也。晋末自乡里南归。"《晋书·毛宝传附毛德祖传》载："德祖，璩宗人也。父祖并没于贼中。德祖兄弟五人，相携南渡，皆有武干。荆州刺史刘道规以德祖为建武将军、始平太守，又徙涪陵太守。卢循之役，道规又以为参军，伐徐道覆于始兴。寻遭母忧。"毛德祖之父、祖"并没于贼中"，当在西晋覆灭后，沦于十六国前期石赵等胡人政权，经历"胡亡氐乱"的社会动荡，毛德祖兄弟五人"相携南渡"。③ 相较于两晋之际的南渡人士，毛德祖兄弟自属晚渡之士。东晋末期，以刘裕为代表的北府武人势力掌控军政大局，毛德祖兄弟附之。至于毛德祖南迁后之侨居地，由荆州刺史刘道规任之为始平太守、涪陵太守，其南迁后活动于长江上游地域，很有可能一度侨居江陵。

荥阳毛氏又一南迁房支代表人物为陈朝毛喜，《陈书》卷二九《毛喜传》载："毛喜字伯武，荥阳阳武人也。祖称，梁散骑侍郎。父栖忠，梁尚书比部侍郎、中权司马。"这里未明述毛喜先世南迁、侨居地及其与其他南迁毛氏房支之关系。据本传所载，陈霸先参与

---

① 《魏书》卷四三《毛修之传》。
② 关于崔浩对入魏南士之提携、奖掖及其文化心态，陈寅恪先生在《隋唐制度渊源略论稿》中已有较为详细的考论。另，拙文《崔浩之南朝情结及其与南士之交往》（收入拙著《迁洛元魏皇族与士族社会文化史论》，中国社会科学出版社2017年版）也涉及此，请参见。
③ 《通鉴》卷一一九刘宋营阳王景平元年载："初，毛德祖在北，与公孙表有旧。"胡三省注曰："毛德祖本荥阳人。武帝未取关、洛，德祖自北来归。"毛德祖似在义熙年间刘裕掌控东晋局势时"自北来归"。

平定侯景之乱,"及镇京口,命喜与高宗俱往江陵,仍敕高宗曰:'汝至西朝,可谘禀毛喜。'喜与高宗同谒梁元帝,即以高宗为领直,喜为尚书功论侍郎"。陈霸先命其侄陈蒨至江陵投附梁元帝,实际上是充当人质,以毛喜相佐,命其遇事"可谘禀毛喜",除了陈霸先"素知于喜"外,是否与毛喜在江陵有所依仗有关?大略而言,毛喜先人之南迁时间、侨居地及相关活动等情况不明。从毛喜祖、父仕宦及其本人"起家梁中卫西昌侯行参军,寻迁记室参军"等情况看,当属次等士族阶层。①

根据《晋书》卷八一《毛宝传》及所附《毛德祖传》、《宋书》卷四八《毛修之传》、《南齐书》卷五三《良政·毛惠素传》、《魏书》卷四三《毛修之传》、《陈书》卷二九《毛喜传》、《南史》卷一六《毛修之传》、《北史》卷二七《毛修之传》、《南史》卷六八《毛喜传》等相关史籍所载,将荥阳阳武毛氏南迁之三房支世系列表如下。

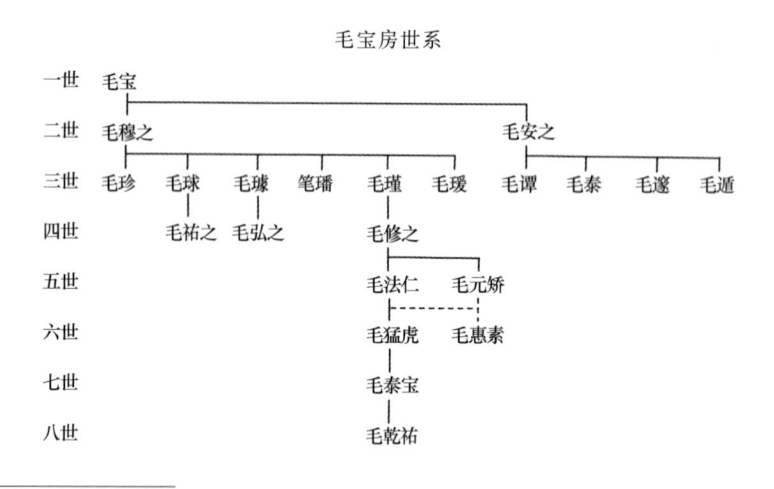

毛宝房世系

一世	毛宝									
二世	毛穆之						毛安之			
三世	毛珍	毛球	毛璩	笔璠	毛瑾	毛瑗	毛谭	毛泰	毛邃	毛遁
四世		毛祐之	毛弘之		毛修之					
五世					毛法仁	毛元矫				
六世					毛猛虎	毛惠素				
七世					毛泰宝					
八世					毛乾祐					

---

① 《陈书》卷二九《毛喜传》载毛喜为陈宣帝之重臣,"高宗即位,除给事黄门侍郎,兼中书舍人,典军国机密。……寻迁太子右卫率、右卫将军。以定策功,封东昌县侯,邑五百户。又以本官行江夏、武陵、桂阳三王府国事。太建三年,丁母忧去职,诏追赠喜母庾氏东昌国太夫人,赐布五百匹,钱三十万,官给丧事。又遣员外散骑常侍杜缅图其墓田,高宗亲与缅案图指画,其见重如此"。可见毛喜母出自庾氏,但门望不明。毛喜后历任御史中丞,加散骑常侍、五兵尚书,参掌选事,加侍中,任丹阳尹、吏部尚书等。由于毛喜职位不断提高,其门望亦有所提升,在当时旧族高门衰微的社会背景下,毛氏可谓陈朝之"新出门户"。

毛德祖房世系

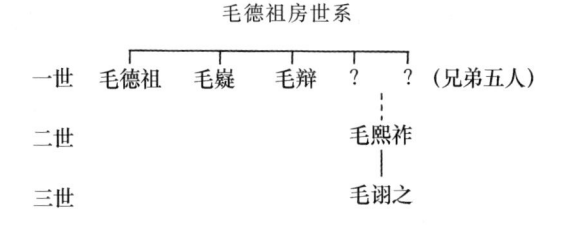

```
一世  毛德祖  毛嶷  毛辩  ?  ?  (兄弟五人)
二世                         毛熙祚
三世                         毛诩之
```

毛称房世系①

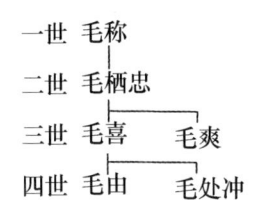

```
一世  毛称
二世  毛栖忠
三世  毛喜    毛爽
四世  毛由    毛处冲
```

二 "将帅之家"：荥阳毛氏与晋宋军政局势

《晋书》卷八一将毛宝与王逊、蔡豹、羊鉴、刘胤、桓宣、朱伺、刘遐、邓岳、朱序等人合传，尽管诸人年辈有异，但皆擅长武力，为东晋著名将领，传末有论曰："晋氏沦丧，播迁江表，内难荐臻，外虞不息，经略之道，是所未弘，将帅之功，无闻焉尔。逊、豹、宣、胤服勤于太兴之间，毛、邓、刘、朱驰骛乎咸和之后。虽人不逮古，亦足列于当世焉。"可见毛宝是东晋咸和以后具有代表性的军事将领。此后，毛宝子孙及其同宗毛德祖等皆致力军旅，为晋宋名将，成为当时著名的尚武世家。

---

① 严可均《全陈文》卷一五据《国清百录》辑毛喜《与释智觊书》，其中一通曰："弟子诸弟及儿等悉蒙平安。第三任鄱阳郡，第二为豫章王司马，第四大延卿，第五入阁，任度支郎；大儿由在东宫，为中书舍人。仰蒙垂顾，以大善知识大同学，辄复远谘。"《全上古三代秦汉三国六朝文》，中华书局1958年版，第3486页。据此，毛喜至少有兄弟六人，惜其名已不可考。毛喜长子为毛由，可补史阙。

（一）"苏峻之难，致力王室"：毛宝在平定苏峻之乱过程中的卓异表现

毛宝南迁荆州，初附王敦。至于王敦凭借掌控上流军政而一再起兵谋求颠覆，毛宝之态度与表现不详。此后，他归属平南将军、江州刺史温峤，为平南参军。当时朝廷中枢，王敦乱后，琅邪王氏代表王导的地位受到冲击，颍川庾氏代表庾亮兄弟以外戚身份参决大政，出于巩固权位之动机，庾亮征召流民帅苏峻入朝。苏峻生变，攻占都城建康，庾亮逃至江州，与温峤谋划平乱。当时上流有实力的军政统帅是征西将军、荆州刺史陶侃，他若不参与其事，实难戡乱，故温峤请陶侃为盟主。陶侃自西晋末以来长期隶属刘弘，在荆、江、湘诸州平定流民与地方势力，功绩卓著，然其为豫章人，出自寒门，在东晋门阀政治格局中一再遭受鄙视与排斥。晋明帝死后，庾亮主导政局，陶侃不预辅政之列，排挤之意甚明。不仅如此，庾亮以温峤出刺江州，目的在于抵拒陶侃，以致苏峻乱起，温峤请求回都救援，庾亮明确表示绝不准其过雷池，以为其西部更为凶险，这明显以陶侃为敌。对此，陶侃心怀怨恨，对温峤的邀约并不积极。在结盟过程中，毛宝发挥了重要作用。《晋书》卷六七《温峤传》载：

> ……未几而苏峻果反。……时亮虽奔败，峤每推崇之，分兵给亮。遣王愆期等要陶侃同赴国难，侃恨不受顾命，不许。峤初从之，后用其部将毛宝说，复固请侃行，语在《宝传》。初，峤与庾亮相推为盟主，峤从弟充言于峤曰："征西位重兵强，宜共推之。"峤于是遣王愆期奉侃为盟主。侃许之，遣督护龚登率兵诣峤。峤于是列上尚书，陈峻罪状，有众七千，洒泣登舟，移告四方征镇。……峻时杀侃子瞻，由是侃激励，遂率所统与峤、亮同赴京师，戎卒六万，旌旗七百余里，钲鼓之声震于百里，直指石头，次于蔡洲。侃屯查浦，峤屯沙门浦。时祖约据历阳，与峻为首尾，见峤等军盛，谓其党曰："吾本知峤能为四公子之事，今果然矣。"

又,《晋书·毛宝传》载:

> 苏峻作逆,峤将赴难,而征西将军陶侃怀疑不从。峤屡说不能回,更遣使顺侃意曰:"仁公且守,仆宜先下。"遣信已二日,会宝别使还,闻之,说峤曰:"凡举大事,当与天下共同,众克在和,不闻有异。假令可疑,犹当外示不觉,况自作疑耶!便宜急追信,改旧书,说必应俱征。若不及前信,宜更遣使。"峤意悟,即追信改书,侃果共征峻。

由上可见,在结盟陶侃以共讨苏峻过程中,由于陶侃一再推拒,温峤因"屡说不能回"而有意放弃,关键时刻,毛宝明确表示"凡举大事,当与天下共同,众克在和,不闻有异",劝导温峤"追信改书",以致陶侃改变态度,"果共征峻"。①

在征讨苏峻过程中,陶侃一度表示退师,联盟面临解体。在此关头,毛宝征得温峤同意,劝谕陶侃。《晋书》本传载:

---

① 陶侃推拒结盟组建义军,主要出于对庾亮的不满,这牵涉东晋门阀政治中文武分途、门户差异等结构性问题。东晋一代,高门士族对陶侃及其家族确实颇为轻视,《世说新语·文学篇》载:"袁宏始作《东征赋》,都不道陶公。胡奴诱之狭室中,临以白刃,曰:'先公勋业如是!君作《东征赋》,云何相忽略?'宏窘遽无计,便答:'我大道公,何以云无?'因诵曰:'精金百炼,在割能断。功则治人,取思靖乱。长沙之勋,为史所赞。'"余嘉锡《世说新语笺疏》(上海古籍出版社1993年版)于此条下有案语曰:"陶侃为庾亮所忌,于其身后奏废其子夏,又杀其子称,由是陶氏不显于晋。当宏作赋时,陶氏式微已甚。其孙虽嗣爵,而名宦不达。陶范虽存,复不为名氏所与。观《方正篇》载王修龄却陶胡奴送米,厌恶之情可见。非必胡奴之为人果得罪于清议也,直以其家出自寒门,摈之不以为气类,以示流品之严而已。宏之不道陶公,亦犹是耳。"(第274页)《世说新语·方正篇》载:"王修龄尝在东山,甚贫乏。陶胡奴为乌程令,送一船米遗之,却不肯取。直答语:'王修龄若饥,自当就谢仁祖索食,不须陶胡奴米。'"余嘉锡先生笺疏于此条下案曰:"《侃别传》及今《晋书》均言范最知名,不知其人以何事得罪于清议,致修龄拒之如此其甚。疑因陶氏本出寒门,士行虽立大功,而王、谢家儿不免犹以老兵视之。其子夏、斌复不肖,同室操戈,以取大戮。故修龄羞与范为伍。于此固见晋人流品之严,而寒士欲立门户为士大夫亦至不易矣。"(第327页)田余庆先生《论郗鉴——兼论京口重镇的形成》(氏著《东晋门阀政治》,北京大学出版社2014年版)对东晋时期流民帅群体之社会身份与文化特征等有深入的分析,指出其"或者门户不高,或者虽有门户背景但本人不具备名士风流旨趣,与东晋政权及当时士族是格格不入的"。当然,(转下页)

陶侃、温峤未能破贼，侃欲率众南还。宝谓峤曰："下官能留之。"乃往说侃曰："公本应领芜湖，为南北势援，前既已下，势不可还。且军政有进无退，非直整齐三军，示众必死而已，亦谓退无所据，终至灭亡。往者杜弢非不强盛，公竟灭之，何至于峻独不可破邪！贼亦畏死，非皆勇健，公可试与宝兵，使上岸断贼资粮，出其不意，使贼困感。若宝不立效，然后公去，人心不恨。"侃然之，加宝督护。宝烧峻句容、湖孰积聚，峻颇乏食，侃遂留不去。①

众所周知，讨伐苏峻之军事联盟，虽尊陶侃为盟主，但实际主导其事者为温峤，《晋书·温峤传》便明言"时陶侃虽为盟主，而处分规略一出于峤"。作为文士的温峤，总体战略规划上尚可，而战术层面的具体"处分规略"，则难免捉襟见肘，分兵驻防失当，贻误战机，以致引发陶侃的不满，以退师相胁。对此，作为军事将领，毛宝深通兵家之道，以为盟军布局与战术有失，陶侃"本应领芜湖，为南北势援"，不应突前，以此取得陶侃的同情与理解，进而指出，

（接上页注）出于军事需要，"东晋朝廷不得不重视他们，又不敢放心大胆地使用他们"，"东晋对他们的态度，虽视其效忠程度而有所不同，但总的说来是严密防制的"，特别不能使他们有机会干预朝廷中枢政局，"流民帅少有内辅京师以备宿卫的机会"。因此，东晋一代，具有流民帅身份背景之人物，只有郗鉴得预中枢，其后世转化为高门士族，可谓例外。（第46—49页）陶侃虽非流民帅，本为豫章土著，且出自寒微，素事军旅，为门阀士族排斥，他与庾亮的矛盾即如此。田余庆先生指出："庾、陶二人在苏峻乱前本不协调，积怨颇深，赖温峤弥合其间，始得共平苏峻。苏峻乱平后，庾、陶在共抗王导的问题上形成了某种共同利益，但庾、陶之间的矛盾依然存在。"（第65页）因此，面对苏峻之乱，为挽救东晋门阀政治局势，温峤极力援引上流实力派人物陶侃，组织平乱之义军，并奉陶侃为盟主。作为温峤属将，毛宝在这一联盟建构、运行的关键节点，对存有疏离心态的陶侃施加影响，从而确保联盟之维系，进而成功平乱。从这一意义上说，武人毛宝的相关活动，直接关乎东晋门阀政治体制之维护与延续，影响颇巨。毛宝之所以深得陶侃信任，则与其非高门之武人身份及其态度密切相关。

①《通鉴》卷九四晋成帝咸和三年九月载："陶侃、温峤等与苏峻久相持不决，……峤军食尽，贷于陶侃。侃怒曰：'使君前云不忧无良将及兵食，惟欲得老仆为主耳。今数战皆北，良将安在！荆州接胡、蜀二虏，当备不虞；若复无食，仆便欲西归，更思良算，徐来珍贼，不为晚也。'……毛宝言于峤曰：'下官能留陶公。'乃往说侃……竟陵太守李阳说侃曰：'今大事若不济，公虽有粟，安得而食诸！'侃乃分米五万石以饷峤军。"

"前既已下，势不可还"，"军政有进无退，非直整齐三军，示众必死而已"，建议改变战法，并主动请求充任先锋以扭转局面，以致"侃遂留不去"。

作为军事将领，毛宝在平定苏峻之乱中，其具体战绩颇可称述。《晋书》本传载，上流联军东征，"宝领千人为峤前锋，俱次茄子浦"。作为先锋，如何摧敌争胜以振士气，对于整体战局具有重大影响。在这方面，毛宝有突出的表现。本传载："初，峤以南军习水，峻军便步，欲以所长制之，宣令三军，有上岸者死。时苏峻送米万斛馈祖约，约遣司马桓抚等迎之。宝告其众曰：'兵法，军令有所不从，岂可不上岸邪！'乃设变力战，悉获其米，虏杀万计，约用大饥。峤嘉其勋，上为庐江太守。"温峤以苏峻所领江北流民军团"便步"，严禁"习水"之南军上岸作战，一味死守这一战法，长期相持，必然自我消耗，于敌无损。毛宝寻机"设变力战"，登陆截击苏峻的运粮部队，"虏杀万计"，振作士气。他后来劝陶侃不可退师，并请求领兵"上岸断贼资粮"，从而"烧峻句容、湖孰积聚，峻颇乏食"，改变了整体战局，依然采取的是"出其不意"的主动出击战法。陶侃之所以信重毛宝，在于此前相关战局中毛宝已有不同凡响的表现。本传载苏峻同党祖约"遣祖焕、桓抚等欲袭湓口，陶侃将自击之，宝曰：'义军恃公，公不可动，宝请讨之。'侃顾谓坐客曰：'此年少言可用也。'乃使宝行"。祖约派兵进攻湓口，意在偷袭陶侃后方，切断其退路，故陶侃"将自击之"，但统帅回师，有损军心，负面影响颇大，毛宝表示"义军恃公，公不可动"，自请讨之，陶侃深明其理，故有"此年少言可用也"之赞语。在这一阻击战中，毛宝联合桓宣，奋勇死战，本传："宝军悬兵少，器杖滥恶，大为焕、抚所破。宝中箭，贯髀彻鞍，使人蹋鞍拔箭，血流满鞾，夜奔船所百余里，望星而行。到，先哭战亡将士，洗疮讫，夜还救宣。宝至宣营，而焕、抚亦退。宝进攻祖约，军次东关，破合肥，寻召归石头。"作为一名战将，毛宝之身先士卒、英勇无畏，非常人所能及。当然，毛宝并非一味逞勇好斗，他也有固守不战的表现。苏峻死后，其部将匡术以苑城降，陶侃"使宝守南城，邓岳守西城。贼遣韩晃攻之，宝登城射杀数十人。晃问宝曰：'君是毛庐江邪？'宝曰：'是。'晃曰：'君名壮勇，何不出斗！'宝曰：'君若健将，何不入斗！'晃笑而退"。可见毛宝深明用兵之道与进退之理。平乱之后，毛宝以其卓著之功绩，"封州陵县开国侯，千六百户"。

温峤、陶侃相继过世后，庾亮为征西将军，都督江、荆、豫、益、梁、雍六州诸军事，领江、荆、豫三州刺史，总揽上流军政。毛宝归附庾亮，为辅国将军、江夏相，都督随、义阳二郡，镇上明，后以军功进为南中郎将、征虏将军等。为巩固执政地位，庾亮图谋北伐，以毛宝为豫州刺史，出镇邾城。《晋书》卷七三《庾亮传》载："时石勒新死，亮有开复中原之谋，乃解豫州授辅国将军毛宝，使与西阳太守樊峻精兵一万，俱戍邾城。"《晋书》本传载："亮谋北伐，上疏解豫州，请以授宝。于是诏以宝监扬州之江西诸军事、豫州刺史，将军如故，与西阳太守樊峻以万人守邾城。"后赵石虎明知庾亮此举之用意，迅速遣军攻之，邾城孤悬江外，"宝求救于亮，亮以城固，不时遣军，城遂陷。宝、峻等率左右突围出，赴江死者六千人，宝亦溺死"。邾城失守与毛宝之死，主要在于庾亮之战略部署失当与救援不力，故"亮哭之恸，因发疾，遂薨"。毛宝死后，朝廷诏曰："宝之倾败，宜在贬裁。然苏峻之难，致力王室。今咎其过，故不加赠，祭之可也。"此后"公卿言宝有重勋，加死王事，不宜夺爵。升平三年，乃下诏复本封"。

由上所述，作为一位南迁武士，毛宝先后受辖于领兵上流士族权贵代表人物王敦、温峤、庾亮等。其平生最突出的业绩是参与平定苏峻之乱，在此过程中，他不仅表现出军事将领所必具之壮勇猛健，屡立战功，而且对相关军事联盟的组建与运作发挥了不可忽视的作用。联合陶侃，组建联军，这一战略构想出自温峤，但在具体落实、维系及战时运作过程中，关键时刻，毛宝一再居间协调，消解矛盾与误会，化险为夷。从这一角度看，毛宝不仅是一位战功卓著的武士，而且是一位具有政治智慧、大局意识的谋略之士。对于其家族而言，毛宝之功业与声誉，为其子孙之发展奠定了基础。

毛宝有二子：毛穆之、毛安之。庾亮死后，其弟庾翼继任征西将军，总领荆州等上流军政，对毛穆之颇为"信杖"。《晋书·毛宝传附毛穆之传》载："穆之字宪祖，小字武生，名犯王靖后讳，故行字，后又以桓温母名宪，乃更称小字。穆之果毅有父风，安西将军庾翼以为参军，袭爵州陵侯。翼等专威陕西，以子方之为建武将军，守襄阳。方之年少，翼选武将可信杖者为辅弼，乃以穆之为建武司马。俄而翼薨，大将干瓒、戴羲等作乱，穆之与安西长史江虨、司马朱焘等共平之。"庾翼以毛穆之为"可信杖者"，一方面得益于乃父毛宝一贯忠勇之表现，①一方面与其"果毅有父风"相关。然庾冰、庾翼兄弟相继离世，庾氏专权局面告一段落，继之"专威陕西"，且总揽东晋全局者是桓温，毛穆之、毛安之兄弟主要活动于桓温专权时期。

（二）桓温专权时期毛穆之、毛安之兄弟之军政作为

晋穆帝永和元年（345），桓温为安西将军、持节、都督荆、司、雍、益、梁、宁六州诸军事、领护南蛮校尉、荆州刺史，执掌上流军政，以毛穆之为司马。其间，后赵灭亡，中原动乱，桓温西征成汉，统一蜀地，又一再兴师北伐。在此过程中，毛穆之皆参与其事，颇有功绩。《晋书·毛宝传附毛穆之传》载："从温平蜀，以功赐次子都乡侯"；除扬威将军、颍川太守，"随温平洛，入关"；桓温回师，经洛阳，"留穆之以二千人卫山陵"。升平初，迁督宁州诸军事、扬威将军、宁州刺史，后徙建安侯，"复为温太尉参军，加冠军将军，以所募兵配之"；桓温北伐前燕，"使穆之监凿巨野百余里，

---

① 《通鉴》卷九七晋康帝建元二年十一月载庾翼以毛穆之为建武将军司马，辅佐庾方之，胡三省于此有注云："毛宝豫有平苏峻之功，邾城之陷，宝死焉。"胡氏于此表彰毛宝之功，在于揭示庾翼信重毛穆之缘由。

引汶会于济川"。桓温返师,以穆之先后领淮南太守,镇守历阳,①转督扬州之江西军事,复领陈郡太守,徙督扬州之义成、荆州五郡、雍州之京兆军事,襄阳、义成、河南三郡太守,寻领梁州刺史。

桓温死后,其弟桓冲掌控上流军政。前秦苻坚统一北方后,着力南征,意在灭亡东晋。苻坚先据益州,强攻襄阳与彭城,图谋据之南进。当时毛穆之受桓冲节度,东西调遣。苻坚遣军攻彭城,毛穆之受命监江北军事,先后"镇广陵""镇姑孰";苻坚遣将攻襄阳,"冲使穆之游军沔中";为控制益州,"冲使穆之督梁州之三郡军事、右将军、西蛮校尉、益州刺史、领建平太守、假节,戍巴郡。以子球为梓潼太守。穆之与球伐坚,至于巴西郡,以粮运乏少,退屯巴东,病卒。"②

由上可见,毛穆之参与了桓温灭成汉及诸次北伐等一系列重大军事活动;随着秦晋军事冲突剧化,受命桓冲,抵御苻坚南进。在此过程中,深得桓温、桓冲兄弟信重,一再委以重任,多有功绩,不断拔擢,位至右将军、诸郡太守、梁益二州刺史等,死后追赠中军将军。其间诸子逐渐显露头角,形成了其家族将门的特征。

毛穆之弟毛安之,《晋书·毛宝传附毛安之传》载:"安之字仲祖,亦有武干,累迁抚军参军、魏郡太守。简文辅政,委以爪牙。及登阼,安之领兵从驾,使止宿宫中。寻拜游击将军。时庾希入京口,朝廷震动,命安之督城门诸军事。孝武即位,妖贼卢悚突入殿

---

① 《通鉴》卷一〇二晋海西公太和四年十月载桓温伐燕失利,归罪淮南太守袁真,致使其据寿春叛燕,"温以毛虎生领淮南太守,守历阳"。胡三省注曰:"淮南太守本治寿春,寿春既叛,以虎生领淮南而守历阳。历阳本淮南属县,虎生守之,外以备寿春,内以卫江南。"可见,关键时刻,桓温对毛穆之尤为信重。

② 关于毛穆之抵御前秦南进,《通鉴》所载较为丰富。《通鉴》卷一〇三载晋孝武帝宁康元年末前秦攻占梁、益二州,"桓冲以冠军将军毛虎生为益州刺史,领建平太守,以虎生子球为梓潼太守。虎生与球伐秦,至巴西,以粮乏,退屯巴东"。又,《通鉴》卷一〇四晋孝武帝太元三年八月载前秦攻占彭城,"诏右将军毛虎生帅众五万镇姑孰以御秦兵";襄阳失守,太元四年三月癸未,"使右将军毛虎生帅众三万击巴中,以救魏兴。前锋督护赵福等至巴西,为秦将张绍等所败,亡七千余人。虎生退屯巴东。蜀人李乌聚众二万,围成都以应虎生,秦王坚使破虏将军吕光击灭之"。

廷。安之闻难，率众直入云龙门，手自奋击。既而左卫将军殷康、领军将军桓秘等至，与安之并力，悚因剿灭。迁右卫将军。"可知毛安之自简文帝辅政"委以爪牙"，继而以之"领兵从驾，使止宿宫中"，负责都城特别是宫廷禁中防卫。对毛安之的这一安排，显然并非简文帝本意。众所周知，当时桓温掌控大局，已有僭越之态，以简文帝辅政及废海西公等，正是其谋逆之手段与环节。因此，以毛安之统领禁军，掌控都城防务，显然是桓温的精心安排，而简文帝对毛安之"委以爪牙"，"领兵从驾"，实是不得已而为之，其本人也为毛安之所监控。①

　　有关毛安之与桓温之关系，可作如下两点分析：一是桓温对毛安之极为信重。毛安之受此重任，事关掌控朝廷，暗助桓温篡夺，非心腹之人绝无可能为之。二是在军事之外，毛安之具有突出的协调能力。他身处朝中，面对皇权、宗室和以谢安、王彪之、王坦之等为代表的士族朝臣等错综复杂的权力斗争，如何把握、执行来自桓温的指令，有条不紊地协调诸多矛盾，化解冲突，这需要相当的政治智慧与能力。从当时局势看，毛安之较好地处理了内外关系，既尽责于桓温，又得到谢安等人的认可。特别需要指出，针对桓温专权，各种敌对势力不断制造事端，如庾希"入京口"，卢悚"突入殿廷"等，皆为突发事件，矛头指向桓温，毛安之皆能果断处置，稳定局势。②

　　关于毛安之与诸朝臣特别是谢安之关系，从相关情况看，相互

---

　　① 《通鉴》卷一〇三晋简文帝咸安元年十一月载桓温入都，"集百官于朝堂。……于是宣太后令，废帝为东海王，以丞相、录尚书事、会稽王昱统承皇极"。又以太宰武陵王晞"好习武事"，颇忌之，表"请免晞官，以王归藩"，"温使魏郡太守毛安之帅所领宿卫殿中。安之，虎生之弟也"。可见，毛安之宿卫禁中，完全出于桓温之安排，目的在于控制建康都城防卫，以助其谋篡。

　　② 卢悚之乱发生于简文帝咸安二年（372）十一月，《通鉴》卷一〇三晋孝武帝宁康元年二月载大司马桓温入朝"治卢悚入宫事，收尚书陆始付廷尉，免桓秘官，连坐者甚众；迁毛安之为左卫将军。桓秘由是怨温"。此事当涉及内廷斗争，牵连颇众，然毛安之未受影响，职务有所提升，可见其深为桓温信重。

间比较协调，故桓温死后，谢安依然任之。本传载其"定后崩，领将作大匠。卒官。追赠光禄勋。"毛安之领将作大将，兼具朝臣身份，无论何人倡议，必当获得谢安的认可，正因为如此，此后相关营造事务，毛安之多附和谢安。晋孝武帝前期，谢安营建宫殿之举，得毛安之赞同与实施。《晋书》卷七九《谢安传》载："是时宫室毁坏，安欲缮之。尚书令王彪之等以外寇为谏，安不从，竟独决之。宫室用成，皆仰模玄象，合体辰极，而役无劳怨。"由此可见，当时谢安力主修缮宫室，尚书令王彪之等"以外寇为谏"。《世说新语·方正篇》载："太极殿始成，王子敬时为谢公长史，谢送版，使王题之。"刘孝标注引徐广《晋纪》曰："孝武宁康二年，尚书令王彪之等启改作新宫。太元三年二月，内外军六千人始营筑，至七月而成。太极殿高八丈，长二十七丈，广十丈。尚书谢万监视，赐爵关内侯。大匠毛安之，关中侯。"《建康实录》卷九《晋孝武帝纪》载："三年春正月，尚书仆射谢安石以宫室朽坏，启作新宫，帝权出居会稽王第。二月，始工，内外日役六千人。安与大匠毛安之决意修定，皆仰模玄象，体合辰极，并新制置省阁堂宇名署时政。构太极殿欠一梁，乃有梅木流至石头津。津主启闻，取用之，因画花于梁上，以表瑞焉。又起朱雀门重楼，皆绣栭藻井，门开三道，上重名朱雀观。观下门上有两铜雀，悬楣上刻木为龙虎左右对。夏六月，荧惑守羽林。秋七月，新宫成，内外殿宇大小三千五百间。辛巳，帝居新宫。"可见在修缮宫殿过程中，毛安之附和谢安，"决意修定"，其劳役"日役六千人"，皆由军队承担，即所谓"内外军六千人始营筑"，没有增加百姓的劳役负担，故"役无劳怨"。由于主要以军队施工，工期进展较快，自太元三年二月开工，至七月完工，质量也有保障。动用禁卫军队，则与毛安之掌控都城防卫事务直接相关。当时谢氏子弟负责"监视"，毛安之负责具体营建，故成功后，毛安之得封关中侯，这体现出谢安对毛安之的态度。毛安之禁卫京师，为士大夫群体所接纳，兼将作大将，死后得赠光禄勋。就此而言，毛安之任职及其相关活动，在一定程度上具有"中央化"的意味。①

毛安之诸子，在东晋后期也多为京师禁卫武职。《晋书·毛宝传附毛安之传》载其有四子："潭、泰、邃、遁"。毛潭嗣爵，官至江夏相，留仕荆州，事迹不显。毛泰、毛邃、毛遁兄弟则随父仕于京师，"泰历太傅从事中郎、后军谘议参军，与邃俱为会稽王父子所昵，乃追论安之讨卢悚勋，赐爵平都子，命潭袭爵。元显尝宴泰家，既而欲去，泰苦留之曰：'公若遂去，当取公脚。'元显大怒，奋衣而出，遂与元显有隙。及元显败，泰时为冠军将军、堂邑太山二郡太守。邃为游击将军，遁为太傅主簿。桓玄得志，使泰收元显，送于新亭，泰因宿恨，手加殴辱。俄并为玄所杀，惟遁被徙广州。义熙初，得还，至宜都太守。"孝武帝时期，随着高门士族群体的衰落，皇权有所强化，孝武帝弟司马道子及其子司马元显一度总揽军政。司马道子父子执政，一个突出的特点是排斥士大夫朝臣，重用寒门佞幸，毛泰、毛邃、毛遁兄弟依之，一度"俱为会稽王父子所昵"，由司马元显"尝宴泰家"，可见相互间关系颇为密切。然从毛泰相关言行看，其为人颇为粗鄙，与司马元显交往，恃宠生骄，因而失和，后桓玄命其拘捕司马元显，"泰因宿恨，手加殴辱"。然桓玄对长期执掌京师禁卫的毛泰兄弟难以放心，于是寻机清除。② 毛安之一房主要执掌京师宿卫，不断卷入朝廷纷争，毛安之具有一定的政治智慧，能够协调与士族社会、朝臣群体的关系，而其

---

① 毛安之曾参与抵御前秦、拱卫都城的军事活动，《通鉴》卷一〇四载晋孝武帝太元四年五月，前秦先锋进抵三阿，距广陵百里，"朝廷大震，临江列戍，遣征虏将军谢石帅舟师屯涂中"。面对此危局，"右卫将军毛安之等帅众四万屯堂邑。秦毛当、毛盛帅骑二万袭堂邑，安之等惊溃"。

② 《晋书》卷九九《桓玄传》载元兴元年初，桓玄入都废徙司马道子，杀司马元显，"于是玄入居太傅府，害太傅中郎毛泰、泰弟游击将军邃、太傅参军荀逊、前豫州刺史庾楷父子、吏部郎袁遵、谯王尚之等，流尚之弟丹阳尹恢之、广晋伯允之、骠骑长史王诞、太傅主簿毛遁等于交广诸郡，寻追害恢之、允之于道"。《通鉴》卷一一二载晋安帝元兴元年三月癸酉，桓玄流放司马道子，"斩元显及东海王彦璋、谯王尚之、庾楷、张法顺、毛泰等于建康市"。可见，桓玄将毛泰与司马元显及其诸亲信一并处决，已将其视为司马元显之佞幸亲附集团成员，对于他企图以侮辱元显以示切割的做法根本不以为意。

子毛泰等缺乏这种能力与涵养，最终沦为时局变动的牺牲品。

（三）"体识弘正，诚契义旗"：东晋后期毛璩、毛修之诸人之军事活动与政治倾向

淝水之战后，东晋军政局势剧变，高门士族群体急剧衰落，孝武帝一度"政由己出"，其弟司马道子及其子司马元显专擅朝政，桓温子桓玄乘隙兴兵夺权，一度废晋建楚，以刘裕为代表的北府后进则借机复晋，并图谋进取。这一系列军政斗争，显示着司马氏皇族、高门士族与寒门武将势力等诸社会群体的兴衰更迭。在这一过程中，荥阳毛氏人物参与其间，牵涉大局，其中毛穆之子孙表现突出。《晋书》本传载毛穆之有子六人：珍、璩、球、璠、瑾、瑗，"璩最知名"。《晋书·毛宝传附毛璩传》载其"弱冠，右将军桓豁以为参军"，后转归谢安、谢琰父子节度，参与抵御前秦的淝水之战，"淮淝之役，苻坚进走，璩与田次之共蹑坚，至中阳，不及而归"。一度留守淮南，为宁朔将军、淮南太守，寻补镇北将军谯王恬司马，其间征发流民，扩充部伍："海陵县界地名青蒲，四面湖泽，皆是菰葑，逃亡所聚，威令不能及。璩建议率千人讨之。时大旱，璩因放火，菰葑尽然，亡户窘迫，悉出诣璩自首，近有万户，皆以补兵，朝廷嘉之。"

毛氏长期主要活动于荆州，因地域关联，涉足梁益地域。前述毛宝参与桓温灭成汉，桓冲以毛穆之为梁、益二州刺史，其子毛球为梓潼太守、毛珍为天门太守等。淝水战后，晋廷出于整体布局，以毛璩为西中郎司马、龙骧将军、谯梁二郡太守，寻为建威将军、益州刺史。毛氏素为桓氏旧部，桓玄代晋，有意拉拢毛璩，《晋书》本传载："及桓玄篡位，遣使加璩散骑常侍、左将军。璩执留玄使，不受命。玄以桓希为梁州刺史，王异据涪，郭法戍宕渠，师寂戍巴郡，周道子戍白帝以防之。璩传檄远近，列玄罪状，遣巴东太守柳约之、建平太守罗述、征虏司马甄季之击破希等，仍率众次于白帝。武陵王令曰：'益州刺史毛璩忠诚恳亮，自桓玄萌祸，常思蹑其后。

今若平殄凶逆，肃清荆郢者，便当即授上流之任。'"益州处于上流，对中下游军政局势颇具影响，故毛璩"执留玄使，不受命"，桓玄以桓希等人控扼要地，毛璩则行反制。可见桓玄篡晋，毛璩作为方面镇将，首先表示"不受命"，并组织反抗。① 刘裕等北府后进起兵反桓玄，毛氏诸人将退归荆州的桓玄击杀："初，璩弟宁州刺史瑶卒官，璩兄球孙祐之及参军费恬以数百人送丧，葬江陵。会玄败，谋奔梁州。璩弟瑾子修之时为玄屯骑校尉，诱玄使入蜀。既而修之与祐之、费恬及汉嘉人冯迁共杀玄。"② 其后，桓玄族人桓振再占江陵，毛氏集团遭到攻击。以平定桓玄之功，晋廷下诏表彰毛璩曰："夫贞松标于岁寒，忠臣亮于国危。益州刺史璩体识弘正，诚契义旗，受命偏师，次于近畿，匡翼之勋，实感朕心。可进征西将军，加散骑常侍，都督益梁秦凉宁五州军事，行宜都、宁蜀太守。"

鉴于江陵局势反复，毛璩决意东下救助，由此引发蜀地本土势力的反叛。《晋书》本传载："璩闻振陷江陵，率众赴难，使瑾、瑗顺外江而下，使参军谯纵领巴西、梓潼二郡军下涪水，当与璩军会于巴郡。蜀人不乐东征，纵因人情思归，于五城水口反，还袭涪，害瑾，瑾留府长史郑纯之自成都驰使告璩。璩时在略城，去成都四百里，遣参军王琼讨反者，相距于广汉。獠道令何林聚党助纵，而璩下人受纵诱说，遂共害璩及瑗，并子姪之在蜀者，一时殄没。"义熙中，晋廷下诏："故益州刺史璩、西夷校尉瑾、蜀郡太守瑗勤王忠烈，事乖虑外。葬送日近，益怀恻怆。可皆赠先所授官，给钱三十万、布三百匹。"又"论璩讨桓玄功，追封归乡公，千五百户。又以

---

① 《通鉴》卷一一三晋安帝元兴三年载此事，胡三省注曰："史言刘裕未起，毛璩已仗义举兵讨玄。"
② 《宋书》卷四八《毛修之传》载毛修之为桓玄参军、屯骑校尉，"随玄西奔，玄败于峥嵘洲，复还江陵，人情离散，议欲西奔汉川，修之诱令入蜀，冯迁斩玄于枚回洲，修之力也"。

祐之斩玄功，封夷道县侯"①。

　　毛璩何以决意率众援救江陵？究其动机而言，在于毛璩欲东下以力图控制荆州。刘裕以北府武力集团推翻桓楚，其势力主要在下游地域，尚未扩展至荆州等上流地域。作为尚武世家，毛氏与北府豪杰在社会身份与地位方面大体相同，面对社会变革，起自荆州的毛氏家族自然力图掌控以荆州为中心的上流地域，进而争夺未来军政格局中的主导地位。当时毛穆之子孙颇盛，"自宝至璩三叶，拥旄开国者四人，将帅之家，与寻阳周氏为辈，而人物不及也"。毛璩出镇益州，兄弟子侄分列诸州郡，在刘裕等起事前，毛璩抗拒桓玄，并在平乱中作用显著，以致武陵王称其"忠诚惌亮"，建议"肃清荆郢者，便当即授上流之任"，所谓"授上流之任"，即是以之主导荆郢地域。这既是当时的舆论导向，也是毛氏代表人物的内心期望。正因为如此，毛璩急于"率众赴难"，以致引发蜀人变乱，毛璩"并子侄之在蜀者，一时殄没"，其家族遭受重创，丧失了在未来军政格局中的竞争优势。

　　益州祸难后，毛瑾子毛修之成为其家族代表。《宋书》卷四八《毛修之传》载其"祖虎生，伯父璩，并益州刺史。父瑾，梁、秦二州刺史"。毛修之早年活动于荆州，殷仲堪刺荆，为宁远参军；桓玄主荆，"历后军、太尉、相国参军。……玄甚遇之。及篡位，以为屯骑校尉"。可见其早年主要依附桓玄，这与其家族与桓氏之渊源相关。桓玄退江陵，毛修之参与谋划灭之。毛修之此举与其家族整体政治倾向与选择一致，此前毛璩已拒绝与桓玄合作，桓玄失势后，毛氏有掌控荆州的想法，故毛修之诱导桓玄入蜀，联合其家族势力寻机诛之。然毛璩等在蜀遇难，家势衰落，毛修之不得已而归附刘

---

① 对毛氏诸人杀桓玄事，《宋书》卷一《武帝纪上》也有大体相同的记载："玄至江陵，因西走。……初征虏将军、益州刺史毛璩，遣从孙祐之与参军费恬送弟下，有众二百。璩弟子修之时为玄屯骑校尉，诱玄以入蜀。至枚回洲，恬与祐之迎射之。益州督护冯迁斩玄首，传京师。又斩玄子昇于江陵市。"有关此事，特别是桓玄父子之死状，《晋书》卷九九《桓玄传》有比较详细的记载，可参见，文长不具引。

裕。《宋书》本传载："晋安帝反正于江陵，除骁骑将军。下至京师，高祖以为镇军谘议参军，加宁朔将军。旬月，迁右卫将军。既有斩玄之谋，又伯、父并在蜀土，高祖欲引为外助，故频加荣爵。"就刘裕而言，毛氏作为上流颇具影响力的"将帅之家"，对其代表人物自应极力笼络。谯纵变乱，出于情感抚慰，刘裕一度助其伐蜀，"高祖表为龙骧将军，配给兵力，遣令奔赴。又遣益州刺史司马荣期及文处茂、时延祖等西讨"。荆州刺史刘道规"又遣奋武将军原导之领千人，受修之节度"。又载："高祖哀其情事，乃命冠军将军刘敬宣率文处茂、时延祖诸军伐蜀，军次黄虎，无功而退。谯纵由此送修之父、伯及中表丧，口累并得俱还。"毛修之出于家族孝道，急于讨伐谯纵。直到义熙八年（412）刘裕平定刘毅，命朱龄石伐蜀，毛修之曾"固求行，高祖虑修之至蜀，必多所诛残，土人既与毛氏有嫌，亦当以死自固，故不许"[①]。

此后毛修之一度职属刘毅，受其节度，为辅国将军、宣城内史，参与抵御卢循，戍姑孰；刘毅还镇，修之为其后军司马。当时北府武人集团已掌控军政大局，其主要代表人物非刘裕莫属，但刘毅之声望与地位与之相当，不甘居其下，双方矛盾日益加剧。刘毅出镇荆州，以毛修之为卫军司马、辅国将军、南郡太守，"修之虽为毅将佐，而深自结高祖。高祖讨毅，先遣王镇恶袭江陵，修之与谘议参军任集之等并力战，高祖宥之"。可见在刘裕、刘毅相争中，一方面毛修之"深自结高祖"，另一方面刘裕出于笼络之意，对毛修之也多有包容宽宥。平刘毅后，毛修之随刘裕"还都，除黄门侍郎，复为右卫将军"，后随刘裕出征荆州刺史司马休之，"以为谘议参军、冠军将军、领南郡相"，协助稳定荆州。

刘裕对内清除异己，稳定局势，对外则屡有征伐，以求声名，

---

① 《通鉴》卷一一六晋安帝义熙八年十一月载此，胡三省注曰："以毛璩之家为蜀人所灭故也。"刘裕出于征服与统治蜀地的战略考虑，不以毛修之伐蜀，以免其发泄私仇，影响大局。

目的在于代晋自立。毛修之受命参与义熙十二年（416）至十四年（418）的伐秦战争。据《宋书》本传，刘裕"先遣修之复芍陂，起田数千顷"；至彭城，"又使营立府舍"；平洛阳，以修之"为河南、河内二郡太守，行司州事，戍洛阳，修治城垒。高祖既至，案行善之，赐衣服玩好，当时计值二千万。先是，刘敬宣女嫁，高祖赐钱三百万，杂采千匹，时人并以为厚赐"。可见北伐过程中，毛修之负责彭城、洛阳的营建。刘裕灭秦后退师，以王镇恶、沈田子、王修等辅佐刘义真守关中，毛修之也列其中，诸人内讧，王镇恶被杀，"修之代为安西司马，将军如故"。匈奴赫连勃勃攻克长安，刘义真退师，"修之与义真相失"而被俘，后北魏灭夏，毛修之入魏。

毛修之得道士寇谦之"营护"，且有艺能，渐得北魏太武帝拓跋焘宠信。《宋书》本传载："修之尝为羊羹，以荐虏尚书，尚书以为绝味，献之于焘，焘大喜，以修之为太官令。稍被亲宠，遂为尚书、光禄大夫、南郡公，太官令、尚书如故。"① 作为入北之人，在当时北魏上层民族意识浓郁的氛围中，毛修之自然心怀江左。他的这一心态，在与元嘉七年北伐被俘的刘宋将领朱修之交流过程中有所流露："其后朱修之没虏，亦为焘所宠。修之相得甚欢。修之问南国当权者为谁？朱修之答云：'殷景仁。'修之笑曰：'吾昔在南，殷尚幼少，我得归罪之日，便应巾鞲到门邪！'经年不忍问家消息，久之乃讯访，修之具答，并云：'贤子元矫，甚能自处，为时人所称。'修之悲不得言，直视良久，乃长叹曰：'呜呼！'自此一不复及。"拓跋焘以毛修之为"吴兵将军"，随从征战，《魏书》卷四三《毛修之传》载："神䴥中，以修之领吴兵讨蠕蠕大檀，以功拜吴兵将军，领步兵校尉。后从世祖征平凉有功，迁散骑常侍、前将军、光禄大夫。"其中影响最大的是出征北燕时拒绝与朱修之谋反："从讨和

---

① 对毛修之善厨艺，《魏书》卷四三《毛修之传》也有载："修之能为南人饮食，手自煎调，多所适意。世祖亲待之，进太官尚书，赐爵南郡公，加冠军将军，常在太官，主进御膳。"

龙，别破三堡，赐奴婢、牛羊。是时，诸军攻城，宿卫之士多在战陈，行宫人少。云中镇将朱修之，刘义隆故将也，时从在军，欲率吴兵谋为大逆，因入和龙，冀浮海南归。以告修之，修之不听，乃止。是日无修之，大变几作。朱修之遂亡奔冯文通。又以修之收三堡功多，迁特进、抚军大将军、金紫光禄大夫，位次崔浩之下。"太延二年，为外都大官，卒，谥曰恭公。毛修之何以如此抉择？具体原因不详，其中当既有家庭顾虑，① 也有对谋反不成的忧惧，其所统为"吴兵"，一旦谋泄或失败，必遭屠没，这一心态决定了他拒绝参与朱修之的兵变图谋。②

由上所述，可见东晋后期荥阳毛氏主支毛穆之子孙遭遇复杂多变的时局，其代表人物毛璩出刺益州，子弟布列诸州郡，然作为桓氏旧属，毛氏抵制桓玄代晋，并寻机诛之。面对下游北府武力集团的崛起，毛氏有意控制荆郢地域，然毛璩在蜀遇难，家族势力遭受重创，再难振作，其仅存之代表毛修之无奈归附刘裕，参与其内外战争，并在伐秦之役中被俘入北。

（四）"奋不顾命，为世所叹"：晋宋之际毛德祖的军事活动

《晋书·毛宝传附毛德祖传》载晋末义熙中毛德祖先为荆州刺史刘道规部属，参与平定卢循、徐道覆之乱。刘裕伐司马休之，以之为太尉参军、义阳太守，转南阳太守，由此直属刘裕，融入北府军团。毛德祖兄弟参与诸战事，颇有功绩。在此过程中，毛德祖兄弟表现突出，其中"次弟嶷，嶷弟辩，并有志节。嶷死于卢循之难，辩没于鲁宗之役，并奋不顾命，为世所叹"。可见毛德祖兄弟"皆有

---

① 《魏书》卷四三《毛修之传》载其在南时已有四子，其中毛法仁随之入魏，"高宗初，为金部尚书，袭爵。后转殿中尚书，加散骑常侍。法仁言声壮大，至于军旅田狩，唱呼处分，振于山谷。和平六年卒，赠征东大将军、南郡王，谥曰威"。其他三子，唯毛元矫知名，《宋书》卷四八《毛修之传》载毛元矫在刘宋"历宛陵、江乘、溧阳令"；又载"修之在房中，多畜妻妾，男女甚多"。可见修之在魏"男女甚多"，不能不影响其相关抉择。

② 《魏书》卷四三传末"史臣曰"称"修之晚有诚效"，即指毛修之效忠于拓跋氏。

武干","并有志节","奋不顾命"。刘裕讨伐后秦,毛德祖深得信重,《宋书·索虏传》载:"高祖北伐,以为王镇恶龙骧司马,加建武将军。为镇恶前锋,斩贼宁朔将军赵玄石于栢谷,破弘农太守尹雅于梨城,又破贼大帅姚难于泾水,斩其镇北将军姚强。镇恶克立大功,盖德祖之力也。"刘裕以之为龙骧将军、扶风太守、秦州刺史等。匈奴赫连勃勃威逼关中,刘裕以子刘义真留守,命毛德祖为王镇恶征虏司马,刘义真安西参军、南安太守、冯翊太守、河东太守等,"代并州刺史刘遵考戍蒲坂"①;后"长安不守,合部曲还彭城,除世子中兵参军,将军如故";又以其都督黄河沿线九郡军事,荥阳、京兆郡守,"高祖践阼,进号冠军。论前后功,封观阳县男,食邑四百户",又除督司、雍、并三州及豫州之颍川、兖州之陈留诸军事,司州刺史,将军如故。②

刘宋之初,北魏蚕食河南,加强了对沿河相关镇戍的争夺,其中虎牢之役尤为激烈。对此,《宋书·索虏传》详述自永初三年十月至景平元年四月间毛德祖坚守虎牢之过程,可谓艰苦卓绝。景平元年三月,在周边镇戍相继失守的背景下,北魏增兵围攻虎牢,"德祖出军击公孙表,大战,从朝至晡,杀虏数百。会郑兵军从许昌还,合围,德祖大败,失甲士千余人,退还固城";四月,魏主拓跋嗣"率大众至虎牢,停三日,自督攻城,不能下,回军向洛阳,留三千人益郑兵";北魏集聚众军,"共攻虎牢。虎牢被围二百日,无日不战,德祖劲兵战死殆尽,而虏增兵转多。虏撞外城,德祖于内更筑三重,仍旧为四,贼撞三城已毁,德祖唯保一城,昼夜相拒,将士眼皆生创,死者太半。德祖恩德素结,众无离心"。其间,毛德祖以

---

① 《晋书》卷八一《毛宝传附毛德祖传》载毛德祖受命辅助刘义真留守关中、经营北方,"及河北覆败,德祖全军而归"。以毛德祖经营河东、河北之地,是刘裕因退师及刘义真失守关中而采取的举措,主要目的在于应对舆论,《通鉴》卷一一八晋安帝义熙十四年载此,胡三省注曰:"裕虽知德祖善守而用之,然人心已摇,宜其不能固也。"

② 关于毛德祖这一阶段的活动,《晋书》卷八一《毛宝传附毛德祖传》所载内容基本一致,但叙述顺畅,文意清晰,可参见。其中有关毛德祖受封"观阳县男",《晋书》本传载为"灌阳县男"。

早年在北"与虏将公孙表有旧",以"表有权略",故"与交通音问",行离间之计,致使魏人诛之。然而北魏围城之"众盛",刘宋援军"并不敢进",毛德祖孤守虎牢,四月二十一日,魏军掘地道入城泄井水,至二十三日,"人马渴乏饥疫,体皆干燥,被创者不复出血。虏因急攻,遂克虎牢,自德祖及翟广、窦霸,凡诸将佐及郡守在城内者,皆见囚执,唯上党太守刘谈之、参军范道基将二百人突围南还。城将溃,将士欲扶德祖出奔,德祖曰:'我与此城并命,义不使此城亡而身在也。'嗣重其固守之节,勒众军生致之,故得不死"①。虎牢之战是宋魏争夺河南的关键战役,毛德祖坚守孤城,尽管以失败告终,但其有勇有谋,誓死不屈的精神,创造了宋军守城的典范战例。当时刘宋辅政大臣徐羡之、傅亮、谢晦等上表称:"去年逆虏纵肆,陵暴河南,司州刺史臣德祖竭诚尽力,对抗强寇,孤城独守,将涉暮年,救师淹缓,举城沦没,圣怀垂悼,远近嗟伤。"毛德祖入魏

---

① 《通鉴》卷一一九宋营阳王景平元年三月、四月对毛德祖戍守虎牢之过程所载较详,可相互参照。此外,《魏书》所涉诸将之传记也有相关记载。《魏书》卷二九《奚斤传》载:"刘义符立,其大臣不附,国内离阻。乃遣斤收刘裕前侵河南地,假斤节,都督前锋诸军事、司空公、晋兵大将军、行扬州刺史,率吴兵将军公孙表等南征。用表计攻滑台,不拔,求济师。太宗怒其不先略地,切责之。乃亲南巡,次中山。义符东郡太守王景度捐城遁走,司马楚之等并遣使诣斤降。斤自滑台趣洛阳,义符虎牢守将毛德祖遣其司马翟广、将军姚勇错、窦霸等率五千人据土楼以拒斤,斤进击,破之。广等单马走免,尽歼其众。斤长驱至虎牢,军于汜东。留表守辎重,自率轻兵徇下河南、颍川、陈郡以南,百姓无不归附。义符陈留太守严稜以郡降。斤遂平兖豫诸郡,还围虎牢。德祖拒守不下。及虎牢溃,斤置守宰以抚之。"可见奚斤征服河南诸地,可谓所向披靡,唯虎牢坚守拒降。又,《魏书》卷三三《公孙表传》载:"泰常七年,刘裕死,议取河南侵地。太宗以为掠地至淮,滑台等三城自然面缚。表固执宜先攻城,太宗从之。于是以奚斤为都督,以表为吴兵将军、广州刺史。斤等济河,表攻滑台,历时不拔。太宗乃南巡,为之声援。表等既克滑台,引师西伐,大破刘义隆将翟广等于土楼,遂围虎牢。车驾次汲郡,始昌子苏坦、太史令王亮奏表置军虎牢东,不得利便之地,故令贼不时灭。太宗雅好术数,又积前怨,及攻虎牢,士卒多伤,乃使人夜就帐中缢而杀之。时年六十四。太宗以贼未退,秘而不宣。"由此可见毛德祖坚守虎牢,以致魏军"士卒多伤"。魏主之所以临阵杀公孙表,固然由于公孙表与王亮等人有矛盾,以致诸人以术数向魏主进逸言,但与毛德祖所行离间之计也不无关系。又,《魏书》卷三〇《豆代田传》:"豆代田,代人也。太宗时以善骑射为内细射。从攻虎牢,诏代田登楼射贼,矢不虚发。与奚斤前锋先入,擒刘义隆将毛德祖并长史、司马三人。以功迁内三郎。"

后，行迹不详，唯载"太祖元嘉六年，死于房中，时年六十五。世祖大明元年，以德祖弟子熙祚第二息谥之绍德祖封"①。

由上述可见，毛德祖兄弟作为晚渡武人，较快地融入北府军团，参与了刘裕主导的一系列重大军事活动，特别在宋初抵御北魏南进，守卫河南的战斗中表现突出。在晋末以来诸次内外战争中，毛德祖兄弟"奋不顾命"，或战死，或遭掳，以致人物零落，湮没无闻。

三　南北朝时期荥阳毛氏人物之文化表现

作为南迁之"将帅之家"，荥阳毛氏不以学术文化见长，积蕴浅薄。陈寅恪先生论述永嘉乱后南迁江东之"中层阶级亦为北方士族，但其政治社会文化地位不及聚集洛阳之士大夫集团，除少数人如徐澄之、臧琨等外（见晋书玖壹儒林传徐邈传），大抵不以学术擅长，而用武勇擅战著称"②。这是陈先生对北府武力豪族群体文化特征的分析，以此把握流迁荆州地域的荥阳毛氏，亦基本上符合这一类型家族的文化特征。但及至东晋后期，随着毛氏社会地位的提升，其家族门风渐生变化，在学术文化领域有所积累。

（一）"虽学不博洽，而犹涉猎书传"：毛修之的学术修养

毛氏南迁后，自毛宝、毛穆之至毛璩，其三代人物皆以"武勇擅战著称"，在学术文化方面没有任何表现，与高门士族社会普遍崇

---

①　毛德祖被俘入魏后，其境遇不详，《毛德祖妻张智朗墓志》载："惟大代和平元年岁在庚子七月辛酉朔乙酉日，故使持节、散骑常侍、镇远将军、汝南庄公、荥阳郡阳武县安平乡禅里里毛德祖妻，太原郡榆次县张智朗，年六十八，遘疾终没。夫刊石立铭，书记名德，垂之不朽。欲使爵位荣于当年，美声播于来叶。若后高岸为谷，深谷为陵，千载之下，知有姓字焉。"（王连龙编撰：《南北朝墓志集成》，上海人民出版社2021年版，第47页）由此可略见毛德祖入魏后之官职、封爵等情况。

②　陈寅恪：《述东晋王导之功业》，《金明馆丛稿初编》，生活·读书·新知三联书店2001年版，第65页。

尚文化与风雅明显不同。直到第四代代表人物毛修之,方具一定之学术文化修养,显示出其家族社会地位提升过程中门风转化的趋向。《宋书》本传载:"修之有大志,颇读史籍","解音律,能骑射"。可见毛修之受到经史启蒙,粗有学养。这在毛修之的具体行事中有所表现,《宋书》本传载:"修之不信鬼神,所至必焚除房庙。时蒋山庙中有佳牛好马,修之并夺取之。"当时江南民间普遍崇尚巫筮,相关祭祀甚多,其中建康及周围地域之蒋子文信仰风尚尤盛。作为将门子弟,毛修之"不信鬼神,所至必焚除房庙",以致夺取钟山庙宇之"佳牛好马",这自与其刚猛务实的武人气质相合,但他厌恶民间淫祀的,或与其接受儒学之启蒙不无关系。一般而言,寒门统治者执政后,往往倡导儒学教化,禁断民间淫祀,毛修之此举正与此文化倾向相合。与此相关,毛修之与北魏道教领袖寇谦之有交往,《宋书》本传载:"初,修之在洛,敬事嵩高山寇道士,道士为焘所信敬,营护之,故得不死,迁于平城。"毛修之在刘裕征伐后秦过程中,一度驻守洛阳,修整殿宇,其间"敬事嵩高山寇道士"。寇道士即寇谦之,入魏后为太武帝拓跋焘信重,毛修之被俘入魏,多得其"营护"。毛修之本"不信鬼神",在南方"所至必焚除房庙",何以在北伐途中"敬事嵩高山寇道士"呢?寇谦之出自北方士族,其"清整道教",即利用儒家思想以改造民间道教,北魏士族社会领袖崔浩与寇谦之联合,以推动太武帝的汉化变革。[①] 故毛修之"敬事"寇谦之,当与其士族身份与儒学思想相关。《宋书》本传又载:

  初,荒人去来,言修之劝诱焘侵边,并教焘以中国礼制,太祖甚疑责之。修之后得还,具相申理,上意乃释。

[①] 有关寇谦之"清整道教"及其与崔浩之交结,陈寅恪先生在《崔浩与寇谦之》一文中已有精深之考论,请参见。

这里说有北来"荒人"传言毛修之"教焘以中国礼制",即在北魏传授中华礼制。此事固然难究其真伪,但由此说明在当时人看来,毛修之有一定的学识,对礼乐制度有所了解,并非毫无文化教养的粗鄙武夫,否则宋文帝初闻传言,当不至于"甚疑责之"。

正因为具有一定的学术文化修养,毛修之入魏后颇得崔浩敬重,《魏书·毛修之传》载:

> 浩以其中国旧门,虽学不博洽,而犹涉猎书传,每推重之,与共论说。言次,遂及陈寿《三国志》有古良史之风,其所著述,文义典正,皆扬于王廷之言,微而显,婉而成章,班史以来无及寿者。修之曰:"昔在蜀中,闻长老言,寿曾为诸葛亮门下书佐,被挞百下,故其论武侯云'应变将略,非其所长'。"浩乃与论曰:"承祚之评亮,乃有故义过美之誉,案其迹也,不为负之,非挟恨之也。何以云然?夫亮之相刘备,当九州鼎沸之会,英雄奋发之时,君臣相得,鱼水为喻,而不能与曹氏争天下,委弃荆州,退入巴蜀,诱夺刘璋,伪连孙氏,守穷崎岖之地,僭号边夷之间。此策之下者。可与赵他为偶,而以管萧之亚匹,不亦过乎?谓寿贬亮非为失实。且亮既据蜀,恃山险之固,不达时宜,弗量势力。严威切法,控勒蜀人;矜才负能,高自矫举。欲以边夷之众抗衡上国。出兵陇右,再攻祁山,一攻陈仓,疏迟失会,摧衄而反;后入秦川,不复攻城,更求野战。魏人知其意,闭垒坚守,以不战屈之。知穷势尽,愤结攻中,发病而死。由是言之,岂合古之善将,见可而进,知难而退者乎?"修之谓浩言为然。

崔浩出自清河崔氏,为当时入魏河北士族代表,博学多识。在北方民族纷争、中华文化传续艰难的历史背景下,出于对江左文化"正朔"地位的认同心态,他对晋宋更迭之际入北之南士群体抱有特别的同情,往往主动交结。其中毛修之虽本为武人,不以学术文化见长,然"浩以其中国旧门,虽学不博洽,而犹涉猎书传,每推重之,与共论说"。就毛修之文化修养而言,其"虽学不博洽,而犹涉猎书传",当在经史领域有所积累。结合前文所析,毛修之的相关言行,表明东晋后期荥阳毛氏门风已呈现出由尚武向崇文转变的迹象。

毛修之也有一定文才。其传世文章唯有所上请求东晋遣师入蜀以讨伐谯纵表,《宋书》本传录其文:

> 时益州刺史鲍陋不肯进讨,修之下都上表曰:"臣闻在生所以重生,实有生理可保。臣之情地,生途已竭,所以未沦于泉壤,借命于朝露者,以日月贞照,有兼映之辉,庶凭天威,诛夷仇逆。自提戈西赴,备尝时难,遂使齐斧停柯,狡竖假息。诚由经路有暨,亦缘制不自己。抚影穷号,泣望西路。益州刺史陋始以四月二十九日达巴东,顿白帝,以俟庙略。可乘之机宜践,投袂之会屡愆。臣虽效死寇庭,而理绝救援,是以束骸载驰,诉冤象魏。昔宋害申丹,楚庄有遗履之愤,况忘家徇国,勘有臣门,节冠风霜,人所矜悼。伍员不亏君义,而申包不忘国艰,俟会佇锋,因时乃发。今臣庸喻在昔,未蒙宵迈之旗,是以仰辰极以希照,眷西土以洒泪也。公私怀耻,仰望洪恩,岂宜遂享名器,比肩人伍。求情既所不容,即实又非所继,但以方仗威灵,要须综摄,乞解金紫宠私之荣,赐以鹰扬折冲之号。臣之于国,理无虚请。自臣涉道,情虑荒越,疹毒交缠,常虑性命陨越,要当躬先士卒,身驰贼庭,手斩凶丑,以摅莫大之衅。然后就死之日,即化如归,阖门灵爽,岂不谢先帝于玄宫。"

此表诉说家难,情真意切,用典妥帖,体现出相当之学养与水平。

需要强调指出,此表文蕴涵着崇尚儒家孝道的强烈情感。由所谓"臣之情地,生途已竭,所以未沦于泉壤,借命于朝露者,以日月贞照，有兼映之辉，庶凭天威，诛夷仇逆"①；"抚影穷号，泣望西路"；"况忘家徇国，尠有臣门，节冠风霜，人所矜悼"；"自臣涉道，情虑荒越，疹毒交缠，常虑性命陨越，要当躬先士卒，身驰贼庭，手斩凶丑，以摅莫大之衅"；"就死之日，即化如归"云云，可见其内心深沉的孝悌情谊，而崇尚孝道是当时士族社会普遍遵循的伦理观念，故刘裕览其表文，"哀其情事"，命刘敬宣率师伐蜀以应之。从毛氏家族文化的角度而言，毛修之重孝友，表明其门风尚儒。在这方面，毛修之孙毛惠素也有突出的表现，《南史》卷一六《毛修之传附孙惠素传》载："性至孝，母服除后，更修母所住处床帐屏帷，每月朔十五向帷悲泣，傍人为之感伤，终身如此。"毛惠素恪守孝道如此，可见自晋宋以来，其家族已形成了崇儒重孝的传统。

（二）萧齐时期毛氏之绘画艺术

唐张彦远《历代名画记》卷一《叙历代能画人名》记录萧齐时期诸画师，其中有毛惠远、毛惠秀兄弟及毛惠远之子毛棱三人。可见萧齐时期荥阳阳武毛氏多有善画者，成为一个绘画世家，只是由于诸人世系不详，难以深究其家族关系。②毛惠远最富个性的艺术领域是"善画马"，《南齐书》卷四八《刘绘传附刘瑱传》载："荥阳毛惠远善画马，瑱善画妇人，世并为第一。"③《历代名画记》卷七毛惠远小传载：

  毛惠远，荥阳阳武人。善画马。时刘瑱善画妇人，并当代第一。官至少府卿，市青碧一千二百斤供御画，用钱六十五万。

---

① 《通鉴》卷一一四晋安帝义熙三年七月节略载录毛修之此表文，胡三省注曰："谓其父瑾、伯璩举家为蜀人所灭，修之欲致死复仇，不复求生路也。"可见毛修之孝悌情感之强烈。

② 《南史》卷一六《毛修之传》附载其孙毛惠素事，从当时大族命名之礼法规制而言，可推测毛惠远、毛惠秀与毛惠素同辈。

③ 《南史》卷三九《刘绘传附刘瑱传》所载同。

有言惠远纳利者，世祖敕尚书评价，贵二十八万，杀之。后家徒壁立，上悔痛之。① 谢云："画体周赡，亡适不谐。出意无穷，纵横络绎。位置经略，尤难比俦。笔力遒媚，超迈绝伦。其于倏忽挥霍，必也极妙。至于定质魄然，翻未尽善。鬼神及马，泥滞于时。"

张彦远列其为"中品上"，在其传末加按语曰："曾见《酒客图》，是官卷，后有题记，笔迹之外，颇有风格，意匠师于顾。《酒客图》《刀戟图》《中朝名士图》《刀戟戏图》《七贤藤纸图》《赭白马图》《骑马变势图》《叶公好龙图》，并传于代。"② 由此可见毛惠远之传世精品，除与马有关外，题材颇广，其中涉及当时士族社会热衷的绘画雕塑内容，即玄学名士像，《中朝名士图》《七贤藤纸图》即属此类，这体现了毛惠远绘画的艺术意境与思想旨趣，体现其家族门风雅化的趋向。对于毛惠远绘画风格与成就，谢赫《古画品录》将其定为"第三品"，评曰："画体周赡，无适弗该。出入穷奇，纵横逸笔，力遒韵雅，超迈绝伦。其挥霍必也极妙，至于定质

---

① 关于《历代名画记》所载毛惠远"官至少府卿"及其所受冤屈之情形，与毛修之孙毛惠素事雷同。《南齐书》卷五三《李珪之传》附载毛惠素事迹曰："先是，（永明）四年（446），荥阳毛惠素为少府卿，吏才强而治事清刻。敕市铜官碧青一千二百斤供御画，用钱六十万。有谮惠素纳利者，世祖怒，敕尚书贾，贵二十八万余，有司奏之，伏诛。死后家徒四壁，上甚悔恨。"《南史》卷一六《毛修之传附毛惠素传》载："孙惠素，仕齐为少府卿。……惠素吏才强济，……用钱六十五万。有谮惠素纳利，武帝怒，敕尚书评价，贵二十八万余，有司奏，伏诛。死后家徒四壁，武帝后知无罪，甚悔恨之。"两相比较，除"用钱六十万""用钱六十五万"之异外，其他内容一致。可见齐武帝时毛惠素官少府卿，并采购碧青以供御画，张彦远摘录《南齐书》等史事误归于毛惠远。对此，许逸民先生在《历史名画记校笺》（中华书局2021年版）卷七毛惠远小传下已有考证，以为毛惠远"官至少府卿"，"此说可疑"。他指出《南齐书》《南史》之《刘绘传附刘瑱传》载毛惠远善画，"至于毛惠远有否仕官，不著一字，可证毛惠远仅止一画人而已。……史传但道毛惠素有'吏才'，无只言称其能画。据此可知，'官至少府卿'者，实乃毛惠素，谅非毛惠远。惟毛惠素亦荥阳武人，且载其'敕市铜官碧青一千二百斤供御画'之事，张彦远或由此而混二人为一人欤？俟再考。"（第501页）

② 唐《贞观公私画史》载毛惠远传世画作曰："《山阳七贤图》《醉客图》《刀戟戏图》《骑马图》一卷。右四卷，毛惠远画，隋朝官本。"

块然,未尽其善。神鬼及马,泥滞于体,颇有拙也。"

关于毛惠秀之绘画,《南齐书》卷四七《王融传》载:"永明末,世祖欲北伐,使毛惠秀画《汉武北伐图》,使融掌其事。融好功名,因此上疏曰……图成,上置琅邪城射堂壁上,游幸辄观视焉。"① 《历代名画记》卷七毛惠秀小传载:

> 惠远弟惠秀,永明中侍诏秘阁。世祖将北伐,命惠秀画《汉武北伐图》,中书郎王融监掌其事。融好功名,秀又善图,画成,帝极珍贵,置琅邪台上,每披玩焉。②

张彦远以毛惠秀为"下品下",载其传世画作有"《并除图》《剡中溪谷邨墟图》《胡僧图》《释迦十弟子图》《二疎图》传于代"③。姚最《续画品》评论其艺术风格曰:"其于绘事,颇为详悉。太自矜持,翻成羸钝。遒劲不及惠远,精细有过于稜。"

毛稜,《历代名画记》卷七载:"惠远子稜,姚最云:'便速有余,真巧不足。善于布置,比之叔父,则床下安床。'"姚最《续画品》曰:"惠远之子。便捷有余,真巧不足。善于布置,略不烦草。若比方诸父,则床上安床。"

以上所叙毛惠远、毛惠秀兄弟及毛稜之善绘画及其艺术品格,在中古绘画史上有一定地位。关于毛氏之绘画渊源,前引《古今姓氏书辩证》"汉有画工毛延寿。……延寿画人形,丑好老少必得其

---

① 《南史》卷二一《王弘传附王融传》所载大体相同:"永明末,武帝欲北侵,使毛惠秀画《汉武北伐图》,融因此上疏,开张北侵之议。图成,上置琅邪城射堂壁上,游幸辄观焉。"

② 关于毛惠秀"待诏秘阁"之说,许逸民先生在前揭《历代名画记校笺》毛惠秀小传下有论,以为毛惠秀"曾任何职,史无明文",惟《南齐书》《南史》之《王融传》载融为秘书丞,毛惠秀奉敕作《汉武北伐图》,王融监其事,"惠秀待诏秘阁之说,或由是推知"。(第502页)

③ 《并除图》,《画苑》本作《洴除图》。《贞观公私画史》载:"《并除图》一卷。《释迦十弟子图》《胡僧像》《剡中溪谷村墟图》。右四卷,毛惠秀画,隋朝官本。"

真",毛氏早有绘画传统。然南齐毛惠远诸人之画艺师资传授则直接与东晋南朝绘画风尚相关,前引毛惠远小传,张彦远称其"意匠师于顾",《历代名画记》卷二《叙传授南北时代》曰:"毛惠远师于顾,惠远弟惠秀、子棱并师于惠远。"张彦远注称毛惠秀、毛棱"皆不及惠远"。可见毛惠远之绘画艺术取法师承顾恺之,进而子弟因袭相传,形成家门风尚。毛惠远在绘画史上具有较高的地位,《历代名画记》卷二《论名价品第》从绘画收藏的角度衡定历代绘画作品的价格,"今分为三古,以定贵贱"。所谓"三古",即"以汉、魏、三国为上古","以晋、宋为中古","以齐、梁、北齐、后魏、陈、后周为下古"。其中"下古"之萧齐时期具有代表性的画师有姚昙度、谢赫、刘瑱与毛惠远,说明毛惠远的绘画作品在唐代收藏界颇受关注。此外,尚可申说的是,《历代名画记》卷三《叙自古跋尾押署》叙述历代绘画鉴定,其中萧齐为刘瑱、毛惠远,可见毛惠远在绘画之外,还参与或负责萧齐宫廷绘画收藏鉴定事务。

(三) 南北朝后期毛氏之音律术艺

荥阳毛氏声律之学,其代表人物出自毛称一房。其相关术业积累始自宋齐以降,梁陈间已为名家,其影响则凸显于隋代。《隋书》卷一六《律历志上》"和声"条载:

> 至开皇初,诏太常牛弘,议定律吕。于是博征学者,序论其法,又未能决。遇平江右,得陈氏律管十有二枚,并以付弘。遣晓音律者陈山阳太守毛爽及太乐令蔡子元、于普明等,以候节气,作《律谱》。时爽年老,以白衣见高祖,授淮州刺史,辞不赴官。因遣协律郎祖孝孙,就其受法。弘又取此管,吹而定声。既天下一统,异代器物,皆集乐府,晓音律者,颇议考核,以定钟律。更造乐器,以被《皇夏》十四曲,高祖与朝贤听之,曰:"此声滔滔和雅,令人舒缓。"……至仁寿四年,刘焯上启

于东宫，论张胄玄历，兼论律吕。……其年，高祖崩，炀帝初登，未遑改作，事遂寝废。其书亦亡。大业二年，乃诏改用梁表律调钟磬八音之器，比之前代，最为合古。其制度文议，并毛爽旧律，并在江都沦丧。

又，《隋书·律历志上》"候气"条载：

开皇九年平陈后，高祖遣毛爽及蔡子元、于普明等，以候节气。依古，于三重密屋之内，以木为案，十有二具。每取律吕之管，随十二辰位，置于按上，而以土埋之，上平于地。中实葭莩之灰，以轻缇素覆律口。每其月气至，与律冥符，则灰飞冲素，散出于外。而气应有早晚，灰飞有多少，或初入月其气即应；或至中下旬间，气始应者；或灰飞出，三五夜而尽；或终一月，才飞少许者。高祖异之，以问牛弘。弘对曰："灰飞半出为和气，吹灰全出为猛气，吹灰不能出为衰气。和气应者其政平，猛气应者其臣纵，衰气应者其君暴。"高祖驳之曰："臣纵君暴，其政不平，非月别而有异也。今十二月律，于一岁内，应并不同。安得暴君纵臣，若斯之甚也？"弘不能对。令爽等草定其法。爽因稽诸故实，以著于篇，名曰《律谱》。

可见在隋统一之后，隋文帝亲自召见毛爽，命其制定并完善相关律历制度。这一律历之制涉及乐律与历法等诸多领域。在雅乐方面，隋文帝以统一后"异代器物，皆集乐府"，命毛爽等"晓音律者，颇议考核，以定钟律"，并"遣协律郎祖孝孙，就其受法"。隋文帝仁寿末年，虽有改易之论，但隋炀帝时期大体因袭。在历法节气方面，隋文帝对牛弘的天人感应之说不满，也"令爽等草定其法"。由隋文帝以毛爽"定钟律"和在节气方面"草定其法"，可见毛爽对隋之乐律与历法影响甚著。一般而言，隋平陈后整合声律之学以期南北融通，但实际上主要取法南朝，具体实施其事者正是入隋南人毛爽及蔡子元、于普明等,其中毛爽居于无可替代的主导地位。

毛爽出自荥阳毛氏,自其父辈以来精于钟律、历法之术学,形成家学。由上引文可知,毛爽"晓音律",在陈官至郡守,[①] 入隋后受命考定钟律与历法,"因稽诸故实,以著于篇,名曰《律谱》"。《隋书·律历志上》节录其文,其中概述先秦、汉魏以来律历制度演变,并自述家传律历之学:

> 左晋之后,渐又讹谬。至梁武帝时,犹有汲冢玉律,宋苍梧时,钻为横吹,然其长短厚薄,大体具存。臣先人栖诚,学算于祖暅,问律于何承天,沈研三纪,颇达其妙。后为太常丞,典司乐职,乃取玉管及宋太史尺,并以闻奏。诏讨大匠,依样制管。自斯以后,律又飞灰。侯景之乱,臣兄喜于太乐得之。后陈宣帝诣荆州为质,俄遇梁元帝败,喜没于周。适欲上闻,陈武帝立,遂又以十二管衍为六十律,私候气序,并有征应。至太建时,喜为吏部尚书,欲以闻奏。会宣帝崩,后主嗣立,出喜为永嘉内史,遂留家内,贻诸子孙。陈亡之际,竟并遗失。
>
> 今正十二管在太乐者,阳下生阴,始于黄钟,阴上生阳,终于中吕,而一岁之气,毕于此矣。中吕上生执始,执始下生去灭,终于南事。六十律候,毕于此矣。仲冬之月,律中黄钟。黄钟者,首于冬至,阳之始也。应天之数而长九寸,十一月气至,则黄钟之律应,所以宣养六气,缉和九德也。自此之后,

---

[①] 关于毛爽为"陈山阳太守",《通鉴》卷一七八隋文帝开皇十三年载:"牛弘使协律郎范阳祖孝孙等参定雅乐,使陈阳山太守毛爽受京房律法,布管飞灰,顺月皆验。"这里载毛爽为陈阳山太守,胡三省注:"《隋志》:南海郡含洭县,梁置阳山郡。"又,据《隋书》卷一六《律历志上》载毛爽入隋,隋文帝"授淮州刺史"。对此,中华书局校注本于此有校勘记云:"据《隋书求是》,本书卷三〇《地理志中》淮安郡下载,西魏淮州,开皇五年改为显州,则开皇九年平陈不得仍称淮州。"

并用京房律准，长短宫徵，次日而用。凡十二律，各有所摄，引而申之，至于六十。亦由八卦衍而重之，以为六十四也。相生者相变。始黄钟之管，下生林钟，以阳生阴，故变也。相摄者相通。如中吕之管，摄于物应，以母权子。故相变者，异时而各应，相通者，同月而继应。应有早晚者，非正律气，乃子律相感，寄母中应也。"

有隋一代依毛爽所制音律，直到隋炀帝晚年滞留江淮，"其律，大业末于江都沦丧"。

由毛爽所述，可见毛氏律历之学，起自乃父，其兄毛喜承继父业。关于毛爽之家族世系，前文已据《陈书》卷二九《毛喜传》略述之，毛喜祖父毛称梁时为散骑侍郎，具体事迹不详，与其他南迁荥阳毛氏支系关系不明。毛喜、毛爽父毛栖忠①涉猎钟律、历法，"学算于祖暅，问律于何承天，沈研三纪，颇达其妙"，萧梁时"为太常丞，典司乐职"，他"取玉管及宋太史尺，并以闻奏"，梁武帝"诏讨大匠，依样制管"。毛栖忠律历之学源自何承天与祖暅，② 兼采晋宋以来之名家，可谓南朝律历术学之结晶。毛喜于梁

---

① 关于毛喜、毛爽兄弟父亲之名讳，据上引《隋书》卷一六《律历上》所录毛爽《律谱》，毛爽自述中称"臣先人栖诚"，而《陈书》卷二九《毛喜传》载为"父栖忠"。当以《陈书》所载为是，而《隋书》所称"栖诚"，当避隋文帝父杨忠名讳而改。

② 何承天，《宋书》卷六四《何承天传》载其"东海郯人也。从祖伦，晋右卫将军。承天五岁失父，母徐氏，广之姊也，聪明博学，故承天幼渐训义，儒史百家，莫不该览"。可见其学承自舅氏东莞徐邈、徐广。何承天是刘宋最著名的学者之一，涉及经、史、历法诸领域，其删节《礼论》与修撰《元嘉历》影响尤著。祖暅父为祖冲之，《南齐书》卷五二《文学·祖冲之传》载其范阳蓟人，"少稽古，有机思"，在历法方面，"宋元嘉中，用何承天所制历，比古十一家为密，冲之以为尚疏，乃更造新法。……事奏，孝武令朝士善历者难之，不能屈。会帝崩，不施行"。祖冲之博学多识，"著《易》《老》《庄》义，释《论语》《孝经》，注《九章》，造《缀述》数十篇"。据《南史》卷七二《文学·祖冲之传》，其子暅之"少传家业，究极精微，亦有巧思。入神之妙，般、倕无以过。……父所改何承天历时尚未行，梁天监初，暅之更修之，于是始行焉"。祖暅之子皓，亦"少传家业，善算历"。可见祖氏在历法、机械、算学等方面家世相传。毛栖忠"学算于祖暅，问律于何承天"，其术艺师承可谓南朝之正宗。

未承继乃父学术,间有整理,陈时"又以十二管衍为六十律,私候气序,并有征应",然未及上奏行用,以致"遂留家内,贻诸子孙。陈亡之际,竟并遗失"。可见梁陈之际,毛氏在声律方面已形成家业,毛爽之"晓音律",即是家学熏陶所致,入北后以此为隋文帝所重,著作《律谱》,总结其家学,对隋代乐律与历法影响甚著。

关于毛称房支之文化,声律、历法外,据《陈书·毛喜传》,"喜少好学,善草隶"。由毛喜之"少好学",可见其家族受高门士族社会尚文风气影响,已重视子弟教育。毛喜颇有文才,他素为陈宣帝佐官,"天嘉三年至京师,高宗时为骠骑将军,仍以喜为府咨议参军,领中记室。府朝文翰,皆喜词也"。又,陈宣帝即位,"除给事黄门侍郎,兼中书舍人,典军国机密。高宗将议北伐,敕喜撰军制,凡十三条,诏颁天下,文多不载"。在应用文书之外,毛喜也能诗赋,本传载:"初,后主为始兴王所伤,及疮愈而自庆,置酒于后殿,引江总以下,展乐赋诗,醉而命喜。于时山陵初毕,未及逾年,喜见之不怿,欲谏而后主已醉,喜升阶,阳为心疾,仆于阶下,移除省中。后主醒,乃疑之,谓江总曰:'我悔召毛喜,知其无疾,但欲阻我欢宴,非我所为,故奸诈耳。'"陈后主喜好音乐诗赋,常与江总等宴游雅集,其"置酒于后殿,引江总以下,展乐赋诗,醉而命喜",尽管毛喜出于政事与礼制而欲谏阻,不乐为之,终为后主所恨,但表明毛喜确有诗赋才能,否则后主当不会命其赋诗,更不至于以其"欲阻我欢宴,非我所为,故奸诈耳"。本传载其"有集十卷",可见其著述甚丰,颇具文才。毛喜有经史礼法修养,本传载:"世祖尝谓高宗曰:'我诸子皆以伯为名,汝诸儿宜用叔为称。'高宗以访于喜,喜即条牒自古名贤杜叔英、虞叔卿等二十余人以启世祖,世祖称善。"此外,毛喜有一定的佛学修养,与智𫖮法师交往甚密,《全陈文》辑毛喜《与释智𫖮书》五通,其一曰:"累年仰系。不易可言。承今夏在石像前行道,欣羡无极。又闻欲于天台营道场,当在夏竟耳。学徒远近归依者,理应转多,安心林野，法喜自娱，禅讲不辍耳。四十二字门令附虽留多时，读竟不解，无因咨访，为恨转积。南岳亦时有信，照禅师在岳岭，徒众不异大师在时。善公于山讲释论，彼于邑迟望还纲维大法，不者归钟岭摄山，亦是栖心之处，何必适远方，诣道场？希勿忘京师；边地之人，岂知回向倾心。无时不积，未因接颜色，东望敩满敬德。信人今返，白书不具。弟子毛喜和南。"其三曰："秋色尚热，道体何如？禅礼无乃损德。弟子老病相仍，汤药无效，兼不得自闲，转有困尔。仰承移往佛陇，永恐不复接颜色，悲慨但深。仰惟本以旷济为业，独守空岩，更恐违菩萨普被之旨。近与徐丹阳诸善知识共详量，等是一山，钟岭天台，亦何分别？必希善加三思，不滞于彼我。京师弥可言师，一二因拔师口具其间，愿敬道德。弟子毛喜和南。"其四曰："适奉南岳信，山众平安。弟子有答，具述甲乙。后信来当有音外也。今奉寄笺香二片，熏陆香二斤，槟榔三百子。不能得多，示表心，勿责也。弟子毛喜和南。"其五曰："今者仰餐敷说，训往绰然，道俗嗟味，般若照明，岂是拙辞所能称述？弟子毛喜和南。"[1] 由诸书可见，毛喜与智𫖮大师交往密切，自称弟子，诸信或以智𫖮僻居天台，"永恐不复接颜色，悲慨但深"，一再恳请其返归京师摄山修行布道，或汇报研修、讲论佛学之进展，或传递南岳诸寺相关信息，或奉施熏像物品，甚至陈述兄弟子女状况。凡此皆表明毛喜当为智𫖮之在俗弟子，即居士，深具佛学修养。

由上述可见，晋宋以降，荥阳毛氏诸房支代表人物作为著名的将门之后，作风趋于儒化，具体行事表现出一定的学术文化涵养。如晋宋之际的毛修之，"颇读史籍"，"解音律"；陈代毛喜"少好学"，"善草隶"，粗通经史。这表明在毛氏人物社会政治地位有所

---

[1] 以上俱见严可均《全陈文》卷一五，辑自《国清百录》二。

提升后，受到高门士族风尚之熏染，在文化上有所积累。① 当然，就经史学术与礼法教养而言，毛氏尚处于启蒙与初步汲取的阶段，与儒学士族旧门相比，其学识与门风的实质性转变尚需时日。齐梁以降，毛氏人物在艺术领域则有突出的表现，如萧齐时毛惠远、毛惠秀、毛棱擅长绘画，世传其艺，为人称誉；梁陈间毛栖忠、毛喜、毛爽父子则精于音律、历法之术，体现出南朝后期相关术业的成就，并转输隋朝，行用于世，有助于当时南北术艺整合与文化融通。

综合全文所述，自西晋末年以来，荥阳阳武毛氏宗族有三个房支相继南迁，其中毛宝于两晋之际迁移荆州，先后隶属上流士族军政代表人物王敦、温峤、庾亮等人，特别在平定苏峻之乱中，在协调温峤、庾亮、陶侃诸人之关系，组织义军联盟等方面发挥了重要作用，且战功卓著，军政地位有所提升，为其子孙的发展

---

① 当然，对毛氏门风变化不可估计过高。刘宋以后，毛氏人物虽少有专事武力者，逐渐褪去了"将帅之家"的底色，但其人物依然以吏职干能显。如前引文已见毛惠素在齐武帝任少府卿，"吏才强而治事清刻"，颇类寒门酷吏之作风，与士族名士之为政作风迥异。毛氏政治影响最大、地位尤著者是陈朝的毛喜，《陈书》本传载其平生辅佐陈宣帝，特别是助其篡夺皇位，有定策之功，"高宗即位，除给事黄门侍郎，兼中书舍人，典军国机密"，为御史中丞，参掌选事，后为吏部尚书。宣帝"将议北伐，敕喜撰军制，凡十三条，诏颁天下"，"及众军北伐，得淮南地，喜陈安边之术，高宗纳之，即日施行"。又载"又问喜曰：'我欲进兵彭、汴，于卿意如何？'喜对曰：'臣实才非智者，安敢预兆未然。窃以淮左新平，边氓未乂，周氏始吞齐国，难与争锋，岂可以弊卒疲兵，复加深入。且弃舟楫之工，践车骑之地，去长就短，非吴人所便。臣愚以为不若安民保境，寝兵复约，然后广募英奇，顺时而动，斯久长之术也。'高宗不从。后吴明彻陷周，高宗谓喜曰：'卿之所言，验于今矣。'"可见毛喜虽非武将，但在战略谋划方面深合兵家之道。陈宣帝死，后主初即位，"叔陵构逆，敕中庶子陆琼宣旨，令南北诸军，皆取喜处分"。毛喜临危受命，果断平乱。其辅政，直言进谏，"初，高宗委政于喜，喜亦勤心纳忠，多所匡益，数有谏诤，事并见从，由是十余年间，江东狭小，遂称全盛。唯略地淮北，不纳喜谋，而吴明彻竟败，高宗深悔之，谓袁宪曰：'不用毛喜计，遂令至此，朕之过也。'喜既益亲，乃言无回避，而皇太子好酒德，每共幸人为长夜之宴，喜尝为言，高宗以诫太子，太子隐患之，至是稍见疏远。"陈后主终以其"负气"，黜为永嘉太守。毛喜至郡，"不受俸秩，政弘清静，民吏便之"。时丰州刺史章大宝举兵反，"郡与丰州相接，而素无备御，喜乃修治城隍，严饰器械"，协调郡县兵以平叛。此后应征入朝，"喜在郡有惠政，乃征入朝，道路追送者数百里"。可见毛喜作风务实，表现出卓著之军政干能，"史臣曰"称"毛喜深达事机，匡赞时主"，体现出本自寒庶的"新出门户"的门风特征。

开辟了道路。毛宝子毛穆之、毛安之长期隶属桓温、桓冲兄弟，毛穆之参与了一系列重大军事活动，深得信重，多有功绩，位至右将军、诸郡太守、梁益二州刺史等，诸子孙逐渐显露头角，毛璩等出刺益、梁、秦、宁等西部州镇，成为东晋中后期上流之武力强宗，公然抵制桓玄代晋，并在北府武力集团崛起的背景下，有意控辖荆郢等上流地域。然毛璩因蜀地土著反叛遭受毁灭性打击，家势衰落，其后人毛修之归附刘裕，参与义熙年间诸内战与刘裕伐秦之役，流离入魏。毛安之则于简文帝执政时期，受命桓温，戍卫建康，控制都城，以助篡夺，他居中协调，处置得当，也为朝臣代表谢安等人认可，得兼将作大匠，其子毛泰等亦多为禁中武职，表现出"中央化"的特征，然缺乏根基，依附司马元显以弄权，类同佞幸，终为桓玄清除。毛德祖兄弟五人于东晋后期南迁，皆有武干，融入北府军团，相继参与晋末内战，"奋不顾命"，特别是毛德祖随刘裕征伐关中后，刘宋初戍守虎牢，受到北魏围攻，坚守死战。由以上毛氏人物之表现，其家族尚武之门风特征，确可谓东晋以来著名之"将帅之家"。就其家族文化而言，在东晋南朝高门士族崇尚风雅的社会文化背景下，尚武之荥阳毛氏人物在军政地位提升过程中，逐渐重视其后代文化素养之训育，晋宋之际毛修之"颇读史籍"，"解音律"，北魏儒学士族代表崔浩"以其中国旧门，虽学不博洽，而犹涉猎书传，每推重之，与共论说"，可见其已具有一定的经史修养，体现了其家族门风雅化之趋向。萧齐时期，毛惠远、毛惠秀兄弟及子毛棱等，皆擅长绘画，家世相传，其中尤以毛惠远为突出，在南朝绘画史上具有较高的地位。此外，宋齐以降，毛栖忠"学算于祖暅，问律于何承天，沈研三纪，颇达其妙"，在钟律、历法等术艺领域颇有造诣，深得南朝诸名家之精髓，萧梁时期，行用其术；梁陈之际，其子毛喜总结乃父之术学，形成家学传承；隋文帝灭陈，大力汲取南朝术艺，以毛爽"晓音律"，命其转输南艺，于是毛爽作《律谱》，对隋代雅乐与历法影响甚著。概而言之，在毛氏文雅化过程中，在经史领域虽有所表现，但植根不深，其学尚浅，成就突出的方面，主要是绘画与律历等术艺领域，符合当时寒庶阶层文化积累与门风转变的普遍规律，毛氏家族由尚武向崇文转变过程中所表现出的"术艺化"特征，即可谓典型例证。

南北融通与文质兼备

——南北朝后期入北河东柳氏家族之文化风尚及其影响

南北朝后期，随着北朝民族融合日渐深入和军事实力的逐渐增强，南北对峙的军政局势也随之发生变化，逐渐形成了由北朝统一南朝的趋向。在这一历史进程中，自东晋以来出现的一个特殊移民群体，即侨居于南北朝沿边地带的所谓边境豪族的相继北归。这类移民群体，大多自十六国"胡亡氐乱"与南朝晋宋更迭之际相继南迁，作为东晋南朝的晚渡豪族，他们被安置于南朝淮、汉以北之沿边州镇，以作为抵御北朝胡族政权南进的军事屏障。他们长期侨寓南朝北部边镇，有的长达百余年，历经数代，有的家族的某些房支通过与南朝皇权的紧密结合而实现了"中央化"和"高门化"，尽管其中的主体部分作为"晚渡荒伧"而受到了南朝高门士族的歧视和排挤，但他们长期仕宦于南朝，与南方诸政权及其高门士族社会存在着密切的联系，在社会文化与生活风尚等方面受到南朝风尚的影响。当然，作为晚渡豪族，他们毕竟长期生活于边境州镇，特殊的地域与社会环境，必然导致他们在社会文化与生活风尚诸方面依然承继北方士族社会的传统。他们出南入北，在社会文化方面南北融通，文质兼具。这种特殊的文化品格，对他们回归北朝后在家族发展及南北文化交融等方面产生了深刻影响。在这类家族中，河东柳氏可谓典型代表。有鉴于此，这里对南北朝后期河东柳氏之北归及其相关活动等略作专题考察，从一个侧面透视南朝边境豪族北归后的发展轨迹及其影响。

一 河东柳氏家族之南迁与北徙

（一）河东柳氏之南迁

关于河东柳氏之源起及其南迁，《新唐书》卷七三（上）《宰相世系表上》载："柳氏出自姬姓。鲁孝公子夷伯展孙无骇生禽，字季，为鲁士师，谥曰惠，食采于柳下，遂姓柳氏。楚灭鲁，仕楚。秦并天下，柳氏迁于河东。秦末，柳下惠裔孙安，始居解县，安孙隗，汉齐相。六世孙丰，后汉光禄勋。六世孙轨，晋吏部尚书。生景猷，晋侍中。二子：耆、纯。耆，太守，号'西眷'。耆二子：恭、璩。恭，后魏河东郡守，南徙汝、颍，遂仕江表。曾孙缉，宋州别驾、宋安郡守。生僧习，与豫州刺史裴叔业据州归于后魏，为扬州大中正、尚书右丞、方舆公。五子：鷟、庆、虬、桧、鷟。……平阳太守纯生卓，晋永嘉中自本郡迁于襄阳，官至汝南太守。四子：辅、恬、杰、奋，号'东眷'。"这里概括介绍了河东柳氏家族源起及其南迁情况。大体而言，柳氏至西晋，柳耆、柳纯兄弟二房支分别号"东眷"与"西眷"，并相继南迁。至于其南迁之时间，这里记载"西眷"代表柳恭曾为"后魏河东郡守，南徙汝、颍，遂仕江表"，似乎柳恭在北魏时方南迁，但接着又载其"曾孙缉，宋州别驾、宋安郡守"，这自然是其曾孙柳缉在刘宋的任职，这种世代关系与其子孙在南朝任职的重叠，显然与上述柳恭南迁的时间存在矛盾。实际上，这里所说柳恭为"后魏河东郡守"，应为"后赵河东郡守"。对此，《北史》卷六四《柳虬传》载："柳虬字仲盤，河东解人也。五世祖恭，仕后赵为河东郡守。后以秦、赵丧乱，率人南徙，居汝、颍间，遂仕江表。祖缉，宋司州别驾、宋安郡守。父僧习，……与豫州刺史裴叔业据州归魏。"① 又，柳僧习子《柳桧墓志》载："君讳桧，字秀华，河东解人。周室苗裔，柳下惠之后。道传雅素，世继衣冠。五世祖河东守恭，随晋卜迁，因居南土。"其中又述其家族世系云："曾祖绍，宋安太守。曾祖母徐氏。祖缉，隋郡太守。祖母崔氏。父僧习，颍川太守、金紫光禄、扬州大中正。母赵氏。"②《柳桧墓志》补充了其曾祖柳绍一世，出任宋安郡守者当为柳绍。综上，可以梳理柳氏"西眷"南迁的大体情况：柳恭在后赵、前秦丧乱之际南迁汝、颍，至宋明帝时，其后人柳绍、柳缉相继为刘宋之宋安、隋郡太守。

关于河东柳氏"东眷"之南迁，上引《新唐书·宰相世系表》称"平阳太守纯生卓，晋永嘉中自本郡迁于襄阳，官至汝南太守"。这里明言柳卓"晋永嘉中自本郡迁于襄阳"。与这一记载相

---

① 《周书》卷二二《柳庆传》载："柳庆字更兴，解人也。五世祖恭，仕后赵，为河东郡守。后以秦、赵丧乱，乃率民南徙，居于汝、颍之间，故世仕江表。祖縉，宋同州别驾，宋安郡守。父僧习，齐奉朝请。魏景明中，与豫州刺史裴叔业据州归魏。历北地、颍川二郡守、扬州大中正。"中华书局校点本校勘记已指出其中所载柳庆祖柳縉之名，与《北史·柳虬传》所载"柳缉"不同，"不知孰是"；至于其任"同州别驾"，据《宋书·州郡志》所载宋明帝时于司州义阳郡析出宋安郡，校勘记指出"同州"显为"司州"之讹。可见柳缉当于宋明帝时以司州别驾兼宋安郡守。关于柳缉、柳縉之异，今据《柳桧墓志》，则当以"缉"字为是。对柳恭南迁时间问题，毛汉光在《晋隋之际河东地区与河东大族》之三"柳氏之动态——主支之移动"（收入氏著《中国中古政治史论》，上海书店出版社2002年版）中就此指出："柳恭于后魏时任河东郡守，记载必然有误，按世系推演，应在五胡乱华之时，……后以秦、赵丧乱，乃率民南徙，居于汝、颍之间。"《晋书》卷一一七《姚兴载记上》载："慕容永既为慕容垂所灭，河东太守柳恭等各阻兵自守，兴遣姚绪讨之。恭等依河距守，绪不得济。镇东薛强先据杨氏壁，引绪从龙门济河，遂入蒲坂，恭势屈，请降。徙新平、安定新户六千于蒲坂。"《十六国春秋辑补》卷五一后秦部分也载此，系于皇初三年。毛汉光据此指出："所以柳恭南徙应该在后燕灭西燕之后；后秦姚兴时，河东郡治蒲坂，柳恭乃西燕所署，其防区是北自龙门、南至蒲坂、黄河以东之地，……柳恭投降以后，姚秦迁入新平、安定新户六千于蒲坂。"毛汉光指出："涑水下游乃柳氏势力范围，受此打击而有此支南迁，其理甚合，薛氏势力也可能因此向南扩大。"（第119页）

② 《柳桧墓志》，见王连龙《新见北朝墓志集释》，中国书籍出版社2013年版，第117页。

近的有《隋书》卷五八《柳䛒传》载:"柳䛒字顾言,本河东人也,永嘉之乱,徙家襄阳。"《隋书》卷六二《柳彧传》载:"柳彧字幼文,河东解人也。七世祖卓,随晋南迁,寓居襄阳。"而早出史籍所载则未明柳氏"东眷"南迁具体时间,如《宋书》卷七七《柳元景传》载:"柳元景字孝仁,河东解人也。曾祖卓,自本郡迁于襄阳,官至汝南太守。祖恬,西河太守。父凭,冯翊太守。"《周书》卷四二《柳霞传》载:"柳霞字子升,河东解人也。曾祖卓,晋汝南太守,始自本郡徙居襄阳。"这两则记载未明述柳卓南徙襄阳的具体时间。实际上,将柳卓南迁襄阳定在西晋末永嘉年间,确实存在诸多矛盾,令人难以置信。对此,韩树峰曾从其家族世系衔接、家族成员所任官职等多个方面提出疑问,以为柳卓不可能在西晋末年南迁,而应当与柳恭同时,也在十六国"秦赵丧乱"之时。① 这也就是说,在十六国前中期,河东柳氏家族代表人物在历仕前赵、后赵诸胡族政权后,由于遭遇"胡亡氐乱"的严重社会危机,其家族"东眷""西眷"二支大体同时南迁淮、汉地域,其中"东眷"寓居雍州襄阳,"西眷"徙至汝、颍,后寓居豫州寿春。

由于河东柳氏南迁相对较晚,与诸多在"胡乱氐乱"、晋宋之际及此后南迁的北方豪族群体一样,成为东晋南朝的"晚渡士族"代表。由于这些家族原本在门第身份、思想文化面貌等方面与永嘉之乱过程中南渡的玄化高门士族存在差异,加上留滞北方期间多有与胡人统治者合作的经历,出现了"婚宦失类"的情况,从而受到早先南渡的高门士族社会的歧视。《晋书》卷八四《杨佺期传》载:"杨佺期,弘农华阴人,汉太尉震之后也。曾祖准,太常。自震至准,七世有名德。祖林,少有才望,值乱没胡。父亮,少仕伪朝,后归国,终于梁州刺史,以贞干知名。佺期沈勇果劲,

---

① 韩树峰:《南北朝时期淮汉迤北的边境豪族》,社会科学文献出版社2003年版,第168—169、171—172页。

而兄广及弟思平等皆强犷粗暴。自云门户承籍,江表莫比,有以其门地比王珣者,犹恚恨,而时人以其晚过江,婚宦失类,每排抑之,恒慷慨切齿,欲因事际以逞其志。"弘农杨氏为东汉以来最具社会声望的士族代表之一,但西晋灭亡后,其家族留滞北方而"仕伪朝",至杨佺期父杨亮始归晋,其时当在"胡亡氐乱"之后,尽管其"自云门户承籍,江表莫比",但"时人以其晚过江,婚宦失类,每排抑之"。又,《宋书》卷六五《杜骥传》载:"杜骥字度世,京兆杜陵人也。高祖预,晋征南将军。曾祖耽,避难河西,因仕张氏。苻坚平凉州,父祖始还关中。兄坦,颇涉史传。高祖征长安,席卷随从南还。太祖元嘉中,任遇甚厚,历后军将军,龙骧将军,青、冀二州刺史,南平王铄右将军司马。晚渡北人,朝廷常以伧荒遇之,虽复人才可施,每为清涂所隔,坦以此慨然。尝与太祖言及史籍,上曰:'金日䃅忠孝淳深,汉朝莫及,恨今世无复此辈人。'坦曰:'日䃅之美,诚如圣诏。假使生乎今世,养马不暇,岂办见知。'上变色曰:'卿何量朝廷之薄也。'坦曰:'请以臣言之。臣本中华高族,亡曾祖晋氏丧乱,播迁凉土,世叶相承,不殒其旧。直以南度不早,便以荒伧赐隔。日䃅胡人,身为牧圉,便超入内侍,齿列名贤。圣朝虽复拔才,臣恐未必能也。'上默然。"杜氏"本中华高族",然因留滞北方,东晋末方得南迁,当时"晚渡北人,朝廷常以伧荒遇之,虽复人才可施,每为清途所隔"。可见,晋宋以来,江左士族社会对晚来北人群体,即便如弘农杨氏、京兆杜氏等这样的高门旧族也"常以伧荒遇之",以致杜坦报怨"直以南度不早,便以荒伧赐隔"。

相较而言,河东柳氏之家族门第远不及弘农杨氏、京兆杜氏这样具有汉魏高门背景的士族旧门,尽管后来其家族子弟追溯其家世以"道传雅素,世继衣冠"自炫,但综合各方面情况看,在魏晋时期乃至南北朝前期,柳氏只能归入地方豪族,而非门第显赫的文化士族。① 在特定的社会历史环境下，这类具有强大地方势力与影响的豪族南迁，往往携带着众多的宗族成员和乡里部属，可以说，当时每一个南迁大族的背后都有一个庞大的移民群体作为支撑。对这类晚渡豪族群体，东晋南朝多安置于淮汉流域沿边地带，以对抗、抵御北方胡族的南进，晋宋以来其北部沿边的雍、梁、豫、徐诸州无不分布着众多的晚渡北方豪族。这类家族，就其门第身份而言，他们比高门士族相对较低，属于次等士族；就其门风与文化风尚而言，他们经历了北方民族纷争的历练，普遍善于武勇，即便是曾经的高门旧族如弘农杨氏，杨佺期"沈勇果劲，而兄广及弟思平等皆强犷粗暴"，表现出典型的尚武豪族的特征。

（二）河东柳氏之北徙

作为特定时期寓居特定地域的东晋南朝之边境豪族群体，他们在北方民族矛盾激化的背景下南迁避祸，也会随着南北局势的变化以寻机返北。对此，《晋书》卷九二《文苑·伏滔传》载东晋伏滔作《正淮论》，其上篇论及寿阳地域形势与风俗说："彼寿阳者，南引荆汝之利，东连三吴之富；北接梁宋，平涂不过七日；西援陈许，水陆不出千里；外有江湖之阻，内保淮肥之固。……其俗尚气力而多勇悍，其人习战争而贵诈伪。豪右并兼之门，十室而七；藏甲挟剑之家，比屋而发。然而仁义之化不渐，刑法之令不及，所以屡多

---

① 韩树峰在《南北朝时期淮汉迤北的边境豪族》（社会科学文献出版社 2003 年版）中指出，《新唐书》卷一九九《儒学·柳冲传》载柳冲论定当时天下郡姓，其中关中郡姓有韦、裴、柳、薛、杨、杜等，"弘农杨氏自东汉以来就是全国著名的高门望族，京兆韦、杜二氏及河东裴氏先后在曹魏时期发展起来，也可称得上是老牌士族。与这些旧族相比，河东柳氏未免有些逊色，因为迟至东晋，柳氏还未出现过高官显宦"。《新唐书》卷七三（上）《宰相世系表》所载柳轨为晋吏部尚书、柳景猷为晋侍中，《晋书》等史籍根本没有相关记载，因此他指出"《宰相世系表》的说法只是在柳氏贵显以后出现的，目的可能是抬高其家族门第，不足为据。也许柳氏在地方上是较有影响的家族，但在全国来讲，却绝对算不上高门。柳氏真正发展起来是在南北朝对峙时期，而且是先在南朝成为高门甲族，以后又进入北朝政权，并继续保持其崇高的社会地位，最终成为关中首望之一"。（第 166—167 页）

亡国也。"《南齐书》卷一四《州郡志上》论豫州风习亦云："密迩寇虏，北垂萧条，土气强犷，民不识义，唯战是习。"这里所谓寿阳地域风尚之"屡多亡国""唯战是习"云云，是当时沿边诸州镇豪族群体的普遍现象。①《晋书》卷一一七《姚兴载记上》载姚兴立国关中，"京兆韦华、谯郡夏侯轨、始平庞眺等率襄阳流人一万叛晋，奔于兴"。韦氏为京兆著姓，韦华当在"胡亡氐乱"之际南迁襄阳，待姚兴立国局势有所变化，他又偕同其他豪族人物"率襄阳流人一万叛晋"入后秦；刘裕北伐关中后，韦华再度携其宗族部属南迁襄阳。② 在南北分裂对峙的特定环境下，边境豪族往往表现出务实的生存态度，依违于南北政权之间，诚如论者所指出："边境豪族则大多依违于南北政权之间，根据政权形势的变化来决定自己的归属，他们并没有十分强烈的南北观念。"③

具体就河东柳氏家族之北返而言，其"西眷"在萧齐末随豫州

---

① 前揭韩树峰《南北朝时期淮汉迤北的边境豪族》细考"青齐豪族""豫州豪族"和"雍州豪族"的相关情况指出："就地域环境而论，边境豪族主要活动在河淮、江淮及沔水等南北政权的缓冲地带。无论南方政权的北伐还是北方政权的南进，兵锋所向，首要目标都是指向这些地区。因此，这里是南北战争的交汇点。此地人民欲求生存和发展，必'有自全之技'。否则'无异犬羊'，惟有任人宰割。……与南朝由武入文的社会习尚恰好相反，受这种特殊环境的熏陶，生存于此的边境豪族大多以武力自效，有的甚至弃文习武，所以边境豪族大多是世所习称的'将门'。他们与'唯战是习'的乡里部曲结合在一起，组成一支能征惯战的武装力量，从而成为南朝政权的军事基础。"这就概括指出了南北朝时代边境豪族普遍崇尚武力的突出品性。（第196页）

② 关于韦华在刘裕北伐关中后再度南徙襄阳，《元和姓纂》卷二"韦氏"条载其襄阳一支曰："东眷穆元孙华，随宋武过江，居襄阳县。"见中华书局1994年版，第182页。

③ 前揭韩树峰《南北朝时期淮汉迤北的边境豪族》，第197页。综合东晋南朝边境豪族南迁与北徙的总体情况，就其南迁而言，其大规模群体性南迁，主要有如下几次：一是北方"胡亡氐乱"或"秦赵丧乱"之后南迁者；二是东晋末刘裕北伐南燕，将青、齐豪族纳入晋宋政权；刘裕北伐关中后，引发关中豪族群体南迁；三是北魏征服青、齐后，部分青、齐豪族南下。至于南朝边境豪族之北返，其群体性北徙主要有如下几次：一是晋宋更迭之际，荆雍地域部分豪族的北流；宋明帝自立，"义嘉之乱"过程中一些徐、兖、青、齐地域的豪族入魏；北魏孝文帝迁洛，齐、梁内讧过程中豫、梁二州相继入魏；西魏灭梁元帝，雍州归北，当地豪族随之入北；隋兼并后梁及灭陈，边境豪族后裔悉数北属。

刺史裴叔业集团群体性北徙入魏。《魏书》卷七一《裴叔业传》载其受到齐东昏侯萧宝卷的猜疑，最终其侄裴植献地降魏，由"裴氏宗亲""豫州地方官属""叔业爪牙心膂所寄者""衣冠之士预叔业勋者"等人群所构成的豫州豪族群体悉归北魏。其中所涉"衣冠之士，预叔业勋者：安定皇甫光，北地梁祐，清河崔高客，天水阎庆胤，河东柳僧习等"。其中略述柳僧习事云："僧习，善隶书，敏于当世。景明初，为裴植征虏府司马。稍迁北地太守，为政宽平，氐羌悦爱。肃宗时，至太中大夫，加前将军，出为颍川太守。卒官。"① 检点相关史籍，自柳恭南迁汝颍、定居寿阳，直到柳僧习返北，前后约一个半世纪，历经四五代人，其家族人物少有事迹可述，始终生活于豫州地域，成为典型的地方性豪族。在裴叔业入北之豫州豪族群体中，除其裴氏宗亲外，就其某一家族而言，当以柳僧习子嗣为盛，并对北朝社会文化与军政等方面影响颇著。在北魏末年东、西分立之际，柳僧习诸子皆随孝武帝西迁，此后显达于西魏、北周。这一政治选择显然有其深因，绝非简单的随意盲从。作为流迁家族，柳僧习家族入魏后当居于洛阳，然其本贯之河东从属关陕，其追随孝武帝入关，可以获得潜在的旧族身份与郡望的凭借，这在当时社会环境中，无论对个人还是家族的发展，都具有不可忽视的意义。据相关史籍所载，柳僧习一门诸子孙悉数入关，仕于西魏、北周，其后入隋。

此外，自豫州随裴叔业入魏之柳氏家族成员还有柳玄达、柳玄瑜兄弟一支。《魏书》卷七一《裴叔业传》载："时河东南解人柳玄达，……仕萧鸾，历诸王参军。与叔业姻娅周旋，叔业之镇寿春，委以管记。及叔业之被猜疑，将谋献款，玄达赞成其计，前后表启皆玄达之词。"柳玄达于景明初入魏，除辅国将军、司徒谘议参军，封南顿县开国子，邑二百户，后改封夏阳县，景明二年秋卒。柳玄达二子：柳绵袭其爵；柳远为肃宗挽郎，出帝时除仪同开府参军事，

---

① 《魏书》卷七一《裴叔业传》。

元象二年遇患卒，年四十。柳玄达弟柳玄瑜，景明初除正员郎，转镇南大将军开府从事中郎，带汝阴太守，延昌二年卒，年五十五。柳玄瑜子柳谐，入魏除著作佐郎，建义初罹难于河阴之变，年二十八。可见柳玄达、柳玄瑜兄弟出自河东南解，当与柳僧习同宗，何时南迁未有明载，由其"与叔业姻娅周旋"，当长期寓居寿阳，为豫州豪族群体重要成员。就柳玄达在裴叔业幕府中的任职与作用而言，其地位与影响当有过于柳僧习，然其代表人物入魏后相继沦没，以致房支不显。

与"西眷"相比，寓居襄阳的河东柳氏"东眷"是南朝时期雍州地区最具影响力的豪族代表，其家族势力不仅对南朝军政局势的演进有重大影响，而且其家族自身在文化风尚与社会地位方面也经历了深刻的转变。柳元景助宋孝武帝得大位，官至尚书令、司空等显职，开启了其家族在江左诸朝"中央化"的历程。柳元景侄柳世隆在萧齐创业过程中，以其家族力量附会齐武帝萧赜以对抗沈攸之，后官至尚书左仆射，其诸子柳惔、柳恽、柳憕、柳忱等显达于萧梁，"三两年间四人迭为侍中，复居方伯，当世罕比"[①]。梁武帝萧衍出刺雍州，得到柳元景侄柳庆远等雍州豪族的拥戴，"及起兵，庆远常居帷幄为谋主，从军东下，身先士卒"[②]，后官至侍中、领军将军、雍州刺史。随着柳氏"东眷"军政上的"中央化"，其显赫房支门风也转为"文雅化"，最突出的是柳世隆一房。《南史》卷三八《柳元景传》载柳世隆"少立功名，晚专以谈义自业。善弹琴，世称柳公双璅，为士品第一。常自云：'马矟第一，清谈第二，弹琴第三。'在朝不干世务，垂帘鼓琴，风韵清远，甚获世誉"。《南史》卷三八史论云："世隆文武器业，殆人望也，诸子门素所传，俱云克构。"柳世隆开启了其家族文雅化的进程。齐梁时期，其诸子柳惔、柳恽、柳憕等普遍善玄谈，以文艺才学显，与高门名士、帝室贵胄

---

① 《南史》卷三八《柳元景传附柳忱传》。
② 《南史》卷三八《柳元景传附柳庆远传》。

交往密切，深得赞誉。与其家族"中央化""文雅化"进程相应，其显赫房支实现了由地方豪族向高门士族的转变，其子弟得以结姻帝室，如柳恽子柳偃自少以才学为梁武帝所赏爱，"诏尚武帝女长城公主"，后柳偃子柳盼"尚陈文帝女富阳公主"。① 当然，必须指出的是，襄阳柳氏作为一个房支众多的大家族，其各支系的发展状况并非等齐划一的，因缘际会，得以实现"中央化"与"高门化"的房支，毕竟只是其宗族的一小部分，而其主体依然作为襄阳地方豪族活动于雍州乡里社会。这使得南朝时期的雍州柳氏形成"中央化"与"地方化"并行互补、相互支撑的宗族结构，与其他众多的侨姓高门士族迥然不同。众所周知，江左侨姓高门士族，自东晋以来主导军政，但由于缺乏乡里社会的支撑，易于受到局势变化的冲击，即便那些盛极一时的显赫门第，也因历次祸难而不断衰竭。而柳氏家族的主体在雍州乡里，"中央化"的柳氏代表人物依然十分重视与乡里社会的联系和经营，这使得"中央化"的柳氏可以不断获得地方家族的补充与支撑。② 作为流寓士族，柳氏的这种家族结构与汉魏传统旧族和北朝士族相似，而与江左侨寓士族有异，这不仅决定了其家族在南朝的风貌，而且还在一定程度上深刻影响着其家族北徙后的发展。

至于河东柳氏"东眷"之北迁，比之"西眷"，其过程要复杂的多，各支系在不同时段，以不同方式进入北朝。由于柳氏"东眷"各房支代表人物与南朝后期军政局势多有密切关联，其入北皆与南

---

① 关于柳世隆诸子名士化之表现及其社会地位之提升，相关史实皆见于《南史》卷三八《柳元景传》诸附传及《南齐书》、《梁书》诸人传记所载。关于南朝时期河东柳氏的"中央化"及其文化上的高门化等相关论述，前揭韩树峰在《南北朝时期淮汉迤北的边境豪族》第五章《河东柳氏在南朝的独特发展历程》已有专题考论。王永平《南朝时期河东柳氏"东眷"之家族文化风尚述论》（收入氏著《东晋南朝家族文化史论丛》，广陵书社2010年版）对其文雅化及其影响也有所考察，敬请参见。

② 关于河东柳氏家族"中央化"房支与地方宗族相互支撑的关系，前揭韩树峰《南北朝时期淮汉迤北的边境豪族》第五章《河东柳氏在南朝的独特发展历程》已有比较具体、深入地论述，请参见。

北局势变化的重大节点相关。侯景乱梁，柳庆远孙柳仲礼、柳敬礼等在参与平乱过程中一度附逆，后柳仲礼西上江陵受湘东王萧绎节度，受命与依附西魏的萧詧相抗，柳仲礼战败被俘，"并弟子礼没于魏。魏相安定公待仲礼以客礼。西魏于是尽得汉东"①。对此，《隋书》卷六二《柳彧传》载其"父仲礼，为梁将，败归周"。柳仲礼父子在萧绎、萧詧叔侄相争过程中"败归周"，是柳氏"东眷"中最早入关者。

梁元帝承圣四年（555年），西魏灭梁元帝江陵政权，俘迁士民甚众，其中也有柳氏人物，《隋书》卷三八《柳裘传》载："柳裘字茂和，河东解人，齐司空世隆之曾孙也。祖惔，梁尚书左仆射。父明，太子舍人、义兴太守。裘少聪慧，弱冠有令名。在梁仕历尚书郎、驸马都尉。梁元帝为魏军所逼，遣裘请和于魏。俄而江陵陷，遂入关中。"可见柳裘是在梁元帝灭亡过程中入关的。

此后，西魏扶持萧詧建立后梁，襄阳一带并入西魏，留守乡里的柳氏家族自然整体北属，至于其代表人物应征入周为宦，则稍为延后。《周书》卷四二《柳霞传》载："祖叔珍，宋员外散骑常侍、义阳内史。父季远，梁临川王谘议参军、宜都太守。霞幼而爽迈，神彩凝然，髫岁便有成人之量。笃好文学，动合规矩。其世父庆远特器异之。"柳霞为梁末柳氏襄阳乡里的代表。襄阳北属后，"太祖、世宗频有征命，霞固辞以疾。及詧殂，霞举哀，行旧君之服。保定中又征之，霞始入朝。授使持节、骠骑大将军、开府仪同三司、霍州诸军事、霍州刺史"。柳霞有十子，其中柳靖、柳庄"最知名"。柳靖"字思休。少方雅，博览坟籍。梁大同末，释褐武陵王国左常侍，转法曹行参军。大定初，除尚书度支郎，迁正员郎。随霞入朝，授大都督，历河南、德广二郡守"。襄阳北属与柳霞入关，代表着柳氏"东眷"主体部分进入西魏、北周。

---

① 《南史》卷三八《柳元景传附柳仲礼传》。

宇文泰扶持萧詧建后梁，给予其一定的生存空间，加上萧詧与雍州地方社会的联系，尚有一些柳氏名士出仕后梁，其中就有柳霞子柳庄。《周书》卷四八《萧詧传》综述其僚属代表，其中"民望"中有柳洋；"文章"中有柳信言；柳庄则归入"政事"一类。《周书·萧詧传》载"柳洋，河东解人。祖恢，尚书左仆射。父昭，中书侍郎。洋少有文学，以礼度自拘，与王湜俱以风范方正为当时所重。位至吏部尚书，出为上黄郡守。梁国废，以郡归隋，授开府仪同三司。寻卒"。又有柳䛒，字顾言，《隋书》卷五八《柳䛒传》载其"祖恢，梁侍中。父晖，都官尚书。䛒少聪敏，解属文，好读书，所览将万卷。仕梁，释褐著作佐郎。后萧詧据荆州，以为侍中，领国子祭酒，吏部尚书。及梁国废，拜开府、通直散骑常侍，寻迁内史侍郎。以无吏干去职，转晋王谘议参军"。又，《隋书》卷六六《柳庄传》载："柳庄字思敬，河东解人也。祖季远，梁司徒从事中郎。父遐，霍州刺史。庄少有远量，博览坟籍，兼善辞令。济阳蔡大宝有重名于江左，时为岳阳王萧詧谘议，见庄便叹曰：'襄阳水镜，复在于兹矣。'大宝遂以女妻之。俄而詧辟为参军，转法曹。及詧称帝，还署中书舍人，历给事黄门侍郎、吏部郎中、鸿胪卿。"后周末，杨坚辅政，萧岿"令庄奉书入关。时三方构难，高祖惧岿有异志"，于是委托柳庄劝导萧岿，"时梁之将帅咸潜请兴师，与尉迥等为连衡之势，进可以尽节于周氏，退可以席卷山南。唯岿疑为不可"。柳庄"具申高祖结托之意"，并加以开导，"岿深以为然，众议遂止。未几，消难奔陈，迥及谦相次就戮，岿谓庄曰：'近者若从众人之言，社稷已不守矣。'"杨坚建隋，柳庄再入朝，"高祖深慰勉之。及为晋王广纳妃于梁，庄因是往来四五反，前后赐物数千段。萧琮嗣位，迁太府卿。及梁国废，授开府仪同三司，寻除给事黄门侍郎，并赐以田宅"。柳庄之父兄早已入关，他虽暂时仕于后梁，但与周、隋交往密切，隋废后梁，柳氏人物皆随之入关。

柳氏"东眷"尚有流落陈朝者，他们在隋灭陈后入关。《陈书》

卷七《高宗柳皇后传》载："高宗柳皇后讳敬言，河东解人也。曾祖世隆，齐侍中、司空、尚书令、贞阳忠武公。祖恽，有重名于梁代，官至秘书监，赠侍中、中护军。父偃，尚梁武帝女长城公主，拜驸马都尉，大宝中，为鄱阳太守，卒官。……侯景之乱，后与弟盼往江陵依梁元帝，元帝以长城公主之故，待遇甚厚。及高宗赴江陵，元帝以后配焉。承圣二年，后生后主于江陵。……高宗即位，立为皇后。……后主即位，尊后为皇太后，宫曰弘范。……陈亡入长安，大业十一年薨于东都，年八十三，葬洛阳之邙山。"柳后弟柳盼，陈太建中"尚世祖女富阳公主，拜驸马都尉。后主即位，以帝舅加散骑常侍"，但柳盼"性愚戆，使酒，常因醉乘马入殿门，为有司所劾，坐免官，卒于家"。柳后"从祖弟庄，清警有鉴识，太建末，为太子洗马，掌东宫书记。后主即位，稍迁至散骑常侍、卫尉卿。祯明元年，转右卫将军，兼中书舍人，领雍州大中正。自盼卒后，太后宗属唯庄为近，兼素有名望，犹是深被恩遇。寻迁度支尚书。陈亡入隋，为岐州司马"。

综上所述，河东柳氏家族自十六国"秦赵丧乱"后南迁，分为两个房支，即"东眷"柳卓房和"西眷"柳恭房。寓居雍州襄阳的"东眷"，其在南朝境内前后百余年，获得了较为充分的发展，自刘宋以来，以其强大的宗族势力参与了宋、齐、梁三代的皇位更迭与王朝轮替等一系列重大军政事件，其代表人物相继位列宰辅，实现了其家族政治地位的"中央化"，其子弟亦由此得预清显之途，并在与南朝高门士族社会的交往过程中，不断弃武从文，转变为"文化士族"，及至南北朝之末，其家族名士成为南朝士族文化风尚的杰出代表。相较而言，寓居豫州寿阳的柳氏"西眷"则长期以地方豪族的身份活动于宋、齐北部州镇，最突出的职位是担任边地郡守，这使得其家族难预南朝军政大局，在政治上无缘"中央化"，社会地位也受到限制。随着南北军政局势的变化，由北统一南的历史趋向日益显著，与其他边境豪族一样，河东柳氏东、西二眷代表人物相继入北。

（三）入北柳氏家族人物多未返归河东故里

河东柳氏东西二眷诸支陆续北徙后，最终于周隋之际聚拢于关中。其中"西眷"代表柳僧习入魏后仕于北魏，《周书》卷二二《柳庆传》亦载其"父僧习，齐奉朝请。魏景明中，与豫州刺史裴叔业据州归魏。历北地、颍川二郡守、扬州大中正"，其诸子后也相继出仕。[①] 由柳僧习父子之任职，可推知其家族入魏后未返归河东旧籍，而是一度依然隶籍豫州。除柳僧习为颍川太守、扬州大中正，其子柳虬，《周书》卷三八《柳虬传》载其"孝昌中，扬州刺史李宪举虬秀才，兖州刺史冯俊引虬为府主簿。既而樊子鹄为吏部尚书，其兄义为扬州。治中，加镇远将军，非其好也，遂弃官还洛阳"。柳虬先为扬州刺史李宪举为秀才，后又为扬州刺史樊子义佐官。这里的"扬州"是北魏占据豫州之后对其南境辖区的改置。由柳虬"弃官还洛阳"，可知其家族入北后居于洛阳。不惟柳氏如此，整个豫州豪族群体也大体如此，入魏后普遍活动于北魏南境诸州。对此，韩树峰以为"豫州豪族的主干主要由南迁的关陇和河东大族组成，但这些豪族降魏后，多数却未返回原籍，而是继续留居豫州。在南北战争中，我们还时常见到他们在这一地区的活动迹象"。他在具体考察河东裴氏与柳氏人物的任官、封爵、赠官后进一步指出："综合豫州豪族降魏后的仕宦、赠官及活动地域等诸方面的情况，可以断定，他们北归后未返回原籍，而是仍留在豫州。他们南迁近百年，已经断绝了和原籍的联系，即使返归故里，也难能发挥自己的作用，这应该是他们入魏后继续留居豫州的根本原因。"[②]

[①] 柳僧习子柳庆、柳鸷、柳虬和柳桧诸人在北魏的仕宦情况，见《周书》卷二二《柳庆传》、《周书》卷三八《柳虬传》、《周书》卷四六《孝义·柳桧传》。

[②] 前揭韩树峰《南北朝时期淮汉迤北的边境豪族》第111、115页。关于入魏豫州豪族人物及其子嗣之任职、封爵等所体现出他们活动于北魏南境诸州及其与豫州之关联，详见《魏书》卷七一《裴叔业传》及其所附相关人物的记载。又，《周书》卷三八《柳虬传》载其"魏恭帝元年冬，卒，时年五十四。赠兖州刺史"。《隋书》卷四七《柳机传》载其卒于隋开皇年间，"赠大将军、青州刺史"。可见周、隋时期对柳氏入关人物之赠官，依然体现出其与豫州的联系。

关于柳僧习及其后嗣入魏依然隶籍豫州，除上述其任职情况外，其丧葬与通婚也可资证明。河东柳氏"西眷"入北后之丧葬地，柳僧习子《柳桧墓志》载其"曾祖惟祖墓于寿春八公山，父齐未归魏，葬洛阳城南洛之南"①，柳桧于西魏承圣二年（552）"权窆小陵原，去长安卅里。始开马革，复掩泉堂。嬴博虽古，久客思乡。未因反葬，孤坟可伤"②。柳氏"曾祖惟祖墓于寿春八公山"，而柳僧习死后则"葬洛阳城南洛之南"，并未回葬河东；柳氏子嗣入关后，由于当时东西分立，柳桧死后既无法陪父葬，更无缘归葬寿春祖墓，不得已而葬于距长安城三十里的小陵原，志中所言"嬴博虽古，久客思乡。未因反葬，孤坟可伤"，表达了不能归葬父祖墓地的遗憾与悲凉之情。柳氏在关中，本以长安小陵原作为"权窆"之地，也就是临时的家族寄葬地，这体现了其家族观念是以寿春为其家族祖葬之地。当然，随着时局变化与时间演进，至隋唐小陵原实际上成为入关柳氏"西眷"家族之祖茔。③

---

① 柳僧习子柳鷟葬于洛阳，据柳鷟妻《王令妫墓志》载柳鷟"中年倾逝，春秋卅有六"，其夫人王令妫后入关，"以天和二年冬遘疾，弥留三年，……窆于长安小陵原，祔先姑寿昌郡君墓次。于时车书未一，巩洛丘墟。先君坟垄，幽隔异境"。见王连龙《新见北朝墓志集释》，中国书籍出版社2013年版，第176页。这里所谓"于时车书未一，巩洛丘墟。先君坟垄，幽隔异境"，就是说王令妫葬于长安小陵原，而其先夫柳鷟则葬于洛阳，暂时无法合葬。

② 《柳桧墓志》，见前揭王连龙《新见北朝墓志集释》，第117页。

③ 据相关出土墓志所载，北周、隋唐之际，入关柳氏"西眷"人物皆葬于小陵原。《柳御天墓志》载其为柳桧兄柳虬第六子，亡于大统十四年，至承圣二年"附于第四叔东梁州刺史、万年县开国子桧墓次"（前揭王连龙《新见北朝墓志集释》，第115页）。又，《宇文逢恩墓志》载："公讳逢恩，字庆期，本姓柳，河东解人。魏颍川郡守僧习之孙，仪同三司、秘书监、美阳孝公之子。大周驭寓，赐姓宇文氏焉。……以建德元年四月十六日遘疾，卒于长安第，春秋卅七。……附葬于长安小陵原美阳孝公墓次"（前揭王连龙《新见北朝墓志集释》，第180页）。美阳孝公为柳虬，由此可见宇文逢恩为柳虬子，其附父葬于长安小陵原。又，《柳雄亮墓志》载其为柳桧子，卒于隋开皇九年，唐显庆三年"葬于雍州万年县高平乡平泉里少陵原"。见王连龙《新见隋唐墓志集释》，辽海出版社2017年版，第8—9页。对此，王连龙释《宇文逢恩墓志》，依据以上诸柳氏人物葬于长安小陵原的情况，以为"可证长安小陵原为北朝后期及隋唐时期柳氏墓地所在"（前揭王连龙《新见北朝墓志集释》，第181页）。概括而言，柳氏"西眷"入北后以寿春为祖茔所在，及至隋唐统一，其家族仍未返葬河东旧里。又，据上引柳鷟妻《王令妫墓志》，（转下页注）

柳氏"西眷"入北后在婚姻方面也与豫州豪族群体存在紧密之联系。据《柳桧墓志》，其"夫人汾阴县君裴氏，讳媚，以大统十一年薨。父约，丹阳太守。祖彦先，渤海太守"①。可见柳桧妻裴媚出自河东裴氏，为裴叔业长兄子裴彦先孙女、裴约女。又，柳鷟妻《王令妫墓志》载："夫人讳令妫，京兆霸陵人。……晋室中微，播迁维部。仍去京兆，爰宅寿春。……祖世弼，风神洒落，号称独步。识洞几玄，才兼文武。齐之季世，政出多门。君相对鹊起，不俟终日，乃率先子弟来归。魏朝拜河北中山二郡守，徐州、

（接上页注）其于北周天和三年卒，"窆于长安小陵原，祔先姑寿昌郡君墓次"，可见王令妫与其"先姑寿昌郡君"也葬于柳氏小陵原家族墓地。这里的寿昌郡君应当是王令妫婆母，即柳僧习妻，据《周书》卷三八《柳虬传》，柳虬大统四年"入朝，太祖欲官之，虬辞母老，乞侍医药。太祖许焉"。可见柳虬母老病而随诸子入关后去世。对此，周晓薇、王其祎《贞石可凭：新见隋代墓志疏证》（科学出版社2019年版）之《柳机墓志疏证》根据自西魏至中唐时期柳氏家族人物墓志，综考柳氏西眷在长安有两处大茔，"以少陵原为主，而以高阳原为辅，少陵原在西魏时期已经形成族茔，高阳原则到隋代开皇年间始有族人权葬于此"（第330页）。其中"葬于少陵原大茔者"，有西魏废帝二年（553）的柳桧、柳御天和西魏恭帝二年（555）的柳虬墓志，北周天和二年（567）的柳桧子宇文斌、建德元年（572）柳虬子宇文逢恩、宇文鸿渐、唐贞观十四年（640）的柳虬孙柳礼盛诸人墓志，北周建德六年（577）的柳鷟及妻王令妫天和三年（568）、子柳带韦等人墓志，以及唐代柳则、柳祚、柳雄亮、柳幹、柳子阳、柳保隆、柳璧等人墓志，皆载柳僧习后世入关葬于少陵原。其肇始者则为柳桧，故周晓薇、王其祎论柳桧葬地云："或可推知彼时河东柳氏尚未有定著长安者，而柳桧葬于长安也是缘当时情况不便反葬洛阳，只好权殡于长安小陵原，但不曾想却从此成为西眷柳氏西入长安后绵延五世的家族茔域之始作佣者，很有可能柳桧的母亲即柳僧习妻寿昌郡君亦在此时与儿子柳桧等同时同地下葬。……至此，从西魏废帝二年（553）柳桧柳御天到北周天和三年（568）柳鷟妻王令妫、建德元年（572）宇文逢恩与宇文鸿渐，以及建德六年（577）柳鷟，皆葬于长安小陵原，则西眷柳氏在长安的族茔确已形成于彼时，而西眷柳氏主支柳僧习诸子西入长安并开始中央化的进程，也应开始于西魏北周时期，并迅速壮大而成为'关中郡姓'之首。"（第330页）他们进一步指出，柳氏归葬长安，表明其重心已迁移中央而疏离了原籍，"证之以墓志材料，河东西眷柳氏主支之鷟、虬、桧、庆四脉分支先已在西魏、北周时期落籍于长安，并成为此一时期形成的与'韦、裴、薛、杜、杨'齐名的关中郡姓之一。因此实际上西眷柳氏在西魏北周时期落籍长安后，便失去了原有的地方性而比较彻底地步入中央政治官僚系统。譬如与东眷柳氏相比，西眷柳氏即似未见有北归以后更回到河东蒲州解县或虞乡原籍定著的支脉，诚所谓'里闾无豪族，井邑无衣冠，人不土著，萃处京畿。'"（第331—332页）

① 《柳桧墓志》，前揭王连龙《新见北朝墓志集释》，第117页。

东秦二州刺史。父会，有俊才，起家为汝阳郡守。"① 王令妫为裴叔业豫州豪族集团重要成员王世弼之孙女。②《王令妫墓志》又载其"长女千金，适木兰太守河东裴子元"③。由此可见，河东柳氏"西眷"入魏后，依然与其他豫州豪族之间保持着通婚关系，这是他们对豫州地域社会群体世代通婚关系的延续，④ 同时也表明包括柳氏家族在内的入魏豫州豪族整体上并未回归旧贯而依然隶籍豫州。

---

① 《王令妫墓志》，前揭王连龙《新见北朝墓志集释》，第176页。

② 关于王世弼及其家族情况，《魏书》卷七一《王世弼传》载："王世弼，京兆霸城人也。刘裕灭姚泓，其祖父从裕南迁。世弼身长七尺八寸，魁岸有壮气。善隶书，好爱坟典。仕萧鸾，以军勋至游击将军，为军主，助成寿春，遂与叔业同谋归诚。"历任冠军将军、南徐州刺史、太中大夫、加征虏将军、河北太守、勃海相等，正光元年卒，赠豫州刺史等。其长子王会，官至汝阳太守。王会就是王令妫之父。王会弟王由，"好学，有文才，尤善草隶。性方厚，有名士之风。又工摹画，为时人所服。历给事中、尚书郎、东莱太守。罢郡后寓居汝颍"。可见王世弼为豫州"军主"，"与叔业同谋归诚"。从其本人及二子入魏后的任职等情况看，其家族入魏后并未返回关中旧里，而是主要活动、寓居汝颍一带。

③ 《王令妫墓志》，前揭王连龙《新见北朝墓志集释》，第177页。柳鸾与王令妫长女柳千金所嫁裴子元，史籍无载，族属不明，应为裴叔业家族子弟。对此，王连龙考释《王令妫墓志》，以为"裴子元不见北史，疑为裴叔业子嗣"（见前揭氏著《新见北朝墓志集释》，第178页）。

④ 众所周知，南朝豫州豪族群体的主体是由东晋中后期及晋宋之际南迁的关陇与河东豪族组成，他们侨居豫州长者达百余年，至少也有七八十年之久，相互间通过错综复杂的婚宦关系与生活联系，形成了一个地域豪族社会群体，并在入籍豫州后形成了新的乡里关系。《魏书》卷七一《裴叔业传附裴植传》载："植，字文远，叔业兄叔宝子也。……仕萧宝卷，以军勋至长水校尉，随叔业在寿春。叔业卒，僚佐同谋者多推司马李元护监州，一二日谋不决定，唯席法友、柳玄达、杨令宝等数人虑元护非其乡曲，恐有异志，共举植监州，秘叔业丧问，教命处分皆出于植。"诸人所谓"虑元护非其乡曲"，是指李元护作为青齐豪族人物任职豫州，并非豫州豪族成员，故虑其"恐有异志"，而席法友、柳玄达、杨令宝等自有"乡曲"之谊。其实诸人原籍各异，这里的"乡曲"，正是诸人皆已著籍豫州。作为一个地域社会群体，联结各豪族的一个重要纽带便是相互间的通婚。据《魏书》卷七一《裴叔业传》及其所附诸豫州豪族人物的相关记载，可见裴氏与京兆杜氏、河东柳氏、谯国夏侯氏、安定皇甫氏、北地梁氏等诸豪族皆世代"姻娅周旋"；其他豪族家间之婚姻也大体如此。对此，韩树峰论及南朝边境豪族的门第与社会地位指出："他们的婚姻范围带有一定的地域性。无论是青齐豪族还是豫州豪族，都很少超出本地区与其他地方的豪族联姻，尽管所有边境豪族的社会地位基本相近。地域婚姻固然有利于增强地方豪族之间的联系，从而形成一个盘根错节的地方势力集团，但却也反映出边境豪族还没有具备成为四海望族的条件，只能在一隅之内发展自己的势力，这又反过来进一步影响和限制其社会地位。"（见前揭氏著《南北朝时期淮汉迤北的边境豪族》，第225页）。南朝北部沿边州镇豪族之间固然存在跨州镇联姻的现象，但无疑以本地域内豪族联姻为主，目的在于增强地方豪族之间的联系，从而结成地域豪族利益联盟与共同体。这方面尤以豫州豪族群体最为典型。其入魏后，诸族并未回归旧籍而隶籍豫州，故诸族之间依然延续着传统的通婚状况。上文所考河东柳氏入魏后与京兆王氏、河东裴氏诸族之婚姻即如此。

由上可见柳氏"西眷"柳僧习一支入魏后居于洛阳而籍属豫州，并未返归河东故里。不过，河东的旧族郡望对他们还是有影响的。东西魏分立之际，北魏上层社会必然面临东西弃就的选择，而柳僧习子柳虬、柳庆、柳桧等皆支持并追随魏孝武帝西迁关中，其中柳庆还参与了孝武帝的西迁决策。《周书》卷二二《柳庆传》载："魏孝武将西迁，除庆散骑侍郎，驰传入关。庆至高平见太祖，共论时事。太祖即请奉迎舆驾，仍命庆先还复命。时贺拔胜在荆州，帝屏左右谓庆曰：'高欢已屯河北，关中兵既未至，朕欲往荆州，卿意何如？'庆对曰：'关中金城千里，天下之强国也。宇文泰忠诚奋发，朝廷之良臣也。以陛下之圣明，仗宇文泰之力用，进可以东向而制群雄，退可以闭关而固天府。此万全之计也。荆州地非要害，众又寡弱，外迫梁寇，内拒欢党，斯乃危亡是惧，宁足以固鸿基？以臣断之，未见其可。'帝深纳之。及帝西迁，庆以母老不从。独孤信之镇洛阳，乃得入关。"可见，柳庆在孝武帝谋划西奔关中过程中，不仅首先表示支持，而且受命入关与宇文泰接洽，后孝武帝一度想南奔荆州，柳庆分析指出，奔荆"乃危亡是惧"，入关则为"万全之计"，最终促成了孝武帝西迁。柳庆之所以有如此见识，除了他深知关中的地利与人情诸客观因素外，与其出于家族利益的考虑不无关系。作为北归之流迁家族人物，他们居于洛阳，与北魏皇权联系较为紧密，若留于东部，面对强大的河北士族的压力，其家族难有作为，而西入关中，可以凭借其河东旧族郡望及其宗族力量以巩固其家族的社会基础，进而在新政权中获得更多的发展机遇。周隋之际，柳僧习子孙深度融入关陇集团，这在其婚姻方面也有表现。《隋书》卷八〇《列女·兰陵公主传》载："兰陵公主字阿五，高祖第五女也。美姿仪，性婉顺，好读书，高祖于诸女中特所钟爱。初嫁仪同王奉孝，卒，适河东柳述，时年十八。……由是述渐见宠遇。"又，《隋书》卷八〇《列女·襄城王恪妃传》载："襄城王恪妃者，河东柳氏女也。父旦，循州刺史。妃姿仪端丽，年十余，以良家子合法相，娉以为妃。"河东柳氏结姻杨隋帝室，表明其在关中地域社会地位的确立。①

关于河东柳氏"东眷"人物入北后之著籍问题，据《隋书》卷六二《柳彧传》，其父柳仲礼为湘东王萧绎将，与西魏战败后被俘，归降后"复家本土"。可见柳仲礼一房返籍河东旧地。而其他襄阳柳氏人物，在宇文泰占据雍州后，襄阳北属，依然侨居于此，并未返归河东故里。据《周书》卷四二《柳霞传》，宇文泰扶持后梁，柳霞入仕北周，隋废后梁，柳氏名士亦相继入关，但其家族主体依然居于襄阳。《周书·柳霞传附柳靖传》载其周隋之际返归乡里，"前后总管到官，皆亲至靖家问疾，遂以为故事。秦王俊临州，赍以几杖，并致衣物。靖唯受几杖，余并固辞。其为当时所重如此。开皇中，以寿终"。由隋文帝子秦王杨俊临州拜柳靖，可确知其家族依然居于襄阳。隋灭陈后，东眷柳氏又有返归河东者，《旧唐书》卷一八九下《儒学下·柳冲传》载："柳冲，蒲州虞乡人也，隋饶州刺史庄曾孙也。其先仕江左，世居襄阳。陈亡，还乡里。父楚贤，大业末为河北县长。"② 可见柳氏东西而眷返北后，在著籍方面表现有所不同，其中"东眷"比较多的或留居襄阳，或"复家本土"。众所周知，南朝时期襄阳柳氏出现了"中央化"与"地方化"的双家制现象，随着"中央化"房支在宋、齐、梁诸朝的不断消耗，南朝后期襄阳柳氏人物主要是据守襄阳的地方房支，其中部分支系及其人物地方意识强烈，以致入北后依然留居襄阳，或返归河东。

综上所述，可见柳氏"西眷"柳僧习一房入北后先仕于北魏，在东、西魏分立之际随孝武帝入关。"东眷"各房支自南朝末期陆续降附西魏北周和隋朝。这样，至南北朝末和隋唐之际，原本南迁分

---

① 作为豫州集团核心成员之一的柳玄达、柳玄瑜兄弟之后嗣在东西魏分立时，则留居关东，《魏书》卷七一《裴叔业传附柳玄达传》载柳玄达子柳絺"武定中，东太原太守。齐受禅，爵例降"；柳远"元象二年，客游项城，遇患卒，时年四十"。
② 《新唐书》卷七三上《宰相世系表上》也载东眷柳卓后裔，隋黄门侍郎柳庄孙柳楚贤，柳冲父。

张的河东柳氏东西二眷终于在关中聚合，共同进入周、隋政权，凭借其旧族郡望和人才优势，成为关陇集团的重要成员，并逐渐发展成为关中郡姓首望之一。相较而言，柳氏"西眷"主房柳僧习诸子孙未见"复家本土"的情况，① 不断强化与诸王朝的结合，开启了隋唐时代其家族"中央化"与"官僚化"的进程。②

二　入关柳氏人物之崇尚礼法及其从政作风

自南北朝中后期以来，南朝边境豪族之北附，对南北局势产生了深刻影响。对南朝而言，主要造成丧失武装的军事危害，而对北朝而言，南朝豪族人士之北迁，则主要在于激发了南朝社会文化风尚的北传。北魏孝文帝迁都洛阳之后，全面汉化日渐深入，诸豪族群体转输南朝社会文化之作用尤为突出，诚如论者所曾指出，"边境豪族在南朝所起的作用仅限于军事上"，而"边境豪族在北方所起的作用，文化方面重于军事方面。随着汉化改革的日益加深，北方政权对汉族文化的渴求也欲发强烈，而边境豪族精于南学的特点恰好适应了这种需求，所以，边境豪族在北方较受重用。而且边境豪族

---

① 对此，周晓薇、王其祎《贞石可凭：新见隋代墓志疏证》（科学出版社2019年版）之《柳机墓志疏证》中以此说明河东柳氏东西二眷入北后著籍方面的选择与差异，与东眷某些房支返归河东相比，"不过西眷柳氏似乎不仅在南迁与北归期间，居留乡里者与东眷相比甚为少见，且北归后亦少见有'复家本土'者。这似说明西眷柳氏对于地方势力的放弃要更早、更彻底，亦即其中央化也比东眷要更早、更彻底。特别是就西魏、北周与隋代而言，西眷柳氏的中央化势力要比东眷雄厚得多"。（第335页）这揭示了河东柳氏东西二眷在南北朝后期至隋唐间著籍选择之差异及其对家族发展之影响。

② 关于隋唐时期士族社会的中央化趋向，毛汉光在《从士族籍贯迁移看唐代士族之中央化》（收入氏著《中国中古社会史论》，联经出版有限公司1988年版）中指出，当时"大士族著房著支迁移的目标是两京一带。……如果将具有地方性格的郡姓'新贯'于中央地区并依附中央的现象，称为中央化；而又将代表性的性格转变为纯官吏性格的现象，称为官僚化；则士族在中古时期的演变，一直在中央化与官僚化的螺旋进程中交互推移，最后成为纯官僚而则失去地方性，一旦大帝国崩溃，将受重大影响，此所以士族在晋朝永嘉乱后仍然兴盛，而在唐亡之后就一蹶不振也"。（第336—337页）南北朝后期，柳氏"东眷"留居襄阳房支部分人物返北后"复家本土"，坚守其家族之地方性格，当是有鉴于其家族南朝时期"中央化"房支之遭遇而作出的著籍选择。

本身的素养与南方重文轻武的社会环境并不相合，这极大地影响了其在南朝的仕宦，而北方文武兼重的社会环境则为他们的生存发展提供了肥沃的土壤"①。由晚渡士族为主体的南朝边境豪族，是一个特殊的士族社会群体，他们既有士族社会一般的学术文化风尚，也有由其出入南北的特殊经历而造就的一些独特品格，从而与其他南北士族群体皆有差异。这种独特的社会文化特征，其核心在于融通南北，文质兼备，在南北朝后期及隋唐之际南北社会与文化日益整合、融汇的时代背景下，入北边境豪族名士及其子嗣发挥了不可替代的作用。在出南入北之诸多边境豪族中，河东柳氏在这方面具有一定的典型性，其家族自东晋中期南迁雍、豫，侨寓百余年之久，至南北朝后期相继北徙并聚合于关中，其家族人数颇众，地位显著，对西魏、北周及杨隋诸朝社会政治与文化等影响甚巨。这里考察其家族名士入关后之礼法观念与从政态度，从一个侧面透视其得以融入关陇军政集团的缘由。

（一）强烈的宗族与礼法意识

中古时代，由于多种因素的影响，南北士族社会风尚存在着诸多差异，诸如宗族、礼法观念、言行做派、学风取向等莫不如此。就宗族观念而言，江左士族社会宗族意识相对弱化，而中土则崇尚宗族聚集。《宋书》卷四六《王懿传》载其字仲德，太原祁人，东晋太元末徙居彭城，"北土重同姓，谓之骨肉，有远来相投者，莫不竭力营赡，若不至者，以为不义，不为乡里所容。仲德闻王愉在江南，是太原人，乃往依之，愉礼之甚薄，因至姑孰投桓玄"。这是南北宗族观念及礼俗差异的典型事例。《颜氏家训·风操篇》载："凡宗亲世数，有从父，有从祖，有族祖。江南风俗，自兹已往，高秩者，通呼为尊，同昭穆者，虽百世犹称兄弟，若对他人称之，皆云族人。河北士人，虽三二十世，犹呼为从伯从叔。梁武帝尝问

---

① 前揭韩树峰《南北朝时期淮汉迤北的边境豪族》，第229页。

一中土人曰：'卿北人，何故不知有族？'答云：'骨肉易疏，不忍言族耳。'当时虽为敏对，于礼未通。"很显然，在宗族情谊上南北观念迥然有异。特别是东晋南朝社会大家族不断分解，趋于小家庭化，《宋书》卷八二《周朗传》载其所论时弊曰："教之不敦，一至于是。今士大夫以下，父母在而兄弟异计，十家而七矣。庶人父子殊产，亦八家而五矣。凡甚者，乃危亡不相知，饥寒不相卹，又嫉谤谗害，其间不可称数。"可见南朝士庶社会"兄弟异计""父子殊产"的情况相当普遍，这必然在一定程度上影响到江南风俗。[①]

与此相较，处于南北对峙过渡地带的边境豪族，他们虽皆有仕宦于东晋南朝境内数十年甚至百余年的侨寓经历，与南朝社会存在着诸多联系，自然受到江左士族社会的影响，但作为晚渡士族群体，他们不仅具有自身的文化传统，而且长期生活于南朝沿边地域，除少数家族因缘际会得以转型为"中央化"与"高门化"外，大多则无缘融入江左士族社会，加上边境地区生存环境的影响，他们与南朝高门士族社会存在着种种隔膜，从而导致在宗族、礼法观念、日常生活习尚等方面与北方大族社会相近。对此，韩树峰指出，"就大多数豪族而言，其所具有的社会生活习俗更接近于北方，而不是南方"。之所以如此，这是由边境豪族所处的具体环境及其生存状态所决定的，"边境豪族欲在战争频繁的边境地区立足生存，甚至在南北政权尤其南方政权中发挥作用，只能依靠其强大的宗族势力，除此之外别无选择"[②]。

在这方面，河东柳氏可谓典型。作为雍州边境武力豪族的代表，柳氏"东眷"显赫房支自刘宋以来通过军政地位的"中央化"，不断推进其家族的文雅化和社会地位的高门化，书写了当时尚武边境

[①] 对此，前辈学者已多有所涉及，参见万绳楠整理《陈寅恪魏晋南北朝史讲演录》第二十篇《南北社会的差异与学术的沟通》、唐长孺《读陶渊明〈赠长沙诗序〉论江南风俗》（收入《唐长孺社会文化史论丛》，武汉大学出版社2001年版）的相关论述。

[②] 前揭韩树峰《南北朝时期淮汉迤北的边境豪族》，第213、214页。

豪族历史的独特篇章。即便如此，其家族代表无不重视对其襄阳地方宗族势力的经营和后继代表人物的培养。《南史》卷三八《柳元景传附柳庆远传》载："初，庆远从父兄世隆尝谓庆远曰：'吾昔梦太尉以褥席见赐，吾遂亚台司。适又梦以吾褥席与汝，汝必光我门族。'至是庆远亦继世隆焉。"柳氏家族通过这种以梦传"褥席"的寓言，为家族新一代代表人物制造舆论，并确立其权威，使家族权位的传承"合法化"。柳元景传柳世隆，柳世隆传柳庆远，柳庆远则寄托于柳霞。《周书·柳霞传》载其自幼守礼，"其世父庆远特器异之。谓霞曰：'吾昔逮事伯父太尉公，尝语吾云："我昨梦汝登一楼，楼甚峻丽，吾以坐席与汝。汝后名宦必达，恨吾不及见耳。"吾向聊复昼寝，又梦将昔时座席还以赐汝。汝之官位，当复及吾。特宜勉励，以应嘉祥也。'"这里柳庆远向柳霞传"座席"，自称其"座席"直接得自柳元景，与上引《南史》有异，但从中可见柳氏历代持家掌门之人物，确实重视从年少晚辈中寻找合适的人选，并加以引导，其挑选范围则不限于自己的嫡嗣子孙，而是在宗族范围内选贤任能。柳霞是梁末柳氏乡里主事者。萧詧出刺雍州，与柳霞关系密切，及萧詧"于襄阳承制"，对柳霞委以重职，赐爵闻喜县公，任为持节、侍中、骠骑大将军、开府仪同三司，"及萧詧践帝位于江陵，以襄阳归于我。霞乃辞詧曰：'陛下中兴鼎运，龙飞旧楚。臣昔因幸会，早奉名节，理当以身许国，期之始终。自晋氏南迁，臣宗族盖寡。从祖太尉、世父仪同、从父司空，并以位望隆重，遂家于金陵。唯留先臣，独守坟栢。常诫臣等，使不违此志。今襄阳既入北朝，臣若陪随銮跸，进则无益尘露，退则有亏先旨。伏愿曲垂照鉴，亮臣此心。'詧重违其志，遂许之。因留乡里，以经籍自娱"。柳霞在"襄阳既入北朝"的特殊背景下，作为家族代表，其婉拒萧詧的任命，表面上是遵循先辈训诫，效仿其父之"独守坟栢"，实际上则出于与西魏、北周统治集团的联络，为其家族入北后的发展创造条件。① 此后，柳霞子柳靖又接续主持宗族事务，《周书》卷四二《柳霞传附柳靖传》载柳靖重视子弟教育，其虽一度随父入周，"及秩满还，便有终焉之志"，隋文帝"特诏征之，靖遂以疾固辞。优游不仕，闭门自守，所对惟琴书而已。足不历园庭，殆将十载。子弟等奉之，若严君焉。其有过者，靖必下帷自责，于是长幼相率拜谢于庭，靖然后见之，勖以礼法。乡里亦慕而化之。或有不善者，皆曰：'唯恐柳德广知也。'时论方之王烈"。柳靖在周隋之际隐居襄阳乡里，训导宗族子弟，"勖以礼法"，目的在于巩固其家族地方势力，包括隋秦王杨俊在内的"前后总管到官，皆亲至靖家问疾，遂以为故事"，表明其个人及其家族在地方的巨大影响力。坚实的乡里宗族基础，成其家族在南北朝及隋唐时期持续发展的不竭源泉。

河东柳氏家族以礼治家，《隋书》卷四七《柳机传附柳昂传》称柳昂"好礼笃学，治家如官"。其实不惟柳昂如此，其家族素来崇重礼法，恪守孝悌。《周书》卷四二《柳霞传》载："霞有志行。初为州主簿，其父卒于扬州，霞自襄阳奔赴，六日而至。哀感行路，毁瘠殆不可识。后奉丧泝江西归，中流风起，舟中之人，相顾失色，霞抱棺号恸，愬天求哀，俄顷之间，风浪止息。其母尝乳间发疽，医云：'此病无可救之理，唯得人吮脓，或望微止其痛。'霞应声即吮，旬日遂瘳。咸以为孝感所致。性又温裕，略无喜愠之容。弘奖名教，未尝论人之短。尤好施与，家无余财。临终遗诫薄葬，其子等并奉行之。"关于柳氏孝友门风，其"西眷"诸名士多有卓著之表现。《周书》卷二二《柳庆传》载："庆出后第四叔，及遭父忧，

---

① 《周书》卷四二传末"史臣曰"中论柳霞云："柳霞立身之道，进退有节。观其眷恋坟陇，其孝可移于朝廷；尽礼旧主，其忠可事于新君。夫能推此类以求贤，则知人几于易矣。"深受儒家伦理熏陶的士族名士固然以儒家忠孝观念自律，但在中古时代，士族社会之伦理实践则普遍先孝后忠，体现出鲜明的家族本位意识。对此，唐长孺在《魏晋南朝的君父先后论》（收入氏著《魏晋南北朝史论拾遗》，中华书局1983年版）已有论述。就柳霞之"立身之道，进退有节"而言，其进退之选择，根本上是以其家族利益的得失为依据的。

议者不许为服重。庆泣而言曰：'礼者盖缘人情，若于出后之家，更有苴斩之服，可夺此从彼。今四叔薨背已久，情事不追。岂容夺礼，乖违天性！'时论不能抑，遂以苦块终丧。既葬，乃与诸兄负土成坟。"又，《周书》卷四六《孝义·柳桧传》载其"居父丧，毁瘠骨立"。可见柳庆兄弟之重孝道。在这方面，最突出的事例是柳雄亮为其父柳桧复仇。北周时，柳桧为魏兴、华阳二郡守，安康黄众宝"连结州党"谋反，"遂害之，弃尸水中。城中人皆为之流涕。众宝解围之后，桧兄子止戈方收桧尸还长安"。柳桧次子柳雄亮，"幼有志节，好学不倦。年十二，遭父艰，几至灭性。终丧之后，志在复仇。……后竟手刃众宝于京城。朝野咸重其志节"。《隋书》卷四七《柳机传附柳雄亮传》亦载柳桧"仕周华阳太守。遇黄众宝作乱，攻陷华阳，桧为贼所害。雄亮时年十四，哀毁过礼，阴有复仇之志。武帝时，众宝率其所部归于长安，帝待之甚厚。雄亮手斩众宝于城中，请罪阙下，帝特原之"。对柳雄亮为其父复仇事，《柳雄亮墓志》所载较详："既以先君非命，志在复仇。布衣疏食，枕戈尝胆。属众宝革面，归款阙廷。君乃伺其往还，先据要路。复分天之冤酷，雪终身之深耻。面缚阙下，辞色无扰。周武帝嘉其志节，特诏原之。于是朝野钦风，人伦仰德。州府交辟，羔雁成行。君以情事甫尔，并不应命。"[①] 柳雄亮年少遭遇父难，"志在复仇"，后公然于都城手刃其敌。对此，上引皆称世人"嘉其志节"，周武帝"特诏原之"云云，实际上此事在当时引起相当大的震动，《周书》卷二二《柳庆传》载："先是，庆兄桧为魏兴郡守，为贼黄宝所害。桧子三人，皆幼弱，庆抚养甚笃。后宝率众归朝，朝廷待以优礼。居数年，桧次子雄亮白日手刃宝于长安城中。晋公护闻而大怒，执庆及诸子侄皆囚之。让庆曰：'国家宪纲，皆君等所为。虽有私怨，宁得擅杀人

[①] 《柳雄亮墓志》，王连龙：《新见隋唐墓志集释》，辽海出版社2017年版，第8页。关于柳雄亮遭父艰时年龄，上引《周书》载其"年十二，遭父艰"，《隋书》则云其"时年十四"。据墓志所载，柳雄亮卒于隋开皇九年，"春秋五十"。以此推算其遭遇父难时应为十三岁。对此，参前揭王连龙对《柳雄亮墓志》的相关考述。

也！'对曰：'庆闻父母之仇不同天，昆弟之仇不同国。明公以孝治天下，何乃责于此乎。'护愈怒，庆辞色无所屈，卒以此免。天和元年十二月薨。时年五十。"① 柳雄亮年少而置"国家宪纲"于不顾，践行儒家"血亲复仇"的原始教义，以致"白日手刃（黄众）宝于长安城中"，引起当时执政者宇文护的愤怒，一度将柳庆"及诸子侄皆囚之"。从柳庆辩称"父母之仇不同天，昆弟之仇不同国"之语，可见其家族极重孝友之道，柳雄亮此举，正是其家族门风潜移默化、长期熏染所致。②

柳氏人物重视礼法，不仅以此修身、治家，而且以此指导行政，整饬世风。《周书·柳霞传》载其在家族内为人"弘奖名教"，其施政尚德化。其入周后，"授使持节、骠骑大将军、开府仪同三司、霍州诸军事、霍州刺史。霞导民务先以德，再三不用命者，乃微加贬异，示之耻而已。其下感而化之，不复为过。咸曰：'我君仁惠如此，其可欺乎！'"这方面，柳彧的相关表现尤为典型。《隋书》卷六二《柳彧传》载其隋开皇年间为屯田侍郎，"时制三品已上，门皆列戟。左仆射高颎子弘德封应国公，申牒请戟。彧判曰：'仆射之子更不异居，父之戟槊已列门外。尊有压卑之义，子有避父之礼，岂容外门既设，内阁又施！'事竟不行，颎闻而叹伏"。其后"迁治书侍御史，当朝正色，甚为百僚之所敬惮。上嘉其婞直，谓彧曰：'大丈夫当立名于世，无容容而已。'"此外，"有应州刺史唐君明，居母丧，娶雍州长史库狄士文之从父妹。彧劾之曰：'臣闻天地之位既分，夫妇之礼斯著，君亲之义生焉，尊卑之教攸设。是以孝惟行本，礼实身基，自国刑家，率由斯道。窃以爱敬之情，因心至切，

---

① 王连龙释《柳雄亮墓志》，据此以为"雄亮复仇后多有曲折，脱罪并不顺利"。前揭《新见隋唐墓志集释》，第9—10页。
② 关于柳氏人物孝友之品行，柳蚪子《宇文逢恩墓志》载："公志性贞至，才识坚明。德茂珪璋，心如铁石。恃义而动，未尝枉道。为人忠庶而行，不以非理干物。严而无害，和而不同。智足以廉奸，仁足以招爱。居家孝友，人不闻言。心契冰霜，身无择行"。见前揭王连龙《新见北朝墓志集释》第180页。宇文逢恩之为人处世，体现出其家族崇尚礼法之门风。

丧纪之重，人伦所先。君明钻燧虽改，在文无变，忽劬劳之痛，成嬿尔之亲，冒此苴绖，命彼褕翟。不义不昵，《春秋》载其将亡，无礼无仪，诗人欲其遄死。士文赞务神州，名位通显，整齐风教，四方是则。弃二姓之重匹，违六礼之轨仪。请禁锢终身，以惩风俗。'二人竟坐得罪。隋承丧乱之后，风俗颓坏，或多所矫正，上甚嘉之"。又载："或见近代以来，都邑百姓每至正月十五日，作角抵之戏，递相夸竞，至于靡费财力，上奏请禁绝之，曰：'臣闻昔者明王训民治国，率履法度，动由礼典。非法不服，非道不行，道路不同，男女有别，防其邪僻，纳诸轨度。窃见京邑，爰及外州，每以正月望夜，充街塞陌，聚戏朋游。鸣鼓聒天，燎炬照地，人戴兽面，男为女服，倡优杂技，诡状异形。以秽嫚为欢娱，用鄙亵为笑乐，内外共观，曾不相避。高棚跨路，广幕陵云，袨服靓妆，车马填噎。肴醑肆陈，丝竹繁会，竭资破产，竞此一时。尽室并孥，无问贵贱，男女混杂，缁素不分。秽行因此而生，盗贼由斯而起。浸以成俗，实有由来，因循敝风，曾无先觉。非益于化，实损于民，请颁行天下，并即禁断。康哉《雅》、《颂》，足美盛德之形容，鼓腹行歌，自表无为之至乐。敢有犯者，请以故违敕论。'诏可其奏。"柳彧在"丧乱之后，风俗颓坏"的社会背景下，纠弹各类违法渎礼现象，以整肃士风、世风为务，体现其自身及其家族端庄严谨的礼法传统。①

又，《隋书》卷八〇《列女·陆让母传》载"陆让母者，上党冯氏女也。性仁爱，有母仪，让即其孽子也"，仁寿中，陆让为番州刺史，"数有聚敛，赃货狼藉"，其罪当死。陆让将就刑，其母责其"不诚不孝，何以为人"，"既而上表求哀，词情甚切"，隋文帝"愍然为之改容。献皇后甚奇其意，致请于上"，治书侍御史柳彧进曰："冯氏母德之至，有感行路。如或杀之，何以为劝？"隋文帝集京城

---

① 《通鉴》卷一七五陈后主至德元年也载柳彧上述有关整肃世风之进言，胡三省于此下有注评曰："观此，则上元游戏之弊，其来久矣。后之当路者，能不惑于世俗，奋然革之，亦所谓豪杰之士也。"

士庶于朱雀门，遣舍人宣诏曰："冯氏以嫡母之德，足为世范，慈爱之道，义感人神，特宜矜免，用奖风俗。让可减死，除名为民"；又特下诏表彰冯氏称"使天下妇人皆如冯者，岂不闺门雍睦，风俗和平"，并"集诸命妇，与冯相识，以宠异之"。柳彧为陆让请命，固然与隋文帝及其独孤后的态度不无关系，但也与其一贯倡导以儒家礼法道德教化民众的治世思想有关。又，《隋书》卷七二《孝义·郭儁传》载其太原文水人，"家门雍睦，七叶共居，犬豕同乳，鸟鹊通巢，时人以为义感之应。……治书御史柳彧巡省河北，表其门闾"。柳彧表彰郭儁门闾，推崇其门风，意在弘扬儒家之礼法精神。

（二）务实之从政作风与卓著之吏事干能

众所周知，东晋南朝士族社会盛行浮华散诞之风，以"居官无官官之事，处事无事事之心"相标榜，① 普遍重文轻武，鄙薄世务。不过，居于沿边地带的豪族群体，其所处之地域生存环境迫使他们必须长于武干，重视实务，故边境豪族人物普遍具有实际的军政能力，与江左主流士风迥然不同，而与北土士族风尚相近。作为边境豪族代表的河东柳氏，就其家族入北人物之相关表现而言，可谓这方面的典型代表，多具有务实之作风与卓著之吏事干能。

在崇尚实务方面，柳氏人物多刚毅正直，纠弹权贵。这方面，柳氏"西眷"入北人物尤为突出。《周书·柳庆传》载其西魏时，兼领雍州别驾，"广陵王元欣，魏之懿亲。其甥孟氏，屡为匄横。或有告其盗牛。庆捕推得实，趣令就禁。孟氏殊无惧容，乃谓庆曰：'今若加以桎梏，后复何以脱之？'欣亦遣使辨其无罪。孟氏由此益骄。庆于是大集僚吏，盛言孟氏依倚权戚，侵虐之状。言毕，即令笞杀之。此后贵戚敛手，不敢侵暴"。柳庆善于断案，本传详载其破

---

① 《晋书》卷七五《刘惔传》载刘惔为东晋玄化任诞名士代表，"尤好《老》《庄》，任自然趣"，其同道孙绰为之作诔文，以上引之语称之，"时人以为名言"，可见当时江左士族社会名士之普遍风尚如此。

获"贾人失金"与"胡家被劫"等疑难案件，称其"守正明察，皆此类也"，他也以此自得，每叹曰："昔于公断狱无私，辟高门可以待封。傥斯言有验，吾其庶几乎。"由于柳庆具有卓著之干能，宇文泰深表信重，本传载："庆威仪端肃，枢机明辨。太祖每发号令，常令庆宣之。天性抗直，无所回避。太祖亦以此深委仗焉。"柳庆子柳旦，隋开皇年间，"历罗、浙、鲁三州刺史，并有能名。大业初，拜龙川太守。民居山洞，好相攻击，旦为开设学校，大变其风。帝闻而善之，下诏褒美"①。柳庆兄柳虯，《周书》卷三八《柳虯传》载西魏大统中，冯翊王元季海与领军独孤信镇洛阳，以柳虯为行台郎中，"时军旅务殷，虯励精从事，或通夜不寝。季海尝云：'柳郎中判事，我不复重看。'"柳虯侄柳带韦，为宇文泰所重，《周书》卷二二《柳庆传附柳带韦传》载其任汾阴令，"发摘奸伏，百姓畏而怀之"；他曾为武藏下大夫，后"虽频徙职，仍领武藏"，"凡居剧职，十有余年，处断无滞，官曹清肃"；又载："时谯王俭为益州总管，汉王赞为益州刺史。高祖乃以带韦为益州总管府长史，领益州别驾，辅弼二王，总知军民事"。由上可见柳庆兄弟子侄多表现出卓著之吏政干能。

  需要强调的是，作为边境豪族代表，柳氏入北人物善于武事，尤以柳桧最为突出，其墓志概曰："君以京师侵逼，车驾西移，大统之初，至行在所，每从征戍，不日宁居，目西阻东，十有四载。"②《周书》卷四六《孝义·柳桧传》载其"性刚简任气，少文，善骑射，果于断决。……大统四年，从太祖战于河桥，先登有功。授都督，镇鄯州。八年，拜湟河郡守，仍典军事。寻加平东将军、太中大夫。吐谷浑入寇郡境，时桧兵少，人怀忧惧。桧抚而勉之，众心乃安。因率数十人先击之，溃乱，余众乘之，遂大败而走。以功封万年县子，邑三百户。时吐谷浑强盛，数侵疆场。自桧镇鄯州，屡

---

① 《隋书》卷四七《柳机传附柳旦传》。
② 《柳桧墓志》，前揭王连龙《新见北朝墓志集释》，第 117 页。

战必破之。数年之后，不敢为寇"。柳桧喜好军旅事务，其兄柳虬为秘书丞、弟柳庆为尚书左丞，柳桧说："兄则职典简牍，褒贬人伦；弟则管辖群司，股肱朝廷。可谓荣宠矣。然而四方未静，车书不一，桧唯当蒙矢石，履危难，以报国恩耳。"柳桧以诸兄弟履职朝廷，他则以"唯当蒙矢石，履危难，以报国恩"为己任，目的在于振作其家族声势。宇文泰曾称赞柳桧说："卿昔在鄧州，忠勇显著。今西境肃清，无劳经略。九曲，国之东鄙，当劳君守之。"柳桧"忠勇显著"，为西魏一代名将。又如柳桧侄柳带韦，也皆有军事方面的突出表现，柳带韦母《王令妩墓志》载："长子带韦，早称才令，始及成童，仍从幕府。属巴汉犹梗，邛莋未宾，实以才能见知，屡充皇华之举。终令筰酱，远通、石牛。成术杨确其事，颇有力焉。时干戈未戢，戎马事殷。故以为武藏大夫，又迁兵部。既而爵隆五等，仪比三台。"[①] 柳氏人物之擅武事，事例颇多，不一一述之。

柳氏人物之从政务实，还表现为多能忠直进谏。《隋书·柳庄传》载其曾就执法之事进谏隋文帝，"尚书省尝奏犯罪人依法合流，而上处以大辟，庄奏曰：'臣闻张释之有言，法者天子所与天下共也。今法如是，更重之，是法不信于民心。方今海内无事，正是示信之时，伏愿陛下思释之之言，则天下幸甚。'帝不从，由是忤旨"。更典型的是柳彧，据《隋书·柳彧传》，针对隋初"刺史多任武将，类不称职"的现象，柳彧上表直言，"方今天下太平，四海清谧，共治百姓，须任其才。……伏见诏书以上柱国和干子为杞州刺史，其人年垂八十，钟鸣漏尽。前任赵州，暗于职务，政由群小，贿赂公行，百姓吁嗟，歌谣满道。……干子弓马武用，是其所长，治民莅职，非其所解。至尊思治，无忘寝兴，如谓优老尚年，自可厚赐金帛，若令刺举，所损殊大。臣死而后已，敢不竭诚"。隋文帝"善之，干子竟免"。又载其"见上勤于听受，百僚奏请，多有烦碎，因上疏谏曰：'……比见四海一家，万机务广，事无大小，咸关

[①]《王令妩墓志》，前揭王连龙《新见北朝墓志集释》，第176—177页。

圣听。陛下留心治道,无惮疲劳,亦由群官惧罪,不能自决,取判天旨。闻奏过多,乃至营造细小之事,出给轻微之物,一日之内,酬答百司,至乃日旰忘食,夜分未寝,动以文簿,忧劳圣躬。伏愿思臣至言,少减烦务,以怡神为意,以养性为怀,思武王安乐之义,念文王勤忧之理。若其经国大事,非臣下裁断者,伏愿详决。自余细务,责成所司,则圣体尽无疆之寿,臣下蒙覆育之赐也。'上览而嘉之。后以忤旨免。未几,复令视事,因谓彧曰:'无改尔心。'以其家贫,敕有司为之筑宅。因曰:'柳彧正直士,国之宝也。'其见重如此。"其谏言中一再引经据典,推崇先圣治理之道,所谓"人君出令,诫在烦数","设官分职,各有司存,垂拱无为,天下以治","劳于求贤,逸于任使","君臣上下,体裁有别"。隋文帝不识大体,务于烦杂,但实际上以君主亲自操劳,未必有益于政事,故柳彧直言进谏,希望隋文帝"少减烦务"而聚焦"经国大事","自余细务,责成所司"。此疏切中隋文帝施政之要害,故隋文帝"览而嘉之",称柳彧"正直士,国之宝也"。作为"正直士",柳彧对权臣之骄纵也多有打压,《隋书》本传载:"右仆射杨素当途显贵,百僚慑惮,无敢忤者。尝以少谴,敕送南台。素恃贵,坐彧床。彧从外来,见素如此,于阶下端笏整容谓素曰:'奉敕治公之罪。'素遽下。彧据案而坐,立素于庭,辨诘事状。素由是衔之。彧时方为上所信任,故素未有以中之。"[1] 关于柳彧之谏诤,《隋书》卷二五《刑法志》载:"高祖性猜忌,素不悦学,既任智而获大位,因以文法自矜,明察临下。恒令左右觇视内外,有小过失,则加以重罪。又患令史赃污,因私使人以钱帛遗之,得犯立斩。每于殿廷打人,一日之中,或至数四。尝怒问事挥楚不甚,即命斩之。十年,尚书左仆射高颎、治书侍御史柳彧等谏,以为朝堂非杀人之所,殿庭非决罚之地。帝不纳。颎等乃尽诣朝堂请罪,曰:'陛下子育群生,务

---

① 《隋书》卷六二《梁毗传》载:"素任寄隆重,多所折挫,当时朝士无不慑伏,莫有敢与相是非。辞气不挠者,独毗与柳彧及尚书右丞李纲而已。"

在去弊，而百姓无知，犯者不息，致陛下决罚过严。皆臣等不能有所裨益，请自退屏，以避贤路。'……帝不怿，乃令殿内去杖，欲有决罚，各付所由。"① 又，《隋书》卷六二《赵绰传》载："时上禁行恶钱，有二人在市，以恶钱易好者，武候执以闻，上令悉斩之。绰进谏曰：'此人坐当杖，杀之非法。'上曰：'不关卿事。'……绰拜而益前，诃之不肯退。上遂入。治书侍御史柳彧复上奏切谏，上乃止。"② 柳彧如此，充分体现出刚毅正直的为政作风，《隋书》卷六二传论赞曰"柳彧之处宪台，奸邪自肃"，可谓"邦之司直"的代表。③

在这方面，柳氏"西眷"人物也如此。《周书·柳庆传》称其"天性抗直，无所回避"，"太祖尝怒安定国臣王茂，将杀之，而非其罪。朝臣咸知，而莫敢谏。庆乃进曰：'王茂无罪，奈何杀之？'太祖愈怒，声色甚厉，谓庆曰：'王茂当死，卿若明其无罪，亦须坐之。'乃执庆于前。庆辞气不挠，抗声曰：'窃闻君有不达者为不明，臣有不争者为不忠。庆谨竭愚诚，实不敢爱死，但惧公为不明之君耳。愿深察之。'太祖乃悟而赦茂，已不及也。太祖默然。明日，谓庆曰：'吾不用卿言，遂令王茂冤死。可赐茂家钱帛，以旌吾过。'"柳庆子柳机，《隋书·柳机传》载其于"宣帝时，迁御正上大夫。机见帝失德，屡谏不听，恐祸及己，托于郑译，阴求出外，

---

① 对此，《通鉴》卷一七七隋文帝开皇十年有载："上性猜忌，不悦学，既任智以获大位，因以文法自矜，明察临下，恒令左右觇视内外，有过失则加以重罪。又患令史赃污，私使人以钱帛遗之，得犯立斩。每于殿庭棰人，一日之中，或至数四；尝怒问事挥楚不甚，即命斩之。尚书左仆射高颎、治书侍御史柳彧等谏，以为朝堂非杀人之所，殿廷非决罚之地。"

② 《通鉴》卷一七八记载此事，系于隋文帝开皇十七年。

③ 柳彧依法进谏隋文帝，体现了其儒学旧族之礼律兼修之门风。在这方面，柳雄亮也颇具代表性。《隋书》卷二五《刑法志》载隋文帝立国后即修订刑法律令，柳雄亮参预其事："高祖既受周禅，开皇元年，乃诏尚书左仆射、勃海公高颎，上柱国、沛公郑译，上柱国、清河郡公杨素，大理前少卿、平源县公常明，刑部侍郎、保成县公韩濬，比部侍郎李谔，兼考功侍郎柳雄亮等，更定新律，奏上之。"柳雄亮得预开皇初修律，正与其自身务实干能及家族礼律兼备之文化风尚密切相关。

于是拜华州刺史"。可见柳机对周宣帝之"失德",曾屡有谏言。柳庆子柳肃,曾先后为隋太子杨勇之太子洗马、太子内舍人、太子仆等,"太子废,坐除名为民",但实际上"柳肃在宫,大见疏斥",原因在于柳肃对杨勇多有进谏,特别是杨勇受学士刘臻等人鼓惑,"为巫蛊事",柳肃谏曰:"殿下帝之冢子,位当储贰,诚在不孝,无患见疑。刘臻书生,鼓摇唇舌,适足以相诳误,愿殿下勿纳之。"杨勇不以为然,"自是后言皆不用"。隋炀帝知此,故为其平反,"召守礼部侍郎,转工部侍郎,大见亲任。每行幸辽东,常委之于涿郡留守"[①]。柳雄亮,隋文帝时为"尚书考功侍郎,寻迁给事黄门侍郎。尚书省凡有奏事,雄亮多所驳正,深为公卿所惮"[②]。诸人为政秉公进言,敢于谏诤,体现出务实的"忠正"品格。[③]

与其务实、抗直、忠正等为政作风一致,柳氏人物为政尚清廉。这方面,柳庆之行事可谓典型。《周书·柳庆传》载其长期掌管西魏、北周府库,后受执政宇文护与杨宽排挤,武成二年出为宜州刺史,"庆自为郎,迄于司会,府库仓储,并其职也。及在宜州,宽为小冢宰,乃因庆故吏,求其罪失。按验积六十余日,吏或有死于狱者,终无所言,唯得剩锦数匹。时人服其廉慎。保定三年,又入为司会"。《周书》卷二二传末"史臣曰"称"柳庆束带立朝,怀匪躬之节;莅官从政,著清白之美"。至于其他柳氏人物之清简廉正,以上所述已有涉及,这里不再复述。

需要强调指出,柳氏入北人物之施政,不仅表现出积极进取、刚正务实的品格,而且多"雅达政事",宽惠与严正相济,与其他北人群体之政风不尽相同。这方面,柳氏"东眷"人物表现得尤为突出,如柳靖,《周书·柳霞传附柳靖传》载其"随霞入朝,授大都

---

① 《隋书》卷四七《柳机传附柳肃传》。
② 《隋书》卷四七《柳机传附柳雄亮传》。
③ 《隋书》卷四七《柳机传附》末"史臣曰"论柳氏诸人之政风,以为柳旦"屡有惠政",柳肃"每存诚谠",柳雄亮"名节自立,忠正见称"。对诸人政治品格的概括与评价,综合而言,从不同侧面体现了河东柳氏家族的政治风尚。

督，历河南、德广二郡守。靖雅达政事，所居皆有治术，吏民畏而爱之"。柳霞另一子柳庄，"器量贞固，有经世之才"①。《隋书》卷六六《柳庄传》载其入隋"授开府仪同三司，寻除给事黄门侍郎，并赐以田宅。庄明习旧章，雅达政事，凡所驳正，帝莫不称善。苏威为纳言，重庄器识，常奏帝云：'江南人有学业者，多不习世务，习世务者，又无学业。能兼之者，不过于柳庄。'高颎亦与庄甚厚"。北人将柳庄作为南人"习世务"之特例，可见其干能。柳庄文武兼备，本传载开皇十一年"徐璒等反于江南，以行军总管长史随军讨之。璒平，即授饶州刺史，甚有治名"。又，《隋书》卷三八《柳裘传》载其"开皇元年，进位大将军，拜许州刺史。在官清简，吏民怀之"。《隋书·柳彧传》载其开皇年间"持节巡省河北五十二州，奏免长吏赃污不称职者二百余人，州县肃然，莫不震惧。上嘉之，赐绢布二百匹、氈三十领，拜仪同三司。岁余，加员外散骑常侍，治书如故。仁寿初，复持节巡省太原道十九州。及还，赐绢百五十匹"。柳靖、柳庄兄弟皆"雅达政事"，在地方则"有治术，吏民畏而爱之"，对上之"驳正"，"帝莫不称善"，以"器识"为世所称誉。柳裘则"在官清简，吏民怀之"。这种"雅达"与"清简"之政风，显然与关陇集团中其他群体较为普遍的苛酷之吏政形成鲜明对比，这与其深受南朝儒玄兼综士风之熏习不无关系，其"世务"与"雅达"结合，体现出南北政风融汇的鲜明特色。

三 入北柳氏人物之玄化风尚与南北文化融通

由上所述，可见作为入北之边境豪族子弟，河东柳氏入北人物普遍崇尚儒家礼法，其为人多端庄严正；其为政则多具有经国济世、处理实际事务之干能，且皆表现出鲜明的刚健、正直、忠正等品格，这与北朝社会的主流士风更为接近，因而深得北朝统治者信重，得

---

① 《周书》卷四二《柳霞传》。

以融入关陇集团。这体现了入北柳氏家族人物的主流士风。不过，还应当看到，作为由南入北之特殊群体，其家族人物之士风与学风毕竟受到南朝风气的浸染，其中柳氏"东眷"之"中央化""文雅化"程度甚高，特别是柳世隆及其子孙在齐梁时期长期居于建康，深度融入江左高门士族社会，其后嗣普遍名士化，成为江南风尚的代表；其家族留居襄阳之人物，在此文化转变过程中，相关风尚也当有所变化。至于侨居豫州的柳氏"西眷"，其流寓南朝百余年，自当经由多种途径接受到南朝文化风尚之熏习。韩树峰曾概言："南北边界这一特殊的地理环境孕育了边境豪族这一特殊的社会阶层。他们既具有南方高门大族的文化素质，又具有流民帅勇悍善战、谙于将略的特长。所以，他们既不同于文化士族，亦不同于纯以武干著称的流民帅。边境豪族的学术特点和社会风俗兼容南北，但又各有轻重。就学风言，受南学影响甚深；就风俗习惯言，则更接近于北方，而这些又都是边境豪族根据其在边境的生存情况做出的抉择。"[①] 这指出了边境豪族在学风、士风等文化风尚方面既兼具南北，又各有所重。具体就柳氏家族而言，其不同支系、不同人物在学风、士风之南朝化程度虽有所差异，但都有此特征与表现，从而在南北文化融通的时代背景下，在推进南风北渐过程中发挥了一定的作用，有的在某些方面还扮演了主要角色。

（一）入北柳氏人物之名士气息及其影响

就士风而言，在玄化风气影响下，江左高门士族社会之仕宦普遍重雅望而轻鄙俗，以风流雅望相标榜，出入进退率性而为，以隐逸超然的人生态度抗御世俗社会观念的羁绊，从而与北朝风气形成鲜明对照。就其具体表现形式而言，江左名士普遍重视仕隐合一、仪表风姿、言辞谈论、艺术技能等。作为边境豪族的河东柳氏，在其家族尚儒、刚健朴实的主流风尚下，不可避免地隐含着南朝士风

[①] 前揭韩树峰《南北朝时期淮汉迤北的边境豪族》，第214页。

影响的痕迹，并通过其家族名士化人物的活动有所表现。柳氏入北人物多有名士化言行。其"东眷"中，如柳靖，《周书·柳霞传附柳靖传》载柳靖"性爱闲素，其于名利澹如也。及秩满还，便有终焉之志"，隋文帝曾特诏征之，"靖遂以疾固辞。优游不仕，闭门自守，所对惟琴书而已。足不历园庭，殆将十载"，表现出隐逸散漫的人生态度。柳顾言，《隋书》卷五八《柳䛒传》载其祖柳惔、父柳晖，柳顾言仕于后梁，"及梁国废，拜开府、通直散骑常侍，寻迁内史侍郎。以无吏干去职，转晋王谘议参军"。柳顾言为其家族齐梁间"中央化""文雅化"显支的后进代表，其无"吏干"之能，却有名士之才，深得隋炀帝杨广的赏爱。

至于柳氏"西眷"，柳僧习子孙具有名士气质者颇多。如柳虬，《周书·柳虬传》载其北魏末"属天下丧乱，乃退耕于阳城，有终焉之志"；其为官虚实相济，西魏时为独孤信府司马，"虽处元僚，不综府事，唯在信左右谈论而已"；其为人则"脱略人间，不事小节，弊衣蔬食，未尝改操。人或讥之。虬曰：'衣不过适体，食不过充饥。孜孜营求，徒劳思虑耳。'"柳虬时有退隐之念，为政"谈论而已"，为人"不事小节"等，颇与玄化名士相合。柳庆子柳机，《隋书·柳机传》载其开皇中为纳言，"机性宽简，有雅望，然当近侍，无所损益，又好饮酒，不亲细务，在职数年，复出为华州刺史"。《周书·柳庆传》载柳机"少有令誉，风仪辞令，为当世所推"。柳机之"风仪辞令""不亲细务"，体现出明显的名士气息。[①]柳机弟柳弘"辞彩雅赡"。柳机从子柳謇之"身长七尺五寸，仪容甚伟，风神爽亮，进止可观"，然其缺乏干能，隋炀帝元德太子薨，"朝野注望，皆以齐王当立"，大业三年，以柳謇之为齐王长史，"时齐王正擅宠，左右放纵，乔令则之徒，深见昵狎。謇之虽知其罪失，不能匡正。及王得罪，謇之竟坐除名"。后隋炀帝"幸辽东，召謇之检校燕郡事。及帝班师，至燕郡，坐供顿不给，配戍岭南，卒

[①] 《隋书》卷四七《柳机传》载"机伟仪容，有器局"。

于洧口,时年六十"。史家评柳謩之"神情开爽,颇为疏放"①。又,《柳雄亮墓志》称其"美风仪,善谈论"②。此外,作为豫州豪族重要代表的柳玄达一支玄化程度颇高,《魏书·裴叔业传》载柳玄达子柳远"性粗疏无拘捡,时人或谓之'柳癫'。……每出返,家人或问有何消息,答云:'无所闻,纵闻亦不解。'"

由上所引述,可见柳氏家族中一些入北人物及其子弟在仕宦观念、处世态度、行为表现等方面体现出了南朝名士化的特征,这是其家族长期侨寓南朝边境及其与江左士族社会往来的结果,这也成为其家族文化的要素之一,体现着边境豪族所特有的融通南北的文化风貌。对柳氏这一门风特征,《北史》卷六四传末论曰:"柳虯兄弟,雅道是基,并能誉重搢绅,岂虚至也。……至于畏避权宠,违忤宰臣,虽取诎于一时,实获申于千载矣。机立身行己,本以宽雅流誉,至于登朝正色,可谓不违直道。虽陵谷迁贸,终以雅正自居,古所谓以道事人,斯之谓也。"这里称述柳氏人物为政与为人之"雅道是基,并能誉重搢绅","以宽雅流誉","以雅正自居",这里的所谓"雅道",除了作为儒学世族的"儒雅"之外,还具有其作为北迁士族特有的玄化"风雅""宽雅"之气象。③ 因此,从家族门风的角度而言,柳氏确为融通南北的代表。需要强调指出,就其家族整体而言,在关乎忠、孝这类社会、家庭伦理观念,柳氏家族的主流倾向更接近于北朝社会风尚,即便其家族中有诸如上述之名士群体,也不能改变其家族门风之根本,而只能成为其传统风尚的一种附丽和点缀。特别是在仕宦吏能方面,像柳顾言、柳謩之等"无吏干",以及柳靖、柳虯等退避,毕竟是个别名士化的偏

---

① 《隋书》卷四七《柳机传附柳謩之传》及"史臣曰"之论语。以上柳弘、柳肃、柳謩之诸人事迹,皆见《隋书》卷四七《柳机传》附诸人传记所载。
② 《柳雄亮墓志》,见前揭王连龙《新见隋唐墓志集释》第9页。
③ 柳氏家族内部对其人物之评价,也以清雅相尚。《柳雄亮墓志》载:"惟君美风仪,善谈论。文兼典丽,学该儒墨。信义隆于宗党,惠爱洽于僚吏。故得累居清显,频驾辒轩。雅望重于搢绅,芳猷洽于朝野。"见前揭王连龙《新见隋唐墓志集释》第9页。

激表现，不能改变其家族崇尚务实的从政之风。当然，在特定的时代背景下，作为一种体现其家族特殊经历的融通南北的文化风尚，柳氏名士类人物之活动对其家族与社会也难免产生或隐或显的影响。

对其家族而言，柳氏入北人物普遍具有名士气质，即所谓"美风流""风仪辞令""辞彩雅赡""美风仪，善谈论""善谈谑""音韵清雅"。这种气质除了不同程度地影响到诸人自身之行事与为政作风外，一个最突出的表现在于北朝统治者以之为接待南使之"主客"和使臣。[①] 西魏北周即多有此任，如柳弘，《周书·柳庆传附柳弘传》载柳庆子柳弘，"陈遣王偃民来聘，高祖令弘劳之。偃民谓弘曰：'来日，至于蓝田，正逢滋水暴长，所赉国信，溺而从流。今所进者，假之从吏。请勒下流人，见为追寻此物也。'弘曰：'昔淳于之献空笼，前史称以为美。足下假物而进，讵是陈君之命乎。'偃民惭不能对。高祖闻而嘉之，尽以偃民所进之物赐弘，仍令报聘。占对详敏，见称于时"。柳带韦，《周书·柳庆传附柳带韦传》载柳庆侄柳带韦也一再承担军政使命，其"深沉有度量，少好学。身长八尺三寸，美风仪，善占对。……时侯景作乱江右，太祖令带韦使江、郢二州，与梁邵陵、南平二王通好。行至安州，值假宝等反，带韦乃矫为太祖书以抚安之，并即降附。既至郢，见邵陵，具申太祖意。邵陵即使随带韦报命。以奉使称旨，授转辅国将军、中散大夫"。大统十七年，宇文泰遣大将军达奚武"经略汉川，以带韦为治行台左丞，从军南讨"，当时梁宜丰侯萧循守南郑，达奚武攻之未拔，"乃令带韦入城说循"，经柳带韦之劝喻，"循然之，后乃降"。周隋之际有柳裘、柳雄亮，《隋书·柳裘传》载隋文帝代周之际，柳裘参预其事，"委以机密"，"及尉迥作乱，天下骚动，并州总管李穆颇怀

[①] 南北朝时期相互交往，甚重使臣行人之选拔，赵翼《廿二史札记》卷一四"南北朝通好以使命为重"条根据史籍所载相关事例，综论"南北通好，尝藉使命增国之光，必妙选行人，择其容止可观，文学优赡者，以充聘使。……凡充使及伴使，皆不轻授。……选接待者皆一时之秀"云云，可见当时对遴选使臣行人之重视。

犹豫,高祖令裴往喻之,裴见穆,盛陈利害,穆甚悦,遂归心于高祖。后以奉使功,赐采三百匹,金九环带一腰。时司马消难阻兵安陆,又令喻之,未到而消难奔陈。高祖即令裴随便安集淮南,赐马及杂物"。又,柳雄亮在周隋更迭之际,"司马消难作乱江北,高祖令雄亮聘于陈,以结邻好"①。《柳雄亮墓志》载其"入为相府礼曹参军,掌东主客上士。于时四郊多垒,三国争强。并命行人,要结外援。君材惟特达,爰应将行。既拭玉于漳滨,屡寻盟于江浦。拜起折吴王之辩,缟紵申郑相之交。故得原隰光华,亲邻缉睦。累迁宾部下大夫、汝阳县开国男"②。杨坚在平定司马消难过程中命柳雄亮使陈,所谓"屡寻盟于江浦",可见其参与对陈朝之外交。

入隋后,柳肃、柳謇之等又相继为此,《隋书·柳机传》载其"少聪敏,闲于占对。……开皇初,授太子洗马。陈使谢泉来聘,以才学见称,诏肃宴接,时论称其华辩"。又,柳謇之"开皇初,拜通事舍人,寻迁内史舍人,历兵部、司勋二曹侍郎。朝廷以謇之有雅望,善谈谑,又饮酒至石不乱,由是每梁、陈使至,辄令謇之接对"。柳謇屡为使职,"会吐谷浑来降,朝廷以宗女光化公主妻之,以謇之兼散骑常侍,送公主于西域。俄而突厥启民可汗求结和亲,复令謇之送义成公主于突厥。謇之前后奉使,得二国所赠马千余匹,杂物称是,皆散之宗族,家无余财。……大业初,启民可汗自以内附,遂畜牧于定襄、马邑间,帝使謇之谕令出塞。及还,奏事称旨,拜黄门侍郎"。柳謇之"前后奉使",他在隋文帝、隋炀帝二朝长期担任光禄少卿,仅文帝朝便"出入十余年,每参掌敷奏"。由上可见,柳氏人物在周、隋之间,充任各种类型的使臣行人,特别是主接南朝使者和出使南朝,诸人在这方面都有较好的表现,成为其家族仕宦的一个明显的特色。之所以如此,除其精通相关礼仪外,也与上述诸人名士化之仪表风度、口辩之才等密切相关。

---

① 《隋书》卷四七《柳机传附柳雄亮传》。
② 《柳雄亮墓志》,前揭王连龙《新见隋唐墓志集释》,第8—9页。

就其对北方社会风尚之影响而言，自南北朝中后期以来，南北文化交流与融通渐成风气，而南风北输的一个重要途径便是通过包括边境豪族在内的各类北徙士人群体的传播。作为特殊的北徙人群，入北边境豪族迅速与北朝上层社会结合，在转输南朝风尚方面具有一定的优势，发挥了不可忽视的作用。以柳氏家族人物的相关活动而言，他们对北朝士风变化有一定的影响。柳氏"西眷"入关，其相关人物之名士化作派对关中士风有所影响。《周书·柳庆传附柳弘传》载其"与弘农杨素为莫逆之交。……杨素诔之曰：'山阳王弼，风流长逝。颍川荀粲，零落无时。修竹夹池，永绝梁园之赋；长杨映沼，无复洛川之文。'其为士友所痛惜如此"。杨素为周隋之际关陇士族社会的重要代表，其追忆柳弘，将其与魏晋玄学名士王弼、荀粲相比附，可见柳弘与诸人交谊甚深，影响颇著。《隋书·柳机传附柳謇之传》载其"为童儿时，周齐王宪尝遇謇之于途，异而与语，大奇之。因奏入国子，以明经擢第，拜宗师中士，寻转守庙下士。武帝尝有事太庙，謇之读祝文，音韵清雅，观者属目。帝善之，擢为宣纳上士"。后隋文帝也重之，"朝廷以謇之有雅望"。可见柳謇之自少便以其特殊的风雅气韵为周、隋统治人物所重视，其相关表现必然成为人们观摩的对象。在传播南风方面，影响最突出的当属柳顾言，《隋书》卷五八本传载仁寿初，杨广"引謇为东宫学士，加通直散骑常侍，检校洗马。甚见亲待，每召入卧内，与之宴谑。謇尤俊辩，多在侍从，有所顾问，应答如响。性又嗜酒，言杂诽谐，由是弥为太子之所亲狎"；杨广称帝后，对之更为信重，"帝退朝之后，便命入阁，言宴讽读，终日而罢。帝每与嫔后对酒，时逢兴会，辄遣命之至，与同榻共席，恩若友朋。帝犹恨不能夜召，于是命匠刻木偶人，施机关，能坐起拜伏，以像于謇。帝每在月下对酒，辄令宫人置之于座，与相酬酢，而为欢笑"。柳顾言以其"俊辩""性又嗜酒，言杂诽谐"等名士作派，为杨广所"亲待"，"与之宴谑"，"恩若友朋"，这对杨广个人文化趣味的变化及其推动南学北输都有不可忽视的影响。

（二）入北柳氏人物之学术文化风尚及其影响

作为具有深厚文化底蕴的边境豪族，河东柳氏名士普遍表现出较高的学术文化水准。他们长期寓居并仕宦于南朝，与江左高门社会存在着密切的联系，特别是其"东眷"柳世隆房支齐、梁时期在政治地位"中央化"的过程中，在文化上也高度玄学化，深受江左学风的熏习。这使得入北河东柳氏人物之经史学术风尚必然留有南朝学风的印记。在此，我们先简述入北柳氏人物学术概貌，再结合南北学风状况略作分析。

关于柳氏"东眷"入北代表人物之学风，囿于史籍所载，可述者仅柳靖与柳䛒。《周书·柳霞传》载其"笃好文学"，其子柳靖，"少方雅，博览坟籍"。柳䛒，《隋书》卷五八本传载其"好读书，所览将万卷"，经史儒玄之外，他还兼综佛学，杨广为太子时，"以其好内典，令撰《法华玄宗》，为二十卷，奏之。太子览而大悦，赏赐优洽侪辈莫与为比"。相对而言，涉及柳氏"西眷"入北人物学风的记载则较多，如柳玄达，《魏书·裴叔业传》载"河东南解人柳玄达，颇涉经史。……著《丧服论》，约而易寻"。至于柳僧习子孙之学风取向，《周书·柳庆传》载"庆幼聪敏，有器量。博涉群书，不治章句"；《周书·柳虬传》载其"年十三，便专精好学。时贵游子弟就学者，并车服华盛，唯虬不事容饰。遍受《五经》，略通大义，兼博涉子史，雅好属文"。柳鷟，《周书·柳庆传》载其"好学，善属文。魏临淮王记室参军事"。柳鷟妻《王令妩墓志》载"先君既身负日月，气蕴风云。声动洛中，才高许下。九流百氏之书，七略大坟之说，靡不探该隐赜，穷索秘奥。门交长者之辙，室有函丈之宾。推位诸弟，未应公府之辟。魏骠骑、临淮王，帝宗懿戚，德望兼重。开东合而延士，游西园以待贤。慕君冲挹，厚加征聘，不得已而从之，参其军事。职在文房，遂掌书记。昔元瑜以骑上见知，子荆以笔下流誉，自我方之，谅无愧色"①。这里称柳鷟"九流百氏之书，七略大坟之说，靡不探该隐赜，穷索秘奥"云云，虽不无夸饰，但其所涉广博则当不虚。其他柳氏后进之士之学术，如柳雄亮，史称其自幼"好学不倦"，墓志载其"学该儒墨"②，柳机"颇涉经史"，柳弘"博涉群书"，柳旦"颇涉书籍"③，这也都体现出崇尚广博的学术旨趣。

就南北朝之间经学风尚的差异而言，《隋书》卷七五《儒林传序》概言"南北所治，章句好尚，互有不同。……大抵南人约简，得其英华；北学深芜，穷其枝叶"。之所以如此，主要在于南朝经学玄化，以玄释儒，儒玄兼综，重视义理阐发，以致"南人约简，得其英华"；北朝经学则固守汉儒传统，经纬掺杂，以名物训诂为宗旨，表现为"北学深芜，穷其枝叶"。上引柳玄达"著《丧服论》，约而易寻"，体现出其治理经术所受江左玄化学风影响之迹象。此外，江左学风崇尚通博，经、史、子、文诸部兼综，少有拘泥于一经之章句注疏者。南北朝后期颜之推在《颜氏家训·勉学篇》中比较南北学风差异，指出北朝"俗间儒士，不涉群书，经纬之外，义疏而已。吾初入邺，与博陵崔文彦交游，尝说《王粲集》中难郑玄《尚书》事。崔转为诸儒道之，始将发口，悬见排蹙，云：'文集只有诗赋铭诔，岂当论经书事乎？且先儒之中，未闻有王粲也。'崔笑而退，竟不以《粲集》示之。魏收之在议曹，与诸博士议宗庙事，引据《汉书》，博士笑曰：'未闻《汉书》得证经术。'收便忿怒，都不复言，取《韦玄成传》，掷之而起。博士一夜共披寻之，达明，乃来谢曰：'不谓玄成如此学也。'"他又指出江左"士大夫子弟，皆以博涉为贵，不肯专儒。梁朝皇孙以下，总卯之年，必先入学，观其志尚，出身已后，便从文史，略无卒业者。冠冕为此者，……

---

① 柳鷟妻《王令妫墓志》，见前揭《新见北朝墓志集释》第 176 页。
② 《周书》卷四六《孝义·柳桧传》、《柳雄亮墓志》（见前揭王连龙《新见隋唐墓志集释》，第 9 页）。
③ 这里所引柳机、柳弘、柳旦事，俱见《隋书》卷四七《柳机传》。

兼通文史，不徒讲说也。洛阳亦闻崔浩、张伟、刘芳，邺下又见邢子才：此四儒者，虽好经术，亦以才博擅名。如此诸贤，故为上品，以外率多田野闲人，音辞鄙陋，风操蚩拙，相与专固，无所堪能，问一言辄酬数百，责其指归，或无要会。邺下谚云：'博士买驴，书券三纸，未有驴字。'"南北学风差异如此，由上述可见入北柳氏人物，柳靖"博览坟籍"，柳䛒"好读书，所览将万卷"，又"好内典"，柳庆"博涉群书，不治章句"，柳虬"遍受《五经》，略通大义"，柳弘"博涉群书"，柳旦"颇涉书籍"等，都表现出崇尚博通的学术风尚，与南朝士大夫"以博涉为贵，不肯专儒"的学风相同，而与北方"俗间儒士，不涉群书，经纬之外，义疏而已"有异。

　　需要进一步指出的是，柳氏入北人物学风之崇尚通博，在经史兼综方面尤为突出，据前引如柳玄达"颇涉经史"，柳虬"博涉子史"，柳机"颇涉经史"。这种经史兼综的学风，显示出受到南朝学风影响的迹象。韩树峰综论南朝边境豪族学风，以为"儒学思想自古以来为治国理家之基本准则，重视儒学，南北并无不同。但两汉以来的史学在东晋南朝受到重视，则为南方文化的一大特色。……南朝士人除撰写史书外，史学上的成就主要在注释《史记》、《汉书》。……可见，史学在南朝极为兴盛，士人从事史学研究和著述亦构成南朝文化的一大景观。而北朝学风与此相反，一般儒生并不精于史学……。从边境豪族多经史兼综、文史兼备的学术素养分析，显然深受南朝学风的影响，而与北朝的学风有很大区别。"[①] 从入北柳氏名士的相关情况看，他们不仅在研读、治理儒家经典过程中注重经史兼综，而且重视史学，对史书编撰的指导思想、原则及史学发展等问题也有深入思考，并有撰著史书的实践。《周书·柳虬传》载西魏大统年间，柳虬"以史官密书善恶，未足惩劝"，于是上疏曰："古者人君立史官，非但记事而已，盖所以为监诫也。动则左史书之，言则右史书之，彰善瘅恶，以树风声。……是知直笔于朝，

[①] 前揭韩树峰《南北朝时期淮汉迤北的边境豪族》，第202—204页。

其来久矣。而汉魏已还，密为记注，徒闻后世，无益当时，非所谓将顺其美，匡救其恶者也。且著述之人，密书其事，纵能直笔，人莫之知。何止物生横议，亦自异端互起。……著汉魏者，非一氏；造晋史者，至数家。后代纷纭，莫知准的。伏惟陛下则天稽古，劳心庶政。开诽谤之路，纳忠谠之言。诸史官记事者，请皆当朝显言其状，然后付之史阁。庶令是非明著，得失无隐。使闻善者日修，有过者知惧。"此疏受到重视，"事遂施行"。柳虬认为修史的根本意义与价值在于"非但记事而已，盖所以为监诫也"，"彰善瘅恶，以树风声"，但汉魏以来史家虽"密为记注"，遗弃了著史"以为鉴诫"之根本。就汉魏史家著述笔法而言，"密书其事"的烦琐文风，"纵能直笔，人莫之知"，且导致"物生横议，亦自异端互起"。可见他主张著史应简明扼要、秉笔直书，"显言其状"，以期"是非明著，得失无隐"，充分发挥其鉴诫功能。不仅如此，柳虬主持并参预了西魏北周国史的撰述。大统十四年（508），其除秘书丞，"秘书虽领著作，不参史事，自虬为丞，始令监掌焉。十六年（550），迁中书侍郎，修起居注，仍领丞事"。柳䛒也涉及著史记事，《隋书》卷五八本传载其"撰《晋王北伐记》十五卷"。由上述可见，入北柳氏人物多受南朝学风熏习，普遍崇尚博通，经史兼综，重视史学，其与北人之交往，参与相关学术文化活动，必然在一定程度上有助于南朝学风的北传。

　　入北柳氏名士多有文学艺术才能。柳僧习，诸史称其"善隶书"，[1]他重视培养子弟的文学才能，《周书·柳庆传》载其"好饮酒，闲于占对。年十三，因曝书，僧习谓庆曰：'汝虽聪敏，吾未经特试。'乃令庆于杂赋集中取赋一篇，千有余言，庆立读三徧，便即诵之，无所遗漏"。前已述柳僧习为颍川太守时命诸子"各以意为吾作书"以拒绝地方豪右争竞僚属事，"即依庆所草以报"，这既可塑造诸子的政治品格，也可以提升其文书水平。柳庆之外，柳虬、柳

---

[1] 见《魏书》卷七一《裴叔业传》、《周书》卷二二《柳庆传》。

鸞等皆尚文，如柳虬，《周书》本传载其"雅好属文，……有文章数十篇行于世"；柳鸞，"善属文"，为魏临淮王元彧佐官，"职在文房，遂掌书记"。柳庆子柳弘，"少聪颖，亦善草隶，博涉群书，辞彩雅赡。……有文集行于世"。柳庆孙柳述，"性明敏，有干略，颇涉文艺"①。柳庆兄柳虬，《周书》李传载其"雅好属文，……有文章数十篇行于世"。柳桧子柳雄亮，少时为蔡国公宇文广记室参军，"年始弱冠，府中文笔，颇亦委之"②。由上可见柳僧习之子孙多有文才。

特别需要指出的是，柳虬、柳庆兄弟对西魏北周时期关中地域文风影响甚著，《周书·柳虬传》载其著《文质论》以论文体，"时人论文体者，有古今之异。虬又以为时有今古，非文有今古，乃为《文质论》。文多不载"。《文质论》已佚，相关内容难以详知，但针对"时人论文体者，有古今之异"，可略作分析。柳虬所谓"时有今古，非文有今古"，应是主张文章体式固有其本质或特质，这是不应随时迁易而变化无常的，结合上述其强调著史应循古重道、注重鉴诫的意识，这当是强调文以载道的文学观念。具体就作文、论文而言，无论时代差异，文章应文、质结合，以文显质，这是衡量古今之文的基本标准。与这一文学观念密切相关，柳虬弟柳庆参与了西魏北周的文风变革运动。《周书·柳庆传》载西魏大统年间，柳庆为宇文泰相府属官，领记室，"时北雍州献白鹿，群臣欲草表陈贺。尚书苏绰谓庆曰：'近代以来，文章华靡，逮于江左，弥复轻薄。洛阳后进，祖述不已。相公柄民轨物，君执典文房，宜制此表，以革前弊。'庆操笔立成，辞兼文质。绰读而笑曰：'枳橘犹自可移，况才子也。'寻以本官兼雍州别驾"。柳庆"操笔立成，辞兼文质"，这里所谓"辞兼文质"，其中"文"是指文采与技巧，主要指文章

---

① 《隋书》卷四七《柳机传附柳述传》。
② 《周书》卷四六《孝义·柳桧传》载柳雄亮父柳桧以善武著称，《周书》卷四六《孝义·柳桧传》载其"少文"，《柳雄亮墓志》则称柳桧"材兼文武"（见前揭王连龙《新见隋唐墓志集释》，第9页），也并非毫无文才。

的表现形式，而"质"则主要指文章的内容及其所体现的内在精神。苏绰命柳庆针对"北雍州献白鹿"事以作表，并非随意而为，而是意在促进文风变革，"以革前弊"。《周书》卷二三《苏绰传》载："自有晋之季，文章竞为浮华，遂成风俗。太祖欲革其弊，因魏帝祭庙，群臣毕至，乃命绰为大诰，奏行之。……自是之后，文笔皆依此体。"苏绰秉承宇文泰旨意，对"近代以来，文章华靡，逮于江左，弥复轻薄。洛阳后进，祖述不已"的情况极为不满，厉行变革。他本人受命"为大诰，奏行之"，成为当时官方文书的样本。苏绰寻机命柳庆作表文，柳庆所进之表"辞兼文质"，苏绰称赞具有由南入北背景的柳庆"枳橘犹自可移，况才子也"，说明柳庆实现了文风的本质转变。柳庆之所以"操笔立成，辞兼文质"，并非一时兴起，与其自身及其家族文化的内在特质密切相关。西魏北周时期，关陇集团军政作风刚劲朴实，在文学观念上则尚质轻文，极力摒弃江左过度追求形式的"华靡"之风，以文见事，文以载道。柳庆、柳虬兄弟作为入北豫州豪族后裔，之所以能够对西魏、北周文学观念革新产生如此重大影响，这与其文化风尚与思想底蕴不无关系。作为晚渡北方士族，南朝边境豪族在学风上与永嘉乱后以京洛为中心的河南地域南渡士族相比，少受魏晋玄学熏染，因循汉儒之旧习；其南迁后长期生活南朝北部沿边州镇，而无缘进入江左高门士族集聚的建康等中心地域，尽管他们仕宦于南朝并与朝廷时有人员之往来，在学术文化诸方面难免受到南朝风尚的影响，但他们毕竟处于南朝的沿边地带，就其生存状态而言，多以军旅为务，作风务实，玄虚浮华之风难以植根。这使得南朝边境豪族群体在社会文化风尚上与北方社会颇为接近。因此，他们北徙后大多能较快适应北方的生活，融入北朝士族社会文化环境之中。就其文学观念的变化而言，其入北文学之士以儒学思想为根本，适当吸纳、整合南朝的文学因素，因应关陇统治集团之需求，提出新的文学观念，形成"辞兼文质"的文学风格，柳庆、柳虬正是其中的杰出代表。此外，《柳雄亮墓志》称其"文兼典丽",① 这也表明其具有思想内容与艺术形式结合的文章特征。

当然,不可否认,自南北朝中后期以来延及隋唐之际,北朝上层社会自觉地汲取江南文学,造成了南学北传的时代风潮。在此过程中,入北河东柳氏人物中也有较为典型化的南朝名士,在传播南朝文学艺术风尚方面也有所作为。其中自豫州入魏的柳玄达、柳玄瑜后裔和自后梁入隋的柳顾言等表现突出。柳玄达颇有文才,《魏书·裴叔业传附柳玄达传》载"叔业之镇寿春,委以管记。及叔业之被猜疑,将谋献款,玄达赞成其计,前后表启皆玄达之词。……玄达曾著《大夫论》,备陈叔业背逆归顺、契阔危难之旨,……文多不录"。柳玄达子柳远,"好弹琴,耽酒,时有文咏。……放情琴酒之间"。柳玄瑜子柳谐,"颇有文学。善鼓琴,以新声手势,京师士子翕然从学"②。柳玄达及其诸子侄多有才学,在文艺领域表现活跃,特别是柳谐"以新声手势,京师士子翕然从学",在洛阳上层社会传播具有南朝文学艺术特质的"新声手势",颇具影响。

在这方面影响最著者当首推出自柳氏"东眷"的柳䛒。《隋书》卷五八《柳䛒传》载其"少聪敏,解属文",并以其文学活动对隋炀帝产生了深刻影响。他任杨广晋王府谘议参军,"王好文雅,招引才学之士诸葛颖、虞世南、王胄、朱瑒等百余人以充学士。而䛒为之冠,王以师友处之,每有文什,必令其润色,然后示人。尝朝京师还,作《归藩赋》,命䛒为序,词甚典丽。初,王属文,为庾信体,及见䛒已后,文体遂变"。可见柳䛒是隋炀帝最为宠信的文学之士,是当时由南入北文士群体的代表。前已述及柳䛒因其玄化名士的种种表现,深得炀帝宠爱,"同榻共席,恩若友朋",可谓文学佞幸。西魏北周时期,以庾信、王褒为代表的入关南士传播南朝文学艺术

---

① 《柳雄亮墓志》,前揭王连龙《新见隋唐墓志集释》,第9页。
② 《魏书》卷七一《裴叔业传》载裴叔业子裴蔼之,"性轻率,好琴书。其内弟柳谐善鼓琴,蔼之师谐而微不及也"。

风尚，关陇上层后进才学之士为文皆效仿而"为庾信体"，柳䛒在隋废后梁后入北，以"典丽"的南朝文学新风影响杨广。杨广喜好文学，长期坐镇江都，钦慕江南文风，他大量招揽江南文学之士，"而䛒为之冠"，"每有文什，必令其润色，然后示人"，以致"及见䛒已后，文体遂变"①。杨广文学趣味之变化，显然与柳䛒为代表的入北南士的影响密不可分。不仅如此，杨广之转输南朝学术风尚，绝非流于个人喜好，随着其地位不断上升，由晋王而为太子、由太子而至帝王，经其倡导与推动，蔚为风气，日臻高潮，从而造成了南北文化融合的新局面。

综合全文所述，河东柳氏是中古时代一个具有代表性的经历了南迁与北徙的世家大族。其家族大体在十六国"胡亡氐乱"过程中南迁，东、西二眷分别迁居于襄阳与寿阳。作为东晋南朝的晚渡士族，柳氏被安置于沿边州镇。随着军政与社会局势的变化，自南北朝中后期至隋灭陈，其家族各支系相继北徙，其中"西眷"柳僧习一支在萧齐末随豫州豪族集团投附北魏，并于东西魏分立之际入关；其"东眷"各房支人物自梁末至隋统一陆续入关。除少数房支代表人物外，柳氏家族入北后并未返归河东故里，依然隶籍侨寓之地。柳氏代表人物相继进入关中，先后仕宦于西魏北周与隋唐，凭借其河东旧贯的身份，获取了特殊的社会资源，成为关陇军政集团的成员。作为由南入北之边境豪族，柳氏人物具有融通南北的文化品格，在家族礼法观念及其相关生活习尚等方面，与北方社会更为接近，这使其北徙后能迅速适应并融入北朝士族社会。入北柳氏代表人物多表现出浓郁的儒学礼法修养与突出的军政干能，施政有方，德能相济，干能与风雅兼备。他们又受到南朝社会文化风尚的浸润，在仪表气度、言谈举止等方面具有名士特征，在学术上则崇尚博通，

---

① 《隋书》卷六七《虞世基传》载隋炀帝即位后，对虞世基"顾遇弥隆。秘书监河东柳顾言博学有才，罕所推谢，至是与世基相见，叹曰：'海内当共推此一人，非吾侪所及也。'"由柳顾言一度以"博学有才，罕所推谢"，可见其得炀帝之宠重。

经史、文史兼综,具有文学艺术才情,体现出江左社会的学风、文风特征。南北朝中后期以来,南学北传蔚然成风,及至隋唐之际,日臻高潮。在此过程中,入北柳氏人物在转输南朝文化,促进南北文化交融方面颇有作为。当然,与其他流移群体或人物不同,柳氏人物多能将自身的文化特质与北方社会的实际状况进行有机地对接,以实现深度的南北文化融合,并付诸实施,推进北朝的文化变革,开创了关陇地域文化的新局面。因此,可以说入北柳氏代表人物独具特色的文化风貌、文化活动及其仕宦业绩,为其家族较快地深度融入关陇地域社会奠定了基础。也正因为如此,其家族在隋唐时期获得充分发展,地位不断上升,最终得与裴氏、韦氏、杜氏等同侪并列,成为关中郡姓之首望。

齐梁之际豫、梁降魏与南风北渐

　　齐、梁之际，由于南朝内部权力斗争不断恶化，沿边的豫州、梁州相继投附北魏。南镇北降，最直接的无疑是对南北对峙的军政局势一度产生了重大影响。对此，以往相关论者间有及之，无烦赘言。不过，豫、梁二镇举州降魏，其中所涉人员甚众，包括地方州镇文武官员、僚佐及其宗族成员，其中多具有一定的学术文化修养。在南北社会长期分裂的时代背景下，汉族士人皆以南朝为"正朔"所在，南北朝学术文化、社会风尚等多有差异。然自北魏立国以来，鲜卑上层逐渐汉化，特别是孝文帝迁都洛阳以来，民族融合进程加快，不断效法南朝，对江左之文物典制、思想文化等多有取资。这不仅掀起北魏汉化的高潮，而且奠定了此后隋唐时代社会制度与文化的基础。正值这一历史变革的关键时刻，南朝沿边重镇豫、梁二州相继降魏，大量人员入北，他们自觉不自觉地成为南学北输、南风北渐的中介与使者。对此，以往论者少有专题论述。有鉴于此，这里特就豫、梁降魏与南风北渐进行专题考察。

一　豫、梁降魏及其时代背景

　　南北朝时期，淮水、汉水南北地域是南北政权长期对抗的军事拉锯地区，宋、齐、梁三朝皆在沿线部署重兵防守。刘宋泰始二年（466），徐州刺史薛安都、司州刺史常珍奇等降魏，南朝失去了对淮北的控制权。寿阳作为淮南最重要的军事防御重镇，其沿线或周边部署了诸多军事镇戍。齐、梁之际，南朝内讧不断，边将屡遭嫌疑，北魏则不断利诱。萧齐永元二年（500）镇守寿阳的豫州刺史裴叔业降魏；萧梁天监四年（505）梁州长史、行州事、汉中太守夏侯道迁降魏。豫、梁二镇入魏，不仅时间上相近，可谓接续而行，对南北军政局势的走向产生了重大影响，而且二镇人员之间存在地域与家族上的密切联系。二州整体北附，其裹挟人员甚众。这里，我们首先考察豫、梁北降所涉之代表人物及其归北之时代背景。

（一）裴叔业降魏及其随附之宗族、僚属人物

南朝时代，豫、雍、梁沿边诸州镇聚集着众多的晚渡尚武豪族群体，裴叔业家族便是其中的主要代表之一。《魏书》卷七一《裴叔业传》载其河东闻喜人，"魏冀州刺史徽之后也。五代祖苞，晋秦州刺史。祖邕，自河东居于襄阳。父顺宗、兄叔宝仕萧道成，并有名位"①。《南齐书》卷五一《裴叔业传》所载稍详："徽子游击将军黎，遇中朝乱，子孙没凉州，仕于张氏。黎玄孙先福，义熙末还南，至荥阳太守。"据考，裴叔业祖父一辈南迁的时间大体在东晋义熙末年，即刘裕北伐关中之时，他们先南徙襄阳，不久转迁寿阳，

---

① 裴叔业之事迹，分别载于《南齐书》《魏书》与《北史》。对此，王鸣盛《十七史商榷》卷六一"裴叔业改入《北史》薛安都一人两传"条议论史书体例曰："王氏懋竑《读书记疑》曰：'《南史·崔慧景传》末云：旧史裴叔业有传，事终于魏，今略之云。案：叔业传在《北史》，故《南史》略之。然叔业事皆在南齐，未及入魏而卒，以其从子植等俱在魏故，并以附之耳。叔业究当仍归《南史》。'王氏此说是。《南齐书》以叔业与崔慧景、张欣泰同传，以其或贰心于敌，或称兵犯顺，类聚最宜，《南史》以慧景改入王敬则、陈显达、张敬儿传，亦差可，……而以叔业改入《北史》，尤为大谬。若薛安都者，正当在《北史》，沈约以入《宋书》为谬，乃李延寿则一人作两传，但详略不同，《南史》在四十卷，《北史》在三十九卷，此真一大笑端也，向来校史者皆未经指摘。"具体就裴叔业而言，对李延寿将之书入《北史》，王懋竑、王鸣盛皆以为裴叔业未入魏，其事迹应载入《南史》。

并在宋齐之际著籍寿阳,成为豫州边境豪族群体的代表。① 作为晚渡北方士族的代表,裴叔业任侠尚武,有干能,《魏书·裴叔业传》称其"少有气干,颇以将略自许",《南齐书·裴叔业传》也载"叔业父祖晚渡。少便弓马,有武干",宋、齐以来,主要在沿边镇成为军主,以抵御北魏南进。齐明帝萧鸾出镇豫州,裴叔业为其僚属,"在寿春为佐数年",成为萧鸾的心腹。齐武帝之后,萧鸾辅政,谋篡帝位,以裴叔业为代表的豫州豪族成为重要的支撑力量。《南齐书·裴叔业传》载:"叔业早与高宗接事,高宗辅政,厚任叔业以为心腹,使领军掩袭诸蕃镇,叔业尽心用命。……上以叔业有勋诚,封武昌县伯,五百户。仍为持节、督徐州军事、冠军将军、徐州刺史。"② 然齐东昏侯萧宝卷继位后,在内廷倖臣的蛊惑下,残害旧臣勋贵,当时朝廷有意以裴叔业为南兖州刺史,将其调离豫州,③ 尽管后来一度允诺裴叔业"不复回换",但他依然"忧惧不已",于是齐永元二

---

① 对裴叔业家族及其他豫州豪族等晚渡士族之南迁经历,韩树峰在《南北朝时期淮汉迤北的边境豪族》(社会科学文献出版社2003年版)中有深入的考析,第83—88页。《梁书》卷一〇《夏侯详传》载:夏侯详字叔业,谯郡谯人,齐明帝萧鸾谋篡,"每引详及乡人裴叔业日夜与语"。萧鸾以夏侯详、裴叔业为同乡,是指他们皆为豫州人。又,《魏书》卷七一《裴叔业传附裴植传》载:"叔业卒,僚佐同谋者多推司马李元护监州,一二日谋不决定,唯席法友、柳玄达、杨令宝等数人虑元护非其父曲,恐有异志,共举植监州。"《通鉴》卷一四三齐东昏侯永元二年亦载此,胡三省注曰:"裴叔业本河东人,席法友安定人,不同州部,盖并侨居襄阳,遂为乡曲。"胡氏所谓"盖并侨居襄阳,遂为乡曲",不确,当因侨居并著籍寿阳而"遂为乡曲"。

② 《魏书》卷七一《裴叔业传》载:"鸾为豫州,引为司马,带陈留太守。鸾辅政,叔业常伏壮士数百人于建业。及鸾废昭文,叔业率众赴之。鸾之自立也,以叔业为给事黄门侍郎,封武昌县开国伯,食邑五百户。"可见裴叔业在萧鸾谋篡过程中的作用。《梁书》卷一〇《夏侯详传》载:"齐明帝为刺史,雅相器遇。及辅政,招令出都,将大用之。每引详及乡人裴叔业日夜与语,详辄末略不酬。帝以问叔业,叔业告详。详曰:'不为福始,不为祸先。'由此微有忤。"

③ 《魏书》卷七一《裴叔业传》载"叔业虑内难未已,不愿为南兖,以其去建邺近,受制于人。宝卷嬖人茹法珍、王咺之等疑其有异,去来并云叔业北入。叔业兄子植、飏、粲等,弃母奔寿阳。"《南齐书》卷五一《裴叔业传》也载:"叔业见时方乱,不乐居近藩,朝廷疑其欲反,叔业亦遣使参察京师消息,于是异论转盛。叔业兄子植、飏并为直阁,殿内驱使。虑祸至,弃母奔寿阳,说叔业以朝廷必见掩袭。徐世标等虑叔业外叛,遣其宗人中书舍人裴长穆宣旨,许停本任。叔业犹不自安,而植等说之不已,叔业忧惧,问计于梁王,梁王令遣家还都,自然无患。"

年,即魏景明元年正月,"乃遣子芬之及兄女夫韦伯昕奉表内附",然北魏接应之"军未渡淮,叔业病卒,年六十三",其僚属李元护、席法友等推裴叔业兄子裴植"监州事",献地降魏。① 北魏控制寿阳局势后,将以裴氏为代表的豫州豪族人物及其僚属陆续征调入北,《南齐书·裴叔业传》所谓"植等皆还洛阳",正是概述之言。有论者根据《魏书·裴叔业传》所叙,将豫州降魏群体分为"裴氏宗亲""豫州地方官""叔业爪牙心膂所寄者""衣冠之士预叔业勋者"等类别,② 但大体可归为两类,一是裴氏宗族成员,一是裴叔业豫州文武僚属。

裴叔业宗族子弟及其后裔。据《魏书·裴叔业传》,裴叔业嫡子裴蒨之早卒,其子裴谭"绍封",入魏后"世宗以谭及高皇后弟贞、王肃子绍俱为太子洗马。肃宗践祚,转员外常侍。迁辅国将军、中散大夫"。裴谭子裴测,"历通直散骑侍郎。天平中,走于关西"。裴蒨之弟裴芬之"入国,以父勋授通直散骑常侍,上蔡县开国伯,食邑七百户",为东秦州刺史,"在州有清静之称",后为岐州刺史,正光中,为关西边镇叛兵所害。裴芬之有二子:裴涉、裴侨尼,侨尼"武定中,员外羽林监。齐受禅,爵例降"。裴芬之弟裴蔼之入魏后"历通直散骑侍郎,平东将军,安广、汝阳二郡太守"。

裴彦先,裴叔业长兄子,"少有志尚。叔业以寿春入国,彦先景明二年逃遁归魏。朝廷嘉之,除通直散骑常侍,封雍丘县开国子,食邑三百户。出为赵郡太守,为政举大纲而已。正始中,转勃海相。……延昌中卒,年六十一"。其子裴约,"性颇刚鲠。起家员外郎,转给事中。永平中,丹阳太守。后袭爵。冀州大乘贼起,敕为别将,行勃海郡事。后州军为贼所败,遂围郡城,城陷见害。年三十

---

① 《魏书》卷七一《裴叔业传》。
② 张金龙:《北魏政治史》第八册,甘肃教育出版社2008年版,第216—219页。

六"。裴约长子裴英起,"武定末,洛州刺史"①；其弟裴威起,"卒于齐王开府中兵参军"。裴彦先弟裴绚,为扬州治中,随李崇领军驻守淮河前线以对抗萧梁,时逢霖雨,率所属数千家泛舟而南,"遂与别驾郑祖起等送子十四人于萧衍,自号豫州刺史",后遭李崇攻击而败死。

裴植,裴叔业兄裴叔宝子,"叔业卒,僚佐同谋者多推司马李元护监州,一二日谋不决定,唯席法友、柳玄达、杨令宝等数人虑元护非其乡曲,恐有异志,共举植监州。秘叔业丧问,教命处分皆出于植。于是开门纳国军,城库管籥悉付康生。诏以植为征虏将军、兖州刺史、崇义县开国侯,食邑千户"。后进号平东将军、入为大鸿胪卿；寻除扬州大中正,出为安东将军、瀛州刺史,迁度支尚书,加金紫光禄大夫。裴植入魏后重门第、辨华夷,引起了包括鲜卑皇族中汉化程度较差的权势人物的愤恨,当时侍中于忠、黄门元昭等对其相关奏疏"览之切齿,寝而不奏",于是诬其"欲谋废黜",将其处死,年五十。②

裴飏,裴植弟,"壮果有谋略。……叔业之归诚也,遣飏率军于外,外以讨蛮楚为名,内实备宝卷之众。景明初,以飏为辅国将军、南司州刺史,拟戍义阳,封义安县开国伯,邑千户。诏命未至,为贼所杀"。裴飏子裴炯,"世宗以飏勋效未立而卒,其子炯不得袭封。肃宗初,炯行货于执事,乃封城平县开国伯,食邑八百户"。裴炯"善事权门。领军元叉纳其金帛,除镇远将军、散骑侍郎、扬州大中正,进伯为侯,改封高城县,增邑一千户。寻兼尚书右丞。出为东郡太守。孝昌三年,为城民所害"。裴炯子裴斌,"武定中,广州长流参军。齐受禅,爵例降"。

---

① 裴英起,《北齐书》卷二一《高乾传》附载其事曰:"裴英起,河东人。其先晋末渡淮,寓居淮南之寿阳县。祖彦先,随薛安都入魏,官至赵郡守。父约,渤海相。"这里关于裴彦先入魏时间等,与《魏书》卷七一《裴叔业传》所载有异。裴彦先是否曾为薛安都徐州藩府僚属,一度随之入魏而后南返? 史无详载,有待进一步考证。

② 《魏书》卷七一《裴叔业传附裴植传》。关于裴植之死因,《法苑珠林》卷七八《十恶篇·瞋恚部·感应缘》"梁裴植"条引《冥祥记》也有载,其所受韦伯昕、于忠等人诬陷,实际上卷入了权力斗争,然其信奉佛教,故诬之者后皆惧其祟而死,则是佛教徒借以宣扬佛教因果报应思想。

裴瑜，裴飏弟，入魏"初拜通直散骑常侍，封下密县开国子，食邑三百户。寻试守荥阳郡，坐虐暴杀人免官。后徙封灌津子。卒于勃海太守，年四十五"。其子裴堪袭爵，"历尚书郎。兴和中，坐事死，爵除"。

裴粲，裴瑜弟，"景明初，赐爵舒县子。……历正平、恒农二郡太守。……世宗末，除前将军、太中大夫、扬州大中正，迁安南将军、中书令。肃宗释奠，以为侍讲，转金紫光禄大夫。后元颢入洛，以粲为西兖州刺史。……前废帝初，征为骠骑将军、左光禄大夫，复为中书令。……出帝初，出为骠骑大将军、胶州刺史。……时青州叛贼耿翔受萧衍假署，寇乱三齐。……寻为翔所害，送首萧衍，时年六十五"。其子裴舍，官至员外散骑侍郎。

裴衍，裴粲弟，"景明二年，始得归国，授通直郎。……世宗之末，衍稍以出山，干禄执事。肃宗除散骑侍郎，行河内郡事。寻除建兴太守，转河内太守，加征虏将军。……衍历二郡，廉贞寡欲，善抚百姓，民吏追思之"。孝昌年间，裴衍领兵与萧梁战，解荆州之围，后除抚军将军、相州刺史，受命北讨葛荣，军败见害。其子裴嵩，"武定中，河内太守。齐受禅，爵例降"。

就裴叔业宗族而言，除了其嫡系子侄多参与谋划并主动归魏外，其他宗族人物也在北魏控制寿阳后被迁至北方。《梁书》卷二八《裴邃传》载其"河东闻喜人，魏襄州刺史绰之后也。祖寿孙，寓居寿阳，为宋武帝前军长史。父仲穆，骁骑将军。……值刺史裴叔业以寿阳降魏，豫州豪族皆被驱掠，邃遂随众北徙，魏主宣武帝雅重之，以为司徒属，中书郎，魏郡太守"①。裴邃后南归，效力萧

---

① 裴邃自其祖父裴寿孙始南徙，"寓居寿阳"，南迁之时当在晋义熙末，《隋书》卷六六《裴政传》载其"河东闻喜人也。高祖寿孙，从宋武帝徙家于寿阳，历前军长史、庐江太守。祖邃，梁侍中、左卫将军、豫州大都督。父之礼，廷尉卿"。这里明确裴寿孙是随刘裕征关中后南迁寿阳的。韩树峰在《南北朝时期淮汉迤北的边境豪族》（社会科学文献出版社2003年版）中指出，裴叔业与裴邃出自同一宗族，同为曹魏冀州刺史裴徽之后，南迁时间也大体一致，不同的是裴叔业父祖先迁襄阳而后转迁寿阳，而裴邃祖辈则直接迁居寿阳。

梁,"魏遣王肃镇寿阳,邃固求随肃,密图南归。天监初,自拔还朝,除后军谘议参军。邃求边境自效,以为辅国将军、庐江太守"①。

裴叔业举镇北附,其方镇将领、幕中文武僚属甚众,见于史籍者甚众,略述于下。

李元护,《魏书》卷七一《李元护传》载其辽东襄平人,"八世祖胤,晋司徒、广陆侯。胤子顺、璠及孙沉、志,皆有名宦。沉孙根,慕容宝中书监。根子后智等随慕容德南渡河,居青州,数世无名位,三齐豪门多轻之。元护以国家平齐后,随父怀庆南奔。……仕萧道成,历官马头太守、后军将军、龙骧将军。……后为裴叔业司马,带汝阴太守。叔业归顺,元护赞同其谋。及叔业疾病,外内阻贰,元护督率上下,以俟援军。寿春克定,元护颇有力焉"②。入魏后,景明初,李元护为辅国将军、齐州刺史、广阳县开国伯,食邑千户,景明三年夏卒,年五十一。李元护二子,李会、李机。李会袭爵,"正始中,降爵为子,邑五百户。延昌中,除宣威将军、给事中"。李会有子李景宣。李元护弟李静,"景明初,以归诚勋拜前将军。……历齐州内史、天水太守。静子铉,羽林监"。李元护从叔李恤,"卒于东代郡太守"。

席法友,《魏书》卷七一《席法友传》载:"席法友,安定人也。祖父南奔。法友仕萧鸾,以膂力自效军勋,稍迁至安丰、新蔡二郡太守,建安戍主。萧宝卷遣胡景略代之。法友遂留寿春,与叔业同谋归国。景明初,拜冠军将军、豫州刺史、苞信县开国伯,食邑千户。始叔业卒后,法友与裴植追成叔业志,淮南克定,法友有

---

① 裴氏人物入魏后叛归萧梁者,除裴邃外,另有裴叔业侄裴绚和裴植子裴昕,裴绚由于遭遇困境而入梁,至于裴昕,《魏书》卷七一《裴叔业传》载裴植"后以长子昕南叛,有司处之大辟。诏曰'植阖门归款,子昕愚昧,为人诱陷,虽刑书有常,理宜矜恤,可特恕其罪,以表勋诚。'"裴昕"南叛",裴植因此受到攻击,而裴昕因何"为人诱陷",其事不明。

② 关于李胤事迹,《晋书》卷四四《李胤传》有载,其祖父李敏仕于东汉,为当世名士,后拒绝公孙度而"乘轻舟浮沧海,莫知所终",其后人则融入慕容鲜卑政权。

力焉。寻转冠军将军、华州刺史，未拜，改授并州刺史。……世宗末，以本将军除济州刺史。在州廉和著称。又徙封乘氏。肃宗初，拜光禄大夫。熙平二年卒。"席法友自其祖父始南奔，自属晚渡尚武北人，"以膂力自效军勋"，入魏后"在州廉和著称"。然其子席景通则"善事元叉，兼以货赂叉父继，继为司空，引景通为掾。后加右军将军、镇军将军，卒官"。席景通子席鸥，"永安末，尚书郎。走关西"。

王世弼，《魏书》卷七一《王世弼传》载："王世弼，京兆霸城人也。刘裕灭姚泓，其祖父从裕南迁。世弼身长七尺八寸，魁岸有壮气。……仕萧鸾，以军勋至游击将军，为军主，助戍寿春，遂与叔业同谋归诚。景明初，除冠军将军、南徐州刺史，拟戍钟离，悬封慎县开国伯，食邑七百户。后以本将军除东徐州刺史，……久之，拜太中大夫，加征虏将军。寻以本将军出为河北太守，治有清称。转勃海相，寻迁中山内史，加平北将军。……正光元年卒官。"其长子王会，汝阳太守；次子王由，"历给事中、尚书郎、东莱太守"[①]。

尹挺，天水冀人，"仕萧鸾，以军勋至陈郡太守。遂与叔业参谋归诚。景明初，除辅国将军、南司州刺史，拟戍义阳，亦封宋县开国伯，食邑八百户。转冠军将军、东郡太守。未拜而卒"。尹挺有二子：尹循，"历太原太守"，尹彖，"饶安令、辽西太守。兄弟皆有政事才"。

柳玄达，河东南解人，"仕萧鸾，历诸王参军。与叔业姻娅周旋，……及叔业之被猜疑，将谋献款，玄达赞成其计，……景明初，除辅国将军、司徒谘议参军，封南顿县开国子，邑二百户。二年秋

---

① 关于王世弼家族南徙与北归，王世弼孙女王令妫，乃柳僧习子柳篯妻，《王令妫墓志》载："夫人讳令妫，京兆霸陵人。……晋室中微，播迁维部。仍去京兆，爰宅寿春。出入霸浐，世济之美不坠。自北徂南，羔鹰之礼逾洽。祖世弼，……齐之季世，政自多门。君相时鹊起，不俟终日，乃率先子弟，来归魏朝，拜河北中山二郡守，徐州东秦二州刺史。父会，有俊才，起家为汝阳郡守。天爵未弘，早世徂殒。"见王连龙《新见北朝墓志集释》，中国书籍出版社2013年版，第176页。

卒，时年四十三"。其子柳绤袭爵，"武定中，东太原太守。齐受禅，爵例降"；柳远，"为肃宗挽郎。出帝初，除仪同开府参军。……元象二年，客游项城，遇患卒，时年四十"。柳玄达弟柳玄瑜，"景明初，除正员郎，转镇南大将军开府从事中郎，带汝阴太守。延昌二年卒，年五十五"；其子柳谐，"除著作佐郎。建义初，于河阴遇害，时年二十六"。

杨令宝，武都人，"有膂力，善射"，在南齐以战功为谯郡太守，"遂参叔业归诚之谋。景明初，除辅国将军、南兖州刺史。……在淮南征战，累著劳捷。征拜冠军将军，试守京兆内史"。其子杨彪，"永熙中，征虏将军、中散大夫。齐受禅，例降"。杨令宝弟杨令仁，"亦随令宝立效。前将军、汝南内史"。

韦伯昕，京兆杜陵人，"学尚，有壮气。自以才智优于裴植，常轻之，植疾之如仇。即彦先之妹婿也。叔业以其有大志，故遣送子芬之为质。景明初，封云陵县开国男，食邑二百户，拜南阳太守。数岁，坐事免。久之，拜员外散骑常侍，加中垒将军。延昌末，告尚书裴植谋为废黜，植坐死。后百余日，伯昕亦病卒。临亡，见植为祟，口云：'裴尚书死，不独见由，何以见怒也？'"[1]

《魏书》卷七一《裴叔业传》载："其叔业爪牙心膂所寄者：裴智渊，左中郎将，封浚仪县；王昊，左军将军，封南汝阴县；赵革，

---

[1] 以上皆见《魏书》卷七一《裴叔业传》所附尹挺、柳玄达、杨令宝、韦伯昕诸人事迹。又，随裴叔业附魏的将领中可考者还有檀宾，《魏故龙骧将军平阳檀府君之墓志铭》载其"兖州高平平阳县都乡箱陵里人也。氏族高华，望盖海青，冠带相寻，有国之标袖"，自其曾祖以来相继四代皆仕于江左诸朝，檀宾"年始廿，为齐徐州刺史裴叔业启为府主簿。于时朔马南侵，吴戈北扫，接矢徐方，交刃州境；自非雄明挺秀，无以委居边捍。遂表君为涡口戍主。君乃修陈生之奇，习黄公之策。功名申于齐京，威略闻于魏阙。转君宁朔将军、步兵校尉，镇成寿春。君识否泰于将来，鉴安危于未兆，知云台将崩，苇巢难固，遂同裴氏，送城归魏"。其入魏后，历任左中郎将、建兴太守、魏郡太守、西河郡守、龙骧将军、游击将军、平阳太守等，"以副朝望"，正光五年八月八日卒于洛阳，年六十一。见赵超《汉魏南北朝墓志汇编》，天津古籍出版社2008年版，第158—159页。张金龙以为檀宾的身份与"为军主，助成寿春，遂与叔业同谋归诚"的王世弼相似，见氏著《北魏政治史》第八册，甘肃教育出版社2008年版，第219页。

右中郎将，封西宋县。并开国男，食邑各二百户。李道真，右军将军，封睢阳县开国子，食邑五百户；胡文盛，右军将军，封刚阳县；魏承祖，右军将军，封平春县。并开国子，食邑各三百户。"其中魏承祖，"广陵寒人也。依随叔业，为趋走左右。壮健，善事人，叔业待之甚厚。及出为州，以为防阁。善抚士卒，兼有将用。自景明以后，常为统军，南北征伐，累有战功。历太原太守，至光禄大夫、安南将军。……终于并州刺史"①。以上皆为裴叔业心腹将佐，入魏后皆得预仕宦正途。

《魏书》卷七一《裴叔业传》又载："衣冠之士，预叔业勋者：安定皇甫光，北地梁祐，清河崔高客，天水阎庆胤，河东柳僧习等。"皇甫光，"仕萧鸾，以军勋至右军将军。入国，为辅国将军，假南兖州刺史"。其兄皇甫椿龄，"薛安都婿也。随安都于彭城内附，历位司徒谘议、岐州刺史。光未入朝而椿龄先卒"②。皇甫椿龄子皇甫璋，乡郡相；皇甫璋弟皇甫玚，结交外戚与皇族人物，"为司徒胡国珍所拔，自太尉记室超迁吏部郎。……后以丞相、高阳王雍之婿，超拜持节、冠军将军、豫州刺史。……久之，除安南将军、光禄大夫。太昌初卒，年五十八。……子长卿，司州主簿、秘书郎中、太尉司马"。

梁祐，"叔业之从姑子也。……随叔业征伐，身被五十余创。景明初，拜右军将军，赐爵山桑子。出为北地太守，清身率下，甚有治称。历骁骑将军、太中大夫、右将军。……迁光禄大夫，加平北将军。……出为平西将军、京兆内史，当世叹其抑屈"。

---

① 《周书》卷四三《魏玄传》载："魏玄字僧智，任城人也。六世祖休，仕晋为鲁郡守。永嘉南迁，遂居江左。父承祖，魏景明中，自梁归魏，家于新安。"上引《魏书》卷七一《裴叔业传》附载魏承祖事，其从裴叔业集团降魏，当在南齐永元二年，即魏景明元年，故这里所谓"自梁归魏"显误，当作"自齐归魏"。魏玄后入关，仕于西魏、北周。特别需要指出，裴叔业集团降魏人物及其后裔在东西魏分裂之际，多有人奔走关西，其例甚多，不一一列举。之所以如此，当与其家族本为河东、关陇旧族的历史渊源有关。

② 裴氏与皇甫氏联姻，《魏书》卷七一《裴叔业传附裴植传》载"羊祉告植姑子皇甫仲达，云受植旨，诈称被诏，率合部曲，欲图领军于忠"。可见裴植姑嫁与皇甫氏。

崔高客，"景明初，拜散骑侍郎。出为杨州开府掾，带陈留太守。卒官"。

阎庆胤，"景明初，为李元谈辅国府司马。卒于敷城太守"。

柳僧习，"景明初，为裴植征房府司马。稍迁北地太守，为政宽平，氐羌悦爱。肃宗时，至太中大夫，加前将军，出为颍川太守。卒官"①。关于柳僧习家族之南迁，《周书》卷二二《柳庆传》载："柳庆字更兴，解人也。五世祖恭，仕后赵，为河东郡守。后以秦、赵丧乱，乃率民南徙，居于汝、颍之间，故世仕江表。祖缉，宋同州别驾，宋安郡守。父僧习，齐奉朝请。魏景明中，与豫州刺史裴叔业据州归魏。历北地、颍川二郡守、扬州大中正。"② 柳僧习有子柳鷟、柳虯、柳桧、柳庆等，主要仕于西魏、北周。柳鷟，"魏临淮王记室参军事。早卒"。柳鷟子柳带韦，"韩贤素为洛州刺史，召为主簿。后与诸父归朝，太祖辟为参军"，历任北周诸王如益州总管府、并州总管府长史等，建德六年卒，年五十五。

柳虯，《周书》卷三八《柳虯传》载其"孝昌中，扬州刺史李宪举虯秀才，兖州刺史冯儁引虯为府主簿。"后入关，被宇文泰留为丞相府记室。大统十四年，除秘书丞，十六年，迁中书侍郎，仍领丞事。西魏废帝初，迁秘书监，加车骑大将军、仪同三司。魏恭帝元年冬卒，时年五十四，其子柳鸿渐嗣。

柳桧，《周书》卷四六《孝义·柳桧传》载："性刚简任气，少文，善骑射，果于断决。年十八，起家奉朝请"。后入关中，致力武

---

① 以上皆见《魏书》卷七一《裴叔业传附柳僧习传》所附皇甫光、梁祐、崔高客、阎庆胤诸人事迹。崔高客，《北史》卷四五《裴叔业传》载为"崔高容"，显为形近而误。
② 《柳桧墓志》载柳桧乃柳僧习子，"五世祖河东守恭，随晋卜迁，因居南土。曾祖惟祖墓于寿春八公山，父齐末归魏，葬洛阳城南洛之南"，"曾祖绍，宋安太守。……祖缉，隋郡太守。祖母崔氏。父僧习，颍川太守、金紫光禄、扬州大中正"。见王连龙《新见北朝墓志集释》，中国书籍出版社2013年版，第117页。关于河东柳氏之南迁，韩树峰在《南北朝时期淮汉迤北的边境豪族》（社会科学文献出版社2003年版）中指出："柳氏为河东豪族，于东晋中期分为两支南迁，一支迁于襄阳，即以后贵显于南朝的柳元景家族；一支则徙居寿阳，即以后随裴叔业降魏的柳僧习、柳玄达家族。"（第87页）

事，大统八年（542），任湟河郡守，仍典军事，寻加平东将军、太中大夫；大统十四年（548），以抵御吐谷浑功，迁河州别驾，转帅都督，"俄拜使持节、抚军将军、大都督"。宇文泰曾称其功绩曰："卿昔在鄯州，忠勇显著。今西境肃清，无劳经略。九曲，国之东鄙，当劳君守之。"后历为魏兴、华阳二郡守，为安康人黄众宝组织的地方叛乱所害。柳桧有子柳斌，"年十七，齐公宪召为记室。早卒"。柳斌弟柳雄亮，"年十二，遭父艰，几至灭性。终丧之后，志在复仇。柱国、蔡国公广钦其名行，引为记室参军。年始弱冠，府中文笔，颇亦委之。后竟手刃众宝于京城。朝野咸重其志节，高祖特恕之。由是知名。大象末，位至宾部下大夫"。

柳庆，《周书》卷二二本传载其起家奉朝请，"魏孝武将西迁，除庆散骑侍郎，驰传入关"。宇文泰对其也颇信重，除相府东阁祭酒，领记室，转户曹参军。大统八年，迁大行台郎中，领北华州长史；十年，除尚书都兵，郎中如故，并领记室。又载："庆威仪端肃，枢机明辨。太祖每发号令，常使庆宣之。天性抗直，无所回避。太祖亦以此深委仗焉。"魏恭帝初，"进位骠骑大将军、开府仪同三司、尚书右仆射，转左仆射，领著作。六官建，拜司会中大夫。孝闵帝践阼，赐姓宇文氏，进爵平齐县公，增邑通前一千五百户"。后又相继出任万州刺史、雍州别驾，领京兆尹及宜州刺史等。天和元年十二月卒，年五十。柳庆子柳机，"历小纳言、开府仪同三司、司宗中大夫。大象中，御正上大夫、华州刺史"。柳机弟柳弘，"解巾中外府记室参军。建德初，除内史上士，历小宫尹、御正上士。……拜内史都上士，迁御正下大夫。寻卒于官，时年三十一"。又据《北史》卷六四《柳虬传附柳庆传》，柳庆还有子柳旦、柳肃，二人皆入隋。柳旦"工骑射，颇涉书籍。……大业初，拜龙川太守，郡人居山洞，好相攻击。旦为开设学校，大变其风"。柳肃，"开皇初，授太子洗马。……历太子内舍人，迁太子仆。太子废，坐除名"。

（二）夏侯道迁降魏及其随附之家族、僚属人物

梁武帝天监四年、魏宣武帝正始元年闰十二月癸卯朔（505 年 1 月 21 日），在裴叔业豫州豪族集团入魏四年后，萧梁汉中守将夏侯道迁举镇归魏。①《魏书》卷七一《夏侯道迁传》载其谯国人，"少有志操"，南齐明帝萧鸾时以军勋为前军将军、辅国将军，"随裴叔业至寿春，为南谯太守。两家虽为姻好，而亲情不协，遂单骑归国。拜骁骑将军，随王肃至寿春，遣道迁守合肥，肃薨，道迁弃戍南叛"。萧梁之初，梁武帝以庄丘黑为梁、秦二州刺史，镇南郑，"黑请道迁为长史，带汉中郡。会黑死，衍以王镇国为刺史，未至而道迁阴图归顺"，梁州"军主"江悦之等"推道迁为持节、冠军将军、梁秦二州刺史"，夏侯道迁上表归降，北魏朝廷诏称其"远举汉中，为开蜀之始"，授其持节、散骑常侍、平南将军、豫州刺史、丰县开国侯，食邑一千户，"道迁表受平南、常侍，而辞豫州、丰县侯，引裴叔业公爵为例。世宗不许"。夏侯道迁入魏后，一度"以赏报为微，逡巡不拜"，寻改封濮阳县开国侯，邑户如先；后出为散骑常侍、平西将军、华州刺史，转安东将军、瀛州刺史，"为政清严，善禁盗贼"，熙平中以病卒，年六十九。夏侯道迁举梁州献降，其家族子弟及其部属等皆随之归魏，现就史籍可考者略述于下。

夏侯道迁家族北迁者，主要是其随仕汉中子弟。《魏书·夏侯道迁传》载"道迁不娉正室，唯有庶子数人"，其子夏侯夬、夏侯夋

---

① 关于夏侯道迁降魏时间，诸史籍所载不一。《魏书》卷八《世宗纪》载正始元年闰十二月"癸卯朔，萧衍行梁州事夏侯道迁据汉中来降，假尚书邢峦镇西将军，率众以赴之"。按闰月推算，当为 505 年 1 月 21 日。《魏书》卷九八《岛夷·萧衍传》则载正始元年十二月"衍梁秦二州行事夏侯道迁据汉中内附，诏尚书邢峦率众赴之"。这两处所记已有不同。《梁书》卷二《武帝纪中》载天监三年（504）二月，"魏陷梁州"。《通鉴》卷一四六梁武帝天监四年（505）叙夏侯道迁降魏事，其《考异》特就此事诸史所载时间差异考释曰："《梁帝纪》，'天监三年二月，魏陷梁州'，而列传皆无其事。《魏帝纪》：'正始元年，闰十二月，癸卯朔，萧衍行梁州事夏侯道迁据汉中来降。'《道迁传》具言其事。按《长历》，梁闰二月癸卯，即天监四年正月朔也，故置于此。"

等随之入魏。夏侯夬在魏"历位前军将军、镇远将军、南兖州大中正"。夏侯夬有子夏侯籍,"年十余岁,袭祖封。已数年,而夬弟眘等言其眇目瘸疾,不任承继,自以与夬同庶,已应绍袭。尚书奏籍承封。元象中,平东将军、太中大夫。齐受禅,例降"。夏侯桑,夏侯道迁兄子,"位至咸阳太守"。夏侯道迁出仕梁州,异地为宦,历时未久,家族人员在梁州者少,故随之入魏者也不多。

夏侯道迁谋划附魏,参预其事者以江悦之作用尤著。《魏书》卷七一《江悦之传》载:"江悦之,字彦和,济阳考城人也。七世祖统,晋散骑常侍。刘渊、石勒之乱,南徙渡江。祖兴之,父范之,并为刘裕所诛。"济阳江氏本为高门士族,东晋之末卷入政争,受到刘裕打击,江悦之无奈而致力武事。本传载"悦之少孤。仕刘骏,历诸王参军。好兵书,有将略,善待士,有部曲数百人";南齐初,萧道成"以悦之为荆州征西府中兵参军,领台军主。迁屯骑校尉,转后军将军。部曲稍众,千有余人";齐武帝萧赜"遣戍汉中,就迁辅国将军";萧梁初,梁武帝以江悦之平定蜀地叛乱有功,进号冠军将军,后又抵拒攻占白马且"进图南郑"的武兴氐人势力。可见江悦之作为齐梁时期益、梁一带的军事将领,他拥有一支颇具实力的武装,经营有年,与地方军事实力派交结甚深。萧梁秦、梁二州刺史庄丘黑死后,夏侯道迁"与悦之及庞树、军主李忻荣、张元亮、士孙天与等,谋以梁州内附",面对梁军攻击,"战经四日,众心危沮,咸怀离贰。悦之尽以家财散赏士卒,身当矢刃,昼夜督战。……道迁之克全勋款,悦之实有力焉。正始二年夏,与道迁俱至洛阳。寻卒,年六十一"。北魏赠辅国将军、梁州刺史,追封安平县开国子,食邑三百户。江悦之作为萧梁军政官员,具有家族武装,在组织、联络地方势力方面作用突出,所谓"道迁之克全勋款,悦之实有力焉",绝非虚言。

江悦之有二子,长子江文遥,"少有大度,轻财好士,士多归之。道迁之图杨灵珍也,文遥奋剑请行,遂手斩灵珍。正始二年,除步兵校尉。遭父忧解官。永平初,袭封,拜前军。出为咸阳太守。勤于礼接,终日坐厅事,至者见之,假以恩颜,屏人密问。于是民所疾苦、大盗姓名、奸滑吏长，无不知悉，郡中震肃，奸劫息止，治为雍州诸郡之最。征拜骁骑将军、辅国将军，进号征虏将军。肃宗初，拜平原太守。在郡六年，政理如在咸阳。迁后将军，安州刺史。文遥善于绥纳，甚得物情。时杜洛周、葛荣等相继叛逆，自幽燕已南悉皆沦陷，唯文遥介在群贼之外，孤城独守。鸠集荒余，且耕且战，百姓皆乐为用。建义元年七月遘疾，卒于州，年五十五"。江文遥有二子：江果、江昂。江果在其父死后，为众人所推而行州事，"既摄州任，乃遣使奉表"，魏庄帝任为通直散骑侍郎、假节、龙骧将军、行安州事、当州都督，后因六镇乱民围困，"以阻隔强寇，内徙无由，乃携诸弟并率城民东奔高丽。天平中，诏高丽送果等。元象中，乃得还朝"。江昂，"武定三年袭爵。齐受禅，例降"。江文遥弟江文远，"善骑射，勇于攻战。以军勋致效，自给事中稍迁中散大夫、龙骧将军"。由此可见，江悦之及其子弟，自宋齐以来致力军政实务，入魏后皆以军政才干显。

夏侯道迁其他随附僚属，据《魏书·夏侯道迁传》，"初，道迁以拔汉中归诚，本由王颖兴之计，求分邑户五百封之，世宗不许。灵太后临朝，道迁重求分封，太后大奇其意，议欲更以三百户封颖兴。会卒，遂寝"。可见王颖兴对夏侯道迁入魏具有密谋之功，但未见封赏，故夏侯道迁一再提出"求分邑户"的要求。王颖兴之籍贯、出身等情况不明。此外，与夏侯道迁、江悦之"谋以梁州内附"的地方武装之"军主"庞树、李忻荣、张元亮、士孙天兴等。庞树，南安人，李忻荣，汉中人，二人皆于汉中"同时战殁"，北魏宣武帝追录勋功，封庞树子庞景亮襄邑县开国男，食邑二百户；封李忻荣子李建清水县开国子，食邑二百户。张元亮，汉中人，"便弓马，善战斗。以勋封抚夷县开国子，食邑二百户。拜东莱太守。入为平远将军、左中郎将。迁中散大夫，加龙骧将军"。士孙天与，扶风人，"以勋封莫西县开国男，食邑二百户。拜武功太守"①。

---

① 《魏书》卷七一《江悦之传》。

夏侯道迁北附，还裹挟了一些汉中地域的侨土士人代表。《魏书》卷七一《江悦之传》载："又襄阳罗道珍、北海王安世、颍川辛谌、汉中姜永等，皆参其勋末。"罗道珍，"除齐州东平原相，有治称。卒于镇远将军、屯骑校尉"。王安世，"苻坚丞相王猛之玄孙也。……自羽林监稍迁安西将军、北华州刺史"。辛谌，"魏卫尉辛毗之后。……历步兵校尉，濮阳、上党二郡太守"，其子辛儒之，济州司马。姜永，"员外郎、梁州别驾、汉中太守"。姜永弟姜漾，"亦善士。性亦至孝，为汉中所叹服。元罗之陷也，永入于建邺，遂死焉"。又，"时有颍川庾道者，亦与道迁俱入国，虽不参谋，亦为奇士。……仕萧衍，右中郎将，助戍汉中。……正光中，乃除幽州左将军府主簿，饶安令。罢县后，仍客游齐鲁之间。天平中，卒于青州"。又，"时有皇甫徽，字子玄，安定朝那人。仕萧衍，历诸王参军、郡守。及道迁之入国也，徽亦因地内属。徽妻即道迁之兄女，道迁列上勋书，欲以徽为元谋。徽曰：'创谋之始，本不关预，虽贪荣赏，实内愧于心。'遂拒而不许。后刺史羊祉表授征虏府司马，卒官"。皇甫徽子皇甫和，"武定末，司空司马"，皇甫亮为"仪曹郎中"。《北齐书》卷三五《皇甫和传》载："皇甫和，字长谐，安定朝那人，其先因官寓居汉中。祖澄，南齐秦、梁二州刺史。父徽，字子玄，梁安定、略阳二郡守。魏正始二年，随其妻父夏侯道迁入魏，……梁州刺史羊灵祐重其敦实，表为征虏府司马，卒。和十一而孤，……卒于济阴太守。"①

---

① 《北齐书》卷三五《皇甫和传》载其安定朝那人，"其先因官寓居汉中"，具体于何时何地迁徙而来则未明。对此，韩树峰在《南北朝时期淮汉迤北的边境豪族》（社会科学文献出版社2003年版）中根据《新唐书》卷七五（下）《宰相世系表》所载安定皇甫氏"裔孙晋广魏太守固生柴，徙居襄阳，后又徙寿春"。又据《元和姓纂》卷五"皇甫氏"条所载寿阳皇甫氏的情况，"说明到了唐代，寿阳皇甫氏依然为当地大姓。皇甫无逸即皇甫徽之玄孙"。他进一步根据《魏书》卷七一《夏侯道迁传》所载皇甫徽娶夏侯道迁兄女事，以为"皇甫徽与夏侯道迁有姻亲关系，而夏侯氏又是豫州旧族，与另一豪族裴叔业结姻。南北朝时期，婚姻带有一定的地域性，据此推测，皇甫徽应该就是出自豫州。可见，皇甫柴家族徙于寿阳后，从此在此定居下来，并发展成当地豪族。南齐永元末年，随裴叔业降魏的豫州豪族又有名皇甫（转下页注）

又，据《北史》卷四五《张谠传》载张谠清河东武城人，"谠兄子安世，正始中，自梁汉同夏侯道迁归款，为客积年，出为东河间太守"。张谠本为平齐民，其兄子张安世何时入梁，情况不明。

齐、梁之际，作为南朝边境州镇军政长官和豪族代表，裴叔业、夏侯道迁分别以豫州、梁州献降北魏，在时间上前后相继，间隔仅四五年，而且其北降，并非个人流奔亡命，而是举州附魏，不仅涉及其家族成员、文武僚属，还包括或主动或被动裹挟其中的地方豪族群体，人数颇众。进一步分析可见，南朝豫、梁二州之间有诸多关联。比如作为二州军政主体或核心势力的豫、梁豪族皆为晋宋之际自关中地域南迁的晚渡士族豪强群体，他们在宗族或婚姻等方面存在着密切联系。作为豫州豪族代表的夏侯道迁，其出仕汉中，家族子弟和其他豫州豪族人物也当有随仕者，夏侯氏与皇甫徽通婚，而安定皇甫氏与河东柳氏、京兆杜氏和韦氏等也互为婚姻。也就是

（接上页注）光者"。（第83页）他以为皇甫徽出自侨寓寿阳的安定皇甫氏家族。不过，关于皇甫徽家族寓居汉中等相关具体情况，罗新、叶炜《新出魏晋南北朝墓志疏证》（修订本，中华书局2016年版）所辑《薛怀儁妻皇甫艳墓志》载："夫人讳艳，本安定朝那人。曾祖避赫连之乱，徙居汉中。泾川黑水，并为冠族。大父秦州使君澄，蹈仁履义，名垂身后。父略阳府君徽，体道含弘，器重当世。……武定中，遭母夏侯夫人忧，每至感慕，殆便绝殡，眼泪所沾，衣服变赤。故知高柴泣血，非曰虚言。"疏证指出："安定皇甫氏居住汉中的这一支，晋宋之际自关中南徙。据墓志，皇甫艳的祖父皇甫澄、父皇甫徽，分别在南朝仕至秦州刺史、略阳太守。皇甫澄不见于史，皇甫徽后随夏侯道迁降魏，见《魏书》卷七一《夏侯道迁传》……夏侯道迁之兄女嫁皇甫徽，可见这一支在汉中的皇甫氏，位望并不低。皇甫艳之母为夏侯氏，与墓志'武定中，遭母夏侯夫人忧'正相合。"（第185—186页）自十六国胡亡氐乱以来至晋宋之际，关陇地域士族豪强间有南迁者，由于地缘因素，他们主要自关中迁徙以襄阳为中心的雍州地区，有的直接或经襄阳再徙居寿阳，也有部分人群迁徙汉中。迁徙之初，他们还是有所联系的，随着时间的推移，他们发展成为新的家族望。至于皇甫徽一支，据《皇甫艳墓志》，其祖父一辈很可能是直接由关中迁汉中的，但他们一定与寿阳的皇甫氏存在紧密的联系，故而得与豫州夏侯道迁家族联姻。如果这一推测成立，南朝时期雍、豫、梁、徐诸沿边州镇内部豪族群体间不仅仅存在宗族血亲关系，还可能存在豪族群体间跨州镇的相互婚姻关系。此外，《魏书》卷七一《裴叔业传附皇甫光传》载其兄皇甫椿龄为"薛安都塯也"。薛安都出自河东薛氏，也为晚渡士族豪强代表，刘宋时为徐州刺史，义嘉之乱中举州入魏。又，《北史》卷三九《薛安都传》载其以徐州降魏，"请兵求援"，魏遣镇东大将军尉元赴之，"元等既入彭城，安都中悔，谋图元等"，后"委罪于女婿裴祖隆。元乃杀祖隆而隐安都谋"。可见薛安都有女婿裴祖隆。结合裴叔业侄裴彦先为薛安都僚属，裴祖隆很可能也是裴叔业族人。这都表明南朝沿边诸镇豪强群体间确实存在跨州镇联姻的情况。

说，各豪族在南朝沿边的雍、豫、梁诸州皆有不同支系的分布，并逐渐发展成为诸州镇之豪族代表；各家族不仅在各州镇内相互联姻，甚至还跨州镇通婚，从而形成盘根错节的边境州镇军政集团间的利益关联。①

南朝豫、梁二州之降魏，固然有其直接的具体原因，即齐、梁内部政局变化，边境州镇军政官员及地方豪族的地位甚至生存受到威胁。裴叔业降魏，其直接原因无疑是萧齐东昏侯萧宝卷及其佞幸集团诛戮内外重臣，导致裴叔业家族及其部属的危机，以致其无奈降魏以求生。正因为如此，裴叔业降魏，一度颇为苦恼。齐明帝萧鸾时，裴叔业出刺徐州，以抵御北魏孝文帝南征，《魏书·裴叔业传》载魏孝文帝曾命裴叔业族人裴聿劝喻之，"叔业盛饰左右服玩以夸聿曰：'我在南富贵正如此，岂若卿彼之俭陋也。'聿云：'伯父仪服诚为美丽，但恨不昼游耳。'"裴叔业决定入魏前，还曾派遣亲信咨询雍州刺史萧衍，以为"天下之事，大势可知，恐无复自立理。雍州若能坚据襄阳，辄当勠力自保；若不尔，回面向北，不失作河南公"。萧衍为其分析朝廷局势，建议其"唯应送家还都以安慰之，自然无患"，不赞成其降魏，以为"若欲北向，彼必遣人相代，以河北一地相处，河南公宁复可得？如此，则南归之望绝矣"。萧衍以一旦入北"则南归之望绝矣"相劝，说明裴叔业之所以对降魏"沉疑未决""迟迟数反"，这也在一定程度上体现出其身处南北朝社会政治、文化对立时代的南朝情结。正因为如此，裴叔业一度听取了萧衍的建议，"乃遣子芬之等还质京师"，然"传叔业反者不已，芬之愈惧，复奔寿春"②，裴叔业最终作出了降魏的决定。至于夏侯道迁、江悦之等以梁州降魏，虽没有裴叔业那样严峻的生死选择，但

---

① 关于边境诸州内各豪族间的相互联姻，根据《魏书》卷七一《裴叔业传》所载，河东裴氏家族在流寓豫州豪族群体内部，与谯郡夏侯氏、关中杜陵韦氏、北地梁氏、河东柳氏、安定皇甫氏等联姻。对此，前揭韩树峰在《南北朝时期淮汉迤北的边境豪族》中已有具体考论，此不赘叙。

② 《南齐书》卷五一《裴叔业传》。

梁州刺史人事变动，其相关利益受到影响，从而促使他们谋划降魏以寻求利益。

其次，就沿边地带豪族的地域社会风尚而言，在南北朝长期分裂状态下，他们有"屡多亡国"的投机传统。以江淮地域军事重镇寿阳为例，其处于南北对峙之前沿，这一特殊的地理位置造就了这一地域特殊的社会风尚。对此，东晋时伏滔作《正淮论》，其上篇论及寿阳一带形势说："彼寿阳者，南引荆、汝之利，东连三吴之富；北接梁、宋，平塗不过七日；西援陈、许，水陆不出千里；外有江湖之阻，内保淮、肥之固。……其俗尚气力而多勇悍，其人习战争而贵诈伪。豪右并兼之门，十室而七；藏甲挟剑之家，比屋而发。然而仁义之化不渐，刑法之令不及，所以屡多亡国也。"[1] 可见在南北对峙状态下，寿阳一带大族豪右往往见机而动，摇摆于南北政权，"屡多亡国"。尽管齐、梁之际豫州豪族主体多为关中、河东之晚渡士族，而非土著旧人，但现实军政局势和地域特征依然使他们沿袭着这一地域社会的相关风尚。

特别需要强调指出，豫、梁降魏，与当时南北朝社会局势的演变存在深刻的关联。北魏孝文帝迁都洛阳之后，鲜卑上层与汉族士族的结合日益紧密，北魏汉化进程加快，对南朝的军事压力也不断加大并逐渐取得优势。这对南朝淮汉沿边地带豫、雍、梁诸州镇军政官员与地方势力的心理产生了潜移默化的深刻影响，从而决定着他们在关键时刻作出不同以往的依违去就的选择。从东晋南朝时期边境州镇豪族及其军政代表对待北朝诸胡政权态度演变的总体进程看，齐梁之际裴叔业、夏侯道迁之降魏表现出某些新特点，显示着南北关系的历史转折。众所周知，齐梁之际豫、梁降魏，涉及之家族、人物数量众多，类型复杂，自然经历了一个长时间谋划、广泛动员组织的过程，特别是裴叔业归魏，酝酿、谋划时间甚长，最终

---

[1] 《晋书》卷九二《文苑·伏滔传》。

在豫州豪族内部形成了高度的一致。① 根据相关记载可见，齐明帝萧鸾死后，随着萧齐政局变化，裴叔业及豫州豪族群体便将降魏作为一个明确的选项。《南齐书·裴叔业传》载："高宗崩，叔业还镇。少主即位，诛大臣，京师屡有变发。叔业登寿春城北望肥水，谓部下曰：'卿等欲富贵乎？我言富贵亦可办耳。'"这是朝廷有意征调其为南兖州之前的事，说明他当时已有附北的打算，并以此试探其部属的心态。随着萧齐政局及其处境的进一步恶化，裴叔业及豫州豪族群体降魏的决心不断强化，故其在征询萧衍意见时便明言"回面向北，不失作河南公"。作为南朝军政斗争的失败者，投靠北方胡人政权以求生存、谋富贵，这是晋宋以来一些在军政斗争中失意的皇族宗室、士族名士、边镇豪帅的普遍选择，尽管在此过程中，他们还表现出附魏所带来的夷夏之别的民族文化心理的纠缠与苦恼，但最终仍断然作出了献州降魏的抉择。与东晋、刘宋时期上层军政斗争失败者流亡北奔相比，以往皆为特定群体或个人逃亡，刘宋明帝时期，青齐、徐州一带守将降魏，既有北魏的军事压力，也有刘宋内部的政治分野等因素，但对降魏的态度，州镇内部则往往存在分歧，争议激烈，甚至出现地虽入北，但州镇豪族与民众南迁江左的情况。但至齐、梁之际豫、梁降魏，州镇豪族群体内部高度统一，形成了某种主流民意，而裴叔业、夏侯道迁等人作为其代表适时做出相关抉择。这就是齐梁之际豫、梁附魏与以往南人入北的性质差异。何以如此？究其原委，大体有二：

一是豫、梁军政豪族的主体或核心成员多为晋宋之际南迁的"晚渡士族"，至宋齐之际才逐渐著籍豫州，且其先辈皆有仕宦十六

---

① 韩树峰先生已注意及此，他在《南北朝时期淮汉迤北的边境豪族》（社会科学文献出版社 2003 年版）中指出："值得注意的是，裴叔业的降魏，并非个人行为，豫州豪族中的许多人参与了这一活动。……除李元护、崔高客外，上述诸人均出自关陇和河东地区，而且互为婚姻。……可见，豫州豪族是一个典型的盘根错节的地方势力集团。婚姻方面即存在如此密切的关系，政治上也自然会共同进退。裴叔业降魏时，他们几乎都参与了其中的谋划。……说明这次降魏是豫州豪族集团的一致行动。"（第 96 页）

国诸胡政权的经历，其家世遭遇与江左侨旧士族差异明显，这在南朝社会中是受到歧视的，江左朝廷将其安置于雍、豫、徐、梁诸边境州镇以抗御北敌，就体现出了这种倾向。《魏书·裴叔业传》载"宝卷嬖人茹法珍、王咺之等疑其有异，去来者并云叔业北人"，可见尽管裴叔业自其祖父辈南迁已历三代，但"去来者并云叔业北人"，这虽是军政斗争中的攻击与陷害，但也确实表明当时南朝社会对晚渡士族群体的普遍看法。在这一社会背景下，就裴叔业及其豫州豪族集团而言，他们自身"南人"的身份确认也难免不时处于游离的状态，缺乏充分、笃定的"南人"认同感。正是如此，他们一旦在南朝遭遇生存危机，便会很自然地出现"回面向北"的群体性选择。①

二是南北朝中后期特别是北魏孝文帝迁都洛阳之后，力行全面汉化，鲜汉上层日趋融合，从而不断消解以往紧张的民族对立情绪和夷夏观念，这对南朝边境州镇豪族群体之北附具有一定的影响。边境州镇豪族群体作为晚渡北人，且长期活动在沿边地带，民族文化意识与观念原本就相对薄弱，一旦其现实利益受损特别是遭遇家族命运危机，自然便会考虑降北避祸，而北魏孝文帝以来深入汉化的氛围及相关政策，在一定程度上减少了他们的顾虑。在这一背景下，有的边境豪族利用他们所居地域的优势，反复于南北朝之间，

---

① 对裴叔业抉择降魏之心理因素，张金龙先生曾有过具体分析，《北魏政治史》（第八册，甘肃教育出版社2008年版）有论曰："在'勠力自保'与'回面向北'两个方案中，裴叔业最终作出了选择后者的决定。从年龄推断，裴叔业出生之时其祖父大概尚未带领家族成员迁居襄阳。所以就裴叔业本人而言，作出投降北魏的选择可能也有年老回乡、叶落归根的心理因素在支撑。对于兰陵萧氏出身的萧衍而言，'南归之望绝矣'，显然是不可想象的，而对于河东裴氏出身的裴叔业来说，则并非不可克服的问题。裴叔业担心的是，他投降敌国后其生命和政治地位能否真正得到保障。"（第208页）这里从晚渡北人的角度分析裴叔业决意附魏的心理颇为深刻，但根据裴叔业年龄推断其祖父谋划南迁时其可能尚未出生，意在以此说明裴叔业的北人身份及其北方情结，则似乎有求之过甚之嫌。一般说来，裴氏南迁在义熙（405—418）之末，而裴叔业于齐永元二年（500）去世，年六十三，当生于宋文帝元嘉十五年（438），尽管裴氏南迁具体时间难以确定，但迟至元嘉中期方南徙襄阳之推测则实在缺乏依据。

或寻求自保,或追逐利禄。就裴叔业北附而言,《魏书·裴叔业传》载:"叔业沉疑未决,遣信诣豫州刺史薛真度,具访入国可否之宜。真度答书,盛陈朝廷风化惟新之美,知卿非无款心,自不能早决舍南耳。但恐临迫而来,便不获多赏。"所谓"盛陈朝廷风化惟新之美",就是作为早先附魏的南朝边境将领后人的薛真度对孝文帝汉化的称誉,并以此感召"沉疑未决"的裴叔业。①

至于夏侯道迁入魏,尽管与其反复无常的个性有关,但主要原因在于南北军政格局与时代背景的变化。众所周知,谯郡夏侯氏是魏晋以来豫州著名的豪族,西晋灭亡后,豫州淮北地区沦陷,东晋孝武帝太元年间于淮南侨置谯郡,夏侯氏由此而居于寿阳,成为当地根基深固、势力强大的豪族代表,并与河东裴氏、关右皇甫氏等其他豫州豪族相互通婚。② 当然,由于谯郡夏侯氏来自淮北,与河东裴氏等来自关陇地域的流寓豪族不同,尽管他们相互间通过婚姻加强融通,但在军政立场上则并非完全一致。如裴叔业降魏,夏侯氏便没有随之附魏,这表明作为南北朝时代具有地域性特征的豫州豪族势力,其内部各家族及不同房支,在特定历史阶段或具体历史事件中,军政态度与抉择存在着微妙的

---

① 《魏书》卷七〇《傅永传》载傅永时为北魏汝阴镇将,兼领汝阴太守,"景明初,裴叔业将以寿春归国,密通于永,永具表闻。及将迎纳,诏永为统军,与杨大眼、奚康生等诸军俱入寿春"。傅永为平齐民,裴叔业入魏前"密通于永",既了解北魏相关情况,也涉及相关待遇要求等。裴叔业除了向早先入魏并任职北魏南境的薛真度等人了解北魏情势外,其宗族中也可能有先入魏者,前据《北齐书》卷二一《高乾传》附载裴英起事,其祖父裴彦先"随薛安都入魏,官至赵郡守",裴彦先可能有随薛安都入魏而后南返的经历。又,《魏书》卷七一《裴叔业传附皇甫光传》载其兄皇甫椿龄为"薛安都婿也。随安都于彭城内附,历位司徒谘议、岐州刺史。光未入朝而椿龄先卒"。皇甫光为裴叔业附魏的重要"预叔业勋者",参与相关谋划,在此过程中,其兄弟之间必然有所联系。又,《魏书》卷七一《裴叔业传附阎庆胤传》载阎庆胤父阎汪"参薛安都平北将军事。安都入国,听汪还南"。可见阎汪也有一度入北的经历。

② 关于豫州豪族代表裴氏、夏侯氏、皇甫氏等家族间的姻亲关系,韩树峰在《南北朝时期淮汉迤北的边境豪族》(社会科学文献出版社2003年版)中已有具体考论,第83—84页。

差异。① 作为边境豪族代表，在南北朝长期对峙、分立的背景下，夏侯氏家族人物的去就取舍，往往既体现着边境豪族社会的共性特征，也有其家族人物出于个人得失考量的因素。如裴叔业入魏之前，夏侯道迁本为裴叔业部属，但因家族间矛盾，夏侯道迁一度"单骑入国"，以求功名，并随王肃戍守寿阳；此时以裴氏为主要代表的豫州豪族群体大多入魏，而夏侯道迁则在王肃死后"弃戍南叛"，回归萧梁。齐梁之际，夏侯道迁反复于南北朝之间，体现出边境豪族人物的特殊品格，也从一个侧面显现出北魏孝文帝迁洛后边境豪族及其代表人物南北朝观念与态度的深刻变化。这主要表现为在南北朝之间，既往鲜明的胡汉对立、夷夏冲突的观念日趋消解弱化，导致边境豪族人物往往以自身现实利益的得失以决定其去就，具有投机性，这在夏侯道迁身上表现得

---

① 韩树峰在《南北朝时期淮汉迤北的边境豪族》中已有具体考论，对谯郡夏侯氏不随裴叔业降魏，而是留居淮南效力南朝之缘由有所分析。他指出，裴叔业降魏体现了豫州豪族群体的集体意志，然在此过程中，"并不是所有的豫州豪族均投降了北魏，与裴叔业同族的裴邃被迫入北魏后又逃回了南方。……与裴叔业有姻亲关系的豫州旧族夏侯氏亦未随裴叔业降魏，仍留在南方，继续致力于以后的萧梁政权，……夏侯氏虽亦是豫州的侨迁士族，但他们迁自谯郡，而不是像裴氏等豫州豪族那样来自关中，并有仕于胡族政权的历史，因而夏侯氏与北方政权几乎没有任何联系，这可能是夏侯氏未曾入北的一个重要因素"。（第99页）《魏书》卷七一《夏侯道迁传》载其"年十七，父母为结婚韦氏，道迁云：'欲怀四方之志，不愿取妇。'家人咸谓戏言。及至婚日，求觅不知所在。于后访问，乃云逃入益州"。这里的韦氏，虽未明其郡望，但很可能是侨寓豫州豪族代表的京兆韦氏，而夏侯道迁抗婚，虽属个人行为，但从中也显现出夏侯氏与关陇流寓豪族之间的不和谐因素。《魏书》卷七一《夏侯道迁传》又载夏侯道迁上表北魏献降，自述其早在寿阳奔魏，"匹马归阙"后，"但中于寿阳，横为韦缵所谤"；夏侯道迁"自南郑来朝京师"，魏世宗"引见于太极东堂"，其免冠徒跣谢曰："臣往日归诚，誓尽心力，超蒙荣奖，灰殒匪报。但比在寿春，遭韦缵之酷，申控无所，致此狷狂。是叚之来，希酬昔遇。"很可能因夏侯道迁拒与韦氏联姻而引发韦缵的怨恨与报复。至于夏侯氏与豫州豪族中最具声望与势力的河东裴氏家族之间，"两家虽为姻好，而亲情不协"，说明豫州豪族群体中晚渡流寓大族与淮域旧族之间的矛盾。

颇为充分而典型。①

　　确实，检索相关文献记载，可知除裴叔业、夏侯道迁相继降魏，齐梁之际还多有南人北奔的情况。据《梁书》卷二〇《陈伯之传》，陈伯之，济阴睢陵人，出身寒微，齐末先后为豫州、江州刺史，后附梁武帝萧衍，但非元从旧臣，不得信任，"河南褚緭，京师之薄行者，齐末为扬州西曹，遇乱居闾里；而轻薄互能自致，惟緭独不达。高祖即位，緭频造尚书范云，云不好緭，坚距之。緭益怒，私谓所知曰：'建武以后，草泽底下，悉化成贵人，吾何罪而见弃。今天下草创，饥馑不已，丧乱未可知。陈伯之拥强兵在江州，非代来臣，有自疑意；且荧惑守南斗，讵非为我出。今者一行，事若无成，入魏，何遽减作河南郡。'于是遂投伯之书佐王思穆事之，大见亲

---

① 北魏孝文帝迁都洛阳之后，不断加强对淮水、汉水流域的军事进攻，而寿阳则是北魏南征志在必得的军事重镇，《南齐书》卷五一《裴叔业传》载："初，虏主元宏建武二年至寿春，其下劝攻城，宏曰：'不须攻，后当降也。'"《南齐书》卷五七《魏虏传》也载："宏自率众至寿阳，军中有黑毡行殿，容二十人坐，……牛车及驴骆驼载军资妓女，三十许万人。不攻城，登八公山，赋诗而去。"北魏孝文帝南征而不攻寿阳，以为其"后当降也"，虽不无假托敷衍之意，但确实把握住了南北军政格局变化的总体趋向，而裴叔业降魏，正应验了这一预言。对此，韩树峰在《南北朝时期淮汉迤北的边境豪族》中就此已有论析："豫州豪族最终降魏，起因于东昏侯对裴叔业的怀疑，似乎是一次偶发事件。但联系北魏形势分析，则带有一定的必然性。豫州豪族效命南朝政权，有一个基本的前提条件，即北方民族矛盾的存在和南方政权对其的信任。……但是到东昏侯统治时，北魏经过文明冯太后及孝文帝的艰苦努力，汉化改革已卓有成效。……北方形势的变化不会不影响到原因民族矛盾尖锐而避难南下的边境豪族。……如果让边境豪族在没有鲜汉之分的南北政权之间做出选择的话，那他们必然会选择北方政权，以为自己的寄身之所。……在南北形势发生如此大的变化之下，豫州豪族要谋取长久的整体利益，只有北归一途。这说明，即使东昏侯不怀疑豫州豪族，在北方形势逐渐好转，而南方却愈益不利于其发展的情况下，豫州豪族也会最终降魏。……这表明，随着北方民族融合的逐渐完成及南方政权衰颓，原自北方南逃的汉族士人又形成了一个北归的潮流。即便没有北返者，也与南齐政权已经离心。"（第98—99页）对此，张金龙则有异议。他在《北魏政治史》（第八册，甘肃教育出版社2008年版）中指出："这种因素不是没有，但并不占主导地位"，裴叔业入魏，是在受到齐东昏侯打击后求生的唯一出路，"不论是否情愿，也只能做出这种选择，并不是北魏政权对其有特别的吸引力。事实上，在当时情况下裴叔业虽然可能了解北魏的情况，但最关心的还是其北降后的处境和待遇问题。在孝文帝改革以前已有大量南朝王公贵族和官宦边将北降，便充分说明其投降的决定主要不是基于北魏政权的汉化程度。"（第209页注释2）

狎"。后梁武帝终于遣兵讨江州，陈伯之在褚緭的蛊惑下，"间道亡命出江北，与子虎牙及褚緭俱入魏。魏以伯之为使持节、散骑常侍、都督淮南诸军事、平南将军、光禄大夫、曲江县侯"。天监四年（505），梁临川王萧宏北征，命丘迟致书陈伯之，劝其归梁，"伯之乃于寿阳拥众八千归。虎牙为魏人所杀。……其子犹有在魏者"。又载："褚緭在魏，魏人欲擢用之。魏元会，緭戏为诗曰：'帽上著笼冠，袴上著朱衣，不知是今是，不知非昔非。'魏人怒，出为始平太守。日日行猎，堕马死。"① 陈伯之、褚緭流亡北魏，虽然在主观上有投机的因素，但他们作为南朝重臣和士人，面对自身不利处境，首先想到北逃"入魏"，这从一个侧面说明当时一部分南人对业经汉化变革后的北魏的态度。此外，《魏书》卷七一《淳于诞传》载："其先太山博人，后世居于蜀汉，或家安固之桓陵县。父兴宗，萧赜南安太守。"淳于诞后为南齐益州刺史刘悛"召为主簿。萧衍除步兵校尉。景明中，自汉中归国。既达京师，陈伐蜀之计，世宗嘉纳之"。作为齐梁的汉中守将，淳于诞在景明年间奔亡入魏，无疑与南北局势变化与南朝边境州镇豪强的选择有关。

二 豫、梁入魏人士之文化素养与南风北渐

论及齐梁之际豫、梁二镇北附之影响，人们首先关注的是北魏取得了对以寿阳为中心的淮南地域和以南郑为中心的汉中地区的控制权，对南北朝军事对抗的走势产生了重大而深远的影响。《南齐书·裴叔业传》末赞语有言："叔业外叛，淮肥失险"；《魏书》卷七一传末"史臣曰"有论云："寿春形胜，南郑要险，乃建邺之

---

① 关于陈伯之北奔，《魏书》卷六一《田益宗传》也附载其事，"景明三年，伯之遣使密表请降，并遣其子冠军将军、徐州刺史、永昌县开国侯虎牙为质"。又，《魏书》卷六一《孟表传》载孟表为萧齐马头太守，"太和十八年，表据郡归诚"，"高祖嘉其诚绩，封汶阳县开国伯，邑五百户"。可见在裴叔业北奔前后，齐梁北部边地多有归降北魏的情况。

肩髀,成都之喉嗌。裴叔业、夏侯道迁,体运知机,翻然鹊起,举地而来,功诚两茂。其所以大启茅赋,兼列旌旗,固其宜矣。"论者已指出,"裴叔业的北降无论如何也是南北朝关系史上一件具有划时代意义的大事";"夏侯道迁的北降是北魏与梁朝争夺梁州(汉中)地区控制权的一件大事"①。不过,仅仅就南北军政局势谈论南镇北附及南朝边境豪族入魏的影响显然是不全面的。具体而论,边境豪族北附,对南朝而言,主要造成了丧失藩镇要戍等军事危害,而对北朝而言,大量南朝豪族人士的北迁,则主要引发了南朝社会文化风尚北传的新浪潮。特别是在北魏孝文帝迁都洛阳之后,北魏全面汉化日渐深入,而豫、梁入魏及其豪族北移正值其时,其转输南朝社会文化之作用尤为突出。对此,诚如论者所曾指出,"边境豪族在南朝所起的作用仅限于军事上",而"边境豪族在北方所起的作用,文化方面重于军事方面。随汉化改革的日益加深,北方政权对汉族文化的渴求也欲发强烈,而边境豪族精于南学的特点恰好适应了这种需求,所以,边境豪族在北方较受重用。而且边境豪族本身的素养与南方重文轻武的社会环境并不相合,这极大地影响了其在南朝的仕宦,而北方文武兼重的社会环境则为他们的生存发展提供了肥沃的土壤"。又指出:"直到太和中期,孝文帝推行汉化改革,边境豪族才开始在北魏政权中显露头角。但他们在北方所起的作用仅限于文化方面,而在军事上则没有多大作为,这与其在南方所起的作用迥然不同";"边境豪族具有独特的儒家文化修养,这在太和中期以后的改革中起了相当大的作用。北魏孝文帝要改变北魏少数民族政权的形象,以取得所有汉族士人的认同,在文化上首先要做的便是融全国各地学风于一体,而仅靠北方汉族士人是难以完成这一重任的。边境豪族有别于北方学风的文化素养,恰好适应了孝文帝汉化改革

---

① 张金龙:《北魏政治史》(第八册),甘肃教育出版社2008年版,第210、337页。

的需要，这是边境豪族在北方得到发展的重要原因。……孝文帝迁都及其汉化改革，鲜卑勋贵多所不愿，而汉族士人则多为孝文帝的支持者。……这些士人中有许多又出身于边境豪族，在此亦可以发现南方学风对北方的影响。"① 这里所论，主要是针对以青、齐入魏之南朝边境豪族在孝文帝迁都及其汉化改革过程中的作用而言的，至于豫、梁二镇北降及其豪族群体附魏所造成的南风北渐风潮尚有待具体论述。

东晋南朝时期的边境豪族群体主要出自晚渡士族，既有士族社会门风之承袭，也有士族家学之传授，其代表多具有相当的文化素养。② 当然，当时青、齐、豫、雍、梁诸州镇边境豪族群体规模不等，文化渊源不尽相同，其盛衰变迁的时代经历与地域环境也并非完全一致，故其文化表现往往同中有异，各具特点。如青、齐豪族群体之主体主要来自河北，代表人物多出自清河崔氏、房氏等儒学旧门，诸族不仅族盛势强，而且其人物多具经史之修养，加上青齐地域一度融通南北学风，他们入魏较早，至孝文帝迁都洛阳之际，他们参与其中，成为推动北魏全面汉化改革的重要力量。而雍州地域豪族群体代表如河东柳氏、清河张氏等家族，由于参与南朝诸政权的皇位争夺与王朝嬗替，其部分代表人物自刘宋以来便得以进入建康，其文化风尚日趋玄化，与留守雍州的本宗族人物的文化面貌也有所不同。至于齐梁之际入北的豫、梁豪族，他们不仅通过婚姻

---

① 韩树峰：《南北朝时期淮汉迤北的边境豪族》，第229、237—238、239—240页。关于入魏之青、齐士人群体的学术文化修养及其在南学北输过程中的贡献与影响，拙文《论北魏时期青齐人士的文化贡献》（刊于《中华文史论丛》第八十辑，上海古籍出版社2005年版），敬请参阅。

② 韩树峰在《南北朝时期淮汉迤北的边境豪族》中指出："与长于将略、好勇斗狠相联系，一般认为，伧楚皆鄙拙无文。其实，这是一种误解，至少南北朝对立时期的边境豪族并非如此。只是因为他们在南朝社会中，主要依靠其武力而不是文化素养作为晋身之阶，其高深的文化素质为武功所掩盖，遂给人以无门世家的错觉。其实，征诸史籍，大多数边境豪族具有相当高的文化素养。"（第197页）他通过对相关史实的汇集，进一步指出："由上可知，大多数边境豪族不但以勇武善战著称，即使其文化素养也不逊色于文化士族。"（第202页）

相互结合，显示其群体关系，而且在日常生活与文化交游方面十分密切，在北朝后期形成了一个特殊的士人群体，① 其代表人物的文化修养、学术风尚及其对南风北渐的影响颇为显著。这里根据文献所载，综论于下。

（一）经史学术风尚及其北传

1. 崇尚诸学兼综博通与"善谈义理"的经学风尚

豫、梁二州入魏之代表人物，多出自汉魏以来的士族旧门，普遍具有一定的儒学经术方面的修养。然众所周知，在南北朝分立时代，南北学风明显不同。就南朝边境豪族学人而言，他们在学风上多受江左风气的熏染，表现出明显的南朝化的特征。以裴叔业宗族人物为例，如裴植"少而好学，览综经史，尤长释典，善谈理义"②；裴炯"颇有文学"；裴衍"学识优于诸兄，才行亦过

---

① 前文已述及南朝沿边诸州镇内部和跨州镇豪族间相互联姻的情况，这是他们增强联系的重要手段。豫、梁豪族人北后，各家族间依然如此，一些出土墓志提供了佐证。如京兆霸陵王氏与河东柳氏后人之联姻，据王世弼子王会女《王令妫墓志》，其嫁与柳僧习子柳鸑（见王连龙《新见北朝墓志集释》，中国书籍出版社 2013 年版，第 177 页）。又，柳僧习子柳桧娶裴彦先子裴约女为妻，《柳桧墓志》载其"夫人汾阴县君裴氏，讳媚，以大统十一年薨"，裴媚"父约，丹阳太守。祖彦先，渤海太守"（见王连龙《新见北朝墓志集释》，第 117 页）。豫州豪族入北后，其后裔之相互通婚，从一个侧面显示出其家族社会身份、地位及其群体特征。至于其文化交游与日常生活交往所显示的群体性特征，则正是下文所要展开论述的内容。

② 裴植具有经学修养，还体现他在入北后重视经学教育，《北史》卷八一《儒林上·刘兰传》载刘兰为北方大儒，"推《经》、《传》之由，本注者之意，参以纬候及先儒旧事，甚为精悉。自后《经》义审博，皆由于兰。兰又明阴阳，博物多识，故为儒者所宗。瀛州刺史裴植，征兰讲书于州南馆，植为学主，故生徒甚盛，海内称焉"。裴植在瀛州为"学主"，开馆设学，征大儒刘兰传道，"生徒甚盛"，其本人当亦向刘兰等经师有所请益。又，《魏书》卷八四《儒林·刁冲传》载其为北魏大儒，"学通诸经，偏修郑说，阴阳、图纬、算数、天文、风气之书莫不关综，当世服其精博。……后太守范阳卢尚之，刺史河东裴植并征冲为功曹、主簿，非所好也，受署而已，不关事务。惟以讲学为心，四方学徒就其受业者岁有数百"。裴植征儒者刁冲为僚属，对地方儒学传授当有一定影响。

之"①。又,《梁书》卷二八《裴邃传》载其"善《左氏春秋》"②。裴叔业部属中,柳玄达"颇涉经史","著《丧服论》,约而易寻";又,韦伯昕"学尚,有壮气。自以才智优于裴植,常轻之,植疾之如仇"③。由其所谓"学尚",当具经史学术修养。又,《魏书·李元护传》载其"虽以将用自达,然亦颇览文史"④。

豫州豪族入魏后,崇尚通博,经、史、子诸学兼综,在一定程度上因循南朝学风。这以柳僧习家族最为典型。如柳僧习子柳庆,《周书》卷二二《柳庆传》载"庆幼聪敏,有器量。博涉群书,不治章句"⑤。柳虬,《周书》卷三八《柳虬传》载其"年十三,便专精好学。时贵游子弟就学者,并车服华盛,唯虬不事容饰。遍受《五经》,略通大义,兼博涉子史,雅好属文"。西魏时,柳虬"以史官密书善恶,未足惩劝",于是上疏以为"古者人君立史官,非但记事而已,盖所以为监诫也。……伏惟陛下则天稽古,劳心庶政。开诽谤之路,纳忠谠之言。诸史官记事者,请皆当朝显言其状,然后付之史阁。庶令是非明著,得失无隐。使闻善者日修,有过者知惧"。西魏采纳其建议,"事遂施行"。可见柳虬注重史书编撰,并强调史著的鉴戒功能。大统十四年,其除秘书丞,"秘书虽领著作,不参史事,自虬为丞,始令监掌焉。十六年,迁中书侍郎,修起居注,仍领丞事"⑥。可见柳虬有撰述国史的实践。

夏侯道迁集团入北者之经史学术,《魏书·夏侯道迁传》载:"道迁虽学不渊洽,而历览书史。"⑦ 江悦之由于晋宋之际遭遇家难,家族地位与家学门风也有所变化,《魏书·江悦之传》载其"好兵书,有将略"。其他如王安世"历涉书传,敏于人间";辛谌"有文

---

① 《魏书》卷七一《裴叔业传附裴植、裴炯、裴衍传》。
② 《梁书》卷二八《裴邃传》,第413页。
③ 《魏书》卷七一《裴叔业传》附柳玄达、韦伯昕事迹。
④ 《魏书》卷七一《李元护传》。
⑤ 《周书》卷二二《柳庆传》。
⑥ 《周书》卷三八《柳虬传》。
⑦ 《魏书》卷七一《夏侯道迁传》。

学";庾道"历览史传"①。

　　由上引诸豫、梁边境豪族代表在学术上普遍崇尚通博，如崔高客"博学"；阎庆胤"博识洽闻"②。尤其是经史兼修、文史兼综等，如裴植"览综经史"；柳玄达"颇涉经史"；夏侯道迁"历览书史"；王世安"历涉书传"；庾道"历览史传"；柳庆"博涉群书"，柳虬"博涉子史"，他曾就著史之鉴诫功能有所论述，并参与西魏、北周国史、起居注的撰录；江悦之甚至"好兵书"。可见豫、梁豪族及其后裔学人少有专究某一儒家经典的孤陋寡闻的儒者。③

　　豫、梁边境豪族学人崇尚博通的学术风尚，显然受到江左学风的影响。江左学尚博综，诸学汇通，涉及诸子学、玄学、文学和佛学等。韩树峰综论南朝边境豪族学风，以为"儒学思想自古以来为治国理家之基本准则，重视儒学，南北并无不同。但两汉以来的史学在东晋南朝受到重视，则为南方文化的一大特色。……南朝士人除撰写史书外，史学上的成就主要在注释《史记》、《汉书》。……可见，史学在南朝极为兴盛，士人从事史学研究和著述亦构成南朝文化的一大景观。而北朝学风与此相反，一般儒生亦不精于史学……从边境豪族多经史兼综、文史兼备的学术素养分析，显然深受南朝学风的影响，而与北朝的学风有很大区别"。他又概述南朝边境豪族的学风，以为"边境豪族的学风受到了南北双方学风的影响，因此，在他们身上体现出南北学风交融的特征，但从整体上看，南

---

① 《魏书》卷七一《江悦之传》附录王安世、辛谌、庾道事迹。
② 《魏书》卷七一《裴叔业传附崔高客、阎庆胤传》。
③ 颜之推在《颜氏家训·勉学篇》中比较南北朝经学风尚指出，北朝"俗间儒士，不涉群书，经纬之外，义疏而已"，除极少数儒学名士"虽好经术，亦以才博擅名……以外率多由田野间人，音辞鄙陋，风操蚩拙，相与专固，无所堪能，问一言辄酬数百，责其指归，或无要会"。与之相反，南朝"士大夫子弟，皆以博涉为贵，不肯专儒"，梁朝皇族子孙自幼"必先入学，观其志尚，出身已后，便从文史，略无卒业者"，至于士大夫中以经学著称者，无不"兼通文史，不徒讲说也"。南北经学风尚差异如此，故以上所论南朝边境豪族学人兼综广博之学风，显然受到南朝主流学风的影响。

方学风的影响显然要大于北方学风"①。

特别需要强调指出的是，豫、梁边境豪族所受江左学风影响，最明显的表现在于其学术研究与思想方法等方面具有玄学旨趣与意蕴。由上引相关史实，豪族学人研习儒家经典，并不仅仅以获得具体知识为目的，而是以丰富、提升学识为宗旨，他们普遍崇尚"学识""才行"与"学尚"，在学术旨趣上，往往"遍受《五经》，略通大义"，"博涉群书，不治章句"，这显然与他们在一定程度上受到南朝经学玄化风尚的熏习不无关系。所谓"学识""学尚"云云，其主旨在于删繁就简，突出并领会精神，把握要义。上引裴植讲论经史、佛典，"善谈理义"，特别是柳玄达著《丧服论》，"约而易寻"，表明其文辞简约而主旨鲜明，辨名析理，晓畅通达，显然是江左玄化学风影响的结果。《隋书》卷七五《儒林传序》总论南北学风差异，以为"南北所治，章句好尚，互有不同。……大抵南人约简，得其英华，北学深

---

① 韩树峰《南北朝时期淮汉迤北的边境豪族》，第 202—204、209 页。此外，关于南朝边境豪族代表裴邃"善《左氏春秋》"，这体现出其受南朝经学的影响。据《魏书》卷八四《儒林传序》，青齐地区自晋末迄刘宋后期为南朝所控制，杜预后人杜坦、杜骥一度仕宦于此，当地所习主要是杜注《左传》，这与大河以北普遍研习东汉服虔所注《左传》不同。其实，江左普遍崇奉杜预《左传》，而青齐学风则是南朝经学影响的结果。韩树峰在前揭《南北朝时期淮汉迤北的边境豪族》中据此推测："由于杜氏兄弟二人迭任青州刺史，青齐地区的学风发生了改变，而杜坦、杜朅分别徙居豫州、雍州，也不会不对那里的学风造成影响。因此，类似豫州豪族裴邃及雍州豪族韦爱所擅长的《左氏春秋》，应该也是杜预所注。我们没有见到更多边境豪族精于杜注《左传》的记载，但杜注《左传》向南传播自然不会跨越边境地区，而且很可能是在边境地区盛行之后才流传到南方的。因此，除裴邃、韦爱外，其他边境豪族既是学识通博，不会不精于杜注《左传》。这样，在边境豪族身上所体现出的儒学风尚如同其精于史学一样，也与北方士人承继汉魏旧儒的学风表现出一定的差异性。"（第 205 页）关于青齐地区经学之南朝化，皮锡瑞在《经学历史》（中华书局 2004 年版）中早已指出南北时代"北学之折入于南者，亦间见焉。青、齐之间，多讲王辅嗣《易》、杜元凯《左传》；盖青、齐居南北之中，故魏、晋经师之书，先自南传于北"。（第 133 页）至于杜注《左传》在南朝的传播，是否如韩树峰所推测必先经边境地域盛行后再流传江南，由于缺乏史实依据，只能流于地理空间的想象，实在无法具体考实。至于雍州晚渡士族代表之精擅《左氏春秋》者，尚有一典型事例。《周书》卷四六《孝义·杜叔毗传》载："其先，京兆杜陵人也，徙居襄阳。祖乾光，齐司徒右长史。父渐，梁边城太守。叔毗早岁而孤，事母以孝闻。性慷慨有志节。励精好学，尤善《左氏春秋》。仕梁，为宜丰侯萧循府中直兵参军。"（第 829 页）杜叔毗"尤善《左氏春秋》"，为南朝边镇豪族经学风尚之南朝化又增一例证。

芜,穷其枝叶"①。唐长孺先生论述南北朝经学风尚差异,以为"北朝经学继承汉代传统,注重章句训诂,南朝经学受到魏晋新学风的影响,注重义理,这是南北学风最显著的差异"②。以豫、梁入魏豪族学风而言,与"南人约简,得其英华"之风尚颇为契合。③

豫州豪族名士阐释佛学义理,其入魏后对北方佛学有所影响。一般而言,南朝佛学偏重义理,北朝佛教则重修行。北魏孝文帝以后,北魏士大夫崇信佛学渐成风尚,这与入北南士的影响不无关系。在此过程中,豫、梁豪族人物如裴植信佛诚笃,其"临终,神志自若,遗令子弟命尽之后,剺落须发,被以法服,以沙门礼葬于嵩高之阴",且"尤长释典,善谈理义"。弟裴粲"性好释学,亲升讲座,虽持义未精,而风韵可重。但不涉经学,终为知音所轻"。裴植母,乃夏侯道迁姊,其笃信佛法,"植在瀛州也,其母年踰七十,以身为婢,自施三宝,布衣麻菲,手执箕帚,于沙门寺洒扫。植弟瑜、粲、衍并亦奴仆之服,泣涕而从,有感道俗。诸子各以布帛数百赎

---

① 《隋书》卷七五《儒林传序》。
② 唐长孺:《魏晋南北朝隋唐史三论》,武汉大学出版社1993年版,第232页。
③ 裴邃虽以武功显名,但其本人及其家族子弟有一定的玄学名士素养,《梁书》卷二八《裴邃传》载梁武帝时,"邃与乡人共入魏武庙,因谄帝王功业。其妻甥王篆之密启高祖,云'裴邃多大言,有不臣之迹。'由是左迁为始安太守。邃志欲立功边陲,不愿闲远,乃致书于吕僧珍曰:'昔阮咸、颜延有"二始"之叹,吾才不逮古人,今为三始,非其愿也,将如之何!'"韩树峰在前揭《南北朝时期淮汉迤北的边境豪族》中指出:"边境豪族在学术上受到南方影响的第三个表现为,少数边境豪族有长于玄谈的特征。就史籍所见,比较显著的有三例,即豫州豪族裴植、裴邃及其子裴之礼。长于玄谈是东晋初年中原士人给南方带来的社会风气,……裴植、裴邃及裴之礼的善玄言当然是南方风气影响的结果。"(第205—206页)但他又指出边境豪族学人探究玄理的兴趣不浓,"边境豪族虽然文化素养很高,但他们所研读的多是经世致用的儒家学说,而很少探求与实际无关的玄学思想。边境豪族在很长一个时期内生活于南朝,在与南人交往过程中,不会不受南方玄谈习气的影响,但如上所论,真正能够进行玄谈的毕竟是边境豪族中的极少数。……边境豪族的文化特征与北方士人接近,而与南方士人则有一定的差异。"(第207—208页)确实,作为军事化的边境州镇,其社会环境及边镇豪族的文化传统,与以建康为中心的江左地域自然存在差异,玄化氛围相对淡薄。不过,玄化学风与士风既为南朝之主流风尚,豫州边境豪族代表人士在经史学术、文学艺术及生活方式等方面皆不同程度地受到玄风的熏染,这正是他们入魏后不同于北方士人的显著文化特征。

免其母。于是出家为比丘尼，入嵩高，积岁乃还家"①。裴植兄弟之信奉佛教，显然与其母之训诱有关，裴氏其他人物亦当有信奉佛教者；而裴植母既出自夏侯氏，其家族也当有佛教信仰的传统，然史实阙如，难以深究。汤用彤先生曾指出："（北魏）学士文人与佛法在义理上之结合，初实不多见。至宣武帝胡太后时，始有崔光、王肃、王翊、孟仲晖、冯亮、裴植、裴粲、徐纥，均文士学人而奉佛法。……按魏世朝臣奉佛法者固不少，然自高允以后，以文学见知而信法者，亦只此数人。而此中崔光祖与父，均仕于刘宋。光十七岁乃来北方。王肃、王翊乃王导后裔，均年长归顺魏朝。冯亮本在南方，为魏人虏获，后乃隐于嵩山。裴植先亦仕于南，弟粲当亦来自南方。（上俱见（《魏书》）本传）则此六人以文士而信佛，并谈义理，虽不必精深，固仍袭南朝之风也。"②汤先生将裴植、裴粲兄弟与崔光、王肃等作为北魏后期"以文学见知而信法者"之代表，可见其对北朝士大夫佛学之影响。

2. 南北杂糅的士族礼法

中古时代士族社会无论南北地域分别、门第高下，其文化教育与传承，主要有赖于士族家教，启蒙训育皆以儒家基本经典为主，与士族传承关系尤密者则为礼学，豫、梁豪族群体之文化教育与家学传授也大体如此。《北齐书》卷三五《皇甫和传》载皇甫徽子皇甫和，"魏正始二年，随其妻父夏侯道迁入魏，……和十一而孤，母夏侯氏，才明有礼则，亲授以经书。及长，深沉有雅量，尤明礼仪，宗亲吉凶，多相谘访"③。皇甫和母夏侯氏"才明有礼则，亲授以经书"，说明她具有良好的经学修养，而这当与其自少所受夏侯氏之家

---

① 以上皆出自《魏书》卷七一《裴叔业传》所附裴植、裴粲传。又，所附裴彦先传载彦先入魏，正始中"转勃海相。属元愉作逆，征兵郡县，彦先不从，为愉拘执，逾狱得免。仍为沙门，潜行至洛。愉平，敕还郡"。裴彦先遇事而"仍为沙门"，表明其与佛教素有关联。

② 汤用彤：《汉魏两晋南北朝佛教史》，中华书局1983年版，第365页。

③ 《北齐书》卷三五《皇甫和传》。

教有关。学习、研治儒家经典的功用与目的，除少数学人进行纯学理的探究外，对于士族社会整体而言，主要在于指导、规范其个人、家族及社会的礼法实践，柳玄达"著《丧服论》"，皇甫和"尤明礼仪，宗亲吉凶，多相谘访"，都体现了这一时代风尚。

众所周知，南北朝士族社会在生活方式、宗族观念上存在一定的差异。与北朝重宗族聚集不同，南朝则趋向小家庭化，相关的宗族观念也随之变化。① 豫、梁豪族群体尽管在南朝士族风气的影响下，其宗族观念与生活方式有所变化，但他们依然普遍重视孝友门风之承袭。豫、梁豪族虽长期生活与边镇，但依然有部分名士人物受到这一风气的熏染，《魏书·裴叔业传附裴植传》载："植虽自州送禄奉母及赡养诸弟，而各别资财，同居异爨，一门数灶，盖亦染江南之俗也。植母既老，身又长嫡，其临州也，妻子随去，分违数岁。论者讥焉。"② 这里明确记载裴植入北后其兄弟间依然"各别资财，同居异爨"。这种兄弟析产、同居异炊的生活方式，在北人看来显然不合士族社会礼俗，以致时常受到非议，《魏书》作者认为此风应该是受江南风俗影响所致。当然，裴植兄弟及其宗族依然遵循士族社会基本的孝友礼法规范，"自州送禄奉母及赡养诸弟"。《魏书·裴叔业传》又载裴叔业子裴芬之，"长者，好施，笃爱诸弟"。裴叔业孙裴谭，虽"粗险好杀，所乘牛马为小惊逸，手自杀之。然孝事诸叔，尽于子道，国禄岁入，每以分赡，世以此称之"。裴叔业

---

① 《宋书》卷四六《王懿传》载王懿字仲德，太原祁人，晋太元末徙居彭城，"北土重同姓，谓之骨肉，有远来相投者，莫不竭力营赡，若不至者，以为不义，不为乡里所容。仲德闻王愉在江南，是太原人，乃往依之，愉礼之甚薄，因至姑孰投桓玄。"这是南北宗族观念及礼俗差异的典型事例。其实，这是当时的普遍现象，《颜氏家训·风操篇》载："凡宗亲世数，有从父，有从祖，有族祖。江南风俗，自兹已往，高秩者，通呼为尊，同昭穆者，虽百世犹称兄弟，若对他人称之，皆云族人。河北士人，虽三二十世，犹呼从伯从叔。梁武帝尝问一中土人曰：'卿北人，何故不知有族？'答云：'骨肉易疏，不忍言族耳。'当时虽为敏对，于礼未通。"这表明在对待宗族的情谊上，南北风俗厚薄不同。

② 《魏书》卷七一《裴叔业传裴植附传》。

侄裴衍,"事亲以孝闻,兼有将略"。① 裴植兄弟之孝友,与其家族礼法训育密切相关,《魏书·裴叔业传附裴植传》载:"植母,夏侯道迁之姊也,性甚刚峻,于诸子皆如严君。长成之后,非衣帻不见,小有罪过,必束带伏阁,经五三日乃引见之,督以严训。唯少子衍得以常服见之,且夕温清。"② 裴植母"性甚刚峻,于诸子皆如严君",家教甚严,故其诸子恪守孝道。这方面最突出的当为柳僧习孙、柳桧子柳雄亮,《周书·孝义·柳桧传》载柳桧为叛将黄众宝所害,柳雄亮"年十二,遭父艰,几至灭性。终丧之后,志在复仇。……后竟手刃众宝于京城。朝野咸重其志节,高祖特恕之。由是知名"③。柳雄亮恪守孝道而有血亲复仇之举。

(二) 文学艺术风尚及其北输

豫、梁二州豪族入魏之代表人物多具有文学艺术修养。其中可考以文才显著者,如裴邃,《梁书·裴邃传》载其"十岁能属文,……齐建武初,刺史萧遥昌引为府主簿。寿阳有八公山庙,遥昌为立碑,使邃为文,甚见称赏。举秀才,对策高第,奉朝请"。其传末"史臣曰"称"裴邃之词采早著,兼思略沉深"。李元护虽为武人,但亦"习于简牍",应用文书一类写作绝无问题。④《魏书·夏侯道迁传》载其"闲习尺牍,札翰往还,甚有意理"。至于豫、梁豪族士,则多有文才、颇善属文,如崔高客,"博学,善文札"⑤。王世弼子王由"好学,有文才"⑥。柳玄达善属文,裴叔业曾"委以管记。及叔业之被猜疑,将谋献款,玄达赞成其计,前后表启皆玄达之词",入魏后"玄达曾著《大夫论》,备陈叔业背逆归

---

① 《魏书》卷七一《裴叔业传附裴芬之传》、《裴叔业传附裴谭传》。
② 《魏书》卷七一《裴叔业传附裴植传》。
③ 《周书》卷四六《孝义·柳桧传》。
④ 《魏书》卷七一《李元护传》。
⑤ 《魏书》卷七一《裴叔业传附崔高客传》。
⑥ 《魏书》卷七一《王世弼传》。

顺、契阔危难之旨……。文多不录"。其子柳远是一个文士，"时有文咏"①。梁祐也如此，"好学，……从容风雅，好为诗咏，常与朝廷名贤泛舟洛水，以诗酒自娱"②。梁祐入北后"常与朝廷名贤泛舟洛水，以诗酒自娱"，体现出南朝盛行的文学雅集风气。

在文学方面，具有豫州豪族背景的柳僧习子孙颇为突出。《周书》卷二二《柳庆传》载柳僧习有子柳鸑、柳虬、柳桧、柳庆等，柳鸑"好学，善属文"③。《周书》卷四六《孝义·柳桧传》载柳雄亮，"幼有志节，好学不倦"，北周蔡国公宇文广"钦其名行，引为记室参军。年始弱冠，府中文笔，颇亦委之"④。至于柳庆，《周书》本传载其"好饮酒，闲于占对。年十三，因曝书，僧习谓庆曰：'汝虽聪敏，吾未经特试。'乃令庆于杂赋集中取赋一篇，千有余言，庆立读三遍，便即诵之，无所遗漏"。柳僧习为颍川郡守，"地接都畿，民多豪右。将选乡官，皆依倚贵势，竞来请托。选用未定"。柳僧习命诸子"各以意为吾作书"以拒之，柳庆乃作书曰："下官受委大邦，选吏之日，有能者进，不肖者退。此乃朝廷恒典。"柳僧习叹曰："此儿有意气，丈夫理当如是"，于是"即依庆所草以报"。柳庆子柳弘，"少聪颖，亦善草隶，博涉群书，辞彩雅赡。与弘农杨素为莫逆之交"，其死后，"杨素诔之曰：'山阳王粲，风流长逝。颍川荀粲，零落无时。修竹夹池，永绝梁园之赋；长杨映沼，无复

---

① 《魏书》卷七一《裴叔业传附柳玄达传》。
② 《魏书》卷七一《裴叔业传附梁祐传》。
③ 柳鸑妻《王令妩墓志》载柳鸑"既身负日月，气蕴风云。声动洛中，才高许下。九流百氏之书，七略三坟之说，靡不探该隐赜，穷索秘奥。门交长者之辙，室有函丈之宾。推位诸弟，未应公府之辟。魏骠骑、临淮王，帝宗懿戚，德望兼重。开东合而延士，游西园以待贤。慕君冲挹，厚加征聘，不得已而从之，参其军事。职在文房，遂掌书记"。这里的"魏骠骑临淮王"，应当正是元彧，元彧为北魏宗室人物中文雅化、学术化水平最为突出的代表之一，他延聘柳鸑入其府邸，正与其具有南人才学的特殊身份背景有关。见王连龙《新见北朝墓志集释》，第176页
④ 《周书》卷四六《孝义·柳桧传》，第829页。《柳雄亮墓志》也称其"文兼典丽，学该儒墨"，可见其确实以善文著名于时。见王连龙《新见隋唐墓志集释》，辽海出版社2017年版，第9页。柳雄亮父柳桧以善武著称，致力事功，《柳雄亮墓志》称其"材兼文武"，表明其也具有文艺学术修养。

洛川之文。'其为士友所痛惜如此。有文集行于世"。柳庆孙柳述，"性明敏，有干略，颇涉文艺"①。又，柳虬，《周书》卷三八《柳虬传》载其"雅好属文，……有文章数十篇行于世"。

书法、音乐、绘画等艺术类别往往与文学密切相关，豫、梁边境豪族代表人物也有突出的表现。音乐方面，《魏书·裴叔业传》载裴叔业子裴蔼之"性轻率，好琴书。其内弟柳谐善鼓琴，蔼之师谐而微不及也"。《魏书·裴叔业传》附载柳玄达子柳远"好弹琴，耽酒……放情琴酒之间"。柳玄达侄柳谐，"颇有文学。善鼓琴，以新声手势，京师士子翕然从学"。书法方面，《魏书·王世弼传》载其"善草隶书，好爱坟典"②，其次子王由"尤善草隶。……又工摹画，为时人所服"③。柳僧习"善隶书，敏于当世"④。姜永，"善弹琴，有文学"；庾道，"善草隶书，轻财重义"⑤。

由上引史实，可见齐、梁之际入魏之豫、梁豪族群体代表普遍具有文学艺术才能，不仅一些士族人物在文学艺术领域有突出表现，而且即便一些"虽以将用自达"的武人也能作文，说明南朝北部边境州镇具有浓郁的文化氛围。一些边境豪族名士对文学及诸艺术门类兼擅并举，并在文学艺术旨趣方面表现出相当的新颖性。特别是流寓豫州的河东柳玄达家族，以文学言，除日常的应用文字外，柳玄达父子著论立说，"时有文咏"，具有纯文学的意味；在音乐方面，柳谐长于鼓琴演奏，还创造出具有个性的"新声手势"。可见其家族是一个颇具文学艺术底蕴的文艺世家。豫、梁边镇豪族群体的这一崇尚文学艺术的文化风气，显然与东晋南朝以来士族社会的主

---

① 《隋书》卷四七《柳机传附柳述传》。
② 关于王世弼的学术文化修养，其孙女王令妫为柳僧习子柳鸑妻，《王令妫墓志》叙及其祖父学养与才情曰："祖世弼，风神洒落，号称独步。识洞几玄，才兼文武。"见王连龙《新见北朝墓志集释》，中国书籍出版社2013年版，第176页。
③ （唐）张彦远《历代名画记》卷八"叙历代能画人名"后魏部分载："王由字茂道，善书画。摩画佛像，为时所服。官至东莱太守。"
④ 《魏书》卷七一《裴叔业传附柳僧习传》。
⑤ 《魏书》卷七一《江悦之传》附载姜永、庾道事迹。

流文化传统基本一致。自魏晋以降,特别是东晋以来,高门士族社会将文学、音乐、书法、绘画等作为基本文化素养,以此涵养气质,展示性灵,导致东晋南朝时代文学艺术的空前发展。

豫、梁二州入北,正值北魏鲜、汉上层深入融合,并积极追求文雅化的高潮时段。当时北魏上层崇尚南朝的文学艺术,而豫、梁名士群体入北,则给他们提供直接取法南朝的媒介,由柳谐"善鼓琴,以新声手势,京师士子翕然从学",可见洛阳上层社会对江左才艺的喜好。

特别需要指出的是,边境豪族在文学观念及其相关风尚上具有融通南北的特点,其入北后能够尽快适应北朝的社会文化环境,进而开展新质态的文学创作,提出新的文学观念。在这方面,柳僧习子柳庆、柳虬的相关表现最具代表性。《周书·柳庆传》载西魏"时北雍州献白鹿,群臣欲草表陈贺。尚书苏绰谓庆曰:'近代以来,文章华靡,逮于江左,弥复轻薄。洛阳后进,祖述不已。相公柄民轨物,君执典文房,宜制此表,以革前弊。'庆操笔立成,辞兼文质。绰读而笑曰:'枳橘犹自可移,况才子也。'寻以本官兼雍州别驾"。苏绰秉奉宇文泰旨意,倡导文风变革,对魏晋以降之"文章华靡"及北魏孝文帝迁洛以来效仿南朝文风的风气颇为不满,厉行变革。[①] 这里说苏绰命柳庆针对"北雍州献白鹿"事"宜制此表,以革前弊"。柳庆"操笔立成,辞兼文质",苏绰深加赞赏,以为"枳橘犹自可移,况才子也"。所谓"辞兼文质",其中"文"是指文采与技巧,主要指文章表现的形式;而"质"则主要指文章的内在精神及其内容。苏绰称赞柳庆作为北迁南人之后而"辞兼文质",实现了文风的本质转变。柳庆之所以"操笔立成,辞兼文质",并非一时兴起,而与其入北后文学观念及其创作的转变不无关系。《周

---

① 苏绰作为关陇本土汉族士人代表,对江左文风及孝文帝以来效仿南朝文风颇为排斥,《周书》卷二三《苏绰传》载:"自有晋之季,文章竞为浮华,遂成风俗。太祖欲革其弊,因魏帝祭庙,群臣毕至,乃命绰为大诰,奏行之。……自是之后,文笔皆依此体。"可见苏绰改革文风是得到宇文泰支持的。

书·柳虬传》载"时人论文体者，有古今之异。虬又以为时有今古，非文有今古，乃为《文质论》。文多不载"。柳虬作《文质论》，针对时人所论文体"有古今之异"的观念，他强调无论时代差异，文章必须文、质结合，这是衡量古今文章优劣的基本标准。西魏北周的文学改革，其核心在于摒弃江左过度讲究形式的"华靡"文风，崇尚质朴，以文见事，文以载道。柳庆、柳虬兄弟作为入北豫州豪族集团后裔，之所以能够对西魏、北周文学观念革新产生如此重大影响，与其学术崇尚与思想底蕴密切相关。作为晚渡北方士族，南朝边境豪族在学风上与永嘉乱后以京洛为中心的河南地域南渡士族相比，其较少受到魏晋玄学的影响，大多因循着汉儒的学术传统；他们在晋宋之际南迁后，大多被安置在南朝北部沿边州镇，而无缘进入南朝高门士族集聚的建康等中心地域。尽管边境豪族在军政上受制于南朝，相关人员往来频繁，在学术文化上也多受南朝影响，但必须指出，他们毕竟处于南朝的沿边地带，受江左玄化风尚熏染不深。不仅如此，就生存状态而言，边境豪族处于对抗北朝的前沿地带，其生活作风刚健朴实，这使得南朝边境豪族群体在社会风尚上与北方社会颇为接近。正因为如此，边境豪族子弟入北后能很快适应北方的生活，融入北朝社会文化环境之中，以儒家的文学观念为根本，适当吸纳、整合南朝的文学艺术因素，提出新的文学思想，柳庆、柳虬便是其中的杰出代表。

（三）名士风气及其北播

在东晋南朝社会风尚熏陶下，江左士风具有鲜明的时代与地域特征，与北朝不同。士人作为文化载体，其不经意间的言谈话语与举手投足，都体现出其士风特点。相对于学术文化而言，士风的表现往往具有外在性与随机性，最易于为人们所直接感受。随着士人群体的迁移，相关风尚也自然随之而流播。

豫、梁豪族集团虽然长期生活、任职于南朝北部沿边州镇，并非江左高门士族集聚的社会文化中心区域，但毕竟与南朝政权的上层保持着密切的联系,朝廷与藩府之间人员往来频繁,且各重镇豪族还必须委质朝廷,如裴叔业子侄裴芬之、裴植、裴衍等都一度为质于建康,其间他们必然与建康上层社会多有交往,从而在生活风尚与言谈举止等方面受到江左士风的熏染。关于入北豫、梁豪族代表人士名士化习气,主要有如下表现。

其一,崇尚隐逸的倾向。

《魏书·裴叔业传附裴植传》载其"性非柱石,所为无恒。兖州还也,表请解官,隐于嵩山,世宗不许,深以为怪"①。裴植一度"表请解官,隐于嵩山",然魏宣武帝未许,裴植实际上只是表达了隐逸的意向而已。裴植弟裴粲,北魏末一度为元颢任为西兖州刺史,"寻为濮阳太守崔巨伦所逐,弃州入嵩高山"②。裴粲是在战败后一度逃匿嵩山,并非主动的归隐山林。裴氏具有隐逸特质的人物是裴植另一弟裴衍,"景明二年,始得归国,授通直郎。衍欲辞朝命,请隐嵩高,乃上表曰:'臣幸乘昌运,得奉盛化,沐藉炎风,餐佩唐德,于生于运,已溢已荣。但摄性乖和,恒苦虚弱。比风露增加,精形侵耗。小人愚怀,有愿闲养。伏见嵩岑极天,苞育名草,修生救疾,多游此岫。臣质无灵分,性乖山水,非敢追踵轻举,仿佛高踪,诚希药此沉痾,全养禀气耳。若所疗微瘥,庶偶影风云,永歌至德。荷衣葛屦,裁营已整;摇策纳屣,便陟山途。谨附陈闻,乞垂昭许。'诏曰:'知欲养痾中岳,练石嵩岭,栖素云根,饵芝清壑,腾迹之操,深用嘉焉。但治缺古风,有愧山客耳。既志往难裁,

---

① 东晋南朝士族崇尚隐逸,他们普遍高自标榜,耽于玄虚,鄙薄世务,形成了"朝隐"之风。作为豫州豪族的代表,裴植受玄化风气影响较深,具有名士气质。《魏书》卷七一《裴叔业传附裴植传》载其入魏后,"公私集论,自言人门不后王肃,怏怏朝廷处之不高。及为尚书,志意颇满,欲以政事为己任,谓人曰:'非我须尚书,尚书亦须我。'辞气激扬,见于言色。入参议论,时对众官面有讥毁。又表毁征南将军田益宗,言华夷异类,不应在百世衣冠之上。率多侵侮,皆此类也"。他崇门户,辨华夷,"入参议论"而讥毁众官,任诞不拘,终因此遭陷害而死。裴植既有隐逸之念,又汲汲于世俗,看似矛盾,实际上正是南朝士风影响的结果。

② 《魏书》卷七一《裴叔业传附裴粲传》。

岂容有抑，便从来请。'"可见裴衍入魏后便"欲辞朝命，请隐嵩高"，理由是"欲养痾中岳，炼石嵩岭"，并得到了魏宣武帝的同意，直到"世宗之末，衍稍以出山，干禄执事"①。

除裴氏兄弟之外，豫、梁豪族人士多有隐逸倾向，如席法友入魏，仕途不顺，"恬静自处，不竞势利"②；梁祐，前引文称其入洛后组织文学雅集，"以诗酒自娱。……端然养志，不历权门。……当世叹其抑屈"③。柳虬，《周书·柳虬传》载其在生活与仕宦态度上有退避之风，北魏末，扬州刺史樊义以柳虬为"治中，加镇远将军，非其好也，遂弃官还洛阳。属天下丧乱，乃退耕于阳城，有终焉之志"。本传又载"虬脱略人间，不事小节，弊衣疏食，未尝改操。人或讥之。虬曰：'衣不过适体，食不过充饥。孜孜营求，徒劳思虑耳。'"《北史》卷六四《柳虬传附柳机传》载其"伟容仪，有器局，颇涉经史。……机性宽简，有雅望，当近侍，无所损益。又好饮酒，不亲细务"。王由，《魏书·王世弼传》载王由入魏后官至东莱太守，"罢郡后寓居颍川。天平初，元洪威构逆，大军攻讨，为乱兵所害，时年四十三。名流悼惜之"④。庾道，《魏书·江悦之传》载其"及至洛阳，环堵弊庐。多与俊秀交旧，积二十余岁，殊无宦情"。这方面，皇甫亮的表现颇具代表性，其仕宦于北魏末至北齐间，《北

---

① 《魏书》卷七一《裴叔业传附裴衍传》。
② 《魏书》卷七一《席法友传》。
③ 《魏书》卷七一《裴叔业传附梁祐传》。
④ 王由隐居颍川，与中土名士交往甚密，《魏书》卷四七《卢玄传附卢元明传》载卢元明为卢玄曾孙，"涉历群书，兼有文义，风采闲润，进退可观。……永熙末，居洛东缑山，乃作《幽居赋》焉。于时元明友人王由居颍川，忽梦由携酒就之言别，赋诗为赠。及明，忆其诗十字云：'自兹一去后，市朝不复游。'元明叹曰：'由性不狎俗，旅寄人间，乃今有梦，又复如此，必有他故。'经三日，果闻由为乱兵所害。寻其亡日，乃是得梦之夜"。卢元明颇为玄化，本传载"天平中，兼吏部郎中，副李谐使萧衍，南人称之。……元明善自标置，不妄交游，饮酒赋诗，遇兴忘返。性好玄理，作史子新论数十篇，文笔别有集录。少时常从乡还洛，途遇相州刺史、中山王熙。熙博识之士，见而叹曰：'卢郎有如此风神，唯须诵《离骚》，饮美酒，自为佳器。'遂留之数日，赠帛及马而别。"卢元明为北魏后期名士化人物之代表，他与王由交往密切，情感甚笃，当在一定程度上接受了王由所转输之江左风尚。

史》卷三八《裴佗传附皇甫亮传》载皇甫和弟亮字君翼,"率性任真,不乐剧职,除司徒东阁祭酒,思还乡里,启乞梁州褒中,即本郡也。后降梁,以母兄在北,求还,梁武不夺也。至邺,无复宦情,遂入白鹿山,恣泉石之赏,纵酒赋诗,超然自乐。复为尚书殿中郎,摄仪曹事。……亮疏慢自任,无干务才,每有礼仪大事,常令余司摄焉。性质朴纯厚,终无片言矫饰。属有敕下司,各列勤惰。亮三日不上省,文宣亲诘其故。亮曰:'一日雨,一日醉,一日病酒。'文宣以其恕实,优容之,杖胫三十而已。所居宅洿下,标榜卖之,将买者或问其故,亮每答云:'宅中水淹不泄,雨即流入床下。'由此宅终不售"①。皇甫亮先随父兄自汉中入魏,一度归本郡而降梁,后再归北,其"率真任性"之诸多表现,典型地体现出江左名士的特征。至于其他豫、梁豪族子弟的生活与仕宦心态,多有类似的表现,不一一罗列。

　　豫、梁入北人士之所以如此,既与他们流徙北方的社会政治境遇有关,也与他们所受南朝隐逸士风的熏陶不无关系。东晋南朝高门士族社会在玄学风尚影响下,普遍崇尚隐逸,其中既有一些避居山林的苦隐之士,更多的则是朝、市之隐,他们以为"夫隐之为道,朝亦可隐,市亦可隐。隐初在我,不在于物"②。即民谚所谓"大隐隐于朝,中隐隐于市,小隐隐于野"。士族朝臣在日常生活、仕宦中希企隐逸,寄托山林,咏怀丘泉,体现出隐逸的雅趣与境界,以致"居官无官官之事,处事无事事之心"③,蔚为风尚。因此,上述以裴植、裴衍兄弟为代表的豫、梁豪族北徙名士化人物的隐逸情思显然是受南朝士风影响的表现。

---

　　① 《北齐书》卷三五《裴让之传附裴诹之传》载:"让之、诹之及皇甫和弟亮并知名于洛下,时人语曰:'诹胜于让,和不如亮。'"可见皇甫亮、皇甫和兄弟与裴让之、裴诹之兄弟皆"知名于洛下",为当时洛阳士族名士的代表。
　　② 《晋书》卷八二《邓粲传》。
　　③ 《晋书》卷七五《刘惔传》载刘惔为东晋玄化任诞名士代表,"尤好《老》《庄》,任自然趣",其同道孙绰为之作诔文,以上引之语称之,"时人以为名言",可见当时江左士族名士社会之相关风尚。

其二，玄化名士的"风仪辞令"。

众所周知，东晋南朝高门士族社会延续、发展了魏晋以来的名士风尚，礼法规制相对松弛，任情纵性，并注重形容仪表，言谈举止皆具个性，不同凡俗，与承继汉儒旧学的北朝社会多有不同。齐梁之际入北之豫、梁豪族人物及其后裔受江左士风之熏染，多有名士化的表现。如裴英起，"聪慧滑稽，好剧谈，不拘仪检"[1]。皇甫光，"美须髯，善言笑"[2]。崔高客，"博学，善文札，美风流"[3]。柳远，《魏书·裴叔业传附柳玄达传》载柳玄达子柳远"性粗疏无拘捡。时人或谓之'柳癫'。……放情琴酒之间。每出返，家人或问有何消息，答云：'无所闻，纵闻亦不解。'"王由，"性方厚，有名士之风"，天平中，其"为乱兵所害，时年四十三。名流悼惜之"[4]。《周书·柳庆传》载"庆威仪端肃，枢机明辨"，其子柳机，"少有令誉，风仪辞令，为当世所推"；柳机弟柳弘，"辞彩雅赡"，周武帝命之接待陈朝使者，并"仍令报聘"，"占对详敏，见称于时"，柳弘名士气质鲜明，"与弘农杨素为莫逆之交"，其死后，"杨素诔之曰：'山阳王弼，风流长逝。颍川荀粲，零落无时。修竹夹池，永绝梁园之赋；长杨映沼，无复洛川之文。'其为士友所痛惜如此"。又载柳庆兄柳鷟子柳带韦，"深沉有度量，少好学。身长八尺三寸，美风仪，善占对"。柳弘弟柳肃，"少聪敏，闲于占对。……开皇初，授太子洗马。陈使谢泉来聘，以才学见称，诏肃宴接，时论称其华辩"[5]。柳机从子柳謇之，"身长七尺五寸，仪容甚伟，风神爽亮，进止可观。为童儿时，周齐王宪尝遇謇之于途，异而与语，大奇之"，周武帝以之为守庙下士，"武帝尝有事太庙，謇之读祝文，音韵清雅，观者属目。帝善之，擢为宣纳上士。……开皇初，拜通

---

[1]《北齐书》卷二一《高乾传》。
[2]《魏书》卷七一《裴叔业传附皇甫光传》。
[3]《魏书》卷七一《裴叔业传附崔高客传》。
[4]《魏书》卷七一《王世弼传》。
[5]《北史》卷六四《柳虯传附柳肃传》。

事舍人，寻迁内史舍人，历兵部、司勋二曹侍郎。朝廷以䛒之有雅望，善谈谑，又饮酒至石不乱，由是每梁、陈使至，辄令䛒之接对"①。柳䛒之屡为使职，吐谷浑归降，"朝廷以宗女光化公主妻之，以䛒之兼散骑常侍，送公主于西域"；突厥启民可汗"求结和亲，复令䛒之送义成公主于突厥"；隋炀帝大业年间，启民可汗内附，"遂畜牧于定襄、马邑间，帝使䛒之谕令出塞。及还，奏事称旨，拜黄门侍郎"。柳䛒之"前后奉使"，他在隋文帝、隋炀帝二朝长期担任光禄少卿，仅文帝朝便"出入十余年，每参掌敷奏"。之所以如此，正在于其精通相关礼仪，且具有特殊的气度。对此，旧史以为柳䛒之为人"神情开爽，颇为疏放"②。柳雄亮在周隋更迭之际，"司马消难作乱江北，高祖令雄亮聘于陈，以结邻好"③。《柳雄亮墓志》称其"美风仪，善谈论"，"入为相府礼曹参军，掌东主客上士。于时四郊多垒，三国争强。并命行人，要结外援。君材惟特达，爰应将行。既拭玉于漳滨，屡寻盟于江浦"④。杨坚在平定司马消难之乱过程中命柳雄亮出使陈朝，与其才学气度不无关系。上述诸人之所谓"不拘仪检""粗疏无拘检""善言笑""美风流""风仪辞令""辞彩雅赡""美风仪，善谈论"云云，皆体现出玄化名士的特性，杨素为柳弘作诔文，有"山阳王弼，风流长逝。颍川荀粲，零落无时"的感喟，揭示出入北之豫、梁豪族名士及其后裔的士风渊源。

豫、梁豪族人士之注重"风仪辞令"，显然是南朝玄谈论难风尚的产物，其中一些人物入北后依然组织雅集与谈论。如上引梁祐"从容风雅，好为诗咏，常与朝廷名贤泛舟洛水，以诗酒自娱"，这是文学雅集。阎庆胤"博识洽闻，善于谈论，听其言说，不觉忘疲"⑤，这则是带有清谈特征的雅集。他们的雅集谈论活动，原本以

---

① 《隋书》卷四七《柳机传附柳䛒之传》。
② 《隋书》卷四七"史臣曰"论语。
③ 《隋书》卷四七《柳机传附柳雄亮传》，第1274页。
④ 王连龙：《新见隋唐墓志集释》，第9、8页。
⑤ 《魏书》卷七一《裴叔业传附阎庆胤传》。

入北之豫、梁豪族名士子弟为主，形成了一个入北名士的交游圈，或"好为诗咏""以诗酒自娱"，或"善于谈论"，后来交游范围不断扩大，如上引庾道"及至洛阳，……多与俊秀交旧"；梁祐"常与朝廷名贤"游历，其中显然多为北方人士；王由死时"名流悼惜之"，其中同道"名流"当亦多有北人。特别是柳弘，"与弘农杨素为莫逆之交"，杨素为关中名士代表，他为柳弘所作诔文以正始玄学名士王弼、荀粲相比附，"其为士友所痛惜如此"，可见柳弘与北方士族人物交往甚密，相知甚深。此外，一些入北之士不断进入元魏上层王公、朝臣之府邸，或出任其僚属，相互间的交往日渐深入，这都在一定程度上推进着南风北传。

关于豫、梁二州入魏人士的名士风度、生活作风及其北传，河东裴氏、谯郡夏侯氏人物最具代表性。裴粲是一个典型的名士型人物，《魏书·裴叔业传附裴粲传》载：

（粲）沉重，善风仪，颇以骄豪为失。历正平、恒农二郡太守。高阳王雍曾以事属粲，粲不从，雍甚为恨。后因九日马射，敕畿内太守皆赴京师。雍时为州牧，粲往修谒，雍含怒待之，粲神情闲迈，举止抑扬，雍目之不觉解颜。及坐定，谓粲曰："相爱举动，可更为一行。"粲便下席为行，从容而出。坐事免官。后世宗闻粲善自标置，欲观其风度，忽令传诏就家急召之，须臾之间，使者相属，合家怔惧，不测所以，粲更恬然，神色不变。世宗叹异之。时仆射高肇以外戚之贵，势倾一时，朝士见者咸望尘拜谒，粲候肇，惟长揖而已。及还，家人尤责之，粲曰："何可自同凡俗也。"又曾诣清河王怿，下车始进，便属暴雨，粲容步舒雅，不以霑濡改节。怿乃令人持盖覆之，叹谓左右曰："何代无奇人！"……出帝初，出为骠骑大将军、胶州刺史。……时青州叛贼耿翔受萧衍假署，寇乱三齐。粲唯高谈虚论，不事防御之术。翔乘其无备，掩袭州城。左右白言贼至，粲云："岂有此理！"左右又言已入州门，粲乃徐云："耿王可引上厅事,自余部众且付城外。"其不达时变如此。

裴粲之学术文化素养并不突出,在入魏豫州豪族群体中,以"不涉经史,终为知音所轻",然其具有南朝名士气质,"善风仪","神情闲迈,举止抑扬",以致高阳王元雍、清河王元怿等人"相爱举动",叹为"奇人",宣武帝甚至"闻粲善自标置,欲观其风度",一再诏令其入宫展示。之所以如此,当时正值北魏迁洛鲜卑皇族及其上层追求文雅,钦慕江左风尚,而模仿入北南士之言行举止,正是其中一个便捷、直观、有效之途径。对于北魏王公官僚而言,江左文雅之内核如清谈玄理等,理解与接受自然并非一蹴而就,而对"风流"之外在表现的"风仪"一类,有如"行为艺术",易于模仿,于是他们热衷于通过入北南人以学习江左士族社会之仪表风度,并从中感受南方文化的精神气韵。

夏侯道迁、夏侯夬父子也有名士习气,这主要体现在其生活作风方面。《魏书·夏侯道迁传》载其"好言宴,务口实,京师珍羞,罔不毕有。于京城之西,水次之地,大起园池,殖列蔬果,延至秀彦,时往游适,妓妾十余,常自娱兴。国秩岁入三千余匹,专供酒馔,不营家产。每诵孔融诗曰:'坐上客恒满,樽中酒不空',余非吾事也。识者多之"。夏侯道迁虽不以学显,但有一定的学术素养,"甚有意理",颇具南朝学尚,其入北后日常生活之作风,如"大起园池,殖列蔬果,延致秀彦,时往游适,妓妾十余,常自娱兴",涉及园林山水、名士雅集,这都是南朝名士社会日常生活的一般表现,夏侯道迁热衷于此,常诵孔融所言"坐上客恒满,樽中酒不空",以提升其风雅意境,这自然是其所受江左名士社会风尚影响的表现。由于夏侯道迁注重"延至秀彦,时往游适",且"识者多之",可见其在洛阳上层社会产生了一定影响。

比之乃父,夏侯道迁子夏侯夬生活作风更具任诞名士色彩。《魏书·夏侯道迁传附夏侯夬传》载:

夬性好酒，居丧不戚，醇醪肥鲜，不离于口。沽买饮啖，多所费用。父时田园，货卖略尽，人间债负数犹千余匹，谷食至常不足，弟妹不免饥寒。初，道迁知夬好酒，不欲传授国封。夬未亡前，忽梦见征虏将军房世宝来至其家，直上厅事，与其父坐，屏人密言。夬心惊惧，谓人曰："世宝至官间，必击我也。"寻有人至，云"官呼郎"。随召即去，遣左右杖之二百，不胜楚痛，大叫良久乃寤，流汗彻于寝具。至明，前凉城太守赵卓诣之，见其衣湿，谓夬曰："卿昨夕当大饮，溺衣如此。"夬乃具陈所梦。先是旬余，秘书监郑道昭暴病卒，夬闻，谓卓曰："人生何常，唯当纵饮耳。"于是昏酣遂甚。梦后二日，不能言，针之，乃得语，而犹虚劣。其从兄儵等并营视之，皆言危而获振。俄而心闷，旋转而死。为洗浴者视其尸体，大有杖处，青赤隐起二百下许。赠钜鹿太守。初夬与南人辛谌、庾道、江文遥等终日游聚，酣饮之际，恒相谓曰："人生局促，何殊朝露，坐上相看，先后之间耳。脱有先亡者，当于良辰美景，灵前饮宴。傥或有知，庶共歆飨。"及夬亡后，三月上巳，诸人相率至夬灵前酌饮。时日晚天阴，室中微暗，咸见夬在坐，衣服形容不异平昔，时执杯酒，似若献酬，但无语耳。时夬家客雍僧明心有畏恐，披帘欲出，便即僵仆，状若被殴。……而欣宗鬼语如夬平生，并怒家人皆得其罪，又发摘阴私窃盗，咸有次绪。夬妻，裴植女也，与道迁诸妾不穆，讼阋彻于公庭。

夏侯夬"性好酒"，不拘礼法，"居丧不戚，醇醪肥鲜，不离于口"，明言"人生何常，唯当纵饮耳"。夏侯夬与梁州人北名士辛谌、庾道、江文遥等"终日游聚"，在洛阳形成了一个以梁州北附人士为主体的名士交际圈，以为"人生局促，何殊朝露，坐上相看，先后之间耳"，甚至相约"脱有先亡者，当于良辰美景，灵前饮宴。傥或有知，庶共歆飨"。夏侯夬的这种人生观念与生活态度，显然与儒家思想不同，自是经受汉末魏晋以降玄学思潮熏染的结果。与乃父夏侯道迁一样，其入北后之生活旨趣颇具名士气息，且更为纵放不拘，其相关率性任诞之言行，与《世说新语》之《任诞篇》《伤逝篇》诸篇所录之魏晋名士事迹颇为相似。

  北魏孝文帝迁都洛阳后，鲜、汉上层日趋融合，除社会政治、经济、制度等重大变革外，其学术文化、士人风貌与日常生活风尚等各领域也经历着深刻的变革。就鲜、汉上层文化风尚变革而言，其主流趋向是追求文雅化，这涉及士风、学风、文风和生活风尚等一系列变化。就其历史进程而言，自孝文帝迁洛之际为发端，至宣武帝、孝明帝时期蔚然成风，延及隋唐之际而日臻高潮。就其变革之途径与方式而言，固然路径众多，相互交错，非止一途，但其中一个重要渠道是通过观摩而效仿南朝之士风仪表。在此过程中，入北之南朝人士便成为北人取法江左风尚的重要媒介。入北南人作为南朝社会文化的载体，他们在南风北传过程中确实发挥了不可替代的作用。众所周知，自东晋立国江东以来，直至隋朝灭陈而混一南北，间有南士入北，特别是晋宋交替之后，不断出现南朝上层社会人员群体性流亡北朝的情况，其中既有东晋、南朝各皇族代表人士，也有士族代表人士。就其总体趋势而言，随着南北朝军政局势的变化，及至南北朝后期，南人入北的数量不断增多，其中尤以西魏征服江陵和隋朝灭陈而强制性地迁移南人入北为著。在这一历史进程中，南朝齐梁之际豫、梁二州军镇之降魏及其豪族群体之北附，无疑是在特定历史时期一种特别类型的南人群体入北事件。经上文所述，总体而言，豫、梁豪族群体作为东晋、南朝"晚渡士族"群体，长期生活在南朝北部边镇，他们固然具有特定的地域、家族文化风尚，但他们长期仕宦于南朝，其代表人物与南朝朝廷及其士大夫社会存在着广泛而深入的联系，其州郡官长、幕府僚佐中还包含着各类别的南朝人士，如随梁州入魏的济阳江氏家族便是永嘉之乱后南迁的早渡士族代表。因此，入北豫、梁豪族代表及其所裹挟的各类别之南朝人物，他们在学风、士风诸方面长期经受江左玄化风尚之熏习，其入北后在学术文化与日常生活等方面之诸多表现，自觉不自觉地扮演着转输南学的角色，而当时正值北魏迁都洛阳之后宣武、孝明时期鲜、汉上层深入融合阶段，追求文雅化则是当时鲜、汉共同的主流价值取向，其中一个突出表现就是汲取南朝之制度及其社会文化风尚。可以说，豫、梁附魏及其豪族代表人士入北，恰逢其时，在北魏社会变革的特定时段，在南学北传、南风北渐的历史进程中发挥了不可替代的阶段性历史作用。相较早先入魏的青齐豪族群体即"青齐民"而言，"青齐民"中的代表人物在北魏孝文帝迁都及其以社会政治制度为中心的汉化变革中发挥了重要作用，并由此进入北魏统治集团的上层；在文化方面，青齐人士在经学方面成就较为显著，其代表人物有"当世儒宗"之誉。而豫、梁二州入魏豪族群体，他们对北魏社会制度变革及其政治影响并不十分突出，但在社会文化领域，其转输社会风尚，如经受江左玄化渲染之学风、士风及其生活方式等，则相对比较突出，这不仅契合了宣武、孝明时期北魏鲜汉融合过程中整体追求文雅化的时代主题，而且为此后北朝及隋唐之际社会文化风尚的不断南朝化奠定了基础。从这一角度看，在南北朝后期南学北输、南风北渐的总体历史进程中，入北之豫、梁豪族文士群体的社会文化活动是一个不可忽视的重要阶段和环节，其相应的历史作用及其地位应当受到重视。

符瑞神异与梁陈鼎革：
以陈霸先为中心的考察

在江南遭遇侯景之乱和萧梁灭亡的历史背景下，南朝陈之开国君主陈霸先抵御北齐对江东的渗透，历经艰难而创建陈朝，逐步稳定江东局势，对华夏文化的延续与传承有一定的影响，是一位在南北分裂时期颇有作为的统治人物。对此，吕思勉先生评价甚高，他说："江陵既陷，建业复危，斯时之中国，几于不国矣。梁任公曰：'旷观我国之历史，每至群阴交构，蜩螗沸羹之际，则非常之才出焉'，则陈武帝其人也。"他又比较陈霸先与宋武帝等南朝君主功绩，以为陈霸先代梁，"从来人君得国，无如陈武帝之正者。……人君之责，在于内安外攘而已。当强敌侵陵，干戈遍地之际，岂可以十余龄之稚子主之哉？陈武帝与宋武帝，并有外攘之功，陈武之所成就，似不如宋武之大，然此乃时势为之，论其功绩，则陈武实在宋武之上。且宋武自私之意多，陈武则公忠体国。宋武乃一武夫，陈武则能幸庄严寺讲经，可见其于学问非无所知；而又非如梁武帝之仅长于学问，而不宜于政事。宋武于并时侪辈，无不诛夷，陈武则多能收用降将，其度量之宽广，盖又有大过人者。陈武诚文武兼资，不世出之伟人哉！"[①] 吕先生结合梁陈易代之际特殊的历史背景论述陈朝立国之意义，以为陈霸先乃中国历史上"不世出之伟人"，

---

① 吕思勉：《两晋南北朝史》，上海古籍出版社1983年版，第665、673页。

可谓评价极高。陈霸先实际主政为时虽暂，然作风朴实，品性严谨。《陈书》卷二《高祖纪下》概曰："高祖智以绥物，武以宁乱，英谋独运，人皆莫及，故能征伐四克，静难夷凶。至升大麓之日，居阿衡之任，恒崇宽政，爱育为本。有须发调军储，皆出于事不可息。加以俭素自率，常膳不过数品，私飨曲宴，皆瓦器蚌盘，肴核庶羞，裁令充足而已，不为虚费。初平侯景，及立绍泰，子女玉帛，皆班将士。其充闱房者，衣不重綵，饰无金翠，哥钟女乐，不列于前。及乎践祚，弥厉恭俭。故隆功茂德，光有天下焉。"不过，仔细检点相关文献记载，可以发现有关陈霸先发迹过程中符瑞神异之事极多，颇令人讶异。周一良先生《魏晋南北朝史札记》"陈霸先早年经历"条指出："唐修《陈书》之撰人姚思廉多用其父姚察旧稿。察于陈时为史官，故所记每每为陈氏粉饰避讳。如高祖纪大书'日角龙颜，垂手过膝'，以及开口吞日等神奇怪诞之说，为南朝诸史所少见"。[①] 这类神奇怪诞之事暗示其得位自有天意。有关陈霸先创业之"神奇怪诞之说"，何以如此突出而"为南朝诸史所少见"？其相关社会背景如何？这里就此作专题考论。

一 "神奇怪诞之说"：陈霸先所编造之符瑞神异

就相关正史等文献所见，有关陈霸先一生的符瑞神异事迹颇多，以下就其内容与具体表现形式略作陈述。

（一）利用风水堪舆与相术以自神

《南史》卷九《陈高祖纪》载："陈高祖武皇帝讳霸先，字兴国，小字法生，吴兴长城下若里人。姓陈氏。其本甚微，自云汉太丘长寔之后也。寔玄孙晋太尉准。准生匡，匡生达，永嘉中南迁，为丞相掾，太子洗马，出为长城令，悦其山水，遂家焉。尝谓所亲

[①] 周一良：《魏晋南北朝史札记》，中华书局1985年版，第291页。

曰：'此地山川秀丽，当有王者兴焉，二百年后，我子孙必钟斯运。'达生康，复为丞相掾，咸和中土断，故为长城人。"陈氏择地吴兴长城，侨居于此，以为"此地山川秀丽，当有王者兴焉，二百年后，我子孙必钟斯运"，这暗示陈氏之兴起与其家族侨居地有着直接的必然联系。

《太平寰宇记》卷九四《江南东道》六"湖州长兴县"所录有关梁陈之际长兴地域几则山岗、溪流的自然符瑞：其一，"雉山，在县北五里，高五百尺。《山墟名》云：'以形类雉。'《梁陈故事》云：'梁武帝时有童谣言鸟山出天子，江表以鸟名山者悉凿。'按陈高祖则长兴县雉山人也，其山有追赠"。其二，"三鹧岗，在县南六十五里。上有晋太傅谢安墓。其岗中有断处，即因梁童谣云鸟山出天子，故凿焉"。其三，"余罢溪，在县东二十三里。《舆地志》云：'长兴南乡有余罢水，以余罢村名之。'《梁陈故事》云：'梁武帝时有童谣云天子之居在三余，武帝于余千、余杭、余姚三处为禳厌之法。其时长兴有余千山、余罢水、余鱼里。盖陈高祖吴兴三余人也。'"①

以上三则有关陈霸先家乡的山岗、河溪、地名方面的童谣，皆称出自梁武帝时代，预言这一地域将出天子，以致梁武帝或将"江表以鸟名山者悉凿"，或对相关地方行"禳厌之法"，但终究未能破坏长兴出天子的天命。而实际上，这些谶言符瑞当出自陈霸先发迹之后，甚至可能在陈朝建国之后，由"陈高祖则长兴雉山人也，其山有追赠"，可见陈统治者为自我神化，以增强其立国之理据，有目的地造作有关其家乡故里山水神异的谣言符谶。

关于陈霸先非同一般之异相，《陈书》卷一《高祖纪上》载："高祖以梁天监二年癸未岁生。……身长七尺五寸，日角龙颜，垂手过膝。""日角龙颜，垂手过膝"，可谓相貌异常，具有王者特征。

---

① 以上几则皆见《太平寰宇记》卷九四，中华书局2007年版，第1893、1894、1895页。

《建康实录》卷一九《陈高祖纪》载此，称其"身长七尺五寸，日角龙颜，垂手过膝，髭生连骨"。一般而言，对这类神异现象的记载，相对晚出的文献所载更为丰富、周详。《陈书·高祖纪上》又载："大同初，新喻侯萧暎为吴兴太守，甚重高祖，尝目高祖谓僚佐曰：'此人方将远大。'"《南史·陈高祖纪》载此曰："初仕乡为里司，后至建邺为油库吏，徙为新喻侯萧暎传教，勤于其事，为暎所赏。及暎为吴兴太守，甚重帝，谓僚佐曰：'此人将来远大，必胜于我。'"萧暎预言陈霸先"将来远大，必胜于我"，以显示其非凡。其实，当时陈霸先地位低下，并无特殊的名望与业绩，萧暎称赞之依据除了其"勤于其事"及其干能外，当与其相貌气度不无关系。

（二）陈霸先发迹过程中诸类神灵异象之预示

在神化统治人物的诸多方式中，往往借助梦境幻觉以言事。《陈书·武帝纪上》载有一则陈霸先早年的神异梦境："尝游义兴，馆于许氏，夜梦天开数丈，有四人朱衣捧日而至，令高祖开口纳焉，及觉，腹中犹热，高祖心独负之。"陈霸先早年梦中开口吞日，可谓神异之极，暗示其命运非凡，故其内心独喜。《太平寰宇记》卷一六九《岭南道》十三"太平军石康县陈王祠"条载："南中有妖鬼，号曰陈王神，面黑眼白，形容丑陋，祈祷有验，人多恶之。陈霸先刻木作影，自敬事之神，与之叙族，尊为叔父。祭胙精洁，动静与神俱。每有施为，多就掷珓，不得好卦，即云王叔不许，颇以惑人。其傍有墓。及受梁禅，尊神为帝。"

陈霸先早期活动于岭南，出身卑寒，且势力弱小，于是利用当地巫术鬼神以煽动当地民众，图谋起事。他对南中妖鬼"陈王神"，不仅"刻木作影，自敬事之神"，而且"与之叙族，尊为叔父"，以至"祭胙精洁，动静与神俱。每有施为，多就掷珓，不得好卦，即云王叔不许,颇以惑人",其称帝后依然"尊神为帝"。① 又,《南史·陈高祖纪》载大宝三年,"帝帅师发自豫章。二月,次桑落洲。时僧辩已发盆城,会帝于白茅湾,乃登岸结坛,刑牲盟约。进次大雷,军人杜稜梦雷池君、周、何神,自称征讨大将军,乘朱航,陈甲仗,称下征侯景,须臾便还,云已杀景竟"。陈霸先与王僧辩结盟共讨侯景,军人杜稜梦雷池君等诸神自称征讨大将军,"称下征侯景,须臾便还,云已杀景竟"。这实际上是利用民间诸神为陈霸先征讨侯景制造舆论,以鼓舞士气。

在陈霸先军政活动的每一紧要关头的符瑞神异中,一个突出的表现形式是常出现紫气天象。《南史·陈高祖纪》载梁大宝元年,陈霸先平定蔡路养之乱后驻军南康,梁元帝任其为交州刺史,改封南野县伯,"于是修理崎头古城徙居之。刘惠骞等望见恒有紫气冒城上,远近惊异,故惠骞等深自结于帝。"② 当时陈霸先正谋划北进以参与平定侯景之乱,处于扩充、整编军队的关键时刻,也是其地位提升的重要节点,其部属刘惠骞等"望见恒有紫气冒城上,远近惊异",于是"深自结于帝"。又,《陈书·高祖纪上》载:"三月,高祖与诸军进尅姑熟,仍次蔡洲。侯景登石头城观望形势,意甚不悦,谓左右曰:'此军上有紫气,不易可当。'乃以舴艋贮石沈塞淮口,缘淮作城,自石头迄青溪十余里中,楼雉相接。"③ 陈霸先攻击侯景,侯景登石头城观望形势,以为"此军上有紫气,不易可当",这是从敌对方传出的有关陈霸先的神异之事。又,《南史·陈高祖纪》

---

① 陈霸先早期起事岭南,以当地巫神"陈王"为族叔。及至其代梁建陈,则崇奉"胡公",进而提升其家族门望。关于陈霸先攀附"胡公",严耀中先生《关于陈文帝祭"胡公"——陈朝皇室姓氏探讨》(收入氏著《魏晋南北朝史考论》,上海人民出版社2010年版)一文有深入的专题考论,请参见。

② 《建康实录》卷一九《陈高祖纪》亦载此曰:"高祖乃修南康古城居之。人常远望见城上有紫云气垂覆,左右深结事之。"

③ 《南史》卷九《陈高祖纪》载此事内容基本相同,其中说:"侯景登石头城,望官军之盛,不悦,曰:'一把子人,何足可打。'密谓左右曰:'此军上有紫气,不易可当。'"可见所谓"此军上有紫气,不易可当"云云,自是侯景胆怯之托词,主要是"望官军之盛",以为"一把子人,何足可打"!

载大宝二年，梁元帝任陈霸先为江州刺史，其居处放射神光："帝又尝独坐胡床于阁下，忽有神光满阁，廊庑之间，并得相见。赵知礼侍侧，怪而问帝，帝笑不答。"陈霸先阁下"神光满阁，廊庑之间，并得相见"，颇为神异。陈霸先对好奇者则"笑不答"，似乎他感受到了某种天意与启示，故作姿态。

关于以气象显示天意，《陈书》卷八《周文育传》载陈霸先抵御北齐军队攻击建康，"时高祖拒嗣徽于白城，适与文育大会。将战，风急，高祖曰：'兵不逆风。'文育曰：'事急矣，当决之，何用古法。'抽槊上马，驰而进，众军从之，风亦寻转，杀伤数百人。"陈霸先与北齐战，原本处于逆风的被动局面，然激战过程中，"风亦寻转"，助其大胜。这种风向的变化，可谓天遂人愿。

陈霸先代梁建陈之际，天象变化也有所昭示。《陈书·高祖纪下》载永定元年十月乙亥，其即皇帝位于南郊，"先是氛雾，昼夜晦冥，至于是日，景气清晏"。陈霸先在即位仪式上柴燎告天曰："……霸先爰初投袂，大拯横流，重举义兵，实戡多难，废王立帝，寔有厥功，安国定社，用尽其力。是谓小康，方期大道。既而烟云表色，日月呈瑞，纬聚东井，龙见谯邦，除旧布新，既彰玄象，迁虞事夏，且协讴讼，九域八荒，同布衷款，百神群祀，皆有诚愿。"[①] 其即位过程中，"先是氛雾，昼夜晦冥，至于是日，景气清晏，识者知有天道焉"。可见陈霸先称帝，"日月呈瑞"，预示其"除旧布新"具有"天道"支撑。

在各类神异现象中，有关龙之符瑞往往与统治人物紧密相关，陈霸先也如此。前引文称其"日角龙颜"，即是从相术的角度暗示其有天子之相。他在发迹过程中，与龙相关之符瑞一再出现。《南史·陈高祖纪》载其大宝二年受命为江州刺史，其北上参与平定侯景之

[①] 《陈书》卷二《高祖纪下》载陈霸先代梁后分遣大使宣劳四方，所敕州郡玺书云："自梁氏将末，频月亢阳，火运斯终，秋霖奄降。翌日成礼，圆丘宿设，埃云晚霁，星象夜张。朝景重轮，泫三危之膏露，晨光合璧，带五色之卿云。"这也显示陈代梁过程中之天象变化。

乱："帝发南康，灨石旧有二十四滩，滩多巨石，行旅以为难。帝之发，水暴起数丈，三百里间，巨石皆没。进军顿西昌，有龙见水滨，高五丈，五采鲜曜，军民观者数万人。"陈霸先借助"水暴起数丈"而顺利自南康进军西昌，是其进军的关键步骤，于时"有龙见水滨，高五丈，五采鲜曜，军民观者数万人"，暗示其飞黄腾达的命运。又，《陈书·高祖传上》载太平元年，陈霸先进位丞相、录尚书事、镇卫大将军，进封义兴郡公，九月丁末，"中散大夫王彭牋称今月五日平旦于御路见龙迹，自大社至象阙，亘三四里"。当时陈霸先已实际上控制了军政大局，正在谋划代梁，故王彭所称"御路见龙迹"，显为陈霸先建国称帝制造舆论。又，《陈书·高祖纪下》载："三年春正月己丑，青龙见于东方。丁酉，以镇南将军、广州刺史欧阳頠即本号开府仪同三司。是夜大雪，及旦，太极殿前有龙迹见。甲午，广州刺史欧阳頠表称白龙见于州江南岸，长数十丈，大可八九围，历州城西道入天井岗。仙人见于罗浮山寺小石楼，长三丈所，通身洁白，衣服楚丽。"[1] 当时陈霸先虽已立国数年，其都城太极殿前依然"有龙迹见"，又有"青龙见于东方"，广州"白龙见于州江南岸"，以显示陈朝兴起之祥瑞。[2]

此外，陈霸先发迹过程中还多有其他类型的祥瑞。其一，属下屡奉玉玺。《陈书·高祖纪上》载陈霸先在梁末执政过程中，绍泰二年二月戊辰，"前宁远石城公外兵参军王位于石头沙际获玉玺四纽，高祖表以送台"。又载同年"八月癸卯，太府卿何敳、新州刺史华志各上玉玺一，高祖表以送台，诏归之高祖"。这类玉玺，实际上具有

---

[1] 《南史》卷九《陈高祖纪》所载较为简略，且具体时辰有异："三年春正月丁酉，镇南将军、广州刺史欧阳頠即本号开府仪同三司。是夜大雪，及旦，太极殿前有龙迹见。甲子，广州言仙人见于罗浮山寺小石楼。"中华书局本校勘记以为具体时间当从《陈书》，《南史》误。

[2] 广州地方上报"仙人见于罗浮山寺小石楼"，本是作为吉祥异象以赞誉陈霸先统治的，但后来则有人将其作为灾异之先兆，《隋书》卷二三《五行志下》"裸虫之孽"条载："陈永定三年，有人长三丈，见罗浮山，通身洁白，衣服楚丽。京房占曰：'长人见，亡。'后二岁，帝崩。"

某种王权与天命的象征，地方或部属竞相呈送，实际上含有劝进的意味。陈霸先为表示回避，故转奉梁主，而梁主"诏归之高祖"，则意味其有意禅位于陈霸先。

其二，天降甘露。《陈书·高祖纪上》绍泰二年三月条载："自去冬至是，甘露频降于钟山、梅岗、南涧及京口、江宁县境，或至三数升，大如弈棋子，高祖表以献台。"又，《陈书·高祖纪下》载：永定元年十一月己亥，"甘露降于钟山松林，弥满岩谷。庚子，开善寺沙门采之以献，敕颁赐群臣"。又，《陈书》卷三四《文学·颜晃传》载："永定二年，高祖幸大庄严寺，其夜甘露降，晃献《甘露颂》，词义该典，高祖甚奇之。"天降甘露，显示着吉祥瑞应，陈霸先代梁前后不断出现甘露符瑞，自是为其统治制造正面之舆论。

其三，嘉禾嘉木显瑞。《陈书·高祖纪下》载：永定二年七月甲寅，"嘉禾一穗六岐生五城。初，侯景之平也，火焚太极殿，承圣中议欲营之，独阙一柱，至是有樟木大十八围，长四丈五尺，流泊陶家后渚，监军邹子度以闻。诏中书令沈众兼起部尚书，少府卿蔡俦兼将作大匠，起太极殿"。这暗示着陈霸先之统治颇有自然瑞应，甚得天助。

陈霸先还利用民间信仰诸神，如前述雷池君、周、何神，自称征讨大将军而杀侯景。当时各地普遍流行自然与人物之巫筮神祇崇拜，而江东建康地区影响最著者莫过于蒋子文即蒋神信仰。又，《陈书·高祖纪下》载其永定元年十月称帝未久，即"舆驾幸钟山祠蒋帝庙"，永定三年闰四月，"是时久不雨，景午，舆驾幸钟山祠蒋帝庙，是日降雨，迄于月晦"[①]。

特别需要指出的是，陈霸先立国之际，还注意利用佛舍利信仰制造政治符谶。《陈书·高祖纪下》载永定元年十月庚辰，"诏出佛

---

① 《南史》卷九《陈高祖纪》载其于永定二年春正月甲寅，"遣中书舍人韦鼎，策吴兴楚王神为帝"。可见陈霸先称帝，对故乡神祇加以册封、祭祀，以此渲染其立国与统治的神道舆论。

牙于杜姥宅，集四部设无遮大会，高祖亲出阙前礼拜。初，齐故僧统法献于乌缠国得之，常在定林上寺，梁天监末，为摄山庆云寺沙门慧兴保藏，慧兴将终，以属弟慧志，承圣末，慧志密送于高祖，至是乃出"。东晋南朝以来，佛教流传极为广泛，与本土数术也有所结合，成为一些统治者可资利用的工具。陈霸先即位之初，僧人慧志密奉佛牙舍利，陈霸先亲自礼拜，以此感召佛教信徒，显示其立国之天命。对此，刘淑芬指出，"南朝陈的建国者陈霸先就曾经利用佛牙当作一种祥瑞的征兆，把自己取得政权合理化"①。前述永定元年十一月开善寺沙门采钟山甘露以献陈霸先也是如此。这类与佛教有关的数术之事，有助于陈霸先争取佛教信众的支持。②

陈朝其他统治人物的神异记载也颇多。《南史》卷九《陈文帝纪》载其乃陈霸先侄，"武帝甚爱之，常称吾家英秀。梁太清初，帝梦两日斗，一大一小，大者光灭坠地，色正黄，其大如斗，帝三分取一怀之"③。又载："武帝受禅，立为临川王。梦梁武帝以宝刀授己。"《南史》卷一〇《陈宣帝纪》载其陈文帝弟，"武帝平侯景，

---

① 刘淑芬：《中国历史上的舍利信仰》，载氏著《中古的佛教与社会》，上海古籍出版社2008年版，第320页。根据相关记载，陈霸先很重视利用佛教以争取民心，《陈书》卷二《高祖纪下》载：永定二年四月辛酉，"舆驾幸大庄严寺舍身。壬戌，群臣表请还宫"。十月，乙亥，"舆驾幸庄严寺，发《金光明经》题"。十二月甲子，"舆驾幸大庄严寺，设无碍大会，舍乘舆法物。群臣备法驾奉迎，即日舆驾还宫"。又据《续高僧传》卷七《陈扬都大彭城寺释宝琼传》载："逮梁室版荡，有陈建业，武帝尊法，嗅味特深，数引金言，频开玉牒，降狎言笑，询访名理。"又同书同卷之法朗、警韶、安廪、慧弼诸人传记，也有大致相同的记载。可见陈霸先称帝后援引高僧，尊崇佛法。这是在梁武帝极力崇佛之后，陈霸先利用佛教以巩固统治。

② 南朝帝王之佛舍利崇拜，据文献所载，当始于梁武帝。《梁书》卷五四《诸夷·扶南国传》载大同五年，其国使"又言其国有佛发，长一丈二尺，诏遣沙门释云宝随使往迎之"。同书同卷《盘盘国传》也载于中大通六年八月，"复使送菩提国真舍利及画塔"。《扶南国传》又载大同年间，分别改造建康阿育王寺、会稽鄮县阿育王寺、建康长干寺等，"出旧塔下舍利及佛爪发"等，梁武帝皆予礼拜。《梁书》卷三《武帝纪下》载大同三年辛卯，"舆驾幸阿育王寺，赦天下"。这是梁武帝至阿育王寺礼拜佛舍利。陈霸先称帝而礼拜佛牙，显然是承继梁武帝之佛舍利崇拜，以之作为吉祥瑞兆来感召人心，宣示其立国之天命。

③ 《陈书》卷三《世祖纪》所载基本相同。

镇京口，梁元帝征武帝子姪入侍，武帝遣帝赴江陵。累官为中书侍郎。时有军主李总与帝有旧，每同游处，帝尝夜被酒，张灯而寐，总适出，寻反，乃见帝是大龙，便惊走他室。魏平江陵，迁于长安。帝貌若不慧，魏将杨忠门客张子煦见而奇之，曰：'此人虎头，当大贵也。'"《建康实录》卷二〇《陈高宗纪》又载其"梁中大通二年七月辛酉生于乡里，产夕有赤光满室。……及长，美容仪，身长八尺，垂手过膝"。陈文、宣二帝皆为陈霸先侄，二人得登帝位本非自然继承，有关其梦境预示自然在于神化其出身与天命所属。此外，如武帝之章皇后，重臣如章昭达、吴明彻等，其生平神异事迹也甚多。可以说造作符谶神异是陈朝统治集团的普遍现象，成为陈代政治文化的一个显著特征。①

二 "帝王之兴，必有符瑞"：陈霸先兴造符瑞谶言之社会文化背景

尽管我们不可能无一遗漏地搜集、罗列全部相关记录，但基本史实大体如上述。可见史家所谓《陈书》多载录陈霸先之"神奇怪诞之说，为南朝诸史所少见"，确不为虚。对此，历来史家或采取置之不理，或以为荒诞不经，加以批评和讥讽。相较而言，比之宋、齐、梁、陈等南朝诸断代史，晚出的李延寿《南史》，在各类人物传记中尤其重视相关符瑞谶言等神异事迹与现象的记载。对此，清人王鸣盛在《十七史商榷》卷五四"宋武帝微时符瑞"条有论云："《南史》最喜言符瑞，诡诞不经，疑神见鬼，层见叠出"，甚至对刘裕射蛇之事，"予直疑是李延寿附会汉高祖斩蛇事白撰出"。同时他又指出"沈约亦

---

① 陈霸先之外，其他陈统治者也皆喜言符瑞，《陈书》卷三四《文学·徐伯阳传》载其自少"敏而好学，……年十五，以文笔称"，"天嘉二年，诏侍晋安王读。寻除司空侯安都府记室参军事，安都素闻其名，见之，降席为礼。甘露降乐游苑，诏赐安都，令伯阳为谢表，世祖览而奇之"。对乐游苑所降甘露，陈世祖"诏赐安都"，侯安都则上谢表，君臣间如此对待符瑞现象，可见其重视程度。

好言符瑞者"，故《宋书》对有关刘裕大量的"微时符瑞"，"虽不采入纪，而别作《符瑞志》述之"。王鸣盛《十七史商榷》卷五六"符瑞不当胪列前代"条又指出："至于符瑞，本不当有志，即欲志之，亦惟志一代可耳，前事但于叙首中略述以为引子足矣，沈约乃直追溯至五帝三代，一一胪列之，枝蔓斯极。"赵翼在《陔余丛考》卷六"《宋书》立传太少"条也指出：《宋书》"八志中却增符瑞一门，徒滋荒诞。且又不专记刘宋一代，并举羲农以来所传怪异不经之事，胪列不遗，更谬悠矣。"他们以为李延寿不仅"最喜言符瑞"，甚至可能"自撰"相关神异荒诞之事。对此，李慈铭在《越缦堂读书记》"史部·正史类·《南史》"部分也有一段议论："李氏好述神怪，自是史家一病。……《齐高帝纪》后缕述符瑞凡一千一百三十四字，附会无理，甚为可厌，此皆萧子显本书所无者。"不过，他以为"《南史》所载神异事固可厌，然延寿好奇，无识则有之，若谓其别无所据，自撰荒唐，延寿当不至此"①。李慈铭以为李延寿固然有不厌其烦地记录神异之喜好，但这类神异怪诞之事在当时甚为流行则为事实，绝非其随意编造。应当说，这是比较中肯的看法。

其实，唐代刘知几对中古史家及其史著详载祥瑞已颇有微词，《史通》卷八《内篇·书事》有论云："大抵近代史笔，叙事为烦。权而论之，其尤甚者有四。夫祥瑞者，所以发挥盛德，幽赞明王。至如凤皇来仪，嘉禾入献，秦得若雉，鲁获如麕。求诸《尚书》、《春秋》，上下数千载，其可得言者，盖不过一二而已。爰及近古则不然。凡祥瑞之出，非关理乱，盖主上所惑，臣下相欺，故德弥少而瑞弥多，政逾劣而祥逾盛。是以桓、灵受祉，比文、景而为丰；刘、石应符，比曹、马而益倍。而史官征其谬说，录彼邪言，真伪莫分，是非无别。其烦一也。"刘知几指出了汉、晋以来史书连篇累牍详载祥瑞的情况。对此，南朝萧梁时期史家萧子显在《南齐书·祥瑞志》记录当时祥瑞异事，然在"史臣曰"中其亦有论云：

---

① 王利器辑录李慈铭《越缦堂读书简端记》，天津人民出版社1980年版，第182页。

"《记》云，升中于天，麟凤至而龟龙格。则凤凰巢乎阿阁，麒麟在乎郊薮，岂非驯之在庭，扰以成畜，其为瑞也如此。今观魏、晋已来，世称灵物不少，而乱多治少，史不绝书。故知来仪在沼，远非前事，见而不至，未辨其为祥也。"萧子显也指出"魏、晋以来，世称灵物不少，而乱多治少，史不绝书"。可见中古时代，相关史籍连篇累牍地著录历代符瑞，成为当时一种普遍现象。

何以如此？中古时代各类统治人物之相关符瑞现象仅仅是由于史家"喜言符瑞"吗？如果仅仅局限于这一层面，自然无法理解当时这一社会文化现象之特质。对此，应当从当时整个社会与文化背景中探究其缘由与根底。从人类文化学的角度看，在早期人类文明发展过程中，人与自然紧密相关，人类处于相对弱小的地位，这使得人类对自然界怀有莫名的恐惧、敬畏感，以致习惯于从自然角度来解释社会现象。早期人类以为自然界中存在着超自然的神灵，它影响甚至决定着个人或社会的命运，形成了种种自然崇拜、神灵崇拜、图腾信仰等，在上层社会则逐渐形成了诸如天命观念、五德终始、五行演化等学说，进入汉代，则与儒学结合，形成了天人感应的理论；在民间则长期盛行着名目繁杂的各种巫筮方术，并与相关风俗相整合，逐渐成为民间信仰。这种现象在中古时代依然极为流行，成为当时社会文化的显著特色。

作为中古时代社会文化底色与基调的民间信仰，对当时社会各阶层无不具有广泛而深刻的影响。具体就当时社会政治领域而言，必然借助、利用相关符谶祥瑞学说以解释社会现实政治，特别是对当时统治者之成败、新旧王朝之更替寻找依据。众所周知，汉魏以降，中国社会处于长时间的动荡、分裂状态，大规模的民族迁徙、人口流动，造成了严重的民族冲突。汉民族统一政权的崩溃及其大一统政治文化的瓦解，引发了异域文化、异族文化的广泛传播；权位争夺与王朝更迭频繁，而当时统治者不仅多来自异族，且也多有起自社会下层者。随着这些寒微的统治者及其集团地位的上升，其相关的民间社会风俗与文化也随之浮现出来，造成下层社会文化在社会上的泛滥。对于起自下层的寒门或异族统治者来说,既没有家世的凭藉,更缺乏儒学文化的积累,他们在发迹和篡夺统治地位的过程中,必然遭遇上层社会门第观念与精英文化的挑战与阻碍,于是导致他们利用各种具有广泛影响的民间术数文化,以营造神秘化的舆论氛围,进而神化其身份,巩固其地位。

确实,当时起自下层的寒门与胡人统治者的相关祥瑞妖异之事甚为突出,成为当时社会政治活动中一种常见现象。前引刘知几所谓"凡祥瑞之出,非关理乱,盖主上所惑,臣下相欺,故德弥少而瑞弥多,政逾劣而祥逾盛",萧子显所谓"魏、晋已来,世称灵物不少,而乱多治少,史不绝书",其根源正在于此。刘知几批评中古史家记载祥瑞过烦,清代学者也讥刺他们"最喜言符瑞",固然与他们的史学思想有关,但从中古时期社会文化风尚的角度而言,符瑞作为当时盛行的社会与政治文化现象,就史家所载而言,则近乎"实录",并非完全出于其个人的喜好与偏爱。就中古时代符瑞、谶记的传播、记录而言,史籍之外,各类小说、地记及佛教、道教文献等更为突出,这是应当引起人们充分重视的。民谚所谓乱世、末世多妖异,实际上也是对这一现象的感性概括。

其实,王朝更替过程中,一些门第地位颇高的统治人物也刻意制造符瑞,《晋书》卷九九《桓玄传》载其谋划建楚代晋,"谓代谢之际,宜有祯祥,乃密令所在上临平湖开除清朗,使众官集贺。矫诏曰:'灵瑞之事非所敢闻也,斯诚相国至德,故事为之应。太平之化,于是乎始,六合同悦,情何可言!'又诈云江州甘露降王成基家竹上。玄以历代咸有肥遁之士,而己世独无,乃征皇甫谧六世孙希之为著作,并给其资用,皆令让而不受,号曰高士,时人名为'充隐'"。由桓玄所谓"代谢之际,宜有祯祥",可见这已成为当时王朝兴替及其相关政治活动的必具内容,于是他有意代晋,"密令所在上临平湖开除清朗,使众官集贺","又诈云江州甘露降王成基家竹上"。《晋书·桓玄传》末史臣有论云:"夫帝王者,功高宇内,道济含灵,龙宫凤历表其祥,彤云玄石呈其瑞,然后光临大宝,克享鸿名，允僁后之心，副乐推之望。若桓玄之么么，岂足数哉！适所以干纪乱常，倾宗绝嗣，肇金行之祸难，成宋氏之驱除者乎！"史家以为真正的帝王之起，必然有"龙宫凤历表其祥，彤云玄石呈其瑞，然后光临大宝，克享鸿名，允僁后之心，副乐推之望"。至于桓玄，刻意伪造符瑞，固然"干纪乱常"，贻笑后世，但由其立国之际如此重视符瑞，可见当时社会普遍之文化风尚。《晋书·桓玄传》又载其妊娠出生之神异"桓玄字敬道，一名灵宝，大司马温之孽子也。其母马氏尝与同辈夜坐，于月下见流星坠铜盆水中，忽如二寸火珠，冏然明净，竞以瓢接取，马氏得而吞之，若有感，遂有娠。及生玄，有光照室，占者奇之，故小名灵宝。姣媪每抱诣温，辄易人而后至，云其重兼常儿，温甚爱异之。临终，命以为嗣，袭爵南郡公"。对此，李慈铭《越缦堂读书记》"史部·正史类·《晋书》"部分有论云："《桓玄传论》备言帝王之兴，必有符瑞，而玄无之，故败。此等鄙识妄言，污之信史，深为可笑，盖又出许敬宗、李义府辈奴才之笔耳。其言玄之生有大星坠于盆，如二寸火珠，其母马氏以瓢接取吞之，遂有娠。夫二寸之大，既不可吞，星火烁金，岂敢入口？马氏温之孽嬖，并非异人，揆之情理，万无此事。且玄骄淫狂竖，绝无才能，……而犹夸其诞生，诧其奇异。盖以当日桓氏门客如王、谢之徒，妄相造饰，而玄又小有文藻，自称名士。篡立以后，卞、殷丑类，导谀献媚，作此祯符，以伪孽之盗干，比娥莘之降瑞，岂知燕卵本可吞之物，大星非下咽之需，史臣载之，无识甚矣！"李慈铭理性地分析有关桓玄符瑞祯祥现象之虚妄，揭示其人为造作之状况，颇为有识。①

在符谶观念及其相关社会风尚的影响下，"帝王之兴，必有符

---

① 其实，桓玄人为造作的事例颇多，《水经·江水注》引刘宋盛弘之《荆州记》载枝江县"旧治沮中，后移出百里洲西，出郡百六十里。县左右有数十洲，盘布江中，其百里洲最为大也。中有桑田甘果，映江依洲。自县西至上明，东及江津，其中有九十九洲。楚谚云：'洲不百，故不出王者。'桓玄有问鼎之志，乃增一洲以充百数。僭号数旬，宗灭身屠，及其倾败，洲亦消ље。今上（按：指宋文帝刘义隆）在西，忽有一洲自生，沙流回薄，成不淹时。其后未几，龙飞江汉矣"。《太平御览》卷六九"洲"、《太平寰宇记》卷一四六"枝江县"也有引录，文字略有异。由此可见桓玄"有问鼎之志"，刻意制造符谶的情况。

瑞",历代统治人物无不造作符瑞,以显示天命所属,预兆祯祥。不过,检点文献记载,各王朝之代谢、诸帝王之兴起,虽无不有符瑞神异之呈现,但毕竟在符瑞数量、神异程度等方面存在差异。相较而言,在南朝诸开国君主中,宋武帝刘裕造作符瑞神异颇为突出,《通鉴》卷一一九《宋纪一》武帝永初三年三月条载刘裕病危,诸大臣"入侍医药","群臣请祈祷神祇,上不许,唯使侍中谢方明以疾告宗庙而已。上性不信奇怪,微时多符瑞,及贵,史官审以所闻,上拒而不答"。由此可见,刘裕显贵后"不信奇怪",对其"微时多符瑞"则采取回避、淡化的态度,但流传广泛的相关符瑞神异,史官不得不向其本人求证,"审以所闻",可见当时史官的相关著录并非凭空捏造,而是对当时盛传的种种神异奇怪之事的汇集。①

齐高帝萧道成也特别注重符瑞制造与宣传,《南齐书》卷二八《苏侃传》载其"涉猎书传",有一定的文化素养,后"遇太祖在淮上,便自委结。上镇淮阴,以侃详密,取为冠军录事参军",成为萧道成心腹之臣。宋齐更替之际,他大力宣扬萧道成的功业,为其代宋制造舆论:"侃事上既久,备悉起居,乃与丘巨源撰《萧太尉记》,载上征伐之功。……上即位,侃撰《圣皇瑞命记》一卷奏之。建元元年,卒,年五十三。上惜之甚至,追赠辅国将军、梁南秦二州刺史,谥质侯。"可见苏侃为萧道成最贴身的随从侍属,"事上既久,备悉起居",萧道成称帝前,其所撰《萧太尉记》,称述其"征伐之功",固然不无夸饰,但基本上于事有征,而受命所作之《圣皇瑞命记》一卷,则为萧道成称帝进行合乎"瑞命"的合法化的包装,自然极力附会,故其传末有赞语曰:"侃奉潜跃,皇瑞是鸠。"《南齐书》卷一八《祥瑞志》也载:"齐氏受命,事殷前典。黄门郎苏侃撰《圣皇瑞应记》,永明中庾温撰《瑞应图》,其余众品,史注

---

① 关于宋武帝刘裕"微时多符瑞"的具体情况,王永平《宋武帝刘裕"微时多符瑞"及其社会文化背景》已有专题考述,收入氏著《晋宋社会文化史论》(社会科学文献出版社 2018 年版),敬请参见。

所载。今详录去取，以为志云。"可见《南齐书·祥瑞志》主要是根据《圣皇瑞命记》《瑞应图》等"详录去取"而成，其中所录数十则有关萧道成、萧赜父子发迹过程中祥瑞神异之事，集中显现出萧齐统治者"微时多符瑞"的状况。此外，见之于《南齐书》其他纪传所录者甚多，如《南齐书》卷一《高帝纪上》载："太祖以元嘉四年丁卯岁生。姿表英异，龙颡钟声，鳞文遍体。"这是说萧道成出生时体相便非同寻常。后来宋明帝"常嫌太祖非人臣相，而民间流言，云'萧道成当为天子'，明帝愈以为疑，遣冠军将军吴喜以三千人北使，令喜留军破釜，自持银壶酒封赐太祖。太祖戎衣出门迎，即酌饮之。喜还，帝意乃悦"。《南齐书》卷二《高帝纪下》载："上姓名骨体及期运历数，并远应图谶数十百条，历代所未有，臣下撰录，上抑而不宣，盛矣。"《南齐书》卷二〇《皇后·宣孝陈皇后传》载萧道成生母陈氏，"太祖年二岁，乳人乏乳，后梦人以两瓯麻粥与之，觉而乳大出，异而说之。……有相者谓后曰：'夫人有贵子而不见也。'后叹曰：'我三儿谁当应之。'呼太祖小字曰：'正应是汝耳。'"这都是有关萧道成自出生及其体相必为王者的预言。又，《南齐书》卷五六《倖臣·纪僧真传》载纪僧真为出自丹阳建康之寒人，刘宋时曾随萧惠开出镇益州，遭遇土著反抗"被围危急，有道人谓之曰：'城围寻解。檀越贵门后方大兴，无忧外贼也。'惠开密谓僧真曰：'我子弟见在者，并无异才。政是道成耳。'僧真忆其言，乃请事太祖。随从在淮阴，以闲书题，令答远近书疏。自寒官历至太祖冠军府参军、主簿。僧真梦蒿艾生满江，惊而白之。太祖曰：'诗人采萧，萧即艾也。萧生断流，卿勿广言。'其见亲如此"。又载："初，上在淮阴治城，得一锡趺，大数尺，下有篆文，莫能识者。僧真曰：'何须辨此文字，此自久远之物，九锡之征也。'太祖曰：'卿勿妄言。'"纪僧真为依附萧道成的寒门亲信，他也一再为萧道成制造神异符谶。至于利用天文以证萧道成代宋之"替天行道"，《南齐书·高帝纪上》载众人皆请萧道成代宋，"兼太史令、将作匠陈文建奏符命"；《南齐书》卷一二《天文志上》也载"太祖革命受终,膺集期运。宋升明三年,太史令将作匠陈文建陈天文"。可见萧道成在发迹谋篡过程中刻意制造符谶以自神,相关记载甚著,与刘裕相当。①

在这方面,梁武帝萧衍虽不若刘裕、萧道成突出,《梁书》也未设《符瑞志》《祥瑞志》以集中记载其事,但依然有相关表现。《梁书》卷一《武帝纪上》载:"高祖以宋孝武大明八年甲辰岁生于秣陵县同夏里三桥宅。生而有奇异,两髀骈骨,顶上隆起,有文在右手曰'武'。帝及长,博学多通,好筹略,有文武才干,时流名辈咸推许焉。所居室常若云气,人或过者,体辄肃然。"《梁书》卷七《太祖文献皇后传》载:"初,后尝于室内,忽见庭前昌蒲生花,光彩照灼,非世中所有。后惊视,谓侍者曰:'汝见不?'对曰:'不见。'后曰:'尝闻见者当富贵。'因遽取吞之。是月产高祖。将产之夜,后见庭内若有衣冠陪列焉。"这是有关梁武帝出生非凡的神异之事。又,《梁书》卷四六《阴子春传》载阴子春父阴智伯"与高祖邻居,少相友善,尝入高祖卧内,见有异光成五色,因握高祖手曰:'公后必大贵,非人臣也。天下方乱,安苍生者,其在君乎!'高祖曰:'幸勿多言。'于是情好转密,高祖每有求索,如外府焉。及高祖践阼,官至梁、秦二州刺史"。《梁书》卷一一《张弘策传》载其乃"文献皇后之从父弟也。……弘策与高祖年相辈,幼见亲狎,恒随高祖游处。每入室,常觉有云烟气,体辄肃然,弘策由此特敬高祖。建武末,弘策从高祖宿,酒酣,徙席星下,语及时事。弘策因问高祖曰:'纬象云何?国家故当无恙?'高祖曰:'其可言乎?'弘策因曰:'请言其兆。'高祖曰:'汉北有失地气,浙东有急兵祥。

---

① 关于萧道成的相关符谶,《嘉泰会稽志》卷九"山·山阴县"条、《剡录》卷二《山水志》引唐梁载言《十道四蕃志》载刻石山,一名穿山,"相传以刻石为名,不知文字所在。升明末,县人倪袭祖行猎,见山上有文凡三处,苔生其上,刮苔视之,其大石文曰:'黄天星,姓萧,字道成,得贤师,天下太平。'"参刘纬毅、郑梅玲、刘鹰辑校《汉唐地理总志钩沉》,国家图书馆出版社2016年版,第350页。山阴刻石山有关萧道成的石刻文字,自然是有预谋地为萧道成篡夺权位制造舆论。

今冬初，魏必动；若动则亡汉北。帝今久疾，多异议，万一伺衅，稽部且乘机而作，是亦无成，徒自驱除耳。明年都邑有乱，死人过于乱麻，齐之历数，自兹亡矣。梁、楚、汉当有英雄兴。'弘策曰：'英雄今何在？为已富贵，为在草茅？'高祖笑曰：'光武有云："安知非仆。"'弘策起曰：'今夜之言，是天意也，请定君臣之分。'高祖曰：'舅欲效邓晨乎？'是冬，魏军寇新野，高祖将兵为援，且受密旨，仍代曹虎为雍州。弘策闻之心喜，谓高祖曰：'夜中之言，独当验矣。'高祖笑曰：'且勿多言。'弘策从高祖西行，仍参帷幄，身亲劳役，不惮辛苦。"这皆为萧衍发迹过程中的符谶神异之事。萧衍代齐建梁之际，臣属假托符谶劝进者甚众，《梁书》卷五一《处士·陶弘景传》载："义师平建康，闻议禅代，弘景援引图谶，数处皆成'梁'字，令弟子进之。高祖既早与之游，及即位后，恩礼逾笃，书问不绝，冠盖相望。"《梁书·武帝纪上》载："是日，太史令蒋道秀陈天文符谶六十四条，事并明著，群臣重表固请，乃从之"。《梁书》卷一三《沈约传》载："时高祖勋业既就，天人允属，约尝扣其端，高祖默而不应。佗日又进曰：'今与古异，不可以淳风期万物。士大夫攀龙附凤者，皆望有尺寸之功，以保其福禄。今童儿牧竖，悉知齐祚已终，莫不云明公其人也。天文人事，表革运之征，永元以来，尤为彰著。谶云"行中水，作天子"，此又历然在记。天心不可违，人情不可失，苟是历数所至，虽欲谦光，亦不可得已。'高祖曰：'吾方思之。'"可见在萧衍代齐过程中，各类"攀龙附凤者"大量制造符瑞图谶，以企求"有尺寸之功，以保其福禄"。

需要强调指出的是，就中古时代政治文化而言，汉魏以降王朝更迭频繁，在名义上多以禅让方式以实现新旧王朝的轮替，实际上则充斥着权臣的谋篡活动。这些政权窃夺者自然在政治道德伦理与社会认可等方面存在着致命的缺陷。《世说新语·尤悔篇》载："王导、温峤俱见明帝，帝问温前世所以得天下之由。温未答，顷，王曰：'温峤年少未谙，臣为陛下陈之。'王乃具叙宣王创业之始，诛夷名族，宠树同己，及文王之末高贵乡公事。明帝闻之，覆面箸床曰：'若如公言，祚安得长！'"可见及至东晋，晋明帝听闻其祖辈篡夺之事，依然深感愧疚，以致不禁"覆面箸床"，羞耻难当。至于那些身处谋篡过程中的统治人物，其所面临的社会舆论与道德压力自然更为巨大。为消解这种社会压力，他们往往利用当时民间社会尚巫之风尚，有组织地刻意制造符瑞谶纬，这成为当时政治文化的一个显著特征。在这方面，隋文帝杨坚颇为典型。《通鉴》卷一七九隋文帝仁寿元年概言："初，帝受周禅，恐民心未服，故多称符瑞以耀之，其伪造而献者，不可胜计。冬，十一月，己丑，有事于南郊，如封禅礼，版文备述前后符瑞以报谢云。"关于隋文帝君臣刻意制造符瑞，《通鉴》卷一七八隋文帝开皇十四年载："上好禨祥小数，……员外散骑侍郎王劭言上有龙颜戴干之表，指示群臣。上悦，拜著作郎。劭前后上表，言上受命符瑞甚众，又采民间歌谣，引图书谶纬，捃摭佛经，回易文字，曲加诬饰，撰《皇隋灵感志》三十卷奏之，上令宣示天下。劭集诸州朝集，使盥手焚香而读之，曲折其声，有如歌咏，经涉旬朔，遍而后罢。上益喜，前后赏赐优洽。"隋文帝不仅有组织地制造符瑞，而且广泛宣传，甚至诸州朝集使入京，必须接受相关培训，他们熟练掌握后，自然逐级传达宣讲。正因为如此，隋文帝时期形成了伪造符瑞的社会风气，"其伪造而献者，不可胜计"，从而将中古时代这一政治文化推向了高峰。

  由上所论，可见中古时代，政治大一统局面崩溃，儒学失去了独尊地位，社会秩序紊乱，民间巫风昌盛，谶纬数术之学盛行，社会各阶层、各地域民间信仰交融混揉，影响到当时社会生活的方方面面。特别在社会政治领域，其与天命论、灾异论、天人感应学说等相结合，成为解释王朝盛衰、人事与社会兴废的基本理论。所谓"代谢之际，宜有祯祥"，其症结正在于此，究其本质，可谓符谶文化的政治化、工具化。具体就陈高祖陈霸先发迹及其称帝前后之相关符瑞神异现象而言，其造作与流播之缘由也大体如此。

三 "其本甚微"：陈霸先假借神异以缘饰其社会身份

刘裕、萧道成等如此有组织地刻意制造瑞命，除了当时普遍的社会文化背景及其相关风尚的影响外，当与其门第寒微之身份不无关系。在这方面，与刘裕、萧道成相似的当属陈高祖陈霸先，其发迹与立国过程中相关符瑞数量之多，神异色彩之浓郁，由上述可见皆有过之而无不及。

众所周知，两晋以来，具有优越文化传统的高门士族社会对政治权力的垄断日益强化，门阀制度日臻完备，东晋时期则形成了典型的门阀政治格局。及至东晋后期，尽管高门士族群体日益腐化，逐步丧失了领兵治国的实际能力，其军政地位渐为以低级士族为主体的北府武人群体所取代，但在门阀制度的影响下，门第意识、门阀观念则深入人心。毫无疑问，在南朝开国君主中，刘裕与陈霸先的社会身份最为寒微，相较之下，陈霸先尤显卑下。[①] 这里就陈氏之出身问题略加申述，以从一个侧面探究其造作符谶之缘由。《陈书·高祖纪上》所载陈霸先之家世，称其颍川人，"汉太丘长陈寔之后也"，而《南史·陈高祖纪》则载其"字兴国，小字法生，吴兴长城下若里人。姓陈氏。其本甚微，自云汉太丘长寔之后也"。李延寿

---

① 关于刘裕之出身及其门第，《魏书》卷九七《岛夷·刘裕传》叙及刘裕家世便称"其先不知所出，自云本彭城彭城人，或云本姓项，改为刘氏，然亦莫可寻也，故其与丛亭、安上诸刘了无宗次。裕家本寒微，住在京口，恒以卖履为业。意气楚刺，仅识文字，樗蒲倾产，为时贱薄"。陈寅恪先生就此指出："按魏收于宋高祖不迳称之为楚，在于魏收以其家世所出，至为卑贱，籍贯来历不明，未肯以之与楚人桓、萧并列。"见万绳楠整理《陈寅恪魏晋南北朝史讲演录》，黄山书社1987年版，第177页。相对于具有优越的儒、玄文化传统的高门士族而言，刘裕出身寒微，缺乏文化修养，而且在经济上已日益赤贫化，《宋书》卷四七《刘怀肃传》载刘怀肃为彭城人，"高祖从母兄也"，其弟刘怀敬"涩讷无才能。初，高祖产而皇妣殂，孝皇帝贫薄，无由得乳人，议欲不举高祖。高祖从母生怀敬，未期，乃断怀敬乳，而自养高祖"。《宋书·符瑞志上》也说："皇妣既殂，养于舅氏，改为寄奴焉。"正因为如此，他后来依靠武力取得统治地位后，在文化修养上与高门士族差异颇大，显现出粗鄙化的特征。

明确说陈霸先"其本甚微",揭穿其所谓出自颍川之家世渊源与谱系皆为"自云"。①

对陈霸先之门第,陈寅恪先生曾指出其当为永嘉之乱南迁北人中的"下层阶级",这一移民人群"大抵分散杂居于吴人势力甚大之地域,既以人数寡少,不能成为强有力之集团,复因政治文化地位之低下,更不敢与当地吴人抗衡,遂不得不逐渐同化于土著之吴人,即与吴人通婚姻,口语为吴语,此等可以陈之皇室及王敬则家等为代表","陈霸先先娶吴兴钱氏女,续娶吴兴章氏即钮氏女,见《南史》一二《陈武宣章皇后传》。王敬则接士庶皆吴语,见《南齐书》二六《王敬则传》。陈霸先之先世,不知其在西晋末年真为何地人,但避难南来,定居吴兴郡长城县。王敬则之籍贯,据《南史》四五《王敬则传》,本为临淮射阳,后侨居晋陵南沙县。然则同为自北而南避难过江之伧楚,俱是北来南人之下层社会阶级,故杂居吴人势力甚大之地域,遂同化于吴人也"②。陈先生又曾论证南朝诸皇室之阶级出身,以为他们"皆与东晋皇室同时南渡之北人也。刘、陈二族,出自寒微,以武功特起。二萧氏之家世,虽较胜于宋、陈帝室,然本为将家,……亦非文化显族,自可以善战之社会阶级视

---

① 王鸣盛《十七史商榷》卷五五"陈高祖其本甚微"条论云:"《陈书·高祖纪》直云'汉太丘长陈寔之后也',以下历叙世系,此与宋祖汉、萧祖何同,不足为异。《南史》乃云'其本甚微,自云汉太丘长'云云。夫谓之甚微,谁曰非微者,谓之自云,实祇自云耳。但于刘、萧独不用此两句轻薄语,厚于彼,苛于此,吾所未喻。刘、萧、陈三帝世系,皆当日史官缘饰,沈约、萧子显、姚思廉一概因仍不改,所以刘则从刘交起,萧则从萧何起,陈则从陈寔起,历历铺叙,三家如出一手,李延寿觉之,欲矫其失,乃三处分作三种笔墨,事同而例异,胸中扰扰,本无定见,率尔操觚,所以至此。……窃谓人家墓志,品官封赠,皆有三代,何至帝王无曾祖名?萧则尽削去萧何云云、望之云云,从皇高祖叙起,陈则先下轻薄两句,其下却直抄《陈书》,历历铺叙,共十四代,无一删者,愚谓惟叙萧氏最得法,宜依此一律。"王鸣盛对李延寿《南史》所叙南朝诸帝家世之笔法加以比较,以为其"三处分作三种笔墨,事同而例异",尤对陈氏加轻薄之语,与刘、萧不同。这里主要评论史家笔法问题,并未涉及陈氏"其本甚微"家世门第的具体讨论。至于他不理解《南史》为何对陈氏表示轻薄而与刘、萧不同,"厚于彼,苛于此,吾所未喻",当觉得陈氏门户实在寒微,比之刘、萧也有不如。

② 陈寅恪:《述东晋王导之功业》,氏著《金明馆丛稿初编》,生活·读书·新知三联书店2001年版,第65—66页。

之。然则南朝之政治史概括言之,乃北人中善战之武装寒族为君主领袖,而北人中不善战之文化高门,为公卿辅佐。互相利用,以成此江左数百年北人统治之世局也"①。陈寅恪先生论永嘉之乱后北人南迁之群体及南朝政局之大势,其中涉及移民群体之社会阶层差异与南朝帝室之门第背景,以为刘宋与陈朝统治者"出自寒微,以武功特起",与齐、梁之萧氏尚有别,陈氏乃移民之"下层阶级",并日渐"同化于土著之吴人"。周一良先生也曾指出,"陈霸先称太丘后裔疑不可信,可能原是侨人寒门,咸和土断为长城人,遂与南土寒素无别"②。

中古时代,社会崇重门阀,士族尤重仕宦与婚姻。关于陈霸先早年仕宦,《陈书·高祖纪》载其为梁吴兴太守萧暎所重,"及暎为广州刺史,高祖为中直兵参军,随府之镇"。对此,周一良先生《魏晋南北朝史札记》"陈霸先早年经历"条以为《陈书》如此记载,"于陈霸先早年经历,则讳莫如深,……似此官即陈霸先入仕之始。《南史》九陈本纪较为客观,亦较为翔实,言陈霸先'初仕乡为里司。后至建业,为油库吏。徙为新喻侯萧暎传教,勤于其事,为暎所赏'。知陈霸先出身寒微,其入仕亦从极低下之职位开始。……盖传教者,正如其名称,乃传达教令之小吏也"③。《建康实录》卷一九《陈高祖纪》载其出身及早年仕历曰:"不事产业,家贫,每以捕鱼为事。……初仕乡为里正,后逃于义兴,吴兴太守萧暎过,从之建邺,暎遂用为夹毂吏,寻转为油库长。"可见陈霸先早年先后历任里司、油库吏、传教与夹毂吏,皆为地位极低下之吏职,为士族社会所不齿。正因为如此,陈霸先立国后,士族社会对其门第出身

---

① 陈寅恪:《〈魏书〉司马睿传江东民族条释证及推论》,前揭氏著《金明馆丛稿初编》,第107页。
② 周一良:《南朝境内之各种人及政府对待之政策》,氏著《魏晋南北朝史论集》,北京大学出版社1997年版,第73页。
③ 周一良:《魏晋南北朝史札记》"陈霸先早年经历"条,中华书局1985年版,第291页。

多有讥讽。《周书》卷四八《萧詧传附袁敞传》载其陈郡人,祖袁昂,位列司空,"敞少有器量,博涉文史",仕于后梁,以吏部郎出使北周,"时主者以敞班在陈使之后,敞固不从命。主者诘之,敞对曰:'昔陈之祖父乃梁诸侯之下吏也,弃忠与义,盗有江东。今大周朝宗万国,招携以礼,若使梁之行人在陈人之后,便恐彝伦失序。岂使臣之所望焉。'主者不能屈,遂以状奏。高祖善之,乃诏敞与陈使异日而进"。袁敞所谓"陈之祖父乃梁诸侯之下吏",显示着南朝士族对陈霸先身份的鄙视。《隋书》卷五五《高劢传》载高劢出自北齐皇族,为齐清河王高岳之子,隋开皇七年进取陈之策,其表有云:"自昔晋氏失驭,天网绝维,群凶于焉蝟起,三方因而鼎力。陈氏乘其际运,拔起细微,蕢、项纵其长蛇,窃据吴会,叔宝肆其昏虐,毒被金陵。"高劢所谓"陈氏乘其际运,拔起细微",显示出北齐高氏对陈霸先门第的轻视。《文苑英华》卷六四五所录韦孝宽檄陈文,其中称"故伪魁陈霸先火耕水耨之夫,筚门圭窦之子。无行检于乡曲,充部隶于藩侯"。周一良先生释其义曰:"第一句言其乡里地望,第二句指其门地寒微,末句则指其任新喻侯吴兴太守之传教也。"[①] 这显示出北方士族对陈霸先家世门第的鄙视。又,《梁书》卷四六《杜崱传附杜龛传》载:"龛,僧辩之婿也,为吴兴太守,以霸先既非贵素,兵又猥杂,在军府日,都不以霸先经心,及为本郡,每以法绳其宗门,无所纵舍,霸先衔之切齿。"杜龛本籍京兆杜陵,虽自视高门,但其家族南渡较晚,且流寓雍州,普遍尚武,为江左高门社会所轻视。梁末动乱,杜氏人物投附梁元帝,参与平定侯景,杜龛军功尤为突出,曾与陈霸先等合力攻击侯景,他"以霸先既非贵素,兵又猥杂,在军府日,都不以霸先经心",他出任吴兴太守后对陈霸先"每以法绳其宗门,无所纵舍",其中直接因素固然在于陈霸先与王僧辩之间的对抗,但确实也表现出作为"荒伧"的

---

① 周一良:《魏晋南北朝史札记》"陈霸先早年经历"条,中华书局1985年版,第292页。

晚渡南朝尚武旧门对陈霸先门第出身的轻视。由上所考，可见南北朝末各统治集团及其代表人物，对陈霸先之出身寒微的看法完全一致，《陈书》卷六《后主纪》末载魏征论有"高祖拔起垅亩，有雄杰之姿。始佐下藩，奋英奇之略，弭节南海，职思静乱"云云，体现出当时对陈氏门第的普遍看法。①

至于陈霸先及其家族之婚姻，《陈书·高祖纪上》载太平二年正月甲寅，"遣兼侍中谒者仆射陆缮策拜长城县夫人章氏为义兴国夫人。丁卯，诏赠高祖祖侍中、太常卿，谥曰孝。追封高祖祖母许氏吴郡嘉兴县君，谥曰敬；妣张氏义兴国太夫人，谥曰宣"。又，《陈书·高祖纪下》载陈霸先称帝后即"追尊皇考曰景皇帝，庙号太祖；皇妣董太夫人曰安皇后。追谥前夫人钱氏号为昭皇后，世子克为孝怀太子。立夫人章氏为皇后"。由陈霸先称帝前加封家族先人，可见其祖、父之婚娶对象许氏、张氏、董氏等皆非士族名门，家世无考；陈霸先本人之前夫人钱氏、章氏也如此，当皆为吴地寒门。对此，前引陈寅恪先生所论已有明言。综合相关记载，陈霸先发迹前后，其家族最稳定的通婚对象是吴兴钱氏，《陈书》卷七《高祖宣皇后章氏传》载其"吴兴乌程人也。本姓钮，父景明为章氏所养，因改焉。……后母苏，尝遇道士以小龟遗己，光采五色，曰：'三年有征。'及期，后生而紫光照室，因失龟所在。少聪慧，美容仪，手爪长五寸，色并红白，每有期功之服，则一爪先折。高祖先娶同郡钱仲方女，早卒，后乃聘后。后善书计，能诵《诗》及《楚辞》"。陈霸先先娶吴兴钱仲方女，此后其家族一再与钱氏通婚，表明其家族地位基本相当。《陈书》卷一七《袁敬传附袁枢传》载："初，高祖长女永世公主先适陈留太守钱蕆，生子岊，主及岊并卒于梁世。"

---

① 陈氏门第寒微，从其家族宗法观念薄弱也可看出。《陈书》卷二九《毛喜传》载："世祖尝谓高宗曰：'我诸子皆以"伯"为名，汝诸儿宜用"叔"为称。'高宗以访于喜，喜即条牒自古名贤杜叔英、虞叔卿等二十余人以启世祖，世祖称善。"传统儒学世族很重视宗族礼法，无不有其谱牒排序，其行辈分别井然有序，而陈氏直到立国才强调各支以取名相区别，可见其原本寒门小族的特征，礼法观念自然薄弱。

又,《陈书》卷二二《钱道戢传》载其"吴兴长城人也。父景深,梁汉寿令。道戢少以孝行著闻,及长,颇有干略,高祖微时,以从妹妻焉"。又,《陈书》卷七《高宗柳皇后传》载:"初,高宗居乡里,先娶吴兴钱氏女,及即位,拜为贵妃,甚有宠,后倾心下之。每尚方供奉之物,其上者皆推于贵妃,而已御其次焉。"陈高宗又嫁女义兴公主于钱肃。① 由相关记载所见,吴兴钱氏与陈氏世代通婚。吴兴钱氏之门第虽不甚明了,但从相关间接记载可略加分析,《陈书·袁敬传附袁枢传》载陈霸先称帝后,追封其长女永世公主,当时尚书主客请详议,欲加公主夫钱蕆为驸马都尉,并赠其子钱岊官,袁枢议曰:"昔王姬下嫁,必适诸侯,同姓为主,闻于《公羊》之说,车服不系,显于诗人之篇。……今公主早薨,伉俪已绝,既无礼数致疑,何须驸马之授?……公主所生,既未及成人之礼,无劳此授,今宜追赠亭侯。"时人多赞成袁枢之议。由袁枢所谓"王姬下嫁,必适诸侯"云云,这是儒学士族社会婚姻的礼法规范,实际上暗含着对钱氏门第的不屑。又,《陈书》卷三四《文学·蔡凝传》载其出自高门,"年位未高,而才地为时所重,常端坐西斋,自非素贵名流,罕所交接,趣时者多讥焉。高宗常谓凝曰:'我欲用义兴主婿钱肃为黄门郎,卿意何如?'凝正色对曰:'帝乡旧戚,恩由圣旨,则无所复问。若格以佥议,黄散之职,故须人门兼美,惟陛下裁之。'高宗默然而止。肃闻而有憾,令义兴主日谮之于高宗,寻免官,迁交阯"。蔡凝重视门第,以为"黄散之职,故须人门兼美",以此抵制义兴公主夫婿钱肃任此职。

随着陈霸先地位的不断上升,逐渐调整联姻对象。《陈书》卷二三《沈君理传》载其吴兴人,"祖僧晏,梁左民尚书。父巡,素与高祖相善,梁太清中为东阳太守。……君理美风仪,博涉经史,有

---

① 《陈书》卷三四《文学·蔡凝传》。这里虽未明确钱肃籍贯,但由蔡凝所谓"帝乡旧戚"等语,可推测其出自吴兴钱氏。周一良在《南朝境内之各种人及政府对待之政策》中便据此以为"从'帝乡旧戚'之语观察,钱肃当是钱道戢等一族"。见前揭氏著《魏晋南北朝史论集》,第86页。

识鉴,起家湘东王法曹参军。高祖镇南徐州,巡遣君理自东阳谒于高祖,高祖器之,命尚会稽长公主,辟为府西曹掾。……高祖受禅,拜驸马都尉,封永安亭侯"。吴兴沈氏乃吴地本土士族,陈霸先在地位上升后将女儿嫁于沈君理,在门第上实有所攀附。由以上所考,可见陈霸先称帝前,吴兴沈氏成为通婚对象,《陈书》卷七《世祖沈皇后传》载其吴兴武康人,"后年十余岁,以梁大同中归于世祖。……高祖践祚,永定元年,后为临川王妃。世祖即位,为皇后"。又,《陈书》卷七《后主沈皇后传》载其"仪同三司望蔡贞宪侯君理女也。母即高祖女会稽穆公主"[1]。作为吴地本土家族,吴兴沈氏之所以能成为陈朝通婚对象,而取代此前与陈氏通婚关系更为紧密的吴兴钱氏家族的地位,主要在于沈氏的门户地位相对较高。由上所考可见,陈霸先祖、父辈之通婚家族地位甚为寒微,陈霸先及其子女一辈,最稳定的联姻家族是吴兴钱氏,就其门第而言,大体上属于寒门豪族阶层,随着陈氏地位上升,得与门户地位较高的吴兴沈氏家族通婚。关于陈霸先家族之婚姻,周一良先生曾指出:"陈室微时婚娶多南人,高祖章后、世祖沈后及高宗初娶钱氏皆出吴兴。高祖从妹妻吴兴钱道戢,长女适钱蒇,疑亦吴兴人,皆梁世事。受禅后公主下嫁北人者有彭城到氏,济阳蔡氏,(蔡)凝传称太建中以名公子选尚信义公主,知侨姓甲族之社会地位崇高如故。陈氏南土寒门,故公主亦不尽择三吴甲族,如留异(东阳人)子贞臣尚世祖长女丰安公主,侯瑱(巴西人)子净藏尚世祖第二女富阳公主。……陈氏南人,又出寒素,故虽是皇室,不能如刘萧之跻而与王谢为伍。帝王之尊不能自增进其社会上地位,钱肃虽尚公主,亦无益于钱氏之门荫,则侨姓犹在吴姓之上可知。"[2]陈氏与东阳留异、巴西侯瑱之通婚,主要出于对地方割据豪霸之笼络,有具体的

---

[1] 《陈书》卷二三《沈君理传》载太建二年,陈高宗"以君理女为皇太子妃,赐爵望蔡县侯,邑五百户"。
[2] 周一良:《南朝境内之各种人及政府对待之政策》,前揭氏著《魏晋南北朝史论集》,第86页。

政治目的，可以不论，但总体而言，陈氏之婚姻对象以门第较低的吴兴钱氏为代表的地方豪族为主，这是由其自身的门第所决定的。

通过以上对陈霸先及其家族发迹过程中相关仕宦与婚姻的相关考察，可见其出自永嘉之乱后南迁移民之下层，并逐渐同化于吴人乡里社会，成为政治、社会地位低下的土著化寒人。陈霸先及其家族之兴起，主要在于梁陈之际激烈的社会动乱与深刻的历史变革。在众多的出自寒微的豪霸酋帅中，陈霸先最终"以武功特起"，建立江左地域王朝。所谓"以武功特起"，主要包括其不断组织、扩充、壮大军队，制定出有针对性的军事战略与战术，并不断取得军事上的胜利。这是陈霸先在群雄纷争中虽不断遭遇危机而一再化险为夷并最终取得成功的决定性因素。不过，军事活动之外，陈霸先之兴起，也利用了其他方式，其中制造符瑞谣谶以自神，就是其中不可忽视的手段之一。以上有关陈霸先之出生、军政活动诸关键时节的种种神异现象，无不是其授意并由其亲信僚属精心策划的。前引《南史》称陈霸先在东下平侯景前，其居所放光，"赵知礼侍侧，怪而问帝，帝笑不答"，这与刘裕晚年对史臣有关"微时多符瑞"之问不置可否相似，真实状况如何，其内心是很清楚的。

北魏平齐民之社会遭际与生活境遇

青齐地区是一个颇为特殊的社会区域，南北政权都曾在此实施过统治。东晋末期，刘裕灭慕容氏南燕政权，这一地区隶属晋、宋，历时半个多世纪。泰始元年（466），宋明帝废帝自立，孝武帝子晋安王刘子勋据江州起事，包括青齐地域在内的淮北诸边镇群起拥戴，并一度交通北魏。在徐、兖等地入魏后，刘宋之青齐军政官长与地方豪族奋起抗魏，前后坚持了两年多，在北魏的围攻之下相继降魏：泰始三年（468），冀州刺史崔道固、兖州刺史刘休宾相继降于历城（今山东济南市）、梁邹（今山东邹平县东北）；泰始五年（470）正月，青州刺史沈秀文于东阳（今山东青州市北）被俘，"于是青、冀之地尽入于魏矣"①。在军事征服后，北魏将参与抵抗的青齐士民迁入京畿地区，这是在灭亡后燕获取河北士族、灭北凉获取河西士族群体之后，北魏又一次整体性获得一个重要区域士人群体。对此，以往论者颇多，或就南北朝军事、政治对抗格局立论，指出北魏由此进一步确立对南朝的优势，或基于青齐人士的学术文化建树，揭示其对北魏社会变革的作用，皆可谓事关重大。② 不过，作为被俘之移民群体，青齐人士入魏后之社会境

---

① 《资治通鉴》卷一三二，宋明帝泰始五年正月。
② 有关入魏青齐人士对北魏学术文化与社会变革等方面的影响，王永平《青齐人士之北徙与北魏文化之变迁》（刊于《中华文史论丛》第七十辑，上海古籍出版社2007年版）、《入魏青齐医术人士之境遇及其影响》（刊于《人文杂志》2020年第8期）有所论述，敬请参见。

遇与生活状况则关注不多，这里就此进行专题考察，以期有助于相关研究之深化与细化。

一　北魏对青齐移民的安置

在军事征服青齐地域后，北魏将诸镇戍被俘将士与豪强大族强行迁徙至平城周边地区，并专设郡县予以安置。《魏书》卷六《显祖纪》载皇兴三年"五月，徙青州民于京师"。这是概言，其他相关记载则较为详细，《魏书》卷五〇《慕容白曜传》载：

> （皇兴）二年，崔道固及兖州刺史梁邹守将刘休宾并面缚而降。白曜皆释而礼之。送道固、休宾及其僚属于京师。

又，《魏书》卷二四《崔玄伯传附崔道固传》载：

> 既而白曜送道固赴都，有司案劾，奏闻，诏恕其死。乃徙青齐士望共道固守城者数百家于桑乾，立平齐郡于平城西北北新城。以道固为太守，赐爵临淄子，加宁朔将军。①

又，《魏书》卷四三《刘休宾传》载：

> 及立平齐郡，乃以梁邹民为怀宁县，休宾为县令。

又，《魏书》卷四三《房法寿传附房崇吉传》载：

---

① 《魏书》卷二四《崔玄伯传附崔道固传》载崔道固子崔景渊"亦有别功，赐爵武城男。鹰扬将军、平齐太守。卒于郡。"可见崔道固死后，其子崔景渊继任平齐太守，亦"卒于郡"。

北魏平齐民之社会遭际与生活境遇　　251

及立平齐郡，以历城民为归安县，崇吉为县令。

由以上所言"送道固、休宾及其僚属于京师"，"徙青齐士望共道固守城者数百家于桑乾"，可见北魏征服青齐后，即遣送所获之刘宋青齐将领、地方官长与"青齐士望"入北，并特设"平齐郡"及其相关属县予以安置。

对于所征之青齐士民，北魏有一定的标准。《魏书》卷四三《房法寿传附房景伯传》载其父房爱亲为刘宋龙骧将军，"显祖时，三齐平，随例内徙，为平齐民"。所谓"例"，即是相关条文规定，具有普遍性，并非只针对房爱亲个人。① 关于青齐移民的规模，唐长孺先生指出："这一番大迁徙，东阳（青州刺史治）、梁邹（幽州刺史侨治）、历城（冀州刺史侨治）三城的城内人户全被迁走，此外如升城等曾经拒守的镇戍想必同样迫使城内人户北迁。乡民是否被迁虽无明文，想也不会秋毫无犯，只是为数不多而已。城内人户基本上只有二类，一是大族豪强，二是兵士，而兵士同时实即大族豪强的部曲。"② 至于迁移之具体人数，囿于记载，实难统计。上引文称历城"共道固守城者数百家"；《魏书·刘休宾传》载其子刘文晔进言孝文帝，争取待遇，其中说"亡父既见赤虎之信，仰感圣朝远遣妻子，又知天命有归，拥众一万，以城降款。乘驿赴台，蒙为客例"。

---

① 对符合征徙之"例"的青齐豪族，一般是整体性迁移，但实际操作过程中，也有个别疏漏。《魏书》卷七〇《傅永传》载："永妻贾氏留于本乡，永至代都，娶妾冯氏，生叔伟及数女。贾后归平城，无男，唯一女。冯恃子事贾无礼，叔伟亦奉贾不顺，贾常忿之。"傅永北迁，其妻贾氏不知何故一度"留于本乡"，以致傅永"娶妾冯氏"，造成家庭纷争。不过，贾氏后来还是去了平城。又，《魏书》卷二四《崔玄伯传附崔僧渊传》载："僧渊元妻房氏生二子伯骥、伯骧。后薄房氏，更纳平原杜氏。僧渊之徙也，与杜俱去，生四子，伯凤、祖龙、祖螭、祖虬。得还之后，弃绝房氏，遂与杜氏及四子家于青州。伯骧与母房氏居于冀州，虽往来父间，而心存母氏，孝慈之道，顿阻一门。"崔僧渊迁徙时未携正室房氏同行，而与妾"杜俱去"，这是出于私情，且房氏似乎终未迁居桑乾，不知是否合"例"。

② 唐长孺：《北魏的青齐土民》，氏著《魏晋南北朝史论拾遗》，中华书局1983年版，第106页。

《魏书·慕容白曜传》载其破东阳,"城内户八千六百,口四万一千,吴蛮户三百余"。这提供了历城、梁邹、东阳参与戍守人户的数据,可作为钩稽青齐移民规模的参考。①

北魏强迁青齐士民,目的主要在于削弱青齐地方社会的实力,以期尽快减缓、平息该地区的对抗与冲突,维护被征服地区的社会稳定。北魏对新征服地域历来如此,此前攻占河北、河西诸地皆有大规模移民的先例。当然,北魏也想借助移民以加强对京畿及其周边地域的开发,充实边防戍守。这是一种强干弱枝的统治方法。具体就青齐移民的安置而言,北魏将降附的刘宋镇戍将领遣送京师,同时"立平齐郡于平城西北北新城",以安置青齐士民。不过,不久北魏又重新规划安置地,《魏书》卷五〇《慕容白曜传》载:

> 后乃徙二城民望于下馆,朝廷置平齐郡,怀宁、归安二县以居之。

《魏书·崔玄伯传附崔道固传》载:

> 寻徙治京城西南二百余里旧阴馆之西。

对此,《水经注》卷一三《漯水篇》有注曰:

> 漯水出于累头山,一曰治水。……东北流,出山,迳阴馆县故城西,县故楼烦乡也,汉景帝后三年置,王莽更名富臧矣。

---

① 关于历城"共道固守城者数百家",这是概略之言,实际上历城所迁人户颇众,唐长孺先生依据《水经注》卷三的相关记载,以为"历城民是大量被徙的",并进一步指出:"东阳、梁邹、历城恐皆空城而迁。"见前揭《北魏的青齐土民》,《魏晋南北朝史论拾遗》,第 106 页注释三。

魏皇兴三年齐平，徙其民于县，立平齐郡。①

新置之平齐郡距京师二百余里，位于旧阴馆城西（今山西朔州市东南），所辖怀宁、归安二县，分别安置原梁邹、历城地区降民。北魏以平齐民上层代表人物崔道固为郡守，刘休宾为怀宁县令、房崇吉为归安县令。

关于北魏对青齐士民之安置，有两点值得关注。其一，对青齐移民，北魏特设平齐郡以集中安置，又按其原籍设县，并任命旧地官长充任平齐郡守、县令，对青齐移民而言，似乎具有侨寓性质，在一定程度上维系了这一流民群体的家族、地域意识与乡里情结。但必须指出的是，内附之青齐士民，具有军事俘虏性质，北魏集中安置，目的在于实施严格的控制与管理。其二，青齐士民北迁后，安置地经历了两次规划调整，即由平城西郊之"下馆"，再迁"旧阴馆之西"。相对而言，新安置地远离京师。魏廷何以仓促变更平齐民的安置地？或许"平城西北北新城"范围促狭，难以容纳，或许出于对平齐民积聚京师近旁有所疑惧，抑或两者兼而有之，故重新规划安置地，使其远离京师。对青齐移民而言，他们在战败被俘后，历

---

① （北魏）郦道元注，（清）杨守敬、熊会贞疏，段熙仲点校，陈桥驿复校：《水经注疏》，江苏古籍出版社1989年版，第1126—1127页。杨守敬疏文引赵一清注此云："按天安是魏献文帝年号，只得一年。明年秋八月，即改为皇兴，不当云三年也。《方舆纪要》云，平齐城在大同府西二十里，汉平城县地。《宋志》，泰始五年，魏人徙升城、历城民望于桑乾，因立平齐郡以处之。泰始五年，正皇兴之三年也。然于天安之号，又不符矣。顾氏所引，又不见于沈约《志》，事在《魏书》，慕容白曜、崔元伯、刘休宾、房崇吉诸《传》。《隋书·地理志》，郡寻废，故《地形志》无此郡也。"会贞按："《北史·崔道固传》，道固归魏，诏徙齐土望共道固守城者数百家于桑乾，立平齐郡于平城西北北新城，以道固为太守，寻徙居京城西南二百余里旧阴馆之西。《注》谓魏平齐即立郡于阴馆，但据徙治之地言。而《隋志》马邑郡云内县下云，后魏立平齐郡，寻废，但据初立郡之地言，皆略也。景范所云，亦初立郡之地。"（第1127页）关于平齐郡之设置与迁移，《通鉴》卷一三二《宋纪》十四载宋明帝泰始五年五月，"魏徙青、齐民于平城，置升城、历城民望于桑乾，立平齐郡以居之；自余悉为奴婢，分赐百官"。胡三省注曰："据《崔道固传》，立平齐郡于平城西北北新城。《五代志》：马邑郡云内县，后魏立平齐郡。"《通鉴》概言，未明述平齐郡之地域调整，胡三省注则两地相混。

经艰辛到达桑乾,很短的时间内再次迁移,其痛苦之情状自不难想见。

此后,间有平齐民因事牵连而被强制性迁移北镇。《魏书·崔玄伯传附崔僧渊传》载崔僧祐预乱,其弟"僧渊入国,坐兄弟徙于薄骨律镇,太和初得还"。《魏书·刘休宾传》载刘文晔"有志尚,综览群书,轻财重义。太和中,坐从兄闻慰南叛,与二弟文颢、季友被徙北边,高祖特听还代"。

除征服后的大规模迁徙外,魏廷是否有后续征迁之举,相关记载有所歧义,《水经注》卷三《河水三》郦道元注云:

> 河水又东北迳浑怀障西。《地理志》浑怀都尉治塞外者也。太和初,三齐平,徙历下民居此,遂有历城之名矣。南去北地三百里。

由此似孝文帝太和初仍有迁徙历城民众的举措。"浑怀障"位于北魏北部边镇,在今内蒙古鄂尔多斯境内。郦道元为北魏当世之人,其所言"徙历下民居此",当有信据。不过,此次迁移至"浑怀障"的"历城民",是太和初自青齐本土新征迁的,还是对平齐郡的部分历城移民的再迁徙?清人杨守敬《水经注疏》于此条下有按语云:

> 《魏书·献文帝纪》,皇兴三年,东阳溃,虏沈文秀,徙青州民于京师。沈钦韩据此以驳此《注》,谓非文帝之太和。吾意太和初,必亦有徙民之事,而史略之,郦氏溯厥由来,故有"三齐平"之说,特置于太和初之下,致成语病耳。

沈钦韩以为郦道元所注混淆史实,将献文帝徙民事误为孝文帝之太和初。如沈氏所论属实,则此次迁徙历城民至浑怀障,则是对已至桑乾的部分历城士民的再度北迁。而杨守敬则以郦道元所注实有其事,孝文帝太和初"必亦有徙民之事",即自青齐历城本土新征移民直接安置于浑怀障以戍守。由于缺乏确证,郦道元所言有歧义。不过,由以上二说，无论是何种情况，都不难想见平齐民之悲惨遭遇。①

此外，除了将青齐士民大规模迁往桑乾外，北魏还有将该地域民众征遣至其他地方的情况。《水经注》卷一三"漯水"注云：

> 涿水又东迳平原郡南，魏徙平原之民置此，故立侨郡，以统流杂。②

由此可见北魏将平原郡士民迁移至涿鹿，并置侨郡"以统流杂"。

由上所述，北魏在军事征服后，将大批青齐士民强迁桑乾，设置平齐郡予以集中安置，而平齐郡之规划，在不长的时间内经历了两次调整，目的在于加强管控。

二 平齐民社会身份地位一度卑贱化

作为具有战俘性质的特殊移民群体，平齐民总体是受到歧视的，其社会身份一度卑贱化。

青齐士民有阶层、等级差别。对刘宋的青齐地方官长、镇将，北魏以"客"待之，《魏书·房法寿传》载：

> 及历城、梁邹降，法寿、崇吉等与崔道固、刘休宾俱至京师。以法寿为上客，崇吉为次客，崔、刘为下客。法寿供给，

---

① 关于"浑怀障西"，杨守敬疏引董祐诚曰："《注》云，南去北地三百里；《元和志》，废灵武城在怀远县东北，隔河一百里，其城本蒙恬所筑，古谓之浑怀障。案怀远即今宁夏。浑怀障当在河东鄂尔多斯右翼中旗界中。"对《水经注》有关此次移民的记载，唐长孺先生也有所辨析，以为浑怀障，"这里是属于薄骨律镇所管，实即徙配薄骨律镇。按三齐平不在太和初，太和初迁徙的历下民，参观上述崔僧祐、僧渊事，可知与法秀领导的起义有关"。（见氏著《北魏的青齐土民》，《魏晋南北朝史论拾遗》，中华书局1983年版，第106页注释一。可见唐先生以为此次移民是对已至平齐郡的历城移民的再迁移。

② 前揭《水经注疏》，第1185页。杨守敬对此有按语云："《地形志》不载此郡，《北史·魏诸王宗室传》，休屠郁原等叛，元素斩渠率徙千余家于涿鹿之野，立平原郡以处之。郡在今保安州东南。"（第1185页）

亚于安都等。①

又,《魏书·刘休宾传》载:

> 休宾知道固降,乃出请命。白曜送休宾及宿有名望者十余人,俱入代都为客。

可见作为移民上层的"客",享有一定的政治地位与经济待遇。不过,就"客"而言,也非等齐划一,而有等次差异,分为上、中、下三等。这固然与其原本社会地位不无关系,但主要在于其归降北魏之方式与时间的差别:主动归附者为"上客";较早降附者为"次客";后降者为"下客"。房法寿作为"上客",《魏书》本传载其"以功赐爵壮武侯,加平远将军,给以田宅、奴婢",获得爵位、官职及相关物质待遇。② 房崇吉为"次客",崔道固、刘休宾为"下客",前引文称"以道固为太守,赐爵临淄子,加宁朔将军"③。

作为青齐士民上层,以上降魏诸人由于原本在政治取向、降魏态度及家族利益等方面有所不同,入魏后身份待遇等又存在差异,诸人间不甚协调,常生抵牾与冲突。《魏书·崔玄伯传附崔道固传》载:

---

① 类似的记载还见于《魏书》薛安都等人传记之中,不详征引。
② 关于"上客"待遇,当时由南入北诸人,以较早于徐州、兖州归附的薛安都、毕众敬等人最为突出,《魏书》卷六一《薛安都传》载:"皇兴二年,与毕众敬朝于京师,大见礼重,子姪群从并处上客,皆封侯,至于门生无不收叙焉。又为起第宅,馆宇崇丽,资给甚厚。"又载薛安都从祖弟薛真度,"从安都来降,为上客","初,真度有女妓数十人,每集宾客,辄命奏之,丝竹歌舞,不辍于前,尽声色之适。庶长子怀吉居丧过周,以父妓十余人并乐器献之,世宗纳焉"。薛真度子薛怀俊至梁,梁武帝顾谓左右曰:"此家在北,富贵极不可言。"比之同为"上客"的房法寿显然更为优遇,这与其原本之地位与入魏时间、入魏方式有关。
③ 《魏书》卷六一《沈文秀传》载其于东阳"婴城固守",最终被慕容白曜攻克,"锁送京师。面缚数里,宥死,待为下客,给以粗衣蔬食"。可见沈文秀虽有下客身份,但起初待遇很差。《宋书》卷八八《沈文秀传》载:"文秀被围三载,外无援军,士卒为之用命,无离叛者,日夜战斗,甲胄生虮虱。五年正月二十四日,遂为房所陷。……文秀在桑乾凡十九年,齐之永明四年,病死,时年六十一。"

初，道固之在客邸，与薛安都、毕众敬邻馆，时以朝集相见，本既同由武达，颇结僚旧。时安都志已衰朽，于道固情乃疏略，而众敬每尽殷勤。道固谓刘休宾、房法寿曰："古人云'非我族类，其心必异'，信不虚也。安都视人殊自萧索，毕捴固依依也。"

崔道固与薛安都等在刘宋时虽各有镇戍，但相互关联，颇有交谊，然入魏有先后，薛安都本非青齐人士，"于道固情乃疏略"，以致崔道固有"非我族类，其心必异"的感叹。

又，青齐豪族人士间本有怨恨，《魏书·房法寿传附房崇吉传》载："颇怀昔憾，与道固接事，意甚不平。后委县出台，讼道固罪状数条。会赦不问。崇吉乞解县，许之。"房崇吉与崔道固在刘宋时曾分别拥戴宋明帝、刘子勋，属不同阵营：房崇吉本为沈文秀中兵参军，"既而背文秀，同于刘彧。母叔在历城，为崔道固所拘系，又将致刑于市以恐之，而崇吉卒无所顾。会道固归彧，乃出其母。彧以崇吉为龙骧将军、并州刺史，领太原太守，戍升城"。后升城为慕容白曜所破，"崇吉突围出走，遁藏民舍，母妻见获。道固遣治中房灵宾慰引之，崇吉不肯见道固，遂东归旧村，阴募壮士，欲以偷母，还奔河南。……后与法寿取盘阳，俱降"。由此徙桑乾后，房崇吉对崔道固心存怨恨，"与道固接事，意甚不平"[1]。

又，《魏书·崔玄伯传附崔僧祐传》载其为崔道固侄，"白曜之围历城也，僧祐母明氏、弟僧渊并在城内。刘彧授僧祐辅国将军，

---

[1] 对此，《魏书》卷四三《房法寿传》也有记载："遇沈文秀、崔道固起兵应刘子勋。明僧暠、刘乘民起兵应刘彧，攻讨文秀。法寿亦与清河太守王玄邈起兵西屯，合讨道固。玄邈以法寿为司马，累破道固军，甚为历城所惮。加法寿绥边将军、魏郡太守。子勋死，道固、文秀悉复归彧，乃罢兵。道固虑其扇乱百姓，遂切遣之。而法寿外托装办而内不欲行。"房法寿从弟房崇吉"在升城，为慕容白曜所破，母妻没于白曜军。崇吉奔还旧宅。法寿与崇吉年志粗相谐协，而亲则从祖兄弟也。崇吉以母妻见获，托法寿为计。法寿既不欲南行，恨道固逼切，又矜崇吉情理。时道固以兼治中房灵宾督清河、广川郡事，戍盘阳。法寿遂与崇吉潜谋袭灵宾，克之。仍归款于白曜以赎母妻。白曜遣将军长孙观自大山南入马耳关以赴盘阳，还崇吉母妻"。

领众数千，与青齐人家口在历城、梁邹者明同庆、明菩萨等为将佐，从淮海扬声救援。将至不其，闻道固已败，母弟入国，徘徊不进。白曜围东阳时，表请景徽往喻僧祐，乃归降。白曜送之，在客数载，赐爵层城侯。与房法寿、毕萨诸人皆不穆。法寿等讼其归国无诚，拘之岁余，因赦，乃释"①。崔僧祐由于被动降魏，与同为降将的房法寿诸人"皆不穆"，诸人竟然"讼其归国无诚"，以致长期关押。可见青齐流寓上层虽同享"客"之身份，但相互间存在等级差异与利益冲突，体现出北魏对青齐士民上层的离间与分化。②

当然，享有"客"之待遇者毕竟是少数青齐上层人士，③数量颇众的豪族人士与各镇戍将校作为青齐移民的主体，只能充任一般的"平齐民"，其代表人物则为青齐地域社会之"士望"。《魏书·房法寿传附房灵宾传》载房灵宾"文藻不如兄灵建，而辩悟过之。灵建在南，官至州治中、勃海太守，以才名见称。兄弟俱入国，为平齐

---

① 此处"毕萨"，中华书局校点本校勘记曰："按青齐降魏诸将无'毕萨'其人，'萨'当是'薛'之讹，指薛安都。"
② 《魏书》卷四三《刘休宾传》载其子刘文晔因"坐从兄闻慰南叛"而"被徙北边"，其还代后曾以孝文帝幸方山，大言于路侧曰："求见圣明，申宣久屈"，表示"臣私衅深重，亡父以延兴二年孤背明世，血诚微心，未获申展。如臣等比，并蒙荣爵，为在事孤抑，以人废勋"。他向孝文帝诉说其父子所受待遇不公，涉及薛安都、毕众敬、张谠，特别是与崔僧祐相比较，以为"薛安都、毕众敬危急投命，并受茅土之爵"；涉及房法寿守升城，"窃惟梁邹严固，地据中齐，粟支十载，控弦数千万，方之升城，不可同日而语。升城犹能抗兵累旬，伤杀甚众，若臣亡父固守孤城，则非一朝可克"。他称张谠"所成团城，领二郡而已。徐兖降后，犹闭门拒命，授以方岳，始乃归降。父子二人，并蒙侯爵。论功比勤，不先臣父"。特别是与崔僧祐比照，说"臣又见崔僧祐母弟，随其叔父道固在历城。僧祐遥闻王威远及，恐母弟沦亡，督率乡闾来欲救援。既至郁洲，历城已没，束手归诚，救母弟之命。圣朝嘉其附化，赏以三品。亡父之诚，岂后僧祐？"又以为"亡父城归国，至公也；僧祐意计而来，为私也。为私蒙赏，至公不酬，臣未见其可"。孝文帝表示"卿之所诉，颇亦有途。赏从重，罚从轻，寻敕酬叙"。但其不依不饶，以致孝文帝称"王者无戏，何待勤勤"，后"赐文晔爵都昌子，深见待遇。拜协律中郎，改授羽林监"。刘文晔向孝文帝上诉，比照对象多为徐兖青齐诸降将，言辞连篇累牍，可谓斤斤计较，由此可见徐兖青齐降魏人士群体内部的分化与矛盾。
③ 唐长孺先生据上引《魏书》卷四三《刘休宾传》所载梁邹城内降人仅有十余人获得"客"之待遇，特强调"可见是很少的"。见前揭《北魏的青齐土民》，《魏晋南北朝史论拾遗》，第104页注释一。

民。虽流漂屯圮，操尚卓然。并卒于平齐"。房灵宾"从父弟坚，字千秋，少有才名。亦内徙为平齐民"。房灵宾本为崔道固僚属，出自清河房氏，崔道固曾以其兼治中，督清河、广川郡事，戍盘阳。作为青齐大族代表，其兄弟因非主动归附而为普通平齐民。又，前引文称房爱亲"随例内徙，为平齐民"。其他如清河崔氏代表崔亮、崔光、勃海高氏之高聪、乐安蒋少游等，皆为平齐民。[1] 这些青齐大族名士，作为战俘侨寓平齐郡，称为"平齐民"，其户籍则为"平齐户"。

与平齐民相关，当时被俘获入魏的青齐民众中，有大量参与戍守的兵士与民众，北魏统治者将他们作为战利品赏赐给将领、百官，即《魏书·慕容白曜传》所言"自余悉为奴婢，分赐百官"。就人数而言，这一群体数量颇众，由于他们丧失了自由民身份，沦为任人处置的私产，难见其相关记载。《魏书》卷六七《崔光传》载：

> 光少有大度，喜怒不见于色，有毁恶之者，必善言以报之，虽见诬谤，终不自申曲直。皇兴初，有同郡二人并被掠为奴婢，后诣光求哀，光乃以二口赎免。高祖闻而嘉之。

这里明确记载崔光同郡"被掠为奴婢"的信息，此二人原本为良人，故"后诣光求哀"，崔光出于同情"以二口赎免"，即用私人奴婢为其赎身，恢复其自由身份。

出土墓志提供了青齐降附女性充任宫女的相关材料。《刘阿素墓志》载其"齐州太原人也。前使持节、齐州刺史刘无讳之孙，前太原太守刘颁之女。遭家不造，幼履宫廷。但志心儒质，蒙策紫极，内宠其劳，赐宫品一"[2]。又，《张安姬墓志》载其"兖东平人也。故兖州刺史张基之孙，济南太守张憘之女。年十三，因遭罗难，家

---

[1] 《魏书》卷六七《崔光传附崔长文传》载："光从祖弟长文，字景翰。少亦徙于代都，聪敏有学识。"崔长文年少徙代，当与崔光一样为平齐民。

[2] 前揭王连龙《南北朝墓志集成》，第181—182页。

戮没宫。年廿，蒙除御食监。厉心自守，莅务有称。后除文绣大监。……复除宫作司"①。又，《缑光姬墓志》载其"齐郡卫国人也。宋使持节、都督青徐齐三州诸军事、齐州刺史永之孙，宁朔将军、齐郡太守宣之女，大魏冠军将军、齐州刺史显之姑。……年在襁抱之中，已有成人之志。未及言归，遂离家难。监自委身宫掖，出入椒闱，风流纳赏，每被优异。然以父兄沉辱，无心荣好，弊衣疏食，充形实口。至于广席畴朋，语及平生，眷言家事，泪随声下，同辈尚其风操，僚友慕其贞概"②。又，《杨氏墓志》载："内司杨氏，恒农华阴人也。汉太尉彪之裔胄，北济州刺史屈之孙，平原太守景之女。因祖随宦，爰旅清河。皇始之初，南北两分，地拥王泽，逆顺有时，时来则改，以历城归诚，遂入宫耳。年在方笄，性志贞粹，虽遭流离，纯白独著，出入紫闱，讽称婉而。"③ 由以上墓志所载北魏诸宫人生平可见，她们都出自官宦士族门户，在北魏征服青齐时被俘获入宫，在身份上就是官奴婢。④ 由诸位青齐女性充任宫人，可以推想作为战利品赏赐给官员军士的青齐女性数量当更多。大量的

---

① 前揭王连龙《南北朝墓志集成》，第 191 页。
② 前揭王连龙《南北朝墓志集成》，第 257 页。
③ 前揭王连龙《南北朝墓志集成》，第 195 页。
④ 北魏时期，与青齐地域有关的宫人还有孟元华，《孟元华墓志》载其"清河人也"，自高祖父以来历仕江左，其父为刘宋齐州刺史，"长女华，少有令姿。主上太武皇帝闻之，即诏内侍。迳历五帝，后蒙除细谒大监"。（见前揭王连龙《南北朝墓志集成》第 204 页）孟元华是在魏太武帝时被掳入宫的。又，《魏书》卷六一《张谠传》："初，谠妻皇甫氏被掠，赐中官为婢。皇甫遂乃诈痴，不能梳沐。后谠为刘骏冀州长史，因货千余匹购求皇甫。高宗怪其纳财之多也，引见之，时皇甫年垂六十矣。高宗曰：'南人奇好，能重室家之义，此老母何复所任，乃能如此致费也。'皇甫氏归，谠令诸妾境上奉迎。数年卒，卒后十年而谠入国。"张谠属青齐豪族，其妻亦当于魏太武帝时被掠，充当私奴。又，《魏书》卷八六《孝感·乞伏保传》载："乞伏保，高车部人也。父居，显祖时为散骑常侍，领牧曹尚书，赐爵宁国侯。以忠谨慎密，常在左右，出内诏命。赐宫人河南宗氏，亡后，赐以宫人申氏，宋太子左率申坦兄女也。岁余，居卒，申抚养伏保。性严肃，捶骂切至，而伏保奉事孝谨，初无恨色。袭父侯爵，例降为伯。稍迁左中郎将。每请禄赐，在外公私尺丈所用，无不白知。出为鄯善镇将。申年余八十，伏保手制马舆，亲自扶接，申欣然随之。申亡，伏保解官，奉丧还洛。"乞伏保继母申氏为刘宋"太子左率申坦兄女"，虽非自青齐入魏，但申氏有青齐地域背景，其先为北魏宫女，后被赐给高车部人乞伏居为妾，可见其入魏后先后为官、私奴婢。

青齐民众被强征入魏后充作奴婢,丧失了自由民身份与地位,这表明当时青齐移民群体所遭受之歧视与虐待。

青齐地域士族子弟有被掳掠拐卖的情况,《梁书》卷五〇《文学下·刘峻传》载:"宋泰始初,青州陷魏,峻年八岁,为人所略至中山,中山富人刘实愍峻,以束帛赎之,教以书学。"刘孝标年仅八岁被掠卖中山,由此不难想见在北魏征服青齐过程中,该地域儿童被拐卖的情况应当多有其事,绝非仅此个例。

作为青齐移民主体的"平齐民",其社会身份地位一度明显卑贱化,《魏书》卷一一四《释老志》载沙门统昙曜一则奏言曰:

> 平齐户及诸民,有能岁输谷六十斛入僧曹者,即为"僧祇户",粟为"僧祇粟",至于俭岁,赈给饥民。又请民犯重罪及官奴以为"佛图户",以供诸寺扫洒,岁兼营田输粟。高宗并许之。于是僧祇户、粟及寺户,遍于州镇矣。

昙曜的这一建议,意在通过扩充佛教寺院之依附人口,以保障、增强佛教寺院之经济实力。至于对僧祇户的社会身份性质的理解,或以为类似寺院之隶户,或以为与隶户不同,但无论如何,如果真有平齐户充任僧祇户的事实,其作为国家编户的自由民身份必然有所减弱,而对寺院的依附性则有所强化,其社会身份地位自然随之卑贱化。① 尽管未见平齐户充任僧祇户的具体记载,但由此建议可见,作为被征服后接受

---

① 按《魏书》卷一一四《释老志》所载,对昙曜所言,"高宗并许之",昙曜自应向文成帝进言,但文成帝时,北魏尚未占有青齐地区,当时并无所谓"平齐户"之户籍与人口。故此处所载昙曜奏言,在时间上或有窜乱,或"平齐户"之用词有误。又,《魏书》卷一一四《释老志》载宣武帝时尚书令高肇奏言:"谨案:故沙门统昙曜,昔于承明元年,奏凉州军户赵苟子等二百家为僧祇户,立课积粟,拟济饥年,不限道俗,皆以拯施。又依内律,僧祇户不得别属一寺。而都维那僧暹、僧频等,进违成旨,退乖内法,肆意任情,奏求逼召,致使吁嗟之怨,盈于行道,弃子伤生,自缢溺死,五十余人。……遂令此等,行号巷哭,叫诉无所,至乃白羽贯耳,列讼宫阙。"由此可见,北魏确实有将被征入魏的凉州"军户赵苟子等二百家为僧祇户"的事实,而昙曜也是自凉入魏的。昙曜当时所奏很可能建议将入魏的凉州民众为僧祇户。平定青齐后,则效仿对凉州移民处置的办法,建议以平齐民户为僧祇户。

特殊安置的青齐移民群体，被贴上"平齐户"的标签，其自由民身份似乎打了折扣，实际上体现出一定的歧视性。①

由平齐民女性的相关婚姻事例，也可见其群体社会地位之一度下降。《魏书》卷八九《酷吏·李洪之传》载其恒农人，"少为沙门，晚乃还俗"，后因缘附会，与高宗"元后姊妹二人"有所交集，"以宗人潜相饷遗，结为兄弟，遂便如亲"，"元后入宫，得幸于高宗，生显祖"。李洪之以外戚历任诸州刺史，"初，洪之微时，妻张氏助洪之经营资产，自贫至贵，多所补益，有男女几十人。洪之后得刘氏，刘芳从妹。洪之钦重，而疏薄张氏，为两宅别居，偏厚刘室。由是二妻妬竞，互相讼诅，两宅母子，往来如仇。及莅西州，以刘自随"。李洪之出自寒门，是一个冒牌外戚，尽管其官位颇显，但身份不正，他疏薄旧妻，钦重具有平齐民身份的"刘芳从妹"，以致家事内乱。李洪之如此，究其动机，显然在于借助刘氏之门第以提升自身社会地位，而对于刘氏而言，作为士族旧门，甘为李洪之的卑妾，实出无奈，表现出平齐民群体落难后的困窘状态。这种联姻，目的在于求生，近乎卖身。

特别需要强调指出的是，一些出自青齐大族的平齐民子弟被降为兵户，戍守边镇。《魏书》卷九一《术艺·蒋少游传》载：

> 蒋少游，乐安博昌人也。慕容白曜之平东阳，见俘入于平城，充平齐户，后配云中为兵。……而名犹在镇。

---

① 关于以平齐户充作僧祇户问题，严耀中先生在《平齐民身份与青齐士族集团》（收入氏著《魏晋南北朝史考论》，上海人民出版社2010年版）一文曾辨析僧祇户之身份性质，针对僧祇户即隶户的看法，指出隶户具有人身依附性等特征，以为僧祇户与隶户不尽相同，"决非能以隶户论之"，"丝毫找不出任何平齐民被人隶使贱役的记载"。（第213—214页）又指出，僧祇户"并非强迫"，"其实僧祇户与隶户是有很大区别的"；他强调"事实上，史载之平齐户者，无有一人为僧祇户，可见昙曜所云仅是表明平齐户能够成为僧祇户，而决不可能是非要成为僧祇户"。（第216页）不过，尽管未见北魏将平齐户变为僧祇户的确凿例证，但由昙曜之提议，可将平齐户变为僧祇户，这无疑表明当时北魏统治者对平齐民群体社会身份地位的某种歧视。

又,《魏书》卷六八《高聪传》载:

> 高聪,字僧智,本勃海蓨人。曾祖轨,随慕容德徙青州,因居北海之剧县。……大军攻克东阳,聪徙入平城,与蒋少游为云中兵户,窘困无所不至。

蒋少游、高聪皆为青齐士族子弟,"见俘入于平城,充平齐户,后配云中为兵"。士族子弟充任边镇兵士,尽管蒋少游实际上未至云中,然"名犹在镇",表明其户籍已改为兵籍。蒋少游、高聪作为青齐士族社会后进才学之士,北迁后入籍兵户,就其社会身份而言,这无疑是一种降格,具有侮辱性。[①]

史籍明确记载降为兵户的平齐民子弟仅此两例,实际上当远不

---

① 关于蒋少游、高聪为镇兵及其兵户问题,严耀中先生《平齐民身份与青齐士族集团》(收入氏著《魏晋南北朝史考论》,上海人民出版社2010年版)一文以为,北魏前期"兵的地位原是不低的。而高、蒋到云中为兵,恰恰是因为他们出身于青、齐士望,即属于所谓'中原强宗子弟'。和拓跋族的'高门子弟'一同为伍,应说明当时北魏政权是把他们看作汉民之上层的。……再从高、蒋个人情况来看,他们当兵虽称窘困,但这种所谓窘困乃是士人失去财产土地后的一时尴尬而已,和劳动人民当兵的苦难情况大不相当,……他们的处境与魏晋之士家相比,除有当兵之名外,可以说简直无共同之处。他们之所以被称为兵户,主要在于六朝有名称混用之习惯,蒋、高其时身份既是兵,那么他们的户就被称作兵户,而实际上则与类士家之兵户相去甚远"。(第214—215页)严先生辨析颇为细密,以平齐民士族子弟为兵,视为与鲜卑上层同等待遇。不过,由《魏书》卷九一《术艺·蒋少游传》可知,蒋少游入魏后,"始北方不悉青州蒋族,或谓少游本非人士,又少游微因工艺自达,是以公私人望不至相重",故孝文帝、冯太后常一再说"本谓少游作师耳,高允老公乃言其人士"。《魏书》卷六八《高聪传》载高允举荐蒋少游与族孙高聪称"青州蒋少游与从孙僧智,虽为孤弱,然皆有文情"。可见蒋少游、高聪二人入魏后,由于门户"孤弱",没有享受士族待遇,以致"配云中为兵",并非"把他们看作汉民之上层"。关于"北方不悉青州蒋族"、蒋少游"本非人士"问题,唐长孺先生以为,"蒋少游是乐安人,乃青州本地大族,但当时许多人不承认他是'士人',这不但由于他以善于营造起家,被当作不合于士人身分的'作师',同时也由于青州本地大族地位较低"。(见前揭《北魏的青齐土民》,《魏晋南北朝史论拾遗》,第106注释一)可见,在青齐移民士族群体内部,存在着"本土"与"侨寓"之别。所谓侨寓,即自河北随慕容氏南迁青齐的河北士族群体,他们在南燕特别在刘宋时期,成为青齐地域士族社会的主体,而出自本土的青齐旧族与之相较,则处于相对弱势的地位。

止于此。① 前述崔僧渊与刘文晔兄弟皆因亲属预乱而被发配薄骨律镇等边镇，实际上就是一度充作兵士。魏廷将参与谋叛及牵连的平齐民子弟遣送边镇，显然具有降低其社会身份的用意。据上文所考，无论将平齐郡之民众再行北迁，还是将青齐移民直接安置于"浑怀障"，实际上都是将部分平齐民群体性地充作边镇兵士，一度降为兵户。对士族而言，其社会身份地位之卑贱化，这是一种难以承受的歧视与羞辱。

蒋少游、高聪尽管得到河北士族代表高允等人护佑，并未至云中为兵，但实际上一度未受重视。《魏书·术艺·蒋少游传》载：

> 后被召为中书写书生，与高聪俱依高允。允爱其文用，遂并荐之，与聪俱补中书博士。自在中书，恒庇李冲兄弟子姪之门。始北方不悉青州蒋族，或谓少游本非人士，又少游微因工艺自达，是以公私人望不至相重。唯高允、李冲曲为体练，由少游舅氏崔光与李冲从叔衍对门婚姻也。② 高祖、文明太后常因密宴，谓百官曰："本谓少游作师耳，高允老公乃言其人士。"眷识如此。然犹骤被引命，屑屑禁闼，以规矩刻缋为务，因此大蒙恩锡，超等备位，而亦不迁陟也。……虽有文藻，而不得伸其才用，恒以剞劂绳尺，碎剧忽忽，徒倚园湖城殿之侧，识者为之叹慨。而乃坦尔为己任，不告疲耻。

---

① 对此，唐长孺先生指出："中间一等的平齐民在一定程度上也带有俘虏性质。高聪和蒋少游以平齐民被发到云中镇为兵，虽然依仗他们的亲族北魏大官高允的保护，实际上没有到镇，但也'窘困无所不至'。也可以设想，还有不得达官贵人保护而成为兵户的人。"见前揭《北魏的青齐土民》，《魏晋南北朝史论拾遗》，第104—105页。

② 关于青州蒋氏与清河崔氏之联姻，上引文称李冲之荐举蒋少游，"由少游舅氏崔光与李冲从叔衍对门婚姻也"。又，《南齐书》卷五七《魏虏传》载永明九年，北魏"遣使李道固、蒋少游报使。少游有机巧，密令观京师宫殿楷式。清河崔元祖启世祖曰：'少游，臣之外甥，特有公输之思。宋世陷虏，处为大匠之官。今为副使，必欲模范宫阙。岂可令甗乡之鄙，取象天宫？臣谓且留少游，令使主反命。'世祖以非和通意，不许"。由崔元祖所谓"少游，臣之外甥"，也说明青州蒋氏与清河崔氏之通婚。

可见青齐人士入北后，对门户相对"孤弱"的青齐士族子弟，北魏并未仔细甄别，后明知其为士族，依然没有落实相应的身份待遇。对此，魏收感叹："蒋少游以剞劂见知，没其学思，艺成为下，其近是乎！"①

平齐民被俘桑乾，整体社会地位下降，一些人甚至沦为贱民，加上生活困顿，必然心存不满，以致间有反叛。《魏书》卷二四《崔玄伯传附崔道固传》载：

> 是时，频岁不登，郡内饥弊，道固虽在任积年，抚慰未能周尽，是以多有怨叛。

所谓"多有怨叛"，就是一些平齐民子弟对生活现状不满，心生怨恨而发生变乱。根据相关记载，有平齐民子弟与北魏内部叛乱势力结合，参与组织叛乱。《魏书·崔玄伯传附崔僧祐传》载崔道固兄子崔僧祐"后坐与沙门法秀谋反，伏诛"。法秀之乱，牵涉颇广，《魏书》卷七（上）《高祖纪上》载太和五年正月孝文帝出巡，二月"沙门法秀谋反，伏诛"；三月己巳，孝文帝诏曰："法秀妖诈乱常，妄说符瑞，兰台御史张求等一百余人，招结奴隶，谋为大逆，有司科以族诛，诚合刑宪。且矜愚重命，犹所弗忍。其五族者，降止同祖；三族，止一门；门诛，止身。"由兰台御史张求等百余人与法秀同谋举事，"招结奴隶，谋为大逆"，可见此事背景复杂，涉及上层权力争夺。至于崔僧祐具体扮演何种角色，史载不明，他应当组织了部分平齐民故旧参与其事，以谋求改变

---

① 《水经注》卷三记叙平城皇信堂，"堂之四周，图古圣忠臣烈士之容，刊题其侧，是辩章郎彭城张僧达、乐安蒋少游笔"。见前揭《水经注疏》第1143—1144页。这也提供了蒋少游从事术艺的具体事例。

生存处境。①

　　当然，平齐民之"怨叛"，主要表现为奔逃南朝。当时北迁青齐各家族多有南逃者，如清河房氏，《魏书·房法寿传》载房伯玉"坐弟叔玉南奔，徙于北边，后亦南叛，为萧鸾南阳太守"；房崇吉辞归安县令，"停京师半岁，乃南奔。崇吉夫妇异路，剃发为沙门，改名僧达，投其族叔法延。住岁余，清河张略之亦豪侠士也，崇吉遗其金帛，得以自遣。妻从幽州南出，亦得相会。崇吉至江东，寻病死"②。平原刘氏，《魏书·刘休宾传》载刘休宾侄刘闻慰，"博识有才思。至延兴中，南叛"；刘休宾族侄刘法凤、刘法武兄弟，太和中"无可收用，不蒙选授。后俱奔南。法武后改名孝标云"。清河傅氏，《魏书》卷七〇《傅竖眼传》载傅法献"高祖初南叛，为萧鸾右中郎将、直阁将军"③。其实，北魏对平齐民的控制是很严格的，《梁书·文学下·刘峻传》载"峻年八岁，为人所略至中山，……

---

① 唐长孺先生指出：崔僧祐参加了"沙门法秀为首的一次起义。这次起义牵涉的青齐北迁人大概不少。根据《魏书》卷七上《高祖纪》上起义群众是奴隶，而最近一次大量被掠为奴隶的是青齐人，平齐民参加者也必不止崔僧祐一人。起义给镇压后，参加起义者的家族兄弟子侄被配发到薄骨律镇去当兵，历城人徙配薄骨律镇的如此之多，以至他们聚居之处也叫做历城"。见前揭《北魏的青齐土民》，《魏晋南北朝史论拾遗》第105—106页。关于法秀之乱性质，吕思勉先生以为"此役似中国之士大夫谋欲覆魏，事未及发，而魏主归后，又株连颇广"。见《吕思勉读史札记》丙帙魏晋南北朝部分"僧徒为乱"条，上海古籍出版社2005年版，第1060页。关于对法秀之乱的处置，《魏书》卷九三《恩幸·王叡传》载："及沙门法秀谋逆，事发，多所牵引。叡曰：'与其杀不辜，宁赦有罪。宜枭斩首恶，余从疑赦，不亦善乎？'高祖从之，得免者千余人。"可见孝文帝在处置法秀之乱过程中采取了宽大政策，"枭斩首恶，余从疑赦"，以致"得免者千余人"。而崔僧祐依然被诛，表明其罪当"首恶"，在组织谋逆过程中发挥了重要作用。

② 《魏书》卷四三《房法寿传附房崇吉传》载："崇吉从父弟三益，字敬安，于南阳内附。高祖与语，善之，曰：'三益了了，殊不恶。'拜员外散骑侍郎。"房三益在孝文帝南征时归附，与房伯玉相同，然不知其是否为平齐民而后逃亡青齐的。

③ 在其他地方任职的具有青齐地域背景的人士，也有图谋南奔者。《魏书》卷二四《崔玄伯传附崔邪利传》载崔邪利在魏太武帝时附降，其子崔怀顺"以父入国，故不出仕"；北魏占据青齐后，次子崔次恩，"累政州主簿，谋反被杀，崔怀顺则"与冲智子徽伯等俱奔江外"。关于崔怀顺事，《南齐书》卷五五《孝义·崔怀慎传》也有较详细记载。崔怀顺至南齐后，因避讳而改名。又，《魏书》卷六一《张谠传》载其"第四子敬叔，先在徐州，初闻父丧，不欲奔赴，而规南叛，为徐州所勒送"。

魏人闻其江南有戚属,更徙之桑乾"。将刘孝标"更徙之桑乾",目的在于加强管控,以阻止其南逃。由上可见当时平齐民南逃之风颇盛,其中还有像房崇吉这样具有"次客"身份的人物,他们不畏艰辛,冒死南逃,表达了对北魏统治政策及其相关待遇的不满。[1]

由上所述,平齐民本多为青齐地域之豪族民望,被强征入北后,北魏将其集中安置,实际上作为一个俘虏群体,表现出社会身份、地位方面的歧视。其中不仅将一些高门子弟配为兵户,而且有群体性安置于边镇的情况。平齐民社会身份的变化,表明其社会地位的下降。

三 "流移远至,率皆饥寒":平齐民之生活困顿

平齐民群体丧失了原有的特殊身份地位与优越生活条件。他们流播塞外,被安置于荒凉之地,且一再迁移,近于赤贫。对此,史籍有概括性记述,《魏书》卷四八《高允传》载:

> 显祖平青齐,徙其族望于代。时诸士人流移远至,率皆饥寒。

---

[1] 平齐民一度冒死南逃,这是有别于当时其他移民群体的特殊表现。何以如此?除了流播桑乾后生活艰困、境遇不佳等因素外,还有其他原因。其一,青齐地域长期归属南朝,青齐豪族历代仕宦于江左诸朝,青齐沦陷,当地豪族大规模南迁,因此北迁青齐人士在南朝多有戚属。其二,青齐豪族在社会观念、思想文化等方面深受南朝风尚熏染,而当时北魏则汉化未深,差异明显,平齐民难以接受。对此,韩树峰先生在《南北朝时期淮汉迤北的边境豪族》(社会科学文献出版社 2003 年版)中曾指出:"这种情况的出现,并非崔道固抚慰不周所致。因为不仅青齐徙民南逃事件经常发生,而且留在青州未曾迁徙的少数豪强也没有安定下来,以他们为首的叛乱及南逃事件屡有发生。"(第 30 页)"这种情绪的产生固然是由于其被徙后生活上艰难困顿、衣食不周,政治上受到压抑所造成,但我认为除此之外,尚有一定的历史原因,是魏初以来北方汉族士人对北魏政权抵触情绪的延续。"(第 32 页)因此,"如果北魏不从根本上改变对平齐民乃至汉族士人的歧视压抑政策,这种南逃及反叛事件就不会停止,而北魏的南境诸州也不会稳定下来"。(第 35 页)

"诸士人流移远至,率皆饥寒",可谓平齐民初迁塞外的生活实录。前引《魏书·崔玄伯传附崔道固传》所谓"是时,频岁不登,郡内饥弊,道固虽在任积年,抚慰未能周尽,是以多有怨叛"。由"郡内饥弊",不难想见平齐民群体财产尽失,生活困顿之状况。

关于平齐民生活之困窘,相关人物传记有所涉及。其中孤寡老孺、妇孺年幼,其流迁后的生活尤其艰难。《魏书·刘休宾传》载:

> 休宾叔父旋之,其妻许氏,二子法凤、法武,而旋之早亡。东阳平,许氏携二子入国,孤贫不自立,并疏薄不伦,为时人所弃。母子皆出家为尼,既而反俗。①

可见刘孝标母子入魏后无所依靠,"孤贫不自立"。又,《梁书·文学下·刘峻传》载其迁移桑乾后,"好学,家贫,寄人庑下,自课读书,常燎麻炬,从夕达旦,时或昏睡,爇其发,既觉复读,终夜不寐,其精力如此"。刘孝标晚年作《自序》,其中有言"余自少迄长,戚戚无欢,……余声尘寂漠,世不吾知,魂魄一去,将同秋草,……所以自力为叙,遗之好事云",人生态度颇为悲观,这固然与其后来人生际遇不无关系,但其人生态度与心理之形成,当与其早年的悲惨遭遇密切相关。

类似情况颇多。在北魏征服青齐过程中,当地豪族或因此前仕宦江左,或因南奔,造成平齐民群体中多有家族成员南北分离的情况。《南齐书》卷二七《刘怀珍传》载其平原人,其宗族乃"北州旧姓,门附殷积",其子刘灵哲历任萧齐之庐陵内史、齐郡太守等,"嫡母崔氏及兄子景焕,泰始中没虏,灵哲为布衣,不听乐。及怀珍卒,当袭爵,灵哲固辞以兄子在虏中,存亡未测,无容越当茅土,朝廷义之。灵哲倾产私赎嫡母及景焕,累年不能得。世祖哀之,令

---

① 中华书局校点本对"母子皆出家为尼"有校勘记曰:"《北史》卷三九'尼'下有'僧'字。张森楷云:'母为尼,子不应为尼,有僧字是。'"

北使告虏主，虏主送以还南，袭怀珍封爵"。又，《南齐书》卷二八《刘善明传》载其为刘怀珍族弟，父怀民为刘宋齐、北海二郡太守，泰始五年（469），"青州没虏，善明母陷北，虏移置桑乾。善明布衣蔬食，哀戚如持丧。明帝每见，为之叹息，时人称之。转宁朔将军、巴西、梓潼二郡太守。善明以母在虏中，不愿西行，涕泣固请，见许。朝廷多哀善明心事。元徽初，遣北使，朝议令善明举人，善明举州乡北平田惠绍使虏，赎得母还"。又，《魏书》卷四三《房法寿传》载房法寿以盘阳镇戍降魏，"时刘彧给事中崔平仲欲归江南"，后"崔平仲自东阳南奔，妻子于历城入国。太和中，高祖听其还南"。由上述可见，一些青齐女性孤身流迁桑乾，其丈夫、儿子在江南，生活自然无所依靠，情感上则尤为凄苦。①

对于一般平齐民而言，他们普遍丧失了生产、生活资料，起初只能以出卖劳力求生。《魏书》卷七〇《傅永传》载：

> 傅永，字修期，清河人也。……自东阳禁防为崔道固城局参军，与道固俱降，入为平齐民。父母并老，饥寒十数年，赖其强于人事，勤力佣丐，得以存立。

可见傅永家族北迁后，其"父母并老，饥寒十数年"，凭借其"强于人事，勤力佣丐，得以存立"。所谓"勤力佣丐"，就是从事雇佣劳动，十余年间，傅永以"佣丐"的方式谋生，由于家累负担沉重，难免饥寒困顿。其实，这一生活状况，绝非傅永如此，应当是平齐民群体流移桑乾后的普遍生活状态。

平齐民之主体是青齐士族人物，其子弟多具才学技能，故以才艺谋生，一个主要方式是"佣书"。《魏书·术艺·蒋少游传》载：

---

① 前述平齐民人物多有自桑乾南奔者，这也必然造成夫妻、母子分离的情况，给留寄桑乾的平齐民女性带来生活方面的痛苦。《魏书》卷四三《房法寿传附房伯玉传》："伯玉在南之日，放妾杨氏为尼。入国，遂令还俗，复爱幸焉。为有司所奏，高祖听之。"房伯玉南奔后，"放妾杨氏为尼"，当主要出于杨氏生活之无助。

性机巧，颇能画刻。有文思，吟咏之际，时有短篇。遂留寄平城，以佣写书为业，而名犹在镇。

可见蒋少游在平城一度"以佣写书为业"，即受雇抄写书籍以谋生。他"佣书"收入如何呢？《魏书·高聪传》载："聪徙入平城，与蒋少游为云中兵户，窘困无所不至。"高聪与蒋少游"留寄平城"，他何以谋生，未有明载，但由二人"窘困无所不至"，可见蒋少游的生活境况很差，说明其"佣书"收入有限。

当时年少的平齐民才学之士，多有"佣书"谋生的经历，《魏书》卷六六《崔亮传》载：

崔亮，字敬儒，清河东武城人也。……及慕容白曜之平三齐，内徙桑乾，为平齐民。时年十岁，常依季父幼孙，居家贫，佣书自业。

又，《魏书》卷六七《崔光传》载：

崔光，本名孝伯，字长仁，高祖赐名焉，东清河鄃人也。祖旷，从慕容德南渡河，居青州之时水。……慕容白曜之平三齐，光年十七，随父徙代。家贫好学，昼耕夜诵，佣书以养父母。

又，《魏书》卷四三《房法寿传附房景伯传》载：

景伯生于桑乾，少丧父，以孝闻。家贫，佣书自给，养母甚谨。

以上诸人皆为年少才学之士，因家贫而"佣书自业"，以此养家糊口，即所谓"佣书以养父母"，"佣书自给，养母甚谨"，这表明佣书所得有限，且颇为辛劳。《魏书》卷四三《房法寿传附房景先传》载其为房景伯弟，"幼孤贫，无资从师，其母自授《毛诗》、《曲礼》。年十二，请其母曰：'岂可使兄佣赁以供景先也？请自求衣，然后就学。'母哀其小，不许。苦请，遂得一羊裘，忻然自足。昼则樵苏，夜诵经史，自是精勤，遂大通赡"①。房景先以其兄"佣赁"养家太过艰难，"请自求衣，然后就学"，于是"昼则樵苏，夜诵经史"，以分担家庭负担。

相较而言，刘芳"佣书"一度收入颇丰，《魏书》卷五五《刘芳传》载：

> 慕容白曜南讨青齐，梁邹降，芳北徙为平齐民，时年十六。……芳虽处穷窘之中，而业尚贞固，聪敏过人，笃志坟典。昼则佣书，以自资给，夜则读诵，终夕不寝，至有易衣并日之弊，而澹然自守，不汲汲于荣利，不戚戚于贱贫，乃著《穷通论》以自慰焉。芳常为诸僧佣写经论，笔迹称善，卷直以一缣，岁中能入百余匹，如此数十年，②赖以颇振。由是与德学大僧，多有还往。

刘芳年少北迁，生活"穷窘"，于是"昼则佣书，以自资给，夜则读诵，终夕不寝，至有易衣并日之弊"，可见其当初"佣书"谋生颇为窘迫，故"著《穷通论》以自慰焉"。他后来为佛教寺院抄写经论，"如此数十年，赖以颇振"。刘芳抄写佛教经论致富，这是一个特例：他"笔迹称善"，为僧人喜爱，酬劳优惠，"卷直以一缣"；他勤苦劳作，以致"岁中能入百余匹"。因此，刘芳抄写佛经之收益

---

① 此载房景先"幼孤贫，无资从师，其母自授《毛诗》、《曲礼》"，可见其家庭贫苦，《魏书》卷九二《列女传》载："清河房爱亲妻崔氏者，同郡崔元孙之女。性严明高尚，历览书传，多所闻知。子景伯、景先，崔氏亲授经义，学行修明，并为当世名士。"
② 关于此处"数十年"，《魏书》中华书局新点校本有校勘记云："当是本作'十数年'，误例为'数十年'。"

并不具有普遍性，非但不能以此说明平齐民群体的经济状况，而正说明平齐民一度丧失其社会地位与仕宦途径，只能无奈地被雇佣以谋生。①

当时被征遣的青齐上层人士，即便获得"客"的身份，也有生活待遇较差者。《魏书》卷六一《沈文秀传》载其本吴兴武康人，刘宋青州刺史，于东阳"婴城固守"，最终被慕容白曜攻克，沈文秀始终未屈，"白曜忿之，乃至捶挞。……遂与长史房天乐、司马沈嵩等锁送京师。面缚数罪，宥死，待为下客，给以粗衣蔬食"。可见沈文秀虽有"下客"身份，但实际待遇很差。沈文秀一度如此，其僚属自然更差，其中沈嵩是沈文秀族子，"聪敏有笔札。文秀以为司马，甚器任之"，孝文帝时，"随文秀至怀州。文秀卒后，依宋王刘昶。昶遇之无礼，忧愧饥寒，未几而卒"。

值得注意的是，直到孝文帝太和中期调整平齐民政策以后，一些平齐民人士依然处于贫困状态。《魏书》卷六六《崔亮传》载："高祖在洛，欲创革旧制，选置百官，……驰驿征亮兼吏部郎。俄为太子中舍人，迁中书侍郎，兼尚书左丞。亮虽历显任，其妻不免亲事春簸。高祖闻之，嘉其清贫。"又，《魏书》卷七九《成淹传》载其父洪"仕刘义隆，为抚军府中兵参军"，淹"好文学，有气尚。刘子业辅国府刑狱参军事，刘彧以为员外郎，假龙骧将军，领军主，

---

① 严耀中先生在前揭《平齐民身份与青齐士族集团》（收入氏著《魏晋南北朝史论》，上海人民出版社 2010 年版）一文中对此有考论云："其一年收入达百余匹，数目是相当多的。我们只要举一个当时的数字与此对比，就可有深刻印象。《魏书·薛野猪传附子虎子传》载虎子上表云：'……其小郡太守，数户而已，一请止六尺绢，岁不满匹。'平齐民中为佣书者们的收入虽不可能都有刘芳这么多，然而十倍、二十倍于小郡太守的收入，恐怕总是有的。因此史传称他们'贫'，大约都是相对其过去而言，而不是与一般劳动人民相比，当然也有出卖劳动力的，……不管其是佣书还是佣力，其身份总不低于一般之民。"（第 214 页）这里所论平齐民入魏后生活贫困主要相对于其过去贵族生活而言，而非与一般劳动者对比云云，特别是将刘芳抄写佛教经论之收入与当时地方郡守相比，以见其收入颇丰。考虑平齐民作为移民，丧失了已有资产，在桑乾之地完全白手起家，故大量的平齐民恐怕一度主要通过出卖劳力而求生，少数人依靠技能谋生，故其群体总体上必然一度处于赤贫状态。

令援东阳、历城。皇兴中,降慕容白曜,赴阙,授兼著作郎"。太和年间,成淹接待南齐使臣,应对得当,孝文帝先"赐淹果食",后"以淹清贫,赐绢百匹";成淹后迎接王肃,"乃赐淹龙厩上马一匹,并鞍勒宛具,朝服一袭"。又载:"时迁都,高祖以淹家无行资,敕给事力,送至洛阳,并赐假日与家累相随。……高祖优而容之,诏赐绢百匹。"直到宣武帝时,成淹请求外任,"淹小心畏法,典客十年,四方贡聘,皆有私遗,毫厘不纳,乃至衣食不充。遂启乞外禄。景明三年,出除平阳太守,将军如故"。可见成淹入魏后长期"清贫",孝文帝虽一再赐予其财物,依然"衣食不充"。诸人生活如此,固然由于其为官廉洁,然究其根本,则在于任职朝廷的青齐名士代表丧失了乡里田园的经济支撑,仅仅依赖朝官俸禄难以"脱贫",以致"其妻不免亲事舂簸"的窘境。

四 士族社会对平齐民之救助及其处境之改善

对于陷于赤贫的平齐民群体,北魏士族社会多有救助。青齐豪族大多旧籍河北,在北魏征讨后燕时南迁青齐,与先期入魏的河北大族群体多所关联。出于宗族情谊,一些河北大族对落难的平齐民倾力救助,尤以高允为著。《魏书》卷四八《高允传》载:

> 徙人之中,多允姻媾,皆徒走造门。允散财竭产,以相赡赈,慰问周至。无不感其仁厚。

高允为当时士族社会代表人物,新迁桑乾的青齐人士"多允姻媾",于是他"散财竭产,以相赡赈,慰问周至",可谓竭力救济。高聪之事颇典型,《魏书·高聪传》载其"窘困无所不至。族祖允视之若孙,大加赒给"。又,《魏书》卷八二《常景传》载:

> 初,平齐之后,光禄大夫高聪徙于北京,中书监高允为之

娉妻，给其资宅。聪后为允立碑，每云："吾以此文报德，足矣。"豫州刺史常绰以未尽其美。景尚允才器，先为《遗德颂》，司徒崔光闻而观之，寻味良久，乃云："高光禄平日每矜其文，自许报允之德，今见常生此《颂》，高氏不得独擅其美也。"

由上可见，高允对其族孙高聪"大加赒给"，"为之娉娶妻，给其资宅"，高聪得以成家立业。正因为如此，高聪对高允极为感激，为其作碑文以报答恩德。高允对平齐民群体及其他流迁士族人物极力救济，临终前依然将所得赏赐用于救助，《魏书》本传载孝文帝、冯太后以高允年长体衰，"于是遣使备赐御膳珍馐，自酒米至于盐醢百有余品，皆尽时味，及床帐、衣服、茵被、几杖，罗列于庭。王官往还，慰问相属。允喜形于色，语人曰：'天恩以我笃老，大有所赉，得以赡客矣。'表谢而已，不有他虑"。对于朝廷之优赏，高允表示"大有所赉，得以赡客"，而当时青齐士民则是其主要赈济对象。高允平生所得，多以"赡客"，河北乡里与河西人士得其护佑者颇多，为其作《遗德颂》的常绰，其先人便是自河西入魏的。

其他河北士族人物也对平齐民施以援手。如博陵崔氏代表人物崔挺，《魏书》卷五七《崔挺传》载："崔挺，字双根，博陵安平人也。……初，崔光之在贫贱也，挺赡遗衣食，常亲敬焉。又识邢峦、宋弁于童稚之中，并谓终当远致。世称其知人。"[①]

河北士族社会对留滞乡里的青齐民老弱戚属也有扶助救济，范阳卢氏致力尤多。《魏书》卷四七《卢玄传附卢度世传》载：

其为济州也，国家初平升城。无盐房崇吉母傅氏，度世继

---

① 毋庸讳言，当时落难的平齐民子弟在求助河北士族亲故过程中，也有遭到冷遇的情况。《魏书》卷五五《刘芳传》载："南部尚书李敷妻，司徒崔浩之弟女；芳祖母，浩之姑也。芳至京师，诣敷门，崔耻芳流播，拒不见之。"对于被俘遣之平齐民而言，初至桑乾，投亲访友以求助，确是无奈之选择，刘芳遭拒，令人心酸。

外祖母兄之子妇也。兖州刺史申纂妻贾氏,崇吉之姑女也,皆亡破军途,老病憔悴。而度世推计中表,致其恭恤。每觐见傅氏,跪问起居,随时奉送衣被食物,亦存赈贾氏,供其服膳。青州既陷,诸崔坠落,多所收赎。及渊、昶等并循父风,远亲疏属,叙为尊行,长者莫不毕拜致敬。

可见出自范阳卢氏的卢度世等人,对青齐姻亲老弱"亡破军途,老病憔悴"者,"推计中表,致其恭恤",或"随时奉送衣被食物","供其服膳",或"多所收赎"。①

当时出自河西的士族代表李冲对平齐民子弟多有关照。《魏书》卷六六《崔亮传》载:

> 时陇西李冲当朝任事,亮从兄光往依之,谓亮曰:"安能久事笔砚,而不往托李氏也?彼家饶书,因可得学。"亮曰:"弟妹饥寒,岂可独饱?自可观书于市,安能看人眉睫乎?"光言之于冲,冲召亮与语,因谓亮曰:"比见卿先人《相命论》,使人胸中无复怵迫之念。今遂亡本,卿能记之不?"亮即为诵之,涕泪交零,声韵不异。冲甚奇之,迎为馆客。冲谓其兄子彦曰:"大崔生宽和笃雅,汝宜友之;小崔生峭整清彻,汝宜敬之。二人终将大至。"

可见崔光、崔亮二人皆得李冲护佑,为其"馆客"。李冲在家中设馆待客,既提供书籍,且供给伙食,故崔亮入馆前有所谓"弟妹饥寒,

---

① 对河北士族救济平齐民,宋人叶适在《习学记言序目》卷三四"《魏书·卢玄传》"条有论曰:"卢氏自志、谌、偃、邈、玄度、世渊、道将,累世风素,北州所推,史称其闺门之理;及《高允传》青齐沦陷,衣冠播流,亲表赈赡之美。然则三百年间,人士乖离,其能守家法存义概者难矣。虽孔子尚畏左衽之祸,岂私忧哉!然是时犹有声问可通,不若后世之影灭响绝,抚卷可为永叹!"

岂可独饱"之语。①

当时入魏青齐上层人士也有接济宗亲、僚属的情况。《魏书》卷四三《房法寿传》载：

> 性好酒，爱施，亲旧宾客率同饥饱，坎壈常不丰足。毕众敬等皆尚其通爱。

房法寿作为"上客"，本有田宅、奴婢，然其"爱施"，周济"亲旧宾客"，以致"坎壈常不丰足"。又，《魏书》卷六一《张谠传》载：

> 谠性开通，笃于抚恤，青齐之士，虽疏族末姻，咸相敬视。李敷、李䜣等宠要势家，亦推怀陈款，无所顾避。毕众敬等皆敬重之，高允之徒亦相器待。

张谠本清河人，其父张华随慕容氏徙至青齐，后仕于刘宋，"刘彧之立，遥授冠军将军、东徐州刺史"，较早附魏，"后至京师，礼遇亚于薛、毕，以勋赐爵平陆侯，加平远将军"。他与青齐人士颇多关联，故"笃于抚恤，青齐之士，虽疏族末姻，咸相敬视"②。

---

① 李冲对崔氏家族的关照，除对崔光、崔亮的提携外，主要表现为与崔氏联姻。《魏书》卷九一《术艺·蒋少游传》载"始北方不悉青州蒋族，或谓少游本非人士，……唯高允、李冲曲为体练，由少游舅氏崔光与李冲从叔衍对门婚姻也"。李冲从叔李衍与崔氏联姻，对于崔氏家族身份地位提升当多有助益，也可以由此推测，李氏家族对崔氏乃至平齐民群体之赈济颇多，李冲则为其代表而已。此外，李冲作为河西入魏之士族代表，曾经得到过崔氏人物的提携。《魏书》卷二四《崔玄伯传附崔宽传》载清河崔宽祖崔彤，"随晋南阳王保避地陇右，遂仕于沮渠、李暠"，其父崔剖"及世祖西巡，剖乃总率同义，使宽送款。……初，宽之通款也，见司徒浩。浩与相齿次，厚存抚之。及浩诛，以远来疏族，独得不坐"。崔款长子衡，"学崔浩书，颇亦类焉。天安元年，擢为内秘书中散，班下诏命及御所览书，多其迹也。衡举李冲、李元恺、程骏等，终为名器，世以是称之"。崔衡先辈流寓河西，入魏后得崔浩关照，崔衡位显，举荐李冲等河西名士。可见清河崔氏与河西李氏颇多渊源。

② 魏收在《魏书》卷六一"史臣曰"中评论张谠，称其"观机委质，笃恤流离，亦仁智矣"。所谓"笃恤流离"，即指其扶助平齐民。

当然，处于生活困境之中，平齐民群体内部也有相互扶助周济的情况。《崔猷墓志》载其东清河东俞人，"君风概夙成，识艺早立。年方志学，魏威南被。阖门北徙，便堪冒险。奉馈供济，尊卑诚孝之厚，齐代以为美谈。闺庭雍整，造履歆嶷。树言树行，有礼有法"。铭曰"少离辛棘，仁孝发中。负担万里，扎雨濛风。振彼餬口，济此饥穷。救寒为暖，极窭为丰"。又载其"夫人同郡房氏，父法寿，青冀二州刺史、壮武侯"①。崔猷出自清河崔氏，本为青齐大族，他是房法寿女婿，志中称其宗族"阖门北徙"，生活艰困，崔猷"奉馈供济"，故志铭赞其"振彼餬口，济此饥穷。救寒为暖，极窭为丰"。崔猷是否迁移桑乾，志文所述未明，他是作为平齐民救助族人，还是在平齐民返乡后接济宗亲，虽难以判断，但无论如何，由此可以想见青齐移民群体内部也有互助活动。②

士族社会代表人物对平齐民的经济救助，有如雪中送炭，体现出当时儒学士族群体的社会伦理与道德情怀。不过，要从根本上解决平齐民群体的社会困境，必须努力恢复、提升其社会身份，进而使他们获得仕宦的权利。在这方面，河北士族社会代表高允与河西士族权臣李冲等人颇尽心力。高允一再举荐族孙高聪与蒋少游，《魏书·高聪传》载：

> 聪涉猎经史，颇有文才，允嘉之，数称其美，言之朝廷，云："青州蒋少游与从孙僧智，虽为孤弱，然皆有文情。"由是与少游同拜中书博士。积十年，转侍郎，以本官为高阳王雍友，稍为高祖知赏。

---

① 王连龙编：《南北朝墓志集成》，上海人民出版社2020年版，第104—105页。
② 《魏书》卷四三《房法寿传附房景远传》载："景远，字叔遐。重然诺，好施与。频岁凶俭，分赡宗亲，又于通衢以食饿者，存济甚众。平原刘郁行经齐兖之境，忽遇劫贼，已杀十余人。次至郁，郁呼曰：'与君乡近，何忍见杀！'贼曰：'若言乡里，亲亲是谁？'郁曰：'齐州主簿房阳是我姨兄。'阳是景远小字。贼曰：'我食其粥得活，何得杀其亲！'遂还衣服，蒙活者二十余人。"房景远之"分赡宗亲"，当是在返回青齐之后，非在桑乾，但由此可见青齐士族社会崇尚宗族、乡里情谊的礼法观念。与此相关，《魏书》卷六七《崔光传附崔敬友传》载崔光弟崔敬友"恭宽接下，修身厉节。自景明已降，频岁不登，饥寒请丐者，皆取足而去。又置逆旅于肃然山南大路之北，设食以供行者"。这也体现出平齐民返归后周济乡里的情况。

前引《魏书·术艺·蒋少游传》载:"后被召为中书写书生,与高聪俱依高允。允爱其文用,遂并荐之,与聪俱补中书博士。"由于高允的举荐,高聪、蒋少游得以"同拜中书博士",以此步入仕途。

卢渊、李冲等人也举荐、任用平齐民才学之士,《魏书·房法寿传附房景伯传》载其有才学,"尚书卢渊称之于李冲,冲时典选,拔为奉朝请、司空祭酒、给事中、尚书仪曹郎"。卢渊为河北大族代表,当时李冲"当朝任事",故"卢渊称之于李冲",就是极力推荐。李冲及其家族对荐用平齐民子弟颇尽心力,《魏书·崔亮传》载:"冲荐之为中书博士。"① 蒋少游也得其举荐,据前引《魏书·术艺·蒋少游传》载其门户,"唯高允、李冲曲为体练","自在中书,恒庇李冲兄弟子姪之门"。可见李冲不仅与高允鼎力维护蒋少游之门户地位,且李氏"兄弟子姪之门"皆对蒋少游有所庇护。

寄寓北魏的刘宋宗室刘昶对平齐民人物也加提携。《魏书》卷六九《袁翻传》载:"袁翻,字景翔,陈郡项人也。父宣,有才笔,为刘彧青州刺史沈文秀府主簿。皇兴中,东阳平,随文秀入国。而大将军刘昶每提引之,言是其外祖淑之近亲,令与其府谘议参军袁济为宗。宣时孤寒,甚相依附。及翻兄弟官显,与济子洸、演遂各凌竞,洸等乃经公府以相排斥。"

当时平齐民名士之间也相互提携扶助。《魏书·房法寿传》附载房景伯事云:"廷尉卿崔光韶好标榜人物,无所推尚,每云景伯有士大夫之行业";又附载房景伯弟房景先,"时太常刘芳、侍中崔光当世儒宗,叹其精博,光遂奏兼著作佐郎,修国史"。

特别需要强调的是,当时齐州刺史韩麒麟上表,建议调整有关青齐政策。《魏书》卷六〇《韩麒麟传》载其"以新附之人,未阶台宦,士人沉抑",表曰:

---

① 《魏书》卷六七《崔光传》载其太和六年为中书博士,应当与崔亮一样,得益于李冲的推荐。关于李冲对崔氏子弟的护佑,《魏书》卷六六《崔亮传附崔光韶传》载:"亮从父弟光韶,事亲以孝闻。初除奉朝请。光韶与弟光伯双生,操业相侔,特相友爱,遂经吏部尚书李冲,让官于光伯,辞色恳至。冲为奏闻,高祖嘉而许之。"

> 齐土自属伪方，历载久远，旧州府僚，动有数百。自皇威开被，并职从省，守宰阙任，不听土人监督。窃惟新人未阶朝官，州郡局任甚少，沉塞者多，愿言冠冕，轻为去就。愚谓守宰有阙，宜推用豪望，增置吏员，广延贤哲。则华族蒙荣，良才获叙，怀德安土，庶或在兹。

对于韩麒麟之进言，"朝议从之"。韩麒麟死于太和十二年，本传明确记载太和十一年另有进言，故此表所呈当在太和十年、十一年之间。① 据《魏书》本传，韩麒麟乃昌黎棘城人，父韩瑚曾为平原郡守，其本人任职也与青齐地域颇多关涉，曾随慕容白曜征青齐，反对滥杀，多有谏言，"白曜从之，皆令复业，齐人大悦。后白曜表麒麟为冠军将军，与房法寿对为冀州刺史"；孝文帝时"拜给事黄门侍郎，乘传招慰徐兖，叛民归顺者四千余家。寻除冠军将军、齐州刺史，假魏昌侯。麒麟在官，寡于刑罚"。其一再任职青齐，对该地域社会状况甚为熟悉，对平齐民处境及其心态洞悉深切。由其所言，可见青齐豪族在刘宋时期控辖州郡，"旧州府僚，动有数百"，入魏后则"新人未阶朝官，州郡局任甚少，沉塞者多"，以致"轻为去就"。所谓"轻为去就"，就是指青齐地域豪族叛归南朝，不利于北魏南境的稳定。唐长孺先生指出，韩麒麟进表之意在于建议北魏朝廷"扩大'三齐豪望'的入仕道路，免得他们'轻为去就'，即投奔南朝"②。与其他士族朝臣代表出于亲族伦理与情怀救济、举荐平齐民人物相较，韩麒麟之表言则涉及北魏用人政策与制度的变革。对青齐本土豪族仕进政策的变化，必然推动平齐民的政策调整。

由上述可知，鉴于平齐民群体之间有"怨叛"与青齐本土豪族

---

① 对于韩麒麟此表所呈之时间，唐长孺先生有推论云："按上文称'高祖初'，下文称'太和十一年'，麒麟上表时间大致与准许平齐民还乡相先后。"见前揭《北魏的青齐土民》，《魏晋南北朝史论拾遗》，第113页。
② 前揭《北魏的青齐土民》，《魏晋南北朝史论拾遗》，第113页。

之"轻为去就",北魏士族社会在"士族社会共同体"意识的驱动下,其代表人物倾力救助平齐民之"士望",促使魏廷调整相关政策,主要体现在两个方面:一是准予其士族名士仕进;二是允许一些青齐豪族代表返归乡里。关于平齐民人物之出仕,《魏书·刘休宾传》载:"太和中,高祖选尽物望,河南人士,才学之徒,咸见申擢。"当时的"河南人士",主要是指包括平齐民在内的青齐地域士人。前述高聪、蒋少游、崔亮、房景伯等人因高允、李冲所荐相继为中书博士、奉朝请等职。至于诸人出仕时间,唯崔光《魏书》本传明载其太和六年入仕,其他则或云"太和初",或云"太和中",未明具体时间。① 唐长孺先生详述青齐内徙各家族人物入仕情况,指出:"从太和六年(482)以后,大批平齐民中士人摆脱了卑贱地位,接踵登朝。其以中书博士起家的有崔光、崔亮、房宣明、高聪、蒋少游、傅永六人,这个官几乎成为河南人士特别是平齐民最一般的起家官,由此上升显位。"② 中书博士之外,平齐民名士多有以奉

---

① 关于崔光出仕时间,《魏书》卷六七《崔光传》载:"太和六年,拜中书博士,转著作郎,与秘书丞李彪参撰国书。迁中书侍郎、给事黄门侍郎,甚为高祖所知待。""太和中"出仕者,如《魏书》卷六七《崔光传附崔长文传》载:"光从祖弟长文,字景翰。少亦徙于代都,聪敏有学识。太和中,除奉朝请。""太和初"出仕的记载,如《魏书》卷四三《房法寿传》载其族人房坚"亦内徙为平齐民。太和初,高祖擢为秘书郎,迁司空谘议、齐州大中正"。此处所谓"太和初",疑亦当为"太和中"之误。

② 前揭《北魏的青齐土民》,《魏晋南北朝史论拾遗》,第112页。对此处所云"河南之士",唐先生以为"自然包括兖、豫、徐诸州在内,而主要是青齐士人"。(第109页)当时以中书博士起家者至少还有刘芳,《魏书》卷五五《刘芳传》载:"会萧赜使刘缵至,芳之族兄也,擢芳兼主客郎,与缵相接。寻拜中书博士。后与崔光、宋弁、邢产等俱为中书侍郎,俄而诏芳与产入授皇太子经,迁太子庶子、兼员外散骑常侍。"关于刘芳为中书博士之时间,由刘缵出使平城之时间,当可大致推定。《南齐书》卷五七《魏房传》载:"永明元年冬,遣骁骑将军刘缵、前军将军张谟使房。"又载永明七年,"(北魏)遣使邢产、侯灵绍复通好。先是刘缵再使房,太后冯氏悦而亲之"。《魏书》卷九八《岛夷·萧道成传》也有相关记载:"道成死,子赜僭立,改年为永明。赜遣其骁骑将军刘缵、前将军张谟朝贡。……九年,遣辅国将军刘缵、通直郎裴昭明朝贡。"可见刘缵于齐武帝永明元年(魏太和七年)、三年(太和九年)两次使魏,北魏冯太后"悦而亲之"。刘芳具体哪次以主客郎"与缵相接",未有明载,但刘缵第一次使魏的可能性比较大。据此推测,刘芳当在魏孝文帝太和七年、八年,至迟太和九年、十年得为中书博士。

朝请起家者。①

关于允许部分平齐民返乡，《魏书·房法寿传附房景先传》载："太和中，例得还乡，郡辟功曹，州举秀才。"唐长孺先生据此指出："这是条重要的记载，房景先是平齐民，所谓例得还乡，当然不限于房景先一人或房氏一族，而是带有普遍性的规定。由此我们可以知道这批平齐民在太和中曾经有过准予还乡之例，毫无疑问，合乎条例的也就是被肯定为士族的人，因此一还乡就以士族身分为州郡所辟举。不但一般的平齐民中士族准许还乡，享受士族特权，甚至已配发为镇兵的也同样恢复了士族身分。"②通过这一条例的实施，孝文帝太和年间，一度充当平齐民的青齐豪强大都逐渐返归本乡，并恢复了昔日的社会身份与相关特权。

至于这一条例颁布与实施之时间，上引文概称"太和中"，其起始时间与平齐民名士入仕进程大体相当，应稍滞后，可能在太和十年之后正式启动。③需要强调的是，孝文帝对平齐民返乡政策的调整与实施并非一蹴而就，有一个渐进过程。《魏书·刘休宾传》载刘法凤、刘法武兄弟"无可收用，不蒙选授，后俱奔南"，这肯定发生在孝文帝迁洛前，表明在"选尽物望，河南人士，才学之徒，咸见申擢"的背景下，依然有部分青齐人士"不蒙选授"。随着孝文帝迁都洛阳，全面推进与中土士族社会结合，至此一度流迁桑乾的平齐

---

① 据前引文，有崔光韶"除奉朝请"、崔长文"太和中，除奉朝请"、房景伯"拔为奉朝请"诸例。

② 前揭《北魏的青齐土民》，《魏晋南北朝史论拾遗》，第107页。

③ 对于平齐民人士返乡之具体时间，唐长孺先生在《北魏的青齐土民》（《魏晋南北朝史论拾遗》）一文中的相关论述有所涉及。他据《魏书》卷二四《崔玄伯传附崔僧渊传》所载"僧渊入国，坐兄弟徙于薄骨律镇，太和初得还"，指出"法秀领导的起义在太和五年，崔僧渊配流亦当在此年。得还疑在数年之后，当云太和中"；（第108页注释一）论及平齐民士人出仕，以为"也在这时这批平齐民终于例得还乡，依然是青齐大豪强"；（第112页）论及韩麒麟上表，称"麒麟上表后，当平齐民大批还乡之日，可以想见，青齐守宰大概又由他们垄断了"。（第113页）就平齐民群体整体社会身份变化与地位提升而言，其高潮当在孝文帝迁洛前后，唐先生有言："在孝文帝统治时，联翩登朝，很多当了大官。他们中间大都又还到了青齐，仍然是当地最有势力的豪强。这个变化大致在孝文帝迁洛前后。"第107页。

民士人群体终于获得整体性解放，成为北魏政治舞台上一个重要的区域群体。正因为如此，获得仕宦地位、返归本乡的青齐大族全面融入北魏政权，他们对北魏王朝颇为认同，对孝文帝极力赞誉，与太和初期的心态已有天壤之别。其中崔僧渊相关表现最为典型，《魏书·崔玄伯传附崔僧渊传》载其有文学、通佛经、善谈论，深得孝文帝赏识，将其从薄骨律镇召回，任尚书仪曹郎，得返旧籍，"迁洛之后，为青州中正。寻出为征东大将军、广陵王羽谘议参军，加显武将军，讨海贼于黄郭，大破之"。于时萧齐明帝"遣其族兄惠景遗僧渊书，说以入国之屈，规令改图"，崔僧渊复书曰：

> 主上之为人也，无幽不照，无细不存，仁则无远不及，博则无典不究，殚三坟之微，尽九丘之极。至于文章错综，焕然蔚炳，犹夫子之墙矣。遂乃开独悟之明，寻先王之迹，安迁灵荒，兆变帝基，惟新中壤，宅临伊域。三光起重辉之照，庶物蒙再化之始。分氏定族，料甲乙之科；班官命爵，清九流之贯。礼俗之叙，粲然复兴，河洛之间，重隆周道。巷歌邑颂，朝熙门穆，济济之盛，非可备陈矣。加以累叶重光，地兼四岳，士马强富，人神欣仰，道德仁义，民不能名。且大人出，本无所在，况从上圣至天子天孙者乎。圣上诸弟，风度相类，咸阳王已下，莫不英越，枝叶扶疏，遍在天下，所称稍竭，殊为未然。文士竞谋于庙堂，武夫效勇于疆场，若论事势，此为实矣。……国家西至长安，东尽即墨，营造器甲，必尽坚精，昼夜不息者，于兹数载。……弟中于北京，身罹事谴，大造之及，有获为幸。比蒙清举，超进非一，犬马之心，诚有在矣。虽复彼此为异，犹昔情不移也，况于今日哉。如兄之诲，如弟之规，改张易调，易于反掌，万一乖情，此将运也。

崔慧景致书崔僧渊，以其入魏受屈，劝其南奔，但由崔僧渊所言"弟中于北京，身罹事谴，大造之及，有获为幸"，可谓时过境迁，当时曾为平齐民的青齐豪族人士心态已有质变,对一度"身罹事谴"的经历有所释怀,对现实处境甚为满意,"比蒙清举,超进非一",甘愿效忠北魏。崔僧渊所言体现了当时包括青齐士人群体在内的中土士族社会的普遍倾向,即所谓"文士竞谋于庙堂,武夫效勇于疆场",于是他劝崔慧景当识时务,归北魏。周一良先生结合《南齐书》卷五一《崔慧景传》,对此书所涉相关史实与背景有所考论,指出"可以推定僧渊复书作于建武四年以后也。……僧渊书中于魏孝文帝颇多溢美过谀之词,……其用意在于表白自己不欲南归,而动员慧景北来。然书中对北魏当时政治经济军事形势之描述,则颇为切实扼要,……魏孝文迁洛后,实行均田制,进行各种改革,政治经济均有所发展,其实力较之内部矛盾重重之南齐远为强大,一直延续至宣武时"。周先生所论,揭示出当时北方士族社会的普遍心态,特别是青齐豪族此前南奔现象极为严重,至此出现逆转,根本原因在于孝文帝之汉化变革,而平齐民政策的调整则是其中一个具体内容。①

综合全文,北魏献文帝皇兴三年征服青齐,将诸镇戍参与抵抗的大量士民强征至桑乾,设置平齐郡、县予以集中安置,充任平齐民、平齐户,其间不仅安置地一再调整,而且一些人被发配边镇。平齐民之主体为青齐大族豪强子弟,流徙塞外,身份地位下降,有类战俘,一度丧失了仕进的权利,遭遇了各种歧视与羞辱。不仅如此,大量的青齐民众作为战利品赏赐百官,成为奴隶。由于背井离乡,生产与生活资料尽失,初迁塞外的平齐民群体普遍陷于赤贫状态,生活艰难,大多只能"勠力佣丐",其中年少之才学人士则多以"佣书"维持生计。在此过程中,一些具有士族身份的平齐民代表或参与反对北魏统治的叛乱,或不断逃亡南朝。对陷于困境的入魏平齐民群体,以高允、李冲等为代表的北魏士族社会在生活上倾心救

---

① 周一良:《魏晋南北朝史札记》"崔僧渊复崔惠景书"条,中华书局1985年版,第333—334页。

助,对其才学名士则维护其门第身份、举荐入仕,推动了孝文帝太和年间的政策调整。至迟至太和六年,平齐民人物开始取得仕进的权利,大约太和十年之后,具有士族背景的青齐豪族代表相继返归本乡,恢复了其身份地位与社会特权,随着孝文帝迁都洛阳与全面汉化,一度充当平齐民的青齐豪族全面融入北魏政权,成为一个重要的区域社会群体。

入魏青齐医术人士之境遇及其影响

在东晋、十六国及南北朝前期相互对立的状态下，青齐之地是一个颇为特殊的社会区域，南北政权都曾在此实施过统治。永嘉丧乱后，这一地域沦为北方异族统治的辖区，自东晋末刘裕北伐灭慕容鲜卑南燕政权后（410年），又归属东晋、刘宋。466年，宋明帝与其侄儿刘子勋争夺统治权，青齐徐兖诸州镇的军政官员和地方豪族态度各异，相互对抗，北魏乘虚而入，至469年青州沦陷，"于是青、冀之地尽入于魏矣"①。北魏征服青齐后，将参与抵抗的当地军政官员和豪族人物强行迁移至平城京畿地区，对北魏汉化与社会变革具有深远影响。然细究青齐入魏之人群，其中包括一些医术人士。《魏书》卷九一《术艺传》"史臣曰"有论云："周澹、李修、徐謇、王显、崔彧方药特妙，各一时之美也。"这几位北魏最具代表性之医家，除周澹外，诸人活动集中于北魏中后期，皆来自青齐地域。具有"平齐民"身份背景的诸医术人士，入魏后相关活动、境遇、影响如何？这里略作专题考论，以期从一个侧面深化对"平齐民"群体的理解与认识。

一 入魏青齐医术人士及其门第身份、社会地位

作为"平齐民"中的一个特殊群体，自青齐入魏的医术人士主

---

① 《资治通鉴》卷一三二，宋明帝泰始五年正月条。

要包括李修、徐謇、王显、崔彧等人，这里对诸人家世、行迹略作介绍，并考察其门第身份等相关背景。

李修及其家族人物。《魏书》卷九一《术艺·李修传》载："李修，字思祖，本阳平馆陶人。父亮，少学医术，未能精究。世祖时，奔刘义隆于彭城，又就沙门僧坦研习众方，略尽其术，针灸授药，莫不有效。徐兖之间，多所救恤，四方疾苦，不远千里，竟往从之。亮大为厅事以舍病人，停车舆于下，时有死者，则就而棺殡，亲往吊视。其仁厚若此。累迁府参军，督护本郡，士门宿官，咸相交昵，车马金帛，酬赉无赀。"李修兄李元孙"随毕众敬赴平城，亦遵父业而不及"。李修入魏，"略与兄同"，被征至平城，以医术入内廷，"太和中，常在禁内"，冯太后、孝文帝常命其诊疗。李修子李天授也习医，然"医术又不逮父"。李修为北魏"平齐民"之医术世家人物，自李亮以来，三代传业。李亮于刘宋文帝（与北魏太武帝同时）南徙徐州彭城，长期活动于徐、兖一带，属于刘宋晚渡人士。李亮"少学医术，未能精究"，后于彭城随僧坦等"习众方，略尽其术"，长于"针灸授药"，"徐兖之间，多所救恤，四方疾苦，不远千里，竟往从之"，可谓徐兖名医。李修在医术上颇得其父真传，太和年间"常在禁中"，为太医令。

王显。《魏书》卷九一《术艺·王显传》载："王显，字世荣，阳平乐平人，自言本东海郯人，王朗之后也。祖父延和中南奔，居于鲁郊，又居彭城。……显父安道，少与李亮同师，俱学医药，粗究其术，而不及亮也。"可见王显家族自其祖父于北魏太武帝延和（432—434）中南徙，先"居于鲁郊，又居彭城"，这与李修家族基本一致，也属于南朝晚渡人群。王显父王安道始习医术，王显承其父业，医术精进，入魏后侍奉内廷，曾为冯太后所赏，为侍御师，宣武帝尤为信重，以之掌管医药保健诊疗诸事，并任以朝臣要职，成为宣武帝时期最受宠任之佞幸。

崔彧、崔景哲父子。《魏书》卷九一《术艺·崔彧传》载："崔彧，字文若，清河东武城人。父勋之，字宁国，位大司马外兵郎，赠通直郎。或与兄相如俱自南入国。相如以才学知名，早卒。或少尝诣青州，逢隐逸沙门，教以《素问》九卷及《甲乙》，遂善医术。"崔或出自清河，为河北士族，由其"少尝诣青州"，"与兄相如俱自南入国"，可知其家族及本人一度流寓青齐。关于崔或家族南迁青齐的时间，《魏书》卷三二《崔逞传》载："崔逞，字叔祖，清河东武城人也，魏中尉琰之六世孙。……及慕容驎立，逞携妻子亡归太祖。"崔逞共有七子，"二子早亡"，第三至第七子分别为义、諲、祎、严，赜，"逞之内徙也，终虑不免，乃使其妻张氏与四子留冀州，令归慕容德，遂奔广固"。可见崔逞在后燕灭亡过程中一度入魏，出于对拓跋氏的忧惧，令其妻携四子"归慕容德，遂奔广固"，南迁青齐。崔或为崔逞子崔祎孙，"初，三齐平，祎孙相如入国，以才学知名。举冀州秀才，早卒。相如弟或，在《术艺传》"。崔或之医术即习自青州之隐逸沙门，他善针灸之术，入魏后曾为王公诊疗疾患，医德高尚，本传称其"性仁恕，见疾苦，好与治之"。

徐謇。《魏书》卷九一《术艺·徐謇传》载："徐謇，字成伯，丹阳人。家本东莞，与兄文伯等皆善医药。謇因至青州，慕容白曜平东阳，获之，表送京师。"可见徐謇出自南朝江左医术世家东莞徐氏，刘宋时仕于青州，北魏平定青齐后，随"平齐民"被俘至平城，以医术为北魏献文帝、冯太后赏识，孝文帝迁洛之后，为侍御师，专掌相关医疗事务。

以上所述诸医术之士，皆由北魏征服青齐地域而入北，大体而言，皆可归入"平齐民"群体。当然，细加分析，诸人之地域背景、门户身份与社会地位等方面则有微妙差异。

就诸人之地域分别而言，大致可分为两种情况。首先，李修、王显、崔或三人之家族皆自河北而南迁徐兖青齐，这是其共同点，这也是"平齐民"上层的基本特征之一。不过，诸家族南迁与入魏时间并非一致。其中李修、王显之前辈是在刘宋前期南迁的，属南朝晚渡人群；李修、李元孙兄弟在献文帝时随毕众敬降附北魏而至平城，北魏对主动归降的青齐人物待遇较优，李修兄弟入魏后皆获官爵，这表明其入魏较早。至于王显入魏时间，《魏书》本传载其"伯父安上，刘义隆时板行馆陶县。世祖南讨，安上弃县归命，与父母俱徙平城，例叙阳都子，除广宁太守"。王显伯父王安上"与父母俱徙平城"，王显是否也随之入魏，史无明载，难以判定。至于崔彧家族南迁时间，所载不明，前引本传称"彧与兄相如俱自南入国"，其家族可能随慕容德自河北南迁青齐，后其兄弟一度"自南入国"，其时或在献文帝定青齐之前，但崔彧本人此后又一度流寓青州。

其次，与上述诸人在地域上有所不同的是，徐謇及其家族郡望出自东莞，其先辈自东汉末流寓会稽东阳，为东晋南朝江左侨姓人士，自晋宋以来，东莞徐氏世传医术，徐謇因任职而至青齐。因此，徐謇被俘入魏，虽与"平齐民"相类，但与那些出自河北或青齐本土之豪族人物相比，则有所分别。

就诸人之门第身份及其社会地位而言，上述入魏青齐医术人士，他们原本之门第身份及社会地位也不尽相同。其中三位来自河北之人物，崔彧具有士族背景，《魏书》本传载其出自河北大族清河崔氏，其父"位大司马外兵郎，赠通直郎"，其兄"以才学知名"，自为南迁青齐的河北豪族成员。进一步考察，崔彧曾祖崔逞是北魏前期著名的士族代表，《魏书·崔逞传》载崔逞乃"魏中尉琰之六世孙。曾祖谅，晋中书令。祖遇，仕石虎，为特进。父瑜，黄门郎"。崔逞历仕前燕、前秦、东晋、后燕等政权，其祖父一辈皆多仕于南燕与晋宋。

王显，《魏书》本传载其出自阳平乐平，"自言本东海郯人，王朗之后也"，东海王氏为汉魏旧门，但史称其"自言"，显然是暗示王显后来因地位上升而伪冒郡望；又载其伯父王安上入魏获得封爵官职，"例叙阳都子，除广宁太守"，后"还家乐平，颇参士流"，这也暗示其原本门望较低，故返归乡里"颇参士流"以经营门户。特别是王显本传又载"始显布衣为诸生，有沙门相显后当富贵，诫其勿为吏官，吏官必败"。王显早年"布衣为诸生"，当出自寒庶，以致王显后来得宠居高位，上层社会依然以之为贱。①

李修，《魏书》本传载其父李亮以医术而"迁府参军，督护本郡，士门宿官，咸相交昵"，这是在刘宋的任职，其先辈仕宦则无载，表明原本门第不显，当非士族。正因为如此，李亮入仕后"士门宿官，咸相交昵"，积极主动地交结地方上层以经营门户。

概而言之，以上几位河北籍由青齐入魏的医术人士，大多无优越的门第凭借，王、李二人及其家族原本当为寒庶，即便如崔彧具有士族名门的背景，但经过流寓迁转，从其祖、父之经历与任职等情况看，已非清河崔氏之显赫房支。诸人及其家族在青齐地域特别是入魏后的相关活动情况，集中显现出职业术士的特征。至于作为江左侨姓的东莞徐氏，②自汉末至东晋百余年间未见闻达之人物，据《南史》卷三二《张邵传附徐文伯传》，徐熙以医术显名后，其子徐秋夫为射阳令，这是其家族人物东晋南朝最早的仕宦记录，其时约在东晋后期。可见汉魏以降流寓东阳之东莞徐氏家族门第寒微，晋

---

① 《魏书》卷一五《昭成子孙·元寿兴传》载："初，寿兴为中庶子时，王显在东宫，贱，因公事寿兴杖之三十。"这里，元寿兴以为王显"贱"，当不仅以其权位低，恐主要在于蔑视其佞幸身份，也当涉及门户，故王显深为耻恨，后来挟私报复，置之死地而后快。

② 关于徐氏郡望，史籍所载，多有不一。《南齐书·褚渊传附徐嗣传》载"东阳徐嗣"；《南史·张邵传附徐文伯传》则称"东海徐文伯兄弟"；《北齐书·徐之才传》称其"丹阳人"；《魏书》、《北史》所载徐謇、徐之才籍贯，称其"丹阳人也，家本东莞"；《太平广记》卷二四七引《谈薮》称"齐西阳王高平徐之才"。《元和姓纂》卷二叙徐氏东阳支系之家世与郡望变迁略云："偃王之后。汉徐衡徙高平，孙饶又徙东阳，七代至融。融五代孙之才、之范，并《北齐》有传，继封西阳王。"综上可见，有关徐氏郡望，出现了东阳、东海、丹阳、东莞、高平等说法，前人已多有辨析，如中华书局本《南齐书·褚渊传附徐嗣传》校勘记引张森楷云："按'东阳'当作'东海'。"根据出土的徐氏人物墓志，皆追述其家族郡望为东莞。如《徐之才墓志》（收入赵超《汉魏南北朝墓志汇编》，天津古籍出版社2008年版）载其"东莞姑幕人。……十二世祖饶，汉郁林太守。属陈圣陵迟，当涂驳杂黄车受命，紫盖程符，自他有耀，故世居江表"（第455—456页）。《徐之范墓志》（收入罗新、叶炜《新出魏晋南北朝墓志疏证》，中华书局2016年版）亦载其"东莞姑幕人。汉太尉防之后，十二世祖饶，汉郁林太守。属汉魏纠纷，避地江表，居东阳之太末"（第335页）。可见徐氏祖籍本为东莞姑幕，汉魏之际始徙居东阳太末。因此，就其郡望而言，徐氏族人皆溯源祖籍，以东莞为望；而南朝史则以其定居东阳已历数代，故称东阳徐氏；至于北朝人称其为"丹阳人"，或以南朝时徐氏家族代表人物迁居建康，或以丹阳指代江南，故称其为"丹阳人"，或称其"丹阳人也，家本东莞"，以兼顾其旧贯。至于"东海"之说，则当有误。

宋以后逐渐提升，成为南朝士族社会的"新出门户"。

中古时代，与选举制度密切相关的门第等级规范极为严格，由此导致当时社会门阀意识与观念的盛行。这影响并决定着当时人们的社会文化观念及其职业选择。① 以上诸青齐入魏医术人士既多出自寒门或次等士族，其家族则必无仕宦之捷径与特权；在文化方面，各家族也多缺乏经史学术之家学传统，这也就决定了他们的术业取向。因缘巧合，大约在南北朝之初，上述诸家族皆习医术而有所成，子孙相袭，形成家族世业。

特别需要指出，诸家族及其代表人物医药术业之形成、发展，与徐兖青齐地域社会文化环境的影响当有所关联。众所周知，青齐地域长期处于南北军事对抗之过渡与缓冲地带，十六国后期南燕立国于此，其统治集团之中坚与核心势力是随迁之诸河北豪族；东晋末年刘裕攻灭南燕，这一地域长时间隶属南朝，其地方州郡官长皆为刘宋朝廷委任，其中多有来自江左核心区域之人士，以致青齐地域学术文化与社会风尚等皆具有明显的南北混杂融通的特征。以往论者早已论及这一地域经学风尚，《魏书》卷八四《儒林传序》论及北魏经学风尚云："汉世郑玄并为众经注解，服虔、何休各有所说。玄《易》、《书》、《诗》、《礼》、《论语》、《孝经》，虔《左氏春秋》，休《公羊传》，大行于河北。王肃《易》亦间行焉。晋世杜预注《左氏》，预玄孙坦、坦弟骥于刘义隆世并为青州刺史，传其家

---

① 中国文化素来重道轻技，《汉书》卷六二《司马迁传》载："仆之先人非有剖符丹书之功，文史星历近乎卜祝之间，固主上所戏弄，倡优畜之，流俗之所轻也。"《三国志》卷二九《魏书·方技·华佗传》载"佗之绝技，凡此类也。然本作士人，以医见业，意常自悔"。可见两汉时期轻视术艺之社会风尚，士人以从事术业为耻。魏晋以降，士族社会普遍儒玄兼综，注重经史子文诸学之博通，鄙视实用术伎，《颜氏家训·杂艺篇》将书法、绘画、射技、卜筮、算术、医方、琴瑟、博弈等归为"杂艺"一类，具体就医术而言，颜之推训诫其子弟曰："医方之事，取妙极难，不劝汝曹以自命也。微解药性，小小和合，居家得以救急，亦为胜事，皇甫谧、殷仲堪则其人也。"颜之推之家教，体现了当时士族社会普遍的文化价值观念，对包括医术在内的各种伎艺，仅可涉之以满足日常所需，绝不能以之为"志业"。高门士族人物即便耽于杂艺而有大成，也仅充"谈助"，终不以此自炫。因此，一般说来，中古时代精擅术艺之世家，其门第当多属寒庶。

业，故齐地多习之。"《北齐书》卷四四《儒林传序》也说："河北讲郑康成所注《周易》。……河南及青、齐之间，儒生多讲王辅嗣所注《周易》。"在经学方面，南北学风差异明显，而青齐地域则具有南学风貌。对此，皮锡瑞论北朝经学指出："案史言北学极明晰；而北学之折入于南者，亦间见焉。青、齐之间，多讲王辅嗣《易》、杜元凯《左传》；盖青、齐居南北之中，故魏、晋经师之书，先自南传于北。"① 与青齐地域经学风尚相应，该地域社会文化诸领域也当不同程度地体现出这一特征。就医术文化而言，作为晋宋以来江左最具社会声望的医术世家东莞徐氏，其代表人物徐謇任职于此，《北史》卷九〇《艺术下·徐謇传》载其"与兄文伯等皆善医药"，"文伯仕南齐，位东莞、太山、兰陵三郡太守。子雄，员外散骑侍郎，医术为江左所称，事并见《南史》"。可见徐謇兄徐文伯也曾历任东莞、太山、兰陵三郡太守，这里载其"仕南齐"，恐有误，与其弟徐謇在刘宋孝武帝、明帝之际出仕青齐相参，其亦当为刘宋时任职上述诸地。徐氏兄弟作为江左医术世家代表人物相继出仕青齐，应当在这一地域有相关医术活动。而来自河北的李亮、王安道在这一地区"俱学医药"，师出同门，后李亮又至彭城随沙门僧坦"研习众方，略尽其术"；崔彧则在青州受学隐逸沙门而"遂善医术"。由此可见，这一地域复杂的人口迁徙流动及其文化南北融通等相关背景，在医术文化方面确有所表现。故诸入魏之青齐医术人士，不仅在医药术伎方面各有专擅，而且受青齐地域社会风尚之熏染，其相关医术融通南北，从而在其医术实践与理论上都达到了较高的水平。正因为如此，诸人入魏，以其医术履职内廷，深得北魏统治者信重，历献文帝、孝文帝、宣武帝诸朝，成为北魏中后期最具影响力的地域性医术人士群体。

---

① （清）皮锡瑞著，周予同注释：《经学历史》，中华书局2004年版，第133页。

二 "当世上医"与"宜加酬赉":
青齐医士之术业及其生活待遇

在北魏献文帝征服青齐地域后所强行迁移之"平齐民"上层人群中,上述诸伎艺精湛之医药术士构成了一个特殊团体。"平齐民"或随刘宋之徐兖青齐地域诸州郡被迫归依,或失守降附,入魏后其身份地位与待遇虽有所区别,但本质上都属战俘,处境艰难。与之相较,诸青齐医术人士凭借其伎能之长,深得北魏统治者信重,长期侍奉诸朝之内廷。那么,诸人入魏后具体处境如何?这里就此略作考论。

诸青齐医术人士入北后,北魏统治者将其揽入内廷,侍奉左右。关于北魏统治者对诸人医术伎能之钦重,徐謇的相关经历颇为典型。徐謇时有"当世之上医"[1]之美誉,《魏书》本传载其入魏之初,"显祖欲验其所能,乃置诸病人于幕中,使謇隔而脉之,深得病形,兼知色候。遂被宠遇"。魏献文帝通过高难度的方式,专门考察徐謇的疾病诊疗水平,深表钦佩,于是"遂被宠遇"。当时掌控北魏大局的是文明冯太后,她对徐謇医术也颇钦重,"时问治方"。孝文帝亲政后,对徐謇尤为信重,"高祖后知其能,及迁洛,稍加眷幸。体小不平,及所宠之冯昭仪有疾,皆令处治"。特别是太和二十二年(498)孝文帝南征途中病危,"乃驰驿召謇,令水路赴行所,一日一夜行数百里。至,诊省下治,果有大验。……九月,车驾发豫州,次于汝滨。乃大为謇设太官珍膳,因集百官,特坐謇于上席,遍陈肴馔于前,命左右宣謇救摄危笃振济之功,宜加酬赉"。孝文帝特下诏称其医术及疗效曰:"侍御师、右军将军徐成伯驰轮太室,进疗汝蕃,方穷丹英,药尽芝石,诚术两输,忠妙俱至,乃令沉劳胜愈,笃瘵克痊,论勤语效,实宜褒录。"此后,直到孝文帝去世,徐謇始终"日夕左右"。相关事实表明,孝文帝迁洛后,徐謇成为当时最受

---

[1] 《魏书》卷二一《献文六王·彭城王勰传》。

钦重之御医,孝文帝曾称"卿定名医"。①

李修,《魏书》本传载其"太和中,常在禁内。高祖、文明太后时有不豫,修侍针药,治多有效"。由同书《徐謇传》所载,冯太后虽重徐謇,然"不及李修之见任用也",可推测在孝文帝迁洛前即冯太后主政时期,李修在诸人中最得宠信,冯太后相关诊断治疗当皆以李修为主。孝文帝迁洛后,以李修领太医令,这是内廷医官之显职。不过,在具体诊疗方面,孝文帝更倚重徐謇。

王显,《魏书》本传载其入魏后为冯太后赏识,召补侍御师。王显最受宣武帝钦重,"世宗自幼有微疾,久未差愈,显摄疗有效,因是稍蒙眄识"。由于宣武帝自幼由王显诊治疾病,"摄疗有效",故特受青徕。宣武帝亲政后,王显虽屡任朝官要职,但始终以医术相侍,如为廷卫少卿,"仍在侍御,营进御药出入禁内",为相州刺史,"寻诏驰驿还京,复掌药";为太子詹事,"世宗每幸东宫,显常迎侍。出入禁中,仍奉医药"。王显无疑是宣武帝时期最受宠信的医术之士。

崔彧,《魏书》本传载"中山王英子略曾病,王显等不能疗,彧针之,抽针即愈"。可见崔彧之医术在北魏上层颇具影响。

当时朝廷重臣或王公贵族有疑难疾患,北魏统治者常遣诸人出诊治疗。如李修,《魏书》本传载:"咸阳公高允虽年且百岁,而气力尚康,高祖、文明太后时令修诊视之。一旦奏言,允脉竭气微,大命无远。未几果亡。"对此,《魏书》卷四八《高允传》也载高允年高位重,卒于太和十一年正月,年九十八,"先卒旬外,微有不适。犹不寝卧,呼医请药,出入行止,吟咏如常。高祖、文明太后闻而遣医李修往脉视之,告以无恙。修入,密陈允荣卫有异,惧其不久。于是遣使备赐御膳珍馐"。又,孝文帝、冯太后一再遣徐謇为王公大臣诊疗,《魏书》卷一九(上)《景穆十二王·阳平王新成传》载阳平王新成子元衍"转徐州刺史,至州病重,帝敕徐成伯乘

---

① 《魏书》卷一九上《景穆十二王·阳平王新成传》。

传疗。病差,成伯还,帝曰:'卿定名医',……其为帝所重如此。"又,《魏书》卷六〇《程骏传》载程骏"太和九年正月,病笃,……遂卒,年七十二。初,骏病甚,高祖、文明太后遣使者更问其疾,敕御师徐謇诊视,赐以汤药"。这类出诊事例当多有,见载者少。

特别需要指出,北魏统治者钦重青齐医术人士,在具体诊疗实践之外,还借重诸人以转输南朝医术,推动医药文化的汇集与整合,开展医学教育。上文论及青齐地域南北混杂融通之文化现象及其相关医术特征,入魏诸青齐医术人士各有所长,有的长于把脉诊断,有的精于针灸治疗,有的则善于"合和药剂"。众所周知,地域环境与人类疾患存在密切的联系,这就造成了医术文化的某些地域特点及其差异。就入魏青齐医者而言,最能体现南方医术文化特点的是徐謇,《魏书》本传载其擅长养生术,"常有药饵及吞服道符,年垂八十,鬓发不白,力未多衰";他又长于制药,即所谓"和合药物",曾为孝文帝研制益寿丹药,"謇欲为高祖合金丹,致延年之法。乃入居嵩高,采营其物,历岁无所成,遂罢"。徐謇常服药饵,又为孝文帝"合金丹",目的在于养生延年。人们素将中古炼丹服饵之术归入道教之"丹鼎派",而其创始之代表人物是葛洪。[①] 因此,这一道派在早期道教史上自然属于南学系统。东莞徐氏家族与道教关系密切,[②] 其家族医术也可循此追溯其渊源。因此,徐謇为北魏孝文帝"合金丹,致延年之法",当有助于江左道教丹鼎派及其相关的金丹、服饵之类养生医疗观念的北传。一般说来,当时南朝的医药水平要高于北朝,江左一流名医入北,通过大量的具体医术实践,自然推动了南方医药文化之北输与南北医术的融通。

---

① 参见任继愈主编《中国道教史》(上海人民出版社 1990 年版)第三章《葛洪与魏晋丹鼎道派》的相关论述。

② 关于东莞徐氏之信奉道教,范家伟在《东晋南北朝医术世家东海徐氏之研究》中设有"东海徐氏与道教"一节进行专题考论,可参见。见氏著《中古时期的医者与病者》,复旦大学出版社 2010 年版,第 80—83 页。

在医药经验总结及其文献汇集方面，《魏书·术艺·李修传》载其在孝文帝太和年间，"集诸学士及工书者百余人，在东宫撰诸药方百余卷，皆行于世"①。李修受命孝文帝"撰诸药方百余卷"，这是对包括青齐地域乃至南方在内的全国性药方的一次集成。又，《魏书·术艺·王显传》载"后世宗诏显撰药方三十五卷，班布天下，以疗诸疾"。显然，这是根据社会所需，精选部分实用药方，"班布天下，以疗诸疾"。宣武帝元恪重视社会医疗救助，《魏书》卷八《世宗纪》载永平三年十月丙申诏曰："朕乘乾御历，年周一纪，而道谢击壤，教惭刑厝。至于下民之茕鳏疾苦，心常愍之，此而不恤，岂为民父母之意也。可敕太常于闲敞之处，别立一馆，使京畿内外疾病之徒，咸令居处。严敕医署，分师疗治，考其能否，而行赏罚。虽龄数有期，修短分定，然三疾不同，或赖针石，庶秦扁之言，理验今日。又经方浩博，流传处广，应病投药，卒难穷究。更令有司，集诸医工，寻篇推简，务存精要，取三十余卷，以班九服，郡县备写，布下乡邑，使知救患之术耳。"王显遵循"务存精要"的原则，撰著"药方三十五卷"，显然正是配合宣武帝的社会医疗救助活动，进而将这些针对各类疾患的经典药方通过北魏朝廷有组织地进行保存与传播，以造福百姓。此举在中古社会救济特别是医疗救助史上具有重大意义，对当时医药文化发展也有重要影响。②

此外，入魏青齐医术之士还致力医术教育，培养医药人才。《魏书》崔彧本传载其"广教门生，令多救疗。其弟子清河赵约、勃海郝文法之徒咸亦有名"。崔彧之医术得自青齐，其入魏后"广教门生"，不仅为北魏社会培养了众多医药人才，而且有助于青齐乃至南

---

① 《隋书》卷三四《经籍志三》载："《药方》五十七卷，后魏李思祖撰。本百一十卷。"李修字思祖，所主持编撰的药方，原本规模甚大，为一时集成之作。

② 北魏有社会医疗救济的传统，《魏书》卷六《显祖纪》载献文帝皇兴四年三月丙戌诏曰："朕思百姓病苦，民多非命，明发不寐，疚心疾首。是以广集良医，远采名药，欲以救护兆民。可宣告天下，民有病者，所在官司遣医就家诊视，所须药物，任医量给之。"可见献文帝时已注重社会医疗救助。

朝医术文化之北输。

　　青齐医术人士受到北魏社会特别是其统治者的高度信重，在生活待遇方面获得了丰厚的酬报，这由诸人所得物质奖赏便可一目了然。整体而言，"平齐民"群体入魏后，大多一度处于背井离乡、资产尽失的状态，生活困窘，难以为继。[①] 相对于其他南来流亡人士，诸医术人物之物质生活条件相当优越。他们的收入来源，除了相对稳定的官俸外，常可获得数额颇巨之奖赏；诸人还经常受命或应邀出诊，

[①] 关于"平齐民"生活之艰困，《魏书》卷二四《崔玄伯传附崔道固传》载："是时，频岁不登，郡内饥弊，道固虽在任积年，抚慰未能周尽，是以多有怨叛。"可见由于生活困难，平齐民常"多有怨叛"。其实，平齐民上层也多困苦不堪。《魏书》卷四三《房法寿传》载其入魏后"为上客"，"法寿供给，亚于安都等。以功赐爵壮武侯，加平远将军，给以田宅、奴婢。性好酒，爱施，亲旧宾客率同饥饱，坎壈常不丰足"。房法寿个人待遇颇高，但他"爱施"，不断周济陷于困境的"亲旧宾客"，以致"坎壈常不丰足"。《房法寿传》又载其族子房景伯"生于桑乾，少丧父，以孝闻。家贫，佣书自给，养母甚谨"；房景先"幼孤贫，无资从师，其母自授《毛诗》、《曲礼》。年十二，请其母曰：'岂可使兄佣赁以供景先也？请自求衣，然后就学。'母哀其小，不许。苦请，从之，遂得一羊裘，忻然自足。昼则樵苏，夜诵经史，自是精勤，遂大通赡"。又，《魏书》卷四八《高允传》载："显祖平青齐，徙其族望于代。时诸士人流移远至，率皆饥寒。徙人之中，多允姻媾，皆徒走造门。允散财竭产，以相赡赈，慰问周至。无不感其仁厚。"可见平齐民"诸士人流移远至，率皆饥寒"，高允"散财竭产，以相赡赈，慰问周至"。又，《魏书》卷七〇《傅永传》载："傅永，字修期，清河人也。……自东阳禁防为崔道固城局参军，与道固俱降，入为平齐民。父母并老，饥寒十数年，赖其强于人事，勤力佣丐，得以存立。"可见傅永与父母"入为平齐民"，"饥寒十数年"，以致"勤力佣丐，得以存立"。又，《魏书》卷四三《刘休宾传》载其叔父刘旋之妻许氏及二子刘法凤、刘法武，"许氏携二子入国，孤贫不自立，并疏薄不伦，为时人所弃。母子皆出家为尼，既而反俗"。刘法武就是刘孝标，后逃奔萧梁，《梁书》卷五〇《文学下·刘峻传》载："宋泰始初，青州陷魏，峻年八岁，为人所略至中山，中山富人刘实愍峻，以束帛赎之，教以书学。魏人闻其江南有戚属，更徙之桑乾。峻好学，家贫，寄人庑下，自课读书，常燎麻炬，从夕达旦，时或昏睡，蓺其发，既觉复读，终夜不寐，其精力如此。"又，《魏书》卷五五《刘芳传》载彭城人刘芳"北徙为平齐民，时年十六。南部尚书李敷妻，司徒崔浩之弟女；芳祖母，浩之姑也。芳至京师，诣敷门，崔耻芳流播，拒不见之。芳虽处穷窘之中，而业尚贞固，聪敏过人，笃志坟典。昼则佣书，以自资给，夜则读诵，终夕不寝，至有易衣并日之弊，而澹然自守，不汲汲于荣利，不戚戚于贫贱，乃著《穷通论》以自慰焉"。又载："芳常为诸僧佣写经论，笔迹称善，卷直以一缣，岁中能入百余匹，如此数十年，赖以颇振。"又，《魏书》卷六六《崔亮传》载崔亮"及慕容白曜之平三齐，内徙桑乾，为平齐民。时年十岁，常依姑幼孙，居家贫，佣书自业"。《魏书》卷六七《崔光传》亦载："慕容白曜之平三齐，光年十七，随父徙代。家贫好学，昼耕夜诵，佣书以养父母。"这类事例颇多，诸人皆为青齐大族名士，其入魏后生活如此困顿，可见当时平齐民群体之总体状况。

也可获得不菲的报酬。如李修,《魏书》本传载其所获"赏赐累加,车服第宅,号为鲜丽";王显,《魏书》本传载宣武帝"赏赐累加,为立馆宇,宠振当时"。这里概括李修、王显二人"赏赐累加"云云,说明他们经常获得数额较大的物质赏赐。李修"车服第宅,号为鲜丽",当来自北魏朝廷资助。特别是王显得宠,宣武帝"为立馆宇"。王显曾以宅第相炫,《魏书》卷七二《羊尼传附阳固传》载:"世宗末,中尉王显起宅既成,集僚属飨宴。酒酣问固曰:'此宅何如?'固对曰:'晏婴湫隘,流称于今;丰屋生灾,著于《周易》。此盖同传舍耳,唯有德能卒。愿公勉之。'显默然。"正因为有帝王资助,王显馆宇不仅极尽奢华,而且享有特殊荣誉,故其因此"集僚属飨宴",并以"此宅何如"相问,可谓得意忘形,以致为羊尼所讥讽。

在诸人所得额外奖赏方面,徐謇的有关记载颇为具体,《魏书》本传载其太和二十二年(498)急救出征的孝文帝而"果有大验",孝文帝"乃大为謇设太官珍膳,因集百官,特坐謇于上席,遍陈肴馔于前,命左右宣謇救摄危笃振济之功,宜加酬赉"。孝文帝下诏"赐钱一万贯",又诏曰:"钱府未充,须以杂物:绢二千匹,杂物一百匹,四十匹出御府;谷二千斛;奴婢十口;马十匹,一匹出骅骝;牛十头。"其"所赐杂物、奴婢、牛马皆经内呈。诸亲王咸阳王禧等各有别赍,并至千匹"。徐謇一次所得赏赐数额如此巨大,令人震惊。

至于诸人出诊报酬的数额,徐謇也有一则受命出诊报酬的具体记载,前述孝文帝遣徐謇为徐州刺史元衍治疗,事后孝文帝"赍绢三千匹。成伯辞,请受一千。帝曰:'《诗》云'人之云亡,邦国殄瘁。'以是而言,岂惟三千匹乎?'"[①] 由徐謇此次所得赏赐,可见他

---

① 《魏书》卷一九上《景穆十二王·阳平王新成传》。楼劲先生曾论述中古各类技术职业知识阶层的收入,其中有关"医师收入"部分引用这一记载,他分析指出,"孝文帝遣其远赴徐州治病而酬绢3000匹,虽是额外加赏,亦必考虑了徐成伯乃'当世上医',远诊愈病本来就费用不赀;而徐成伯请受的1000匹,则必略加谦抑而取当时名医的远诊时价"。见氏著《魏晋南北朝隋唐时期的知识阶层》之4《魏晋南北朝隋唐知识阶层的生计》,兰州大学出版社2017年版,第374页。可见当时作为"当世上医"或"名医",其出诊疗疾,是有一定的相对明确的收费标准的。

们平常出诊酬谢报答虽没有明确的规定与标准，但实际数额不小，长期累积，必然相当庞大。

由上述可知，诸青齐入魏医术人士长期侍奉于北魏诸朝之内廷，充任医官，倍受宠重，俸禄之外，多受官、私之奖赏与酬谢，数额甚巨。故诸人物质生活相当优裕，这是包括诸多大族名士在内的其他"平齐民"上层人物所难望其项背的。

当然，也应指出，诸医术之士侍奉北魏统治集团上层，固然时常奖赏丰厚，生活优渥，但由于职业特殊，时常面临风险。就诊疗而言，诸人虽术业精湛，但其诊断治疗也难免有失，如徐謇便曾有误诊，《魏书·术艺·王显传》载："初文昭皇太后之怀世宗也，梦为日所逐，化而为龙而绕后，后寤而惊悸，遂成心疾。文明太后敕召徐謇及显等为后诊脉。謇云是微风入藏，宜进汤加针。显云：'案三部脉非有心疾，将是怀孕生男之象。'果如显言。"徐謇诊断有误。很可能因为这一原因，冯太后对徐謇的医术似乎不甚信重，以致"文明太后时问治方，而不及李修之见任用也"①。所谓"时问治方"，主要作为咨询对象，其"治方"自然仅为参考，至于具体药方确定、治疗方案及其实施，受冯太后"任用"的是李修。以此之故，徐謇处事极为谨慎，对苛刻的北魏上层王公权贵多有推辞，目的在于避祸自保，《魏书·术艺·徐謇传》称其"合和药剂，攻救之验，精妙于修，而性甚秘忌，承奉不得其意者，虽贵为王公，不为措疗也"。徐謇之"性甚秘忌"，表明其谨小慎微之心态。作为内廷御医，对于王公权贵之延请，他们尚有推辞余地，若涉及救治君主，自然绝无推辞之理。如徐謇应召急救病危的孝文帝，《魏书》卷二一《献文六王·彭城王勰传》载："高祖不豫，勰内侍医药，外总军国之务，遐迩肃然，人无异议。徐謇，当世之上医也。先是，假还洛阳，及召之，勰引之别所，泣涕执手而谓之曰：'君今世元化，至尊气力危惙，愿君竭心，专思方治。若圣体日康，令四海有

---

① 《魏书》卷九一《术艺·徐謇传》。

赖，当获意外之赏；不然，便有不测之诛，非但荣辱，乃存亡由此。君其勉之！'左右见者，莫不呜咽。及引入，謇便欲进治。勰以高祖神力虚弱，唯令以食味消息。"元勰明确告诫徐謇，务必"专思方治"，若有效验，"当获意外之赏；不然，便有不测之诛，非但荣辱，乃存亡由此"。在治疗过程中，徐謇一度缓解了孝文帝病情，但"高祖犹自发动，謇日夕左右。明年，从诣马圈，高祖疾势遂甚，戚戚不怡，每加切诮，又欲加之鞭捶，幸而获免"①。可见元勰逼迫徐謇务必确保治疗成功，否则"有不测之诛，非但荣辱，乃存亡由此"，徐謇所承受之压力甚巨，非局外人所能理会。徐謇一度缓解孝文帝病情，但间有反复，失望的孝文帝"每加切诮，又欲加之鞭捶"。作为内廷医侍，在特定情形下，其身份有如医奴，只能忍受心理的恐惧与折磨。②

不仅如此，作为内廷医术之士，最可怕的是，他们有意无意地卷入宫廷权力斗争，其救治君主之效验，往往成为不同政治集团权力斗争的口实。《魏书》卷八三（下）《外戚·高肇传》载王显交结高肇，"皇子昌薨，佥谓王显失于医疗，承肇意旨"。宣武帝死后，

---

① 《魏书》卷九一《术艺·徐謇传》。
② 拓跋魏就有杀害御医的先例，《魏书》卷一四《神元平文诸子孙·上谷公纥罗传》载其子题"少以雄武知名"，随太祖征战，"击慕容驎于义台，中流矢薨。帝以太医令阴光为视疗不尽术，伏法"。其实，历来内廷御医皆难免有此遭遇，东汉郭玉已有"四难"之叹。《后汉书》卷八二下《方术下·郭玉传》载其"和帝时，为太医丞，多有效应。……玉仁爱不矜，虽贫贱厮养，必尽其心力，而医疗贵人，时或不愈。帝乃令贵人羸服变处，一针即差。召玉诘问其状。对曰：'医之为言意也。腠理至微，随气用巧，针石之间，毫芒即乖。神存于心手之际，可得解而不可得言也。夫贵者处尊高以临臣，臣怀怖慑以承之。其为疗也，有四难焉：自用意而不任臣，一难也；将身不谨，二难也；骨节不强，不能使药，三难也；好逸恶劳，四难也。针有分寸，时有破漏，重以恐惧之心，加以裁慎之志，臣意且犹不尽，何有于病哉！此其所为不愈也。'帝善其对。"郭玉明确向汉和帝表示，为上层权势阶层诊疗，"贵者处尊高以临臣，臣怀怖慑以承之"，诊断本难，"重以恐惧之心"，必然影响其判断与治疗。郭玉所言，确实道出了侍奉上层权贵的医者的苦衷。至于郭玉医疗"贵人"与"贫贱厮养"效果不同，《吕思勉读史札记》（上海古籍出版社2005年版）乙帙秦汉部分"医疗贵人有四难"条以为"此对则不尽实，要之贵人身弱，贫贱者身强，其真原因也"。（第630页）

王显失势,"朝宰托以侍疗无效,执之禁中,诏削爵位"①,最终被谋害致死。②

三 "常在禁中"与"委任甚厚": 青齐医士之仕宦、封爵

上文论及诸青齐医术人士原本在门第身份上皆非高门士族,多出自寒庶,或低级士族,加上其职业特点,在南朝社会中,自为上层社会所鄙视。不过,他们入魏之后多获得相应的官职与封爵,门户身份与政治地位明显提升。这里先列举诸人所得官爵等情况。

李修,《魏书》本传载其入魏后历位中散令,"以功赐爵下蔡子,迁给事中",孝文帝迁洛后,"为前军将军,领太医令",卒后"赠威远将军、青州刺史"。其子李天授袭爵,为汶阳令。李修兄李元孙入魏,"以功赐爵义平子,拜奉朝请"。

王显,《魏书》本传载其"少历本州从事",宣武帝重之,召补侍御师、尚书仪曹郎,累迁游击将军,拜廷尉少卿;除平北将军、相州刺史;入除太府卿、御史中尉,后为太子詹事,"委任甚厚",宣武帝曾一再"欲令其遂摄吏部,每殷勤避之。及世宗崩,肃宗夜

---

① 《魏书》卷九一《术艺·王显传》。
② 《通鉴》卷一四七梁武帝天监七年载:"三月,戊子,魏皇子昌卒,侍御师王显失于疗治,时人皆以为承高肇之意也。"胡三省注云:"医师侍御左右,因以名官。后魏之制,太医令属太常,掌医药;而门下省别有尚药局侍御师,盖今之御医也。此又一王显,非御史中尉之王显也。"胡三省以为当时有两王显。又,《通鉴》卷一四八梁武帝天监十四年载正月丁巳,魏宣武帝病死,崔光、于忠、王显、侯刚迎太子至显阳殿,王显"欲须明行即位礼",又表示"须奏中宫",皆为崔光等否决;崔光等又引元魏宗室诸王为辅政,"王显素有宠于世宗,恃势使威,为众所疾,恐不为澄等所容,与中常侍孙伏连等密谋寝门下之奏,矫皇后令,以高肇录尚书事,以显与勃海公高猛同为侍中。于忠等闻之,托以侍疗无效,执显于禁中,下诏削爵任。显临执呼冤,直阁以刀镮撞其披下,送右卫府,一宿而死"。胡三省于下注云:"观此则侍御师王显、詹事王显又似一人。"这里综合诸材料,所叙王显为宣武帝之医佞,参决大议,依附外戚高肇,最终为士族朝臣与元魏宗室等联手清除。又,由胡三省之注文,可见其始终不明王显由医佞而历任朝廷诸要职之特殊身份背景,故对一再出现的王显是否为一人屡有误解。

即位，收玺册，于仪须兼太尉及吏部，仓卒百官不具，以显兼吏部行事矣"。延昌二年秋，王显"以营疗之功，封卫南伯"。

崔彧，《魏书》本传载其入魏为冀州别驾，累迁宁远将军。其子崔景哲，为中大夫、司徒长史。

徐謇，《魏书》本传载其入魏后"为中散，稍迁内侍长。……又除中散大夫，转右军将军、侍御师"；太和二十二年，孝文帝诏命其为"鸿胪卿，金乡县开国伯，食邑五百户"；宣武帝正始元年，"以老为光禄大夫，加平北将军，卒。延昌初，赠安东将军、齐州刺史，谥曰靖"。其子徐践，袭爵，历官兖州平东府长史、右中郎将、建兴太守；徐知远，为给事中。

由上述青齐医术人士入魏后之仕宦、封爵情况，可作如下几点分析，以见其政治地位与社会地位之变化。

首先，诸人以医术得宠，其核心任职皆为内廷医官，或为太医令，或为侍御师，以其医术伎能服务于北魏统治者及其上层集团。正因为如此，即便他们获得君主的特殊信重与委任，必须随时待诏应侍，履行御医职责。这方面王显的相关事例颇典型，《魏书》本传载其拜廷尉卿，"仍在侍御，营进御药，出入禁内"；出为相州刺史，"寻诏驰驿还京，复掌药"；后为太子詹事，"世宗每幸东宫，显常迎侍。出入禁中，仍奉医药"。对此，诚如论者所指出："医学世家宦途显达者只是特例，医家登进官场的常例也像其他伎术官一样，经常都是父子相继在医官系统中任职，虽可加官晋爵而所掌仍限于医事。"[①]

其次，北魏统治者通过加官与赠官等方式，以提升其地位，改变其身份。诸人在本职之外，皆获得一系列加授之文武官职名号，对于其本人而言，这些闲散职衔虽多为虚职荣衔，即便根本并未履职，但诸人皆因此获得了相当等级的朝官身份及其待遇，为其本人特别是后人的士大夫化奠定了基础。至于赠官赠封，其意义大体相同，如李修、徐謇死后所获赠授之相关将军名号与刺史职衔，显然

---

① 前揭楼劲《魏晋南北朝隋唐时期的知识阶层》，第251页。

对其后人及其家族发展颇具影响。

与此同时，北魏统治者对诸人皆封授相应等级的爵位，李修入魏后得赐子爵，王显、徐謇皆受封伯爵，相较于诸人家族原本之身份与地位，通过爵位封赏及其后人之袭封，使其获得了相应的门第身份与社会地位，为其家族转型即从医术世家向一般仕宦家族转变奠定了基础，进而逐渐士族化。由徐謇子徐践、徐知远二人的仕宦情况看，他们已在一定程度上摆脱了伎术世业的痕迹，获得了士族社会凭借门户地位以仕进的相关待遇。至于崔彧，其原本即为士族出身，其子弟之仕宦则自有因循。

从以上诸人仕宦履历看，其中还有出刺地方的情况。中古时代，州刺之任乃名门大族人物出仕之正途。李修、徐謇所得之青、齐赠授，崔彧出任冀州别驾，已为殊荣，表明君主对其本人及其家族的优遇。正因为如此，《魏书》王显本传载其"乞临本州，世宗曾许之，积年未授，因是声问传于远近。显每语人，言时旨已决，必为刺史。遂除平北将军、相州刺史。……又遣还州。元愉作逆，显讨之不利"。王显利用宣武帝的宠信，"乞临本州"，兴造舆论，以致"声问传于远近"，"言时旨已决，必为刺史"，愿望强烈，企图以此改变其身份与地位。

在仕宦方面，王显的相关经历、表现确为卓异，与以上所概述诸人所受官封爵的一般情况有所不同，即诸人所获医官之外的各类官职与爵位，主要是一种旨在提升其身份地位的奖励性的荣衔，多非实职安排，唯王显名副其实，尽管他"仍奉医药"，但皆亲掌职事，所授皆为实职。从其所受官职看，历任廷尉少卿、御史中尉、太府卿等，掌握司法监察、财政大权，更有太子詹事这类清显高位，又曾出刺重镇要藩之相州。王显颇有干能，《魏书》本传载"显少历本州从事，虽以医术自通，而明敏有决断才用"；后为尚书仪曹郎，"号为干事"，说明他作风干练，有执政决断能力。其为太府卿，《魏书·羊尼传附阳固传》载："他日又谓固曰：'吾作太府卿，库藏充实，卿以为何如？'固对曰：'公收百官之禄四分之一，州郡赃赎悉入京藏，以此充府，未足为多。且有聚敛之臣，宁有盗臣，岂不戒哉！'"又，王显为廷尉少卿、御史中丞，涉及监察、司法事务，《魏书》本传载："显前后历职，所在著称，纠折庶狱，究其奸回，出内惜慎，忧国如家。及领宪台，多所弹劾，百僚肃然。又以中尉属官不悉称职，讽求更换。诏委改选，务尽才能，而显所举或有请属，未皆得人，于是众口喧哗，声望致损。"可见王显所任无不亲理其职事，绩效显著。王显历任要职，除展示其个人能力、作风外，其施政宗旨表现出强烈的"忠君"意识。他任太府卿，通过多种手段充实国库收入，诸如"收百官之禄四分之一，州郡赃赎悉入京藏"等，其本人以"库藏充实"相炫，以致士大夫代表阳固则斥其为"盗臣"，有过于"聚敛之臣"。他任御史中丞诸职，"出内惜慎，忧国如家"，"多所弹劾，百僚肃然"。其行事之用心如此，这与宣武帝朝的政局及王显的身份特点密切相关。

众所周知，北魏宣武帝即位之初，军政大权皆由诸叔父为核心的辅政大臣所控制，宣武帝培植各种势力以破除辅政体制，利用寒门佞幸群体以伸张皇权便是其中一个重要手段。宣武帝亲政后，依然利用佞幸以对抗朝臣、外戚与宗室等势力，以致宣武帝一朝形成了典型的佞幸政治风尚。王显以医术得宠于宣武帝，又干能卓著，热衷于权力争竞，宣武帝以之联络内外，早预密谋，《魏书》本传载"罢六辅之初，显为领军于烈间通规策，颇有密功"。领军于烈是宣武帝得以改变"六辅"体制而亲政的关键人物，王显为其"间通规策"，实际上是传达宣武帝相关旨意。因此，王显由得宠之术士，逐步参与军政密谋而为政治佞幸，尽管后来宣武帝对其"委任甚厚"，在身份地位上颇为朝臣化，他本人也努力追求士大夫化，但他在本质上始终是一个典型的"医佞"。[①]

宣武帝所拔擢之寒人佞幸数量颇众，然多旋进旋出，大多结局

[①] 《北史》卷四七《阳尼传附阳固传》载阳固因王显所间而免官，"遂阖门自守，著《演赜赋》以明幽微通塞之事。又作《刺谗》、《疾嬖幸诗》二首。《魏书》本传详录其《演赜赋》，可见其对人生"幽微通塞"之态度，而《北史》本传则详录其诗，对"巧佞"之进逞多加讥刺，对其危害深加省察与揭露。其诗赋文繁，此不具引。

悲惨，①唯王显厕身其间，始终得宣武帝宠任而未曾失意，实属少有。究其具体原因，主要有两个方面的因素。其一是王显有医术之长，宣武帝依赖其医药侍奉，故其长期"出入禁内""出入禁中"，与宣武帝关系密切。对此，前文多有涉及，易于理解，毋庸赘言。至于另一方面，也是根本所在，主要在于王显具有"忧国如家"的忠君品格。王显受任财政、监察等要职，始终恪尽职守，自觉充任维护宣武帝专制之工具。查考相关记载，可见王显纠弹所涉之人物甚多，就其身份而言，既有元魏宗室，也有士族名士，还有佞幸与阉宦人物。如《魏书》卷一四《神元平文诸帝子孙·元志传》载："世宗时，除荆州刺史，还朝，御史中尉王显奏志在州日，抑买良人为婢，兼剩请供。会赦免。"又，《魏书》卷三一《于栗传附于忠传》载："忠弟景，字百年。自司州从事，稍迁步兵校尉、宁朔将军、高平镇将。坐贪残受纳，为御史中尉王显所弹，会赦免。"又，《魏书》卷三四《陈建传》载其代人，子陈念"为中山守，坐掠良人为御史中尉王显所弹。遇赦，免。爵除"。又，《魏书》卷三八《王慧龙传附王琼传》载："高祖纳其长女为嫔，拜前军将军、并州大中正。正始中，为光州刺史。有受纳之响，为中尉王显所劾，终得雪免。"又，《魏书》卷八九《酷吏·羊祉传》载其先后出任益、秦、梁诸州刺史，"天性酷忍，又不清洁。坐掠人为奴婢，为御史中尉王显所弹免"。又，《魏书》卷八九《酷吏·崔暹传》载其"后行豫州事，寻即真。坐遣子析户，分隶三县，广占田宅，藏匿官奴，

---

① 北魏宣武帝培植佞幸集团，其人数颇众，但大多旋进旋废，少有像王显这样始终倍受信重者。《魏书》卷九三《恩幸·赵修传》载其为宣武帝最宠信的佞幸代表人物，"初，王显祇附于修，后因忿阋，密伺其过，规陷戮之，而修过短，都不俊防。显积其前后怨咎，列修葬父时路中淫乱不轨，又云与长安人赵僧攘谋匿玉印事。高肇、甄琛等构成其罪，乃密以闻。始琛及李凭等曲事于修，无所不至，惧相连及，争其纠摘，助成治之"。宣武帝下诏，将赵修"可鞭之一百，徙敦煌为兵"。甄琛、王显等"监决其罚"，于是"先具问事有力者五人更迭鞭之，占令必死。……鞭讫，即召驿马，促之令发。出城西门，不自胜举，缚置鞍中，急驱驰。其母妻追随，不得与语。行八十里乃死"。很显然，王显等人决意处死赵修。

障吝陂苇,侵盗公私,为御史中尉王显所弹,免官"。又,《魏书》卷九四《阉官·抱嶷传》载其养子抱老寿"凡薄,酒色肆情。御史中尉王显奏言:'风闻前洛州刺史阴平子石荣、积射将军抱老寿恣荡非轨,易室而奸,臊声布于朝野,丑音被于行路,即摄鞫问,皆与风闻无差。犯礼伤化,老寿等即主。谨案:……人理所未闻,鸟兽之不若。请以见事,免官付廷尉理罪,鸿胪削爵。'诏可。"

当然,王显弹劾宗室与朝臣,也难免有个人挟私报复的情况,如《魏书》卷一五《昭成子孙·元寿兴传》载:"初,寿兴为中庶子时,王显在东宫,贱,因公事寿兴杖之三十。及显有宠,为御史中尉,奏寿兴在家每有怨言,诽谤朝廷。因帝极饮无所觉悟,遂奏其事,命帝注可,直付寿兴赐死。帝书半不成字,当时见者亦知非本心,但惧晖等威,不敢申拔。及行刑日,显自往看之。……顾谓其子曰:'我棺中可著百张纸,笔两枚,吾欲讼显于地下。若高祖之灵有知,百日内必取显,如遂无知,亦何足恋。'及世宗崩,显寻被杀。"又,《魏书》卷一九上《景穆十二王·广平王元匡传》载元匡对外戚高肇专权不满,"时世宗委政于肇,朝廷倾惮,唯匡与肇抗衡。……后因与太常刘芳议争权量,遂与肇声色"。御史王显奏弹元匡,指责其"嚣言肆意,彰于朝野",有辱伦序,至于音律权量,固执己见,事涉造假欺诈,最终"有司奏匡诬肇,处匡死刑。世宗恕死,降为光禄大夫"。又,《魏书》卷六五《李平传》载其曾为御史中尉、冀州刺史,"平先为尚书令高肇、侍御史王显所恨,后显代平为中尉,平加散骑常侍,显劾平在冀州隐截官口,肇又扶成其状,奏除平名。延昌初,诏复官爵,除其定冀之勋"[1]。又,《魏书·羊

---

[1] 作为佞幸,王显主要依赖宣武帝之庇护,同时为了固位,他也注意与得势的外戚高肇结合,以巩固其权力基础。对此,《通鉴》卷一四七梁武帝天监七年七月载有二事,其一即元匡与刘芳"议权量事,肇主芳议,匡遂与肇喧竞,表肇指鹿为马。御史中尉王显奏弹匡诬毁宰相,有司处匡死刑;诏恕死,降为光禄大夫"。其二是京兆王元愉于冀州起事,李平受命平乱后,"加李平散骑常侍。高肇及中尉王显素恶平,显弹平在冀州隐截官口,肇奏除平名"。联系宣武帝去世前后,围绕孝明帝即位等相关情况看,王显显然与高肇结成了利益关系紧密的权力同盟。

尼传附阳固传》载阳固讥讽王显为国增收为聚敛,"显大不悦,以此衔固。又有人间固于显,显因奏固剩请米麦,免固官"。这几例都表明王显虽纠察失范,关涉私情,但大而言之,符合维护宣武帝皇权威望之原则。特别是前引本传所载王显为增强御史效能,他要求更易属官中"不悉称职"者,然其"所举或有请属,未皆得人",因而引起极大反响,实际上是其政治对手的寻机攻讦。王显选人有一个明确的导向,即偏向寒庶,《魏书》卷七九《冯元兴传》载"元兴世寒","时御史中尉王显有权宠,元兴奏记于显,召为检校御史"。宣武帝当深明王显之处境及其得咎之原委,对其信重如初,"委任甚厚",一再有意让他兼掌吏部。对相关士人任用,常征询王显的意见。如《魏书》卷八八《良吏·宋世景传》载其出自广平宋氏,以才略与品德深得士林赞誉,以为"任之以机要,终不减李冲",多有元魏宗室与士族人物一再荐之为国学博士、尚书右丞等,然"王显与宋弁有隙,毁之于世宗,故事寝不报"。由于王显深得宣武帝信重,一些士族朝臣不得不依附之,《魏书》卷六四《郭祚传》载:"诏祚本官领太子少师。祚曾从世宗幸东宫,肃宗幼弱,祚怀一黄甝出奉肃宗。时应诏左右赵桃弓与御史中尉王显迭相唇齿,深为世宗所信,祚私事之。时人谤祚者,号为桃弓仆射、黄甝少师。"郭祚为当时士族名士,其依附宣武幸臣王显、赵桃弓如此,以致颇受世人嘲讽。此外,王显还参与正始年间修定律令,① 这都体现出宣武帝的格外信重。②

王显作为朝臣化的权幸,长期执掌财政、司法、监察大权,参涉诸多重要人事、朝政之处置,成为宣武帝强化皇权的重要助手,

---

① 《魏书》卷六九《袁翻传》载:"正始初,诏尚书门下于金墉中书外省考论律令",后又充实人员,"廷尉少卿王显等入预其事"。王显显然是代表宣武帝参预修律,以便于沟通内外。

② 《魏书》卷六七《崔光传》载延昌二年"世宗幸东宫,召光与黄门甄琛、广阳王渊等,并赐坐,诏光曰:'卿是朕西台大臣,今当为太子师傅。'光起拜固辞,诏不许。即命肃宗出,从者十余人,敕以光为傅之意,令肃宗拜光。光又拜辞,不当受太子拜,复不蒙许,肃宗遂南面再拜。詹事王显启请从太子拜,于是宫臣毕拜,光北面立,不敢答拜,唯西面拜谢而出。……寻授太子少傅"。

这必然会引起一些元魏皇族王公、士族朝臣的怨恨。特别是宣武帝末，王显操控内廷，在宣武、孝明帝位更迭之际，他与外戚高肇结盟，把持军政大局，与皇族及士族群体展开殊死较量。①《魏书》王显本传载延昌四年正月，"世宗夜崩，肃宗践祚。显参奉玺策，随从临哭，微为忧惧。显既蒙任遇，兼为法官，恃势使威，为时所疾。朝宰托以侍疗无效，执之禁中，诏削爵位。临执呼冤，直阁以刀镮撞其腋下，伤中吐血，至右卫府一宿死"②。作为宣武帝之权幸佞臣，王显显赫一时，终因失势而遭诛杀。

由上考论，可见青齐医术人士入魏后，以其术艺伎能受到冯太后、献文帝、孝文帝、宣武帝等北魏统治人物及其上层社会的重视，在物质奖赏、官爵封授等方面多有优遇，成为"平齐民"中一个地位特殊的群体。比之既往，诸人之门户身份、社会地位皆有所提升，为其后人及其家族地位的改变与转型奠定了基础。

北魏统治者何以如此宠重青齐医术人士？究其原因，首先在于北魏统治集团采取兼容并包的用人政策，在文化旨趣上表现出重视术艺的务实倾向。作为兴起稍晚的游牧部族，鲜卑拓跋部社会发展

---

① 《魏书》卷八三下《外戚下·高肇传》载高肇为了专权，"又说世宗防卫诸王，殆同囚禁。时顺皇后暴崩，世议言肇为之。皇子昌薨，佥谓王显失于医疗，承肇意旨"。

② 关于王显在宣武帝死后拥立孝明帝过程中的态度与表现，《魏书》卷三一《于栗䃅传附于忠传》载于忠为侍中、领军将军，"及世宗崩，夜中与侍中崔光遣右卫将军侯刚迎肃宗于东宫而即位。忠与门下议，以肃宗幼年，未亲机政；太府、高阳王雍属尊望重，宜入居西柏堂，省决庶政；任城王澄明德茂亲，可为尚书令，总摄百揆。奏中宫，请即敕授。御史中尉王显欲逞奸计，与中常侍、给事中孙伏连等厉色不听，寝门下之奏。宫侍中、黄门，但牒六辅姓字赍来。孙伏连等密欲矫太后令，以高肇录尚书事，显与高猛为侍中。忠即于殿中收显杀之"。故于忠失势后，清河王元怿等议于忠事有言，"王显阴结奸徒，志为不逞；高肇远同凶逆，遥构祸端"云云。又，《魏书》卷一〇八《礼志四》载：（延昌）四年春正月丁巳夜，世宗崩于式乾殿。侍中、中书监、太子少傅崔光，侍中、领军将军于忠与詹事王显，中庶子侯刚奉迎肃宗于东宫，入自万岁门，至显阳殿，哭踊久之，乃复。王显欲须明乃行即位之礼。崔光谓显曰：'天位不可暂旷，何待至明？'显曰：'须奏中宫。'光曰：'帝崩而太子立，国之常典，何须中宫令也。'光与于忠使小黄门曲集奏置兼官行事。于是光兼太尉、黄门郎元昭兼侍中，显兼吏部尚书，中庶子裴俊兼吏部郎，中书舍人穆弼兼谒者仆射。……太尉光奉策进玺绶，肃宗跪受，服皇帝衮冕服，御太极前殿。"宣武帝崩后，对立孝明帝之时间、程序等，王显与于忠、崔光等存在分歧，由于事涉礼仪，王显主张"须奏中宫"（指皇太后氏）。这只是托辞，实际上王显与高肇结盟，想拖延时间，以谋对策。可见当时双方争夺辅政地位之情形。

及其文化相对落后,在其不断征服与南进过程中,必须大力招揽、任用以各地域汉族人物为主的异族人才,以汲取其先进的社会文化因子与养分,以求自我成长、壮大,从而形成了兼容并包的用人政策与文化观念。周一良先生曾指出,"北魏建国之始,用人即采取兼容并包之方针",对所征服地区以汉族士大夫为代表的各族才学精英人物,"以及从南朝北投诸人,无不兼容并包",其中"对于南朝北投者,拓跋氏尤能注意拔擢。……此种情况,与南朝统治者专重侨姓,排斥南人,而晚渡北人又被目为荒伧,备受排斥,北方各族更不予考虑者,迥不相同。因北魏承十六国之后,北方各族在中原共处已近二百年,虽力求保持代北风习,以便统治,民族偏见亦不能免。但对北方广大地区之统治,即使在孝文汉化之前,仅依靠代来鲜卑亦无能为力。而从文化言,对南方又不免于自卑之感,因而必须兼容并包,与南朝统治者之偏隘态度大不相同。北朝终于灭南朝而统一全国,此种情况当亦有关"[1]。在鲜卑拓跋部汲取汉人文化方面,术艺伎巧具有实用价值而无关民族观念,可直接为北魏统治者享用获益,故自然最受青睐。《魏书》卷二《太祖纪》载天兴元年道武帝拓跋珪征服后燕后,"徙山东六州民吏及徒河、高丽杂夷三十六万,百工伎巧十万余口,以充京师"[2]。可见北魏自立国以来便对汉

---

[1] 周一良:《魏晋南北朝史札记》"北魏用人兼容并包"条,中华书局1985年版,第351—353页。

[2] 对《魏书》此条记载,中华书局校勘本校勘记指出:"《北史》卷一、《册府》卷四八六'三十六万'作'三十六署'。按《通鉴》卷一一〇此条作'徙山东六州吏民、杂夷十余万口以实代',以十余万口为这次迁徙的总口数。若'署'作'万',则合计当云'四十余万口',似司马光所见《魏书》也作'三十六署'。'署'是百工伎巧所属的机构。南、北朝少府及太府管辖的官府手工业作坊多设置'署',《隋书·百官志》记梁少府所属有十五署,北齐太府所属有十三署,若再加上太常、光禄、将作所属,这种'署'是很多的。'三十六'或是后燕所置署数,或一般泛称。这里'万'当是'署'字之讹。"《魏书》卷一一〇《食货志》载:"既定中山,分徙吏民及徒何种人,工伎巧十万余家以充京都,各给耕牛,计口授田。"由此可推测,拓跋珪灭后燕,将其境内"三十六署"所属之"百工伎巧"皆迁移至平城。又,《魏书》卷三三《屈遵传》载其昌黎徒河人,本仕于慕容垂,后归拓跋珪,其孙屈垣"少纂家业,尤善书计。太祖初,令事诸曹。太宗世,迁将作监,统京师诸署。世祖即位,稍迁尚书右仆射,加侍中"。屈氏出自河北,家世"尤善书计",而魏灭燕征发诸署至平城,故以燕旧人屈纂为"将作监,统京师诸署"。

族"百工伎巧"甚为重视。①

诸术伎之中，医术直接关乎身体健康与生命维系，更为统治者所重视。因此，拓跋氏统治者尤重医术之士，《魏书·术艺·周澹传》载："周澹，京兆鄠人也。为人多方术，尤善医药，为太医令。太宗尝苦风头眩，澹治得愈，由此见宠，位至特进，赐爵成德侯。"其子周驴驹，"袭，传术。延兴中，位至散令"。又载"时有河南人阴贞，家世为医，与澹并受封爵。清河李潭亦以善针见知"。可见明元帝拓跋嗣对汉人医术之士已有封爵授官之举。至于汲取南朝术伎，太武帝拓跋焘态度明确，《宋书》卷七四《鲁爽传》载："先是，程天祚为虏所没，焘引置左右，与秀相见，劝令归降，秀纳之。天祚，

---

① 《通鉴》卷一二〇宋文帝元嘉四年载魏太武帝攻赫连夏之统万，"得夏太史令张渊、徐辩，复以为太史令。得故晋将毛修之，……以毛修之善烹调，用为太官令"。又，《魏书》卷四下《世祖纪下》载魏太武帝太平真君七年平关中盖吴之乱，"徙长安城工巧二千家于京师"。这皆可见太武帝对诸地术艺人士之重视。其实，北魏早期招揽的汉族文士也多擅长天文术数。《魏书》卷二四载燕凤，代人，"好学，博综经史，明习阴阳谶纬。昭成素闻其名，使人以礼迎致之"；许谦，代人，"少有文才，善天文图谶之学。建国时，将家归附，昭成嘉之，擢为代王郎中令，兼掌文记"；邓渊，安定人，"渊性贞素，言行可复，博览经书，长于《易》筮。太祖定中原，擢为著作郎"。《魏书》卷二八《刘洁传》载其长乐信都人，"祖父生，颇解卜筮。昭成时，慕容氏来献女，为公主家臣，仍随入朝。赐以妻，生子"。《魏书》卷三三《李先传》载其中山卢奴人，"少好学，善占相之术"，拓跋珪得之，问其"兵法风角"。特别是历侍北魏道武帝、明元帝与太武帝三代的汉族士族代表崔浩，《魏书》卷三五《崔浩传》载其清河人，"白马公玄伯之长子。少好文学，博览经史，玄象阴阳，百家之言，无不关综，研经义理，时人莫及。……太宗好阴阳术数，闻浩说《易》及《洪范》五行，善之，因命浩筮吉凶，参观天文，考定疑惑。……浩明识天文，好观星变。常置金银铜铤于酢器中，令青，夜有所即以铤画纸作字以记其异。世祖每幸浩第，多问以异事"。《魏书》卷四五《许彦传》载其高阳新城人，"彦少孤贫，好读书，后从沙门法叡受《易》。世祖初，被征，以卜筮频验，遂在左右，参与谋议"。当然，随着鲜卑统治者汉化渐深，他们对术艺人士的控制日益严格，相关的观念与制度不断强化。《魏书》卷四下《世祖纪下》载太平真君五年正月戊申诏曰："愚民无识，信惑妖邪，私养师巫，挟藏谶记、阴阳、图纬、方伎之书"，"又沙门之徒，假西戎虚诞，生致妖孽。非所以壹齐政化，布淳德于天下也。自王公已下至于庶人，有私养沙门、师巫及金银工巧之人在其家者，皆遣诣官曹，不得容匿。限今年二月十五日，过期不出，师巫、沙门身死，主人门诛。明相宣告，咸使闻知。"这是出于集权统治的需要，责令私养之术艺伎巧之人及相关文献"皆遣诣官曹，不得容匿"。又载魏太武帝同年同月庚戌诏曰："自顷以来，军国多事，未宣文教，非所以整齐风俗，示轨则于天下也。今制自王公已下至于卿士，其子息皆诣太学。其百工伎巧，驺卒子息，当习其父兄所业，不听私立学校。违者师身死，主人门诛。"《魏书》卷五《高宗纪》载和平四年十二月辛丑诏曰："今制皇族、师傅、王公侯伯及士民之家，不得与百工、伎巧、卑姓为婚，犯者加罪。"《魏书》卷七上《高祖纪上》载孝文帝延兴二年四月庚子"诏工商杂伎，尽听赴农"。这都表明在北魏汉化渐深过程中，受到汉族制度与儒学之影响，对术艺之学及其职业管控的变化。

广平人,为殿中将军,有武力。元嘉二十七年,助戍彭城,会世祖遣将刘泰之轻军袭虏于汝阳,天祚督战,战败被创,为虏所获。天祚妙善针术,焘深加爱赏,或与同舆,常不离于侧,封为南安公。焘北还蕃,天祚因其沈醉,伪若受使督切后军者,所至轻罚。天祚为焘所爱,群虏并畏之,莫敢问,因得逃归,后为山阳太守。"可见程天祚为刘宋将领,宋文帝元嘉二十七年(450)北伐时一度被俘,拓跋焘"深加爱赏,或与同舆,常不离于侧,封为南安公"①。程天祚作为俘虏而享有如此优遇,受封南安公,显然与其"妙善针术"密切相关。又,《魏书》卷四三《毛修之传》载其随刘裕北伐而留守关中,后入魏,拓跋焘以之领吴兵征战,"修之能为南人饮食,手自煎调,多所适意。世祖亲待之,进太官尚书,赐爵南郡公,加冠军将军,常在太官,主进御膳"。毛修之得魏太武帝所信重,固有他因,但他"善为南人饮食,得到拓跋焘的欢心"②,则是直接原因,

---

① 关于程天祚一度被俘入魏,《魏书》卷四下《世祖纪下》载太平真君十一年二月,"车驾遂征悬瓠,益遣使者安慰境外之民,其不服者诛之。永昌王仁大破刘义隆将刘坦之、程天祚于汝东,斩坦之,擒天祚"。又,拓跋焘南征,《魏书》卷五三《李孝伯传》载拓跋焘围攻彭城,一再遣李孝伯与刘宋张畅对话,其中李孝伯有言:"有诏:'程天祚一介常人,诚知非江南之选,近于汝阳,身被九枪,落在溵水,我使牵而出之。凡人骨肉分张,并思聚集,闻其弟在此,如何不遣暂出?寻自令反,岂复苟留一人。'"张畅对曰:"知欲程天祚兄弟集聚,已勒遣之,但其固辞不往。"李孝伯曰:"岂有子弟闻其父兄而反不肯相见,此便禽兽之不若。贵土风俗,何至如此?"可见程天祚随拓跋焘南征至彭城,而其弟在刘宋军中,故拓跋焘有意以其兄弟相见,进行统战操作。至于程天祚具体何时逃归刘宋,则当在此后。关于程天祚的医学成就,《隋书》卷三四《经籍志三》载梁有"程天祚《针经》六卷,《灸经》五卷,《曹氏灸方》七卷"。可见程天祚在针灸学方面造诣甚高。

② 逯耀东:《〈崔氏食经〉的历史与文化意义》,氏著《从平城到洛阳——拓跋魏文化转变的历程》,中华书局2006年版,第123页。毛修之为拓跋焘所重,与寇谦之、崔浩之护佑、举荐有关,《南史》卷一六《毛修之传》载:"修之在洛,敬事嵩高道士寇谦之。谦之为魏太武帝信敬,营护之,故不死。修之尝为羊羹荐魏尚书,尚书以为绝味,献之太武,大悦,以为太官令,被宠,遂为尚书、光禄大夫,封南郡公,太官令、尚书如故。"可见毛修之"尝为羊羹荐魏尚书",即献于崔浩,崔浩"以为绝味,献之太武"。毛修之所制羊羹,"应是北味",之所以有"绝味"之效,诚如逯耀东所言,在于其烹调方法,"以南方的烹调手法制成,才能获得太武帝拓跋焘的欣赏"。(见上揭逯耀东文,第124页)至于崔浩赏识毛修之,则与其推崇江左士族门第有关,《魏书》卷四三《毛修之传》载崔浩"以其中国旧门,虽学不博洽,而犹涉猎书传,每推重之,与共论说"。

由此"进太官尚书,赐爵南郡公"。由程天祚、毛修之入魏经历,可见北魏太武帝拓跋焘对南朝术艺伎能之钦重。

由上述可知,北魏自立国以来,对汉人之术艺伎巧人士颇为钦重,明元帝、太武帝对南北医术人士屡有封爵加官之举,故献文帝、冯太后、孝文帝和宣武帝等对青齐入魏医术人士的赏爱与重视,自是北魏传统的延续,体现出其兼容并包的文化心态。在诸伎艺方面,医药术伎与日常生活之联系尤为紧密,直接关乎人们的健康与生命。作为处于诸术艺高端之特殊伎能,医药术伎虽不无相关理论探究,但其固有的伎艺特性,更有赖于诊疗实践的能力培养与经验积累,而在古代社会,术业传承最主要的途径有二,一是家族内部的"世业"承袭,二是地域性名师的教习传授。正因为如此,人们早已形成了重视"世医"与"世工"的观念,《礼记·曲礼下》有言:"医不三世,不服其药。"所谓"三世",《礼记正义》释曰:"择其父子相承至三世也。"南北朝前期,徐兖青齐一带是当时医术相对发达的地区,由上述可知,入魏之青齐诸医术人士,徐謇出自江左"世医",李修、王显、崔彧等则在徐兖青齐地域转益多师,并有长期的医术实践,颇有声名,故诸人入魏,其医术水平有过于北魏内廷太医旧人,被尊为"上医""名医",自然倍受北魏统治者重视而"深加赏爱"。

其次,入魏青齐医术人士所受官职爵位及其政治地位的提升,与北魏统治者及其上层社会之等级观念密切相关。清人所编《历代职官表》卷三六曾有论云:"北魏及周、齐,徐之才、周澹、王显、姚僧垣等,咸以医著,至位历仆射,爵为公侯,颇见亵滥。然之才等本由儒吏见用,与专以一技登进者有殊。"[①] 论者指出北朝优待诸名医,以致其"位历仆射,爵为公侯",但又对诸人"专以一技登进"表示不解,以为"颇见亵滥",荒诞不经,这是其囿于儒学士

---

① (清)纪昀等撰:《历代职官表》,上海古籍出版社影印文渊阁《四库全书》,第601册,第696页。

大夫的社会等级及其相关文化观念所致。其实，就北魏鲜卑拓跋氏统治者而言，他们少受华夏正统文化观念的影响与束缚，门第等级观念与重道轻技意识相对淡薄，具有浓郁的崇尚质朴、强调务实的社会文化倾向，从而与当时汉族士族尤其是南朝士族社会严格的社会等级及其雅俗文化分别形成鲜明的对照。正因为如此，北魏统治者对诸入魏青齐医术人士甚为钦重，往往因其伎能表现而获破格封授官爵，以提升其社会身份与政治地位。

论及拓跋氏统治者优遇青齐医术人士及其所体现出的重视术艺之文化观念，青齐入魏，还有其他领域的青齐才艺人士受到优遇。对此，宿白先生论平城云冈石窟二期样式变化，指出其风格受到南朝影响，当与此时青齐人士入魏及其转输南风有关："这时期，南北出现了一个暂时的交聘安定局面。青徐多术艺，其地皇兴三年（469）入魏，不仅高僧北上，文艺亦徙平城。太和七年（483）十月所建'皇信堂，堂之四周，图古圣忠臣烈士之容，刊题其侧，是辩章郎彭城张僧达、乐安蒋少游笔'（《水经注·㶟水》），张、蒋皆为青徐营户。'……又，'孝文时，青州刺史侯文和亦以巧闻，为要舟，水中立射'（《北史·艺术传下》）。其时，以巧思见称者，尚有河西李冲、冯翊王遇。……以上皆为冯氏所宠，可证当时营建追求巧思。所谓巧思，很重要的内容是工艺方面加强汉化，亦即远准魏晋旧章，追效宋齐新制。青齐入魏，既获得了南朝术艺，又便利了南北交往。……可见魏据青齐和南北通聘，对冯氏、孝文时期之改革，具有重要影响。"[①] 他以为青齐人士入魏及其转输南风，对当时建

---

① 宿白：《平城实力集聚和"云冈模式"的形成与发展》，氏著《中国石窟寺研究》，生活·读书·新知三联书店2019年版，第152页。宿白先生在该文中还指出，孝文帝时期云冈石窟二期雕塑样式、平城寺院建筑的一些变化，体现出了南朝风格，这与青齐人士入魏及其转输南风具有关联："……窟室样式改观的许多情况，也反映到平城及其附近的地上寺院，这主要都应与北魏积极推行汉化政策联系起来。内部布局日益紧密，工艺风格日趋精细，造像题材上流行了出自《法华》《维摩》等佛经中的各种形象以及佛像造型逐渐清秀和褒衣博带的服饰等，也都是南朝的时代特征。魏据青齐与南北交聘局面的形成，更促进了包括佛教建置进一步汉化在内的北魏汉化政策的迅速发展。"（第153页）

上述青齐才艺之士，影响最著者为蒋少游。《魏书》卷九一《术艺·蒋少游传》载："蒋少游，乐安博昌人也。慕容白曜之平东阳，见俘入于平城，充平齐户，后配云中为兵。性机巧，颇能画刻。有文思，吟咏之际，时有短篇。遂留寄平城，以佣写书为生，而名犹在镇。"其"后被召为中书写书生"，由汉族士人代表高允的举荐，为中书博士；又得到权臣名士代表李冲关照，"恒庇李冲兄弟子姪之门"。① 蒋少游入魏后，本应"配云中为兵"，其之所以"留寄平城"，改变人生命运，固然在于受到高允、李冲诸人之提携，但主要在于其"性机巧，颇能画刻"，并具有一定的学术文化修养。孝文帝、冯太后最看重的正是其伎巧之能，故言"本谓少游作师耳"，于是委以相关事务，"骤被引命，屑屑禁闼，以规矩刻缋为务，因此大蒙恩锡，超等备位，而亦不迁陟也"。蒋少游以伎巧为务，所涉颇广，主要有以下诸事：一是"议定衣冠"制度。《魏书》本传载"及诏尚书李冲与冯诞、游明根、高闾等议定衣冠于禁中，少游巧思，令主其事，亦访于刘昶。二意相乖，时致诤竞，积六载乃成，始班赐百官。冠服之成，少游有效焉"②。二是参与北魏都城

---

① 蒋少游入魏后，其士族身份一度未得认可，《魏书》卷九一《术艺·蒋少游传》载："始北方不悉青州蒋族，或谓少游本非人士，又少游微因工艺自达，是以公私人望不至相重。唯高允、李冲曲为体练，由少游舅氏崔光与李冲从叔衍对门婚姻也。高祖、文明太后常因密宴，谓百官曰：'本谓少游作师耳，高允老公乃言其人士。'眷识如此。"这里涉及蒋少游家族门第问题，由"北方不悉青州蒋族"及以其"本非人士"云云，可推知青州蒋氏与传统高门旧姓有异，但从其父辈得与清河崔氏联姻等情况看，当时青州蒋氏显为地方著姓，具有士族身份。对此，唐长孺先生曾有所论，以为"蒋少游是乐安人，乃青州本地大族，但当时许多人不承认他是'士人'，这不但由于他以善于营造起家，被当作不合于士人身份的'作师'，同时也由于青州本地大族地位较低"。见唐长孺《北魏的青齐土民》，氏著《魏晋南北朝史论拾遗》，中华书局1983年版，第106页注释1。所谓"青州本土大族"，即相对于随慕容德南燕政权南迁的河北士族群体而言的，平齐民中的清河崔氏、房氏等皆为青齐地域之侨寓家族，其门望与地位相较于青齐旧人要高。

② 《魏书》卷五九《刘昶传》载："于时改革朝仪，诏昶与蒋少游专主其事。昶条上旧式，略不遗忘。"陈寅恪先生在《隋唐制度渊源略论稿》（生活·读书·新知三联书店2001年版）二《礼仪篇》中论此，指出孝文帝"改革朝仪"始于太和之初，"冠服之成"则在太和十年，"刘昶、蒋少游俱非深习当日南朝典制最近发展之人，故致互相乖诤"。（第10页）

平城、洛阳的建设。有关平城建筑，《魏书》本传载"后于平城将营太庙、太极殿，遣少游乘传诣洛，量准魏晋基趾"。至于兴建洛阳新都，蒋少游参与新都建设规划，本传载其"为散骑侍郎，副李彪使江南"，目的在于取法南朝都城建康规制以营建洛阳。对此，《南齐书》卷五七《魏虏传》载："九年，遣使李道固、蒋少游报使。少游有机巧，密令观京师宫殿楷式。清河崔元祖启世祖曰：'少游，臣之外甥，特有公输之思。宋世陷虏，处以大匠之官。今为副使，必欲模范宫阙。岂可令甗乡之鄙，取象天宫？臣谓且留少游，令使主反命。'世祖以非和通意，不许。少游，安乐人。虏宫室制度，皆从其出。"这里所谓北魏"宫室制度，皆从其出"，虽显有夸饰，但孝文帝以蒋少游出使南齐，确有取法建康建筑规划之意。① 在洛阳具体建筑过程中，本传载"及华林殿、沼修旧增新，改作金墉门楼，皆所措意，号为妍美"；又载"少游又为太极立模范，与董尒、王遇等参建之，皆未成而卒"。三是主持北魏船乘建造。孝文帝迁洛后，无论是征战，还是运输，都有赖于船乘，故以蒋少游主其事，本传载："高祖修船乘，以其多有思力，除都水使者，迁前将军、兼将作大匠，仍领水池湖泛戏舟楫之具。"作为青齐人士，蒋少游"性机巧"，"颇能画刻"，"特有公输之思"，冯太后、孝文帝等以其"以规矩刻缋为务"，具体主持北魏冠服制定，参与平城、洛阳都城的规划与建设，主导北魏船乘兴造事务，颇多建树。《魏书》本传出于重道轻技的儒学观念，以为其"虽有文藻，而不得伸其才用，恒以剖劂绳尺，碎剧

---

① 陈寅恪先生在《隋唐制度渊源略论稿》（生活·读书·新知三联书店 2001 年版）二《礼仪篇》附论《都城建筑》中指出，洛阳、建康两地山川形势有异，"故洛阳全体计划，是否真与建康有关，殊难推断"。他又指出，"魏孝文之遣少游使江左，自有摹拟建康宫阙之意。崔元祖之言不为虚发，但恐少游所摹拟或比较者，仅限于宫殿本身，如其量准洛阳魏晋庙殿之例，而非都城全部之计划"，故以"'虏宫室制度，皆从此出'，则言过其实，盖北魏洛阳新都之全体计划中尚有平城、河西二因子，且其规划大计亦非少游主之。然则不得依《南齐书·魏虏传》之文，遽推断北魏洛阳新制悉仿江左之建康明矣"。（第 71—72 页）

忽忽，徙倚园湖城殿之侧，识者为之叹慨"。《魏书》卷九一传论以为"蒋少游以剞劂见知，没其学思，艺成为下，其近是乎"。而对于北魏鲜卑统治者而言，他们看重蒋少游之"机巧"，以"作师"视之，"因此大蒙恩锡，超等备位"，历任都水使者，前将军、兼将作大匠，兼太常少卿等，景明二年卒后，又赠龙骧将军、青州刺史。可见作为被俘之青齐民，蒋少游以其伎能为北魏统治者钦重，获得了相应的地位与在生活优遇，以致其"乃坦尔为己任，不告疲耻"①。

此外，平齐民中可能还有女性入魏内宫从事膳食、服饰制作技艺者。《张安姬墓志铭》载其"讳字安姬，兖东平人也。故兖州刺史张基之孙。济南太守张憘之女。年十三，因遭罹难，家戮没宫。年廿，蒙除御食监。厉心自守，莅务有称。后除文绣大监，于时处当明件。上知其能，复除宫作司"。其卒于正光二年二月，年六十五。②逯耀东指出，"魏之济南郡隶济州，即刘宋之冀州，皇兴三年（469）更名。案《魏书·显祖纪》：'（皇兴元年正月）刘彧青州刺史沈文秀、冀州刺史崔道固并遣使请举州内属。'志称张安姬卒于正光二年（521），享年六十五岁，逆推至皇兴初，其与入宫之年十三略合。……因罪没入宫廷之后，负责宫中饮食事业，使中原或江南的饮食习惯，进入拓跋氏的宫廷之中"③。据此，张安姬父、祖当仕

---

① 《魏书》卷九一《术艺·蒋少游传》。郦道元《水经注》卷一三"瀍水"载："太和殿之东北，接紫宫寺，南对承贤门，门南即皇信堂。堂之四周，图古圣忠臣烈士之容，刊题其侧，是辩章郎彭城张僧达、乐安蒋少游笔。"可见蒋少游也有书法才艺。杨守敬《水经注疏》于此按曰："张僧达未详，蒋少游见《图画见闻志》及《图绘宝鉴》。"又，（唐）张彦远《历代名画记》卷八"叙历代能画人名"后魏部分载："蒋少游，乐安博昌人。敏慧机巧，工书画，善画人物及雕刻。虽有才学，常在剞劂绳墨之间，园湖城殿之侧，识者叹息，少游坦然，以为己任，不告疲劳。……彦远以'德成而上，艺成而下'，鄙亡德而有艺也。君子'依仁游艺'，周公'多才多艺'，贵德艺兼也。苟而德尔有艺，虽执厮役之劳，又何兴叹乎！"

② 赵超：《汉魏晋南北朝墓志汇编》，天津古籍出版社2008年版，第123页。

③ 逯耀东：《〈崔氏食经〉的历史与文化意义》，氏著《从平城到洛阳——拓跋魏文化转变的历程》，中华书局2006年版，第123页。

于刘宋,其为平齐民之后,故"除御食监","除文绣大监",其所经营自应有南朝风尚。①

综观全文考论,南北朝时期宋魏对峙过程中,青齐地域入魏,诸医术人士作为应征"平齐民"的一个特殊人群也随迁入魏。自十六国以来,青齐地域长期处于南北对抗的缓冲过渡地带,南北政权交替统治,造成了这一地区在学术文化、社会风尚诸方面的南北杂糅混通的状况。就诸医者的地域来源与门户身份而言,多来自河北的晚渡人士,身份则多为寒微或低级士族,唯徐謇为江左侨寓医术世家。作为具有实用技能的术艺之士,他们深得北魏统治者如献文帝、冯太后、孝文帝、宣武帝之信重,侍奉于内廷,执掌医政。诸人于医术各有所擅,诊断治疗,多有经典案例,且受命总结医药经验,汇编医药典籍,或招收门生,传授医术,对北魏医药文化的发展多有贡献。由于诸人深得北魏统治者钦重宠爱,在物质奖赏、门户身份、官职爵位等方面都享有特殊优遇。诸人在御医之外,通过加官、赠官和封爵、赠封等方式,取得了相关朝臣士大夫的待遇。当然,需要指出,诸人所受之朝职多为闲散,少有实际履职者,即便像王显那样深得宠信,掌管财政、司法与监察等实职,也必须"仍奉医药"。因此,诸人职业身份本质上始终是"医侍",其政治上若得势,便为"医佞"权幸。尽管如此,这种"位历仆射,爵为公侯"的政治待遇,毕竟改变了诸人出身寒庶的门第背景,使其社会与政治地位大为提升,从而为其后人的身份改变奠定了基础。入魏青齐医术人士有如此境遇,其根本原因在于北魏鲜卑统治者质朴刚健,在用人上兼容并包;他们尚未确立起儒家学说所倡导的社会等级意识和文化观念,重视实务伎能,这与南朝士大夫社会强调"士庶天隔"及其重道轻技的社会文化观念相比,

---

① 《魏书》卷九一《术艺·江式传》附载:"先是太和中,兖州人沈法会能隶书,世宗之在东宫,敕法会侍书。"兖州沈法会"能隶书",为平齐民之善书艺者。

可谓差异明显。①

---

① 北方胡族统治者在南进过程中，始终重视汉人之伎巧术艺，宋人洪迈《容斋随笔》之《容斋三笔》卷三"北狄俘虏之苦"条载："元魏破江陵，尽以所俘士民为奴，无问贵贱，盖北方夷俗皆然也。自靖康之后，陷于金虏者，帝子王孙，官门仕族之家，尽没为奴婢，使供作务。每人一月支稗子五斗，令自舂为米，得一斗八升，用为餱粮。岁支麻五把，令绩为裘，此外更无一钱一帛之入。男子不能缉者，则终岁裸体，虏或哀之，则使执爨，虽时负火得暖气，然才出外取柴归，再坐火边，皮肉即脱落，不日辄死。惟喜有手艺，如医人、绣工之类，寻常只团坐地上，以败席或芦藉襯之。遇客至开筵，引能乐者使奏技，酒阑客散，各复其初，依旧环坐刺绣，任其生死，视如草芥。先公在英州，为摄首蔡寓言之，蔡书于《甲戌日记》，后其子大器录以示，此《松漠记闻》所遗也。"可见金灭北宋，将其所俘宋之"帝子王孙，官门仕族之家，尽没为奴婢，使供作务"，"惟喜有手艺，如医人、绣工之类"，这是北方游牧民族一贯之特点。见《容斋随笔》，中华书局2006年版，第452—453页。

入北南朝医术人士之境遇及其影响

自东晋末年以来，随着南朝军政局势的变化，不断出现南朝人士流亡北朝的情况，以致有关这一时期入北流亡南人的研究成为一个突出的学术课题，涉及移民史、南北文化交流史等诸多领域。就入北南朝人士的社会身份而言，其中既有江左诸王朝之皇族宗室人物，也有侨旧士族代表，还有大量的边境州镇豪族。相关研究，或按时段，或按地域，或按社会身份，皆多有论述。不过，全面检点以往的相关研究，对入北南人中为数不少的一个特殊类别即技能之士则少有专题考察，其中包括一些以医术显名的人物，可视为一类特殊的术艺伎能人群。当然，这类人物身份复杂，尽管他们入北后主要以医术显名，但人们少有从医术的角度加以归类考察，而往往将其混入北迁南人群体中。检点南朝入北之医药术士，其数量颇众，他们在北朝的生活与仕宦等皆与其技能密切相关，与其他各类别流亡人士之境遇有所不同。有鉴于此，这里将南北朝时期入北人群中以医术技能显名者归为一类，并具体考察其入北后之相关活动及其境遇与影响，从一个侧面细化、深化对南朝入北流寓群体的认识。

一　入北南朝医士及其门第身份、社会地位

众所周知，在南北朝长期对峙的格局下，随着南朝内部军政斗争的激化，间有失意者流亡北朝，以避祸求生。此外，在南北朝军

事对抗过程中，北魏统一北方以来，逐步加强对南朝的军事攻势，不断征服南朝的淮汉地域，引发南朝边镇的北附，特别是北朝后期，西魏据有蜀地、灭梁元帝，最终隋文帝灭陈，将梁、陈上层集团整体迁徙关中。在这些流奔与北徙的南朝士众之中，有一些掌握某种实用技能的才艺之士，"医巫""医方"便是诸"伎巧"中的重要名目，其功用与人们日常生活密切相关，即所谓"御妖邪，养性命者也"[1]。查考《魏书》《隋书》及《北史》的相关记载，可见北朝地位最高、影响最著之医士多来自南朝。《北史》卷九〇《艺术传下》概述北朝医士云："周澹、李修、徐謇、謇兄孙之才、王显、马嗣明、姚僧垣、褚该、许智藏方药特妙，各一时之美也。"其中所列乃北朝最具代表性之医家，除周澹、马嗣明之外，都有自南入北的经历。[2] 当然，还有一些未入《术艺传》《艺术传》者。作为一个特殊的入北南人群体，诸人不仅入北时间、地域等不一，而且在门第身份与社会地位等方面存在差异，这里就诸人相关行迹略加考察，以作为进一步论述之基础。

（一）入北江左医术人士考

徐謇、徐之才、徐之范。徐謇，《魏书》卷九一《术艺·徐謇传》载："徐謇，字成伯，丹阳人。家本东莞，与兄文伯等皆善医药。謇因至青州，慕容白曜平东阳，获之，表送京师。"可见徐謇出自南朝江左医术世家东莞徐氏，刘宋时仕于青州，北魏平定青齐后，随"平齐民"被俘至平城，以医术为北魏献文帝、冯太后赏识，孝文帝迁洛之后，为侍御师，专掌相关医疗事务。

徐之才，《魏书·术艺·徐謇传》附载徐之才事曰："成伯孙之才，孝昌初，为萧衍豫章王萧综北府主簿，从综镇彭城。综降，其

---

[1] 《隋书》卷七八《艺术传序》。
[2] 其中李修、王显等，其家族本由河北徙徐兖青齐地域，北魏献文帝得青齐后入北，具有较为典型的"平齐民"背景，与出自江左核心地域之医术人士尚有所区别，为免枝蔓，另文考论。

下僚属并奔散,之才因入国。"徐之才实为徐謇兄徐文伯孙,徐謇从孙,①主要活动于北齐,《北齐书》卷三三《徐之才传》载其事云:"徐之才,丹阳人也。父雄,事南齐,位兰陵太守,以医术为江左所称。……豫章王综出镇江都,复除豫章王国左常侍,又转综镇北主簿。及综入魏,三军散走,之才退至吕梁,……综入魏旬月,位至司空。魏听综收敛僚属,乃访之才于彭泗,……孝昌二年,至洛,敕居南馆,礼遇甚优。从祖謇子践启求之才还宅。"东魏颇重之,封昌安县侯。高洋代魏后,徐之才以医术为北齐诸主所重,历任内外要职,封爵郡王。②

徐之范,《北齐书·徐之才传》附载之曰:"弟之范,亦医术见知,……入周,授仪同大将军。开皇中卒。"徐之范之行迹及其入齐,《徐之范墓志》所载甚详,其在梁时,"释褐梁南康嗣王府参军事。梁武陵王纪以帝子之贵,任岷岳之重,……引公为外兵,寻改录事参军。于是随府入蜀,……俄迁囗远将军、广汉太守。时梁室遘圮,江左沸腾,爰举玉垒之师,将御金陵之难,乃除将作大匠、持节梁州刺史"。后因萧纪争夺统治权失败,益州入周,徐之范因其兄在北齐,于是入齐。③徐之范诸子不见于史籍所载,墓志载其有十二子,第二子《徐敏行墓志》已出土,述其"即齐高皇帝曾孙、梁司农卿溉之外孙也",卒于隋开皇四年,"君践高门之庆,膺重世之

---

① 《魏书》之外,记载徐之才为徐謇孙者,还有《谈薮》和宋人张杲的《医说》。关于徐之才为徐文伯孙、徐雄子,除《北齐书》卷三三《徐之才传》外,《北史》卷九〇《艺术传下·徐謇传》、《南史》卷三二《张邵传附徐文伯传》等皆有明确记载,特别是出土的徐之才、徐之范兄弟墓志,提供了更为可靠的家族世系证据。对此,章红梅《六朝医家徐氏考辨——以墓志为主要材料》(《史林》2011年第3期)有具体考证。

② 关于徐之才卒年,《北史》《北齐书》本传皆载其"年八十而卒",而《徐之才墓志》载其武平三年六月"遘疾薨于清风里第,春秋六十八"。(见赵超《汉魏南北朝墓志汇编》,天津古籍出版社2008年版,第458页)此当从墓志。对此,赵万里《汉魏南北朝墓志集释》(广西师范大学出版社2008年版)考释徐之才墓志已涉及此事,明确指出其史传"误卒年八十"。见该书第二册第75页。

③ 《徐之范墓志》,罗新、叶炜:《新出魏晋南北朝墓志疏证》(修订本),中华书局2016年版,第335页。

和，闻诗趋礼，外朗内润。……天保云季，来仪河朔。……俄迁太子舍人，待诏文林馆"。后入周、隋。

东莞徐氏是南北朝时期著名的医术世家。《北史》卷九〇《艺术下·徐謇传》载其"与兄文伯等皆善医药"，"文伯仕南齐，位东莞、太山、兰陵三郡太守。子雄，员外散骑侍郎，医术为江左所称，事并见《南史》"①。关于东莞徐氏之家世及其医术，南朝史籍有所涉及，如《南齐书》卷二三《褚渊传附徐嗣传》载："时东阳徐嗣，医术妙。"徐嗣，当是徐嗣伯。②《南史》卷三二《张邵传附徐文伯传》载吴郡名士张融"与东海徐文伯兄弟厚。文伯字德秀，濮阳太守熙曾孙也"。徐熙曾"好黄、老，隐于秦望山"，据说得道士所赠《扁鹊镜经》一卷，"因精心学之，遂名震海内。生子秋夫，弥工其术，仕至射阳令"。可见徐氏医术显于徐熙、徐秋夫父子，其时当在东晋中后期。后"秋夫生道度、叔向，皆精其业。道度有脚疾不能行，宋文帝令乘小舆入殿，为诸皇子疗疾，无不绝验。位兰陵太守。宋文帝云：'天下有五绝，而皆出钱唐。'谓杜道鞠弹棋，范悦诗，褚欣远模书，褚胤围棋，徐道度疗疾也"。可见至刘宋时，以徐道度、徐叔向为代表的徐氏医术声名卓著，有江左"五绝"之一的美誉。徐道度有子徐文伯，徐叔向有子徐嗣伯，"文伯亦精其业，……为效与嗣伯相埒"。徐文伯子徐雄"亦传家业，尤工诊察，位奉朝请"。徐嗣伯医术甚精，史载其与徐文伯医案颇丰，南齐时"位正员

---

① 这里载徐文伯"仕南齐，位东莞、太山、兰陵三郡太守"，鉴于其弟徐成伯在宋孝武帝、明帝之际出仕青齐，故徐文伯的相关任职时间应当主要在刘宋时，《北史》所言"仕南齐"，时间上当有误。此外，南北朝之笔记小说一类文献所载徐文伯事迹，在时间上也生歧义。如《太平广记》卷二一八引《谈薮》（参程毅中、程有庆辑校北齐阳松玠《谈薮》"徐文伯"条，中华书局1996年版）载有徐文伯医术轶事。其中一则述"宋徐文伯尝与宋少帝出乐游苑门"云云，宋少帝即前废帝刘义符。徐文伯主要活动于宋齐之际，不太可能在刘宋初入宫侍御少帝刘义符，考《南史》卷三二《张邵传》所载徐文伯与"宋后废帝出乐游苑门，逢一妇人有娠，帝亦善诊"云云，《谈薮》将刘宋前后废帝相混，当以《南史》为据。

② 中华书局校勘本《南齐书》卷二三《褚渊传附徐嗣传》引张森楷校勘记云："徐嗣即徐嗣伯，《南史》附《张邵传》。"

郎，诸府佐，弥为临川王映所重"。可见自晋宋以来，徐氏家族人物名医辈出，《南史》卷三二有论云："徐氏妙理通灵，盖非常所至，虽古之和、鹊，何以加兹"，成为江左最具声望的医术世家。①

关于徐氏郡望，这里有必要略作说明。上引《南齐书》称"东阳徐嗣"，《南史》则称"东海徐文伯兄弟"②；《北齐书·徐之才传》称其"丹阳人"；《魏书》《北史》所载徐謇、徐之才籍贯，则谓"丹阳人也，家本东莞"。《太平广记》卷二四七引《谈薮》称"齐西阳王高平徐之才"。《元和姓纂》卷二叙徐氏东阳支系之家世与郡望变迁略云："偃王之后。汉徐衡徙高平，孙饶又徙东阳，七代至融。融五代孙之才、之范，并《北齐》有传，继封西阳王。"③ 综上可见，有关徐氏之郡望，出现了东阳、东海、丹阳、东莞、高平④等说法，特别是《南史》《北史》皆出自李延寿之手，其所载竟不相同。根据出土的徐氏人物墓志所载，皆追述其家族郡望为东莞。《徐之才墓志》载其"讳之才，字士茂，东莞姑幕人。……十二世

---

① 关于徐氏世代业医，《太平广记》卷二一八引《谈薮》"东海徐氏世为良医"条、"徐文伯油灌疗瘕"叙述徐氏世代传承医术。参（隋）阳玠撰，黄大宏校笺《八代谈薮校笺》（中华书局2010年版）正编卷下南朝刘宋部分相关条目。

② 中华书局校勘本《南齐书》卷二三《褚渊传附徐嗣传》引张森楷校勘记云："按'东阳'当作'东海'。"

③ 关于东阳太末徐氏，《南齐书》卷五四《高逸·徐伯珍传》载："徐伯珍字文楚，东阳太末人也。祖父并郡掾史。伯珍少孤贫，书竹叶及地学书。……叔父璠之与颜延之友善，还祛蒙山立精舍讲授，伯珍往从学，积十年，究寻经史，游学者多依之。"徐伯珍一再拒绝地方官长征聘，而与隐逸学者交游谈论，"儒者宗之"，后设学，"受业生凡千余人"。其为学，"好释氏、老庄，兼明道术，岁常旱，伯珍筮之，如期雨澍。举动有礼，过曲木之下，趋而避之。……家甚贫窭，兄弟四人，皆白首相对，时人呼为'四皓'"。徐伯珍生活于宋齐之间，当与徐之才同族。从其门第情况看，其"祖父并郡掾史"，当为寒士；从其叔父与晋宋之际高门名士颜延之等交往情况，这一支东阳徐氏开始以儒学经术接触上流社会。至徐伯珍进一步"究寻经史"，并涉猎佛、玄之学，与士族上层社会趋同，但同时又"兼明道术"，其交际也是吴、会之地非主流的隐逸学者。从徐伯珍及其门支的学术风貌与仕宦情况看，尽管与徐之才曾祖一辈以医术求进的路径不同，其以"究寻经史"，并"兼明道术"，自晋宋以来开始有机会接触上层士族人物，但在仕宦方面依然难有根本改变。

④ 参见程毅中、程有庆辑校（北齐）阳松玠《谈薮》（中华书局1996年版）"徐之才"条。这里标明徐之才郡望为"高平"，是对其先人"汉徐衡徙高平"的追溯。

祖饶，汉郁林太守。属陈圣陵迟，当涂驳杂黄车受命，紫盖程符，自他有耀，故世居江表。大父文伯，梁散骑常侍。……多能多艺，举世知名。考雄，不幸早卒，终于员外散骑侍郎"[1]。《徐之范墓志》亦载："公讳之范，字孝规，东莞姑幕人。汉太尉防之后，十二世祖饶，汉郁林太守。属汉魏纠纷，避地江表，居东阳之太末。"可见徐氏祖籍本为东莞姑幕，汉魏之际始徙居东阳太末。因此，就其郡望而言，徐氏族人皆溯源祖籍，以东莞为望；而南朝史家则以其定居东阳已历十数代，故称东阳徐氏；至于北朝人称其为"丹阳人"，或以南朝时期徐氏家族代表人物迁居生活于建康，或以丹阳指代江南，故称其为"丹阳人"，或称其"丹阳人也，家本东莞"，以兼顾其家族迁移的特点。[2]至于"东海"之说，则当有误，不合理据。

西魏、北周来自南朝的术艺之士颇多，《周书》卷四七《艺术传序》有言："太祖受命之始，属天下分崩，于是戎马交驰，而学术之

---

[1] 赵超：《汉魏南北朝墓志汇编》，天津古籍出版社2008年版，第455—456页。

[2] 对于东莞徐氏之郡望问题，赵万里《汉魏南北朝墓志集释》（广西师范大学出版社2008年版）卷七考释《徐之才墓志》，以为"志但著本贯，赖传志互补知之。《南史·张邵传》称'东海徐文伯'，盖南渡后东海郡侨治京口，故《北史·徐謇传》称謇丹阳人。今《北齐书》本传，文从《北史》出，亦称才为丹阳人，与《南史》无牴牾。《太平广记》卷二百四十七引《谈薮》称'齐西阳王高平徐之才'，（《魏书》）《地形志》高平属兖州，则以之才入齐后编籍高平，故志称'加兖州大中正'，与《谈薮》正合，而史不详著"。（第二册，第74页）赵氏努力汇通异说，然其考释颇有牵强未允之论。对此，周一良《魏晋南北朝史札记》（中华书局1985年版）"《北齐书·徐之才传》"条据其史传与墓志相参，指出："传称徐之才丹阳人也，而墓志言东莞姑幕人，当是举其南渡前之旧贯。东莞姑幕之徐氏，晋宋之间有徐邈、徐广，南渡后家于京口。之才盖其一族，或初渡即家丹阳，或先徙京口而后迁丹阳。《北史》卷九十艺术传收之才父文伯之弟徐謇，亦称丹阳人，家本东莞。本传言丹阳尹袁昂辟之才为主簿，皆说明本籍东莞，南渡居丹阳，墓志与传各举其一，皆可信据。然赵氏《集释》又引《南史》三二张邵传附张融传称之才祖父文伯为'东海徐文伯'之文，以为本传丹阳人与《南史》之东海本无牴牾。周嘉猷《南北史世系表》亦列文伯、之才一族为东海人。皆与墓志及《北史》徐謇传不合。疑《南史》'东海徐文伯'之海字乃莞字之误。东莞东海非一事，东海侨于京口，属南徐州晋陵郡；东莞徐氏亦有家于京口者，文伯一支则居丹阳，属扬州，不可牵合为一也。"（第415—416页）又，范家伟《东晋南北朝医术世家东海徐氏之研究》（收入氏著《中古时期的医者与病者》，复旦大学出版社2010年版）中论及徐氏郡望，对史书中有关东海与东莞的记载，以为"不论是东海还是东莞在东晋南朝时期，都有徐氏家族，由于徐氏原籍所影响本文不大，故将徐氏属东海"。（第71页）范氏在这方面未能利用更具价值的墓志材料以厘定徐之才之郡望。

士盖寡，故曲艺末技，咸见引纳。……及克定鄢、郢，俊异毕集。乐茂雅、萧吉以阴阳显，庾季才以天官称，史元华相术擅奇，许奭、姚僧垣方药特妙，斯皆一时之美也。茂雅、元华、许奭，史失其传。季才、萧吉，官成于隋。自余纪于此篇，以备遗阙云尔。"周据蜀地，特别是灭江陵梁元帝、控辖荆雍，俘获甚众，颇多术艺之士，其中医术方药之士主要有如下人物。

姚僧垣、姚最父子。姚僧垣，《周书》卷四七《艺术·姚僧垣传》载："姚僧垣字法卫，吴兴武康人，吴太常信之八世孙也。曾祖郢，宋员外散骑常侍、五城侯。父菩提，梁高平令。尝婴疾历年，乃留心医药。梁武帝性又好之，每召菩提讨论方术，言多会意，由是颇礼之。"姚僧垣"幼通洽，居丧尽礼。年二十四，即传家业。梁武帝召入禁中，面加讨试。僧垣酬对无滞。梁武帝甚奇之"。历领殿中医师、太医正等，为梁武帝等疗疾多有效验。梁元帝平侯景，姚僧垣应召赴荆州，曾为之治"心腹疾"。西魏灭梁，姚僧垣被俘入关中，以医术侍奉西魏北周上层统治人物，深得宇文泰、宇文邕、宇文赟等信重。开皇三年（583）卒，时年八十五。

姚僧垣子姚最也有医术。《周书》卷四七《艺术·姚僧垣传附姚最传》载姚僧垣长子姚察"在江南"，其次子姚最随之入周。姚最字士会，"年十九，随僧垣入关。……最幼在江左，迄于入关，未习医术。天和中，齐王宪奏高祖，遣最习之。……最于是始受家业。十许年中，略尽其妙"。入隋，受蜀王杨秀狱牵连被诛，年六十七。

褚该、褚士则父子。《周书》卷四七《艺术·褚该传》载："褚该字孝通，河南阳翟人也。晋末，迁居江左。祖长乐，齐竟陵王录事参军。父义昌，梁鄱阳王中记室。该幼而谨厚，有誉乡曲。尤善医术，见称于时。仕梁，历武陵王府参军。随府西上。后与萧撝同归国，……武成元年，除医正上士。自许奭死后，该稍为时人所重，宾客迎候，亚于姚僧垣。……该性淹和，不自矜尚，但有请之者，皆为尽其艺术。时论称其长者焉。后以疾卒。"褚该子褚士则，"亦传其家业"。褚该在北周不仅医术高妙，"亚于姚僧垣"，而且医德尤佳,"时论称其长者焉"。

许智藏、许奭、许澄。许智藏,《隋书》卷七八《艺术·许智藏传》载:"许智藏,高阳人也。祖道幼,尝以母疾,遂览医方,因而究极,世号名医。诫其诸子曰:'为人子者,尝膳视药,不知方术,岂谓孝乎?'由是世相传授。仕梁,官至员外散骑侍郎。父景,武陵王谘议参军。智藏少以医术自达,仕陈为散骑侍郎。"陈亡后入隋,以医术为隋文帝、隋炀帝所重,"年八十,卒于家"。

许奭、许澄父子与许智藏同宗,《隋书》卷七八《艺术·许智藏传》载:"宗人许澄,亦以医术显。父奭,仕梁太常丞、中军长史。随柳仲礼入长安,与姚僧垣齐名,拜上仪同三司。澄有学识,传父业,尤尽其妙。历尚药典御、谏议大夫,封贺川县伯。父子俱以艺术名重于周、隋二代。史失事,故附见云。"许奭医术甚高,"与姚僧垣齐名";其子许澄亦"传父业,尤尽其妙"。

此外,入周之萧梁皇族人物也有好尚医药者,如萧撝,《周书》卷四二《萧撝传》载:"萧撝字智遐,兰陵人也。梁武帝弟安成王秀之子也。……撝善草隶,名亚于王褒。算数医方,咸亦留意。所著诗赋杂文数万言,颇行于世。"萧撝为萧梁宗室人物,身份特殊,其所学涉猎广泛,"算数医方,咸亦留意",但其并无具体行医方面的实例记载。

以上诸医术之士皆自南入北,为北朝显赫一时之名医。就其入北方式及其时间而言,自北魏献文帝取青齐至隋灭陈,在历次南北军事冲突中,诸人相继为北朝所俘。其中徐謇因北魏献文帝攻占青齐而入魏,奉侍北魏献文、冯太后、孝文诸主;徐之才于萧梁后期自徐州入魏,主要活动于北齐;徐之范梁末自益州奔齐附兄;姚僧垣、姚最父子自江陵入西魏,历北周诸帝而入隋;许奭、许澄父子梁末自雍州入关,历西魏、北周而入隋;褚该、褚士则父子梁末自益州入关;许智藏则于陈亡后入隋。

诸人多出自江左具有医学术业积累与传承之世家。徐謇入魏稍早,时在南北朝中期,其余诸人集中于南北朝后期,或随南朝边境州镇北附、或因荆益诸地失守而入北。诸人本为南朝医术名家，入北后皆应征诸朝内廷，以医术侍御，深得北朝统治者钦重。

（二）入北医术人士在南朝的门第身份及其社会地位

上述入北之南朝医术之士，他们在南朝之身份地位存在差异，有出自萧梁宗室者，如萧该、萧撝。其他诸人，就其门第身份而言，多具有江左士族社会背景，如阳翟褚该、高阳许智藏等，从其祖、父及本人在南朝的仕宦情况看，虽非门望显赫之势家，但皆为永嘉乱后南渡之侨姓高门。至于吴兴姚氏、东莞徐氏这两个南朝著名的医术世家，其门第应为南朝士族社会中的"新出门户"。

姚僧垣为江东本土人物，各史传皆追溯其为"吴太常信之八世孙"。不过，吴兴武康姚氏长期门望不著，至陈朝姚察以才学卓著，位列宰辅。梁陈之际姚氏振兴的直接因素在于姚菩提、姚僧垣相继以医术侍奉于梁武帝、梁元帝等，然《陈书》卷二七《姚察传》讳此，仅记述其父所获萧梁官职，而对其祖父任职则只字未提，以遮掩其"门资"困窘。[1] 因此，吴兴姚氏虽有汉魏江东本土"旧族"的渊源，但实际上素为江东"小族"，东晋南朝长期仕宦不显，可视为南朝末之"新出门户"。姚察以其仕宦地位振作其门望于陈朝，后与其子姚思廉入隋，其后代子孙亦皆位列清显，终使其家族成为江东吴姓士族的重要代表。

东莞徐氏，据前文所述，汉魏之际流寓相对偏僻的东阳太末，

---

[1] 关于吴兴武康姚氏之门望及其地位的演变，王永平《中古吴兴武康姚氏之家风家学及其家族地位的升降》一文（收入氏著《东晋南朝家族文化史论丛》，广陵书社2010年版）已有比较具体深入的考述，敬请参阅。《周书》卷四七《艺术·姚僧垣传》载侯景之乱中，姚僧垣返乡，吴兴太守张嵊邀其抗击侯景，称其"君是此邦大族，又朝廷旧臣。今日得君，吾事辨矣"。可见姚氏在吴兴当地有大族之称，但置于江东地域，与吴、会诸名族相比，则影响有限。《陈书》卷二七《姚察传》载陈后主任之为吏部尚书，姚察一再上表谦让，甚至垂涕自称"臣东皋贱族，身才庸近"云云，自谓"贱族"，固为谦称，但从南朝士族社会的传统观念而言，姚氏门户较小，人物不盛，加上其祖、父的经历，确实难称清显，而这在当时是众所周知的事实。因此，姚察只有以这种"自诬"的方式以尽可能获得士众的理解与同情。

与江东核心区域吴、会等地大族难以融通,又与两晋之际永嘉乱后南迁之侨姓士族无所关联,以致这支东莞徐氏自汉末至东晋百余年间未见显达之人物,长期沉寂无闻。徐熙子徐秋夫任射阳令,这是其家族在江南新仕宦历程的最早记载,其时应该在东晋后期。无论其得仕之由,就其门第而言,徐氏即便有其汉代仕宦背景,汉魏以降则日益寒微化。东晋中后期以来,徐熙及其子孙相继以医术显名,并无门户可恃;延及宋、齐,徐氏代表人物在文化上表现出士族化的特征。《南史》卷三二《张邵传》载吴郡名士张融与"徐文伯兄弟厚",徐文伯有"学行",徐嗣伯"有孝行,善清言";徐文伯子徐雄"能清言,多为贵游所善。事母孝谨,母终,毁瘠几至自灭。俄而兄亡,扶杖临丧,抚膺一恸,遂以哀卒"。可见宋齐之际,徐氏代表人物与当时士族社会名士代表张融等有深交,为士族社会所接纳,"多为贵游所善"。① 从徐嗣伯、徐雄的仕宦任职情况看,宋齐间其家族政治、社会地位有所提升。萧梁时期,徐之才一辈自幼便进入太学接受上层士族社会的教育与文化熏陶;在仕宦方面,徐之才、徐之范兄弟分别出任彭城王萧综、武陵王萧纪之主要僚属佐官。这在婚姻上也有所表现,② 萧梁以前,徐氏人物的联姻唯一可考者见于《徐之才墓志》,载其"十五丁员外君忧,如不欲生,邻乎灭性。太夫人丘氏,譬诱抑夺,仅而获全"③。这里"太夫人丘氏",当为

---

① 范家伟在《东晋南北朝医术世家东海徐氏之研究》中概述徐氏家族文化特点为"医、玄、儒三修",而其玄化与儒化,则在宋齐之际,"东海徐氏在徐嗣伯一代,便转向玄学化。……徐雄与贵族相善,因其善清言,而不是医术。……徐氏从第三代始,除了医术世传之外,亦走向了玄学化道路。徐之才与彭城刘氏、河东裴氏、吴郡张氏共同论学,凭借玄学则已打进士族圈中"。与此同时,"徐氏家族亦秉承儒家学风,重视孝行。……家族中重视孝行行为,符合了当时社会价值标准"。见氏著《中古时期的医者与病者》,复旦大学出版社2010年版,第87—88页。

② 关于徐氏之婚姻,范家伟在《东晋南北朝医术世家东海徐氏之研究》中以为"东海徐氏通婚具体情况并不十分清楚,完全没有与当时一流士族通婚的记载,相信通婚对象也不是显赫家族。东海徐氏要攀登社会上层,只有凭着医术与交游"。见氏著《中古时期的医者与病者》,复旦大学出版社2010年版,第85页。

③ 《徐之才墓志》,赵超:《汉魏南北朝墓志汇编》,天津古籍出版社2008年版,第456页。

徐之才祖父徐文伯妻，其家世门第不详。萧梁时，徐氏子弟婚姻可确考者是徐之范，《徐之范墓志》载其有二妻："前夫人兰陵萧氏，后妻西阳王国妃扶风马氏。"①徐之范第二子《徐敏行墓志》载其"即齐高皇帝曾孙、梁司农卿溉之外孙也"，并载其"玉垒大同之年，生于西蜀，金陵侯景之乱，尽室东归"②。徐敏行出生于蜀地，其时正值乃父为梁武陵王萧纪僚属任职益州期间，其母自为萧氏。可见，至梁代徐氏后进才学之士已得与萧齐宗室通婚，表明其家族地位明显提升并得到了士族社会的认可。可见宋齐之间作为医术世家的东莞徐氏，其文化特征与门第身份经历了深刻的变化，齐梁之际终于挤入士族行列，成为南朝士族社会的"新出门户"。③

由上文考述，可见入北之南朝医术人士，虽有南朝皇族宗室人物，但其主体则为士族人物。其中虽有侨姓与吴姓、高门旧族与新出门户等具体分别，但作为南朝士族社会之成员，他们都具有相当的文化素养，且兼有医术伎能，特别是东莞徐氏与吴兴姚氏，为南朝最著名的医药世家，代表着江左地域最高的医药水平。正因为如此，诸人入北后，以其医术侍御诸朝内廷，深得北朝统治者信重，成为北朝时期最具影响力的地域性医术群体。

二　入北南朝医士之术艺及其物质待遇

由上文所考，南北朝时期流徙北朝的医术之士颇众，成为南人

---

①　《徐之范墓志》，罗新、叶炜：《新出魏晋南北朝墓志疏证》（修订本），中华书局2016年版，第336页。

②　《徐敏行墓志》，罗新、叶炜：《新出魏晋南北朝墓志疏证》（修订本），中华书局2016年版，第342页。

③　关于徐氏士族化的过程及其特点，范家伟在《东晋南北朝医术世家东海徐氏之研究》中指出，其既"不是以经学入仕，也不是靠外戚关系，更没有显赫的婚姻关系，以及经过地方豪族的士族化过程，而是靠医术，在东晋时，从第三代开始一连八代凭借医术，在仕途显贵，并跻身世族圈，可说是另类世族"。见氏著《中古时期的医者与病者》，复旦大学出版社2010年版，第70页。

入北流寓人群中一个特殊的职业群体。他们流亡北朝之时段不一、寄寓北朝之政权有不同，各人之遭际自有差异，但作为入北南人中的艺能技术群体，他们在北朝各政权中所经历的职业生活及其相关境遇则多有其共通之处。这里，就诸人入北后之医术活动及其生活待遇等进行具体考察。

诸人入北后，以其医术伎艺为北朝统治者所延揽，充任医官，侍御内廷，颇得宠信与钦重。

徐謇自青齐入魏，于时有"当世之上医"[①]的美誉，《魏书》本传载其入魏之初，"显祖欲验其所能，乃置诸病人于幕中，使謇隔而脉之，深得病形，兼知色候。遂被宠遇"。魏献文帝通过高难度的方式，专门考察徐謇的疾病诊疗水平，于是"遂被宠遇"。文明冯太后对徐謇医术也颇钦重，"时问治方"。魏孝文帝亲政后，对徐謇尤为信重，"高祖后知其能，及迁洛，稍加眷幸。体小不平，及所宠冯昭仪有疾，皆令处治"。特别是太和二十二年孝文帝南征途中病危，"乃驰驿召謇，令水路赴行所，一日一夜行数百里。至，诊省下治，果有大验。……九月，车驾发豫州，次于汝滨。乃大为謇设太官珍膳，因集百官，特坐謇于上席，遍陈肴觞于前，命左右宣謇救摄危笃振济之功，宜加酬赉"。孝文帝特下诏称其医术及疗效曰："侍御师、右军将军徐成伯驰轮太室，进疗汝蕃，方穷丹英，药尽芝石，诚术两输，忠妙俱至，乃令沉劳胜愈，笃瘵克痊，论勤语效，实宜褒录。"此后，直到孝文帝去世，徐謇始终"日夕左右"。可见孝文帝迁洛后，徐謇最受钦重，孝文帝曾称"卿定是名医"[②]。

徐之才，据《北齐书》本传，萧综入魏荐之，在于其有医术，"魏听综收敛僚属，乃访之才在彭泗，启魏帝云：'之才大善医术，兼有机辩。'诏征之才"。其入洛后，"药石多效，又阙涉经史，发言辩捷，朝贤竞相要引，为之延誉"，深得东魏君臣所重，"敕居南

[①] 《魏书》卷二一《献文六王·彭城王勰传》。
[②] 《魏书》卷一九上《景穆十二王·阳平王新成传》。

馆，礼遇甚优"。天平中，高欢"征赴晋阳，常在内馆，礼遇稍厚"。高欢以徐之才"常在内馆"，自然以其为医侍。此后，北齐诸帝皆重其医术，孝昭帝皇建年间，"武明皇太后不豫，之才疗之，应手便愈，……之才既善医术，虽有外授，顷即征还。既博识多闻，由是于方术尤妙"。又载："之才医术最高，偏被命召。武成酒色过度，恍惚不恒，曾病发，自云初见空中有五色物，稍近，变成一美妇人，去地数丈，亭亭而立。食顷，变为观世音。之才云：'此色欲多，太虚所致。'即处汤方，服一剂，便觉稍远，又服，还变成五色物，数剂汤，疾竟愈。帝每发动，暨遣骑追之，针药所加，应时必效，故频有端执之举。"后武成帝病情稳定，"入秋，武成小定，更不发动"，以徐之才外任兖州刺史，"及十月，帝又病动，语士开云：'恨用之才外任，使我辛苦。'其年八月，敕驿追之才。帝以十日崩，之才十一日方到，既无所及，复还赴州"。齐后主时，徐之才依附权幸和士开、陆令萱母子，"二家苦疾，救护百端"。又，《颜氏家训·勉学篇》载："齐孝昭帝侍娄太后疾，容色憔悴，服膳减损。徐之才为灸两穴，帝握拳代痛，爪入掌心，血流满手。"由此可见，徐之才在医术领域涉猎广泛，既能"处汤方"，也能针灸，所谓"博识多闻，由是于方术尤妙"，确不为虚，故北齐诸主及其上层皆以"之才医术最高"。

徐之范，《北齐书·徐之才传》附载其"亦医术见知"，"大宁二年春，武明太后又病。之才弟之范为尚药典御，敕令诊候"。可见徐之范为尚药典御，医术颇为精湛，为北齐上层所重。

姚僧垣入周，尤为其上层所重，其相关经历颇有戏剧色彩。《周书》本传载："及大军剋荆州，僧垣犹侍梁元帝，不离左右。为军人所止，方泣涕而去。寻而中山公护使人求僧垣。僧垣至其营。复为燕公于谨所召，大相礼接。太祖又遣使驰驿征僧垣，谨固留不遣。谓使人曰：'吾年时衰暮，疹疾婴沉。今得此人，望与之偕老。'太祖以谨勋德隆重，乃止焉。明年，随谨至长安。"可见由于姚僧垣为萧梁名医，西魏征服江陵后，宇文泰、宇文护和大将军于谨等人一度都参与了对姚僧垣的争夺。姚僧垣入长安后,侍奉宇文氏内廷,至周武帝时,尤受钦重。周武帝命其为文宣太后诊治,"建德三年,文宣太后寝疾,医巫杂说,各有异同。高祖御内殿,引僧垣同坐,曰:'太后患势不轻,诸医并云无虑。朕人子之情,可以意得。君臣之义,言在无隐。公为何如?'对曰:'臣无听声视色之妙,特以经事已多,准之常人,窃以忧惧。'帝泣曰:'公既决之矣,知复何言!'寻而太后崩"。周武帝出征,携之以救护,建德四年(575),"高祖亲戎东讨,至河阴遇疾。口不能言;睑垂覆目,不复瞻视;一足短缩,又不得行。僧垣以为诸藏俱病,不可并治。军中之要,莫先于语。乃处方进药,帝遂得言。次又治目,目疾便愈。末乃治足,足疾亦瘳。比至华州,帝已痊复。……是岁,高祖行幸云阳,遂寝疾。乃诏僧垣赴行在所。内史柳昂私问曰:'至尊贬膳日久,脉候何如?'对曰:'天子上应天心,或当非愚所及。若凡庶如此,万无一全。'寻而帝崩"。周宣帝素重其医术,"宣帝初在东宫,常苦心痛。乃令僧垣治之,其疾即愈。帝甚悦。……大象二年,除太医下大夫。帝寻有疾,至于大渐。僧垣宿直侍。帝谓随公曰:'今日性命,唯委此人。'僧垣知帝诊候危殆,必不全济。乃对曰:'臣荷恩既重,思在效力。但恐庸短不逮,敢不尽心。'帝颔之"。在北周一再为文宣皇太后、周武帝宇文邕、周宣帝宇文赟等及诸多王公显贵诊治疾患,效验显著,以致周宣帝"谓随公曰:'今日性命,唯委此人。'"周武帝、周宣帝父子对姚僧垣之信重如此,其无疑为首席御医。姚僧垣医术效验甚著,本传称"僧垣医术高妙,为当世所推。前后效验,不可胜记。声誉既盛,远闻边服。至于诸蕃外域,咸请托之"。《周书》卷四七"史臣曰"有论云:"夫能通方术而不诡于俗,习技巧而必蹈于礼者,岂非大雅君子乎。姚僧垣诊候精审,名冠于一代,其所全济,固亦多焉。而弘兹义方,皆为令器,故能享眉寿,縻好爵。"

姚最在北周受命随父习医,《周书》本传载其"每有人造请,效验甚多"。

许智藏,《隋书》本传载:"及陈灭,高祖以为员外散骑侍郎,使诣扬州。会秦孝王俊有疾,上驰召之。俊夜中梦其亡妃崔氏泣曰:'本来相迎,如闻许智藏将至,其人若到,当必相苦,为之奈何?'明夜,俊又梦崔氏曰:'妾得计矣,当入灵府中以避之。'及智藏至,为俊诊脉,曰:'疾已入心,郎当发痈,不可救也。'果如言,俊数日而薨。……炀帝即位,智藏时致仕于家,帝每有所苦,辄令中使就询访,或以辇迎入殿,扶登御床。智藏为方奏之,用无不效。"可见隋文帝、隋炀帝父子对许智藏颇为钦重,特别是隋炀帝,"辄令中使就询访,或以辇迎入殿,扶登御床",而其所奏药方,"用无不效"。又,许奭、许澄父子在周隋间皆以医术显,许奭与姚僧垣齐名,医术精湛,甚为关陇统治上层社会所重,惜其父子具体行医事迹失载,难见其详。对于诸许氏人物之医术,《隋书·艺术传》末"史臣曰"论云"许氏之运针石,世载可称"。

北朝统治者对南来医家之钦重,还表现在对其术业传承的重视。在古代社会,包括医术在内的各类伎艺之传承,首重家传世业。东莞徐氏作为南朝最具代表性的医术世家,其代表人物徐謇、徐之才、徐之范等相继入北,侍御北魏、北齐及隋朝,相沿不废。而作为南朝另一著名医术世家的吴兴姚氏,入北人数少,姚僧垣之后,面临家业难续的状况。对此,北周统治者加以干预,《周书·艺术·姚僧垣传附姚最传》载姚最曾为北周齐王宇文宪府水曹参军,掌记室事,"特为宪所礼接,赏赐隆厚",然姚最"幼在江左,迄于入关,未习医术。天和中,齐王宪奏高祖,遣最习之。……最于是始受家业。十许年中,略尽其妙"。宇文宪特请示周武帝,命姚最随父"受家业",明确告诫姚最"天子有敕,弥须勉励",表明责命其习医传业,周武帝是有御旨的,希望姚氏父子能将家族医术精髓传承下来,为统治阶层提供保健、医疗服务。

诸南来医家固然主要侍御内廷,但统治集团上层人物遇有疑难疾患,历代君主常遣诸"上医""名医"出诊。如北魏孝文帝、冯太后一再遣徐謇为王公大臣诊疗,《魏书》卷一九上《景穆十二王上·阳平王新成传》载阳平王新成子元衍"转徐州刺史，至州病重，帝敕徐成伯乘传疗。疾差，成伯还，帝曰：'卿定名医'，……其为帝所重如此"。又，《魏书》卷六〇《程骏传》载程骏"太和九年正月，病笃，……遂卒，年七十二。初，骏病甚，高祖、文明太后遣使者更问其疾，敕御师徐謇诊视，赐以汤药"。徐之范也有相关经历，《北齐书》卷四四《儒林·张景仁传》载张景仁深得北齐权势者重视，"恩遇日隆。景仁多疾，每遣徐之范等治疗，给药物珍羞，中使问疾，相望于道"。姚僧垣多有受邀出诊的情况，《周书》本传载有四例：其一，"金州刺史伊娄穆以疾还京，请僧垣省疾。乃云：'自腰至脐，似有三缚，两脚缓纵，不复自持。'僧垣为诊脉，处汤三剂。穆初服一剂，上缚即解；次服一剂，中缚复解；又服一剂，三缚悉除。而两脚疼痹，犹自挛弱。更为合散一剂，稍得屈申。僧垣曰：'终待霜降，此患当愈。'及至九月，遂能起行"。其二，"大将军、襄乐公贺兰隆先有气疾，加以水肿，喘息奔急，坐卧不安。或有劝其服决命大散者，其家疑未能决，乃问僧垣。僧垣曰：'意谓此患不与大散相当。若欲自服，不烦赐问。'因而委去。其子殷勤拜请曰：'多时抑屈，今日始求。竟不可治，意实未尽。'僧垣知其可差，即为处方，劝使急服。便即气通，更服一剂，诸患悉愈"。其三，"大将军、乐平公窦集暴感风疾，精神瞀乱，无所觉知。诸医先视者，皆云已不可救。僧垣后至，曰：'困则困矣，终当不死。若专以见付，相为治之。'其家忻然，请受方术。僧垣为合汤散，所患即瘳"。其四，"大将军、永世叱伏列椿苦利积时，而不废朝谒。燕公谨尝问僧垣曰：'乐平、永世俱有瘤疾，若如仆意，永世差轻。'对曰：'夫患有深浅，时有剋杀。乐平虽困，终当保全。永世虽轻，必不免死。'谨曰：'君言必死，当在何时？'对曰：'不出四月。'果如其言。谨叹异之"。又如许智藏，隋文帝命其至扬州救治秦王杨俊，也属于这种情况。从以上诸例，可以说入北南朝医家之受命或应邀出诊，是他们在北朝行医活动的一个重要方面，史书所载有限，可谓百不存一，这也表明其医术在北朝上层社会中显著而广泛的影响。

北朝统治者对入北南朝医家倍加宠信,往往给予特殊的物质待遇。据《周书·艺术·姚僧垣传附姚最传》,北周齐王宇文宪劝姚最随父习医时曾明言,"尔博学高才,何如王褒、庾信。王、庾名重两国,吾视之蔑如。接待资给,非尔家比也。尔宜深识此意,勿不存心"。可见北朝统治者对术艺之士在"接待资给"方面确有破格优遇,远过于那些名高位重之士大夫代表。① 除正常俸禄外,这些医术人士常可获得额外奖赏,至于其出诊,服务对象皆为上层权贵,也当有不菲的报酬。在诸人所得额外奖赏方面,如徐之才,《北齐书》本传载其为武明皇太后诊疗,孝昭帝"赐采帛千段、锦四百匹";姚僧垣,《周书》本传明确载其在北周所受物质赏赐仅有一次,即周宣帝封其为长寿县公,"册命之日,又赐以金带及衣服等";许智藏,《隋书》本传载隋文帝以其为秦五俊诊治,"上奇其妙,赉物百段"。这都是一些零星的记载,绝非诸人所获奖赏之全部。

在这方面,徐謇的有关记载颇为具体,《魏书》本传载其太和二十二年(496)急救出征的孝文帝而"果有大验",孝文帝"乃大为謇设太官珍膳,因集百官,特坐謇于席上,遍陈肴馔于前,命左右宣謇救摄危笃振济之功,宜加酬赉"。孝文帝下诏"赐钱一万贯",又诏曰:"钱府未充,须以杂物:绢二千匹,杂物一百匹,四十匹出御府;谷二千斛;奴婢十口;马十匹,一匹出骅骝;牛十头。"其

---

① 与此相似,《隋书》卷七八《艺术·庾季才传》载其有天文术数,"好占玄象",梁元帝时为太史令,荆州亡后入周,宇文泰"一见季才,深加优礼,令参掌太史。每有征讨,恒预侍从。赐宅一区,水田十顷,并奴婢牛羊什物等,谓季才曰:'卿是南人,未安北土,故有此赐者,欲绝卿南望之心。宜尽诚事我,当以富贵相答。'初,郢都之陷也,衣冠士人多没为贱。季才散所赐物,购求亲故。文帝问:'何能若此?'季才曰:'仆闻魏克襄阳,先昭异度,晋平建业,喜得士衡。伐国求贤,古之道也。今郢都覆败,君信有罪,搢绅何咎,皆为隶隶!鄙人羁旅,不敢献言,诚切哀之,故赎购耳。'太祖乃悟曰:'吾之过也。微君遂失天下之望!'因令免梁俘为奴婢者数千口"。宇文泰平江陵后,对南人衣冠颇为粗暴,"多没为贱奴",尽管像庾信、王褒这样一流名士,虽待以虚位,内心里则"视之蔑如",而对有术伎的庾季才则如此优待。由此可推知,像姚僧垣这样的南朝名医,其入关后所受之"接待资给"当与庾季才相当。

"所赐杂物、奴婢、牛马皆经内呈。诸亲王咸阳王禧等各有别赉,并至千匹"。徐謇一次所得赏赐数额如此之巨,颇令人震惊。至于出诊之报酬,徐謇也有一则相关具体记载,前述孝文帝遣徐謇为徐州刺史元衍治疗,事后孝文帝"赉绢三千匹。成伯辞,请受一千。帝曰:'《诗》云'人之云亡,邦国殄瘁。'以是言之,岂惟三千匹乎?'"① 由徐謇此次所得赏赐,可见他们平常出诊酬谢报答虽没有明确的规定,但实际上当有一定的标准,且数额不小。

由上述可知,诸医术人士长期侍奉北朝之内廷,充任医官,倍受宠重,俸禄之外,多受官、私之奖赏与酬谢,数额甚巨,物质生活相当优裕,这是其他入北之大族名士所难望其项背的。②

不过,也应当指出,诸医术之士侍奉北朝统治集团上层,其特殊的职业及其侍奉对象,决定了他们也时常面临风险。就诊疗而言,诸人虽术业精湛,但也难免有失,徐謇便曾有误诊,《魏书·术艺·王显传》载:"初文昭皇太后之怀世宗也,梦为日所逐,化而为龙而绕后,后寤而惊悸,遂成心疾。文明太后敕召徐謇及显等为后诊脉。謇云是微风入藏,宜进汤加针。显云:'案三部脉非有心疾,将是怀孕生男之象。'果如显言。"徐謇诊断有误。很可能因为这一原因,冯太后对徐謇似乎不甚信重,以致"文明太后时问治方,而不及李

---

① 《魏书》卷一九上《景穆十二王·阳平王新成传》。楼劲先生曾论述中古各类技术职业知识阶层的收入,其中有关"医师收入"部分引用这一记载,他分析指出,"孝文帝遣其远赴徐州治病而酬绢3000匹,虽是额外加赏,亦必考虑了徐成伯乃'当世上医',远诊愈病本来就费用不赀;而徐成伯请受的1000匹,则必略加谦抑而取当时名医的远诊时价"。见氏著《魏晋南北朝隋唐时期的知识阶层》之4《魏晋南北朝隋唐知识阶层的生计》,兰州大学出版社2017年版,第374页。当时作为"当世上医"或"名医",其出诊愈病,当有相对明确的收费标准。
② 当然,宫廷御医侍奉统治者,往往可以获得额外赏赐,这是普遍现象,不唯北朝,在南朝也有类似的情况。《周书》卷四七《艺术·姚僧垣传》载其曾为梁元帝治疾有验,"梁元帝大喜。时初铸钱,一当十,乃赐钱十万,实百万也"。《陈书》卷二七《姚察传》则载姚僧垣"知名梁武代,二宫礼遇优厚,每得供赐,皆回给察兄弟,为游学之资,察并用聚蓄图书,由是闻见日博"。但比较而言,有二点需要指出,一是入北医术之士在北朝所获之物质奖赏数额有时特别巨大;二是相比于其他流寓北朝的高门名士之生活窘迫,凸显出术士群体的相对优越。

修之见任用也"①。所谓"时问治方",主要作为咨询对象,其"治方"自然仅为参考,至于具体药方确定、治疗方案及其实施,最受冯太后信重而得"任用"的是李修。以此之故,徐謇处事极为谨慎,《魏书·术艺·徐謇传》称其"合和药剂,攻救之验,精妙于修,而性甚秘忌,承奉不得其意者,虽贵为三公,不为措疗也"。徐謇"性甚秘忌",表明其谨小慎微之心态,一再拒绝官僚权贵的出诊邀约。作为内廷御医,对于王公权贵之延请,他们尚有推辞余地,若涉及救治君主,则绝无推辞之理。前已述徐謇应召急救病危的孝文帝,《魏书》卷二一《献文六王·彭城王勰传》载:"高祖不豫,勰内侍医药,外总军国之务,迢迤肃然,人无异议。徐謇,当世之上医也。先是,假还洛阳,及召之,勰引之别所,泣涕执手而谓之曰:'君今世元化,至尊气力危掇,愿君竭心,专思方治。若圣体日康,令四海有赖,当获意外之赏;不然,便有不测之诛,非但荣辱,乃存亡由此。君其勉之!'左右见者,莫不呜咽。及引入,謇便欲进治。勰以高祖神力虚弱,唯令以食味消息"。元勰明确告诫徐謇,务必"专思方治",若有效验,"当获意外之赏;不然,便有不测之诛,非但荣辱,乃存亡由此"。可见元勰逼迫徐謇务必确保治疗成功,其所承受之压力甚巨。在治疗过程中,徐謇一度缓解了孝文帝病情,但此后"高祖犹自发动,謇日夕左右。明年,从诣马圈,高祖疾势遂甚,戚戚不怡,每加切诮,又欲加之鞭捶,幸而获免"②。可见作为内廷医侍,在特定情形下,其身份有如医奴,只能忍受心理的恐惧与折磨。③

---

① 《魏书》卷九一《术艺·徐謇传》。
② 《魏书》卷九一《术艺·徐謇传》。
③ 相对而言,北周武帝、宣帝父子,对医药之事较为通情达理,据前引《周书》卷四七《艺术·姚僧垣传》所载,周武帝母亲宣太后病危,面对医巫杂说,"高祖御内殿,引僧垣同坐",希望他"言在无隐",姚僧垣表示"窃以忧惧",周武帝则称"公既决之矣,知复何言",坦然接受。周宣帝病危,姚僧垣表示"但恐庸短不逮,敢不尽心","帝领之",表示理解。

三 入北南朝医士之社会政治地位

由上文所述，可见诸入北之南朝医术人士原本在门第身份上虽有士族背景，但也有出自寒庶，至南朝中后期才渐转为"新出门第"者，加上其术业身份，在南朝社会环境中，自为上层社会所鄙视。不过，诸人入北后，在侍御之职外，多获得相应的官职与封爵，门户身份与政治地位明显提升。清人所编《历代职官表》卷三六有论云："北魏及周、齐，徐之才、周澹、王显、姚僧垣等，咸以医著，至位历仆射，爵为公侯，颇见衮滥。然之才等本由儒吏见用，与专以一技登进者有殊。"[①] 这里所列诸人，姚僧垣、徐之才等皆由南入北，论者对其"位历仆射，爵为公侯"，不以为然，斥其"颇见衮滥"。至于将徐之才视为"本由儒吏见用"，与其他"专以一技登进者有殊"，显现了论者的儒家正统观念。然就东莞徐氏在南朝的门第身份而言，并无儒学旧族之渊源，是典型的出自医术世家的"新出门户"，自然亦应位不及此。此论尽管确实指出了入北医术人士在北朝凭借其技能获得了特殊的社会政治优遇，但由于对南北朝时代之社会及其相关文化观念颇有隔膜，所论只能流于表面而难入肌理。有鉴于此，这里先考列诸人入北后所得官爵等情况，进而论述其相关社会背景及其影响等。

北朝统治者对诸南来医术之士，首先重其术业，以"当世之上医""名医"相待，延入内府，任以侍御。故诸人之本职皆为内廷医官，主管医药事务。为表示宠信，北朝统治者常有破格举措，通过加官、赠官及封授爵位等方式，提升其门户身份与政治地位。

徐謇，《魏书》本传载其入魏后"为中散，稍迁内侍长。……又除中散大夫，转右军将军、侍御师"；太和二十二年（498），孝文

---

① （清）纪昀等：《历代职官表》，上海古籍出版社影印文渊阁《四库全书》，第601册，第696页。

帝诏命其为"鸿胪卿，金乡县开国伯，食邑五百户"；宣武帝正始元年，"以老为光禄大夫，加平北将军，卒。延昌初，赠安东将军、齐州刺史，谥曰靖"。

徐之才，《北齐书》本传载其"武帝时，封昌安县侯"，"武定四年，自散骑常侍转秘书监"，后转金紫光禄大夫。北齐立国，"寻除侍中，封池阳县伯"，除赵州刺史，未上任；皇建二年，除西兖州刺史，未赴任；天统四年，"累迁尚书左仆射，俄除兖州刺史，特给铙吹一部"，一度赴任；武平元年，齐后主"重除尚书左仆射"，又迁尚书令，封西阳郡王，后为侍中、太子太师。①

徐之范，据《北齐书·徐之才传》，在北齐曾为尚药典御，位至太常卿，袭徐之才爵为西阳王；入周，授仪同大将军。②

姚僧垣，《周书》本传载其入关后，武成元年，授小畿伯下大夫；天和元年，加授车骑大将军、仪同三司；天和六年，迁遂伯中大夫；周武帝宇文邕曾特召之问曰："姚公为仪同几年？"姚僧垣对曰："臣忝荷朝恩，于兹九载"，周武帝曰："勤劳有日，朝命宜隆"，于是授骠骑大将军、开府仪同三司。后姚僧垣为武帝疗疾，"比至华州，帝已痊复"，即除华州刺史；周宣帝时，受封为长寿县公，邑一千户；大象二年，除太医下大夫；周静帝时，"迁上开府仪同大将军。隋开皇初，进爵北绛郡公。三年卒，……赠本官，加荆、湖二州刺史"。

---

① 关于徐之才在北魏、北齐的仕宦经历，《徐之才墓志》所载比之《北齐书》卷三三《徐之才传》和《北史》卷九〇《艺术下·徐之才传》尤详，可参见前揭赵超《汉魏南北朝墓志汇编》，第455—459页，此不赘述。

② 关于徐之范在北齐的任职情况，《徐之范墓志》所载尤详："以天保九年入齐，仍除宁朔将军、尚药典御，食北平县干。河清二年，转散骑常侍、典御如故。天统二年，除辅国将军、谏议大夫。三年，迁通直散骑常侍，典御、食干如先。四年，转翊军将军、太中大夫。五年，除散骑常侍，其年除假仪同三司。……武平元年，迁仪同三司、征西将军。二年，除开府仪同三司。三年，除太常卿、西阳王。"北周灭齐，其入关中，仕于周、隋，开皇四年（584）卒，年七十八。墓志载其有子十二人。又载其第四弟徐之权，历谯郡太守、散骑侍郎。见罗新、叶炜《新出魏晋南北朝墓志疏证》（修订本），中华书局2016年版，第336页。

姚最，《周书》本传载其入周历麟趾殿学士，"俄授齐王宪府水曹参军，掌记室事"；隋初除太子门大夫，后转蜀王秀友，迁府司马。

褚该，《周书》本传载其"与萧撝同归国，授平东将军、左银青光禄大夫，转骠骑将军、右光禄大夫。武成元年，除医正上士。……天和初，迁县伯下大夫。五年，进授车骑大将军、仪同三司"。

许智藏，《隋书》本传载其入隋后，隋文帝任之员外散骑侍郎。

许奭，《隋书·艺术·许智藏传》载其入周后拜上仪同三司，其子许澄则历尚药典御、谏议大夫，封贺川县伯。

由上述诸人入北后之仕宦、封爵情况，可作如下分析，以见其政治、社会地位之变化。

首先，诸入北南朝医术人士之仕宦履职，其核心职掌或"本职"皆为各朝内府之医侍，如诸人所任之侍御师、尚药典御、医正上士、太医下大夫等，以其医术侍奉诸朝之统治者及其上层权贵，即便其中个别人物获得君主的特殊信重，外授地方官职，也不能改变其医者之身份与本职，随时待诏应侍。如徐之才，《北齐书》本传载其"见文宣政令转严，求出，除赵州刺史，竟不获述职，犹为弄臣"；后除西兖州刺史，"未之官"；武成帝时为兖州刺史，后帝病痛，表示"恨用之才外任，使我辛苦"，于是"勅驿追之才"。实际上，徐之才此次外任成行，是由于权臣和士开"欲依次转进，以之才附籍兖州，即是本属，遂奏附除刺史，以胡长仁为左仆射，士开为右仆射"。又，姚僧垣，《周书》本传载周武帝授其骠骑大将军、开府仪同三司，特敕"公年过悬车，可停朝谒。若非别敕，不劳入见"，这固然出于尊老之意，但也与其医术相关；后任之为华州刺史，"仍诏随入京，不令在镇"。对此，诚如论者所指出，中古时代"医学世家宦途显达者只是特例，医家登进官场的常例也像其他伎术官一样，经常都是父子相继在医官系统中任职，虽可加官晋爵而所掌仍限于医事"①。

徐之才、姚僧垣如此,其他诸医术人士也皆如此,其本职之外的上述诸多"加官"赠授,不可能实际履职。

其次,北朝统治者通过加官、赠官,以提升诸人之政治地位,改变其社会身份。由上述,可见诸人在本职之外,皆获得一系列加授之文武官职名号,对于其本人而言,这些闲散职衔虽多为虚职荣衔,且多未履职,但诸人皆因此获得了相当等级的朝官身份及其待遇,为其本人特别是后人的士大夫化奠定了基础。诸人任职中,徐之才最为突出,先后历任秘书监、侍中、尚书左仆射、尚书令、太子太师等显职,并多有实际履职的情况,并非完全虚授,可以说,徐之才在一定程度上已朝臣化、士大夫化了。

诸人任职中,还有委以地方刺史的情况,如姚僧垣授以刺史而未上任,徐之才一再被任为刺史,并有短期出刺的经历。② 中古时代,州刺之任,是士族社会出仕之正途,为世所重,故屡有权幸要求出刺的情况。因此,北朝统治者对南来医者授任州刺,无疑有助于其士人身份的确立与地位的提升。至于赠官,其意义大体相同,如徐謇、姚僧垣等所获赠将军名号与刺史职衔,显然对其本人地位的确立及其家族后人的发展颇具影响。

再次,北朝统治者通过封授爵位,为诸人"建国开家",进一步提升其社会政治地位。据上述,徐謇、褚该、许澄等皆为县伯;姚僧垣周时受封县公,隋时进爵郡公;徐之才历受伯、侯,终封西阳郡王,其弟徐之范袭之。相较于诸人原本之家族身份地位,他们在

---

① 前揭楼劲《魏晋南北朝隋唐时期的知识阶层》,第251页。
② 《北齐书》本传载徐之才"见文宣政令转严,求出。除赵州刺史,竟不获述职,犹为弄臣"。《徐之才墓志》则载天保五年,"除使持节、都督赵州诸军事、赵州刺史、将军、开国并如故。势均羽翼,用切股肱,思媚一人,未违之述"。又载天保十年,"换仪同三师,又除赵州刺史。阴邓豪强,匹南阳之不问;京华衿带,犹北门之掌管。水火胥济,琴瑟爰张,六条有序,九里云润"。(见前揭赵超《汉魏南北朝墓志汇编》第457页)可见徐之才两度受任赵州刺史,一次未就职,一次曾短暂就职。对此,前揭章红梅文已有所考。

北朝所受爵位封赏及其后人之袭封，不仅获得了一定的实际经济来源，而且获得了相应的门第身份与社会地位，从而为其后人仕宦途径与方式的转型，即从医术世家向一般仕宦家族的转变奠定了基础。北朝统治者赐封爵位的动机是很明确的，如姚僧垣，《周书》本传载其素为周宣帝信重，"及即位，恩礼弥隆。常从容谓僧垣曰：'常闻先帝呼公为姚公，有之乎？'对曰：'臣曲荷殊私，实如圣旨。'帝曰：'此是尚齿之辞，非为贵爵之号。朕当为公建国开家，为子孙永业。'乃封长寿县公，邑一千户。册命之日，又赐以金带及衣服等。"通过封爵，诸人得以"建国开家"，获得了士族社会的门户身份及其相关的仕进待遇。以东莞徐氏为例，《魏书·术艺·徐謇传》载其二子：徐践，袭父爵，历兖州平东府长史、右中郎将、建兴太守；徐知远，官至给事中。《北齐书·徐之才传》载其有二子：长子徐林，字少卿，官至太尉司马；[1] 次子徐同卿，太子庶子。徐之范墓志》载其有子十二人，其中明确有官职者八人：长子徐敏信，济阴太守；次子徐敏行，尚书驾部郎中；三子徐敏璞，安定县令；四子徐敏直，给事中；五子徐敏智，太尉府墨曹参军；六子敏贞，给事中；八子徐敏廉，通直散骑侍郎；九子徐敏恭，著作佐郎；七子徐敏鉴，早亡；十子徐敏宽、十一子徐敏惠、十二徐敏通，皆无官职。其中已无人明确专职担任御医者。[2]《元和姓纂》卷二东阳徐氏条载："之才，官至尚书令。孙师顺，唐胜州总管，高平公。之范孙仲宗，卫尉大卿、任城公，生庆、祚。庆，右司郎中。祚，度支郎

---

[1] 关于徐之才长子徐林的名字，据周绍良、赵超《唐代墓志汇编续集》贞观018《徐謇墓志》载其"祖之才……父林卿，太尉府司马、西兖州刺史"。可知徐之才长子名当为"林卿"。

[2]《徐之范墓志》，见前揭罗新、叶炜《新出魏晋南北朝墓志疏证》第336页。又，徐之范次子《徐敏行及妻阳氏墓志》已出土，所载其历北齐、北周及隋之仕宦任职更为丰富完整，见前揭《新出魏晋南北朝墓志疏证》，第342页，此不具引。关于徐之范诸子之任职及其与医术之关系，楼劲在《魏晋南北朝隋唐时期的知识阶层》中曾有考述，他推测徐之范第四、第八子等"给事禁中或仍为御医"（第251页）。但就其职掌而言，他们即便可能参涉医务，但确实已非专职医官。

中。"① 可见，进入隋唐时代，徐氏后人之仕宦基本上摆脱了医术世家的固有痕迹，获得了士大夫社会依据其门第身份起家仕进的相关待遇。作为医术世家，伴随其政治、社会地位的提升，其后人之术业身份及其伎能则明显退化，《北齐书·徐之才传》载其以诸子"无学术，每叹云：'终恐同《广陵散》矣。'"这里所谓"无学术"，恐主要指经史学术，但也可能包括其家传术业之学。及至隋唐，徐氏后人已少有以医术专职侍奉宫廷的记载了，表明其家学术业的不断式微，这充分验证了古代史上术数方技世家"官愈贵而术愈微"的发展轨迹。②

最后，就诸人实际政治表现而言，入北医术人士所获医官之外的各类官职，主要是一种旨在提升其身份地位的荣衔，多非实质性的职务安排，故诸人多未实际履职。不过，也有个别人以医术获宠而为权臣佞幸者，徐之才便有这方面的表现，他在北齐立国过程中发挥了一定的作用。《北齐书·徐之才传》载："之才少解天文，兼图谶之学，共馆客宋景业参校吉凶，知午年必有革易，因高德政启之。文宣闻而大悦。时自娄太后及勋贵臣，咸云关西既是劲敌，恐其有挟天子令诸侯之辞，不可先行禅代事。之才独云：'千人逐兔，一人得之，诸人咸息。须定大业，何容翻欲学人。'又援引证据，备有条目，帝从之。登祚后，弥见亲密。之才非唯医术自进，亦为首

---

① （唐）林宝撰，岑仲勉校记：《元和姓纂》，中华书局1994年版，第203页。
② 参见前揭楼劲《魏晋南北朝隋唐时期的知识阶层》对中古时代术数方技之学"家传世授"现象及其演变轨迹的分析。见该书第234—255页。关于隋唐之际徐氏后人之医学，罗新、叶炜曾有所考列，其《徐之范墓志疏证》引《外台秘药方》卷四《黄疸方一十三首》："《必效》……此方是徐之才家秘方，其侄（徐）珍惠说常用。"可见徐之才有侄徐珍惠尚传其家族之医学术业。又据南宋张杲《医说》卷一所引《隋书》载："徐敏齐，太常卿之范之子也。工医，博览多艺，开皇中赠朝散大夫。"又引南宋周守忠《历代名医蒙求》卷上引《齐书》记徐敏齐为"太常卿之范子，代传攻医，博览多艺，隋开皇中为驾部郎中"。徐之范墓志载其有十二子，其中并无徐敏齐，故疏证据徐之范、徐敏行墓志所载徐敏行为尚书驾部郎中，与《历代名医蒙求》所载徐敏齐"为驾部郎中"任职相合，故推测二者可能为一人。（见前揭《新出魏晋南北朝墓志疏证》，中华书局2016年版，第338—339页）由此可见，隋唐之际，东莞徐氏医学明显趋于式微，虽尚有人传承家业，并在医学史上有一定影响，但已失去了领军地位，可谓流风遗韵，渐成绝响。

唱禅代，又戏谑滑稽，言无不至，于是大被狎昵。"这里明确指出，"之才非唯医术自进，亦为首唱禅代"。在此过程中，徐之才与反对者多有辩驳，《北齐书》卷三〇《高德政传》所载尤详："德政与帝旧相昵爱，言无不尽。散骑常侍徐之才、馆客宋景业先为天文图谶之学，又陈山提家客杨子术有所援引，并因德政，劝显祖行禅代之事。德政又披心固请。……帝便发晋阳，至平都城，召诸勋将人，告以禅让之事。诸将等忽闻，皆愕然，莫敢答者。时杜弼为长史，密启显祖云：'关西是国家劲敌，若今受魏禅，恐其称义兵挟天子而东向，王将何以待之？'显祖入，召弼入与徐之才相告。之才云：'今与王争天下者，彼意亦欲为帝，譬如逐兔满市，一人得之，众心皆定。今若先受魏禅，关西自应息心。纵欲屈强，止当逐我称帝。必宜知机先觉，无容后以学人。'弼无以答。……徐之才、宋景业等每言卜筮杂占阴阳纬候，必宜五月应天顺人，德政亦劝不已。仍白帝追魏收，收至，令撰禅让诏册、九锡、建台及劝进文表。"① 可见，对于北齐之行禅代，徐之才在向高洋明确进言之前，利用"天文图谶之学"早有精心设计与谋划，进而交结高洋亲信高德政，"劝显祖行禅代之事"，促使高洋决意禅代。徐之才此举，显然有政治投机的成分，他洞悉了魏齐易代的必然趋势，领会了高洋强烈的称帝愿望，从而以"首唱禅代"之功，跻身于立国功臣的行列。正因为如此，徐之才作为流寓之士，在北齐获得了特殊的政治地位。

当然，论及徐之才之政治活动，尽管其官至尚书左仆射、尚书令等显职，但在实际政治活动中，除"首唱禅代"外，他少有实质性的政治作为与影响。作为南来医术人士，尽管其跻身于北齐朝臣士大夫行列，但缺乏根基，实为佞幸弄臣，以致受到各种政治势力的排挤。《北齐书·徐之才传》载："天平中，齐神武征赴晋阳，常

---

① 《魏书》卷一〇四《自序》载魏收自述云："时齐将受禅，杨愔奏收置之别馆，令撰禅代诏册诸文，遣徐之才守门不听出。"魏收受命起草"禅代诏册诸文"，以徐之才"守门不听出"，皆因此事为当时之绝密，而徐之才正为"首唱"元谋之人。

在内馆，礼遇稍厚。……文宣作相，普加黜陟。杨愔以其南土之人，不堪典秘书，转授金紫光禄大夫，以魏收代领之。之才甚怏怏不平。"北齐末，后主以徐之才为尚书令，时"祖珽执政，除之才侍中、太子太师。之才恨曰：'子野沙汰我。'珽目疾，故以师旷比之"。杨愔、祖珽为东魏、北齐汉族士大夫权臣，他们对徐之才有所排抑，其中既有对"南土之人"的压制，也当有门户身份等方面的歧视。至于北齐勋贵和操控内廷的胡人佞幸，对徐之才也不以为意。前述武成帝时，徐之才一度出任兖州刺史，实际上是内廷权佞和士开"欲依次转进"所致。其实，对此境况，徐之才曾有过自我解嘲，《北齐书》本传载："为仆射时，语人曰：'我在江东，见徐勉作仆射，朝士莫不佞之。今我亦是徐仆射，无一人佞我，何由可活！'"此语虽为调侃，实有怨怼之意。然面对当时北齐的实际政治生态，他甘为北齐君主之"弄臣"，"历事诸帝，以戏狎得宠。武成生齻牙，问诸医，尚药典御邓宣文以实对，武成怒而挞之。后以问之才，拜贺曰：'此是智牙，生智牙者聪明长寿。'武成悦而赏之"。对胡人权幸，则极力奉承，后主时再任尚书左仆射，"之才于和士开、陆令萱母子曲尽卑狎"，甚至忍受淫妻之辱，"之才妻魏广阳王妹，之才从文襄求得为妻。和士开知之，乃淫其妻。之才遇见而避之，退曰：'妨少年戏笑。'其宽纵如此"。这里所谓"宽纵"之语，实属荒唐，[①] 其中隐含着其内心的泣血怨恨。

由上可见，南朝医术人士入北后，以其术艺伎能受到北朝统治集团及其上层社会的重视，在物质奖赏、官爵封授等方面多有优遇，

[①] 赵万里在《汉魏南北朝墓志集释》（广西师范大学出版社2008年版）有关徐之才墓志考释中论及此事，以为徐之才"盖以谄事士开，得邀殊宠。其人恬不知耻至此"。（见第二册，第74页）这里轻鄙徐之才附会北齐权佞，确可谓恬不知耻，但未能将其置于北齐特殊的社会政治环境下进行"理解之同情"的分析。又，《徐之才墓志》载其入北后曾请求南归，"但以分环有日，寻箭无期，痛结当归，悲缠衔口，频表还南，辞自悬到。朝延求忠于孝，弗遂思请"。见赵超《汉魏南北朝墓志汇编》，天津古籍出版社2008年版，第456页。此事当发生于其入魏之初，究其原因，与其入北之初所感之南北差异及其思乡情绪不无关系。

成为当时流寓北方南人中的一个特殊群体；比之既往，诸人之门户身份、社会地位皆有所提升，为其后人及其家族地位的转型奠定了基础。北朝统治者何以如此宠重南来医术人士？

究其原因，首先在于北朝统治集团具有一定的兼容并包的文化心态及其用人政策，在文化上表现出崇尚实务伎艺的旨趣。作为后起的游牧部族，鲜卑拓跋氏及其相关部族社会发展进程及其文化相对落后，在其不断征服与南进过程中，必须大力招揽、任用以各地域汉族人物为主的异族人才，以汲取其社会文化因子与养分，从而形成了兼容并包的用人政策与文化观念。周一良先生曾指出，"北魏建国之始，用人即采取兼容并包之方针"，对所征服地区以汉族士大夫为代表的各族才学精英人物，"以及从南朝北投诸人，无不兼容并包"，其中"对于南朝北投者，拓跋氏尤能注意拔擢。……此种情况，与南朝统治者专重侨姓，排斥南人，而晚渡北人又被目为荒伧，备受排斥，北方各族更不予考虑者，迥不相同。因北魏承十六国之后，北方各族在中原共处已近二百年，虽力求保持代北风习，以便统治，民族偏见亦不能免。但对北方广大地区之统治，即使在孝文汉化之前，仅依靠代来鲜卑亦无能为力。而从文化言，对南方又不免于自卑之感，因而必须兼容并包，与南朝统治者之偏隘态度大不相同。北朝终于灭南朝而统一全国，此种情况当亦有关"[①]。在鲜卑拓跋部汲取汉人文化方面，术艺伎巧具有实用价值而无关民族观念，可直接为北魏统治者享用获益，故自然最受青睐。诸术伎之中，医术直接关乎身体健康与存亡，更为统治者所重视。因此，拓跋氏统治者尤重医术之士，《魏书·术艺·周澹传》载："周澹，京兆鄠人也。为人多方术，尤善医药，为太医令。太宗尝苦风头眩，澹治得愈，由此见宠，位至特进，赐爵成德侯。"其子周驴驹，"袭，传术。延兴中，位至散令"。又载"时有河南人阴贞，家世为医，与澹

---

① 周一良：《魏晋南北朝史札记》"北魏用人兼容并包"条，中华书局1985年版，第351—353页。

并受封爵。清河李潭亦以善针见知"。可见明元帝拓跋嗣对汉人医术之士已有封爵授官之举。

至于钦重南朝医术人士，太武帝拓跋焘已有相关表现，《宋书》卷七四《鲁爽传》载："先是，程天祚为虏所没，焘引置左右，与秀相见，劝令归降，秀纳之。天祚，广平人，为殿中将军，有武力。元嘉二十七年，助戍彭城，会世祖遣将刘泰之轻军袭虏于汝阳，天祚督战，战败被创，为虏所获。天祚妙善针术，焘深加爱赏，或与同舆，常不离于侧，封为南安公。焘北还蕃，天祚因其沈醉，伪若受使督切后军者，所至轻罚。天祚为焘所爱，群虏并畏之，莫敢问，因得逃归，后为山阳太守。"可见程天祚为刘宋将领，宋文帝元嘉二十七年北伐时一度被俘，拓跋焘"深加爱赏，或与同舆，常不离于侧，封为南安公"[1]。程天祚作为俘虏而享有如此优遇，受封南安公，主要原因当在于其"妙善针术"而为拓跋焘所重。[2] 献文帝征服青齐地域，入魏的医术人士李修、王显、崔彧等人，深得冯太后、孝文帝、宣武帝等统治人物所宠信，[3] 徐謇也与上述诸人同时入魏。及至南北朝后期，徐之才等入东魏北齐，姚僧垣、褚该等入西魏北周，许智藏等入隋，这些北朝政权的统治者，在文化心态及其相关政策上，特别是在术艺文化方面，基本延续了北魏的传统，具有兼容并包和钦羡江左的文化倾向。在诸伎艺方面，医药术伎处于术艺之高端，与日常生活联系尤为紧密。作为术艺伎能，虽不无相关理论探究，但更有赖于诊疗实践的能力培养与经验积累，而在古代社会，其传承最重家传，

---

① 关于程天祚的医学成就，《隋书》卷三四《经籍志三》载梁有"程天祚《针经》六卷，《灸经》五卷，《曹氏灸方》七卷"。可见程天祚在针灸学方面造诣甚高，当有家业传承。

② 关于拓跋焘对南来伎艺人士之赏爱，毛修之事也可说明。《魏书》卷四三《毛修之传》载其随刘裕北伐而留守关中，后入魏，拓跋焘以之领吴兵征战，"修之能为南人饮食，手自煎调，多所适意。世祖亲待之，进太官尚书，赐爵南郡公，加冠军将军，常在太官，主进御膳"。毛修之得魏太武帝所信重，固有他因，但其善于烹饪则为直接原因，并由此而"进太官尚书，赐爵南郡公"。

③ 关于诸入魏青齐地域医术人士之事迹，详见《魏书·术艺传》《北史·艺术传》诸人传记。

以致人们特重"世医",《礼记·曲礼下》有言:"医不三世,不服其药。"所谓"三世",《礼记正义》释曰:"择其父子相承至三世也。"两晋南朝以来,士族社会名士多涉医药之事,尽管隐而不显,但有的家族以医术相传。① 在这一社会环境下,一些门望相对较低的家族及其代表人物,以医术为专业,世代相承,出现了一些医术世家,东莞徐氏、吴兴姚氏便是南朝时期最具代表性的医术世家。故诸人入北,其医术当多有过人之处,被尊为"上医""名医",自然倍受北朝统治者重视而"深加赏爱"。

其次,北朝统治者钦重南来医术人士,普遍加授官职爵位以提升其政治与社会地位,这与其相对淡薄的社会等级意识及其文化观念密切相关。就北魏鲜卑拓跋氏统治者而言,他们少受华夏正统文化观念的影响与束缚,淳朴质直,刚健务实,任人不唯门第,崇尚实用伎艺,从而与当时汉族士族尤其是南朝士族社会严格的社会等

---

① 东晋南朝士族社会医药之学相对发达,当时士族人物多有涉猎,考之正史,有明确记载的,如《晋书》卷七二《葛洪传》载其撰《金匮药方》一百卷、《肘后要急方》四卷;《晋书》卷八四《殷仲堪传》载其"父病积年,仲堪衣不解带,躬学医术,究其精妙,执药挥泪,遂眇一目"。《宋书》卷六二《羊欣传》载其"素好黄老,常手自书章,有病不服药,饮符水而已。兼善医术,撰《药方》十卷"。《隋书》卷三四《经籍志三》载梁有"《羊中散药方》三十卷,羊欣撰";又载梁有《羊中散杂汤丸散酒方》一卷"。《宋书》卷六二《王微传》载其"少好学,无不通览,善属文,能书画,兼解音律、医方、阴阳术数"。《南齐书》卷二三《褚渊传》载其弟褚澄"善医术。建元中,为吴郡太守豫章王感疾,太祖召澄为治,立愈"。《隋书》卷三四《经籍志三》载梁有"《褚澄杂药方》二十卷,齐吴郡太守褚澄撰"。其实,一般通医而未见正史记载者当更多,可考者如东晋名士代表殷浩,《世说新语·术解篇》载:"殷中军妙解经脉,中年都废。有常所给使,忽叩头流血。浩问其故,云:'有死事,终不可说。'诘问良久,乃云:'小人母垂百岁,抱疾来久,若蒙官一脉,便有活理。讫就屠戮无恨。'浩感其至性,遂令舁来,为诊脉处方。始服一剂汤便愈。于是悉焚经方。"殷浩为侨姓士族名士代表,他本"妙解经脉",然"中年都废",最终"悉焚经方",可见其自身鄙视其伎,以致后人不知其精于医术。余嘉锡《世说新语笺疏》此条下引程炎震云:"《晋书》八十四《仲堪传》云:'躬学医术,究其精妙。《隋书·经籍志》:梁有殷荆州《要方》一卷,殷仲堪撰,亡。不闻殷浩,盖传写之失也。'"余嘉锡案曰:"诸书并不言殷浩通医术,余初亦疑为仲堪之误。既而考之唐写本陶弘景《本草集注序录》云'自晋世已来,其贵胜阮德如、张茂先、裴逸民、皇甫士安及江左葛稚川、蔡谟、殷渊源诸名人等,并亦研精药术。凡此诸人,各有所撰用方'云云,乃知殷中军果妙解经脉,非多读古书见古本,(转下页注)

级及其雅俗文化分别形成鲜明的对照。北魏拓跋氏如此，此后的北齐、北周及隋统治者在社会与文化观念方面多表现出大致相同的心态。这方面，姚最在周的相关经历颇能说明这一点。关于北朝胡族统治者社会阶级与文化意识相对较弱，对才艺之士少有歧视，《周书》卷三〇《于翼传》载："世宗雅爱文史，立麟趾学，在朝有艺业者，不限贵贱，皆预听焉。乃至萧撝、王褒与卑鄙之徒同为学士。翼言于帝曰：'萧撝，梁之宗子；王褒，梁之公卿。今与趋走同侪，恐非尚贤贵爵之义。'帝纳之，诏翼定其班次，于是有等差矣。"西魏灭梁元帝江陵政权，从荆州俘获入关的南人甚多，宇文氏统治者

（接上页注）不能知也。《大观本草》所录《陶隐居序》，殷渊源作商仲堪，盖宋人所妄改。文廷式《纯常子枝语》卷三十三曰：《图书集成·艺术典·医部·名医别传》引《医学入门》云：'殷浩精通经脉，著《方书》。'"可见殷浩及诸多士族名士确实精通医术。此外，根据《隋书》卷三四《经籍志三》所载相关医药典籍，东晋南朝时期研究医药的著名士族名士至少还有范汪，他著有《范东阳方》一〇五卷，录一卷，梁时有一百七十六卷；范晔撰有《上香方》一卷、《杂香膏方》一卷，可见范氏可谓医药世家。另有阮文叔撰有《阮河南药方》十六卷，《孔中郎杂药方》二十九卷等，显然也出自士族人物之手。无怪乎梁武帝曾说"前代名人，多好此术"。梁武帝本人对此也颇有兴味，有所探究与实践。《周书》卷四七《艺术·姚僧垣传》载：大同九年，"时武陵王所生葛修华，宿患积时，方术莫效。梁武帝乃令僧垣视之。还，具说其状，并记增损时候。梁武帝叹曰：'卿用意绵密，乃至于此，以此候疾，何疾可逃。朕常以前代名人，多好此术，是以每恒留情，颇识治体。今闻卿说，益开人意。'"梁武帝自言"朕常以前代名人，多好此术，是以每恒留情，颇识治体"，确不为虚，他甚至有为自己诊治之事。《周书》卷四七《艺术·姚僧垣传》又载："梁武帝曾因发热，欲服大黄。僧垣曰：'大黄乃是快药。然至尊年高，不宜轻用。'帝弗从，遂至危笃。"他还为皇子治疗，《梁书》卷五《元帝纪》载梁元帝萧绎年幼"初生患眼，高祖下意治之，遂盲一目，弥加愍爱"。可见梁武帝对于医药之事确实"每恒留情"，并一再付诸实践，只是医术未精，竟然将其子萧绎一只眼睛治瞎了。梁武帝晚年颇为固执自负，《通鉴》卷一四七梁武帝天监十二年载："上尝与侍中、太子少傅建昌侯沈约各疏栗事，约少上三事，出，谓人曰：'此公护前，不则羞死！'上闻之怒，欲治其罪，徐勉固谏而止。"胡三省注曰："帝每集文学之士策经史事，群臣多引短推长，帝乃悦，故约退有是言。护前者，自护其所短，不使人在己前。忌前者，忌人在己前也。"《隋书》卷二三《五行志下》载："时帝自以为聪明博达，恶人胜己。"梁武帝这种自以为是的性格，在以上所为医药之事上也有所表现。《隋书》卷三四《经籍志三》载"《梁武帝所服杂药方》一卷"，这未必是他亲撰，但可见其对医药事务的重视。梁武帝如此，南朝其他统治人物也有"多好此术"者，如《隋书》卷三四《经籍志三》载梁有"《杂戎狄方》一卷，宋武帝撰"；又载有《宋建平王典术》一百二十卷；《南史》卷三二《张邵传》载"宋后废帝出乐游苑门，逢一妇人有娠。帝亦善诊，诊之曰：'此腹是女也。'问文伯，曰：'腹有两子，一男一女，男左边，青黑，形小于女。'"可见刘宋统治者也重视医药之事，颇有通医术，"亦善诊"者。

立麟趾学,起初对"在朝有艺业者,不限贵贱,皆预听焉"。所谓"不限贵贱",就是不以原有的门户出身作为选拔条件,以致诸多"卑鄙之徒"得预学士行列。《周书·艺术·姚僧垣传附姚最传》载"世宗盛聚学徒,校书于麟趾殿,最亦预为学士"。姚最本为职业医师姚僧垣之子,职业身份卑贱,门第亦非显赫,然其一度与萧撝、王褒这样的萧梁宗室和江左清流名士同列,显然突破了身份与等级樊离。姚最所涉另一件事,就是前述北周齐王宇文宪劝姚最随父习医以传家业。其实,宇文宪是代表周武帝劝命姚最的,所言直白地表达了北周统治集团不屑高门士族虚名而崇重实用术艺的文化倾向。正因为如此,南来医术人士深得北朝历代统治集团之钦重,往往因其伎能表现而获破格封授官爵,以致出现"位历仆射,爵为公侯"的情况,其社会身份与政治地位有所改善,从而为其后人及家族仕宦方式与途径转型奠定了基础。[①]

四 "搜采奇异"与"谈义推属": 入北医士对南北文化融通之影响

作为流亡北朝的特殊南人群体,入北之南朝医术人士在南风北渐、南学北传及南北文化风尚融汇方面也有相关的表现和影响。

(一)入北医术人士汇集南北医药文化

在医药文化方面,来自江东的医术之士,多是江左医术世家子弟,

[①] 南朝士族在社会诸领域居于主导地位,他们强调社会等级差别,门阀意识强烈,门阀制度严格,"士庶天隔";在思想文化上,则倡导儒玄兼综,喜尚谈论,鄙薄实务,重道轻技。在这一社会文化环境中,江左士族人物出于生活所需,虽多涉及医药及其他相关伎艺且有所成就,但囿于道器分别,他们并不以此自炫,视之为小技。颜之推在《颜氏家训·杂艺篇》中将书法、绘画、射技、卜筮、算术、医方、琴瑟、博弈等皆归为"杂艺",训诫子弟对诸艺或"率不劳之",或"可以兼明,不可以专业",即便如书法艺术,"微须留意"即可,"此艺不须过精",他以为"夫巧者劳而智者忧,常为人所役使,更觉为累"。至于医术,他以为"医方之事,取妙极难,不劝汝曹以自命也。微解药性,小小和合,居家得以救急,亦为胜事,皇甫谧、殷仲堪则其人也"。颜之推的术艺观,代表了南朝士族社会普遍的文化观念。

其医术承袭，既是其家学术业之积淀，也体现着南朝医药发展之成就。如所周知，地理环境与人类疾病存在密切的联系，这就造成了医药文化的地域特点。入北江左医术之士侍奉北朝上层社会，其相关医案甚多，录入史传者，皆为显示其医术之神异，其中也体现出其南方医术特点。如徐謇，《魏书·术艺·徐謇传》载其善养生，"常有药饵及吞服道符，年垂八十，鬓发不白，力未多衰"。他长于和合药物，研制延年之丹，"謇欲为高祖合金丹，致延年之法。乃入居嵩高，采营其物，历年无所成，遂罢"。金丹与服饵之术，目的在于养生延年，人们将魏晋南北朝时期的炼丹服饵之术归入道教之"丹鼎派"，而此派正式创立的代表性人物是葛洪。① 因此，这一道派在早期道教史上自然属于南学系统。东莞徐氏家族与道教关系密切，② 其家族医术也可循此追溯其渊源。因此，徐謇为北魏孝文帝"合金丹，致延年之法"，显然有助于江左道教丹鼎派及其相关的金丹、服饵之类医术养生观念的北传。

徐之才也有明显的崇奉道教的表现，墓志称其"绛宫玉帐之经，绿帐金丹之秘"③，表明他在北齐宫中可能有传授道教秘术，并且影响其医术活动。《北齐书》本传载其一则医疗实例云："有人患脚跟肿痛，诸医莫能识。之才曰：'蛤精疾也，由乘船入海，垂脚水

---

① 参见任继愈主编《中国道教史》（上海人民出版社1990年版）第三章《葛洪与魏晋丹鼎道派》的相关论述。

② 关于东莞徐氏之信奉道教，范家伟在《东晋南北朝医术世家东海徐氏之研究》中设有"东海徐氏与道教"一节进行专题考论，可参见。见氏著《中古时期的医者与病者》，复旦大学出版社2010年版，第80—83页。陈寅恪指出，中古道教世家一个特殊的具体表现在于其名字方面，"六朝人最重家讳，而'之''道'等字则不避之列，所以然之故虽不能详知，要是与宗教信仰有关"。（见《天师道与滨海地域之关系》，《金明馆丛稿初编》，生活·读书·新知三联书店2001年版，第9页）东莞徐氏人物多有名字中含"之""道"及取名"灵宝"者，表明了其家族道教世家的文化特征。徐謇奉道，为子取名便如此，《魏书》卷九一《术艺·徐謇传》载其"子践，字景升，小名灵宝，袭爵"。对此，周一良《魏晋南北朝史札记》（中华书局1985年版）"灵宝"条据《晋书》卷九九《桓玄传》所载"字敬道，一名灵宝。……及生玄，有光照室，占者奇之，故小名灵宝"，指出"灵宝乃道家经典名，所谓'灵宝之方，长生之法'，屡见于《抱朴子》及《真诰》（参陈国符《道藏源流考》五符经考证节）。桓氏奉道，故名玄字敬道而小字灵宝，有光照室之云全是附会。玄道灵等字皆天师道世家习用为名者。《魏书》九一徐謇传言其常有药饵，吞服道符，是信奉天师道者，其子亦小字灵宝"。（第106页）由此可证徐謇之笃奉道教。

③ 《徐之才墓志》，前揭赵超《汉魏南北朝墓志汇编》，第458页。

中。'疾者曰：'实曾如此。'之才为剖得蛤子二，大如榆荚。"对于这类"蛤精疾"，北方"诸医莫能识"，首先在于其少有这类见识，自然无从判断，而在南方水乡，医者可能所见颇多，故徐之才能作出明确诊断。其次，此症必须通过"外科手术"才能进行有效治疗，而徐之才则承其家业，掌握这一技能。① 南朝一流名医入北，他们将南方的医术经验带到北方，通过大量的具体医术实践，必然有助于南北医术诊断、治疗等医疗经验与医学文化的交流。

除了具体的医术实践之外，在推动南北医学文化融汇、整合方面，这些入北之江左医药名家在北朝特定的社会文化环境下，大都完成了对其世传医术的汇集和总结。东莞徐氏在这方面的表现尤具代表性。自晋宋以来，徐氏家族名医辈出，他们在长期的诊疗实践

---

① 关于徐之才这一诊治"蛤精疾"事，《太平广记》卷二一八所引《太原故事》也有记载，文字略有差异。朱大渭在《魏晋南北朝的中医外科医术》（收入氏著《六朝史论》，中华书局1998年版）中经细致考论指出："正是由于整个医学的发展，中医外科医术的发达，麻沸散的出现，以及对人体生理结构认识的提高，魏晋南北朝时期出现了许多惊人的外科医术病例。"（第71页）而徐之才这一医案则是当时可考的成功的中医外科手术之一，其中说："北齐时，有人患脚跟肿痛，诸医皆不能治，名医徐之才为之解剖肿处，经治疗后病愈。"（第75）东莞徐氏擅长外科治疗是有传统的，《南史》卷三二《张邵传附徐嗣伯传》载其"见一老姥称体痛，而处处有黡黑无数。嗣伯还煮斗余汤送令服之，服讫痛势愈甚，跳投床者无数。须臾所黡处皆拔出钉，长寸许。以膏涂诸疮口，三日而复，云'此名钉疽也。'"此事《南齐书》卷二三《褚渊传附徐嗣传》也有载。可见徐嗣伯精于外科治疗，徐之才这方面的诊治能力自有其家学之传承。关于中古时代的外科医术，吕思勉《吕思勉读史札记》（上海古籍出版社2005年版）丙帙魏晋南北朝部分"手术"条有言，"近世之论西医者，多艳称其手术。……若就医家疗治之术言之，则使用手术，为法最为简迳，固非古人所不能知，其兴起度必甚早也。"除华佗利用麻沸散进行剖割外科手术外，又列举汉末三国关羽之刮骨去毒、《三国志·魏志·贾逵传》注引《魏略》所载贾逵割瘘，《晋书·魏咏之传》载其补兔唇，《魏书·长孙道生》载其玄孙子彦开肉锯骨等多则实例，指出在没有麻沸散的情况下，当时人们在实践中，已了解并实施了诸多方面的外科手术，积累了一定的治疗经验，以为"世容有绝精之技，而必无独擅之学"。他以民间妇女以刀割白喉腐肉为例，"此足证吾手术治病最为简直、兴起当早之说。盖病之有形质可见者，就所在而迳抉去之，原为人所易见；初用之或致死加剧，久之则其术渐精矣。然亦有古人技精，而后世反不逮者。新医有阅《银海精微》者，谓其手术或为近世眼医师所不知"。可见汉魏以降，外科手术颇有进步。论及古代技艺之不传，他指出"此由医学传习不盛，医家又或自秘，前人之所知所能，不能尽传于后也。然世之偏重儒医，亦当分尸其咎。凡儒医多好空谈，而手术则非所习；使此辈享盛名，食厚糈，而袭古代医家真传之铃医，日益衰落，而古医家专门之技，不传于后，亦益多矣"。（第990—992页）

中不断总结经验。延及宋齐，其代表人物已有各类医药著述。其中徐叔向，《隋书》卷三四《经籍志三》录其所著《针灸要钞》一卷、《宋大将军参军徐叔向本草病源合药要钞》五卷、《徐叔向等四家体疗杂病本草要钞》十卷、《徐叔向解寒食散方》六卷、《徐叔向解散消息节度》八卷、《体疗杂病疾源》三卷、《徐叔向杂疗方》二十二卷、《徐叔向杂病方》六卷、《徐叔向疗少小百病杂方》三十七卷、《疗少小杂方》二十卷、《疗少小杂方》二十九卷、《落年方》（或作《随手方》）三卷、《徐叔向疗脚弱杂方》八卷等。徐文伯，《隋书》卷三四《经籍志三》载其著有《本草》二卷、《徐太山房内秘要》一卷、《辨伤寒》一卷、《徐文伯辨脚弱方》一卷、《徐文伯药方》二卷、《徐文伯疗妇人瘕》一卷及《徐太山试验方》二卷、《徐太山巾箱中方》三卷、《徐太山堕年方》二卷等。① 徐嗣伯，《隋书》卷三四《经籍志三》载其撰《徐嗣伯落年方》三卷、《徐嗣伯药方》五卷，《旧唐书》卷四七《经籍志下》又载有徐嗣伯撰《杂病论》一卷等。徐之才等人在传承家传医药的基础上，进行整体性总结，《隋书》卷三四《经籍志三》载徐之才撰有《徐王八世家传效验方》十卷、《徐氏家传秘方》二卷、《雷公药对》三卷等；另录有《徐王方》五卷，虽无著撰人，但清人姚振宗《隋书经籍志考证》和日本学者兴膳宏、川合康三《隋书经籍志详考》皆以其作者为徐之才。② 对于徐氏家族医学成就与特点，已有论者从其著作情况进行分析与概括，范家伟详考其相关著作后指出，"《隋书·经籍

---

① 中华书局点校本校勘记："《堕年方》，《日本国见在书目》作《随手方》。""徐太山"即徐文伯，因其曾出任太山太守。见中华书局校点本《隋书》卷三四《经籍志三》相关条目校勘记。

② 《隋书》卷三四《经籍志三》还载录其他以"徐氏"名义所撰之医药著述，如《徐氏脉经》二卷、《徐氏杂方》一卷、《徐氏效验方》三卷、徐辨卿《药方》二十一卷等。其中或为东莞徐氏家族医药治疗经验的总结，也不排除有假托徐氏之著述。对于这类冠以"徐氏"名义的医学著述，范家伟在《东晋南北朝医术世家东海徐氏之研究》中指出："魏晋南北朝时代的徐氏，除了东海徐氏之外，再无其他家族世代习医，所以可以断定此徐氏即东海徐氏无疑。"这类"冠以徐氏为名的医方，并不直称作者，所以应该是徐氏家传医术著作，属世传的"。见氏著《中古时期的医者与病者》，复旦大学出版社2010年版，第76页。

三》所载有关徐氏家族的医方，十分丰富，其中以徐文伯与徐叔向最多。如果以家族为计算单位，数量之多，整个魏晋南北朝其他家族无出其右"。就其书目所体现的其家族医学特征而言，"著作性质面甚宽阔，属本草和用药类有六，脉学有二、脚气病有二、小儿科有二、疗寒食散病有二、妇科有二、针灸有一、房中术有一、伤寒有一。此外，从《随手方》《巾箱中方》名称可知乃常置于行箱中以随时使用，犹如葛洪《肘后备急方》性质一样，当属于应急药方"①。不仅如此，徐氏之医术非止家传之学，还不断吸收南朝其他医家之优长，范家伟指出："徐叔向著作中有《针灸要钞》《本草病源合药要钞》，这两种著作极有可能是徐叔向抄撮别人医方而成。至于《体疗杂病本草要钞》，《隋志》中则谓徐叔向等四家，可能后人抄撮四家精义而成，其中包括徐叔向一家。"因此，他以为"可以断定徐氏家族虽医术世传，但不固守于自家医术之中，还吸取同时代医学知识，扩展家族医术传习的内容"。他以为徐氏医药之学有别于其他墨守成规之医家，具有一定的开放特性，"这种特性或许就是徐氏家族能屹立医坛的重要因素"②。从这一角度看，徐之才所总结其家族之医药，不仅是其家学术业之集成，也体现着南北朝以来医药领域的最高成就，推动了南朝医学文化之北传。关于徐氏诸人对南朝医学文化北传与南北医学交融的影响，诚如论者指出，徐謇、徐之才、徐之范"三人均精通医术，且都得到政府的重用，其中徐之才还撰有《徐王方》五卷、《徐王八世家传效验方》十卷、《徐氏家传秘方》二卷、《雷公药对》二卷，……中间二书正是对其家传医术的总结，这些对当时南北医学的交流，应有一定影响"③。这从现存中医文献的相关记载也可得到佐证。如唐孙思邈《备急千金要方》

---

① 范家伟：《东晋南北朝医术世家东海徐氏之研究》，氏著《中古时期的医者与病者》，复旦大学出版社2010年版，第75—76、76—77页。
② 范家伟：《东晋南北朝医术世家东海徐氏之研究》，氏著《中古时期的医者与病者》，复旦大学出版社2010年版，第77、80页。
③ 前揭罗新、叶炜《新出魏晋南北朝墓志疏证》，中华书局2016年版，第340页。

卷一四《小肠腑·风眩》载徐嗣伯自述善治"风眩":"至于此术,鄙意偏所究也,少来用之,百无遗策。今年将衰暮,恐奄忽不追,故显明证论,以贻于后云尔。"又载徐嗣伯启曰:"嗣伯于方术岂有效益,但风眩最是遇患小差者,常自宝秘,誓不出手,而为作治,亦不令委曲得法。凡有此病是嗣伯所治,未有不差者,若有病此而死,不逢嗣伯故也。伏愿问人,立知非嗣伯之自夸。殿下既须此方,谨封上呈,嗣伯鄙志上存,谨自书写,年老目暗,多不成字,伏愿恕亮,谨启。"①范家伟以为"孙思邈特地抄录了此医方,既然此医方是徐嗣伯的上奏,当在南朝,孙思邈何以得到此方?而徐氏医术世传,其中一个可能就是从徐之才家族处得来,而徐嗣伯自言'常自宝秘',徐謇'性甚秘忌',相信不会轻传外人"②。正是由于徐氏医术人士之入北,将其家族世传医方秘籍传入北方。③

姚僧垣在集成南北医学成就方面也有卓著之表现。《周书·艺术·姚僧垣传》载其"搜采奇异,参校征效者,为《集验方》十二卷"。《隋书》卷三四《经籍志三》载:"《集验方》十卷,姚僧垣撰。"姚僧垣编撰《集验方》,其"搜采奇异",表明征集范围广泛;"参校征效",则表明其遴选标准严格,将经过长期实践检验而疗效显著的医方汇集成编。很显然,这不仅是对其家族世代医案药方的总结,而且是对当时南北医药经验的汇集,大力推动了当时南朝医

---

① (唐)孙思邈:《备急千金要方》卷一四《小肠腑·风眩》,人民卫生出版社1997年版,第493—494页。
② 范家伟:《东晋南北朝医术世家东海徐氏之研究》,氏著《中古时期的医者与病者》,复旦大学出版社2010年版,第79—80页。
③ 与此类似,孙思邈《备急千金要方》卷二《妇人方上》录有徐之才《逐月养胎方》、卷五《少小婴孺方》又录其《小儿方》,说:"齐有徐王,亦有《小儿方》三卷,故今之学者,颇得传授。"又,(唐)王焘《外台秘要方》卷四《黄疸遍身方》十一首引《必效》载:"黄疸,身眼皆如金也,但诸黄皆主之方。……此方是徐之才家秘传,至侄(徐)珍惠说密用。出第一卷中。"(见华夏出版社1993年版,第70页)又,(宋)唐慎微《重修政和经史类备用本草》卷一录有徐之才《药对·序》(见华夏出版社1983年版,第18页)。可见徐氏家族诸多世传秘方,随着徐之才及其后人相继入北及其活动,逐渐为世人所知,并汇入此后唐、宋人纂修的集成式的大型医药文献典籍之中。

学文化的北输与南北医药文化的融合。① 至于其他入北医术之士，在这方面也有所表现，据《隋书》卷三四《经籍志三》，许澄撰有《备急单要方》三卷，萧吉撰有《帝王养生要方》二卷，这都是在周隋之际编撰而成的医药文献，自然为南北医药文化之集成。

（二）入北医术人士所显现之江左士风

在其他社会文化领域，入北医术士人群体也有所表现，对南北文化交流产生了一定的影响。那些出自江左士族的入北医术之士多具有一定的学术文化修养，如姚僧垣，"少好文史，不留意于章句。时商略今古，则为学者所称"。其所著，除《集验方》外，"又撰《行记》三卷，行于世"②。其子姚最，"幼而聪敏，及长，博通经史，尤好著述"，曾为北周齐王宇文宪府僚属，"特为宪所礼接，赏赐隆厚。宣帝嗣位，宪以嫌疑被诛。隋文帝作相，追复官爵。最以陪游积岁，恩顾过隆，乃录宪功绩为传，送上史局"。又"撰《梁后略》十卷，行于世"③。可见姚僧垣、姚最父子具有较高的学术文化修养，或"少好文史"，或"博通经史"，姚最还为麟趾殿学士。姚氏父子尤长于史学，姚僧垣"时商略今古，则为学者所称"，撰著《行记》三卷；姚最则撰录宇文宪传记，"送上史局"，特别是撰述《梁后略》十卷，篇制颇巨。

在社会文化交流方面，徐之才的表现更为突出。关于徐之才之学养，《北齐书·徐之才传》载："之才幼而俊发，五岁诵《孝经》，八岁略通意旨。曾与从兄康造梁太子詹事汝南周舍宅听《老子》。舍为设食，乃戏之曰：'徐郎不用心思义，而但事食乎？'之才答曰：'盖闻圣人虚其心而实其腹。'舍嗟赏之。年十三，召为太学生，粗通《礼》、《易》。彭城刘孝绰、河东裴子野、吴郡张嵊等每共论

---

① 《隋书》卷三四《经籍志三》载："《本草音义》三卷，姚最撰"。可见姚最也有医药方面的著述。
② 《周书》卷四七《艺术·姚僧垣传》。
③ 《周书》卷四七《艺术·姚僧垣传附姚最传》。

《周易》及《丧服》仪,酬应如响。咸共叹曰:'此神童也。'孝绰又云:'徐郎燕颔,有班定远之相。'"对此,墓志所述大体相同:"五岁诵《孝经》,八年通《论语》。方数小学,经耳得心;琴书众艺,过目成手。十三召为太学生,受业于博士缪昭、后庆,礼经涉律,知齐施梁《易》旨,望表探微,射策举高第。河东裴子野、彭城刘孝绰,并当时标秀,命世宗府,累尝试王机神,《丧服》疑义,辞若珠连,思俸泉涌,莫不倒绝,相顾缺然。"① 可见,徐之才自幼受到良好的士族文化教育,具有较高的学术文化修养。正因为徐之才有如此学养,与其他术艺之士迥然有别,其自入魏,"之才药石多效,又窥涉经史,发言辩捷,朝贤竞相要引,为之延誉"②。他在北齐参与了监制五礼之事,《北齐书》卷三七《魏收传》载齐后主以魏收"掌诏诰,除尚书右仆射,总议监五礼事,位特进。收奏请赵彦深、和士开、徐之才共监"。他还受命入文林馆,监撰典籍,《北齐书》卷四五《文苑传序》载齐后主武平三年,"祖珽奏立文林馆,于是更召引文学士,谓之待诏文林馆焉。珽又奏撰《御览》,诏珽及特进魏收、太子太师徐之才、中书令崔劼、散骑常侍张雕、中书监阳休之监撰"。

南朝士族社会学风尚博,倡导经史、文史之结合,兼习诗赋杂艺。徐之才也有如此特征,《徐之才墓志》称其"以博闻强记,渔猎遍于书府;华辞丽藻,绮缋溢于翰林。白马骊牛,辩同河霍,腾蛇飞燕,□若云起。……师旷调钟,京房吹律,皆洞彼渊玄,该兹要妙"。徐之才死后,齐后主特下诏表彰,称其学养云:"理造希微,道该儒数,博识蹦于画地,精辩可以谈天。自发迹江表,来仪上国,……展诚效节,历奉六君;春煦秋凄,年移三纪。任惟端揆,

---

① 《徐之才墓志》,前揭赵超《汉魏南北朝墓志汇编》,第456页。关于徐之才"幼而俊发"及所谓"神童"之誉,周一良先生生前揭《魏晋南北朝史札记》"徐之才传"条指出:"汉以来童蒙读书多自《孝经》、《论语》始,……如五岁诵《孝经》至八岁始略通其义旨,则不足称为'幼而俊发'矣。"(第416页)这指出史书所言有所夸饰。

② 《北齐书》卷三三《徐之才传》。

位极天卿,声动缙绅,望隆冠带"①。铭文又赞其"弱龄驰誉,一日千里,不测其深,未见其止。博闻精义,高谈名理,辞穷五鹿,辩藏三耳。学富山海,文谐钟律,菁华既蕴,风飙自逸"②。这些出自墓志的记载,虽难免夸饰谀辞,但由所谓"博闻强记","华辞丽藻","博识踰于画地,精辩可以谈天","博闻精义,高谈名理","辞穷五鹿,辩藏三耳","学富山海,文谐钟律"云云,再辅之以"师旷调钟,京房吹律"诸才艺,确实显示出其所具南朝之学术文化品格。《北齐书》卷四三《许惇传》载其"虽久处朝行,历官清显,与邢邵、魏收、阳休文、崔劼、徐之才之徒比肩同列,诸人或谈说经史,或吟咏诗赋,更相嘲戏,欣笑满堂,惇不解剧谈,又无学术,或竟坐杜口,或隐几而睡,深为胜流所轻"。许惇浅陋无学,难以融入北齐朝臣名士之学术文化交流,但由此可见徐之才参与其间,"或谈说经史,或吟咏诗赋,更相嘲戏"。

南朝士族社会普遍崇尚风流,作风玄化,日常交游雅集,重视谈论,以言辞争锋竞先。自北魏孝文帝迁都洛阳以来,北朝士大夫社会日益文雅化,一个突出表现便是效仿南朝士风,东魏北齐亦承其流风遗韵,蔚为风尚。在这一社会文化背景下,入北之南朝士人多扮演南风北传之角色。在这一方面,徐之才在北齐履职及其与朝臣士大夫交游过程中,往往有突出的表现。《徐之才墓志》载其北魏末普泰初进位散骑常侍、中军将军、金紫光禄大夫,"师友佥归,谈义惟属,煌煌加首,若若垂要";武定四年,除秘书监,"职号典文,任专考异,追风王肃,竞烈华峤";天保元年,除侍中,"嘉谋良策,敷陈帷扆,切问近对,启沃聪明。谈笑葴规,才优方朔;从容讽议,事溢蔺雍"③。这是其在东魏、北齐任官履职及交往过程中所体现出的南朝名士风度。

---

① 《徐之才墓志》,前揭赵超《汉魏南北朝墓志汇编》,第458页。
② 《徐之才墓志》,前揭赵超《汉魏南北朝墓志汇编》,第458、459页。
③ 《徐之才墓志》,前揭赵超《汉魏南北朝墓志汇编》,第456—457页。

关于徐之才善于言辞戏弄，《北齐书》本传载："之才聪辩强识，有兼人之敏，尤好剧谈体语，公私言聚，多相嘲戏。郑道育常戏之才为师公。之才曰：'既为汝师，又为汝公，在三之义，顿居其两。'又嘲王昕姓云：'有言则䜣，近犬便狂，加颈足而为马，施角尾而为羊。'卢元明因戏之才云：'卿姓是未入人，名是字之误，之当为乏也。'即答云：'卿姓在亡为虐，在丘为虚，生男则为虏，养马则为驴。'又尝与朝士出游，遥望群犬竞走，诸人试令目之。之才即应声云：'为是宋鹊，为是韩卢，为逐李斯东走，为负帝女南徂。'李谐于广坐，因称其父名，曰：'卿嗜熊白生否？'之才曰：'平平耳。'又曰：'卿此言于理平否？'谐遽出避之，道逢其甥高德正。德正曰：'舅颜色何不悦？'谐告之故。德正径造坐席，连索熊白。之才谓坐者曰：'简人讳底？'众莫知。之才曰：'生不谓人所知，死不为人所讳，此何足问？'唐邕、白建方贵，时人言云：'并州赫赫唐与白。'之才蔑之。元日，对邕为诸令史祝曰：'见卿等位当作唐、白。'又以小史好嚼笔，故尝执管就元文遥口曰：'借君齿。'其不逊如此。"① 又，《太平广记》卷二七四引《谈薮》"徐之才"条载："徐之才博识，有口辩。……纳言祖孝征戏之，呼为师公。之才曰：'既为汝师，复为汝公。在三之义，顿居其两。'孝征仆射莹之子。之才尝以剧谈调仆射魏收，收熟视之曰：'面似小家方相。'之才答曰：'若尔，便是卿之葬具。'"② 有关北人戏弄徐之才为"师公"云云，《北齐书·徐之才传》载言者为郑道育，《谈薮》则载为祖珽，可见此事流播甚广，相传致混。

---

① 这里所述徐之才与诸人之言辞嘲戏，多有涉及姓氏祖讳的情况，其中文字，则与当时流行的俗字有关，否则难以理会其讥讽谐谑之意。对此，周一良已有所考论，见前揭氏著《魏晋南北朝史札记》"徐之才传"条，第416—417页。

② 参程毅中、程有庆辑校（北齐）阳松玠《谈薮》，中华书局1996年版，第44—45页。关于徐之才之谈笑辩捷之相关记载，又多见于旧题侯白撰《启颜录》等，参董志翘笺注《启颜录笺注》（中华书局2014年版）上编"辩捷"之"徐之才"、"嘲诮"之"徐王"诸条及黄大宏校笺《八代谈薮校笺》（中华书局2010年版）正编卷上北朝之北齐第二"徐之才博识善辩"等，其内容多相类，不具引。

由上所述，可见东魏、北齐士大夫之"公私言聚，多相嘲戏"，显然与当时南朝士风的影响不无关系，其中情形，可与《世说新语》之《言语》《捷悟》《排调》诸篇相对应。徐之才频繁参预北齐士大夫朝臣这类集聚"嘲戏"，其言辞机锋所关涉之人物，如魏收、祖珽、王昕、郑道育、卢元明、李谐等，皆为当时北齐士族社会一流才学名士。这类即兴的言辞戏弄，虽有如语言游戏，但往往事起仓促，并无固定的题目，不仅需要随机拆解文字的机敏与诙谐，而且更需要精熟经史典故和雅俗文字的学问基础。徐之才来自江左，其自少"聪辩强识，有兼人之敏"，与萧梁诸多才学名士多有言辞辩驳与论难，具有南朝士人的文化素养。其入北后与东魏、北齐士大夫交游，"尤好剧谈体语"，这在一定程度上有助于南朝社会文化风尚的传播，促进了南北士风的融通。

在这方面，徐之范也有所表现。墓志载其在梁时，"梁武陵王纪以帝子之贵，任岷岳之重，妙选朝贤，僚采是寄，以彭城刘孝胜、孝先兄弟及公三人，俱以问望英华，才行秀美，且弹冠结绶，德义绸缪，孝胜任长史，孝先为宾友，引公为外兵，寻改录事参军。于是随府入蜀，……与二刘兄弟，或燮谐好善，驰芳东阁，或翼陪敬爱，命藻西园。声重邹枚，事高梁楚"[1]。由徐之范在梁与彭城刘孝胜、刘孝先兄弟齐名及其交游等情形，可见其才学与玄化风采。墓志载其入北后之作风曰："惟公枢机警发，思理通晤，博洽今古，渔猎典坟，渊卿丽藻之文，谈天炙輠之妙，探求幽赜，往往入神。似周瑜之听声，悬知曲误；如孔融之爱客，罇酒不空。会友必贤，三明八俊，市朝屡变，一心事百。"齐亡后，徐之范入关，隋初任职晋阳，并与晋王杨广有所交集，"临代名邦，优贤是任，公下车布政，高卧共治，磐石维城，有国之重。晋王帝子，出抚汾绛，以公宿望，诏追翼辅"[2]。徐之范子徐敏行也有一定的学养，墓志载其在齐后主

---

[1] 《徐之范墓志》，前揭罗新、叶炜《新出魏晋南北朝墓志疏证》，第335页。
[2] 《徐之范墓志》，前揭罗新、叶炜《新出魏晋南北朝墓志疏证》，第336页。

时,"俄迁太子舍人,待诏文林馆,铜驼□士,□入□间,金马词人,皆愁角折"。入隋后,他曾入晋王杨广幕府,"皇隋□历,网罗俊异,上柱国、晋王出总河□,君奉诰来参幕府。明月澄光,时振长裾之客,援琴奏曲,犹□□□之声"①。可见徐之范、徐敏行父子皆具学养与江左风习,在传输南风方面也当有所表现。②

综观全文考论,南北朝时期特别是南北朝中后期以来,随着南北军政局势的变化,经历数百年南北割裂的局面渐趋终结,而由北朝统一南朝之大势日益明朗。在此过程中,不间断地出现了大量的由南入北之人群,在南北社会文化沟通与交融等方面产生了广泛而深刻的影响。入北流寓人群中有一个相对特殊的医术人士群体,其中如东莞徐氏、吴兴姚氏等是南朝医学领域具有最高水平的医术世家代表。作为具有实用技能的术艺之士,其入北后,他们不仅凭借其世业声誉和高超技能,深得历代北朝统治者信重,执掌诸朝之医政,而且获得了北朝统治者的特别优遇,在物质待遇与政治、社会地位上受到特殊照顾。就物质赏赐而言,诸位南来"上医""名医"普遍所获甚丰,其中如徐謇诸人所得之财物,数额甚巨。更为重要的是,由于北朝具有胡族文化背景的统治者在思想文化方面尚未确立起儒家学说倡导的有关重道轻器、以本抑末等文化观念,对包括医术在内的各类实用术艺之学比较重视,特别在政治上,诸人在医官本职之外,给予他们较高的官爵加授与封赏,提升其个人及其子孙的政治与社会地位,从而为其家族的"士族化"及其仕宦的转型奠定了基础。从文中所涉入北之南朝医术世家代表人物的情况而言,尽管他们本人所得之官爵多为"加官""赠官"与"赠封",属于荣

---

① 《徐敏行墓志》,前揭罗新、叶炜《新出魏晋南北朝墓志疏证》,第342页。
② 由上引墓志,可见徐之范、徐敏行父子是开皇初期进入杨广晋王幕府之具有江左文化背景的入北南士,也是杨广最早结识的南朝人物,他们与杨广交往中,应当在潜移默化地熏染了少年杨广的文化趣味。众所周知,隋平陈之后,杨广长期驻守江都,掌控东南军政,及至其继位,始终大力招揽江南士众,转输江左文化,推进南北文化融合。隋炀帝如此,固由当时南北统一与文化整合的时代大势所决定,但与其个人的文化趣味也不无关系。就其对江南文化之喜好而言,徐氏父子或当有启蒙之功。

衔虚职，特别是地方州刺一类安排，诸人少有实际履职者，但在客观上提高了他们的身份地位，有助于其子孙步入一般士族的仕宦坦途。入北医术之士的这一普遍境遇，相对于南朝而言，无论是物质生活，还是政治、社会地位待遇，都有明显的变化，究其原委，当与南北朝社会思想文化风尚的差异，特别是北朝统治者的文化观念密切相关。当然，作为流寓北朝的江左特殊人群，这些医术之士难免受到南朝士风之熏染，特别是东莞徐氏代表徐之才，颇具名士气质，在北齐享有特殊地位，与士族朝臣多有交往，他在文化上，除了对其家世医术加以集成与总结外，还多方面表现出南朝名士风尚，体现出当时南风北渐与南北文化融通的时代风尚。

"有魏以来，斯人而已"：高允为政为人之品格与北魏士族共同体之构建

众所周知，相较于十六国时代诸胡族统治者，建立北魏的鲜卑拓跋氏统治者接触汉文化相对较晚、汉化水平相对较低，汉化进程也相对艰难。宋人叶适《习学记言序目》卷三二《南齐书·王融传》条有论曰："刘、石、慕容、苻、姚皆世居中国，虽族类不同，而其豪杰好恶之情，犹与中原不甚异；独拓跋以真匈奴入据诸夏，纯用胡俗强变华人，观其所言，则与今女真略同矣。"特别在北魏前期，鲜卑保守势力不断兴造祸难，士族朝臣动辄获咎遭谴，处境艰危，其中影响尤著者当为北魏太武帝时期的"国史之狱"，崔浩之内外宗亲及其相关人士惨遭诛戮。不过，作为崔浩之后士大夫社会之首望，高允之际遇则相对平稳，《魏书》卷四八《高允传》载："魏初法严，朝士多见杖罚。允历事五帝，出入三省，五十余年，初无谴咎。"① 高允之经历，虽不无凶险，但总体顺遂，与崔浩之悲剧性结局相比，可谓善始善终。在大体相同的时代背景下，高允何以如此？与其为人品德与从政作风有无关联？《魏书·高允传》末有论曰："依仁游艺，执义守哲，其司空高允乎？蹈危祸之机，抗雷电之气，处死夷然，忘身济物，卒悟明主，保己全身。自非体邻知命，

---

① 《通鉴》卷一三六齐武帝永明五年载此，胡三省注云，"太武、景穆、文成、献文及高祖为五帝"；"三省，尚书省、中书省、秘书省也"。

鉴照穷达，亦何能以若此？宜其光宠四世，终享百龄，有魏以来，斯人而已。"① 魏收以为高允"光宠四世，终享百龄，有魏以来，斯人而已"，主要在于其具有超凡的德行修养及其为人处世之道。有鉴于此，拟就高允之德行风范及其社会影响等略作专题考论。

一 "至如高允者，真忠臣矣"：高允忠直进谏之为政作风

高允（390—487），字伯恭，勃海人，《魏书·高允传》载其"祖泰，在叔父湖传。父韬，少以英朗知名。同郡封懿雅相敬慕。为慕容垂太尉从事中郎。太祖平中山，以韬为丞相参军。早卒"。可见其门户之积蕴，颇具乡里清誉。② 高允少时便得河北士族社会代表人

---

① 《魏书》卷四八《高允传》"史臣曰"。
② 《魏书》卷三二《高湖传》载："高湖，字大渊，勃海蓨人也。汉太傅裒之后。祖庆，慕容垂司空。父泰，吏部尚书。湖少机敏，有器度，与兄韬俱知名于时，雅为乡人崔逞所敬异。少历显职，为散骑常侍。"慕容宝任为征虏将军、燕郡太守，以后燕内争，"遂率户三千归国"，降附拓跋珪。其子孙仕于魏，其中第三子高谧，其长子高树生自孝文帝以来参与怀朔镇军事，明帝孝昌初，"以树生有威略，授以大都督，令率劲勇，镇悍旧蕃"。高树生长子高欢，"即齐献武王也"。王鸣盛《十七史商榷》卷六八"高允与神武为近属"条引"案周文帝讨高欢檄，虽云'出自舆皂'，其家世却不贱。《神武本纪》云：'六世祖隐，隐生庆，庆生泰泰生湖，湖生谧，谧生树生，是为皇考。'然则允之祖即欢高祖，允是欢五世内从祖，近亲属也。欢贵，执魏权，以允之名德，无所追崇，恐有亡佚，且本纪之体，宜详先世官位，而反不言汉太傅后，于庆、泰、湖，但云'三世仕慕容氏'，而不著何官，亦为太简。"王鸣盛对高欢本纪于高允"名德，无所追崇"表示不解，怀疑史书"恐有亡佚"。对于高欢之家世及其与高允之族属关系，李慈铭则有疑议，断定高欢"伪造谱牒"："汉世无太傅裒其人，此明是高氏臣子伪造谱牒，岂为足信？魏收媚其君则可，《北史》削之，是也。"转引自黄曙辉校点《十七史商榷》此条校勘记，上海书店出版社2005年版，第547页。近代以来，考证高欢族属及其是否出自渤海高氏者甚众。其中最近的研究成果是仇鹿鸣的《"攀附先世"与"伪冒士籍"——以渤海高氏为中心的研究》（刊于《历史研究》2008年第2期），他根据日本学者滨口重国所考高湖一支很可能居于河州而非渤海乡里，以及高湖及其后人普遍尚武之文化与仕宦等表现，以为高湖一支"其非出自渤海高氏明矣"，"高欢一支乃是渤海高氏的假冒牌当可无疑"。就门第而言，渤海高氏本非汉魏旧门，其家族之崛起和门望之显盛，主要在十六国北朝时期逐步确立起来的，在此过程中，高允的仕宦地位及活动对其家族门望之提升具有标志性意义。

物称赞,"允少孤夙成,有奇度,清河崔玄伯见而异之,叹曰:'高子黄中内润,文明外照,必为一代伟器,但恐吾不见耳。'"然北魏灭后燕,高允长期隐而不显,至太武帝时,先"郡召功曹",神䴥三年,"世祖舅阳平王杜超行征南大将军,镇邺,以允为从事中郎,年四十余矣"①。然仅未及一年,杜超"府解",高允"还家教授"。高允在魏出仕迟滞,这当与魏燕更替的社会背景及河北士族社会的政治态度不无关系。

河北士族社会政治地位的变化,与太武帝朝的汉化变革密切相关。② 拓跋焘雄才大略,欲意有所作为,对外通过征战以终结诸族割据政权之纷争,对内则着力推进汉化变革。其当政以来,在朝中渐重河北士族代表崔浩等,诏征河北大族人士,以强化北魏王朝与汉族士族的结合,《魏书》卷四(上)《世祖纪上》载神䴥四年九月壬申诏曰:"顷逆命纵逸,方夏未宁,戎车屡驾,不遑休息。今二寇摧殄,士马无为,方将偃武修文,遵太平之化,理废职,举逸民,拔起幽穷,延登俊乂,昧旦思求,想遇师辅。虽殷宗之梦板筑,罔以加也。访诸有司,咸称范阳卢玄、博陵崔绰、赵郡李灵、河间邢颖、勃海高允、广平游雅、太原张伟等,皆贤俊之胄,冠冕州邦,有羽仪之用。《诗》不云乎,'鹤鸣九皋,声闻于天',庶得其人,任之政事,共臻邕熙之美。《易》曰:'我有好爵,吾与尔縻之。'如玄之比,隐迹衡门,不耀名誉者,尽敕州郡以礼发遣。"此次征士对象主要是河北地域具有代表性的士族人士,共42

---

① 关于高允当时年龄,曹道衡、沈玉成《中古文学史料丛考》(中华书局2003年版)"高允为中书博士"条有考证云:"神䴥三年(430)允年当三十五(允以太和十一年487卒,年九十八,当生于道武帝皇始元年396),为中书博士之年为三十六,云四十余,疑误。"(第712页)实际上,高允当出生于道武帝登国五年(390),故《魏书》所载不误。

② 拓跋珪征服河北后自有征用河北大族人士之举,明元帝时导向日益明确,《魏书》卷三《太宗纪》载永兴五年二月,"诏分遣使者巡求俊逸,其豪门强族为州闾所推者,及有文武才干、临疑能决,或有先贤世胄、德行清美、学优义博、可为人师者,各令诣京师,当随才叙用,以赞庶政"。这是北魏统治者征河北士族的自觉表现,但尚局限于访贤的层面,所得甚少,成效有限。

人，其中35人应征。① 高允晚年作《征士颂》，序文曰："……魏自神䴥已后，宇内平定，诛赫连积世之僭，扫穷发不羁之寇，南摧江楚，西荡凉域，殊方之外，慕义而至。于是偃兵息甲，修立文学，登延俊造，酬谘政事。梦想贤哲，思遇其人，访诸有司，以求名士。咸称范阳卢玄等四十二人，皆冠冕之胄，著问州邦，有羽仪之用。亲发明诏，以征玄等。乃旷官以待之，悬爵以縻之。其就命者三十五人，自余依例州郡所遣者不可称记。尔乃髦士盈朝，而济济之美兴焉。昔与之俱蒙斯举，或从容廊庙，或游集私门，上谈公务，下尽忻娱，以为千载一时，始于此矣。"颂文中又称拓跋焘"扫荡游氛，克剪妖霸，四海从风，八垠渐化。政教无外，既宁且一，偃武櫜兵，唯文是恤。帝乃旁求，搜贤举逸，岩隐投竿，异人并出。"② 同时，各州郡依例遣送人士至平城，史称拓跋焘下诏后，"遂征玄等及州郡所遣，至者数百人，皆差次叙用"③。拓跋焘诏征河北大族人士数十人，扩大了北魏朝廷汉族士人的队伍，改善了北魏上层统治集团的结构，推进了北魏的汉化进程。④ 魏太武帝所征诸人多"冠冕

---

① 关于此次应征人士之籍贯，由《魏书》卷四八《高允传》载《征士颂》所列诸人籍贯，可见除京兆杜铨、京兆韦阆、雁门王道雅、雁门闵弼等人外，大多为河北地域之大族人士。
② 《魏书》卷四八《高允传》。
③ 《魏书》卷四上《世祖纪上》。
④ 《魏书》卷八四《儒林传序》有言："世祖始光三年春，别起太学于城东，后征卢玄、高允等，而令州郡各举才学。于是人多砥尚，儒林转兴。"可见拓跋焘征士对于北魏汉化之意义。此后，拓跋焘依然重视延揽人士及其待遇，《魏书》卷四上《世祖纪上》载延和元年正月己巳诏曰："夫庆赏之行，所以褒崇勋旧，旌显贤能，以永无疆之休，其王公将军以下，普增爵秩，启国承家，修废官，举俊逸，蠲除烦苛，更定科制，务从轻均，除故革新，以正一统。群司当深思效绩，直道正身，立功立事，无或懈怠，称朕意焉。……先是，辟召贤良，而州郡多逼遣之。诏曰：'朕除伪平暴，征讨累年，思得英贤，缉熙治道，故诏州郡搜扬隐逸，进举贤俊。古之君子，养志衡门，德成业就，才为世使。或雍容雅步，三命而后至；或栖栖遑遑，负鼎而自达。虽徇尚不同，济时一也。诸召人皆当以礼申谕，任其进退，何逼遣之有也！此刺史、守宰宣扬失旨，岂复光益，乃所以彰朕不德。自今以后，各令乡闾推举，守宰但宣朕虚心求贤之意。既至，当待以不次之举，随才文武任之政事。其明宣敕，咸使闻知。'"可见当时拓跋焘"思得英贤，缉熙治道，故诏州郡搜扬隐逸，进举贤俊"，明确要求"当待以不次之举，随才文武任之政事"。

之胄，著问州邦"。"冠冕之胄"，是指其家族门户；"著问州邦"，则强调其德行声誉。从这两个方面看，高允堪称优选，名副其实。《魏书》本传载其"与卢玄等俱被征，拜中书博士"，开启了新的仕宦历程。①

纵观高允平生从政行迹，作为汉族士族代表，其入仕鲜卑拓跋氏政权，无论辅佐帝王、储嗣，还是供职于藩王幕府，他数十年如一日，始终恪守儒家忠直之道，力行谏诤匡益之举。《魏书》本传载其"迁侍郎，与太原张伟并以本官领卫大将军、乐安王范从事中郎。范，世祖之宠弟，西镇长安，允甚有匡益，秦人称之，寻被征还。……骠骑大将军、乐平王丕西讨上邽，复以本官参丕军事"。《魏书》卷一七《明元六王·乐平王丕传》载："乐平王丕，少有才干，为世所称。太宗以丕长，爱其器度，特优异之。泰常七年封，拜车骑大将军。后督河西、高平诸军讨南秦王杨难当，军至略阳，禁令齐肃，所过无私，百姓争致牛酒。难当惧，还仇池。而诸将议曰，若不诛豪帅，军还之后，必聚而为寇；又以大众远出，不有所掠，则无以充军实，赏将士。将从之。时中书侍郎高允参丕军事，谏曰：'今若诛之，是伤其向化之心，恐大军一还，为乱必速。'丕以为然，于是绥怀初附，秋毫无犯。"高允相继为乐安王拓跋范与乐平王拓跋丕僚属，对其镇抚地方之军政举措，"甚有匡益"。当时北魏征服诸地，往往施以残酷镇压与掠夺，导致民族矛盾激化，统治难以稳定。对此，高允辅佐诸王，敢于进言谏诤，以致对拓跋范

---

① 在太武帝神䴥年间诏征人士中，勃海高氏先后被征者有数人。《魏书》卷四八《高允传》载："始神䴥中，允与从叔济、族兄毗及同郡李金俱被征。"这是神䴥四年同批次所征。又，高允弟高推"早有名誉"，高燮"亦有文才"，二人随后也为魏太武帝所征。高燮拒征，"世祖每诏征，辞疾不应"。高允从叔高济"真君中，假员外常侍，赐爵浮阳子，使于刘义隆"。高推也出使刘宋，"太延中，以前后南使不称，妙简行人。游雅荐推应选。诏兼散骑常侍使刘义隆，南人称其才辩。遇疾卒于建业"。又，《魏书》卷五七《高祐传》载高祐为高允从祖弟，"祐弟钦，幼随从叔济使于刘义隆，还为中书学生，迁秘书中散"。太武帝"妙简行人"，高氏叔侄相继出使刘宋。由勃海高氏多人列于太武帝征士人选，可见其家族之门望及其人物之卓异。

"甚有匡益，秦人称之"；拓跋丕从高允之谏，"绥怀初附，秋毫无犯"，显现出鲜卑拓跋氏统治者征服与治理方式的变化。这在客观上减轻了北魏征服过程中对诸地民众的摧残，缓解了民族对抗情绪，也有助于北魏统治的稳定。

对于魏太武帝之刑政国策，高允寻机进谏。《魏书》本传载："世祖引允与论刑政，言甚称旨。因问允曰：'万机之务，何者为先？'是时多禁封良田，又京师游食者众。允因言曰：'臣少也贱，所知唯田，请言农事。古人云：方一里则为田三顷七十亩，百里则田三万七千顷。若勤之，则亩益三斗，不勤则亩损三斗。方百里损益之率，为粟二百二十二万斛，况以天下之广乎？若公私有储，虽遇饥年，复何忧哉？'世祖善之。遂除田禁，悉以授民。"高允借拓跋焘咨询刑政之机，针对当时"多禁封良田"而"请言农事"，主张解除田禁。拓跋氏起自游牧部族，对农耕经济缺乏深切体认，高允具体陈述"禁封良田"所造成的损害，太武帝深明其理，于是"遂除田禁，悉以授民"。高允此谏影响深远，启发鲜卑统治者重视农耕经济及其相关问题，这是其推行刑政汉化变革的社会基础。

拓跋焘长期征战，太子拓跋晃受命"监国"。高允为太子师傅，不仅传授经义，而且辅助施政，多有劝诫。《魏书》本传载：

> 恭宗季年，颇亲近左右，营立田园，以取其利。允谏曰："天地无私，故能覆载；王者无私，故能包养。昔之明王，以至公宰物，故藏金于山，藏珠于渊，示天下以无私，训天下以至俭。故美声盈溢，千载不衰。今殿下国之储贰，四海属心，言行举动，万方所则，而营立私田，畜养鸡犬，乃至贩酤市廛，与民争利，议声流布，不可追掩。夫天下者，殿下之天下，富有四海，何求而不获，何欲而弗从，而与贩夫贩妇竞此尺寸。昔虢之将亡，神乃下降，赐之土田，卒丧其国。汉之灵帝，不修人君之重，好于宫人列肆贩卖，私立府藏，以营小利，卒有颠覆倾乱之祸。前鉴若此，甚可畏惧。夫为人君者，必审于择

人。故称知人则哲，惟帝难之。《商书》云'无迩小人'，孔父有云，小人近之则不逊，远之则怨矣。武王爱周、邵、齐、毕，所以王天下。殷纣爱飞廉、恶来，所以丧其国。历观古今存亡之际，莫不由之。今东宫诚曰乏人，俊乂不少。顷来侍御左右者，恐非在朝之选。故愿殿下少察愚言，斥出佞邪，亲近忠良，所在田园，分给贫下，畜产贩卖，以时收散。如此则休声日至，谤议可除。"恭宗不纳。

高允明确指出拓跋晃两个方面的弊失，一是"亲近左右"，一是"营立田园，以取其利"，并从儒家学说与历史教训等角度直言进谏，要求其"斥出佞邪，亲近忠良，所在田园，分给贫下，畜产贩卖，以时收散"。然拓跋晃未加采纳，最终为佞人蒙蔽，政乱失意。

高允在文成帝拓拔濬朝进谏尤多，影响显著。《魏书》本传载："给事中郭善明，性多机巧，欲逞其能，劝高宗大起宫室。允谏曰：'臣闻太祖道武皇帝既定天下，始建都邑。其所营立，非因农隙，不有所兴。今建国已久，宫室已备，永安前殿足以朝会万国，西堂温室足以安御圣躬，紫楼临望可以观望远近。若广修壮丽为异观者，宜渐致之，不可仓卒。计斫材运土及诸杂役须二万人，丁夫充作，老小供饷，合四万人，半年可讫。古人有言：一夫不耕，或受其饥；一妇不织，或受其寒。况数万之众，其所损废，亦以多矣。推之于古，验之于今，必然之效也。诚圣主所宜思量。'高宗纳之。"显然，对技艺人士郭善明"欲逞其能，劝高宗大起宫室"，文成帝本有赞同之意，高允及时进谏，表示反对。首先，高允强调现有宫室可以满足基本需要，若意欲有所改善，"宜渐致之，不可仓卒"；其次，他劝导文成帝节省民力，不误农时，传授农耕社会"一夫不耕，或受其饥；一妇不织，或受其寒"的道理，而工程巨大，"数万之众，其所损废，亦以多矣"。文成帝知晓其理，于是欣然纳之。①

　　高允对文成帝个人生活及其施政，相关谏议颇多，由于其主要采取"面谏"的方式，具体内容，无从得知。对此，《魏书》高允本传载："允言如此非一，高宗从容听之。或有触迕，帝所不忍闻者，命左右扶出。事有不便，允辄求见，高宗知允意，逆屏左右以待之。礼敬甚重，晨入暮出，或积日居中，朝臣莫知所论。"② 可见当时高允进谏之频繁，态度之坚决。总体而言，文成帝对高允颇为信重，对其所谏往往"从容听之"，"礼敬甚重"。作为忠直之臣，高允每有所谏，总是请求面见，以便直接陈述谏议，为使高允畅所欲言，文成帝往往"逆屏左右以待之"，以致"朝臣莫知所论"③。对高允之"面谏"方式，可略作分析。一是高允所谏，当多直接涉及君主个人生活与军政成策，所谓"或有触迕，帝所不忍闻者，命左右扶出"，必然触及关键问题。二是高允谏诤态度坚决，充分表达其看法，其进宫往往"晨入暮出，或积日居中"。三是这一谏议方

---

① 北魏首都平城之建设，逯耀东在《北魏平城对洛阳规建的影响》（收入氏著《从平城到洛阳——拓跋魏文化转变的历程》，中华书局2006年版）详细考察北魏前期平城的建筑情况，自道武帝拓跋珪天赐三年（406）开始，历明元帝拓跋嗣、太武帝拓跋焘续有扩建，但据《南齐书》卷五七《魏虏传》所载相关情形，平城的建筑颇为简陋，"这些建筑后来在文成、献文两朝，没有太大的变动"。（第172页）其实，文成帝本有意大兴土木，郭善明"劝高宗大起宫室"，文成有所实施，《魏书》卷九一《术艺·蒋少游传》载："初，高宗时，郭善明甚机巧，北京宫殿，多其制作。"又，《魏书》卷五《高宗纪》载太安四年三月丙辰，"起太华殿"；九月辛亥，"太华殿成"。当然，文成帝在宫殿建筑虽有所为，但毕竟没有"大起宫室"，以致平城建筑格局"没有太大的变动"。之所以如此，显然在于文成帝听从了高允的劝谏。
② 《通鉴》卷一二八宋孝武帝大明二年载此，其中有高允所谏，"语或痛切，帝所不忍闻，命左右扶出，然终善遇之"。胡三省注曰："屏左右者，欲其言无不尽。"
③ 高允面谏文成帝，内外"朝臣莫知所论"，但由《魏书》卷五《高宗纪》所载其一再诏令赦免民众死罪，整肃刑罚与吏治，蠲除烦苛、与民休息，移风易俗，如太安四年五月壬戌诏称"朕即阼至今，屡下宽大之旨，蠲除烦苛，去诸不急，欲令物获其所，人安其业"云云，类似诏令颇多，表现出励精图治的政治追求。在太武帝军事征伐之后，文成帝力行变革，颇富成效，故魏收在其纪末论曰："世祖经略四方，内颇虚耗。既而国衅时艰，朝野楚楚。高宗与时消息，静以镇之，养威布德，怀缉中外。自非机悟深裕，矜济为心，孰何能若此！可谓有君人之度矣。"文成帝对北魏统治方式的转变影响颇著，其具体政策调整，当多与高允之谏诤密切相关。

式，既可为君隐恶，又可为君扬善。在面谈中高允所陈之事及其态度，外人皆不得而知，而文成帝接受高允所谏则可避免失误。文成帝与高允君臣间如此谏诤与纳谏，可谓佳话。文成帝对高允之"面谏"甚为感佩，《魏书·高允传》载："或有上事陈得失者，高宗省而谓群臣曰：'君父一也，父有是非，子何为不作书于人中谏之，使人知恶，而于家内隐处也。岂不以父亲，恐恶彰于外也。今国家善恶，不能面陈而上表显谏，此岂不彰君之短，明己之美。至如高允者，真忠臣矣。朕有是非，常正言面论，至朕所不乐闻者，皆侃侃言说，无所避就。朕闻其过，而天下不知其谏，岂不忠乎！汝等在左右，曾不闻一正言，但伺朕喜时求官乞职。汝等把弓刀侍朕左右，徒立劳耳，皆至公王。此人把笔匡我国家，不过作郎。汝等不自愧乎？'于是拜允中书令，著作如故。"高允出于"致君尧舜"的儒学士大夫的理想，对君主"常正言面论"，即便君主"所不乐闻者，皆侃侃言说，无所避就"，绝不妥协，目的在于使君主闻过改失，故文成帝称其为"真忠臣"。①

此后，高允作为儒学士大夫朝臣首望，历仕献文帝、孝文帝二朝，其中包括冯太后主政，在北魏汉化氛围日渐浓郁的背景下，高允的具体谏诤有所减少，其中直接关系朝政的是献文帝传位之议。《魏书》本传载："显祖时有不豫，以高祖冲幼，欲立京兆王子推，集诸大臣以次召问。允进跪上前，涕泣曰：'臣不敢多言，以劳神听，愿陛下上思宗庙托付之重，追念周公抱成王之事。'显祖于是传位于高祖。"献文帝禅位，关乎北魏统绪，拓跋氏宗室人物多有谏诤。高允所谏，对最终"传位于高祖"有一定作用，因而"赐帛千

---

① 对于高允在景穆太子、文成帝、献文帝执政时期的进谏表现，日本学者川胜义雄以为，十六国北朝诸胡族王朝立国后的"宗室性军事封建制"具有与生俱来的腐败堕落的倾向，"以高允为首的汉族知识人努力阻止这一倾向的发展，然而拓跋晃对高允的忠告充耳不闻。从这一点也就可以看出，在文成、献文二帝时期，高允等人的压制力是收不到什么明显效果的"。（见［日］川胜义雄著，林晓光译《魏晋南北朝》，九州出版社2022年版，第308页）从文成帝对高允进谏方式及其所谏内容的称赞，可见文成帝时期高允进言还是有一定成效的，这有助于当时拓跋统治者的汉化。

匹，以标忠亮。又迁中书监，加散骑常侍。……以定议之勋，进爵咸阳公，加镇东将军"①。

二 "忠而不伐"：高允忠实谦谨之儒者品格

高允为人崇尚忠贞、诚实与谦谨。《魏书》本传载："辽东公翟黑子有宠于世祖，奉使并州，受布千匹，事寻发觉。黑子请计于允曰：'主上问我，为首为讳乎？'允曰：'公帷幄宠臣，答诏宜实。又自告忠诚，罪必无虑。'中书侍郎崔览、公孙质等咸言首实罪不可测，宜讳之。黑子以览等为亲己，而反怒允曰：'如君言，诱我死，何其不直！'遂与允绝。黑子以不实对，竟为世祖所疏，终获罪戮。"拓跋焘宠臣翟黑子贪赃事发，高允劝其"自告忠诚"，"答诏宜实"，当可获得谅解，保全性命，然翟黑子不解此理，"以不实对"，"终获罪戮"。高允如此教人，自律甚严，其为人处世一贯秉持忠贞、诚实的作风，即便身处生死攸关之险境，依然如故，显现出儒者大智若愚的品格。

高允平生最凶险的遭遇是卷入太武帝时期的"国史之狱"。据《魏书》卷三五《崔浩传》，"初，太祖诏尚书郎邓渊著《国记》十余卷，编年次事，体例未成。逮于太宗，废而不述。神䴥二年，诏

---

① 《通鉴》卷一三三宋明帝泰始七年八月载此事，胡三省注云："高允之言婉而当，且发于众言交进之后，故转移上意，为力差易。"对于献文帝之禅位，牵涉献文帝与冯太后二人之间的权力斗争，当时献文帝年仅十七八岁，竟然主动提出让位于宗室拓跋子推，自己做"太上皇"。实际上，当时冯太后以"母养"之名控制着太子拓跋宏，逼迫献文帝让位于太子。《魏书》卷一〇五之三《天象志三》便载："上迫于太后，传位太子，是为孝文帝。"对此，李凭在《北魏平城时代》（上海古籍出版社2014年版）中有考析，指出献文帝与冯太后各自组织势力，朝臣中支持冯太后者，"如东阳公拓跋丕、任城王拓跋云、阉官赵黑以及源贺、陆馛、高允等人，他们的立场在献文帝禅位事件中表演得都很充分"。（第201页）确实，正由于得到了各方面具有代表性人物的支持，冯太后最终获得了胜利。具体就高允而言，他在平定乙浑之乱过程中已亲附冯氏，此后倍受礼遇。不过，作为当时汉族士大夫朝臣首望，在献文帝禅位论议中，高允主张禅位太子孝文帝，固然有其政治考量，当主要出自儒学士族的礼法观念，并非仅仅由其政治依附所决定的。从这个意义上说，高允之"定议之勋"，体现了士族社会的态度。

集诸文人撰录国书，浩及弟览、高谠、邓颖、晁继、范亨、黄辅等共参著作，叙成《国书》三十卷"。在此基础上，太武帝诏命崔浩撰修国史，"公德冠朝列，言为世范，小大之任，望君存之。命公留台，综理史务，述成此书，务从实录"。崔浩于是"监秘书事，以中书侍郎高允、散骑侍郎张伟参著作，续成前纪。至于损益褒贬，折中润色，浩所总焉"。国史告成，"著作令史太原闵湛、赵郡郄標素谄事浩，乃请立石铭，刊载《国书》，并勒所注《五经》。浩赞成之。恭宗善焉，遂营于天郊东三里，方百三十步，用功三百万乃讫"。鲜卑保守势力攻击崔浩国史"备而不典"，以致"真君十一年六月诛浩，清河崔氏无远近，范阳卢氏、太原郭氏、河东柳氏，皆浩之姻亲，尽夷其族。初，郄標等立石铭刊《国记》，浩尽述国事，备而不典。而石铭显在衢路，往来行者咸以为言，事遂闻发。有司按验浩，取秘书郎吏及长历生数百人意状。浩伏受赇，其秘书郎吏已下尽死"。"《国史》之狱"所涉甚广，以崔浩为代表的北方士族社会受到沉重打击，北魏汉化进程遭受挫折。

高允参与国史修撰，受到牵连，《魏书》本传载"诏允与司徒崔浩述成《国记》，以本官领著作郎"。高允在国史修撰过程中，对崔浩及其僚属过于张扬的表现已有警觉，"是时，著作令史闵湛、郄標性巧佞，为浩信待。见浩所注《诗》《论语》《尚书》《易》，遂上疏，言马、郑、王、贾虽注述《六经》，并多疏谬，不如浩之精微。乞收境内诸书，藏之秘府。班浩所注，命天下习业。并求敕浩注《礼传》，令后生得观正义。浩亦表荐湛有著述之才。既而劝浩刊所撰国史于石，用垂不朽，欲以彰浩直笔之迹。允闻之，谓著作郎宗钦曰：'闵湛所营，分寸之间，恐为崔门万世之祸。吾徒无类矣。'未几而难作"。崔浩通过修撰国史，以其僚属为核心，形成了一个汉族士人集团。在学术领域，他们宣扬崔浩之成就，以其所注儒家经典超迈前人，"班浩所注，命天下习业"；又将崔浩所撰国史铭刻于石，"用垂不朽"。崔浩僚属闵湛等人的这一做法，显然意在推崇崔浩。对此，高允深表忧虑，以为不仅"恐为崔门万世之祸"，而且对士族社会造成巨大的伤害，即所谓"吾徒无类矣"。

高允在修史过程中作用仅次于崔浩，故国史狱难，其亦难免性命之虞，然太武帝赦之，终得保全。《魏书》本传载：

> 初，浩之被收也，允直中书省。恭宗使东宫侍郎吴延召允，仍留宿宫内。翌日，恭宗入奏世祖，命允骖乘。至宫门，谓曰："入当见至尊，吾自导卿。脱至尊有问，但依吾语。"允请曰："为何等事也？"恭宗曰："入自知之。"既入见帝。恭宗曰："中书侍郎高允自在臣宫，同处累年，小心密慎，臣所委悉。虽与浩同事，然允微贱，制由于浩。请赦其命。"世祖召允，谓曰："《国书》皆崔浩作不？"允对曰："《太祖纪》，前著作郎邓渊所撰。《先帝纪》及《今记》，臣与浩同作。然浩综务处多，总裁而已。至于注疏，臣多于浩。"世祖大怒曰："此甚于浩，安有生路！"恭宗曰："天威严重，允是小臣，迷乱失次耳。臣向备问，皆云浩作。"世祖问："如东宫言不？"允曰："臣以下才，谬参著作，犯逆天威，罪应灭族，今已分死，不敢虚妄。殿下以臣侍讲日久，哀臣乞命耳。实不问臣，臣无此言。臣以实对，不敢迷乱。"世祖谓恭宗曰："直哉！此亦人情所难，而能临死不移，不亦难乎！且对君以实，贞臣也。如此言，宁失一有罪，宜宥之。"允竟得免。于是召浩前，使人诘浩。浩惶惑不能对。允事事申明，皆有条理。时世祖怒甚，敕允为诏，自浩已下、僮吏已上百二十八人皆夷五族。允持疑不为，频诏催切。允乞更一见，然后为诏。诏引前，允曰："浩之所坐，若更有余衅，非臣敢知。直以犯触，罪不至死。"世祖怒，命介士执允。恭宗拜请。世祖曰："无此人忿朕，当有数千口死矣。"浩竟族灭，余皆身死。宗钦临刑，叹曰："高允其殆圣乎！"

高允终得免祸，除了拓跋晃极力请求太武帝赦免以保其性命外，① 与其个人品德不无关系。在生死攸关的紧要时刻，高允坦陈修史"浩综务处多，总裁而已。至于注疏，臣多于浩"②，以致拓跋焘称其"直哉！此亦人情所难，而能临死不移，不亦难乎！且对君以实，贞臣也"。不仅如此，高允受命起草诛戮崔浩等人诏书，他冒死为崔浩等人求情，以为修史之失"罪不至死"，尽管太武帝一度怒之，但最终改变了原本"自浩已下、僮吏已上百二十八人皆夷五族"的诛戮方案，除崔浩"族灭"外，"余皆身死"，故太武帝说，"无此人忿朕，当有数千口死矣"。由于高允之忠谨诚实，得到太武帝谅解，这不仅保全了其自身性命，而且护佑了诸多涉案人士之宗族，宗钦因此临终感叹："高允其殆圣乎！"③

高允为人之忠贞、诚实，作为一种性格修养，已臻于自觉的境界。他明确反对并抵制投机言行。国史之狱后，太子拓跋晃检点高

---

① 关于拓跋晃救护高允，《魏书》卷四八《高允传》载："恭宗之崩也，允久不进见。后世祖召，允升阶歔欷，悲不能止。世祖流泪，命允使出。左右莫知其故，相谓曰：'高允无何悲泣，令至尊哀伤，何也？'世祖闻之，召而谓曰：'汝不知高允悲乎？'左右曰：'臣等见允无言而泣，陛下为之悲伤，是以窃言耳。'世祖曰：'崔浩诛时，允亦应死，东宫苦谏，是以得免。今无东宫，见允朕因悲耳。'"拓跋焘明言"崔浩诛时，允亦应死，东宫苦谏，是以得免"，可见高允之得免死罪，颇有赖拓跋晃之苦谏。

② 由高允所言，国史修撰，崔浩主持其事，至于具体编撰，高允实多于崔浩。周一良先生《魏晋南北朝史札记》（中华书局1985年版）"崔浩国史之狱"条据此论曰："似崔浩仅任主编，具体执笔甚少。然此实高允为崔浩开脱罪责之词。……由崔浩对所撰国史之沾沾自喜，大费功力，刊刻于石，足见其决非挂名之主编而已。……细绎两史崔浩传文，国书最大问题盖在'备而不典'四字，以致触怒鲜卑贵族，得罪于太武帝，终罹大祸。主要责任不在他人，而在崔浩。"（第343—344页）崔浩以国史之狱而死，其中背景极其复杂，但北魏一代修史确实存在着民族意识问题，直到北魏末，鲜卑保守势力依然表现出民族情绪，《魏书》卷八一《山伟传》载：山伟"河南洛阳人也，其先代人"，"国史自邓渊、崔琛、崔浩、高允、李彪、崔光以还，诸人相继撰录，綦俊及伟等诣说上党王天穆及尔朱世隆，以为国书正应代人修缉，不宜委之余人，是以俊、伟等更主大籍。守旧而已，初无述著。故自崔鸿死后，迄终伟身，二十许载，时事荡然，万不记一，后人执笔，无所凭据，史之遗阙，伟之由也"。这是在河阴之变后，作为代人之后的山伟等人利用鲜卑保守势力之复辟而掌控修史之职，从其所谓"国书正应代人修缉，不宜委之余人"，可见代人之民族意识。

③ 《魏书》卷四八《高允传》载太武帝后，高允长期主持修史，其具体做法"大较续崔浩故事"。由此可见崔浩修史之原则本无疑议，故国史之狱，其中确实不无隐情。

允应对太武帝之表现，《魏书》本传载：

> 恭宗后让允曰："人当知机，不知机，学复何益？当尔之时，吾导卿端绪，何故不从人言，怒帝如此。每一念之，使人心悸。"允曰："臣东野凡生，本无宦意。属休延之会，应旌弓之举，释褐凤池，仍参麟阁，尸素官荣，妨贤已久。夫史籍者，帝王之实录，将来之炯戒，今之所以观往，后之所以知今。是以言行举动，莫不备载，故人君慎焉。然浩世受殊遇，荣曜当时，孤负圣恩，自贻灰灭。即浩之迹，时有可论。浩以蓬蒿之才，荷栋梁之重，在朝无謇谔之节，退私无委蛇之称，私欲没其公廉，爱憎蔽其直理，此浩之责也。至于书朝廷起居之迹，言国家得失之事，此亦为史之大体，未为多违。然臣与浩实同其事，死生荣辱，义无独殊。诚荷殿下大造之慈，违心苟免，非臣之意。"恭宗动容称叹。允后与人言，我不奉东宫导旨者，恐负翟黑子。

拓跋晃劝喻高允"人当知机"，高允表示崔浩修史罪不至死，本人"与浩实同其事，死生荣辱，义无独殊"。可见，即便面对生死抉择，高允依然秉持儒者之忠贞本色，表现出舍生取义的节操，拓跋晃为之"动容称叹"。

在为人方面，高允具有谦谨、内敛的特质。对此，与之相交者如游雅等感触尤深，并与崔浩有所比较。《魏书·高允传》载：

> 初，允与游雅及太原张伟同业相友，雅尝论允曰："夫喜怒者，有生所不能无也。而前史载卓公宽中，文饶洪量，褊心者或之弗信。余与高子游处四十年矣，未尝见其是非愠喜之色，不亦信哉。高子内文明而外柔弱，其言呐呐不能出口，余常呼为'文子'。崔公谓余云：'高生丰才博学，一代佳士，所乏者矫矫风节耳。'余亦然之。司徒之谴，起于纤微，及于诏责，崔

公声嘶股战不能言，宗钦已下伏地流汗，都无人色。高子敷陈事理，申释是非，辞义清辩，音韵高亮。明主为之动容，听者无不称善。仁及僚友，保兹元吉，向之所谓矫矫者，更在斯乎？宗爱之任势也，威振四海。尝召百司于都坐，王公以下，望庭毕拜，高子独升阶长揖。由此观之，汲长孺可卧见卫青，何抗礼之有！向之所谓风节者，得不谓此乎？知人固不易，人亦不易知。吾既失之于心内，崔亦漏之于形外。钟期止听于伯牙，夷吾见明于鲍叔，良有以也。"其为人物所推如此。①

游雅与高允为拓跋焘神䴥四年所征名士，"同业相友"，他称"余与高子游处四十年矣，未尝见其是非愠喜之色"，"高子内文明而外柔弱，其言呐呐不能出口，余常呼为'文子'"；崔浩称其"丰才博学，一代佳士，所乏者矫矫风节耳"。这都涉及高允谦谨、内敛、自律之性格特征。实际上，高允"内文明而外柔弱"，其内在德行修养积蕴深厚，遭遇祸难，则显现出刚正不阿的特质。国史难作，面对拓跋焘之严厉诏责，一贯恃宠自傲的崔浩竟然"声嘶股战不能言，宗钦已下伏地流汗，都无人色"，而高允"敷陈事理，申释是非，辞义清辩，音韵高亮。明主为之动容，听者无不称善。仁及僚友，保兹元吉，向之所谓矫矫者，更在斯乎？"② 权臣宗爱一度"威振四海"，"王公以下，望庭毕拜，高子独升阶长揖"。可见平素文弱的

---

① 《通鉴》卷一二八宋孝武帝大明二年载此段文字，胡三省注云："言以高允之揖宗爱观之，则汲黯可以卧见卫青，与之抗礼，未为过也。"这也意在表彰高允之庄严典正之士风。
② 隋人王通《中说》卷四《周公篇》载："杜淹问：'崔浩何人也？'子曰：'迫人也，执小道，乱大经。'"文中子所论未必准确允当，所谓"迫人"云云，涉及崔浩之品性，聊备一说。吕思勉《两晋南北朝史》（上海古籍出版社1983年版）第八章第六节论及崔浩事，以为崔浩死因主要在于他组织反魏，故有关《魏书》所载相关史事，以为是"魏史之伪造不足信旧矣"，"至于高允召问时之辞，则又多半出于后来之附会者也"（第379—381页）。《吕思勉读史札记》（上海古籍出版社2005年版）丙帙魏晋南北朝部分"崔浩论"条也论此，以为崔浩之死因非由史事，对游雅所言高允、崔浩面对拓跋焘诘责之表现，以为"夫允之为人，岂强于浩？而是时能如是者，浩之所坐，本非史事，允实明知故也"。（第905—906页）

高允面对生死与强权，往往无所畏惧，深得士众推许。前述高允与文成帝"面论"，文成帝称"朕有是非，常正言面论，至朕所不乐闻者，皆侃侃言说，无所避就"，可见高允之刚毅，也体现出其儒者之"矫矫风节"。

高允待人"宽柔"，具有包容心。《魏书》卷五四《游雅传》载："游雅，自伯度，小名黄头，广平任人也。少好学，有高才。世祖时与勃海高允等俱知名，征拜中书博士……雅性刚㦤，好自矜诞，陵猎人物。高允重雅文学，而雅轻薄允才，允性柔宽，不以为恨。允将婚于邢氏，雅劝允娶于其族，允不从。雅曰：'人贵河间邢，不胜广平游。人自弃伯度，我自敬黄头。'贵己贱人，皆此类也。允著《征士颂》，殊为重雅，事在《允传》。"可见游雅"性刚㦤，好自矜诞，陵猎人物"，对高允也多有轻薄言行，"允重雅文学，而雅轻薄允才"，然"允性柔宽，不以为恨"，多有包容。[①] 这充分体现了高允待人宽柔厚道的品格。

特别需要指出，高允的这种宽柔品格，不仅体现在与上层社会的交往活动中，在他与地位相对较低的人物交往中也有所体现，据《魏书》本传，高允晚年受到孝文帝、冯太后的特殊礼遇，以其年长，备为顾问，"问以政治"，曾"有事西郊，诏以御马车迎允就郊所板殿观瞩。马忽惊奔，车覆，伤眉三处。高祖、文明太后遣医药护治，存问相望。司驾将处重坐，允启陈无恙，乞免其罪。先是，命中黄门苏兴寿扶持允，曾雪中遇犬惊倒，扶者大惧。允慰勉之，不令闻彻。兴寿称共允接事三年，未尝见其忿色。……虽处贵重，志同贫素。……性又简至，不妄交游"。可见高允待人之谦抑自律，始终表里如一。

高允兼具忠贞、诚实、谦谨、宽柔等内在性格特质，相互作用，

[①] 《魏书》卷四八《高允传》载高允《征士颂》称颂游雅曰："孔称游夏，汉美渊云，越哉伯度，出类踰群。司言秘阁，作牧河汾，移风易俗，理乱解纷。融彼滞义，涣此潜文，儒道以析，九流以分。"对游雅之为学与事功皆加赞誉，所谓"允著《征士颂》，殊为重雅"，确不为虚。

形成其独特的"忠而不伐"的为臣之道与从政作风。《魏书》本传载："及高宗即位，允颇有谋焉。司徒陆丽等皆受重赏，允既不蒙褒异，又终身不言。其忠而不伐，皆此类也。"① 高允助文成帝得大位，对"既不蒙褒异，又终身不言"，即为"忠而不伐"。难能可贵的是，高允对待个人名利，非一时一事，而是始终如一，即所谓"皆此类也"。作为崇尚名节的高尚儒者，高允之"忠而不伐"，体现出效忠君主以实现天下为公的社会理想的为政宗旨，而非处心积虑地谋求一己私利。高允的相关表现，确实对此做出了诠释。据前引文成帝所言，高允应征以来，虽多有业绩，但官职长期"不过为郎"，即便对文成帝继位有功，亦"终身不言"。《魏书》本传载："初与允同征游雅等多至通官封侯，及允部下吏百数十人亦至刺史二千石，而允为郎二十七年不徙官。"在文成帝擢为中书令之前，高允二十七年未得徙职升迁，② 可谓长期沉滞，不仅与其同征者多有升职封侯者，甚至其部属下吏也多有位至刺史、二千石者。③ 高允职位不迁，固然与当时鲜卑统治集团的用人导向及其政策密切相关，也与其"忠而不伐"的政治品格不无关系。他对拓跋晃所言"臣东野凡生，本无宦意"云云，并非虚辞。④

---

① 《通鉴》卷一二六宋文帝元嘉二十九年载此，胡三省注曰："高允不言功，其后位遇隆厚，天岂啬其报也。"
② 《通鉴》卷一二八宋孝武帝大明二年载此事，对高允"二十七年不徙官"，胡三省注云："魏世祖神䴥四年，允征拜中书博士，领著作郎，至是年二十五年耳。"
③ 《通鉴》卷一二八宋孝武帝大明二年载此事，对所谓"部下吏"，胡三省注云："部下吏，谓中书之吏尝事允在部下者。"
④ 对于因"国史之狱"崔浩遭诛后以高允为代表的汉族士人群体的处境，日本学者川胜义雄指出，"因国史事件而遭到弹压以来，从文成、献文二帝到冯太后摄政时代，汉族士大夫在官僚界的力量，表面上大为减退了，已不复前朝崔浩时期那样煊赫夺目。曾与崔浩一同从事国史编纂的高允，侥幸逃过一劫，未被弹压，却在长达二十七年之间官位未能晋升一步，但他只能默然任职，并无怨恨之色，当时被奉为汉族士大夫的指导者。他们在胡族政权底下，尽管前途黯然无光，却为了支撑华北农村社会的秩序，一直朴实不懈地努力着"。（见前揭《魏晋南北朝》，九州出版社2022年版，第307页）这是从太武帝诛杀崔浩之后汉族士人群体的整体处境及其致力于维护鲜汉合作局面的角度立论的，从中可见高允之品德。

此外，对于物质待遇，高允素来为政清平，颇为淡泊，《魏书》本传载其为阳平王杜超从事中郎，"超以方春而诸州囚多不决，乃表允与中郎吕熙等分诣诸州，共评狱事。熙等皆以贪秽得罪，唯允以清平获赏"。高允应征入朝后，生活颇为困窘，《魏书》本传载："拜允中书令，著作如故，司徒陆丽曰：'高允虽蒙宠待，而家贫布衣，妻子不立。'高宗怒曰：'何不先言！今见朕用之，方言其贫。'是日幸允第，惟草屋数间，布被缊袍，厨中盐菜而已。高宗叹息曰：'古人之清贫岂有此乎！'即赐帛五百匹、粟千斛，拜长子忱为绥远将军、长乐太守。允频表固让，高宗不许。……时百官无禄，允常使诸子樵采自给。"高允长期"家贫布衣，妻子不立"，文成帝亲幸其家，目睹其状，叹曰"古人之清贫岂有此乎！"及至孝文帝时期，高允贵为士大夫社会领袖，地位显赫，年逾九旬，依然克己自守，"虽处贵重，志同贫素"，孝文帝诏称"年涉危境，而家贫养薄"。不仅如此，高允对其子弟管教甚严，"是时贵臣之门，皆罗列显官，而允子弟皆无官爵。其廉退若此"[①]。

高允品格如此，堪称典范。随着年辈渐增，自文成帝以来，高允成为士族朝臣公认之首望，倍受尊崇。《魏书》本传载："高宗重

[①] 高允诸子为人、为政颇受乃父影响，《魏书》卷四八《高允传》附载其长子高忱"以父任除绥远将军、长乐太守。为政宽惠，民庶安之"；次子高怀，"任城王云郎中令、大将军从事中郎，授中散。恬淡退静，不竞世利，在散辈十八年不易官"。高允弟高燮，"世祖每诏征，辞疾不应。恒讥笑允屈折久宦，栖泊京邑。常从容于家"。可见高允及其家族人物颇为淡泊，显现出"恬淡退静，不竞世利"的门风特征。对于高允一生事迹，《太平广记》卷一六五引《谈薮》有述："后魏高允字伯恭，燕太尉中郎韬之子，早有奇度，博通经史。神麚中，与范阳卢玄、赵郡李灵、博陵崔鉴等，以贤俊之胄，同被诏征。拜中书侍郎领著作，与崔浩同撰书，及浩遇害，以允忠直不苟，特见原宥。性清俭，虽累居显贵，而志同贫贱。高宗幸其宅，唯草屋数间，布被缊袍，厨中盐菜而已。帝叹曰：'古之清贫，岂有此乎！'赐之粟帛。"参见（隋）阳玠撰，黄大宏校笺《八代谈薮校笺》（中华书局2010年版）正编卷上北朝元魏第一"渤海高允忠直清俭"条辑校。阳玠概述人物事迹，节录其核心，由其所叙高允事迹，主要有二，即"忠直"与"清俭"，可谓得神。

允，常不名之，恒呼为'令公'。'令公'之号，播于四远矣。"① 文成帝之后，文明太后冯氏"引允禁中，参决大政"②。献文帝诏称高允"儒宗元老，朝望旧德"③。孝文帝之初，"又迁中书监，加散骑常侍。……以定议之勋，进爵咸阳公，加镇东将军"。其间，"寻授使持节、散骑常侍、征西将军、怀州刺史"。当时高允年近九十，一再请求致仕，《魏书》本传载："太和二年，又以老乞还乡里，十余章，上卒不听许，遂以疾告归。其年，诏以安车征允，敕州郡发遣。至都，拜镇军大将军，领中书监"。冯太后、孝文帝对高允甚为崇敬，其间"迁尚书、散骑常侍，时延入，备几杖，问以政治。十年，加光禄大夫、金章紫绶。朝之大议，皆咨访焉"。由"问以政治""朝之大议，皆咨访焉"，可见冯太后、孝文帝以年高望重的高允充任顾问。为此，朝廷提供了充分的保障条件，"诏允乘车入殿，朝贺不拜"；专门安排黄门苏寿兴负责相关事宜。生活待遇优厚，以"允年涉危境，而家贫养薄。可令乐部丝竹十人，五日一诣允，以娱其志"，"特赐允蜀牛一头，四望蜀车一乘，素几杖各一，蜀刀一口。又赐珍味，每春秋常致之。寻诏朝晡给膳，朔望致牛酒，衣服绵绢，每月送给"。特别在医疗方面，"先卒旬外，微有不适。犹不寝卧，呼医请药，出入行止，吟咏如常。高祖、文明太后闻而遣医李修往脉视之，告以无恙。修入，密陈允荣卫有异，惧其不久。于是遣使备赐御膳珍馐，自酒米至于盐醢百有余品，皆尽时味，及床帐、衣

---

① 关于文成帝对高允之敬重，《魏书》卷三三《贾彝传附子贾秀传》载："时秀与中书令勃海高允俱以儒旧见重于时，皆选拟方岳，以询访见留，各听长子出为郡守。"贾氏也为河北士族，据本传所载，贾彝"本武威姑臧人也。六世祖敷，魏幽州刺史、广川都亭侯，子孙因家焉"。贾秀历中书博士、中书侍郎、太子中庶子等职，侍奉景穆太子，与高允有大致相同的经历，故"高宗以秀东宫旧臣"，颇为信重。

② 《魏书》卷五四《高闾传》载高闾渔阳雍奴人，"本名驴，司徒崔浩见而奇之，乃改为闾而字焉。真君九年，征拜中书博士。和平末，迁中书侍郎。高宗崩，乙浑擅权，内外危惧。文明太后临朝，诛浑，引闾与中书令高允入于禁内，参决大政，赐爵安乐子"。

③ 《魏书》卷三八《刁雍传》载："皇兴中，雍与陇西王源贺及中书监高允等并以耆年特见优礼，赐雍几杖，剑履上殿，月致珍羞焉。"

服、茵被、几杖，罗列于庭。王官往还，慰问相属。允喜形于色，……表谢而已，不有他虑。如是数日，夜中卒，家人莫觉"。高允卒于太和十一年正月，享年九十八，朝廷赠赏丰厚以助其丧葬，"诏给绢一千匹、布二千匹、绵五百斤、锦五十匹、杂采百匹、谷千斛以周丧用。魏初以来，存亡蒙赉者莫及焉，朝廷荣之。将葬，赠侍中、司空公、冀州刺史，将军、公如故，谥曰文，赐命服一袭"①。由上述可见，高允长寿，德望崇高，其后期深得文成、献文、孝文及冯太后等统治人物之尊崇。

三 "丰才博学，一代佳士"：高允之文化修养及其对北魏教化之影响

高允自少便以才学著称。崔浩为北魏前期之通儒，遍注群经，兼善术数，《魏书》卷三五《崔浩传》载其"少好文学，博览经史，玄象阴阳，百家之言，无不关综，研精义理，时人莫及"，魏收称"崔浩才艺通博，究览天人，政事筹策，时莫之二，此其所以自比于子房也"。崔浩甚为自负，他称赞高允"丰才博学，一代佳士"，当非虚辞，可视为定评。

作为儒学士族子弟，高允自幼受到良好的学术文化启蒙和教育，据《魏书》本传，高允"性好文学，担笈负书，千里就业。博通经史天文术数，尤好《春秋公羊》"。当时北方士族社会在学术上以经学为根本，兼及术数与诸史，这是北朝通博大儒之学术根柢所在。在经学方面，高允学养深厚，曾立学授业，杜超镇邺，大将军"府解，还家教授，受业者千余人"，可见其颇具学术影响力；高允涉猎群经，"尤好《春秋公羊》"，其经学著述有《左氏》《公羊释》《毛

---

① 关于冯太后、孝文帝遣御医李修为高允诊治疾病，《魏书》卷九一《术艺·李修传》载："太和中，常在禁内。高祖、文明太后时有不豫，修侍针药，治多有效。……先是咸阳公高允虽年且百岁，而气力尚康，高祖、文明太后时令修诊视之。一旦奏言，允脉竭气微，大命无远。未几果亡。"

诗拾遗》《论杂解》《议何郑膏肓事》等，惜已亡佚，无以深究。①又，《魏书》本传载："时中书博士索敞与侍郎傅默、梁祚论名字贵贱，著议纷纭。允遂著《名字论》以释其惑，甚有典证。"关于"名字贵贱"，自当涉及文字训诂、经史礼俗等相关学术文化问题，针对当时"著议纷纭"状况，高允著论"以释其惑，甚有典证"，可见其精深博通。

在史学方面，前已述及太武帝时高允协助崔浩"述成《国记》"。在国史之狱中，高允对太武帝说"浩综务处多，总裁而已。至于注疏，臣多于浩"，这虽不无为崔浩开脱之意，但也表明他对魏国史撰修之作用非同一般。文成帝以来，高允受命主持修撰北魏国史，②《魏书》本传载献文帝时，"迁中书监，加散骑常侍。虽久典史事，然而不能专勤属述，时与校书郎刘模有所缉缀，大较续崔浩故事，准《春秋》之体，而时有刊正"。附《刘模传》又载："允领秘书、典著作，选为校书郎。允修撰《国记》，与俱缉著。常令模持管籥，每日同入史阁，接膝对筵，属述时事。允年已九十，目手稍衰，多遣模执笔而指授裁断之。如此者五六岁。允所成篇卷，著论上下，模预有功焉。"可见高允晚年，尽管年辈甚高，地位显赫，事务繁杂，不以"目手稍衰"而懈怠，亲自主持国史修撰事务。其间虽有刘模"与俱缉著"，但高允毕竟要"指授裁断之"和"著论上下"，以总成其事。因此，他正常每日必至史馆，"属述时事"。可见在史学方面，高允既通晓前史，又主持国史撰著，颇具学养。

---

① 高允在经学方面"尤好《春秋公羊》"，著《公羊释》，这体现了当时河北经学风尚。据《魏书》卷八四《儒林传序》："汉世郑玄并为众经注解，服虔、何休各有所说。玄《易》、《书》、《诗》、《礼》、《论语》、《孝经》，虔《左氏春秋》，休《公羊传》，大行于河北。"北魏前期，高允是《春秋》公羊学的代表性学者，其经学成就以《公羊春秋》最为突出，其一度为经师授业，颇具影响。对此，潘伟忠《北朝经学史》（商务印书馆2014年版）以高允为北朝《春秋》公羊学的代表，"在政权更迭的乱世，汉魏旧经学不能不依赖类似高允这样的名门学者而得到延续和传播"。（第156—157页）

② 《魏书》卷五《高宗纪》和平元年五月条下载："崔浩之诛也，史官遂废，至是复置。"

如所周知，北朝经学传承汉代传统，与现实政治联系紧密，其经术关涉法律、灾异等，利用阴阳、天文气象变化解释社会人事，这是汉儒之谶纬、灾异学说的延续，而与继承魏晋玄学化经学的南朝学风存在明显差异。由前述崔浩、高允之学术概况，可见当时北方士族社会之普遍学术风尚。高允应征入京，统治者也利用其术数之学以备军政之顾问。高允精通天文历法，与崔浩曾有深入交流，《魏书》本传载：

> 时浩集诸术士，考校汉元以来，日月薄蚀、五星行度，并识前史之失，别为魏历，以示允。允曰："天文历数不可空论。夫善言远者必先验于近。且汉元年冬十月，五星聚于东井，此乃历术之浅。今讥汉史，而不觉此谬。恐后人讥今犹今之讥古。"浩曰："所谬云何？"允曰："案《星传》，金水二星常附日而行。冬十月，日在尾箕，昏没于申南，而东井方出于寅北。二星何因背日而行？是史官欲神其事，不复推之于理。"浩曰："欲为变者何所不可？君独不疑三星之聚，而怪二星之来？"允曰："此不可以空言争，宜更审之。"时坐者咸怪，唯东宫少傅游雅曰："高君长于历数，当不虚也。"后岁余，浩谓允曰："先所论者，本不注心，及更考究，果如君语，以前三月聚于东井，非十月也。"又谓雅曰："高允之术，阳元之射也。"众乃叹服。

崔浩指斥西汉以来历法弊失，"别为魏历，以示允"。高允从星象变化规律着眼，以为崔浩"今讥汉史，而不觉此谬"。崔浩自恃博学，又有众多术士僚属附会，颇为自信。然高允以为"天文历数不可空论"，"善言远者必先验于近"，"此不可以空言争，宜更审之"，应当通过观测加以验证。这涉及天文历法之研究方法，后崔浩通过考究验证，表示"先所论者，本不注心，及更考究，果如君语"，并私下称赞"高允之术,阳元之射也"①。

　　对天文灾异之说,高允颇为慎重,轻易不言,《魏书》本传载:"允虽明于历数,初不推步,有所论说。唯游雅数以灾异问允。允曰:'昔人有言,知之甚难,既知复恐漏泄,不如不知也。天下妙理至多,何遽问此。'雅乃止。"游雅"数以灾异问允",高允以为"天下妙理至多",灾异之术难以勘验,"不如不知"。《魏书》卷一七《明元六王·乐平王丕传》载高允曾为其僚属,拓跋丕"后坐刘洁事,以忧薨。事在《洁传》"。实际上,拓跋丕卷入了朝廷权位之争,并援引术士董道秀参与其中。对此,高允特著论以明其理,"丕之薨及日者董道秀之死也,高允遂著《筮论》",其论曰:

　　　　昔明元末起白台,其高二十余丈,乐平王尝梦登其上,四望无所见。王以问日者董道秀,筮之曰"大吉"。王默而有喜色。后事发,王遂忧死,而道秀弃市。道秀若推六爻以对王曰:"《易》称'亢龙有悔',穷高曰亢,高而无民,不为善也。"夫如是,则上宁于王,下保于己,福禄方至,岂有祸哉?今舍于本而从其末,咎衅之至不亦宜乎!

　　天文气象之说涉及天命暗示的解说,术数之士则以此投机。董道秀附会乐平王拓跋丕,为其解梦,以其登白台而"大吉",助长其企图

---

① 《魏书》卷三五《崔浩传》载其于太武帝时上《五寅历》,表称自太宗即位以来,受命注疏儒家经典及学天文、星历术数,"无不尽看","至今三十九年,昼夜无废。……是以专心思书,忘寝与食,至乃梦共鬼争义。……今遭陛下太平之世,除伪从真,宜改误历,以从天道。是以臣前奏造历,今始成讫。谨以奏呈。唯恩省察以臣历术宣示中书博士,然后施用。非但时人,天地鬼神知臣得正,可以益国家万世之名,过于三皇、五帝矣"。可见崔浩自明元帝以来,受命制作历法,是其推进北魏汉化之重要内容。有关崔浩历算学术变化及其意义,陈寅恪《崔浩与寇谦之》(收入氏著《金明馆丛稿初编》,生活·读书·新知三联书店 2001 年版)有深入论述,以为"浩虽精研天算,而其初尚有未合之处",后通过寇谦之习得"当时西域输入之新学","浩之用力数十年之久于制历正元者,正儒家及道家合一之焦点所在"。(第 156—157 页)

心，以致事发而遭殃。对拓跋丕之梦登白台，高允以《周易》"亢龙有悔"析之，以为"穷高曰亢，高而无民，不为善也"，如此则"上宁于王，下保于己"。对此，王夫之《读通鉴论》卷一五宋文帝之一六条有论曰："高允几于知《易》矣。《易》曰：'其出入以度入声外内，句使知惧。'故圣人之作《易》也，使人度也，使人惧也；使人占也，即使人学也。子曰：'不占而已矣。'谓不学也。拓跋丕从刘洁而欲谋篡，梦登白台，四顾不见人，使董道秀筮之，而道秀曰'吉'。此以占为占，而不知以学为占也。允曰：'亢龙有悔，高而无民，不可以不戒。'此以学为占，而不于得失之外言吉凶也。……知此者鲜矣，而高允能知焉，不亦善乎！"可见王夫之对高允之占验态度深表赞许，以为"高允几于知《易》矣"，是"以学为占"，与那些"以占为占"的低级术士显然不同。

北魏前期，拓跋氏统治者之军政决策，尤重天人感应与灾异学说。太武帝曾命高允汇集其事，以备参考。《魏书》本传载：

> 允表曰："往年被敕，令臣集天文灾异，使事类相从，约而可观。臣闻箕子陈谟而《洪范》作，宣尼述史而《春秋》著，皆所以章明列辟，景测皇天者也。故先其善恶而验以灾异，随其失得而效以祸福，天人诚远，而报速如响，甚可惧也。自古帝王莫不尊崇其道而稽其法数，以自修饬。厥后史官并载其事，以为鉴诫。汉成帝时，光禄大夫刘向见汉祚将危，权归外戚，屡陈妖眚而不见纳。遂因《洪范》、《春秋》灾异报应者而为其传，觊以感悟人主，而终不听察，卒以危亡。岂不哀哉！伏惟陛下神武则天，睿鉴自远，钦若稽古，率由旧章，前言往行，靡不究鉴，前皇所不逮也。臣学不洽闻，识见寡薄，惧无以裨广圣听，仰酬明旨。今谨依《洪范传》、《天文志》撮其事要，略其文辞，凡为八篇。"世祖览而善之，曰："高允之明灾异，亦岂减崔浩乎？"

高允奉旨"集天文灾异,使事类相从,约而可观","依《洪范传》、《天文志》撮其事要,略其文辞,凡为八篇",以为鉴戒。太武帝"览而善之",称其"明灾异,亦岂减崔浩"。与天文历法相关,高允精于算学,《魏书》本传载其"明算法,为《算术》三卷"①。

在礼律兼综方面,高允也有突出的表现。据《魏书》本传,高允一再受命魏主,参与律令修订,太武帝时"诏允与侍郎公孙质、李虚、胡方回共定律令";孝文帝太和三年,"诏允议定律令。虽年渐期颐,而志识无损,犹心存旧职,披考史书"。不仅如此,高允在施政实践中,"以经义断诸疑事"。《魏书》本传载:"初,真君中以狱讼留滞,始令中书以经义断诸疑事。允据律评刑,三十余载,内外称平。允以狱者民之命也,常叹曰:'皋陶至德也,其后英蓼先亡,刘项之际,英布黥而王。经世虽久,犹有刑之余衅。况凡人能无咎乎?'"高允礼律兼综,在太武帝、孝文帝两朝受命议定律令;在法律实践中,自太武帝太平真君年间以来,针对"狱讼留滞"的情况,"令中书以经义断诸疑事",高允承继汉儒以《春秋》断狱之传统,以为"狱者民之命也",体现了儒家慎刑爱民的法律观念,②

---

① 《魏书》卷一〇七上《律历志上》载世宗景明中,诏太乐令公孙崇、赵樊生等修律历,正始四年冬,公孙崇上表述及北魏历法,"世祖应期,辑宁诸夏,乃命故司徒、东郡公崔浩错综其数。浩博涉渊通,更修历术,兼著《五行论》。是时故司空、咸阳公高允该览群籍,赞明五《纬》,并述《洪范》。然浩等考察未及周密,高宗践祚,乃用敦煌赵𣲖《甲寅》之历,然其星度,稍为差远。臣辄鸠集异同,研其损益,更造新历。……起自景明,因名《景明历》"。可见高允颇精于律历,曾参与历法事务。公孙崇表中请求以太史令辛宝贵、秘书监郑道昭等"在秘省参候",其中"长兼国子博士高僧裕乃故司空允之孙,世综文业"。可见高允之律历数术之学在家族内之承传。

② 高允为杜元宝理冤,颇合其相关法律观念。《魏书》卷八三《外戚上·杜超传》载杜超为世祖密皇后兄,从弟杜遗至内都大官、广平王。杜遗长子杜元宝位司空、京兆王,"及归而父遗丧,明当入谢,元宝欲以表闻。高宗未知遗薨,怪其迟,召之。元宝将入,时人止之曰:'宜以家忧自辞。'元宝欲见其宠,不从,遂冒哀而入。未几,以谋反伏诛,亲从皆斩,唯元宝子世衡逃免。时朝议追削超爵位,中书令高允上表理之"。文成帝对杜氏如此酷杀,仅以杜元宝"冒哀"入宫而罗织其罪,实在有违法理。高允"上表理之",这不仅在于其曾为杜超僚属之情谊,而当主要在于维护法制之严肃性。

故其"据律评刑,三十余载,内外称平",对北魏统治之法制化与汉化做出了示范性的贡献。

在文学方面,高允多有诗文创作,是北魏中前期具有代表性的文人才士。《魏书》本传称其晚年依然"昼夜手常执书,吟咏寻览","所制诗赋诔颂箴论表赞,……凡百余篇,别有集行于世"。可见其创作涉及诗、赋、诔、颂、箴、论、表、赞等诸多文体,汇编为集"行于世"。① 今据《魏书》本传,可见太武帝时,"允曾作《塞上翁诗》,有混欣戚,遗得丧之致";文成帝时,"允上《代都赋》,因以规讽,亦《二京》之流也";献文帝时,以年老一再请辞,"于是乃著《告老诗》";又"以昔岁同征,零落将尽,感逝怀人,作《征士颂》";又,"允从显祖北伐,大捷而还,至武川镇,上《北伐颂》,……显祖览而善之"②。对高允诗文之风尚及成就,依据现存不多的高允传世诗文作品,文学史家以其《鹿苑赋》为例,以为"从中大略窥知其辞赋的风貌。……有些句子尚有文采,……有些句子对仗亦颇工整,……作为文学史料,表明了在孝文帝提倡汉化之前,北方文人中已有人能写作这种基本上是四言句和六言句的骈赋"。高允的四言诗,"似乎是当时重要作品,但质木无文,多系枯燥的说教";他的五言诗如《罗敷行》,"是仿古之作,并无新

---

① 《隋书》卷三五《经籍志四》载"后魏司空《高允集》二十一卷"。关于高允文集之辑录,其本人当有辑录,其后人续加整理。《魏书》卷二四《崔玄伯传》载:"始玄伯因苻坚乱,欲避地江南,于泰山为张愿所获,本图不遂,乃作诗以自伤,而不行于时,盖惧罪也。及浩诛,中书侍郎高允受敕收浩家,始见此诗。允知其意,允孙绰录于允集"。崔玄伯名崔宏,为崔浩父,前秦崩溃后,曾因"欲避地江南"未成而"作诗以自伤",惧罪而"不行于时",崔浩被诛,高允"受敕收浩家"而藏之,后高允孙高绰误"录于允集"。可见高绰曾编辑其祖父高允文集。

② 《魏书》卷一六《明元六王·乐平王丕传》载高允《箴论》一篇;《魏书》卷一八《太武五王·东平王翰传》载高允《诸侯箴》一篇。《广弘明集》卷二九录高允《鹿苑赋》一篇。《魏书》卷五二《宗钦传》载其入魏后与高允书并赠诗,高允致书并作《答宗钦诗》十三章以和之。《魏书》卷九二《列女·勃海封卓妻传》载封卓妻乃彭城刘氏女,贞操卓异,高允特作诗八章以称颂其德行。又《乐府诗集》卷二八、二九分别收录高允《罗敷行》《王子乔》诗。对高允传世之文,清人严可均《全后魏文》辑录为一卷;对其传世之诗,近人逯钦立《先秦汉魏晋南北朝诗》共辑四首。

意",另一首《王子乔》,也是刻意摹仿汉乐府,但其中"已经有了一些诗的气息"。尽管总体上高允诗文的文学艺术成就不高,但毕竟他有较多的诗文创作,是北魏前期保存作品较多的文人,"可以说,高允的出现,标志着黄河中下游地区的文学创作正在复苏"①。高允之文学创作涉猎颇广,无疑是北魏中前期最具代表性的文士,日本学者兴膳宏称之为"北魏文学的先驱者"②。此外,高允长期掌管朝廷军政诏诰,《魏书》本传载:"自高宗迄于显祖,军国书檄,多允文也。末年乃荐高闾以自代"③。

高允爱好音乐,《魏书》本传载高允"性好音乐,每至伶人弦歌鼓舞,常击节称善"。高允晚年,孝文帝、冯太后特"令乐部丝竹十人,五日一诣允,以娱其志"。

高允笃信佛法,是北魏前期为数不多的士大夫奉佛之代表。《魏书》本传载其"年十余,奉祖父丧还本郡,推财与二弟而为沙门,名法静。未久而罢"。高允一生笃信佛法,对其生活与性格当不无影响,其"雅信佛道,时设斋讲,好生恶杀"。太武帝之后,景穆太子、文成帝、献文帝、孝文帝和冯太后等统治人物都倡导

---

① 曹道衡、沈玉成《南北朝文学史》,人民文学出版社1991年版,第372—373页。周建江《北朝文学史》(中国社会科学出版社1997年版)论述北魏前期文学艺术水平偏低之原因,"从现有资料看,出自北魏本土,以高允为代表的北魏前期士人集团,在文学创作中,具有一个共同的倾向,即:文章全部是出自一个政治模式,全部为官方御用颂德文章。在这些文章中,作家的个体精神丝毫无以见到,所见到的只是大魏赫赫功德与帝王的赞歌"。(第88页)究其根源,主要在于鲜卑拓跋氏统治者文化修养相对较低,不仅轻视文学,而且崇尚胡化,刑政苛酷残暴,严重抑制了文学艺术创作。

② [日]兴膳宏著,彭恩华译:《北魏文学的先驱者——高允》,《六朝文学论稿》,岳麓书社1980年版,第363页。

③ 《魏书》卷五四《高闾传》载:"闾早孤,少好学,博综经史,文才俊伟,下笔成章。……高允以闾文章富逸,举以自代,遂为显祖所知,数见引接,参论政治。命造《鹿苑颂》、《北伐碑》,显祖善之。承明初,为中书令,加给事中,委以机密。文明太后甚重闾,诏令书檄碑铭赞颂皆其文也。"孝文帝之世,高闾颇受优礼,"闾好为文章,军国书檄诏令碑颂铭赞百有余篇,集为三十卷。其文亦高允之流,后称二高,为当时所服"。由高闾"其文亦高允之流,后称二高,为当时所服",可见"二高"文名之盛。

佛法，高允信佛当有助于与北魏统治人物之交往。①

由上所述，可见高允在学术文化领域涉猎广泛，博综经史，兼通内外，擅长文辞，学以致用，可谓一代通儒。当然，作为儒学士大夫代表，高允"历事五帝，出入三省"，并非职业经师，其学术文化主要通过参与北魏社会变革，推进社会教化而体现其影响。高允应征入京，曾先后为太武帝子秦王拓跋翰和太子拓跋晃师傅，《魏书》本传载："寻以本官为秦王翰傅。后敕以经授恭宗，甚见礼待。"拓跋焘有意汉化，以高允训育为其贤俊子弟，这不仅关乎其个人，而且关乎北魏社会。《魏书·太武五王·东平王翰传》载："东平王翰，真君三年封秦王，……忠贞雅正，百僚惮之。太傅高允以翰年少，作《诸侯箴》以遗之，翰览之大悦。后镇枹罕，以信惠抚众，羌戎敬服。改封东平王。世祖崩，诸大臣等议欲立翰，而中常侍宗爱与翰不协，矫太后令立南安王余，遂杀翰。"拓跋翰自少"忠贞雅正"，高允尽心辅导，"作《诸侯箴》以遗之，翰览之大悦"。拓跋翰深受儒风熏习，德才兼备，为朝臣所推。高允训导太子拓跋晃，传授儒学经义，卓有成效。由拓跋晃对高允"甚见礼待"，特别在国史之狱中极力护佑高允，可见其情义深厚。

高允讽谏文成帝，其中涉及鲜、汉融通与社会教化之内容。《魏书》本传载"允以高宗纂承平之业，而风俗仍旧，婚娶丧葬，不依

---

① 《魏书》卷一一四《释老志》载："世祖初平赫连昌，得沙门惠始，姓张。家本清河，闻罗什出新经，遂诣长安见之，观习经典。……世祖甚重之，每加礼敬。……太延中，临终于八角寺，……至真君六年，制城内不得留瘗，乃葬于南郊之外。始死十年矣，开殡俨然，初不倾坏。送葬者六千余人，莫不感恸。中书监高允为其传。"高允是北魏前期为数不多的信佛士大夫代表，汤用彤在《汉魏两晋南北朝佛教史》（中华书局1983年版）第十四章《佛教之北统》指出："学士文人与佛法在义理上之结合，初实不多见。至宣武胡太后时，始有崔光、王肃、王翊、孟仲晖、冯亮、裴植、裴粲、徐纥，均文士学人而信佛法。……按魏世朝臣奉佛者固不少，然自高允以后，以文学见知而信佛者，亦只此数人。"（第365页）又指出南北朝学风有异，南朝玄学与佛理合流交融，而北朝经学与佛学"似为俱起"，"北方经学之于佛教虽少交互之影响，但经术既与佛义俱起俱弘，儒师遂不免与僧徒发生学问上之因缘。经师最初知名者为高允，已言颇信佛法"。（第378—379页）可见高允是北魏前期"以文学见知而信佛法者"之代表。

古式"，于是谏曰："前朝之世，屡发明诏，禁诸婚娶不得作乐，及葬送之日歌谣、鼓舞、杀牲、烧葬，一切禁断。虽条旨久颁，而俗不革变。将由居上者未能悛改，为下者习以成俗，教化陵迟，一至于斯。"高允在疏文中指出当时北魏社会之嫁娶、择偶、丧葬、祭祀、宴飨等渎乱礼法，即所谓"五异"，"今陛下当百王之末，踵晋乱之弊，而不矫然釐改，以厉颓俗，臣恐天下苍生，永不闻见礼教矣"。高允所述"五异"之违礼，主要是针对鲜卑统治集团而言的，目的是劝导高宗"矫然釐改，以厉颓俗"。以上"五异"，固然所涉甚广，但其中核心在于鲜卑上层之婚姻制度，高允疏云："古之婚者，皆拣择德义之门，妙选贞闲之女，先之以媒娉，继之以礼物，集僚友以重其别，亲御轮以崇其敬，婚姻之际，如此之难。今诸王十五，便赐妻别居。然所配者，或长少差舛，或罪入掖庭，而作合宗王，妃嫔藩懿。失礼之甚，无复此过。往年及今，频有检劾。诚是诸王过酒致责，迹其元起，亦由色衰相弃，致此纷纭。今皇子娶妻，多出宫掖，令天下小民，必依礼限，此二异也。"可见当时鲜卑统治者缺乏社会等级意识及相关礼法制度，其婚姻根本不讲究"拣择德义之门，妙选贞闲之女"，诸王所娶"或长少差舛，或罪入掖庭"，以致"失礼之甚，无复此过"。高允意在劝导鲜卑拓跋统治者遵循儒家礼法，通过婚姻以不断加强与汉族士族社会的联系。《魏书》卷五《高宗纪》载和平四年十二月辛丑诏曰："名位不同，礼亦异数，所以殊等级，示轨仪。今丧葬嫁娶，大礼未备，贵势豪富，越度奢靡，非所谓式昭典宪者也。有司可为之条格，使贵贱有章，上下咸序，著之于令。"壬寅，又诏曰："夫婚姻者，人道之始。是以夫妇之义，三纲之首，礼之重者，莫过于斯。尊卑高下，宜令区别。然中代以来，贵族之门多不率法，或贪利财贿，或因缘私好，在于苟合，无所选择，令贵贱不分，巨细同贯，尘秽清化，亏损人伦，将何以宣示典谟，垂之来裔。今制皇族、师傅、王公侯伯及士民之家，不得与百工、伎巧、卑姓为婚，犯者加罪"。文成帝要求鲜卑上层明确贵贱等级制度，丧葬嫁娶务必依礼行事，"不得与百工、伎巧、卑姓为婚，犯者加罪"①。可见文成帝接受了高允的谏议，历行变革，通过联姻汉士族以促进鲜、汉上层之融合。②和平二年（461），文成帝出巡，高允作《南巡颂》，以称其盛德，实际上是劝导、鼓励文成帝深入汉化，其序曰："维和平二年春二月辛卯，皇帝巡狩，灵运之所钟也。克致太平，四海清一。兴礼乐以和百姓，宣风化以协万邦。率土之人，莫不思仰皇恩，想望临幸者也。尔乃追有虞五载之文，蹑先朝省方之义，……夫帝王之兴，其义不同：或以干戈，或存揖让。我后以圣哲钦明，君临四海，播文教以怀远服，彰武功以威不庭。是以遐荒慕义，宇内归心。执玉奉珍，贡其方物于门庭者，继轨而至。比之先代，于斯为盛。乃望秩山川，遍飨群神。协时月正日，同律度量衡。黜陟幽明，以熙庶绩。礼成事毕，旋轸而还。所过郡国，皆亲对高年，存问孤寡，除不急之务，减田租之半，人年八十以上复其一人。耆老受优隆之惠，孝子蒙侍养之恩。"其故颂曰："……我后承基，陶甄万物。……因时而举，省方巡狩。拯老存孤，升贤表秀。仁化风翔，高荫云霞。功济苍生，德

---

① 对于北魏前期拓跋氏婚姻不重社会等级之习尚，《魏书》卷二一上《献文六王·咸阳王禧传》载孝文帝迁洛前诏曰："夫婚姻之义，曩叶攸崇，求贤责偶，绵代斯慎，……所以重夫妇之道，美尸鸠之德，作配君子，流芳后昆者也。然则婚者，合二姓之好，结他族之亲，上以事宗庙，下以继后世，必敬慎重正而后亲之。夫妇既亲，然后父子君臣、礼义忠孝，于斯备矣。太祖龙飞九五，始稽远则，而拨乱创业，日昃不暇。至于诸王娉合之仪，宗室婚姻之戒，或得贤淑，或乖好逑。自兹以后，其风渐缺，皆人乏窈窕，族非百两，拟匹卑滥，舅氏轻微，违典滞俗，深用为叹。"可见自道武帝以来，拓跋氏之婚姻皆不合礼制。

② 关于北魏前期鲜卑上层婚姻方面的无礼及高允之批评，逯耀东《拓跋氏与中原士族的婚姻关系》（收入氏著《从平城到洛阳——拓跋魏文化转变的历程》，中华书局2006年版）一文已有所论述，请参。当然，文成帝诏令鲜卑上层"贵贱有章，上下咸序"，特别在婚姻上，"尊卑高下，宜令区别"，但其转变则非一蹴而就，需要经历一个艰难的过程。《魏书》卷七上《高祖纪上》载太和二年五月丙申诏曰："皇族贵戚及士民之家，不惟氏族，下与非类婚偶。先帝亲发明诏，为之科禁，而百姓习常，仍不肃改。朕今宪章旧典，祗案先制，著之律令，永为定准。犯者以违制论。"但实际上违制者颇多，《魏书》卷二一上《献文六王·咸阳王禧传》载："于时，王国舍人应取八族及清修之门，禧取任城王隶户为之，深为高祖所责。"对此，孝文帝诏命"以皇子茂年，宜简令正，前者所纳，可为妾媵。将以此年为六弟娉室"。

光宇宙。顾命百寮，率兹旧典。讲武宣文，载游载践。孤矢并纵，德音竞演。岌岌胄夫，诜诜冠冕，赞道隆对，以光以显，灵泽滂流，威声远济。教有惟新，政无滞留。蠲此烦苛，除彼关税。率土归心，殊方仰惠。敢述皇风，永播来裔。"①

　　高允对拓跋氏宗室之训育，以孝文帝前期最为显著。当时冯太后主政，注重宗室的教育与训诫。《魏书》本传载太和二年，年逾九十的高允被征入都，拜镇东大将军，领中书监，"扶引就内，改定《皇诰》"②。冯太后命高允改定《皇诰》，以作为宗室教育的读本。高允又上《酒训》一篇，称"臣被敕论集往世酒之败德，以为《酒训》。……伏惟陛下以睿哲之姿，抚临万国，太皇太后以圣德之广，济育群生。普天之下，罔不称赖。然日昃忧勤，虚求不已，思监往事，以为警戒"。纵观其训词，列举酗酒之危害，主张饮酒，当以礼度相节制，"不及于乱"，"今大魏应图，重明御世，化之所暨，无思不服，仁风敦洽于四海。太皇太后以至德之隆，诲而不倦，忧勤备于皇情，诰训行于无外。故能道协两仪，功同覆载。仁恩下逮，罔有不遵，普天率土，靡不蒙赖。载朝之士，有志之人，宜克己从善，履正存贞。节酒以为度，顺德以为经。悟昏饮之美疾，审敬慎之弥荣。遵孝道以致养，显父母而扬名。蹈闵曾之前轨，遗仁风于后生"。对此，"高祖悦之，常置左右"。鲜卑拓跋氏统治集团在饮

---

① 林家骊、邓成林：《日本影弘仁本〈文馆词林〉校注》卷第三百四十六《颂》十六《礼部》五《巡幸》，中国社会科学出版社2021年版，第234—235页。此颂其他文献无载，仅见于此，特录之，以见高允借此颂辞以激励文成帝力行汉化。

② 冯太后当政后，非常重视拓跋氏宗室子弟的教育，多有训诫，这是其推进北魏鲜卑统治集团汉化的重要举措。《魏书》卷二一上《献文六王·咸阳王禧传》载："文明太后令曰：'自非生知，皆由学海，皇子皇孙，训教不立，温故求新，盖有阙矣。可于闲静之所，别置学馆，选忠信博闻之士为之师傅，以匠成之。'"又载孝文帝与冯太后对出镇地方宗室人物咸阳王禧等多有训诫。当然，冯太后对孝文帝之训育尤为用心，《魏书》卷一三《皇后·文成文明皇后冯氏传》载："承明元年，尊曰太皇太后，复临朝听政。太后性聪达，自入宫掖，粗学书计。……太后以高祖富于春秋，乃作《劝戒歌》三百余章，又作《皇诰》十八篇，文多不载。"可见冯太后为教育孝文帝，"作《劝戒歌》三百余章，又作《皇诰》十八篇"。冯太后特请高允"改定《皇诰》"，意在进一步规范、丰富其思想内容。

酒方面普遍缺乏约束，高允倡导以礼法精神节制酗酒风气，体现"先王纳规之意"。可见，冯太后、孝文帝重视拓跋氏宗室之教化，高允受命作训，对北魏宗室教育及其风尚变化有所助益。《魏书》本传称高允"恂恂善诱，诲人不倦"，这是对其平生为人表现的概括，但就其受命训育拓跋氏宗室而言，以此论之，则甚为妥帖。

高允辅政，对北魏诸君一再忠直进谏，无不蕴含着儒学政治思想，洋溢着儒学士大夫情怀，以此感染、训诫北魏统治者，推动北魏统治汉化的进程，体现着儒学士大夫致力社会教化的事功追求，特别是他上书文成帝，指陈当时鲜卑上层社会在婚姻、丧葬、祭祀等习俗有违儒家礼法之种种表现，主张变革，这直接涉及移风易俗与社会教化。至献文帝时，北魏汉化渐趋深入，统治者重视社会教化。冯太后"引允禁中，参决大政"，主要借重其"儒宗元老，朝望旧德"的特殊身份，以行教化之道。《魏书》本传载：

> 诏允曰："自顷以来，庠序不建，为日久矣。道肆陵迟，学业遂废，子衿之叹，复见于今。朕既纂统大业，八表晏宁，稽之旧典，欲置学官于郡国，使进修之业，有所津寄。卿儒宗元老，朝望旧德，宜与中、秘二省参议以闻。"允表曰："臣闻经纶大业，必以教养为先；咸秩九畴，亦由文德成务。故辟雍光于周诗，泮宫显于《鲁颂》。自永嘉以来，旧章殄灭。乡闾芜没《雅颂》之声，京邑杜绝释奠之礼。道业陵夷，百五十载。仰惟先朝每欲宪章昔典，经阐素风，方事尚殷，弗遑克复。陛下钦明文思，纂成洪烈，万国咸宁，百揆时叙。申祖宗之遗志，兴周礼之绝业，爰发德音，惟新文教。搢绅黎献，莫不幸甚。臣承旨敕，并集二省，披览史籍，备究典纪，靡不敦儒以劝其业，贵学以笃其道。伏思明诏，玄同古义。宜如圣旨，崇建学校以厉风俗。使先王之道，光演于明时；郁郁之音，流闻于四海。请制大郡立博士二人、助教四人、学生一百人，次郡立博士二人、助教二人、学生八十人，中郡立博士一人、助教二人、学

生六十人,下郡立博士一人、助教一人、学生四十人。其博士取博关经典、世履忠清、堪为人师者,年限四十以上。助教亦与博士同,年限三十以上。若道业夙成,才任教授,不拘年齿。学生取郡中清望,人行修谨,堪循名教者,先尽高门,次及中第。"显祖从之。郡国立学,自此始也。

献文帝当政后,"欲置学官于郡国",天安初诏命高允主持其事。面对百余年来"道业陵夷"的状况,高允盛赞"崇建学校以厉风俗",确定按郡之大小等第以设置其博士、助教、学生之数额,目的在于"申祖宗之遗志,兴周礼之绝业,爰发德音,惟新文教"。献文帝从之,于是"郡国立学,自此始也"。郡国立学,是北魏儒学教化与汉化进程中的重大事件,这对于北魏儒学教育之深化及地方士族社会之成长,都有不可忽视的促进作用。[1]

《魏书》本传又载:"皇兴中,诏允兼太常,至兖州祭孔子庙,谓允曰:'此简德而行,勿有辞也。'"《魏书》卷一〇八之一《礼志一》载此略详:"显祖皇兴二年,以青徐既平,遣中书令兼太常高允奉玉币祀于东岳,以太牢祀孔子。"[2] 献文帝诏命高允代表朝廷"至

---

[1] 焦桂美《南北朝经学史》(上海古籍出版社 2009 年版)第三章《北朝经学》指出,北魏献文帝设置郡学,"这是南北朝时期最早由国家下令在州郡设立乡学的开始"。至于其意义与影响,"献文帝设立乡学,扩大了教育对象的范围,有助于北朝经学的普及。其做法与太武帝'自三公已下至于卿士,其子息皆诣太学,其百工伎巧驺卒子息其当习其父兄所业'显然不同:太武帝只重视以经学教育贵族子弟,而献文帝则意欲在全国范围内普及经学教育,这一政策对北魏经学的进一步发展具有很大的促进作用"。(第339 页)所谓普及经学教育,是相对而言,由上述高允所言,"学生取郡中清望",是有一定的门第身份要求的。对此,康乐《从西郊到南郊——北魏的迁都与改革》第四章《文明的改革》(北京联合出版公司 2020 年版)以为北魏之立乡学,主导者是文明太后冯氏,"文明太后下诏在全国各地普立学校,……这一措施具体表现出文明对文化教育的兴趣。而且,更值得注意的是,照《高允传》所言,学生的社会身份被列为考虑重点,……这是迈向正式承认汉人门第社会的第一步"。(第 132 页)这揭示了设置乡学与门第社会的关系,颇为深刻。

[2] 北魏之祭祀孔子,《魏书》卷一〇八之一《礼志一》载太宗泰常九年,"祀孔子于国学,以颜渊配"。世祖真君十一年十一月南征,"至鲁,以太牢祭孔子"。这显示出北魏统治者对儒学的态度及其汉化的趋向。

兖州祭孔子庙"，显然涉及北魏之华夏文化认同，引领北魏教化之导向。① 此外，孝文帝时高允还参与制乐，《魏书》卷一〇九《乐志》载"太和初，高祖垂心雅古，务正音声。……五年，文明太后、高祖并为歌章，戒劝上下，皆宣之管弦。七年秋，中书监高允奏乐府歌词，陈国家王业符瑞及祖宗德美，又随时歌谣。不准古旧，辨雅、郑也"。由于冯太后与孝文帝"务正音声"，重视乐教，高允所奏"乐府歌词"，当是受命而为，以倡教化。

孝文帝之初，高允曾短暂出刺怀州，《魏书》本传载："允秋月巡境，问民疾苦。至邵县，见邵公庙废毁不立，乃曰：'邵公之德，阙而不礼，为善者何望。'乃表闻修葺之。允于时年将九十矣，劝民学业，风化颇行。然儒者优游，不以断决为事。后正光中，中散大夫、中书舍人河内常景追思允，帅郡中故老，为允立祠于野王之南，树碑纪德焉。"可见高允年将九十而为怀州刺史，赴任后巡境，"问民疾苦"，至邵县修复邵公庙，彰扬"邵公之德"，并"劝民学业，风化颇行"。对于政事，则"儒者优游，不以断决为事"。高允治理地方，重视地方德望名贤与民众之"学业""风化"，以致后人将其作为州郡官员的典范，为之立祠，"树碑纪德"。在北魏汉化风气渐浓的背景下，高允刺州以教化为先，具有导向意义。

四 "笃亲念故，虚己存纳"：高允建构 北魏士族社会共同体

中古士族社会普遍具有宗族观念与社会群体意识，这在北朝民

---

① （北魏）郦道元注，（清）杨守敬、熊会贞疏，段熙仲点校，陈桥驿复校《水经注疏》（江苏古籍出版社1989年版）卷九沁水"又东过野王县"条："邗水又东南，迳孔子庙东，庙庭有碑。魏太和元年，孔灵度等以旧宇毁落，上求修复。野王令范众爱、河内太守元真、刺史咸阳公高允表闻，立碑于庙。治中刘明、别驾吕次文、主簿向班虎、荀灵龟以宣尼大圣，非碑颂所称，宜立记焉。"（第830—831页）此亦可见高允当时参与地方修建孔庙等宣扬儒学教化之活动。

族纷争、士民流徙的时代背景下,关乎华夏文化之承传,意义重大。作为北魏士族朝臣代表,高允从政时间长,数十年间护佑宗族乡里,举荐异域流亡人士,致力于士族社会群体之建构,值得申述。

高允深受儒家礼法熏习,素有浓郁之宗族孝友情怀。《魏书》本传载其"年十余,奉祖父丧还本郡,推财与二弟而为沙门"。其晚年,年高位尊,冯太后、孝文帝一再赏赐财物,"允皆分之亲故",并语人曰:"天恩以我笃老,大有所赉,得以赡客矣。"可见高允始终抱持着浓郁的宗族伦理情怀。

关于高允之敦睦宗族,《魏书》卷八九《酷吏·高遵传》载:"高遵,字世礼,勃海蓨人。父济,沧水太守。遵贱出,兄矫等常欺侮之。及父亡,不令在丧位。遵遂驰赴平城,归从祖兄中书令允。允乃为遵父举哀,以遵为丧主,京邑无不吊集,朝贵咸识之。徐归奔赴。免丧,允为营宦路,得补乐浪王侍郎。遵感成益之恩,事允如诸父。"高遵为高允从祖弟,以庶出下贱而遭其嫡出兄弟所排斥,高允"为遵父举哀,以遵为丧主",确立其宗族名分,进而"为营宦路",高遵以才学与干能,"由是高祖识待之。后与游明根、高闾、李冲入议律令,亲对御坐,时有陈奏"。高遵深感高允"成益之恩,事允如诸父"。高允救助高遵,意在敦睦、协调其宗族关系,增进其宗族伦理情谊。

高允平生以"济救民命"为务,表现出强烈的士族群体意识。《魏书》本传载:"允每谓人曰:'吾在中书时有阴德,济救民命。若阳报不差,吾寿应享百年矣。'"并载一则实例:"尚书窦瑾坐事诛,瑾子遵亡在山泽,遵母焦没入县官。后焦以老得免,瑾之亲故,莫有恤者。允愍焦年老,保护在家。积六年,遵始蒙赦。其笃行如此。"高允之"济救民命",不仅在于其个人之积"阴德",求"阳报",而主要通过护佑北魏征服各地域人士,以构建北魏汉族士族社会群体。其相关表现如下。

其一,举荐、提携河北后进之士。拓拔珪灭后燕以来,河北大族人物相继入魏,成为北魏汉族士大夫的主体。作为士族朝臣代表,高允不断引荐后进才学之士。相关事例甚多，如高闾，《魏书》卷五四本传载其为渔阳雍奴人，前文叙及高允长期负责诏令撰作，"以闾文章富逸，举以自代"，后高闾为献文帝、孝文帝钦重，为一代名臣，可谓显例。其他如赵郡李璨，"迁中书郎，雅为高允所知"[①]。昌黎韩兴宗，"好学，有文才。年十五，受道太学。后司空高允奏为秘书郎，参著作事"[②]。范阳祖莹，"年八岁，能诵《诗》、《书》，十二，为中书学生。好学耽书，以昼继夜……由是声誉甚盛，内外亲属呼为'圣小儿'。尤好属文，中书监高允每叹曰：'此子才器，非诸生所及，终当远至。'"[③] 不仅如此，高允对寒门才学之士也有交结，尽力推举，如《魏书》卷八四《儒林·平恒传》载其燕国蓟人，"恒耽勤读诵，研综经籍，钩深致远，多所博闻。……时高允为监，河间邢祐、北平阳㪍、河东裴定、广平程骏、金城赵元顺等为著作佐郎，虽才学互有短长，然俱为称职，并号长者。允每称博通经籍无过恒也"。陈奇，《魏书》卷八四《儒林·陈奇传》载其"河北人也，自云晋凉州刺史骧之八世孙。……奇少孤，家贫，而奉母至孝。……爱玩经典，博通坟籍，常非马融、郑玄解经失旨，志在著述《五经》。始注《孝经》、《论语》，颇传于世，为搢绅所称"。秘书监游雅"素闻其名，始颇好之"，后以事怨之，"先是敕以奇付雅，令铨补秘书，雅既恶之，遂不复叙用焉"。然"奇冗散数年，高允与奇雠温古籍，嘉其远致，称奇通识，非凡学所窥。允微劝雅曰：'君朝望具瞻，何为与野儒辨简牍章句？'雅谓允有私于奇，曰：'君宁党小人也！'乃取奇所注《论语》、《孝经》焚于坑内"。高允对门户相对寒微的"野儒"陈奇颇为赏识，当陈奇遭受秘书监游雅

[①]《魏书》卷四九《李灵传》。《魏书》卷五二《胡叟传》载胡叟为河西名士，入魏后与高允交往，曾"于允馆见中书侍郎赵郡李璨，璨被服华靡，叟贫老衣褐，璨颇忽之。叟谓之曰：'老子今若相许，脱体上袴褶衣帽，君欲作何计也？'讥其惟假盛服。璨惕然失色"。可见李璨常在高允府邸，并参与会客。

[②]《魏书》卷六〇《韩麒麟传》。

[③]《魏书》卷八二《祖莹传》。

打压时，高允则"与奇雠温古籍，嘉其远致，称奇通识，非凡学所窥"①。高允引荐之寒士还有刘模，《魏书》高允本传附《刘模传》载："初，允所引刘模者，长乐信都人也。少时窃游河表，遂至河南，寻复潜归。颇涉经籍，微有注疏之用。允领秘书、典著作，选为校书郎。……太和初，模迁中书博士，与李彪为僚友，并相爱好。"高允以刘模协助修史。

高允对其他河北人物也有表彰之举。《魏书》卷九二《列女·勃海封卓妻传》载封卓妻，"彭城刘氏女也。成婚一夕，卓官于京师，后以事伏法。刘氏在家，忽然梦想，知卓已死，哀泣不辍。诸嫂喻之不止，经旬，凶问果至，遂愤叹而死。时人比之秦嘉妻。中书令高允念其义高而名不著，为之诗"。高允鉴于刘氏"义高而名不著"，特作四言诗八章颂之，所谓"生则同室，终契黄泉"（其一）；"毕志守穷，誓不二醮。何以验之，殒身是效"（其六）；"结忿锺心，甘就幽冥。永捐堂宇，长辞母兄"（其七）；"异哉贞妇，旷世靡畴"（其八）云云，极力颂扬刘氏从一而终之德行，以旷世"贞妇"显名一时。

其二，与入魏河西人士之交游。太武帝平北凉，太延五年（439）十月辛酉"车驾东还，徙凉州民三万余家于京师"②，其中包括该地域儒学耆旧在内的士大夫代表人物，几乎悉数迁居平城。③ 这是继道武帝灭后燕迁徙河北士众以来，北魏所获新的区域性士人群

---

① 《魏书》卷五四《游雅传》载："雅因论议长短，忿儒者陈奇，遂陷奇至族，议者深责之。"《魏书》卷五四传末有论云："游雅才业，亦高允之亚欤？至于陷族陈奇，斯所以绝世而莫祀也。"游雅才学虽与高允相当，但其性格偏狭，如此陷害陈奇，令人不齿。叶适《习学记言序目》卷三四《魏书·陈奇传》条有论云："以《高允传》观游雅，雅得为修士矣；以《陈奇传》观游雅，雅得为佳人乎？局己小知，遂深伐异之怨，因时酷法，陷人覆家之戮；哀哉！哀哉！"就为人而言，游雅比之高允，有若霄壤。

② 《魏书》卷四上《世祖纪上》。

③ 《魏书》卷五二《刘昞传》载其敦煌人，为河西大儒，沮渠牧犍"尊为国师，亲自致拜，命官属以下皆北面受业焉。……世祖平凉州，士民东迁，凤闻其名，拜乐平王从事中郎。世祖诏诸年七十以上听留本乡，一子扶养。昞时老矣，在姑臧，岁余，思乡而返，至凉州西四百里韭谷窟，遇疾而卒"。可见拓跋焘徙河西民众，七十以下者皆当从迁。

体，增强了北魏士族社会的力量，对北魏政治、文化与社会变革都有深刻的影响。当时士族社会的领袖人物是崔浩，他大力接引、推举河西人物，在经术方面多有交流，① 特别在主持修撰国史过程中，延引河西人士宗钦等参与其事。② 作为当时士族朝臣名望仅次于崔浩的高允，也重视与河西人士之交往，《魏书》卷五二《胡叟传》载其颇有名士气质，"不治产业，常苦饥贫，然不以为耻。……见车马荣华者，视之蔑如也。尚书李敷，尝遗之以财，都无所取。初叟一见高允，曰：'吴郑之交，以纻缟为美谈，吾之于子，以弦韦为幽赘，以此言之，彼可无愧也。'"尽管胡叟所说不无言外之意，但高允朴实尚俭，颇得其礼敬。

又，《魏书》卷五二《宗钦传载》金城人宗钦"少而好学，有

---

① 《魏书》卷五二《张湛传》载其敦煌人，"凉州平，入国，年五十余矣，……司徒崔浩识而礼之。浩注《易》，叙曰：'国家西平河右，敦煌张湛、金城宗钦、武威段承根三人，皆儒者，并有俊才，见称于西州。每与余论《易》，余以《左氏传》卦解之，遂相劝为注。故因退朝之余暇，而为之解焉。'其见称如此。湛至京师，家贫不粒，操尚无亏，浩常给其衣食。每岁赠浩诗颂，浩常报答。及浩被诛，湛惧，悉烧之。"

② 《魏书》卷五二《段承根传》载其武威姑臧人，"承根好学，机辩，有文思，而性行疏薄，有始无终。司徒崔浩见而奇之，以为才堪注述，言之世祖，请为著作郎，引与同事。……浩诛，承根与宗钦等俱死"。又，《魏书》卷五二《阴仲达传》载其武威姑臧人，"少以文学知名。世祖平凉州，内徙代都。司徒崔浩启仲达与段承根云，二人俱凉土才华，同修国史。除秘书著作郎"。其他如程骏，《魏书》卷六〇《程骏传》载其本广平曲安人，其先人"坐事流于凉州"，程骏师事凉州大儒刘晒，"太延五年，世祖平凉，迁于京师，为司徒崔浩所知"。又，《魏书》卷二四《崔玄伯传附崔宽传》载："时清河崔宽，字景仁。祖彤，随晋南阳王保避地陇右，遂仕于沮渠、李暠。父剖，字伯宗，每慷慨有怀东土，常叹曰：'风雨如晦，鸡鸣不已，吾所庶几。'及世祖西巡，剖乃总率同义，使宽送款。世祖嘉之。拜宽威远将军、岐阳令，赐爵沂水男。遣使与宽俱西，抚慰初附。……初，宽之通款也，见司徒浩。浩与相齿次，厚存抚之。及浩诛，以远来疏族，独得不坐。遂家于武城，居司空林旧墟，以一子继浩弟览妻封氏，相奉如亲。"崔宽为崔浩同族疏宗，其先人在西晋末流离陇右，归魏后，崔浩"与相齿次，厚存抚之"，固然不无同族之情谊，但也体现出崔浩对入魏河西人士的优遇。崔宽长子崔衡，"学崔浩书，颇亦类焉。天安元年，擢为内秘书中散，班下诏命及御所览书，多其迹也。衡举李冲、李元恺、程骏等，终为名器，世以是称之"。崔衡学崔浩书法，当得崔浩亲授心得，以致以此受到重用，崔衡又举荐河西士人代表李冲、程骏等人，显示出河西士人群体的进取意愿。关于崔浩接引河西入代名士及其在学术文化方面的影响，陈寅恪在《隋唐制度渊源略论稿·礼仪篇》中有具体考论，此不赘引，请参见。

儒者之风，博综群言，声著河右。……世祖平凉州，入国，……钦与高允书曰：'昔皇纲未振，华裔殊风，九服分隔，金兰莫遂，希怀寄契，延想积久。天遂其愿，爰迁京师。……不量鄙拙，贡诗数韵。'"宗钦所赠四言诗，其中第八章有"昂昂高生，纂我遐武"句，第十二首有"文以会友，友由知己"句。宗钦之书与诗，表达了对高允的敬仰及儒学士大夫的文化情感。高允作答书曰："王途一启，得叙其怀，欣于相遇，情无有已。……吾少乏寻常之操，长无老成之致，凭赖贤胜，以自克勉，而来喻褒饰，有过其分。既承雅赠，即应有答，但唱高则难和，理深则难詶，所以留连日月，以至于今。"高允回赠和诗有言"远思古贤，内寻诸己"（第八章）；"在昔平吴，二陆称宝。今也克凉，吾生独矫。道映儒林，义为群表。我思与之，均于纻缟"。（第十章）可见高允之回书与和诗，表达了对河西人士才学德行的称赞，体现出儒学士大夫的群体意识。高允与宗钦同参撰国史，交往甚密。据前述，可见国史之狱前，高允曾向宗钦表达过对崔浩及其僚属行事张扬的忧虑之情；国史难作，高允极力为诸人辩护，包括宗钦在内的参与者仅诛及自身，保全了其内外宗亲，故宗钦临刑叹曰"高允其殆圣乎"[①]。

又，《魏书》卷八四《儒林·常爽传》载其本河内温人，六世祖常珍为苻坚南安太守，"因世乱遂居凉州"，"爽少而聪敏，严正有志概，虽家人僮隶未尝见其宽诞之容。笃志好学，博闻强识，明习纬候，《五经》百家多所研综"。拓跋焘据有凉土，常爽入魏，"是时戎车屡驾，征伐为事，贵游子弟未遑学术，爽置馆温水之右，教授门徒七百余人，京师学业，翕然复兴。爽立训甚有劝罚之科，弟子事之若严君焉。尚书左仆射元赞、平原太守司马真安、著作郎程灵虬，皆是爽教所就。崔浩、高允并称爽之严教，奖励有方。允

[①] 潘伟忠《北朝经学史》（商务印书馆2014年版）论此，以为在国史之狱中，"高允对于拓跋焘大规模族诛的做法加以阻谏，最终改崔浩族诛，余皆身死。高允本身也是中原一流名门世族的代表，……高允的谏止，其中出于保护名门世族和中原士人的动机，当是颇为明显的事实"。（第156—157页）

曰：'文翁柔胜，先生刚克，立教虽殊，成人一也。'其为通识叹服如此。……爽不事王侯，独守闲静，讲肆经典二十余年，时人号为'儒林先生'"。常爽为凉州大儒，高允受教，并称赞其传教之功。①

又，《魏书》卷九一《术艺·江式传》载其本陈留济阳人，六世祖江琼晋冯翊太守，"善虫篆、诂训。永嘉大乱，琼弃官西投张轨，子孙因居凉土，世传家业。祖强，字文威，太延五年，凉州平，内徙代京。上书三十余法，各有体例。又献经史诸子千余卷，由是擢拜中书博士。卒，赠敦煌太守。父绍兴，高允奏为秘书郎，掌国史二十余年，以谨厚称。卒于赵郡太守"。陈留江氏侨居河西，其文字与书道渊源有自，"数世传习，斯业所以不坠也"，故"家号世业"。高允举荐由河西入魏之江绍兴为秘书郎，"掌国史二十余年"，提携之意甚明。

其三，高允联姻入魏南人，汲取江左文风。晋宋变革之际，一些司马氏宗室与士族人物北奔入魏，其中有勃海刁氏。《魏书》卷八四《儒林·刁冲传》载："刁冲，字文朗，勃海饶安人也。镇东将军雍之曾孙。十三而孤，孝慕过人。其祖母司空高允女，聪明妇人也，哀其早孤，抚养尤笃。冲免丧后便志学他方，高氏泣涕留之，冲终不止。虽家世贵达，乃从师于外，自同诸生。"刁冲为刁雍曾孙，刁雍在刘裕篡夺过程中避祸北奔，先入后秦，再入北魏。由刁冲"祖母司空高允女"，可见高允嫁女于刁雍之子。对此，《刁遵墓志》载："侍中、

---

① 《魏书》卷五二《索敞传》载其敦煌人，"为刘昞助教，专心经籍，尽能传昞之业。凉州平，入国，以儒学见拔，为中书博士。笃勤训授，肃而有礼。京师大族贵游之子，皆敬惮威严，多所成益，前后显达，位至尚书牧守者数十人，皆受业于敞。敞遂讲授十余年。敞以丧服散在众篇，遂撰比为《丧服要记》。其《名字论》文多不载"。索敞入魏后授业，声誉卓著，且著有《名字论》，高允也有此作，不知有无交流。常爽为河西儒者代表，其家族与河西李氏通婚，《魏书》卷八二《李琰之传》载其为"陇西狄道人，司空韶之族弟。早有盛名，时人号曰神童。从父空冲雅所叹异，每曰：'兴吾宗者，其此儿乎？'恒资给所须，爱同己子"。李琰之以才学自炫，"又自夸文章，从姨兄常景笑而不许"。常景为常爽孙，其为李琰之"从姨兄"，可见河西大族间之相互联姻状况。又，《魏书》卷八二《常景传》载其"淹滞门下积岁，不至显官，以蜀司马相如、王褒、严君平、扬子云等四贤，皆有高才而无重位，乃托意以赞之"，其后"在枢密十有余年，为侍中崔光、卢昶、游肇、元晖尤所知赏"。可见至北魏后期，河西人物与河北士族已基本一体化了。

中书监、司空文公高允，皇代之儒宗，见而异之，便以女妻焉。"① 高允何以主动与流迁入北的刁雍家族联姻？这固然由于刁氏素为勃海旧门，②但究其深层原因，则与其来自江左相关。在民族冲突的时代背景下，此举体现出北方士族对江左士族社会及其文化的钦慕心态。

正是这一文化心态，高允自觉效仿江左文学风尚。日本学者兴膳宏通过比较高允《罗敷行》与南朝沈约《日出东南隅行》，指出高允在创作技法上取法南朝，表现出对流传于南方的华夏古乐甚为向往，在相和歌辞北传后即加拟作，以汲取江左新风。兴膳宏进一步考述高允诗歌在声律方面接受了南朝的影响，"高允相当自觉地避免了上尾之病。如果大胆地设想的话，在五世纪半南齐永明年间沈约、谢朓提倡'永明体'新风时，上了年纪的高允虽然远在北地，却也很快察知了动静，并且表现了自己的关心"③。对此，张鹏也指出："《罗敷行》则是高允与南方文学的一次接触，是南方文学和北方文学较早的融合。这种融合，从心理上讲，出于北方汉族文人对本民族文化的敬仰，太和时期北魏政治的稳定发展，使得文化建设逐渐得到统治者的重视，对南方文学的学习，其所依据的仍然是儒学'文质彬彬'的文化文艺观，这也是后来北方文人学习南方文学的指导方针和逻辑起点。……从这一点来说，兴膳宏认为高允是北方文学的先驱是非常恰当的。"他进一步指出其影响，"从北魏文学后来的发展上看，高允对

---

① 《刁遵墓志》，载王连龙编撰《南北朝墓志集成》（上册），上海人民出版社2021年版，第151页。据《魏书》卷三八《刁雍传》，刁雍有子六人，刁遵为第二子，《刁遵墓志》所载诸人名字等皆与史传相合，其"第五弟融，奉业，汝阴太守。妻同郡□氏，父……侍中、中书监、司□□文……"。见前揭王连龙编撰《南北朝墓志集成》（上册），第152页。这里因墓志脱文，刁遵第五弟刁融妻及其家族情况不明，但据其与刁氏"同郡"，且其父"侍中、中书监、司□□文"等相关信息，可推测刁融妻也当为高允女。如推测属实，高允以二女嫁予刁雍之二子，表明他对南来刁氏怀有特别的感情，并给予了非同一般的礼遇。
② 《刁遵墓志》载其"夫人同郡高氏，父允，侍中、中书监、司空、咸阳文公"。特别强调"同郡高氏"，这与当时士族社会通婚重门望的风气相关。刁遵第三子刁整，"妻同郡高氏，父……参军事、清河太守。祖允，光禄大夫、咸阳文公。"前揭王连龙编撰《南北朝墓志集成》，第151—152页。可见刁雍北迁后，其子孙与高允家族世代通婚。
③ 《北朝文学的先驱者——高允》，前揭[日]兴膳宏著，彭恩华译《六朝文学论稿》，第373—374页。

青齐文人的重视,为北魏对南方文学的重视,甚至亦步亦趋,大加仿效的做法开了先河"①。

其四,高允扶助平齐民。《魏书》本传载:"显祖平青齐,徙其族望于代。时诸士人流移远至,率皆饥寒。徙人之中,多允姻媾,皆徒步造门。允散财竭产,以相赡赈,慰问周至。无不感其仁厚。收其才能,表奏申用。时议者皆以新附致异,允谓取材任能,无宜抑屈。"献文帝时平定青齐地域,"徙其族望于代",其中"多允姻媾"。对这些"率皆饥寒"的流迁人士,高允"散财竭产,以相赡赈,慰问周至"②;进而排除阻力,"收其才能,表奏申用",使得部分平齐民子弟得以入仕求进,以维系其士族门第,从根本上改善其境遇,以致"无不感其仁厚"。具体事例,如高聪,《魏书》卷六八《高聪传》载:"高聪,字僧智,本勃海蓚人。曾祖轨,随慕容德徙青州,因居北海之剧县。……大军攻克东阳,聪徙入平城,与蒋少游为云中兵户,窘困无所不至。族祖允视之若孙,大加赒给。聪涉

---

① 张鹏:《北魏儒学与文学》,中国社会科学出版社2012年版,第94、101页。
② 入北平齐民之普遍生活困窘,《魏书》卷四三《刘休宾传》载:"休宾叔父旋之,其妻许氏,二子法凤、法武。而旋之早亡。东阳平,许氏携二子入国,孤贫不自立,并疏薄不伦,为时人所弃。母子皆出家为尼,既而反俗。太和中,高祖选尽物望,河南人士,才学之徒,咸见申擢。法凤兄弟无可收用,不蒙选授。后俱奔南。法武后改名孝标云。"《魏书》卷四三《房法寿传》载其为平齐民之"上客",待遇相对较优,"性好酒,爱施,亲旧宾客率同饥饱,坎壈常不丰足"。其族子房景伯"生于桑乾,少丧父,以孝闻。家贫,佣书自给,养母甚谨";房景先"幼孤贫,无资从师,其母自授《毛诗》、《曲礼》。年十二,请其母曰:'岂可使兄佣赁以供景先也?请自求衣,然后为学。'母哀其小,不许。苦请,从之,遂得一羊裘,忻然自足。昼则樵苏,夜诵经史,自是精勤,遂大通赡"。《魏书》卷五五《刘芳传》载:"慕容白曜南讨青齐,梁邹降,芳北徙为平齐民,时年十六。南部尚书李敷妻,司徒崔浩之弟女;芳祖母,浩之姑也。芳至京师,诣敷门,崔耻芳流播,拒不见之。芳虽处穷贫之中,而业尚贞固,聪敏过人,笃志坟典。昼则佣书,以自资给,夜则读诵,终夕不寝,至有易衣并日之弊,而澹然自守,不汲汲于荣利,不戚戚于贱贫,乃著《穷通论》以自慰焉。"又载:"芳常为诸僧佣写经论,笔迹称善,卷直一缣,岁中能入百余匹,如此数十年,赖以颇振。由是与德学大僧,多有还往。"《魏书》卷六六《崔亮传》载:"及慕容白曜之平三齐,内徙桑乾,为平齐民。时年十岁,常依季父幼孙,居家贫,佣书自业。"《魏书》卷六七《崔光传》载:"慕容白曜之平三齐,光年十七,随父徙代。家贫好学,昼耕夜诵,佣书以养父母。"《魏书》卷七〇《傅永传》载其"自东阳禁防为崔道固城局参军,与道固俱降,入为平齐民。父母并老,饥寒十数年,赖其强于人事,戮力佣丐,得以存立"。这类事例甚多,可见平齐民北徙后,其生活普遍窘迫困顿。

猎经史，颇有文才，允嘉之。数称其美，言之朝廷，……云：'青州蒋少游与从孙僧智，虽为孤弱，然皆有文情。'由是与少游同拜中书博士。积十年，转侍郎，以本官为高阳王雍友，稍为高祖知赏。"高聪为高允之族孙，以平齐民徙代，竟充作云中兵户，"窭困无所不为"，丧失了士人身份。高允一方面在经济上"大加赒给"，一方面"数称其美，言之朝廷"，得以入仕。又，《魏书》卷八二《常景传》载："初，平齐之后，光禄大夫高聪徙于北京，中书监高允为之娉妻，给其资宅。聪后为允立碑，每云：'吾以此文报德，足矣。'豫州刺史常绰以未尽其美。景尚允才器，先为《遗德颂》，司徒崔光闻而观之，寻味良久，乃云：'高光禄平日每矜其文，自许报允之德，今见常生此颂，高氏不得独擅其美也。'"高允与高聪有同族之亲，故资助尤尽心力，"为之娉妻，给其资宅"。

当然，高允所奖掖之平齐民人士，其中也多有非其姻媾亲族人士。如蒋少游，《魏书》卷九一《术艺·蒋少游传》载："蒋少游，乐安博昌人也。慕容白曜之平东阳，见俘入于平城，充平齐户。后配云中为兵。性机巧，颇能画刻。有文思，吟咏之际，时有短篇。遂留寄平城，以佣写书为业，而名犹在镇。后被召为中书写书生，与高聪俱依高允。允爱其文用，遂并荐之，与聪俱补中书博士。自在中书，恒庇李冲兄弟子侄之门。始北方不悉青州蒋族，或谓少游本非人士，又少游微因工艺自达，是以公私人望不至相重。唯高允、李冲曲为体练，由少游舅氏崔光与李冲从叔衍对门婚姻也。高祖、文明太后常因密宴，谓百官曰：'本谓少游作师耳，高允老公乃言其人士。'眷识如此。"出自清河崔氏的崔光为蒋少游之"舅氏"，故青州蒋氏当为士族无疑，然其门户相对"孤弱"，并非显赫大族门第，以致"北方不悉青州蒋族，或谓少游本非人士"；蒋少游"性机巧，颇能画刻"，"微因工艺自达，是以公私人望不至相重"，以致孝文帝、冯太后"本谓少游作师耳"，然高允"言其人士"，予以引荐。高允此举，不仅改善蒋少游个人境遇及其家族地位，而且对平齐民士族群体命运也有不可忽视的影响。又，《魏书》卷六一

《张谠传》载其清河东武城人，北魏攻占徐兖，投附北魏，"后至京师，礼遇亚于薛、毕，……谠性开通，笃于抚恤，青齐之士，虽疏族末姻，咸相敬视。李敷、李䜣等宠要势家，亦推怀陈款，无所顾避。毕众敬等皆敬重之，高允之徒亦相器待"。张谠是青齐豪族代表，较早投附北魏，他对平齐民"笃于抚恤，……虽疏族末姻，咸相敬视"，高允对其"亦相器待"。又，《魏书》卷六一《毕众敬传》载："太和中，高祖宾礼旧老，众敬与咸阳公高允引至方山，虽文武奢俭，好尚不同，然亦与允甚相爱敬，接膝谈款，有若平生。"毕众敬为青齐尚武豪族人物，虽"文武奢俭，好尚不同"，但高允不囿于门第身份，与之"甚相爱敬，接膝谈款，有若平生"。

高允举荐河北士族后进，护佑入魏之河西、江南、青齐人士，可谓不遗余力，极为用心。之所以如此，不仅在于高允个人品德之仁厚，而主要在于置身鲜卑拓跋氏统治的特殊政治环境中，作为北魏中期汉族士大夫社会朝臣首望，高允肩负推进北魏统治汉化之重任，为此必须延揽汉族士人，逐步改善、优化北魏政治生态。自西晋末年以来，天下分裂，士众流离，随着北魏统一北方，各地域人士入魏。如何整合各地域士人以构建新的汉族儒学士大夫群体，这是当时士族领袖人物所面临的急迫历史任务。正是在这一背景下，崔浩已致力于此，《北史》卷二一《崔宏传附崔浩传》载："浩有鉴识，以人伦为己任。明元、太武之世，征海内贤才，起自仄陋，及所得外国远方名士，拔而用之，皆浩之由也。"所谓"征海内贤才，起自仄陋"，主要指以河北地域为主之贤才名士；而所谓"外国远方名士"，则当指河西诸儒与江南人士。[①] 太武帝之世，作为士族朝臣代表，崔浩"大欲齐整人伦，分明姓族"[②]，而延揽异域士众，扩充士大夫群体，则是其中的重要环节。崔浩以南人王慧龙"信王家

[①] 陈寅恪在《隋唐制度渊源略论稿》（生活·读书·新知三联书店2001年版）中深入论述崔浩援引、交结入魏之河西、江南人士，此不详引。其中释"外国远方名士"，以为"当即指河西诸学者或袁式而言"。（第44页）

[②] 《魏书》卷四七《卢玄传》。

儿",称其"真贵种",且"数向诸公称其美",以致鲜卑勋贵不满,"司徒长孙嵩闻之,不悦,言于世祖,以其叹服南人,则有讪鄙国化之意。世祖怒,召浩责之。浩免冠陈谢得释"[1]。在此过程中,高允附和崔浩,在举荐河北人士、接引"外国远方名士,拔而用之"等方面,颇为主动积极,作用显著。此后,高允位高望重,成为士族朝臣领袖,在护佑青齐人士方面尤尽心力,有助于北魏汉族士人共同体的融汇与扩充,促进了北魏社会的变革。宋人叶适《习学记言序目》卷三四"《魏书·卢玄传》条有论云:"卢氏自志、谌、偃、邈、玄、度世、渊、道将,累世风素,北州所推,史称其闺门之理;及《高允传》青齐沦陷,衣冠播流,亲表赈赡之美。然则三百年间,人士乖离,其能守家法存义概者难矣。虽孔子尚畏左衽之祸,岂私忧哉!然是时犹有声问可通,不若后世之影灭响绝,抚卷可为永叹!"这里论及高允对青齐流迁"亲表赈赡之美",体现了北朝士族社会"能守家法存义概"之宗族、乡里等伦理情谊与群体意识。由叶适论"孔子尚畏左衽之祸,岂私忧哉",在民族纷争时代背景下,高允拯救流迁衣冠人士,就其动机与意义而言,绝不仅仅在于保全个别流离困顿之人物或家族,其根本在于构建汉族士人共同体,存续华夏文化血脉。

综合全文,作为北魏中前期汉族士族代表,前后五十余年,高允历侍数帝,在当时鲜、汉民族对抗与文化冲突激烈的背景下,他虽屡遭祸难,但往往逢凶化吉,避免了崔浩诸人遭受诛戮的悲剧命运,"有魏以来,斯人而已",并成为士族社会一代朝望。之所以如此,既非其明哲保身、委曲求全,更非投机取巧、因缘附会。深究其原委,主要在于其一以贯之的为政与为人品格。纵观高允平生行迹,无论官爵高下,境遇顺逆,在为政方面,他始终以进谏为务,且多面谏直言,"事有不便,允辄求见",常常"晨入暮出"。他对太武、景穆、文成、献文、孝文诸帝皆有谏议,其中对太武帝、文

---

[1]《魏书》卷三八《王慧龙传》。

成帝之谏诤尤为激烈，充分表现出忠贞刚直的儒学士大夫的秉性，并因此受到北魏统治者的赞赏与敬重，以致文成帝对其所谏，往往"从容听之"，"礼敬甚重"。高允之谏诤，皆出于忠君爱民，秉公而行，绝无私心，形成了"忠而不伐"的独特作风。高允之"忠而不伐"，与其忠实、谦抑的为人作风密切关联。在君臣关系方面，高允主张臣属理应"自告忠诚"，不必揣度以"知机"，更不应有所欺瞒，以致太武帝赞其"直哉"，"贞臣也"。与士大夫社会交往，高允始终以"柔宽"之道待人，律己谨严，体现出儒者的仁厚品德，深得赞誉。在个人生活中，高允甘于清贫，为政廉洁，绝无贪渎之欲。正因为如此，高允年逾九十，虽一再请求致仕，但冯太后、孝文帝则予以特殊礼遇，"朝之大议，皆咨访焉"。在学术文化方面，高允博综经史、术数，长于诗赋，为一代通儒。作为长期参掌朝政之儒士，高允之学术文化影响，不仅在于其个人之研修著述，而主要体现在学以致用。他身处鲜卑拓跋氏王朝，在施政中力行儒学教化，着力推进鲜卑上层及其统治政策之汉化。与此相关，作为士族朝臣代表，高允具有浓郁的士族社会群体意识，凭借其特殊的地位与德望，坚持不懈地提携、举荐河北士族人物与寒庶才俊，接引、延揽江左、河西、青齐诸地域入魏之"外国远方名士"，促进了北魏士族社会共同体的不断融汇与扩充，对北魏社会政治、文化变革具有重大而深远的影响。

"敦厉胄子"：
北魏孝文帝对宗室人物之训诫

——以孝文帝训导诸弟为中心的考察

众所周知，北魏孝文帝倡导变革，特别是迁都洛阳及其全面汉化，推进北朝民族融合，历来倍受重视，相关研究连篇累牍，后学者似难置喙。孝文帝厉行汉化，对元魏宗室而言，就是促使其与汉族高门士族的结合——除了通过婚姻、门第、职官制度等方面的变革外，尚须对元魏宗室子弟进行内在的文化改造。士族之社会身份、地位固然通过其婚姻与仕宦等以体现，但对具体家族及其人物而言，其家世之因袭、家业之传承，无不有赖于其品德卓著、才学优异之子弟，故士族社会普遍重视其家教，士族代表人物无不重视子弟之训诫，从而奠定、规整其门风。[①] 北魏孝文帝与

---

① 对此，前辈学者多有概述，陈寅恪先生有论云："所谓士族者，其初并不专用其先代之高官厚禄为其唯一之表征，而实以家学及礼法等标异于其他诸姓。……凡两晋、南北朝之士族盛门，考其原始，几无不如是。魏晋之际虽一般社会有巨族、小族之分，苟小族之男子以才器著闻，得称为'名士'者，则其人之政治及社会地位即与巨族之子弟无所区别，小族之女子苟能以礼法特见尊重，则亦可与高门通婚，非若后来士族之婚宦二事专以祖宗官职高下为惟一之标准者也。……夫士族之特点既在其门风之优美，不同于凡庶，而优美之门风实基于学业之因袭。故士族家世相传之学业乃与当时之政治社会有极重要之影响。"（见氏著《唐代政治史述论稿》，上海古籍出版社1982年版，第71—72页）吕思勉先生说："凡大族，能为时稍久者，必自有其法度。"（转下页注）

士族名士交往密切,[①]对士族文化尤为钦慕,并着力推进元魏皇族、鲜卑上层的士族化进程。《魏书》卷二一上《献文六王·广陵王羽传》载:"高祖引陆睿、元赞等于前曰:'北人每言北人何用知书,朕闻此,深用忸然。今知书者甚众,岂皆圣人。朕自行礼九年,置官三载,正欲开导兆人,致之礼教。朕为天子,何假中原,欲令卿等子孙,博见多知。若永居恒北,值不好文主,卿等子孙,不免面墙也。'陆睿对曰:'实如明诏,金氏若不入仕汉朝,七世知名,亦不可得也。'高祖大悦。"由孝文帝所谓"朕自行礼九年,置官三载,正欲开导兆人,致之礼教"云云,可见其素来重视对鲜卑上层的汉化教育。具体就北魏宗室子弟之训诫而言,孝文帝显然在一定程度上受到了士族社会家教风尚之熏习,多有相关之表现。有鉴于此,这里对孝文帝训诫宗室特作专题论述,以期从一个侧面深化对北魏皇族之汉化、雅化等相关问题的理解与认识。

一 孝文帝所受冯太后之教导与训育

孝文帝具有深厚的文化修养,《魏书》卷七下《高祖纪下》载:"雅好读书,手不释卷。《五经》之义,览之便讲,学不师受,探其精奥。史传百家,无不该涉。善谈《庄》、《老》,尤精释义。才藻富赡,好为文章,诗赋铭颂,任兴而作。有大文笔,马上口授,

---

(接上页注)(见氏著《两晋南北朝史》,上海古籍出版社1983年版,第928页)王伊同先生说:"五朝名家,靡不有家教,所以立身处事,有以见异","巨宗重臣,咸有训诫"。(见氏著《五朝门第》,中华书局2006年版,第196、197页)钱穆先生也说:"当时门第传统共同理想,所希望于门第中人,上自贤父兄,下至佳子弟,不外两大要目:一则希望其能具孝友之内行,一则希望其能有经籍文史学业之修养。此两种希望,并合成为当时共同之家教。其前一项之表现,则成为家风,后一项之表现,则成为家学。"(见氏著《略论魏晋南北朝学术文化与当时门第之关系》,《中国学术思想史论丛》卷三,安徽教育出版社2004年版,第159页)

[①]《魏书》卷四〇《陆俟传附陆凯传》载:"初,高祖将议变革旧风,大臣并有难色。又每引刘芳、郭祚等密与规模,共论时政,而国戚谓遂疏己,怏怏有不平之色。乃令凯私喻之曰:'至尊但欲广知前事,直当问其古式耳,终无亲彼而相疏也。'国戚旧人乃稍解。"相关记载非一,可见孝文帝与士族名士交往甚密。

及其成也,不改一字。自太和十年已后诏册,皆帝之文也。自余文章,百有余篇。爱奇好士,情如饥渴。待纳朝贤,随才轻重,常寄以布素之意。悠然玄迈,不以世务婴心。"由此可见,北魏孝文帝善于文辞,精于儒玄,博通"史传百家",这不仅在历代帝王中可谓罕见,即便比之一般士大夫学者,也确属难得。《魏书》本纪"史臣曰"有言:"若乃钦明稽古,协御天人,帝王制作,朝野轨度,斟酌用舍,焕乎其有文章,海内生民咸受耳目之赐。加以雄才大略,爱奇好士,视下如伤,役己利物,亦无得而称之。其经纬天地,岂虚谧也。"对此,清人赵翼颇为惊异,他在《廿二史札记》卷一四"魏孝文帝文学"条中说:"古今帝王以才学著者,曹魏父子、萧梁父子为最,然皆生自中土,绩学少年。惟魏孝文帝,生本北俗,五岁即登帝位,此岂有师儒之训,执经请业,如经生家所为,乃其聪睿夙成,有不可以常理论者。"他根据史传所载孝文帝之文化表现,以为"帝深于文学,才藻天成,有不能自讳者,虽亦才人习气,然聪睿固不可及已。其急于迁洛,欲变国俗,而习华风,盖发于性灵而不自止也"①。

作为年幼即登帝位的鲜卑君主,孝文帝何以有如此广博精深之学术文化修养?上引《魏书》称其"学无师授",赵翼以为"有不可以常理论者",归之于"聪睿夙成""才藻天成"。纵观北魏拓跋氏统治集团之宫廷教育之儒化,自道武帝拓跋珪以来便援引儒者教授诸皇子经籍,此后诸君主也颇为重视,北魏禁中之儒化教育,特别是储君的教育逐渐制度化。孝文帝即位以来,北魏宫廷汉化、儒化氛围更为浓郁。何以如此?关键在于冯太后主导其事,"申以教诫"。《魏书》卷六二《李彪传》载其上表孝文帝,建议对储君强化

---

① 对于孝文帝汉文化修养及其表现,拙文《略论北魏孝文帝的文化修养及其表现与影响》(刊于《史学集刊》2009年第3期)已有专题考述,敬请参看。赵翼《廿二史札记》卷一四"魏孝文迁洛"条也指出:"盖(孝文)帝优于文学,恶本俗之陋,欲以华风变之,故不惮为此举也。"他将孝文帝的文化修养作为其力主迁都洛阳的一个潜在的动因,这是很深刻的。

针对性的教育，其中有言："高宗文成皇帝慨少时师不勤教，尝谓群臣曰：'朕始学之日，年尚幼冲，情未能专，既临万机，不遑温习，今而思之，岂唯予咎，抑亦师傅之不勤。'尚书李訢免冠而谢，此则近日之可鉴也。伏惟太皇太后翼赞高宗，训成显祖，使巍巍之功邈乎前王。陛下幼蒙鞠诲，圣敬之跻，及储宫诞育，复亲抚诲，日省月课，实劳神虑。"李彪借文成帝自省之语，实际上检讨了以往宫廷儒化教育在管理方面颇为松弛的状况，他称述冯太后亲自训育孝文帝，所言"幼蒙鞠诲"，当非虚夸。《魏书》卷八三上《外戚·冯熙传》载冯太后侄冯诞、冯脩"皆姿质妍丽。年才十余岁，文明太后俱引入禁中，申以教诫，然不能习读经史，故兄弟并无学术，徒整饰容仪，宽假恭谨而已。诞与高祖同岁，幼侍书学，仍蒙亲待"。可见冯太后重视孝文帝的儒学启蒙，不仅"申以教诫"，而且应当有所督促。①

特别在政治思想、政治品德及其实践等方面，冯太后对年少的孝文帝亲自施教。冯太后出自汉族，有一定的文化修养，《魏书》卷一三《皇后·文成文明皇后冯氏传》载其"性聪达，自入宫掖，粗学书计"。她非常重视对孝文帝的政治训导，本传载"太后以高祖富于春秋，乃作《劝戒歌》三百余章，又作《皇诰》十八篇，文多不载"②。冯太后亲

---

① 当然，就孝文帝的儒学教授的具体操作与落实而言，冯太后主导其事，通过延聘经师以教授，而非亲自授业。对此，张金龙指出："与其说孝文帝的汉化教育受诸冯太后，还不如说是作为最高统治者的太皇太后冯氏安排孝文帝接受汉族传统文化教育，教育者不是冯太后，而是由她选定的具有高深文化素养的汉族士人，在当时可承担此任者主要当是高允；高闾也有这种可能。……冯太后只是'申以教诫'，而具体讲解经史、传授知识只能由其师傅来完成，冯太后既无能力（文化水平有限）也无精力（处理国政）来承担对孝文帝的教育工作。因此，冯太后在孝文帝教育方面的影响是间接的而不是直接的。"见氏著《北魏政治史研究》，甘肃教育出版社1998年版，第100—101页。
② 《魏书》卷七上《高祖纪上》载太和九年正月癸未，"大飨群臣于太华殿，班赐《皇诰》"。此为冯太后所主导，《南齐书》卷五七《魏虏传》载："冯氏有计略，作《皇诰》十八篇，伪左仆射李思冲称史臣注解。"冯太后又为群臣作劝戒歌，《魏书》卷一四《神元平文诸帝子孙·元丕传》载："太后亲造《劝戒歌辞》以赐群官，丕上疏赞谢。太后令曰：'臣哉邻哉。君则亡逸于上，臣则履冰于下。若能如此，太平岂难致乎？'"冯太后以歌辞劝戒群官，目的在于宣扬君臣尊卑与忠节观念，激励臣属勤政有为。

作《劝戒歌》与《皇诰》，作为训育孝文帝的文本，《劝戒歌》是一种告诫性诗歌，其具体内容虽已失载，但其核心自是以诗歌的形式表达对统治者的劝戒，意在培养孝文帝的品德素养。①《劝戒歌》长达三百余章，《皇诰》则有十八篇，史称"文多不载"，当所涉广泛，其草拟与修饰，当多有儒学士族朝臣参与其事。《魏书》卷四八《高允传》载太和二年，年逾九旬的高允被"扶引就内，改定《皇诰》"。《皇诰》可谓孝文帝施政的教科书，冯太后特请高允"改定"，显然意在进一步规范其中的儒家政治道德观念的内容。《魏书·高祖纪上》载太和九年正月癸未，"大飨群臣于太华殿，班赐《皇诰》"，进一步向拓跋宗室、鲜卑上层及广大朝臣传布。②

高允又奉冯太后敕令作《酒训》，呈奉孝文帝。高允上《酒训》曰："臣被敕论集往世酒之败德，以为《酒训》。……伏惟陛下以睿哲之姿，抚临万国，太皇太后以圣德之广，济育群生。……太皇太后以至德之隆，诲而不倦，忧勤备于皇情，诰训行于无外。……在朝之士，有志之人，宜克己从善，履正存贞。节酒以为度，顺德以为经。"史称"高祖悦之，常置左右"③。《酒训》也是冯太后授意对孝文帝进行教育的文本，诚如论者指出，"高允的文章名曰《酒训》，实为政训。既然高允此文系奉文明太后之敕而作，孝文帝读了当然就得'悦之'，并且'常置左

---

① 李凭指出："孝文帝虽然是拓跋王朝的主子，但他所受的文化教育却是汉族传统的。……文明太后在不再打算废黜孝文帝的皇位以后，就开始重视对他的政治教育了。……文明太后亲自作《劝戒歌》，《皇诰》来训导孝文帝，由此可见她对孝文帝政治教育的重视程度。《劝戒歌》是一种告诫性的诗歌，内容是规范封建君臣关系的说教，这对于将要接替文明太后统治天下的孝文帝当然至关重要。……《皇诰》应是仿照《尚书》体裁写成的文章，内容自然也是主上对臣下的告诫。"见氏著《北魏平城时代》，上海古籍出版社2014年版，第261—262页。

② 《皇诰》还被译为鲜卑文，《魏书》卷三〇《吕洛拔传》载其长子吕文祖，"坐徙于武川镇。后文祖以旧语译注《皇诰》，辞义通辩，超授阳平太守"。

③ 《魏书》卷四八《高允传》。

右'了"①。

　　对于孝文帝所受冯太后之训育，历来史家多有共识。吕思勉先生指出："高祖之教育，盖全受诸文明太后，与佛狸母虽汉人，教育则全受诸鲜卑者大异，此其所以能去腥膻之乡，践礼教之域，依然独断，大革胡俗欤。"② 何兹全先生指出，"孝文帝从襁褓之时就由这位皇太后抚养，这位皇太后是汉人，孝文帝实行汉化政策虽在太皇太后死后，但他的汉化教育都来自这位汉人祖母"；"孝文帝是从小在文明太后的教养下成长起来的，他的汉化思想教育主要受之于文明太后"③。李凭先生也指出，"孝文帝作为拓跋皇帝，却热衷于汉化，这不能不承认文明太后的影响和教育发生了作用"④。可以说，孝文帝之为人品格、政治观念、生活作风等方面，多直接得益于冯太后的训诫。冯太后的这种内廷训诰方式，与士族社会的家教相比，不仅具有某种形式上的相似性，而且在内容上也有一定的关联性。这对孝文帝此后重视宗室训诫，具有不可忽视的影响。

　　孝文帝的汉文化素养，不仅有过于以往北魏诸主，而且与其同辈的鲜卑拓跋氏人物相比，也可谓卓越非凡。这除了其天资过人、异常聪睿等因素外，恐怕主要在于他刻苦修行的受教态度。孝文帝早年长期处于冯太后的监控之下，处境艰难，冯太后屡有废黜之意，故其对冯太后之教诲悉心接受，并以此回避现实政治以求宠，进而获得心灵慰藉。《魏书·高祖纪下》史论所谓"高祖幼承洪绪，早著圣睿之风。时以文明摄事，优游恭己，玄览独得，著不自言，神契所标，固以符于冥化"，说的正是这一情形。孝文帝所受之汉化训

---

① 李凭：《北魏平城时代》，上海古籍出版社2014年版，第263页。此外，冯太后对孝文帝还有随机性的引导，《魏书》卷一三《皇后·文成文明皇后冯氏传》载："太后曾与高祖幸灵泉池，燕群臣及藩国使人、诸方渠帅，各令为其方舞。高祖帅群臣上寿，太后忻然作歌，帝亦和歌，遂命群臣各言其志，于是和歌者九十人。"

② 吕思勉：《两晋南北朝史》，上海古籍出版社1983年版，第510页。

③ 何兹全：《北魏文明太后》，收入氏著《读史集》，上海人民出版社1982年版，第235、240页。

④ 李凭：《北魏平城时代》，上海古籍出版社2014年版，第263页。

育，使其个人在政治观念、文化取向上发生了深刻变化，其主政后厉行汉化变革，为了不断推进拓跋氏士族化进程，实现鲜汉上层融合，他也重视宗室子弟的训诫。

二 孝文帝对诸弟、诸子之劝勉与训诫

《魏书》卷七上《高祖纪上》载太和九年二月己亥，"制皇子封王者、皇孙及曾孙绍封者、皇女封者岁禄各有差。以广阳王建第二子嘉绍建后，为广阳王。乙巳，诏曰：'昔之哲王，莫不博采下情，勤求箴谏，建设旌鼓，询纳刍荛。朕班禄删刑，虑不周允，虚怀谠直，思显洪猷。百司卿士及工商吏民，其各上书极谏，靡有所隐。'……封皇弟禧为咸阳王，幹为河南王，羽为广陵王，雍为颍川王，勰为始平王，详为北海王"。此为冯太后所主导，但对孝文帝影响显著，可见其对诸弟亲王施政品德与作风之引导，并颇有成效，《魏书》卷二四《崔玄伯传附崔道渊传》载：南齐主萧鸾"遣其族兄惠景遗僧渊书，说以入国之屈，规令改图。僧渊复书曰：'主上之为人也，无幽不照，无细不存，仁则无远不及，博则无典不究，殚三坟之微，尽九丘之极。至于文章错综，焕然蔚炳，犹夫子之墙矣。遂乃开独悟之明，寻先王之迹，安迁灵荒，兆变帝基，惟新中壤，宅临伊域。……圣上诸弟，风度相类，咸阳王已下，莫不英越，枝叶扶疏，遍在天下，所称稍竭，殊为未然。'"崔僧渊本意在于表达北方士族社会对孝文帝迁洛及鲜汉上层融合的认可，其中称颂孝文帝之为人气度与才学卓著，兼及"圣上诸弟，风度相类，咸阳王已下，莫不英越，枝叶扶疏，遍在天下"云云，表达了士族社会对元魏宗室整体文雅化的赞许。孝文帝诸弟及宗室人物如此，则当与孝文帝之教育与训导不无关系。

冯太后主政期间，对拓跋宗室子弟教育颇为重视，《魏书》卷八四《儒林传序》载太和中"改中书学为国子学""又开皇子之学"。《魏书》卷二一上《献文六王上·咸阳王禧传》载太和九年咸阳王

禧受封，文明太后冯氏令曰："自非生知，皆由学诲，皇子皇孙，训教不立，温故求新，盖有阙矣。可于闲静之所，别置学馆，选忠信博闻之士为之师傅，以匠成之。"冯太后在训育孝文帝的过程中，鉴于其诸弟的特殊身份，"别置学馆"，"选忠信博闻之士为之师傅"，以改变其"训教不立"的状况。这是北魏宗室汉化教育的一个创新举措，通过这一教育方式，献文、孝文诸帝的皇族嫡系房支之"皇子皇孙"受到了良好的儒化训育。

对拓跋氏宗室子弟的教育，设有"皇宗学"。孝文帝对"皇宗学"十分重视，《魏书》卷一九中《景穆十二王中·任城王澄传》载其上书宣武帝，其中有言："臣参训先朝，藉规有日，前言旧轨，颇亦闻之。又昔在恒代，亲习皇宗，熟秘序疑，庭无阙日。……自凤举中京，方隆礼教，宗室之范，每蒙委及，四门之选，负荷铨量。自先皇升遐，未遑修述，学宫虚荷四门之名，宗人有阙四时之业，青衿之绪，于兹将废。"①《魏书·儒林传序》也载孝文帝"及迁都洛邑，诏立国子太学、四门小学"。孝文帝尤重国子教授的遴选，《魏书》卷二七《穆崇传附穆子弼传》载其"有风格，善自位置。涉猎经史，与长孙稚、陆希道等齐名于世，矜己陵物，颇以损焉。高祖初定氏族，欲以弼为国子助教。弼辞曰：'先臣以来，蒙恩累世，比校徒流，实用惭屈。'高祖曰：'朕欲敦厉胄子，故屈卿光之。白玉投泥，岂能相污？'弼曰：'既遇明时，耻沉泥滓。'会司

---

① 康乐先生在《从西郊到南郊——北魏的迁都与改革》（北京联合出版公司2020年版）中指出："元澄对当年在皇宗学所受的教育，无疑是留有相当深刻的印象。因为后来在宣武帝时，他还上书希望恢复皇宗学。……此外，从《魏书》宗室列传，我们也可以发现，跟孝文帝年龄相去不远的宗室诸王——换言之，即文明太后熏陶下成长的一代——颇多能吟诗为文者。"（第149页注释）关于皇宗学对拓跋氏汉化的影响，康先生有论云："为了教育年轻一代的拓跋皇室与贵族，公元485年，文明特别在平城设立了'皇宗学'。这一学校的设置，关系日后孝文帝改革运动的成败甚巨"；（第147页）"文明太后设置'皇宗学'，对孝文帝改革的成败，具有举足轻重的影响。由于这个学校的设立，许多拓跋的宗室贵族——特别是孝文同一辈的——逐渐培养出对汉文化的兴趣，这对日后孝文帝的汉化运动无疑具有莫大的助益"。（第148页）这从北魏社会变革的角度，指出了"皇宗学"设置的社会影响。

州牧、咸阳王禧入,高祖谓禧曰:'朕与卿作州都,举一主簿。'即命弼谒之"。由孝文帝欲聘穆弼为国子助教以"敦厉胄子"云云,可见其对宗室教育之重视。

孝文帝、冯太后重视"皇子皇孙"及"皇宗"之儒学教育,其根本目的在于推进拓跋氏上层的士族化,不断深化与汉族士族的结合。士族之本质在于其具有儒学文化特征及其家学门风之承袭。孝文帝不仅重视设学施教,而且模仿士族社会之"家教",以训导其子弟,不断提升宗室人物的文化素养。孝文帝对宗室人物之训诫,尤以诸弟、诸子最为突出。

(一) 孝文帝之"笃爱诸弟"

作为兄长,孝文帝对诸弟亲善友爱,《魏书·高祖纪下》载其"抚念诸弟,始终曾无纤介"。对此,诸人本传也多有相关记载。《魏书·咸阳王禧传》载"高祖笃于兄弟,以禧次长,礼遇优隆"①。《赵郡王幹传》载:"高祖笃爱诸弟";《广陵王羽传》载"高祖友爱诸弟"。《广陵王羽传》载其出镇青州,"高祖幸羽第,与诸弟言曰:'朕昨亲受人讼,始知广陵之明了。'咸阳王禧对曰:'臣年为广陵兄,明为广陵弟。'高祖曰:'我为汝兄,汝为羽昆,汝复何恨。'又曰:'叔翻沉疴绵惙,遂有辰岁,我每为深忧,恐其不振。今得痊愈,晚成婚媾,且喜其吉庆,故命驾耳。'高祖亲饯之华林园"。孝文帝对元羽之"沉疴","每为深忧,恐其不振",以其痊愈成婚,"喜其吉庆",故以其出镇,携诸兄弟"亲饯之华林园",鼓励兄弟以贤能相竞。《高阳王雍传》载其"少而倜傥不恒。高祖曰:'吾亦未能测此儿之深浅,然观其任真率素,或年器晚成也。'"北海王元详,本传载"初,太和末,详以少弟延爱"。特别是彭城王元勰,与

---

① 《魏书》卷七下《高祖纪下》载:"文明太后以帝聪圣,后或不利于冯氏,将谋废帝。乃于寒月,单衣闭室,绝食三朝,召咸阳王禧,将立之,元丕、穆泰、李冲固谏,乃止。帝初不有憾,唯深德丕等。"孝文帝并未因此结怨于咸阳王禧,而是"始终曾无纤介","以禧次长,礼遇优隆"。

孝文帝最为亲密，《魏书·献文六王下·彭城王勰传》载其"少而岐嶷，姿性不群。……勰生而母潘氏卒，……及有所知，启求追服。文明太后不许，乃毁瘠三年，弗参吉庆。高祖大奇之"。孝文帝晚年致力征伐，恶疾缠身，元勰辅佐军政，陪侍左右，极为用心，本传又载："高祖谓勰曰：'吾与汝等，早罹艰苦，中逢契阔，每谓情义随事而疏。比缠患经岁，危如寒叶，非汝孔怀，情敦忠孝，敦能动止躬亲，必先药膳。每寻此事，感思殊远。'勰悲泣对曰：'臣等宿遭不天，酷恨长世，赖陛下抚育，得参人伍。岂谓上灵无鉴，复使圣躬违和，万国所悬，苍生系气。寝兴之劳，岂申茶蓼。'"孝文帝一再下诏称赞元勰，不仅以其"功为群将之最"，更在于其殷勤照顾所体现的孝友情谊，"朕形疲稚年，心劳长岁，积思成疴，顿发汝颍。第六弟勰，孝均周弟，感侔姬旦，遗食舍寐，动止必亲，敦医劝膳，诚力俱竭，致兹保康，实赖同气。又秉务缉政，百司是凭，纲维折衷，万揆获济。抚师于霖浩之辰，处戎于荐逼之日。安外静内，功臣大道。侍省之绩，可以孔怀无褒；翼亮之勤，实乃勋存社稷"。又诏曰："汝在私能孝，处公必忠，比来勤忧，足布朝野，但可祗膺。"孝文帝临终特手诏世宗，称"汝第六叔父勰，清规懋赏，与白云俱洁；厌荣舍绂，以松竹为心。吾少与绸缪，提携道趣。每请解朝缨，恬真丘壑，吾以长兄之重，未忍离远。何容仍屈素业，长婴世网"。可见孝文帝与元勰之间情谊之真切。元勰传末"史臣曰"有言："武宣王孝以为质，忠而树行，文谋武略，自得怀抱，绸缪太和之世，岂徒然哉！"孝文帝"抚念诸弟"，"笃爱兄弟"，这是其出于内心美好的自然情感，力图营造和谐的人伦情谊，但他深知"情义随事而疏"，故其晚年对元勰之"情敦忠孝"极为感念。

孝文帝对诸弟之"笃爱"，并非放纵，对诸人之品德与施政多有训诫。《魏书》卷二一上"史臣曰"有言："显祖诸子，俱闻道于太和之日"，这与孝文帝注重训导不无关系，彭城王元勰所言"臣等宿遭不天，酷恨长世，赖陛下抚育，得参人伍"，正说明了这一点。

(二) 孝文帝对诸弟学业之劝导

《魏书·高祖纪下》载太和十六年四月甲寅,"幸皇宗学,亲问博士经义"。太和二十一年七月甲寅,"帝亲为群臣讲丧服于清徽堂"。《魏书·献文六王下·彭城王勰传》载:"高祖亲讲丧服于清徽堂,从容谓群臣曰:'彦和、季豫等年在蒙稚,早登缨绂,失过庭之训,并未习礼,每欲令我一解丧服。自审义解浮疏,抑而不许。顷因酒醉坐,脱尔言从,故屈朝彦,遂亲傅说。将临讲坐,惭战交情。'御史中尉李彪对曰:'自古及今,未有天子讲礼。陛下圣叡渊明,事超百代,臣得亲承音旨,千载一时。'"① 元勰字彦和,元详字季豫,二人"年在蒙稚",一再请求孝文帝"一解丧服"。可见孝文帝亲讲丧服,本意在于引导其年少诸弟。②

此外,孝文帝督促诸弟研习儒学典籍。《魏书·献文六王上·赵郡王幹传》载:"及车驾南伐,以幹为使持节、车骑大将军、都督关右诸军事,给铜虎符十,别赐诗书。"孝文帝对出镇关右的元幹特"别赐诗书",显然意在督促其研修儒学典籍。③ 又,《魏书·献文六王上·北海王详传》载孝文帝南伐,以元详行中领军,"兼督营构之务","高祖赐详玺书曰:'比游神何业也?丘坟六籍,何事非娱,善正风猷,肃是禁旅。'"孝文帝以"比游神何业"相问,明言"丘坟六籍,何事非娱",督促他研习儒学典籍。孝文帝对其他诸弟也当

---

① 《魏书》卷七《高祖纪下》载太和二十一年七月甲寅,"帝亲为群臣讲丧服于清徽堂"。

② 《魏书》卷七二《阳尼传》载其"举为国子祭酒。高祖尝亲在苑堂讲诸经典,诏尼侍听,赐帛百匹"。孝文帝"尝亲在苑堂讲诸经典",诸弟当得预讲座。特命国子祭酒阳尼"侍听",当有向国子学转述之意。

③ 元幹第三子元谭,《魏书》卷二一上《献文六王上·赵郡王幹传附谭传》载其"颇强立,少为宗室所推敬"。元谭少时得孝文帝教诲,《元谭墓志》(辑入赵超《汉魏南北朝墓志汇编》,天津古籍出版社 2008 年版)载:"高祖既神且圣,望云就日。公尝以王子见,年在纨绮,占谢光润,胖容温华,出言而可雕虫,下笔而成雾縠。高祖玉色金声,留属忘倦,诸侄众中,特加爱重。"(第 229 页)可见孝文帝对其亲侄一辈有才识者十分关注,多加引导。

有类似的要求。在孝文帝的倡导与督促下，诸弟之学术文化修养皆有所提升，其中以彭城王元勰最为突出，《魏书》本传载勰"爱敬儒彦，倾心礼待"，"敏而耽学，不舍昼夜，博综经史，雅好属文"；"勰敦尚文史，物务之暇，披览不辍。撰自古帝王贤达至于魏世子孙，三十卷，名曰《要略》"。可见元勰颇具经史修养。

孝文帝有文学才能，前引本纪称"才藻富赡，好为文章，诗赋铭颂，任兴而作"①，他也注重培养诸弟之文才。《魏书·献文六王下·彭城王元勰传》载：

> 高祖与侍臣升金墉城，顾见堂后梧桐、竹曰："凤皇非梧桐不栖，非竹实不食，今梧桐、竹并茂，讵能降凤乎？"勰对曰："凤皇应德而来，岂竹、梧桐能降？"高祖曰："何以言之？"勰曰："昔在虞舜，凤皇来仪；周之兴也，鸑鷟鸣于岐山。未闻降桐食竹。"高祖笑曰："朕亦未望降之也。"后宴侍臣于清徽堂，日晏，移于流化池芳林之下。高祖曰："向宴之始，君臣肃然，及将末也，觞情始畅，而流景将颓，竟不尽适，恋恋余光，故重引卿等。"因仰观桐叶之茂，曰："'其桐其椅，其实离离，恺悌君子，莫不令仪'，今林下诸贤，足敷歌咏。"遂令黄门侍郎崔光读暮春群臣应诏诗。至勰诗，高祖仍为之改一字，曰："昔祁奚举子，天下谓之至公，今见勰诗，始知中令之举非私也。"勰对曰："臣露此拙，方见圣朝之私，赖蒙神笔赐刊，得有令誉。"高祖曰："虽琢一字，犹是玉之本体。"勰曰："臣闻《诗》三百，一言可蔽。今陛下赐刊一字，足以价等连城。"……后幸代都，次于上党之铜鞮山，路旁有大松树十数根。时高祖进伞，遂行而赋诗，令人示勰曰："吾始作此诗，虽不七步，亦不言远。汝可作之，比至吾所，令就之也。"时勰去帝十余步，遂且行且作，未至帝所而就。诗曰："问松林，松林经几冬？山川何如昔，风云与古

---

① 《南齐书》卷五七《魏虏传》也载魏孝文帝"知谈义，解属文"。

同。"高祖大笑曰:"汝此诗亦调责吾耳。"①

孝文帝一再与彭城王元勰等人赋诗联句,亲自为其改诗,又效仿曹丕、曹植兄弟的即兴作诗。元勰"雅好属文",《魏书》本传载其从征沔北有胜绩,"高祖令勰为露布,勰辞曰:'臣闻露布者,布于四海,露之耳目,必须宣扬威略,以示天下。臣小才,岂足大用。'高祖曰:'汝岂独亲诏,亦为才达,但可为之。'及就,尤类帝文,有人见者,咸谓御笔。高祖曰:'汝所为者,人谓吾制,非兄则弟,谁能辨之。'勰对曰:'子夏被蚩于先圣,臣又荷责于来今。'"孝文帝鼓励元勰撰作露布,而元勰所撰"尤类帝文",表明他注意模仿孝文帝之文风。②

(三) 孝文帝对诸弟品德、政风之训诫

咸阳王禧,孝文帝以其年为次长,既"礼遇优隆",也"每加切诫"。《魏书》本传载,"高祖以诸弟典三都,诫禧等曰:'汝等国之至亲,皆幼年任重,三都折狱,特宜用心。夫未能操刀而使割锦,非伤锦之尤,实授刀之责。皆可修身慎行,勿有乖爽。'文明太后亦诫禧等曰:'汝兄继承先业,统御万机,战战兢兢,恒恐不称。汝所

---

① 《魏书·祖莹传》载元勰参预的一则典型的文学竞先事例:"尚书令王肃曾于省中咏《悲平城诗》,云:'悲平城,驱马入云中。阴山常晦雪,荒松无罢风。'彭城王勰甚嗟其美,欲使肃更咏,乃失语云:'王公吟咏情性,声律殊佳,可更为诵《悲彭城诗》。'肃因戏勰云:'何意《悲平城》为《悲彭城》也?'勰有惭色。莹在座,即云:'所有《悲彭城》,王公自未见耳。'肃云:'可为诵之。'莹应声云:'悲彭城,楚歌四面起;尸积石梁亭,血流睢水里。'肃甚嗟赏之。勰亦大悦,退谓莹曰:即定是神口。今日若不得卿,几为吴子所屈。"这是在元勰主政的尚书省中出现的文学交流活动,可见元勰具有良好的文学欣赏水平,他称王肃之诗"吟咏情性,声律殊佳",王肃来自江南,其诗风清新别致,元勰颇受触动。

② 《魏书》卷二一下《献文六王下·彭城王勰传》载宣武帝时,元勰因"大得人情",多受攻讦与排抵,"勰因是作《蝇赋》以喻怀,恶谗构也"。明人胡应麟在《诗薮·杂编》卷三"遗逸下·三国"部分中有论云:"北朝诸王,绝无习文事者,惟彭城王勰,差见翘楚。"北魏皇族成员个人在文学水平方面固然无大成就,但在孝文帝倡导下,诸王渐参文学之事,从拓跋魏文化变迁的角度看,则具有不可忽视的历史意义。

治虽小，亦宜克念。'高祖曰：'周文王小心翼翼，聿怀多福。如有周公之才，使骄且吝，其余不足观。汝等宜小心畏惧，勿自骄怠。'出为使节、开府、冀州刺史，高祖饯于南郊。又以济阴王郁枉法赐死之事，遣使告禧，因而诫之"。可见对年少出镇的元禧等人，孝文帝训诫甚勤，要求他们对刑狱诸政，"特宜用心"，"修身慎行，勿使乖爽"，"小心畏惧，勿自骄怠"。元禧回京朝觐，孝文帝特以朝仪诸事相询，以考察其政治态度，下诏曰："仲尼在乡党，犹尚恂恂，周文王为世子，卑躬求道，禧等虽连萼宸晖，得不尊尚师傅也？故为置之，以加令德。廷尉卿李冲可咸阳王师。"孝文帝一再训导咸阳王禧谦逊自省，"卑躬求道"。元禧将还州，"高祖亲饯之，赋诗叙意"。后孝文帝迁洛，元禧多有写作，体现出其汉化修养之长进。

  对元禧诸人有违礼法之事，孝文帝严加斥责。《魏书》本传载元禧婚娶不当，"于时，王国舍人应取八族及清修之门，禧取任城王隶户为之，深为高祖所责"。孝文帝借机进一步规范拓跋氏宗室婚制，"以皇子茂年，宜简令正，前者所纳，可为妾媵，将以此年为六弟娉室"。孝文帝为诸弟娉娶士族名门之女，不仅改变了鲜卑婚俗，而且推进了鲜汉融合。对元禧之品德缺陷，孝文帝总是严加指斥，本传载"亦知其性贪，每加切诫，虽当时遵奉，而终不改操"。孝文帝对元禧之"性贪"，"每加切诫"，督其改易。

  赵郡王幹，《魏书》本传载太和九年封王，后授车骑将军、左光禄大夫，领吏部尚书，其所生母死，孝文帝诏命"幹既居要任，铨衡是荷，岂容遂其私志，致旷所司。可遣黄门郎敦喻，令勉从王事，朕寻当与之相见"。这是要求元幹以国务为重，不当沉湎私情。元幹出镇关右，"高祖笃爱诸弟，以幹总戎别道，诫之曰：'司空穆亮年器可师，散骑常侍卢渊才堪询访，汝其师之。'"迁洛后，元幹除都督冀定瀛三州诸军事、征东大将军、冀州刺史，"高祖亲饯于近郊，诏幹曰：'夫刑狱之理，先哲所难，然既有邦国，得不自励也。汝，我之懿弟，当聿修厥德，光崇有魏，深思远图，如临深履薄。若恃亲重，不务世政，国有常宪，方增悲感。'"孝文帝以李凭为长史，唐茂为司马,卢尚之为谘议参军,"以匡弼之"。对李凭等人之"谏诤","榦殊不纳",刑律失当,"尚书以榦初临,纵而不劾"。孝文帝下诏明言:"尚书曲阿朕意,实伤皇度。榦暗于治理,律外重刑,并可推闻。"孝文帝南讨,诏榦以司州牧都督中外诸军事,"榦贪淫不遵典法",御史中尉李彪劝其"改往修来","而榦悠然不以为意",李彪于是表弹之,"高祖省之忿惋,诏榦与北海王详,俱随太子诣行在所。既至,详独得朝见,榦不蒙引接。"对于赵郡王元榦,孝文帝一再严厉训诫,"亲数其过,杖之一百,免其所居官,以王还第"。

广陵王羽,《魏书》本传载其太和九年封王,"羽少而聪慧,有断狱之称",为大理,"典决京师狱讼,微有声誉",迁尚书左仆射,录尚书事,后领廷尉卿。孝文帝自平城南征,"车驾既发,羽与太尉丕留守,……高祖友爱诸弟,及将别,不忍早分,诏羽从至雁门,乃令羽归。望其称效,故赐其如意以表心"[①]。然元羽所为,不尽如意,孝文帝谓之曰:"迁都洛阳,事格天地,但汝之迷,徒未开沉鄙耳。朕家有四海,往来何难。朕初发洛阳,教示永寿,皆谓分别。比自来后,诸处分之事,已差前敕。今举大功,宁为虚费?且朕无周召之弟,岂容晏安日逸。今便北巡,迁留之事,当称朕怀。"对于元羽主政之尚书、廷尉所涉官员考核黜陟、廷尉"五局司直"设置、尚书省职掌等,孝文帝多有训导,然元羽皆不明究里,难副其任。孝文帝明确表示尚书省丧失"枢机是司"的功能,"自卿等在任,年垂二周,未尝言朕之一失,献可否之片规,又不尝进一贤而退一不肖,此二事罪之大者"。孝文帝严厉斥责元羽说:"汝之浅薄,固

---

① 《魏书》卷一四《神元平文诸帝子孙·元丕传》载:"及车驾南伐,丕与广陵王羽留守京师,并加使持节。诏丕、羽曰:'留守非贤莫可。太尉年尊德重,位总黄衡;羽朕之懿弟,温柔明断。故使二人留守京邑,授以二节,赏罚在手。其祇允成宪,以称朕心。'丕对曰:'谨以死奉诏。'羽对曰:'太尉宜专节度,臣但可副贰而已。'高祖曰:'老者之智,少者之决,何得辞也。'"孝文帝以元羽与宗室长者元丕共同留守平城,显然具有亲重培植之意,然元羽似有为难推让情绪,孝文帝则当即予以告诫训勉。

不足以况晋之巨源。考之今世，民斯下矣。汝始为廷尉，及初作尚书，内外瞻望，以吾有弟。自往秋南旆之后，近小人，远君子，在公阿党，亏我皇宪，出入无章，动乖礼则。计汝所行，应在下下之第。"又说："汝既是宸极之弟，而居枢端之任。汝自在职以来，功勤之绩，不闻于朝；阿党之音，频干朕听。汝之过失，已备积于前，不复能别叙。今黜汝录尚书、廷尉，但居特进、太保。"对元羽之相关僚属辅佐也加以追究，如尚书令陆睿，孝文帝责之曰："叔翻在省之初，甚有善称，自近以来，偏颇懈怠。岂不由卿等随其邪伪之心，不能相导以义，虽不成大责，已致小罚。今夺卿尚书令禄一周。"其他如尚书左仆射元赞、吏部尚书元澄、尚书尉羽、尚书卢渊等诸多朝臣皆受到处罚。可见孝文帝对元羽本寄予厚望，委以重任，然其为政弊失丛生，孝文帝斥其"浅薄"，"近小人，远君子，在公阿党，亏我皇宪，出入无章，动乖礼则"，以致"自在职以来，功勤之绩，不闻于朝；阿党之音，频干朕听"。孝文帝纠察诸弟为政得失，雷厉风行，决不袒护，元羽之事，可谓典型。当然，孝文帝对元羽也有激励，本传载其出刺青州，孝文帝诏曰："吾因天历运，乘时树功，开荆拓沔，威振楚越。……海服之寄，故惟宗良，善开经策，宁我东夏。敬慎汝仪，勿坠嘉问，唯酒唯田，可不戒欤！"这是告诫元羽责任重大，要求他"敬慎汝仪，勿坠嘉问，唯酒唯田，可不戒欤"。

高阳王元雍，《魏书》本传载其出镇相州，"高祖诫雍曰：'相州乃是旧都，自非朝贤德望无由居此，是以使汝作牧。为牧之道，亦难亦易。其身正，不令而行，故便是易。其身不正，虽令不从，故便是难。又当爱贤士，存信约，无用人言而轻与夺也。'"孝文帝勉励元雍，以为"为牧之道"，首在身正令行，进而"赏爱贤士"，以"存信约"。

北海王元详，《魏书》本传载其"从高祖南伐，为散骑常侍。高祖自洛北巡，详常与侍中、彭城王勰并在舆辇，陪侍左右。至高宗射铭之所，高祖停驾，诏诸弟及侍臣，皆试射远近，唯详箭不及高宗所十余步。高祖嘉之,拊掌欣笑,遂诏勒铭,亲自为制"。元详与元勰自少"并在舆辇,陪侍左右",多得孝文帝教诲。孝文帝"诏诸弟及侍臣,皆试射远近",意在培养其尚武作风与军政干能。孝文帝南伐,以元详行中领军,留守,"兼督营构之务",本传载孝文帝赐书嘱其"善正风猷,肃是禁旅"。元详后朝觐于行宫,"详还洛,高祖饯之,诏详曰:'……今夏停此,故与汝相见,善守京邑,副我所怀。'"又,《魏书》卷六九《崔休传》载休出自清河崔氏,深得高祖信重,"常参高祖侍席,礼遇次于宋(弁)、郭(祚)之辈","高祖南伐,以北海王为尚书仆射,统留台事,以休为尚书左丞。高祖诏休曰:'北海年少,未闲政绩,百揆之务,便以相委。'转长史,兼给事黄门侍郎"。

彭城王元勰,《魏书》本传载其与孝文帝最为亲密,他素有谦逊退避之风,故孝文帝多加激励,并一再委以重任。"高祖革创,……复除侍中,长直禁内,参决军国大政,万机之事,无不预焉。及车驾南伐,以勰行抚军将军,领宗子军,宿卫左右。……勰表解侍中,诏曰:'蝉貂之美,待汝而光,人乏之秋,何容方退也。克念作圣,庶必有资耳。'"后孝文帝任之为中军大将军,"勰以宠受频烦,乃面陈曰:'臣闻兼亲疏而两,并异同而建,此既成文于昔,臣愿诵之于后。陈思求而不允,愚臣不请而得。岂但今古云殊,遇否大异,非独曹植远羡于臣,是亦陛下践魏文而不顾。'高祖大笑,执勰手曰:'二曹才名相忌,吾与汝以道德相亲,缘此而言,无惭前烈。汝但克己复礼,更何多及。'"元勰有感于曹丕、曹植兄弟"才名相忌",孝文帝明确表示"吾与汝以道德相亲",希望元勰"但克己复礼,更何多及"。孝文帝以元勰使持节、都督中外诸军事、总摄六师,元勰请求"更请一王总当军要",孝文帝表示"戎务、侍疾,皆凭于汝,……安六军、保社稷者,舍汝而谁?何容方便请人,以违心寄。宗祐所赖,唯在于汝"[1],"社稷所仗,唯在汝身",并一再

---

[1] 《通鉴》卷一四二齐东昏侯永元元年载此,胡三省注曰:"心寄,谓推心以托之也。"

以霍光、诸葛亮"异姓受付,况汝亲贤,可不勉也"。对品德高尚、一贯谦逊的元勰,孝文帝委以军国重任,始终激励其勇于担当。元勰德行与干能兼具,他一再退避,以致恳求不预辅政,除了性格谦和外,主要担忧"复参宰匠,机政毕归,震主之声,见忌必矣"。孝文帝最终理解其心意,手诏宣武帝曰:"吾百年之后,其听勰辞蝉舍冕,遂其冲挹之性。无使成王之朝,翻疑姬旦之圣,不亦善乎。汝为孝子,勿违吾敕。"① 元勰长期随侍孝文帝,潜移默化,在为人品德与作风等方面,与孝文帝最为契合,本传称"勰夙侍高祖,兼聪达博闻,凡所裁决,时彦归仰。加以美容貌,善风仪,端严若神,折旋合度,出入言笑,观者忘疲"。

(四)孝文帝对其诸子之训诫

孝文帝共有七子:废太子恂、宣武帝恪、广平王怀、京兆王愉、清河王怿、汝南王悦等,另有皇子恌早夭未封。无论就北魏统治而言,还是就其皇权承袭及其房支兴盛而言,孝文帝都应当特别注重对其诸子的教育与训诫。确实,诸子年幼,孝文帝便有意考察其品行与志尚,《魏书》卷八《世宗纪》载:"帝幼有大度,喜怒不形于色。雅性俭素。初,高祖欲观诸子志尚,乃大陈宝物,任其所取,京兆王愉等皆竞取珍玩,帝唯取骨如意而已。高祖大奇之。庶人恂失德,高祖谓彭城王勰曰:'吾固疑此儿有非常志相,今果然矣。'乃立为储贰。"孝文帝考察"诸子志尚",以元恪不喜珍玩而"大奇之",以其"有非常志相",终以为继嗣。

当然,以上所"观诸子志尚",似有游娱成分,而志尚之形成与确立,主要有赖于引导与教育。孝文帝教训诸子,首重继嗣。孝文帝力行汉化,开启北魏历史新格局,自然期望后继有人,故尤重太

---

① 《魏书》卷二一下《献文六王下·彭城王勰传》载:"勰雅好恬素,不以势利婴心。高祖重其事干,綦维不许。虽临崩遗诏,复世宗留连,每乖情愿。常悽然叹息,以诏旨殷勤,僶俛应命。"

子元恂之训导。《魏书》卷二二《孝文五子·废太子恂传》载:"废太子庶人恂,字元道。生而母死,文明太后抚视之,常置左右。年四岁,太皇太后亲为立名恂,字元道,于是大赦。太和十七年七月癸丑,立恂为皇太子。及冠恂于庙,高祖临光极东堂,引恂入见,诫以冠义曰:'夫冠礼表之百代,所以正容体,齐颜色,顺辞令。容体正,颜色齐,辞令顺,故能正君臣,亲父子,和长幼。然母见必拜,兄弟必敬,责以成人之礼。字汝元道,所寄不轻。汝当寻名求义,以顺吾旨。'二十年,改字宣道。"孝文帝为太子恂举行冠礼,"诫以冠义",训之以儒家伦理法度,强调"字汝元道,所寄不轻",后改为"宣道",其中之"道",即为儒家礼法大道,告诫他"当寻名求义,以顺吾旨"①。

对太子恂的教育,孝文帝多征询并听从士族朝臣之意见。较早明确提出元恂儒化教育的是李彪,他曾上表孝文帝,以为国之兴亡与储君善恶关系至密,储君品德则有赖训导,"亡之与兴,其道在于师傅,师傅之损益,可得而言",建议孝文帝遴选师傅,"恢崇儒术以训世嫡","今诚宜准古立师傅以训导太子,训导正则太子正,太子正则皇家庆,皇家庆则人幸甚矣"②。李彪秉持士族的教育理念,劝孝文帝选良师以训导元恂。《魏书》元恂本传载:

---

① 《通鉴》卷一四〇齐明帝建武二年载"魏太子冠于庙",胡三省注曰:"古者重冠,冠故行之于庙,行之于庙者,所以自卑而尊先祖也。郑樵曰:曹魏冠太子再加,宋一加。余谓魏孝文好古,其必用三加之礼。冠于庙,礼也;曹魏以来不复在庙。"逯耀东在《北魏孝文帝迁都与其家庭悲剧》(收入氏著《从平城到洛阳——拓跋魏文化转变的历程》,中华书局2006年版)中指出:"拓跋恂被立为太子时,年纪只有十岁,可是孝文帝对于他的王位继承人,却寄很大的希望,希望拓跋恂不仅继承他的王位,同时更能贯彻他华化的事业,所谓'子汝元道,所寄不轻'的本意也在此。因此可以了解,孝文帝更希望他的皇子随时'温读经籍……。'由此可见,孝文帝有意把拓跋恂塑造成像他一样倾向汉化的君主,所以对于拓跋恂的教育问题特别重视"。(第152页)

② 《魏书》卷六二《李彪传》。根据相关记载,孝文帝采纳了李彪的这一建议,以李冲等为师傅,众多士族名士为东宫僚属。《通鉴》卷一三六也载李彪此疏,系之于齐武帝永明六年(488)十二月,胡三省有注云:"盖此时恂之失德已著,故彪有是言。"太子恂生于太和七年,李彪上表时,拓跋恂年仅五岁,胡氏所谓"失德已著",似言之过甚,但就儒学士族的教育理念而言,则一贯主张早教。

初，高祖将为恂娶司徒冯诞长女，以女幼，待年长。先为娉彭城刘长文、荥阳郑懿女为左右孺子，时恂年十三四。高祖泛舟天渊池，谓郭祚、崔光、宋弁曰："人生须自放，不可终朝读书。我欲使恂旦出省经传，食后还内，晡时复出，日夕而罢。卿等以为何如？"光曰："孔子称'血气未定，戒之在色'，《传》曰'昼以访事，夜以安身。'太子以幼年涉学之日，不宜于正昼之时，舍书御内，又非所以安柔弱之体，固永年之命。"高祖以光言为然，乃不令恂昼入内。①

可见对年少的太子恂之日常生活管理，孝文帝充分尊重儒学朝臣的建议，施以严格的儒化训育。②《魏书》卷五五《刘芳传》载"后与崔光、宋弁、邢产等俱为中书侍郎，俄而诏芳与产入授皇太子经，迁太子庶子、兼员外散骑常侍"。诸人博通经史，皆为一时之选。据考，"除此之外，陇西李韶、广平游肇、顿丘李平以及高道悦等，都先后教授过拓跋恂，他们这些人都是名重一时的学者"③。孝文帝还亲自督责元恂"温读经籍"，规范其"进止仪礼"。不过，孝文帝对太子恂的汉化训育并未如愿，《魏书》恂本传载：

恂不好书学，体貌肥大，深忌河洛暑热，意每追乐北方。中庶

---

① 孝文帝本有意为太子聘刘芳女为孺子，《魏书》卷五五《刘芳传》载："芳沉雅方正，概尚甚高，经传多通。高祖尤器敬之，动相顾访。太子恂之在东宫，高祖欲为纳芳女，芳辞以女貌非宜。高祖叹其谦慎，更敕芳举其宗女，芳乃称其族子长文之女。高祖乃为恂娉之，与郑懿女对为左右孺子焉。"孝文帝为太子恂娉汉族士族女子为孺子，特别是刘芳为"当时儒宗"，显然也有利用汉族士族礼法影响拓跋恂的动机。对此，逯耀东在《北魏孝文帝迁都与其家庭悲剧》中指出，"孝文帝希望在他们的教导下，拓跋恂所沾染的草原文化气息，可以洗涤殆尽，蜕变而成一个典型中原文化的君主，可是这方面，却使孝文帝非常失望。"见前揭《从平城到洛阳——拓跋魏文化转变的历程》，第152页。
② 《魏书》卷八三《外戚上·冯熙传》载冯诞曾为太子太师，太和十八年，"高祖谓其无师傅奖导风，诞深自悔责"。冯诞为冯太后侄，不学无术，以外戚而得为太子太师，故孝文帝"谓其无师傅奖导风"。可见孝文帝对太子恂教育及其师傅人选之重视。
③ 逯耀东：《北魏孝文帝迁都与其家庭悲剧》，前揭《从平城到洛阳——拓跋魏文化转变的历程》，第152页。

子高道悦数苦言致谏，恂甚衔之。高祖幸嵩岳，恂留守金墉，于西掖门内与左右谋，欲召牧马轻骑奔代，手刃道悦于禁中。领军元俨勒门防遏，夜得宁静。厥明，尚书陆琇驰启高祖于南，高祖闻之骇惋，外寝其事，仍至汴口而还。引恂数罪，与咸阳王禧等亲杖恂，又令禧等更代，百余下，扶曳出外，不起者月余。拘于城西别馆。引见群臣于清徽堂，议废之。司空、太子太傅穆亮，尚书仆射、少保李冲，并免冠稽首而谢。高祖曰："卿所谢者私也，我所议者国也。古人有言，大义灭亲。今恂欲违父背尊，跨据恒朔。天下未有无父国，何其包藏，心与身俱。此小儿今日不灭，乃是国家之大祸，脱待我无后，恐有永嘉之乱。"乃废为庶人，置之河阳，以兵守之，服食所供，粗免饥寒而已。

对此，孝文帝颇为失意。《魏书》卷五三《李冲传》载孝文帝立世宗为太子，孝文帝说："天地之道，一盈一虚，岂有常泰。天道犹尔，况人事乎？故有升有黜，自古而然。悼往欣今，良用深叹。"李冲表示"臣前忝师傅，弗能弼谐，仰惭天日，慈造宽含，得预此宴，庆愧交深"。孝文帝则曰："朕尚弗能革其昏，师傅何劳愧谢也。"可见孝文帝对太子恂教育失败的无奈心情。太子恂习性难改，"违父背尊"，孝文帝无奈"大义灭亲"，终将之废杀。

相对于元恂，宣武帝元恪的汉文化修养与品德明显优化，《魏书》本纪载其"雅爱经史，尤长释氏之义，每至讲论，连夜忘疲"。孝文帝对元恪的汉文化教育，涉及面颇广，其核心自然是儒学经术，自幼接受儒学启蒙，[①] 后延聘著名经师传道授业，《魏书·刘芳传》

[①] 《魏书》卷八四《儒林·孙惠蔚传》载其"世以儒学相传"，太和二十二年，孙惠蔚"侍读东宫"，与元恪关系甚密，"世宗即位之后，仍在左右敷训经典，……魏初已来，儒生寒宦，惠蔚最为显达。先单名蔚，正始中，侍讲禁内，夜论佛经，有惬帝旨，诏使加'惠'，号惠蔚法师焉"。之所以如此，既与元恪之启蒙经历相关，也与孙惠蔚儒佛相济有关。元恪崇佛，孙惠蔚投其所好，"侍讲禁内，夜论佛经，有惬帝旨"，故元恪特赐以具有佛教标志的名字。

载"咸阳王禧等奉申遗旨，令芳入授世宗经"。不仅如此，孝文帝注意自幼培养元恪之书艺，《魏书》卷九一《术艺传》载："先是太和中，兖州人沈法会能隶书，世宗之在东宫，敕法会侍书。"可见孝文帝对元恪的汉化训育落实得颇为具体。

孝文帝其他诸子也多有较高的文化修养，如京兆王元愉，《魏书》本传载"愉好文章，颇著诗赋。时引才人宋世景、李神俊、祖莹、邢晏、王遵业、张始均等共申宴喜，招四方儒学宾客严怀真等数十人，馆而礼之"。广平王元怀，《魏书》本传残缺，根据相关记载，可见其有一定学术素养，《魏书》卷六九《崔休传》载："休爱才好士，多所拔擢。广平王怀数引谈宴，世宗责其与诸王交游，免官。"又，《魏书》卷六五《邢峦传》载其弟邢晏，"美风仪，博涉经史，善谈释老，雅好文咏。……世宗初，为与广平王怀游宴，左迁鄭县令，未之官"。又，《魏书》卷五三《李孝伯传附李郁传》载李郁"好学沈静，博通经史。自著作佐郎为广平王怀友，怀深相礼遇。时学士徐遵明教授山东，生徒甚盛，怀征遵明在馆，令郁问其《五经》义例十余条，遵明所答数条而已"①。广平王元怀征大儒徐遵明入家馆，以《五经》义例相问。《魏书》卷八四《儒林·董征传》载其"太和末，为四门小学博士。后世宗诏征入璇华宫，令孙惠蔚问以《六经》，仍诏征教授京兆、清河、广平、汝南四王，后特除员散骑侍郎。……征出州入卿，匪唯学业所致，亦由汝南王悦以其师资之义，为之启请焉"。特别是清河王元怿，《魏书》本传载其"幼而敏惠，美姿貌，高祖爱之。彭城王勰甚器异之，并曰：'此儿风神外伟，黄中内润，若天假之年，比《二南》矣。'博涉经史，兼综群言，有文才，善谈理，宽仁容裕，喜怒不形于色"。元怿有著述，孝明帝时"怿以忠而获谤，乃鸠集昔忠烈之士，为《显忠录》

---

① 关于元怀之征徐遵明，《魏书》卷八四《儒林·徐遵明传》也有记载："遵明讲学于外二十余年，海内莫不宗仰。……后广阳王怀闻而征焉。至而寻退，不好京辇。"

二十卷，以见意焉"①。又，《魏书》卷三二《封懿传附封轨传》载封轨长子封伟伯，"博学有才思，弱冠除太学博士，每朝廷大议，伟伯皆预焉。……太尉、清河王怿辟参军事，怿亲为《孝经解诂》，命伟伯为《难例》九条，皆发起隐漏"。可见元怿作有《孝经解诂》，并与士族人物商校。元怿如此，虽为成年后的表现，但就其学业启蒙而言，则与孝文帝重视诸子教育密切相关。②

诸子外，孝文帝之女也颇具才学。《高猛妻元瑛墓志》载："主讳瑛，高祖孝文皇帝之季女，世宗宣武皇帝之母妹。神情恬畅，志识高远，六行允备，四德无违。孝友出于自然，柔恭表于天性。……加以披图问史，好学罔倦，该柱下之妙说，核七篇之幽旨。驰法轮于金陌，开灵光于宝树。绡縠风靡，斧藻川流，所著辞诔，有闻于世。兰芝之雕篆富丽，远未相拟；曹家之謦欬淹通，将何以匹？及于姿同似月，丽等凝神，虽复邯郸庄容，易阳稚质，无能尚也。"铭文称其"女图起则，彤管兴辞。温恭为性，仁让为基"③。元瑛即孝文帝女长乐公主，为宣武帝、广平王怀之

---

① 关于元怿所撰《显忠录》，《魏书》卷六〇《韩麒麟传》载其子韩子熙曾为清河王元怿常侍，元怿被害，韩子熙上书称其"忠诚款笃，节义纯贞，非但蕴藏胸襟，实乃形于文翰，搜括史传，撰《显忠录》，区目十条，分卷二十"。清河王元怿精通礼制，《魏书》卷一〇八《礼志二》载神龟初，灵太后父司徒胡国珍薨，"赠太上秦公"，于时"疑其庙制"，元怿参与讨论，最终"诏依怿议"。《魏书》卷一〇八《礼志四》又载其参与宗室丧礼失范之议论。

② 关于元怿之才学，《洛阳伽蓝记》卷四"冲觉寺"条载："冲觉寺，太傅清河王怿舍宅所立也。……怿，亲王之中，最有名行，世宗爱之，特隆诸弟。延昌四年，世宗崩，怿与高阳王雍、广平王怀，并受遗诏，辅翼孝明。时帝始年六岁，太后总万机，以怿名德茂亲，体道居正，事无大小，多咨询之。是以熙平、神龟之际，势倾人主，第宅丰达，踰于高阳。西北有高楼，出凌云台，俯临朝市，目极京师……楼下有儒林馆、延宾堂，形制并如清暑殿。土山钓台，冠于当世。……怿爱宾客，重文藻，海内才子，莫不辐凑，府僚臣佐，并选儁民。至于清晨明景，骋望南台，珍馐具设，琴笙并奏，芳醴盈罍，嘉宾满席。使梁王愧兔园之游，陈思惭雀台之燕。"这里虽重在介绍元怿一度权高位重、生活奢华，但由其设置儒林馆、延宾堂，"爱宾客，重文藻，海内才子，莫不辐凑，府僚臣佐，并选儁民"，可见其文雅化。

③ 罗新、叶炜：《新出魏晋南北朝墓志疏证》（修订本），中华书局 2016 年版，第 114—115 页。

同母妹。墓志不仅称其仪态气质与德行修养，而且特别载述其"披图问史，好学罔倦，该柱下之妙说，核七篇之幽旨。……所著辞诔，有闻于世"。长乐公主涉猎经史之学，能作文，可见其儒化颇深。之所以如此，当与孝文帝重视诸女之教育有关。当时士族社会普遍重视"女教"，孝文帝当亦加效仿。正是由于元魏宗族女性教育之士族化，才能出现像长乐公主元瑛这样颇具才学的代表性人物。

需要说明的是，考诸史籍，与上述训诫诸弟相比，孝文帝训诫诸子的相关记载则明显偏少。何以如此？并非孝文帝忽视教育诸子，而主要在于孝文帝在世时，诸子年幼，多未直接统领军政，[①] 故孝文帝对诸子有针对性的具体训诫事例较少。

三 孝文帝对其他宗室人物之训导与惩戒

孝文帝具有浓郁的宗族情怀，注重宗族和睦，《魏书·高祖纪下》载其"惇睦九族，礼敬俱深"。这方面，可列举几则相关实例以资佐证。《魏书》卷一六《道武七王·广平王连传》载其后人飞龙，"后赐名霄。身长九尺，腰带十围，容貌魁伟。雅有风则，贞白卓然，好直言正谏，朝臣惮之。高祖特垂钦重，除宗正卿、右光禄大夫，诏曰：'自今奏事，诸臣相称可云姓名，惟南平王一人可直言其封。'迁左光禄大夫。太和十七年薨，……高祖缌衰临霄丧，哀恸左右，宴不举乐"。又，《魏书》卷一九下《景穆十二王下·南安王桢传》载其因违法乱纪而遭削封，"后高祖南伐，桢从至洛，及议迁都，首从大计，高祖大悦。桢母刘太妃薨，高祖亲

[①] 《魏书》卷七下《高祖纪下》载太和二十一年七月壬戌，"立皇子愉为京兆王，怿为清河王，怀为广平王"。孝文帝迁洛后，致力南征，长期在外，且诸王子年少，未亲执政，故孝文相关训导未著。即便名义上出刺者，孝文帝也明令主要僚属主政，《魏书》卷二二《孝文五子·京兆王愉传》载其"太和二十一年封。拜都督、徐州刺史，以彭城王中军府长史卢阳乌兼长史，州事巨细，委之阳乌"。可见幼王无预军政实务。

幸临慰。及葬，赠布帛采五百段"。桢得以复封，出为镇北大将军、相州刺史，"高祖饯桢于华林都亭。诏曰：'从祖南安，既之藩任，将旷违千里，豫怀悯恋。然今者之集，虽曰分歧，实为曲宴，并可赋诗申意。射者可以观德，不能赋诗者，可听射也。当使武士弯刀，文人下笔。'高祖送桢于阶下，流涕而别"。又，《魏书》卷二〇《文成五王·广川王略传》载其子谐薨于太和十九年，孝文帝诏曰："朕宗室多故，从弟谐丧逝，悲痛摧割，不能已已。古者，大臣之丧，有三临之礼，此盖三公已上。至于卿司已下，故应……。自汉已降，多无此礼。朕欲遵古典，哀感从情，虽以尊降伏，私痛宁爽。欲令诸王有期亲者为之三临，大功之亲者为之再临，小功缌麻为之一临。广川王于朕大功，必欲再临。再临者，欲于大殓之日，亲临尽哀，成服之后，缌衰而吊。既殡之缌麻，理之无疑，大殓之临，当否如何？为须抚柩于始丧，为应尽哀于阖棺？早晚之宜，择其厥中。"对于"三临之事"，士族朝臣参与讨论，建议对古礼应加简化，"谐将大殓，高祖素服深衣哭之，入室，哀恸，抚尸而出。……及葬，高祖亲临送之"。由孝文帝以"宗室多故，从弟谐丧逝，悲痛摧割，不能已已"，可见其宗室情感之真切，并因此修定相关宗室丧礼。又，《魏书》卷二〇《文成五王·齐郡王简传》载："高祖与简俱朝文明太后于皇信堂，简居帝之右，行家人礼。迁太保。高祖仁孝，以诸父零落，存者唯简，每见，立以待之，俟坐，致敬问起居，停简拜伏。"由以上诸例，可见孝文帝对宗室先辈之礼敬及其宗族之情意。①

不仅如此，孝文帝还通过宗族活动以增进宗族情感。《魏书》卷七下《高祖纪下》载太和十七年五月壬戌，"宴四庙子孙于宣文堂，帝亲与之齿，行家人之礼"。《魏书》卷一九中《景穆十二王

---

① 对于遭遇困难的宗室人物，孝文帝则多有援助，《魏书》卷一九上《景穆十二王上·阳平王新成传》载元衍"转徐州刺史，至病重，帝敕徐成伯乘传疗。病差，成伯还，帝曰：'卿定名医'，赉绢三千匹。成伯辞，请受一千。帝云：'《诗》云"人之云亡，邦国殄瘁。"以是言之，岂惟三千匹乎？'"其为帝所重如此"。

中·任城王澄传》载:"时诏延四庙之子,下逮玄孙之胄,申宗宴于皇信堂,不以爵秩为列,悉序昭穆为次,用家人之礼。高祖曰:'行礼已毕,欲令宗室各言其志,可率赋诗。'特令澄为七言连韵,与高祖往复赌赛,遂至极欢,际夜乃罢。"孝文帝"诏延四庙之子","用家人之礼",目的在于敦睦宗族情谊。在此过程中,孝文帝"令宗室各言其志,可率赋诗",特令任城王元澄"为七言连韵"。孝文帝通过与元澄"往复赌赛,遂至极欢",以浓郁其宗族之文雅化氛围。① 又,《任城王澄传》载孝文帝迁洛之后,愈加重视宗族情谊,元澄曾"从征至悬瓠,以笃疾还京。驾饯之汝濆,赋诗而别。车驾还洛,引见王公侍臣于清徽堂。高祖曰:'此堂成来,未与王公行宴乐之礼。后东閤庑堂粗复始就,故今与诸贤欲无高而不升,无小而不入。'"孝文帝与元澄等游览流化渠、洗烦池、观德殿、凝闲堂等,讨论其名称意涵,孝文帝曰:"光景垂落,朕同宗则有载考之义,卿等将出无远,何得默尔,不示德音。"于是"即命黄门侍郎崔光、郭祚、通直郎邢峦、崔休等赋诗言志。烛至,公卿辞退。李冲再拜上千万岁寿。高祖曰:'卿向以烛至致辞,复献千万之寿,朕报卿以《南山》之诗。'高祖曰:'烛至辞退,庶姓之礼;在夜载考,宗族之义。卿等且退,朕与诸王宗室,欲成此夜饮。'"可见孝文帝迁洛后十分重视宗族聚集,以儒家礼法习俗加以规范,不断引导宗室诸王。

孝文帝注重宗族子弟的管教,《魏书·献文六王下·彭城王勰传》载孝文帝晚岁南征,"及至豫州,高祖为家人书于勰曰:'教风密微,礼政严严,若不深心日劝,何以敬诸。每欲立一宗师,肃成元族。汝亲则宸极,位乃中监,风标才器,实足师范。屡有口敕,

---

① 《魏书》卷一九中《景穆十二王中·任城王传》载元澄"少而好学",为元魏宗室人物中文雅化水平之特别优异者,迁洛后历任中书令、尚书令,"萧颐使庾荜来聘,荜见澄音韵遒雅,风仪秀逸,谓主客郎张彝曰:'往魏任城以武著称,今魏任城乃以文见美也。'"元澄之经史学养、诗文谈论等皆深得孝文帝称赏。又载:孝文帝迁洛后,"高祖至北邙,遂幸洪池,命澄侍升龙舟,因赋诗以序怀"。

仍执冲逊，难违清挹，荏苒至今。宗制之重，舍汝谁寄？便委以宗仪，责成汝躬，有不遵教典，随事以闻，吾则肃治之。若宗室有愆，隐而不举，锤罚汝躬。纲维相厉，庶有劝改。吾朝闻夕逝，不为恨也。'勰翌日面陈曰：'奉诏令专主宗制，纠举非违。臣闻其身正不令而行，其身不正虽令不从。臣处宗乏长幼之顺，接物无国士之礼，每因启请，已蒙哀借。不谓今诏，终不矜免。犹愿圣慈，赐垂蠲遂。'高祖曰：'汝谐，往钦哉。'"孝文帝"每欲立一宗师，肃成元族"。从元勰所谓"每因启请，已蒙哀借。不谓今诏，终不矜免"云云，可见孝文帝早有此打算，并以元勰"风标才器，实足师范"，"为家人书"以命之，责其"专主宗制，纠举非违"，明确要求"有不遵教典，随事以闻，吾则肃治之"，"纲维相厉，庶有劝改"。就孝文帝迁洛以来的社会变革趋向而言，他对宗室"教典"之宗旨自是整体推进其汉化。①

对宗室群体之施教，孝文帝注重树立榜样，以作为引导。《魏书》卷一六《道武七王·京兆王黎传》载江阳王元继镇抚高车有功，"高祖善之，顾谓侍臣曰：'江阳良足大任也。'车驾北巡，至邺而高车悉降，恒朔清定。继以高车扰叛，频表请罪，高祖优诏喻之"。《魏书》卷一九上《景穆十二王上·广平王传》载元匡，"性耿介，有气节。高祖器之，谓曰：'叔父必能仪形社稷，匡辅朕躬，今可改名为匡，以成克终之美。'"孝文帝赐名元匡，寄以"仪形社稷，匡辅朕躬"之

---

① 孝文帝设置皇族"宗师"，显然受到士族社会文化的影响，是其深入汉化的表现。周一良先生在《魏晋南北朝史札记》（中华书局1985年版）之《魏书》札记部分"宗师"条中指出，孝文帝以以彭城王勰为宗师，"专主宗制，纠举非违"，"则为宗室之监察机构，目的在于纠举非违，不在品举人才矣"。宗师检举宗室人物罪失，则由宗正处置。周先生指出，《魏书·官氏志》载"太和十七年及二十三年，亦皆有宗正之职"，赵郡王幹妃穆氏表陈幹妾"悖礼恣常，不逊日甚"，于是诏"付宗正，依礼治罪"，"盖宗师主弹举，治罪犹待宗正耶？盖北方汉人重宗族，甚于南朝，加以鲜卑氏族部落旧习，故宗师、宗正等具有一定权力"。（第330页）追溯宗师、宗正制度之渊源，则皆可"追溯至晋代"。详参周先生具体考述，不详引。

厚望。① 特别是任城王元澄，深得冯太后、孝文帝的训勉与激励，《魏书》卷一九中《景穆十二王中·任城王传》载元澄出刺梁州，"文明太后引见澄，诫厉之，顾谓中书令李冲曰：'此儿风神吐发，德音闲婉，当为宗室领袖。是行使之必称我意，卿但记之，我不妄谈人物也。'"后澄转刺徐州，"甚有声绩"，"朝于京师，引见于皇信堂"，孝文帝诏问"昔郑子产铸刑书，而晋叔向非之。此二人皆是贤士，得失竟谁？"元澄对二人所处之国情及其思想差异详加分析，并结合当时北魏军政状况，明确表示"愚谓子产之法，犹应暂用，大同之后，便以道化之"。孝文帝"心方变革，深善其对，笑曰：'非任城无以识变化之体。朕方创改朝制，当与任城共万世之功耳。'"对孝文帝"外示南讨，意在谋迁"，元澄原本未明其意，故对相关占卜表示"此非君人之卦，未可全为吉也"，并与孝文帝发生激烈争执。孝文帝"既锐意必行，恶澄此对"，私下说明本意，表明迁都洛阳之意，元澄转而赞同，孝文帝曰："任城便是我之子房。"元澄随驾幸洛，"定迁都之策"，又受命返平城宣旨，"既至代都，众闻迁诏，莫不惊骇。澄援引今古，徐以晓之，众乃开伏"。孝文帝曰："若非任城，朕事业不得就也。"后孝文帝命元澄平定穆泰变乱，以为"此事非任城不办，可谓我力疾向北"，"得任城此行，朕复何忧也"。元澄定乱后"具状表闻，高祖览表大悦，召集公卿以下以表示之，曰：'我任城可谓社稷臣也，寻其罪案，正复皋陶断狱，岂能过之。'顾谓咸阳王等曰：'汝等脱当其处，不能办此。'车驾寻幸平城，劳澄曰：'任城此行，深副远寄。'"任城王元澄是北魏宗室汉化之代表性人物，不仅对孝文帝迁都及其全面汉化政策之实施贡献卓著，而且对宣武、孝明二朝相关国策之沿袭，也发挥了不可忽视的作用。② 究其原始，当与孝文帝的训

---

① 检点《魏书》《北史》等文献，可见孝文帝对宗室及朝臣赐名者颇多，其中皆当有所寄托与期望。
② 元澄汉化修养甚著，《魏书》卷一九中《景穆十二王中·任城王传》孝明帝时"澄表上《皇诰宗制》并《训诂》各一卷，意欲皇太后览之，思劝戒之益"。

导不无关系。①

对"不遵教典"的宗室人物,孝文帝则严加惩戒。检点相关记载,涉及礼法、军政者,多有其例。就违背礼法而言,《魏书》卷十五《昭成子孙·常山王遵传》载其子陪斤子昭,小字阿倪,"尚书张彝引兼殿中郎。高祖将为齐郡王简举哀,而昭乃作宫悬。高祖大怒,诏曰:'阿倪愚騃,谁引为郎!'于是黜彝白衣守尚书,昭遂停废"。又,《魏书》卷一九中《景穆十二王上·阳平王新城传》载元衍"位梁州刺史,表请假王,以崇威重。诏曰:'可谓无厌求也,所请不合。'"又,《魏书》卷一九中《景穆十二王中·任城王传》载元嵩,"高祖时,自中大夫迁员外常侍,转步兵校尉。大司马、安定王休薨,未及卒哭,嵩便游田。高祖闻而大怒,诏曰:'嵩不能克己复礼,企心典意,大司马薨殂甫尔,便以鹰鹞自娱。有如父之痛,无犹子之情,捐心弃礼,何其太速!'便可免官"。以上诸人任性违礼僭制,孝文帝直言相斥,从元衍、元嵩后来的表现看,他们在受到训诫后都在一定程度上接受了教训,成为宗室之栋梁。②

---

① 孝文帝对宗室人物在具体军政事务上的勉励与赞赏,其例颇多,如《魏书》卷一六《道武七王·河南王曜传》载元鉴"颇览书传""沉重少言,宽和好士",迁洛后,出刺齐州,"时变革之始,百度惟新,鉴上遵高祖之旨,下采齐之旧风,轨制粲然,皆合规矩。高祖览其所上,嗟美者久之,顾谓侍臣曰:'诸州刺史皆能如此,变风易俗,更有何难。'下诏褒美,班之天下,一如鉴所上。齐人受咏,咸曰耳目更新"。然元鉴有兄元和,本当袭父爵,和出家为僧,以官爵相让,"高祖崩后,和罢沙门归俗,弃其妻子,纳一寡妇曹氏为妻。曹氏年齿已长,携其男女五人随鉴至历城,干乱政事。和与曹及五子七处受纳,鉴皆顺其意,言无不从。于是狱以贿成,取收狼藉,齐人苦之,鉴治名大损"。元鉴兄元和扰乱地方政治,"鉴皆顺其意,言无不从",以致"治名大损",这反映出孝文帝之后宗室管理的混乱。又,《魏书》卷一九《景穆十二王上·阳平王新城传》载其长子安寿,"高祖赐名颐。累迁怀朔镇大将,都督三道诸军事,北伐。诏征赴京,昺以战伐之事。对曰:'当仰仗庙算,使呼韩同渭桥之礼。'帝叹曰:'壮哉王言!朕所望也。'……军过大碛,大破蠕蠕。颐入朝,诏曰:'王之前言,果不虚也。'"

② 在孝文帝训导下,元衍、元嵩品行大为改观,有所建树,《魏书》卷一九《景穆十二王上·阳平王新城传》载:"衍性清慎,所在廉洁,又不营产业,历牧四州,皆有称绩,亡日无敛尸具。"《魏书》卷一九《景穆十二王中·任城王传》载元嵩在孝文帝迁洛后,"从平沔北,累有战功,除左中郎将,兼武卫将军。高祖南伐,萧宝卷将陈显达率众拒战。嵩身备三仗,免胄直前,将士从之,显达奔溃,斩获万计。嵩于尔时勇冠三军。高祖曰:'任城康王大有福德,文武顿出其门。'以功赐爵高平县侯,赉帛二千五百匹"。与此相类的是元彬,《魏书》卷一九《景穆十二王下·章武传》载元彬为汾州刺史,"胡民去居等六百余人,保险谋反,扇动徒类。彬请兵二万,有司奏许之。高祖大怒曰:'何有动兵马之理也!可随宜肃治,若不能权方静帖,必须大众者,则先斩刺史,然后发兵。'彬奉诏大惧,而率州兵,身先将士,讨胡平之"。

就宗室人物履职而言，孝文帝对缺乏军政能力，治理失范的宗室人物往往直言训斥，严加惩戒。《魏书》卷一八《太武五王·广阳王建传》载其子嘉，"高祖南伐，诏嘉断均口。嘉违失指授，令贼得免。帝怒，责之曰：'叔祖定非世孙，何太不上类也！'"又，《魏书》卷一九《景穆十二王下·城阳王鸾传》载孝文帝南征，"与安南将军卢渊、李佐攻赭阳，不克，败退而还。时高祖幸瑕丘，鸾请罪行宫。高祖引见鸾等，责之曰：'卿等总率戎徒，义应奋节，而进不能夷拔贼城，退不能殄兹小寇，亏损王威，罪应大辟。朕变革之始，事以宽贷，今舍卿等死罪，城阳降为定襄县王，削户五百。古者，军行必载庙社之主，所以示其威惠各有攸归。今征卿等败军之罪于社主之前，以彰厥咎。'"孝文帝斥责广阳王嘉"定非世孙"，"太不上类"；征城阳王鸾等"败军之罪于社主之前，以彰厥咎"，这都体现了孝文帝以宗族规约训导、劝诫宗室人物的意图。这方面最典型的事例是南安王桢，《魏书》卷一九《景穆十二王下·南安王桢传》载其出刺雍州，孝文帝严加训诫：

征赴讲武，高祖引见于皇信堂，戒之曰："翁孝行著于私庭，令问彰于邦国，每钦忠懿，思一言展，故因讲武，远征赴阙。仰恋仁慈，情在未已。但长安镇年饥民俭，理须绥抚，不容久留，翁今还州，其勤隐恤，无令境内有饥馁之民。翁既国之懿亲，终无贫贱之虑。所宜慎者，略有三事：一者，恃亲骄矜，违礼僭度；二者，傲慢贪奢，不恤政事；三者，饮酒游逸，不择交友。三者不去，患祸将生，但能慎此，足以全身远害，光国荣家，终始之德成矣。"而桢不能遵奉，后乃聚敛肆情。文明太后、高祖并临皇信堂，因见王公，太后令曰："汝阴王天赐、南安王桢不顺法度，黩货聚敛，依犯论坐，将至不测。卿等为当存亲以毁令，为欲灭亲以明法？"群臣咸以二王托体先皇，宜蒙矜恕。太后不答。高祖乃诏曰："南安望以懿戚之贵，作镇关右，不能洁己奉公，助宣皇度，方肆贪欲，殖货私庭，放纵奸囚，壅绝诉讼，货遗诸使，邀求虚称，二三之状,皆犯刑书。昔魏武翦发以齐众,叔向戮弟以明法,克己忍亲,以率天下。父岂不怀,有为而然耳。今之所犯,事重畴日,循古推刑,实在难恕。皇太后天慈宽笃,恩矜国属,每一寻惟高宗孔怀之近,发言哽塞,悲恸于怀;且以南安王孝养之名,闻于内外,特一原恕,削除封爵,以庶人归第,禁锢终身。"

就辈分而言,南安王桢为孝文帝叔祖,然其出镇,孝文帝明确训诫"所宜慎者,略有三事",然桢"不能遵奉","聚敛肆情",冯太后与孝文帝严加惩处,"削除封爵,以庶人归第,禁锢终身"。后元桢一度投机,孝文帝"以桢议定迁都,复封南安王",出镇相州,"及恒州刺史穆泰谋反,桢知而不告,虽薨,犹追夺爵封,国除"。可见孝文帝对宗室之劝勉与惩处。[1]

综上所述,北魏孝文帝重视对以诸弟、诸子为中心的宗室人物的训诫。众所周知,孝文帝及其同时的鲜卑上层精英人物,多受到良好的汉化教育,厉行汉化变革。面对无可阻挡的汉化趋势,孝文帝顺应潮流,推波助澜,其目的在于推动鲜卑拓跋氏宗室的汉化进程,逐渐实现与汉族士族社会的一体化,以不断扩大、巩固拓跋氏的统治基础,延续其内在生命力。为了实现这一汉化目标,除了法律、职官、婚姻、门第等制度及语言、姓氏等社会变革外,还必须不断改造拓跋氏宗室人物内在文化心理,摈弃旧有的落后观念,不断提升其汉文化素养。因此,孝文帝十分重视宗室的儒化教育,诚

---

[1] 孝文帝以宗室之惩戒引导朝臣,《魏书》卷八九《酷吏·高遵传》载高遵"贪酷之响,帝颇闻之",厉声训之曰:"若无迁都赦,必无高遵矣。又卿贪惏,又虐于刑法,谓何如济阴王,犹不免于法,卿何人,而为此行!自今宜自谨约。"孝文帝对军政失职宗室人物的严加训诫与惩处的事例颇多,如《魏书》卷一九《景穆十二王下·乐陵王传》载孝文帝迁都,以元思誉为行镇北大将军,"高祖引见百官于光极堂,谓思誉曰:'恒代路悬,旧都意重,故屈叔父远临此任,不可不敬慎所临,以副朕望。'及穆泰阴谋不轨,思誉知而不告,恕死,削封为庶人"。又,《魏书》卷二〇《文成五王·安乐王长乐传》载其"承明元年拜太尉,出为定州刺史。鞭挞豪右,顿辱衣冠,多不奉法,为人所患。百姓诣阙讼其过。高祖罚杖三十。贪暴幂甚,以罪征诣京师。后与内行长乙浑谋为不轨,事发,赐死于家"。

如论者所指出,"孝文帝本人对于他的皇族与代北功勋的教育问题,也非常关心"①。究其具体教育内容而言,除了以儒学经术为核心的学业水平,还涉及其为人品德,礼法意识,执政理念及其作风、能力等,这是拓跋宗室子弟融入士族社会必须具备的前提条件;前者主要通过学馆师授,而后者则主要有赖于平时熏习。

孝文帝深受士族文化熏染,颇得其精髓,他在开展宗室教育过程中,在一定程度上效仿士族社会之"家教"方式,对其宗室人物进行有针对性的训诫。就其成效与影响而言,孝文帝对宗族子弟之训导,对当时居于统治集团核心地位的拓跋宗室群体而言,有助于推进其内在的文化转变,以不断深化与汉族士族社会的结合,并趋于一体化,进而在客观上有益于民族融合之深化与华夏文明之重构。从这一角度看,可以说孝文帝对拓跋宗室代表人物之训诫,不仅关乎鲜卑上层精英之文雅化与士族化,而且关乎民族融合与历史变革,影响深远。隋代儒者王通对孝文帝多有赞誉,《中说》卷二《天地篇》称其"可与兴化";卷四《周公篇》以为"元魏之有主,其孝文之所为乎?中国之道不坠,孝文之力也";卷五《问易篇》称"太和之政近雅矣,一明中国之有法";卷七《述史篇》则赞"太和元主有心哉"②。由王通所论,可见当时士族社会对魏孝文帝致力汉化的高度认可与赞许。具体就孝文帝取法士族社会之家教,而对其宗室子弟施以训诫,对拓跋宗室群体之儒化与雅化影响尤深。从这个意义上说,称赞孝文帝"可与兴化","太和之政近雅",确实洞明事理,切中肯綮。

应当指出,作为专制君主,北魏孝文帝训导宗室子弟,其直接的动因与目的在于维护其现实统治。北魏汉化的过程,就其统治方式而言,就是逐步转变为君主集权的专制统治。在这种专制政体中,

---

① 逯耀东:《北魏孝文帝迁都与其家庭悲剧》,前揭《从平城到洛阳——拓跋魏文化转变的历程》,第145页。

② (隋)王通著,张沛校注:《中说校注》,中华书局2013年版,第68、107、134、179—180页。

宗室群体凭借与皇权的血亲联系，总是享有特殊的待遇，特别是其中的嫡系宗亲往往成为支撑王朝的核心力量。不过，对于具有鲜卑民族背景的北魏统治者而言，包括汉化甚深的孝文帝在内，其用人心理也依然难免隐含着残存的民族意识。对此吕思勉先生曾有过深刻的分析与揭示，他以为尽管自道武帝破燕以来，北魏王朝不断吸纳汉人，及至冯太后、孝文帝时期，"汉人之见任者，亦稍多焉"，然"即李冲见宠衽席之上，实亦佞幸之流，高祖特以太后私匿，虚加尊礼，非真与谋军国大计也。此外李彪、宋弁、郭祚、崔亮之徒，或佐铨衡，或助会计，碌碌者更不足道。虏之桢干，仍在其种戚之手"①。就孝文帝而言，对于其"种戚"，则尤重诸弟，委以重任，寄予厚望，《魏书·献文六王上·咸阳王禧传》载："初，高祖闲宴，从容言于禧等：'我后子孙，邂逅不逮，汝等观望辅取之理，无令他人有也。'"② 前引孝文帝对诸弟训诫之语，也多有相关表述，如对咸阳王禧说"汝等国之至亲"；对赵郡王幹说"汝，我之懿弟，当聿修厥德，光崇有魏"；对广陵王羽说"汝既是宸极之弟，而居枢端之任"，即便知其难堪大任，依然以之"海服之寄，故惟宗良"；以高阳王雍镇相州，说"自非朝贤德望无由居此，是以使汝作牧"；以北海王详留守京师，嘱其"善守京邑，副我所怀"；彭城王勰长期随侍左右，一再表示"宗祏所赖，唯在于汝"，"社稷所仗，唯在汝身"。正因为如此，孝文帝对其子弟严加督导与训诫。

就孝文帝训诫宗室人物之成效而言，则难免其局限性，并未充分实现其相关期待。对此，日本学者冈崎文夫据前引《魏书·任城

---

① 吕思勉：《两晋南北朝史》，上海古籍出版社1983年版，第522页。纵观北魏政权与汉族士族结合之历程，可见自太武帝拓跋焘以来，北魏王朝大量招揽、吸纳汉人士大夫，开放度不断扩大，以致孝文帝时期，士大夫代表在太和改制及迁都洛阳等一系列社会变革中发挥了的重大作用。从这一角度而言，吕氏此论不无偏激。但就拓跋氏君主的统治心理及其核心军政之所寄而言，则确实"仍在其种戚之手"。因此，此论颇为"诛心"，可谓片面之深刻。

② 《通鉴》卷一四二齐东昏侯永元元年载此曰："高祖友爱诸弟，终始无间。尝从容谓咸阳王禧等曰：'我后子孙邂逅不肖，汝等观望，可辅则辅之，不可辅则取之，勿为他人有也。'"胡三省注云："以禧之骄贪如此，孝文以此语之，是启其奸心也。景明之祸，帝实胎之。"

王澄传》相关记载,曾论及于此:"高祖细心谋求宗室的亲密团结。曾为曲水流觞之游,座中皆宗室及汉族名臣等。不久到了日暮燃烛之时,汉族臣僚首领李冲为高祖上千万岁寿,且请辞退。高祖曰:'烛至辞退,庶姓之礼;在夜载考,宗族之义。卿等且还,朕与诸王宗室,欲成此夜饮。'特别是高祖极恳切地训诫诸兄弟;又,因诸王有走向世界淫乱的危险,高祖甚至特意干涉,为他们从胡汉名族那里迎娶妇人。不过,借用魏收之言,诸弟尽管亲闻高祖如此训诫,却都因淫乱而败。"他以咸阳王禧和北海王详二人迁洛后生活纵奢之表现,以为"由此可见,这些皇族代表者们货殖与淫乱之甚"①。确实,在生活作风方面,迁洛鲜卑上层特别是元魏皇族人物普遍奢侈化,与儒家礼法观念的淡漠不无关系。在学术文化方面,包括孝文帝诸子在内的元魏皇族子弟,依然有一些人的表现颇为粗鄙,如孝文帝子汝南王元悦,《魏书》卷二二《孝文五王传》载:"汝南王悦,好读佛经,览书史。为性不伦,俶傥难测。悦妃闾氏,即东海公之女也,生一子,不见礼答。有崔延夏者,以左道与悦游,合服仙药松术之属。时轻与出采芝,宿于城外小人之所。遂断酒肉粟稻,唯食麦饭。又绝房中而更好男色。轻忿妃妾,至加捶挞,同之婢使。悦之出也,妃住于别第。灵太后敕检问之,引入,穷悦事故。妃病杖伏床蓐,疮尚未愈。太后因悦之杖妃,乃下令禁断。令诸亲王及三蕃,其有正妃疾患百日已上,皆遣奏闻。若有犹行捶挞,就削封位。及清河王怿为元叉所害,悦了无仇恨之意,乃以桑落酒候伺之,尽其私佞。叉大喜,以悦为侍中、太尉。临拜日,就怿子亶求怿服玩之物,不时称旨。乃召亶,杖之百下。亶居庐未葬,形气羸弱,暴加威挞,殆至不济。仍呼阿兄,亲自循抚。悦为大剉碓置于州门,

---

① [日]冈崎文夫著,肖承清译:《魏晋南北朝通史》内篇第四章《南北朝时代》(北朝篇)第四节《北魏的衰亡》,中西书局2020年版,第177—178页。关于北魏后期元魏皇族生活奢侈化之表现及其原因与危害等相关问题,拙文《北魏后期迁洛鲜卑上层之奢侈化及其原因与危害》(收入拙著《迁洛元魏皇族与士族社会文化史论》,中国社会科学出版社2017年版)有较为全面、深入的考察,敬请参见。

盗者便欲斩其手。时人惧其无常，能行异事，奸偷畏之而暂息"。尔朱荣入洛屠戮元魏宗族，元悦一度南奔入梁，"及齐献武王既诛荣，以悦高祖子，宜承大业，乃令人示意。悦既至，清狂如故，动为罪失，不可扶持，乃止"①。广平王怀也多有违背礼俗之举，《魏书》卷五二《阴仲达传》载阴遵和"好音律，尚武事。初为高祖挽郎，拜奉朝请，后广平王怀取为国常侍。遵和便辟善事人，深为怀所亲爱。转为司空法曹、太尉中兵参军。又为汝南王悦郎中令，复被爱信"。又，《魏

---

① 关于汝南王元悦喜好旁门左道，《洛阳伽蓝记》卷二"建阳里"条载"时有隐士赵逸，云是晋武时人。晋朝旧事，多所记录。正光初，来至京师，……好事者寻逐之，问晋朝京师何如今日？……汝南王闻而异之，拜为义父。因而问何所服饵，以致长年。逸云：'吾不闲养生，自然长寿。郭璞尝为吾筮，云寿年五百岁。今始余半。'"又，《洛阳伽蓝记》卷三"菩提寺"条载："沙门达多发塚取甎，得一人以进。时太后与明帝在华林都堂，以为妖异"，死者自称崔涵，已死十五年，"游于京师，常宿寺门下。汝南王赐黄衣一具"。又，《洛阳伽蓝记》卷一景乐寺条载："景乐寺，太傅清河文献王怿所立也。……后汝南王悦复修之。召诸音乐，逞伎寺内。"《洛阳伽蓝记》卷三"大统寺"条载"寺内有灵台一所，……灵台东辟雍。至我正光中，造明堂于辟雍之西南，……汝南王复造砖浮图于灵台之上"。皆可见汝南王元悦喜好左道杂术。又，《魏书》卷六九《裴延儁传附裴瑗传》载裴瑗为"汝南王悦郎中令。悦散费无常，每国俸初入，一日之中分赐极意。瑗每随例，恒辞多受少，伺悦虚竭，还来奉贡。悦虽性理不恒，然亦赏爱。悦迁太尉，请为从事中郎，转骁骑将军"。又，《魏书》卷七二《阳尼传附阳固传》载宣武帝时阳固曾"除给事中，领侍御史。转治书，劾奏广平王怀、汝南王悦、南阳长公主"；孝明帝时，"太傅、清河王怿举固，除步兵校尉，领汝南王悦郎中令。……时悦年少，行多不法，屑近小人。固上疏切谏，并面陈往代诸王贤愚之分，以感动悦，悦甚惮之。……及汝南王悦为太尉，选举多非其人，又轻肆楇挞，固以为元卿，虽离国，犹上书切谏。事在《悦传》"。又，《北史》卷二七《郦范传附郦道元传》载："后除御史中尉。道元素有严猛之称，权豪始颇惮之。而不能有所纠正，声望更损。司州牧、汝南王悦嬖近左右丘念，常与卧起。及选officials，多由于念。念常匿悦第，时还其家，道元密访知，收念付狱。悦启灵太后，请全念身，有敕赦之。道元遂尽其命，因以劾悦。"可见元悦除了迷信各类旁门左道外，还迷恋男宠，实属性心理变态。又，《北齐书》卷三一《王昕传》载王昕为北朝后期名士代表，"昕少笃学读书，太尉汝南王悦辟骑兵参军。旧事，王出射，武服持刀陪从，昕未尝依行例。悦好逸游，或骋骑信宿，昕辄弃还。悦乃令driving马在前，手为驱策。昕舍辔高拱，任马所至。左右言其诞慢。悦曰：'府望唯在此贤，不可责也。'悦又数散钱于地，令诸佐争拾之，昕独不拾。悦又散钱于目前，昕乃取其一。悦与府僚饮酒，起自移床，人争进手，昕独执版却立。悦于是作色曰：'我帝孙帝子帝弟帝叔，今为宴适，亲起舆床。卿是何人，独为偃蹇！'对曰：'元景位望微劣，不足使殿下式瞻仪形，安敢以亲王僚案，从厮养之役。'悦谢焉。坐上皆引满酬酢，昕先起，卧闲室，频召不至。悦乃自诣呼之：'怀其才而忽其主，可谓仁乎？'昕曰：'商辛沉湎，其亡也忽诸，府主自忽，微僚敢任其咎。'悦大笑而去"。这里元悦虽接受王昕批评，从中可见其行事随性，颇不得体。

书》卷五八《杨播传》载杨昱"起家广平王怀左常侍,怀好武事,数出游猎,昱每规谏。正始中,以京兆、广平二王国臣,多有纵恣,公行属请,于是诏御史中尉崔亮穷治之,伏法于都市者三十余人,其不死者悉除名为民。唯昱与博陵崔楷以忠谏得免"。又,《魏书》卷六六《崔亮传》载其迁度支尚书,领御史中尉,"侍中、广平王怀以母弟之亲,左右不遵宪法,敕亮推治。世宗禁怀不通宾客久之。后因宴集,怀恃亲使忿,欲陵突亮。亮乃正色责之,即起于世宗前,脱冠请罪,遂拜辞欲出。世宗曰:'广平粗疏,向来又醉,卿之所悉,何乃如此也?'遂诏亮复坐,令怀谢焉"①。因此,对孝文帝训诫元魏宗族之效应,我们应当持有理性的态度,绝不可过分誉美与夸赞。

---

① 《魏书》卷六九《崔休传》载宣武帝时崔休"入吏部郎中,迁散骑常侍,权兼选任。休爱才好士,多所拔擢。广平王怀数引谈宴,世宗责其与诸王交游,免官"。

北魏后期之抑佛思潮及其特征

北魏时期佛教传播，尽管因太武帝拓跋焘灭佛而一度受挫，但经文成、献文、孝文诸帝的相继倡导，北魏佛法渐兴。① 迁都洛阳后，宣武帝、孝明帝时期大力奉佛，臻于极盛。《魏书》卷八《世宗纪》载宣武帝"雅爱经史，尤长释氏之义，每至讲论，连夜忘疲"。《魏书》卷一一四《释老志》载："世宗笃好佛理，每年常于禁中，亲讲经论，广集名僧，标明义旨。沙门条录，为《内起居》焉。上既崇之，下弥企尚。"孝明帝时期，胡太后主政，《魏书》卷一三《皇后·宣武灵皇后胡氏传》称"太后性聪悟，多才艺，姑既为尼，幼相依托，略得佛经大义"②，尤为佞佛。③ 如

---

① 关于北魏孝文帝的倡佛举措与表现，《魏书》卷七下《高祖纪下》载孝文帝"善谈《庄》《老》，尤精释义"。《魏书》卷一一四《释老志》等有概略记载。对此，拙文《北魏孝文帝崇佛之表现及其对佛教义学之倡导》（《学习与探索》2010年第1期）已有考述，敬请参见。

② 《魏书》卷一三《宣武皇后胡氏传》载："后姑为尼，颇能讲道，世宗初，入讲禁中。积数岁，讽左右称后姿行，世宗闻之，乃召入掖庭为承华世妇。"胡氏世奉佛法，《魏书》卷八三下《胡国珍传》载后父胡国珍"年虽笃老，而雅敬佛法，时事斋洁，自强礼拜。至于出入侍从，犹能跨马据鞍。神龟元年四月七日，步从所建佛像。发第至阊阖门四五里。八日，又立观像，晚乃肯坐。劳热增甚，因遂寝疾"。

③ 汤用彤先生指出，当时"与佛法最有关系者，为宣武灵皇后胡氏"。见氏著《汉魏两晋南北朝佛教史》，中华书局1983年版，第364页。周祖谟先生在《北魏的佛教与政治》一文中指出，"北魏的佛教由文成帝时起直到孝武帝时止，八十年之间（公元四五二—五三二），因为有统治阶级的竭力崇尚，所以成为佛教史上从来未有的黄金时代。在这八十年间关系最大的有四个人，就是文成帝和文成后冯氏，宣武帝和宣武后胡氏。……后来经过宣武帝和胡后的推扬激荡，佛教便达到了极盛的时期（公元五〇〇—五二七）"。他根据相关文献记载指出宣武、孝明时期，"北魏佛法如是之盛，僧尼如是之多，都是腐化的政治所造成的"，以致"佛教之污滥已经达到不可收拾的地步了"，而"佛教势力的增大和统治阶级的利益是相冲突的。僧尼逃避调役固然是一种损失，而更重要的是佛寺经济力量的膨胀直接破坏了封建政权的经济基础"。见周祖谟《洛阳伽蓝记校释》附录，上海书店出版社2000年版，第254—256页。

所周知，北魏崇佛"偏重行业"，"重实行"，即致力建功德，求福田，与南朝之"专精义理""重义学"不同。① 《魏书·释老志》概述北魏佛教传播及其弊害："正光已后，天下多虞，王役尤甚，于是所在编民，相与入道，假慕沙门，实避调役，猥滥之极，自中国之有佛法，未之有也。略而计之，僧尼大众二百万矣，其寺三万有余。流弊不归，一至于此，识者所以叹息也。"② 对此，汤用彤先生指出："自孝文帝提倡义学以还，至宣武、孝明之世，而译经之事颇盛。然朝廷上下之奉佛，仍首在建功德，求福田饶益。故造像立寺，穷土木之功，为北朝佛法之特征。"③ 进而指出其流弊说："南朝佛法以执麈尾能言者为高。其流弊所极，在乎争名，而缺乏信仰。北朝佛法，以造塔像崇福田者为多。其流弊所极，在乎好利，而堕于私欲。盖北朝上下，崇法未尝不热烈，其信仰亦不可谓不真诚也。但通常事佛，上焉者不过图死后之安乐，下焉者则求富贵利益，名修出世之法，而未免于世间福利之想。故甚者贪婪自恣，浮图竟为贸易之场；荡检逾闲，净土翻成诲淫之地。究其原因，皆由其奉佛之动机在求利益。信教虽或虔至，但终含商业性质。……北朝佛教之性质，准此可知。其建筑之伟，造像之多，一方固可表现宗教之热情，但另一方亦可窥见其目的专在功德利益之希冀。……则其流风之坏，可以惊也。"④ 针对当

---

① 汤用彤：《汉魏两晋南北朝佛教史》，中华书局1983年版，第241、357页。
② 《魏书》卷九《肃宗纪》载：正光三年十二月丁亥，"以牧守妄立碑颂，辄兴寺塔；第宅丰侈，店肆商贩。诏中尉端衡，肃厉威风，以见事纠劾。七品、六品，禄足代耕，亦不听锢贴店肆，争利城市"。
③ 汤用彤：《汉魏两晋南北朝佛教史》，中华书局1983年版，第365—366页。
④ 汤用彤：《汉魏两晋南北朝佛教史》，中华书局1983年版，第371页。关于北魏僧众之牟利，其手段与方式甚多，如占有田庄地产、控制僧祇户、佛图户等依附人口、经营商业贸易、发放高利贷等，当时各大寺院无不具有雄厚的经济实力。正因为如此，北魏末，朝廷艰困，无奈向僧人卖官求财，《魏书》卷一一〇《食货志》载："庄帝初，承丧乱之后，仓廪虚罄，遂班入粟之制。……诸沙门有输粟四千石入京仓者，授本州统，若无本州者，授大州都；若不入京仓，入外州郡仓者，三千石，畿郡都统，依州格；若输五百石入京仓者，授本郡维那，其无本郡者，授以外郡；粟入外州郡仓七百石者，京仓三百石者，授县维那。"可见当时寺院及上层僧侣之财富。又，《续高僧传》卷二二《明律上·齐邺下大觉寺释慧光传》载："尔朱氏举兵北伐，征税僧尼，用充军实，先立严刑，敢谏者斩。时光任僧官，顾五众屯塞，以命直往，语世隆曰：'若当行此税，国事不存。'言既克明，事亦遂免。"北魏末尔朱世隆专权，一度打算"征税僧尼，用充军实"，这固然表明尔朱氏暴虐，但也表明当时僧尼寺院普遍拥有较多的财富，从而引起当政者的重视。

时佛教"流弊不归""流风之坏"及其所引发之社会危机,"识者为之叹息",间有批评。有鉴于此,这里拟就此作专题考察。

一 宣武帝、孝明帝时期之抑佛谏议

宣武帝与孝明帝时期,北魏诸朝臣抑制佛教之言论颇多,成为当时针砭时弊之中心议题之一,以下陈述诸人所议之具体内容,以见其思想风貌。

(一)宣武帝朝之抑佛谏议

裴延儁劝谏宣武帝崇佛。《魏书》卷六九《裴延儁传》载其上疏劝谏宣武帝佞佛云:

> 时世宗专心释典,不事坟籍,延儁上疏谏曰:"臣闻有尧文思,钦明稽古;妫舜体道,慎典作圣。汉光神叡,军中读书;魏武英规,马上玩籍。先帝天纵多能,克文克武,营迁谋伐,手不释卷。良以经史义深,补益处广,虽则劬劳,不可暂辍。斯乃前王之美实,后王之水镜,善足以遵,恶足以诫也。陛下道悟自深,渊鉴独得,升法座于宸闱,释觉善于日宇,凡在听瞩,尘蔽俱开。然《五经》治世之模,六籍轨俗之本,盖以训物有渐,应时匪妙,必须先粗后精,乘近即远。伏愿经书玄览,孔释兼存,则内外俱周,真俗斯畅。"

针对宣武帝"专心释典,不事坟籍",裴延儁劝导其研习儒家基本经典,以之为"治世之模","轨俗之本",而崇佛则有违治国之根本。

阳固讽谏宣武帝"好桑门之法"。《魏书》卷七二《阳尼传附阳固传》载其一再讽谏宣武帝佞佛。"时世宗广访得失",阳固上说言,如"当今之务,宜早正东储,……举贤良,黜不肖,……省徭役，薄赋敛；修学官，遵旧章；贵农桑，贱工贾；绝谈虚穷微之论，简桑门无用之费。以存元元之民，以救饥寒之苦，上合昊天之心，下悦亿兆之望。然后备器械，修甲兵，习水战，灭吴会。……上与三皇比隆，下与五帝齐美。岂不茂哉！臣位卑识昧，言不及义，属圣明广访，敢献瞽言。伏愿陛下留神，少垂究察。"本传又载："初，世宗委任群下，不甚亲览，好桑门之法。尚书令高肇以外戚权宠，专决朝事；又咸阳王禧等并有衅故，宗室大臣，相见疏薄；而王畿民庶，劳弊益甚。固乃作南、北《二都赋》，称恒代田渔声乐侈靡之事，节以中京礼仪之式，因以讽谏。辞多不载。"阳固进谏宣武崇佛弊失，其中"绝谈虚穷微之论，简桑门无用之费"，明确批评佞佛耗费，"王畿民庶，劳弊益甚"。

高肇奏求放免僧祇户。《魏书·释老志》载宣武帝永平年间曾致力整顿僧尼礼俗、法规及其经济活动，当时尚书令高肇奏言：

  谨案：故沙门统昙曜，昔于承明元年，奏凉州军户赵苟子等二百家为僧祇户，立课积粟，拟济饥年，不限道俗，皆以拯施。又依内律，僧祇户不得别属一寺。而都维那僧暹、僧频等，进违成旨，退乖内法，肆意任情，奏求逼召，致使吁嗟之怨，盈于行道，弃子伤生，自缢溺死，五十余人。岂是仰赞圣明慈育之意，深失陛下归依之心。遂令此等，行号巷哭，叫诉无所，至乃白羽贯耳，列讼宫阙。悠悠之人，尚为哀痛，况慈悲之士，而可安之。请听苟子等还乡课输，俭乏之年，周给贫寡，若有不虞，以拟边捍。其暹等违旨背律，谬奏之愆，请付昭玄，依僧律推处。

由僧祇户赵苟子等所受盘剥，可见寺院依附人口之处境，高肇上书"请听苟子等还乡课输，俭乏之年，周给贫寡，若有不虞，以拟边捍"。宣武帝诏令"暹等特可原之,余如奏"①。

(二) 孝明帝朝之抑佛谏议

李瑒斥佛教为"鬼教"。《魏书》卷五三《李孝伯传附李瑒传》载:

> 于时民多绝户而为沙门,瑒上言:"礼以教世,法导将来,迹用既殊,区流亦别。故三千之罪,莫大不孝,不孝之大,无过于绝祀。然则绝祀之罪,重莫甚焉。安得轻纵背礼之情,而肆其向法之意也?正使佛道,亦不应然,假令听然,犹须裁之以礼。一身亲老,弃家绝养,既非人理,尤乖礼情,堙灭大伦,且阙王贯。交缺当世之礼,而求将来之益,孔子云'未知生,焉知死',斯言之至,亦为备矣。安有弃堂堂之政,而从鬼教乎!又今南服未静,众役仍烦,百姓之情,方多避役。若复听之,恐捐弃孝慈,比屋而是。"沙门都统僧暹等忿瑒鬼教之言,以瑒谤毁佛法,泣诉灵太后,太后责之。瑒自理曰:"窃欲清明佛法,使道俗兼通,非敢排弃真学,妄为訾毁。且鬼神之名,皆通灵达称,自百代正典,叙三皇五帝,皆号为鬼。天地曰神祇,人死曰鬼。《易》曰'知鬼神之情状',周公自美,亦云'能事鬼神',《礼》曰'明则有礼乐,幽则有鬼神'。是以明者为堂堂,幽者为鬼教。佛非天非地,本出于人,应世导俗,其道幽隐,名之为鬼,愚谓非谤。且心无不善,以佛道为

---

① 僧祇粟本意在于遇灾年以救济贫民,但在实施过程中逐渐成为僧寺特别是上层僧人的特权与私利,宣武帝于永平四年下诏整顿,《魏书》卷一一四《释老志》载永平四年夏,诏曰:"僧祇之粟,本期济施,俭年出贷,丰则收入。山林僧尼,随以给施;民有窘弊,亦即赈之。但主司冒利,规取赢息,及其征责,不计水旱,或偿利过本,或翻改券契,侵盗贫下,莫知纪极。细民嗟毒,岁月滋深。非所以矜此穷乏,宗尚慈拯之本意也。自今已后,不得专委维那、都尉,可令刺史加监括。尚书检诸有僧祇谷之处,州别列其元数,出入赢息,赈给多少,并贷偿岁月,见在未收,上台录记。若收利过本,及翻改初券,依律免之,勿复征责。或有私债,转施偿僧,即以丐民,不听收检。后有出贷,先尽贫穷,征债之科,一准旧格。富有之家,不听辄贷。脱仍冒滥,依法治罪。"因此,高肇所奏,正是当时整顿僧祇粟过程中的一个具体案例。

教者，正可未达众妙之门耳。"灵太后虽知玚言为允，然不免遑等之意，犹罚玚金一两。

李玚鉴于"于时民多绝户而为沙门"，出于维护儒家孝道伦理，以为佛教"尤乖礼情，埋灭大伦，且阙王贯"，故斥为"鬼教"；至于民众避役出家，必然造成统治危机。

李崇奏言减省佞佛耗费以兴学。《魏书》卷六六《李崇传》载其上表曰：

> 今国子虽有学官之名，而无教授之实，何异兔丝燕麦，南箕北斗哉！……臣以为当今四海清平，九服宁晏，经国要重，理应先营；脱复稽延，则刘向之言征矣。但事不两兴，须有进退。以臣愚量，宜罢尚方雕靡之作，颇省永宁土木之功，并减瑶光材瓦之力，兼分石窟镌琢之劳，及诸事役非急者，三时农隙，修此数条。使辟雍之礼，蔚尔而复兴，讽诵之音，焕然而更作。美榭高墉，严壮于外；槐宫棘宇，显丽于中。道发明令，重遵乡饮，敦进郡学，精课经业。如此，则元、凯可得之于上序，游夏可致之于下国，岂不休欤！诚知佛理渊妙，含识所宗，然比之治要，容可小缓。苟使魏道熙缉，元首唯康，尔乃经营，未为晚也。

李崇以为兴学乃"经国要重，理应先营"，故"宜罢尚方雕靡之作，颇省永宁土木之功，并减瑶光材瓦之力，兼分石窟镌琢之劳"，明确指出，"佛理渊妙，含识所宗，然比之治要，容可小缓"①。

崔光劝谏胡太后游幸寺宇。《魏书》卷六七《崔光传》载其出自清河崔氏，孝明帝神龟二年八月，"灵太后幸永宁寺，躬登九层佛

---

① 《魏书》卷六六《李崇传》载："胡太后览之令曰：'省表，具悉体国之诚。配飨大礼，为国之本，比以戎马在郊，未遑修缮。今四表晏宁，年和岁稔，当敕有司别议经始。'"

图",崔光上表进谏曰:

> 伏见亲升上级,伫跸表刹之下,祇心图构,诚为福善。圣躬玉趾,非所践陟,臣庶恇惶,窃谓未可。……永宁累级,阁道回隘,以柔懦之宝体,乘至峻之重峭,万一差跌,千悔何追?……昨风霾暴兴,红尘四塞,白日昼昏,特可惊畏。……去皇兴中,青州七级亦号崇壮,夜为上火所焚。……变起仓卒,预备不虞。天道幽远,自昔深诫。……《内经》,宝塔高华,堪室千万,唯盛言香花礼拜,岂有登上之义。独称三宝阶,从上而下,人天交接,两得相见,超世奇绝,莫可而拟。恭敬拜跽,悉在下级。远存瞩眺,周见山河,因其所昵,增发嬉笑。未能级级加虔,步步崇慎,徒使京邑士女,公私凑集。上行下从,理势以然,迄于无穷,岂长世竞慕一登而可抑断哉?盖心信为本,形敬乃末,重实轻根,靖实躁君,恭己正南面者,岂月乘峻极,旬御层阶。今经始既就,子来自劝,基构已兴,雕绚渐起,紫山华台,即其宫也。伏愿息躬亲之劳,广风靡之化,因立制防,班之条限,以遏嚣污,永归清寂。下竭肃穆之诚,上展瞻仰之敬,勿践勿履,显固亿龄,融教阐悟,不其博欤。①

---

① 《魏书》卷一三《皇后·宣武灵皇后胡氏传》载:"寻幸永宁寺,亲建刹于九级之基,僧尼士女赴者数万人。"关于永宁寺之建筑奢华及胡太后、孝明帝登临寺塔,郦道元《水经注》卷一六"谷水"、《洛阳伽蓝记》卷一"永宁寺"条、《续高僧传》卷一《译经篇初·魏南台永宁寺北天竺沙门菩提流支传》等皆有详细记载。对于永宁寺之营造,胡太后极为用心,《魏书》卷七九《张熠传》载"汉侍中(张)衡是其十世祖",有营建之能,"永宁寺塔大兴,经营务广,灵太后曾幸作所,凡有顾问,熠敷陈指画,无所遗阙,太后善之"。又,《魏书》卷九一《术艺传》载:"世宗、肃宗时,豫州人柳俭、殿中将军文备、郭安兴并机巧。洛中制永宁寺九层佛图,安兴为匠也。"又,《续高僧传》卷二五《感通上·魏洛京永宁寺天竺僧勒那漫提传》载:"勒那漫提,天竺僧也,住元魏洛京永宁寺,善五明、工道术。时信州刺史綦毋怀文,巧思多知,天情博识,每国家营宫室器械,无所不关,利益公私,一时之最。又敕令修理永宁寺,见提有异术,常送饷祇承,冀有闻见,而提视之平平,初无叙接,文心恨之。"可见胡太后延聘诸多技巧者以营造、维护永宁寺。

对胡太后亲登永宁寺，崔光表示"臣庶恇惶，窃谓未可"，不仅"万一差跌，千悔何追"，而且引发"京邑士女，公私凑集"，以致"上行下从，理势以然，迄于无穷"。崔光以为佛经"岂有登上之义"，"盖心信为本，形敬乃末"，建议"息躬亲之劳，广风靡之化，因立制防，班之条限，以遏嚣污，永归清寂"。又，神龟二年九月，"灵太后幸嵩高"①，崔光表谏曰：

> 伏闻明后当亲幸嵩高，往还累宿。……存省民物，诚足为善。虽渐农隙，所获栖亩，饥贫之家指为珠玉，遗秉滞穗，莫不宝惜。步骑万余，来去经践，驾辇杂遝，竞骛交驰，纵加禁护，犹有侵耗，士女老幼，微足伤心。秋末久旱，尘壤委深，风霾一起，红埃四塞。辕关峭崄，山路危狭，圣驾清道，当务万安。乘履涧壑，蒙犯霜露，出入半旬，途越数百，飘曝弥日，仰亏和豫。七庙上灵，容或未许；亿兆下心，实用悚慄。且藏蛰节远，昆虫布列，螺蠕之类，盈于川原，车马辗蹈，必有残杀。慈矜好生，应垂未测，诚恐悠悠之议，将谓为福兴罪。厮役困于负檐，爪牙窘于赁乘，供顿候迎，公私扰费。厨兵幕士，衣履败穿，昼暄夜凄，罔所覆藉，监帅驱捶，泣呼相望。霜旱

---

① 《魏书》卷一三《皇后·宣武灵皇后胡氏传》载："后幸嵩高山，夫人、九嫔、公主已下从者数百人，升于顶中。废诸淫祀，而胡天神不在其列。"《魏书》卷九《肃宗纪》载：神龟二年九月庚寅，"皇太后幸崧高山；癸巳，还宫"。又，胡太后一度为权臣元叉与权阉刘腾等人幽禁，胡氏曾以出家相胁迫，《魏书》卷一六《道武七王·元叉传》载："正光五年秋，灵太后对肃宗谓群臣曰：'隔绝我母子，不听我往来儿间，复何用我为？放我出家，我当永绝人间，修道于嵩高闲居寺。先帝圣鉴，鉴于未然，本营此寺者正为我今日。'欲自下发。肃宗与群臣大惧，叩头泣涕，殷勤苦请。灵太后声色甚厉，意殊不回。"所谓"放我出家"云云，自是托词，但明确表示"修道于嵩高闲居寺"，可见其对嵩山闲居寺颇为心仪。嵩山闲居寺为宣武帝资助由梁入魏的隐逸之士冯亮所建，《魏书》卷九〇《逸士·冯亮传》载其南阳人，"萧衍平北将军蔡道恭之甥也。少博览诸书，又笃好佛理"，入魏后不仕，"隐居崧高"，"亮既雅爱山水，又兼巧思，结架岩林，甚得栖游之适，颇以此闻。世宗给其工力，令与沙门统僧暹、河南尹甄琛等，周视崧高形胜之处，遂造闲居佛寺。林泉既奇，营制又美，曲尽山居之妙"。胡太后如此钦慕嵩山闲居寺，当与其"曲尽山居之妙"不无关系。

为灾,所在不稔,饥馑荐臻,方成俭弊。为民父母,所宜存恤,靖以抚之,犹惧离散,乃于收敛初辰,致此行举,自近及远,交兴怨嗟。伏愿远览虞舜,恭己无为,近遵《老》《易》,不出户牖。罢劳形之游,息伤财之驾,动循典防,纳诸轨仪,委司责成,寄之耳目。人神幸甚,朝野抃悦。

胡太后"幸嵩高",在于游幸佛寺,举办法会。① 崔光以为此举兴师动众,有害民生,损耗国力,应"罢劳形之游,息伤财之驾",然"灵太后不从"。

高谦之"称佛是九流之一家"。《魏书》卷七七《高崇传附高谦之传》载:

以父舅氏沮渠蒙逊曾据凉土,国书漏阙,谦之乃修《凉书》十卷,行于世。凉国盛事佛道,为论贬之,因称佛是九流之一家。当世名士,竞以佛理来难,谦之还以佛义对之,竟不能屈。

又,《广弘明集》卷七《辩惑篇》第二之三《叙列代王臣滞惑解下》引其所论云:

高道让者,《凉书》述云:释氏之化,闻其风而悦之。义生天地之外,词出耳目之表。斯奖教之洪致,九流之一家。而好之既深,则其术亦高。而图寺极壮,穷海陆之财。造者弗吝金碧,殚生民之力,岂大觉之意乎!然至敬无文,至神不饰。未能尽天下之牲,故祭天以茧栗;未能极天下之文,故藉神以藁秸。苟有其诚,则蘋藻侔于百品;明德匪馨,则烹牛下于礿祭。

---

① 胡太后游幸极为频繁,《魏书》卷九《肃宗纪》载熙平二年四月乙卯,"皇太后幸伊阙石窟寺,即日还宫"。又,《魏书》卷七七《羊深传》载:"灵太后曾幸邙山,集僧尼斋会,公卿尽在座。会事将终,太后引见深,欣然劳问之。"这都与佛寺、斋会相关。此外,她还一再临幸诸王、朝臣之宅邸,可谓兴师动众,游幸无度。

而况鹫山之术，彼岸之奇，而可以虚求乎？乃有浮游都鄙，避苦逃剧。原其诚心，百裁一焉。既朱紫一乱，城社狐鼠，秽大法之精华，损农蚕之要务。执契者不以为患，当衡者不以为言。有国者宜鉴而节之。

高谦之撰著北凉国史，以"凉国盛事佛道"而为论贬之，"因称佛是九流之一家"。其指斥兴寺耗费，"穷海陆之财"，"殚生民之力"；僧众猥滥，教风堕落，"浮游都鄙，避苦逃剧"，"秽大法之精华，损农蚕之要务"。当时胡太后等佞佛，高谦之当有讽谏之意。

源子恭奏议减省佛寺耗费以兴学重教。《魏书》卷四一《源贺传附源子恭传》载孝明帝时，源子恭为起部郎，鉴于明堂、辟雍等国家文教礼仪方面的建筑"并未建就"，上书以为此乃关乎国家典制，"高祖所以始基，世宗于是恢构。按功成作乐，治定制礼，乃访遗文，修废典，建明堂，立学校，兴一代之茂矩，标千载之英规。永平之中，始创雉构，基趾草昧，迄无成功。故尚书令、任城王臣澄按故司空臣冲所造明堂样，并连表诏答、两京模式，奏求营起。缘期发旨，即加葺缮。侍中、领军臣叉，总动作官，宣赞授令。自兹厥后，方配兵人，或给一千，或与数百，进退节缩，曾无定准，欲望速了，理在难克。若使专役此功，长得营造，委成责办，容有就期。但所给之夫，本自寡少，诸处竞借，动即千计。虽有缮作之名，终无就功之实。……构厦止于尺土，为山顿于一匮，良可惜欤！愚谓召民经始，必有子来之歌；兴造勿亟，将致不日之美。况本兵不多，兼之牵役，废此与彼，循环无极。便是辍创礼之重，资不急之费，废经国之功，供寺馆之役，求之远图，不亦阙矣？今诸寺大作，稍以粗举，并可彻减，专事经综，严勒工匠，务令克成。使祖宗有荐配之期，苍生睹礼乐之富"。源子恭以为孝文帝迁洛后，明堂、辟雍之建设"虽有缮作之名，终无就功之实"，原因在于"辍创礼之重，资不急之费，废经国之功，供寺馆之役"，故请求"今诸寺大作，稍以粗举，并可彻减，专事经综，严勒工匠，务令克成"。所谓"寺馆之役"，其中当包括大规模的佛寺兴造。

张普惠劝喻孝明帝崇儒抑佛。《魏书》卷七八《张普惠传》载：

> 以肃宗不亲视朝，过崇佛法，郊庙之事，多委有司，上疏曰："臣闻明德卹祀，成汤光六百之祚；严父配天，孔子称周公其人也。……伏惟陛下重晖纂统，钦明文思，天地属心，百神伫望，故宜敦崇祀礼，咸秩无文。而告朔朝庙，不亲于明堂；尝禘郊社，多委于有司。观射游苑，跃马骋中，危而非典，岂清跸之意。殖不思之冥业，损巨费于生民。减禄削力，近供无事之僧；崇饰云殿，远邀未然之报。昧爽之臣，稽首于外；玄寂之众，遨游于内。愆礼忤时，人灵未穆。愚谓从朝夕之因，求祇劫之果，未若先万国之忻心，以事其亲，使天下和平，灾害不生者也。伏愿淑慎威仪，万邦作式，躬致郊庙之虔，亲纤朔望之礼，释奠成均，竭心千亩，明发不寐，洁诚禋祼。孝悌可以通神明，德教可以光四海，则一人有喜，兆民赖之。然后精进三宝，信心如来。道由礼深，故诸漏可尽；法随礼积，故彼岸可登。量撤僧寺不急之华，还复百官久折之秩。已兴之构，务从简成；将来之造，权令停息。仍旧亦可，何必改作。庶节用爱人，法俗俱赖。臣学不经远，言多孟浪，悉职其忧，不敢默尔。"

针对孝明帝"不亲视朝，过崇佛法，郊庙之事，多委有司"，张普惠主张"宜敦崇祀礼"，列举孝明帝违礼无道之表现及弊害："殖不思之冥业，损巨费于生民"；"减禄削力，近供无事之僧；崇饰云殿，远邀未然之报。昧爽之臣，稽首于外"，建议"量撤僧寺不急之华，还复百官久折之秩。已兴之构，务从简成；将来之造，权令停息。仍旧亦可，何必改作"。

任城王元澄奏谏胡太后佞佛与私立佛寺。作为孝明帝时期宗室辅政代表，元澄任职侍中、尚书令、司徒公等，对于胡太后佞佛，直言谏诤。《魏书》卷一九中《景穆十二王中·任城王元澄传》载："灵太后锐于缮兴，在京师则起永宁、太上公等佛寺，功费不少，外州各造五级佛图。又数为一切斋会，施物动至万计。百姓疲于土木之功，金银之价为之踊上，削夺百官事力，费损库藏，兼曲赉左右，日有数千。澄故有此表。虽卒不从，常优答礼之。"元澄上表言诸弊失，其中涉及佛寺之兴造，曰："然妨民害财，不亦宜戒！今墉雉素修，厩库崇列，虽府寺胶塾，少有未周，大抵省府粗得庇憩理务，诸寺灵塔俱足致虔讲道。……愿思前王一同之功，畜力聚财，以待时会。"元澄指斥佛寺兴造"功费不少""费损库藏"，以为"妨民害财，不亦宜戒"，希望胡太后等能够有所克制以减少无谓损耗。

又据《魏书·释老志》，神龟元年冬元澄上表禁限私立佛寺。表中直言私立寺宇泛滥，以为孝文帝迁都，对洛阳佛寺虽有规制，"但俗眩虚声，僧贪厚润，虽有显禁，犹自冒营"，特别是宣武帝永平二年以来，"尔来十年，私营转盛"，"比日私造，动盈百数。或乘请公地，辄树私福；或启得造寺，限外广制。如此欺罔，非可稍计。……都城之中及郭邑之内检括寺舍，数乘五百，空地表刹，未立塔宇，不在其数。……自迁都已来，年踰二纪，寺夺民居，三分且一。今之僧寺，无处不有。或比满城邑之中，或连溢屠沽之肆，或三五少僧，共为一寺。梵唱屠音，连簪接响，像塔缠于腥臊，性灵没于嗜欲，真伪混居，往来纷杂。下司因习而莫非，僧曹对制而不问。其于污染真行，尘秽练僧，薰莸同器，不亦甚欤！往在北代，有法秀之谋；近日冀州，遭大乘之变。皆初假神教，以惑众心，终设奸诳，用逞私悖。太和之制，因法秀而杜远；景明之禁，虑大乘之将乱。始知祖宗叡圣，防遏处深。履霜坚冰，不可不慎"。他又指出，佛寺本"多依山林"，而"今此僧徒，恋著城邑。……当由利引其心，莫能自止。处者既失其真，造者或损其福，乃释氏之糟糠，法中之社鼠，内戒所不容，王典所应弃矣。非但京邑如此，天下州、镇僧寺亦然。侵夺细民，广占田宅，有伤慈矜，用长嗟苦。且人心不同，善恶亦异。或有栖心真趣，道业清远者；或外假法服，内怀悖德者。如此之徒，宜辨泾渭"①。针对如此违制乱象，元澄以为"令而不行，不如无令"，应对洛都与诸"外州"都邑之佛寺建造及其具体选址等进行严格管控。② 元澄所谏整顿私立僧寺，主要涉及两大问题：一是当时洛阳及诸州邑滥置佛寺，严重破坏僧俗法规；二是僧众风气堕落，"像塔缠于腥臊，性灵没于嗜欲，真伪混居，往来纷杂"。进而言之，佛寺滥置，僧众扩张，导致"侵夺细民，广占田宅"，祸国殃民。对此，朝廷虽"奏可"，但实际上未及落实。

二 北魏后期抑佛谏议之思想特征

由以上所述，针对北魏宣武、明帝时期统治者佞佛及其弊害，

---

① 当时元魏公卿朝臣，无不捐施立寺。关于诸人在洛阳所立寺宇，《洛阳伽蓝记》有明确记载，不烦——列举，至于地方所立佛寺，可举一实例。《魏书》卷一九下《景穆十二王·城阳王鸾传》载其世宗时历任并州、定州刺史，"鸾爱乐佛道，修持五戒，不饮酒食肉，积岁长斋。缮起佛寺，劝率百姓，共为土木之劳，公私费扰，颇为民患。世宗闻而诏曰：'鸾亲唯宗懿，作牧大州，民物殷繁，绥宁所属，宜克己厉诚，崇清树惠，而乃骤相征发，专为烦扰，编户嗷嗷，家怀嗟怨。北州土广，奸乱是由，准法寻愆，应加肃黜。以鸾戚属，情有未忍，可遣使者，以义督责，夺禄一周，微示威罚也。'"元鸾在地方"缮起佛寺，劝率百姓，共为土木之劳，公私费扰，颇为民患"，宣武帝虽下诏谴责，但实际上颇为袒护，根本起不到惩罚的作用。

② 任城王元澄此表篇幅颇长，涉及孝文帝迁都后有关洛阳及各州邑佛寺规制等具体内容，这里节略引之，请参见《魏书》卷一一四《释老志》所载表文。关于当时僧寺数量、营造规模，《魏书》卷一一四《释老志》载："至延昌中，天下州郡僧尼寺，积有一万三千七百二十七所，徒侣逾众"；至景明初，"世宗诏大长秋卿白整准代京灵岩寺石窟，于洛南伊阙山，为高祖、文昭皇太后营石窟二所。初建之始，窟顶去地三百一十尺。至正始二年中，始出斩山二十三丈。至大长秋卿王质，谓斩山太高，费功难就，奏求下移就平，去地一百尺，南北一百四十尺。永平中，中尹刘腾奏为世宗复造石窟一，凡为三所。从景明元年至正光四年六月已前，用功八十万二千三百六十六"。又载："肃宗熙平中，于城内太社西，起永宁寺。灵太后亲率百僚，表基立刹。佛图九层，高四十余丈，其诸费用，不可胜计。景明寺佛图，亦其亚也。至于官私寺塔，其数甚众。"关于洛阳佛寺数量，《洛阳伽蓝记》卷四载："京师东西二十里，南北十五里。户十万九千余。庙社宫室府曹以外，方三百步为一里。里开四门，门置里正二人，吏四人，门士八人。合有三百二十里，寺有一千三百六十七所。天平中，迁都邺城，洛阳余存四百二十一所。北邙山上有冯王寺、齐献武王寺。京东石关有元领军寺、刘长秋寺。嵩高中有闲居寺、栖禅寺、嵩阳寺、道场寺等。上有中顶寺。东有升道寺。京南关口有石窟寺、灵岩寺。京西涧有白马寺、照乐寺。如此之寺既郭外，不在数限，亦详载之。"

士大夫朝臣多有针砭之言,指陈其社会影响与危害,成为当时朝政谏议之热点。南北朝时代,佛教流布渐广,与华夏传统思想与社会统治多有冲突,屡生裂隙,以致不断引发士大夫社会的相关论辩。具体就北魏宣武、孝明时期诸人抑佛言论及其思想特征而言,大致可做如下分析。

其一,诸人相关谏议多聚焦于国计民生,批评统治者佞佛,有损国力与民生,表现出务实的社会思想特征。

诸人抑佛谏议,指斥统治者佞佛弊害,无不关涉耗费财物、损伤国力、危害民生之内容。如阳固以宣武帝"好桑门之法",导致"王畿民庶,劳弊益甚",建议"简桑门无用之费","以存元元之民,以救饥寒之苦,上合昊天之心,下悦亿兆之望。然后备器械,修甲兵,习水战,灭吴会"。李玚以为"民多绝户而为沙门",必然导致赋役人口减少,"又今南服未静,众役仍烦,百姓之情,方多避役。若复听之,恐捐弃孝慈,比屋而是",危害严重。李崇明确要求"宜罢尚方雕靡之作,颇省永宁土木之功,并减瑶光材瓦之力,兼分石窟镌琢之劳,及诸事役非急者,三时农隙,修此数条"。崔光谏言胡太后游幸嵩山佛寺,"收敛初辰,致此行举,自近及远,交兴怨嗟";"霜旱为灾,所在不稔,饥馑荐臻,方成俭弊";"厮役困于负檐,爪牙窘于赁乘,供顿候迎,公私扰费"。崔光劝谏胡太后,其核心在于强调统治者不必轻举妄动以耗费扰民。源子恭批评"辍创礼之重,资不急之费,废经国之功,供寺馆之役"。张普惠以为崇佛乃"殖不思之冥业,损巨费于生民。减禄削力,近供无事之僧;崇饰云殿,远邀未然之报",故宜"量撤僧寺不急之华,还复百官久折之秩。已兴之构,务从简成;将来之造,权令停息。仍旧亦可,何必改作"。高谦之指出"图寺极壮,穷海陆之财。造者弗吝金碧,殚生民之力,岂大觉之意乎!……乃有浮游都鄙,避苦逃剧。原其诚心,百裁一焉。既朱紫一乱,城社狐鼠,秽大法之精华,损农蚕之要务"。至于执掌朝政的高肇与元澄,所奏更具针对性。高肇主张限制僧寺对依附人口的控制,放免部分僧祇户为编户齐民,意在限制寺院势力扩张，补益国家军政实力。元澄表谏胡太后佞佛"功费不少"，"施物动至万计"，以致"百姓疲于土木之功，金银之价为之踊上，削夺百官事力，费损库藏，兼曲赉左右，日有数千"，斥其"妨民害财"，"愿思前王一同之功，奋力聚财，以待时会"①。元澄奏言"自迁都已来，年踰二纪，寺夺民居，三分且一。……今之僧寺，无处不有。或比满城邑之中，或连溢屠沽之肆，或三五少僧，共为一寺。梵唱屠音，连簪接响，像塔缠于腥臊，性灵没于嗜欲，真伪混居，往来纷杂。下司因习而莫非，僧曹对制而不问"。就诸人抑佛议论而言，元澄所谏最为直接，颇为激烈，以为僧寺私立无序、僧尼增长无度，教风堕落，危害社会。

撮合以上诸人抑佛谏议内容，或指出佞佛耗费，有损国力与民生，或指出僧尼失控，国家赋役人口减少，有碍军政，其宗旨在于注重国计民生，这构成其共同的思想特征。对此，汤用彤先生以为"诸疏均注重人民生计，而未敢请毁法也"，并指出其整体思想倾向："北朝排佛，其至激烈者见诸行事，而以笔舌争者甚少。并且排佛文字，多以治道立说，罕有如南朝之争玄理，以致往复不已者。"② 所谓"其至激烈者见诸行事""多以治道立说"，确实概括出北魏后期抑佛谏议偏重务实的思想特征。③

其二，就其思想论辩而言，诸人多以儒家伦理与德政学说劝喻

---

① 黄崑威《十六国北朝时期的佛教与社会》（社会科学文献出版社 2020 年版）指出，"与上述诸人不同，（元）澄在宗室中德高望重，加上孝明帝刚登基时因年幼无法处理政务，他与高阳王元雍共同辅佐幼主，地位崇高，所以他提出的问题比较具体，也很具有针对性"。（第 164 页）诚如所言，元澄作为宗室辅政大臣，历任尚书令等职，故所谏问题皆"比较具体，也很具针对性"，其他诸朝士所谏也大都如此，这是当时北魏抑佛之论的共同特点之一。

② 前揭《汉魏两晋南北朝佛教史》，第 385 页。

③ 关于诸人抑佛思想宗旨的一致性，黄崑威在《十六国北朝时期的佛教与社会》中指出，"对于佛教浮华外表下隐藏的深层次的社会危机，北魏有识之士有所察觉，不以为然。他们或逞儒释之争，或论华夷之辩，从不同观点针砭佛教，以期匡谬正俗，济时拯世"。（第 162 页）其中"李崇和张普惠的思想如出一辙，崇儒之本重在勤政爱民，为国计民生着想、恪勤匪懈，劝谏当政者切不可舍本逐末，如果一味追求福田、像法，疏忽职守，也是背离佛教本怀的"。（第 162 页）

"过崇佛法"的北魏统治者，体现出儒、释冲突，具有华夷之辩的思想内涵。

北魏后期之抑佛思潮，尽管"罕有南朝之争玄理，以致往复不已者"，但其排佛必然涉及华夏传统与外来宗教的文化冲突。汤用彤先生指出"其深于儒释华夷之辩者，则为李崇与李瑒"[①]。其实，除高肇所言不及义理，其他论者无不关涉儒释冲突与华夷之辩。裴延儁针对宣武帝"专心释典，不事坟籍"，以为"《五经》治世之模，六籍轨俗之本，盖以训物有渐，应时匪妙，必须先粗后精，乘近即远"，儒学为"治世""轨俗"之根本，并提出了先儒后佛的修身、治国原则，其实质是遵儒抑佛。阳固致君尧舜，劝导其"修学官，遵旧章"，以"上与三皇比隆，下与五帝齐美，岂不茂哉"。李瑒维护儒家伦理，"礼以教世，法导将来，迹用既殊，区流亦别。……安得轻纵背礼之情，而肆其向法之意也？"故以佛教为"鬼教"。李崇以兴复国子学为"经国要重，理应先营"。高谦之贬佛，"称佛是九流之一家"，意在尊崇儒学。张普惠以孝明帝"过崇佛法"，批评其违背儒家礼法，"故宜敦崇祀礼，咸秩无文。而告朔朝庙，不亲于明堂；尝禘郊社，多委于有司。观射游苑，跃马骋中，危而非典，岂清跸之意。……伏愿淑慎威仪，万邦作式，躬致郊庙之虔，亲纡朔望之礼，释奠成均，竭心千亩，明发不寐，洁诚禋祼。孝悌可以通神明，德教可以光四海，则一人有喜，兆民赖之"。崔光谏胡太后，其立论依据出于儒、道，"伏愿远览虞舜，恭己无为，近遵《老》《易》，不出户牖。罢劳形之游，息伤财之驾，动循典防，纳诸轨仪，委司责成，寄之耳目。人神幸甚，朝野抃悦"。源子恭强调"功成作乐，治定制礼"，故当"建明堂，立学校"，以"使祖宗有荐配之期，苍生睹礼乐之富"。元澄指陈当时佛教乱象，所言"像塔缠于腥臊，性灵没于嗜欲"等，痛斥教风堕落，其中蕴含着浓

---

① 前揭《汉魏两晋南北朝佛教史》，第385页。

郁的儒家礼法意识。①

概而言之，诸人皆尊奉儒学与礼法，以之为修身齐家、治国理政之根本，而"（佛）法导将来"，两者"迹用既殊，区流亦别"，不可等量齐观。这表明诸人多"深于儒释华夷之辩"，其中裴延儁、李瑒、张普惠、李崇、高谦之等所辩颇为深切。就义理论辩而言，李瑒斥佛教为"鬼教"，沙门都统僧逼等"忿瑒鬼教之言，以瑒谤毁佛法"，李瑒"自理"辨析"鬼神之名"；高谦之"称佛是九流之一家"，以致"当世名士，竞以佛理来难"，可谓"往复不已"。这类论难，具有一定的辨名析理之义理论辩，蕴含着儒释冲突、华夷之辩的思想内容。②对北魏宣武、孝明时期之反佛思潮，范祥雍先生依据诸人奏议内容，归之为两类：一是崇儒排佛，"北魏群臣单从儒家观点，或逗儒释华夷之辩，而反对佛教的"，其代表人物为裴延儁、李瑒、李崇，并说"这些迂阔空谈可置而不论"；二是以维护国计民生而抑佛，

---

① 《魏书》卷七八《张普惠传》载张普惠得元澄提携，长期为其属吏，故元澄之"表议书记，多出普惠"。汤用彤先生在《汉魏两晋南北朝佛教史》中推测指出，"按《魏书·（张）普惠传》，任城王澄为司空，表议书记多出普惠手。任城王谏崇佛法，有二表。一因灵太后缮兴佛寺斋会，费损库藏，曲贵左右。澄上表谏之。二神龟元年奏私造僧寺。二者或皆出于普惠"。（第384页）范祥雍先生也据此指出，元澄的"这篇文章也可能是出自张普惠手笔"。（见氏著《洛阳伽蓝记校注·序》，上海古籍出版社1978年版，第10页）当然，元澄抑佛之相关表疏虽可能出自张普惠，至少经由其润饰成文，但就抑佛主张而言，应主要体现元澄之抑佛本意，即当由元澄授意而撰。排抵佛教，在当时具有高度敏感性，若无元澄之明确表态，张普惠绝无可能冒名为此。因此，就抑佛思想而言，元澄与张普惠之间可谓同声共气。

② 自孝文帝倡导佛教义学特别是迁洛以降，北魏后期出现了儒佛兼综之风尚，这与统治者之倡导有关。《魏书》卷八四《儒林·孙惠蔚传》载："孙惠蔚，字叔炳，武邑武遂人也，小字陀罗。自言六世祖道恭为晋长秋卿，自道恭至惠蔚世以儒学相传。……（太和）二十二年，侍读东宫。……世宗即位之后，仍在左右敷训经典，自冗从仆射迁秘书丞、武邑郡中正。……又兼黄门侍郎，迁中散大夫，仍兼黄门。久之，正黄门侍郎，代崔光为著作郎，……济州刺史。还京，除光禄大夫。魏初已来，儒生寒宦，惠蔚最为显达。先单名蔚，正始中，侍讲禁内，夜论佛经，有惬帝旨，诏使加'惠'，号惠蔚法师焉。"作为"儒生寒宦"，孙惠蔚"最为显达"，得益于宣武帝的赏爱。之所以如此，主要在于他深知宣武帝崇尚佛法，以"侍讲禁内，夜论佛经，有惬帝旨"，以致宣武帝特赐名"惠蔚"，显示佛教特征，"号惠蔚法师"。可见宣武帝鼓励儒学经师研修佛理，以儒佛兼综，这对北魏后期学风影响颇著，故《魏书》卷一〇八之一《礼志一》称"世宗优游在上，致意玄门，儒业文风，顾有未洽，坠礼沦声，因之而往"。

"我们要特别提出来说的,是从国计民生,从人民利益着想来反对佛教的几个人",其中有阳固、崔光、张普惠和元澄。① 这大略指出诸人反佛思想的特征及差异,然出于特定时代之学术氛围而生发的感慨及其过于简单的分类区别,未必尽合史实。其实,诸人之所议虽各有侧重,但并无绝对的本质差异,其核心思想是基本一致的。

其三,诸人主张抑佛而"未敢请毁法",是在认同既有佛教政策的前提下,指斥其社会危害,主张适当抑佛以维护统治。这绝非仅仅出于谏议之表述技巧,当是惧于统治者"专心释典""过崇佛法"之压力,显示出北魏士大夫群体反佛思潮的相对低迷与乏力。

裴延儁表称宣武帝"道悟自深,渊鉴独得,升法座于宸闱,释觉善于日宇,凡在听瞩,尘蔽俱开。……伏愿经书玄览,孔释兼存,则内外俱周,真俗斯畅"。李崇说"诚知佛理渊妙,含识所宗,然比之治要,容可小缓。苟使魏道熙缉,元首唯康,尔乃经营,未为晚也"。张普惠虽反佛颇烈,但也表示"然后精进三宝,信心如来。道由礼深,故诸漏可尽;法随礼积,故彼岸可登。……庶节用爱人,法俗俱赖"。裴延儁、李崇、张普惠都主张先崇儒术,再倡佛法,以"孔释兼存""法随礼积""法俗俱赖""内外俱周,真俗斯畅"。这是当时儒士朝臣面对统治者强力佞佛之导向,不得已而采取的权变之术,目的在于适当抑制佛教的过度膨胀与扩张。即便斥佛教为"鬼教"的李瑒,在受到僧人"谤毁佛法"的攻击后,迫于胡太后的压力,也表示"窃欲清明佛法,使道俗兼通,非敢排弃真学,妄为訾毁",其"自理"之言虽振振有词,但也表示"愚谓非谤"。高谦之为论贬佛,众人兴难,其背后当由胡太后等当政者指使或组织。② 在统治者佞佛的背景下,

---

① 范祥雍:《洛阳伽蓝记校注·序》,上海古籍出版社1978年版,第8—10页。
② 诸人鉴于各种因素,所论不得已而有"容佛"虚言,故佛教徒将其曲解以"护法"。唐释道宣《广弘明集》卷六《辨惑论》第二之二《叙列代王臣滞惑解上》辨析所论云:"详瑒上言,欲沙汰僻左,非为疵谤矣。"又,《广弘明集》卷七《辨惑篇》第二之三《叙列代王臣滞惑解下》辨析高谦之所论云:"此则(高道)让为护法之纯臣矣,(傅)奕又何为哉?可谓高识之人,而载于高识之传者可也。"这类评论固然因道宣出于护法而不无曲解,但李瑒、高谦之等人的相关表述则为释道宣之妄评提供了口实。

士大夫朝臣排抑佛教之思想氛围与现实处境艰困，难以畅言，即便尊贵如元澄，其主张限控佛寺，也表示在"诸寺灵塔俱足致虔讲道"的前提下，依照僧俗规章行事，绝无禁毁佛教之言论。①

北魏后期士大夫群体抑佛思潮相对低落、软弱与乏力，根本原因在于统治者极力倡佛。就当时统治集团上层而言，对待佛教之态度往往具有"政治正确"意味。故面对佞佛之乱象，非议者不众，诚如高谦之所言，"执契者不以为患，当衡者不以为言，有国者宜鉴而节之"；元澄也说"下司因习而莫非，僧曹对制而不问"。不仅如此，诽佛诸人中也有佛教信徒。如崔光信佛诚笃，是当时士大夫佛学的主要代表，《魏书》本传载其"崇信佛法，礼拜读诵，老而逾甚，终日怡怡，未曾恚忿。曾于门下省昼坐读经，有鸽飞集膝前，遂入于怀，缘臂上肩，久之乃去。道俗赞咏诗颂者数十人。每为沙门朝贵请讲《维摩》、《十地经》，听者常数百人，即为二经义疏三十余卷。识者知其疏略，以贵重为后坐于讲次"②。又，《洛

---

① 元澄、高肇二人任尚书令，其相关抑佛表奏切中时弊，针对性、操作性强。唐释道宣《广弘明集》卷六《辨惑论》第二之二《叙列代王臣滞惑解上》论析元澄、高肇表奏云："（傅）奕又引元魏尚书令任城王澄奏议：不许邑里更造伽蓝，妨人居住。又引尚书令高肇奏：僧祇户粟散给贫人。阅其表奏，无除毁状，但在匡政理教，除其僻险。斯之详乳弘护之规谏乎！"道宣所论旨在曲解元澄等人本意以护法，但其中指出诸抑佛表疏"无除毁状"，即并无禁毁佛法之言，而"但在匡政理教，除其僻险"。应该说，这确实指出了元澄、高肇所议务实而无毁佛之意的思想特征。

② 《魏书》卷六七《崔光传》载："光弟敬友，本州治中。……后除梁郡太守，会遭所生母忧，不拜。敬友精心佛道，昼夜诵经。免丧之后，遂菜食终世。"又载崔光从祖弟长文，"少亦徙于代都，聪敏有学识。……永安中，以老拜征虏将军、平州刺史。还家专读佛经，不关世事"。崔光有弟出家为僧，《续高僧传》卷八《义解篇四·齐邺下总持寺释惠顺传》载："释惠顺，姓崔，齐人，侍中崔光之弟也。少爱儒宗，统知雅趣，长厌尘网，为居士焉。……承都下有光律师者，广涉大乘，文无不晓，因往洛阳。时年二十有五，即投光而出家焉。……年将知命，欲以大法弘利本乡，即传归戒。情无不惬，随有讲会，众必千余，精诚之响，广流东夏，故齐、赵、瀛、冀，有奉信者，咸禀其风焉。……然顺族胄菁华，言成世范，慧解腾誉，事义深沉。"慧顺是北朝后期著名之义学高僧。可见北魏后期清河崔氏人物信佛者颇多。作为儒学名士，崔光奉佛表现出鲜明的士大夫佛法的特征，注重探究佛理，汤用彤先生指出，北魏"学士文人与佛法在义理上之结合，初实不多见。至宣武帝、胡太后时，始有崔光、王肃、王翊、孟仲晖、冯亮、裴植、裴粲、徐纥，均文士学人而奉佛法"。（见前揭《汉魏两晋南北朝佛教史》，第365页）

阳伽蓝记》卷二载："正始寺,百官等所立。正始中立,因以为名。……有石碑一枚,背上有侍中崔光施钱四十万,陈留侯李崇施钱二十万,自余百官各有差,少者不减五千已下。后人刊之。"可见崔光、李崇在宣武帝正始年间与百官共同捐施以立正始寺。① 崔光"崇信佛法",表明当时统治集团在佛教信仰政治化背景下的普遍倾向,从而决定抑佛谏议多流于就事论事,难以触及崇佛国策之根本。②

以上所概括北魏后期佛法极盛时期诸朝臣排佛谏议之共同思想特点,即诸人所论旨在务实,关注国计民生;诸人坚持儒家伦理与治道;诸人屈从于当政者佞佛导向,无禁毁佛法言论。与南朝士大夫群体有关佛教论辩相比,北魏则显得相对沉寂。这是由南北朝之社会政治环境与文化风尚所决定的。一般就社会政治而言,自东晋以来,江左地域诸政权,士族社会地位优越,皇权相对式微,而北朝皇权独尊,居于社会主导地位;在思想文化方面,东晋南朝玄风昌炽,热衷辨名析理,而北朝因袭汉儒传统,朴实无华。这对南北

---

① 李崇参捐二十万钱兴造正始寺,显然具有表态意味,至于其是否信仰佛教,则未有明载。李崇子李世哲有废毁佛寺之举。《魏书》卷六六《李崇传》载:"长子世哲,性轻率,供奉豪侈。少经征役,颇有将用。……性倾巧,善事人,亦以货赂自达。高肇、刘腾之处势也,皆与亲善,故世号'李锥'。……寻出为相州刺史,将军如故。世哲至州,斥逐细人,迁徙佛寺,逼买其地,广兴第宅,百姓患之。"李世哲为政品格不端,在相州"迁徙佛寺",意在"广兴第宅",虽无明确反佛言论,然此举表明其对佛教无尊崇。关于李世哲在相州占地兴宅,《魏书》卷七七《高崇传附高道穆传》载:"正光中,出使相州。刺史李世哲即尚书令崇之子,贵盛一时,多有非法,逼买民宅,广兴屋宇,皆置鸱尾,又于马场堠上为木人执节。道穆绳纠,悉毁去之,并发其赃货,具以表闻。"

② 高谦之、源子恭亦当有信佛经历。高谦之"为论贬佛"遭致众难,其"还以佛义对之,竟不能屈",可见其颇具佛学修养。高氏自高句丽返辽东,又与河西沮渠牧犍家族通婚,辽东与河西是十六国后期北方两大佛教中心地域,沮渠氏世代佞佛,高氏在辽东可能已沾染佛教,至迟联姻沮渠氏后,其家族受到佛教影响。源子恭家族有佛法传统,《魏书》卷五二《赵柔传》载:"陇西王源贺采佛经幽旨,作《祇洹精舍图偈》六卷,柔为之注解,咸得理衷,为当时俊僧所钦味焉。"源贺出自河西,赵柔也为凉州入魏学者,故得为源贺佛教著述作注。源贺即源子恭祖父,其"采佛经幽旨,作《祇洹精舍图偈》六卷",精于佛学。故源子恭当受家族传统影响而信仰佛教。

朝佛学也产生了深刻影响。汤用彤先生指出:"南统偏尚义理,不脱三玄之轨范。而士大夫与僧徒之结合,多袭支许之遗风。……佛义与玄学之同流,继承魏晋之风,为南统之特征。"他又指出:"北朝道佛之争根据在权力。故其抗斗之结果,往往为武力之毁灭。南方道佛之争根据为理论。而其争论至急切,则用学理谋根本之推翻。南朝人士所持可以根本推翻佛法之学说有二。一为神灭,一为夷夏。因二者均可以根本倾覆释教。故双方均辩之至急,而论之至多也。"至于就北魏佛教风尚而言,其"重在宗教行为",尽管孝文帝以来倡导义学,但难有根本改变,"盖元魏自孝文以来以至北齐,华风已振,经术大昌。反佛者渐起,且多出儒门。其言论亦崇礼教,重文治,其辩佛义、谈玄理如南朝人士之所为者,则殊未见"。①对此,钱穆先生也曾指出:"南朝自东晋以后,佛法亦大盛。那时南方佛教的风尚,与北方颇不同。北方佛法常受王室拥护,颇想造成一种神权政治而没有成功。南方佛法则多由士大夫自由研习,他们多用纯哲学的探究,要想把佛教哲学来代替儒家思想,成为人生真理之新南针。他们大体都是居士而非出家的僧侣。因此北方佛教常带'政治性',南方佛教则多带'哲学性'。北方佛教重在'外面的庄严',南方佛教重在'内部的思索'。在这方面,南方佛教实较北方佛教为解放。当时南朝君主,如梁武帝,他的皈依佛教,亦纯为教义之真切向往,并不夹杂丝毫政治作用。"他又说:"当时南方亦有道、佛之争,但所争亦多属哲理方面,并不牵涉政治问题。"②这都从南北社会差异的角度指出南北朝佛教的相关特征及其原因。

当然,进一步具体分析北魏后期抑佛思潮之思想特征及其原因,可就诸人之社会身份、文化品格与从政作风的角度展开分析。

---

① 前揭汤用彤《汉魏两晋南北朝佛教史》,第297、332、350、386页。
② 钱穆:《中国文化史导论》,商务印书馆1994年版,第144页。

其一，就抑佛诸人之社会身份而言，以汉族士族人物为主体，其中门第相对低微之"地寒"人士占比较大。

以上所叙宣武帝朝之裴延儁、阳固、高肇与孝明帝朝之李玚、李崇、崔光、张普惠、高谦之、源子恭、元澄，共计10人。其中元澄为元魏宗室、源子恭为河西秃发鲜卑后裔，其余皆为汉人，也就是说汉人十居其八。在诸汉族人士中，裴延儁、阳固、李玚、李崇、崔光、张普惠等皆为河北士人，高谦之、高肇则为自高丽回迁之汉人。就诸人门第身份而言，裴延儁、李玚、崔光为旧族高门；① 李崇、阳固为新出门户，门望不著，张普惠则"地寒"，是典型的"寒士"。② 高肇、高谦之自称出自勃海高氏，实属攀附"冒籍"，地

---

① 裴延儁，《魏书》卷六九《裴延儁传》载其河东闻喜人，"魏冀州刺史徽之八世孙。曾祖天明，谘议参军、并州别驾。祖双虎，河东太守。……父裧，州主簿，行平阳郡事"。可见裴延儁出自旧门。李玚，《魏书》卷五三《李孝伯传》载："李孝伯，赵郡人也，高平公顺从父弟。"李孝伯兄李祥，李祥子李安世，即李玚父。可见祖父李祥为北魏太武帝重臣李孝伯弟，与高平公李顺为从兄弟。李氏与清河崔氏同为较早入魏的河北士族代表，且二族联姻，由此可见其家族门第。崔光，《魏书》卷六七《崔光传》载其"东清河鄃人也。祖旷，从慕容德南渡河，居青州之时水。慕容氏灭，仕刘义隆为乐陵太守。父灵延，刘骏龙骧将军、长广太守，与刘彧冀州刺史崔道固共拒国军"。崔光虽为"平齐民"，但出自清河崔氏。

② 李崇，《魏书》卷六六《李崇传》载其"顿丘人也，文成元皇后第二兄诞之子"。顿丘李氏并非旧族，李崇历文、宣武、孝明三朝，位列公卿，势位显赫，当与其外戚背景有关。阳固，《魏书》卷七二《阳尼传》载其北平无终人，"少好学，博通群籍，与上谷侯天护、顿丘李彪同志齐名"。阳尼曾"坐为中正时受乡人财货免官"，每自伤曰："吾昔未仕，不曾羡人，今日失官，与本何异？然非吾宿志，命也如何！"阳尼先世仕宦无详载，特别是他"与上谷侯天护、顿丘李彪同志齐名"，而李彪是著名的"寒士"，故北平阳氏当非旧族高门。阳固本人"性俶傥，不拘小节，少任侠，好剑客，弗事生产"，阳固出仕较晚，历任武职。因此，李崇、阳固出自新出门户，具有"寒士"背景。张普惠，《魏书》卷七八本传载其"常山九门人。……父晔，为齐州中水县令"。太和十九年，张普惠"为主书，带制局监，与刘桃符、石荣、刘道斌同员共直，颇为高祖所知。转尚书都令史。任城王澄重其学业，为其声价，仆射李冲曾至澄处，见普惠言论，亦善之"。可见他当初充任内廷文书吏职。任城王元澄"嘉赏普惠，临薨，启为尚书右丞。灵太后既深悼澄，览启从之。诏行之后，尚书诸郎以普惠地寒，不应便居管辖，相与为约，并欲不复上省，纷纭多日乃息"。可见张普惠以"地寒"而仕途不畅，得元澄"嘉赏"，"为其声价"而获升迁。

当寒庶。① 可见主张抑佛之汉族人士，多为河北士族社会非高门之人物。一般而言，门望高低与其社会地位及其交往等直接关联。在北魏上层普遍崇佛的时代背景下，"地寒"之士或由于其社会地位得以保持其"本色"与理性，尚存一定的排拒、批判意识。尤其是张普惠，汤用彤先生以为"元魏佛教极盛时，其反佛之最有名者为张普惠"②。张普惠如此，当与其"地寒"之社会身份不无关联。

其二，抑佛论者多为儒学礼法之士，这构成其抑佛之共同思想文化基础。

具体考察诸人之学行，可见其多崇尚儒学，恪守礼法。裴延儁，守孝道，精礼制；③ 阳固，笃于忠孝；④ 李玚，世代习儒，学以致

---

① 高肇，《魏书》卷八三下《外戚下·高肇传》载其"文昭皇太后之兄也。自云本勃海蓚人，五世祖顾，晋永嘉中避乱入高丽。父飏，字法修。高祖初，与弟乘信及其乡人韩内、冀富等入国，拜厉威将军、河间子，乘信明威将军，俱待以客礼，赐奴婢牛马綵帛。遂纳飏女，是为文昭皇后，生世宗"。宣武帝时以外戚获得重用，"肇为尚书左仆射、领吏部、冀州大中正，尚世宗姑高平公主，迁尚书令"。高谦之，父高崇，《魏书》卷七七《高崇传》载其勃海蓚人，"四世祖抚，晋永嘉中与兄顾避难奔于高丽。父潜，显祖初归国，赐爵开阳男，居辽东，诏以沮渠牧犍女赐潜为妻，封武威公主"。高潜自高丽内附，"居辽东"，北魏"诏以沮渠牧犍女赐潜为妻"，并"以崇继牧犍后，改姓沮渠"。高肇、高谦之五世祖分别为高顾、高抚兄弟，西晋永嘉乱中"避难奔于高丽"，献文、孝文之际，相继入魏并伪冒勃海高氏，"肇出自夷土，时望轻之"；高谦之一支也大体相似，北魏以高崇继嗣河西沮渠氏。
② 汤用彤：《汉魏两晋南北朝佛教史》，中华书局1983年版，第385页。
③ 《魏书》卷六九《裴延儁传》载："延儁少偏孤，事后母以孝闻。涉猎坟史，颇有才笔。"裴延儁精于典制，"及诏立明堂，群官博议，延儁独著一堂之论。太傅、清河王怿时典众议，读而笑曰：'子故欲远符仆射也。'"又，《魏书》卷四二《郦范传》载郦范弟郦蘷子郦恽"有文才，尤长吏干。正光中，刺史裴延儁用为主簿，令其修起学校"。可见裴延儁之儒学修养及其重视教化。
④ 《魏书》卷七二《阳尼传附阳固传》载其"年二十六，始折节好学，遂博览篇籍，有文才"。阳固为人尊崇儒家礼法，"丁母忧，号慕毁病，杖而能起。练禫之后，犹酒肉不进。时固年踰五十，而丧过于哀，乡党亲族咸叹服焉"。清河王元怿为太尉，固为从事中郎，元怿被害，"元叉秉政，朝野震悚。怿诸子及门生吏僚莫不虑祸，隐避不出，素为怿所厚者弥不自安。固以尝被辟命，遂独诣丧所，尽哀恸哭，良久乃还。仆射游肇闻而叹曰：'虽栾布、王修何以尚也，君子哉若人！'"

用，笃行孝友；① 崔光，博学多识，精擅礼制；②张普惠，"精于《三礼》"，"明达典故"③；李崇，据《魏书》本传，其"德位隆重，社稷之臣"，注重儒学教化；高谦之，博学多通，"专意经史"，笃行孝友；④

---

① 《魏书》卷五三《李孝伯传》载赵郡李氏世习儒学，"学传家业"，李玚"涉历史传，颇有文才"，弟李郁，"博通经史"，为当时大儒，"玚俶傥有大志，好饮酒，笃于亲知，每谓弟郁曰：'士大夫学问，稽博古今而罢，何用专经为老博士也？'"他注重家族孝友，"与弟谧特相友爱，谧在乡物故，玚恸哭绝气，久而方苏，不食数日，期年之中，形骸毁悴。人伦哀叹之"。其弟李郁"建义中，以兄玚卒，遂抚育孤侄，归于乡里"。李玚之言行体现出儒学士族社会的基本文化特征。

② 《魏书》卷六七《崔光传》载"光年十七，随父徙代。家贫好学，昼耕夜诵，佣书以养父母"，后"甚为高祖所知待"，孝文帝常称"孝伯之才，浩浩如黄河东注，固今日之文宗也"，又"以崔光之高才大量，若无意外咎谴，二十年后当作司空"。崔光重视儒学教化与礼乐制度，多以礼乐之事进谏，如劝导宣武帝应"躬飨加罕，宴宗或阙，时应亲肃郊庙，延敬诸父"；一再讽谏胡太后尊奉礼法，表请保护汉魏洛阳之石经。《魏书》卷六七"史臣曰"称"崔光风素虚远，学业渊长。高祖归其才博，许其大至，明主固知臣也。历事三朝，师训少主，不出宫省，坐致台傅，斯亦近世之所希有"。其中神龟元年所上修整洛阳石经表，对以往地方统治者以石经营建寺宇有所批评，《魏书》本传载其表文曰："寻石经之作，起自炎刘，继以曹氏《典论》，初乃三百余载，计未向二十纪矣。昔来虽屡经戎乱，犹未大崩侵。如闻往者刺史临州，多构图寺，道俗诸用，稍有发掘，基蹠泥灰，或出于此。皇都始迁，尚可补复，军国务殷，遂不存检。官私显隐，渐加剥撤。……由是经石弥减，文字增缺。"崔光建议修复洛阳石经，所谓"往者刺史临州，多构图寺，道俗诸用，稍有发掘，基蹠泥灰，或出于此"，实际上指责北魏洛州刺史冯熙等人修建佛寺，破坏石经。《魏书》卷八三上《外戚上·冯熙传》载其为冯太后之兄，曾为洛州刺史，"洛阳虽经破乱，而旧《三字石经》宛然犹在，至熙与常伯夫相继为州，废毁分用，大至颓落。熙为政不能仁厚，而信佛法，自出家财，在诸州镇建佛图精舍，合七十二处，写一十六部一切经"。故崔光此表，不无对冯熙毁石经以建寺佞佛之批评。

③ 《魏书》卷七八《张普惠传》载其年少"随父之县，受业齐土，专心坟典，克厉不息。及还乡里，就程玄讲习，精于《三礼》，兼善《春秋》，百家之说，多所窥览，诸儒称之"。其行事注重礼制，本传多载其所议官、私之礼，任城王元澄重之，主要在于赏识其精于礼学，称"不喜君得谏议，唯喜谏议得君"。李慈铭《越缦堂读书记》（上海书店出版社2000年版）史部正史类《魏书》一则笔记云："魏世诸儒，谨守师授，尚有两汉遗风，不以江左六朝，浮华相扇，然多失之固陋。张普惠引经据义，议论侃侃，虽不入《儒林》，其所学所守，魏世一人而已。"（第287页）可见李慈铭以张普惠为纯儒。

④ 《魏书》卷七七《高崇传》载高谦之父高崇崇尚儒学礼法，以为"仲尼四科，德行为首。人能立身约己，不忘典训，斯亦足矣"，以此训导诸子。高谦之有孝行，"少事后母李以孝闻，李亦抚育过于己生，人莫能辨其兄弟所出同异。论者两重之"。高谦之"及长，屏绝人事，专意经史，天文算历、图纬之书，多所该涉，日诵数千言，好文章，留意《老》《易》"，"所著文章百余篇，别有集录"。他交结名士，"与袁翻、常景、郦道元、温子昇之徒，咸申款旧"，又"以时所行历，多未尽善，乃更改元修撰，为一家之法，虽未行于世，议者叹其多能"。高谦之注重儒学教化，为人"好于赡恤，言诺无亏。居家僮隶，对其儿不挞其父母，生三子便免其一，世无凭黠奴婢，常称俱禀人体，如何残害"。

源子恭，汉化较深，颇具儒学修养；①任城王元澄，乃元魏宗室儒化最著者之一。②诸人之中，唯高肇缺乏儒学修养，治家与理政不循礼制。③故高肇之外，诸人皆以尊儒为先，以儒学礼法为修身理政之根本，构成其主张抑佛之共同思想文化背景。汤用彤先生概论北朝儒释冲突曰："盖元魏自孝文以来以至北齐，华风已振，经术大昌。反佛者渐起，且多出儒门。其言论亦崇礼教，重文治，其辩佛义，谈玄理如南朝人士之所为者，则殊未见。"④所谓北朝"反佛者渐起，且多出儒门"，"其言论亦崇礼教，重文治"，指出了北朝反佛之思想特征。之所以如此，在于持论者多为儒学礼法之士。

其三，抑佛论者皆为北魏朝臣，多崇尚儒家德政理念，具有干能，刚直进谏。

---

① 《魏书》卷四一《源贺传》载源贺自河西入魏，颇得太武帝、文成帝等信重，以忠节干能显，源贺死于太和三年，遗令诸子曰："吾顷以老患辞事，不悟天慈降恩，爵逮于汝。汝其毋傲吝，毋荒怠，毋奢越，毋嫉妒；疑思问，言思审，行思恭，服思度；遏恶扬善，亲贤远佞；目观必真，耳属必正；诚勤以事君，清约以行己。"源贺长子延，"性谨厚好学"，次子怀，"谦恭宽雅，有大度"，"性宽容简约，不好烦碎，恒语人曰：'为贵人，理世务当举纲维，何必太子细也……'又性不饮酒而喜以饮人，好接宾友，雅善音律，虽在白首，至宴居之暇，常自操丝竹"。源怀有七子，其中源子雍，"少好文雅，笃志于学，推诚待士，士多归之"。源子恭"聪惠好学"。可见源氏之儒化，《魏书》卷四一"史臣曰"称"源贺堂堂，非徒武节而已，其翼戴高宗，庭抑禅让，殆社稷之臣也。怀г略兼举，出内有声，继迹贤考，不坠先业"。关于源贺为政之务实，《魏书》卷一一一《刑罚志》载："和平末，冀州刺史源贺上言：'自非大逆手杀人者，请原其命，谪守边戍。'诏从之。"

② 《魏书》卷一九中《景穆十二王中·任城王元澄传》载其年少得冯太后称誉，出镇梁州，"文明太后引见澄，诫厉之，顾谓中书令李冲曰：'此儿风神吐发，德音闲婉，当为宗室领袖。是行使之必称我意。卿但记之，我不妄谈人物也。'"元澄"少而好学"，南齐"萧赜使庚荜来朝，荜见澄音韵遒雅，风仪秀逸，谓主客郎张彝曰：'往魏任城以武著称，今魏任城乃以文见美也。'"孝文帝倾心汉化，聚集宗室，"特令澄为七言连韵，与高祖往复赌赛"。这类事例不少，可见元澄颇为儒化。

③ 《魏书》卷八三下《外戚下·高肇传》载其宣武帝时位列宰辅，执掌军政，然言行粗鄙，不遵礼法，为人讥笑，如"虽贵登台鼎，犹以去要怏怏形乎辞色。众咸嗤笑之"；"既当衡轴，每事任己，本无学识，动违礼度，好改先朝旧制，出情妄作，减削封秩，抑黜勋人。由是怨声盈路矣"；"父兄封赠虽久，竟不改瘗。三年，乃诏令迁葬。肇自不临赴，唯遣其兄子猛改服诣代，迁葬于乡。时人以肇无识，哂而不责也"。

④ 前揭《汉魏两晋南北朝佛教史》，第386页。

北魏后期之抑佛思潮及其特征 469

裴延儁,《魏书》本传载其宣武帝时出刺幽州,兴修水利,发展经济,"又命主簿郦恽修起学校,礼教大行,民歌谣之。在州五年,考绩为天下最"。阳固,自宣武帝以来,历任给事中,兼廷尉评,领侍御史、治书等,职涉监察、司法,不畏权贵,"刚直雅正"。① 李琰,《魏书》本传载其"气尚豪爽,公强当世",以为"士大夫学问,稽博古今而罢,何用专经老博士也",强调经世致用。《魏书》卷五三传末"史臣曰"称李琰父李安世"识具通雅,时干之良",李琰则"以豪俊达",表明其进取务实。崔光,自孝文帝以来,"从容论议","参赞大政",多有谏议。② 张普惠,《魏书》卷七八"史臣曰"称其"明达典故,强直从官,侃侃不扰,其有王臣之风矣",可见其忠直务实的为政品格。③ 高谦之为政务实,颇具声名,"著当

---

① 阳固之具体从政事例,《魏书》卷七二《阳尼传附阳固传》,此不具引。
② 《魏书》卷六七《崔光传》载其"以谋谟之功,进爵为伯",所谓"谋谟之功",即是参与孝文帝迁都洛阳之谋划。宣武、孝明时期,崔光借助儒学礼法,对宣武帝重用佞小、兴兵南征、胡太后频繁游幸等多有进言,体现出儒学德治理念。
③ 《魏书》卷七八《张普惠传》载其干能显著,忠直进谏,特别是出任谏议大夫,不仅谏议甚多,而且刚正不阿,"强直从官",有死谏之风。其中典型是力谏灵太后赐父封号,"时灵太后父司徒胡国珍薨,赠相国、太上秦公。普惠以前世后父无'太上'之号,诣阙上疏,陈其不可,左右畏惧,莫敢为通"。于是普惠乃密表陈述,以为胡太后加谥其父"'太上'之号,窃谓未衷"。对此,"太后览表,亲至国珍宅,召集王公、八座、卿尹及五品已上,博议其事,遣使召普惠与相问答,又令侍中元叉、中常侍贾璨监观得失"。任城王元澄、清河王元怿、侍中崔光、御史中丞元匡、尚书崔亮、廷尉少卿袁翻等重臣宿儒皆曲解礼制以粉饰,特别是元澄劝导普惠,"议者咸以太后当朝,志相崇顺",遂奏曰:"张普惠辞虽不屈,然非臣等所同。涣汗已流,请依前诏。"张普惠面对众人论难,据理力争,绝无屈服之意。本传载:"初,普惠被召,传诏驰骅骝马来,甚迅速,伫立催去,普惠诸子忧怖涕泣。普惠谓曰:'我当休明之朝,掌谏议之职,若不言所难言,谏所难谏,便是唯唯,旷官尸禄。人生有死,死得其所,夫复何恨。然朝廷有道,汝辈勿忧。'及议罢,旨劳还宅,亲故贺其幸甚。时中山庄弼遗书普惠曰:'明侯渊儒硕学,身负大才,秉此公方,来居谏职,謇謇如也,谔谔如也。一昨承胡司徒第,当面折庭净,虽问难锋至,而应对响出,宋城之带始萦,鲁门之柝裁警,终使群后逡巡,庶僚拱默,虽不见用于一时,固已传美于百代。闻风快然,敬裁此白。'普惠美其书,每为口实。"在用人方面,张普惠直言应"进忠謇,退不肖,任贤勿贰,去邪勿疑"。这都体现出儒者之政治品格。对张普惠的为政与谏诤作风,宋人叶适《习学记言序目》卷三四有论曰:"张普惠谏太上秦公,一时壮议。如任城、清河、元匡、崔光、袁翻预问难者,亦皆心知其不可,固不忧刑祸之及也。以弱从谀,以强拒谏,虽若不同,致败则一,此本为国者自利害。故《左氏》载仲尼论泄冶,'民之多辟,无自立辟'。然则普惠之免,可以为幸也。"

官之称"①,《魏书》卷七七"史臣曰"称"谦之兄弟,咸政事之敏,饰学有闻,列于朝廷,岂徒然也"。李崇,历孝文、宣武、孝明三朝,出将入相,"明于决断",业绩显著,《魏书》卷六六传末"史臣曰"称"李崇以风质英重,毅然秀立,任当将相,望高朝野,美矣"②。源子恭,为官务实,作风严正,可谓"干略兼举"③。

① 《魏书》卷七七《高崇传》载高谦之父子干能卓著,高崇为洛阳令,"为政清断,吏民畏其威风,每有发摘,不避强御,县内肃然"。高谦之行河阴令,"在县二年,损益治体,多为故事。弟道穆为御史,在公亦有能名,世美其父子兄弟并著当官之称"。特别是高谦之一再上疏指陈军政弊失,如建议完善县令"入奏"举报制度,以限制"朝贵"与"奸豪"对地方吏治的侵害;又针对平定边境动乱不力,劳民伤财,指出"诸守帅或非其才,多遣亲者妄称入募,别请他人引弓格,虚受征官",以为"若使军帅必得其人,赏勋不失其实,则何贼不平,何征不捷也"。这都切中时弊,灵太后"得其疏,以责左右近侍。诸宠要者由是疾之,乃启太后云:'谦之有学艺,宜在国学,以训胄子。'诏从之,除国子博士"。高谦之最终冤屈而死,《魏书》本传载:"初,谦之弟道穆,正光中为御史,纠相州刺史李世哲事,大相挫辱,其家恒以为憾。至是,世哲弟神轨为灵太后深所宠任,直谦之家僮诉良,神轨左右之,入讽尚书,判禁谦之于廷尉。时将赦,神轨乃启灵太后发诏,于狱赐死,时年四十二。"
② 《魏书》卷六六《李崇传》载其孝文帝初,出镇荆州,"在治四年,甚有称绩";为兖州刺史,善治盗贼,各村"置楼悬鼓"以联防,成效显著而推广,"诸州置楼悬鼓,自崇始也"。孝文帝迁洛后南征,李崇随征汉阳,行梁州刺史,孝文帝称"使朕无西顾之忧者,李崇之功也"。宣武帝初,一再受命出镇,尤以扬州刺史任上治绩最著,"是时非崇,则淮南不守矣","崇沉深有将略,宽厚善御众,在州凡经十年,常养壮士数千人,寇贼侵边,所向摧破,号曰'卧虎',贼甚惮之"。孝明帝时,李崇历任中书监、尚书左仆射、尚书令等,"崇在官和厚,明于决断,受纳辞讼,必理在可推,始为下笔,不徒尔收领也"。孝明帝后期,李崇出任统帅,出征突厥、北镇,人称"李崇德位隆重,社稷之臣,陛下此遣,实合群望"。对于李崇"置楼悬鼓"与断狱"明察精审",《太平广记》卷一七一引(隋)阳玠《谈薮》概述李崇事迹则节略叙之,以见其政风,可见李崇以务实干能著称,影响甚广。参见黄大宏《八代谈薮校笺》正编卷上北朝元魏第一"顿丘李崇置鼓御盗"条,中华书局2010年版,第11页。宋人叶适《习学记言序目》卷三四有论曰:"李崇置楼悬鼓捕贼,当时效之。后世亦有效者,但为笑耳。崇又有断狱二事及改镇为州,皆明智过人。学者欲远观近取,若识开智长,遇事成理可矣;袭故迹,因已行,未有能合者。崇在淮北十年,梁人所畏,遂兴浮山之役;而史载其父贩肆聚敛,为时论轻鄙。然则昔人所谓使贪使愚者,岂物之一患不足以累其所长耶!"
③ 《魏书》今年四一传末"史臣曰"。《魏书》卷四一《源贺传》载其门风忠直务实,源贺自太武帝至孝文帝之初,在诸多重大军政事务方面,如文成帝继位、献文帝禅让等都发挥了关键作用;针对"断狱多滥",建议文成帝"宥诸死刑","贺之临州,鞠狱以情,徭役简省"。源怀于宣武、孝明时任诸军政要职,巡视北镇,多有切实谏议。源子恭颇具军政干能,曾受命征讨河州却铁忽叛乱,"子恭严勒州郡及诸军,不得犯民一物,轻与贼战,然后示以威恩,两旬间悉降款。朝廷嘉之"。可见源氏人物之干能与政风。

高肇，宣武帝时为尚书令，"世咸谓之为能"①。任城王元澄，历经孝文、宣武、孝明三朝，参决大政，辅佐少主，特别是孝明帝时为尚书令，作风刚正，多有谏疏，旨在"利国济民"。《魏书》卷一九（中）"史臣曰"称其"贞固俊远，郁为宗杰，身因累朝，宁济夷险，既社稷是任，其梁栋之望也"②。

由上可见诸人仕宦地位、职掌虽有分别，或位居中枢，或外任地方，然诸人施政皆干能卓著，作风务实。除高肇外，皆崇尚儒家德治、仁政理念，直言进谏，反对纵奢。基于这一大体相同的政治品格与从政作风，他们指陈朝政弊失，而佞佛则为其一端，旨在消除乱象，以"利国济民"。

北魏宣武帝、孝明帝时期，由于统治者极力倡导，佛教达于极盛。面对"佛法盛世"所孳生的诸多社会弊失，当时以儒学士人为主体的部分务实理性之朝臣间有谏言，希冀统治者尊崇儒学，主张抑制佛教过度膨胀，消除佞佛乱象与危机。诸人抑佛主张具有共同的思想特征。首先，从维护国计民生的角度，指陈统治者佞佛之巨大耗费，表现出务实的思想倾向；其次，多从维护儒家礼法典制为政教根本的角度，论辩儒佛先后与实虚，体现了北魏后期的儒佛思想冲突；再次，就其抑佛主张之批判性及其思想力度而言，诸人多惧于统治者"专心释典""过崇佛法"的政治导向，在认同佛教信

---

① 《魏书》卷八三下《外戚下·高肇传》载其得宣武帝提携而历任尚书令、司徒，领大将军，高肇粗鄙少文，附会宣武帝以弄权，"既当衡轴，每事任己"，"因此专权，与夺任己"，然"及在位居要，留心百揆，孜孜无倦，世咸谓之为能"，可见其务实从政之作风。延昌末，他领兵伐蜀，以求建立功业。其主张放免部分僧祇户，意在限制佛寺所控依附人口，以增加国家赋役。

② 《魏书》卷一九中《景穆十二王中·任城王元澄传》载其极力襄助孝文帝迁都，孝文帝称"若非任城，朕事业不得就也"，"我任城可谓社稷臣也"。宣武时，元澄一再出刺南北重镇，治绩显著。如为定州刺史，"初，民中每有横调，百姓烦苦，前后牧守，未能蠲除，澄多所省减，民以忻赖。又明黜陟赏罚之法，表减公园之地，以给无业贫口，禁造布绢不任衣者"。孝明帝时，元澄一再上表，主张加强考课，整顿吏治，曾"表上《皇诰宗制》并《训诂》各一卷，意欲皇太后览之，思劝戒之益。又奏利国济民所宜振举者十条"。故史称"澄当官而行，无所回避"，"政无大小，皆引参决。澄亦尽心匡辅，事有不便于民者，必尽谏净，虽不见用，殷勤不已，内外咸敬惮之"。

仰的前提下指陈佞佛之具体危害，囿于具体实务，显得相对软弱乏力。北魏后期抑佛谏议之所以呈现出如此总体务实的思想倾向，究其原因，就社会政治氛围而言，北朝皇权强大，佛教信仰及其相关风尚皆与皇权关系紧密；就士风与学风而言，与南朝玄风昌炽不同，随着魏晋以降中州名士南迁，玄风南被，中土玄学衰竭，承袭汉儒今文经学传统，少有辨名析理式的思想论辩，故其抑佛论议多"见诸行事"，"以治道立说"。当然，进一步分析可见，主张抑佛者皆为北魏士大夫朝臣，其相关论议与其门第身份、儒学崇尚、从政作风密切关联。就门第而言，诸人虽有差异，但多有士族社会中下层"地寒"之士；在文化取向方面，多尊崇儒学礼法；作为朝臣，多干能卓著，忠直进谏。这一身份特征与文化品格，决定诸人能够直面时弊，指陈统治者佞佛祸害。

三 余论：北魏后期抑佛思潮之先声与余绪

以上就北魏迁洛后宣武、孝明"佛教极盛"时期朝臣抑佛谏议及其思想特征进行专题探讨，但就北魏中后期士大夫社会之抑佛议论而言，则前有先声，后有余音，这里则将相关士人之议论略作评述，聊充余论，以见其先声与遗韵。

孝文帝前期，由河西入魏之儒者程骏已有崇儒抑佛议论。《魏书》卷六〇《程骏传》载孝文帝时，"沙门法秀谋反伏诛"[1]，程骏于是上表进《庆国颂》十六章，其表曰：

---

[1] 《魏书》卷七上《高祖纪上》载太和五年二月，"沙门法秀谋反，伏诛"。三月，孝文帝诏曰："法秀妖诈乱常，妄说符瑞，兰台御史张求等一百余人，招结奴隶，谋为大逆，有司科以族诛，诚合刑宪。且矜愚重命，犹所弗忍。其五族者，降止同祖；三族，止一门；门诛，止身。"法秀乱乱，不仅迷惑百姓，而且朝臣也多所牵引，影响颇著。参见《魏书》卷三一《于栗䃅传》、《魏书》卷四四《苟颓传》、《魏书》卷九三《恩幸·王叡传》等相关记载。

臣闻《诗》之作也，盖以言志。迩之事父，远之事君，关诸风俗，靡不备焉。上可以颂美圣德，下可以申厚风化，言之者无罪，闻之者足以诫。此古人用诗之本意。臣以垂没之年，得逢盛明之运，虽复昏耄将及，犹慕廉颇强饭之风。伏惟陛下、太皇太后，道合天地，明侔日月，则天与唐风斯穆，顺帝与周道通灵。是以狂妖怀逆，无隐谋之地；冥灵潜蓟，伏发觉之诛。用能七庙幽赞，人神扶助者已。臣不胜喜踊。谨竭老钝之思，上《庆国颂》十六章，并序巡狩、甘雨之德焉。

其颂文赞扬平息僧人法秀之乱，"忽有狂竖，谋逆圣都。明灵幽告，发觉伏诛。……美哉皇度，道固千祀。百灵潜蓟，奸不遑起。奸不遑起，罪人得情。宪章刑律，五秩犹轻。于穆二圣，仁等春生。除弃周汉，遐轨牺庭。周汉奚弃？忿彼苛刻。牺庭曷轨？希仁尚德。徽音一振，声教四塞。岂惟京甸，化播万国"。其中又有"有礼有乐，政莫不通"，"上天无亲，唯德是在。思乐盛明，虽疲勿怠。……愿言劳谦，求仁不悔"等颂辞。很显然，程骏之表、颂，意在劝讽孝文帝、冯太后"希仁尚德"，尊奉儒家治国之道，借由颂扬平息法秀之乱，表达了对统治者佞佛之谏议。对此，冯太后有令曰："省诗表，闻之。歌颂宗祖之功德可尔，当世之言，何其过也。所箴下章，戢之不忘。"程骏是由河西入魏之儒者，《魏书》本传载其"本广平曲安人也。六世祖良，晋都水使者，坐事流于凉州。祖父肇，吕光民部尚书。骏少孤贫，居丧以孝称。师事刘昞，性机敏好学，昼夜无倦。昞谓门人曰：'举一隅而以三隅反者，此子亚之也。'骏谓昞曰：'今世名教之儒，咸谓老庄其言虚诞，不切实要，弗可以经世，骏意以为不然。夫老子著抱一之言，庄生申性本之旨，若斯者，可谓至顺矣。人若乖一则烦伪生，若爽性则冲真丧。'昞曰：'卿年尚稚，言若老成，美哉！'由是声誉益播，沮渠牧犍擢为东宫侍讲。太延五年，世祖平凉，迁于京师，为司徒崔浩所知。高宗践阼，拜著作佐郎，未几，迁著作郎。为任城王云郎中令，进箴于王，王纳而嘉之。……显祖屡引骏与论《易》《老》之义，顾谓群臣曰：'朕与此人言，意甚开畅。'"程骏任官多有谏言，主要关涉儒家礼仪制度，如孝文帝"初迁神主于太庙，有司奏：旧事，庙中执事之官，例皆赐爵，今宜依旧。诏百僚评议，群臣咸以为宜依旧事，骏独以为不可"，上表以为此事"周汉既无文于远代，魏晋亦靡记于往年"，冯太后谓群臣曰："言事固当正直而准古典，安可依附暂时旧事乎"，故从其议。他以僧人法秀谋乱，进言统治者行儒道，重教化，抑佛法。就其思想内容及其特质而言，与迁洛后抑佛思潮之核心内涵基本一致，可谓其先声。

北魏末杨衒之也有抑佛论议。《广弘明集》卷六《辩惑篇·列代王臣滞惑解上》载：

> 杨衒之，北平人，元魏末为秘书监。见寺宇壮丽，损费金碧，王公相竟，侵渔百姓，乃撰《洛阳伽蓝记》，言不恤众庶也。后上书述释教虚诞，有为徒费，无执戈以卫国，有饥寒于色养；逃役之流，仆隶之类，避苦就乐，非修道者。又佛言有为虚妄，皆是妄想。道人深知佛理，故违虚其罪。启又广引财事乞贷，贪极无厌。又云，读佛经者，尊同帝王；写佛画师，全无恭敬。请沙门，等同孔、老拜俗，班之国史。行多浮险者，乞立严敕，知其真伪。然后佛法可遵，师徒无滥。则逃兵之徒，还归本役。国富兵多，天下幸甚！①

杨衒之其人，史书无传，据此及《洛阳伽蓝记》自序，可知其仕于北魏末期，入东魏，历任奉朝请、期城郡守、抚军府司马、秘书监等。他上书指陈崇佛之弊，一是耗费财富，二是减少服役人口，三

---

① 唐道宣于《广弘明集》卷六《辩惑篇》第二之二《列代王臣滞惑解上》录杨衒之此奏，有评曰："衒之此奏，大同刘昼之词。言多庸猥，不经周、孔。故虽上事，终委而不施行。"道宣显然出于护法立场，对杨衒之所言有所抵触。

是僧众"广引财事乞贷,贪极无厌",教风堕落,因而建议整肃,目的在于"国富兵多"。可见杨衒之抑佛思想倾向与此前诸论者基本一致,具有鲜明的务实色彩,诚如汤用彤先生所言:"杨衒之亦反对佛法,所言亦至质直。"① 所谓"质直",就是指其反佛思想朴实,以国计民生为宗旨,而少有玄化哲理之论辩。

杨衒之的抑佛思想,还体现在其所撰《洛阳伽蓝记》之宗旨及其相关内容方面。上引《广弘明集》卷六《辩惑篇·列代王臣滞惑解上》所言杨衒之"见寺宇壮丽,损费金碧,王公相竞,侵渔百姓,乃撰《洛阳伽蓝记》,言不恤众庶也",这概括了《洛阳伽蓝记》的著述宗旨,即斥责统治者佞佛之弊失。② 杨衒之在《洛阳伽蓝记》自序中说:

> 逮皇魏受图,光宅嵩洛,笃信弥繁,法教愈盛。王侯贵臣,弃象马如脱屣,庶士豪家,舍资财若遗迹。于是招提栉比,宝塔骈罗;争写天上之姿,竞摹山中之影。金刹与灵台比高,广殿共阿房等壮。岂直木衣绨绣,土被朱紫而已哉!暨永熙多难,皇舆迁邺,诸寺僧尼,亦与时徙。至武定五年,岁在丁卯,余因行役,重览洛阳。城郭崩毁,宫室倾覆,寺观灰烬,庙塔丘墟。墙被蒿艾,巷罗荆棘。野兽穴于荒阶,山鸟巢于庭树。游儿牧竖,踯躅于九逵,农夫耕老,艺黍于双阙。《麦秀》之感,非独殷墟,《黍离》之悲,信哉周室!京城表里,凡有一千余寺,今日寥廓,钟声罕闻。恐后世无传,故撰斯记。

范祥雍先生曾据此分析其排佛之思想宗旨:"他把洛阳一地的状况前后对照,两两相形写来,抚今思昔,怵目惊心!前时佛寺是那样的

---

① 前揭《汉魏两晋南北朝佛教史》,第 385 页。
② 关于杨衒之撰著《洛阳伽蓝记》之宗旨,杨勇先生《洛阳伽蓝记之旨趣与体例》(该文附录于氏著《洛阳伽蓝记校笺》,中华书局 2006 年版)指出,《广弘明集》六《滞惑解篇》所言"可谓深得衒之作书之旨"。他进一步根据该书内容,条分缕析,归纳其相关旨趣,"归其要者,约有十余端",深刻揭示了杨衒之的著述旨趣与特点。此不赘引,可参见其文。

多而且那样豪华壮丽，今日佛寺是这样的少而且这样残破凄凉；前时洛阳是王侯贵臣庶士豪家骄奢淫佚的一大都会，今日洛阳是农夫耕老游儿牧竖种地息足的一片废墟。这部书字面上是记洛阳城佛寺的盛衰兴废，文心里实系作者对国家成败得失的感慨。虽说佞佛不一定亡国，而北魏亡国未尝全与佞佛无关。作者本来不是佞佛之徒，藉此寄托排佛之意，这就是作者特撰这部书的动机和企图罢？"他又据上引《广弘明集》卷六《辩惑篇·列代王臣滞惑解上》所载杨衒之排佛之言，以为"我们读此，知道唐初已有学者认识到杨衒之写作《洛阳伽蓝记》的善良动机，和他排佛的卓越见识。原来杨衒之这部书的特点就在揭露北魏王公争先恐后地修建了成百成千豪华壮丽的寺塔，乃是'侵渔百姓'，'不恤众庶'，榨取广大劳动人民的血汗才能成功的。'不读《华严经》，焉知佛富贵？'不读《伽蓝记》，不知佛浪费。他是北魏反对佛教最激烈的一个人。他以为佛法无灵，徒然浪费。僧侣假借特权，损人利己。剥削为活，贪极无厌。逃役逃税，不爱国家。出家修道，不孝父母。尊同帝王，不拜君主。虽然他的思想同属于北朝儒家体系，却不同于裴延儁、李崇、李玚之流，反对佛教主要是为儒家着想；而同于阳固、崔光、张普惠、任城王澄诸人，反对佛教侧重在为国计民生着想，为人民利益着想。而且他不止在当时上书排佛，为北魏君主服务，还怕'后世无传，故撰斯记'，以警告后世一切人。他的见识确是高人一等，不愧称为'高识'！"① 范先生此论，揭示了杨衒之著述《洛阳伽蓝记》的排佛思想宗旨及其与此前排佛思潮的内在关联，可谓北魏佛教极盛时期抑佛思潮之余绪。②

---

① 范祥雍：《洛阳伽蓝记校注·序》，上海古籍出版社1978年版，第12、13页。
② 此后北齐统治者佞佛，诽佛之议颇盛。前揭汤用彤先生《汉魏两晋南北朝佛教史》指出"北齐佛法甚盛，然刘昼、章仇子陁、樊逊诸人，均引中国固有文化诽议之"。（第385页）诸人皆为儒士，故多基于儒家礼法、政教立场而著论诽佛，与北魏后期之抑佛思潮之思想理路基本一致。对此，汤先生已有所论述，请参见。从北朝后期儒佛思想冲突的整体过程把握，东魏北齐儒士诽佛，也可谓北魏后期排佛思潮之延续，诸人皆以儒排佛，宗旨在于指斥统治者佞佛乱世。

隋文帝之"雅好符瑞"

作为开国之君，隋文帝给人们的印象一般是较为质朴理性的。就其统治思想而言，他曾严禁谶纬，《隋书》卷二《高祖纪下》载开皇十三年二月丁酉，"制私家不得隐藏纬候图谶"。《隋书》卷三二《经籍志一》载："王莽好符命，光武以图谶兴，遂盛行于世。……及高祖受禅，禁之踰切。炀帝即位，乃发使四出，搜天下书籍与谶纬相涉者，皆焚之，为吏所纠者至死。自是无复其学，秘府之内，亦多散亡。"①隋文帝父子禁绝"纬候图谶"，以致"自是无复其学"。然细究史实，可见隋文帝极好符瑞，《隋书》卷二《高祖纪》"史臣曰"论其弊失云"又雅好符瑞，暗于大道"。上有所好，下必甚焉，当时朝臣、术士纷纷呈瑞投机。《隋书》卷七八《艺术·萧吉传》载："吉性孤峭，不与公卿相沉浮，又与杨素不协，由是摈落于世，郁郁不得志。见上好征祥之说，欲干没自进，遂矫其迹为悦媚焉。"当时外来胡僧也知此，《隋书·艺术·万宝常传》载其开皇年间参与雅乐制作，为关中旧族代表苏威、苏夔父子所排抑，苏威曾问其"所为何所传授"，"有一沙门谓宝常曰：'上雅好符瑞，有言征祥者，上皆悦之。先生当言就胡僧受学，云是佛

---

① 《隋书》卷七五《儒林·马光传》载："马光字荣伯，武安人也。……开皇初，高祖征山东义学之士，光与张仲让、孔笼、窦士荣、张黑奴、刘祖仁等俱至，并授太学博士，时人号为六儒。然皆鄙野，无仪范，朝廷不之贵也。……仲让未几告归乡里，著书十卷，自云此书若奏，我必为宰相。又数言玄象事。州县列上其状，竟坐诛。"可见开皇年间山东陋儒张仲让以"数言玄象事"而坐诛。

家菩萨所传音律,则上必悦。先生所为,可以行矣。'宝常然之,遂如其言以答威。威怒曰:'胡僧所传,乃是四夷之乐,非中国所宜行也。'其事竟寝"。唐太宗曾讥讽隋文帝之"深爱祥瑞",并引以为训。《贞观政要》卷一〇《论灾祥》第三十九载贞观六年唐太宗谓侍臣曰:"隋文帝深爱祥瑞,遣秘书监王劭著衣冠,在朝堂对考使焚香以读《皇隋感瑞经》,旧尝见传说此事,实以为可笑。夫为人君,当须至公理天下,以得万姓之欢心。昔尧、舜在上,百姓敬之如天地,爱之如父母。动作兴事,人皆乐之;发号施令,人皆悦之,此是大祥瑞也。自此后诸州所有祥瑞,并不用申奏。"[①]后世史家对此亦多有讥评,宋人叶适《习学记言序目》卷三七"《隋书·经籍志》"条有论曰:"因《隋史》叙谶纬事:古圣人所以为治道者,必能知天人之常理而顺行之,……况五事人之所为,无预于五行,学者之陋一至于此!及其消磨息灭,费多少气力,而圣人之治终不复可施。故隋文虽焚谶而妄称祥瑞,至有袁充、王劭之事,又甚于谶矣!"由此可见,崇尚符瑞无疑是隋文帝时期政治文化的显著特征之一,应当予以关注。

一 "符兆已定":隋文帝利用传统术数造作符命

历代统治者往往利用各类自然、社会及个人经历中的奇异现象以自我神化,这是一种通常的做法。汉魏以降,王朝更迭频繁,伴随着异姓禅代,相关的符命瑞应层出不穷,目的在于赋予新王朝之"天命"依据。在这方面,隋文帝的相关表现尤为突出,诚如陈寅恪先生所言:"帝王创业,史臣记述,例有符瑞附会之语,杨隋之兴,何得独异?"[②] 相较而言,隋文帝之"雅好符瑞",其大力倡导、鼓

[①] (唐)吴兢撰,谢保成集校:《贞观政要集校》,卷一〇《论灾祥》,中华书局2003年。

[②] 陈寅恪:《武曌与佛教》,《金明馆丛稿二编》,生活·读书·新知三联书店2001年版,第158页。

励造作，其数量之巨大、内容之丰富、造作方式之新变等，无不超迈以往，登峰造极。这里首先介绍其利用传统术数所造作之符应。

（一）"骨法气色相应，天命已有付属"：以相术预言隋文帝"天命有在"

在隋文帝诸多瑞应中，以相术造作"当为天下君"的相关符命数量颇丰，成为一大主题。《隋书》卷一《高祖纪上》载其仪表云："为人龙颜，额上有五柱入顶，目光外射，有文在手曰'王'。长上短下，沈深严重。初入太学，虽至亲昵不敢狎也。……周太祖见而叹曰：'此儿风骨，不似代间人！'明帝即位，授右小宫伯，进封大兴郡公。帝尝遣善相者赵昭视之，昭诡对曰：'不过作柱国耳。'既而阴谓高祖曰：'公当为天下君，必大诛杀而后定。善记鄙言。'……宇文护执政，尤忌高祖，屡将害焉，大将军侯伏侯寿等匡护得免。……武帝娉高祖长女为皇太子妃，益加礼重。齐王宪言于帝曰：'普六茹坚相貌非常，臣每见之，不觉自失。恐非人下，请早除之。'帝曰：'此止可为将耳。'内史王轨骤言于帝曰：'皇太子非社稷主，普六茹坚貌有反相。'帝不悦，曰：'必天命有在，将若之何？'高祖甚惧，深自晦匿。"杨坚"为人龙颜""相貌非常"，引起北周统治者忧虑，相者赵昭谓"公当为天下君"，周武帝无奈地表示"必天命有在，将若之何"，以此表明杨坚代周之"天命"依据。

有关杨坚"天命有在"的相术符命数量甚多，其造作之始，杨坚当参预其中。杨坚辅政以后，代周之势已明，洞明时局者，多主动附会，为之编造相关符命，其中既有朝臣士大夫，也有术数之士。士大夫参与其事者，如郑译，《隋书》卷三八《郑译传》载："初，高祖与译有同学之旧，译又素知高祖相表有奇，倾心相结。"又，窦荣定，《隋书》卷三九《窦荣定传》载："其妻则高祖姊安成长公主也。高祖少小与之情契甚厚，荣定亦知高祖有人君之表，尤相推结。"又，庞晃，《隋书》卷五〇《庞晃传》载："高祖出为随州刺史，路经襄阳，卫王令晃诣高祖。晃知高祖非常人，深自结纳。及高祖去官归京师,晃迎见高祖于襄邑。高祖甚欢,晃因白高祖曰:'公相貌非常,名在图箓。九五之日,幸愿不忘。'高祖笑曰:'何妄言也!'顷之,有一雄雉鸣于庭,高祖命晃射之,曰:'中则有赏。然富贵之日,持以为验。'晃既射而中,高祖抚掌大笑曰:'此是天意,公能感之而中也。'因以二婢赐之,情契甚密。……及践阼,谓晃曰:'射雉之符,今日验不?'晃再拜曰:'陛下应天顺民,君临宇内,犹忆曩时之言,不胜庆跃。'上笑曰:'公之此言,何得忘也!'寻加上开府,拜右卫将军,进爵为公,邑千五百户。"又,李礼成,《隋书》卷五〇《李礼成传》载:"李礼成字孝谐,陇西狄道人也,凉王暠之六世孙。……礼成妻窦氏早没,知高祖有非常之表,遂聘高祖妹为继室,情契甚欢。及高祖为丞相,进位上大将军,迁司武上大夫,委以心膂。"又,尉迟崇,《隋书》卷六三《杨义臣传》载:"杨义臣,代人也,本姓尉迟氏。父崇,仕周为仪同大将军,以兵镇恒山。时高祖为定州总管,崇知高祖相貌非常,每自结纳,高祖甚亲待之。及为丞相,尉迥作乱,崇以宗族之故,自囚于狱,遣使请罪。高祖下书慰谕之,即令驰驿入朝,恒置左右。……上尝从容言及恩旧,顾义臣嗟叹久之,因下诏曰:'朕受命之初,群凶未定,明识之士,有足可怀。尉义臣……其父崇……知逆顺之理,识天人之意,即陈丹款,虑染恶徒,自执有司,请归相府……'"又,李谔,《隋书》卷六六《李谔传》载:"李谔字士恢,赵郡人也。好学,解属文。……周武帝平齐,拜天官都上士。谔见高祖有奇表,深自结纳。及高祖为丞相,甚见亲待,访以得失。……及受禅,……迁治书侍御史。上谓群臣曰:'朕昔为大司马,每求外职,李谔陈十二策,苦劝不许,朕遂决意在内。今此事业,谔之力也。'赐物二千段。"

以上所述郑译、窦荣定、庞晃、杨义臣、李谔等人,皆为北周朝臣,他们在杨坚谋篡过程中,以杨坚"相表有奇""君人之表""非常之表""相貌非常""有奇表",进而"尤相推结""倾心相结""深自结纳","阴劝高祖应天受命"。这都是在杨坚代周立国之际炮制出来的，为其篡夺制造舆论。

与此同时，一些术数之士也闻风而动。前文已述北周宫廷相术之士赵昭预言隋文帝"当为天下君"。《隋书》卷七八《艺术传》载："道士张宾、焦子顺、雁门人董子华，此三人，当高祖龙潜时，并私谓高祖曰：'公当为天子，善自爱。'及践阼，以宾为华州刺史，子顺为开府，子华为上仪同。"其中张宾最得隋文帝器重，《隋书》卷一七《律历志中》载："时高祖作辅，方行禅代之事，欲以符命曜于天下。道士张宾，揣知上意，自云玄相，洞晓星历，因盛言有代谢之征，又称上仪表非人臣相。由是大被知遇，恒在幕府。"又，相术之士来和参与甚深，《隋书·艺术·来和传》载："来和字弘顺，京兆长安人也。少好相术，所言多验。……高祖微时，来诣和相，和待人去，谓高祖曰：'公当王有四海。'及为丞相，拜仪同，既受禅，进爵为子。"开皇末，来和上表自陈曰："臣早奉龙颜，自周代天和三年已来，数蒙陛下顾问，当时具言至尊膺图受命，光宅区宇。此乃天授，非由人事所及。臣无劳效，坐致五品，二十余年。臣是何人，敢不惭惧！愚臣不任区区之至，谨录陛下龙潜之时，臣有所言一得，书之秘府，死无所恨。昔陛下在周，尝与永富公窦荣定语臣曰：'我闻有行声，即识其人。'臣当时即言公眼如曙星，无所不照，当王有天下，愿忍诛杀。建德四年五月，周武帝在云阳宫，谓臣曰：'诸公皆汝所识，隋公相禄何如？'臣报武帝曰：'隋公止是守节人，可镇一方。若为将领，阵无不破。'臣即于宫东南奏闻。陛下谓臣，此语不忘。明年，乌丸轨言于武帝曰：'隋公非人臣。'帝寻以问臣，臣知帝有疑，臣诡报曰：'是节臣，更无异相。'于时王谊、梁彦光等知臣此语。大象二年五月，至尊从永巷东门入，臣在永巷门东，北面立，陛下问臣曰：'我无灾障不？'臣奏陛下曰：'公骨法气色相应，天命已有付属。'未几，遂总百揆。"隋文帝"览之大悦，进位开府，赐物五百段，米三百石，地十顷"。周隋之际，杨坚早与宫廷术士来和交结；至开皇末，来和上书陈述有关隋文帝"当王有四海"之异相，以印证隋文帝得位"此乃天授,非由人事所及"①。又,作为陈朝使臣的韦鼎也参与其事。《隋书·艺术·韦鼎传》载其"少通悦,博涉经史,明阴阳逆刺,尤善相术",陈太建年间,韦鼎"为聘周主使",得以与杨坚交结,"初,鼎之聘周也,尝与高祖相遇,鼎谓高祖曰:'观公容貌,故非常人,而神监深远,亦非群贤所逮也。不久必大贵,贵则天下一家,岁一周天,老夫当委质。公相不可言,愿深自爱。'"②后陈亡入隋,隋文帝"待遇甚厚",多有咨询。③

隋文帝立国后,有关其容貌神异,流播甚广,以致陈朝君臣也有所风闻,《隋书》卷一《高祖纪》载开皇三年十一月庚辰,"陈遣散骑常侍周坟、通直散骑常侍袁彦来聘。陈主知上之貌异世人,使彦画像持去"。《通鉴》卷一七五陈后主至德元年十一月条载:"遣散骑常侍周坟、通直散骑常侍袁彦聘于隋。帝闻隋主状貌异人,使彦画像而归。帝见,大骇曰:'吾不欲见此人。'亟命屏之。"这是利用相术制造舆论,以为其灭陈统一之理据。

---

① 此外,《隋书》卷七八《艺术·萧吉传》附载"时有杨伯丑、临孝恭、刘祐,俱以阴阳术数知名",隋文帝皆与之交结。其中杨伯丑,冯翊武乡人,"好读《易》,隐于华山。开皇初,被征入朝,见公卿不为礼,无贵贱皆汝之。人不能测也。高祖召与语,竟无所答。上赐之衣服,至朝堂舍之而去。于是被发阳狂,游行市里,形体垢秽,未尝栉沐"。杨伯丑不预时事,虽一度"被征入朝","高祖召与语,竟无所答"。临孝恭,京兆人,"明天文算术,高祖甚亲遇之。每言灾祥之事,未尝不中,上因令考定阴阳。官至上仪同"。刘祐,荥阳人,"开皇初,为大都督,封索卢县公。其所占候,合如符契,高祖甚亲之。初与张宾、刘晖、马显定历。后奉诏撰兵书十卷,名曰《金韬》,上善之"。可见当时隋文帝交结、援引之阴阳术士颇多。

② 《隋书》卷七八《艺术·韦鼎传》载陈后主至德初,"鼎尽质货田宅,寓居僧寺。友人大匠卿毛彪问其故,答曰:'江东王气尽于此矣。吾与尔当葬长安。期运将及,故破产耳。'"韦鼎已料定隋灭陈之势。

③ 隋文帝对来和、韦鼎等相术之士颇为信重,多有咨询。《隋书》卷三《炀帝纪上》载:"高祖密令善相者来和遍视诸子,和曰:'晋王眉上双骨隆起,贵不可言。'"《隋书》卷七八《艺术·韦鼎传》载隋文帝择婿,"时兰陵公主寡,上为之求夫,选亲卫柳述及萧瑒等以示于鼎。鼎曰:'瑒当封侯,而无贵妻之相,述亦通显,而守位不终。'上曰:'位由我耳。'遂以主降述"。隋文帝又问子嗣事,"上又问鼎:'诸儿谁得嗣?'答曰:'至尊、皇后所最爱者,即当与之,非臣敢预知也。'上笑曰:'不肯显言乎?'"《通鉴》卷一七九开皇二十年载上述隋文帝所问来和、韦鼎事,胡三省注云:"来和、韦鼎皆识帝于潜跃,故尤信之。"

以上所述诸相术之士皆称杨坚天子之相，或称"仪表非人臣相"，"当为天子"，或称其"骨法气色相应，天命已有付属"，或称其"相不可言"，"故非常人"，"不久必大贵，贵则天下一家"云云。这些术士在杨坚篡夺过程中，确实与之早有交结，其有关杨坚容貌异相，自是"揣知上意"，"因盛言有代谢之征"，加以编造，且不断完善。来和直到开皇末才上书"解密"；作为陈使，韦鼎表示"老夫当委质"，投机之意甚明。但诸相术之士共称杨坚之奇表异相，与前述朝臣所言相呼应，特别在杨坚立国后大肆宣扬，造成了相当的舆论宣传效应。《隋书》卷二《高祖纪下》"史臣论"有言，"高祖龙德在田，奇表见异，晦明藏用，故知我者希"云云，可见这一术数舆论影响甚著。①

（二）"王气已见，须即应之"：以天文星象昭示隋文帝"应天受命"

在代周建隋过程中，杨坚亲自操弄术数，组织力量，一些人因缘附会，成为其元从班底。可以说，利用术数以自神，始作俑者正是杨坚本人。当时参与其事者，如郭荣，《隋书》卷五〇《郭荣传》载："荣少与高祖亲狎，情契极欢，尝与高祖夜坐月下，因从容谓荣曰：'吾仰观玄象，俯察人事，周历已尽，我其代之。'荣深自结纳。宣帝崩，高祖总百揆，召荣，抚其背而笑曰：'吾言验未？'即拜相府乐曹参军。"又，宇文庆，《隋书》卷五〇《宇文庆传》载："初，上潜龙时，尝从容与庆言及天下事，上谓庆曰：'天元实无积德，视其相貌，寿亦不长。加以法令繁苛，耽恣声色，以吾观之，殆将不久。……。'未几，上言皆验。及此，庆恐上遗忘，不复收用，欲见旧蒙恩顾，具录前言为表而奏之曰：'臣闻智侔造化，二仪

---

① （唐）朱敬则《隋高祖论》（收入《全唐文》卷一七一）概述隋文帝体貌曰："体貌奇特，仪表绝人。周太祖之钦明，异其风骨；齐宪王之聪察，惮以非常；韦鼎一见以委诚；赵公闻名而进女。是以称刘季之灵怪者，不谋同词，说中兴之应谶者，往往偶语，属周多世故，祸难荐臻，始以后父之尊，遂受托孤之寄。"

无以隐其灵,明同日月,万象不能藏其状。先天弗违,实圣人之体道,未萌见兆,谅达节之神机。伏惟陛下特挺生知,徇齐诞御,怀五岳其犹轻,吞八荒而不梗,蕴妙见于胸襟,运奇谟于掌握。臣以微贱,早逢天眷,不以庸下,亲蒙推赤。所奉成规,纤毫弗舛,寻惟圣虑,妙出蓍龟,验一人之庆有征,实天子之言无戏。臣亲闻亲见,实荣实喜。'上省表大悦,下诏曰:'朕之与公,本来亲密,怀抱委曲,无所不尽。话言岁久,尚能记忆。今览表奏,方悟昔谈。何谓此言,遂成实录。古人之先知祸福,明可信也,朕言之验,自是偶然。公乃不忘,弥表诚节,深感至意,嘉尚无已。'自是上每加优礼。"可见杨坚在辅政之前便早与郭荣等人观玄象而察人事,明言"周历殆尽,我其代之",实际上是他以符命自神,组织力量,图谋篡夺。① 又,崔仲方,《隋书》卷六〇《崔仲方传》载其博陵安平人,"仲方少好读书,有文武才干。年十五,周太祖见而异之,令与诸子同就学。时高祖亦在其中,由是与高祖少相款密。……会(宣)帝崩,高祖为丞相,与仲方相见,握手极欢,仲方亦归心焉。其夜上便宜十八事,高祖并嘉纳之。又见众望有归,阴劝高祖应天受命,高祖从之。及受禅,上召仲方与高颎议正朔服色事。仲方曰:'晋为金行,后魏为水,周为木。皇家以火承木,得天之统。又圣躬载诞之初,有赤光之瑞,车服旗牲,并宜用赤。'又劝上除六官,请依汉、魏之旧。上皆从之"。崔仲方早已"归心"杨坚,"阴劝高祖应天受命",他利用五行学说以神化杨坚之出生,即所谓"圣躬载诞之初,有赤光之瑞"云云。

在此过程中,杨坚也利用天文术数之士炮制征祥。如庾季才,《隋书·艺术·庾季才传》载其由梁入周,"季才幼颖悟,八岁诵《尚书》,十二通《周易》,好占玄象",梁元帝素"重其术艺",任以中

---

① 《隋书》卷五〇传末"史臣曰"有论云:"宇文庆等,龙潜惟旧,畴昔亲姻,或素尽平生之言,或早有腹心之托。霑云雨之余润,照日月之末光,骋步天衢,与时升降。"这里明确指出诸人以"或素尽平生之言,或早有腹心之托",依附隋文帝以求荣利。

书郎，领太史，"帝亦颇明星历，因共仰观"。庚季才入关后，颇受宇文泰等器重，杨坚谋篡时有所咨询，《隋书》本传载："及高祖为丞相，尝夜召季才而问曰：'吾以庸虚，受兹顾命，天时人事，卿以为何如？'季才曰：'天道精微，难可意察，切以人事卜之，符兆已定。季才纵言不可，公岂复得为箕、颍之事乎？'高祖默然久之，因举首曰：'吾今譬犹骑兽，诚不得下矣。'因赐杂采五十匹，绢二百段，曰：'愧公此意，宜善为思之。'大定元年正月，季才言曰：'今月戊戌平旦，青气如楼阙，见于国城之上，俄而变紫，逆风西行。……今王气已见，须即应之。二月日出卯入酉，居天之正位，谓之二八之门。日者，人君之象，人君正位，宜用二月。……今二月甲子，宜应天受命。'上从之。"杨坚以"天时人事"相询，庚季才以为"符兆已定"；杨坚又以"宜善为思之"相期，庚季才表示星象、气象预示着"今王气已见，须即应之"，明确建议杨坚"应天受命"。①

由上可见隋文帝利用天文术数制造"受命之符"，以说明其代周建隋的天命理据。在此过程中，其本人主导甚至亲自操弄，诸多朝臣、术士参与其事，编造了一系列有关其"膺图受命"之符应，形成了相当大的舆论宣传效应。

（三）"经营符瑞"：隋文帝立国后倡导符瑞，"造作而进者，不可胜计"

隋文帝立国后，极重符瑞。据《隋文帝获宝龟大赦诏》，开皇

---

① 隋文帝禅代之际，相关瑞应颇多，《隋书》卷一《高祖纪上》载开皇元年二月甲子，"设坛于南郊，遣使柴燎告天。是日，告庙，大赦，改元。京师庆云见"。又，"三月辛巳，高平获赤雀，太原获苍乌，长安获白雀，各一。宣仁门槐树连理，众枝内附。壬午，白狼国献方物。甲申，太白昼见。乙酉，又昼见。……己丑，鳌屋县献连理树，植之宫庭"。又，四月"壬午，太白、岁星昼见"，六月癸未，"诏以初受天命，赤雀降祥，五德相生，赤为火色"；三年二月甲戌，"泾阳获毛龟"。隋文帝还利用谶纬术数以自我神化，《隋书》卷一《高祖纪上》载周武帝平齐后，杨坚进位柱国，除定州总管，"先是，定州城西门久闭不行。齐文宣帝时，或请开之，以便行路。帝不许，曰：'当有圣人来启之。'及高祖至而开焉，莫不惊异。"

初，汝州刺史元崇义献宝龟，隋文帝有感自古盛世出祥瑞，故大赦天下，诏曰："昔文出龙鳞，轩示于俗；字生龟甲，尧告群臣。盖祗奉天心，宣扬神化。朕以薄德，荷天之休，道未僭通，常怀愧悚。粤以闰三月癸丑，汝州刺史元崇义献宝龟一，其腹下甲文曰：'天卜杨兴。'隐骨天成，文字明显。傍有二印，似日月之字。此龟出于汝水，得自渔人，崇义见以为奇，遣使作贡。朕传诸内外，俱共遍睹，王公卿士咸曰休哉。于是尚书奏仪，太常择日，喜见图书之瑞，请式坛场之礼。往者初膺大宝，律应仲春，禋祀南郊，恐违时令。月惟首夏，德主于离，敢遵肆类之典，仍受龟书之赐。皇灵明命，昭著殷勤，拜伏震惊，增其惭惕。上玄之意，唯在爱人。自君临四海，忧劳兆庶，未能革前王之雕弊，变末俗之奸宄，礼教尚壅，囹圄弗空。百姓有过，实非其罪，是朕训导不明，陷于刑戮，何以副苍昊之德，称黔首之怀？责在朕躬，无所逃避。今熛怒之使，当生长之时，仰惟天道，义存宽宥，固将潜运生灵，俱登仁寿。宜刷荡瑕秽，许其自新，可大赦天下。"①隋文帝立国，汝州刺史元崇义便呈带有"天卜杨兴"文字和日月图之宝龟，隋文帝"传诸内外，俱共遍睹"，以彰显杨隋之天命，即所谓"皇灵明命，昭著殷勤"。元崇义投机附和，隋文帝以此诏令大赦，则意在倡导符瑞。又，《隋书》卷五八《许善心传》载开皇十六年，"有神雀降于含章闼，高祖召百官赐宴，告以此瑞。善心于座请纸笔，制《神雀颂》，其词曰……颂成，奏之，高祖甚悦，曰：'我见神雀，共皇后观之。今旦召公等入，适述此事，善心于座始知，即能成颂。文不加点，笔不停豪，常闻此言，今见其事。'因赐物两百段"。隋文帝召集百官，宣告亲见"神雀降于含章闼"，许善心即兴作《神雀颂》，"高祖甚悦"。隋文帝自言祥瑞，倡导之意甚

---

① 林家骊、邓成林：《日本影弘仁本〈文馆词林〉校注》卷六六七《诏》三七《赦宥》三，中国社会科学出版社2021年版，第555页。校注者在题解中指出，隋文帝此大赦诏"当作于开皇初年"，其他文献无载。

明，以致呈瑞之风颇盛。①

当时诸多术艺之士专司其事。如庾季才，《隋书·艺术·庾季才传》载开皇初，"高祖将迁都，夜与高颎、苏威二人定议，季才旦而奏曰：'臣仰观玄象，俯察图记，龟兆允袭，必有迁都。且尧都平阳，舜都冀土，是知帝王居止，世代不同。且汉营此城，经今将八百岁，水皆咸卤，不甚宜人。愿陛下协天人之心，为迁徙之计。'高祖愕然，谓颎等曰：'是何神也！'遂发诏施行，……谓季才曰：'朕自今已后，信有天道矣。'于是令季才与其子质撰《垂象》、《地形》等志，上谓季才曰：'天地秘奥，推测多途，执见不同，或致差舛。朕不欲外人干预此事，故使公父子共为之也。'"又，萧吉，《隋书·艺术·萧吉传》载其为萧梁宗室，"博学多通，尤精阴阳算术"，梁元帝亡而"遂归于周"。隋文帝立国，"进上仪同，以本官太常考定古今阴阳书"，"见上好征祥之说，欲干没自进，遂矫其迹为悦媚焉"。开皇十四年，其上书曰："今年岁在甲寅，十一月朔旦，以辛酉为冬至。来年乙卯，正月朔旦，以庚申为元日，冬至之日，即在朔旦。"他推算相关历法之朔旦、冬至、元朔、正月建寅、元旦等，结合《乐汁图征》《阴阳书》加以解说，以为此年历法与隋文帝、独孤后之"本命"及国运密切相关，有"五庆"之瑞，"至尊德并乾之覆育，皇后仁同地之载养，所以二仪元气，并会本辰"。隋文帝"览之大悦，赐物五百段"。

当时一些朝臣术士化，以造作符命为务，其中王劭声名最著。《隋书》卷六九《王劭传》载其为太原晋阳人，早年仕于北齐，"齐

---

① 《隋书》卷一《高祖纪上》载开皇元年二月甲子，"备礼即皇帝位于临光殿。……京师庆云见"；三月辛巳，"高平获赤雀，太原获苍乌，长安获白雀，各一。宣仁门内槐树连理，众枝内附。……甲申，太白昼见。乙酉，又昼见。……乙丑，盩厔县献连理树，植之宫庭"；四月壬午，"太白、岁星昼见"。六月癸未，"诏以初受天命，赤雀降祥，五德相生，赤为火色。其郊及社庙，依服冕之仪，而朝会之服，旗帜牺牲，尽令尚赤。戎服以黄"。开皇三年二月甲戌，"泾阳获毛龟"；《隋书》卷二《高祖纪下》载开皇八年九月癸巳，"嘉州言龙见"；冬十月己亥，"太白出西方"。这是当时各级官员在相关时间节点所呈祥瑞之扼要记录。

灭，入周，不得调"，隋初为著作佐郎。他揣度上意，一再"上表言符命"。其所呈符命数量甚多，驳杂纷繁，但细绎其核心内容，皆围绕隋文帝"应天受命"之主题进行编造。如开皇前期，王劭"言上有龙颜戴干之表，指示群臣"。后上表综述当时各地所上呈瑞应，"昔周保定二年，岁在壬午，五月五日，青州黄河变清，十里镜澈，齐氏以为己瑞，改元曰河清。是月，至尊以大兴公始作隋州刺史，历年二十，隋果大兴。臣谨案《易坤灵图》曰：'圣人受命，瑞先见于河。河者最浊，未能清也。'窃以灵贶休祥，理无虚发，河清启圣，实属大隋"。又说开皇初，"邵州人杨令悊近河，得青石图一，紫石图一，皆隐起成文，有至尊名，下云：'八方天心。'永州又得石图，剖为两段，有杨树之形，黄根紫叶。汝水得神龟，腹下有文曰：'天卜杨兴。'安邑掘地，得古铁版，文曰：'皇始天年，赍杨铁券，王兴。'同州得石龟，文曰：'天子延千年，大吉。'臣以前之三石，不异龙图。何以用石？石体久固，义与上名符合。龟腹七字，何以著龟？龟亦久固，兼是神灵之物。孔子叹河不出图，洛不出书，今于大隋圣世，图书屡出。"又说北周建德年间亳州、荥阳诸地出现白、黑龙相斗，王劭以为"前斗于亳州周村者，盖象至尊以龙斗之岁为亳州总管，遂代周有天下"。他又总括各地所呈之龙瑞，以为"此言皆为大隋而发也"。他根据《坤灵图》《稽览图》等加以敷衍，以为其中所言"盖明至尊者为陈留公世子，亳州总管，遂受天命，海内均同，不偏不党，以成太平之风化也。……校考众事，太平主出于亳州陈留之地，皆如所言"。此后，王劭又据《易乾凿度》《易稽览图》等纬书，以为"凡此《易》纬所言，皆是大隋符命。随者二月之卦，明大隋以二月即皇帝位也。阳德施行者，明杨氏之德教施行于天下也"。其中所言种种变化，皆表明"天意去周授隋"，"言杨氏得天卫助"。又以《河图帝通纪》《河图皇参持》所述，"凡此《河图》所言，亦是大隋符命。……大隋受命，形兆之瑞始出，天象则为之变动"，隋尚"火德"，年号开皇，皆应符谶，相关预言"盖谓至尊受命出为天子也"，故其强调，"所以于《皇参持》《帝通纪》二篇陈大隋符命者，明皇道帝德，尽在隋也"[1]。凡此种种，无疑丰富、充实了有关隋文帝"受命之符"这一符命主题，进而扩大相关舆论宣传，强化了隋文帝"应天受命"的理据。[2] 对王劭所述征祥，隋文帝皆"览之大悦"，多加赏赐，拜著作郎，"以劭为至诚，宠锡日隆"。王劭境遇如此，这无疑给其他朝士作出了示范。

王劭征集隋文帝之"受命符瑞"，汇编成书，并以此辅导、培训地方朝集使，进而流布天下。《隋书·王劭传》载：

> 时有人于黄凤泉浴，得二白石，颇有文理，遂附致其文以为字，复言有诸物象而上奏曰："……诸字本无行伍，然往往偶对。于大玉则有皇帝姓名，并临南面，与日字正鼎足。复有老人星，盖明南面象日而长寿也。皇后二字在西，上有月形，盖明象月也。于次玉则皇帝名与九千字次比，两'杨'字与'万年'字次比，'隋'与'吉'字正并，盖明长久吉庆也。"劭复回互其字，作诗二百八十篇奏之。上以为诚，赐帛千匹。劭于是采民间歌谣，引图书谶纬，依约符命，捃摭佛经，撰为《皇隋灵感志》，合三十卷，奏之。上令宣示天下。劭集诸州朝集使，洗手焚香，闭目而读之，曲折其声，有如歌咏。经涉旬朔，遍而后罢。上益喜，赏赐优洽。[3]

王劭全力"经营符瑞"，采取各种手段，融汇各类符谶知识，如

---

[1] 以上所引王劭有关隋文帝之"受命之符"与"大隋符命"，皆出自《隋书》卷六九《王劭传》。

[2] 《隋书》卷五七《薛道衡传》载隋文帝死后，薛道衡作《高祖文皇帝颂》，其首言"粤若高祖文皇帝，诞圣降灵则赤光照室，韬神晦迹则紫气腾天。龙颜日角之奇，玉理珠衡之异，著在图箓，彰乎仪表"，其次称颂其家世功业等，正体现出当时社会政治文化风尚及其影响。

[3] 王劭所编造各类皇隋符命，《隋书》卷六九《王劭传》载之甚详，繁杂不具引，《通鉴》卷一七八隋文帝开皇十四年概言王劭"前后上表，言上受命符瑞甚众"。

"采民间歌谣，引图书谶纬，依约符命，捃摭佛经"等，甚至不惜妖言惑众，故《隋书》卷六九"史臣曰"称王劭"经营符瑞，杂以妖讹"。其所编撰《皇隋灵感志》三十卷，可谓隋文帝立国符命之集成。隋文帝诏令"宣示天下"，王劭受命以此辅导、培训诸州朝集使，进而宣示各地。①

开皇后期，在符瑞造作方面，陈亡后入隋的袁充地位渐显。《隋书》卷六九《袁充传》载其本陈郡阳夏人，为江左侨姓士族人物，"及陈灭归国，历蒙、鄜二州司马。充性好道术，颇解占候，由是领太史令。时上将废皇太子，正穷治东宫官属，充见上雅信符应，因希旨进曰：'比观玄象，皇太子当废。'上然之。充复表奏，隋兴已后，日影渐长，曰：'开皇元年，冬至日影一丈二尺七寸二分，自尔渐短。至十七年，冬至影一丈二尺六寸三分。四年冬至，在洛阳测影，一丈二尺八寸八分。二年，夏至影一尺四寸八分，自尔渐短。至十六年，夏至影一尺四寸五分。……今十六年夏至之影，短于旧影五分，十七年冬至之影，短于旧影三寸七分。……以旧数推之，开皇已来冬至，日在斗十一度，与唐尧之代去极并近。……伏惟大隋启运，上感乾元，影短日长，振古未之有也。'上大悦，告天下，将作役功，因加程课，丁匠苦之"。又载："仁寿初，充言上本命与阴阳律吕合者六十余条而奏之，因上表曰：'皇帝载诞之初，非止神光瑞气，嘉祥应感，至于本命行年，生月生日，并与天地日月、阴阳律吕运转相符，表里合会。此诞圣之异，宝历之元。今与物更新，改年仁寿，岁月日子，还共诞圣之时并同，明合天地之心，得仁寿之理。故知洪基长算，永永无穷。'"对此，"上大悦，赏赐优崇，侪辈莫之比"。袁充所进之符命瑞应，其数

---

① 对《隋书》卷六九王劭、袁充二人传记详载其所进符瑞，南宋叶适深表不满，《习学记言序目》卷三七"《隋书·王劭袁充传》"条有论云："自晋以下史，其间昧陋猥杂，不应简册，当删除者固多矣；然未有如王劭、袁充两传之甚，而又有不可得而删除者，盖其时君所爱信，兴亡成败之所由出故也。至此，则虽（司马）迁、（班）固之巧犹无所致其笔力，而况魏徵之流乎！"

量少于王劭，然其利用天文历法造作符应，所言隋立国以来之"影短日长"，自是"大瑞"，①并与当时隋廷之所测日影相结合，从而与王劭之"经营符瑞，杂以妖讹"相比，具有相当的说服力与震撼性。他解说隋文帝出生之奇异，"非止神光瑞气，嘉祥应感"一类巫术化套路，而与"阴阳律吕运转"相结合，以说明杨隋之"洪基长算，永永无穷"②。

隋文帝倡导瑞应，朝臣、术士热衷于此，蔚然成风。仁寿元年末，隋文帝主持祭天活动，将之推向高潮。《隋书》卷六《礼仪志一》载："初帝既受周禅，恐黎元未惬，多说符瑞以耀之。其或造作而进者，不可胜计。仁寿元年冬至祠南郊，置昊天上帝及五方天帝位，并于坛上，如封禅礼。板曰：'……臣蒙上天恩造，群灵降福，抚临率土，安养兆人。……天地灵祇，降锡休瑞，镜发区宇，昭彰耳目。爰始登极，蒙授龟图，迁都定鼎，醴泉出地，平陈之岁，龙

---

① 关于符瑞之等第层次，《通鉴》卷一九三唐太宗贞观二年胡三省注引《仪制令》载："凡景星、庆云为大瑞，其名物六十有四；白狼、赤兔为上瑞，其名物三十有八；苍乌、朱雁为中瑞，其名物三十有二；嘉禾、芝草、木连理为下瑞，其名物十四"。天文星象自是最高等级之"大瑞"。

② "日长之瑞"之提出，与隋"大议造历"有关，首倡者当为张胄玄，开皇、仁寿之际，袁充为太史令，进一步发挥其说，深得隋文帝心意。《隋书·天文志上》"晷影"条载："及高祖践极之后，大议造历。张胄玄兼明揆测，言日长之瑞。有诏司存，而莫能考决。至开皇十九年，袁充为太史令，欲成胄玄旧事，复表曰：'隋兴已后，日景渐长。开皇元年冬至之影，长一丈二尺七寸二分，自尔渐短。至十七年冬至影，一丈二尺六寸三分。四年冬至，在洛阳测影，长一丈二尺八寸八分。二年夏至影，一尺四寸八分，自尔渐短。至十六年夏至影，一尺四寸五分。其十八年冬至，阴云不测。元年、十七年、十八年夏至，亦阴云不测。《周官》以土圭之法正日影，日至之影，尺有五寸。郑玄云：'冬至之景，一丈三尺。'今十六年夏至之影，短于旧五分，十七年冬至之影，短于旧三寸七分。日去极近，则影短而日长；去极远，则影长而日短。行内道则去极近，行外道则去极远。《尧典》云：'日短星昴，以正仲冬。'据昴星昏中，则知尧时仲冬，日在须女十度。以历数推之，开皇以来冬至，日在斗十一度，与唐尧之代，去极俱近。谨案《元命包》云：'日月出内道，璇玑得其常，天帝崇灵，圣王初功。'京房《别对》曰：'太平日行上道，升平日行次道，霸代日行下道。'伏惟大隋启运，上感乾元，影短日长，振古希有。'是时废庶人勇，晋王广初为太子，充奏此事，深合时宜。上临朝谓百官曰：'景长之庆，天之祐也。今太子新立，当须改元，宜取日长之意，以为年号。'由是改开皇二十一年为仁寿元年。此后百工作役，并加课程，以日长故也。皇太子率百官，诣阙陈贺。案日徐疾盈缩无常，充等以为祥瑞，大为议者所贬。"

引舟师。省俗巡方，展礼东岳，盲者得视，瘖者得言，复有躄人，忽然能步。自开皇已来，日近北极，行于上道，晷度延长。天启太平，兽见一角，改元仁寿，杨树生松。石鱼彰合符之征，玉龟显永昌之庆，山图石瑞，前后继出，皆载臣姓名，褒纪国祚。经典诸纬，爰及玉龟，文字义理，递相符会。宫城之内，及在山谷，石变为玉，不可胜数。桃区一岭，尽是琉璃，黄银出于神山，碧玉生于瑞巘。多杨山响，三称国兴，连云山声，万年临国。野鹅降天，仍住池沼，神鹿入苑，频赐引导，驺虞见质，游麟在野，鹿角生于杨树，龙湫出于荆谷。庆云发彩，寿星垂耀。宫殿楼阁，咸出灵芝，山泽川原，多生宝物。威香散馥，零露凝甘。敦煌乌山，黑石变白，弘禄岩岭，石华远照。玄狐玄豹，白兔白狼，赤雀苍乌，野蚕天豆，嘉禾合穗，珍木连理。神瑞休征，洪恩景福，降赐无疆，不可具纪。此皆昊天上帝，爰降明灵，矜愍苍生，宁静海内。故锡兹嘉庆，咸使安乐，岂臣微诚，所能上感。'"在这里，隋文帝借助南郊祭天之礼，板文备述其前后符瑞以报谢"昊天上帝及五方天帝"。①

由上可知，隋文帝"深爱符瑞"，立国后大力倡导，不仅术士群体"揣度上意"，呈瑞以求宠，而且一些士族出身的朝臣也"欲干没自进，"，导致朝臣术士化，有的专司其事，投机附和，"遂矫其迹为悦媚焉"，以致"造作而进者，不可胜计"。《隋书》卷六九"史臣曰"论及王劭、袁充伪造符命，"要求时幸，干进务入"，以为"劭为河朔清流，充乃江南望族，乾没荣利，得不以道，颓其家声，良可叹息"。这里讥讽王劭、袁充作为士族"清流""望族"而"经营符瑞"，鄙其"得不以道，颓其家声"，这固然体现了儒学士

---

① 对此，宋人叶适《习学记言序目》卷三六"《隋书·礼仪志》"条有讥评："隋文篡周，'恐群情未惬，多说符瑞以耀'；造作而进者，不可胜计。'仁寿元年祠南郊，具前后符瑞数十百事于祝板。王莽且死，犹随斗柄而坐，与此盖无异情耳。此虽下愚小人无不能言，昧心则速祸，欺天则受罚；盖惧其非纯者，必与天为二故也。今行伪于天，而又挽天以自同，既挟天以欺人，而又谓天为可欺，下愚小人之不若，何邪？"一针见血地指出了隋文帝以符瑞兴造舆论，"挟天以欺人"之心态。

人的文化与门第观念，但也揭示出王劭、袁充诸人附和隋文帝崇尚祥瑞以求进的心态。①

二 "天祥下降，地瑞上腾"：隋文帝利用佛教术数造作符命

由上文可知，因隋文帝倡导，朝臣、术士多热衷于造作符瑞，蔚为风尚，开皇、仁寿之际臻于高潮。在这一背景下，隋文帝又利用佛教信仰大肆编造、宣扬祥瑞符应，特别是在仁寿年间，通过送舍利建塔，将佛教祥瑞运动推向极致。

（一）"我兴自佛法"：佛教术数所示隋文帝"受命之符"

在造作有关出身神异与"受命之符"过程中，隋文帝已注意利用佛教因素。《隋书·高祖纪上》载："皇妣吕氏，以大统七年六月癸丑夜，生高祖于冯翊般若寺，紫气充庭。有尼来自河东，谓皇妣曰：'此儿所从来甚异，不可于俗间处之。'尼将高祖舍于别馆，躬自抚养。皇妣尝抱高祖，忽见头上角出，遍体鳞起。皇妣大骇，坠

---

① 隋代权臣杨素等虽未有呈奉符瑞之言行，但在与符谶相关之具体事务落实方面则表现积极。《隋书》卷二《高祖纪》载仁寿二年闰十月甲申，"诏尚书左仆射杨素与诸术者刊定阴阳舛谬"。他还曾主持太陵营建诸具体事务。《隋书》卷四八《杨素传》载："及献皇后崩，山陵制度，多出于素。上善之，下诏曰：'……献皇后奄离六宫，远日云及，茔兆安厝，委素经营。然葬事依礼，唯卜泉石，至如吉凶，不由于此。素义存奉上，情深体国，欲使幽明俱泰，宝祚无穷。以为阴阳之书，圣人所作，祸福之理，特须审慎。乃遍历川原，亲自占择，纤介不善，即更寻求，志图元吉，孜孜不已。心力备尽，人灵协赞，遂得神皋福壤，营建山陵。论素此心，事极诚孝，岂与夫平戎定寇，比其功业？非唯廊庙之器，实是社稷之臣，若不加褒赏，何以申兹劝励？可别封一子义康郡公，邑万户，子子孙孙，承袭不绝。余如故。'"对此，叶适《习学记言序目》卷三七《《隋书·杨素传》》条有论云："素营独孤山陵，隋文谓其能审阴阳祸福之理，'遍历川原，亲自占择，纤芥不善，即更寻求，心力备尽，遂得神皋福壤，营建山陵，岂与平戎定寇比其功业'！彼其君臣以诈力夺攘得富贵，不畏报复，而又取信于阴阳地理，以垂子孙无穷之基，殆与秦皇、汉武求长生，异欲而同揆耶？"可见杨素在与符命相关事务方面甚为用心，极力附会隋文帝。

高祖于地。尼自外入见曰：'已惊我儿，致令晚得天下。'"对此，《续高僧传》卷二八《感通篇下·隋京师大兴善寺释道密传》载之尤详。同州大兴国寺，"即文帝所生之地，其处本基般若尼寺也。帝以后魏大统七年六月十三日生于此寺中，于时赤光照室，流溢外户，紫气满庭，状如楼阁，色染人衣，内外惊禁。妳母以时炎热，就而扇之，寒甚几绝，困不能啼。有神尼者名曰智仙，河东蒲坂刘氏女也，少出家，有戒行，和上失之，恐其堕井，见在佛屋俨然坐定，时年七岁，遂以禅观为业。及帝诞日，无因而至，语太祖曰：'儿天佛所祐，勿忧也。'尼遂名帝为那罗延，言如金刚不可坏也。又曰：'此儿来处异伦，俗家秽杂，自为养之。'太祖乃割宅为寺，内通小门，以儿委尼，不敢名问。后皇妳来抱，忽见化而为龙，惊惶堕地。尼曰：'何因妄触我儿，遂令晚得天下。'及年七岁，告帝曰：'儿当大贵，从东国来。佛法当灭，由儿兴之。'而尼沉静寡言，时道成败吉凶，莫不符验。初在寺养帝，年至十三方始还家，积三十余岁，略不出门。及周灭二教，尼隐皇家，内著法衣，戒行不改。帝后果自山东入为天子，重兴佛法，皆如尼言。及登位后，每顾群臣追念阿阇梨，以为口实。又云：'我兴由佛法，而好食麻豆。前身似从道人里来，由小时在寺，至今乐闻钟声。'乃命史官王劭为尼作传"。在这里，隋文帝将中国传统运命术数与佛教信仰结合，以神话其出生与成长经历，显示其得位之佛教符命，即所谓"我兴由佛法"，这在佛教盛行的社会背景下，颇具效应，有助于稳固其统治。

隋文帝立国后，利用佛教造作谶言符命，多有其例。《续高僧传》卷一〇《义解篇六·隋西京光明道场释慧最传》载荆州大兴国寺龙潜道场，"昔者隋高作相，因过此寺，遇一沙门，深相结纳。当时器重，不测其言，及龙飞之后，追忆旧旨，下诏征之，其身已逝。敕乃营其住寺，彫其旧房，故有'兴国''龙潜'之美号也，并出自纶言，帝之别意"。隋文帝早年经过荆州大兴国寺，与沙门"深相结纳"，所谓"当时器重，不测其言"云云，当指僧人暗示隋文帝将为天下之主。隋文帝得位后，修缮此寺，敕名"大兴国寺"与

"龙潜道场"。又，隋文帝利用佛教术数以祈雨。《续高僧传》卷八《义解篇四·隋京师延兴寺释昙延传》载开皇六年大旱，"敕请二百僧于正殿祈雨，累日无应。帝曰：'天不降雨，有何所由？'延白'事由一二'。……帝遂躬事祈雨，请延于大兴殿登御座，南面授法，帝及朝宰五品已上，咸席地北面而受八戒。戒授才讫，日正中时，天有片云，须臾遍布，便降甘雨，远近咸足"。隋文帝以高僧昙延"于大兴殿登御座，南面授法"，而自己领群臣"咸席地北面而受八戒"，从而感天动地，祈雨成功。又，《续高僧传》卷一八《习禅三·隋西京禅定道场释昙迁传》载："时大兴善寺有像放光，道俗同见，以事闻上。敕问迁曰：'宫中尊像，并是灵仪，比来修敬，光何不见？'迁曰：'但有佛像，皆放光明，感机既别，有见不见。'帝曰：'朕有何罪？生不遇耶！'迁曰：'世有三尊，各有光明，其用异也。'帝曰：'何者是耶？'答曰：'佛为世尊，道为天尊，帝为至尊。尊有恒政，不可并治。所以佛道弘教，开示来叶，故放神光，除其罪障。陛下光明，充于四海，律令法式，禁止罪源，即大光也。'帝大悦。"昙迁对隋文帝未见佛像放光的解释，将其推至无上之"至尊"地位，具有"充于四海"之"大光"。可见隋文帝将佛法术数化、巫筮化，并借以装扮成佛化帝王，巩固统治。①

隋文帝重视佛教符谶，朝臣、术士自然心领神会，进而大力兴造。如王劭，前述其撰《皇隋灵感志》，"采民间歌谣，引图书谶纬，依约符命，捃摭佛经"。其中"捃摭佛经"，即为佛教瑞应。《隋书·王劭传》载其实例云："仁寿中，文献皇后崩，劭复上言

---

① 关于中古统治者利用佛教符谶以进行相关政治操弄，陈寅恪先生《武曌与佛教》（《金明馆丛稿二编》，生活·读书·新知三联书店2001年版）一文有"武曌与佛教符谶之关系"一目，具体考论武曌"以女身为帝王，开中国政治上惟有之创局。如欲证明其特殊地位之合理，决不能于儒家经典求之。此武曌革唐为周，所以不得不假托佛教符谶之故。……武曌颁行天下以为受命符谶的《大云经》，即属于此大乘急进派之经典。其原本实出自天竺，非支那所伪造也"（第165页）。在这里，陈先生明确提出隋唐时代统治者借助佛教符谶进行政治操弄的看法，并提出了政治化的佛教符谶的概念。

曰：'佛说人应生天上，及上品上生无量寿国之时，天佛放大光明，以香花妓乐来迎之。如来以明星出时入涅槃。伏惟大行皇后圣德仁慈，福善祯符，备诸秘记，皆云是妙善菩萨。臣谨案：八月二十二日，仁寿宫内再雨金银之花。二十三日，大宝殿后夜有神光。二十四日卯时，永安宫北有自然种种音乐，震满虚空。至夜五更中，奄然如寐，便即升遐，与经文所说，事皆符验。臣又以愚意思之，皇后迁化，不在仁寿、大兴宫者，盖避至尊常居正处也。在永安宫者，象京师之永安门，平生所出入也。后升遐后二日，苑内夜有钟声三百余处，此则生天之应显然也。'上览而且悲且喜。"王劭对独孤后之生死，进行佛教符谶化解释，即所谓"皇后圣德仁慈，福善祯符，备诸秘记，皆云是妙善菩萨"①。

（二）"建塔之岁，踊瑞纷纶"：仁寿年间隋文帝普建舍利塔与祥瑞泛滥

隋文帝时期佛教祥瑞纷呈，主要集中于仁寿年间建舍利塔与敕送舍利过程中。汤用彤先生指出，"隋代佛教史上之最大事件有二：一关中兴佛法，一舍利塔之建立"。至于建舍利塔、敕送舍利与隋代佛教符谶运动之关系，汤用彤先生指出："隋文帝极好瑞应，《历代三宝记》记载数事，如群鹿来驯仁寿宫门，因为之下诏。帝昔在潜龙，得舍利一裹。仁寿元年（601）令于三十一州立舍利塔藏之。二年又于五十余州立塔。四年又下敕造塔，送舍利往博、绛等三十余州。盖前后共立塔于百余州。分送舍利者，均选名僧。据王劭说，仁寿元年天下各塔于十月十五日午时安入塔内石函；据安德王雄等记，二年于四月八日午时入函，礼式均极隆重。令总管刺史以下县尉以上废务七日。因是远近争献舍利。

---

① 对独孤后死后的这类佛教瑞应，隋文帝特地询问天竺僧人，《续高僧传》卷二八《感通篇下·隋中天竺国沙门阇提斯那传》载隋文帝"奇其识鉴"，"及献后云崩，空发乐音，并感异香。具以问由，答曰：'西方净土名阿弥陀，皇后往生，故致诸天迎彼生也。'"通过阇提斯那的解释，王劭编作之相关符瑞更具佛法依据的权威性。

安舍利后，各地均以当时瑞应闻。"① 所谓"安舍利后，各地均以当时瑞应闻"，一言中的。

隋文帝之敕送舍利与立塔，是高度政治化的宗教活动，分别于仁寿元年六月十三日、二年正月和四年四月八日下诏立塔供奉舍利。当时奉敕护送舍利之高僧，大多来自京师皇家寺院，经过严格考察、选拔出来。②《续高僧传》卷二二《明律篇上·隋西京大兴善寺释洪遵传》载隋文帝仁寿四年诏曰："朕已分布远近，皆起灵塔，其间诸州，犹有未遍，今更请大德奉送舍利，各往诸州，依前造塔。所请之僧必须德行可尊，善解法相，使能宣扬佛教，感悟愚迷。宜集诸寺三纲，详共推择，录以奏闻。当与一切苍生，同斯福业。"于是洪遵"乃搜举名

---

① 汤用彤：《隋唐佛教史稿》，中华书局1982年版，第7、9页。关于隋文帝仁寿年间敕令诸州立舍利塔之具体数据，确数难考，相关文献多笼统而言百余州，如（唐）释道世撰，周叔迦、苏晋仁校注《法苑珠林校注》（中华书局2003年版）卷一〇〇《传记篇·兴福部》"隋高祖文皇帝"条概述"一百余州，立舍利塔"（第2893页）。（唐）道宣撰，郭绍林点校《续高僧传》（中华书局2014年版）卷一八《习禅三·隋西京禅定道场释昙迁传》）载昙迁对隋文帝建立舍利塔有促成之议，"劝物崇善，迁实有功"，仁寿元年，隋文帝"即请大德三十人，安置宝塔为三十道"，二年春"下敕于五十余州分布起庙"，四年"又下敕于三十州造庙，遂使宇内大州一百余所皆起灵塔"。（第665—666页）《续高僧传》卷二八《感通篇下·隋京师大兴善寺释道密传》亦载"遂散于州郡，前后建塔百有余所"。（第1084页）惟《续高僧传》卷一二《义解八·隋西京大禅定道场释童真传》则明载其数为110所："仁寿元年，下敕率土之内普建灵塔，前后诸州一百一十一所，皆送舍利，打刹劝课，缮构精妙。"（第411页）也许隋文帝原本有"率土之内普建灵塔，前后诸州一百一十一所"的规划，但实际操作过程中则有所扩大。杜斗城在《隋文帝分舍利建塔的意义及其相关问题》（刊于《国际法门寺佛教学术讨论会论文集》，《人文杂志》1993年增刊）根据相关数据统计，以为"隋文帝在位时，先后三次下诏分舍利起塔，在全国一百一十三州，总共修建了相同数目的舍利塔。刘淑芬在《中国历史上的舍利信仰》（辑入氏著《中古的佛教与社会》，上海古籍出版社2008年版）中说："隋文帝下令在全国190州中的111州，建立舍利塔。"冉万里《中国古代舍利瘗埋制度研究》（文物出版社2013年版）则推算隋文帝时期所建"舍利塔在111座以上"（第79页）。

② 据《续高僧传》所载统计，可见受征召送舍利之高僧，多出自隋西京皇家寺院，其中最多者为大兴善寺，至少有僧粲、僧昙、慧重、法侃、洪遵、道密、明灿、明芬、僧盖、僧世、智光、宝宪、昙观、僧昕、道生、静凝等16位高僧，其他如大禅定道场、胜光寺、净影道场、延兴寺、真寂寺、大总持寺、日严寺等，所征高僧也相对较多。

解者用承上命"①。有些高僧则两度为之。检点《续高僧传》相关记载，可考见者至少有 76 位高僧奉敕分送舍利至各州，② 其中彦琮、僧粲、法彦、法总、僧昙、灵璨、慧最、慧海、辩义、法侃、宝袭、慧迁、洪

---

① 《续高僧传》卷九《义解四·隋大兴善道场释僧粲传》载："仁寿二年，文帝下敕置塔诸州，所司量遣大德，多非暮齿。粲欲开阐佛种，广布皇风，夙率同伦洪遵律师等参预使任。及将发京辇，面别帝庭，天子亲授灵骨，慰问优渥。粲曰：'陛下属当佛爱，弘演圣纵。粲等仰会慈明，不胜欣幸！岂以朽老，用辞朝望？'帝大悦，曰：'法师等岂又不以欲还乡壤，亲事弘化。宜令所司备礼，各送本州。'"（第 330 页）又，《续高僧传》卷一八《习禅三·隋西京禅定道场释昙迁传》载：仁寿元年，"……帝žev悟，即请大德三十人，安置宝塔为三十道，建轨制度，一准（阿）育王"。昙迁本为蜀王杨秀门师，故本"意欲令往蜀塔所，检校为功，宰辅咸以剑道危悬，途径盘折，高年宿齿，难冒艰阻，更奏改之，乃令诣岐州凤泉寺起塔"。（第 665 页）又，《续高僧传》卷二八《感通篇下·隋京师大兴善寺释道密传》载："会仁寿塔兴，铨衡德望，寻下敕召送舍利于同州大兴国寺。"（第 1083 页）可见参与其事的高僧都经过严格选拔，"所请之诸僧必须德行可遵，善解法相，使能宣扬佛教，感悟愚迷"，其本人也倍感荣耀。杜斗城、孔令梅在《隋文帝分舍利建塔相关问题的再探讨》（刊于《兰州大学学报》2011 年第 3 期）中指出："隋文帝所选前往各州护送舍利的僧人，皆为深通法经，善于讲法者。因为这些僧人所承担的任务不仅仅是把舍利安全送到目的地之后建塔安置好就算完事，其还担负着在当地举行法会、教化民众的重任。而那些苦行修禅、忘身为道之类的高僧，虽在当时有很大影响，并有很多人被道宣收进《续高僧传》中，但他们却无缘参加这次活动。"

② 关于仁寿年间受敕送舍利之诸高僧，据《续高僧传》所载，统计如下：卷二载彦琮先后至并州、复州方药寺；卷九载僧粲先后至汴州福广寺、滑州修德寺；卷一〇载净愿至潭州；法彦先后至汝州、沂州善应寺，法总先后至隋州智门寺、辽州下生寺；僧昙先后至蒲州栖岩寺、殷州智度寺；慧重至泰州岱岳寺；灵璨先后至怀州长寿寺、泽州古贤谷景净寺；法瓒至齐州泰山神通寺；宝儒至邓州大兴国寺；慧最先后至荆州大兴国寺龙潜道场、吉州发蒙寺；僧朗至番州灵鹫山果实寺；慧畅至牟州拒神山寺。卷一一载慧海先后至定州恒岳寺、熊州十善寺，辩义先后至贝州宝融寺、庐州独山梁静寺，明舜至蕲州福田寺，智越至郢州宝香寺，法侃先后至宣州、黎州；卷一二载净业至安州景藏寺，童真至雍州终南山仙游寺，灵幹至洛州汉王寺，善胄至梓州牛头山华林寺，辩相至越州大禹寺，宝袭先后至嵩州嵩岳寺、邢州泛爱寺，慧迁先后至瀛州弘博寺、海州安和寺；卷一五载灵润随师赴怀州；卷一八载昙迁诣岐州凤泉寺，静端至豫州；卷二〇载静琳至华原石门山神德寺；卷二二载洪遵先后至卫州福聚寺和博州，觉朗至绛州觉成寺；卷二八载道密先后至同州大兴国寺、鄂州黄鹄山晋安寺，智隐先至益州法聚寺、后置塔莘州，明诞至襄州上凤林寺，明灿至蒋州栖霞寺，慧重先后至泰山岱岳寺、隆州禅寂寺，宝积至华岳思觉寺，道端至潞州梵境寺，道璨至许州辩行寺，明芬至慈州石窟寺，僧盖先后至沧州、浙州法相寺，昙瑎至熙州环公山山谷寺，道贵至德州会通寺，道顺至宋州，法显至陇州，僧世先后至莱州弘藏寺、密州茂胜寺，法周至韩州修寂寺，慧诞至杭州天竺寺，智光至循州，智教至秦州永宁寺，圆超至廉州化城寺，慧藏置塔观州，法顺至江州庐山东林寺，宝宪置塔洪州，法朗至陕州大兴国寺，昙遂至晋州法吼寺，昙观至莒州定林寺，灵达至恒州龙藏寺，僧昕至毛州护法寺，玄镜至赵州无际寺，智揆至魏州开觉寺，僧范至冀州觉观寺，安安至营州梵幢寺，宝岩至幽州弘业寺，明驭至济州崇梵寺，道生至楚州，法性至兖州普乐寺，辩寂至徐州流沟寺，静凝至杞州，法楷至曹州，智能至青州胜福寺，昙良至亳州开寂寺，道嵩至苏州，智嶷至瓜州崇教寺，道颜至桂州，净辩至衡州岳寺。诸人传记皆详述相关立塔与舍利之瑞应。

遵、道密、智隐、慧重、僧盖、僧世等18人先后两次任使，共计高僧有94人次奉敕护送舍利至诸州立塔。① 当然，这些受聘之高僧大德为领衔出使，皆配有两位侍从和一名散官以组成护送使团，② 可能还有其他编外人员参与活动。③ 隋文帝诏令中明确规定各州同批次立舍利塔者皆同日同时举行相关仪式，整个过程各环节之礼仪极为隆盛。④ 对此，王

---

① 对此，杜斗城、孔令梅在《隋文帝分舍利建塔有关问题的再探讨》（刊于《兰州大学学报》2011年第3期）中专列护送舍利建塔之"僧人"一节，详述所涉高僧相关情况，指出："隋文帝三次在全国一百一十多州分舍利建塔，《续高僧传》记载了七十多位护送舍利到各州的僧人。如再加上彦琮……等曾分别两次护送舍利，共计也有八十多人次了。换言之，当时安置舍利的一百一十州，只有二十几州在《续高僧传》中未见护送高僧的记载。"由本文以上考列，可见杜、孔所述有所遗漏，如僧粲等。此外，他们还以彦琮出使并州为例，指出"熟悉当地情况和在该地的影响也是隋文帝令其护送舍利的选项之一"。前引《僧粲传》可见隋文帝当初有明确的以诸高僧送舍利至本乡的考虑，即所谓"宜令所司备礼，各送本乡"，除诸高僧熟悉家乡情况外，也有对他们显示表彰、尊崇之意。考《续高僧传》上述诸僧传，可见有多位高僧送舍利至家乡，如卷一一载贝州人辩义，卷一二载瀛州人慧迁，卷二八载潞州人道端、莒州人昙观、赵州人玄镜、冀州人僧范、幽州人宝岩、兖州人法性、徐州人辩寂等9人，皆受敕前往"本州"或"本乡"。

② 《广弘明集》卷一七载隋文帝诏曰："宜请沙门三十人谙解法相兼堪宣导者，各将侍者二人并散官各一人。"

③ 《续高僧传》卷一五《义解篇十一·唐京师弘福寺释灵润传》载："仁寿感瑞，怀州造塔，有敕令往，官供驿乘。随师东赴，乞食徒行，独无受给。"（第537页）灵润本为送舍利至怀州僧团成员，享受"官供驿乘"的待遇，然其为了表达诚心，"随师东赴，乞食徒行，独无受给"。灵润如此表现，当非主使，而属随从。

④ 关于隋文帝送舍利建塔之基本流程与礼仪规范，杜斗城、孔令梅《隋文帝分舍利建塔有关问题的再探讨》（刊于《兰州大学学报》2011年第3期）一文述其"缘起"与"经过"，有详细考述，请参见。隋文帝诏令诸州所立之舍利塔没有保存下来，塔基下瘗埋的舍利容器则通过隋代寺庙塔基遗址考古发掘中获得了代表性的实物标本。1969年，在陕西耀县寺坪神德寺塔基遗址出土了隋文帝仁寿四年所埋舍利容器，地处隋时宜州宜君县。在塔基内，筑有围护舍利石函的砖墙，石函四周与盖上皆有长方形的护石包裹，距今地面2米。舍利石函正方形，函盖盝顶，盖面篆书"大隋皇帝舍利白塔铭"，铭文记述送舍利大德法师僧晖于仁寿四年四月八日奉诏于宜州宜君县神德寺敬造灵塔安置舍利等事宜。函内有鎏金盝顶铜盒，存三枚舍利，同时存放骨灰、隋五铢钱、波斯萨珊银币、金环、银环、玉杯等珍物，以供养舍利。（朱捷元、秦波：《陕西长安和耀县发现的波斯萨珊朝银币》，《考古》1974年第2期）可以说，神德寺塔基瘗藏舍利函的出土，为了解隋文帝仁寿年间舍利瘗藏制度提供了可靠的实物依据。此外，已出土晚于仁寿的隋代舍利容器还有四个：河北正定白店村大业元年舍利塔基刻铭盝顶盖素面方石函（赵永平、王兰庆、陈银凤：《河北省正定县出土隋代舍利石函》，《文物》1995年第3期）；河北定县宋静志寺塔基地宫重瘗隋盝顶方石函和大业二年铭铜函（定县博物馆：《河北定县发现两座宋代塔基》，《文物》1972年第8期）；北京房山云居寺雷音洞大业十二年刻铭盝顶盖方石函（北京市文物研究所编：《北京市考古四十年》第三章第一节《隋舍利函的发现》，北京燕山出版社1990年版，第125页）；山东平阴洪范池舍利塔基盝顶盖方石函（邱玉鼎、杨书杰：《山东平阴发现大隋皇帝舍利宝塔石函》，《考古》1986年第4期）。诸函造型相同，表明隋文帝仁寿年间规范舍利容器形制之后，基本上延续有隋一代。不仅如此，由隋文帝时期诸瘗埋舍利函的出土，可见隋炀帝依然承袭乃父之风，崇尚佛教，并有诏令建塔瘗置舍利之举。

劭《舍利感应记》、隋安德王杨雄率百官所上《庆舍利感应表》① 等相关文献皆有载,其重点则在于相关征祥瑞应。

王劭《舍利感应记》概述舍利缘由及敕送、安置舍利之程式,主要汇集相关瑞应。隋文帝得佛舍利便为灵异吉祥,"皇帝昔在潜龙,有婆罗门沙门来诣宅上,出舍利一裹,曰:'檀越好心,故留与供养。沙门既去,求之不知所在。'……皇帝、皇后于京师法界尼寺造连基浮图,以报旧愿。其下安置舍利。开皇十五年季秋之夜,有神光自基而上,右绕露槃,赫若冶炉之焰。其一旬内,四度如之"。隋文帝下诏广建舍利塔,明确表示"今佛法重兴,必有感应。其后处处表奏,皆如所言"。其本人便有感应,"皇帝当此十月之内,每因食次,于齿下得舍利,皇后亦然。以银盘盛水,浮其一,出示百官,须臾忽见有两粒,右旋相著。……未过二旬,宫内凡得十九,多放光明"。隋安德王杨雄率百官所上《庆舍利感应表》,② 着重列举具有代表性的符瑞现象:"蒲州栖岩寺规模置塔之所,于此山上乃有钟鼓之声。舍利在讲堂内,其夜前浮图之上,发大光明,爰及堂里,流照满室。将置舍利于铜函,又有光若香炉,乘空而上,至浮图宝瓶,复起紫焰,或散或聚,皆成莲花。又有光明于浮图上,状如佛像。华跌宛具,停住久之,稍乃消隐。又有光明,绕浮图宝瓶。蒲州城内仁寿寺僧等,遥望山顶,光如楼阙,山峰涧谷,昭然显见,照州城东南一隅,良久不灭。其栖岩寺者,即是太祖武元皇帝之所建造。又华州置塔之处,于时云雾大雪,忽即开朗。正当塔上有五色相轮。舍利下讫,还起云雾。皇帝、皇后又得舍利,流辉散彩,或出或沈。自非至德精诚,道合灵圣,岂能神功妙相,致此奇特。"

---

① 此二文,《广弘明集》卷一七、《法苑珠林》卷四〇等皆有辑录,其中《法苑珠林》有所删节。
② 严耀中在《综说隋文帝广建舍利塔的意义》(辑入氏著《华梵杂学集》,上海古籍出版社2016年版)一文中指出:"《庆舍利感应表》全文很长,但它的中心,或者说它的主要内容,是放在'感应'上。在该《表》所举先后建塔供养的51(一作53)个州中,据说绝大部分都出现了各种奇迹,以示感应。在另一份王劭所作的《舍利感应记》里列举了相似的内容,重复了对建舍利塔所引发感应现象之重视。"(第222页)

隋文帝之"雅好符瑞" ◈◈ 501

隋文帝答此表云："故分布舍利，营建神塔。而大圣慈愍，频示光相。宫殿之内，舍利降灵。莫测来由，自然变现。欢喜顶戴，得未曾有。斯实群生多幸，延此嘉福。"《法苑珠林》卷四〇《舍利篇·感福部·感应缘》"隋文帝立佛舍利塔"条载仁寿元年"二十八州起塔，五十三州感应"，对诸州所感皆有扼要叙录；又载"右总五十三州。四十州已来皆有灵瑞，不可备列，具存大传"①。可见当时一些暂未得舍利的州也竞言瑞应。其中所谓"具存大传"，即是对诸州所上舍利符瑞的汇编，如王劭《舍利感应记》二十卷，又有《舍利瑞应图》和《国家祥瑞录》等。②又，《续高僧传》卷二八《感通篇下》末道宣论云："隋高建塔之岁，踊瑞纷纶。神光属于群物，至泽通于疾疠，天花与甘露同降，灵芝共瑞鹿俱程。空游仙圣，结雾来仪；水族龟鱼，行鳞出听。百有余塔，皆备潜通，君臣相庆，缁素钦幸。其德荣明，不可加也！然而当年即世，或坠流言。俗习常谈五福，欣其寿考；通神达命三畏，君子所弘。"由所谓"建塔之岁，踊瑞纷纶"云云，可见当时嘉瑞征祥之盛况。

有关仁寿年间舍利瑞应类文献后多佚亡，已难见其整体风貌。不过，由当时奉敕分送舍利诸高僧传记所载，可以大致了解到当时各地相关祥瑞之情形。③诸僧奉敕分送舍利，除了履行护送舍利及置函瘗埋等程序及相关佛法宣导外，其最主要的使命便是征集、整理、上报各地与舍利相关之祥瑞。如彦琮法师先后于仁寿元年送舍利于并州，仁寿四年送舍利于复州，"琮欣感嘉瑞，以状奏闻，帝大悦，录为别记，藏诸秘阁"④。细考《续高僧传》所载相关诸高僧事迹，

---

① （唐）释道世撰，周叔迦、苏晋仁校注：《法苑珠林校注》卷四〇，中华书局2003年版，第1281—1282页。
② 《续高僧传》卷二《译经篇二·隋东都上林园翻经馆沙门释彦琮传》，第51页。
③ 杜斗城、孔令梅在《隋文帝分舍利建塔有关问题的再探讨》（刊于《兰州大学学报》2011年第3期）中论及此事推测云："笔者甚至怀疑《广弘明集》有关资料，特别是《续高僧传》的某些僧人传记，就是道宣根据当时还存在的《舍利瑞应图》和《国家祥瑞录》而编写的。"
④ 《续高僧传》卷二《译经篇二·隋东都山林园翻经馆沙门释彦琮传》，第51页。

自舍利到达诸州、建塔、置函与瘗埋等诸环节,各种奇特感应、吉祥瑞象,可谓应有尽有,举不胜举。各奉敕出使高僧除了摘要及时上报外,还必须详尽记录各种瑞应,上交史官报备。如法楷,"仁寿置塔,奉敕送舍利于曹州。……初达曹部,置辇州治,广现神瑞,备如别纪。但学未经远,难得遍知,故略编之,想未繁扰,日别异见,具如后述。……楷具列闻,帝大悦,令图缋之,以流海内。自仁寿创塔,前后百余,感征最优,勿高于楷"①。其他奉敕高僧也大多如此,如道生送舍利至楚州,瑞应纷繁,"生睹斯瑞,与诸僚属具表以闻,并铭斯在于塔所"②。

正因为如此,各护送舍利僧团无不极力造作瑞应,诚如论者所指出:"此类'祥瑞',有自然天成者,有偶然巧合者,有任意扩大者,有凭空捏造者,皆属神奇怪异之类,以荒诞无稽者居多。"③僧人之外,地方官员也参与其中,如法彦送舍利于沂州善应寺,祥瑞纷繁,刺史郑善果上表呈瑞曰:"伏惟陛下秉图揖让,受命君临,区宇无尘,声教尽一。含弘光大,慈愍无边。天佛垂鉴,降兹荣瑞。掘基六处,并得异妙,炫耀相辉,俱同金宝。牛为礼拜,太古未经;云腾五色,于今方见。又感虵形杂彩,盘旋塔基,鹤飚玄素,徘徊空际。虽轩皇景瑞,空传旧章;汉帝庆征,徒书简册。自非德隆三宝,道冠百王,岂能感斯美庆,致招灵异?"隋文帝"悦之,著于别记"④。宝儒法师送舍利至邓州大兴国寺,所见奇瑞,"儒与官人图

---

① 《续高僧传》卷二八《感通篇下·隋京师扬化寺释法楷传》,第1124—1125页。
② 《续高僧传》卷二八《感通篇下·隋京师大兴善寺释道生传》,第1120页。
③ 杜斗城、孔令梅《隋文帝分舍利建塔有关问题的再探讨》(刊于《兰州大学学报》2011年第3期)。该文特设"献瑞"一节考察舍利符瑞,指出尽管这类祥瑞多为凭空捏造,但从中可以获得一些历史文化信息。如"其中某些资料却反映了当时建塔安置舍利的经过,甚至有关佛教造像题材",比如从中可见隋文帝在一些地方所建舍利塔"利用了原来的寺塔,甚至塔下的地宫、舍利石函等旧物。……在很大程度上还带有恢复曾被毁坏特别是曾因周武帝灭佛而一度废毁了的寺院与佛塔的目的"。此外,"可通过这些'祥瑞'看到当时'石函'上的佛教造像题材之类",值得佛教考古研究者重视。
④ 《续高僧传》卷一〇《义解篇六·隋西京寂道场释法彦传》,第354—355页。

以表奏"①，可见地方官员普遍参预祥瑞之事。有些奉敕高僧据其见闻，汇集祥瑞，如净辩法师送舍利至衡州，"辩欣斯瑞迹，合集前后见闻之事，为《感应传》一部十卷"②。

隋文帝倡导舍利祥瑞，对异域僧人也有所影响，《续高僧传》卷二八《感通篇下·隋中天竺国沙门阇提斯那传》载："阇提斯那，住中天竺摩竭提国，学兼群藏，艺术异能，通练于世。以本国忽然大地震裂，所开之处极深无底，于其岸侧获一石碑，文云：'东方震旦，国名大隋，城名大兴，王名坚，意建立三宝，起舍利塔。'彼国君臣欣感嘉瑞，相庆希有，乃募道俗五十余人寻斯灵相。……计初地裂获碑之时，即此土开皇十四年也，行途九载，方达东夏。正逢天子感得舍利，诸州起塔，天祥下降，地瑞上腾，前后灵感，将有数百，阖国称庆，佛法再隆。有司以事奏闻，帝以事符大夏，陈迹东华，美其远度，疑是证圣，引入大宝殿，……上问：'今造灵塔，遍于诸州。曹、陕二州，特多祥瑞，谁所致耶？'答曰：'陕州现树，地藏菩萨；曹州光华，虚空藏也。'又问：'天华何似？'答曰：'似薄云母，或飞不委地，虽委地而光明奇胜。'帝密以好云母及所献天华各一箱用示诸人，无有别者。恰以问那，那识天花而退云母。"③阇提斯那所述发生于天竺之有关隋文帝立国、崇信佛教等瑞应，以及他对立塔敕送舍利相关祥瑞的解释，进一步丰富了隋文帝得位及其统治的佛法依据。实际上，作为天竺游僧，阇提斯那当悟透了隋文帝借此以兴祥瑞之心理，编造异域征祥以相附会。

隋文帝除了在国内百余州建立舍利塔，敕送佛舍利，征集嘉瑞征祥外，仁寿二年，隋文帝以"高丽、百济、新罗三国使者将还，各请一舍利于本国起塔供养。诏亦许之"④。不仅如此，隋文帝有意

---

① 《续高僧传》卷一〇《义解篇六·隋西京净影道场释宝儒传》，第362页。
② 《续高僧传》卷二八《感通篇下·隋京师净影寺释净辩传》，第1131页。
③ 《续高僧传》卷二八《感通篇下·隋中天竺国沙门阇提斯那传》，第1087—1088页。
④ （隋）安德王雄等：《庆舍利感应表并答》，《法苑珠林校注》卷四〇，第1281页。《广弘明集》卷一七也录此。

向西域宣传舍利感应,以扩大影响。《续高僧传》卷二《译经篇二·隋东都上林园翻经馆沙门释彦琮传》载:"有王舍城沙门远来谒帝,事如后传,将还本国,请《舍利瑞图经》及《国家祥瑞录》,敕又令琮翻隋为梵,合成十卷,赐诸西域。"隋文帝通过向朝鲜半岛三国推广佛舍利塔,以及向西域地区传播舍利祥瑞,意在对外宣扬其佛教政策,以获取世界性的护法地位。

这类佛舍利感应,固然大都出于附会与编造,但其中有一些与隋文帝统治密切相关的政治性符谶祥瑞。如宝儒法师至邓州大兴国寺,"帝昔龙潜所基",既至求石为函,得一石而"磨饰将了,乃变成码碯,细腻异伦。复有隶字三枚,云'正国得'也,形设正直,巧类神工,名笔之人未可加点"①。又,法侃法师至黎州,"掘地四尺,获一古瓦,铭云'千秋万岁乐未央'。侃奉福弘业,亟发征祥,抑是冥通,岂唯人事?"②又,静端法师至豫州,"屡放白光,变为五彩,旋转瓶侧。见者发心,凿石为铭,文至'皇帝',镌治将讫,乃变为金字,分明外彻;时以为嘉瑞也"③。又,明诞法师至襄州上凤林寺,"文帝龙潜之日,因往礼拜,乞愿弘护,及践宝位,追惟往福,岁常就寺广设供养,仍又改为大兴国寺。及诞之至彼安厝塔基,寺之东院凿地数尺,……又下穿掘得石,铭云:'大同三十六年已后,开仁寿之化。'依检梁历,有号大同,至今岁纪,仿佛符会。诞欣感嘉瑞,乃表奏闻"④。特别是慧迁于仁寿二年至瀛州弘博寺,掘基造塔,多有感应,"又土上成字,黑文分明,云'转轮王佛塔'也。见此灵相,咸庆希逢"⑤。由上数例可见,一些僧人在造作舍利符瑞过程中,刻意罗织了与隋文帝得位正当性直接相关的政治符谶,特别是一些僧人揣摩隋文帝的心思,通过舍利感应,赋予其"转轮

---

① 《续高僧传》卷一〇《义解篇六·隋西京净影道场释宝儒传》,第362页。
② 《续高僧传》卷一一《义解篇七·唐京师大兴善寺释法侃传》,第391页。
③ 《续高僧传》卷一八《习禅篇三·隋西京大禅定道场释静端传》,第680页。
④ 《续高僧传》卷二八《感通篇下·隋京师胜光寺释明诞传》,第1088—1089页。
⑤ 《续高僧传》卷一二《义解篇八·唐京师大总持寺释慧迁传》,第422页。

王"的至尊地位。① 对此，周叔迦先生指出，隋文帝"特别炫耀舍利的灵威，其目的在于显示隋代之为天子，是得到佛教所加被的"②。刘淑芬指出，"隋文帝时认为'我兴由佛'，因此下令在全国各地建立舍利塔，强化自己的皇权说成是佛的旨意，在那一个佛教信仰弥漫的时代，这种做法也是收服人心的一种方式"，"借此强调其皇权的天命"；"隋文帝这个做法，固然有他个人自小在佛寺的背景，但在佛教兴盛的时代，他也有师法印度阿育王做'转轮法王'的政治意图"③。杨泓先生也以为，所谓古印度阿育王建舍利塔于神州，自是虚妄传闻，"历史上有能力在中国诸州同日同时建塔瘗埋舍利的，只有在全国统一时期的中国皇帝，那便是隋文帝杨坚。……隋文帝在位时，虔信佛教，才会在国内诸州修建舍利塔之举。这应是仿效印度阿育王重集佛舍利、大修舍利塔的故实，是为了显示全国一统后皇帝有力管控各州的权威，也是利用宗教活动宣扬皇威的政治行为"④。

通观相关文献记载可见，尽管受敕送舍利僧团必须呈奉祥瑞，但个别奉敕高僧对此不甚热心，消极应付。如静凝法师，《续高僧传》卷二八《感通篇下·隋京师大兴善寺释静凝传》载："仁寿二年，下敕送舍利于杞州。初至，频放白光，状如皎月，流转通照。及下塔日，白鸟空中旋绕基上，瘗讫远逝。更有余相，凝为藏隐，示出一二，知大圣之通瑞也，余则隐之不书。及至京师，又被责及，

---

① 隋文帝之分舍利建塔，其取法效仿之对象是印度建"八万四千塔"的阿育王。阿育王在古印度历史与佛教护法方面影响巨大。对此，杜斗城在《隋文帝分舍利建塔的意义及其相关问题》（刊于《国际法门寺佛教学术讨论会论文集》，《人文杂志》1993年增刊）一文中已有具体论述，请参见。

② 周叔迦：《中国佛教史》，《周叔迦佛学论著集》，中华书局1991年版，第161页。

③ 刘淑芬：《中国历史上的舍利信仰》，前揭《中古的佛教与社会》，第317、321页。

④ 杨泓：《探掘梵迹——中国佛教美术考古概说》，生活·读书·新知三联书店2022年版，第391页。

方便解免，不久而终世矣。"① 静凝法师对过度夸饰舍利祥瑞表现消极，"更有余相，凝为藏隐，示出一二，知大圣之通瑞也，余则隐之不书"，以致"及至京师，又被责及"。可见静凝法师因上报符瑞偏少而受到责备，其"不久而终世"，当与此不无关联。不仅如此，有高僧出言讥刺，《续高僧传》卷九《义解篇五·隋相州演空寺释灵裕传》载："及仁寿中年分布舍利，诸州起塔多有变瑞，时人咸嘉为吉征也。裕闻而叹曰：'此相祸福兼表矣。'由杂白花、白树、白塔、白云相现吉缘所为凶兆，众初不信之也，俄而献后、文帝相次升遐，一国素衣，斯言有据。"② 灵裕法师等自然洞悉所谓舍利瑞应皆人为造作，其"凶兆"之议，实有讥讽之意。当然，在近乎疯狂的兴造征祥瑞谶的时代氛围中，像静凝法师那样有所节制，像灵裕法师那样隐约质疑者，毕竟人数甚少。

当时多有文士编著佛教感应类的文献，《续高僧传》卷二《译经篇二·隋东都洛滨上林园翻经馆南贤豆沙门达摩笈多传》载："时有秀才儒林郎侯白，奉敕撰《旌异传》一部二十卷，多叙感应，即事亟涉弘演释门者。白，字君素，本相邺人也，识敏机对，擢崇台省。帝以多闻前古，爰引宾王，观国程器，终于此职。"又载："又有晋府祭酒徐同卿，撰《通命论》两卷。卿以文学之富，镜达玄儒等教，亦明三世因果。但文言隐密，先贤之所未辨，故引经史正文，会通运命，归于因果。意在显发儒宗，助佛宣教，导达群品，咸奔一趣。盖卿博识有据，故能洞此幽求。"③

概言之，隋文帝在传统术数之外，利用佛教信仰及其资源兴造符瑞，特别是仁寿年间立塔百余州以供奉佛舍利，以致"天祥下降，地瑞上腾"，"建塔之岁，踊瑞纷纶"，造成了空前绝后的佛教祥瑞现象。隋文帝借助这类佛法瑞应，宣扬其得位之正当与统治之辉煌。

---

① 《续高僧传》卷二八《感通篇下·隋京师大兴善寺释静凝传》，第1123页。
② 《续高僧传》卷九《义解篇五·隋相州演空寺释灵裕传》，第314页。
③ 《续高僧传》卷二《译经篇二·隋东都洛滨上林园翻经馆南贤豆沙门达摩笈多传》，第46页。

三 "欲以符命曜于天下":隋文帝"雅信符命"之缘由

隋文帝"雅信符应",不仅亲自述祥说瑞,而且引导朝臣、术士、高僧等,利用各类术数手段,"伪作而进",酿成了盛极一时的符瑞风尚,成为隋代政治文化的一个显著特色。隋文帝何以如此热衷并组织造作有关其立国及其统治之符瑞呢?这显然与其立国方式及其信仰等密切相关,以下就此略作分析。

(一)"恐民心未服":以符命缘饰其篡夺以立国

众所周知,杨坚得位立国,并无显赫之军政功业与卓著之社会声望,借由以外戚辅政而阴谋篡夺。其实,他本非当然辅政人选,因缘际会而得之,宇文氏宗室与朝臣多有不满。[①] 杨坚阴谋篡夺,一度引起了北周宗室特别是一些地方总管的激烈反抗。如相州总管尉

[①] 《隋书》卷三八《郑译传》载周宣帝死,郑译"遂与御正下大夫刘昉谋,引高祖入受顾托。既而译宣诏,文武百官皆受高祖节度。时御正中大夫颜之仪与宦者谋,引大将军宇文仲辅政。仲已至御坐,译知之,遽率开府杨惠及刘昉、皇甫绩、柳裘俱入。……明日,高祖为丞相,拜译柱国、相府长史、治内史上大夫事"。又,《隋书》卷三八《刘昉传》载:"昉见静帝幼冲,不堪负荷。然昉素知高祖,又以后父之故,有重名于天下,遂与郑译谋,引高祖辅政。高祖固让,不敢当。昉曰:'公若为,当速为之;如不为,昉自为也。'高祖乃从之。"又,《隋书》卷三八《卢贲传》载:"及高祖初被顾托,群情未一,乃引贲置于左右。高祖将之东第,百官皆不知所去。高祖潜令贲部伍仗卫,因召公卿而谓曰:'欲求富贵者,当相随来。'往往偶语,欲有去就。贲严兵而至,众莫敢动。出崇阳门,至东宫,门者拒不内。贲喻之,不去,瞋目叱之,门者遂却。既而高祖得入。贲恒典宿卫,后承问进说曰:'周历已尽,天人之望实归明公,愿早应天顺民也。天与不取,反受其咎。'高祖甚然之。"对于杨坚主政,朝臣有人公然反对,如《隋书》卷六二《裴肃传》载:"属高祖为丞相,肃闻而叹曰:'武帝以雄才定六合,坟土未干,而一朝迁革,岂天道欤!'高祖闻之,甚不悦,由是废于家。"不仅如此,对杨坚划篡夺,其宗室也未尽从,《隋书》卷四四《滕穆王瓒传》载杨瓒为杨坚同母弟,"高祖入禁中,将总朝政,令废太子勇召之,欲有计议。瓒素与高祖不协,闻召不从,曰:'作隋国公恐不能保,何乃更为族灭事邪?'……瓒见高祖执政,群情未一,恐为家祸,阴有图高祖之计,高祖每优容之"。

迟迥、郧州总管司马消难、益州总管王谦等相继起事，以致"两河遘乱，三魏称兵，半天之下，汹汹鼎沸。……安陆作衅，南通吴、越，蜂飞虿聚，江、汉骚然。巴、蜀鸱张，翻将问鼎，秦涂更阻，汉门重闭"①。杨坚逐一镇压地方叛乱，残害宇文氏宗室，进而以禅让的方式窃取了皇权。对此，其长女即周宣帝皇后杨丽华颇觉羞愧，《周书》卷九《皇后·宣帝杨皇后传》载："初，宣帝不豫，诏后父入禁中侍疾。及大渐，刘昉、郑译等因矫诏以后父受遗辅政。后初虽不预谋，然以嗣主幼冲，恐权在他族，不利于己，闻昉、译已行此诏，心甚悦之。后知其父有异图，意颇不平，形于言色。及行禅代，愤惋逾甚。隋文帝既不能谴责，内甚愧之。开皇六年，封后为乐平公主。后又议夺其志，后誓不许，乃止。"

就儒家道德而言，杨坚之窃夺实在有违君臣伦理，即便协助杨坚谋篡的郑译、刘昉、王谊、元谐、梁士彦、宇文忻等人，出于个人得失，也多有不敬言行。② 由此可见杨坚之阴谋篡夺，不仅缺乏民意基础，而且其肆意残害宇文氏宗室，充满血腥气味，毫无社会正当性可言。《隋书》卷四三论称"高祖始迁周鼎，众心未附"。对此，清人赵翼《廿二史札记》卷一五"隋文帝杀宇文子孙"条论云："古来得天下之易，未有如隋文帝者，以妇翁之亲，值周宣帝早殂，结郑译等，矫诏入辅政，遂安坐而攘帝位。其时虽有尉迟迥、宇文胄、石愻、席毗、王谦、司马消难等起兵匡复，隋文犹假周之国力，不半载殄灭之。于是大权在手，宇文氏子孙以次诛杀，殆无

---

① 《隋书》卷一《高祖纪上》。
② 《隋书》卷四〇《王谊传》载："开皇初，上将幸岐州。谊谏曰：'陛下初临万国，人情未洽，何用此行？'上戏之曰：'吾昔与公位望齐等，一朝屈节为臣，或当耻愧。是行也，震扬威武，欲以服公心耳。'谊笑而退。"杨坚对王谊所言，显示出相互间的猜疑心态。隋文帝立国后，对诸人皆委以虚职，他们深感失落，于是相互交结，多加抱怨，至有谋乱之举，《隋书》卷四〇《宇文忻传》载其与梁士彦失意之后"数相往来，士彦时亦怨望，阴图不轨"，宇文忻谓之曰："帝王岂有常乎？相扶即是。"

遗种。"[①] 这都指出了隋文帝立国无功业与德望基础，"民心未附"。

正因为如此，自谋篡始，杨坚便有组织地编造符命瑞应，不断加强其"奉天承运"之舆论宣传。《隋书》卷二《高祖纪》"史臣曰"论云："始以外戚之尊，受托孤之任，与能之议，未为当时所许，是以周室旧臣，咸怀愤惋。既而王谦固三蜀之阻，不踰期月，尉迥举全齐之众，一战而亡，斯乃非止人谋，抑亦天之所赞也。"杨坚之辅政与窃夺，在社会舆论上"未为当时所许"，之所以取得成功，"斯乃非止人谋，抑亦天之所赞"。所谓"天之所赞"，则表现为各种祥瑞符应，《通鉴》卷一七九隋文帝仁寿元年概言："初，帝受周禅，恐民心未服，故多称符瑞以耀之，其伪造而献者，不可胜计。冬，十一月，己丑，有事于南郊，如封禅礼，版文备述前后符瑞以报谢云。"这明确指出隋文帝经营符瑞之用意，即以符命引导社会舆论，增强其统治的正当性与合法性。

（二）"素无术学"：隋文帝缺乏儒学教养，"好为小数"，利用佛教制造符谶

隋统治者起自北魏北部边镇之一的武川镇，深受胡风熏染，胡汉杂糅，缺乏儒学修养。具体就隋文帝的文化品格而言，《隋书·高祖纪下》载其"天性沉猜，素无学术，好为小数，不达大体，故忠臣义士莫得尽心竭辞。……又不悦诗书，废除学校"。"史臣曰"也称其"素无术学，不能尽下，无宽仁之度，有刻薄之资，暨乎暮年，此风逾扇。又雅好符瑞，暗于大道，建彼维城，权侔京室，皆同帝制，靡所适从"。又，《隋书》卷二五《刑法志》称"高祖性猜忌，

[①] 宋人叶适《习学记言序目》卷三六有言："余尝论宇文泰初起，异于高欢。及武帝躬任数略，化弱为强，尽有北方，五世数十年矣，虽树德不深，置嗣无状，然于杨坚非有罪也。乃倚女后之势，挟轻薄无赖子，行诈逼取如怀袖中，才半岁，戕杀宇文无遗种，故臣宿将，骈首拜伏，莫敢违忤，视王莽何足道也！坚少年以相表自矜，言其异者固非一人，而史又述其始生时'头上角出，遍体鳞起'。嗟夫！是直变怪不祥之物尔，岂天不爱民，假之富贵而使代相屠戮耶？史法之坏始于司马迁，甚矣！"

素不悦学,既任智而获大位,因以文法自矜,明察临下"。又,《隋书》卷三五《经籍志四》"文集"部分有"属以高祖少文"之语。所谓隋文帝"素无学术","不悦诗书,废除学校","素不悦学",都是指其不明儒道,轻视儒学,故其为人与施政"好为小数,不达大体","雅好符瑞,暗于大道"。作为中古时代大一统君主,隋文帝此举不合华夏"正统",其文化趣味与导向必然失之偏颇,甚至荒诞不经。《隋书·高祖纪下》载仁寿元年六月乙丑诏曰:"'儒学之道,训教生人,识父子君臣之义,知尊卑长幼之序,升之于朝,任之以职,故能赞理时务,弘益风范。朕抚临天下,思弘德教,延集学徒,崇建庠序,开进仕之路,佇贤儁之人。而国学胄子,垂将千数,州县诸生,咸亦不少。徒有名录,空度岁时,未有德为代范,才任国用。良由设学之理,多而未精。今宜简省,明加奖励。'于是国子学唯留学生七十人,太学、四门及州县学并废。其日,颁舍利于诸州。"①隋文帝在"废除学校"的同时,"颁舍利于诸州",崇佛抑儒之意甚明,《隋书》卷七五《儒林传序》称"及高祖暮年,精华稍竭,不悦儒术,专尚刑名,执政之徒,咸非笃好。暨仁寿间,遂废天下之学,唯存国子一所,弟子七十二人"②。有论者分析其心态指出,隋文帝窃夺北周政权,与儒家的"父子君臣之义"相悖,于是极力崇佛,他特别推崇佛教史上之大护法"转轮王"——阿育王,效仿其建塔供奉佛舍利之神异,促成仁寿年间送舍利立塔之盛举,以致相关符瑞纷呈,显现出佛教天国之景象。③

　　隋文帝自幼笃信佛法,其家族与佛教渊源颇深。陈寅恪先生曾

---

① 叶适《习学记言序目》卷三六对隋文帝废学事有议论,以为"当时国子千数,则所散遣者数千万人矣,岂不骇动!虽有谏者皆不听,史臣以为其暮年精华销竭致然。……盖其心实谓空设学校未足以得人耳"。由所谓"其心实谓空设学校未足以得人",可见其儒学根基不牢。

② 《隋书》卷七五《儒林·刘炫传》载:"开皇二十年,废国子四门及州县学,唯置太学博士二人,学生七十二人。炫上表言学校不宜废,情理甚切,高祖不纳。"

③ 杜斗城:《隋文帝分舍利建塔的意义及其相关问题》,《国际法门寺佛教学术讨论会论文集》,《人文杂志》1993年增刊,第35页。

指出,"南北朝诸皇室中与佛教关系最密切者,南朝则萧梁,北朝则杨隋,两家而已";"隋文帝代周自立,其开国首政即为恢复佛教。此固别有政治上之作用,而其家世及本身幼时之信仰,要为一重要之原因,则无疑也"①。陈先生将振兴佛教作为隋文帝之"开国首政",可谓卓见,启发人们由此思考有隋一代社会文化与政治现象。确实,隋文帝开国即倡佛,"此固别有政治上之作用"。与其统治思想构建不无关系。汉魏以降,中国社会及其思想文化经历了深刻变化,大一统专制集权的崩溃与儒术独尊地位的丧失,为下层文化的兴起与外来文化的输入提供了条件。就佛教传播而言,南北朝时代佛教中国化日渐深入,影响广泛。在南朝,梁武帝下诏皈佛,尊为国教;北朝虽先后受到魏太武帝与周武帝灭佛之冲击,但整体而言,佛教传播广泛,与社会各阶层结合紧密。因此,作为笃信佛法的统治者,隋文帝必然重视佛教的社会信仰资源。

就隋文帝以佛教术数造作符瑞而言,作为传统符瑞之拓展,有其汉魏南北朝以来的借鉴与承袭。美国学者芮沃寿指出,自南北

---

① 陈寅恪:《武曌与佛教》,氏著《金明馆丛稿二编》,生活·读书·新知三联书店2001年版,第154、159页。关于杨隋统治集团与佛教之渊源,陈先生在该文有专节考论,他通过杨坚出生于佛寺及受教于智仙尼等相关史事推论云,"除去此类附会例语之外,有可注意者二事:一为隋高祖父母之佛教信仰,一为隋高祖本身幼年时之佛教环境。夫杨氏为北周勋戚,当北周灭佛之时,而智仙匿其家,则杨氏一门为佛教坚实信徒,不随时主之好恶转移,于此益可以证明也"。进而根据《庆舍利感应表》所载"其栖岩寺者,即是太祖武皇帝之所建造",确证杨坚父杨忠之笃信佛法。对此,《续高僧传》卷二八《感通篇下·隋京师胜光寺释法朗传》载:"仁寿二年,敕召送舍利于陕州大兴国寺,寺即皇考武元本生处也,故置寺建塔,仰谢昔缘。"可见杨忠出生于佛寺,故后来杨坚之相关经历,自有其家族传统。关于隋文帝立国后即兴佛,《隋书》卷三五《经籍志四》载:"开皇元年,高祖普诏天下,任听出家。仍令计口出钱,营造经像。而京师及并州、相州、洛州等诸大都邑之处,并官写一切经,置于寺内,而又别写,藏于秘阁。天下之人,从风而靡,竞相景慕。民间佛经,多于六经数十百倍。"又,《续高僧传》卷一五《义解篇》论云:"隋高荷负在躬,专弘佛教。开皇伊始,广树仁祠,有僧行处,皆为立寺。召诸学徒,普会京辇,其中高第,自为等级,故二十五众,峙列帝城,随慕学方,任其披化。每日登殿,座列七僧,转读众经,及开理义,帝目览万机,而耳餐正法。"又,《通鉴》卷一七九隋文帝开皇二十年载:"帝晚年深信佛道鬼神,(十二月)辛巳,始诏'有毁佛及天尊、岳、镇、海、渎神像者,以不道论;沙门毁佛像,道士毁天尊像者,以恶逆论。'"

朝以来，佛教与皇权政治的联系日益紧密，佛教赢取南方统治者的好感，"不仅为他们提供个人解脱的希望，而且提供新奇、有效、多彩的宗教仪式，祈求佛教神祇为王国带来安康、驱除邪恶。佛教传说的宝库提供了君主行为的新典范——印度的转轮王，即通过皈依佛陀及其教法而统治有方且成功的君王……这些典范对那些生命和权力总处于变化无常中的君主们有着强烈的吸引力"。在这方面，梁武帝成为"模仿佛教的君主行为的新典范，他的努力为他赢得的头衔显示出中国的佛教的政治认可的融合，他被称为'皇帝菩萨'、'救世菩萨'和'菩萨天子'"。在利用佛教以巩固皇权方面，隋文帝相关作为具有里程碑的意义，他将"自己展现为一位天下的君主、虔诚的信徒和教团的大施主"，"佛教仪式如今已成为国家及皇家礼仪的主干"，与汉代帝王凭借"本土传统的观念和象征合理化了汉代君主的地位"不同，隋文帝"则非常依赖外来的宗教以增加他们权力的可信度和威严"①。这揭示出杨坚利用佛教以巩固统治的本质。

在佛舍利信仰及其术数化、政治化方面，南北朝时代的统治者已重视建塔以瘗埋佛舍利。刘淑芬根据相关文献与考古资料指出，梁武帝于天监二年、三年先后两次迎奉舍利入宫供奉礼拜，并建阿育王寺塔，北魏孝文帝时期已建有舍利塔，特别是"南朝陈的建国者陈霸先就曾经利用佛牙当作一种祥瑞的征兆，把自己取得政权合理化"②。当然，隋文帝之送舍利置塔，其形式、规格、内容等皆有升级，目的在于呈现祥瑞。严耀中先生指出，隋文帝之兴佛教祥瑞，与其严禁谶纬存在关联，"因为谶纬兼有吉凶二兆的双重性，已经打下江山的隋文帝要防止的是会动摇他皇座的谶纬中的恶兆的功能，而作为吉兆的祥瑞，因为能够表示这个新皇朝的正统合法，所以要

---

① ［美］芮沃寿著，常蕾译：《中国历史中的佛教》，北京大学出版社2017年版，第51—52、67—71页。

② 刘淑芬：《中国历史上的舍利信仰》，氏著《中古的佛教与社会》，上海古籍出版社2008年版，第320—321页。

通过不同途径来渲染，建立舍利塔所'感应'出来的种种奇迹，以此作为谶纬之外所表现出吉兆的新途径，无疑给隋皇朝增添了一个五彩缤纷的大光环"。他进一步指出："中国古代政权的合法化和神圣化，在于其是否符合天命与天道。由于'天道虽无声无臭，然而应若影响'。即通过自然界或社会中的一些异象，如凤鸣河图之类，把它们和人事联系起来，……从而构成特殊的天人关系。……这种联系的思维方式，应用到佛教，也是很容易被接受的。……以梁武帝为代表的南北朝诸帝的崇佛，为佛教与政治的结合开了先河。隋文帝当然看到了这种结合的好处而乐于继承。分送舍利且建塔的措施不仅具有开创性，而且强化了佛教的神圣性，进而也增加了政权的神性。"①由此可知，隋文帝广建舍利塔，掀起崇佛热潮，其中祥瑞纷呈则衬托其统治的正当性、合法性。

（三）"素信鬼神"：中古崇尚祥瑞风尚与隋廷尚巫之交互影响

中古时代，随着儒家灾异、谶纬学说的流衍，历代统治者无不以符瑞昭示其天命所寄。汉魏以降，王朝更替频繁，诸朝之立国，名为禅让，实则窃夺，故多以符瑞相缘饰，以致史籍大加载录。《史通》卷八《内篇·书事》之二九条有论云："大抵近代史笔，叙事为烦。权而论之，其尤甚者有四。夫祥瑞者，所以发挥盛德，幽赞明王。至如凤凰来仪，嘉禾入献，秦得若雉，鲁获如麕。求诸《尚书》、《春秋》，上下数千载，其可得言者，盖不过一二而

---

① 严耀中：《综说隋文帝广建舍利塔的意义》，氏著《华梵杂学集》，上海古籍出版社2016年版，第225—226页。他在本文中综合考察隋文帝立舍利塔之政治意义与宗教意义，其中政治意义主要体现在三个方面：一是以此树立其一统天下的权威；二是通过这一宗教手段抚慰社会心理，并从中获得自我慰藉；三是获取瑞应以显示其皇位神圣。此外，还论述此举之宗教意义，他进一步指出，"它的政治意义里包含着宗教意义，此举使佛教在一个统一的中国范围内，显示出作为第一官方宗教的地位。……同时，它的宗教意义也包含着超越朝代的长远政治意义，因为文帝此举为以后的统治者树立了一个巧妙利用宗教达到其政治目的之成功范例，它包含着一个利用宗教仪式来落实皇帝威权的行政操作过程"。(第234页)

已。爰及近古则不然。凡祥瑞之出，非关理乱，盖主上所惑，臣下相欺，故德弥少而瑞弥多，政逾劣而祥逾盛。是以桓、灵受祉，比文、景而为丰；刘、石应符，比曹、马而益倍。而史官征其谬论，录彼邪言，真伪莫分，是非无别。其烦一也。"刘知几指出了汉、晋以来史书连篇累牍记载祥瑞的情况。如南朝《宋书》《南齐书》便设《符瑞志》《祥瑞志》载录其事。对此，萧子显在《南齐书·祥瑞志》"史臣曰"中有论云："《记》云，升中于天，麟凤至而龟龙格。则凤皇巢乎阿阁，麒麟在乎郊薮，岂非驯之在庭，扰以成畜，其为瑞也如此。今观魏、晋已来，世称灵物不少，而乱多治少，史不绝书。故知来仪在沼，远非前事，见而不至，未辨其为祥也。"萧子显指出"魏、晋已来，世称灵物不少，而乱多治少，史不绝书"。可见中古时代，相关史籍连篇累牍地著录历代符瑞，已成为普遍现象。

确实，当时王朝更替过程中，窃夺者无不刻意造作符瑞，《晋书》卷九九《桓玄传》载其谋划建楚代晋，"谓代谢之际宜有祯祥，乃密令所在上临平湖开除清朗，使众官集贺。矫诏曰：'灵瑞之事非所敢闻也，斯诚相国至德，故事为之应。太平之化，于是乎始，六合同悦，情何可言！'又诈云江州甘露降王成基家竹上。玄以历代咸有肥遁之士，而己世独无，乃征皇甫谧六世孙希之为著作，并给其资用，皆令让而不受，号曰高士，时人名为'充隐'"。由桓玄所谓"代谢之际，宜有祯祥"，可见这是当时王朝兴替必具之内容，于是他有意代晋，不惜"干纪乱常"，伪造符瑞。桓玄有高门背景尚且如此，其他门第寒微的南朝开国者刘裕、萧道成、萧衍、陈霸先诸人莫不如此。

当然，就造作符谶规模之大、历时之长、内容之丰、手段之多而言，隋文帝杨坚无疑登峰造极，可谓前无古人，难有匹敌者。隋文帝"雅好符命"，无疑是对此前普遍崇尚符瑞传统的承袭，但作为术数文化，则与其家族及自身之巫筮信仰密切相关。《隋书·刑法志》载隋文帝"以年龄晚暮，尤崇尚佛道，又素信鬼神"①。所谓"素信鬼神"，就其家族或个人而言，可谓信仰之"底色"或"本色"。《隋书》卷五八《许善心传》载隋炀帝"尝言及高祖受命之符，因问鬼神之事，勅善心与崔祖璿撰《灵异记》十卷"。杨广即位后问"鬼神之事"，命朝臣汇编《灵异记》，可见自隋文帝以来有关其"受命之符"与"鬼神之事"多有关联，表明隋廷巫筮之风颇盛。隋文帝内廷之诸子、宗室及外戚相争，巫蛊盛行，其例甚多。②《隋书》卷二《高祖纪下》载开皇十八年五月辛亥，"诏畜猫鬼、蛊毒、厌魅、野道之家，投于四裔"。这表明当时社会盛行左道邪术，隋文帝下诏禁断，然其内廷尚巫如此，可见此诏效力有限。可以说巫筮、术数是隋统治集团及其内廷文化之"底色"，即所谓"素信鬼神"。这种巫筮之风与谶纬术数本相关联，隋文帝又引导传统术数与佛教结合，促使佛教术数化，进而造作佛教之符谶感应，酿成了

---

① 关于隋文帝晚年之尚巫，其例颇多，《隋书》卷二二《五行志上》载："开皇末，高祖于宫中埋二小石于地，以志置床之所。未几，变为玉。"

② 如废太子杨勇曾以巫术固位，行"占候""厌胜"之术，"为巫蛊事"，见《隋书》卷一五《文四子·杨勇传》、《隋书》卷四七《柳机传附柳肃传》、《隋书》卷七八《艺术·卢太翼传》所载具体事实。杨广为争夺太子位，也行巫蛊事，见《隋书》卷四五《文四子·蜀王秀传》等所载。宗室人物之"阴有呪诅"，见《隋书》卷四四《滕穆王瓒传》、《隋书》卷四四《卫王杨爽传》等所载。外戚之"好左道"，见《隋书》卷七九《外戚·独孤陁传》、《隋书》卷三六《后妃·文献独孤皇后传》等所载。特别是杨坚废立太子过程中，其诸子相残，充盈着巫筮之风与相关手段。据《隋文帝答蜀王敕书》，杨坚斥责其子蜀王杨秀图谋争立，直言"皇太子，汝兄也，令人远视，心冀不祥，假托妖言，乃云不终其位，妄称鬼怪。又道不得入宫，暂向扬州，即可比厄。四月才患微气，乃证鬼病难除。自外妖讹，千端万绪，汝没闻之，喜形于色。汝复自言骨相非是人臣，自言德业又堪承重。妄道清城出圣，欲以己当。诈称益州见龙，托言吉兆。于是重述木易之姓，更修成都之宫。妄说禾乃之名，以当八千之运；横生京师妖异，以证父兄之灾。妄造蜀地征祥，以符己身之箓。……苟欲图之，无所不至。乃召集左道之徒，信用巫蛊之说，道人道士，备尽妖邪。呪诅名川，皆令符书镇压。汉王于亲则弟也，乃画其形象，书其姓名，缚手钉心，枷锁杻械，……又画我形象，缚手撮头，……"杨坚诫勉蜀王秀情真意切，责其不轨，声泪俱下，所述相关情形皆当属实。见林家骊、邓成林《日本影弘仁本〈文馆词林〉校注》卷第六百九十一，中国社会科学出版社2021年版，第699—671页。此敕文《隋书》《北史》之《杨秀传》也有载，主要内容大体相同，但文字则以此为完备，故引以为据。

盛极一时的崇尚符瑞之政治文化风尚。

综合上文所论，隋文帝杨坚"雅好符瑞"。自其图谋代周立国以至于统治之末，始终倡导、鼓励符瑞，以致"造作而进者，不可胜数"，当时汇集成《皇隋感应志》《国家祥瑞录》《舍利瑞应经》《灵异志》等一系列相关文献，侯白《旌异传》、徐同卿《通命论》，也是尊奉隋文帝之命而作，皆属此类著述。可见隋代符瑞文献数量极丰，前所未有。不仅如此，隋文帝注重符命瑞应的宣传、教育与引导，责成有司以此培训地方朝集使，使之流布全国，甚至还将有关文献译为梵文，向西域等境外地区传播，可谓史无前例。

隋文帝时期之符瑞纷繁复杂，然就其核心内容或主题而言，主要集中于其"受命之符"与"奉天承运"。至于相关符命之造作手段或方式，除了利用各类传统术数诸如相术、天文玄象等之外，隋文帝笃信佛教，利用佛教资源造作相关瑞应，特别在仁寿年间敕立舍利塔过程中，"踊瑞纷纶"，盛极一时。隋文帝之所以如此重视符命瑞应，究其原因，其中既有隋文帝的政治需求与文化因素，也与中古时代社会风尚相关。具体而言，一是隋文帝以阴谋窃夺之手段代周建隋，缺乏实际功业与声望，以符命缘饰其篡夺，进而论证其立国与统治之正当性，即所谓"恐黎元未惬，多说符瑞以耀之"。二是隋统治者肇始于北魏北部边镇，向无儒学之积累与根基，隋文帝"素无学术""素不悦学"，缺乏儒学修养，一度废学校，散生员，其"好为小数"，"不达大体"，故其推进佛教术数化，以此造作佛教瑞应。三是承继以往统治者喜好符瑞之传统，并结合其"素信鬼神"、尚巫筮的家族之底色。可以说，个人之文化素养与信仰，历史文化传统和现实的政治需求等诸因素相互作用，造成了隋文帝"雅信符应"，造成了盛极一时的符瑞文化现象。由此可以概言，倡导符瑞无疑是隋文帝的基本政治导向，而祥瑞纷呈则成为隋代社会与政治文化的一个显著特征。①

---

① （唐）朱敬则在《隋高祖论》（收入《全唐文》卷一七一）中批评隋文帝倡导符瑞云："高祖少爱不经之谈，遂好迂诞之说，所以王劭顺旨，袁充取容，赏溢邱山，恩深江海，岂不弊乎！又祥瑞者，圣人之应也，至若八百集于孟津，六王至于陵下，周人岐山之北，晋众江汉之南，负乐就陈，携手适宋，牛马内向，群盗外奔，宗社乂安，黎民不散，此瑞之上也。若乃连珠共轸，的皪清汉之涯，合璧齐辉，光芒黄道之上，四时不爽，百谷用成，家有孝慈，人怀礼义，此善之应也。至如白鹿朱雁，璚露卿云，鸠雀异毛，草木殊状，此并沐我皇泽，煦我帝春，圣人圆城之中，天子生成之物，岂足表太平之日，显休明之辰。而隋主好之，意不能尽，遂令巧伪相半，何其薄哉！近石虎之有中原也，羶胡髡羯，牧马驱羊，子女殁于淫昏，文物尽于锋镝，犹得厌六马，驾四麟，燃连理之材，煮白雉之肉，若天道不惑，应降以灾，由斯而谈，断可知矣。隋之眷眷，复何为哉！"

隋炀帝之"好祥瑞"与"信邪道"

隋炀帝杨广作为中国历史上声名显赫的一代"暴君",其相关研究较为深入,成果颇多。不过,就隋代政治文化而言,有关隋炀帝之"好祥瑞"与"信邪道"问题,则少有专论,应作专题考察,以期深化对隋代统治集团崇尚瑞应风习及其原因、影响等问题的认识与理解,进而揭示隋统治集团的相关政治文化风貌与特征。

一 隋炀帝"好祥瑞"及对其军政之影响

(一) 隋炀帝倡导符瑞

对隋炀帝为政行事之崇尚符瑞,唐太宗曾有讥讽之言,《通鉴》卷一九三贞观二年载:

> 尝有白鹊构巢于寝殿槐上,合欢如腰鼓,左右称贺。上曰:"我常笑隋炀帝好祥瑞。瑞在得贤,此何足贺!"命毁其巢,纵鹊于野外。

又,《唐会要》卷二八载:"显庆四年八月二十五日,司勋员外郎源行守家毛桃树生李桃,太子詹事李宽等上表陈贺。上谓侍臣曰:'凡厥休祥,虽云美事,若其不实,取笑后人。朕尝见先朝说隋炀帝好闻祥瑞,尝有野雀集于殿上,校尉唱云:此是鸾鸟。有卫士报云:

村野之中，大有此物。校尉乃答卫士，仍奏为鸾，炀帝不究真虚，即以为瑞，仍名此殿为仪鸾，嗤笑至今未弭。"作为一代明君，唐太宗李世民深谙治道，他"常笑隋炀帝好祥瑞"，引以为戒，并以此训导唐高宗。可见隋炀帝之喜尚符瑞，影响甚著，值得关注。

检点史籍可见，隋炀帝即位后即着力倡导符瑞。《隋书》卷五八《许善心传》载：

> 太史奏帝即位之年，与尧时符合，善心议，以国哀甫尔，不宜称贺。（宇文）述讽御史劾之，左迁给事郎，降品二等。

所谓"太史奏帝即位之年，与尧时符合"，即袁充所进天象瑞应，时值炀帝即位之初，隋文帝过世未久，故儒者许善心"以国哀甫尔，不宜称贺"。然宇文述深知炀帝心意，"讽御史劾之"，将许善心"左迁给事郎，降品二等"。可见炀帝崇尚祥瑞，大力倡导。

上有所好，下必甚焉。隋炀帝继位后，祥瑞纷呈。《隋书》卷三《炀帝纪上》载大业三年正月丙子，"长星竟天，出于东壁，二旬而止。是月，武阳郡上言，河水清"①；二月己丑，"彗星见于奎，扫文昌，历大陵、五车、北河，入太微，扫帝坐，前后百余日而止"；四年五月壬申，"蜀郡获三足乌，张掖获玄狐，各一"。其实，这类祥瑞皆为臣属揣度上意，附和奉承。《通鉴》卷一八〇大业二年载隋炀帝"议定舆服、仪卫制度"，何稠为太府少卿，"使之营造"：

> 课州县送羽毛，民求捕之，网罗被水陆，禽兽有堪氅毦之用者，殆无遗类。乌程有高树，踰百尺，旁无附枝，上有鹤巢，民欲取之，不可上，乃伐其根；鹤恐杀其子，自拔氅毛投于地，

---

① 《隋书》卷二三《五行志下》"火沴水"条下载："大业三年，武阳郡河清，数里镜澈。十二年，龙门又河清。后二岁，大唐受禅。"这里的"河清"之瑞，原本为隋炀帝之征祥，后来又作为唐兴之征兆。

时人或称以为瑞，曰："天子造羽仪，鸟兽自献羽毛。"所役工十万余人，用金银钱帛巨亿计。帝每出游幸，羽仪填街溢路，亘二十余里。①

鹤之"自拔氅毛投于地"的情况，绝非真实，所谓"时人或称以为瑞"，曲解为"天子造羽仪，鸟兽自献羽毛"，无疑出于刻意编造。

又，《隋书》卷七七《隐逸·崔廓传附子崔赜传》载：

> 大业四年，从驾汾阳宫，次河阳镇。蓝田令王昙于蓝田山得一玉人，长三尺四寸，著大领衣，冠帻，奏之。诏问群臣，莫有识者，赜答曰："谨按汉文以前，未有冠帻，即是文帝以来所制作也。臣见魏大司农卢元明撰《嵩高山庙记》云，有神人，以玉为形，像长数寸，或出或隐，出则令世延长。伏惟陛下应天顺民，定鼎嵩、洛，岳神自见。臣敢称庆。"因再拜，百官毕贺，天子大悦，赐缣二百匹。

对"蓝田山得一玉人"，崔廓以为神人出"则令世延长"，称颂炀帝"应天顺民，定鼎嵩、洛，岳神自见"，以致"天子大悦"，完全是一种欺骗行为。又，《大业杂记》载：

> （大业七年）六月，东都永康门内会昌门东，生芝草百二十茎，散在地，周十步许。紫茎白头，或白茎黑头；或有枝，

---

① 《隋书》卷三《炀帝纪上》载大业二年三月庚午，"车驾发江都。先是，太府以卿何稠、太府丞云定兴盛修仪仗，于是课州县送羽毛。百姓求捕之，网罗被水陆，禽兽有堪氅毦之用者，殆无遗类。至是而成"。又，《隋书》卷七二《孝义·华秋传》载华秋为汲郡临河人，"幼丧父，事母以孝闻"，母终后，"庐于墓侧，负土成坟"，"大业初，调狐皮，郡县大猎。有一兔，人逐之，奔入秋庐中，匿秋膝下。猎人至庐所，异而免之。自尔此兔常宿庐中，驯其左右。郡县嘉其孝感，具以状闻。炀帝降使劳问，表其门闾。后群盗起，常往来庐之左右，咸相诫曰：'勿犯孝子。'乡人赖秋全者甚众"。此事虽是民间孝义感应，但与隋炀帝"调狐皮"营仪仗有关，也涉及其崇尚瑞应。

或无枝，亦有三枝如古出字者；地内根并如绵，大相连着。乾阳殿东上阁前槐树上生芝九茎，共本相扶而生，中茎最长，两边八茎相次而短，有如楼阁，甚洁白。虎贲郎将段文操留守，画图表奏。

九月，太原郡有献禾，一本三穗，长八尺，穗长三尺五寸，大尺围，芒穗皆紫色，鲜明可爱，自禾已上二尺余亦紫色。有老人年八十余，以素木匣盛之。赐物三十段，敕授嘉禾县令。①

可见大业中期，由于炀帝之倡导，诸地竞相献瑞。

大业后期，隋炀帝倡瑞不止。《通鉴》卷一八二大业十一年载：

有二孔雀自西苑飞集宝城朝堂前，亲卫校尉高德儒等十余人见之，奏以为鸾，时孔雀已飞去，无可得验，于是百僚称贺。诏以德儒诚心冥会，肇见嘉祥，擢拜朝散大夫，赐物百段，余人皆赐束帛；仍于其地造仪鸾殿。②

又，《隋书》卷二二《五行志上》"白眚白祥"条载：

大业十三年，西平郡有石，文曰："天子立千年。"百僚称

---

① （唐）杜宝撰，辛德勇辑校：《大业杂记辑校》，中华书局 2020 年版，第 235—236、236 页。
② 关于此祥瑞，多有记述，司马光《通鉴考异》曰："《杂记》云：'五年二月，马德儒奏孔雀为鸾。'今年月及姓皆从《略记》并温大雅《创业起居注》。"可见诸书皆载此事。《大唐创业起居注》卷一载李渊父子太原起事后攻克西河郡城，"唯有郡丞高德儒执迷不反"而被诛，"德儒即隋之见鸾人也，大郎、二郎等数之曰：'卿逢野鸟，谬道见鸾。佞惑隋侯，以为祥瑞。赵高指鹿为马，何相似哉。义兵今奖王室，理无不杀赵高之辈。'仍命斩焉"。又，《隋书》卷四《炀帝纪》载大业十二年二月"甲子夜，有二大鸟似雕，飞入大业殿，止于御幄，至明而去"。

贺。有识者尤之曰:"千年万岁者,身后之意也。今称立千年者,祸在非远。"明年而帝被杀。

可见大业之末,隋炀帝统治虽呈分崩瓦解之势,但依然鼓励内外朝臣呈奉瑞应。

特别要指出的是,隋炀帝自述祥瑞。《隋书》卷四《炀帝纪下》载大业八年三月隋炀帝亲征高丽,渡辽水进击过程中自述祥瑞:

> 乙未,大顿,见二大鸟,高丈余,皜身朱足,游泳自若。上异之,命工图写,并立铭颂。

又,《大业杂记》大业八年载:"帝征辽回,次于柳城郡之望海镇。出步观望,有大鸟二,素羽丹嘴,状同鹤鹭,出自霄汉,翻翔双下。高一丈四五尺,长八九尺,徘徊驯扰,翔舞御营。敕著作佐郎虞绰制《瑞鸟铭》以进,上命镌于其所。仍敕殿内丞阎毗图写其状,秘书郎虞世南上《瑞鸟颂》,敕令写于图首。"① 众所周知,对隋炀帝征伐辽东,当时举国上下反对者众,他意在通过此举,暗示其征讨高丽之正当与顺遂。出于这一动机,他就此大做文章,兴造舆论。《隋书》卷七六《文学·虞绰传》载虞绰为会稽余姚人,陈亡入隋,"晋王广引为学士",以"藩邸之旧",迁著作佐郎,"常居禁中,以文翰待诏,恩眄隆洽",一度深得隋炀帝宠信,"从征辽东,帝舍临海顿,见大鸟,异之,诏绰为铭"。其辞曰:

> 维大业八年,岁在壬申,夏四月丙子,皇帝底定辽碣,班师振旅,龙驾南辕,鸾旗西迈,行宫次于柳城县之临海顿焉。……少选之间,倏焉灵感,忽有祥禽,皎同鹤鹭,出自霄

---

① 前揭《大业杂记辑校》,第 237—238 页。

汉，翻然双下。高逾一丈，长乃盈寻，……鸾翔凤跱，鹊起鸿骞，或蹶或啄，载飞载止，徘徊驯扰，咫尺乘舆。不藉挥琴，非因拊石，乐我君德，是用来仪。斯固类仙人之骐骥，冠羽族之宗长，西王青鸟，东海赤雁，岂可同年而语哉！窃以铭基华岳，事乖灵异，纪迹邹山，义非尽美，犹方册不泯，遗文可观。况盛德成功，若斯懿铄，怀真味道，加此通感，不镌名山，安用铭异！臣敢稽首，敢勒铭云：

来苏兴怨，帝自东征，言复禹绩，乃御轩营。……凯歌载路，成功允铄，反斾还轩，遵林并壑。停舆海噬，驻跸岩阯，宵想遐凝，藐属千里。金台银阙，云浮岳峙，有感斯应，灵禽效祉。飞来清汉，俱集华泉，好音玉响，皓质冰鲜。狎仁驯德，习习翩翩，绝迹无泯，于万斯年。

对虞绰所作之异鸟祥禽之铭文，"帝览而善之，命有司勒于海上"①。

由上述可见，隋炀帝崇尚符瑞，极力倡导，每有进献，无不"百僚称贺"，"百官毕贺"，致使"天子大悦"，或厚加赏赐，或越级拔擢，促成此风弥漫，甚嚣尘上。

（二）隋炀帝以符瑞缘饰其军政决策

当时一些术士揣度隋炀帝心意，竞相献瑞以竞逐名利，其中最典型的是袁充。《隋书》卷六九《袁充传》载其陈郡阳夏人，世代寓居江左，"及陈灭归国，历蒙、郢二州司马。充性好道术，颇解占候，由是领太史令"。隋文帝时，他揣摩上意，一再呈奉天文符瑞，以"隋兴已后，日影渐长，曰：'……伏惟大隋启运，上感乾元，影短日长，振古未之有也。'上大悦，告天下。将作役功，因加程课，

---

① 隋炀帝出征高丽所见异鸟之时间，《隋书》本纪系于大业八年三月乙未，《虞绰传》所载铭文则述其时为大业八年四月丙子。

丁匠苦之"①。作为南人，袁充以隋文帝笃信符应，利用其占候之术，一再"希旨"进言，意在投机。②隋炀帝继位后，他变本加厉，大肆制造天文瑞应。《隋书》本传载：

> 仁寿四年甲子岁，炀帝初即位，充及太史丞高智宝奏言："去岁冬至，日影逾长，今岁皇帝即位，与尧受命年合。昔唐尧受命四十九年，到上元第一纪甲子，天正十一月庚戌冬至，陛下即位，其年即当上元第一纪甲子，天正十一月庚戌冬至，正与唐尧同。自放勋以来，凡经八上元，其间绵代，未有仁寿甲子之合。谨案：第一纪甲子，太一在一宫，天目居武德，阴阳历数并得符同。唐尧丙辰生，丙子年受命，止合三五，未若己丑甲子，支干并当六合。允一元三统之期，合五纪九章之会，共帝尧同其数，与皇唐比其踪。信所谓皇哉唐哉，唐哉皇哉者矣。"仍讽齐王暕率百官拜表奉贺。其后荧惑守太微者数旬，于时缮治宫室，征役繁重，充上表称"陛下修德，荧惑退舍"。百

---

① "日长影短"，首倡者为张胄玄，关涉历法修订。袁充于开皇末再"奏日长影短"，当时隋炀帝作为太子参与其事。《隋书》卷一八《律历志下》载："开皇二十年，袁充奏日长影短，高祖因以厥事付皇太子，遣更研详著日长之候。太子征天下历算之士，咸集于东宫。刘焯以太子新立，复增修其书，名曰《皇极历》，驳（张）正胄玄之短。太子颇嘉之，未获考验。焯为太学博士，负其精博，志解胄玄之印，官不满意，又称疾罢归。至仁寿四年，焯言胄玄之误于皇太子。"直到大业年间，刘焯攻击张胄玄历，"互相驳难，是非不决"，炀帝一度"召焯，欲行其历。袁充方幸于帝，左右胄玄，共排焯历。又会焯死，历竟不行"。关于此事，《隋书》卷一九《天文志上》亦载："及高祖践极之后，大议造历。张胄玄兼明揆测，言日长之瑞。有诏司存，而莫能考决。至开皇十九年，袁充为太史令，欲成胄玄旧事，复表曰：'开皇已后，日景渐长……以历数推之，开皇以来冬至，日在斗十一度，与唐尧之代，去极俱近。……伏惟大隋启运，上感乾元，影短日长，振古希有。'是时废庶人勇，晋王广初为太子，充奏此事，深合事宜。上临朝谓百官曰：'景长之庆，天之祐也。今太子新立，当须改元，宜取日长之意，以为年号。'由是改开皇二十一年为仁寿元年。此后百工作役，并加程课，以日长故也。皇太子率百官，诣阙陈贺。案日徐疾盈缩无常，充等以为祥瑞，大为议者所贬。"

② 入隋南人多有此类表现，经营术数以求仕进。通观当时入隋南人群体的相关活动，可以说"术士化"是一个重要的群体特征。对此，拙文《入隋南人群体之"术士化"及其原因》（刊于《中州学刊》2022年第8期）已有专题考论，敬请参观。

僚毕贺。帝大喜，前后赏赐将万计。时军国多务，充候帝意欲有所为，便奏称天文见象，须有改作，以是取媚于上。大业六年，迁内史舍人，从征辽东，拜朝请大夫、秘书少监，其后天下乱，帝初罹雁门之厄，又盗贼益起，帝心不自安。充复假托天文，上表陈嘉瑞，以媚于上曰："臣闻皇天辅德，皇天福谦，七政斯齐，三辰告应。伏惟陛下握录图而驭黔首，提万善而化八纮，以百姓为心，匪以一人受庆，先天罔违所欲，后天必奉其时。是以初膺宝历，正当上元之纪，乾元初九，又与天命符会。斯则圣人冥契，故能动合天经。谨按去年已来，玄象星瑞，毫厘无爽，谨录尤异，上天降祥、破突厥等状七事。"

袁充强调"玄象星瑞，毫厘无爽"，所言"上天降祥、破突厥等状七事"是：

其一，去年八月二十八日夜，大流星如斗，出王良北，正落突厥营，声如崩墙。其二，八月二十九日夜，复有大流星如斗，出羽林，向北流，正当北方。依占，频二夜流星坠贼所，贼必败散。其三，九月四日夜，频有两星大如斗，出北斗魁，向东北流。依占，北斗主杀伐，贼必败。其四，岁星主福德，频行京、都二处分野。依占，国家之福。其五，七月内，荧惑守羽林，九月七日已退舍。依占，不出三日，贼必败散。其六，去年十一月二十日夜，有流星赤如火，从东北向西南，落贼帅卢明月营，破其橦车。其七，十二月十五日夜，通汉镇北有赤气亘北方，突厥将亡之应也。依勘《城录》，河南洛阳并当甲子，与乾元初九爻及上元甲子符合。此是福地，永无所虑。旋观往政，侧闻前古，彼则异时间出，令则一朝总萃。岂非天赞有道，助歼凶孽，方清九夷于东猕，沉五狄于北溟，告成岱岳，无为汾水。

当时隋炀帝巡幸北部边镇，一度遭到突厥突利可汗围攻，故袁充所进"七事"，皆以天象说明突厥必败征兆，即所谓"天赞有道，助歼凶孽"。又以社会动乱，深知炀帝倾心洛阳，无意留居关中，以为洛阳"此是福地，永无所虑"。袁充以天文星象之"上瑞"，迎合附会隋炀帝心意，于是"书奏，帝大悦，超拜秘书令，亲待逾昵。帝每欲征讨，充皆预知之，乃假托星象，奖成帝意，在位者皆切患之"。袁充是隋代术士化朝臣的代表，以天文星象制作符瑞，对隋炀帝时期的军政决策影响巨大。① 自隋文帝仁寿年间以来，袁充地位骤升，与其造作符瑞之手段不无关系。②

由于隋炀帝重视符应，其重大军政决策与实施，皆以天文瑞应相缘饰，故其军政活动，必征引术士参与，寻求天文玄象之依据。诸术士之中，袁充之外，卢太翼影响颇著。《隋书》卷七八《艺术传》称卢太翼"以星历知名"，河间人，本姓章仇，"博综群书，爰及佛道，皆得其精微。尤善占候算历之术"。卢太翼早先依附太子杨勇，后隋文帝虽罚之为奴，但重其艺能，曾对炀帝称之曰："章仇

---

① 《隋书》卷六九分别记载王劭、袁充二人事迹，同为"术士化"高门士族代表。王劭制作符瑞数量极大，主要活跃于隋文帝时期，备受宠重，炀帝时期地位下降。《隋书》本传载："炀帝嗣位，汉王谅作乱，帝不忍加诛。劭上书曰：'臣闻黄帝灭炎，盖云母弟，周公诛管，信亦天伦。叔向戮叔鱼，仲尼谓之遗直，石碏杀石厚，丘明以为大义。此皆经籍明文，帝王常法。今陛下置此逆贼，度越前圣，含弘宽大，未有以谢天下。谨案贼谅毒被生民者也。是知古者同德则同姓，亦德则异姓，故黄帝有二十五子，其得姓者十有四人，唯青阳、夷鼓，与黄帝同为姬姓。谅既自绝，请改其氏。'劭以此求媚，帝依违不从。"袁充在隋文帝后期以天文星象造作符瑞，至隋炀帝时极受尊崇。二人地位的变化，与其造作符瑞之方式或不无关系。《隋书》卷六九传论有言："劭经营符瑞，杂以妖讹，充变动星占，谬增晷影。厚诬天道，乱常侮众，刑兹勿舍，其在斯乎！"王劭"杂以妖讹"，易受质疑，袁充假托天文玄象，"变动星占，谬增晷影"，更有迷惑之效。此外，王劭炮制符瑞无数，以神话、粉饰隋文帝的统治，但未预具体军政事务，袁充则以此位列宰辅，参与炀帝之军政决策，即所谓"帝每欲征讨，充皆预知之，乃假托星象，奖成帝意"，以致"在位者切患之"。

② 祥瑞有等次分别，《通鉴》卷一九三唐太宗贞观二年胡三省注引《仪制令》载："凡景星、庆云为大瑞，其名物六十有四；白狼、赤兔为上瑞，其名物三十有八；苍乌、朱雁为中瑞，其名物三十有二；嘉禾、芝草、木连理为下瑞，其名物十四。"天文星象自是最高等级之"大瑞"，故袁充等以此呈瑞，参决军政。

翼，非常人也，前后言事，未尝不中。吾来日道当不反，今果至此，尔宜释之。"炀帝即位后，军政谋划，多引其参决：

> 及炀帝即位，汉王谅反，帝以问之。答曰："上稽玄象，下参人事，何所能为？"未几，谅果败。帝常从容言及天下氏族，谓太翼曰："卿姓章仇，四岳之胄，与卢同源。"于是赐姓为卢氏。大业九年，从驾至辽东，……太翼所言天文之事，不可称数，关诸秘密，世莫得闻。①

可见炀帝继位初，突发汉王杨谅变乱，即问天文玄象于卢太翼。由其"所言天文之事，不可称数，关诸秘密，世莫得闻"，不难想见，炀帝所有重大军政决策必备为顾问，有所询问。

以天文玄象参决炀帝军政者，影响突出的还有入隋南人庾质与耿询。与袁充、卢太翼投机附和炀帝不同，二人以天文玄象进谏。庾质，《隋书》卷七八《艺术·庾季才传附庾质传》载其为周隋间著名术士庾季才之子，早传父业，"大业初，授太史令。操履贞悫，立言忠鲠，每有灾异，必指事面谏"。大业八年，"帝亲伐辽东，征诣行在所。至临渝谒见，帝谓质曰：'朕承先旨，亲事高丽，度其土地人民，才当我一郡，卿以为克不？'质对曰：'以臣管窥，伐之可克，切有愚见，不愿陛下亲行。'帝作色曰：'朕今总兵至此，岂可未见贼而自退也？'质又曰：'陛下若行，虑损军威。臣犹愿安驾住此，命骁将勇士指授规模，倍道兼行，出其不意。事宜在速，缓必无功。'帝不悦曰：'汝既难行，可住此也。'"庾质劝谏炀帝，"不愿陛下亲行"，"陛下若行，虑损军威"，既已出征，建议遣骁勇之士以"出其不意"，速战速决。应该说，庾质之谏深得军事之道，实为上策，惜炀帝固执己见，未加采纳。大业九年，炀帝"复征高丽，

---

① 《隋书》卷三四《经籍志三》著录："《风角》七卷，章仇太翼撰"；"《风角要候》一卷，章仇太翼撰"。

又问质曰：'今段复何如？'对曰：'臣实愚迷，犹执前见。陛下若亲动万乘，糜费实多。'帝怒曰：'我自行尚不能克，直遣人去，岂有成功也！'"大业十年十一月，隋炀帝"自西京将往东都，质谏曰：'比岁伐辽，民实劳敝，陛下宜镇抚关内，使百姓毕力归农。三五年间，令四海少得丰实，然后巡省，于事为宜。陛下思之。'帝不悦，质辞疾不从。帝闻之，怒，遣使驰传，锁质诣行在所。至东都，诏令下狱，竟死狱中"。庾质主张炀帝留守关中，调整政策，与民休息，此乃固本之道。当时由于炀帝一再征伐高丽，民怨鼎沸，如能力行变革，或可避免崩溃之势。但炀帝已丧失理性，弃离关中根本，强征高丽，终于导致局势进一步恶化，国祚覆灭。可见庾质参与了大业中后期一系列重大军政活动，他谏阻炀帝之决策，但不为所用，最终被迫害致死。

耿询，《隋书》卷七八《艺术·耿询传》载其丹阳人，"滑稽辩洽，伎巧绝人"，陈亡后入隋为官奴，制作浑天仪、马上刻漏等器物，"世称其妙"。炀帝即位后，"进欹器，帝善之，放为良民。岁余，授尚方署监事。七年，车驾东征，询上书曰：'辽东不可讨，师必无功。'帝大怒，命左右斩之，何稠苦谏得免。及平壤之败，帝以询言为中，以询守太史丞"。耿询以术艺得炀帝信重，但他反对征伐高丽，以为"辽东不可讨，师必无功"，表明耿询深明军政之道，不以术数相附和，敢于直言进谏。[①]

二 隋炀帝"专信邪道"与其军政之关系

细致考察隋炀帝之内外军政与日常活动，可见其不仅崇尚祥瑞

[①] （唐）杜宝撰，辛德勇辑校：《大业杂记辑校》（中华书局2020年版）大业五年载："耿询造浑仪成，进之。帝召太史令袁充、少府监何稠等检验，三辰度数，昼夜运转，毫厘不差。帝甚嘉之，赐物一百段，欲用为太史令。询闻之，笑曰：'询故未合得此官，六十四五，所不论耳，然得太史令即命终。'后宇文化及篡逆，询为太史令。询知化及不识，谋欲归唐，事觉被害，时年六十五。观询之艺能数术，盖亦张衡、郭璞之流。"（第224—225页）

感应，而且颇重符谶、诅咒等巫筮术数，皆为导致政乱国亡的歪门邪道。对此，唐太宗李世民曾有过明确的严厉批评，深以为诫。《贞观政要》卷六"慎所好"载：

> 贞观四年，太宗曰："隋炀帝性好猜防，专信邪道，大忌胡人，乃至谓胡床为交床，胡瓜为黄瓜，又筑长城以备胡，终被宇文化及使令狐行达杀之。又诛戮李金才，及诸李殆尽，卒何所益？且君天下者，惟须正身修德而已。此外虚事，不足在怀。"①

唐太宗直言斥责隋炀帝"专信邪道"。这里所言之"邪道"，主要表现为以名词称谓、言语诅咒等方式应对边境民族危机与统治集团内部的相互残害。与此相关，炀帝大量招揽方术之士，《大业杂记》大业元年载东都洛阳承福门即东城南门翻经道场北有"道术坊，并是阴阳梵呪有道术人居之，向有百余家"②。

（一）利用术数以争夺太子位

作为统治人物，隋炀帝平生之权力争夺，多可见其利用巫筮术数以从事阴谋活动，特别在其争夺继嗣地位过程中，相关表现尤为突出。由相关记载可见，隋炀帝之得立嗣，一些相术之士发挥了一定作用。《隋书》卷二《炀帝纪上》载：

> 高祖密令善相者来和遍视诸子，和曰："晋王眉上双骨隆

---

① （唐）吴兢撰，谢保成集校：《贞观政要集校》卷六，中华书局2009年版，第333页。又前揭《大业杂记辑校》大业四年九月载："改胡床为交床，改胡瓜为白露黄瓜，改茄子为昆仑紫瓜。"（第220—221页）

② 前揭《大业杂记辑校》，第193页。

起，贵不可言。"①

又，《隋书》卷七八《艺术·韦鼎传》载"鼎少通侻，博涉经史，明阴阳逆刺，尤善相术"，陈亡入隋，隋文帝常以家事相询：

> 上又问鼎："诸儿谁得嗣？"答曰："至尊、皇后所最爱者，即当与之，非臣敢预知也。"上笑曰："不肯显言乎？"

韦鼎虽未明确建议以杨广为太子，但其所谓"至尊、皇后所最爱者，即当与之"，实际上已猜透了隋文帝与独孤后有意以杨广为太子，表达赞同之意。来和、韦鼎二位相术之士，在隋文帝更易太子过程中附和主上之意，表面上看不出他们与杨广是否有所交结，但不能排除他暗中联络这些文帝身边受宠之相术之士，利用他们为己进言。②隋炀帝极重相术，《旧唐书》卷一九一《方伎·乙弗弘礼传》载：

> 乙弗弘礼，贝州高唐人也。隋炀帝居藩，召令相己，弘礼跪而贺曰："大王骨法非常，必为万乘之主，诚愿戒之在得。"……帝见海内渐乱，玄象错谬，内怀忧恐，尝谓弘礼曰："卿昔相朕，其言已验。且占相道术，朕颇自知。卿更相朕，终当何如？"弘礼逡巡不敢答。帝迫曰："卿言与朕术不同，罪当

---

① 《通鉴》卷一七九隋文帝开皇二十年载此事，胡三省注曰："来和、韦鼎皆识帝于潜跃，故尤信之。"

② 关于隋炀帝信相术，《新唐书》卷八四《李密传》载："密趣解雄远，多策略，散家赀养客礼贤不爱藉。以荫为左亲卫府大都督、东宫千牛备身。额锐角方，瞳子黑白明澈。炀帝见之，谓宇文述曰：'左仗下黑色小儿为谁？'曰：'蒲山公李宽子密。'帝曰：'此儿顾盼不常，无入卫。'它日，述谕密曰：'君世素贵，当以才学显，何事三卫间哉！'密大喜，谢病去，感厉读书。"《隋书》卷六四《鱼俱罗传》载鱼俱罗为炀帝大将，曾受命领兵赴江南平乱，后图谋迎家属，"朝廷微知之，恐其有异志"，于是令大理司直梁敬真"就锁将诣东都"，"俱罗相表异人，目有重瞳，阴为帝之所忌。敬真希旨，奏俱罗师徒败衄，于是斩东都市，家口籍没"。由以上两例，可见炀帝平时注重观察部属相貌，并以此决定取舍。

死。"弘礼曰:"臣本观相书,凡人之相,有类于陛下者,不得善终。臣闻圣人不相,故知凡圣不同耳。"自是帝尝遣使监之,不得与人交言。

隋炀帝自称"占相道术,朕颇自知",表明他对相术等道术有所研习。他在争夺太子位及平生各重大军政环节,皆由术数寻求依据。

炀帝萧后通天文占候之学,以此向隋文帝夫妇进言晋王当立太子。《隋书》卷三六《后妃·炀帝萧皇后传》载:"后性婉顺,有智识,好学解属文,颇知占候。高祖大善之,帝甚宠敬焉。"[①]《隋书》卷四一《高颎传》载:"时太子勇失爱于上,潜有废立之意。谓颎曰:'晋王妃有神凭之,言王必有天下,若之何?'颎长跪曰:'长幼有序,其可废乎!'上默然而止。"由所谓"晋王妃有神凭之,言王必有天下",可见炀帝萧后有异能,能通神,常向隋文帝夫妇转述天神意旨,要求以炀帝为继嗣。[②]

隋炀帝得太子位后,暗中指使术士作法以求早登帝位。《隋书》卷七八《艺术·萧吉传》载其乃梁武帝兄长沙宣武王懿之孙,"博学多通,尤精阴阳算术",西魏时入北,隋文帝命其"考定古今阴阳书","见上好征祥之说,欲干没自进,遂矫其迹为悦媚焉"。太子杨勇"东宫多鬼魅,鼠妖数见。上令吉诣东宫,禳邪气",萧吉上言:"太子当不安位",时上阴欲废立,得其言是之。由是每被顾问。独孤后去世,萧吉"卜择葬所",炀帝请其作法:

[①] 《隋书》卷三六《后妃·炀帝萧皇后传》载:"炀帝萧皇后,梁明帝岿之女也。江南风俗,二月生子者不举。后以二月生,由是季父岌收而养之。……炀帝为晋王时,高祖将为王选妃于梁,遍占诸女,诸女皆不吉。岌迎后于舅氏,令使者占之,曰:'吉。'于是遂策为王妃。"可见萧皇后自幼深受巫筮文化风尚熏染。

[②] 关于萧后通术数,《隋书》卷六一《郭衍传》载郭衍开皇十年,"从晋王出镇扬州",为杨广故吏,后为洪州总管,"王有夺宗之计,托衍心腹,遣宇文述以情告之。……王因召衍,阴共计议。又恐人疑无故来往,托以衍妻患癭,王妃萧氏有术能疗之。以状奏高祖,高祖听衍共妻向江都,往来无度"。可见萧后有医疗之术。

> 退而告族人萧平仲曰:"皇太子遣宇文左率深谢余云:'公前称我当为太子,竟有其验,终不忘也。今卜山陵,务令我早立。我立之后,当以富贵相报。'吾记之曰:'后四载,太子御天下。'今山陵气应,上又临丧,兆益见矣。且太子得政,隋其亡乎!当有真人出治之矣。吾前给云卜年二千者,是三十字也;卜世二百者,取三十二运也。吾言信矣,汝其志之。"

对萧吉之以术数进言更易太子,炀帝表示"终不忘也",又以"今卜山陵,务令我早立"相求,可见其笃信占卜阴阳之术,并以之作为争夺权位的工具。

在隋文帝废立太子过程中,袁充也以天文之术进言,《隋书》卷四五《文四子·房陵王勇传》载:"太史令袁充进曰:'臣观天文,皇太子当废。'上曰:'玄象久见矣,群臣无敢言者。'"《隋书》卷六九《袁充传》也载:"时上将废皇太子,正穷治东宫官属,充见上雅信符应,因希旨进曰:'比观玄象,皇太子当废。'上然之。"袁充此举,就其个人而言,自是出于揣度隋文帝心意的投机心理,同时也当受到杨广之请托与利诱。

在内廷斗争中,隋炀帝常以巫蛊之术以行陷害。据《隋书》卷四五《文四子·房陵王勇传》,为促成隋文帝废黜太子杨勇,他收买、胁迫杨勇幸臣姬威,① 命其揭发杨勇种种无道言行,加以栽赃。姬威揭发杨勇"尝令师姥卜吉凶,语臣曰:'至尊忌在十八年,此期促矣。'高祖泫然曰:'谁非父母生,乃至于此!……'。于是勇及诸子皆被禁锢,部分收其党与。杨素舞文巧诋,锻炼以成其狱。勇由是遂败"。炀帝以此中伤、恶化杨勇与隋文帝之间的父子情感,最

---

① 《隋书》卷四五《文四子·房陵王勇传》载:"晋王又令段达私于东宫幸臣姬威,遗以财货,令取太子消息,密告杨素。于是内外喧谤,过失日闻。段达胁姬威曰:'东宫罪过,主上皆知之矣,已奉密诏,定当废立。君能告之,则大富贵。'威遂许诺。"在炀帝的收买、威逼下,作为太子杨勇幸臣的姬威揭发杨勇的种种无道言行,其中情节自然多有虚假不实之处,以此激怒隋文帝,进而决意废黜其太子位。

终促使文帝决意废立太子。①

隋炀帝又以类似手段迫害蜀王杨秀。《隋书》卷四五《文四子·庶人秀传》载杨广得立太子，"秀意甚不平"，言行异常，炀帝"恐秀终为后变，阴令杨素求其罪而谮之"。仁寿二年，杨秀还京师，文帝"令杨素、苏威、牛弘、柳述、赵绰等推治之"。实际上，杨秀所为多为炀帝暗中栽赃：

> 太子阴作偶人，书上及汉王姓字，缚手钉心，令人埋之华山下，令杨素发之。又作檄文曰："逆臣贼子，专弄威柄，陛下唯守虚器，一无所知。"陈甲兵之盛，云"指期问罪"。置秀集中，因以奏闻。

炀帝以巫术陷害蜀王杨秀，以致隋文帝大怒，将其废为庶人。至于炀帝所行巫蛊之具体细节，由隋文帝斥责杨秀之诏书可大体知晓：

> 皇太子，汝兄也，次当建立，汝假托妖言，乃云不终其位。妄称鬼怪，又道不得入官，自言骨相非人臣，德业堪承重器。妄道清城出圣，欲以己当之，诈称益州龙见，托言吉兆。重述木易之姓，更治成都之官，妄说禾乃之名，以当八千之运。横生京师妖异，以证父兄之灾，妄造蜀地征祥，以符己身之录。……鸠集左道，符书厌镇。汉王于汝，亲则弟也，乃画其形像，书其姓名，缚手钉心，枷锁杻械。仍云西岳华山慈父圣母神兵九亿万骑，收杨谅魂神，闭在华山下，勿令散荡。我之于汝，亲则父也，复云请西岳华山慈父圣母，赐为开化杨坚夫妻，回心欢喜。又画我形像，缚手撮头，仍云请西岳神兵收杨

---

① 《通鉴》卷一八〇隋文帝仁寿四年载隋炀帝即位后谋害废太子勇及其诸子，《通鉴考异》曰："《大业略记》云：'庶人勇八男，亦阴加酖害，恐其为厉，皆倒埋之。'"此事具体情节未必属实，但以此叙述隋炀帝对杨勇诸子处置之方式，其中涉及巫筮术数，与其一贯表现不无关联。

坚魂神。如此形状，我今不知杨谅、杨坚是汝何亲也。①

由隋文帝痛斥蜀王杨秀所行之巫蛊，颇为刻毒，相关术数实为隋炀帝暗中作法，以栽赃陷害。由此可见，隋炀帝之相关操作，一再实施并得逞，可谓驾轻就熟。

（二）以巫术打压关陇军政集团之豪门权贵

众所周知，隋文帝立国关中，延续了自西魏北周以来形成的关陇军政集团为核心的军政格局，维护关中本位政策。隋炀帝继位后，统治集团内部斗争日益激化，究其根源在于隋炀帝军政战略及其相关政策的变化，表现出一定的"去关中化"倾向，这在其用人导向方面表现得尤为明显。隋炀帝对一些关陇豪族权贵屡有迫害之举，在诛戮高颎、贺若弼等人后，相继对杨素、李浑等豪门加以打压。在此过程中，他多以术数为手段。②

具体就其清除杨素家族而言，南人术士萧吉揣度炀帝心意，在杨素死后，以符谶密奏陷害。《隋书》卷七八《艺术·萧吉传》载：

> 尝行经华阴，见杨素冢上有白气属天，密言于帝。帝问其故，吉曰："其候素家当有兵祸，灭门之象。改葬者，庶可免乎！"帝后从容谓杨玄感曰："公家宜早改葬。"玄感亦微知其故，以为吉祥，托以辽东未灭，不遑私门之事。未几而玄感以反族灭，帝弥信之。

---

① 这里节引《隋书》卷四五《文四子·蜀王秀传》所载隋文帝罪杨秀诏，又见林家骊、邓成林《日本影弘仁本〈文馆词林〉校注》（中国社会科学出版社 2021 年版）卷六九一《隋文帝答蜀王勅书》，二者基本内容相同，而《文馆词林》则文字丰富。

② 关于隋炀帝当政后疏离关陇之心态，《隋书》卷七《礼仪志二》载："既营建洛邑，帝无心京师，乃于东都固本里北，起天经宫，以游高祖衣冠，四时致祭。于三年，有司奏，请准前议，于东京建立宗庙。"可见隋炀帝即位后，即兴建东都洛阳，"无心京师"，决意疏离旧都。对待关陇旧人，则多加诛戮，《隋书》卷四《炀帝纪下》载其"猜忌臣下，无所专任，朝臣有不合意者，必构其罪而族灭之。故高颎、贺若弼先皇之膂，参谋帷幄，张衡、李金才藩邸惟旧，绩著经纶，或恶其直道，或忿其正议，求其无形之罪，加以刎颈之诛"。所列炀帝所诛之人物，多为关陇军政集团之核心人物。

萧吉密告杨素"冢上有白气属天",有兵祸"灭门之象",唯改葬庶可避祸。萧吉所言,与其对杨素的报复心理有关,《隋书》本传载其入北后,"吉性孤峭,不与公卿相沉浮,又与杨素不协,由是摈落于世,郁郁不得志"。又,《大业杂记》载一则轶事曰:

> 尚书令杨素于东都造宅,新成,僭于宫省。宅方三百步,门院五重,高斋曲池,时为冠绝。既而将入,遣人就卫尉少卿兰陵萧吉,请择良日。吉知其不终,必至祸败,在于此宅,乃以斗加书一卷,封付使人。此书全述死丧之事,极凶恶之书也,素焚于前庭。素宅内造沉香堂,甚精丽,新泥堂讫,闭之三日,后开视,四壁并为新血所洒,腥气触人。[1]

这也表明萧吉对杨素心存敌意,"知其不终,必至祸败",利用术数以行诅咒。可见作为入北萧梁皇族后裔,萧吉与当时关中大族权贵代表杨素"不协",以致仕途不畅,"摈落于世,郁郁不得志"。对此,萧吉自然心存嫉恨。

不过,更重要的是,萧吉此举在于附和隋炀帝,他深知炀帝对杨素及其家族的嫉恨心态。众所周知,自开皇中后期以来,杨素位高权重,《隋书》卷四八本传载:"时素贵宠日隆,其弟约、从父文思、弟文纪,及族父异,并尚书列卿。诸子无汗马之劳,位至柱国、刺史。家僮数千,后庭妓妾曳绮罗者以千数。第宅华侈,制拟宫禁。……亲戚故吏,布列清显,素之贵盛,近古未闻。"杨素家族无疑成为当时关陇军政集团中最显赫之权势门户。对此,隋文帝已心存忌惮,"上渐疏忌之,后因出敕曰:'仆射国之宰辅,不可躬亲细务,但三五日一度向省,评论大事。'外示优崇,实夺之权也"。开皇、仁寿之际,杨素参与炀帝夺嫡、继位等一系列宫闱密谋,成为炀帝的心头隐患,"素虽有建立之策,及平杨谅功,然特为帝所猜忌,外示殊礼,内情

---

[1] 前揭《大业杂记辑校》,第223页。

甚薄。太史言隋分野有大丧，因改封于楚。楚与隋同分，欲以此厌当之。素寝疾之日，帝每令名医诊候，赐以上药。然密问医人，恒恐不死。素又自知名位已极，不肯服药"。杨素"改封于楚"，即是炀帝以术数相厌胜；杨素病重，炀帝则"恒恐不死"。①《通鉴》卷一八二大业五年四月亦载："素恃功骄倨，朝宴之际，或失臣礼，帝心衔而不言，素亦觉之。及素薨，帝谓近臣曰：'使素不死，终当夷族。'"因此，萧吉所进密谶，无疑正是揣度炀帝心理以行构陷。

杨素子杨玄感等人对隋炀帝有意夷灭其族之心态，颇有感知，《隋书》卷六九《杨玄感传》载其"自以累世尊显，有盛名于天下，在朝文武多是父之将吏，复见朝纲渐紊，帝又猜忌日甚，内不自安，遂与诸弟潜谋废帝，立秦王浩"②。《隋书·艺术·卢太翼传》载大业九年，炀帝第二次征伐高丽时，以杨玄感驻守黎阳，督运军需，"太翼言于帝曰：'黎阳有兵气。'后数日而玄感反书闻，帝甚异之，数加赏赐"。杨玄感发动变乱，炀帝以天象问询庾质，《隋书·艺术·庾质传》载："既而礼部尚书杨玄感据黎阳反，兵部侍郎斛斯政奔高丽，帝大惧，遽而西还，谓质曰：'卿前不许我行，当为此耳。今者玄感其成事乎？'质曰：'玄感地势虽隆，德望非素，因百姓之劳苦，冀侥幸而成功。今天下一家，未易可动。'帝曰：'荧惑入斗如何？'对曰：'斗，楚之分，玄感之所封

---

① 《通鉴》卷一八〇隋炀帝大业二年七月元德太子昭薨，《通鉴考异》曰："《杂记》云：'初，太子之遘疾也，时与杨素同在侍宴，帝既深忌于素，并起二卮同至，传酒者不悟是药酒，错进太子，既饮三日而毒发，下血二斗余。宫人闻素平常，始知毒酒误饮太子，秘不敢言。太子知之，叹曰：'岂意代杨素死乎？命也！'数日而薨。后素亦竟以毒毙。'"对此，《考异》有按语指出："按他书皆无此说，盖当时人见太子与素相继薨，妄有此谣耳。"此说过于戏曲化，《大业杂记》载之恰与炀帝对杨素的忌恨心理相合。

② 关于杨玄感之谋划叛乱，《旧唐书》卷七七《杨纂传附杨弘礼传》载："弘礼，隋尚书令素弟之子也。父岳，大业中为万年令，与素子玄感不协，尝密上表称玄感必为乱。"杨岳密奏杨玄感"必为乱"，固然因与其侄杨玄感之"不协"，但应有一定的事实依据。又，《新唐书》卷八四《李密传》载杨素以李密有才学，"玄感遂倾心结纳。尝私密曰：'上多忌，隋历且不长，中原有一日警，公与我孰后先？'密曰：'决两阵之胜，噫呜咄嗟，足以詟敌，我不如公。揽天下英雄驭之，使远近归属，公不如我。'"可见以杨玄感为代表的关陇权贵子弟早有争夺统治地位之图谋。

也。今火色衰谢，终必无成。'"隋炀帝平定杨玄感之乱后，将关陇集团中一度最为显赫之弘农杨氏房支加以诛灭。

隋炀帝以图谶诛灭陇西豪族李氏。《隋书》卷三七《李穆传》载其"自云陇西成纪人，汉骑都尉陵之后也"，但实际上李穆起于北镇，宇文泰起事关中，"穆便委质"，功勋卓著，地位显赫。隋文帝有意代周，李穆作为并州总管，"所居天下精兵处"，"奉十三环金带于高祖，盖天子之服也。穆寻以天命有在，密表劝进"，"于是穆子孙虽在襁褓，悉拜仪同，其一门执象笏者百余人。穆之贵盛，当时无比"。隋文帝特下诏："自今已后，虽有愆罪，但非谋逆，纵有百死，终不推问。"可见周、隋两代，李穆及其家族是关陇军政集团的核心成员，贵盛无比。李穆第十子李浑字金才，曾为炀帝旧属，"晋王广出藩，浑以骠骑领亲信，从往扬州"，炀帝即位后，为右骁卫大将军。李浑为争夺家族嫡嗣，曾请托其妻兄宇文述，表示"若得袭封，当以国赋之半每岁奉公"，然李浑得嗣"二岁之后，不以俸物与述"，宇文述以"我竟为金才所卖，死且不忘"，以所谓"李氏应为天子"之谶相构陷：

> 后帝讨辽东，有方士安伽陀，自言晓图谶，谓帝曰："当有李氏应为天子。"劝尽诛海内凡姓李者。述知之，因诬构浑于帝曰："伽陀之言，信有征矣。臣与金才夙亲，闻其情趣大异，常日数共李敏、善衡等，日夜屏语，或终夕不寐。浑大臣也，家代隆盛，身捉禁兵，不宜如此。愿陛下察之。"帝曰："公言是矣，可觅其事。"

宇文述受命罗织其事，"于是诛浑、敏等宗族三十二人，自余无少长，皆徙岭外"①。《隋书·李穆传附李敏传》载其为李穆弟崇之子，隋文帝"以其父死王事，养宫中者久之。……开皇初，周宣帝后封

---

① 《隋书》卷四《炀帝纪下》载大业十一年"五月丁酉，杀右骁卫大将军、光禄大夫、郕公李浑，将作监、光禄大夫李敏，并族灭其家"。

乐平公主，有女娥英，妙择婚对，敕贵公子集弘圣宫者，日以百数。……至敏而合意，竟为婚媾"。故李敏大业初为卫尉卿，摄屯卫将军，"杨玄感反后城阙大兴，敏之策也"，这必然引起猜忌：

> 时或言敏一名洪儿，帝疑"洪"字当谶，尝面告之，冀其引决。敏由是大惧，数与金才、善衡等屏人私语。宇文述知而奏之，竟与浑同诛，年三十九。其妻宇文氏，后数月亦赐鸩而终。①

由上述可见，对作为关陇集团武力强宗的李氏家族，隋炀帝当早有猜忌，借由术士安伽陀所谓"当有李氏应为天子"之谶言，对其家族代表人物大肆诛杀。②

有关"李氏当王"之符谶，牵涉李渊家族。《大唐创业起居注》卷一载："大业初，帝为楼烦郡，时有望气者云'西北乾门有天子气连太原，甚盛。'故隋主于楼烦置宫，以其地当东都西北，因过太原，取龙山风俗道，行幸以厌之云。后又拜代王为郡守以厌之。"③《通鉴》卷一八二大业九年八月载隋炀帝以李渊留守弘化郡，"关右十三郡兵皆受征发。渊御众宽简，人多附之。帝以渊相表奇异，又名应图谶，忌之。未几，征诣行在所，渊遇疾未谒，其甥王氏在后宫，帝问曰：'汝舅来何迟？'王氏以疾对，帝曰：'可得死否？'渊闻之，惧，因

---

① 关于隋代"'洪'字当谶"，起自隋文帝杨坚，《通鉴》卷一八二隋炀帝大业十一年载："初，高祖梦洪水没都城，意恶之，故迁都大兴。"炀帝因"李氏当为天子"，又以李敏小名"洪儿"，故"疑其名应谶"。又，《隋唐嘉话》卷上载："隋文帝梦洪水没城，意恶之，乃移都大兴。术者云：'洪水，即唐高祖之名也。'"

② 《隋书》卷三七传末"史臣曰"有论云："李穆、梁睿，皆周室功臣，高祖王业初基，俱受腹心之寄。……穆之子孙，特为隆盛，朱轮华毂，凡数十人，见忌当时，祸难遄及。得之非道，可不戒欤！"这也指出李穆家族子孙"特为隆盛"，可见隋炀帝打压关陇集团豪族的动机。

③ （唐）温大雅撰，仇鹿鸣笺证：《大唐创业起居注笺证》，中华书局2022年版，第21页。相关记载颇多，《册府元龟》卷二一载"大业十三年，望气者云'龙门有天子气连太原，甚盛'，故炀帝置离宫，数游汾阳以厌之"。又，《太平广记》卷一三五引《感定录》载："隋末望气者云'乾门有天子气连太原，甚盛'。故炀帝置离宫，数游汾阳以厌之。后唐高祖起义兵汾阳，遂有天下。"隋末刘武周便借此谶而起事楼烦，《大唐创业起居注》卷一载大业十三年二月己丑，"马邑军人刘武周杀太守王仁恭，据其郡而自称天子，国号定杨。武周窃知炀帝于楼烦筑宫厌当时之意，故称天子，规以应之"。

纵酒纳赂以自晦。"①《大唐创业起居注》卷一载李渊受命留守晋阳以抵御突厥，"自以姓名著于图录，太原王气所在，虑被猜忌，因而祸及，颇有所晦"②。《旧唐书》卷一《高祖纪》载唐高祖武德元年八月诏令曰："隋右骁卫大将军李金才、左光禄大夫李敏，并鼎族高门，元功世胄，横受屠杀，朝野称冤。然李氏将兴，天祚有应，冥契深隐，妄肆诛夷。朕受命君临，志存刷荡，申冤旌善，无忘寤寐。"上述所谓隋炀帝以李渊"相表奇异"，"名应谶，忌之"，并诅咒其因疾而死，可见李渊当时由于"应谶"而深受猜忌之情形。③

---

① 隋炀帝与李渊甥女王氏的这一段对话，新旧《唐书》之《高祖纪》皆有所载，此处因文意叙述之便，引《通鉴》而述之。
② 前揭《大唐创业起居注笺证》，第14页。
③ 隋唐更替之际，由于"李氏当王"之符谶流传甚广，李渊等豪杰皆以此兴造舆论，以争夺神器。《旧唐书》卷五七《许世绪传》载："大业末，为鹰扬府司马。见隋祚将亡，言于高祖曰：'天道辅德，人事与能，蹈机不发，必贻后悔。今隋政不纲，天下鼎沸，公姓当图箓，名应歌谣，握五郡之兵，当四战之地。若遂无他计，当败不旋踵。未若首建义旗，为天下唱，此帝王之业也。'高祖甚奇之，亲顾日厚。"《旧唐书》卷一八七上《忠义上·夏侯端传》载："夏侯端，寿州寿春人，梁尚书左仆射详之孙也。仕隋为大理司直，高祖龙潜时，与其交结。大业中，高祖帅师于河东讨捕，乃请端为副。时炀帝幸江都，盗贼日滋。端颇知玄象，善相人，说高祖曰：'金玉床摇动，此帝座不安。参墟得岁，必有真人起于实沉之次。天下方乱，能安之者，其在明公。但主上晓察，情多猜忍，切忌诸李，强者先诛，金才既死，明公岂非其次？若早为计，则应天福，不然者，则诛矣。'高祖深然其言。"《旧唐书》卷一八九上《儒学上·张后胤传》载："张后胤，苏州昆山人也。父冲，有儒学，隋汉王谅出牧并州，引为博士。后胤从父在并州，以学行见称。时高祖镇太原，引居宾馆。太宗就受《春秋左氏传》。……贞观中，后胤上言：'陛下昔在太原，问臣：隋氏运终，何族当得天下？臣奉对：李姓必得。公家德业，天下系心，若于此首谋，长驱关右，以图帝业，孰不幸赖！此实微臣早识天命。'太宗曰：'此事并记之耳。'因诏入赐宴，言及平昔，……太宗甚悦，赐良马五匹，……迁国子祭酒，转散骑常侍。"《册府元龟》卷七载李渊太原起事前，李世民"从在军中，知隋祚将亡，潜图为义举，欲以安天下"，一再进言，其中称"世传李氏姓当图录，李金才位望隆贵，一朝族灭。大人能平贼，即有功，当不赏，以此求活，可恃乎？"又，李密等人利用此谶，《大唐创业起居注》卷二载李密投附翟让后据有洛口诸粮仓，称魏公，"隋主以李氏当王，又有《桃李之歌》，谓密应于符谶，故不敢西顾，尤加惮之"。《旧唐书》卷三七《五行志》载："隋末有谣云：'桃李子，洪水绕杨山。'炀帝疑李氏有受命之符，故诛李金才。后李密据洛口仓以应其谶。"《通鉴》卷一八三隋恭帝义宁元年综以上夏侯端、许世绪之言，又载当时李密在关东，"自恃兵强，欲为盟主"，李渊则复书虚以应对，其中有言"欣戴大弟，攀鳞附翼，唯弟早膺图箓，以宁兆民"，以致"密得书甚喜，以示将佐曰：'唐公见推，天下不足定矣！'自是信使往来不绝"。（唐）韩昱《壶关录》载李密称魏公后，令祖君彦作书布告天下，其中称"我魏公聪明神武，齐圣广渊，总七德在躬，包九功而挺秀。……加以姓符图录，名协歌谣，六合所以归心，三灵所以改卜"。又，《新唐书》卷八六《李轨传》载凉州姑臧人李轨，为武威鹰扬府司马，薛举起事金城，李轨与同郡曹珍、关谨、梁硕、李赟、安修仁等谋议，"众允其谋，共举兵，然莫适敢主。曹珍曰：'我闻谶书，李氏当王。今轨贤，非天启乎！'遂共降拜以听命"。可见当时多有以李姓应谶而制造舆论的情况。

又,《隋书》卷七九《外戚·萧岿传萧琮传》载其本为后梁国君,国废而入隋,以萧皇后兄弟,炀帝一度对之"甚见亲重"。不过,萧琮颇为自负,并与关陇豪杰交往,以致谣谚传唱,形成舆论:

> 琮虽羁旅,见北间豪贵,无所降下。尝与贺若弼深相友善,弼既被诛,复有童谣曰:"萧萧亦复起。"帝由是忌之,遂废于家,未几而卒。

这种政治性"童谣",实际上是有组织编造、流传的一种社会舆论,传递着明确的政治信息。隋炀帝以"萧萧亦复起"影射萧琮之图谋不道,将其废禁,"未几而卒"。萧琮结局如此,关键在于他与贺若弼"深相友善",而贺若弼作为一代名将,在关陇军政集团中地位显赫,自隋文帝以来屡遭打压,终为炀帝诛杀,有关萧琮之"童谣"及其被废禁,根源当在此。①

此外,隋炀帝之弃离旧都长安,修筑洛阳等重大决策,多以巫筮术数行事。《通鉴》卷一八〇隋文帝仁寿四年载炀帝继位后,以术数决定修筑洛阳新都:

> 章仇太翼言于帝曰:"陛下木命,雍州为破木之冲,不可久居。又谶云:'修治洛阳还晋家。'"帝深以为然。十一月,乙未,幸洛阳,留晋王昭守长安。

这一记载出自《大业杂记》:

---

① 隋炀帝诛戮弘农杨氏、陇西李氏等鼎盛豪族与诸多关陇集团豪杰之士,就其用人导向而言,表现出对关陇军政集团的疏离倾向。对此,《通鉴》卷一八二载隋炀帝大业九年六月乙巳杨玄感于黎阳反,"署官属,皆准开皇之旧"。胡三省注曰:"不用帝所改官制";"复开皇旧制,以郡为州,以太守为刺史"。又,《新唐书》卷一《高祖纪》载武德元年八月庚子下诏赠高颎、贺若弼、薛道衡、宇文弼、董纯、李金才、李敏等人官爵,"诸遭隋枉杀而子孙被流放者,皆还之"。唐高祖李渊立国后即对隋炀帝所诛杀关陇集团人物平反,是对隋炀帝疏离关中本位的修正,表明其回归关陇本位之态度。

大业元年，敕有司于洛阳故王城东营建东京，……时有术人章仇太翼表奏云："陛下是木命人，雍州是破木之冲，不可久住。开皇之初，有童谣云：'修治洛阳还晋家。'陛下曾封晋王，此其验也。"帝览表，怆然有迁都之意。即日车驾往洛阳，改洛州为豫州。①

炀帝登基后即修建洛阳城，很快迁居新都，这自然涉及军政战略规划与地域观念变化，影响甚著，然其具体实施、推进则依据卢太翼所进之术数谶言。

隋炀帝日常生活也以巫术行事。《隋书》卷五九《炀三子·元德太子昭传》载：

炀帝即位，便幸洛阳宫，昭留守京师。大业元年，帝遣使者立为皇太子。……明年，朝于洛阳。后数月，将还京师，愿得少留，帝不许。拜请无数，体素肥，因致劳疾。帝令巫者视之，云："房陵王为祟。"未几而薨。

此乃隋炀帝家事与父子私情，在元德太子病危之际，"帝令巫者视之"，以为"房陵王作祟"，可见其日常生活笃信巫术。

对于隋炀帝崇信巫术，以之决策，可谓众所周知，故屡有臣属伙同巫筮之徒以术数相附会，以行欺骗，推诿职责。《隋书》卷二三《五行志下》"马祸"条下载："大业四年，太原厩马死者太半，帝怒，遣使案问。主者曰：'每夜厩中马无故自惊，因而致死。'帝令巫者视之。巫者知帝将有辽东之役，因希旨言曰：'先帝令杨素、史万岁取之，将鬼兵以伐辽东也。'帝大悦，因释主者。"由此可见，对隋炀帝大业年间征伐高丽的重大决策，不仅袁充等参议中枢的术士化朝臣有所"预知"，甚至连具体负责马政之官属和一般巫者也心知肚明，因而编造此符谶，以欺骗、讨好隋炀帝，从而逃避"太原

---

① 前揭《大业杂记辑校》，第190页。

厩马死者太半"之责罚。

隋炀帝喜好道术,早年坐镇江都,即招揽江南道士。《隋书》卷七七《隐逸·徐则传》载其东海郯人,以隐逸修道闻声江左,"晋王广镇扬州,知其名,手书召之",称其"履德养空,宗玄齐物,深明义味,晓达法门",于是延请至江都,"晋王将请受道法,则辞以时日不便"。其时徐则八十有一,不久死于江都,炀帝特下书称之,其中说"寡人钦承道风,久餐德素,频遣使乎,远此延屈,冀得虔受上法,式建良缘",并将徐则遗体送还天台山安葬。本传载:"是时自江都至于天台,在道多见则徒步,云得放还。"此类神异颇多,"晋王闻而益异之,赠物千段,遣画工图其状貌,令柳䛒为之赞"。徐则之外,"时有建安宋玉泉、会稽孔道茂、丹阳王远知等,亦行辟谷,以松水自给,皆为炀帝所重"。《旧唐书》卷一九二《隐逸·王远知传》载:"道士王远知,琅邪人也。祖景贤,梁江州刺史。父昙选,陈扬州刺史。……远知少聪敏,博综群书。初入茅山,师事陶弘景,传其道法。后又师事宗道先生臧兢。……及隋炀帝为晋王,镇扬州,使王子相、柳顾言相次召之,远知乃来谒见,斯须而须发变白,晋王惧而遣之,少顷又复其旧。"炀帝总管扬州以来,招揽、交结以徐则、王远知为代表的诸多江左著名道术之士,其主旨虽出于稳固江南统治的政治目的,但他有意"请受道法",当有其个人崇尚与喜好之因素。[①]

炀帝即位后,崇道尤甚。《隋书》卷三五《经籍志四》载:"大业中,道士以术进者甚众。其所以讲经,由以《老子》为本,此讲《庄子》及《灵宝》、《升玄》之属。其余众经,或言传之神人,篇卷非一。"又,《旧唐书》卷一九一《方伎·乙弗弘礼传》载:"炀帝即位,召天下道术人,置坊以居之,仍令弘礼统摄。"又,《旧唐书》卷一九一《方伎·薛颐传》载:"薛颐,滑州人也。大业中,

---

[①] 《通鉴》卷一八一隋炀帝大业六年载:"帝临朝凝重,发言降诏,辞义可观;而内存声色,其在两都及巡游,常以僧、尼、道士、女官自随,谓之为四道场。"又载其"每日于苑中林亭间盛陈酒馔",所设宴席,佞幸、宠妃之外,"僧、尼、道士、女官为一席",可见其对术数化之佛、道确实颇为喜好。

为道士。解天文律历，尤晓杂占。炀帝引入内道场，亟令章醮。"可见这些道士多通天文星占。《旧唐书》卷一九二《隐逸·王远知传》载："炀帝幸涿郡，遣员外郎崔凤举就邀之，远知见于临朔宫，炀帝亲执弟子礼，敕都城起玉清玄坛以处之。及幸扬州，远知谏不宜远去京国，炀帝不从。"隋炀帝崇尚道教炼丹之法，迷信长生之术，《通鉴》卷一八一大业八年载：

  初，嵩高道士潘诞自言三百岁，为帝合炼金丹。帝为之作嵩阳观，华屋数百间，以童男童女各一百二十人充给使，位视三品，常役数千人，所费巨万。云金丹应用石胆、石髓，发石工凿嵩高大石深百尺者数十处。凡六年，丹不成。帝诘之，诞对以"无石胆、石髓，若得童男女胆髓各三斛六斗，可以代之"。帝怒，锁诣涿郡，斩之。且死，语人曰："此乃天子无福，值我兵解时至，我应生梵摩天"云。①

隋炀帝受投机道士潘诞之蛊惑，"为之作嵩阳观"，"位视三品"，前后六年，"常役数千人，所费巨万"，以资助其"合炼金丹"，然终无成，以致恼羞成怒，将之处死。隋炀帝之所以受到潘诞愚弄，根本在于他崇信道术，具有强烈的寻求长生不死的愿望。②

---

 ① 前揭《大业杂记辑校》大业二年七月载："道士潘诞言能合不死之药，帝乃于嵩山造馆，名嵩阳馆。八年金丹不成，斩之。"（第215页）
 ② 隋炀帝援引道术入祭祀礼仪，《隋书》卷七《礼仪志二》载："大业中，炀帝因幸晋阳，遂祭恒岳。其礼颇采高祖拜岱宗仪，增置二坛，命道士女官数十人，于墠中设醮。十年，幸东都，过祀华岳，筑场于庙侧。事乃不经，盖非有司之定礼也。"炀帝祭祀，一再命道士、女官行仪，违背礼制，"事乃不经"。又，（唐）温大雅撰，仇鹿鸣笺证《大唐创业起居注笺证》（中华书局2022年版）卷一载："开皇初，太原童谣云：'法律存，道德在，白旗天子出东海。'常亦云：'白衣天子。'故隋主恒服白衣，每向江都，拟于东海。常修律令，笔削不停，并以采画五级木坛自随以事道。又有《桃李子歌》曰：'桃李子，莫浪语，黄鹄绕山飞，宛转花园里。'"（第46页）炀帝大业年间一再巡幸江都，其中原因颇多，但由此可见与其崇尚道术谶言也不无关系，其"恒服白衣，每向江都，拟于东海"，对大业政局及其政治命运影响甚著。

三 略析隋炀帝"好符瑞""信邪道"之缘由

前文考述隋炀帝杨广"好祥瑞",尚巫觋,"专信邪道"之具体表现及对其军政活动的影响。何以如此?需要对其相关缘由进行讨论,以明其根源。以下从家族传统(门风)与社会风尚(世风)两个方面略作分析。

首先,隋炀帝承继乃父"雅信符瑞"之遗风,深受其家族尚巫门风之浸淫。

众所周知,隋文帝可谓为中古时代崇尚祥瑞符应最著之君主。《隋书》卷二《高祖纪》"史臣曰"论其弊失云"雅好符瑞,暗于大道"。《贞观政要》卷一〇《论灾祥》第三十九载贞观六年唐太宗谓侍臣曰:

> 隋文帝深爱祥瑞,遣秘书监王劭著衣冠,在朝堂对考使焚香以读《皇隋感瑞经》,旧尝见传说此事,实以为可笑。夫为人君,当须至公理天下,以得万姓之欢心。昔尧、舜在上,百姓敬之如天地,爱之如父母。动作兴事,人皆乐之;发号施令,人皆悦之,此是大祥瑞也。自此后诸州所有祥瑞,并不用申奏。①

唐太宗批评隋文帝"深爱祥瑞",耳闻目睹,"实以为可笑"。宋人叶适《习学记言序目》卷三六论此,以为隋文帝造作符瑞,"王莽且死,犹随斗柄而坐,与此盖无异情也。此虽下愚小人无不能言,昧心则速祸,欺天则受罚;盖惧其非纯者,必与天为二故也。今行伪于天,而又挽以自同,既挟天以欺人,而又谓天为可欺,下愚小

---

① (唐)吴兢撰,谢保成集校:《贞观政要集校》,卷一〇《论灾祥》,中华书局2003年版,第521页。

人之不若，何耶？"指斥其愚弄民众，手段低劣，"下愚小人之不若"。隋文帝如此，与其窃夺之立国方式密切相关。《隋书》卷六《礼仪志一》载：

> 初帝既受周禅，恐黎元未愜，多说符瑞以耀之。其或造作而进者，不可胜数。仁寿元年冬至祠南郊，置昊天上帝及五方天帝位，并于坛上，如封禅礼。

又，《隋书》卷一七《律历志中》载：

> 时高祖作辅，方行禅代之事，欲以符命曜于天下。道士张宾，揣知上意，自云玄相，洞晓星历，因盛言有代谢之征，又称上仪表非人臣相。由是大被知遇，恒在幕府。

隋文帝"恐黎元未愜，多说符瑞以耀之"，"方行禅代之事，欲以符命曜于天下"，及至开皇、仁寿之际，此风达于极盛，成为隋代尤具特色的政治文化风尚。

与此相关，隋文帝迷信巫筮术数，《隋书》卷二五《刑法志》载：

> 帝以年龄晚暮，尤崇尚佛道，又素信鬼神。[①]

隋文帝"素信鬼神"，与其喜好符瑞混杂，交相感染，导致巫筮之风盛行。关于隋文帝迷信鬼神，考之史传，事例颇多。《隋书》卷三七《李穆传》载："时太史奏云，当有移都之事。上以初受命，甚难

---

① 隋统治者重视巫筮之事，官府中设置相关职员，以备顾问。《隋书》卷二八《百官志下》载太常寺专设太卜署，"太卜署有卜师，二十人。相士，十人。男觋，十六人。女巫，八人。太卜博士、助教，各二人。相博士、助教各一人"。太卜署当专司内外朝政之术数巫筮事务。

之。穆上表曰：'帝王所居，随时兴废，天道人事，理有存焉。……伏愿远顺天人，取决卜筮，时改都邑，光宅区夏……。'上素嫌台城制度迮小，又宫内多鬼祆，苏威尝劝迁，上不纳。遇太史奏状，意乃惑之。至是，省穆表，上曰：'天道聪明，已有征应，太师民望，复抗此请，则可矣。'遂从之。"可见隋文帝立国之初决意迁都，与其疑心"宫内多鬼妖"相关。又，《隋书》卷二四《食货志》载开皇十三年，杨素受命于岐州北造仁寿宫，"役使严急，丁夫多死疲敝颠仆者，推填坑坎，覆以土石，因而筑为平地。死者以万数。……后帝以岁暮晚日，登仁寿殿，周望原隰，见宫外燐火弥漫，又闻哭声。令左右观之，报曰：'鬼火。'帝曰：'此等工役而死，既属年暮，魂魄思归耶？'乃令洒酒宣敕，以咒遣之。自是乃息"①。又，《隋书》卷二二《五行志上》载："开皇中，掖庭宫每夜有人来挑宫人。宫司以闻。帝曰：'门卫甚严，人何从而入。当是妖精耳。'因戒宫人曰：'若逢，但斫之。'其后有物如人，夜来登床，宫人抽刀斫之，若中枯骨。其物落床而走，宫人逐之，因入池而没。明日，帝令涸池，得一龟，径尺余，其上有刀迹。杀之，遂绝。"又，《隋书》卷二三《五行志下》载："仁寿中，仁寿宫及长城之下，数闻鬼哭。"又，《隋书》卷六八《何稠传》载："仁寿初，文献皇后崩，与宇文恺参典山陵制度。稠性少言，善候上旨，由是渐见亲昵。及上疾笃，谓稠曰：'汝既曾葬皇后，今我方死，宜好安置。属此何益，但不能忘怀耳。魂其有知，当相见于地下。'上因揽太子颈谓曰：'何稠用心，我付以后事，动静当共平章。'"又，《隋书》卷六九《王劭传》载："其后上梦欲上高山而不能得，崔彭捧脚，李盛扶肘得上，因谓彭曰：'死生当与尔俱。'劭曰：'此梦大吉。上高山者，明高崇大安，永如山也。彭犹彭祖，李犹李老，二人扶持，实为长寿之征。'上闻之，

---

① 《隋书》卷四八《杨素传》载："寻令素监营仁寿宫，素遂夷山堙谷，督役严急，作者多死，宫侧时闻鬼哭之声。及宫成，上令高颎前视，奏称颇伤绮丽，大损人丁，高祖不悦。"

喜见容色。其年，上崩。未几，崔彭亦卒。"又，《隋书》卷七八《艺术·萧吉传》载："房陵王时为太子，言东宫多鬼魅，鼠妖数见。上令吉诣东宫，禳邪气。于宣慈殿设神坐，有回风从艮地鬼门来，扫太子坐。吉以桃汤苇火驱逐之，风出宫门而止。又谢土，于未地设坛，为四门，置五帝坐。于时至寒，有虾蟆从西南来，入人门、升赤帝坐，还从人门而出。行数步，忽然不见。上大异之，赏赐优洽。"诸如此类，可见隋文帝平生一贯迷信鬼神，晚年尤甚。①

就家族信仰而言，"素信鬼神"，可谓杨隋门风之"底色"或"本色"。据史传所载，杨氏家族人物之行事，多有相关之表现。如废太子杨勇，《隋书》卷四五本传载其深知失爱于父母，储君之位不保，"闻新丰人王辅贤能占候，召而问之。辅贤曰：'白虹贯东宫门，太白袭月，皇太子废退之象也。'以铜铁五兵造诸厌胜。又于后园之内作庶人村，屋宇卑陋，太子时于中寝息，布衣草褥，冀以当之"。《隋书》卷四七《柳机传附柳肃传》载柳肃曾为太子洗马，"学士刘臻尝进章仇太翼于宫中，为巫蛊事"，柳肃谏之，杨勇颇为不满，"自是后，言皆不用"②。秦王杨俊，《隋书》卷七八《艺术·许智藏传》载许智藏陈灭入隋，"少以医术自达"，"会秦孝王俊有疾，上驰召之。俊夜中梦其亡妃崔氏泣曰：'本来相迎，如闻许智藏将至，其人若到，当必相苦，为之奈何？'明夜，俊又梦崔氏曰：'妾得计矣，当入灵府中以避之。'及智藏至，为俊诊脉，曰：'疾

---

① 当然，对一些附会鬼神迷信的说辞，隋文帝也并非没有质疑，《隋书》卷七八《艺术·萧吉传》载："及献皇后崩，上令吉卜择葬所，吉历筮山原，至一处，云'卜年二千，卜世二百'，具图而奏之。上曰：'吉凶由人不在于地。高纬葬父，岂不卜乎？国寻灭亡。正如我家墓田，若云不吉，朕不当为天子；若云不凶，我弟不当战没。'然竟从吉言"。可见其对鬼神迷信与相关术数有所怀疑，但终究依之行事。

② 此段文字，节略其言，详见《隋书》卷四七《柳机传附柳肃传》所载："太子废，坐除名为民。大业中，帝与段达语及庶人罪恶之状，达云：'柳肃在宫，大见疏斥。'帝问其故，答曰：'学士刘臻尝进章仇太翼于宫中，为巫蛊事。肃知而谏曰：殿下帝之冢子，位当储贰，诚在不孝，无患见疑。刘臻书生，鼓摇唇舌，适足以相诳误，愿殿下勿纳之。庶人不怿，他日谓臻曰：汝何故漏泄，使柳肃知之，令面折我？自是后言皆不用。'帝曰：'肃横除名，非其罪也。'"可见杨勇笃信巫蛊术数。

已入心,郎当发痫,不可救也。'果如言,俊数日而薨"。隋炀帝次子齐王杨暕,《隋书》卷五九《炀三子·齐王暕传》载元德太子昭死后,"时国无储副,暕自谓次当得立。又以元德太子有三子,内常不安,阴挟左道,为厌胜之事"。杨暕为争名位,"阴挟左道,为厌胜之事"①。其他宗室人物,类似事例多有,《隋书》卷四四《滕穆王瓒传》载瓒妃宇文氏,"先时与独孤皇后不平,及此郁郁不得志,阴有呪诅。上命瓒出之,瓒不忍离绝,固请";瓒子纶,"以穆王之故,当高祖之世,每不自安。炀帝即位,尤被猜忌。纶忧惧不知所为,呼术者王琛而问之。琛答曰:'王相禄不凡。'乃因曰:'滕即腾也,此字足为善应。'有沙门惠恩、崛多等,颇解占候,纶每与交通,常令此三人为度星法。有人告纶怨望呪诅,帝命黄门侍郎王弘穷治之"。又,《隋书》卷四四《卫王杨爽传》载其为高祖异母弟,"高祖于诸弟中特宠爱之。……爽寝疾,上使巫者薛荣宗视之,……荣宗走下阶而毙。其夜爽薨,时年二十五"。其子集,"炀帝时,诸侯王恩礼渐薄,猜防日甚。集忧惧不知所为,乃呼术者俞普明,章醮以祈福助。有人告集呪诅,宪司希旨,锻成其狱,奏集恶逆,坐当死。……时滕王纶坐与相连,帝不忍加诛,……于是除名为民,远徙边郡"。诸如此类,其例甚多,可见隋宗室普遍崇尚巫术。②

---

① 《隋书》卷二二《五行志上》"金沴木"条也载:"大业中,齐王暕于东都起第,新构寝堂,其栿无故而折。时上无太子,天下皆以暕次当立,公卿属望。暕遂骄恣,呼术者令相,又为厌胜之事。堂栿无故自折,木失其性,奸谋之应也。天见变以戒之,暕不悟,后竟得罪于帝。"又,《隋书》卷五九《炀三子·齐王暕传》载:"暕妃韦氏者,民部尚书冲之女也,早卒。暕遂与妃姊元氏妇通,遂产一女。外人皆不得知。……召相工令遍视后庭,相工指妃姊曰:'此产子者当为皇后。王贵不可言。'……至是,事皆发,帝大怒,斩令则等数人,妃姊赐死,暕府僚皆斥之边远。"此后"暕每怀危惧,心不自安。又帝在江都宫,元会,暕具法服将朝,无故有血从袭中而下。又坐斋中,见群鼠数十,至前而死,视皆无头。暕意甚恶之。"可见杨暕之尚巫。

② 隋代文武朝臣也多信奉巫术,《隋书》卷六五《李景传》载其仁寿中,为检校代州总管,汉王杨谅并州起事,攻击代州,"先是,景府内井中甓上生花如莲,并有龙见,时变为铁马甲士。又有神人长数丈见于城下,其迹长四尺五寸。景问巫,对曰:'此是不祥之物,来食人血耳。'景大怒,推出之。旬日而兵至,死者数万焉"。李景遇事,随时问巫者,可见当时军中当配有巫,以备咨询。

其次，中古时期历代统治者普遍崇尚符瑞，隋炀帝深受此风之熏染。

中古时代，随着灾异、谶纬学说的流衍，两汉之际，王莽、刘秀皆重灾异、谶纬之学，以此粉饰其禅代；汉魏以降，历代统治者无不倡导符瑞，以昭示其天命所寄。当时王朝更替频繁，诸朝之立，名为禅让，实则窃夺，故多以符瑞相缘饰，以致史籍载录连篇累牍。《史通》卷八《内篇·书事》有论云："大抵近代史笔，叙事为烦。权而论之，其尤甚者有四。夫祥瑞者，所以发挥盛德，幽赞明王。至如凤凰来仪，嘉禾入献，秦得若雉，鲁获如麕。求诸《尚书》《春秋》，上下数千载，其可得言者，盖不过一二而已。爰及近古则不然。凡祥瑞之出，非关理乱，盖主上所惑，臣下相欺，故德弥少而瑞弥多，政逾劣而祥逾盛。是以桓、灵受祉，比文、景而为丰；刘、石应符，比曹、马而益倍。而史官征其谬论，录彼邪言，真伪莫分，是非无别。其烦一也。"刘知几批评汉、晋以来史书所载祥瑞纷杂，不合史体，如南朝之《宋书》《南齐书》便设《符瑞志》《祥瑞志》，以载录其事。不过，就史书记录求真、忠实之"史法""笔法"而言，诸书专设篇章载录符瑞现象之史实，则可谓"实录"——有关符瑞及其相关内容，确实已成为当时社会与政治文化的重要组成部分。

众所周知，诸王朝更替过程中，窃夺者无不刻意造作符瑞，诚如《隋书》卷三二《经籍志》所言："王莽好符命，光武以图谶兴，遂盛行于世。"正因为如此，当时统治者有组织地进行符瑞造作，《晋书》卷九九《桓玄传》载桓玄图谋代晋建楚："谓代谢之际，宜有祯祥，乃密令所在上临平湖开除清朗，使众官集贺。矫诏曰：'灵瑞之事，非所敢闻也，斯诚相国至德，故事为之应。太平之化，于是乎始，六合同悦，情何可言！'又诈云江州甘露降王成基家竹上。玄以历代咸有肥遁之士，而己世独无，乃征皇甫谧六世孙希之为著作，并给其资用，皆令让而不受，号曰高士，时人名为'充隐'。"由桓玄所谓"代谢之际，宜有祯祥"，可见这是当时王朝兴替必具之内容，于是他有意代晋，不惜"干纪乱常"，伪造符瑞。桓玄之谋篡，本有家世门第背景，尚且如此，其他出自寒微的南朝诸开国人物及出自异族的十六国北朝统治者，无不兴造符谶，蔚为风气，及至杨隋而臻于极盛状态。①

隋炀帝之"好符瑞""信邪道"，正是直接承袭隋文帝的相关政治文化遗产，深受其家族风尚与社会风尚浸淫之表现。《通鉴》卷一八五唐高祖武德元年三月载：炀帝"自晓占候卜相，好为吴语，常夜置酒，仰视天文，谓萧后曰：'外间大有人图侬，然侬不失为长城公，卿不失为沈后，且共乐饮耳！'因引满沈醉"。由炀帝之"自晓占候卜相"，"仰视天文"，可见其颇有相关术数修养。其为晋王时，便曾进献符瑞，《隋书》卷二《高祖纪下》载开皇十五年"秋七月乙丑，晋王广献毛龟"。杨广"献毛龟"，显然是刻意附和乃父之崇尚，以此投机争宠。其即位后，结集隋文帝时期之"灵异"，《隋书》卷五八《许善心传》载：

> 帝尝言及高祖受命之符，因问鬼神之事，敕善心与崔祖璿撰《灵异记》十卷。

---

① 隋书》卷三二《经籍志一》载隋代禁毁谶纬："及高祖受禅，禁之踰切。炀帝即位，乃发使四出，搜天下书籍与谶纬相涉者，皆焚之，为吏所纠者至死。自是无复其学，秘府之内，亦多散亡。"可见隋文帝、炀帝父子对于符谶之学"禁之踰切"，焚毁其典籍，以致"自是无复其学"。谶纬之术关乎政治兴废，王朝历数，历来以"秘术"视之。隋之禁废，在于限禁其流传，以防止其为别有用心者所利用，并不影响其自身随意操弄其术。对术艺之士，也是如此。《隋书》卷七八《艺术·庾季才传》载隋文帝得其进言，说："朕自今已后，信有天道矣。于是令季才与其子质撰《垂象》《地形》等志，上谓季才曰：'天地秘奥，推测多途，执见不同，或致差舛。朕不欲外人干预此事，故使公父子共为之也。'"可见隋文帝明确表示，"信有天道"，然"不欲外人干预此事"。因此，术艺之士稍有不慎，则受到怀疑与惩处。如庾质，大业初为太史令，"炀帝性多忌刻，齐王暕亦被猜嫌。质子俭时为齐王属，帝谓质曰：'汝不能一心事我，乃使儿事齐王，何向背如此邪？'质曰：'臣事陛下，子事齐王，实是一心，不敢有二。'帝怒不解，由是出为合水令"。可见隋炀帝对术士之猜忌、提防与控制，一切必为己所用。又，《隋书》卷七五《儒林·马光传》载："开皇初，高祖征山东义学之士，光与张仲让、孔笼、窦士荣、张黑奴、刘祖仁等俱至，并授太学博士，时人号为六儒。然皆鄙野，无仪范，朝廷不之贵也。……仲让未几告归乡里，著书十卷，自云此书若奏，我必为宰相。又数言玄象事。州县列上其状，竟坐诛。"可见开皇年间山东陋儒张仲让以"数言玄象事"而坐诛。

究其动机与目的，隋炀帝汇集文帝"受命之符"与"鬼神之事",[①]编撰《灵异记》，意在总结以往政治文化，并寻求发扬光大。

具体而言，隋炀帝作为承继嗣君，并非立国之主，之所以大力倡导祥瑞，与其夺嫡与继位过程中的相关活动密不可分，其戕害诸兄弟之阴谋恶毒，手段残忍，更何况史载隐晦的弑父行为，无不令人发指，严重违背普遍之社会道德、人伦纲常，内心自当有所不安；加之急于作为，兴举异常，难免出现种种对抗与负面社会舆论，自然顾虑"民心未服"，于是承继乃父之政治文化传统与家族术数信仰，利用祥瑞与巫筮术数以自我美化，提高声望，并作为其决策与施政之社会舆论基础。

综合全文所述，隋炀帝"好符瑞"，其继位后，即总结隋文帝时期之灵异，以示倡导，鼓励奉献；甚至自述祥瑞，大肆宣扬，以致瑞应纷呈。他援引术士以天文玄象参与重大军政决策，习以为常，成为其决策与施政的显著特点。在此过程中，以袁充为代表的术士化朝臣"预知"其军政意向，进而"假托星象，奖成帝意"；对品格"忠鲠"以天文相谏的术艺人物，则加以排斥与打压。隋炀帝"专信邪道"，利用各类巫筮术数开展阴谋活动，无论其个人权位，还是朝廷斗争，无不如此。在其夺嫡争嗣、骨肉相残与打击关陇军政豪族等诸多重大政治斗争中，巫筮之徒以相术、阴阳占卜、蛊惑诅咒、图谶谣言等手段运作其事。隋炀帝还迷信道术，豢养道士，炼制金丹，以求长生不死。考察隋炀帝之施政与生活，确实充盈着"好符瑞"与"信邪道"之气息，造成了严重的社会危害。究其缘由，与其深受家族门风、中古普遍社会风尚之熏染浸淫，特别是承继隋文帝"雅信符瑞"之政治文化风尚密切相关。

[①] 《隋书》卷三《炀帝纪上》载大业三年六月丁亥炀帝诏中有言："咸以为高祖文皇帝受天明命，……嘉瑞休征，表里禔福，猗欤伟欤，无得而名者也。"此诏称颂乃父"受天明命"与"嘉瑞休征"，强调隋之立国自承天命，具有天理依据。

隋文帝灭陈之初江南佛教之遭际

开皇九年（589），隋文帝杨坚兴师灭陈，结束了自西晋末年以来历时约三个世纪的南北分裂局面。陈隋兴替关乎南北统一，为中国古代历史进程中一大关节点，尤为历代史家所关注。不过，历经数百年的民族纷争与分裂割据，南北地域社会一度处于较为充分的"自主"发展状态，以致在民族融合、政治经济制度、思想文化、社会风尚等方面都呈现出不同的面貌。这种长时间南北分治所形成的地域社会差异，必然在一定的历史时期内深刻地影响着人们的社会文化心理与地域社会认同。在此过程中，中古时代佛教及其僧俗信徒的态度与倾向也从一个侧面体现着当时社会的相关状况，应当引起人们的关注。汉魏以降，佛教在中国的广泛传播及其本土化取得了重大进展，由于当时南北朝之间的社会文化风尚的诸多差异，南北佛教之生存状况、信仰与传教方式、学风取向等也呈现出不同的旨趣。对此，前辈学者如汤用彤、钱穆等已多有精辟之论述。然隋文帝兴师灭陈及其统一之初，在军事征服和厉行高压过程中，并未充分考虑包括佛教在内的南北社会及其文化的差异，难免举措失当，引发江南地域豪族暴乱与社会动荡。那么，隋文帝灭陈之初，江南地域佛教之遭遇及其影响如何？隋文帝如何调整政策以开启此后南北佛教融通之局面？此事关乎南北社会整合与统一格局之稳定，意义重大。有鉴于此，这里拟就隋文帝灭陈之初江南地域佛教之遭遇及隋文帝相关政策之调适略作专题考论。

一 隋灭陈过程中江南佛教遭受之冲击

隋朝统治者在以武力征服南方过程中及获得灭陈战争胜利后，出于关陇军政本位和控制南方局势的考虑，采取了一系列震慑江南地域社会的军政措施，如摧毁南朝旧都建康，"诏建康城邑宫室，并平荡耕垦，更于石头置蒋州"①，"戎旅军器，皆宜停罢"，"人间甲仗，悉皆除毁"②。此外，在南方强力推行社会变革，如整肃法治、变更官员、移易风俗、清查户籍等，《北史》卷六三《苏绰传附苏威传》载：

> 寻令持节巡抚江南，得以便宜从事。过会稽，踰五岭而还。江表自晋已来，刑法疏缓，代族贵贱，不相陵越。平陈之后，牧人者尽改变之，无长幼悉使诵五教。威加以烦鄙之辞，百姓嗟怨。使还，奏言江表依内州责户籍。上以江表初平，召户部尚书张婴，责以政急。

以上所谓"平陈之后，牧人者尽改变之"，即地方官长皆以北人为之；所谓"无长幼悉使诵五教"，即强行改变江南地域社会风尚；所谓"江表依内州责户籍"，即在江南实行户籍清查。关陇集团为政作风雷厉风行，隋文帝严加督促，即所谓"责以政急"。隋文帝在统一之初，对江南如此管控，完全没有考虑南方长期"自治"所形成的地域社会制度与文化特点，极大地触犯了江南豪族的实际利益与民众的感情，从而引发了地域社会激烈对抗与冲突。

毋庸讳言，隋文帝及其所代表的关陇军政集团依仗其武力，素来对江南地域社会文化风尚怀有轻视之意。《隋书》卷一四《音乐志中》载："开皇二年，齐黄门侍郎颜之推上言：'礼崩乐坏，其来

---

① 《资治通鉴》卷一七七隋文帝开皇九年二月条。
② 《隋书》卷二《高祖纪下》。

自久。今太常雅乐,并用胡声,请凭梁国旧事,考寻古典。'高祖不从。曰:'梁乐亡国之音,奈何遣我用邪?'是时尚因周乐,命工人齐树提检校乐府,改换声律,益不能通。"又,《隋书》卷二《高祖纪下》载:"(开皇)十一年春正月丁酉,以平陈所得古器多为妖变,悉命毁之。"可见他对南朝及其所传承之文化与制度的态度。①其实,早在隋灭陈之前,隋文帝君臣之间便对南朝文化有所讨论,《隋书》卷六六《李谔传》载李谔"以属文之家,体尚轻薄,递相师效,流宕忘反",于是上书隋文帝痛斥江左文风之弊失曰:

  臣闻古先哲王之化民也,必变其视听,防其嗜欲,塞其邪放之心,示以淳和之路。五教六行为训民之本,《诗》、《书》、《礼》、《易》为道义之门。故能家复孝慈,人知礼让,正俗调风,莫大于此。……降及后代,风教渐落。魏之三祖,更尚文词,忽君人之大道,好雕虫之小艺。下之从上,有同影响,竞骋文华,遂成风俗。江左齐、梁,其弊弥甚,贵贱贤愚,唯务吟咏。遂复遗理存异,寻虚逐微,竞一韵之奇,争一字之巧。连篇累牍,不出月露之形,积案盈箱,唯是风云之状。世俗以此相高,朝廷据兹擢士。禄利之路既开,爱尚之情愈笃。于是闾里童昏,贵游总卝,未窥六甲,先制五言。至如羲皇、舜、禹之典,伊、傅、周、孔之说,不复关心,何尝入耳。以傲诞为清虚,以缘情为勋绩,指儒素为古拙,用词赋为君子。故文笔日繁,其政日乱,良由弃大圣之轨模,构无用以为用也。损本逐末,流遍华壤,递相师祖,久而愈扇。

  及大隋受命,圣道聿兴,屏黜轻浮,遏止华伪。自非怀经抱质,志道依仁,不得引预搢绅,参厕缨冕。开皇四年,普诏天下,公私文

---

① 关于隋文帝毁平陈所得之古器,宋人叶适《习学记言序目》卷三六"《隋书·文帝纪》"条有论云:"(开皇)十一年,'平陈所得古器,多为妖怪,悉毁之';不知何等器。北方所传三代秦汉之旧物,至是皆尽,惜哉!隋文力足以有天下,而德不足以有古人之物也,变而为妖,沦于坏灭,速亡之兆见矣。"叶适是从华夏文明传承的角度批评隋文帝毁坏"三代秦汉之旧物",其虽"力足以有天下,而德不足以有古人之物"。

翰，并宜实录。其年九月，泗州刺史司马幼之文表华艳，付所司治罪。自是公卿大臣咸知正路，莫不钻仰坟集，弃绝华绮，择先王之令典，行大道于兹世。如闻外州远县，仍踵敝风，选吏举人，未尊典则。至有宗党称孝，乡曲归仁，学必典谟，交不苟合，则摈落私门，不加收齿；其学不稽古，逐俗随时，作轻薄之篇章，结朋党而求誉，则选充吏职，举送天朝。盖由县令、刺史未行风教，犹挟私情，不存公道。臣既忝宪司，职当纠察。若闻风即劾，恐挂网者多，请勒诸司，普加搜访，有如此者，具状送台。

李谔进言隋文帝，完全以正统自居，将魏晋南朝之文化风尚作为异端邪说，无视文化发展的时代特征与地域特征。

如所周知，关陇集团轻薄南朝及北魏孝文帝迁洛以来所效仿之南朝文化风尚，自西魏以来经宇文泰等人大力倡导，已成其传统。《周书》卷二三《苏绰传》载："自有晋之季，文章竞为浮华，遂成风俗。太祖欲革其弊，因魏帝祭庙，群臣毕至，乃命绰为大诰，奏行之。……自是之后，文笔皆依此体。"可见，宇文泰与苏绰对魏晋以来"文章竞为浮华，遂成风俗"，深为不满，"欲革其弊"。苏绰承奉宇文泰旨意，"为大诰，奏行之"，成为当时官方文书的样本。① 又，《周书》卷二二《柳庆传》载西魏大统年间，柳庆为宇文泰相府属官，领记室，"时北雍州献白鹿，群臣欲草表陈贺。尚书苏绰谓庆曰：'近代以来，文章华靡，逮于江左，弥复轻薄。洛阳后进，祖述不已。相公柄民轨物，

---

① 关于西魏北周朝廷诏诰仿效《尚书》文体之影响及其局限，赵翼《廿二史札记》卷一五"后周诏诰用尚书体"条指出，尽管在宇文泰的倡导下，自西魏大统以来朝廷诏谕皆遵行大诰体，数十年间"久已相习为常故"，但就整个社会而言，难以改变当时的文风，即便是公文之体，在北周末也有变化："当六朝时，骈体盛行，而（苏）绰等独能复古，可谓转移风气者矣。然时会所趋，积而难返，及宣帝即位，修洛阳之诏，传位太子之诏，已用当时文体。迨隋文时，去周不过一二十年，而李谔奏文体卑靡云……则周时虽暂用古体，而世之为文者骈丽自如，风会所开，聪明日启，争新斗巧，遂成世运，固非功令所能禁也。"正因为如此，隋文帝时又进一步整顿文风。叶适《习学记言序目》卷三七"《隋书·李谔传》"条以为，由李谔所论当时文风之弊，可见"始苏绰以典诰体风厉境内三十年矣，而谔所言乃如此，余所谓反助徐庾之风，激天下而从之者也"。

君职典文房，宜制此表，以革前弊。'庆操笔立成，辞兼文质。绰读而笑曰：'枳橘犹自可移，况才子也。'寻以本官兼雍州别驾。"苏绰明确表示对"近代以来，文章华靡，逮于江左，弥复轻薄。洛阳后进，祖述不已"状况的不满，而倡导"辞兼文质"之文风。可见关陇集团素来反对轻艳柔靡，而崇尚刚健质朴，这与其崇尚武力与重视事功的军政作风及其朴实的生活方式密切相关。因此，从联系的角度看，很显然，李谔进言隋文帝以批评、抵制南朝文风，自是关陇地域文化传统的沿袭。其实，隋文帝本人在这方面的态度是非常明确的，《隋书》卷七六《文学传序》称"高祖初统万机，每念斷彫为朴，发号施令，咸去浮华。然时俗词藻，犹多淫丽，故宪台执法，屡飞霜简"。由上引李谔所上书，可见隋文帝于开皇四年已开始整顿文风，"普诏天下，公私文翰，并宜实录"①。这很清楚地显示了隋文帝自身的文化素养及其所秉承之关陇文化传统，力倡朴实，摈弃浮华。② 故隋文帝灭陈后，不仅对江南地域施以严厉的军政管制，也自然涉及对南方思想文化风尚的改造与限制。在具体实施过程中，不仅态度坚决，而且"责以

---

① 《通鉴》卷一七六陈后主至德二年九月亦载："隋主不喜词华，诏天下公私文翰并宜实录。泗州刺史司马幼之文表华艳，付所司治罪。"关于隋文帝时期的诏令文风，叶适《习学记言序目》卷三七"《隋书·高丽传》"条有论云："隋文一朝诏令，不为偶俪，止叙事实，不尚雕彩，直露情素。《赐高丽王汤玺书》，虽对面语不能及也，义理不足而质实有余矣，李谔之言，岂其效欤？"

② 关于隋文帝轻鄙江左文化，由其灭陈后对待陈叔宝的态度可见一斑。《通鉴》卷一七八隋文帝开皇十四年载："陈叔宝从帝登邙山，侍饮，赋诗曰：'日月光天德，山河壮帝居；太平无以报，愿上东封书。'并表请封禅。帝优诏答之，他日，复侍宴，及出，帝目之曰：'此败岂不由酒！以作诗之功，何如思安时事！'"陈后主自为亡国之君，事功固无谓，但隋文帝此论，明显表露出对南朝文艺的轻视鄙薄的心态。需要说明的是，隋文帝灭陈后曾称江左之乐为"华夏正声"，《隋书》卷一五《音乐志下》载："《清乐》其始即《清商三调》是也，并汉来旧曲。乐器形制，并歌章古辞，与魏三祖所作者，皆被于史籍。属晋朝迁播，夷羯窃据，其音分散。苻永固平张氏，始于凉州得之。宋武平关中，因而入南，不复存于内地。及平陈后获之。高祖听之，善其节奏，曰：'此华夏正声也。昔因永嘉，流于江外，我受天明命，今复会同。虽赏逐时迁，而古致犹在。可以此为本，微更损益，去其哀怨，考而补之。以新定律吕，更造乐器。'"又，《隋书》卷一六《律历志上》载："既平陈，上以江东乐为善，曰：'此华夏旧声，虽随俗改变，大体犹是古法。'"这里隋文帝"以江东乐为善"，称之为"华夏正声"，是基于这类乐曲及其器物皆为保存于南方之"华夏旧声"的历史背景，并非完全代表其个人对江东社会文化的主观态度与倾向，这是我们应当理会的。

政急"，急于求成，显得简单粗暴。这是经历了长期分离自治的江南地域社会所难以接受的，从而在短时间内激起了严重的对立与怨恨情绪，直接引发了开皇十年波及江南全境的反叛活动。①

就隋武力征服与统一过程中江南佛教所受影响而言，隋朝军队对建康等地的佛教寺宇造成了一定程度的破坏。随着隋廷对作为南

---

① 隋文帝灭陈后，征召部分江左名士、僧徒与道士至关中，引发了南北地域文化的冲突。《续高僧传》卷九《义解五·隋京师大兴善道场释僧粲传》载僧粲汴州陈留人，"幼年尚道，游学为务，河北、江南，东西关陇，触地皆履，靡不通经。故涉历三国，……工难问，善博寻，调逸古今，风徽遐迩，自号为'三国论师'。机谲动人，是所长也"。僧粲是北方僧人中博学善辩之代表，"时李宗有道士褚揉，乡本江表，陈破入京，既处玄都，道左之望，探微辩析，妙拟《三玄》。学鲜宗师，情无推尚，每讲《庄》《老》，粲必听临，或以义求，或以机责，随揉声相，即势沉浮，注辩若悬泉，起嘑如风卷，故王公大人莫不解颐抚髀，讶斯权变。尝下敕，令揉讲《老经》，公卿毕至，惟沙门不许预坐。粲闻之不忍其术，乃率其门人十余，携以行床，径至馆所。防卫严设，都无畏惮，直入讲会，人不敢遮。揉隶王将了，都无命及。粲因其不备，抗言激刺，词若徘虐，义寔张诠。既无以通，讲席загорelo散。群örgu以事闻上，帝曰：'斯朕之福也，得与之同时。'"褚揉虽是江南之道士，也是一位具有玄学修养的南朝文士，对于褚揉之"每讲《庄》《老》"，作为北方善辩之高僧，僧粲"或以义求，或以机责"，甚至擅自冲击褚揉之讲会，"抗言激刺，词若徘虐，义寔张诠。既无以通，讲席loro散"。对此，隋文帝以为"斯朕之福也，得与之同时"。僧粲与褚揉之论辩，不仅是佛、道二教之冲突，而且主要在于南北文化之对抗。很显然，隋文帝是倾向于僧粲的。僧粲在大业年间与江左义学高僧代表吉藏也有论辩，齐王暕对僧粲"见礼下筵，钦兹叹咽，常欲见其谈说，故致于法会。有沙门吉藏者，神辩飞玄，望重当世，王每怀推削，将倾折之。以大业五年，于西京本第，盛引论士三十余人，令藏登座，咸承群难。时众以为荣会也，皆预预焉。粲为论士，英华命章，标问义筵，听者谓藏无以酬；及牒难接解，谓粲无以嗣。往还抗叙，四十余翻，藏犹开析不滞，王止之，更令次座接难。义声才卷，粲又续前难，势更延累，问还得二三十翻。终于下座，莫不齐尔。时人异藏通赡，坐制劲敌；重粲继接他词，慧发锋挺。从午至夕，无何而退。王起，执粲手而谢曰：'名不虚称，见之今日矣。'躬奉麈尾什物，用显其辩功也"。《续高僧传》卷一一《义解七·唐京师延兴寺释吉藏传》也载此，"隋齐王暕，夙奉音猷，一见欣至，而未知其神府也，乃屈临第，并延论士。京辇英彦，相从前后六十余人，并已陷折前锋，令名自著者，皆来总集。藏为论主，……王及僚友，同叹称美。时沙门僧粲，自号'三国论师'，雄辩河倾，吐言折角，最先征问。往还四十余番，藏对引飞激，注赡滔然，兼之间施杂貌，词彩铺发。合席变情，报然而退。于是芳誉更举，顿爽由来。王谓未得尽言，更延两日，探取义科，重令竖对，皆莫之抗也。王稽首礼谢，永归师傅，并嚫吉祥麈尾及诸衣物"。可见齐王暕以僧粲与吉藏法师论辩，其内心中依然有压抑南人的心态。当然，隋文帝对南僧的心态后有所变化，《续高僧传》卷二五《护法下·唐京师胜光寺释慧乘传》载晋王杨广召慧乘至江都慧日道场，"后从王入朝，频蒙见召。时净影慧远道声扬播，由来不面，因过值讲，即申言论，义高词丽，声骇听徒。远顾曰：'何处吴僧，唇舌陵人？复岂逾此。'王闻之，弥敬其词辩"。隋文帝"东巡岱宗，銮驾伊洛，敕遣江南吴僧与关东大德升殿竖义。乘应旨首登，命章对论，巧问勃兴，切并纷集，纵横骆驿，罔弗丧律亡图。高祖目属称扬，群英叹异"。

方"六朝"的故都建康的"平荡耕垦",当地的佛教寺宇也难免遭殃。中古时代,建康既是南方地域的政治、文化中心,也是南方的佛教中心,其宫城园囿惨遭毁灭,与之毗连的相关大量佛教寺宇也难逃厄运。① 关于这方面的具体事例,《续高僧传》卷一三《唐新罗国皇隆寺释圆光传》载:

> 释圆光,俗姓朴,本住三韩:卞韩、马韩、辰韩,光即辰韩新罗人也。……年二十五,乘舶造于金陵。有陈之世,号称文国,故得谘考先疑,询猷了义。……乃上启陈主,请归道法,有敕许焉。……会隋后御宸,威加南国,历穷其数,军入扬都,遂被乱兵,将加刑戮。有大主将望见寺塔火烧,走赴救之,了无火状,但见光在塔前,被缚将杀,既怪其异,即解而放之。斯临危达感如此也。光学通吴越,便欲观化周秦,开皇九年,来游帝宇。值佛法初会,《摄论》肇兴,奉佩文言,振续徽绪,又驰慧解,宣誉京皋。

这一记载虽意在宣扬佛教法力感应之神异,但其中所述也表明隋军进入建康后,既有佛教寺塔遭焚毁,也有僧人被拘捕甚至"将加刑戮"。

又,《续高僧传》卷三〇《唐扬州长乐寺释住力传》载:

> 释住力,姓褚氏,河南阳翟人,避地吴郡之钱塘县,因而家焉。……陈中宗宣帝于京城之左造泰皇寺,宏壮之极,罄竭泉府,乃敕专监百工,……至德二年,又敕为寺主。值江表沦亡,僧徒乖散,乃负锡游方,访求胜地,行至江都,乃于长乐寺而止心焉。……初梁武得优填王像,神瑞难纪,在丹阳之龙

---

① 唐法琳《辩正论》载:"陈世五主,合三十四年,寺有一千二百三十二所,百官造者六十八所,郭内大寺三百余所。《舆地图》云:都下旧有七百余寺,属侯景作乱,焚烧荡尽。有陈大统国,及细民备皆修造。"(见日本编修《大正藏》第52册,第503页)由此可大体了解陈朝佛教寺院的数量。隋灭陈之际,其建康城内,特别是郭内的寺院,基本遭到毁灭性破坏。

光寺。及陈国云亡，道场焚毁，力乃奉接尊仪及王谧所得定光像者，并延长乐，身心供养，而殿宇偏狭，未尽庄严。

住力原本为陈朝皇家泰皇寺之寺主，隋军攻占建康，"江表沦亡，僧徒乖散"；时建康龙光寺有梁武帝所得"优填王像"等重要佛教法物，在"陈国云亡，道场焚毁"之际，住力"奉接尊仪及王谧所得定光像"至江都长乐寺。由此可知，建康龙光寺在陈亡时确实遭到焚毁。

又，《续高僧传》卷二二《明律上·陈扬都奉诚寺大律都释智文传》载：

> 大隋革运，别降纶言，既屏僧司，宪章律府。大军之后，荆棘攸生，十滥六群，滋彰江表，文又案法澄剪，寻得无声，深可谓少壮免白发之妖，稊莠绝青田之薉矣。……又金陵军火，遗烬莫留，乃誓志茸治，惟新旧址。

由所谓"大军之后，荆棘攸生，十滥六群，滋彰江表"，"金陵军火，遗烬莫留，乃誓志茸治，惟新旧址"云云，不难想象隋灭陈时建康佛教寺宇所遭焚毁与佛教律法秩序废弛的状况。[1]

又，《续高僧传》卷一四《唐苏州通玄寺释慧頵传》载：

> 及天厌陈德，隋运克昌，金陵讲席，扫土俱尽。

又，《续高僧传》卷二一《陈扬都奉诚寺大律都释智文传》载"金陵

---

[1] 《法苑珠林》卷一四《敬佛篇·感应缘》"隋蒋州兴皇寺焚像缘"条载："隋开皇中，蒋州兴皇寺佛殿被焚，当阳丈六金刚大像并二菩萨，俱长丈六，其模戴顒所造，正当栋下。于时焰火大盛，众人拱手，咸共嗟悼，大像融灭。忽见飙起，移南一步，栋梁摧下，像得全形。四面砖木炭等皆去像身五六尺许，虽被火焚，而金色不变。趺下有铭，大众咸骇，叹声满路。今移在白马寺，鸟雀无践。"这里说隋开皇中"蒋州兴皇寺佛殿被焚"，是否在隋灭陈之际，虽不能确定，但也可作为当时建康佛教寺宇遭到毁坏的旁证。

军火,遗烬莫留,乃誓志葺治,惟新旧址";"大隋革运,别降纶言,既屏僧司,宪章律府。大军之后,荆棘攸生,十滥六群,滋彰江表,文又案法澄剪,寻得无声"。由"金陵讲席,扫土俱尽","金陵军火,遗烬莫留",可见隋平陈之初原本作为南方佛学中心地的建康,随着寺塔遭毁和僧众离散,佛教讲经、传法等活动几乎废止,自然丧失了其佛教中心之地位。

又,《宋高僧传》卷一八《感通篇·唐武陵开元寺慧昭传》载慧昭自称"宋孝文帝之玄孙也。曾祖鄱阳王休业、祖士弘,并详于史氏。先人文学自负,为齐竟陵王子良所知。子良招集贤俊文学之士,而先人预焉。后仕齐梁之间,为会稽令。吾生于梁普通七年夏五月,年三十方仕于陈,至宣帝时为卑官,不为人知,徒与沈彦文为诗酒之交"。后卷入陈宗室内争而隐匿,受僧人点拨出家,"自是不知人事,凡十五年。又与彦文俱至建业,时陈氏已亡,宫阙尽毁。台城牢落,荆榛蔽路。景阳井塞,结绮基颓,文物衣冠,荡然而尽。故老相遇,相携而泣,且曰:'一人无良,已至于是,隋氏所灭,良可悲乎!'又闻后主及诸王皆入长安,乃率沈挈一囊,乞食于路,以至关中"。慧昭在陈亡后入建康所见"宫阙尽毁""文物衣冠,荡然而尽"之情形,显然也包括佛教寺宇在内。①

隋统一后,对陈朝境内佛寺数量有严格限制,《续高僧传》卷一

---

① 所谓"文物衣冠,荡然而尽",其文物自应包括佛教文物。隋灭陈过程中,建康佛教文物遭到严重破坏。其中,就佛教造像而言,晋宋以来,江左诸朝铸造金铜佛像蔚然成风,形成了佛教造像的独特风格,艺术史论者称之为"建康模式",对北魏平城云冈石窟二期以降、洛阳龙门石窟及此后东魏北齐、西魏北周时期的石窟造像风格有所影响。具体就陈朝金铜佛像铸造而言,唐法琳《辩正论》载陈武帝"造金铜等身像一百万躯",陈宣帝"造金铜像等二万躯。修理故像一百三十万躯"。(见日本编修《大正藏》第52册,日本大正十三年至昭和九年版,第503页)然而数量巨大的南朝金铜佛像少有传世者,特别是陈朝塑像,佛教艺术史论者指出,"现尚无一件可以明确为出自建康的陈代佛教造像,遂使建康陈样式研究无法展开",以致国内外学者只能依据当时南北佛教造像的时代对应关系,通过受到陈朝艺术样式影响的北齐、北周样式,以力求了解陈朝之造像艺术。究其原因,论者以为,"隋灭陈之际,除建康皇室及战利品被掳掠到北方外,建筑、耕垦悉数被毁。这应是南京存世的南朝佛教造像极为稀少的最重要的原因"。见费泳《"建康模式"的形成及佛像样式特征》,《南京艺术学院学报》2017年第1期,第108页。

二 《隋江都慧日道场释慧觉传》载：

> 隋朝剋定江表，宪令惟新，一州之内，止置佛寺二所，数外伽蓝，皆从屏废。觉惧金刚之地沦毁者多，乃百舍兼行，上闻天听，有敕霈然从其所请，启沃神衿，弘护像法，信有力焉。

可见隋廷严格规定"一州之内，止置佛寺二所，数外伽蓝，皆从屏废"，对江南佛教在规模上大加裁减，进行根本性抑制。

隋平陈之初江南佛教遭受如此严重之冲击与破坏，延及杨广出镇扬州，相关情形依然相当严峻。对此，当时蒋州奉诚寺慧文法师、龙光寺法令法师、光宅寺智胜法师等致书当时南方佛教界的领袖人物智顗法师，陈述相关情况。慧文《与智顗书论毁寺》云：

> 奉诚寺慧文、龙光寺法令、光宅寺智胜等稽首和南。
> 伏见使人赍符，坏诸空寺，若如即目所睹，全与之破，及有僧无僧，毁除不少。伏惟大王菩萨植信崇明，兴建三尊，慈仁化物，岂不弘护佛法，留心塔寺？但此处僧徒，忽见毁废，咸怀忧恐。大王虽照同朝日，而圣德高远，众情倾仰，无因简彻。伏惟智者禅师道俗归止，有所言劝，悉善为先。文等不揆庸微，驰来奉告，必愿运大慈悲，垂为申达，冀未坏之寺，庶得安全，敢借护持，辄此祈仰。谨和南。开皇十二年二月八日。①

慧文等向智者大师陈述了当时建康佛寺遭受毁坏的情况，由所谓"伏见使人赍符，坏诸空寺，若如即目所睹，全与之破，及有僧无僧，毁除不少。……此处僧徒，忽见毁废，咸怀忧恐"，可见隋灭陈后有计划、有组织地摧毁建康佛寺。智顗接信后，深感问题严重，

---

① 《与智顗书论毁寺》，《全隋文》卷三五辑自《释藏》起二，《国清百录》二。

即转呈此信件，并致书杨广，他在《与晋王书论毁寺》中说：

> 今获蒋州奉诚寺慧文律师书，敬呈如别。仰惟匡持三宝，行菩萨慈，近年寇贼交横，寺塔烧烬，仰乘大力，建立将危，遂使佛法安全，道俗蒙赖，收拾经像，处处流通，诵德盈衢，衔恩满路。昔居戎在阵，尚得存心，况息武兴文，方应光显。至如慧文所述，捶剥伽蓝，必由在所官人，多生僻解，致令外僧惶惑，忧惧不宁。贫道常念无堪，谬当知识，若论爱惜形命，岂敢言忤公门！特是佛法相关，亦由香火事大，意之所为，唯忧冥道，宁忘即日之身，必存未来之义。若不述愚心，则虚当四事，复乘三稔香火，是何人乎，是何人乎！在所官司，唯悕事办，岂虑因果将来善恶邪？当愿圣德尊严，履万安之路，福禄隆重，高而不危，修菩萨行，栋梁佛法，墙堑三宝，泽覃四海，风芳万代。若谓寺多州少，国或不听方便善权，仰由安立？若须营造治葺城隍，江南竹木之乡，采伐弥易。仰希弘纽，提拔将沉，故寺若存，新福更长。冀蒙矜允，幽显沾恩，法事仰干，追深愧蹐。沙门某敬白。三月十一日。①

智𫖮所谓"近年寇贼交横，寺塔烧烬"，指出隋灭陈战争与江南动乱过程中建康佛寺破坏严重；针对慧文法师等所反映的蒋州地方有组织地撤毁佛寺的情况，他明确指出此类情况当"必由在所官人，多生僻解，致令外僧惶惑，忧惧不宁"，并表达了极大的义愤，希望杨广能尽快干预，必须修正，以免情况进一步恶化。智𫖮请求，在实际佛寺数量超过了朝廷规定限额的情况下，即所谓"寺多州少"，不必拘泥相关规定，当尽可能有所通融；至于将撤毁寺庙之建筑材料用以修筑城隍，则更无谓。由上引蒋州慧文法师等人和智𫖮所言，可见隋灭陈及平定江南叛乱过程中，南方地区特别是旧都建康一带

---

① 《与晋王书论毁寺》，《全隋文》卷三二辑自《释藏》起二，《国清百录》二。

佛寺确实一度遭到几近毁灭性破坏。①

由上考可知，隋灭陈过程中，战火所及，南方地区特别是建康一带佛教遭受沉重打击与摧残，导致一些佛教寺宇和佛教文物被焚毁，一些佛教僧侣遭到迫害。此后，出于加强对陈朝故地军政控制的需要，在社会文化领域也推行了一些移风易俗的政策，佛教也受到波及，隋廷严格限制江南佛寺规模与数额，隋地方官员有组织地将建康及其周边地区的佛寺进行撤除，以致"金陵讲席，扫土俱尽"。陈隋之际江南佛教遭遇如此，可谓汉晋以来南方地区佛教史上最悲惨之"法难"。

二 隋平陈初之征召江南高僧及其抵拒

众所周知，隋文帝杨坚与佛教颇有因缘，据说他出生于佛寺，《隋书》卷一《高祖纪上》载："皇妣吕氏，以大统七年六月癸丑夜，生高祖于冯翊般若寺，紫气充庭。有尼来自河东，谓皇妣曰：'此儿所从来甚异，不可于俗间处之。'尼将高祖舍于别馆，躬自抚养。"又，《续高僧传》卷二八《感通下·隋京师大兴善寺释道密传》载道密于仁寿年间受敕"送舍利于同州大兴国寺，寺即文帝所生之地，其处本基般若尼寺也。帝以后魏大统七年六月十三日生于此寺中，……有神尼者名曰智仙，……及帝诞日，无因而至，……尼遂名帝为那罗延，言如金刚不可坏也"。其实，隋文帝家世奉佛，《续高僧传》卷二八《感通下·隋京师胜光寺释法朗传》载："仁寿二年，敕召送舍利于陕州大兴国寺，寺即皇考武元本生处也，故置寺建塔，仰谢昔缘。"可见隋文帝父亲也出生于佛寺。杨坚早年与高

---

① 对于智𫖮法师及其转呈慧文法师书信所述当时蒋州一带毁坏佛寺的情况，晋王杨广曾复书智𫖮法师，对相关情况及其原委有所解释，他将江南佛寺毁坏的原因归之为江南地方叛乱所致，对撤寺以建城隍加以搪塞。尽管杨广回信的态度并不十分诚恳，有为隋廷开脱狡辩之意，但他并无法否认慧文等人所述之具体事实，这从反面证明诸人所言确不为虚。关于杨广此信之具体内容，详见下文所引其《与智𫖮书》，此不赘述。

僧交往密切，《续高僧传》卷二二《隋京师大兴善寺释灵藏传》载："藏之本师，素钟华望，为太祖隋公所重，道义斯洽，得丧相符。藏与高祖，布衣知友，情款绸狎，及龙飞兹始，弥结深衷，礼让崇敦，光价朝宰。"隋文帝倡佛事迹甚多，概括而言，主要有两个方面：一是招揽名僧至长安，兴佛于关中；二是仁寿间于各地重要佛寺普建舍利塔。汤用彤先生称此为"隋代佛教史上之最大事件"①。《隋书》卷三五《经籍志四》亦载隋文帝"雅信佛法，于道士蔑如也"，"开皇元年，高祖普诏天下，任听出家，仍令计口出钱，营造经像"②。由此可见，隋文帝家世奉佛，其本人与佛教因缘颇深、笃信佛法，其代周建隋后，一改周武帝灭佛之政策，大力倡佛。故从这一角度而言，其平陈过程中对佛教佛教所造成之破坏，有些情况当是其军事征服过程中无法避免的，并非刻意针对建康之佛教，而是南北统一战争过程的"次生灾害"。

当然，应当认识到在关涉国家军政大局的重要历史选择与决策，统治者一般皆受制于政治理性而作出判断。具体就隋文帝灭陈之际的江南佛教政策而言，应当作如是观，而不应过分纠缠于其个人之佛教信仰。由于南北朝的长期军政对抗及其社会文化的深刻差异，江南佛教与南朝统治集团存在密切关联，作为江南社会文化及其意识形态的重要组成部分，江南佛教及其信仰方式、学说风尚等，都与作为武力征服者的隋统治集团存在或隐或显的情感冲突与思想分歧。这导致隋灭陈后对江南"责以急政"过程中，无可避免地波及江南佛教，从而一度对江南特别是建康之佛教寺宇有所破坏，对江

---

① 汤用彤：《隋唐佛教史稿》，中华书局1982年版，第7页。
② 《通鉴》卷一七五《陈纪》九宣帝太建十三年载："是岁，隋主诏境内之民任听出家，仍令计口出钱，营造经像。于是时俗随风而靡，民间佛书，多于《六经》数十百倍。"又，《隋书》卷二《高祖纪下》又载开皇二十年十二月辛巳诏曰："佛法深妙，道教虚融，咸降大慈，济度群品，凡在含识，皆蒙覆护。所以雕铸灵相，图写真形，率土瞻仰，用申诚敬。其五岳四镇，节宣云雨，江、河、淮、海，浸润区域，并生养万物，利益兆人，故建庙立祀，以时恭敬。敢有毁坏偷盗佛及天尊像、岳镇海渎神形者，以不道论。沙门坏佛像，道士坏天尊者，以恶逆论。"可见隋文帝确实笃信佛法。

南僧众之弘法有所限制，以致"金陵讲席，扫土俱尽"。

不过，佛教作为中古时代影响广泛的社会文化与民众信仰，毕竟与实际军政事务不同。过度摧残佛教，非但无助于江南局势的稳定，只能加剧南北地域意识的对抗，这是隋统治者所不愿意看到的情况。因此，平陈后，隋文帝对公然破坏江南佛教的行为有所遏制，并采取了一些柔性的管控方式，其中一个重要手段便是招揽江左高僧群体。众所周知，隋灭陈后，对其皇族和上层官僚予以强制性征遣，《通鉴》卷一七七隋文帝开皇九年载：

> 于是陈国皆平，得州三十，郡一百，县四百。诏建康城邑宫室，并平荡耕垦，更于石头置蒋州。晋王广班师，留王韶镇石头，委以后事。三月，己巳，陈叔宝与其王公百司发建康，诣长安，大小在路，五百里累累不绝。……夏四月，辛亥，帝幸骊山，亲劳旋师。乙巳，诸军凯入，献俘于太庙，陈叔宝及诸王侯将相并乘舆服御，天文图籍等以次行列，仍以铁骑围之，从晋王广、秦王俊入，列于殿庭。……丙辰，帝坐广阳门观，引陈叔宝于前，及太子、诸王二十八人，司空司马消难以下至尚书郎凡二百余人，帝使纳言宣诏劳之；次使内史宣诏，责以君臣不能相辅，乃至灭亡。叔宝及其群臣并愧惧伏地，屏息不能对。既而宥之。

由此可见隋征遣陈朝宗室与群臣之概况。与此相应，江南高僧群体也是隋廷的重要征遣对象。

《续高僧传》卷一二《隋丹阳彭城王寺释慧隆传》载：

> 释慧隆，俗姓何氏，丹阳句容人也。……隋氏驭宇，九有同朝，上德高人，咸纡延请。隆志存栖晦，以老疾致辞，居旧敷弘，仍以卒岁。

这里所谓江南"隋氏驭宇，九有同朝，上德高人，咸纡延请"，很清楚地表明，隋灭陈后即将声望卓著的陈朝高僧迁徙关中。又，《续高僧传》卷一四《唐苏州通玄寺释慧頵传》载：

> 自有陈沦没，物我分崩，或漏网以东归，或入笼而北上。

这里概言陈亡后建康高僧群体的命运及其选择，表明隋灭陈后对江南高僧群体确实有所征召，所谓"或入笼而北上"，即是江南僧众应召入北者。

从隋统治者的角度而言，征遣南僧入关，固然不无笼络之意，但更主要的则在于有效管控。对被征服地域的江南僧众而言，作为"亡国之余"，他们最直接感受遭遇被逼遣，故自谓"入笼而北上"，表现出强烈的抵触与抗议。因此，陈朝高僧多拒绝入北，慧隆便"志存栖晦，以老疾致辞"。陈亡之初，应征入北之江南本土高僧代表数量有限，见于《续高僧传》所载者主要有以下几位：

道尼、智光法师。《续高僧传》卷一《陈扬都金陵沙门释法泰传附道尼传》载："道尼住本九江，寻宗（真）谛旨，兴讲《摄论》，腾誉京师。开皇十年下敕追入，既达雍辇，开悟弘多。自是南中无复讲主，虽云敷说，盖无取矣。"又，《续高僧传》卷二八《感通下·隋京师大兴善寺释智光传》载："释智光，江州人，尼论师之学士也。少听《摄论》，大成其器，言论清华，声势明穆，志度轻健，鲜忤言诤，谦牧推下，为时所重。开皇十年敕召尼公，相从入京，住大兴善寺。……光还京室，以法自娱，频开《摄论》，有名秦壤。晚厌谈说，归静林泉，寻还庐阜，屏绝人事，安禅自节，卒于山舍。"可见开皇十年，道尼、智光师徒应召入关。又，《续高僧传》卷一三《唐京师普光寺释道岳传》载："释道岳，姓孟氏，河南洛阳人也。家世儒学，专门守业，九岁读《诗》《易》《孝经》，聪敏强识，卓异伦伍。……有九江道尼者创弘《摄论》，海内知名，以开皇十年至自扬都，来化京辇，亲承真谛，业寄传芳。岳因从受法，日登深解。……承三藏本义并录在南方，思见其言，载劳梦寐，乃重赂遗南道商旅，既凭顾是重，所在追求，果于广州显明寺得《俱舍疏》本并十八部论记，并是凯师笔迹，亲承真谛口传。显明即凯公所住寺也。得此疏本，欣戴仰怀，讽读沉思，忘于寝食，乃重就太白，卒其先志。"可知道尼是陈朝《摄论》宗师真谛之嫡传弟子，而智光则为道尼弟子，师徒二人在陈亡后应召入关，"兴讲《摄论》"。

智脱法师。《续高僧传》卷九《隋东都内慧日道场释智脱传》载其俗姓蔡，本济阳考城人，"后因流宦故，复为江都郡人焉"，七岁出家，先后受业于邺下颖法师、江都强法师、丹阳蠁法师等，精研《成实论》《毗昙论》等，"敷扬之功，今古罕类"，至德年间，陈后主请入宫，"讲说开悟，亟动神机。自鄱阳王伯山兄弟、仆射王克、中书王固等，敬仰惟深，并申北面。隋祖留心法宝，阐扬至教，于岐阳宫建斋发讲，有诏于脱先升宝座，乃遣舍人崔君德宣旨曰：'昔独步一方，未足为贵；今为四海论主，始见英才。'于即发言抗论，剖断如流，莫不缄口卷舌，回车复路。冕旒清耳，屡动睟容；群辟解颐，日仄忘倦"。隋文帝"留心法宝，阐扬至教，于岐阳宫建斋发讲，有诏于脱先升宝座"，智脱法师当为隋文帝所召入关之南僧代表之一，后来他又应召入晋王江都慧日寺。

法侃法师。《续高僧传》卷一〇《隋西京真寂道场释法彦传附法侃传》载："有法侃法师，本住江表，被召入关。"法侃何时应召入关，虽所载不明，当于陈亡后"被召入关"。

僧定法师。《续高僧传》卷一九《唐京师大庄严寺释僧定传》载："释僧定，丹阳人。本学《成实》，博综有功，……遂屏绝还顾，归宗禅府。初栖钟山林阜，……隋文于西京造寺，远召处之。业定之心，无庸世务，至于受戒师礼，毕志拒违，预在尊严，闻便避隐。"对僧定法师，隋文帝"于西京造寺，远召处之"。

摄山恭禅师。《续高僧传》卷二一《唐扬州海陵正见寺释法响传》载释法响，姓李，扬州海陵葛岗人，年十六出家，随摄山恭禅师修行，"于寺侧立法华堂，行智者法华忏。响依法行，三七专注，大获瑞应知而不言。恭既入京，响还江北，海陵、宁海二县各延供养"。可见摄山恭法师当应征入京师，而法响则返江北故里，也许法响声名未著，未预应征之例。

法称、白云法师。《续高僧传》卷三一《隋京师定水寺释法称传》载："释法称，江南人。诵诸经声，清响动众，陈氏所化，举朝奉之。又善披导，即务标奇，虽无希世之明，而有随机之要。隋平南服，与白云经师同归秦壤，住兴善寺。每引内禁，叙论正义，开纳帝心，即敕正殿常置经座，日别差读经，声声不绝，听览微隙，即问经旨，遂终升遐。晚住定水，与云同卒，俱八十余，仁寿年也。"由"隋平南服，（法称）与白云经师同归秦壤"，深得隋文帝赏识，可见二人当为隋灭陈后而应征入关。

智晔法师。《续高僧传》卷二九《唐益州福成寺释道积传附智晔传》载："时弘福寺有沙门智晔者，本族江表，隋朝征入，深乐《法华》，镇恒抄写，所得外利，即用雇人，前后出本二千余部。身恒自励，日写五张，年事乃秋，斯业无怠。今总寺任，弥勤恒业，年七十余矣。"智晔"本族江表"，何时为"隋朝征入"，所载不明，很可能为陈亡后应征入关者。

慧超法师。《续高僧传》卷二九《唐终南山蓝谷悟真寺释慧超传》载慧超，姓沈氏，丹阳建康人，曾追随慧思、智顗、仙城命公等"积年请业，行优智远，德冠时贤。……自隋初廓定，北入嵩高，饵药坐禅，冀言终老。隋太子勇召集名德总会帝城，以超业行不群，特留供养。……及大业承运，禅定初基，爰发诏书，延入行道。屡辞砭疾，后许还山，德感物情，颇存汲引"。慧超在陈亡后先入嵩山隐匿，后入关为隋文帝太子杨勇所供养，他是否曾直接受到隋廷之征召，具体情况不明。

隋灭陈之初，应召入关之南僧肯定不止以上诸人，但总体而言，当时大多人南僧对隋文帝之"延请"颇为抵制，以致《续高僧传》中确考为开皇十年前后入北者仅有以上数人，可谓寥寥无几。

由于南北朝之间的长期分裂与对立，强烈的地域意识与文化情感，陈亡后江南僧众对北朝心存隔阂，为抵制、回避隋廷之征召，他们大多潜归江东各地，所谓"漏网以东归"，说的正是这一情况。关于当时留滞江东的著名高僧，可考者有慧旷、吉藏、智𫖮等。

慧旷法师，《续高僧传》卷一〇《隋丹阳摄山释慧旷传》载："释慧旷，俗姓曹氏，谯国人也。其后别派，今为襄阳人焉。……乃与宗、恺、准、韵诸师俱值真谛受《摄大乘》《唯识》等论，《金鼓》《光明》等经。……秦孝王，帝子之尊，建麾襄沔，闻风竚德，亲奉归戒。炀帝纂历当符，尊贤味道，爰降王人，延居辇毂。道次江阳，辞疾不见，蒙敕丹阳栖霞山寺以事治养。又，素协性松筠，辅神泉石，赏狎既并，缠痾用弭。于栖霞法堂更敷《大论》，新闻旧学，各谭胜解。且归善禅房，本栖玄精舍，竟陵文宣之余迹，禅师慧晓之遗风，镜潭月树之奇，云阁山堂之妙，曾事游处，遂有终焉之志，后携子弟徙而憩之。"

吉藏法师，《续高僧传》卷一一《唐京师延兴寺释吉藏传》载："释吉藏，俗姓安，本安息人也。祖世避仇，移居南海，因遂家于交、广之间，后迁金陵而生藏焉。年在孩童，父引之见于真谛，仍乞铭之。谛问其所怀，可为'吉藏'，因遂名也。历世奉佛，门无两事。……年至七岁，投朗出家。……年至十九，……进誉扬邑，有光学众。……隋定百越，遂东游秦望，止泊嘉祥，如常敷引。禹穴成市，问道千余，志在传灯，法轮继转。……在昔陈、隋废兴，江阴陵乱，道俗波迸，各弃城邑，乃率其所属往诸寺中，但是文疏，并皆收聚，置于三间堂内。及平定后，方溯简之，故目学之长，勿过于藏，注引宏广，咸由此焉。"可见吉藏在陈亡后游历浙东。吉藏为陈朝著名的义学高僧，为真谛、道朗法师的主要传人，其在陈亡后避于浙东，并收集整理南朝佛教讲疏，保护南朝佛教文献，这不仅显示出他对隋朝的态度，而且表现出他对南朝佛学文化自觉的责任担当。

道庆法师，《续高僧传》卷一二《唐常州弘业寺释道庆传》载：

"释道庆，姓戴，其先广陵，后进度江，家于无锡。年十一出家，事吴郡建善寺藏阇梨，服勤尽礼，同侣所推。十七出都，听彭城寺讲《成实论》，大义余论，皆莫之遗。……及陈祚云亡，法朋彫散，东归无锡，居凤光寺，学徒载萃，诲诱如初。后止毗坛弘业寺，专事阐弘，无弃凉暑。然其美容止，善言笑，淡名利，厚交游，毫翰奔涌，琴诗婉妙，风神闲纵，韵宇虚凝，应物有方，履机无忤。以武德九年八月终于寺房，春秋六十一。"道庆自陈亡后始终居于江东。

智琰法师，《续高僧传》卷一四《唐苏州武丘山释智琰传》载："释智琰，字明璨，俗姓朱氏，吴郡吴人。祖献，梁员外散骑侍郎。父珉，陈奉朝请。……八岁出家，事通玄璩法师为弟子，……年十二，《妙法华经》通诵一部，……即日出都，听报恩持法师讲《成实论》，……逾年返京，从泰皇寺延法师进具，……大庄严寺瞩法师……乃依而请道，重研《新实》，……每以人世嚣杂，幽栖清旷。属陈氏丧鼎，便事东归，削迹武丘，将三十载。……虽形隐而名扬，亦道潜而化洽，于是八方归仰，四部虔心。尚书令楚国公杨素，经文纬武，王佐国均，乘贵负才，未尝许物，行军淮海，闻琰道胜栖山，鸣铙赴陇，倾盖承颜，五体投诚，恨接足之晚。左仆射邳国公苏威，重道爱仁，弥赏闲放，奉使吴越，躬造山楹，睹貌餐音，虔拜欣跃。炀帝居蕃，维扬作镇，大招英彦，远集贤明，琰既道盛名高，教书爰及。虑使乎之负罪，嗟以己之累人，乃披衣出谷，蒙敬厚礼，因以辞疾，得返旧山。隋文远钦，爰降书问。……惟琰幼小矜庄，立性端俨，精诚在操，苦节弥勤；口辞杂味，日无再饭；非义理而不履，非法言而不谈；美貌奇姿，乃超众表，墙岸整肃，冰雪凛怀。陈临海王弟道安法师，厌世出家，内外通博；沙门遍知，学优业净。交游二子，时号三英。及屏志林泉，永绝人世，芳风令德，蹊迳成规，莫不回旗造山，亲传香法。信法海之朝宗，释门之栋干矣。讲《涅槃》《法华》《维摩》各三十遍，讲《观经》一百一十遍。"可见智琰法师"属陈氏丧鼎，便事东归，削迹武丘，将三十载"，后杨广于江都召之，仍"因以辞疾，得返旧山"。

慧頵法师，《续高僧传》卷一四《唐苏州通玄寺释慧頵传》载："释慧頵，姓李氏，江夏人。……十岁出家，师舅氏光严寺明智法师，……于斯时也，南国令主雅重《仁王》，每岁肆筵，高选名德。年才弱冠，预拟斯伦，高第既临，声唱逾远。天子目睹，天人仰赞，光宠国恩，恭先是立。及天厌陈德，隋运剋昌，金陵讲席，扫地俱尽，乃杖策游吴，大乘顿辔，爰整其旅，广开学市，远招八埏之士，以扇一极之风。……大业之始，曲降皇华，竟以疾辞，逸情山水。吴之高人为之胥附，咸请处于通玄，依瑞像而弘演。"可见慧頵法师在陈亡后一直隐于吴地。

一些南僧在陈亡后甚至"反俗"，如法敏法师，《续高僧传》卷一五《唐越州静林寺释法敏传》载："释法敏，姓孙氏，丹阳人也。……陈氏亡国，敏乃归俗，三年潜隐，还袭染衣，避难入越，住余姚梁安寺，领十沙弥讲《法华》、《三论》，相续不绝。"可见法敏在陈亡后一度返俗，后再出家，"避难入越"。

智顗法师，《续高僧传》卷一七《隋国师智者天台国清寺释智顗传》载智顗字德安，颍川人，"有晋迁都，寓居荆州之华容焉。即梁散骑孟阳公起祖之第二子也"，曾至光州大苏山随慧思禅师"受业心观"，"于是师资改观，名闻遐尔"，后"思既游南岳，顗便诣金陵，与法喜等三十余人在瓦官寺创弘禅法。……及金陵败覆，策杖荆、湘，路次盆城，梦老僧曰：'陶侃瑞像，敬屈护持。'于即往憩匡山，见远图绩，验其灵也，宛如其梦。不久寻阳反叛，寺宇焚烧，独有兹山，全无侵扰，信护像之力矣"。智顗在陈"创弘禅法"，颇得陈后主君臣亲重，其于陈亡后"策杖荆、湘"，显然表现出对隋统治者的疏离倾向。

智锴法师，《续高僧传》卷一七《隋九江庐山大林寺释智锴传》载："释智锴，姓夏侯氏，豫章人。少出家，在扬州兴皇寺听朗公讲三论，……开皇十五年，遇天台顗公，修习禅法，……又善外学，文笔史籍，弥是所长。……然守志大林，二十余载，足不下山，常修定业。隋文重之，下敕追召，称疾不赴。后豫章请讲，苦违不住，云：'吾意终山舍，岂死城邑？'道俗虔请，不获志而临之。未几遂卒于州治之寺，时以为知命也。"智锴法师在陈亡后留滞江南，"守志大林，二十余载"，面对隋文帝之征召，他"称疾不赴"。

智周法师，《续高僧传》卷一九《唐南武州沙门释智周传》载："释智周，字圆朗，姓赵氏。其先徐州下邳人，有晋过江，居于娄县之曲阜也。……师事法流水寺滔法师，为力生也。滔乃吴越冠冕，释门栋梁。……自金陵失御，安步东归，本住伽蓝，开弘三宝，学侣同萃，言晤成群。但久厌城傍，早狎丘壑，遂超然高举，晦迹于马鞍山慧聚寺，仁智斯合，终焉不渝。"智周"自金陵失御，安步东归"，隐居寺宇，不与世俗权贵交结。

道畦法师，《续高僧传》卷二一《唐江州东林寺释道畦传》载："释道畦，姓周，汝南人。……负笈金陵，居高座寺听《阿毗昙心》，……钦匡山遗轨，每逸言前。隋开皇十二年，依大将军周罗侯远届庐岳，止东林精舍，心愿匿迹，无事音尘。"

大志法师，《续高僧传》卷二九《隋九江庐山沙门释大志传》载："释大志，姓顾氏，会稽山阴人。发蒙出家，师事天台智者顗禅师。……开皇十年来游庐岳，住峰顶寺，不隶公名，不预僧伍。诵《法华经》，素然闲雅，绝能精啭，使诸听者忘疲。"可见大志法师在陈亡后长期隐于匡庐，"不隶公名，不预僧伍"。

真观法师，《续高僧传》卷三一《杂科声德篇·隋杭州灵隐山天竺寺释真观传》载："释真观，字圣达，吴郡钱塘人，俗姓范氏。祖延蒸，给事黄门侍郎。父兑，通直散骑常侍。……小有大概，五岁能疏斋，或登衣篚，或执扇帚，戏为谈讲。八岁通《诗》《礼》，和庾尚书'林檎'之作。十六儒道群经、《柱下》、《河上》，无所遗隐。时又流涉碁琴，畅怀文集，日新月异，师友惊忻。……隋祖尚法惟深，三敕劳问，秦王莅蕃，二延总府，皆辞以疾，确乎不就。齐王晚迎江浦，躬伸顶礼，传以香火，送还旧邑之众善寺。"真观在陈朝与兴皇寺朗公、智顗交往颇深，又与陈宗室诸王及徐陵等名士关系密切，"观声辩之雄，最称宏富，江表文国，莫敢争先。自正法东流，谈导之功，卫安为其称首，自尔词人莫不宗猷于观。是知五百一贤，代兴有日，佛法荣显，实赖斯乎！"真观之才学声名可谓南僧杰出之代表，故隋文帝"三敕劳问"，秦王"二延总府"，但他"皆辞以疾，确乎不就"，抗拒入北。

以上诸高僧之学养修行，在江南僧俗界颇具声誉，但他们在陈亡后，都拒绝隋廷征召而留滞江东，显示出江东地域高僧群体抵拒隋廷征召入关的主流倾向。

当然，考察陈隋之际江南僧界的流动情况，不难发现尚有不少自南入北之僧人，但仔细分辨可知，他们大多是北周灭佛后相继南奔江左之北僧，流徙江南时间不长，其中有的在隋文帝代周倡佛后即迅速返归关中。如《续高僧传》卷一〇《隋西京光明道场释慧最传》载："释慧最，瀛州人也。……周灭齐日，南奔江表，复习慧门，颇通余论。且自北僧在陈，多乖时俗，惟最机权内动，不坠风流，多为南方周旋胶漆。隋室定天，中原安泰，便观化辇掖，参听异闻。后住光明，时传雅导。"又，《续高僧传》卷一一《隋西京静法道场释慧海传》载："释慧海，姓张氏，河东虞乡人。……居于弘农之伏读山。会周武肆勃，仁祠废毁，乃窜身避难，奔齐入陈，戒品无亏，法衣不舍。又采听《摄论》，研究至趣。大隋御宇，方践京邑。帝姊城安长公主有知人之鉴，钦其德望，为立伽蓝，遂受以居之，今之静法寺是也。"又，《续高僧传》卷一二《唐京师净影寺释善胄传》载："释善胄，俗姓淮氏，瀛州人。……齐破投陈，奔造非数，年属荐馁，告乞是难，日济一饼，才充延命，形极羸悴，众不齿录。……由此发名振绩，大光吴越。隋初度北，依远法师止于京邑，住净影寺。听徒千数，并锋锐一期，而胄覆述竖义，神彩秀发，偏师论难，妙通解语。"又，《续高僧传》卷一二《唐京师大总持寺释慧迁传》载："释慧迁，瀛州人也。……齐亡法毁，南奔陈国。大隋革运，又归乡壤，行经洛下，还附远焉。故业新闻，备填胸臆。及远入关，从而来至，住大兴善，弘敷为任。"又，《续高僧传》卷一八《隋西京禅定道场释昙迁传》载："释昙迁，俗姓王氏，博陵饶阳人。……逮周武平齐，佛法颓毁，将欲保道存戒，逃迹金陵。……承周道失御，隋历告兴，遂与同侣俱辞建业，……进达彭城，……《摄论》北土创开，自此为始也。"又，《续高僧传》卷一八《隋西京禅定道场释慧瓒传》载："释慧瓒，俗姓王氏，沧州人。……周武诛剪，避地南陈，流听群师，咸加芟改。开皇弘法，反迹东川，于赵州西封龙山引摄学徒，安居结业。……道闻远流，归向如市。"又，《续高僧传》卷二二《隋西京延兴寺释通幽传》载："释通幽，姓赵氏，河东蒲坂人。……遇周、齐陵乱，远涉江皋，业架金陵，素气攸远。及大隋开运，还归渭阴，味法泰其生平，操行分其容止。"① 又，《续高僧传》卷二八《隋京师净影寺释宝安传》载："释宝安，兖州人，安贫习学，见者敬之。初依慧远听涉《涅槃》，博究宗领。周灭齐亡，南投陈国。大隋一统，还归乡壤，行次瀍洛，又从远焉，因仍故业，弥见深隐。开皇七年，慕义入关，住净影寺。"又，《续高僧传》卷二八《隋京师沙门释辩寂传》载："释辩寂，徐州人。少以慧学播名，氾浪人世，游讲为业。末在齐都，专攻《大论》及《阿毗昙心》，……会武平末岁国破道亡，南适江阴，复师三论，神气所属，镜其新理。开皇更始，复返旧乡，桑梓仍存，友朋殂落。西入京室，复寻昔论，龙树之风，复由光远。"上引诸归北高僧，他们避祸江南为时甚暂，其中尤以北周灭齐后入陈之山东僧人为多。随着杨坚建隋代周，倡导佛教，他们先归故里，并陆续进入关中。

这类入陈避周武帝法难之北僧，也有少数迟至隋灭陈后北返者。如《续高僧传》卷一〇《隋彭城崇圣道场释靖嵩传》载其俗姓张，

---

① 隋文帝所召南朝僧人中，有个别早入北周之南朝高僧，《续高僧传》卷二一《唐秦州永宁寺释无碍传》载："释无碍，姓陈氏，有晋永嘉，中原丧乱，南移建业。父旷，梁元帝征著学士。以承圣元年诞生于成都，……入长安，……开皇开法，即预搜扬，便住永宁，……大业二年，召入洛阳，于四方馆刊定佛法。……大业五年，炀帝西征，躬受劳问，赐䌽二百段。"无碍法师当在西魏时自蜀地入关中，至隋文倡佛，"即预搜扬，便住永宁"。可见他虽有自南入北之背景，但与陈亡后入北之南僧群体有别。

涿郡固安人,"俄属周武屏除,释门离溃,遂与同学法贵、灵侃等三百余僧自北徂南,达于江左。陈宣帝远揖德音,承风迎引,……自《佛性》《中边》《无相》《唯识》《异执》等论四十余部,皆总其纲要,剖会区分。……隋高廓清百越,文轨大同。开皇十年,敕僚庶等有乐出家者并听。时新度之僧乃有五十余万,爰初沐化,未曰知津。嵩与灵侃等二百许僧闻机乘济,俱还江北,行达徐方,盛开讲肆。……于是常转法轮,江淮通润,遂使化移河北,相继趋途,望气相奔,俱谘《摄论》。嵩学资真谛,义寔天亲,思逸言前,韵高传后,大乘极旨,于是乎通。自此领匠九州,垂章四海。撰《摄论疏》六卷,《杂心疏》五卷。又撰《九识》《三藏》《三聚戒》《二生死》等玄义,并流于世,为时所宗。隋文封禅岱宗,銮驾齐鲁,关中义学因从过于徐邦,诣嵩法肆,伏膺受业,由此门徒拥盛,章疏大行"。又,《续高僧传》卷一〇《隋西京净影道场释宝儒传》载:"释宝儒,幽州人也。……值周丧法宝,南归有陈,达命清通,亟振名誉。自隋氏戡定,文轨大同,便归洛汭。"

根据上述材料,很显然,周、齐地域避难入陈之高僧群体,大多在隋文帝立国之初即还北,一些滞留时间稍长者,则在隋灭陈后返北。总体而言,作为避难南奔之北僧群体,他们入陈时间未久,与江南本土僧众群体有所不同,这涉及地域意识、文化观念、佛教风尚等诸多方面,这是他们积极主动归北之根本原因所在。进一步分析可见,不同时段归北者,其文化心态也存在着微妙的差异。隋立国后即北归之僧众群体,大多相继进入关中,他们对南朝文化的认同程度相对较低,当时在陈之北僧,"多乖时俗",大多难以适应,于是北方局势一旦变化,他们便主动地群体性返北。而隋灭陈后稍晚北返者,则对南朝社会文化风尚与佛教义学接受程度相对较高,如靖嵩法师作为齐亡后南奔之僧团领袖,他与陈朝统治集团关系密切,所受南朝佛教义学影响较深,"学资真谛",颇得《摄论》之精髓,故其"行达徐方,盛开讲肆……于是常转法轮,江淮通润,遂使化移河北,相继趋途,望气相奔,俱谘《摄论》。……自此领匠九州，垂章四海……为时所宗。……关中义学因从过于徐邦，诣嵩法肆，伏膺受业，由此门徒拥盛，章疏大行，门徒拥盛"。靖嵩及其僧团返北后长期驻留徐州，成为南朝佛学北传之重镇。不仅如此，靖嵩僧团与隋廷相对疏离，非但不入关中，且一再拒绝隋统治者征召，与南朝本土高僧群体之文化心态基本一致。①

由上文可见，隋灭陈后，对江南之"上德高人，咸纡延请"，实际上就是强行征遣江南高僧代表。不过，对隋廷之征召，江南本土僧众应者寥寥，特别是建康高僧群体面对寺宇毁坏、法事废禁的局面，大都逃离旧都，潜隐江东各地，即所谓"漏网以东归"，而少有"入笼而北上"者。当时自南入北者，大多是周武帝灭佛以来一度南逃避祸之北僧群体。

三 平定叛乱过程中隋廷对南方佛教政策的微妙变化

隋文帝灭陈后相关的军政与社会文化政策，一度造成了江南地域社会的严重动荡与灾难，直接引发了开皇十年遍及江南全境的叛乱。在此过程中，江南佛教也牵涉其中，扮演了不可忽视的角色。《隋书》卷二《高祖纪下》开皇十年十一月条载：

> 是月，婺州人汪文进、会稽人高智慧、苏州人沈玄憯皆举兵反，自称天子，署置百官。乐安蔡道人、蒋山李稜、饶州吴

---

① 《法苑珠林》卷一八《敬法篇·感应缘》"隋初扬州僧亡其名"条载："隋开皇初，有扬州僧，忘其本名。诵通《涅槃》，自矜为业。岐州东山下村中沙弥，诵《观世音经》。二俱暴死，心下俱暖。同至阎罗王所，乃处沙弥金高座，甚恭敬之。处《涅槃》僧银高座，敬心不重。事讫勘问，二俱余寿，皆放还。彼《涅槃》僧情大恨恨，恃所诵多，问沙弥住处。于是两辞，各苏所在。彼从南来，至岐州访得，具问所由。沙弥言：幼诵《观音》，别衣别所，烧香呪愿，然后乃诵。斯法不息，更无他术。彼谢曰：吾罪深矣。所诵《涅槃》，威仪不整，身口不净，救忘而已。古人遗言：多恶不如少善。于今取验。悔往而返。"这则故事中的"扬州僧"与岐州沙弥皆为下层诵经僧侣，二人在礼法仪态方面体现出南北风尚的差异，而"扬州僧"所受之歧视，正表明北人对南方社会及其文化风尚的抵触与轻视。

代华、永嘉沈孝澈、泉州王国庆、余杭杨宝英、交趾李春等皆自称大都督，攻陷州县。

又，《北史》卷六三《苏绰传附苏威传》亦载：

时江南州县又讹言欲徙之入关，远近惊骇。饶州吴世华起兵为乱，生脔县令，啗其肉。于是旧陈率土皆反，执长吏，抽其肠而杀之，曰："更使侬诵五教邪！"寻诏内史令杨素讨平之。

此次叛乱，波及江南全境，其主体虽是江南地方豪强势力，但一些佛教寺院及其僧团也涉及其中，充当了不可忽视的重要角色。

关于江南佛教僧众卷入开皇十年江南之叛乱，从以上组织叛乱首领之名号看，如"乐安蔡道人""会稽高智慧"等，显系其笃信佛教之标志。不仅如此，当时江南地区的一些佛寺与僧团应该直接参与了叛乱活动。《续高僧传》卷三一《隋杭州灵隐山天竺寺释真观传》载：

开皇十一年，江南叛反，王师临吊，乃拒官军，羽檄竞驰，兵声逾盛。时元帅杨素整阵南驱，寻便瓦散，俘虏诛翦三十余万。以观名声昌盛，光扬江表，谓其造檄，不问将诛，既被严系，无由伸雪。金陵才士鲍亨、谢瑀之徒，并被拥略。将欲斩决，来过素前，责曰："道人当坐禅读经，何因妄忤军甲，乃作檄书。罪当死不？"观曰："道人所学，诚如公言。然观不作檄书，无辜受死。"素大怒，将檄以示："是你作不？"观读，曰："斯文浅陋，未能动人。观实不作，若作过此。"乃指擿五三处曰："如此语言，何得上纸！"素既解文，信其言也。观曰："吴越草窃，出在庸人，士学儒流，多被拥逼。"即数鲍、谢之徒三十余人，"并是处国宾王，当世英彦。愿公再虑，不有怨辜。"素曰："道人不愁自死，乃更愁他！"观曰："生死常也，既死，不可不知人，以为深虑耳。"素曰："多时被絷，颇解愁不？"索纸与之，令作《愁赋》，观揽笔如流，须臾纸尽，命且将来，更与一纸。素随执读，惊异其文，口唱"师来"，不觉起接，即命对坐，乃尽其词。……素大嗟赏，即坐释之，所达文士免死而为仆隶。

可见真观法师在江南反叛过程中受到牵连，与诸多"士学儒流"一度为杨素拘捕，尽管真观力辩其冤，但实际上他很难完全撇清干系，杨素之所以未加深究，恐怕主要在于考虑到真观在江南地域与僧界的特殊地位与影响，故而采取了优遇笼络之策。

又，《续高僧传》卷一七《隋国师智者天台国清寺释智顗传》载其陈亡后一度"住憩匡山"，"不久寻阳反叛，寺宇焚烧，独有兹山，全无侵扰，信护像之力矣"。这表明当时江州寻阳地域在开皇十年反叛过程中，除庐山佛寺外，多被焚毁，这很可能与当地的反叛及相关佛寺参与其中不无关系。江南其他地区当也多如此。

关于江南佛寺与僧众之预乱，可就杨广《与释智顗书》略作分析。前述杨广出任扬州总管后，蒋州慧文法师等致书智顗反映当地佛寺所遭毁坏等情况，智顗特致书杨广，杨广回书智顗法师曰：

弟子总持和南。爰逮高旨，腾蒋州僧所及。窃以僧居望刹，食惟分卫，所立精舍，本依聚落。近年奉诏专征，吊民伐罪，江东混一，海内乂宁，塔安其堵，市不易业。斯亦智者备所明见。而亡殷顽民，不惭怀土；有苗恃险，敢恣螳螂！横使寺塔焚烧，如比屋流散，钟梵辍响，鸡犬不闻。废寺同于火宅，持钵略成空返，僧众无依，实可伤叹。彼地福尽，方成丘墟。所余堂塔，本不坏毁，其有现僧，亦许房住。唯虚廊檐宇，会当倒压，所以移来，还充寺馆。其外椽版，权借筑城。若空寺步廊有完全者，亦贷为府解。须一二年间，民力展息，即于上江结筏，以新酬故，本勒所司，具条孔目，无虑零漏。恐远僧未能曲见，顿用仰诬，必愿言提，冥诸其掌，猥延满札，悚侧良深。谨和南。①

从中可见尽管杨广对当时建康毁寺情况不无搪塞与遮掩，但他确实向智顗承认了相关情况确实存在，并表达了改善之意。同时杨广也明确指出，江南佛寺遭到破坏的直接原因在于当地反叛势力所为，即所谓"亡殷顽民，不惭怀土；有苗恃险，敢恣螳螂！横使寺塔焚烧，如比屋流散，钟梵辍响，鸡犬不闻。废寺同于火宅，持钵略成空返，僧众无依，实可伤叹"。他明确指出在江南反隋运动中佛教寺宇确实遭受毁坏，同时则暗示一些江南佛教寺宇之僧众参与、包容反叛势力。② 江南佛寺被毁，固然有隋军滥用武力的一面，也不排除有些僧众主动或被动地卷入其中，甚至成为叛乱的据点。

江南佛教僧众无论其主动，还是被动地参与、卷入开皇十年的江南反隋运动，在客观上都体现着了他们与南朝政权与江南地域社会的紧密关联，显示出他们在长期分裂背景下所形成的地域意识及其对来自北方征服者的敌视态度，凸显了当时南北社会与文化的诸多差异。经此动乱，迫使隋统治者必须思考在军事征服之后如何缓和并逐步消解江南地域社会的敌对情绪，以调整其管控江南的政策与手段。在此过程中，鉴于佛教在江南地域社会信仰与文化方面具有深入而广泛的影响，隋文帝有意识地调整政策，对江南佛教高僧有所笼络，对江南佛教寺宇与法物有所庇护。

关于隋廷之笼络江南高僧，前述杨素对卷入叛乱的真观法师的处置便是一则典型事例。考诸相关史实，可见杨素平叛过程中，刻意笼络、交结江南高僧的情况非止一例。《续高僧传》卷一〇《隋吴郡虎丘山释智聚传》载其姓朱氏，住苏州虎丘东山寺，深得陈朝

---

① 隋炀帝《与释智顗书》，《全隋文》卷六辑自《释藏》起二、《国清百录》二。
② 《国清百录》卷二杨广《述蒋州僧书第三十三》也称当时建康一带"寇贼交横，寺塔烧尽"之语。

名士敬重,"有同郡顾希凭、会稽谢峻岳,义府经肆,东南之美,并钦高德,同揖清风。由是儒、释通弘,真俗具举,宫墙重仞,允得其门,才踰弱冠,便弘讲说。……汝南周弘正博通内外,鉴赏人伦,常叹嘉之,以为释门之瑚琏也"。智聚"美风姿,善谈笑,流连赏悟,见者忘返"。至德二年,其于太极殿讲《金光明经》,"天子亲临法席,具僚咸在,……人主叹赏,称善久之"。开皇十一年,"爰降敕书,殷勤劳问……尚书令楚公素、左仆射邳国公苏威,并躬到道场,接足顶礼,咸舍净财,资庄形命"。

又,《续高僧传》卷一四《唐苏州武丘山释智琰传》载智琰字明儼,俗姓朱氏,吴郡吴人,八岁出家,随建安义学高僧精习《成实论》等,至德三年,于陈宫中讲论,"皇上欣赏,百辟嗟称,莫不爱其闲典,服其敏捷。……属陈氏丧鼎,便事东归,削迹武丘,将三十载。……尚书令楚国公杨素,经文纬武,王佐国均,乘贵负才,未尝许物,行军淮海,闻琰道胜栖山,鸣铙赴陇,倾盖承颜,五体投诚,恨接足之晚。左仆射邳国公苏威,重道爱仁,弥赏闲放,奉使吴越,躬造山楹,睹貌飡音,虔拜欣跃"。

又,《续高僧传》卷一四《唐越州弘道寺释慧持传》载其"少机警,美姿制",先后随丹阳开善寺满法师、东安寺庄法师等习《大品》、三论等,"钩探幽极,门学所高。兼善《老》《庄》《易》史,谈玄之次,寄言法理。越公杨素治兵淮海,闻风造展,叹其清悟,曰:'斯寔绝伦之僧也。'"

以上所述之智聚、智琰、慧持等皆为江南著名的义学高僧,与陈朝关系密切,受到官方供养,陈亡后他们皆留滞江东,"陈氏丧鼎,便事东归"。诸人在江东地域社会僧俗间具有很大的潜在影响力。杨素在开皇十年至十一年征讨江南叛乱过程中,一再亲赴山寺拜访,殷勤致礼。苏威作为巡抚使臣,"奉使吴越",对待智聚、智琰、慧持等或"并躬到道场,接足顶礼,咸舍净财,资庄形命",或"鸣铙赴陇,倾盖承颜,五体投诚,恨接足之晚。……躬造山楹,睹貌飡音,虔拜欣跃",可谓优礼有加。究其原委与动机,不排除其个人态度，但显然得到了隋文帝准允，意在通过安抚诸高僧大德以争取江南民众之人心，进而尽快稳定江南局势。因此，杨素、苏威之优礼吴地高僧，体现着隋文帝调整江南对策的国家意志。

其实，隋文帝本人对滞留江南的南方佛教代表人物也亲自联络，加以安抚。开皇十年以来，隋文帝一再致书南方佛教领袖智𫖮。如开皇十年的《敕释智𫖮》中有言：

> 皇帝敬问光宅寺智𫖮禅师。朕于佛教，敬信情重。往者周武之时，毁坏佛法，发心立愿，必许护持。及受命于天，仍即兴复，仰凭神力，法轮重转，十方众生，俱获利益。比以有陈虐乱，残暴东南，百姓劳役，不胜其苦。故命将出师，为民除害，吴越之地，今得廓清，道俗乂安，深得朕意。朕尊崇正法，救济苍生，欲令福田永存，津梁无极。师既已离世网，修己化人，必希奖进僧伍，固守禁戒，使见者钦服，闻即生善，方副大道之心，是为出家之业。若身从道服，心染俗尘，非直含生之类，无所归依，抑恐妙法之门，更来谤讟。宜相劝励，以同朕心。春日渐暄，道体如宜也。①

可见隋文帝灭陈之次年即致书南方佛教界公认的领袖人物智𫖮，解释其灭陈的正当性，表示其崇信佛教的态度，其用意非常明显，希望尽快加强与江南佛教界的联系，表达对江南佛教高僧的重视，希望江南僧界放弃对陈朝的故旧情感，要求他们秉持"既已离世网，修己化人，必希奖进僧伍，固守禁戒"的宗教信条，真正践行其戒约规范，以使"见者钦服，闻即生善，方副大道之心，是为出家之业"；否则，"若身从道服，心染俗尘，非直含生之类，无所归依，抑恐妙法之门，更来谤讟"。由此可见，在隋灭陈之初，包括江南佛

---

① 隋文帝：《敕释智𫖮》，《全隋文》卷三辑自《释藏》起二、《国清百录》二，又《陟九缁门警训》九。

教界在内的江南社会对隋统治者确实存在比较普遍的抵触情绪，隋文帝明确希望智𫖮等僧界领袖"宜相劝励，以同朕心"，以化解江南地域社会的对立态度，尽快趋于稳定。开皇十二年，隋文帝再次致书智𫖮法师，其中说：

> 睽觐稍久，惟用倾结，道体康念，动寂怡神，路首促忽，岂复委宣。今贶乌纱蚊帱一张，郁泥南布袈裟一缘，紫綖韈一量，南榴枕一枚。①

又，开皇十三年，隋文帝《敕给荆州玉泉寺额》说：

> 皇帝敬问修禅寺智𫖮禅师：省书，具至意。孟秋余热，道体何如？熏修禅悦，有以怡慰。所须寺名额，今依来请，智邃师还，指宣往意。②

由这二则隋文帝所致智𫖮书信，与第一通相比，就其内容而言，主要是对智𫖮法师表示问候并赠送一些法事器物，其中如荆州玉泉寺额匾还是应智𫖮所请而特为敕给。可见开皇十二年以来，智𫖮法师与隋文帝之间已有比较密切的联系与良好的互动。智𫖮法师是南北朝之末南方僧界公认的领袖人物，其在陈亡后流徙江南各地，虽没有激烈的反隋举动，但未应召入关，显示出对隋灭陈之后政局变化的暧昧态度，其实这也代表了当时僧界大多数人的心态。隋文帝灭陈之后，主动致书智𫖮，言辞颇为恳切，优容之心甚明，智𫖮也因此转变态度，向隋文帝请赐玉泉寺额，表明其个人及南方僧界对隋朝统一态度的微妙变化。

与此同时，隋文帝与其他南方僧界代表也有所联系，如隋文帝

---

① 隋文帝：《与智𫖮书》，《全隋文》卷三辑自《国清百录》。
② 隋文帝：《敕给荆州玉泉寺额》，《全隋文》卷三辑自《续高僧传》。

与婺州双林寺慧则法师有书信往来,《遗释慧则》中有言：

> 敬问婺州双林寺慧则法师：朕尊崇圣教，重兴法典，欲使一切生灵，咸蒙福力。法师舍离尘俗，投志法门，专心讲诵，宣扬妙典，精诚如此，深副朕怀。既利益群生，当不辞劳也。犹寒道体如宜，今遣使人，指宣往意。①

在此书信中，与开皇十年隋文帝所致智𫖮书一样，首先强调了他对佛教的尊崇，表彰了慧则法师"舍离尘俗，投志法门，专心讲诵，宣扬妙典，精诚如此，深副朕怀"，说明慧则法师在陈亡后的江南动乱中未预其事，不仅安分守己，而且宣扬佛教，有助于消弭当时江南的对抗情绪。可以说，隋文帝表彰慧则法师，实际上是在江南僧界树立一个样板与典型。

此外，作为笃信佛教的统治人物，隋文帝灭陈及其此后平定江南动乱过程中，对江南佛教文物也有征集、保护的表现。《法苑珠林》卷一三《敬佛篇·感应缘》"东晋襄阳金像游山缘"条载：

> 东晋孝武宁康三年四月八日，襄阳檀溪寺沙门释道安，盛德昭彰，擅声宇内，于郭西精舍铸造丈八金铜无量寿佛。明年季冬，严饰成就。……昔隋初秦孝王俊曾镇襄都，闻安师古像形制甚异，乃遣人图之，于长安延兴寺造之。初铸之夕，亦感天乐雨华，大有灵瑞。像今现在延兴寺也。

襄阳早入周、隋，秦王杨俊此举，不仅显示其个人对南方佛教文物

---

① 隋文帝：《遗释慧则》，《全隋文》卷三五辑自《淳化阁帖》。河北教育出版社校点本《全上古三代秦汉三国六朝文》（1997年）于此条下有校注曰："中华书局据聚珍版丛书本排印《淳化阁帖释文》卷一作《隋文帝书》，其下注曰：'旧列卷五第十，标《隋朝法帖》，今移改。'《全隋文》卷六炀帝《下书释慧则》与此文重出，已删除。"（第九册第357页）

的兴趣,也体现着隋文帝的态度。又,《法苑珠林》卷一三《敬佛篇·感应缘》"东晋杨都金像出渚缘"条载隋文帝征集、供养原建康佛教文物阿育王像之事曰:

> 自晋迄陈,五代王臣,莫不归敬。……及隋灭陈,举国露首,面缚西迁,如所表焉。隋高闻之,敕送入京,大内供养。常躬立侍,下敕曰:朕年老不堪久立,可令有司造坐像形相,使其同立本像,送兴善寺。

可见灭陈之后,隋文帝特将在江东倍受尊崇的阿育王像"敕送入京,大内供养",表明其对南方佛教及其相关文物有所护佑的态度。

综合上文所论,在历经数百年分裂之后,隋文帝混一南北,开启了中古历史的新纪元。然南北分裂既久,南北社会存在诸多深层之差异,这在南北方佛教方面也有明显的表现。这就决定了陈亡后江南高僧群体对作为征服者的隋王朝的态度。隋攻打陈朝及此后平荡建康过程中,不仅对当地佛教寺宇造成了严重破坏,而且严控南方各州的佛寺与僧众数量,以致昔日作为南方佛教中心的旧都建康的佛教活动处于停滞消歇状态,这更加增添了南方佛教界的怨恨情绪。与此同时,隋廷征召江南高僧代表入关,然南方本土高僧应者寥寥,他们不愿"入笼而北上",大多自建康潜逃江南各地,即所谓"漏网以东归"。面对隋朝统治者在武力征服之后所厉行之军政高压与思想文化管控,江南地域一度举境反叛,这给隋统治者带来强烈的心理冲击,促使他们思考如何在军事征服之后稳定江南。相关历史事实表明,在平叛过程中,隋文帝杨坚已对战争中南方佛教所遭之损害及其所激起的南方地区的怨怼情绪有所体悟。为此,他有针对性地采取了一系列行之有效的举措,其涉及江南军政的文武臣属优礼江南高僧,护佑南方寺宇,隋文帝本人也一再致书南方僧界领袖智𫖮、慧则诸法师,树立与隋廷合作之南方僧界典型,同时保护南方佛教之法物,着力改善与南方佛教界的关系,意在通过与南方僧界领袖人物的联络与沟通，争取他们对隋王朝的支持，以有助于江南地域社会的稳定。当然，隋文帝对江南佛教的相关优礼举措毕竟处于初步实施阶段，他与南方佛教代表人物的联系尚不密切，故其效用自然也未充分彰显。但从隋唐之际南北统一与南北文化融通的总体进程看，隋文帝由灭陈之初对南方佛教之高压，及至平定南方叛乱过程中即快速转为优抚；特别是开皇十年末任命晋王杨广出任扬州总管，授命其统揽江南军政大局，全面调整隋廷的江南政策，佛教政策方面，在江都设置"四道场"，大力招揽江南高僧，使江都一度成为南方的佛教中心，也是当时全国范围内仅次于长安的佛教中心。这些聚集江都的南方高僧代表此后陆续进入长安和洛阳，直接推动了隋唐时期南北佛学的融合。因此，从这一角度而言，上述隋文帝平陈之际对江南佛教的态度与政策急剧而微妙之变化，正是此后隋炀帝在江都汇集南方僧众，缔造此后长安、洛阳南北佛学融通局面的机缘。

隋炀帝招揽江南高僧与南朝佛学北传

众所周知，自西晋末年以来，长期的分裂对峙，南北朝社会处于相对独立发展的状态，从而在社会制度与思想文化等方面产生了诸多差异，这在佛教文化上也有明显的表现。对这种长时间南北分离而造成的社会差异，隋文帝灭陈后已有所体悟，他在一定程度上感受到军事征服过程中对南方佛教的冲击以及由此所激发的南方地域社会的怨怼与抗争情绪。为此，他有意识地开始加强与南方僧界代表人物的联系与沟通，以争取他们对隋王朝的支持。不过，毋庸讳言，隋文帝对南北社会及其文化差异性的认识与领会主要流于感性的层面，其针对江南佛教僧众的延揽、对江南佛教的笼络也是初步的，其相关政策的全面调整与深度实施，有待于其子晋王杨广出镇江都、总揽东南事务之后才得以展开。

隋开皇十年十一月，在平定江南叛乱过程中，晋王杨广受命出镇江都，为扬州总管，《隋书》卷三《炀帝纪上》载："俄而江南高智慧等相聚作乱，徙上为扬州总管，镇江都，每岁一朝。"杨广出镇江都，其核心使命在于缓解、消释南方地区的怨恨情绪和反抗活动，以尽快稳定东南局势，巩固南北统一。综观杨广之举措，固然涉及军政之方方面面，然就其作用与影响而言，其最主要的手段则在于招揽江左士族名士代表，以聚拢人心，从而在根本上弱化乃至消除江南地域社会对隋王朝的敌视与对抗态度。史称杨广"好文雅，招引才学之士诸葛颖、虞世南、王胄、朱瑒等百余人以充学士"①。这些"才学之士"皆来自江南，且多在杨广为晋王时期进入其藩邸，其相关活动促成了当时南北社会的联系与文化整合，历来颇受重视。与此相应，杨广还大力招揽江南佛教高僧，推动了江左佛学北传和南北佛教文化融通之进程，构成其稳定江南及融汇南北文化整体政策的一个重要组成部分。

一 杨广招揽江南高僧与江都佛教繁盛

杨广出镇江都，建康高僧代表慧文法师等致书南方僧界领袖人物智𫖮法师，反映建康地区佛教寺宇所遭受之摧残与佛教秩序之混乱，智𫖮法师不仅向杨广转呈其书，而且还致书杨广，明确提出保护南方佛教的相关要求与建议。面对隋灭陈之初与江南叛乱过程中江南特别是建康佛教所遭受打压以及由此引发的江南僧界的对抗与抵触状态，杨广必须有所应对，以安抚江南佛教僧众。

首先，杨广在平乱过程中注意搜集江南佛教典籍，并设置专门机构和人员加以整理、保护。《广弘明集》卷二二《宝台经藏愿文》说：

> 至尊拯溺百王，混一四海，平陈之日，道俗无亏，而东南愚民，余烬相煽。爰受庙略，重清海滨，役不劳师，以时宁复。深虑灵像尊经，多同煨烬，结蠧绳墨，湮灭沟渠。是以远命众军，随方收聚。未及期月，轻舟总至。乃命学司，依名次录，并延道场。义府覃思，澄明所由，用意推比，多得本类。庄严修葺，其旧惟新。宝台四藏，将十万轴，因发弘誓，永事流通。

这是要求保护江南佛教之"灵像尊经"。杨广在江都收集、整理江南佛教文献，设置宝台经藏，后来转输中土，《续高僧传》卷一二

---

① 《隋书》卷五八《柳䛒传》。

《隋江都慧日道场释慧觉传》亦载："先是，江都旧邸立宝台经藏，五时妙典，大备于斯。及践位东朝，令旨允属，掌知藏事，佥曰得人。"慧觉法师参与了宝台经藏的管理，"掌知藏事"。当时参预宝台经藏管理的还有智果法师。《续高僧传》卷三一《隋东都慧日道场释智果传》载智果，会稽剡人，善书法，杨广因其拒绝作书而大怒，"长囚江都，令守宝台经藏。及入京储贰，出巡扬越，……召入慧日，终于东都，六十余矣"。智果长期具体管理宝台经藏，后来在东都进一步整理著录佛教文献，《隋书》卷三五《经籍志四》载："大业时，又令沙门智果，于东都内道场，撰诸经目，分别条贯，以佛所说经为三部：一曰大乘，二曰小乘，三曰杂经。其余似后人假托为之者，别为一部，谓之疑经。又有菩萨及诸深解奥义、赞明佛理者，名之为论，及戒律并有大、小及中三部之别。又所学者，录其当时行事，名之为记。"智果法师入洛后的佛教文献的汇集、分类与整理，是在江都宝台经藏基础上的扩大和完善。① 又，法琳《辩正论》卷三也载晋王杨广"于扬州装补故经，并写新本，合六百一十二藏，二万九千一百七十三部，九十万三千五百八十卷"。杨广搜集、整理南朝经藏，是对南朝佛学的汇集和总结，有助于南朝佛学之北传。陈寅恪先生曾指出："隋炀帝所广为搜集的南朝佛典，到他被立为皇太子后，已经尽数输入北方了。"②

---

① 关于隋朝收集江南佛教经籍，《续高僧传》卷二八《隋京师大兴善寺释明璨传》载："仁寿初岁，召送舍利于蒋州之栖霞寺，今之摄山寺也。……而璨情存传法，所在追访，乃于江表获经一百余卷，并是前录所遗，及诸阙本，随得施利，处处传写。"可见明璨法师仁寿年间至南方送舍利，"所在追访，乃于江表获经一百余卷，并是前录所遗"。

② 万绳楠整理：《陈寅恪魏晋南北朝史讲演录》，黄山书社1987年版，第335页。《续高僧传》卷一一《唐京师延兴寺释吉藏传》载："在昔陈、隋废兴，江阴凌乱，道俗波进，各弃城邑，乃率其所属往诸寺中，但是文疏，并皆收聚，置于三间堂内。及平定后，方洮简之，故目学之长，勿过于藏，注引宏广，咸由此焉。"陈寅恪先生以为吉藏所收经卷，"其后人长安，则他所洮简的南朝精本，当亦随之入北"。见前揭《陈寅恪魏晋南北朝史讲演录》，第334页。另外，陈隋之际南方高僧又有营造新经者，如《续高僧传》卷三一《隋杭州灵隐山天竺寺释真观传》载真观法师"又造藏经三千余卷，……著诸导文二十余卷、诗赋碑集三十余卷。近世窃用其言众矣"。这些新造经藏后来也当有流入北方者。

又,《续高僧传》卷三〇《周鄜州大像寺释僧明传》载:

京师崇义寺石影像者,形高一尺,径六寸许,八楞紫色,内外映彻。其源梁武太清中,有天竺僧赍来谒帝,会侯景作乱,便置江州庐山西林寺大像顶上。至隋开皇十年,炀帝作镇江海,广搜英异,文艺书记,并委雠括,乃于杂传得《影像记》,即遣中使王延寿往山推得。王自虔奉,在内供养,在蕃历任,每有行往,函盛导前,初无宁舍。及登储贰,乃送于曲池日严寺,不令外人瞻睹。

可见杨广初镇江都,在大力收集江南佛教典籍的同时,对佛教"灵像"一类文物也极力保护,且亲自供养,这也从一个侧面显示其对江南佛教的重视。

其次,杨广招揽江南高僧,在江都设置"四道场",以加强对南方宗教界的笼络与控制。这里所谓"道场",是指佛、道二教的寺庙与道观,均在江都城内晋王府周围,广泛招引高僧与道士。就佛教而言,主要延聘义学高僧代表,其经费主要由晋王府供给。[①] 道宣《续高僧传》卷一五论中有言:"炀帝嗣纂,重飞声实。……自爱初晋邸,即位道场。慧日、法云广陈释侣;玉清、金洞备引李宗。一艺有称,三征别馆,法轮长转,慧炬恒明。风靡之化,覃延复远。"《集古今佛道论衡》卷乙《隋两帝重佛宗法俱受归戒事》载:

昔居晋府,盛集英髦。慧日、法云,道场兴号;玉清、金洞,玄坛著名。四海搜扬,总归晋邸,四事供给,三业依凭,礼以家僧,不属州省。迄于终历,征访莫穷。

[①] 隋时改佛寺为道场,道观为玄坛,《隋书》卷二八《百官志下》载:"郡县佛寺,改为道场,道观改为玄坛,各置监、丞。"又见《唐六典》卷一六、《大宋僧史略》卷中等所载。

这表明四道场实际隶属晋王府,其代表人物成为晋王之"家僧"。对于四道场的设置,杨广后来为太子时依然延续下来,《续高僧传》卷一一《唐京师延兴寺释吉藏传》载:"开皇末岁,炀帝晋蕃,置四道场,国司供给。释、李两部,各尽搜扬,……王又于京师置日严寺,别教延藏往彼居之,欲使道振中原,行高帝壤。"由于杨广"各尽搜扬",进入江都"四道场"之南僧数量甚多,江左义学高僧多被网罗。据《续高僧传》,可考之代表人物如下:

智脱,《续高僧传》卷九《隋东都内慧日道场释智脱传》载其曾在陈亡后入关中,"炀帝作牧邗江,初建慧日,盛搜异艺,海岳搜扬,脱以慧业超悟,爰始霑预。既处齐衡,功倍励业,日夕相系,通昒诸部。而标勇无前,出言成论,鼓激支派,深有会宗。故道场英贤,学门崇仰,而脱雅为论士,众所推焉"。

法澄,《续高僧传》卷九《隋东都内慧日道场释法澄传》载:"释法澄,吴郡人。少机警,善谈论,文章书史,颇皆综涉。初,从兴皇朗公讲释三论,至于教旨乖竞者,皆条理而通畅焉。末聚徒立讲于江都开善寺,常听二百余僧,化洽吴楚,传誉淮海,负帙相趋,日增位席。晋王置四道场,澄被召入,安时悟物,弘道无绝。"

道庄,《续高僧传》卷九《隋东都内慧日道场释道庄传》载:"释道庄,扬州建业人。……初听彭城寺琼法师,禀受《成实》,宗匠师表,门学所推。……从兴皇朗法师听酌四论,一闻神悟,挺慧孤超。后入内道场,时声法鼓,一寺荣望,无不预筵,谘谒前疑,披解无滞,年德既富,皆敬而推焉。"

智矩,《续高僧传》卷一一《隋西京日严道场释智矩传》载:"释智矩,姓吴氏,吴郡人。……初,听兴皇朗公讲,讨穷深致,学冠时雄。……隋炀往镇扬越,采拔英灵,矩既誉洽东瓯,名流西楚,征居慧日,处以异论。"智矩法师为兴皇寺朗公高足,江左义学高僧代表,杨广召入江都慧日道场。

慧觉,《续高僧传》卷一二《隋江都慧日道场释慧觉传》载:"释慧觉,姓孙氏,其先太原晋阳人也,江右丧乱,迁居丹阳之秣陵焉。……年八岁出家，研精法相。其初伏业，即兴皇朗法师也。……炀帝昔居藩屏，化牧淮甸，钦仁胜人，义蹈仄席，乃赐书曰：'法师安善，凉暑惟宜！承栖迟龟山之域，阐扬龙树之旨，其义端雄辩，独演畅于稽阴，谈柄微言，偏引汲于镜水。弟子钦风籍甚，味道尤深，今于城内建慧日道场，延屈龙象，大弘佛事，盛转法轮。上人名称普闻，众所知识，今遣迎候，迟能光拂也。'于即贲然来仪，膺此嘉命。"慧觉法师为南僧代表，陈亡之后，"觉惧金刚之地沦毁者多，乃百舍兼行，上闻天听"，谏言隋文帝，保护江南佛教。杨广亲自致书，延请慧觉至江都，这对南方僧众具有相当的影响力。

智云，《续高僧传》卷三一《隋京师定水寺释法称传》载法称"江南人"，"时有智云，亦善经呗，对前'白'者，世号'乌云'。令望所高，声飞南北。每执经对御，响震如雷，时参哀啭，停驻飞走。……隋炀在蕃，弥崇敬爱，召入慧日"。

杨广后在长安设"四道场"，进位太子后，他将聚集江都的诸多江左高僧征召入都，其中声名最著者当为吉藏，《续高僧传》卷一一《唐京师延兴寺释吉藏传》载："开皇末岁，炀帝晋蕃，置四道场，国司供给。释、李两部，各尽搜扬，以藏名解著功，召入慧日，礼事丰华，优赏伦异。"吉藏法师是江左义学高僧的杰出代表，陈亡后长期隐于浙东，杨广将其召至长安慧日道场。检点文献所载，杨广征召南僧甚为用心，应征者颇多，后多随隋炀帝至东都洛阳。《续高僧传》卷三一《隋东都慧日道场释立身传》载："释立身，江东金陵人。……有文章，工辩对。……晚入慧日，优赠日隆。大业初年，声唱尤重。帝以声辩之功动衷情抱，赐帛四百段、毡四十领。……从驾东都，遂终于彼，时年八十余矣。"又，同卷《隋西京日严道场释善权传》载其"扬都人，住宝田寺。听采《成论》，深有义能，……然海内包括，言辩之最，无出江南，至于铨品时事，机断不思，莫有高者。晚以才术之举，炀帝所知，召入京师，住日严寺。……大业初年终日严寺，时年五十三矣"。同卷《隋东都慧日道场释智果传》载智果晚年再次"召入慧日"，又载"时慧日沙门智骞者，江表人也"，精于文字训诂之学，"晚以所学，追入道场"。同卷《唐京师玄法寺释法琰传》载其"俗姓严，江表金陵人，本名法藏。……晚被晋府召入日严"。同卷《唐京师定水寺释智凯传》载其"姓安，江表杨都人，……承沙门吉藏振宗禹穴，……从受三论，……及藏入京，因倍同住"。诸位江左高僧皆为杨广召入长安慧日等道场，后多随至东都洛阳。

杨广在江都延揽高僧，并不局限于江左，还有其他地区的高僧。如法论，来自荆州，《续高僧传》卷九《隋东都内慧日道场释法论传》载："释法论，姓孟氏，南郡人。初住荆州天皇寺，……隐沦青溪之覆舟山，味重《成实》，研洞文彩，谈叙之暇，命笔题篇。……隋炀在蕃，远闻令德，召入道场，晨夕赏对。"法论来自荆楚，本属后梁高僧。慧越则来自岭南，《续高僧传》卷一七《隋慧日内道场释慧越传》载："释慧越，岭南人。住罗浮山中，聚众业禅，有闻南越。……化行五岭，声流三楚。隋炀在蕃，搜选英异，开皇末年遣舍人王延寿往召，追入晋府慧日道场，并随王至京，在所通化。末还扬州，……王教归葬本山，以旌诚敬。"①

此外，辩义、法侃、慧乘诸法师则是北周毁佛后流寓江左之北僧，《续高僧传》卷一一《隋西京日严道场释辩义传》载："释辩义，姓马氏，贝州清河人也。……初归猷论师学《杂心》，贯通文义。……属齐历云季，周丧道津，乃南达建业，传弘小论，屡移声价，更隆中土。隋炀搜选名德，令住日严。"又，法侃，《续高僧传》卷一一《唐京师大兴善寺释法侃传》载："释法侃，姓郑氏，荥阳人也。……属齐历不绪，周湮法教，南度江阴，栖迟建业，听

---

① 岭南僧人应召至江都者，慧越之外，还有法喜。《宋高僧传》卷一八《感通篇·隋江都宫法喜传》载："释法喜，南海人也，形貌寝陋，短弱迂疏，可年四十许。岭表耆老咸言：'儿童时见识之，颜貌如今无异。'蛮蜒间相传云已三百岁矣。亦自言旧识庐山慧远法师，说晋宋朝事，历历如信宿前耳。平素时悄默，见人必语，语必含深意，吉凶之征，有如影响。……炀帝闻之，追来扬州。未久，宫内树一堂新成。喜忽忽升堂观览，俄惊走下阶，唱言'几压杀！'其日夜阑，大雨堂崩，毙者数人，其后又于宫内环走，言索羊头。帝闻恶之，责以狂言，敕锁著一室。"

采新异，莹饰心神，摄虑缘求，拟诸漆木。陈平之后，北止江都安乐寺。有曹毗者，清信士也，明解《摄论》，真谛亲承。侃乃三业归从，玄义请决，即开融胜相，覆叙所闻。毗自听之，恐有遗逸，侃每于隐义发明铺示，既允惬当，毗皆合掌称善。隋炀晋蕃，昔镇扬越，搜举名器，入住日严。"又，慧乘，《续高僧传》卷二五《唐京师胜光寺释慧乘传》载："释慧乘，俗姓刘氏，徐州彭城人也。……乘年十二，发心入道，……便下扬都，听庄严寺智嚼法师《成实》。……陈桂阳王、尚书毛喜、仆射江总等并伸久敬，咸慕德音。属陈季道离，隋风远扇，太尉晋王于江都建慧日道场，遍询硕德，乘奉旨延住，仍号家僧。……开皇十七年，于扬州永福寺建香台一所，庄饰金玉，绝世罕俦。"①

由于江都佛教兴盛，各地高僧也有慕名而来者。如《续高僧传》卷二六《隋东都宝杨道场释法安传》载："释法安，姓彭，安定鹑觚人。……开皇中来至江都，令通晋王，时以其形质矬陋，言笑轻举，并不为通。日到门首，喻遣不去，试为通之。王闻召入，相见如旧，便住慧日，王所游履，必赍随从。……大业之始，帝弥重之，威轹王公，见皆屈膝，常侍三卫，奉之若神。又往名山召诸隐逸，郭智辩、释志公、澄公、杯度，一时总萃慧日，道艺二千余人，四事供给，资安而立。"②

除慧日、法云等道场外，当时江都城内外还有其他佛寺。晋宋以降，江左政权在江北设置南兖州，广陵长期为其治所，素为江北重镇，佛教传播日甚，出现了一些重要的寺宇，聚集了一些僧众，

---

① 杨广在江都招引高僧甚勤，然亦有拒之者，《续高僧传》卷一〇《隋彭城崇圣道场释靖嵩传》载其隋亡陈后流寓彭城，传播《摄论》等南学，"隋炀昔镇扬越，立四道场，教旨载驰，嵩终谢遣。及登紫极，又有敕征，固辞乃止。门人问其故，答曰：'王城有限，动止严难，虽内道场，不如物外。沙门名为解脱，如何返以事业累乎？吾曾游两都，屡逢播荡，弊此劳役耳。'"可见杨广出镇江都后在全国招揽代表性的高僧。

② 唐裴孝源《贞观公私画史》载："隋惠日寺，张善果画，在江都。"张善果，或称张果，梁代著名画师张僧繇子，善果弟儒童，皆承其父业，以善画著称，长于寺宇壁画。杨广在江都立慧日寺，以张善果绘壁，可见对此寺之重视。

并与建康佛教保持着密切的联系。① 南朝诸政权在此设置僧官管理当地佛事，如萧齐永明中有南兖州僧主，② 陈朝则设广陵大僧正。③ 陈亡之后，不少建康高僧一度隐于广陵诸寺。杨广出镇扬州，江都为总管府所在，为东南最主要的军政中心。在杨广招揽僧众的过程中，广陵地域之旧有佛寺无不高僧聚集。

白塔寺，《续高僧传》卷一《陈扬都金陵沙门释法泰传附曹毗传》载真谛有菩萨戒弟子曹毗，"明敏深沉，雅有远度。少携至南，受学《摄论》，谘承诸部，皆著功绩。太建二年，毗请建兴寺僧正明勇法师续讲《摄论》，成学名僧五十余人。晚住江都，综习前业，常于白塔等寺开演诸论，冠屦裙襦，服同贤士，登座谈吐，每发深致。席端学士，并是名宾。禅定僧荣、日严法侃等，皆资其学"。曹毗于白塔寺弘法，深得上层社会崇敬，对《摄论》之北传颇有推动作用。白塔寺在仁寿年间有所扩建，《续高僧传》卷三〇《隋天台山瀑布寺释慧达传》载其"幼年在道，缮修成务"，热衷修葺寺宇，陈时便于都城"课功修补三百余所"，"仁寿年中，于扬州白塔寺建七层木浮图，材石既充，付后营立，乃溯江西上，至鄱阳、豫章诸郡观检功德，愿与众生同此福缘"。

长乐寺，《续高僧传》卷三〇《唐扬州长乐寺释住力传》载其本为陈建业皇家寺宇泰皇寺主，"值江表沦亡，僧徒乖散，乃负锡游

---

① 关于广陵佛教寺院之兴造，《法苑珠林》卷四〇《舍利篇·感应缘》"晋广陵舍利放光"条载："晋大兴中，北人流播广陵，日有千数。有将舍利者，建立小寺立刹。舍利放光，至于刹峰。感动远近。"可见，两晋之际，北人南迁，广陵作为南北交通线的中枢城市，北来流人聚集于此，其中有信奉佛教者，"建立小寺立刹"。又，《法苑珠林》卷三六《悬旛篇·感应缘》刘宋元嘉十七年夏，沛人刘琎之"于广陵遥见慧汪精舍前幡盖甚众，而无形像。驰往观之，比及到门，奄然都灭"。慧汪精舍是广陵较早见之于史籍的佛寺。

② 《续高僧传》卷五《梁扬都安乐寺沙门释法申传》载道达法师"姓裴，河东闻喜人，住广陵永福精舍。少以孝行知名，拯济危险，道润江渍。永明中为南兖州僧正，在职廉洁，雅有治才，罢任之日，唯有纸故五束"。

③ 《续高僧传》卷二五《唐京师胜光寺释慧乘传》载其"叔祖智强，少出家，陈任广陵大僧正"。

方，访求胜地，行至江都，乃于长乐寺而止心焉。隋开皇十三年建塔五层，金盘景辉，峨然挺秀，远近式瞻。至十七年，炀帝晋藩又临江海，以力为寺任，缮造之功故也。……而殿宇褊狭，未尽庄严，遂宣导四部、王公、黎庶共修高阁，并夹二楼。……大业四年，又起四周僧房、廊庑、斋厨、仓库备足，……再往京师，深降恩礼，还至江都，又蒙敕慰"。可见隋时，在住力主持下，江都长乐寺不断有所扩建，这应当得到了隋炀帝的大力支持。

安乐寺，广陵本有安乐寺，《续高僧传》卷五《梁扬都安乐寺沙门释法申传》载："值宋太始之初，庄严寺法集，敕请度江，住安乐寺。累当师匠，道俗钦赏"。又载有慧命法师，"广陵人，住安乐寺。开济笃素，专以《成实》见知。"南北朝末，慧海法师于广陵"创居安乐"，《续高僧传》卷一二《隋江都安乐寺释慧海传》载："释慧海，姓张氏，清河武城人。少年入道，师事邺都广国寺冏法师，……更从青州大业寺道猷法师……以周大象二年来仪涛浦，创居安乐，修葺伽蓝，庄严佛事，建造重阁。躬自经始，咸资率化，竭筋力而忘倦，蒙寒暑而载驰。常以净土为期，专精致感。忽有齐州僧道诠赍画无量寿像来，云是天竺鸡头摩寺五通菩萨乘空往彼安乐世界图写尊仪。既冥会素情，深怀礼忏，乃睹神光炤烁，庆所希幸。于是模写恳苦，愿生彼土，没齿为念。"慧海于大业五年终于此寺，年六十九，"江都县令辛孝凯，崇信是投，内外通舍，解衣撤膳，躬自指挥。弟子慧炳，以全身处，乃架塔筑基，增其华丽，仍建碑旌德于寺之门，秘书学士琅琊王眘为文"。可见慧海在北周灭佛后南游，至广陵而创建安乐寺。①《续高僧传》卷一一《隋西京日严道场释明舜传》载："释明舜，姓张，青州人。……值法灭南投，届于建业，栖止无定，周流讲席。后过江北，住安乐寺，时弘论府，肆意经王，大小诸乘，并因准的，盛为时俊所采。时沙门慧乘辩抗

---

① 关于隋江都安乐寺慧海法师之事迹，《法苑珠林》卷一五《敬佛篇·感应缘》"隋沙门慧海"条也有记载。

淮阳，义归有叙，从舜指摘《大论》，定其宗领，遂尔弘导，累稔栖意。……门人慧相者，慧声有据，崇嗣厥业，扇美江都。"慧相既为明舜之弟子，当亦住于安乐寺，且长期弘法于此，"扇美江都"。又，《续高僧传》卷一一《唐京师大兴善寺释法侃传》载法侃"陈平之后，北止江都安乐寺"。又，《续高僧传》卷二〇《唐润州摄山栖霞寺释智聪传》载："释智聪，未详何人。昔住扬州白马寺，后住止观寺，专听三论。陈平后度江，住扬州安乐寺。"可见，刘宋时广陵已有安乐寺，后慧海所建之安乐寺与晋宋之旧寺是否存在联系，则未见记载。在慧海经营的基础上，其弟子慧炳"增其华丽"，陈亡后集聚了诸多江左高僧。

永福寺，《续高僧传》卷五《梁扬都安乐寺沙门释法申传》载："时复有道达、惠命，并以勤学显名。达姓裴，河东闻喜人，住广陵永福精舍。少以孝行知名，拯救危险，道润江濆。永明中为南兖州僧正。在职廉洁，雅有治才，罢任之日，唯有纸故五束。"又，《续高僧传》卷一二《隋江都慧日道场释慧觉传》载："法济上人者，灵智难思，于永福道场请开《大论》，主上亲临法席，称善久之。后止白塔，恒事敷说，《大品》、《涅槃》、《华严》、四论等二十余部，遍数甚多，学徒满席，法轮之盛，莫是过也。"法济上人于永福道场开讲《大论》，晋王杨广亲临法会。

开善寺，前引《续高僧传》卷九《隋东都内慧日释法澄传》载法澄"末聚徒立讲于江都开善寺，常听二百余僧，化洽吴楚，传誉淮海，负帙相趋，日增位席"。又，《续高僧传》卷一八《隋西京禅定寺释昙迁传》载昙迁周亡齐后南奔，隋代周返北，"上柱国宋公贺若弼、长史张坦出镇扬州，承风思展，结为良导。……还到广陵，……初停开善，建弘《摄论》，请益千计"。

华林寺，《续高僧传》卷一四《唐京师崇义寺释慧頵传》载："隋降陈国，北度江都，又止华林，栖遑问法。有解法师，《成论》名匠，因从累载，听谈玄义，稽洽先闻，更弘神略。以道行成著，缁素攸归，开皇末年，被召京寺。"慧頵北徙江都后，驻于华林寺，

"栖遑问法"，精修《成实论》。

禅众寺，《续高僧传》卷一七《隋国师智者天台山国清寺智顗传》、《续高僧传》卷一九《唐天台山国清寺释灌顶传》等皆载杨广招揽智顗师徒之江都，智顗明确表示不入"四道场"，故入江都后居于城外禅众寺。就其佛教风尚而言，这是一所重视禅修的寺宇。

静乐寺，唐裴孝源《贞观公私画史》载："陈静乐寺，张善果画，在江都。"

兴皇寺，《贞观公私画史》载："陈兴圣寺，张儒童画，在江都。"兴皇寺，又称兴圣寺。

东安寺，《贞观公私画史》载："陈东安寺，张儒童、展子虔画，在江都。改为常乐寺。"此"常乐寺"不知是否即上"长乐寺"。

逮善寺，《贞观公私画史》载："陈逮善寺，陆整画，在江都。"

可考见陈时江都已有白塔、长乐、永福、开善、安乐、华林、静乐、兴皇等十余所佛寺，陈亡后其僧众多有来自江左者，其佛事活动频繁，义学兴盛；一些佛寺有所扩建，其佛事活动得到了杨广的资助。杨广在江都又新立了慧日、法云等道场，体现了当时江都佛教一度繁盛的状况。

杨广对江左高僧的招揽与笼络，可谓不遗余力，最典型的例证是优遇智顗，即智者大师。智者是当时江南僧界的杰出代表，《续高僧传》卷一七《隋国师智者天台山国清寺智顗传》载杨广镇江都，深知智者之地位与影响，"会大业在蕃，任总淮海，承风佩德，钦注相仍，欲遵一戒法，奉以为师，乃致书累请。顗初陈寡德，次让名僧，后举同学，三辞不免，乃求四愿。……晋王方希净戒，如愿唯诺，故躬制《请戒文》云：'……今开皇十一年十一月二十三日，于扬州总管金城设千僧会，敬屈授菩萨戒，戒名为孝，亦名制止。方便智度，归宗奉极，作大庄严，同如来慈普，诸佛爱等，视四生犹如一子。'云云即于内第躬传戒香，授律仪法，告曰：'大士为度，远济为宗，名实相符，义非轻约。今可法名为总持也，用摄相兼之道也。'王顶受其旨，教曰：'大师禅慧内融，道之法泽，辄奉名为智者。'自是专师率诱，日进幽玄，所获施物六十余事，一时回施悲敬两田，愿使福德增繁，用昌家国"。开皇十一年十一月，智者至江都，杨广设千僧法会，正式拜智者为师，并受菩萨戒，取名"总持菩萨"。不过，作为江南佛教大师，智者至江都是有条件的，他拒绝入驻慧日寺，暂居城外禅众寺，不久，智𫖮"欲返故林，王乃固请。𫖮曰：'先有明约，事无两违。'即拂衣而起。王不敢重邀，合掌寻送，至于城门。……王礼望目极，衔泣而返"。智者于是"泝流上江，重寻匡岭……遂于当阳县玉泉山立精舍，敕给寺额，名为一音"。杨广与智者保持书信联络，并一再邀请其至江都，于是智者于开皇十五年再至江都，"令造《净名疏》，河东柳顾言、东海徐仪，并才华胄绩，应奉文义，缄封宝藏，王躬受持。后萧妃疾苦，医治无术，王遣开府柳顾言等致书请命，愿救所疾。𫖮又率侣建斋七日，行《金光明》忏，……患果遂瘳，王大嘉庆"。第二年，智者要求返回天台山，"又出所制《净名疏》并犀角如意、莲华香炉与晋王别。遗书七纸，文极该综，词彩风标，嘱以大法。末乃手注疏曰：'如意、香炉是大王者，还用仰别，使永布德香，长保如意也。'"开皇十七年十一月二十四日，智者大师死于天台山。智𫖮著有《法华疏》《止观门》《修禅法》等各数十卷及《净名疏》《佛道品》三十七卷。杨广尊奉智𫖮为师，对其著述也极为珍视，"炀帝奉以周旋，重犹符命，及临大宝，便藏诸麟阁，所以声光溢于宇宙，威相被于当今矣。……每年讳日，帝必废朝，预遣中使就山设供"。智𫖮在江南影响极大，"𫖮东西垂范，化通万里，所造大寺三十五所，手度僧众四千余人，写一切经一十五藏，金檀画像十万许躯，五十余州道俗受菩萨戒者不可称纪，传业学士三十二人，习禅学士散流江汉，莫限其数。……隋炀末岁巡幸江都，梦感智者言及遗寄，帝自制碑，文极宏丽，未及镌勒，值乱便失"。杨广对智者大师礼数周全，可谓无微不至，以致释史称"自古帝王，于师珍敬，无以加也"①。

智顗死后，杨广对天台山智顗教团依然极为关注。《续高僧传》卷一九《唐天台山国清寺释灌顶传》载其为智顗亲从高足，智顗死后，其"亲承遗旨"，至江都交付智者之"留书并诸信物"，"晋王乃五体投地，悲泪顶受，事遵宾礼，情敦法亲。寻遣扬州总管府司马王弘送顶还山，为智者设千僧斋，置国清寺，即昔有晋昙光、道猷之故迹也"。仁寿元年，杨广为太子，"东巡本国"，灌顶"出山参贺，遂蒙引见，慰问重叠，酬对如响，言无失厝，臣主荣叹。又遣员外散骑侍郎张乾威送还山寺，施物三千段，毡三百领，又设千僧斋。寺庙台殿，更加修缉，……斯寔海西之壮观也，远符智者之言，具如彼传"。仁寿二年，杨广下令延请灌顶入京，云："近令慧日道场庄、论二师讲《净名经》，全用智者义疏判释经文。禅师既是大师高足，法门委寄，令遣延屈，必希翛然并《法华经疏》随使入京也。伫迟来仪，书不尽意"。灌顶于是"持衣负锡，高步入宫，三夏阐弘，副君欣戴。每至深契，无不申请，并随问接对，周统玄籍。后遣信送还，贶遗隆倍"。大业七年，隋炀帝东征高丽，治兵涿郡，"追思智者，感慕动容。下敕迎顶远至行所，凯美瑞引见天宸，叙以同学之欢，又遣侍郎吴旻送还台寺。尔后王人继至，房无虚月"。

又，《续高僧传》卷一九《唐天台山国清寺释智璪传》载其俗姓张，清河人，"晋室播迁，寓居临海"，早年追随智者，"伏膺受道"，"隋大业元年驾幸江都，璪衔僧命出参，引见内殿。御遥见璪，即便避席，命令前坐，种种顾问，便遣通事舍人卢正方送璪还山，为智者设一千僧斋，度四十九人出家，施寺物二千段、米三千石并香酥等，又为寺造四周土墙。大业六年，又往扬州参见，仍遣给事侍郎许善心送还山，又为智者设一千僧斋，度一百人出家，施寺物一千段，嚫斋僧人绢一匹。七年又往涿郡参，劳谢远来，施寺

---

① 《集古今佛道论衡》卷乙《隋两帝重佛宗法俱受归戒事》。

物五百段,遣五十人执仗防援还山。凡经八回参见天子,并蒙喜悦,供给丰厚"。

又,《续高僧传》卷一九《唐天台山国清寺释普明传》载其俗姓朱,会稽人,早年追随智者,"顶礼归依,愿尽此生以为弟子","每参隋帝,悉蒙命坐,赐绢一百二十段,用充六物,不留寸尺,悉造经像,有敕施僧基业,见于寺录"。智者天台僧团在隋唐之间获得了充分的发展,其高徒甚众,见于《续高僧传》者还有多人,可见杨广与智者高足及天台宗之密切关系。智者弟子对杨广颇为尊崇,这与陈亡后江左僧众对隋朝的抵触态度相比可谓大相径庭,这从一个侧面显示出杨广笼络江南佛教势力的成功。①

由上所征引相关记载,可见杨广将诸多江南著名义学高僧招揽至江都慧日、法云道场,如智脱、法澄、道庄、法论、智矩、吉藏、慧觉、慧越、慧乘等,杨广以"家僧"之礼待之,不断兴办法会,阐演佛学义理。除义学高僧外,杨广也招揽了一些擅长其他才艺者,如智云法师便以"善经呗""善席上"著名。江都其他佛寺也多为义学之府,且与法云、慧日诸道场常有互动,法济"于永福道场请开《大论》,主上亲临法席,称善久之";曹毗得真谛《摄论》之真传,"常于白塔等寺开演诸论,冠屦裙襦,服同贤士,登座谈吐,每

---

① 关于隋炀帝与智者的交往,《续高僧传》《国清百录》《隋天台智者大师别传》等僧俗文献记载甚多,其中也有相互矛盾处,难以详述。见袁刚《晋王杨广和天台智者大师》,《中国史研究》1997年第2期。关于智𫖮弟子僧团与隋炀帝的特殊关系,杨广重大的政治关头,智𫖮弟子都有明确的表态。如杨广被立为太子后,智越法师领衔上启致贺:"天台寺故智者弟子沙门智越一众启:伏惟殿下睿德自天,恭膺储副,生民庆赖,万国欢宁,凡在道俗,莫不舞忭,况复越等,早蒙覆护,曲奉慈惠,不任悦豫之诚。谨遣僧使灌顶、智璪等奉启以闻。谨启。"(智越:《贺晋王正位东宫启》,《全隋文》卷三五辑自《释藏》起三、《国清百录》三)杨广登皇位,智越等再次上启曰:"天台寺沙门智越一众启:窃闻金轮绀宝,弈世相传,重离少阳,时垂御辨。伏惟皇帝菩萨圣业平成,纂临洪祚,四海万邦,道俗称幸。越等不任喜踊之至,谨遣僧使智璪奉启以闻。仁寿四年十一月三日。括州临海县天台寺僧智越等启。"(智越:《贺炀帝登极启》,《全隋文》卷三五辑自《释藏》起三、《国清百录》三)天台寺与隋炀帝关系之密切,可谓非同寻常。这种政治性表态,智越等天台寺僧人的态度不仅体现着自身的政治倾向,而且一定程度上代表着南方佛教界的态度。

发深致。席端学士，并是名宾。禅定僧荣、日严法侃等，皆资其学"；法澄在江都开善寺讲学，"常听二百余僧，化洽吴楚，传誉淮海，负帙相趋，日增位席"。可见当时江都义学高僧云集，佛学讲论、研讨之风颇为兴盛，这使得江都成为当时东南地区的佛教中心城市，也是全国范围内长安之外的佛教中心，就其佛教风尚而言，则主要承继了南朝建康的佛学传统。《续高僧传》卷一五《义解篇论》曰："炀帝嗣纂，重飞声实，道庄顾言于内外，法论礼御于始终，相、愿光扬于两都，奘、脱振藻于周鲁，厚德怀仁，又难加也。自爰初晋邸，即位道场，慧日、法云广陈释侣，玉清、金洞备引李宗。一艺有称，三征别馆，法轮长转，慧炬恒明，风靡之化，覃近复远。当时诸部虽复具扬，而《涅槃》、《摄论》最为繁富，世近易昭，无劳显述。"杨广称帝后重视江左义学高僧，"当时诸部虽复具扬，而《涅槃》、《摄论》最为繁富"，这正是对南朝佛教义学的延续与弘扬。杨广此举，深得江南僧俗之心，如智者大师虽不甘成为其"家僧"，但他曾表彰杨广说："晋王殿下，道贯今古，允文允武，二南未足比其功；多才多艺，两献无以齐其德。茂绩振于山西，英声驰于江左，管淮海之地，化吴会之民。不以贫道不肖，曲垂礼接，躬非世范，谬荷人师。"[①]可见智者对杨广统辖东南之功业特别是安抚江南佛教之政策评价颇高，这在一定程度上也体现出当时江南高僧群体对杨广的普遍看法。

二 杨广荐引江南义学高僧入关与南北佛学融通

杨广不仅在江都招集江左高僧，促成了这一地区佛教的一度繁荣，而且不断将一些高僧引荐到长安，杨广称帝后，又将其中一些代表人物携带到东都洛阳，在客观上推动了江南佛学的北传。杨广

[①] （隋）智顗：《遗书临海镇将解拔国述放生池》，《全隋文》卷三二辑自《释藏》起四、《国清百录》四。

此举，究其原因，主要有二：一是杨广崇尚南朝文化，在佛教方面也如此，他与江左僧众交往密切，在很大程度上与其对江左文化的钦慕心理不无关系。自开皇末，杨广逐渐取得了政治上的特殊地位，并主要在长安活动，故加大了南僧北引的力度。二是隋文帝及其皇后独孤氏皆笃信佛教，其诸子皆尊奉佛法，他们出镇地方后，或向京师荐引高僧，或在长安捐造佛寺，这是他们投父母所好以争宠的一个重要手段。[1] 杨广出镇江都后逐渐萌生了夺嫡的意图，并付诸行动，在奉佛弘法方面之表现尤其突出。而就其影响与效应而言，杨广坐镇东南，倡佛江都，则成为沟通南北文化的一个环节。汤用彤先生指出，"隋文帝提倡佛教，名僧大集长安，遂成重镇。而因晋王（炀帝）之弘法，江都为南方僧人北游驻锡之地。及大业时营东都，洛阳亦为佛教中心。然究以西京为最要"[2]。可以说，杨广一度在江都弘法，既使其一度成为当时长安之外区域性的佛教中心地，又是一个汇聚南僧进而转输关中的中转地。

为接引江南僧众入关，杨广在长安建立日严等道场，以安置南

---

[1] 《续高僧传》卷二九《唐终南山蓝谷悟真寺释慧超传》载其"姓沈氏，丹阳建康人"，曾随慧思、智者等禅宗大师"积年请业，行优智远，德冠时贤"，陈亡后入嵩山修禅，"隋太子勇召集名德总会帝城，以超业行不群，特留供养"。太子杨勇"召集名德总会帝城"，可见他与佛教高僧交往之密切。隋炀帝自少便用心交结高僧，《续高僧传》卷一九《唐终南山丰德寺释智藏传》载其"开皇三年，乃卜终南丰谷之东阜，以为终世之所也，……后文帝敕左卫大将军晋王广就山引虑，藏曰：'山世乃异，适道不殊。贫道居山日积，意未移想。陛下国主之体，不夺物情为宗。'王具闻帝，帝叹讶久之"。可见开皇初，隋文帝命杨广劝导高僧。又，《续高僧传》卷二《隋东都上林园翻经馆沙门释彦琮传》载其俗姓李氏，赵郡柏人人，"世号衣冠，门称甲族"，开皇初，为隋文帝所重，"从驾东巡，旋途并部，时炀帝在蕃，任总河北，承风请谒，延入高第，亲论往还，允惬悬仁，即令住内堂，讲《金光明》、《胜鬘》、《般若》等经。……炀帝时为晋王，于京师曲池营第林，造日严寺，降礼延请，永使住之"。又，《续高僧传》卷一七《隋京师清禅寺昙崇传》载："隋氏晋王钦敬定林，降威为寺檀越，前后送户七十有余，水硙及碾上下六具，永充基业，传利于今。……开皇十一年，晋王镇总扬越，为造露盘，并诸庄饰，十四年内方始成就，举高一十一级，竦耀太虚，京邑称最。尔后僦遗相接，众具繁委，王又造佛堂僧院，并送五行调度种植树木等事，并委僧众监检助成"。这都是杨广出镇江都前交结高僧的情况。

[2] 汤用彤：《隋唐佛教史稿》，中华书局1982年版，第7页。

僧。根据相关记载，杨广在江都所招聚之南僧陆续进入长安，特别在杨广晋位太子后，江都代表性南僧可谓整体性迁入长安，主要安置在日严、慧日诸道场。杨广称帝后，兴建洛阳东都，又在洛阳设置日严、慧日内道场，江左僧众又相继随迁洛阳。据《续高僧传》所载，杨广荐引入北之南僧主要有智脱、法澄、道庄、法论、吉藏等二十余人。

《续高僧传》卷九《隋东都内慧日道场释智脱传》载其"后随帝入京，住日严寺"。

《续高僧传》卷九《隋东都内慧日道场释法澄传》载其"仁寿三年，奉命关壤，居于日严，……炀帝徙驾东都，定鼎伊雒，从出崤右，因疾而终，时年七十余矣"。

《续高僧传》卷九《隋东都内慧日道场释道庄传》载其"末又追入京师，住日严寺，……随驾东指，因疾而卒于洛阳。时年八十一矣，即大业之初也"。

《续高僧传》卷九《隋东都内慧日道场释法论传》载其"后入京辇，住日严寺。文帝时幸仁寿，论往谒见，特蒙接对，躬事展礼。帝美其清悟，为设净馔于大宝殿，论即在座上诗，叙谈帝德、宫观，宏丽今古，高祖重加叹赏。及晋王之处春坊，优礼弥厚，中使慰沃，启疏相寻。大业元年将移东阙，下敕赐千秋树皮袈裟一领，帛五百段、毡四十领。皇后赐狐腋皮坐褥及法服等物。故其道望，帝后咸供之隆重，为类此也。因随驾至洛，不久而终，时年七十八矣。皇上哀悼，赙赠有加，仍敕所在传送，葬于荆楚"。法论本籍荆州，不仅杨广对其"优礼弥厚"，而且炀帝萧皇后也"供之隆重"。

《续高僧传》卷一〇《隋襄阳沙门释智闰传》载："释智闰，不详姓氏，襄阳人也。……承邺下盛宗佛法，……年始二十，便趋远诣。……晚学《华严》、《涅槃》，咸增荣显。……又闻江表大弘《三论》，既是本愿，不远而归。正值长干辩公当途首唱，预从听受，一悟欣然，文义重深，遂多时载。后还汉阴，镇常讲导，化行江汉，善生道俗。大业初建，延住慧日，该富之量，更溢由来。"

《续高僧传》卷一一《隋西京日严道场释智矩传》载杨广在江都，对其"处以异伦，而执志出群，言成世则，欲使道张帝里，学润秦川。开皇十九年更移关壤，敕住京都之日严寺，供由晋国，教问隆繁，置以华房，朋以明德，一期俊杰，并是四海搜扬。……门人慧感、慧赜，亲承嘉诲，询处有归，后于江之左右，所在通化。各领门侣，众出百人，传嗣宗绩，不爽遗绪"。

《续高僧传》卷一一《隋西京日严道场释辩义传》载："隋炀搜选名德，令住日严。"

《续高僧传》卷一一《隋西京日严道场释明舜传》载其"末为晋王召入京辇，住日严寺。传灯事绝，终窭其心，时叙玄义，顿倾品藻"。

《续高僧传》卷一一《唐京师大兴善寺释法侃传》载其在江都随真谛弟子曹毗精习《摄论》，杨广"以侃道洽江湣，将欲英华京部，乃召而隆遣"。

《续高僧传》卷一一《唐京师延兴寺释吉藏传》载："王又于京师置日严寺，别教延藏往彼居之，欲使道振中原，行高帝壤。"

《续高僧传》卷一二《隋江都慧日道场释慧觉传》载："大业二年，从驾入京，于路见疾，……至三月二十二日，迁化于泗州之宿预县，春秋五十有三。……有诏丧事所须，随由备办，恩礼周给，务从优厚。并具舟楫，王人将送。其年五月十三日，还窆于江阳县之茱萸里。传业学士，数甚滋多。门人智果禀承遗训，情深追远，乃与同学纪诸景行，碑于寺门。秘书诏诰舍人虞世南为文，金紫光禄大夫内史侍郎虞世基为铭，见于别集。"慧觉法师未入长安，后隋炀帝征其至东都，但于入北途中去世。慧觉在江都传法，弟子甚多，"传业学士，数甚滋多"，智果便为其门人。

《续高僧传》卷一三《唐京师大庄严寺释慧因传》载："释慧因，俗姓于氏，吴郡海盐人也，晋太常宝之后胤。祖朴，梁散骑常侍，父元显，梁中书舍人，并硕学英才，世济其美。……十二出家，事开善寺慧熙法师。志学之年，听建初琼法师《成实》。……乃诣钟山慧晓、智璀二禅师，请授调心观法。……又造长干辩法师禀学三论，……陈仆射徐陵，高才通学，尚书毛喜，探幽洞微，时号知仁，咸归导首。隋仁寿三年起禅定寺，搜扬寓内，远招名德，因是法门龙象，乃应斯会，既德隆物议，大众宗归，遂奉为知事上座，训肃禅学，柔顺诱附，清穆僧伦，事等威权，同思启旦。又，寺初胜集，四海一期，名德相亚，通济斯美，因又寔兼之矣。频讲三论，并制文疏，要约标控，学者高奉。"

《续高僧传》卷一四《唐京师崇义寺释慧頵传》载其"以道行成著，缁素攸归，开皇末年，被召京寺"。

《续高僧传》卷一七《隋慧日内道场释慧越传》载其"开皇末年遣舍人王延寿往召，追入晋府慧日道场，并随王至京，在所通化。末还扬州，……王教归葬本山，以旌诚敬"。

《续高僧传》卷二三《唐京师普光寺释慧琎传》载："释慧琎，姓吴，扬州江都人也。……及年七岁，……遂放依荣法师而出家焉。……听荣《摄论》，大悟时伦，即而讲说，嗟赏者众，谈吐清雅，妙会物情。仁寿年中从荣被召，入于禅定。及具戒后，专精律仪，听遵律师讲凡二十遍，又听首律师，数亦相及。谦弱成治，竖论不言，讲扬《摄论》，方敷律相，时以其寄大乘而弘行范也。"

《续高僧传》卷二五《唐京师胜光寺释慧乘传》载其"后从王入朝，频蒙内见"。

《续高僧传》卷二六《隋东都宝杨道场释法安传》载其"大业之始，帝弥重之，威轹王公，见皆屈膝，常侍三卫，奉之若神。又往名山召诸隐逸，郭智辩、释志公、澄公、杯度，一时总萃慧日，道艺二千余人，四事供给，资安而立"①。

《续高僧传》卷二八《隋京师日严寺释昙瑎传》载："释昙瑎，江都人。少学《成实》，兼诸经论，《涅槃》、《大品》，包蕴心目，

---

① 关于隋炀帝招集"艺僧"，《续高僧传》卷二六《唐京化度寺释转明传》载："隋末有鲍子明者，未详何人。炀帝远召艺僧，遂霑慧日。"

虽讲道时缺,而以慧解驰名。每往法筵,亟陈论决,征据文旨,学者惮焉。常读诸经,盈籍满案,记注幽隐,追问耆老,皆揖其精府,反启其志,瑎乃为斟酌,通问概梗。自江左右,历览多年,传誉不爽,实钟华望。炀帝昔为晋王,造寺京室,诸方搜选,延瑎入住。内史令萧琮合门昆季,祖寻义学,屈礼归心,奉以家僧,携现大小,常处第内,晨夕欢娱,讲论正理,惟其开悟。"

由以上所考,可见杨广在江都所招之南僧,陆续荐引至长安,特别在其进位太子和继位后,其代表人物几乎悉数进入长安,这不仅造成了南北朝以来全国范围内僧众汇聚的局面,而且使长安成为南北佛学交流与融合的中心。众所周知,南北朝佛教风尚是有一定差异的,汤用彤先生曾指出,"南方专精义理,北方偏重行业","南重义学,北重实行","南朝之学,玄理佛理,实相合流。北朝之学,经学佛学,似为俱起。合流者交互影响,相得益彰。俱起者则由于国家学术之发达,二教各自同时兴盛,因而互相关涉。……南方佛理,因与玄学契合无间,故几可视为一流",而"燕、齐、赵、魏,儒生辈出,名僧继起,均具朴质敦厚之学风。大异于南朝放任玄谈之习气"[①]。自北魏孝文帝以来,南朝义学渐趋北传,但在分裂状态下,南北文化的交流毕竟是有限的。隋朝统一南北,天下名僧汇聚长安,南北佛学相互交融,其深度与广度自是以往所无法比拟的。杨广在江都召集并引荐至长安之南僧,多精擅义理之学,且兼综才艺,故其群体性北移必然有力地推动南学之北传。杨广引智矩至长安日严寺,"欲使道张帝里,学润秦川"[②],又引吉藏入长

---

① 汤用彤:《汉魏两晋南北朝佛教史》,中华书局1983年版,第241、357、378—379、381页。《续高僧传》卷一〇《隋西京真寂道场释法彦传》载法彦"虽三藏并通,偏以《大论》驰美,游涉法会,莫敢抗言。故齐、周及隋,京国通惧,皆畏其神爽英拔也。……有法侃法师,本住江表,被召入关。彼方大德渊法师者,正法高杰,义学所推,语侃曰:'天地虽广,识达者希。晚学之秀,法彦一人,可与论理。余则云云,从他取悟耳。'及侃至京相见,方知渊之远鉴也"。法侃应征入北,渊法师谓之京师唯法彦"可与论理",实际上暗示其北方佛教风尚不同,对江南佛学必有抵触。

② 《续高僧传》卷一一《隋西京日严道场释智矩传》。

安日严寺,"欲使道振中原,行高帝壤"①,可见杨广在江都长期与江左义学高僧交往,深受南学影响,并有意传播南学。

关于南僧入北后之弘法,《续高僧传》卷九《隋东都内慧日道场释智脱传》载杨广倡导佛教义理,"遣学士诸葛颖赍教书请讲,于即奉命成化,宣誉天朝。自江南《成实》,并述义章,至于论文,曾无顾涉。脱愤激先达,创开其论,命笔制疏,消散有闻,更使德溢由来,重新其美。自帝居望苑,大缉玄猷,以脱誉动物情,下令使修论疏,素已条贯,卷帙将成,乃结为四十卷,寻以奏闻。及献后既崩,福事宏显,乃召日严英达五十许人,承明内殿连时行道。寻又下令讲《净名经》,储后亲临,时为盛集。沙门吉藏,命章元座,词锋奋发,掩盖玄儒,道俗翕然,莫不倾首。脱以同法相让,未得尽言,藏乃显德自矜,微相指斥。……脱即引据征勘,超拔新奇,遂使投解莫从,处坐缄默。殿下乃分品量德,依位演之,既即席端,便尽胸臆。仍令与道庄法师邅升高座,共谈玄理,宾主无竭,贵达咸欣。副后嗟味,载形音旨,频遣庶子张衡殷勤称叙曰:'法师硕学钩深,古今罕例。仰观谈说,称实不虚。览所撰论疏,光溢心目。可更造《净名疏》及大小名教。'便给书吏寻录,勒成《释二乘名教》四卷、《净名疏》十卷,常自披玩。又遣画工图其形于宝台供养,每彫辇来仪,未尝不鞠躬致敬,瞻仰遗尘,有若真对。初,梁代琰法师撰《成论玄义》十七卷,文词繁富,难于寻阅,学者相传,莫敢删正。脱乃研详领要,演畅惟新,理在忘筌,义深功倍,卷轴因旧,宗旨不殊,当世盛行,无不欣庆。斯可谓悬镜拂而逾明,宝珠莹而加彩是也。仁寿末年龙飞之始,以脱凤昔敦厚,情在深衷,赐帛四百段,用隆厥德也。大业元年,随驾雒邑"。智脱于大业三年正月九日卒,年六十七。其传末概述曰:"自脱之传道也,声辩清彻,众莫之谊,标宗控引,咸有联类,章疏虽古,陈解若新,每至隐括,必重叠研核。预在讲肆,永祛昏漠,求文检义,功不虚延。

---

① 《续高僧传》卷一一《唐京师延兴寺释吉藏传》。

自见弘诱而成济者,罕继斯尘矣。……观其睿思通微,名高宇内,妙感灵应,夫岂徒然!凡讲《大品》、《涅槃》、《净名》、《思益》各三十许遍,《成论》、《玄文》各五十遍。传业学士惠诠、道灌、诠声,德双扬灌,立履贞梗,各踵敷弘,知名当世"。可见智脱、道庄诸法师入北后颇得杨广奖掖,"共谈玄理",弘扬南学。

又,《续高僧传》卷九《隋东都内慧日道场释法澄传》载其在长安"广流视听,宪章新致,披讲《智论》,声望弥重,京师硕学,咸谒问之"。

又,《续高僧传》卷九《隋东都内慧日道场释道庄传》载其"频蒙谒见,酬抗新叙。引处宫闱,令其讲授,言悟清华,玄儒总萃,皆叹其博要也。晚出曲池日严本室,又讲《法华》,直叙纲致,不存文句。著疏三卷,皆风骨雅趣,师者众焉"。

又,《续高僧传》卷一一《隋西京日严道场释智矩传》载其在长安"教问隆繁,置以华房,朋以明德,一期俊杰,并是四海搜扬。矩特立清秀,不偶群侣,覃思幽寻,无微不讨。外辞以疾,内实旁通,业竞六时,研精九部。才有昏昧,览兴赋诗,时暂阙余,便观流略。制《中论疏》,止解偈文,青目所销,鄙而轻削。每讲谈叙,清擢宗致,雅涉昙影之风;义窟文锋,颇怀洪偃之量。时有同师沙门吉藏者,学本兴皇,威名相架,文藻横逸,矩实过之,所以每讲序王,皆制新序,词各不同。京华德望餐附味道者殷矣,而性罕外狎,课力逞词,自非众集,未尝瞻觌"。

又,《续高僧传》卷一一《唐京师大兴善寺释法侃传》载其"既达本寺,厚供礼之,盛业弘被,栖心止观。时复开导唯识,味德礼忏,匠益惰学,亟动物心。……侃学专《摄论》,蹑足亲依,披析幽旨,焕然标诣,解义释名,见称清澈,诸赴听者欣其指况。有道抚法师者,俊颖标首,京城所贵,本住总持,宗师异解,用通《摄论》。及临侃席,数扣重关,束心展礼,餐承音训,遂舍其本习,从归真谛。且侃形相英伟,庠序端隆,折旋俯仰,皆符古圣。所以隋朝盛德,行业乃殊,至于容服可观,引命征召,必以侃为言首。其威仪之选，为如此也"。

又，《续高僧传》卷一一《隋西京日严道场释辩义传》载其"以义学功显著，遂之关辅，谘义决疑，日不虚席。京师俊德昙恭、道抚及蹟、净等，皆执文谘议，穷其深隐，并未尽其怀也。……炀帝昔位春宫，献后崩背，召日严大德四十余人，皆四海宗师，一时翘楚，及义对扬玄理，允塞天心。沙门道岳命宗《俱舍》，既无师受，投解莫从，凡有疑议，皆赍而取决。岳每叹曰：'余之广扬对法，非义孰振其纲哉？'故洽闻之美，见称英达。时沙门智矩、吉藏、慧乘等三十余人，并炀帝所钦，日严同止。请义开演《杂心》。顾惟不竞，即就元席，既对前达，不事附文，提举纲纽，标会幽体，谈述玄极，不觉时延。其为时贤所重如此"。

又，《续高僧传》卷一一《唐京师延兴寺释吉藏传》载其"既初登京辇，道俗云奔，观其状则傲岸出群，听其言则钟鼓雷动。藏乃游诸名肆，薄示言踪，皆掩口杜辞，鲜能具对。……隋齐王暕夙奉音猷，一见欣至，而未知其神府也，乃屈临第，并延论士，京辇英彦，相从前后，六十余人，并已陷折前锋，令名自著者，皆来总集。藏为论主，命章陈曰：'以有怯之心，登无畏之座；用木讷之口，释解颐之谈。'如此数百句。王顾学士傅德充曰：'曾未延锋御寇，止如向述，恐罕追斯踪。'充曰：'动言成论，验之今日。'王及僚友，同叹称美。时有沙门僧粲自号'三国论师'，雄辩河倾，吐言折角，最先征问，往还四十余番。藏对引飞激，注赡滔然，兼之间施体貌，词彩铺发，合席变情，赧然而退。于是芳誉更举，顿爽由来。王谓未得尽言，更延两日，探取义科，重令竖对，皆莫之抗也。王稽首礼谢，永归师傅，并赠吉祥麈尾及诸衣物。……讲三论一百余遍，《法华》三十余遍，《大品》、《智论》、《华严》、《维摩》等各数十遍，并著玄疏，盛流于世"。僧粲，《续高僧传》卷九《隋京师大兴善道场释僧粲传》载："释僧粲，姓孙氏，汴州陈留人也。幼年尚道，游学为务，河北、江南、东西关陇，触地皆履，靡不通经。故涉历三国，备齐、陈、周，诸有法肆，无有虚践。工难问，善博寻,调逸古今,风徽遐迩,自号三国论师,机谲动人,是所长也。开皇十年,迎入帝里,敕住兴善,频经寺任,缉谐法众,治绩著声。"僧粲游学各地,自称三国论师,于开皇十年"迎入帝里,敕住兴善",可谓隋朝佛教义学代表,南僧代表吉藏与之论辩,杨广"谓未得尽言,更延两日,探取义科,重令竖对,皆莫之抗",极大地促动了南学之北传。

又,《续高僧传》卷一四《唐京师崇义寺释慧頵传》载其"于时晋王开信,盛延大德,同至日严,并海内杞梓,递互相师。每日讲乘,五轮方驾,遂得通观异部,遍览众传,雠讨旧闻,考定新轨,陶津玄奥,慧悟弥新。深鉴诃黎漏文小道,乃归宗龙树,弘扬大乘。故得《中》、《百》、《般若》、《唯识》等论,皆钦沐神化,披阅文言,讲导相仍,用为己任。时闲屏退,成虑研思,所诵《法华》,通持犹昔,并讲文义,以为来习。贞愨守正,不妄参迎。沙门智首、道岳等,并学穷稽古,架业重霄,饮德钦风,留连信宿,详议法律,删定宪章,欢笑而旋,寻复造展"。

又,《续高僧传》卷二五《唐京师胜光寺释慧乘传》载其随杨广入关,"时净影慧远道声扬播,由来不面,因过值讲,即伸言论,义高词丽,声骇听徒。远顾曰:'何处吴僧,唇舌陵人复岂逾此?'王闻之,弥敬其词辩。时慧日创立,搜扬一化,并号龙象,咸开义门。既爰初盛集,法轮肇驾,王乃请乘尽心言论,不有见尊致结,既承资蓄,纵辩无前,折关陈款,皆倾巢穴,甚称王望,别赏帛百段。暨高祖东巡岱宗,銮驾伊洛,敕遣江南吴僧与关东大德升殿竖义。乘应旨首登,命章对论,巧问勃兴,切并纷集,纵横骆驿,罔弗丧律亡图。高祖目属称扬,群英叹异。……及晋王即位,弥相崇重,随驾行幸,无处不经。大业六年,有敕郡别简三大德入东都,于四方馆《仁王》行道,别敕乘为大讲主,三日三夜兴诸论道,皆为析畅,靡不泠然。从驾张掖,蕃王毕至,奉敕为高昌王麴氏讲《金光明》,吐言清奇,闻者叹咽,麴布发于地,屈乘践焉。……而词辩无滞,文义俱扬,泻注若流,有逾宿诵,此之一术,殁后绝踪。

而身历三朝，政移六帝，频升中殿，面对天颜，神气萧散，映彻墙仞，自见英德，莫不推焉"。

由以上所引可见，入关之江左义学高僧与北地高僧既有佛学方面的冲突、争执、对抗，更有佛学义理的相互交流与融汇，当时长安日严寺是江左义学高僧最集中的安置地，从南朝佛学北输的角度而言，日严寺无疑是当时长安佛教义学的中心与基地。受南朝玄学风尚之浸润，南朝佛学玄化，玄、佛互渗，表现出善于思辨的哲理化倾向，这与北方的学风显然不同，引起了北方僧俗的兴趣。大业年间，隋炀帝在洛阳建内慧日道场等，所重者多是江南的义学高僧。这样，杨广先后在江都、长安、洛阳弘法，其目的在于使南方佛学"道振中原"，促进南北佛学的融合。由于隋炀帝的支持，南方佛学一度取得了相当优势，成为主流风尚，特别是以智者为代表的天台宗和以吉藏为代表的三论宗最得隋炀帝钦重，成为中国最早的本土佛教宗派。隋炀帝沟通南北，开启了中古佛教史的新时代。① 隋之统一，开启了东西、南北佛学交流与整合的格局，对此，汤用彤先生曾概括指出，隋文帝建国后兴佛长安，"至若义学沙门，尤来自四方。夫刘宋以后，南北佛理，多不相参，至此而聚于一堂。其促进思想之发达，盖更可注意。开皇时，敕立五众主，又立二十五众主。其名之可考见者，有讲律众主洪遵，十地众主慧迁，涅槃众主童真、法总、善胄，大论众主法彦、宝袭等（见《续高僧传》有关传）。而讲筵法会，尤无虚日。各方名德，互相辩论，如智脱之与吉藏、吉藏之与僧粲，当慧启后学不少。开皇七年（587）召六大德入关，洛阳慧远、魏郡慧藏、清河僧休、济阳宝镇、汲郡洪遵、太原昙迁

---

① 除了荐引江左义学高僧外，杨广所招揽和信重的南朝士人也多有信佛并精于佛理的，杨广利用他们转输南朝佛学。如柳顾言，据《隋书》卷五八本传，其为南朝文士代表，杨广"以其好内典，令撰《法华玄宗》，为二十卷，奏之。太子览而大悦，赏赐优洽，侪辈莫与为比"。萧瑀，隋炀帝萧后之弟，《旧唐书》卷六三本传载其"好释氏，常修梵行，每与沙门难及苦空，必诣微旨"。后萧瑀读刘孝标《辩命论》，颇有不满，乃作《非辩命论》，"时晋府学士柳顾言、诸葛颖见而称之"。当时南士多出入玄、儒与佛、道，他们对南朝佛学的北传亦有相当的推动作用。

是也。随慧远、洪遵、昙迁入关各有弟子名僧十人，随慧藏入关者有智隐，文帝之意自在聚远方之英华。（《续高僧传》卷十八《昙迁传》）而江都智脱，在邺习华严、十地于颖法师，在江都学成实、毗昙于强法师，在金陵习成实于嚼法师。晋王延居江都，复随入京，住日严寺，大业之初复随驾洛邑。建业道庄听成实于彭城宝琼，听四论于兴皇法朗，亦为晋王所重，征入京师，后亦随驾入洛。陈留僧粲游学河北、江南、东西关陇，涉历三国，备齐陈周，开皇十年，迎住兴善寺。豫州智凝学于彭城靖嵩，后亦入隋京。靖嵩者北人学于北，而亦学于南者也。嘉祥大师吉藏为兴皇上首，亦为晋王所致礼，后入京师。太原昙迁初学于北，而复得摄论于南，开皇七年召六大德入关，迁其一也。其余受学南方而入关者，见之僧传尚不乏人，不能尽述。而北人游南，多由于周武毁法，避难南渡。及晋王平陈，征选精英，在南者复群北趣。由是而关中复为佛法之中心，且融会南北之异说也"①。可见隋文帝开皇七年召大德入关，所召者主要是山东义学高僧，促进了北方地区东西部佛学之融通，至于"南者复群北趣"，则有赖于开皇末以后杨广之大力荐引，进而"融会南北之异说"②。

三 杨广推送才艺高僧入北与南风北渐

隋炀帝所招揽和荐引入北者固然以江左义学高僧为主，但也包括一些长于讲唱诵经和具有其他文艺才学的高僧。《续高僧传》卷一五《义解篇论》称杨广对僧众之"一艺有称"者，无不"三征别馆"，这当然主要是指其征召江南各类才艺高僧，《续高僧传》卷三〇《周鄜州大像寺释僧明传》便明载其"作镇江海，广搜英异，文

---

① 汤用彤：《隋唐佛教史稿》，中华书局1982年版，第8—9页。
② 隋唐时代南朝佛学之北传，南北佛教融通，就其影响而言，也不可盲目夸大，汤用彤先生指出，"及至隋帝统一中夏，其政治文物，上接魏周。而隋唐之佛理，虽颇采取江南之学，但其大宗，固犹上承北方"。见前揭《汉魏两晋南北朝佛教史》，第382页。

艺书记，并委雠括"。由于南北社会文化背景及其所导致的士风、学风等方面存在诸多明显而深刻的差异，这在佛教文化领域也有所表现。具体而言，江南僧众在讲经诵唱之方式及其仪态气度相较于北方就表现出鲜明的地域特色。对这一类型的南方高僧，杨广在江都时也用心招揽，并逐步接引入北。

《续高僧传》卷三一《隋京师定水寺释法称传》载智云"亦善经呗"，"又善席上"，"年登五十，卒于京师。王悲惜焉，数日不出，广为追福，又教沙门法论为之墓志，见于别集"。智云法师后最终死于京师，显然随杨广自江都至长安。

又，《续高僧传》卷三一《隋东都慧日道场释立身传》载："释立身，江东金陵人。……有文章，工辩对。时江左文士多兴法会，每集名僧连宵法集，导达之务，偏所牵心。及身之登座也，创发謦欬，砰磕如雷，通俗敛襟，毛竖自整。至于谈述业缘，布列当果，泠然若面，人怀厌勇。晚入慧日，优赠日隆。大业初年，声唱尤重，帝以声辩之功动衷情抱，赐帛四百段、毡四十领。……从驾东都，遂终于彼，时年八十余矣。"

又，《续高僧传》卷三一《隋西京日严道场释善权传》载："释善权，扬都人，住宝田寺。听采《成论》，深有义能。……然海内包括，言辩之最，无出江南，至于铨品时事，机断不思，莫有高者。晚以才术之举，炀帝所知，召入京师，住日严寺。献后既崩，下令行道，英声大德五十许人，皆号智囊，同集宫内，六时树业，令必亲临。权与立身，分番礼导，既绝文墨，唯存心计。四十九夜，总委二僧，将三百度，言无再述。身则声调陵人，权则机神骇众，或三言为句，便尽一时，七五为章，其例亦尔。炀帝与学士柳顾言、诸葛颖等语曰：'法师谈写，乍可相从，导达鼓言，奇能切对，甚可讶也！'颖曰：'天授英辩，世罕高者。'……大业初年终日严寺，时年五十三矣。"

又，《续高僧传》卷三一《唐京师玄法寺释法琰传》载："释法琰，俗姓严，江表金陵人，本名法藏，住愿力寺。……陈国斋会，有执卷者，若不陈声，斋福不济。故使人各所怀，相从毕听，清音盈耳，颂声洋溢，广流世路。晚被晋府召入日严，终于武德。"

又，《续高僧传》卷三一《唐京师定水寺释智凯传》载："释智凯，姓安，江表扬都人。……承沙门吉藏振宗禹穴，往者谈之，光闻远迩，便辞亲诣焉。从受三论，偏工领叠，所以初章中、假，复词遣滞，学人苦其烦挐，而凯统之，泠然顿释，各有投诣。及藏入京，因倍同往，义业通废，专习子史，今古集传，有开意抱，辄条疏之。随有福会，因而标拟，至于唱导将半，更有缘来，即为叙引，冥符众望。"

东晋南朝江左佛教讲唱诵经富有文学色彩，且独具声韵，与北方不同，《续高僧传》卷三一传论曰："地分郑、魏，声亦参差，然其大途不爽常习。江表、关中，巨细天隔。岂非吴越志扬，俗好浮绮，致使音颂所尚，唯以纤婉为工；秦壤雍梁，音词雄远，至于咏歌所被，皆用深高为胜。……颂赞之设，其流实繁。江淮之境，偏饶此瓾，彫饰文绮，糅以声华，随卷称扬，任契便搆。然其声多艳逸，翳覆文词，听者但闻飞哢，竟迷是何筌目。关、河、晋、魏，兼而重之，但以言出非文，雅称呈拙，且其声约词丰，易听而开深信。唯彼南服，文声若林，向若节之中和，理必谐诸幽远，随堕难泝，返亦希焉。至如生严之咏佛缘，五言结韵，则百岁宗为师辖；远运之赞净土，四字成章，则七部钦为风素。"隋炀帝援引诸多江左佛教唱诵经师入北，显然与其崇尚江南文化的个人喜好不无关系。

特别需要指出的是，江左地域高僧群体与士大夫社会联系密切，相互间交游广泛，而南朝士族社会学尚博通，除普遍儒玄并综、崇尚哲理论辩之外，他们尤重文学艺术才能之展示，赋诗属文、音乐书法等则为士大夫必具之修养。在这一社会文化环境下，与士族名士往来密切的佛教高僧也必须具备这方面的才能，否则难以入流。对此，汤用彤先生曾指出：

盖自魏晋中华教化与佛学结合以来，重要之事约有二端。

一为玄理之契合。一为文字之表现。高僧如道安、慧远、僧肇诸公，佛教玄谈均已独步，而文章优美，又足以副之。及至宋朝，颇有长于文学之僧人。①

他又说：

> 晋宋以来，僧徒多擅文辞，旁通世典。士大夫亦兼习佛理。又因僧寺清幽，尤为其游观倡和之地。因而文人学士，首已在文字上结不解因缘。一方文字之取材，辟有甚广大之新领域。读支道林、谢灵运之诗文，可以概见，无须烦言。一方文字之体裁，因玄学佛学之争辩，而多有说理之文。读《弘明集》所载，可以知其与《文选》之性质大异。而梵音学与中国声韵之关系，其影响及于文字，则又可谓为无意中之收获也。南朝文人之与佛教有密切关系者，自谢、颜以下，几不可胜述。②

汤用彤先生指出自东晋以来，江左一流高僧不仅"佛教玄谈已经独步"，而且"文章优美，又足以副之"，以致"晋宋以来，僧徒多擅文辞，旁通世典"。特别在佛教译介与研究过程中，华梵文字声韵互渗，影响语言音韵之变化，为当时僧俗学人所重。杨广与江左僧众之交往，钦重其"外学"与文艺修养，多加招揽与引荐。

道庄。《续高僧传》卷九《隋东都内慧日道场释道庄传》载其"游践经史，听习玄论，皆会其标诣。而仪止弘雅，立性滔然，故少为同伦所尚。……帝昔处蕃，致书礼问，诗论嘉篇，每令和继，词彩丰逸，屡动人心。……炀帝初临，以庄留连风雅，……有集数十卷，多在淮南，少流北壤"。道庄颇具经史、玄学修养，气质风雅，尤具诗文之才，并以此深得炀帝喜爱。

---

① 汤用彤：《汉魏两晋南北朝佛教史》，中华书局1983年版，第302页。
② 汤用彤：《汉魏两晋南北朝佛教史》，中华书局1983年版，第347—348页。

法论。《续高僧传》卷九《隋东都内慧日道场释法论传》载法论"博通内外，词理锋挺，……研洞文彩，谈叙之暇，命笔题篇。……隋炀在蕃，远闻令德，召入道场，晨夕赏对。王有新文颂集，皆共询谋，处俗传扬，亟移岁序。……帝美其清悟，为设净馔于大宝殿，论即在座上诗，叙谈帝德、宫观，宏丽今古，高祖重加叹赏。及晋王之处春坊，优礼弥厚，中使慰沃，启疏相寻。……自论爰初苊法，崇尚文府，虽外涉玄儒，而内弘佛教，所以缀采篇什，皆叙释风。当即缵叙名僧，将成卷帙，未就而卒，本遂不行，顾惟高德有坠者众矣。有别集八卷行世"。法论所学"博通内外"，善谈论，尤善诗文，杨广与之交往甚密，"隋炀在蕃，远闻令德，召入道场，晨夕赏对。王有新文颂集，皆共询谋，处俗传扬，亟移岁序"，可见其在诗文方面对杨广影响很大，后引之入关，以此得隋文帝所叹赏，杨广则始终"优礼弥厚，中使慰沃，启疏相寻"。

智矩。《续高僧传》卷一一《隋西京日严道场释智矩传》载智矩"性矜庄，善机会，美容貌，雅为众表。又善草隶，偏爱文章，每值名宾，辄属兴缀彩，铺词横锦，勇思霏霜"。

慧觉。《续高僧传》卷一二《隋江都慧日道场释慧觉传》载慧觉"美词令，善容止，身长八尺，风表绝伦，摄斋升堂，俯仰可则，觌其威仪，莫不改容易观，寓目忘倦。至于吐纳玄言，宣扬妙义，雄辩清论，云飞泉涌，真可谓日月入怀，风飙满室，虽复褊志滞情，亦顿忘鄙悋。然其芝兰所化，陶诱之功，日就月将，固亦弘矣。兼通外典，妙善尺牍，属词染翰，造次可观，折简所至，皆为模楷。加以风度淹远，雅量弘深，谈绝是非，心夷彼我，峻矣重仞，人莫之窥"。

慧頵。《续高僧传》卷一四《唐京师崇义寺释慧頵传》载其"昔在志学，早经庠塾，业贯儒宗，艺能多具。……且隶李宗。既处静观，权持巾褐，遂授三五秘要、符箓真文，并笁数、式易、禁劾等法，神慧开明，指掌通晓。又旁询《庄》、《老》、三洞、三清、杨子《太玄》、葛生《内诀》，莫不镜识根源，究寻支沠。末乃思其真际，崇尚自然，驻彩练形，终期羽化"。可见慧頵自少所学兼涉儒、道、玄、释，颇得隋炀帝推重。《续高僧传》卷三一《隋京师定水寺释法称传附智云传》载智云"谈吐惊奇，子史丘索，都皆谙晓，对时引挽，如宿搆焉。隋炀在蕃，弥崇敬爱，召入慧日，把臂朋从，欣其词令故也。年登五十，卒于京师。王悲惜焉，数日不出，广为追福，又教沙门法论为之墓志，见于别集"。

由上可见，杨广崇尚文学，故对具有文学才能的江南高僧尤为钦慕与赏爱，多有交往与提携，相继援引入北。他们不仅在文学上对杨广个人之文学创作有一定影响，如道庄，"帝昔处蕃，致书礼问，诗论嘉篇，每令和继，词彩丰逸，屡动人心"，而且其大多相继北游关洛，也成为当时南朝文学北输的重要渠道和载体。[①]

杨广喜好江左书法，南朝高僧颇有擅长书艺者。前已述及智矩"善草隶"，这方面最著名者当属智果，《续高僧传》卷三一《隋东都慧日道场释智果传》载其"颇爱文笔，经史固其本图，擿目得其清致。时弘唱读，文学所欣。俗以其书势逼右军，用呈蕃晋，王乃召令写书。果曰：'吾出家人也，复为他役，都不可矣，一负声教之寄，二违发足之诫。王逼吾身，心不可逼。'乃云：'眼暗不能运笔。'……及入京储贰，出巡扬越，乃上《太子东巡颂》，其序略云：'智果振衣出俗，慕义游梁，感昔日之提奖，喜今辰之嘉庆。'遂下令释之，赐钱一万、金钟二枚"。智果以"书势逼右军"而为杨广"召令写书"，尽管智果一度出于义气而拒之，杨广以之负责保管宝台经藏，主持佛教文献的整理与保护，前文已有所涉及。

此外，当时与智果齐名并重者尚有智永，据传智永乃书圣王羲之后，张怀瓘《书断下》称智果善行、草诸体，"炀帝甚喜之，工

[①] 隋炀帝喜好文学，对北方高僧中有文学才能者，也颇加钦慕，交往甚密。《续高僧传》卷二《隋东都上林园翻经馆沙门释彦琮传》载杨广早在并州即与之有交往，"尔后王之新咏旧叙，恒令和之。又遣萧悫、诸葛颖等群贤迭往参问，谈对名理，宗师有归"。彦琮法师善诗文，杨广为晋王时不仅"新咏旧叙，恒令和之"，而且令南士萧悫、诸葛颖等与之"迭往参问，谈对名理，宗师有归"，以促成南北文化风尚之交融。

书铭石,甚为瘦健",杨广称之曰:"和尚得右军肉,智果得右军骨。"智永善隶、草诸体。由隋炀帝所称智果"得右军肉"而智永"得右军骨",可见智永法师之书法深得王羲之书法之神采。确实,智永在当时影响甚大,隋唐之际重要的书法家虞世南为其传人,《旧唐书》卷七二《虞世南传》载:"同郡沙门智永善王羲之书,世南师焉,妙得其体,由是声名藉甚。"杨广对智永、智果书法有如此精到的品评,可见其对以王羲之为代表的江左书风的喜好与领悟颇为深切。隋炀帝平生喜好江左书画艺术,《历代名画记·叙画之兴废》载隋灭陈后,得南朝书画八百余卷,"于东京观文殿后起二台,东曰妙楷台,藏自古法书;西曰宝迹台,收自古名画。炀帝东幸扬州,尽将随驾,中道船覆,大半沦弃"。炀帝巡游,以南朝书画随行,可见其笃爱之情。就其书法艺术鉴赏而言,显然与受智果、智永等南僧之影响不无关系。

杨广延揽之江左之艺学高僧中尚有精通文字音韵之学者,《续高僧传》卷三一《隋东都慧日道场释智果传附智骞传》载:

> 时慧日沙门智骞者,江表人也。偏洞字源,精闲通俗。晚以所学追入道场,自秘书正字雠校著作,言义不通,皆谘骞决,即为定其今古,出其人世,变体诂训,明若面焉。每曰:"余字学颇周,而不识字者多矣,无人通决,以为恨耳。"造《众经音》及《苍雅字苑》,宏叙周赡,达者高之,家藏一本,以为珍璧。晚事导述,变革前纲,既绝文缛,颇程深器。缀本两卷,陈叙谋猷,学者秘之,故斯文殆绝。

雅言正声是华夏礼乐文明的基础,而中古时代社会纷乱,无论南北,其文字声韵或胡汉杂揉,或雅俗混淆,及至隋唐统一,厘正文字与诂训声韵便成当时倍受重视的学术文化工程。杨广招揽南僧富有文字声韵之学的智骞法师,以之参预相关文献整理工作,由所谓"自秘书正字雠校著作,言义不通,皆谘骞决,即为定其今古,出其人世，变体诂训，明若面焉"，可见智骞在当时国家统一背景下规范文字与声韵等方面影响颇大。

综合以上所论，在隋军事征服、统一江南之后，杨广出镇江都，总管东南军政，其核心使命在于维护江南稳定，巩固南北统一。为此，杨广采取了一系列相关军政举措，取得了一定的成效。[1] 鉴于佛教在当时江南地域社会的广泛影响，他在江都大力招揽江左高僧，不仅造成江都佛教的一度繁盛，成为南方的佛教中心地，而且随着其政治地位的上升，不断荐引江南佛教义学、才艺高僧入北，推动了南北佛教与社会文化的融通。

四 余论：杨广对江左道教代表人物的招引与安抚

隋灭陈后，文帝即有征引江南道士之举。据《续高僧传》卷九《隋京师大兴善道场释僧粲传》，"时李宗有道士褚揉者，乡本江表，陈破入京，既处玄都，道左之望，探微辩析，妙拟三玄，学鲜宗师，情无推尚。每讲《庄》《老》，粲必听临，或以义求，或以机责，随揉声相，即势沉浮，注辩若悬泉，起嚖如风卷。故王公大人莫不解颐抚髀，讶斯权变。尝下敕令揉讲《老经》，公卿毕至，唯沙门不许预座。粲闻之，不忍其术，乃率其门人十余携以行床径至馆所，防卫严设，都无畏惮，直入讲会，人不敢遮。揉序王将了，都无命及，

---

[1] 杨广出镇江都，总揽江淮军政，对其个人的成长至关重要，故其称帝后即巡幸江都，并下诏赦宥。林家骊、邓成林《日本影弘仁本〈文馆词林〉校注》（中国社会科学出版社 2021 年版）卷六六六《诏》三六《赦宥》二《隋炀帝幸江都赦江淮以南诏》曰："昔汉恒过代，犹存情于故人；魏丕幸谯，尚留念于旧室。朕昔在藩牧，宣抚江淮，日居月诸，年将二纪，不能胜残去杀，易俗移风，礼义未兴，囹圄犹拥。百姓有罪，在予一人。言念于此，何尝不忘、寝与食？比虽遣大使，未若躬亲。而此江都，即朕之代也。方今时和岁阜，巡省维扬，观览人风，亲见耆老。若不播兹恺泽，何以恤彼黎庶？可赦江淮以南旧扬州管内，自大业元年十月二日昧爽以前，大辟罪以下，已发觉未发觉、系囚见徒，悉皆原免。其常赦所不免者，不在赦例。其扬州复五年，自外扬州旧管内诸州并复三年。仍分遣使人，宣扬朕意。"（第542页）可见杨广表示"而此江都，即朕之代也"，对其近二十年的扬州藩牧生活，可谓念兹在兹，情有独钟。

粲因其不命，抗言激刺，词若徘谑，义寔张诠，既无以通，讲席因散。群僚以事闻上，帝曰：'斯朕之福也，得与之同时。'"僧粲一再与褚揉论难，并冲散法会，显然得到隋文帝的默许。隋文帝如此，固然与其崇信佛法有关，但其对江南道教学说有所不满，与其关陇文化本位心态也不无关系，这对南北文化交流是不利的。

杨广坐镇江都，着手调整这种排斥江南道教的政策。江都四道场中有玉清、金洞二玄坛，"备引李宗"，主要是招引和安置江南道教的代表人物。特别对徐则、王远知二人用力最勤，影响较大。

徐则，《隋书》卷七七《隐逸·徐则传》载其东海郯人，"幼沈静，寡嗜欲。受业于周弘正，善三玄，精于议论，声擅都邑，则叹曰：'名者实之宾，吾其为宾乎！'遂怀栖隐之操，杖策入缙云山。后学数百人，苦请教授，则谢而遣之。不娶妻，常服巾褐。陈太建时，应召来憩于至真观。期月，又辞入天台山，……太傅徐陵为之刊山立颂。"晋王杨广镇江都，"知其名，手书召之"，曰："……昔商山四皓，轻举汉庭，淮南八公，来仪藩邸。古今虽异，山谷不殊，市朝之隐，前贤已说，导凡述圣，非先生而谁！"时则年逾八旬，欣然前往，"晋王将请受道法，则辞以时日不便"。杨广请求随徐则"受道法"，目的与其随智者受"菩萨戒"一样，在于表示对南方道教的尊重，取得南方道教领袖人物的谅解。但徐则毕竟年事已高，长途奔波，至江都不久便去世了。杨广下书表彰其品格，"遣使人送还天台定葬"，并"遣画工图其状貌，令柳䜿为之赞"。可见杨广在礼仪上对徐则的尊崇。《隋书·隐逸·徐则传》末载："时有建安宋玉泉、会稽孔道茂、丹阳王远知等，亦行辟谷，以松水自给，皆为炀帝所重。"诸人皆为当时南方著名的道教人物，特别是王远知由江都而至长安，对隋唐之际南北文化的交流影响颇著。

王远知，《旧唐书》卷一九二《隐逸·王远在传》载："道士王远知，琅邪人也。祖景贤，梁江州刺史。父昙选，陈扬州刺史。……远知少聪敏，博综群书。初入茅山，师事陶弘景，传其道法。后又师事宗道先生臧兢。陈主闻其名，召入重阳殿，令讲论，甚见嗟赏。及隋炀帝为晋王，镇扬州，使王子相、柳顾言相次召之，远知乃来谒见，斯须而须发变白，晋王惧而遣之，少顷又复其旧。炀帝幸涿郡，遣员外郎崔凤举就邀之，远知见于临朔宫，炀帝亲执弟子之礼，敕都城起玉清玄坛以处之。及幸扬州，远知谏不宜远去京国，炀帝不从。"王远知出自江左侨姓高门琅邪王氏，其家族世代崇奉道教，远知又转师陶弘景，其声望、学养得为当时江东道教之代表。江旻《唐国师升真先生王法主真人立观碑》明言："隋开皇十二年，晋王分陕维扬，尊崇至教，钦味凤范，具礼招迎，辞不获命，出自山谷。长史王子相，承候动止；谘议顾言，每申谈对，法主毫墨所至，必罄今古，辞义所该，殆无遗逸。"① 杨广对其"亲执弟子之礼"，显然是希望通过他来联络江南道教势力。

作为道教茅山派的传人，王远知在隋唐之际的活动对该宗派在北方的传播产生了重大的影响。由于隋唐统治者的支持，在王远知师徒的努力下，茅山派成为兼容南北道术的主流宗派。在南北分裂的状态下，南北朝的道教发展也表现出了不同的特征，北朝道教古朴质直，重视教团组织的发展；而南朝道教则华丽典雅，重视教理、教义的建设。隋统一后，由于杨广的提倡，江南道教影响日著，特别是王远知入长安，大业中收高徒潘师正，传播茅山道，潘后来成为该宗派在北方的杰出代表。从中国道教的发展过程看，茅山宗取得道教的主流地位是在唐代实现的，但其基础则是隋炀帝时期奠定的。正如有论者所指出："隋代道教南北融汇，是以南方茅山宗为主，直接为唐代道教以茅山宗为主流的格局奠定了基础。"②

---

① 《全唐文》卷九二三。关于王远知的生平及其传道活动，该碑文比《旧唐书》卷一九二《隐逸·王远知传》要详细，可参看。
② 卿希泰主编：《中国道教史》第二卷，四川人民出版社1996年版，第21页。

入隋南人术艺化之表现、特征与缘由

——从一个侧面考察南北文化之融通

　　自南北朝后期以来，随着北朝民族融合的深化，南北分裂对抗的均势逐渐被打破，北朝诸政权凭借其强大的军政力量，日益扩大对南朝的军事优势，最终隋灭陈，实现了南北统一。在此过程中，不断出现南朝人士流亡北朝的现象，以致北朝诸政权多有来自南朝的士人群体，对当时南北文化交融汇通产生了广泛而深入的影响。具体就隋朝而言，其南来人士，按照入北时间归类，主要包括以下几个部分：一是西魏—北周征服萧梁入北之南人，如西魏灭蜀地萧纪、灭江陵梁元帝，俘获了相当数量的萧梁宗室与士族名士，其中多有入隋者；二是原本流徙东魏—北齐的萧梁宗室与南士，自周武帝灭齐后相继入关，后亦归隋；三是隋取缔江陵的后梁傀儡政权，后梁皇室及士族群体迁徙关中；四是隋灭陈后，陈朝宗室及其士人群体迁徙入隋。当然，以上是概略而言，如果进一步深究细考，还有其他节点入北之南人。检点相关学术史，以往对入隋南人之军政、文化等方面的相关表现所论颇丰，可谓事无巨细，似难置喙。不过，考察入北南人群体及其社会表现，可见其中多有以术艺技能求进者，颇具影响，成为当时入北南人群体仕宦与生活的一个显著特征，应当予以适当的关注。这里就入隋南人术艺化之表现及其社会特征等略作专题考论。

一 入隋南人术艺化之代表及其相关表现

《隋书》卷七八《艺术传序》曰："夫阴阳所以正时日，顺气序者也；卜筮所以决嫌疑，定犹豫者也；医巫所以御妖邪，养性命者也；音律所以和人神，节哀乐者也；相术所以辩贵贱，明分理者也；技巧所以利器用，济艰难者也。此皆圣人无心，因民设教，救恤灾患，禁止淫邪。……近古涉乎斯术者，鲜有存夫贞一，多肆其淫僻，厚诬天道。或变乱阴阳，曲成君欲，或假托神怪，荧惑民心。……历观经史百家之言，无不存夫艺术，或叙其玄妙，或记其迂诞，非徒用广异闻，将以明乎劝戒。"其中"艺术"主要包括"阴阳""卜筮""医巫""音律""相术""技巧"等门类。《北史》卷八九《艺术传上》序言更为概括："前代著述，皆混而书之。但道苟不同，则其流异，今各因其事，以类区分。先载天文数术，次载医方伎巧云。"《隋书》《北史》之《艺术传》所载入隋南人术士化人物颇多；此外，还有一些重要的术士化南人未入《艺术传》，或列入一般朝臣传记，或散见于《天文志》《律历志》。这里，我们依类分别考叙入隋南人以术艺显名之代表人物及其相关表现。

（一）天文星占类南人代表

庾季才，《隋书》卷七八《艺术·庾季才传》载："庾季才字叔奕，新野人也。八世祖滔，随晋元帝过江，官至散骑常侍，封遂昌侯，因家于南郡江陵县。祖诜，梁处士，与宗人易齐名。父曼倩，光禄卿。季才幼颖悟，八岁诵《尚书》，十二通《周易》，好占玄象。"[①] 梁元

[①] 关于庾季才之家学传承，《梁书》卷五一《处士·庾诜传》载："庾诜字彦宝，新野人也。幼聪警笃学，经史百家无不该综，纬候书射，棋算机巧，并一时之绝。而性托夷简，特爱林泉。……诜所撰《帝历》二十卷，《易林》二十卷，续伍端休《江陵记》一卷，《晋朝杂事》五卷，《总抄》八十卷，行于世。"庾诜"子曼倩字世华，亦早有令誉。……所著《丧服仪》、《文字体例》、《庄老义疏》，注《算经》及《七曜历术》，并所制文章，凡九十五卷"。又载：庾曼倩"子季才，有学行，承圣中，仕至中书侍郎。江陵陷，随例入关"。庾季才祖父庾诜"纬候书射，棋算机巧，并一时之绝"，父庾曼倩著有《算经注》《七曜历术》等，皆通晓数术，可见庾季才之天文数术自有家传。

帝为湘东王时"重其术艺","西台建，累迁中书郎，领太史，封宜昌县伯。……帝亦颇明星历，因共仰观"。梁元帝江陵政权覆没后，庾季才入关，颇受宇文泰器重，武成二年，"与王褒、庾信同补麟趾学士"。北周权臣宇文护有篡夺之意，曾询问"比日天道，有何征祥？"庾之才对曰："顷上台有变，不利宰辅，公宜归政天子，请老私门。……不然者，非复所知。"周武帝诛宇文护，"阅其书记，武帝亲自临检，有假托符命，妄造异端者，皆致诛戮。唯得季才书两纸，盛言纬候灾祥，宜反政归权"。周武帝以此称之。可见庾季才在梁即以"好占玄象"知名，入周后以此受重用。庾季才以玄象术数投附隋文帝，主要有二事：一是助其称帝，二是助其迁都。《隋书·艺术·庾季才传》载：

及高祖为丞相，尝夜召季才而问曰："吾以庸虚，受兹顾命，天时人事，卿以为何如？"季才曰："天道精微，难可意察，切以人事卜之，符兆已定。季才纵言不可，公岂复得为箕、颍之事乎？"高祖默然久之，因举首曰："吾今譬犹骑兽，诚不得下矣。"因赐杂采五十匹，绢二百段，曰："愧公此意，宜善为思之。"大定元年正月，季才言曰："今月戊戌平旦，青气如楼阙，见于国城之上，俄而变紫，逆风西行。《气经》云：'天不能无云而雨，皇王不能无气而立。'今王气已见，须即应之。二月日出卯入酉，居天之正位，谓之二八之门。日者，人君之象，人君正位，宜用二月。其月十三日甲子，甲为六甲之始，子为十二辰之初，甲数九，子数又九，九为天数。其日即是惊蛰，阳气壮发之时。昔周武王以二月甲子定天下，享年八百，汉高帝以二月甲午即帝位，享年四百，故知甲子、甲午为得天数。今二月甲子，宜应天受命。"上从之。

隋文帝询问代周之"天时人事"，庾季才以为"符兆已定"；杨坚又以"宜善为思之"相期，庾季才则明确"应天受命"的具体时间。

关于迁都，《隋书·艺术·庾季才传》载开皇初，"高祖将迁都，夜与高颎、苏威二人定议，季才旦而奏曰：'臣仰观玄象，俯察图记，龟兆允袭，必有迁都。且尧都平阳，舜都冀土，是知帝王居止，世代不同。且汉营此城，经今将八百岁，水皆咸卤，不甚宜人。愿陛下协天人之心，为迁徙之计。'高祖愕然，谓颎等曰：'是何神也！'遂发诏施行，……谓季才曰：'朕自今已后，信有天道矣。'于是令季才与其子质撰《垂象》、《地形》等志，上谓季才曰：'天地秘奥，推测多途，执见不同，或致差舛。朕不欲外人干预此事，故使公父子共为之也。'"① 开皇九年，授庾季才均州刺史，然"策书始降，将就藩，时议以季才术艺精通，有诏还委旧任。季才以年老，频表去职，每降优旨不许"。庾季才以天文玄象深得隋文帝信重，直到开皇后期受历法之争牵累而地位有所下降，《隋书》本传载："会张胄玄历行，及袁充言日影长。上以问季才，季才因言充谬。上大怒，由是免职，给半禄归第。所有祥异，常使人就家访焉。仁寿三年卒，时年八十八。"②

庾质，庾季才子，《隋书》卷七八《艺术·庾季才传附庾质传》载："庾质字行修，少而明敏，早有志尚。八岁诵梁世祖《玄览》、

---

① 《通鉴》卷一八二隋炀帝大业十一年载："初，高祖梦洪水没都城，意恶之，故迁都大兴。"隋文帝本自有迁都之念。《隋书》卷三七《李穆传》载："时太史奏云，当有移都之事。上以初受命，甚难之。穆上表曰：'帝王所居，随时兴废，天道人事，理有存焉。……伏愿远顺天人，取决卜筮，时改都邑，光宅区夏……。'上素嫌台城制度迮小，又宫内多鬼妖，苏威尝劝迁，上不纳。遇太史奏状，意乃惑之。至是，省穆表，上曰：'天道聪明，已有征应，太师民望，复抗此请，则可矣。'遂从之。"可见隋文帝有意兴建新都，然以立国未久而有所顾虑，故以天文玄象之言以引导社会舆论。

② 隋文帝时期围绕历法问题，诸多术士参与其间，斗争激烈。《隋书》卷一七《律历志中》载开皇初张宾、刘晖等修历，开皇四年二月隋文帝下诏"依法施用"；开皇十七年，张胄玄奏历，隋文帝要求对新旧历法对照勘审，以为刘晖旧历颇多乖谬，"通直散骑常侍、领太史令庾季才，太史丞那俊，司历郭远，历博士苏粲，历助教傅俊、成珍等，既是职司，须审疏密，遂虚行此历，无所发明。论晖等情状，已合科罪，方共饰非护短，不从正法。季才等，附下罔上，义实难容"，于是"元造诈者，并除名；季才等六人，容隐奸慝，俱解见任"。可见庾季才因受新旧历法相争牵连而遭解职，从中也体现出隋廷诸术士群体间的激烈斗争。

《言志》等十赋，拜童子郎。仕周齐炀王记室。"庾质在隋文帝时已受命随其父"撰《垂象》、《地形》等志"，隋炀帝大业初，为太史令，一度为炀帝所斥。大业八年，隋炀帝亲征高丽，"征诣行在所"，谓之曰："朕承先旨，亲事高丽，度其土地人民，才当我一郡，卿以为克不？"庾质以为"伐之可克"，然"不愿陛下亲行"，炀帝作色曰："朕今总兵至此，岂可未见贼而自退也？"庾质又曰："陛下若行，虑损军威。臣犹愿安驾住此，命骁将勇士指授规模，倍道兼行，出其不意。事宜在速，缓必无功。"隋炀帝不悦，然失利后复授其太史令。大业九年，隋炀帝再征高丽，又问"今段复何如"？庾质表示"臣实愚迷，犹执前见。陛下若亲动万乘，糜费实多"。隋炀帝怒曰："我自行尚不能克，直遣人去，岂有成功也！"杨玄感据黎阳反，隋炀帝返师平叛，谓庾质曰："卿前不许我行，当为此耳。今者玄感其成事乎？"庾质以为"玄感地势虽隆，德望非素，因百姓之劳苦，冀侥幸而成功。今天下一家，未易可动"。炀帝又以天象问："荧惑入斗如何？"庾质表示"斗，楚之分，玄感之所封也。今火色衰谢，终必无成"。大业十年，炀帝自西京往东都，庾质谏曰："比岁伐辽，民实劳敝，陛下宜镇抚关内，使百姓毕力归农。三五年间，令四海少得丰实，然后巡省，于事为宜。陛下思之。"炀帝不悦，"质辞疾不从。帝闻之，怒，遣使驰传，锁质诣行在所。至东都，诏令下狱，竟死狱中"。庾质在大业年间以家传数术侍奉于隋炀帝，参与了炀帝东征高丽与平定杨玄感之乱等重大军政事件。

庾质子庾俭，《隋书·艺术·庾质传》载其"亦传父业，兼有学识。仕历襄武令、元德太子学士、齐王属。义宁初，为太史令"。庾俭后当入唐。

袁充，《隋书》卷六九《袁充传》载："袁充字德符，本陈郡阳夏人也。其后寓居丹阳。祖昂，父君正，俱为梁侍中。充少警悟，……仕陈，年十七，为秘书郎。历太子舍人、晋安王文学、吏部侍郎、散骑常侍。及陈灭归国……充性好道术，颇解占候，由是领太史令。时上将废皇太子，正穷治东宫官属，充见上雅信符应，因希旨进曰：'比观玄象，皇太子当废。'上然之。充复表奏，隋兴已后，日影渐长，曰：'……伏惟大隋启运，上感乾元，影短日长，振古未之有也。'上大悦，告天下，将作役功，因加程课，丁匠苦之。仁寿初，充言上本命与阴阳律吕合者六十余条而奏之，因上表曰：'……此诞圣之异，宝历之元。今与物更新，改年仁寿，岁月日子，还共诞圣之时并同，明合天地之心，得仁寿之理。故知洪基长算，永永无穷。'"。隋炀帝即位，他与太史丞高智宝奏言"今岁皇帝即位，与尧受命年合。……允一元三统之期，合五纪九章之会，共帝尧同其数，与皇唐比其踪。信所谓皇哉唐哉，唐哉皇哉者矣"，劝"齐王暕率百官拜表奉贺"。又载："其后荧惑守太微者数旬，于时缮治宫室，征役繁重，充上表称'陛下修德，荧惑退舍'。百僚毕贺。……时军国多务，充候帝意欲有所为，便奏称天文见象，须有改作，以是取媚于上。……从征辽东……其后天下乱，帝初罹雁门之厄，又盗贼益起，帝心不自安。充复假托天文，上表陈嘉瑞，以媚于上曰：'臣闻皇天辅德，皇天福谦，七政斯齐，三辰告应。伏惟陛下握录图而驭黔首，提万善而化八纮，以百姓为心，匪以一人受庆，先天罔违所欲，后天必奉其时。是以初膺宝历，正当上元之纪，乾之初九，又与天命符会。斯则圣人冥契，故能动合天经。谨按去年已来，玄象星瑞，毫厘无爽，谨录尤异，上天降祥、破突厥等状七事……。'帝每欲征讨，充皆预知之，乃假托星象，奖成帝意，在位者皆切患之。宇文化及杀逆之际，并诛充，时年七十五。"[①]

袁充还参与了开皇年间的历法之争。《隋书》卷一七《律历志中》载隋文帝立国后，以张宾、刘晖等"依何承天法，微加增损"，开皇四年二月撰成奏上，隋文帝下诏称"有一于此，实为精密，宜

[①] 《通鉴》卷一七九隋文帝开皇二十年载袁充所言"昼日渐长"之言，胡三省注曰："史言袁充诬天以病民。"关于袁充所倡导并深加论证的"影短日长"之说，以此贯穿连带一系列瑞应现象，深得隋文帝、隋炀帝父子推崇，从而由此确立了袁充的特殊地位。其具体内容，《隋书》卷六九《袁充传》之外，《隋书》卷一九《天文志上》"晷影"条有详载，见下文所引。

颁天下，依法施用"。张宾之历施行后，先有刘孝孙、刘焯"并称其失"，后有张胄玄与刘孝孙"共短宾历，异论锋起，久之不定"。开皇十四年七月，隋文帝问日食事，"引孝孙、胄玄等，亲自劳徕"，刘孝孙死后，隋文帝召见张胄玄，"胄玄因言日长影短之事，高祖大悦，赏赐甚厚，令与参定新术"。刘焯则增损刘孝孙历以奏，"与胄玄之法，颇相乖爽，袁充与胄玄害之"；开皇十七年，张胄玄奏历，刘晖与王頍等"执旧历术，迭相驳难"，隋文帝惑而未决。此后，隋文帝以"胄玄所造历法，付有司施行"，以张胄玄为太史令，将原太史令刘晖等四人"并除名"，庾季才等六人"俱解见任"。张胄玄与袁充之进用，取代周隋以来太史系统之旧属。通过这一人事更替，确立了袁充在太史系统中的地位。此后，他进一步与张胄玄结盟，"胄玄进袁充，互相引重，各擅一能，更为延誉。胄玄言充历，妙极前贤，充言胄玄历术，冠于今古。胄玄学祖冲之，兼传其师法"。《隋书》卷一八《律历志下》又载，"袁充奏日长影短，高祖因以历事付皇太子，遣更研详著日长之候。太子征天下历算之士，咸集于东宫"。刘焯"以太子新立，复增修其书，名曰《皇极历》，驳正胄玄之短"；此后，仁寿四年、大业元年，刘焯一再攻讦张胄玄之历，"互相驳难，是非不决"。大业四年，隋炀帝"驾幸汾阳宫，太史奏曰：'日食无效。'帝召焯，欲行其历。袁充方幸于帝，左右胄玄，共排焯历，又会焯死，历竟不行"。可见，自开皇十四年之后，在激烈的历法相争中，袁充与张胄玄相互称许，致使隋文帝废除张宾、刘晖之历，又一再排拒刘焯等。至于袁充之历，张胄玄称其"妙极前贤"云云，显为夸誉。此外，袁充依其天官之学，制作计时器物，其于开皇十四年"上晷影漏刻"[①]。

概言之，袁充在隋文帝时以天文玄象参预朝政主要有三事：一是附和隋文帝行太子废立；二是编造"隋兴已后，日影渐长"这一"振古未有"之天象奇瑞；三是编造"上本命与阴阳律吕合者六十

[①] 关于袁充所制"晷影漏刻"，《隋书》卷一九《天文志上》有详载，见下文所论。

余条而奏之",以附会隋文帝个人及其国运"永永无穷"。隋炀帝时期,袁充影响甚著,除隋炀帝即位之初,他与高智宝奏言"今岁皇帝即位,与尧受命年合"之征祥外,对隋炀帝之建设东都、频繁巡省、征伐辽东、民变世乱、滞留江都等一系列重大军政举措,皆以"天命符会"、"上天降祥"相缘饰,"取媚于上",深得隋炀帝宠信,为南人术士化人物典型代表。

周墳,《隋书》卷一九《天文志上》载:"高祖平陈,得善天官者周墳,……以墳为太史令。"可知其本为陈朝"善天官者",入隋后官至太史令,对隋天官生员进行培训。周墳,为陈尚书右仆射周弘正子,在陈官至吏部郎。①

耿询,《隋书·艺术传》载"时有卢太翼、耿询,并以星历知名"。其中耿询来自江南。《隋书·艺术·耿询传》载:"耿询字敦信,丹阳人也。滑稽辩给,伎巧绝人,陈后主之世,以客从东衡州刺史王勇于岭南。勇卒,询不归,遂与诸越相结,皆得其欢心。会郡俚反叛,推询为主。柱国王世积讨擒之,罪当诛。自言有巧思,世积释之,以为家奴。久之,见其故人高智宝以玄象直太史,询从之受天文算术。询创意造浑天仪,……世积知而奏之,高祖配询为官奴,给使太史局。……询作马上刻漏,世称其妙。"隋炀帝即位,耿询"进欹器,帝善之,放为良民。岁余,授右尚方署监事。……及平壤之败,帝以询言为中,以询守太史丞。宇文化及弑逆之后,从至黎阳,谓其妻曰:'近观人事,远察天文,宇文必败,李氏当

---

① 《陈书》卷二四《周弘正传》载其为汝南安城人,"晋光禄大夫顗之九世孙也。祖颙,齐中书侍郎,领著作。父宝始,梁司徒祭酒"。周弘正于梁陈之际,以博通儒玄著称,梁元帝尤重其玄学,称"其于义理,清转无穷,亦一时名士也"。《南史》卷三四《周朗传附周弘正传》载周弘正"善清谈,梁末为玄宗之冠",并明载周墳为其次子。(第899—900页)关于周墳之家族世系等,《元和姓纂》卷五"汝南安城周氏"条也载周弘正"生墳。墳生若水"。关于周墳在陈之官职与活动,《隋书》卷一《高祖纪》载:开皇三年十一月庚辰,"陈遣散骑常侍周墳、通直散骑常侍袁彦来聘。陈主知上之貌异世人,使彦画像持去"。《通鉴》卷一七五陈后主至德元年十一月条亦载此。可见周墳曾为陈散骑常侍,并出使隋朝。

王,吾知所归矣。'询欲去之,为化及所杀。著《鸟情占》一卷,行于世"。可见耿询以其"伎巧绝人",在天文领域主要以相关器物制作见长。①《隋书》卷七八传末"史臣曰"称"耿询浑仪,不差辰象之度,……虽不足远拟古人,皆一时之妙也"。

高智宝,由《隋书·艺术·耿询传》,可知高智宝为耿询"故人",自当来自陈朝,有"天文算术"之学,入隋后"以玄象直太史",他借助耿询所创制水能浑天仪观测天象。又,上引《隋书·袁充传》载隋炀帝即位后,袁充与太史丞高智宝联合奏言"今岁皇帝即位,与尧受命年合"云云,可见隋炀帝时高智宝为太史丞。

(二) 阴阳卜筮类南人代表

萧吉,《隋书·艺术·萧吉传》载:"萧吉字文休,梁武帝兄长沙宣武王懿之孙也。博学多通,尤精阴阳算术。江陵陷,遂归于周,为仪同。宣帝时,吉以朝政日乱,上书切谏,帝不纳。及隋受禅,进上仪同,以本官太常考定古今阴阳书。"萧吉以阴阳术数侍奉隋文帝,主要有如下数事:

其一,开皇十四年,萧吉上书称隋文帝之"五庆"征祥,曰:"今年岁在甲寅,十一月朔旦,以辛酉为冬至,来年乙卯,正月朔旦,以庚申为元日,冬至之日,即在朔旦。《乐汁图征》云:'天元十一月朔旦冬至,圣王受享祚。'今圣主在位,居天元之首,而朔旦冬至,此庆一也。辛酉之日,即是至尊本命,辛德在丙,此十一月建丙子。酉德在寅,正月建寅为本命,与月德合,而居元朔之首,此庆二也。庚申之日,即是行年,乙德在庚,卯德在申,来年乙卯,是行年与岁合德,而在元旦之朝,此庆三也。《阴阳书》云:'年命与岁月合德者,必有福庆。'《洪范传》云:'岁之朝,月之朝,日之朝,主王者。'经书并谓三长应之者,延年福吉。况乃甲寅蔀首,

---

① 对耿询作创制计时等天文观测器物,《隋书》卷一九《天文志上》"漏刻"条有详载,见后文所引。

十一月阳之始，朔旦冬至，是圣王上元。正月是正阳之月，岁之首，月之先。朔旦是岁之元，月之朝，日之先，嘉辰之会。而本命为九元之先，行年为三长之首，并与岁月合德。所以《灵宝经》云：'角音龙精，其祚日强。'来岁年命纳音俱角，历之与经，如合符契。又甲寅、乙卯，天地合也，甲寅之年，以辛酉冬至，来年乙卯，以甲子夏至。冬至阳始，郊天之日，即是至尊本命，此庆四也。夏至阴始，祀地之辰，即是皇后本命，此庆五也。至尊德并乾之覆育，皇后仁同地之载养，所以二仪元气，并会本辰。"

其二，"房陵王时为太子，言东宫多鬼魅，鼠妖数见。上令吉诣东宫，禳邪气。于宣慈殿设神坐，有回风从艮地鬼门来，扫太子坐。吉以桃汤苇火驱逐之，风出宫门而止。又谢土，于未地设坛，为四门，置五帝坐，于时至寒，有虾蟆从西南来，入人门，升赤帝坐，还从人门而出。行数步，忽然不见。上大异之，赏赐优洽。又上言，太子当不安位，时上阴欲废立，得其言是之。由此每被顾问"。其为太子杨勇驱妖，做派有如魔幻法师。实际上，他早知隋文帝有废黜杨勇之意，从而寻机建议废立太子。

其三，隋文帝独孤后崩，"上令吉卜择葬所。吉历筮山原，至一处，云'卜年二千，卜世二百'，具图而奏之。上曰：'吉凶由人，不在于地。高纬父葬，岂不卜乎？国寻灭亡。正如我家墓田，若云不吉，朕不当为天子，若云不凶，我弟不当战没。'然竟从吉言"。萧吉特上表曰："去月十六日，皇后山陵西北，鸡未鸣前，有黑云方圆五六百步，从地属天。东南又有旌旗车马帐幕，布满七八里，并有人往来检校，部伍甚整，日出乃灭，同见者十余人。谨案《葬书》云：'气王与姓相生，大吉。'今黑气当冬王，与姓相生，是大吉利，子孙无疆之候也。"隋文帝大悦。萧吉描述所选独孤后墓地山陵之黑云异象，颇为虚幻，无怪乎《隋书》卷七八传末史臣论以为"萧吉之言阴阳，近于诬诞矣"。

隋炀帝即位后，《隋书》本传载其揣摩炀帝对杨素及其家族的猜忌心理，"尝行经华阴，见杨素冢上有白气属天，密言于帝。帝问其故，吉曰：'其候素家当有兵祸，灭门之象。改葬者，庶可免乎！'帝后从容谓杨玄感曰：'公家宜早改葬。'玄感亦微知其故，以为吉祥，托以辽东未灭，不遑私门之事。未几而玄感以反族灭，帝弥信之。后岁余，卒官。"杨素是隋文帝时期军政业绩卓著之功臣，特别在开皇、仁寿之际，作为关陇旧族主要代表，他在营造仁寿宫、改易太子等重大决策中作用尤巨；对隋炀帝即位及平定汉王杨谅，也厥功至伟。对于这样的元老权臣，隋炀帝自然心存忌惮。《隋书》卷四八《杨素传》载："素虽有建立之策，及平杨谅功，然特为帝所猜忌，外示殊礼，内情甚薄。太史言隋分野有大丧，因改封于楚。楚与隋同分，欲以此厌当之。素寝疾之日，帝每令名医诊候，赐以上药。然密问医人，恒恐不死。素又自知名位已极，不肯服药，亦不将慎，每语弟约曰：'我岂须更活耶？'"由此可见隋炀帝已存心清除杨素，以太史所言"隋分野有大丧"，改封杨素为楚公。对此，杨素也有所感知，故其有疾则"不肯服药"。萧吉显然不难揣摩隋炀帝忌恨杨素的态度，因而密言其墓地之异常气象，建议将其改葬。

（三）相术类南人代表

韦鼎，《隋书·艺术·韦鼎传》载："韦鼎字超盛，京兆杜陵人也。高祖玄，隐于商山，因而归宋。祖睿，梁开府仪同三司。父正，黄门侍郎。鼎少通侻，博涉经史，明阴阳逆刺，尤善相术。仕梁，起家湘东王法曹参军。……侯景平，司徒王僧辩以为户曹属，历太尉掾、大司马从事，中书侍郎。陈武帝在南徐州，鼎望气知其当王，遂寄孥焉。因谓陈武帝曰：'明年有大臣诛死，后四岁，梁其代终，天之历数当归舜后。昔周灭殷氏，封妫满于宛丘，其裔子孙因为陈氏。仆观明公天纵神武，继绝统者，无乃是乎！'武帝阴有图僧辩意，闻其言，大喜，因而定策。"作为雍州晚渡豪族人物，韦鼎在学术上"博涉经史，明阴阳逆刺，尤善相术"。梁陈之际，他以数术投附陈霸先。陈太建年间，韦鼎"为聘周主使"，陈后主至德初，"鼎尽质货田宅，寓居僧寺。友人大匠卿毛彪问其故，答曰：'江东王气尽于此矣。

吾与尔当葬长安。期运将及，故破产耳。'"其实，他出使北周期间，已与杨坚交结，"初，鼎之聘周也，尝与高祖相遇，鼎谓高祖曰：'观公容貌，固非常人，而神监深远，亦非群贤所逮也。不久必大贵，贵则天下一家，岁一周天，老夫当委质。公相不可言，愿深自爱。'"陈亡入关，隋文帝"待遇甚厚"，颇为信重，多有咨询。如隋文帝择婿，"时兰陵公主寡，上为之求夫，选亲卫柳述及萧玚等以示于鼎。鼎曰：'玚当封侯，而无贵妻之相，述亦通显，而守位不终。'上曰：'位由我耳。'遂以主降述。"隋文帝有意更易太子，"上又问鼎曰：'诸儿谁得嗣？'答曰：'至尊、皇后所最爱者，即当与之，非臣敢预知也。'上笑曰：'不肯显言乎？'"① 对太子人选，韦鼎虽未明确表态，实际上附和之意甚明。韦鼎卒于开皇十二年，年七十九。

（四）医术类南人代表

姚僧垣、姚最父子。《北史》卷九〇《艺术下·姚僧垣传》载其吴兴武康人，"父菩提，梁高平令。尝婴疾疹历年，乃留心医药"，姚僧垣"年二十四，即传家业。仕梁为太医正"，为梁武帝、梁元帝父子诊治疾病。江陵沦陷，姚僧垣被俘之关中，为北周诸帝及王公治疗疾病，多有效验，以致周武帝呼之为"姚公"。北周末，迁上开府仪同大将军。隋开皇初，进爵北绛郡公，开皇三年卒，年八十五。姚僧垣"医术高妙，为当时所推，前后效验，不可胜纪。声誉既盛，远闻边服，至于诸蕃外域，咸请托之"。姚僧垣入北后主要活动于北周，入隋不长。其次子姚最，"博通经史，尤好著述。年十九，随僧垣入关。明帝盛聚学徒，校书于麟趾殿，最亦预为学士。……最幼在江左，迄于入关，未习医术。天和中，齐王宪奏遣最习之。宪又谓最曰：'博学高才，何如王褒、庾信？王、庾名重两国，吾视之蔑如，接待资给，非尔家比也。勿不存心。且天子有敕，

---

① 《通鉴》卷一七九隋文帝开皇二十年载"上密令善相者来和遍视诸子"，又载其问韦鼎"我诸儿谁得嗣位"。胡三省注云："来和、韦鼎皆识帝于潜跃，故尤信之。"

弥须勉励。'最于是始受家业，十许年中，略尽其妙。每有人告请，效验甚多"。入隋，官至蜀王杨秀府司马，终受牵连而坐诛。可见姚僧垣、姚最父子以医术显名于周、隋之世。①

许智藏。《隋书·艺术·许智藏传》载："许智藏，高阳人也。祖道幼，尝以母疾，遂览医方，因而究极，世号名医。诫其诸子曰：'为人子者，尝膳视药，不知方术，岂谓孝乎？'由是世相传授。仕梁，官至员外散骑侍郎。父景，武陵王谘议参军。智藏少以医术自达，仕陈为散骑侍郎。及陈灭，高祖以为员外散骑侍郎，使诣扬州。会秦孝王俊有疾，上驰召之。俊夜中梦其亡妃崔氏泣曰：'本来相迎，如闻许智藏将至，其人若到，当必相苦，为之奈何？'明夜，俊又梦崔氏曰：'妾得计矣，当入灵府中以避之。'及智藏至，为俊诊脉，曰：'疾已入心，郎当发痫，不可救也。'果如言，俊数日而薨。上奇其妙，赉物百段。炀帝即位，智藏时致仕于家，帝每有所苦，辄令中使就询访，或以辇迎入殿，扶登御床。智藏为方奏之，用无不效。年八十，卒于家。"

许澄。《隋书·艺术·许智藏传附许澄传》载："宗人许澄，亦以医术显。父奭，仕梁太常丞、中军长史。随柳仲礼入长安，与姚僧垣齐名，拜上仪同三司。澄有学识，传父业，尤尽其妙。历尚药典御、谏议大夫，封贺川县伯。父子俱以艺术名重于周、隋二代。史失事，故附见云。"《隋书》卷七八传末"史臣曰"称"许氏之运针石，世载可称"。

（五）舆服、营造类南人代表

何稠。《隋书》卷六八《何稠传》载："何稠字桂林，国子祭酒

---

① 《周书》卷四七《艺术·姚僧垣传》所载姚氏父子事迹基本相同。周、隋间来自南方的医术之士还有褚该。《周书》卷四七《艺术·褚该传》载其河南阳翟人，"该幼而谨厚，有誉乡曲。尤善医术，见称于时。仕梁，历武陵王府参军，随府西上。后与萧㧑同归国，……自许奭死后，该稍为时人所重，宾客迎候，亚于姚僧垣。天和初，迁县伯下大夫。五年，进授车骑大将军、仪同三司。……后以疾卒。子士则，亦传其家业"。褚该"尤善医术"，北周时"亚于姚僧垣"，其子褚则"传其家业"。

妥之兄子也。父通，善斫玉。稠性绝巧，有智思，用意精微。年十余岁，遇江陵陷，随妥入长安。仕周御饰下士。及高祖为丞相，召补参军，兼掌细作署。开皇初，授都督，累迁御府监，历太府丞，稠博览古图，多识旧物。波斯尝献金绵锦袍，组织殊丽，上命稠为之。稠锦既成，逾所献者，上甚悦。时中国久绝瑠璃之作，匠人无敢厝意，稠以绿瓷为之，与真不异。寻加员外散骑侍郎"。开皇末，隋文帝以之领兵征讨桂州俚人之乱，"以勋授开府"。仁寿初，"文献皇后崩，与宇文恺参典山陵制度"。可见何稠自开皇初以来，以工艺"绝巧"和营造之能渐得隋文帝赏识。

　　隋炀帝即位后，何稠益受宠信。《隋书》本传载："大业初，炀帝将幸扬州，谓稠曰：'今天下大定，朕承洪业，服章文物，阙略犹多。卿可讨阅图籍，营造舆服羽仪，送至江都也。'……稠于是营黄麾三万六千人仗，及车舆辇辂、皇后卤簿、百官仪服，依期而就，送于江都。所役工十万余人，用金银钱物钜亿计。帝使兵部侍郎明雅、选部郎薛迈等勾核之，数年方竟，毫厘无舛。稠参会今古，多所改创。魏、晋以来，皮弁有缨而无笄导。稠曰：'此古田猎之服也。今服以入朝，宜变其制。'故弁施象牙簪导，自稠始也。又从省之服，初无佩绶。稠曰：'此乃晦朔小朝之服，安有人臣谒帝而去印绶，兼无佩玉之节乎？'乃加兽头小绶及佩一双。旧制，五辂于辕上起箱，天子与参乘同在箱内。稠曰：'君臣同所，过为相逼。'乃广为盘舆，别构栏楯，侍臣立于其中。于内复起须弥平坐，天子独居其上。自余麾幢文物，增损极多，事见《威仪志》。帝复令稠造戎车万乘，钩陈八百连，……辽东之役，摄右屯卫将军，领御营弩手三万人。时工部尚书宇文恺造辽水桥不成，师不得济，右屯卫大将军麦铁杖因而遇害。帝遣稠造桥，二日而就。初，稠制行殿及六合城，至是，帝于辽左与贼相对，夜中施之。其城周回八里，城及女垣合高十仞，上布甲士，立仗建旗，四隅置阙，面别一观，观下三门，迟明而毕。高丽望见，谓若神功。……从至辽左。十二年，加右光禄大夫，从幸江都"，终"归于大唐，授将作少匠"。隋炀帝责令何稱"讨阅图籍，营造舆服羽仪"，涉及黄麾人仗、车舆辇辂、皇后卤簿、百官仪服诸方面等。① 何稠"参会今古，多所改创"，"所役工十万余人，用金银钱物钜亿计"；改创皇帝出巡所乘之五辂座舆及"麾幢文物，增损极多"，诸如"造戎车万乘，钩陈八百连"等，皆得炀帝首肯。隋炀帝征讨高丽，急建辽水桥，"二日而就"，夜成"六合城"，"高丽望见，谓若神功"②。何稠成为大业间最得隋炀帝宠信的营造人物。③《隋书》卷六八传末"史臣曰"有论称其"巧思过人，颇习旧事，稽前王之采章，成一代之文物。虽失之于华盛，亦有可传于后焉"。

（六）乐律类南人代表

何妥。《隋书》卷七五《儒林·何妥传》载："何妥字栖凤，西城人也。父细胡，通商入蜀，遂家郫县，事梁武陵王纪，主知金帛，

---

① 隋炀帝即位，有意增益舆服之制，此事涉及典章文物制度。大业之初，隋炀帝命儒士朝臣参与讨论，其中包括一些入隋南人士大夫代表虞世基、许善心等。在车乘方面，《隋书》卷一〇《礼仪志五》载："大业元年，更制车辇，五辂之外，设副车。诏尚书令楚公杨素、吏部尚书奇章公牛弘、工部尚书安平公宇文恺、内史侍郎虞世基、礼部侍郎许善心、太府少卿何稠、朝请郎阎毗等，详议奏决。于是审择前朝故事，定其取舍云。"关于衣冠服饰，《隋书》卷一二《礼仪志七》载："及大业元年，炀帝始诏吏部尚书牛弘、工部尚书宇文恺、兼内史侍郎虞世基、给事郎许善心、仪曹郎袁朗等，宪章古制，创造衣冠，自天子逮于胥皂，服章皆有等差。若先所有者，则因循取用，弘等议定乘舆服，合八等焉。"

② 关于"六合殿"与"钩陈"之规模、形制等，《隋书》卷一二《礼仪志七》有详载："及大业四年，炀帝北巡出塞，行宫设六合城。方一百二十步，高四丈二尺。……八年征辽，又造钩阵，以木板连如帐子。张之则绮文，卷之则直焉。帝御营与贼城相对，夜中设六合城，周回八里。城及女垣，合高十仞，上布甲士，立仗建旗。又四隅有阙，面别一观，观下开三门。其中施行殿，殿上容侍臣及三卫仗，合六百人。一宿而毕，望之若真，高丽旦忽见，谓之为神焉。"

③《隋书》卷六八《何稠传》附载："大业时，有黄亘者，不知何许人也，及其弟衮，俱巧思绝人。炀帝每令其兄弟直少府将作。于时改创多务，亘、衮每参典其事。凡有所为，何稠先令亘、衮立样，当时工人皆称其善，莫能有所损益。亘官至朝散大夫，衮官至散骑侍郎。"可见黄亘、黄衮兄弟为何稠太府部属，"俱巧思绝人"，可谓何稠主持制作兴造之设计师。（唐）张彦远《历代名画记》卷一《叙历代能画人名》列隋代画家二十一人，其中有何稠，卷八"阎毗"条附载："何稠字桂林，刘龙、黄亘，亘弟衮，并有巧思，绝世过人。"张彦远将何稠等归于画家之列，可见其工艺设计颇精。

因至巨富,号为西州大贾。妥少机警,八岁游国子学,助教顾良戏之曰:'汝既姓何,是荷叶之荷,为是河水之河?'应声答曰:'先生姓顾,是眷顾之顾,是新故之故?'众咸异之。十七,以技巧事湘东王,后知其聪明,召为诵书左右。时兰陵萧眘亦有俊才,住青杨巷,妥住白杨头,时人为之语曰:'世有两俊,白杨何妥,青杨萧眘。'其见美如此。江陵陷,周武帝尤重之,授太学博士。"隋立国后,"除国子博士,加通直散骑常侍,进爵为公"。何妥入北后以儒学显名,① 在与礼乐相关之钟律术艺方面则多有涉猎。据《隋书》本传,开皇前期隋文帝以何妥"掌天文律度,皆不称职……其后上令妥考定钟律",② 后苏夔"参议钟律",何妥"每言夔之短",一再"指陈得失",斗争激烈。③ 其著述颇丰,有《周易讲疏》十三卷,《孝经义疏》三卷,《庄子义疏》四卷,又与沈重等撰《三十六科鬼神感应等大义》九卷,《封禅书》一卷,《乐要》一卷,文集十卷等,"并行于世"。可见何妥出自伎人,入北后虽历任学官,但在隋曾"掌天

---

① 关于何妥经学风尚,具有南学特征,《隋书》卷七五传末"史臣曰"论云:"何妥通涉俊爽,神情警悟,雅有口才,兼擅词笔,然讦以为直,失儒者之风焉。"《隋书》卷七五《儒林·元善传》载元善本为元魏宗室人物,曾流寓萧梁,"性好学,遂通涉五经,尤明《左氏传》。及侯景之乱,善归于周",隋开皇年间官至国子祭酒。"善之通博,在何妥之下,然以风流蕴藉,俯仰可观,音韵清朗,听者忘倦,由是为后进所归。妥每怀不平,心欲屈善。因善讲《春秋》,初发题,诸儒毕集。善私谓妥曰:'名望已定,幸无相苦。'妥然之。及就讲肆,妥遂引古今滞义以难,善多不能对。善深衔之,二人由是有隙。"元善在南朝,于玄儒兼综之学风所习较为浅薄,仅得其士风仪容之表象,故何妥"每怀不平,心欲屈善",以致"二人由是有隙"。又,《隋书》卷七八《艺术·杨伯醜传》载杨伯醜冯翊人,"好读《易》,隐于华山",开皇初,隋文帝征入朝,"国子祭酒何妥尝诣之论《易》,闻妥之言,倏然而笑曰:'何用郑玄、王弼之言乎!'久之,微有辩答,所说辞义,皆异先儒之旨,而思理玄妙,故论者以为天然独得,非常人所及也。"杨伯醜以何妥论《易》皆以郑玄、王弼为言,这正指出了其南学的特征。

② 《隋书》卷一四《音乐志中》载何妥参与隋朝雅乐讨论,开皇二年颜之推上言以为"今太常雅乐,并用胡声,请冯梁国旧事,考寻古典",隋文帝斥之曰:"梁乐亡国之音,奈何遣我用邪?"当时"尚因周乐,命工人齐树提校乐府,改唤声律,益不能通。……于是诏太常卿牛弘、国子祭酒辛彦之、国子博士何妥等议正乐。"然数年未成,高祖大怒曰:"我受天命七年,乐府犹歌前代功德邪?"故命治书侍御史李谔"引弘等下,将罪之",李谔为之开脱方得免。

③ 《隋书》卷一六《律历志上》"律管围容黍"条载:"开皇九年平陈后,牛弘、辛彦之、郑译、何妥等,参考古律度,各依时代,制其黄钟之管,俱径三分,长九寸。度有损益,故声有高下;圆径长短,与度而差,故容黍不同。"又,《隋书》卷一六《律历志上》"开皇初调钟律尺及平陈后调钟律水尺"条载:"高祖受终,牛弘、辛彦之、郑译、何妥等,久议不决。"可见何妥参与钟律相关的一系列律度方面的讨论。

文律度"，又曾参撰《三十六科鬼神感应等大义》等，其钟律音乐之学，固然关乎礼乐，但乐事钟律颇涉术伎，这正与其出身有关。① 何妥还参与隋初历法之争，他支持刘孝孙历，《隋书》卷一七《律历志中》载对隋初行张宾之历，刘孝孙、刘焯"并称其失，言学无师法，刻食不中，所驳凡有六条"，刘孝孙有异行，"高祖异焉，以问国子祭酒何妥。妥言其善，即日擢授大都督，遣与宾历比校短长"。

万宝常。《隋书》卷七八《艺术·万宝常传》载："万宝常，不知何许人也。父大通，从梁将王琳归于齐，后复谋还江南，事泄，伏诛。由是宝常被配为乐户，因而妙达钟律，遍工八音。造玉磬以献于齐。又尝与人方食，论及声调。时无乐器，宝常因取前食器及杂物，以箸扣之，品其高下，宫商毕备，谐于丝竹，大为时人所赏。然历周泊隋，俱不得调。开皇初，沛国公郑译等定乐，初为黄钟调。宝常虽为伶人，译等每召与议，然言多不用。后译乐成奏之，上召宝常，问其可不，

---

① 《隋书》卷七五《儒林·何妥传》。与其他术艺化人物相比，何妥入《儒林传》，所涉多为乐事，谓其"术艺化"，似不甚典型。然《隋书》本传载其"性劲急，有口才，好是非人物"，与关中苏威、苏夔父子等人相互攻讦，多有是非，故《隋书》卷七五传末"史臣曰"称"何妥通涉俊爽，神情警悟，雅有口才，兼擅词笔，然评以为直，失儒者之风焉。"可见，作为儒者，何妥颇"另类"。他在萧梁本以伎能为吏职，有术士经历。至于何妥之学术修养，叶适《习学记言序目》卷三六以其议乐，"何妥以儒自命，至其隔碍不通，自为胡越，则人心之可畏如此"。卷三七有论云："至何妥显行馋贼，排贤害正，自为乱德之首，岂儒固使之耶？泛观后世，学衰道失，士亦无不然者。"又以其论《易》而为杨伯丑所笑，称"妥，鄙儒也，曾不能传其一二，使后有考焉，为可惜也"。可见叶适对何妥为学与为人颇为轻鄙，以"鄙儒"视之。《隋书》卷七五《儒林·何妥传》载北周宣帝"初欲立五后，以问儒者辛彦之，对曰：'后与天子匹体齐尊，不宜有五。'妥驳曰：'帝喾四妃，舜又二妃，亦何常数？'由是封襄城县伯"。《通鉴》卷一七四陈宣帝太建十二年载此，胡三省注曰："史言何妥曲学以阿世，不可以训。"可见北周时，何妥已表现出曲学阿世的佞幸化特征。清人李慈铭《越缦堂读书记》"史部正史类《北史》部分"有一则札记云："窃怪周、隋间大儒，如熊安生、何妥、刘炫、刘焯辈，皆无耻小人，而偏付以绝学，深所不解，然则经术足取人邪！"（第316页）又，张彦远《历代名画记》卷三"叙自古跋尾押署"称"前代御府，自晋、宋至周、隋，收聚图画，皆未行印记，但备列当时鉴识艺人押署。"其中隋代"鉴识艺人押署"者列有"江总、姚察、朱异、何妥"。又，《法书要录》卷六窦臮《述书赋下》称"炽文时有，何妥近睹。虽正姓名，美其傲古。恨连书于至宝，无尺牍之行伍。（沈炽文，武康人。何妥，外国人，朔子，梁中书侍郎，名作当时书证。）"可见何妥自梁至入隋，皆充任书画"鉴识""押署"事，说明他颇精于书画之道。所谓何妥"外国人"，指其出于西域胡商之后，本自中亚"何国"，即今乌兹别克斯坦境内。

宝常曰：'此亡国之音，岂陛下之所宜闻！'上不悦。宝常因极言乐声哀怨淫放，非雅正之音，请以水尺为律，以调乐器。上从之。宝常奉诏，遂造诸乐器，其声率下郑译调二律。并撰《乐谱》六十四卷，具论八音旋相为宫之法，改弦移柱之变。为八十四调，一百四十四律，变化终于一千八百声。时人以《周礼》有旋宫之义，自汉、魏已来，知音者皆不能通，见宝常特创其事，皆哂之。至是，试令为之，应手成曲，无所凝滞，见者莫不嗟异。于是损益乐器，不可胜纪，其声雅淡，不为时人所好，太常善声者多排毁之。……宝常尝听太常所奏乐，泫然而泣。人问其故，宝常曰：'乐声淫厉而哀，天下不久相杀将尽。'时四海全盛，闻其言者皆谓为不然。大业之末，其言卒验。"万宝常本非南朝士族，父万大通随王琳附齐，当为武人，图谋南归被杀后，万宝常"被配为乐户"，地位低下，然其有乐律之长，《隋书》本传称"开皇之世，有郑译、何妥、卢贲、苏夔、萧吉，并讨论坟籍，撰著乐书，皆为当世所用。至于天然识乐，不及宝常远矣。安马驹、曹妙达、王长通、郭令乐等，能造曲，为一时之妙，又习郑声，而宝常所为，皆归于雅。此辈虽公议不附宝常，然皆心服，谓以为神"。《隋书》卷七八传末"史臣曰"称"宝常声律，动应宫商之和，虽不足远拟古人，皆一时之妙也"。

蔡子元、于普明。《隋书》卷一五《音乐志下》载开皇九年隋文帝平陈后，"求陈太乐令蔡子元、于普明等，复居其职"。

毛爽。《隋书》卷一六《律历志上》载自开皇初以来，牛弘等议律吕未决，"遇平江右，得陈氏律管十有二枚，并以付弘。遣晓音律者陈山阳太守毛爽及太乐令蔡子元、于普明等，以候节气，作《律谱》。时爽年老，以白衣见高祖，授淮州刺史，辞不赴官。因遣协律郎祖孝孙，就其受法"。可见，毛爽在陈为太守，[①] 入隋后以

[①] 关于毛爽为"陈山阳太守"，《通鉴》卷一七八隋文帝开皇十三年载："牛弘使协律郎范阳祖孝孙等参定雅乐，从陈阳山太守毛爽受京房律法，布管飞灰，顺月皆验。"这里载毛爽为陈阳山太守，胡三省注："《隋志》：南海郡含洭县，梁置阳山郡。"

"晓音律"而受命考定律吕，著《律谱》。据其《律谱序》，毛爽籍属荥阳阳武，其家族自晋宋以来以尚武显。①

此外，其他入隋南朝士大夫多参预雅乐之事，《隋书》卷一五《音乐志下》载牛弘开皇中请"依古五声六律、旋相为宫"，援引"秘书丞姚察、通直散骑常侍许善心、仪同三司刘臻、通直郎虞世基等，更共详议"；开皇十四年三月"乐定"，牛弘又领姚察、许善心、虞世基、刘臻等上奏，"于是并撰歌辞三十首，诏并令施用，见行者皆停之"。清庙歌辞十二曲，隋文帝当初"令齐乐人曹妙达，于太乐教习，以代周歌"，后牛弘等"但改其声，合于钟律，而辞经敕定，不敢易之。至仁寿元年，炀帝初为皇太子，从飨于太庙，闻而非之。乃上言曰：'清庙歌辞，文多浮丽，不足以述宣功德，请更议定。'于是制诏吏部尚书、奇章公弘，开府仪同三司、领太子洗马柳顾言，秘书丞、摄太常少卿许善心，内史舍人虞世基，礼部侍郎蔡征等，更详故实，创制雅乐歌辞"。大业元年，隋炀帝又"诏修高庙乐……有司未及陈奏，帝又以礼乐之事，总付秘书监柳顾言、少府副监何稠、著作郎诸葛颖、秘书郎袁庆隆等，增多开皇乐器，大益乐员，郊庙乐悬，并令新制"。可见南人士大夫代表许善心、姚察、虞世基、刘臻、柳顾言、何稠、诸葛颖等，皆曾参预雅乐声律、清庙歌辞的"详议"与创制。②

---

① 据《律谱序》可知，毛爽兄为陈吏部尚书毛喜。《陈书》卷二九《毛喜传》载："毛喜字伯武，荥阳阳武人也。祖称，梁散骑侍郎。父栖忠，梁尚书比部侍郎，中权司马。"毛喜因与陈宣帝的特殊关系，官至吏部尚书，为一时权臣。晋宋之际，荥阳毛氏家族人物渐有所现，闻声南北，多以尚武著称。故就门第而言，荥阳毛氏家族当为崇尚武力之豪族，属于次等士族。此外，需要指出，这里关于毛爽父名为"栖忠"，而《隋书》卷一六《律历志上》所录毛爽《律谱序》则为"栖诚"，当为《隋书》避隋文帝父杨忠讳而改，故毛爽父名当从《陈书·毛喜传》所载为是。

② 陈寅恪在《隋唐制度渊源略论稿》（生活·读书·新知三联书店2001年版）五《音乐篇》中据《隋书·音乐志下》所载隋制作雅乐之情形指出，"据此，则隋制雅乐，实采江东之旧，盖雅乐系统实由梁陈而传之于隋也。其中议乐诸臣多是南朝旧人"，其中如虞世基、许善心、姚察、颜之推、刘臻等，"皆江左士族，梁陈旧臣，宜之推请依梁旧事，以考古典，察、臻等议定隋乐，以所获梁陈乐人备研校，此乃隋开皇时制定雅乐兼采梁陈之例证也"。（第130—131页）又论及隋之"清乐"，《隋书·音乐志下》载隋文帝平陈后获之，"高祖听之，善其节奏"，以为"此华夏正声也"，陈先生以为"此隋定乐兼采梁陈之又一例证也"。（第132页）

由上文可见，入隋南士从事术数伎艺之业者颇众，形成了一个具有地域特征的术士化群体。其活动所涉，不仅几乎涵盖了当时流行术业之诸领域，而且其代表人物在各术业领域中颇具影响力，一些人凭借其艺能长期受到隋统治者的宠重，以致参决军政，从而对当时军政局势与社会文化风尚具有不可忽视的影响。

二 入隋南人术艺化群体之特征与南北融通

作为具有地域性关联的入隋南人术艺化士人群体，根据上述诸人的基本状况，这里就其代表人物之活动所表现出的相关社会特征，特别对其在推动南学北传与南北文化融通之作为与影响，略作概括性归纳与分析。

（一）术艺化南人之门第身份、社会地位及其文化特征

上述诸人入隋后虽皆以术业为务，沦为术士，但就其门户出身及其社会地位而言，原本存在差异，可分为出自寒门之职业术士和出自士族的术士化人物两大类别，其中个别人物或有所交叉，但大体类别明晰。就入隋南人寒门职业术士而言，以上所列举由陈入隋的太史属员高智宝、太乐属员蔡子元、于普明等，他们在南朝原本就是职业术士。从南朝职官、选举、门第等相关制度而言，这类人物皆当出自寒庶，社会地位较低。与之相近的还有耿询，从其在陈朝"以客从东衡州刺史王勇于岭南"的经历看，当为寒人，被俘入隋以"伎巧绝人"而由私奴转为官奴，隋炀帝时放为良民。万宝常原为由梁入北之武人后裔，当为寒人，以北齐乐户身份入周、隋，其社会地位低下。至于何妥、何稠叔侄之门第，何妥父辈"通商入蜀，遂家郫县，事梁武陵王纪，主知金帛，因致巨富，号为西州大贾"，至何妥始初涉学，游学国子，[①]然"以技巧事湘东王"，以其聪

---

① 《隋书》卷七五《儒林·何妥传》。关于何妥在萧梁为国子学生及其与国子博士周弘正等人之交往，《陈书》卷二四《袁宪传》载周弘正引年少之袁宪入学，"令宪树义"，"时谢岐、何妥在坐"，周弘正谓曰："二贤虽穷奥赜，得无惮此后生耶！"可见何妥在当时国子诸生中有"奥赜"之誉。

明而"召为诵书左右",入隋而得预儒林;何稠,其父"善斫玉",本人自少"性绝巧,有智思,用意精微"①,有工艺技巧之能。可见何氏叔侄在南朝无门第凭借,当为寒门。② 以上诸人在南朝皆出自寒庶,多以伎能显,入北后虽取得朝臣职位而士大夫化,然其行事依然主要关涉术业。

就入北南人术艺化而言,主要是指那些入北后以术艺"干没自进""干没荣利"的南朝士族人物。由上文所述可知,吴兴姚僧垣、姚最父子,新野庾季才、庾质父子,陈郡袁充,京兆杜陵韦鼎、荥阳毛爽、高阳许智藏及其宗人许澄等,他们皆具有等次不一的南朝士族门第背景,有的还有汉魏旧族之渊源。世人讥讽袁充以"江南

---

① 《隋书》卷六八《何稠传》。
② 何妥在隋文帝时期,与士族旧门代表苏威等屡生冲突,究其根源,除了南北地域与文化观念等方面的因素外,一个重要原因在于其门第身份及其与苏威之矛盾。《隋书》卷七五《儒林·何妥传》载何妥"性劲急,有口才,好是非人物","时纳言苏威尝言于上曰:'臣先人每诫臣云,唯读《孝经》一卷,足可立身治国,何用多为!'上亦然之。妥进曰:'苏威所学,非止《孝经》。厥父若信有此言,威不从训,是其不孝。若无此言,面欺陛下,是其不诚。不诚不孝,何以事君!且夫子有云:'不读《诗》无以言,不读《礼》无以立。'岂容苏绰教子独反圣人之训乎?'威时兼领五职,上甚亲重之,妥因奏威不可信任。"何妥"又上八事以谏",主要议论当苏威兼领数职,用人唯亲,势成朋党,"时苏威权兼数司,先尝隐武功,故妥言自负傅岩、滋水之气,以此激上。书奏,威大衔之。十二年,威定考文学,又与妥更相诃诋。威勃然曰:'无何妥,不虑无博士!'妥应声曰:'无苏威,亦何忧无执事!'由是与威有隙"。又,《隋书》卷四一《苏威传》载苏威子苏夔参与议乐,与何妥善不同,"朝廷多附威,同夔者十八九",何妥于是"遂奏威与礼部尚书卢恺、吏部侍郎薛道衡、尚书右丞王弘、考功侍郎李同和等共为朋党,省中呼王弘为世子,李同和为叔,言二人如威之子弟也。复言威以曲道任其从父弟彻、肃等罔冒为官。又国子学请荡阴人王孝逸为书学博士,威属卢恺,以为其府参军。上令蜀王秀、上柱国虞庆则等杂治之,事皆验"。隋文帝怒之,于是加以整肃,"知名之士坐威得罪者百余人"。何妥与苏威之争,既有南北新旧人群的斗争,也有相互间的门户地位冲突。苏威长期执掌宰相大权,作为士族代表,在用人方面注重门第,《隋书》卷五六《卢恺传》载其涿郡范阳人,"拜礼部尚书,摄吏部尚书事。会国子博士何妥与右仆射苏威不平,奏威阴事。恺坐与相连,上以恺属吏。……于是除名为百姓。未几,卒于家。自周氏以降,选无清浊,及恺摄吏部,与薛道衡、陆彦师等甄别士流,故涉党固之谮,遂及于此"。可见,苏威卢恺等人针对"选无清浊"的情况,"甄别士流",这对何妥一类出自寒门者显然有所压抑,因而引发何妥的激烈反弹。宋人叶适《习学记言序目》卷三七"《隋书·卢恺传》"条论此,以为"古今士无不以气类合,合则庸人倚人主势轧之,无不破坏矣。威辈固未足论,然亦一时聚散之变也"。由此可见何妥之门第出身及其对隋代政治之影响。

望族"而经营术业,正与其高门背景有关。不过,仔细考量,这类出自南朝士族之"术士化"人物,其原本之门第等次、社会地位及其文化风尚等,也非等齐划一,存在诸多差异。如姚僧垣,出自吴兴,为江东本土"吴姓"士族,《周书》卷四七《艺术·姚僧垣传》载其"吴太常信之八世孙"。然姚氏自孙吴之后少有人物,自为江东"小族",直到陈朝,姚僧垣子姚察以才学显,位至宰辅,门望稍振。[①]姚察、姚思廉父子入隋,其家族得以成为吴姓士族代表。从这一角度看,吴兴姚氏可谓南朝后期兴起的"新出门户"。究其家族在梁陈之际振兴缘由,直接因素在于姚察祖姚菩提、父姚僧垣以医术侍奉于梁武帝、梁元帝等。然姚察对其先人之"术士化"颇为忌讳,《陈书》卷二七《姚察传》对其祖、父两代医术履历只字未提,以遮掩其"门资"窘况。

其他如庾季才、许智藏、许澄、韦鼎、毛爽、袁充、周坟等,皆为南朝之侨姓士族,从门第等次看,诸人少有江左显赫一流高门者,如韦鼎,属晚渡士族,其家族长期寓居雍州,作为边境豪族,自与江左高门士族社会存在着身份地位等方面的差异。毛爽,出自荥阳阳武毛氏,晋宋以来其家族人物多预武事而为军将,为南朝尚武之次等侨姓士族。庾季才,其家族自两晋之际以来长期侨居江陵。至于高阳许氏,许智藏父为梁武陵王幕僚,随镇益州,许澄父许奭随雍州豪族柳仲礼入周。以上诸家族及其人物或长期侨居荆州,或任职益、雍等西部州镇,表明其与以建康为中心的江左核心区相对疏离的状态,显现出与江左一流高门的门户身份差别,当处于高门士族社会之下阶位序;出自陈郡袁氏的袁充,其家族门望清显,个人也染玄风,入隋后有"江南望族"之誉。周坟,出自汝南安城周氏,为江左高门子弟。因此,总体而言,以上出自南朝士族社会之

[①] 《陈书》卷二七《姚察传》载陈后主以之为吏部尚书,姚察一再上表谦让,甚至垂涕自称"臣东皋贱族,身才庸近"云云。姚察自谓"贱族",固为谦称,但从南朝士族社会的传统观念而言,姚氏门户弱小,人物不盛,加上其祖、父的医士身份,确难称清显,这是众所周知的事实,故姚察以这种"自诬"的方式获取江东地域社会的同情。

术士化人物，或为江东旧姓"小族"，或出自尚武次等士族，或为边境豪族之后；即便门第较高者，也或因侨寓地域，或因任职履历，长期居于荆、雍等西部诸州镇，这必然造成他们在门户地位、个人声望等方面与建康一带清贵显达之高门社会存在着一定的身份差异。

就以上诸士族人物之家族文化风尚而言，其家学传承与个人素养皆具有明显的术数文化因子。据前引《隋书》诸人本传，庾季才"十二通《周易》，好占玄象"，梁元帝以之"领太史"；萧吉"博学多通，尤精阴阳算术"；韦鼎"博涉经史，明阴阳逆刺，尤善相术"；袁充"性好道术，颇解占候"。周坟在陈职掌太史，有其家学渊源，乃父周弘正以儒、玄著称，"博物知玄象，善占候。大同末，尝谓弟弘让曰：'国家厄运，数年当有兵起，吾与汝不知何所逃之。'"①可见周坟之天官之学当承袭乃父之"善占候"。许智藏自祖父以来世传医术，其宗人许奭有医术，许澄传家业。姚僧垣，据《周书》卷四七《艺术·姚僧垣传》，其父姚菩提有医术，本人术业精湛，为梁武帝、梁元帝御医。毛爽，其《律谱序》自述父、兄皆精于声律之学，本人亦"晓音律"。②很显然，诸人在南朝，皆有术业传承，形成了相关家学特色与传统，其个人则皆具伎艺特长，这为其入北后以术业"要求时幸，干进务入"提供了条件。南朝士族社会崇尚儒玄文史兼综，玄风昌炽，这是其主流学术文化风尚，在政治上士族子弟则具有仕宦特权，故除姚僧垣之外，诸人在南朝大多当不屑以术伎相炫，不可能以此为仕进之手段。然而，随着南北朝后期军政局势的变化，梁、陈相继为北朝所灭，南方士族名士多应征入北，诸人或被动或主动地以术业为务，成为当时入北南人的一种群体性的选择，导致所谓"术士化"现象，这与其入北后社会地位与身份之变化直接相关。

---

① 《陈书》卷二四《周弘正传》。又，《陈书》卷九《吴明彻传》载："明彻亦微涉书史经传，就汝南周弘正学天文、孤虚、遁甲，略通其妙，颇以英雄自许，高祖深奇之。"可见周弘正于天文等术艺颇为精擅，吴明彻曾从其学。

② 毛爽《律谱序》载于《隋书》卷一六《律历志上》，见下文详引。

（二）术艺化南人之官职封爵、物质奖赏及其社会地位

由上述可见，入隋南人术士化群体所涉人物颇众，相关表现甚为积极主动，隋统治者则多加提携与奖赏。在这方面，隋文帝之优待韦鼎可谓典型。《隋书》本传载韦鼎陈时出使北周便以相术与杨坚交结，表示"老夫当委质"，"及陈平，上驰召之，授上仪同三司，待遇甚厚。上每与公王宴赏，鼎恒预焉。高祖尝从容谓之曰：'韦世康与公相去远近？'鼎对曰：'臣宗族分派，南北孤绝，自生以来，未尝访问。'帝曰：'公百世卿族，何得尔也。'乃命官给酒肴，遣世康与鼎还杜陵，乐饮十余日。鼎乃考校昭穆，自楚太傅孟以下二十余世，作《韦氏谱》七卷。……开皇十二年，除光州刺史，以仁义教导，务弘清静。……寻追入京，以年老多病，累加优赐"。韦鼎入隋，隋文帝亲自召见，授上仪同三司，出刺光州，"待遇甚厚"，实属破例；又延其预"公王宴赏"，以示尊宠。特别是隋文帝以韦鼎南徙而疏离正宗，"命官给酒肴"，遣杜陵韦氏宗主韦世康携其返乡，重修宗族谱牒，使其享有"百世卿族"的特殊身份与荣耀。隋文帝对韦鼎之体贴可谓细致入微，其官职安排、门户身份、社会地位、经济待遇等皆逐一落实。作为入北南人术士化之代表人物，韦鼎所受优遇如此，必然产生示范效应，以致南人术士竞相"干没自进"，以求拔擢与奖赏。

首先考察入隋术艺化人物之官爵。何妥、何稠叔侄，《隋书》本传载何妥周隋间跻身儒林，以经术显，周武帝时为太学博士，周宣帝封襄城县伯；隋文帝立国，"除国子博士，加通直散骑常侍，进爵为公"，终为国子祭酒；其间被任为龙州刺史、伊州刺史。其子何蔚，官秘书郎。《隋书》本传载何稠入周掌内廷细作事务，入隋后不断上升，开皇初，"授都督，累迁御府监，历太府丞"，后加员外散骑侍郎；开皇末，隋文帝命其领兵至桂州勘乱，"以勋授开府"；隋炀帝时期，历拜太府少卿、太府卿，兼领少府监，摄右屯卫将军、左屯卫将军，加金紫光禄大夫、右光禄大夫等。何妥、何稠由南朝

寒士，入北后身份与地位明显提升，在隋代转型为士大夫。其他人物，如袁充，《隋书》本传载其"及陈灭归国，历蒙、鄘二州司马"，"领太史令"；"大业六年，迁内史舍人。从征辽东，拜朝请大夫、秘书少监"；后以进"玄象星瑞"诸事，"帝大悦，超拜秘书令"。庾季才，据《隋书》本传，入周后，武成二年与王褒、庾信同补麟趾学士，累迁稍伯大夫、车骑大将军、仪同三司；周武帝时迁太史中大夫，加上仪同，封临颍伯，邑六百户；周宣帝时，加骠骑大将军，开府仪同三司，增邑三百户；开皇元年，授通直散骑常侍，进爵为公；开皇九年，出为均州刺史。其子庾质，"仕周齐炀王记室。开皇元年，除奉朝请，历鄢陵令，迁陇州司马。大业初，授太史令"。后出为合水令，复为太史令。萧吉，《隋书》本传载隋文帝时"进上仪同"，隋炀帝时"拜太府少卿，加位开府"。许智藏，《隋书》本传载其入隋后，"高祖以为员外散骑侍郎"；许澄入隋历尚药典御、谏议大夫，封贺川县伯。姚僧垣、姚最父子，《北史·艺术传》载姚僧垣北周时为上开府仪同大将军，周宣帝封为县公；隋开皇初，进爵北绛郡公；姚最入隋除太子门大夫，袭爵北绛郡公，后转蜀王秀友，随之出镇益州，迁府司马。毛爽，入隋后授淮州刺史。

由以上诸人任职和封爵，总体上他们凭依术数技能，在隋代不断获得官职拔擢和爵位封赏。具体分析，可概括出如下相关特点：一是就诸人本职官位而言，多为术业之职，如庾季才父子、袁充等人皆长期职掌太史，姚僧垣、许智藏、许澄等皆为御医，隋廷通过加官等方式以提升其地位，使其享受朝臣待遇；二是就封赏爵位而言，何妥、庾季才、姚僧垣由周入隋，在北周已有封爵，入隋后皆有增封，或为郡公，姚最袭父爵；许澄受封县伯。这类爵位封赏，对于流寓南人术数之士而言，提供了身份地位及其待遇保障。三是南人术士化代表人物受到超常拔擢，何妥、何稠等以寒门身份获得显爵要职，这虽与北朝门户观念相对淡薄有关，[①] 也与他们"干进务人"的相关表现有关。特别是袁充，隋炀帝时一再破格拔擢，以致"超拜秘书令"，位列宰臣。

其次，考察诸人所得物质奖赏。入北术数之士既有官职与封爵，自然有其正常的俸禄与采邑。然据史载，他们以数术侍奉人主，往往可以获得巨额奖赏。如庾季才，《隋书》本传载其自宇文泰以来便待遇特殊，隋文帝时受赏有三次：由其襄助代周，"因赐杂彩五十匹，绢二百段"；因议迁都，"赐绢三百段，马两匹"；撰《垂象志》《地形志》等，"及书成奏之，赐米千石，绢六百段"。萧吉，《隋书》本传载其开皇十四年因进"五庆"祥瑞，隋文帝"览之大悦，赐物五百段"。许智藏，《隋书》本传载隋文帝命其为秦王杨俊诊治，"上奇其妙，赉物百段"。袁充受赏尤多，《隋书》本传载其仁寿初进瑞言，隋文帝"大悦，赏赐优崇，侪辈莫之比"；隋炀帝即位之初，因进瑞言，"帝大喜，前后赏赐将万计"。上引韦鼎之"待遇甚厚"，返乡之"命官给酒肴"及"以年老多病，累加优赐"等等，也都属额外赏赐。其他南人朝臣也有进瑞获赏者，如许善心，开皇十六年"制《神雀颂》"，隋文帝甚悦，"因赐物二百段"[②]。这类史实，史籍所载未必详尽，但仅据上引数例，可见诸人正常俸禄之外，经常以其术业而获取大量赏赐，这既有助于改善物质生活，也体现了社会地位的提升。

（三）术艺化南人群体政治品格之投机性、依附性与佞幸化

作为"亡国之余"的南朝流寓人士，他们普遍具有寄生人群的相关心理与性格特征，这是不难理解的。不过，从上述诸南人术士化群体的相关情况看，他们在这方面表现得更为充分、突出和典型。

[①] 来自南朝门第寒微之职业术士人物，如高智宝为太史丞，蔡子元、于普明为太乐令等，在隋多延续其术业职掌。相较而言，耿询的身份变化明显，他在隋炀帝时放良后，取得入仕资格，历任右尚方署监事和太史丞。

[②] 《隋书》卷五八《许善心传》。

历隋一代，南人术士群体表现活跃，综观诸人之进言议事，主要聚焦在隋文帝代周、隋文帝建新都、隋文帝改易太子、隋文帝为独孤后择墓、隋炀帝即位、炀帝东征及其后期民变诸事。总体而言，在相关事件中，南人术士群体之主流倾向皆为揣摩上意，以其术数附会缘饰而助成其事，目的在于求宠固位。如庾季才以天象助隋文帝代周及其迁都，隋文帝叹其"是何神也"，表示"自今已后，信有天道"，且"不欲外人干预此事，故使公父子共为之"云云。其实，所谓神异之术，无非揣度人君心意，甚至承奉其旨而已。《通鉴》卷一七五陈宣帝太建十三年二月载庾季才"劝隋王宜以今月甲子应天受命"，胡三省注曰："庾季才持正于宇文护擅权之时，而劝进于杨氏革命之日，巫史之学自信其术耳，非胸中真有所见也。"这便揭示了庾季才"自信其术"以投机的本质。

萧吉以阴阳之术附和隋文帝，其投机之心甚明，《隋书》本传载其"见上好征祥之说，欲干没自进，遂矫其迹为悦媚焉"。由萧吉所涉诸事及其细节之相关表现，无不显露其投机心理之微妙变化，颇为生动。《隋书》本传载其附和废杨勇之议，所谓"太子当不安位"之语，在众多术士进言中，最为含蓄隐晦，但其效果甚佳，既符合隋文帝心意，又未直接点明其事，表达委婉，可谓用心深沉。因为废立太子既为国事，牵涉大局，但究属家事，触及人伦情感，这也是隋文帝顾虑重重之症结所在。萧吉如此进言，收效甚佳，隋文帝重之，"由此每被顾问"。至于他受命为独孤后择墓地，其所谓"卜年二千，卜世二百"云云，隋文帝虽从之，但表示"吉凶由人，不在于地"，并列举北齐高氏墓地与自己祖墓以说明，有轻视其术之意。萧吉察之，于是以山陵黑云气象论述其"大吉利"，以致"上大悦"；隋文帝将"亲临发殡"，萧吉据术数以为"不得临丧"，隋文帝拒之。萧吉曲解术数，有违人情，隋文帝不纳，其内心失落，故"退而告族人萧平仲曰：'……吾前给云卜年二千者，是三十字也；卜世二百者，取三十二运也。吾言信矣，汝其志之。'"这是其失意后的私下抱怨之语，充分体现出其投机心理的变化。

关于南人术士群体政治上主动投机以寻求依附之特点，由诸人对隋文帝立杨广为太子的一致表现即可说明，这既投文帝所好，又能对未来之主下注，可谓一箭双雕。其中尤以萧吉算计最深，堪称典型。《隋书》本传载萧吉进言隋文帝废杨勇，颇为隐晦而收效显著，同时他又与杨广交结颇密，以致杨广被立太子后谓之曰："公前称我当为太子，竟有其验，终不忘也。今卜山陵，务令我早立。我立之后，当以富贵相报。"可见他早将杨广作为未来依靠对象。与此相似，隋炀帝时，庾质、庾俭父子也有相关行事，《隋书》庾质本传载"炀帝性多忌刻，齐王暕亦被猜嫌。质子俭时为齐王属，帝谓质曰：'汝不能一心事我，乃使儿事齐王，何向背如此邪？'质曰：'臣事陛下，子事齐王，实是一心，不敢有二。'帝怒不解，由是出为合水令"。庾质为隋炀帝所斥，究其原因，固然与其"立言忠鲠"不无关系，但直接原因则在于"使儿事齐王"，即以其子庾俭为隋炀帝次子齐王杨暕府邸僚属。由于隋炀帝长子元德太子早死，齐王杨暕一度众望所归，成为继嗣人选。隋炀帝斥责庾质"不能一心事我"，虽出于猜疑过甚，但庾质父子之行事，确显其投机、依附之心态。作为流寓术士，其荣辱完全在于君主之态度，这就决定了他们对权势者的依附性，从而不断寻求靠山。①

南人术艺群体对隋统治者如此投机与依附，必然导致其一味附和君主心意、承奉其旨的行事作风，少有士大夫之原则性，以致他们虽为朝臣，位高权重，但实际上扮演着佞臣的角色。在这方面，何稠之表现颇为典型。《隋书》本传载仁寿初，独孤后去世，何稠受命"参典山陵制度"，以"善候上旨，由是渐见亲昵"，以致隋文帝

---

① 术艺之士普遍具有投机性，不惟入北南人如此，出自北方者也大多如此。宋人叶适《习学记言序目》卷三六"《隋书·律历志》"条有论曰："历自李业兴后，周有甄鸾、马显，隋有张宾、张胄玄、刘焯，焯为胄玄、袁充所排，而术家服其精。然方其时，君蔽臣谄，往往诬天席宠以售其术，如历差日长之类，固不足凭；而焯为儒者，乃与之较是非耶！"可见诸人之间相互排抵，"往往诬天席宠以售其术"。

疾笃，谓之曰：'汝既曾葬皇后，今我方死，宜好安置。属此何益，但不能忘怀耳。魂其有知，当相见于地下。'上因揽太子颈谓曰：'何稠用心，我付以后事，动静当共平章。'"隋炀帝时，何稠始终奉行此道，领会并迎合隋炀帝心意，在改易舆服制度、行殿器械营造等方面，无不极尽奢华铺张之能事。可以说，"善候上旨"是何稠之行事准则与成功秘诀，故其虽位列朝臣，实为佞幸而已。

就佞幸化而言，袁充的表现最为典型。据《隋书》本传，袁充对隋文帝废立太子、改易历法诸事，无不刻意揣度上意，皆以"希旨"进言，一再致使"上大悦"而深得宠信，进而确立其特殊地位。对隋炀帝即位及其大肆兴造、巡游、亲征辽东等军政举措，袁充或"候帝意欲有所为，便奏称天文见象，须有改作，以是取媚于上"，或"假托天文，上表陈嘉瑞，以媚于上"，以致隋炀帝"亲待逾昵"，"帝每欲征讨，充皆预知之，乃假托星象，奖成帝意，在位者皆切患之"。袁充由术士而位列重臣，参与隋炀帝后期军政决策，但就其心态与品格而言，他在本质上就是一个佞幸之臣。值得一提的是，袁充尤善见缝插针，时刻关注人事变化迹象，寻找新的依附对象。对齐王杨暕，袁充也曾有所利用与交结，《隋书》本传载炀帝即位后，他与高智宝共奏祥瑞，并劝"齐王暕率百官拜表奉贺"。袁充此举，用心极深，他注意到当时杨暕可能被立为嗣的特殊身份，故劝导杨暕牵头进贺。此举既可令隋炀帝满意，也有助于显示杨暕的特殊身份，袁充居间两面讨好。由于袁充行事隐秘，隋炀帝未及深察。由此分析，魏征论袁充之"要求时幸，干进务入"之语，确实一语中的，切中要害。

当然，具体考察入隋南朝术士群体之从政作风与品格，其中也有在重大军政问题上以术数相谏者。这方面表现最突出的是庾质，《隋书》本传载其"大业初，授太史令。操履贞悫，立言忠鲠，每有灾异，必指事面陈"。据前述，当隋炀帝以大业八年、九年两次亲征高丽之事相询，他皆有谏阻之言，他明确反对隋炀帝亲征，即便征讨，委派大将指挥，"倍道兼行，出其不意。事宜在速，缓必无功",颇合用兵之道。当大业九年杨玄感乘隋炀帝东征之机发动叛乱,隋炀帝询之,庾质以为杨玄感起事当无成,至于其乱由则"因百姓之劳苦"以图侥幸,这暗含着对隋炀帝过度巡游与征战等荒暴之政的批评,希望隋炀帝能有所悔悟。特别是他决然抵制隋炀帝平定杨玄感乱后再度东巡,谏言"比岁伐辽,民实劳敝。陛下宜镇抚关内,使百姓毕力归农"云云。隋炀帝即位以来,其军政战略与用人之道,皆有背离关中本位的倾向,从而严重伤害了关陇军政集团的利益和隋朝立国的基础。隋炀帝后期,随着政局混乱与社会动荡的加剧,要求隋炀帝返归关中成为一时热议,然而隋炀帝在平定杨玄感之乱后决意东归洛阳,后又南游江都,最终使得北方局势完全失控。在劝阻隋炀帝离却关中的相关议论中,庾质谏言较早,并以"辞疾不从"相抗,他也因此而被隋炀帝拘捕入狱,最终付出了生命的代价。作为寄寓术士,与乃父庾季才及众多南来士人相比,庾质具有谏诤精神,显现出儒学士大夫的忠义秉性与识见。此外,耿询也曾谏阻隋炀帝出征辽东,以为"辽东不可讨,师必无功",炀帝怒欲斩之。不过,像庾质、耿询这样不顺主意而进谏者,在入隋南人术士群体中毕竟为数不多,仅此两例而已。之所以如此,自然与其自身性格及儒学士族品格有关,如庾质"操履贞悫,立言忠鲠"即是。但少数南来术士人物所体现出的忠贞气质与其整体的投机性、依附性并非决然对立,而是他们在特定境遇中所显现出的不同性格侧面。如庾季才在北周不附权臣宇文护,劝其"反政归权",后周武帝知之,称其"至诚谨悫,甚得人臣之礼","因赐粟三百石,帛二百段"[①]。耿询也因隋炀帝"以询言为中,以询守太史丞"。他们虽以谏诤而获表彰,然专制君主予取随意,终究无法摆脱佞幸身份。

(四)术艺化南人之地域群体意识

考察以上入隋南人术数之士的相关活动,不仅相关人物数量较

[①]《隋书》卷七八《艺术·庾季才传》。

多，构成了隋代术士中一个突出的地域性职业群体，而且相关人物之活动表现出自觉的地域文化情结与意识。在这方面，庾季才的相关表现颇为典型。《隋书》本传载其入关后，颇得宇文泰亲重，所获赏赐甚丰，庾季才以此救护被俘入关遭难之萧梁人士，"初，郢都之陷也，衣冠士人多没为贱。季才散所赐物，购求亲故。文帝问：'何能若此？'季才曰：'仆闻魏克襄阳，先昭异度，晋平建业，喜得士衡。伐国求贤，古之道也。今郢都覆败，君信有罪，搢绅何咎，皆为贱隶！鄙人羁旅，不敢献言，诚切哀之，故赎购耳。'太祖乃悟曰：'吾之过也。微君遂失天下之望！'因出令免梁俘为奴婢者数千口"。可见庾季才以其相对优越的待遇与地位，不仅对沦落为贱民的入北"衣冠之士"施以援手，"散所赐物，购求亲故"，而且还利用其影响力，促使宇文泰"出令免梁俘为奴婢者数千口"，表现出强烈的南人地域群体意识。正因为如此，在周、隋间入北南士群体中，庾季才颇具声望，一度成为流寓南人交游之领袖，《隋书》本传载："季才局量宽弘，术业优博，笃于信义，志好宾游。常吉日良辰，与琅琊王褒、彭城刘毂、河东裴政及宗人信等，为文酒之会。次有刘臻、明克让、柳䛒之徒，虽为后进，亦申游款。"从这份庾季才交游名单可见，其中人物自以梁元帝江陵政权灭亡后被俘入关者为主体，多为南朝高门名士，皆以才学著称，也有隋文帝废后梁而入关者，柳顾言便是，以致诸人有年辈之别。不难推测，历经西魏、北周与隋，庾季才长期组织南朝名士群体雅集，既显示出其因"术士化"所获得的特殊地位，也透露出庾季才及其他入北南士的南朝文化情结。

特别需要指出，入隋南人术士活动显现出一定的地域群体意识的自觉。这可由耿询的相关经历窥视其端倪。据前引《隋书》本传，耿询被俘入隋，随其"故人"高智宝"受天文算术"，耿询"创意造浑天仪"，"不假人力，以水转之，施于暗室中，使智宝外候天时，合如符契"，二人协作，可谓隋廷天文方面的一对南人组合。耿询因此处境不断改善，由私奴而为官奴，进而放良并获士人身份。

何稠也一再救助护佑耿询,《隋书》本传载耿询相关之事有二:一是隋文帝曾将其"赐蜀王秀,从往益州,秀甚信之。及秀废,复当诛,何稠言于高祖曰:'耿询之巧,思若有神,臣诚为朝廷惜之。'上于是特原其罪"。二是大业七年,他谏阻隋炀帝东征,"帝大怒,命左右斩之,何稠苦谏得免"。耿询、高智宝与何稠皆为南来术艺人士,相互间既有术业之配合,也有人生危难之救助,体现出南人术士群体的地域意识。又,前述袁充为太史令,高智宝为太史丞,隋炀帝即位后,二人联合奏言"今岁皇帝即位,与尧受命年合"之征祥,他们如此契合,亦当与其同为南人之地域意识不无关系。①

(五) 术艺化南人群体之传输南学与南北融通

南北朝中后期以来,随着北朝统一趋势日益显著,思想文化领域中南风北渐、南学北传之势也不断增强,日臻高潮,进而促成南北文化之融通,以巩固统一国家之社会文化基础。对此,以往就南北儒学经术、哲学思想、文学艺术、宗教学说等等之融汇整合,多有论述。然就南朝术伎及其相关学说之北传及其南北融通而言,则相对涉猎较少,缺乏深入、具体之论述。这里借此考察入隋南人之术艺化及其相关活动,就诸人转输南朝术艺及促进南北融通之相关表现、作用与影响略作论析。

自宇文泰灭梁元帝以来,对南朝术艺之士便多加宠重。《周书》卷四七《艺术传序》载:"太祖受命之始,属天下分崩,于是戎马交驰,而学术之士盖寡,故曲艺末技,咸见引纳。……及克定郢、邺,俊异毕集。"及至隋朝,南人术士群体尤为活跃,隋统治者借之

---

① 入隋南人术士群体内部难免存在竞争的情况,如庾季才和袁充为入隋南人天文星象方面的主要代表,隋文帝开皇中前期,以庾季才为主导,开皇后期、仁寿年间,隋文帝渐重袁充,前引《隋书》卷七八《艺术·庾季才传》载隋文帝用张胄玄历,"及袁充言日影长。上以问季才,季才因言充谬。上大怒,由是免职,给半禄归第"。袁充所言"日长"之说,深得隋文帝心意,"季才因言充谬",自对袁充地位上升不满之意。庾季才与袁充分别为梁、陈入隋术士代表,故其进退也体现了南人天文术士之代际更替。

大力转输南朝术数文化。入隋南来术士，在诸多具体术数实践活动外，多受命进行相关术艺之学的著述与总结。如萧吉，在阴阳卜筮堪舆方面，前引本传称其"及隋受禅，进上仪同，以本官太常考定古今阴阳书"，这显然是应隋统治者要求而为之，其"考定古今阴阳书"，必然涉及对南北朝以来阴阳卜筮术艺的整合，《隋书》本传载其"著《金海》三十卷，《相经要录》一卷，《宅经》八卷，《葬经》六卷，《乐谱》二十卷及《帝王养生方》二卷，《相手版要决》一卷，《太一立成》一卷，并行于世"。萧吉相关著述颇丰，正是其"考定古今阴阳书"之成果，体现着贯通古今、融汇南北之旨趣。

在医药方面，《北史·艺术下·姚僧垣传》载其"参校征效者为《集验方》十二卷"。姚僧垣世传医药术学，至梁代而得大成，深受梁武帝、梁元帝父子信重，代表了当时南朝医术之最高水平。姚僧垣入北后活动于周隋之际，诊疗效验显著，所著《集验方》，既是对其自身及其家族医药实践的总结，有助于南朝医术之北传，也应当吸收中土医药的成就，有助于南北医药文化的汇集与整合。

在天文星占方面，南北融通之表现及其成就尤为突出。如庾季才，《隋书》本传载周武帝令其撰《灵台秘苑》，隋文帝命其父子撰《垂象志》、《地形志》等，所撰"《灵台秘苑》一百二十卷，《垂象志》一百四十二卷，《地形志》八十七卷，并行于世"。《灵台秘苑》等篇幅甚大，无疑是南北朝星占术数之学的集成性著述，《隋书》卷二〇《天文志中》亦载："梁奉朝请祖暅，天监中，受诏集古天官及图纬旧说，撰《天文录》三十卷。逮周氏克梁，获庾季才，为太史令，撰《灵台秘苑》一百二十卷，占验益备。今略其杂星、瑞星、妖星、客星、流星及云气名状，次之于此云。"又，耿询所著《鸟情占》，也当涉及星占术学之南北汇通。

隋文帝灭陈后，将南朝天文观测仪器征调入关，并用以天象观测。《隋书》卷一九《天文志上》载："宋文帝以元嘉十三年，诏太史更造浑仪。太史令钱乐之，依案旧说，采效仪象，铸铜为之。"又载:"宋元嘉所造仪象器,开皇九年平陈后,并入长安。大业初,移于东都观象殿。"陈朝太史、天官属员高智宝、周坟等随征入北,隋廷利用相关人员与器物开展天文观测,吸纳南朝星占气象之学。《隋书·天文志上》载:"高祖平陈,得善天官者周坟,并得宋氏浑仪之器。乃命庾季才等,参校周、齐、梁、陈及祖晅、孙僧化官私旧图,刊其大小,正彼疏密,依准三家星位,以为盖图。旁摛始分,甄表常度,并具赤黄二道,内外两规。悬象著明,缠离攸次,星之隐显,天汉昭回,宛若穹苍,将为正范。"可见,隋文帝利用南朝的天官人员与仪器,整合南北天文成就,刊定天官舆图,形成"正范"。

入隋南人术士以天文观测而论证星象者颇有其人,其中影响最著者当属袁充主持观测以论证日影长短变化。《隋书·天文志上》"晷影"条载:

及高祖践极之后,大议造历。张胄玄兼明揆测,言日长之瑞。有诏司存,而莫能考决。至开皇十九年,袁充为太史令,欲成胄玄旧事,复表曰:"隋兴已后,日景渐长。开皇元年冬至之影,长一丈二尺七寸二分,自尔渐短。至十七年冬至影,一丈二尺六寸三分。四年冬至,在洛阳测影,长一丈二尺八寸八分。二年夏至影,一尺四寸八分,自尔渐短。至十六年夏至影,一尺四寸五分。其十八年冬至,阴云不测。元年、十七年、十八年夏至,亦阴云不测。《周官》以土圭之法正日影,日至之影,尺有五寸。郑玄云:'冬至之景,一丈三尺。'今十六年夏至之影,短于旧五分,十七年冬至之影,短于旧三寸七分。日去极近,则影短而日长;去极远,则影长而日短。行内道则去极近,行外道则去极远。《尧典》云:'日短星昴,以正仲冬。'据昴星昏中,则知尧时仲冬,日在须女十度。以历数推之,开皇以来冬至,日在斗十一度,与唐尧之代,去极俱近。谨案《元命包》云:'日月出内道,璇玑得其常,天帝崇灵,圣王初功。'京房《别对》曰:'太平日行上道,升平日行次道,霸代日行下道。'伏惟大隋启运,上感乾元,影短日长,振古希有。"是时废庶人勇,晋王广初为太子,充奏此事,深合时宜。上临朝谓百官曰:"景长之庆,天之祐也。今太子新立,当须改元,宜取日长之意,以为年号。"由是改开皇二十一年为仁寿元年。此后百工作役,并加程课,以日长故也。皇太子率百官,诣阙陈贺。案日徐疾盈缩无常,充等以为祥瑞,大为议者所贬。①

可见张胄玄在修订历法过程中,其以"兼明揆测,言日长之瑞",首倡其说。开皇后期,袁充利用相关天文设施与手段勘测日影,通过长期的冬至、夏至所测日影变化以论证隋立国以来"日长影短",进而应用谶纬理论以阐述"日长之瑞",附会隋文帝立国以来之祥瑞,深得隋文帝心意。袁充测日影以论征祥,其用心固为投机,但其测日之举,显示了南朝天文术学之北传及南北天文术学之融汇,推进了中古天文观测的发展及其水平的提升。

在相关天文器物方面,除了南朝旧有仪器的利用外,入隋南人术士还多有所改制与新创。如袁充曾制造刻漏器物,《隋书·天文志上》"漏刻"条载:"隋初,用周朝尹公正、马显所造《漏经》。至开皇十四年,鄜州司马袁充上晷影漏刻。充以短影平仪,均布十二辰,立表,随日影所指辰刻,以验漏水之节。十二辰刻,互有多少,时正前后,刻亦不同。其二至二分用箭辰刻之法,今列之云。……袁充素不晓浑天黄道去极之数,苟役私智,变改旧章。其于施用,未为精密。"在天文器物之"创意"制作方面,耿询成就突出,前述其"创意造浑天仪",实现了水能运转,提升了天象观测水平。隋

---

① 所谓"太史奏帝即位之年,与尧时符合"云云,此征祥之瑞显然出自袁充天文星占之说。《隋书》卷五八《许善心传》载隋炀帝即位,"太史奏帝即位之年,与尧时符合,善心议,以国哀甫尔,不宜称贺。述讽御史劾之,左迁给事郎,降品二等"。

炀帝时，耿询改进、发明了一系列计时器物，《隋书·天文志上》"漏刻"条载："大业初，耿询作古欹器，以漏水注之，献于炀帝。帝善之，因令与宇文恺，依后魏道士李兰所修道家上法称漏，制造称水漏器，以充行从。又作候影分箭上水方器，置于东都乾阳殿前鼓下司辰。又作马上漏刻，以从行辨时刻。揆日晷，下漏刻，此二者，测天地，正仪象之本也。"耿询诸多天文器物之创制，正体现了当时南北术伎结合与南北术学融通的时代特征。

隋文帝、隋炀帝大力输入南朝术学，还体现在以南人培训隋廷天官人员。如隋文帝命周坟培训"太史观生"，《隋书·天文志上》载："以坟为太史令。坟博考经书，勤于教习，自此太史观生，始能识天官。"周坟之"博考经书"，就是系统梳理相关学说、整理相关文献，实现南北集成与融通，在此基础上形成其教学所需之相关教材等。其"勤于教习"，即认真传授，勤于督促与引导，教学成效显著，以致"自此太史观生，始能识天官"。在天文教育方面，隋炀帝则以袁充于内廷传授星象之学，《隋书·天文志上》载："炀帝又遣宫人四十人，就太史局，别诏袁充，教以星气，业成者进内，以参占验云。"[1] 隋炀帝挑选宫人入太史，命袁充"教以星气"，学有所成者"以参占验"，可见隋炀帝对江左天文术艺之重视，这也有助于南朝天文学说之北输。此外，前引《隋书·律历志下》所载袁充

---

[1] 在内宫中传授天文星占之术，十六国以来胡族统治者已有先例，《晋书》卷一〇六《石季龙载记》载羯族石虎当政，他在襄国、邺城大兴土木，"穷极伎巧"，"又起灵风台九殿于显阳殿后，选士庶之女以充之。后庭服绮縠、玩珍奇者万余人，内置女官十有八等，教宫人星占及马步射。置女太史于灵台，仰观灾祥，以考外太史之虚实。又置女鼓吹羽仪，杂伎工巧，皆与外侔。禁郡国不得私学星谶，敢有犯者诛"。石虎重视诸"杂伎工巧"，特别是在灵风台"内置女官十有八等，教宫人星占及马步射。置女太史于灵台，仰观灾祥，以考外太史之虚实"。胡人统治者普遍重视术艺，石虎尤显极端，竟设女官"教宫人星占"，以之"仰观灾祥"，进而与太史所占相参验，"以考外太史之虚实"。石虎将星占事务"内廷化"，不仅显示了他对天文星占的重视，而且表露出对汉族术士的猜疑。在这方面，十六国北朝其他胡族统治者虽没有明确记载，但类似的民族文化心理当有相同之处。隋炀帝遣宫人"就太史局"，令袁充"教以星气"，进而使"业成者进内，以参占验"，与石虎所事颇为相似。可以说，隋炀帝此举并非忽发其想，而是有着十六国北朝文化传统的。

"奏日长影短"，开皇、仁寿之际，隋文帝将历法之事交付太子杨广，"遣更研详著日长之候"，于是"太子征天下历算之士，咸集于东宫"。当时历算术士"咸集于东宫"以"研详著日长之候"，袁充在其中扮演着重要角色。通过周坟、袁充等从事"教习"，培训隋内廷天文生员，转输江左天文星象术学，隋廷天官系统在一定程度上"南朝化"了。

在音乐与声律方面，随着南朝术艺人士入北，推动了南朝音律北传。如何妥，曾引南朝乐舞入隋，《隋书》本传载何妥上表云："臣少好音律，留意管弦，年虽耆老，颇皆记忆。及东土克定，乐人悉返，访其逗留，果云是梁人所教。今三调、四舞并皆有手，虽不能精熟，亦颇具雅声。若令教习传授，庶得流传古乐。然后取其会归，撮其指要，因循损益，更制嘉名。歌盛德于当今，传雅正于来叶，岂不美欤！谨具录三调、四舞曲名，又制歌辞如别。其有声曲流宕，不可以陈于殿庭者，亦悉附之于后。"何妥录梁乐人所传之"三调""四舞"，创作歌辞，隋文帝"别敕太常取妥节度。于是作清、平、瑟三调声，又作八佾、《鞞》《铎》《巾》《拂》四舞。先是，太常所传宗庙雅乐，数十年唯作大吕，废黄钟。妥又以深乖古意，乃奏请用黄钟。诏下公卿议，从之"。隋平陈后，南乐北输渐入高潮。《隋书·音乐志下》载："开皇九年平陈，获宋、齐旧乐，诏于太常置清商署，以管之。求陈太乐令蔡子元、于普明等，复居其职。"可见隋文帝灭陈后，对所"获宋、齐旧乐"，设清商署专管其事，并征陈太乐令蔡子元、于普明等，"复居其职"，具体负责相关事务。太常牛弘曾奏曰："前克荆州，得梁家雅曲，今平蒋州，又得陈氏正乐。史传相承，以为合古。且观其曲体，用声有次，请修缉之，以备雅乐。其后魏洛阳之曲，据《魏史》云'太武平赫连昌所得'，更无明证。后周所用者，皆是新造，杂有边裔之声。戎音乱华，皆不可用，请悉停之。"牛弘比较南北朝音乐，以为南朝雅曲正乐渊源有自，"史传相承，以为合古"，艺术上"用声有次"，因此建议"请修缉之，以备雅乐"。晋王杨广后又奏请，隋文帝"乃许之"。可见隋平陈后，在太常下设清商署以管理南朝宋齐旧乐，以陈太乐令蔡子元、于普明等主其事，进而对南朝"宋齐旧乐""梁家雅曲"和"陈氏正乐"加以修缉，"以备雅乐"。由此可见隋朝雅乐之南朝渊源。

在南朝声律之学北传方面，南朝音律世家人物毛爽等发挥了重要作用。《隋书》卷一六《律历志上》"和声"条载："至开皇初，诏太常牛弘，议定律吕。于是博征学者，序论其法，又未能决。遇平江右，得陈氏律管十有二枚，并以付弘。遣晓音律者陈山阳太守毛爽及太乐令蔡子元、于普明等，以候节气，作《律谱》。时爽年老，以白衣见高祖，授淮州刺史，辞不赴官。因遣协律郎祖孝孙，就其受法。弘又取此管，吹而定声。既天下一统，异代器物，皆集乐府，晓音律者，颇议考核，以定钟律。更造乐器，以被《皇夏》十四曲，高祖与朝贤听之，曰：'此声滔滔和雅，令人舒缓。'"又，《隋书·律历志上》"候气"条载："开皇九年平陈后，高祖遣毛爽及蔡子元、于普明等，以候节气。……令爽等草定其法。爽因稽诸故实，以著于篇，名曰《律谱》。"可见在隋统一之后，"异代器物，皆集乐府"，而且"晓音律者，颇议考核，以定钟律"，这自然是南北汇聚，经过交流研讨而实现南北融通。不过，必须指出，隋平陈后在音律之学方面主要是取法南朝，具体实施其事者正是入隋南人毛爽及蔡子元、于普明等，所谓"令爽等草定其法"，正是如此。特别是隋文帝命毛爽授学传艺，"遣协律郎祖孝孙，就其受法"，表明隋朝音律之学的"南朝化"。

毛爽出自南朝音律世家，他在《律谱序》中自述其家传律学云："臣先人栖诚，学算于祖暅，问律于何承天，沈研三纪，颇达其妙。后为太常丞，典司乐职，乃取玉管及宋太史尺，并以闻奏。诏付大匠，依样制管。自斯以后，律又飞灰。侯景之乱，臣兄喜于太乐得之。后陈宣帝诣荆州为质，俄遇梁元帝败，喜没于周。适欲上闻，陈武帝立，遂又以十二管衍为六十律，私候气序，并有征应。至太建时，喜为吏部尚书，欲以闻奏。会宣帝崩，后主嗣立，出喜为永嘉内史，遂留家内，贻诸子孙。陈亡之际，竟并遗失。"由此可见，毛爽父"学算于祖暅，问律于何承天，沈研三纪，颇达其妙"，并在南朝"典司乐职"，故其音律虽有家传，但兼采南朝诸名家，实可谓南朝律学之结晶。毛爽所著《律谱》，其具体内容，《隋书·律历志上》节略云："今正十二管在太乐者，阳下生阴，始于黄钟，阴上生阳，终于中吕，而一岁之气，毕于此矣。中吕上生执始，执始下生去灭，终于南事。六十律候，毕于此矣。仲冬之月，律中黄钟。黄钟者，首于冬至，阳之始也。应天之数而长九寸，十一月气至，则黄钟之律应，所以宜养六气，缉和九德也。自此之后，并用京房律准，长短宫征，次日而用。凡十二律，各有所摄，引而申之，至于六十。亦由八卦衍而重之，以为六十四也。相生者相变。始黄钟之管，下生林钟，以阳生阴，故变也。相摄者相通。如中吕之管，摄于物应，以母权子。故相变者，异时而各应，相通者，同月而继应。应有早晚者，非正律气，乃子律相感，寄母中应也。"然隋炀帝大业末年滞留江淮，毛爽之律也"于江都沦丧"。

在音律方面，其他入隋南人也有所建树，其中影响较著者还有万宝常。隋文帝时，万宝常参制雅乐，自然涉及律吕尺度。《隋书·律历志上》"律管围容黍"条载："万宝常水尺律母黄钟容黍一千三百二十。"《隋书·律历志上》"开皇初调钟律尺及平陈后调钟律水尺"条亦载："开皇十年万宝常所造律吕水尺。实比晋前尺一尺一寸八分六厘。今太乐库及内出铜律一部，是万宝常所造，名水尺律。说称其黄钟律当铁尺南吕倍声。南吕，黄钟羽也，故谓之水尺律。"万宝常所创之"水尺律"为其声乐之基础，由史载"今太乐库及内出铜律一部"云云，可见其音律当时一度有所应用。

由以上概述可见，入隋南朝术士代表人士在各术艺领域，特别是天文星象、阴阳卜筮、音声乐律等方面，无论其具体术艺实践、术艺传授，还是相关理论总结，皆有助于转输南术，从一个侧面推进了南北社会文化融通。之所以如此，这是由其所处之时代环境所决定的。隋终结数百年南北分裂局面，开启了南北社会及其文化融通的时代趋向，而作为中古时代知识体系中占有重要地位的有机组成部分，江左术艺文化及其相关社会风尚之北传，自属当时整合南北社会与文化的一个重要领域，应当引起人们应有的关注。

三 "干没荣利，得不以道"：入隋南人术艺化之缘由

《隋书》卷六九将隋代两位影响朝政最著之术士化代表王劭、袁充合传，王劭出自太原王氏，北齐灭后入关，袁充则来自江南，皆出自高门，其传末"史臣曰"有论云："袁充少在江左，初以警悟见称，委质隋朝，更以玄象自命。并要求时幸，干进务入。劭经营符瑞，杂以妖讹，充变动星占，谬增晷影。厚诬天道，乱常侮众，刑兹勿舍，其在斯乎！且劭为河朔清流，充乃江南望族，干没荣利，得不以道，颓其家声，良可叹息。"袁充如此，上述诸多与其相类之术士化人物莫不如此。他们何以"委质隋朝，更以玄象自命"，以此"要求时幸，干进务入"，以致袁充作为具有优越门第身份的入隋南士代表，因"干没荣利，得不以道，颓其家声"而受世人所讥？考察入隋南人术士化群体之境遇，体悟其心态，他们之所以作出如此人生抉择，既与入北南士之人生遭际密切相关，也与隋统治者之导向与喜好有关。

（一）入北南人普遍遭受歧视与压制，致使其以术业"要求时幸，干进务入"

周、隋之际，南朝士大夫以战俘的身份被迁入关，除少数人获得周、隋统治者的优待外，大多丧失了以往优越的政治地位与家资产业，受到歧视与虐待，甚至多有被降为奴隶的情况。《周书》卷二《文帝纪下》载宇文泰遣于瑾等于魏恭帝元年十一月攻克江陵，"擒梁元帝，杀之，并虏其百官及士民以归。没为奴婢者十余万，其免

者二百余家"①。直到周武帝宇文邕时才下诏将江陵被俘为奴群体放免为良人。至于隋灭陈后强征南人入关，《隋书》卷二一《天文志下》载开皇九年"平陈，江南士人，悉播迁入京师"；开皇十年，南方反叛，隋大举镇压，也多有地方士人被俘为奴的情况。② 在隋代，梁元帝亡后入关者及后梁废后入隋之南士群体，相较陈亡后入隋之南人，他们虽在一定程度上融入关陇集团，政治与社会地位有所提升，但细致考察可见，由于地域社会风尚、文化观念和士风取向等诸方面的差异，他们依然受到关陇旧族的歧视与排斥，《隋书》卷六六《柳庄传》载柳庄作为后梁重臣，早与隋文帝交结，"及梁国废，授开府仪同三司，寻除给事黄门侍郎，并赐以田宅。庄明习旧章，雅达政事，凡所驳正，帝莫不称善。苏威为纳言，重庄器识，尝奏帝云：'江南人有学业者，多不习世务，习世务者，又无学业。能兼之者，不过于柳庄。'高颎亦与庄甚厚"。柳庄出自河东柳氏，寓居雍州，为南朝边境豪族代表，其学风做派等与北方士族人士较为相近，故"明习旧章，雅达政事"，得到关

---

① 关于宇文泰灭梁所俘人数，《法苑珠林》卷七八《十恶篇·感应缘》载："周文帝宇文泰初为魏丞相，值梁朝丧乱。梁孝元帝为湘东王，时在荆州。特遣使通和，礼好甚至。与泰断金立盟，结为兄弟。后平侯景，孝元即位。泰犹人臣，不加崇敬，颇行陵侮。又求索无厌，或不惬意，遂遣兵袭江陵，俘虏朝士至于民庶百四十万口，而害孝元焉。"这里所述宇文泰俘获江陵士庶共计"百四十万口"，较之正史所载数量巨大。又，《法苑珠林》卷九一《赏罚篇·感应缘》载一则实例云："梁江陵陷时，有关内人梁元晖俘获一士大夫，姓刘，位曰新城，失其名字。先此人先遭侯景乱，丧失家口，唯余小男，年始数岁，躬自担抱，又著连枷，值雪途不能前进。元晖逼令弃去，刘君爱惜，以死为请。遂强夺取，掷之雪中，杖拍交下，驱蹙使去。刘乃步步回首，号叫断绝。辛苦顿弊，加以悲伤，数日而死。"由此可见被俘入关江陵士大夫之悲惨境遇。

② 《隋书》卷七八《艺术·耿询传》载耿询参与岭南叛乱，为隋将王世积所俘，以其艺能，"世积释之，以为家奴"，后"高祖配询为官奴"。又，《隋书》卷四八《杨素传》载："有鲍亨者，善属文，殷胄者，工草隶，并江南士人，因高智慧没为家奴。"关于鲍亨、殷胄等人入杨素府邸为奴，《续高僧传》卷三一《隋杭州灵隐山天竺寺释真观传》载开皇十一年，杨素平定江南叛乱，"俘虏诛翦三十余万"，其中"金陵才士鲍亨、谢瑀之徒，并被拥略"，道观法师向杨素诉怨，"即数鲍、谢之徒三十余人"，称诸人"并是处国宾王，当世英彦"，杨素终为道观所感，"即坐释之，所达文士免死而为仆隶"。王世积、杨素平乱获取江南人士为奴，其他隋朝上层人物及官府当多有以南士为奴的情况。

陇集团代表苏威等人的赏识。然苏威以"江南人有学业者,多不习世务,习世务者,又无学业",则表现出他对南人总体轻视的态度。不仅如此,这类入北南人中的干能之士,往往为北人所排斥。《隋书》卷六二《柳彧传》载其出自侨寓雍州之河东柳氏,任治书侍御史,"当朝正色,甚为百僚之所敬惮",隋文帝称"柳彧正直士,国之宝也"。他曾受命稽查关陇权贵代表右仆射杨素,杨素"当途显贵,百僚慑惮,无敢忤者",柳彧严正表示"奉敕治公之罪","彧据案而坐,立素于庭,辨诘事状。素由是衔之。彧时方为上所信任,故素未有以中之",但最终杨素利用蜀王杨秀案嫁祸柳彧,"彧尝得博陵李文博所撰《治道集》十卷,蜀王秀遣人求之。彧送之于秀,秀复赐彧奴婢十口。及秀得罪,杨素奏彧以内臣交通诸侯,除名为民,配戍怀远镇"。像柳彧这类入北边境豪族之后,其学术风尚与礼法做派与中土士族多有契合相近之处,且具突出之军政干能,一度深受隋文帝信重,但他们毕竟具有入北南士的身份背景,与关陇旧族人士相比,他们在关中社会根基相对薄弱,故而在政治斗争与人事纠纷中难免受到中伤。正因为如此,直接导致入北人士从事术业,如《隋书·艺术·萧吉传》载:"吉性孤峭,不与公卿相沉浮,又与杨素不协,由是摈落于世,郁郁不得志。"隋炀帝时,萧吉密言杨素墓上"白气属天",以为"家当有兵祸,灭门之象",建议改葬,其中当有报复杨素之意。入北南人所遭受之排抑事例甚多,实难一一列举。

陈亡入隋之南士群体,他们在隋文帝时期之境遇亦甚为艰困。《陈书》卷二八《世祖九王·鄱阳王陈伯山附陈君范传》载隋攻克建康,"是时宗室王侯在都者百余人,……及六军败绩,相率出降,因从后主入关。至长安,隋文帝并配于陇右及河西诸州,各给田业以处之。初,君范与尚书仆射江总友善,至是总赠君范书五言诗,以叙他乡离别之意,辞甚酸切,当世文士咸讽诵之"。可见陈宗室入隋后一度皆发配"陇右及河西诸州",颇多痛楚,故江总致书陈君范"叙他乡离别之意,辞甚酸切",引起了南人的广泛共鸣。至于对陈朝士大夫之安置，隋朝也有其条例规范，但原则上加以压制，从而普遍品级较低，职属闲散，迁转不畅。如《陈书》卷二九《蔡征传》载其为陈开国重臣蔡景历子，陈后主"器其材干，任寄日重，迁吏部尚书、安右将军"，陈亡后"随例入关"，隋文帝"闻其敏赡，召见顾问，言辄会旨，然累年不调，久之，除太常丞。历尚书民部仪曹郎，转给事郎"。蔡征入隋后一度受到隋文帝重视，"召见顾问"，尽管"言辄会旨"，但依然"累年不调"。又《隋书》卷六六《陆知命传》载其吴郡富春人，陈时官至太学博士、南狱正，助杨广招抚江南反叛，"以功拜仪同三司，赐以田宅"。他见天下一统，于是"劝高祖都洛阳，因上《太平颂》以讽焉"，颇有投机之意，然难得信任，"数年不得调"，于是"诣朝堂上表，请使高丽"，后"待诏于御史台"。南人处境如此，故有不甘受屈而历险返乡逃匿者。①

与此相应，陈亡入隋南士群体之生活也颇为困窘。如《陈书》卷二六《徐陵传附徐孝克传》载徐陵三弟徐孝克"陈亡，随例入关。家道壁立，所生母患，欲粳米为粥，不能常办。母亡之后，孝克遂常啖麦，有遗粳米者，孝克对而悲泣，终身不复食之焉"。这固然由于南北差异，南人喜食米，而北方米则不易得，但关键恐怕还是他们在长安生活窘迫所致。又，《隋书》卷六四《沈光传》载："沈光字总持，吴兴人也。父君道，仕陈吏部侍郎，陈灭，家于长安。……家甚贫窭，父兄并以佣书为事，光独跅弛，交通轻侠，为京师恶少年之所朋附。人多赡遗，得以养亲，每至甘食美服，未尝困匮。"可见沈君道、沈光父子入隋后一度"家甚贫窭，父兄并以佣书为事"，后沈光交结"京师恶少年"，得其馈赠，"得以养亲"。沈光应当是参与了具有黑社会组织性质的相关活动以获取经济上的支

---

① 如《陈书》卷二六《徐陵传》载其子徐仪"陈亡入隋。开皇九年，隐于钱塘之赭山"。又，《新唐书》卷一九八《儒学上·萧德言传》载："萧德言字文行，陈吏部郎引子也，系出兰陵。……陈亡，徙关中。诡浮屠服亡归江南，州县部送京师。仁寿中，授校书郎。"

持。又,《隋书》卷六七《虞世基传》载其"及陈灭归国,为通直郎,直内史省。贫无产业,每佣书养亲,怏怏不平。尝为五言诗以见意,情理凄切,世以为工,作者莫不吟咏"。虞世基出自会稽虞氏,论其门望、才学与地位,皆为江东一流名士,其入隋后竟一度"贫无产业,每佣书养亲,怏怏不平",故其"为五言诗以见意,情理凄切"。对虞世基之哀怨诗,"世以为工,作者莫不吟咏",可见其在南人中流传颇广,共鸣强烈,体现出当时流离南士的普遍境遇及其心理感受。直到隋炀帝即位后,入隋南人群体仕宦与生活境遇才逐渐有所改善。①

由此可见,周、隋之际入北之南士,其中多有江左之侨旧士族名士,以才学著称,仕宦清贵,然入北后普遍受到关陇集团的排斥与压制,仕途不畅,尤以陈亡入关者为著,有人甚至日常生活也难以维持。面临如此窘境,他们必然努力寻求改变,于是有人以扭曲的方式依附隋统治者,甘为受宠之佞幸。因此,可以说以上入北南人之术士化表现,其不惜辱没门户与家声,以术数"干没自进",确实是在特定的社会处境中作出的无奈应对与抉择。

(二)隋统治者"雅信符瑞",诱引南人"欲干没自进,遂矫其迹为悦媚"

众所周知,传统学术文化不仅有类别不同,而且也有层级分别,表现为重道轻技的文化观念。自汉代以来,人们普遍崇尚儒家经术义理,鄙薄术艺技能。司马迁曾说:"仆之先人非有剖符丹书之功,文史星历近乎卜祝之间,固主上所戏弄,倡优畜之,流俗之所轻

---

① 对于入隋南士群体在隋文帝时期处境之艰难及其在隋炀帝时期地位之变化,拙文《隋代江南士人之浮沉》(刊于《历史研究》1995年第1期)一文已有专题考察,后在此文基础上,笔者进一步充实相关材料,予以深入考论,以《隋代北迁之江南士人及其命运之沉浮》为题,辑入拙著《中古士人流迁与南北文化传播》(江苏人民出版社2019年版),在此不烦赘言,敬请参阅。

也。"① 汉魏以降，士族社会在思想文化方面居于主导地位，倡导儒玄兼综，喜尚谈论，鄙薄实务。颜之推《颜氏家训·杂艺篇》将书法、绘画、射技、卜筮、算术、医方、琴瑟、博弈诸艺归为"杂艺"，虽不无游心娱目之效，但决不能以之安身立命，如卜筮、"星文风气"一类，"多或羁灾"，"亦祸源也"，当"率不劳为之"；算术虽是"六艺要事"，仅"可以兼明，不可以专业"；即便是与士大夫文化紧密关联的书法，也仅"微须留意"，"此艺不须过精"，以为"夫巧者劳而智者忧，常为人所役使，更觉为累"；至于"医方之事，取妙极难，不劝汝曹以自命也。微解药性，小小和合，居家得以救急，亦为胜事，皇甫谧、殷仲堪则其人也"。颜之推所言，代表了当时士族社会普遍的文化观念。这表明在士族文化观念中的所谓"杂艺"，属于形而下的低俗文化类别。

不过，与南朝士族社会文化观念明显不同，十六国北朝胡族统治者质朴刚健，重视实用技艺之学，门第意识相对淡薄，出自经受深刻胡汉融合熏染之周、隋统治者自然秉承了这一文化观念。就入北南人境遇而言，周、隋之际各类入北术艺人士多以其技能而得宠重，获得了优越的物质生活与官爵身份。作为关陇集团之成员，隋统治者在文化观念上自然深受北朝胡汉社会文化融合之影响，并在一定程度上延续着北朝传统，这是不难理解的。

具体就隋代统治者的文化导向而言，其突出特点之一就是喜好术数，"雅好符瑞"。《隋书》卷二《高祖纪下》概述其为政特点说，"然天性沉猜，素无学术，好为小数，不达大体，故忠臣义士莫得尽心竭辞。……又不悦诗书，废除学校"。"史臣曰"也称其"但素无术学，不能尽下，无宽仁之度，有刻薄之资，暨乎暮年，此风逾扇。又雅好符瑞，暗于大道，建彼维城，权侔京室，皆同帝制，靡所适从"。隋文帝杨坚缺乏儒学教养，"不达大体"，"暗于大道"，故"好为小数"，特别是"雅好符瑞"。自其谋篡以来，隋文帝组织造

---

① 《汉书》卷六二《司马迁传》。

作"受命之符"。①《隋书·礼仪志一》载:"初帝既受周禅,恐黎元未惬,多说符瑞以耀之。其或造作而进者,不可胜计。"又,《隋书·律历志中》载:"时高祖作辅,方行禅代之事,欲以符命曜于天下。道士张宾,揣知上意,自云玄相,洞晓星历,因盛言有代谢之征,又称上仪表非人臣相。由是大被知遇,恒在幕府。"及至开皇、仁寿之际,符瑞之风甚嚣尘上,盛极一时,《贞观政要·论灾祥》载贞观六年唐太宗谓侍臣曰:"隋文帝深爱祥瑞,遣秘书监王劭著衣冠,在朝堂对考使焚香以读《皇隋感瑞经》,旧尝见传说此事,实以为可笑。"②

隋炀帝承继此风,也"好祥瑞"。《通鉴》卷一九三唐太宗贞观二年载:"尝有白鹊构巢于寝殿槐上,合欢如腰鼓,左右称贺。上曰:'我常笑隋炀帝好祥瑞。瑞在得贤,此何足贺!'命毁其巢,纵鹊于野外。"唐太宗"常笑隋炀帝好祥瑞",以此为鉴戒,可见杨广崇尚符瑞之影响。大业年间呈瑞之风颇盛,③杨广还自述符瑞,如大业八年三月,隋炀帝亲征高丽,渡辽水"进围辽东","乙未,大顿,见二大鸟,高丈余,皬身朱足,游泳自若。上异之,命工图写,

---

① 关于隋文帝谋篡以来组织制作符应,相关记载颇多,详见《隋书》之郭荣、宇文庆、郑译、窦荣定、杨义臣、庞晃、李谔等人传记。就其所载,可见杨坚早年亲述符瑞,诸朝臣揣知其意,竞相造作。又,《隋书》卷七八《艺术传》载:"道士张宾、焦子顺、雁门人董子华,此三人,当高祖龙潜时,并私谓高祖曰:'公当为天子,善自爱。'及践阼,以宾为华州刺史,子顺为开府,子华为上仪同。"又,《隋书》卷七八《艺术·来和传》载来和"少好相术,所言多验","高祖微时,来诣和相,和待人去,谓高祖曰:'公当王有四海。'及为丞相,拜仪同,既受禅,进爵为子"。开皇末,来和陈述参与杨坚代周经历,以为其得位"乃天授,非由人事所及"。又,《隋书》卷七八《艺术·萧吉传》附录"时有杨伯醜、临孝恭、刘祐,俱以阴阳术数知名"。可见杨坚援引各类术士以广泛制造舆论。
② (唐)吴兢撰,谢保成集校:《贞观政要集校》卷一〇《论灾祥》,中华书局2003年版,第521页。
③ 《隋书》卷三《炀帝纪上》载大业三年正月,"武阳郡上言,河水清";大业四年五月壬申,"蜀郡获三足乌,张掖获玄狐,各一"。《隋书》卷二三《五行志下》"火沴水"条载:"大业三年,武阳郡河清,数里镜澈"。《通鉴》卷一八二隋炀帝大业十一年载:大业十一年,"有二孔雀自西苑飞集宝城朝堂前"。《隋书》卷二二《五行志上》载大业十三年,"西平郡有石,文曰:'天子立千年。'"

并立铭颂。"① 杨广施政，多援引术士以为顾问，如袁充等人一再参与军政谋划与决策。

与此相关，隋统治者又信鬼神，《隋书·刑法志》载隋文帝"以年龄晚暮，尤崇尚佛道，又素信鬼神"。《隋书·许善心传》载隋炀帝"尝言及高祖受命之符，因问鬼神之事，勅善心与崔祖濬撰《灵异记》十卷"。唐太宗说："隋炀帝性好猜防，专信邪道。"② 根据相关史实可见，杨广在一系列权力斗争中，颇具鬼神巫筮色彩。③

隋统治者"雅好符瑞"，这成为隋代政治文化的一个显著特色。符命造作与术数之学关系紧密，一些南来人士凭借其术艺之学参预其事，表现出明显的投机性，庾季才父子、萧吉、袁充、韦鼎等，无不如此。前引萧吉"见上好征祥之说，欲干没自进，遂矫其迹为悦媚焉"，这是主动投机之典型。《隋书·艺术·万宝常传》载开皇年间万宝常参与作乐，为关中旧族代表苏威、苏夔父子排抑，苏威问其"所为何所传受"，"有一沙门谓宝常曰：'上雅好符瑞，有言征祥者，上皆悦之。先生当言就胡僧受学，云是佛家菩萨所传音律，则上必悦。先生所为，可以行矣。'宝常然之，遂如其言以答威。威怒曰：'胡僧所传，乃是四夷之乐，非中国所宜行也。'其事竟寝"。这体现出南人不得已而"言征祥"。上引魏征论袁充，称其"委质隋朝，更以玄象自命"，"江南望族，干没荣利，得不以道，颓其家声"，虽不无鄙视，但揭示出入北南人之无奈心态与选择。可以说，隋代政治文化生态催生出这一独具时代特征的南人术艺化现象。

---

① 《隋书》卷四《炀帝纪下》。
② 前揭《贞观政要集校》卷六《慎所好》，第333页。
③ 关于隋内廷利用巫术进行权力斗争，可参《隋书》卷四五《文四子·庶人秀传》、《隋书》卷五九《炀三子·元德太子昭传》、《隋书》卷三七《李穆传附李浑传》、《隋书》卷二三《五行志下》等所载具体史实，此不具引。隋统治者集团鬼神巫筮气氛颇为浓郁，相互间多以此"阴有咒诅"，具体事例，参见《隋书》卷三六《后妃·文献独孤皇后传》、《隋书》卷七九《外戚·独孤陁传》、《隋书》卷四四《滕穆王瓒传》、《隋书》卷四四《卫昭王爽传》等所载事例。《隋书》卷二《高祖纪下》载开皇十八年五月辛亥，隋文帝"诏畜猫鬼、蛊毒、厌魅、野道之家，投之四裔"。这表明当时社会盛行左道邪术，隋文帝下诏禁断，然效力有限，其内廷、宗室、外戚便大行其道。

综合全文考论，自南北朝后期以来，随着北朝军政势力日益增强与扩展，及至隋灭陈统一全国，历次北迁之南人皆归入隋朝，尽管其内部存在着阶层、地域身份及入北时间等诸多细微差别，但他们毕竟皆具有共同的南人身份及其相关社会文化背景，因而也往往具有大致相似的遭际与境遇。有隋一代，南人多有以术数经世者，其中除一些原本社会地位较低之南朝术业之士外，也不乏出自江左高门士族人物，当时入北南士显现出术士化的特点，人数颇众，不仅构成了北朝后期和隋代术士群体中的一个具有明显地域性特征的术士群体，而且在诸术数领域皆表现活跃。南人伎艺人士的相关活动，涉及天文历法、音乐律吕、车乘舆服等，隋统治者对南人术艺之士颇为钦重，借以吸收南朝相关之礼乐典制与文化风尚，推动了江左术数文化之北输与南北术数文化之融通。此外，一些术士化南人凭借天文玄象和堪舆相术等伎能，揣测上意，参与了隋文帝、隋炀帝时期一系列重大人事更替、军政战略之决策，直接影响到有隋一代局势走向与统治盛衰。至于入隋南人甘于"得不以道"而普遍趋于术士化，究其缘由，除诸人自身文化修养的因素外，既与其作为流寓人群之境遇密切相关，也与北朝社会务实之文化观念特别是隋统治者"雅信符瑞"之政治文化导向不无关系。

隋炀帝拔擢南人军政群体与南北朝臣之斗争

　　隋代是经历长期分裂后的统一王朝，其士人群体具有鲜明的地域社会背景，其中关陇、山东、江南三大地域分别尤为突出。隋文帝立国，因袭关陇本位之军政、用人观念与导向，依靠关陇集团以维系统治，在一定程度上兼容山东、江南人士。相较而言，隋炀帝即位后，其用人政策与导向发生了明显变化，他大力拔擢、培植南人军政集团，其代表人物进入核心层，得以参决中枢，主导军政。这无疑是中国古代统一王朝政治史上的一个新现象，并由此引发了当时统治集团上层不同地域群体间的冲突与斗争。进一步考察炀帝朝南人军政群体之相关活动，可见其代表人物大多热衷因缘附会，投机钻营，谄媚求宠，其政治品格普遍表现出突出的佞幸化特征。[①] 南士群体如此，这不仅关乎其政治品格，而且与炀帝朝国势衰亡关联密切，尤当引起重视。有鉴于此，这里对隋炀

---

① 入隋南人群体内部颇为复杂。按入北时段，主要有以下几个部分：一是西魏—北周征服萧梁入北之南人，如西魏攻据蜀地、灭江陵梁元帝，俘获数量颇众之萧梁宗室与士族人物，后多入隋；二是原本流徙东魏—北齐的萧梁宗室与南士，周武帝灭齐后相继入关，后亦归隋；三是隋取缔江陵的后梁傀儡政权，后梁皇室及其士族代表多迁徙关中；四是隋灭陈后强遣陈朝军政上层入关，即《隋书》卷二一《天文志下》概言"平陈，江南士人，悉播迁入京师"。以上诸类南人，由于入北时间及其与关陇集团结合程度不同，其社会地位、境遇等有所差异，但因其具有大体相同的地域文化背景，大体可统称之"南人群体"。本文所论之入隋"南士"，以陈亡后入隋之南人为主体，涉及具体问题所列举之相关人物，则难免兼及其他南人代表，特此说明。

帝拔擢、培植南人军政群体及其影响，南士之佞幸化及其缘由等，特作专题论述。

一 大业年间隋炀帝拔擢南人以执掌军政

开皇九年，杨广为行军元帅，参与灭陈之役；开皇十年，江南复叛，他出任扬州总管，统辖东南军政，前后历时十年，与南人交往甚密，对南方的世态民情与社会文化认识日深，与其他囿于关陇的统治者明显不同，改变了传统的视江南为蛮荒化外之地的陈旧观念，对南人及其文化表现出相当的尊重。可以说，隋炀帝是中国历史上第一位深受江左文化熏陶的统一帝国的君主，这对其大业年间的用人政策产生了深刻影响。

（一）隋炀帝拔擢南士以参决中枢

隋炀帝大力拔擢、信重江南、江淮人士，以之执掌中枢，其代表人物主要有虞世基、裴蕴、袁充、许善心、何稠等。

虞世基，《隋书》卷六七本传载其会稽余姚人，在陈时以"博学有高才"闻名，得孔奂、徐陵等人称誉，陈亡后入隋。隋文帝时，历任通直郎、直内史省、内史舍人等，一再受命参与礼乐之事，[①] 无预军政。然炀帝时期，其地位发生根本性变化，《隋书》本传载："炀帝即位，顾遇弥隆。……俄迁内史侍郎，……帝重其才，亲礼逾厚，专典机密，与纳言苏威、左翊卫大将军宇文述、黄门侍郎裴矩、御史大夫裴蕴等参掌朝政。于时天下多事，四方表奏日有百数。帝方凝重，事不庭决，入阁之后，始召世基口授节度。世基至省，方为敕书，日且百纸，无所遗谬。其精审如是。"后进位至金紫光禄大

[①] 虞世基参与礼乐活动，具体参见《隋书》之《礼仪志》《音乐志》等相关记载。

夫。炀帝中后期,对虞世基极为倚重,① 以之主导军政决策,须臾不离,以致炀帝遭江都之难时尚问"世基何在"。②

裴蕴,《隋书》卷六七本传载其"河东闻喜人也。祖之平,梁卫将军。父忌,陈都官尚书,与吴明彻同没于周","蕴性明辩,有吏干。在陈,仕历直阁将军、兴宁令。蕴以其父在北,阴奉表于高祖,请为内应。"故陈亡后,隋文帝以其"夙有向化之心",有所优遇,"拜开府仪同三司,礼赐优洽。历洋、直、棣三州刺史,俱有能名"。炀帝时,裴蕴受到超常拔擢,"大业初,考绩连最。炀帝闻其善政,征为太常少卿",再迁民部侍郎。裴蕴长期出刺地方,深知户口隐漏严重,于是建议清查:"于时犹承高祖和平之后,禁网疏阔,户口多漏。或年及成丁,犹诈为小,未至于老,已免租赋。蕴历为刺史,素知其情,因是条奏,皆令貌阅。若一人不实,则官司解职,乡正里长皆远流配。又许民相告,若纠得一丁者,令被纠之家代输赋役。是岁大业五年也。诸郡计帐,进丁二十四万三千,新附口六十四万一千五百。帝临朝览状,谓百官曰:'前代无好人,致此罔冒。今进民户口皆从实者,全由裴蕴一人用心。古语云,得贤而治,验之信矣。'由是渐见亲委,拜京兆赞治,发摘纤毫,吏民慑惮。"裴蕴以此深得炀帝赏识,"擢授御史大夫,与裴矩、虞世基参掌机密",进位银青光禄大夫。

袁充,《隋书》卷六九本传载其"本陈郡阳夏人也。其后寓居丹阳。祖昂、父君正,俱为梁侍中。充少警悟,……仕陈,年十七,为秘书郎。历太子舍人、晋安王文学、吏部侍郎、散骑常侍。及陈灭归国,历蒙、鄜二州司马。充性好道术,颇解占候,由是领太史令"。开皇、仁寿之际,袁充以隋文帝"雅信符应",以天文道术相附和,渐得宠信。炀帝即位后,他揣度帝意,以术数相缘饰,为炀帝之得位、兴造、巡幸、征战等提供依据,先后擢任内史舍人、朝

---

① 关于炀帝对虞世基之信重,《隋书》卷六七《裴矩传》载:"十一年,帝北巡狩,始毕率骑数十万,围帝于雁门。诏令矩与虞世基每宿朝堂,以待顾问。"
② 《通鉴》卷一八五《唐纪一》高祖武德元年载隋炀帝为关中骁果武人所执,"帝问:'世基何在?'贼党马文举曰:'已枭首矣。'"

请大夫、秘术少监,最终"超拜秘书令",备受宠重。在炀帝后期巡幸江都与谋划南渡等重大问题上,他与虞世基等人参与谋划与决策。

许善心,《隋书》卷五八载其高阳北新城人,祖懋、父亨,仕于梁、陈,许善心自少以才学显名,徐陵称其"才调极高,此神童也"。隋文帝伐陈前,他出使隋,"礼成而不获反命",陈亡后则"遣使告之"。后拜通直散骑常侍,"勒以本官直门下省,赐物千段,草马二十四。从幸太山,还授虞部侍郎"[①];开皇十七年,除秘术丞;仁寿元年摄黄门侍郎,二年加摄太常少卿。其行事主要表现为撰作瑞颂,整理文献目录、"正定经史错谬",参与"议定礼乐"等,无涉军政。隋炀帝时期,其职掌有所变化,"大业元年,转礼部侍郎",举荐徐文远等江左儒士,"其年,副纳言杨达为冀州道大使,以称旨,赐物五百段"。其间尽管因弹劾宇文述而遭诬,一度免官,不久复为守给事郎。大业九年,"摄左翊卫长史,从度辽,授建节尉";大业十年,"又从至怀远镇,加授朝散大夫。突厥围雁门,摄左亲卫武贲郎将,领江南兵宿卫殿省。驾幸江都郡,追叙前勋,授通议大夫,诏还本品,行给事郎"。可见大业年间,许善心之行事,历涉地方监察与朝廷军事宿卫等,尽管一再受政敌攻讦而遭罢免减品,但关键时刻炀帝对其甚为信重,以之"摄左亲卫武贲郎将,领江南兵宿卫殿省"[②]。

陆知命,《隋书》卷六六本传载其吴郡富春人,父敖,陈散骑常侍,"知命性好学,通识大体,以贞介自持",陈时为太学博士、南狱正,"及陈灭,归于家"。江南叛乱,"晋王广镇江都,以其三吴之望,召令讽谕反者。知命说下贼十七城,得其渠帅陈正绪、萧思行等三百

---

① 相较于其他入隋南士,许善心待遇稍优。除其自身待遇外,其母亦得封赏,《隋书》卷五八《许善心传》载:"善心九岁而孤,为母范氏所鞠养。"范氏乃"梁太子中舍人孝才之女,少寡养孤,博学有高节。高祖知之,勒令食每献时新,常遣分赐。尝诏范入内,侍皇后讲读,封永乐郡君"。

② 何德章《江淮政治地域与隋炀帝的政治生命》(氏著《魏晋南北朝史丛稿》,商务印书馆2010年版)指出:"江南人许善心也极受炀帝信重,虽多次直言忤旨而罢官减品,但当炀帝于大业末被突厥围于雁门而虑肘腋之患时,却让他'摄左亲卫武贲郎将,领江南兵宿卫殿省'。足见炀帝对江南人士及江南人组成的军队的信重。"(第94页)。

余人"。陆知命以功拜仪同三司，得赐田宅，然"数年不得调，诣朝堂上表，请使高丽，……书奏，天子异之。岁余，授普宁镇将。人或言其正直者，由是待诏于御史台"。然"炀帝嗣位，拜治书侍御史，侃然正色，为百僚所惮。帝甚敬之。后坐事免。岁余，复职。……辽东之役，为东晙道受降使者，卒于师，时年六十七。赠御史大夫"。

何稠，《隋书》卷六八本传载其"国子祭酒妥之兄子也。父通，善斲玉。稠性绝巧，有智思，用意精微。年十余岁，遇江陵陷，随妥入长安"。周隋之际，历任御饰下士、御府监、太府丞等职，负责内廷工艺制作，加员外散骑侍郎。开皇末，一度受命至岭南桂州协调平定地方叛乱，以勋授开府。仁寿初，独孤后死，"与宇文恺参典山陵制度"。隋炀帝即位后，何稠历任太府少卿、太府卿，兼领少府监，炀帝命其改创舆服制度，多所兴造；随炀帝征伐辽东、巡视突厥，深得宠重，先后摄右、左屯卫将军，大业十二年"加右光禄大夫，从幸江都"。何稠之职掌与行事虽属将作营造，但其身份与地位则有根本变化，由内廷术士转为朝廷大臣。

由上述虞世基、裴蕴、袁充、许善心、何稠、陆知命等入隋后之仕宦经历，可见诸人在大业年间所任官职之等第、权位等皆有实质性变化与提升，特别是虞世基、裴蕴、袁充深得炀帝宠信，或受命起草诏诰，或承旨断狱，参决中枢，影响甚著。

（二）隋炀帝培植江南、江淮武人势力

麦铁杖，《隋书》卷六四本传载其始兴人，出自寒微，"骁勇有膂力，日行五百里，走及奔马"，陈太建中，因"结聚为群盗"而"没为官户，配执御伞"，"陈亡后，徙居清流县"[①]。后随杨素平江南、征突厥，渐有声名。炀帝即位后，麦铁杖地位日重，以从征汉

[①] 麦铁杖籍属岭南，但陈代长期活动于建康一带，后定居江淮地域。汪篯以为"麦孟才籍隶始兴，而居于淮左"。见《宇文化及之杀炀帝及其失败》，《汪篯汉唐史论稿》，北京大学出版社2017年版，第536页。

王杨谅，进位柱国，相继为莱州刺史、汝南太守，寻除右屯卫大将军，"帝待之逾密"。他对炀帝深表感激，大业八年出征高丽，率先渡辽水，"铁杖跳上岸，与贼战，死"。对此，"帝为之流涕，购得其尸"，下诏曰："铁杖志气骁果，夙著勋庸，陪麾问罪，先登陷阵，节高义烈，身殒功存。兴言至诚，追怀伤悼，宜赉殊荣，用彰饰德。可赠光禄大夫，宿国公。谥曰武烈。"麦铁杖有三子：长子麦孟才嗣，授光禄大夫，"果烈有父风。帝以孟才死节将子，恩赐殊厚，拜武贲郎将"；其弟仲才、季才则"俱拜正议大夫"。

沈光，《隋书》卷六四载其吴兴人，"父君道，仕陈吏部侍郎，陈灭，家于长安"。沈光"少骁捷，善戏马，为天下之最。略综书记，微有词藻，常慕立功名，不拘小节"，善武力，有腾空飞升之绝技，"时人号为'肉飞仙'"。隋炀帝征伐高丽，其境遇发生变化："大业中，炀帝征天下骁果之士以伐辽左，光预焉。同类数万人，皆出其下。光将诣行在所，宾客送至灞上者百余骑。"征伐高丽过程中，其冲锋陷阵，"帝望见，壮异之，驰召与语，大悦，即日拜朝请大夫，赐宝刀良马，恒致左右，亲顾渐密。未几，以为折冲郎将，赏遇优重。帝每推食解衣以赐之，同辈莫与为比"。

来护儿，《隋书》卷六四本传载其江都人，早年为贺若弼灭陈收集情报，又从杨素、李宽平定江南叛乱，进位大将军、柱国、上柱国，历任泉州刺史、瀛州刺史，赐爵黄县公，邑三千户，除右御卫将军。炀帝即位后，迁右骁卫大将军，"帝甚亲重之"，"大业六年，从驾江都，赐物千段，令上先人冢，宴父老，州里荣之"，后转右翊卫大将军。[①] 来护

[①] 大业年间，隋炀帝鉴于杨勇与东宫宿卫之关联，对"三卫"制度与人员等有所变革，如改左右卫为左右翊卫，其统属也有所变化。对此，姜望来在《隋乱唐兴：太子勇之废黜与隋唐间政局变迁》一文（收入氏著《皇位传承与中古政治》，中国社会科学出版社2023年版）中指出，鉴于由公卿子弟组成的东宫武卫群体与太子杨勇的密切关联，炀帝即位后继续予以压制，"这些变化表明，炀帝似乎倾向于削弱三卫尤其东宫三卫之势力，并将其置于与皇帝关系最密切之左右翊卫集中控制之下"。至于相关人员，"炀帝时曾任左右翊卫大将军者宇文述、于仲文、来护儿、杨雄四人，杨雄征辽之时检校左翊卫大将军，旋即病亡，可不论；其余三人皆为炀帝亲信大臣，其中来护儿为江淮人士，尤需注意"。（第115页）

儿全程参与辽东之役，率舟师出征。杨玄感作乱围攻洛阳，来护儿返师与宇文述等合力击破之，封荣国公，邑二千户。① 对于征伐高丽，来护儿立功愿望强烈，所统水师颇有胜绩。大业十三年，"转为左翊卫大将军，进位开府仪同三司，任委逾密，前后赏赐不可胜计"。来护儿诸子也颇受重用，"长子楷，以父军功授散骑郎、朝散大夫。楷弟弘，仕至果毅郎将、金紫光禄大夫。弘弟整，武贲郎将、右光禄大夫。整尤骁勇，善抚士众，讨击群盗，所向皆捷。诸贼甚惮之，为作歌曰：'长白山头百战场，十十五五把长枪，不畏官军十万众，只畏荣公第六郎。'"

陈稜，《隋书》卷六四本传载其庐江襄安人，祖硕，"以渔钓自给"，其父岘为部曲，陈时为谯州刺史，"陈灭，废于家"。江南叛乱，"庐江豪杰亦举兵相应，以岘旧将，共推为主"。李彻南征江淮，"岘遣使稜至彻所，请为内应"。陈岘为叛军所害，陈稜由此拜开府，领乡兵。及"炀帝即位，授骠骑将军。大业三年，拜武贲郎将。后三岁，与朝请大夫张镇周发东阳兵万余人，自义安汎海，击流求国，月余而至。……虏男女数千而归。帝大悦，进稜位右光禄大夫，武贲如故，镇周金紫光禄大夫。辽东之役，以宿卫迁左光禄大夫。明年，帝复征辽东，稜为东莱留守。杨玄感之作乱也，稜率众万余人击平黎阳，斩玄感所署刺史元务本。寻奉诏于江南营战舰。……以功进位光禄大夫，赐爵信安侯"。隋炀帝幸江都宫，陈稜领宿卫出击周边叛乱武装，"超拜右御卫将军"。

樊子盖，《隋书》卷六三本传载其庐江人，祖樊道则仕于梁，为越州刺史，父樊儒于侯景乱中入齐。周武帝灭齐，樊子盖入关中，

---

① 《隋书》卷六一《宇文述传》载来护儿与宇文述等追袭退师关中的杨玄感，"述与来护儿列阵当其前，遣屈突通以奇兵击其后，大破之，遂斩玄感，传首行在所"。《北史》卷七六《来护儿传》载杨玄感反叛后，来护儿回师平叛，令其子弘、整驰驿奏闻，帝甚悦，特降玺书曰"公旋师之时，是朕敕公之日，君臣意合，远同符契。枭此元恶，期不在遥，勒名太常，非公而谁也！"炀帝以杨玄感起事为心腹之患，急于讨灭。来护儿此举深得炀帝心意，故称其"君臣意合，远同符契"。

仕于周、隋,参与平陈之役,历任循州总管等,炀帝即位,征还京师,转凉州刺史,表示"愿趋走阙庭,万死无恨"。炀帝赐物三百段,授银青光禄大夫,武威太守。大业三年入朝,"帝引之内殿,特蒙褒美",进位金紫光禄大夫,赐物千段。大业五年,炀帝西巡,以其清廉,下诏称之,"实字人之盛绩,有国之良臣,宜加褒显,以弘奖励",进位右光禄大夫。樊子盖再次表达留任禁中之愿望,炀帝劝慰曰:"公侍朕则一人而已,委以西方则万人之敌,宜识此心"。大业六年,樊子盖"朝于江都宫,帝谓之曰:'富贵不还故乡,真衣绣夜行耳。'勅庐江郡设三千人会,赐米麦六千石,使谒坟墓,宴故老。当时荣之。还除民部尚书"。大业八年,征摄左武卫将军,从征辽东,为涿郡留守。大业九年,再征辽东,以子盖为东都留守。杨玄感叛乱,樊子盖全力守城,"玄感每尽锐攻城,子盖徐设备御,至辄摧破,故久不能克。会来护儿等救至,玄感解去。子盖凡所诛杀者数万人"。隋炀帝一再诏称其留守之功,"昔高祖留萧何于关西,光武委寇恂以河内,公其人也",进位光禄大夫,封建安侯;又称"社稷大事,终以委公,特宜持重。……今为公别造玉麟符,以代铜兽"。大业十年冬,炀帝至东都,谓之曰:"玄感之反,神明故以彰公赤心耳。析珪进爵,宜有令谟",于是进爵为济公,"言其功济天下,特为立名,无此郡国也",又以"金杯属子盖酒,曰:'良算嘉谋,俟公后动,即以此杯赐公,用为永年之瑞。'"大业十一年,隋炀帝巡察雁门,为突厥所围,"频战不利",樊子盖建议"守城以挫其锐,四面征兵,可立而待"[①]。后樊子盖受命征讨汾、晋之民变,以病卒,炀帝"悲伤者久之",问"子盖临终有何语",裴矩对曰:"子盖病笃,深恨雁门之耻","帝闻而叹息,令百官就吊,赐缣三

[①] 《北史》卷七六《樊子盖传》载:"十一年,从驾至雁门,为突厥所围,帝欲选精骑溃围出,子盖及来护谏"云云,可见此谏尚有来护儿。《北史》卷七六《来护儿传》亦载:"及帝于雁门为突厥所围,将选精骑溃围而出,护儿及樊子盖并固谏,乃止。"结合周法尚对炀帝巡幸榆林时建议列方阵诸事,可见当时江淮军将深明行军布阵与防御应敌之道。

百匹，米五百斛，赠开府仪同三司，谥曰景。会葬者万余人"。樊子盖子樊文超也得炀帝信重，事见下文所述。

周罗睺，《隋书》卷六五本传载其九江寻阳人，父周法暠仕于梁，"罗睺年十五，善骑射，好鹰狗，任侠放荡，收聚亡命，阴习兵书"，陈宣帝时随吴明彻北伐，"明彻之败也，罗睺全众而归"。陈后主时，除太子左卫率，"信任逾重，时参宴席"，"益见亲礼"。隋伐陈，周罗睺"都督巴峡缘江诸军事，以拒秦王俊，军不得渡，相持踰月"。陈后主降，"高祖慰谕之，许以富贵"，归隋后拜上仪同三司，后历任豳州、泾州刺史，"并有能名"。开皇十八年，隋文帝征伐高丽，为水军总管，"自东莱汎海，趣平壤城，遭风，船多飘没，无功而还"。十九年，随杨素征突厥，进位大将军。仁寿元年，为东宫右虞候率，赐爵义宁郡公，食邑一千五百户，俄转右卫率。及"炀帝即位，授右武候大将军。汉王谅反，诏副杨素讨平之，进授上大将军"，后征讨汉王谅余党，"为流矢所中，卒于师"。

周法尚，《隋书》卷六五本传载其汝南安成人，祖、父皆仕于梁，"法尚少果劲，有风概，好读兵书。……其父卒后，监定州事，督父本兵"。因陈朝内争而投附北周。入隋后，参与伐陈之役，平复岭南，历任永州、桂州总管，岭南安抚大使等。至"炀帝嗣位，转云州刺史。后三岁，转定襄太守，进位金紫光禄大夫。时帝幸榆林，法尚朝于行宫"。对炀帝之行营布阵，建议"结为方阵，四面外距，六宫及百官家口并在其间"，以为"牢固万全之策"，炀帝纳之，"因拜左武卫将军，赐良马一匹，绢三百匹"。后随征吐谷浑，"出为敦煌太守，寻领会宁太守。辽东之役，以舟师指朝鲜道，会杨玄感反，与将军宇文述、来护儿等破之。以功进右光禄大夫，赐物九百段"。大业十年，再从海路出征高丽，途中染疾而亡。

隋炀帝不仅重用南方将领，而且不断招募、组建南人武装，特别在其滞留江都期间，组建了江东、岭南、江淮等南方骁果禁卫武装，其统领皆自是南人。炀帝招揽南人军队，追究其起始，其总管扬州期间，特别在其阴谋夺嫡过程中有意割据江东，必然会有计划地暗中组织地方武装系统。但此事秘密，难以详述。①

炀帝继位后，不断征调南方军队从征，特别在征讨高丽过程中，一再征伐江南、江淮、岭南之士众。如《隋书》卷七〇《刘元进传》载："余杭刘元进，少好任侠，为州里所宗。……炀帝兴辽东之役，百姓骚动，元进自以相表非常，阴有异志，遂聚众，合亡命。会帝复征辽东，征兵吴、会，士卒皆相谓曰：'去年吾辈父兄从帝征者，当全盛之时，犹死亡太半，骸骨不归；今天下已罢敝，是行也，吾属其无遗类矣。'于是多有亡散，郡县捕之急。既而杨玄感起于黎阳，元进知天下思乱，于是举兵应之。三吴苦役者莫不响至，旬月众至数万。"②

尤其应予关注的是，炀帝之禁中宿卫有独立编制的"江南兵"，《隋书》卷五八《许善心传》载炀帝遭遇雁门之围，许善心受命"领江南兵宿卫殿省"，可见炀帝禁卫部伍中的"江南兵"是独立编制的。③

炀帝滞留江都期间，进一步加强组建南方军队，从诸人行事可

---

① 何德章在《江淮政治地域与隋炀帝的政治生命》（氏著《魏晋南北朝史丛稿》，商务印书馆2010年版）中论述"炀帝朝江淮人士的进用"，其突出表现之一即是"培植、信任江淮人组成的军队"，指出"不仅江淮人士多为高级将领，而且在大业时，炀帝信重的军队中亦多江淮人"。他以为"炀帝在江都生聚十年，'大修甲仗，阴养士卒'，当收纳了不少江淮人组成自己的亲信部队"。（第95页）

② 杨玄感起事也组建南人部伍，《通鉴》卷一八二隋炀帝大业九年载杨玄感于黎阳起兵，"玄感选运夫少壮者五千余人，丹阳、宣城篙梢三千余人，刑三牲誓众，……众皆踊跃称万岁"。可见杨玄感以炀帝所征伐之江南、江淮之运夫三千余人为武装。

③ 对炀帝时期江淮将领及南方军队进入侍卫系统，姜望来在《隋乱唐兴：太子勇之废黜与隋唐间政局变迁》（氏著《皇位传承与中古政治》，中国社会科学出版社2023年版）中指出：隋炀帝改革宿卫制度，三卫的侍卫职能有所削弱，"我们看到，江南兵已进入侍卫队伍，担当起御前宿卫之重责。《隋书》卷五八《许善心传》：'突厥围雁门，摄左亲卫武贲郎将，领江南兵宿卫殿省。'卷六四《陈稜传》亦有'帝遣稜率宿卫兵'之语，陈稜与许善心俱出江南，炀帝江都遇弒后，'稜集众缟素，为炀帝发丧'，可见为炀帝亲信，推测其所率宿卫可能也是江南兵。江南兵之宿卫，应当不是以三侍身份，因为即使大业年间亦未发现江南人为三侍。即使如此，此种变化仍有重要意义，在文帝时代，找不到任何江南兵宿卫之记载。只有江淮人士得到进用之大业年间，三侍宿卫职能至少部分为江南兵所取代才成可能"。（第121—122页）

见，来护儿、陈稜、沈光等将领都有组织、扩充江淮军队之表现与作为，或以之镇压民变，或加强禁中宿卫。具体就南方地域骁果而言，有江东、江淮、岭南诸分支系统。《通鉴》卷一八五载武德元年七月，宇文化及北归，与李密交战失利，"其将陈智略帅岭南骁果万余人，樊文超帅江淮排赞，张童儿帅江东骁果数千人，皆降于密。文超，子盖之子也"。这自是炀帝在江都所招募、扩充之南方军队，后为宇文化及裹挟入北，其统帅自为各地域武将代表。

需要强调指出的是，炀帝时期重用南方武将，除江南、江淮地域外，还涌现出一个岭南武将群体。《唐大诏令集》卷一一五《政事·慰抚上·张镇州淮南道安抚等诏》云："方今函夏肃乂，文轨一同，尉候无虞，要荒率职。然而江蠡之派，或阻寇戎，闽禺之乡，未闻正朔。左武侯将军黄国公张镇州，大将军合浦县公陈智略，二方首族，早从历任，思展诚效，缉宁州里。镇州可淮南道行军总管，智略可岭南道行军总管，以安抚之。"① 这是唐高祖武德四年八月对张镇州、陈智略的任命，由此可知张镇周（州）、陈智略二人出自岭南，为"二方首族"代表。② 张镇周，由前引《隋书·陈稜传》，可

---

① （宋）宋敏求编：《唐大诏令集》，中华书局2008年版，第600页。
② 汪篯《宇文化及之杀炀帝及其失败》（前揭《汪篯汉唐史论稿》）据此指出，"则陈智略乃岭南人"。（第538页）又据《隋书》卷六三《樊子盖传》所载其为庐江人，"则樊文超乃江淮人。以此测之，疑张童儿亦江东人。此辈于宇文化及战败后，立即率其乡里健儿归附李密。推究其故，岂不即以'江左淳民，南思邦邑'邪？"（第538页）陈智略、张童儿在宇文化及败后，率众归李密；李密败后又归附王世充。王世充所领军队，也主要由江淮士众组成。《通鉴》卷一八四隋恭帝义宁元年七月载："炀帝遣江都通守王世充将江、淮劲卒，将军王隆帅邛黄蛮，河北大使太常少卿韦霁、河南大使虎牙郎将王辩等各帅所领同赴东都，相知讨李密。"《新唐书》卷八四《李密传》亦称"世充军，江淮士，出入若飞，密兵心动"。对此，汪篯《唐初之骑兵》之七《李密霸业之失败》有较详考述，指出："夫王世充之兵以江淮劲卒为主体，此辈即指今淮北、淮徐地域之人，亦即南朝史乘中所谓淮南或江西之楚子，固南朝特以保持偏安局面之斗兵，而刘裕、萧道成所资攫取大宝之勇士。"又指出李密得江淮士众所附，因其固有实力大损，故厚抚之，以致内部矛盾激化。至于江淮士众之弃李密而附王世充，因"此辈又多江淮之人，与王世充所部实同乡里，若不能得其欢心，则易为东都之所招诱，此尤不可忽视者"。见前揭《汪篯汉唐史论稿》第496、521页。可见江南、江淮地域之部伍对隋末、唐初宇文化及、李密、王世充诸集团之兴衰影响甚巨，值得重视。

见大业六年"与朝请大夫张镇周发东阳兵万余人,自义安汎海,击流求国,月余而至",返师后以"镇周金紫光禄大夫"。

南平宁氏,《新唐书》卷二二二《南蛮传下》"南平獠"条下载:"有宁氏,世为南平渠帅。陈末,以其帅猛力为宁越太守。陈亡,自以为与陈叔宝同日而生,当代为天子,乃不入朝。隋兵阻瘴,不能进。猛力死,子长真袭刺史。及讨林邑,长真出兵攻其后,又率部落数千从征辽东,炀帝召为鸿胪卿,授安抚大使,遣还。又以其族人宁宣为合浦太守。隋乱,皆以地附萧铣。长真,部越兵攻丘和于交阯者也。……高祖授长真钦州都督。宁宣亦遣使请降,未报而卒,以其子纯为廉州刺史,族人道明为南越州刺史。"又,《正议大夫宁贙碑》曰:"公讳贙,字翔威,冀州临淄人也。……祖逵,……梁武皇帝除定州刺史,总督九州诸军事。陈宣武皇帝又除授安州刺史。父猛力,……文皇帝除使持节、开府仪同三司、安州诸军事、安州刺史、宋寿县开国侯。兄长真,……帝授上仪同三司、钦州刺史。……寻进上开府仪同三司、钦江县开国公,食邑一千户。……又为行军总管。……仍转上大将军,其年改右光禄大夫、宁越郡太守。……以昔方今,盛哉而已。"宁贙于开皇十四年朝觐,"授大都督",仁寿二年,"增上仪同三司",大业二年,"拜上仪同三司",该年十月朝觐,"乃授开府仪同三司,即其年改为正议大夫"[①]。宁贙碑文丰富了其家世及其兄弟真之事迹。

由上可见,隋炀帝大业年间涌现出一批江南、江淮武人代表,特别在征伐高丽过程中得到重用。众所周知,武力与军事乃专制、集权王朝统治之根本所系。关陇集团自来就是一个崇尚武力的军政

[①] 见韩理洲辑校编年《全隋文补遗》据《八琼室金石补正》卷二七、《金石续编》卷三所校补之录文,三秦出版社2004年版,第73—74页。何德章《江淮政治地域与隋炀帝的政治生命》(氏著《魏晋南北朝史丛稿》,商务印书馆2010年版)据上引材料,指出:"宁猛力与其子在文、炀二朝不同政治动向,反映了两朝政治尤其是用人政策对岭南豪酋的不同影响,而长真'率部落数千人从征辽东',说明他是带领部落兵集体应募的,当如陈智略一样,一直拥有对部下的指挥权。"(第96页)

集团，周、隋之际国家主要军事力量皆为其掌控。隋炀帝当政后，致力拓展，巡幸四方、北御突厥、西征吐谷浑、东讨高丽、平定内乱与民变，战事频仍，然关陇勋贵对此态度消极，且多有微词，故隋炀帝希冀培植新的军政群体以寻求支持。①

此外，就关陇集团内部的分化与消耗而言，炀帝对关陇旧臣多有残害，特别是杨玄感之乱后关陇集团的严重分化，这进一步促使炀帝拔擢、培植江南、江淮之武人势力以支撑其统治。杨玄感之乱后，北方民变四起，隋炀帝对南来武人群体的依赖日益增加。隋炀帝时期南来武人群体的兴起，与当时南方文士代表政治地位之上升大体同步，进而形成合力，对大业中后期军政决策多有影响。②

（三）隋炀帝拔擢南人军政群体之缘由

其一，隋炀帝拔擢、培植南人军政群体，与其江南地域社会文化观念密切相关。

从中国古代历史的长时间演进进程而言，隋朝的统一结束了此前数百年南北分裂格局，可谓中国历史的一个重要转折，预示着诸多新变革，开启了新纪元。无论从政治、经济、社会、文化等方面看，当时统治者所面临的时代使命之一是融汇、整合南北社会与文化，以稳定、巩固南北统一。隋炀帝参与平陈之役，长期出镇扬州，总管南方军政，对数百来南方地域社会发展及其文化跃进等，具有

---

① 《通鉴》卷一八一载隋炀帝大业八年六月"己未，帝幸辽东城南，观其城池形势，因召诸将诘责之曰：'公等自以官高，又恃家世，欲以暗懦待我邪！在都之日，公等皆不愿我来，恐见病败耳。我今来此，正欲观公等所为，斩公辈耳！公今畏死，莫肯尽力，谓我不能杀公邪！'诸将咸战惧失色"。炀帝诘责诸将领之"自以官高，又恃家世"，"公今畏死，莫肯尽力"云云，即多为关陇勋贵旧人。

② 对于大业年间南人武将群体的兴起，叶适《习学记言序目》卷三七"《隋书·麦铁杖陈棱传》"条有论云："隋名将自韩、贺、杨、史外，如崔仲方、于仲文、段文振等，亦足备驱使；及再伐辽，至于亡国杀身，而麦铁杖、杨义臣、陈棱、沈光之流，犹有可述。盖乘分裂并吞之后，隋虽统一而天下未尝无变，其多材，固应如此也。"相较于隋文帝时期之武将群体，叶适以为炀帝朝麦铁杖、陈棱、沈光等南人武将"犹有可述"，指出"盖乘分裂并吞之后，隋虽统一而天下未尝无变"，对大业年间南人武将群体之兴起已有所体悟。

深切的感知与领悟。具体而言,炀帝自少时以来,对江南社会文化风尚已有所了解。炀帝萧后出自后梁;其并州藩府已有江左流移人士。① 故其早期文风模仿庾信,② 平生"好为吴语"。③ 开皇九年,炀帝为行军元帅,参与灭陈之役;开皇十年,江南复叛后,他出任扬州总管,统辖东南军政,前后历时十年。其间交结各类江南人士,特别是招揽才学之士,构建晋王藩府学士群体,有组织地开展文学创作与典籍编纂,推进南北社会文化整合。④ 可以说,炀帝的文化素养与相关经历,使其对南方之世态民情与社会文化具有真切认知,与其他囿于关陇的统治人物明显不同。

---

① 隋炀帝出镇并州时,其藩府僚属徐之范、徐敏行父子出自江左。《徐之范墓志》[收入罗新、叶炜《新出魏晋南北朝墓志疏证》(修订本),中华书局2016年版] 载其在梁时与彭城刘孝胜、刘孝先兄弟等名士随武陵王萧纪出镇益州,后入北齐,"枢机警发,思理通晤,博洽今古,渔猎典坟,渊卿丽藻之文,谈天炙輠之妙,探求幽赜,往往入神。似周瑜之听声,悬知曲误;如孔融之爱客,罇酒不空。会友必贤,三明八俊,市朝屡变,一心事百。"齐亡后入关,隋初任职晋阳,得与晋王杨广交结,"晋王帝子,出抚汾绛,以公宿望,诏追翼辅"。(第335—336页)又,《徐敏行墓志》[收入前揭罗新、叶炜《新出魏晋南北朝墓志疏证》(修订本)] 载其颇具学养,北齐后主时,"俄迁太子舍人,待诏文林馆",隋时曾入晋王杨广幕府,"皇隋□历,网罗俊异,上柱国、晋王出总河□,君奉诰来参幕府。明月澄光,时振长裾之客,援琴奏曲,犹□□□之声"。(第342页)可见徐之范、徐敏行父子颇具江左名士习尚,对少年杨广不无影响。

② 《隋书》卷五八《柳䛒传》载:"初,王属文,为庾信体",后与南士交往,"文体遂变"。

③ 《通鉴》卷一八五唐高祖武德元年三月条。此条又载江都之难前,炀帝对萧后说:"外间大有人图侬,然侬不失为长城公,卿不失为沈后,且共乐饮耳!""侬"乃典型吴语发音。又,《隋书》卷二二《五行志上》载:"帝又言习吴音,其后竟终于江都,此亦鲁襄公终于楚宫之类也。"

④ 关于炀帝在扬州招揽江南文士以组建王府藩邸学士群体,《隋书》卷五八《柳䛒传》载其"本河东人也,永嘉之乱,徙家襄阳。……少聪敏,解属文,好读书,所览将万卷。仕梁,释褐著作佐郎。后萧詧据荆州,以为侍中,领国子祭酒、吏部尚书。及梁国废,拜开府、通直散骑常侍,寻迁内史侍郎。以无吏干去职,转晋王谘议参军。王好文雅,招引才学之士诸葛颖、虞世南、王胄、朱瑒等百余人以充学士。而䛒为之冠,……仁寿初,引䛒为东宫学士,加通直散骑常侍,检校洗马。甚见亲待,每召入卧内,与之宴谑。䛒尤俊辩,多在侍从,有所顾问,应答如响。性又嗜酒,言杂诽谐,由是弥为太子之所亲狎"。随着炀帝夺嫡成功,这些晋王府邸学士亦大多入朝。炀帝继位后,进一步征召江南文儒名士入都任职,与其藩府学士共同组成了包括文学、经术及佛道代表等组成的数量颇众之南人文士群体,炀帝借以汲取、转输江南文化风尚,推进南北文化融汇。对此,以往论者从文学、经学、佛道宗教等方面已多有论述,此不赘述。

以往人们论及隋炀帝汲取、转输江左文化，多侧重于经史学术、文学艺术与佛道宗教等方面。其实，仔细考察可见，隋炀帝对江南物产、饮食等也颇为喜好。东都洛阳园囿，多有江东风物，《大业杂记》载大业四年五月，"江东送百叶桃树四株，敕付西苑种。其花似莲花而小，花有十余重，重有七八叶，大于寻常桃花"。又，大业五年，"吴郡送扶芳二百树。其树蔓生，缠绕它树，叶圆而厚，凌冬不凋。夏月取其叶，微火炙使香，煮以饮，碧绿色，香甚美，令人不渴"。又，大业六年，"吴郡贡白鱼种子入洛京，敕付西苑内海中。以草把别迁，著水十数日即生小鱼。……故洛苑有白鱼"。又，大业六年，"吴郡献海鲍鱼鲙四瓶，瓶容一斗，浸一斗可得径尺盘十所，并状奏作干鲙法。帝示群臣云：'昔术人介象于殿庭钓得海鱼，此幻化耳，亦何足为异。今日之鲙，乃是东海真鱼所作，来自数千里，亦是一时奇味。'虞世基对曰：'术人之鱼既幻，其鲙固亦不真。'即出数盘以赐达官。作干鱼之法：……又献海虾子三十梃，梃长一尺，阔一寸，厚一寸许，甚精美。作之法：……又献鲍鱼含肚千头，极精好。作之法：……。时有口味使大都督杜济者作此等食法，以献炀帝。济会稽人，能别味，善于盐梅，亦古之符郎，今之谢讽也。又献松江鲈鱼干鲙六瓶，瓶容一斗。作鲙法一同鲍鱼，然作鲈鱼鲙须八九月霜下之时收鲈鱼三尺以下者作干鲙。……所谓金薤玉鲙，东南之佳味也。紫花碧叶，间以素鲙，亦鲜洁可观。吴郡又献蜜蟹三千头，作如糖蟹法；蜜拥剑四瓮，拥剑似蟹而小，一螯偏大，《吴都赋》所谓乌贼拥剑是也"。又，大业十二年，"吴郡献鲤腴鲊，其纯以鲤腴为之，一瓶用鱼四五百头，味过鳣鲔"①。由此可见，隋炀帝对江东风物情有所系，尤其对江东食物情有独钟，称江东所贡之海鲍鱼鲙为"一时奇味"，向群臣讲解，并"即出数盘以赐达官"。由于炀帝之喜好，故江东不断进贡鲈鱼鲙、海虾干、蜜蟹等"东南之佳味"。当时会稽人杜济为内廷之"口味使大都督"，专

---

① （唐）杜宝撰，辛德勇辑校：《大业杂记辑校》，中华书局2020年版，第220、222、227、229—230、248页。

门"作此等食法,以献炀帝"。

隋炀帝对江东学术文化心有所系,对江南风物情有独钟,相较于囿于传统、局限关陇的其他隋代统治集团上层人物,显现出全新的江南地域视野与文化观念。这通过其敕令重修《区域图志》可以进一步说明。《隋书》卷七七《隐逸·崔廓传附崔赜传》载崔赜字祖濬,博陵安平人,博通经史,大业五年,"受诏与诸儒撰《区宇图志》二百五十卷,奏之。帝不善之,更令虞世基、许善心衍为六百卷"。这里称炀帝对崔祖濬所编《区宇图志》"不善之",实际上炀帝下敕责罚,并重修其书。《大业杂记》大业六年载:"敕内史舍人窦威、起居舍人崔祖濬及龙川赞治侯卫等三十余人撰《区宇图志》一部,五百余卷,新成,奏之。又著丹阳郡风俗,乃见以吴人为东夷,度越礼义,及属辞比事,全失修撰之意。帝不悦,遣内史舍人柳辿宣敕,责威等云:'昔汉末三方鼎立,大吴之国,已称人物,故晋武帝云:'江东之有吴、会,犹江西之有汝、颍。'衣冠人物,千载一时。及永嘉之末,华夏衣缨,尽过江表。此乃天下之名都。自陈平之后,硕学通儒,文人才子,莫非彼士。至尔等著其风俗,乃为东夷之人,度越礼义,于尔等可乎?然于著述之体,又无次序。各赐杖一顿。即日,敕遣秘书学士十八人修十郡志,内史侍郎虞世基总检。于是世基先令学士各序一郡风俗,拟奏请体式。学士著作佐郎虞绰序京兆郡风俗,学士宣惠尉凌敬序河南郡风俗,学士宣德郎杜宝序吴郡风俗。四人先成,以简呈世基。世基曰:'虞绰序京兆,文理俱赡,优博有余,然非众人之所能继;凌敬论河南,虽文华才富,序事过繁;袁朗、杜宝吴、蜀二序不略不繁,文理相副。宜具状以四序奏闻,去取听敕。'及奏,帝曰:'学士修书,颇得人意。各赐帛二十段,付世基择善用之。'世基乃抄《吴郡序》付诸头,以为体式。及《图志》第一副本新成,八百卷。奏之,帝以部秩太少,更遣子细重修,成一千二百卷,卷头有图。别造新样纸卷,长二尺。叙山川则卷首有《山水图》,叙郡国则卷首有《郭邑图》,叙城隍则卷首有《公馆图》。其图上山水城邑题书字极细,并用欧阳肃书,即率更令询之长子,工于草隶,为时所重。"① 可见在隋统一江南十多年后，窦威、崔祖濬等编撰地志，仍"以吴人为东夷"，以致炀帝怒而杖之，并命南人代表虞世基、许善心等主持重修。炀帝在敕文中称汉魏以来，江东已是"衣冠人物，千载一时"，东晋以来更是"华夏衣缨，尽过江表"，"自陈平之后，硕学通儒，文人才子，莫非彼士"，其江东地域之文化地位与观念，可谓超越既往，远迈时贤。隋炀帝如此，得益于其总管南方军政期间，借由与江南人物的密切交往，对江南地域社会的理解日渐深入。基于此新观念，故自坐镇江都以来，他招揽南士，借以转输江南文化。

其二，隋炀帝拔擢南人军政群体，与其早年的相关军政活动与经历当有直接关联。

如所周知，隋炀帝在江都延揽南人之活动与作用主要体现在学术文化领域，但毋庸讳言，炀帝此举自有其政治目的。炀帝在江都期间图谋夺嫡争嗣，所依靠的主要力量是其藩邸人士，其中参与其事者有宇文述、郭衍等关陇旧属，考诸史籍，未见南人参与其事的明确记载。之所以如此，一方面在于此事关乎生死，当时炀帝出于慎重，其谋划与实施皆限于很小的私密范围，另一方面，由于此事隐晦，南人或有所参与而失载。不过，有一点是明确的，即炀帝谋划篡夺是以扬州为基地的，他甚至已考虑夺嫡不成而据江淮以分立。《隋书》卷六一《郭衍传》载杨广镇扬州，"衍临下甚踞，事上奸谄。晋王爱暱之，宴赐隆厚。迁洪州总管。王有夺宗之谋，托衍心腹，遣宇文述以情告之。衍大喜曰：'若所谋事果，自可为皇太子。如其不谐，亦须据淮海，复梁、陈之旧。副君酒客，其如我何？'王因召衍，阴共计议"。隋炀帝继位后，不仅对江都怀有特别感情，一再巡幸，他开凿江南运河，有巡幸会稽之意，《大业杂记》载大业六年十二月，"敕开江南河，自京口至余杭郡，八百余里，水面阔十余丈。又拟通龙舟，并置驿官，草顿并足，欲东巡会稽"②。由此推

---

① 前揭《大业杂记辑校》，第230—231页。
② 前揭《大业杂记辑校》，第231页。

绎，炀帝谋划夺嫡进位过程中，当援引相关南人以助其事。

当时晋王藩府之江南学士群体相关文化活动，客观上塑造并美化其崇文尚德之形象，提升其社会影响力。晋王藩邸学士群体之学术文化活动，营造出浓郁的文化氛围，取得了丰富的文化业绩，具有广泛的宣传与示范效应，有助于其树立崇文善治的良好形象，对于其夺嫡进位颇有助益。《隋书》卷七六《文学·潘徽传》载其《江都集礼序》称："上柱国、太尉、扬州总管、晋王握珪璋之宝，履神明之德，隆化赞杰，藏用显仁。地居周、邵，业冠河、楚，允文允武，多才多艺。戎衣而笼关塞，朝服而扫江湖，收杞梓之才，辟康庄之馆。加以佃渔六学，网罗百氏，继稷下之绝轨，弘泗上之沦风，赜无隐而不探，事有难而必综。至于采标绿错，华垂丹篆，刑名长短，儒、墨是非，书圃翰林之域，理窟谈丛之内，谒者所求之余，侍医所校之逸，莫不澄泾辨渭，拾珠弃蚌。以为质文递改，损益不同，……简牒虽盈，菁华盖鲜。乃以宣条暇日，听讼余晨，娱情窥宝之乡，凝相观涛之岸，总括油素，躬披缃缥，芟芜刈楚，振领提纲，去其繁杂，撮其指要，勒成一家，名曰《江都集礼》。凡十二帙，一百二十卷，取方月数，用比星周，军国之义存焉，人伦之纪备矣。……求诸述作，未闻兹典。方可韬之频水，副彼名山，见刻石之非工，嗤悬金之已陋。是知《沛王通论》，不独擅于前修，《宁朔新书》，更追惭于往册。"其中称颂炀帝之"允文允武，多才多艺"，赞誉其学识品格，美化其形象，颇有政治意涵。[①]

[①] 对于隋炀帝江都期间招揽江南文士之政治目的与效用，何德章在《江淮政治地域与隋炀帝的政治生命》（前揭氏著《魏晋南北史丛稿》）中有所分析："杨广夺嫡事秘，江南人士荟萃于晋王府，史籍中却没有留下他们参与杨广'夺宗'之计的具体事例。不过，他们确曾为其大张声势。"他以潘徽《江都集礼序》称颂杨广之文德武功，以为"在江南亡国士人看来，杨广在江都的总管府，实际上是一个保护他们利益的小朝廷"。他进一步分析指出："在引用江南人士实施立脚于江淮的'夺宗之谋'时，杨广对江南人士及江南文化产生了强烈的好感"；"杨广江都'藩邸'对江南人士的借重，以及他'据江淮，复梁陈之旧'的政治图谋，深刻影响了他日后的用人政策并决定了他的最后归宿"。(第89、90、91页)

概而言之，基于全新之江南地域社会文化观念及其统辖东南之经历，炀帝即位后大力拔擢、信重南人，以培植其军政群体。当然，炀帝当政后，出于对统一王朝用人政策开放之考虑，特别是平衡、打压关陇勋旧势力等因素，促使其调整用人政策，扶植南人，这涉及大业年间用人导向与政局变动，详见下文所论。

二　南人军政代表人物品格之佞幸化

自出镇扬州以来，隋炀帝即大力招揽江南人士，继位后拔擢南人文武代表以执掌中枢军政。可以说，无论在思想文化领域，还是军政活动方面，炀帝朝都形成了具有鲜明地域特征的南人群体或集团。然具体考察南人文武群体之行事与作为，就其政治品德、人格表现而言，普遍显现出突出的依附性、寄生性与佞幸化的特征。

（一）南人朝臣代表佞幸化之表现

虞世基，《隋书》卷六七本传载其本为文学之士，得参中枢，完全出于炀帝私意，"秘书监河东柳顾言博学有才，罕所推谢，至是与世基相见，叹曰：'海内当共推此一人，非吾侪所及也。'"炀帝擢为内史侍郎，一度"以母忧去职，哀毁骨立。有诏起令视事，拜见之日，殆不能起，帝令左右扶之。哀其羸瘠，诏令进肉，世基食辄悲哽，不能下。帝使谓之曰：'方相委任，当为国惜身。'前后敦劝者数矣"。虞世基深得宠重，"亲礼逾厚，专典机密"。实际上，虞世基不仅与诸权贵"参掌朝政"，而且由于炀帝专断，"事不庭决，入阁之后，始召世基口授节度"，虞世基得以承帝旨意而撰诏敕，权位尤重。虞世基如此，主要在于其"貌沉审，言多合意，是以特见亲爱，朝臣无与为比"。所谓"沉审"，固然在于其性格沉稳审慎，但主要是指其善于或刻意察言观色，从而附和隋炀帝旨意，以致"言多合意"，"特见亲爱，朝臣无与为比"①。

具体就虞世基参与军政之行事而言，大业十年之前，对炀帝之频繁巡幸、大肆兴造，特别是征伐高丽等重大军政决策，他几无谏言。此后，作为炀帝心腹重臣，在应对民变、南巡及滞留江都、谋议渡江等一系列军政决策中，虞世基揣度、附和帝意，《隋书》本传载："于时天下大乱，世基知帝不可谏止，又以高颎、张衡等相继诛戮，惧祸及己，虽居近侍，唯诺取容，不敢忤意。"面对危局，他不仅惧于谏诤，而且隐瞒事实，"盗贼日甚，郡县多没。世基知帝恶数闻之，后有告败者，乃抑损表状，不以实闻。是后外闻有变，帝弗之知也。尝遣太仆杨义臣捕盗于河北，降贼数十万，列状上闻。帝叹曰：'我初不闻贼顿如此，义臣降贼何多也！'世基对曰：'鼠窃虽多，未足为虑。义臣克之，拥兵不少，久在阃外，此最非宜。'帝曰：'卿言是也。'遽追义臣，放其兵散。又越王侗遣太常丞元善达间行贼中，诣江都奏事。称李密有众百万，围逼京都。贼据洛口仓，城内无食。若陛下速还，乌合必散；不然者，东都决没。因歔欷呜咽，帝为之改容。世基见帝色忧，进曰：'越王年小，此辈诳之。若如所言，善达何缘来至？'帝乃勃然怒曰：'善达小人，敢廷辱我！'因使经贼中，向东阳催运，善达遂为群盗所杀。此后外人杜口，莫敢以贼闻奏"②。可见虞世基一味"唯诺取容，不敢忤意"，丧失了

---

① 《通鉴》卷一八〇隋炀帝大业二年载："秋，七月，庚申，制百官不得计考增级，必有德行、功能灼然显著者进擢之。帝颇惜名位，群臣当进职者，多令兼假而已；虽有阙员，留而不补。时牛弘为吏部尚书，不得专行其职，别敕纳言苏威、左翊卫大将军宇文述、左骁卫大将军张瑾、内史侍郎虞世基、御史大夫裴蕴、黄门侍郎裴矩参掌选事，时人谓之'选曹七贵'。虽七人同在坐，然与夺之笔，虞世基独专之，受纳贿赂，多者超越等伦，无者注色而已。"

② 虞世基欺瞒炀帝之种种手段，多出自封伦。《旧唐书》卷六三《封伦传》载出自渤海封氏的封伦善投机，早年依附杨素而得为内史舍人，"大业中，伦见虞世基幸于炀帝而不闲吏务，每有承受，多失事机。伦又托付之，密为指画，宣行诏命，诡顺主心；外有表疏如忤意者，皆寝而不奏；决断刑法，多峻文深诬；策勋行赏，必抑削之。故世基之宠日隆，而隋政日坏，皆伦所为也。"可见虞世基得宠于炀帝，然本"不闲吏务，每有承受，多失事机"，故封伦附之而"密为指画，宣行诏命，诡顺主心"。《旧唐书》卷六三"史臣曰"称"封伦多揣摩之才，有付托之巧"；"赞"语称"封伦揣摩诡诈"。可见虞世基之恶行多与封伦相关。

儒学朝臣的品格，沦为助纣为虐的佞幸。

虞世基充任"近侍"，其私德也体现出佞幸化特征。《隋书》本传载："其继室孙氏，性骄淫，世基惑之，恣其奢靡。雕饰器服，无复素士之风。孙复携前夫子夏侯俨入世基舍，而顽鄙无赖，为其聚敛。鬻官卖狱，贿赂公行，其门如市，金宝盈积。其弟世南，素国士，而清贫不立，未曾有所赡。由是为论者所讥。"① 一般而言，依附于专断君主的佞幸，政治上附和君权以固宠，进而谋取私利，生活上则纵奢，虞世基的相关表现可谓典型。《隋书》卷六七"史臣曰"论虞世基曰："世基初以雅澹著名，兼以文华见重，亡国羁旅，特蒙任遇。参机衡之职，预帷幄之谋，国危未尝思安，君昏不能纳谏。方更鬻官卖狱，黩货无厌，颠陨厥身，亦其所也。"这从其政治品格与个人生活两方面概括了虞世基的佞幸品格。

裴蕴，《隋书》卷六七本传载炀帝擢其为太常少卿，"初，高祖不好声技，遣牛弘定乐，非正声清商及九部四傩之色，皆罢遣从民。至是，蕴揣知帝意，奏括天下周、齐、梁、陈乐家子弟，皆为乐户。其六品已下，至于民庶，有善音乐及倡优百戏者，皆直太常。是后异技淫声咸萃乐府，皆置博士弟子，递相教传，增益乐人至三万余"。裴

---

① 《隋书》卷五八《李文博传》载："初，文博在内校书，虞世基子亦在其内，盛饰容服，而未有所却。文博因从容问之年纪，答云：'十八。'文博乃谓之曰：'昔贾谊当此之年，议论何事？君今徒事仪容，故何为者！'"李文博乃陇人，本传载其"性贞介鲠直，好学不倦，至于教义名理，特所留心。每读书至治乱得失，忠臣烈士，未尝不反覆吟玩。"李文博具有典型的北方质朴儒者风尚，他批评虞世基子"徒事仪容"，固然体现出南北士风之差异，但由此可见虞世基地位提升后，其子弟生活之纵奢。关于虞世基主政期间"鬻官卖狱，贿赂公行"，《隋书》卷六七《裴矩传》载："于时皇纲不振，人皆变节，左翊卫大将军宇文述、内史侍郎虞世基等用事，文武多以贿闻。唯矩守常，无赃秽之响，以是为世所称。"当然，引文中所言裴矩"无赃秽之响"云云，可能有所回护，《旧唐书》卷六二《杨仁恭传》载："时苏威及左卫大将军宇文述、御史大夫裴蕴、黄门侍郎裴矩等皆受诏参掌选事，多纳贿赂，士流嗟怨。恭仁独雅正自守，不为蕴等所容，由是出为河南道大使，讨捕盗贼。"这里说裴矩与虞世基等权贵"皆受诏参掌选事，多纳贿赂，士流嗟怨"。

蕴"揣知帝意"而兴乐，以致"帝大悦"。① 裴蕴"参掌机密"，尤擅"巧于附会"。其为御史大夫，"蕴善候伺人主微意，若欲罪者，则曲法顺情，锻成其罪。所欲宥者，则附从轻典，因而释之。是后大小之狱皆以付蕴，宪部大理莫敢与夺，必禀承进止，然后决断。蕴亦机辩，所论法理，言若悬河，或重或轻，皆由其口，剖析明敏，时人不能致诘。杨玄感之反也，帝遣蕴推其党与，谓蕴曰：'玄感一呼而从者十万，益知天下人不欲多，多即相聚为盗耳。不尽加诛，则后无以劝。'蕴由是乃峻法治之，所戮者数万人，皆籍没其家。帝大称善，赐奴婢十五口"。可见裴蕴为御史大夫，一味"候伺人主微意"以断狱，"曲法顺情"，深得炀帝宠重，以致"宪部大理莫敢与夺"。司隶大夫薛道衡本无重罪，"以忤意获谴，蕴知帝恶之，乃奏曰：'道衡负才恃旧，有无君之心。见诏书每下，便腹非私议，推恶于国，妄造祸端。论其罪名，似如隐昧，源其情意，深为悖逆。'帝曰：'然。我少时与此人相随行役，轻我童稚，共高颎、贺若弼等外擅威权，自知罪当诬罔。及我即位，怀不自安，赖天下无事，未得反耳。公论其逆，妙体本心。'于是诛道衡"②。又，裴蕴以炀帝不满苏威所应民变之问，私下奏称"此大不逊"，以激怒炀帝，裴蕴"知上意，遣张行本奏威罪恶，

---

① 《隋书》卷一三《音乐志上》载："炀帝矜奢，颇玩淫曲，御史大夫裴蕴，揣知帝情，奏括周、齐、梁、陈乐工子弟，及人间善声调者，凡三百余人，并付太乐。倡优猱杂，咸来萃止。其哀管新声，淫弦巧奏，皆出邺城之下，高齐之旧曲云。"又，《隋书》卷一五《音乐志下》载："自汉至梁、陈乐工，其大数不相踰越。及周并齐、隋并陈，各得其乐工，多为编户。至六年，帝乃大括魏、齐、周、陈乐人子弟，悉配太常，并于关中为坊置之，其数益多前代。顾言等又奏，仙都宫内，四时祭享，还用太庙之乐，歌功论德，别制其辞。七庙同院，乐依旧式。"可见隋炀帝收括乐户，裴蕴首倡后，柳顾言等也有附和。

② 薛道衡之死，确属冤屈。《隋书》卷五七《薛道衡传》载其开皇年间为吏部侍郎，"后坐抽擢人物，有言其党苏威，任人有爱故者，除名，配防岭表。晋王广时在扬州，阴令人讽道衡，从扬州路，将奏留之。道衡不乐王府，用汉王谅之计，遂出江陵道而去。……晋王由是衔之，然爱其才，犹颇礼之。……炀帝嗣位，转番州刺史。岁余，上表求致仕。帝谓内史侍郎虞世基曰：'道衡将至，当以秘书监待之。'道衡既至，上《高祖文皇帝颂》，……帝览之不悦，顾谓苏威曰：'道衡致美先朝，此《鱼藻》之义也。'于是拜司隶大夫，将置之罪。道衡不悟。司隶刺史房彦谦素相善，知必及祸，劝之杜绝宾客，卑辞下气，而道衡不能用。……道衡自以非大过，促宪司早断。暨于奏日，冀帝赦之，勅家人具馔，以备宾客来候者。及奏，帝令自尽。道衡殊不意，未能引诀。宪司重奏，缢而杀之。妻子徙且末"。

帝付蕴推鞫之",竟建议"处其死"。可见作裴蕴完全揣度帝意以治狱。

裴蕴总揽朝廷司法大权,与虞世基相勾结,扩充御史队伍,拓展施政领域,《隋书》本传载"蕴又欲重己权势,令虞世基奏罢司隶刺史以下官属,增置御史百余人。于是引致奸黠,共为朋党,郡县有不附者,阴中之。于时军国多务,凡是兴师动众,京都留守,及与诸蕃互市,皆令御史监之。宾客附隶,遍于郡国,侵扰百姓,帝弗之知也"①。大业后期,裴蕴"增置御史百余人",诸事"皆令御史监之",形成了一个特殊的权势集团,这是裴蕴强化自身权势的重要手段。《隋书》卷六七"史臣曰"称"裴蕴素怀奸险,巧于附会,作威作福,唯利是视,灭亡之祸,其可免乎?"这揭示出其政治品格佞幸化的特质。

袁充,《隋书》卷六九本传载隋文帝后期其得为太史令,"时上将废皇太子,正穷治东宫官属,充见上雅信符应,因希旨进曰:'比观玄象,皇太子当废。'上然之。充复表奏,隋兴已后,日影渐长,曰:'……以历数推之,开皇已来冬至,日在斗十一度,与唐尧之代去极并近。……伏惟大隋启运,上感乾元,影短日长,振古未之有也。'上大悦,告天下。将作役功,因加程课,丁匠苦之"。仁寿初,袁充以隋文帝"本命与阴阳律吕合者六十余条而奏之",上表称"诞圣之异",建议"与物更新,改年仁寿"。对此,"上大悦,赏赐优崇,侪辈莫之比"。可见袁充在开皇、仁寿之际已沦为术士化佞幸。隋炀帝继位,他尽心附和,深得宠信,位至公卿,参与中枢决策。《隋书》卷六九本传载:"仁寿四年甲子岁,炀帝初即位,充及太史丞高智宝奏言:'去岁冬至,日影逾长,今岁皇帝即位,与尧受命年合。……

---

① 裴蕴擢任之监察御史,其中有江左人士,《旧唐书》卷一九〇上《文苑上·孔绍安传》载其"越州山阴人,陈吏部尚书奂之子。少与兄绍新俱以文词知名。十三,陈亡入隋,徙居京兆鄠县。闭门读书,诵古文集数十万言,外兄虞世南叹异之。……绍安大业末为监察御史,时高祖为隋讨贼于河东,诏绍安监高祖之军,深见接遇"。可见孔绍安年少入隋,大业末为监察御史,一度出监河东李渊之讨贼军。

陛下即位，其年即当上元第一纪甲子，天正一十月庚戌冬至，正与唐尧同。……允一元三统之期，合五纪九章之会，共帝尧同其数，与皇唐比其踪。信所谓皇哉唐哉，唐哉皇哉者矣．'仍讽齐王暕率百官拜表奉贺。其后荧惑守太微者数旬，于时缮治宫室，征役繁重，充上表称'陛下修德，荧惑退舍．'百僚毕贺。帝大喜，前后赏赐将万计。时军国多务，充候帝意欲有所为，便奏称天文见象，须有改作，以是取媚于上"。又，"其后天下乱，帝初罹雁门之厄，又盗贼益起，帝心不自安。充复假托天文，上表陈嘉瑞，以媚于上曰：'……伏惟陛下握录图而驭黔首，提万善而化八紘，以百姓为心，匪以一人受庆，先天罔违所欲，后天必奉其时。是以初膺宝历，正当上元之纪，乾之初九，又与天命符会。斯则圣人冥契，故能动合天经。谨按去年已来，玄象星瑞，毫厘无爽，谨录尤异，上天降祥、破突厥等状七事，'……书奏，帝大悦，超拜秘书令，亲待逾昵。帝每欲征讨，充皆预知之，乃假托星象，奖成帝意，在位者皆切患之"。由上述袁充之行事，所谓"时军国多务，充候帝意欲有所为，便奏称天文见象，须有改作，以是取媚于上"，或"上表陈嘉瑞，以媚于上"，或"帝每欲征讨，充皆预知之，乃假托星象，奖成帝意，在位者皆切患之"，对于隋炀帝之重大军政决策，他往往"皆预知之"，进而"假托星象，奖成帝意"，因而"亲待逾昵"。袁充以术艺干政，目的在"取媚于上"而求宠幸，他完全堕落为佞幸之臣。《隋书》卷六九"史臣曰"有论云："袁充少在江左，初以警悟见称，委质隋朝，更以玄象自命。并要求时幸，干进务入。……充变动星占，谬增晷影。厚诬天道，乱常侮众，刑兹勿舍，其在斯乎！……充乃江南望族，乾没荣利，得不以道，颓其家声，良可叹息。"所谓"要求时幸，干进务入"，即指出其佞幸化之特质。

何稠，《隋书》卷六八本传载其参与营造文帝独孤后陵墓，"稠性少言，善候上旨，由是渐见亲昵。及上疾笃，谓稠曰：'汝既曾葬皇后，今我方死，宜好安置。属此何益，但不能忘怀耳。魂其有知，当相见于地下．'上因揽太子颈谓曰：'何稠用心，我付以后事，动静当共平章。'"作为入隋之南朝寒门术士,何稠"渐见亲昵",技艺之外,主要在于"善候上旨"。炀帝时,他奉旨以营造,本传载:"大业初,炀帝将幸扬州,谓稠曰:'今天下大定,朕承洪业,服章文物,阙略犹多。卿可讨阅图籍,营造舆服羽仪,送至江都也。'……稠于是营黄麾三万六千人仗,及军舆辇辂、皇后卤簿、百官仪服,依期而就,送于江都。所役工十万余人,用金银钱物巨亿计。帝使兵部侍郎明雅、选部郎薛迈等勾核之,数年方竟,毫厘无舛。稠参会今古,多所改创。……自余麾幢文物,增损极多,……帝复令稠造戎车万乘,钩陈八百连,帝善之,以稠守太府卿。"何稠在舆服制度方面"参会今古,多所改创",追求奢华以凸显帝王威仪。如"旧制,五辂于辕上起箱,天子与参乘同在箱内。稠曰:'君臣同所,过为相逼。'乃广为盘舆,别拘栏楯,侍臣立于其中。于内复起须弥平坐,天子独居其上"。隋炀帝征高丽,何稠"领御营弩手三万人。时工部尚书宇文恺造辽水桥不成,师未得济,右屯卫大将军麦铁杖因而遇害。帝遣稠造桥,二日而就。初,稠制行殿及六合城,至是,帝于辽左与贼相对,夜中施之。其城周回八里,城及女垣合高十仞,上布甲士,立仗建旗,四隅置阙,面别一观,观下三门,迟明而毕。高丽望见,谓若神功"。何稠未参与军政决策,但其主持营造,极尽铺张之能事,附会帝旨以求宠,可谓佞幸化术士。[①]

陆知命,《隋书》卷六六本传载时人"或言其正直者",隋炀帝拜治书侍御史,"侃然正色,为百僚所惮",以致"帝甚敬之"。其在任期间,主要是弹劾齐王暕:"齐王暕颇骄纵,昵近小人,知命奏劾之,暕竟得罪,百僚震慄"。不过,考察齐王暕狱案,陆知命之行事不无附和炀帝之意。《隋书》卷五九《炀三子·齐王暕传》载其为炀帝次子,"美容仪,疏眉目,少为高祖所爱。……及长,颇涉经史,尤工骑射。……炀

---

① 《隋书》卷六八"史臣曰"论何稠"巧思过人,颇习旧事,稽前王之采章,成一代之文物。虽失之于华盛,亦有可传于后焉"。何稠入唐后为将作少匠,所论称其"成一代之文物",但毕竟指出其营造"失之于华盛",而这正是其佞幸化品格所致。

帝即位，进封齐王，增邑四千户。大业二年，帝初入东都，盛陈卤簿，㬚为军导。寻转豫州牧。俄而元德太子薨，朝野注望，咸以㬚当嗣。帝又勅吏部尚书牛弘妙选官属，公卿由是多进子弟。明年，转雍州牧，寻徙河南尹，开府仪同三司。元德太子左右二万余人悉隶于㬚，宠遇益隆，自乐平公主及诸戚属竞来致礼，百官称谒，填咽道路"。可见齐王㬚一度颇得炀帝宠爱，有以为储君之意。然"㬚颇骄恣，昵近小人，所行多不法"，其僚属乔令则等"求声色狗马"，放纵无度，以致炀帝不悦，"御史韦德裕希旨劾㬚，帝令甲士千余，大索㬚第，因穷治其事"，特别是"时国无储副，㬚自谓次当得立"，与亡妃韦氏姊通而"遂产一女"，称"此产子者当为皇后"，"又以元德太子有三子，内常不安，阴挟左道，为厌胜之事。至是，事皆发，帝大怒，斩令则等数人，妃姊赐死，㬚府僚皆斥之边远。……㬚自是恩宠日衰，虽为京尹，不复关预时政。帝恒令武贲郎将一人监其府事，㬚有微失，武贲辄奏之"。由此可见，齐王㬚之狱，"御史韦德裕希旨劾㬚"，而陆知命作为侍御史"奏劾之，㬚竟得罪，百僚震慄"，自当是"希旨"而行。

上述虞世基、裴蕴、袁充等深得炀帝信重南人之仕宦品格，特别是虞世基、裴蕴与苏威、宇文述、裴矩共为炀帝之重臣，时人称为"五贵"。① 但就其行事态度与表现而言，相关朝政之谋划与实施，他们无不用心揣测炀帝心思，刻意附会炀帝旨意，乞求炀帝欢心，扮演着佞臣的角色。对于入隋南人政治群体普遍佞幸化表现，以往有论者指出："当然，隋炀帝亲信任用江淮人士，并没有给他们一条正常的入仕途径，只是宠幸其中部分与他有接触的人而已。虞世基、裴蕴、袁充等人行迹近于恩幸，可以说，他们之被重用，除了炀帝在江都十年的经历对其用人政策的影响外，虞世基等亡国之臣因缘附会，邀幸主恩，也正符合'恃其俊才，骄矜自用'的杨广的口味"。②

---

① 《隋书》卷四一《苏威传》载其"与左翊卫大将军宇文述、黄门侍郎裴矩、御史大夫裴蕴、内史侍郎虞世基参掌朝政，时人称为'五贵'"。
② 何德章：《江淮政治地域与隋炀帝的政治生命》，前揭氏著《魏晋南北朝史丛稿》，第92页。

（二）南人武将群体之投附心态

隋炀帝所拔擢、重用的南人武将群体，其心理状态与执掌中枢之南士朝臣大致相同。对南来武人而言，炀帝之大兴征伐，给他们提供了建功立业、飞黄腾达的机缘。相较而言，出自江南、江淮的武人代表，大多出自寒门，入隋后一度社会地位、军政待遇相对偏低，[①] 他们时刻主动寻求机遇以改变处境。对炀帝之大规模征伐活动，他们非但不反对，而且极力怂恿。特别是征伐高丽之役，在炀帝动员、组织与出征各环节与阶段，他们都表现出积极、坚定的支持态度，意在建功立业。因此，大业年间江南、江淮间寒门武人群体之涌现，与隋炀帝之征战国策密切相关。

就江淮武人群体的具体表现与作为而言，他们多主动寻求对炀帝之依附，感激其奖掖，甘受其驱使。在隋炀帝的一系列征战过程中，他们无不有积极竟先之群体性表现。之所以如此，根本在于他们赞同炀帝征战之策，热衷投附，乐于效力，希冀以此求媚争功，甚至不惜付出生命的代价。《隋书·麦铁杖传》载其"自以

[①] 这方面，麦铁杖之出身与境遇尤为典型。《隋书》卷六四《麦铁杖传》载杨素平定江南之乱，"后叙战勋，不及铁杖，遇素驰驿归于京师，铁杖步追之，每夜则与同宿。素见而悟，特奏授仪同三司。以不识书，放还乡里"。后因李彻"称其骁武"，开皇十六年，"征至京师，除车骑将军。仍从杨素北征突厥，加上开府"。可见麦铁杖之身份背景，对其晋升造成严重困窘。他后来出守地方，"因朝集，考功郎窦威嘲之曰：'麦是何姓？'铁杖应口对曰：'麦豆不殊，那忽相怪！'威赧然，无以应之，时人以为敏慧"。这表明关陇勋贵一度对南人寒庶身份之轻蔑。由上述诸人行状，陈稜显然出自江淮寒门。来护儿虽门第相对优越，但绝非高门。《北史》卷七六《来护儿传》载其"本南阳新野人，汉中郎将歙十八世孙也。曾祖成，魏新野县侯，后归梁，徙居广陵，因家焉。位终六合令。祖嶷，步兵校尉、秦郡太守、长宁县侯。父法敏，仕陈终于海陵令。护儿未识而孤，养于世母吴氏。吴氏提携鞠养，甚有慈训。幼而卓荦，初读《诗》，至'击鼓其镗，踊跃用兵'，'羔裘豹饰，孔武有力'，因舍书叹曰：'大丈夫在世当如是，会为国灭贼以取功名，安能区区专事笔砚也！'群辈惊其言而壮其志。及长，雄略秀出，志气英远。涉猎书史，不为章句学"。可见来护儿先人仕于南朝边郡，本人早年涉学，当为士族社会之下层。周罗睺、周法尚、樊子盖等，皆为江淮间尚武之地方豪族子弟。沈光，据《北史》卷七八《麦铁杖传附沈光传》，"光字总持，吴兴人也。父居道，仕陈，为吏部侍郎。陈灭，徙家长安。皇太子勇引署学士。后为汉王谅府掾，谅败，除名"。沈光出自吴兴沈氏，为江南本土士族子弟。沈氏素为江东"武力强宗"，南朝后期政治社会地位有所提升，但终究难预清华高门行列。

荷恩深重，每怀竭命之志"。他从征高丽，主动充任先锋，临阵前已报必死之志，对诸子表示："吾荷国恩，今是死日。我即被杀，尔当富贵，唯诚与孝，尔其勉之。"又，《隋书·沈光传》载其出征前，面对故旧，"光酹酒而誓曰：'是行也，若不能建立功名，当死于高丽，不复与诸君相见矣。'及从帝攻辽东，以冲梯击城，竿长十五丈，光升其端，临城与贼战，短兵接，杀十数人。贼竞击之而坠，未及于地，适遇竿有垂絚，光接而复上"。又，《隋书·来护儿传》载其大业八年领水师征高丽，在陆路失利后，他一度拒绝退军，欲攻平壤；① 大业十年炀帝接受高丽媾和，"遣人持节诏护儿旋师"，他以为三度出兵，未能平贼，"此还也，不可重来"，欲违诏攻打平壤，以"诸将惧，尽劝还，方始奉诏"。《隋书·周法尚传》载其大业十年领水军出征，途中患疾，心有不甘，死前说："吾再临沧海，未能利涉，时不我与，将辞人世。立志不果，命也如何！"

诸南人在征战高丽过程中的相关言论与表现无不慷慨激昂，深得炀帝之信重与表彰。《隋书》卷六四"史臣曰"称麦铁杖、来护儿等江淮寒人武将"皆一时之壮士，困于贫贱。当其郁抑未遇，亦安知其有鸿鹄之志哉！终能振拔污泥之中，腾跃风云之上，符马革之愿，快生平之心，非遇其时，焉能至于此也！"这揭示出南人武将

---

① 《北史》卷七六《来护儿传》载："辽东之役，以护儿为平壤道行军总管，兼检校东莱郡太守，率楼船指沧海。入自浿水，去平壤六十里。高丽主高元扫境内兵以拒之，列阵数十里。诸将咸惧，护儿笑谓副将周法尚及军吏曰：'吾本谓其坚城清野以待王师，今来送死，当殄之而朝食。'高元弟建骁勇绝伦，率敢死数百人来致师。护儿命武贲郎将费青奴及第六子左千牛弘乘驰斩其首，乃纵兵追奔，直至城下，俘斩不可胜计，因破其郭，营于城外，以待诸军。高丽昼闭城门，不敢出。会宇文述等众军皆败，乃旋军。以功赐物五千段，以第五子弘为杜城府鹰扬郎将，以先封襄阳公赐其子整。"对此，《通鉴考异》以为《北史》所载来护儿初征高丽事迹有所夸饰，"今从《隋书》及《革命记》"。《通鉴》卷一八一隋炀帝大业八年综合叙述来护儿事迹曰："右翊卫大将军来护儿帅江、淮水军，舳舻数百里，浮海先进，入自浿水，去平壤六十里，与高丽相遇，进击，大破之。护儿欲乘胜趣其城，副总管周法尚止之，请俟诸军至俱进。护儿不听，简精甲四万，直造城下。高丽伏兵于罗郭内空寺中，出兵与护儿战而伪败，护儿逐之入城，纵兵俘掠，无复部伍。伏兵发，护儿大败，仅而获免，士卒还者不过数千人。高丽追至船所，周法尚整阵待之，高丽乃退。护儿引兵还屯海浦，不敢复留应接诸军"。可见无论如何，来护儿父子在征伐高丽过程中确实表现积极，急于立功，显现出江淮武人致力征战的心态。

群体之崛起与隋炀帝征战国策之密切关系，这也决定了南人武将群体的品格特征。

（三）南人军政群体何以普遍佞幸化

其一，南人之佞幸化，与其"亡国之余"的身份背景及其心理、性格密切相关。

作为流亡之移民群体，入隋南士丧失了既往的政治特权、社会背景与经济基础。南人北迁之后，由于他们背井离乡，资产尽失，在生活上自然普遍陷于贫困。如虞世基，《隋书》卷六七本传载其入隋后生活困窘，"贫无产业，每佣书养亲，怏怏不平。尝为五言诗以见意，情理悽切，世以为工，作者莫不吟咏"。所谓"情理悽切，世以为工，作者莫不吟咏"，表明虞世基抒发了流迁南人的情感，获得了广泛的共鸣。又，《隋书·沈光传》载其家族迁移长安后，"家甚贫窭，父兄并以佣书为事，光独跅弛，交通轻侠，为京师恶少年之所朋附。人多赡遗，得以养亲，每致甘食美服，未尝困匮"。年少的沈光因"家甚贫窭"而游荡社会，"交通轻侠"。在政治与社会境遇方面，隋文帝时期入隋南人普遍沦为附庸，大多从事有关礼乐文化制作的活动，无关中枢决策与军政实务，且为关陇人士歧视。《隋书》卷六六《柳庄传》载："及梁国废，授开府仪同三司，寻除给事黄门侍郎，并赐以田宅。庄明习旧章，雅达政事，凡所驳正，帝莫不称善。苏威为纳言，重庄器识，常奏帝云：'江南人有学业者，多不习世务，习世务者，又无学业。能兼之者，不过于柳庄。'"苏威对江南人士的整体评价，体现了关陇集团或北人的总体看法，不无轻视之意。至于具体人物的遭遇，如上引文称萧吉"吉性孤峭，不与公卿相沉浮，又与杨素不协，由是摈落于世，郁郁不得志"。在伎艺领域，南人也遭排斥，《隋书》卷七八《艺术·万宝常传》载其"父大通，从梁将王琳归于齐。后复谋还江南，事泄，伏诛。由是宝常被配为乐户，因而妙达钟律，遍工八音。……开皇初，沛国公郑译等定乐，初为黄钟调。宝常虽为伶人，译等每召与议，然言多不用。……宝常奉诏，遂造诸乐器，其声率下郑译调二律，……见宝常特创其事，皆哂之。……于是损益乐器，不可胜纪，其声雅淡，不为时人所好，太常善声者多排毁之。又太子洗马苏夔以钟律自命，尤忌宝常。夔父威，方用事，凡言乐者，皆附之而短宝常"。其生活尤为困顿，"宝常贫无子，其妻因其卧疾，遂窃其资物而逃。宝常饥馁，无人赡遗，竟饿而死，将死也，取其所著书而焚之，曰：'何用此为？'见者于火中探得数卷，见行于世，时论哀之"。万宝常为萧梁军人之后，门第不高，籍属乐户，但由其遭遇可从一个侧面感知当时入隋南人群体之处境。

概言之，入隋之南士群体，其作为"亡国之余"的移民身份决定了他们在政治心态与取向上必然具有其寄生性、依附性、软弱性与投机性。这也决定着他们一旦因某种机缘受到拔擢与重用，必然因缘附会，表现出强烈的投机性，察言观色以求宠，甘受驱使以固位，成为丧失政治伦理与原则、追逐名利的佞幸之徒。

其二，南人军政群体之佞幸化，与隋炀帝拒绝纳谏的苛酷政风密切相关。

关于隋炀帝之政风，《隋书》卷四《炀帝纪下》载其"猜忌臣下，无所专任，朝臣有不合意者，必构其罪而族灭之。故高颎、贺若弼先皇心膂，参谋帷幄，张衡、李金才藩邸惟旧，绩著经纶，或恶其直道，或忿其正议，求其无形之罪，加以刎颈之诛。其余事君尽礼，謇謇匪躬，无辜无罪，横受夷戮者，不可胜纪。政刑弛紊，贿货公行，莫敢正言，道路以目。……区宇之内，盗贼蜂起，劫掠从官，屠陷城邑，近臣互相掩蔽，隐贼数不以实对。或有言贼多者，辄大被诘责，各求苟免，上下相蒙，每出师徒，败亡相继"。其本纪"史臣曰"论其品性与政风云："恃才矜己，傲狠明德，内怀险躁，外示凝简，盛冠服以饰其奸，除谏官以掩其过。淫荒无度，法令滋章，教绝四维，刑参五虐，锄诛骨肉，屠勠忠良，受赏者莫见其功，为戮者不知其罪。"隋炀帝恃才自傲，《隋书》卷二二《五行志上》载："炀帝自负才学，每骄天下之士。尝谓侍臣曰：'天下当谓朕承藉余绪而有四海耶？设令朕与士大夫高选，亦当为天子矣。'谓当世之贤，皆所不逮。《书》云：'谓人莫己若者亡。'帝自矜己以轻天下，能不亡乎？"① 在军政决策方面，炀帝独断专行，杜绝谏议。《隋书》卷二二《五行志上》载："炀帝帝从容谓秘书郎虞世南曰：'我性不欲人谏。若位望通显而来谏我，以求当世之名者，弥所不耐。至于卑贱之士，虽少宽假，然卒不置之于地。汝其知之！'时议者以为古先哲王之驭天下也，明四目，达四聪，悬敢谏之鼓，立书谤之木，以开言者之路，犹恐忠言之不至。由是泽敷四海，庆流子孙。而帝恶直言，仇谏士，其能久乎！竟逢杀逆。"② 又，《隋书》卷二二《五行志上》载："大业十二年，显阳门灾，旧名广阳，则帝之姓名也。国门之崇显，号令之所由出也。时帝不遵法度，骄奢荒怠，裴蕴、虞世基之徒，阿谀顺旨，掩塞聪明，宇文述以逸邪显进，忠谏者咸被诛戮。天戒若曰，信谗害忠，则除'广阳'也。"对于隋炀帝之专断拒谏之政风，隋末李密起事关东，发布檄文，控诉隋炀帝罪恶共计十条，其中第八则说："愎谏违卜，妒贤

---

① 关于隋炀帝以文才自恃，《通鉴》卷一八二隋炀帝大业九年载："帝善属文，不欲人出其右。薛道衡死，帝曰：更能作'空梁落燕泥'否！王胄死，帝诵其佳句曰：'庭草无人随意绿'，复能作此语邪！"隋炀帝确具一定的文学艺术才能，然唐太宗君臣论之，以为其知行不一。又，《通鉴》卷一八三隋恭帝义宁元年二月魏祖君彦，祖珽子，"博学强记，文辞赡敏，著省海内，吏部侍郎薛道衡尝荐之于高祖，高祖曰：'是歌杀斛律明月人儿邪？朕不须此辈！'炀帝即位，尤疾其名，依常调选东平书佐，检校宿城令。君彦自负其才，常郁郁思乱，密素闻其名，得之大喜，引为上客，军中书檄，一以委之。"又，(唐)吴兢撰，谢保成集校《贞观政要集校》（中华书局2009年版）附录《写字台本贞观政要》卷四载："贞观九年，太宗谓侍臣曰：'朕观隋主人文集，实博物有才，亦知悦尧、舜之风，丑桀、纣之行。然而行事，即欲言相反，何也？'魏征对曰：'……隋主虽有俊才，无君之量。恃才骄物，所以至于灭亡。'"（第566—567页）

② 隋炀帝之所以对南人虞世南作此警示，当与其品格正直有关。《新唐书》卷一〇二《虞世南传》载其"大业中，累至秘书郎。炀帝虽爱其才，然疾峭正，弗甚用，为七品十年不徙。世基佞敏得君，日贵盛，妻妾被服拟于王者，而世南躬贫约，一不改。"可见虞世基、虞世南兄弟之作风泾渭分明，一"佞敏"，一"峭正"。虞世南性格如此，隋炀帝对他"弗甚用"，且禁其进言。贞观年间，虞世南以进谏著称，除新旧《唐书》本传所载，《贞观政要集校》卷二"任贤"载之甚详："世南虽容貌懦弱，若不胜衣，而志性抗烈，每论及古先帝王为政得失，必存规讽，多所补益。……世南每入进谏，太宗甚嘉纳之，益所亲礼。"太宗称"群臣皆若世南，天下何忧不理"！又称世南有"五绝"："一曰德行，二曰忠直，三曰博学，四曰辞藻，五曰书翰"。可见其忠直之品格。见（唐）吴兢撰，谢宝成集校《贞观政要集校》，中华书局2003年版，第74—75页。

嫉能，直士正人，皆由屠戮。左仆射、上柱国、齐国公高颎，上柱国、宋国公贺若弼，或文昌上相，或细柳功臣，暂吐良药之言，翻加属镂之赐。龙逢无罪，乃遭夏桀之诛；王子何辜，遂被商辛之戮。遂令君子结舌，贤人钳口，指白日而比盛，射苍天而敢欺，不悟国之将亡，不知死之将至。"①《大唐创业起居注》卷二载李渊太原起事，其誓师之文有言："异哉今上之行己也，独智自贤，安忍忌刻，拓狂悖为混沌，苟鸩毒为恣睢。饰非好佞，拒谏信谗，敌怨诚良，仇雠骨肉。"② 这都指斥隋炀帝"饰非好佞，拒谏信谗"。

隋炀帝如此，导致整个官场风气虚伪化，朝臣普遍佞幸化。以上引文概述炀帝朝之佞臣代表，除虞世基、裴蕴等南人外，炀帝藩邸亲信宇文述也颇为典型。就大业士风而言，所谓"佞幸化"，并非南人军政群体固有的地域性特征，而是大业朝臣的普遍表现，关陇豪族代表也多如此，其根源正在于隋炀帝之酷暴政风。上述关陇集团诸元老忠臣高颎、贺若弼、宇文弼等皆以议论时政而遭诛；炀帝藩府旧属张衡等也因讽谏而遭打压，③ 以致言路断绝。

---

① （唐）韩昱《壶关录》，仇鹿鸣笺证：《大唐创业起居注》所附《壶关录》，中华书局2022年版，第240页。
② 前揭《大唐创业起居注笺证》，第63页。
③《隋书》卷五六《张衡传》载其河内人，早年历任晋王之并州、扬州府总管掾，"王甚亲任之。衡亦竭虑尽诚事之，夺宗之计，多衡所建也"。炀帝嗣位，以之为御史大夫，"甚见亲重。……衡以藩邸之旧，恩宠莫与为比，颇自骄贵。……时帝欲大汾阳宫，令衡与纪弘整具图奏。衡承间进谏曰：'比年劳役繁多，百姓疲弊，伏愿留神，稍加折损。'帝意甚不平。后尝目衡谓侍臣曰：'张衡自谓由其计画，令我有天下也。'"炀帝先出其为榆林太守，后转督役江都宫，因议论"薛道衡真为枉死"等为人举报，"帝于是发怒，锁衡诣江都市，将斩之，久而乃释，除名为民，放还田里"，终被赐死。其实，张衡所言是很克制的，《隋书》卷六六《房彦谦传》载："黄门侍郎张衡，亦与彦谦相善。于时帝营东都，穷极侈丽，天下失望。又汉王构逆，罹罪者多。彦谦见衡当途而不能匡救，以书喻之曰……衡得书叹息，而不敢奏闻"。故房彦谦"知王纲不振，遂去官隐居不仕，将结构蒙山之下，以求其志"。又，《隋书》卷六五《李景传》载其天水休人，大业五年，炀帝西巡至天水，李景以献食得炀帝称许，然"至陇川宫，帝将大猎，景与左武卫大将军郭衍俱有难言，为人所奏。帝大怒，令左右搏之，竟以坐免。"又，《隋书》卷六六《张虔威传》载本为晋王府邸旧人，"开皇初，晋王广出镇并州，盛选僚佐，以虔威为刑狱参军，累迁为属。王甚美其才，与河内张衡俱见礼重，晋邸称为'二张'焉"。炀帝即位后，为内史舍人，"于时帝数巡幸，百姓疲敝，虔威因上封事以谏。帝不悦，自此见疏"。特别在炀帝谋议巡幸江都过程中，炀帝对谏者多加酷杀。

当时位列中枢"五贵"者,除南人虞世基、裴蕴外,宇文述尤为得宠,最善附和,裴矩次之,苏威则受到抑制,不敢直言。《隋书》卷六一《宇文述传》载其早年助炀帝夺嫡,"炀帝嗣位,拜左卫大将军,改封许国公。……勅述与苏威常典选举,参预朝政。述时贵重,委任与苏威等,其亲爱则过之。帝所得远方贡献及四时口味,辄见班赐,中使相望于道。述善于供奉,俯仰折旋,容止便辟,宿卫者咸取则焉。又有巧思,凡有所装饰,皆出人意表。数以奇服异物进献宫掖,由是帝弥悦焉。时述贵幸,言无不从,势倾朝廷。……述之宠遇,当时莫与为比"。宇文述"贵幸"如此,他并无功绩可述,对炀帝之巡幸无度、征伐高丽、巡游江都等军政决策,一味"观望帝意",而在生活方面,则大肆聚敛,贪赃枉法。①《隋书》卷六七《裴矩传》载:"炀帝即位,营建东都,矩职修府省,九旬而就。时西域诸蕃,多至张掖,与中国交市,帝令矩掌其事。矩知帝方勤远略,诸商胡至者,矩诱令言其国俗山川险易,撰《西域图记》三卷,入朝奏之。……帝大悦,赐物五百

---

① 宇文述作为最得炀帝信重之宠臣,其私役禁卫军、侵占民田、放纵宾客、扰乱司法,恶行甚多,除《隋书》本传及《隋书》卷五八《许善心传》所载外,其他如《隋书》卷六二《梁毗传》载:"炀帝即位,迁刑部尚书,并摄御史大夫事。奏劾宇文述私役部兵,帝议免述罪,毗固诤,因忤旨,遂令张衡代为大夫。毗忧愤,数月而卒。"梁毗子梁敬真,"大业之世,为大理司直。时帝欲成光禄大夫鱼俱罗之罪,令敬真治其狱,遂希旨陷之极刑。未几,敬真有疾,见俱罗为之厉,数日而死"。可见梁敬真鉴于乃父正直而受屈,转而佞幸化。关于宇文述私役禁卫兵,又,《隋书》卷六四《李圆通传》载:"炀帝嗣位,拜兵部尚书。帝幸扬州,以圆通留守京师。判宇文述田以还民,述诉其受赂。帝怒而征之,见帝于洛阳,坐是免官。圆通忧惧发疾而卒"。又,《隋书》卷七一《诚节·游元传》载炀帝征高丽时,"拜朝请大夫,兼治书侍御史。宇文述等九军败绩,帝令元按其狱。述时贵幸,其子士及又尚南阳公主,势倾朝廷。遣家僮造元,有所请属。元不之见。他日,数述曰:'公地属亲贤,腹心是寄,当咎身责己,以劝事君,乃遣人相造,欲何所道?'按之愈急,仍以状劾之。帝嘉其公正,赐朝服一袭"。又,《隋书》卷七三《循吏·敬肃传》载:"炀帝嗣位,迁颍川郡丞。……时左翊卫大将军宇文述当途用事,其邑在颍川,每有书属肃。肃未尝开封,辄令使者持去。述宾客有放纵者,以法绳之,无所宽贷。由是述衔之。八年,朝于涿郡,帝以其年老,有治名,将擢为太守者数矣,辄为述所毁,不行。"由上诸例,可见宇文述私用禁卫军队、侵占民田、放纵宾客、扰乱司法等,其贪赃枉法,所见多有,不一而足。

段。每日引矩至御坐，亲问西方之事。矩盛言胡中多诸宝物，吐谷浑易可并吞。帝由是甘心，将通西域，四夷经略，咸以委之。"隋炀帝以之为黄门侍郎，专司接引西域诸胡，"帝谓矩有绥怀之略，进位银青光禄大夫"，称"裴矩大识朕意，凡所陈奏，皆朕之成算。未发之顷，矩辄以闻。自非奉国用心，孰能若是！"裴矩作为齐亡后入关者，与南人具有某些相似之处，得炀帝重用后，多有佞幸化表现，故《旧唐书》卷六三《裴矩传》称"是时，帝既昏侈逾甚，矩无所谏诤，但悦媚取容而已"。至于苏威，面对炀帝之酷暴，其作风日益柔滑，以求保全。据《隋书》卷四一《苏威传》，前述炀帝即位后，对苏威有所抑制，然杨玄感乱起，"帝引威帐中，惧见于色"，于是"诏威安抚关中。以威孙尚辇直长儇为副。其子鸿胪少卿夔，先为关中简黜大使，一家三人，俱奉使关右，三辅荣之。"后炀帝特下诏称之，"威当时见尊重，朝臣莫与为比"。在平乱过程中，"威见劳役不息，百姓思乱，微以此讽帝，帝竟不寤"。炀帝雁门之困后，"车驾至太原，威言于帝曰：'今者盗贼不止，士马疲敝。愿陛下还京师，深根固本，为社稷之计。'帝初然之，竟用宇文述等议，遂往东都。"此后，面对炀帝之愈发专断，苏威以"弄臣"诡对之方式进言，以力求自保："时天下大乱，威知帝不可改，意甚患之。属帝问侍臣盗贼事，宇文述曰：'盗贼信少，不足为虞。'威不能诡对，以身隐于殿柱。帝呼威而问之。威对曰：'臣非职司，不知多少，但患其渐近。'帝曰：'何谓也？'威曰：'他日贼据长白山，今者近在荥阳、汜水。'帝不悦而罢。寻属五月五日，百僚上馈，多以珍玩。威献《尚书》一部，微以讽帝，帝弥不平。后复问伐辽东事，威对愿赦群盗，遣讨高丽，帝益怒"。可见苏威作为元老重臣，对炀帝虽有所讽谏，但其表达之方式颇为隐晦微妙，有如弄臣，但即便如此，依然受到排斥。

关陇权贵中的另一佞臣是郭衍，《隋书》卷六一《郭衍传》载其本位炀帝藩府之旧，"十年，从晋王广出镇扬州。……衍临下甚踞，事上奸谄。晋王爱昵之，宴赐隆厚"。后为洪州总管，"王有夺宗之谋，托衍心腹"，于是"王因召衍，阴共计议"。炀帝即位后，"衍能揣上意，阿谀顺旨。帝每谓人曰：'唯有郭衍，心与朕同。'又尝劝帝取乐，五日一视事，无得效高祖空自勤劳。帝从之，益称其孝顺。……六年，以恩幸封真定侯"。宇文述、郭衍二人之表现，可谓典型之佞幸。《隋书》卷六一"史臣曰"有论云："謇謇匪躬，为臣之高节，和而不同，事君之常道。宇文述、郭衍以水济水，如脂如韦，便辟足恭，柔颜取悦。君所谓可，亦曰可焉，君所谓不，亦曰不焉。无所是非，不能轻重，默默苟容，偷安高位，甘素餐之责，受彼己之讥。此固君子所不为，亦丘明之深耻也。"①

隋炀帝"不喜人谏"，对大业士风与政风危害深重，以致朝臣普遍讳言以求自保。《隋书》卷六六《郎茂传》载炀帝任以尚书左丞，"参掌选事"，"尤工法理，为世所称"，"于时帝每巡幸，王纲已紊，法令多失。茂既先朝旧臣，明习世事，然善自谋身，无謇谔之节。见帝忌刻，不敢措言，唯窃叹而已"。郎茂固然"善自谋身，无謇谔之节"，但关键在于"见帝忌刻，不敢措言，唯窃叹而已"。即便如此，其终为人所逸，"奏茂朋党，附下罔上"，与其弟郎楚之"皆除名为民，徙且末郡"。最典型的莫过于萧皇后的态度，《隋书》卷三六《后妃·炀帝萧皇后传》载："帝每游幸，后未尝不随从。时后见帝失德，心知不可，不敢厝言，因为《述志赋》以自寄。"②

就入隋南人群体而言，其主体为江左士族名士，在为人与从政方面原本秉持基本的儒家礼法、伦理意识，故包括虞世基在内，

---

① 《通鉴》卷一八一隋炀帝大业六年综述其事曰："是时矩与右翊卫大将军宇文述、内史侍郎虞世基、御史大夫裴蕴、光禄大夫郭衍皆以谄谀有宠。述善于供奉，容止便辟，侍卫者咸取则焉。郭衍尝劝帝五日一视朝，曰：'无效高祖，空自勤苦。'帝益以为忠，曰：'唯有郭衍心与朕同。'"

② 《隋书》卷三六《后妃·炀帝萧皇后传》载："及帝幸江都，臣下离贰，有宫人白后曰：'外闻人人欲反。'后曰：'任汝奏之。'宫人言于帝，帝大怒曰：'非所宜言！'遂斩之。后人复白后曰：'宿卫者往往偶语谋反。'后曰：'天下事一朝至此，势已然，无可救也。何用言之，徒令帝忧烦耳。'自是无复言者。"

诸人对炀帝曾有或隐或显之讽谏。《隋书·虞世基传》载其有过两次进言：一是"从幸雁门，帝为突厥所围，战士多败。世基劝帝重为赏格，亲为抚循，又下诏停辽东之事。帝从之，师乃复振。及围解，勋格不行，又下伐辽之诏。由是言其诈众，朝野离心"。二是"帝幸江都，次鞏县，世基以盗贼日甚，请发兵屯洛口仓，以备不虞。帝不从，但答云：'卿是书生，定犹恇怯。'于时天下大乱，世基知帝不可谏止，又以高颎、张衡等相继诛戮，惧祸及己，虽居近侍，唯诺取容，不敢忤意"。可见虞世基对炀帝之军政举措有所谏议，然以其"不可谏止"，且惧于炀帝之酷暴，故"唯诺取容，不敢忤意"。虞世基的政治品格与心态的变化具有典型性，体现出当时南人军政群体佞幸化的根本原因。此外，许善心、樊子盖、庾质、耿询、萧瑀等南人也对炀帝有所谏议。《隋书·许善心传》载大业七年，"从至涿郡，帝方自御戎以东讨，善心上封事忤旨，免官"。所谓"上封事忤旨"，当有所谏言。《隋书·樊子盖传》载炀帝遭遇突厥雁门之围，樊子盖垂泣谏曰："愿暂停辽东之役，以慰众望。圣躬亲出慰抚，厚为勋格，人心自奋，不足为忧"。他希望炀帝调整军政战略。南人中谏言最多者是庾质，《隋书》卷七八《艺术·庾季才传》载庾季才本新野人，"八世祖滔，随晋元帝过江，官至散骑常侍，封遂昌侯，因家于南郡江陵县。……季才幼颖悟，八岁诵《尚书》，十二通《周易》，好占玄象"，梁元帝以之领太史，西魏灭梁，庾季才入关，以天文术数受宠于周、隋。庾质传承家业，"大业初，授太史令"。作为术艺之士，炀帝本以私属佞幸视之，荣辱系于帝意，本传载"炀帝性多忌刻，齐王暕亦被猜嫌。质子俭时为齐王属，帝谓质曰：'汝不能一心事我，乃使儿事齐王，何向背如此邪？'质曰：'臣事陛下，子事齐王，实是一心，不敢有二。'帝怒不解，由是出为合水令"。然庾质"操履贞悫，立言忠鲠，每有灾异，必指事面陈"，特别对隋炀帝征伐高丽，一再劝谏。本传载大业八年，"帝亲伐辽东，征诣行在所"，以征伐相询，"卿以为克不"？庾质表示"切有愚见，不愿陛下亲行";炀帝作色曰:"朕今总兵至此,岂可未见贼而自退也?"庾质曰:"陛下若行,虑损军威。臣犹愿安驾住此,命骁将勇士指授规模,倍道兼行,出其不意,事宜在速,缓必无功。"大业九年,炀帝再征,庾质表示:"臣实愚迷,犹执前见。陛下若亲动万乘,糜费实多",以致炀帝大怒。大业十年,炀帝平定杨玄感乱后,"帝自西京将往东都,质谏曰:'比岁伐辽,民实劳敝,陛下宜镇抚关内,使百姓毕力归农。三五年间,令四海少得丰实,然后巡省,于事为宜。陛下思之。'帝不悦,质辞疾不从。帝闻之,怒,遣使驰传,锁质诣行在所。至东都,诏令下狱,竟死狱中。"庾质一再劝阻炀帝不应亲征高丽,希望他在杨玄感乱后,"镇抚关内",与民休息。这都关乎炀帝军政战略之诤言,惜炀帝非但不予采纳,且迫害致死。又,耿询,《隋书》卷七八《艺术·耿询传》载其丹阳人,"滑稽辩给,伎巧绝人。陈后主之世,以客从东衡州刺史王勇于岭南。……会郡俚反叛,推询为主"。隋将王世积平乱,"以为家奴",创制浑天仪,"高祖配询为官奴,给使太史局","作马上刻漏,世称其妙"。炀帝即位,"进欹器,帝善之,放为良民。岁余,授右尚方署监事。七年,车驾东征,询上书曰:'辽东不可讨,师必无功。'帝大怒,命左右斩之,何稠苦谏得免。及平壤之败,帝以询言为中,以询守太史丞"。可见耿询本为江左寒人,入隋为奴,炀帝时放为良人,以伎巧得幸,他劝阻炀帝东征,以为"辽东不可讨,师必无功"。又,萧瑀,《旧唐书》卷六三《萧瑀传》载其隋炀帝萧后弟,"从入长安。聚学属文,端正鲠亮。……炀帝又将伐辽东,谓群臣曰:'突厥狂悖为寇,势何能为。以其少时未散,萧瑀遂相恐动,情不可恕。'因出为河池郡守,即日遣之。……太宗尝从容谓房玄龄曰:'萧瑀大业之日,进谏隋主,出为河池郡守。应遭剖心之祸,翻见太平之日,北叟失马,事亦难常。'瑀顿首拜谢"。《旧唐书》卷六三"史臣曰":"萧瑀骨鲠亮直,儒术清明。执政隋朝,忠而获罪","赞"亦称"萧瑀骨鲠儒术"。又,《北史》卷七六《来护儿传》载大业十二年,"驾幸江都,护儿谏曰:'自皇家受命,将四十年,薄赋轻徭,户口滋殖。陛下以高丽逆命,稍兴军旅,百姓无知,易为咨怨,在外群盗,往往聚结,车驾游幸,深恐非宜。伏愿驻驾洛阳,与时休息,出师命将,扫清群丑,上禀圣算,指日克除。陛下今幸江都,是臣衣锦之地,臣荷恩深重,不敢专为身谋。'帝闻之,厉色而起,数日不得见。后怒解,方被引入,谓曰:'公意乃尔,朕复何望!'护儿因不敢言。寻代宇文述为左翊卫大将军"。可见来护儿对炀帝第三次巡幸江都有所谏言,建议炀帝留居洛阳,改革时政,平定民变,以稳定天下,炀帝一度大怒。此外,道士王远知对炀帝也有过谏言,《旧唐书》卷一九二《隐逸·王远知传》载:"及幸扬州,远知谏不宜远去京国,炀帝不从。"

由上所述,可见炀帝朝南人针对具体事务颇有或隐或显之谏言,然或因此遭受打压,或拘禁致死。鉴于这一政治生态,作为入隋南人军政群体,原本因缺乏社会基础已有较强的依附性、软弱性,因得隋炀帝恩幸而得势,必然一味投机附和,为虎作伥,甘为佞幸之臣。因此,隋炀帝之"性不喜人谏",杜绝言路的苛酷政风,是导致包括当时南人群体在内的朝臣代表佞幸化的根本原因。对此,唐太宗论及炀帝朝政风,对虞世基颇有"回护"之意。《贞观政要集校》卷二"求谏"载:"贞观二年,太宗谓侍臣曰:'明主思短而益善,暗主护短而永愚。隋炀帝好自矜夸,护短拒谏,诚亦实难犯忤。虞世基不敢直言,或恐未为深罪。昔箕子佯狂自全,孔子亦称其仁。及炀帝被杀,世基合同死否?'杜如晦对曰:'……世基岂得以炀帝无道,不纳谏诤,遂杜口无言?偷安重位,又不能辞职请退,则与箕子佯狂而去,……虞世基位居宰辅,在得言之地,竟无一言谏诤,诚亦合死。'太宗曰:'公言是也。人君必须忠良辅弼,乃得身安国宁。炀帝岂不以下无忠臣,身不闻过,恶积祸盈,灭亡斯及。若人主所行不当,臣下又无匡谏,苟在阿顺,事皆称美,则君为暗主,臣为谀臣,君暗臣谀,危亡不远。朕今志在君臣上下,各尽至公,共相切磋,以成理道。公等各宜务尽忠谠,匡救朕恶,终不以直言忤意，辄相责怒。'"① 鉴于隋炀帝之"好自矜夸，护短拒谏"，唐太宗以其臣属"实难犯忤"，故虞世基之"不敢直言"，"或恐未为深罪"，有所"理解"与"同情"。② 对此，王夫之《读通鉴论》卷一九隋炀帝之六条有论云："忌天下之贤，而驱之不肖，于是而毒流天下，则身戮国亡，不能一朝居矣。逆广之杀高颎、贺若弼也，畏其贤也；薛道衡、王胄、祖君彦一词章吟咏之长耳，且或死或废，而无以自容，非以天子而求胜于一夫也，谓贤者之可轧己以夺己，而不肖者人望所不归，无如己何也。故虞世基、宇文述、裴矩、高德儒之猥贱，则委之腹心而不疑；乃至王世充之凶顽，亦任之以土地甲兵之重；无他，以其耽淫嗜利为物之所甚贱，而无与戴之者也。唐高祖以才望见忌，几于见杀，乃纵酒纳贿，托于污行，则重任之使守太原，以为崛起之资。夫人君即昧于贤不肖之分，为小人之所扰乱，抑必伪为节制之容，饰以贞廉之迹，而后可以欺昏昏者以仇其奸；未有以纵酒纳贿而推诚委之者，此岂徒逆广之迷乱哉？……

---

① 前揭《贞观政要集校》，第85—86页。
② 对于隋炀帝亡国之教训，贞观年间唐太宗君臣多有省思，蔚为思潮，其中一个主题即为炀帝之杜绝谏言。如《贞观政要集校》卷一"君道"载："贞观二年，太宗问魏征曰：'何谓明君暗君？'征曰：'君之所以明者，兼听也；其所以暗者，偏信也。……隋炀帝偏信虞世基，而诸贼攻城剽邑，亦不得知也。是故人君兼听纳下，则贵臣不得壅蔽，而下情必得上通也。'太宗甚善其言。"又，卷二"求谏"载贞观初，唐太宗谓公卿曰："至如隋炀帝暴虐，臣下钳口，卒令不闻其过，遂至灭亡。虞世基等，寻亦诛死。前事不远，公等每看事有不利于人，必须极言规谏。"又，卷三"君臣鉴戒"载贞观四年，太宗与侍臣论及刑杀事曰："非是炀帝无道，臣下亦不尽心。须相匡谏，不避诛戮，岂得惟行谄佞，苟求悦誉。君臣如此，何能不败？朕赖公等共相辅佐，遂令囹圄空虚，愿公等善始克终，恒如今日！"又，卷一〇"论行幸"载："贞观十一年，太宗幸洛阳宫，泛舟于积翠池，顾谓侍臣曰：'……隋氏倾覆者，岂惟其君无道，亦由股肱无良。如宇文述、虞世基、裴蕴之徒，居高官、食厚禄，受人委任，惟行谄佞，蔽塞聪明，欲令其国无危，理不可得也。'司空长孙无忌奏言：'隋氏之亡，其君则杜塞忠谠之言，臣则苟欲自全，左右有过，初不纠举，寇盗滋蔓，亦不实陈。据此，即不惟天道，实由君臣不相匡弼。'太宗曰：'朕与卿等承其余弊，惟须弘道移风，使万代永赖矣。'"就君主治国之道而言，他们以为隋炀帝亡国的症结在于"隋炀帝暴虐，臣下钳口"，"好自矜夸，护短拒谏"，以致虞世基等"实难犯忤"，"不敢直言"。可见贞观年间特别是贞观前期，唐太宗君臣一再反省隋炀帝拒谏禁言及其危害，以从中汲取教训。见（唐）吴兢撰，谢保成集校《贞观政要集校》，中华书局2009年版，第13、83、147、148、512—513页。

故天下之恶，莫有甚于恶天下之贤而喜其不肖者也。天子以之不保天下，士庶人以之不保其身，斩宗灭祀、鬼祸不解者，皆此念为之也，可不畏哉！"① 这明确指出炀帝"忌天下之贤，而驱之不肖"，以致"毒流天下"，士风败坏。

（四）"能死国难"："江都之难"中南人对炀帝之"忠义"

大业十二年七月炀帝第三次巡幸并长时间滞留江都，进而谋划南渡江东，引发其随驾关中骁果之反叛，即所谓"江都之难"。② 《隋书》卷四《炀帝纪下》载："二年三月，右屯卫将军宇文化及，武贲郎将司马德戡、元礼、监门直阁裴虔通，将作少监宇文智及，武勇郎将赵行枢，鹰扬郎将孟景，内史舍人元敏，符玺郎李覆、牛方裕，千牛左右李孝本、弟孝质，直长许弘仁、薛世良，城门郎唐奉义，医正张恺等，以骁果作乱，入犯宫闱。上崩于温室，时年五十。"又，《隋书》卷五《恭帝纪》载："三月丙辰，右屯卫将军宇文化及杀太上皇于江都宫，右御卫将军独孤盛死之。

---

① （唐）朱敬则《隋炀帝论》（《全唐文》卷一七一）以为隋炀帝独断专行，臣属阿谀，以致"言贼者获罪，敢谏者受刑"，小人之道昌炽，故论其危害云："小人之心犹火也，火之性必须有所烧，小人之心必须有所害。当其受宠遇也，排忠良，庇道德，辨足以移视听，辞足以结主心，导之以淫奢，引之以苛刻，人用而不郵，政荒而不修，如蝼蚁溃堤防，不觉其败，如春风养草木，但见其盛，事至而未知，祸构而方惧。素无材略，不能以败求全，本自少恩，岂能得众成事，进退唯谷，无处容身，或出奔以图生，或杀主而自解。眇观史策，遍采兴亡，开役者多是爱臣，害上者无非近习。然庸君暗主，莫肯远之，复何言哉！"

② 对于隋炀帝随驾之关中骁果武人集团反叛之原因，除了他们急于归乡，对炀帝滞留江都与谋划渡江不满之情绪外，姜望来在《隋乱唐兴：太子勇之废黜与隋唐间政局变迁》、《从开皇到贞观：李孝常家族与隋至唐初政局》二文中（见氏著《皇位传承与中古政治》，中国社会科学出版社2023年版），都指出以刘居士集团为代表的东宫宿卫武装隶属太子勇，在太子勇被废黜过程中受到打击，故而在政治上对隋炀帝心存隔膜，指出宇文化及逆党与太子勇之刘居士集团存在关联，其中"李孝常为最关键之人。……李孝常兄弟三人俱非炀帝之纯臣，推其叛逆之由，当与太子勇有关，孝常为太子勇党居士集团成员，颇疑孝本、孝质亦太子勇党。……宇文化及逆党十八人，皆为炀帝近侍宿卫之臣，……依孝本、孝质兄弟之例，化及逆党当有相当部分为居士集团成员或与之关系密切，如此则江都弑逆适能反证居士集团为太子勇党，即居士案发生与太子勇被废后，此集团幸存之成员不忘旧主伺机复仇，终至于江都之祸"。（第103—105页）

齐王暕、赵王杲、燕王倓，光禄大夫、开府仪同三司、行右翊卫大将军宇文协，金紫光禄大夫、内史侍郎虞世基，银青光禄大夫、御史大夫裴蕴，通议大夫、行给事郎许善心，皆遇害。化及立秦王浩为帝，自称大丞相，朝士文武皆受其官爵。光禄大夫、宿公孟才，折冲郎将、朝请大夫沈光，同谋讨贼，夜袭化及营，反为所害。"《隋书》卷八五《宇文化及传》亦载："遣令狐行达弑帝于宫中，又执朝臣不同己者数十人及诸外戚，无少长害之。"所谓"不同己者"，当多为南人。① 在此过程中，南人曾有先发制人之谋议。《隋书》卷六七《裴蕴传》载："及司马德戡将为乱，江阳长张惠绍夜驰告之。蕴共惠绍谋，欲矫诏发郭下兵民，尽取荣公来护儿节度，收在外逆党宇文化及等，仍发羽林殿脚，遣范富娄等入自西苑，取梁公萧钜及燕王处分，扣门援帝。谋议已定，遣报虞世基。世基疑反者不实，抑其计。须臾，难作，蕴叹曰：'谋及播郎，竟误人事。'遂见害。子惛为尚辇直长，亦同日死。"②

江都难作，南士多臣从君亡、子随父死。《隋书·虞世基传》载其子熙，"大业末为符玺郎，次子柔、晦，并宣义郎。化及将乱之夕，宗人虞伋知而告熙曰：'事势以然，吾将济卿南渡，且得免祸，同死何益！'熙谓伋曰：'弃父背君，求生何地？感尊之怀，自此诀矣。'及难作，兄弟竞请先死，行刑人于是先世基杀之。"特别是许善心，未预炀帝之中枢军政决策，故不在诛戮之列，然其竟"自求

---

① 《隋书》卷六七《虞世基传》载"宇文化及弑逆也，世基乃见害焉"。《隋书》卷六九《袁充传》载"宇文化及弑逆之际，并诛充，时年七十五"。汪篯在《宇文化及之杀炀帝及其失败》（前揭《汪篯汉唐史论稿》）中指出，"宇文化及谋逆时，所杀之隋臣，其能考者可分二类：其一类为炀帝宠昵之近戚，如宇文协、宇文晶兄弟及萧钜等。晶、钜得出入宫掖，为炀帝伺察内外，此所以不免祸也。他一类为外廷之将相大臣，即来护儿、虞世基、裴蕴、袁充、许善心诸人，是此皆南人，而为宇文化及等所深恶，故一时遇害也"。故概曰："夫西人以思归谋叛，则欲与相抗拒者多为南人"。（第536页）

② 对于裴蕴与虞世基谋划武力对抗关中骁果，汪篯在《宇文化及之杀炀帝及其失败》（前揭《汪篯汉唐史论稿》）中指出裴蕴与虞世基同为出自南人之宰辅，"故此二人本为一党，当难作之时，既获知逆谋，则预作防计，自无足怪"。至于裴蕴提议将"收在外逆党宇文化及等"之事交付来护儿，乃因其为"南人之善战者"。（第536页）

死"。又,《隋书》卷五八本传载:"十四年,化及杀逆之日,隋官尽诣朝堂谒贺,善心独不至。许弘仁驰告之曰:'天子已崩,宇文将军摄政,合朝文武莫不咸集。天道人事,自有代终,何预于叔而低徊若此!'善心怒之,不肯随去。弘仁反走上马,泣而言曰:'将军于叔全无恶意,忽自求死,岂不痛哉!'还告唐奉仪,以状白化及,遣人就宅执至朝堂。化及令释之,善心不舞蹈而出。化及目送之曰:'此人大负气。'命捉将来,骂云:'我好欲放你,敢如此不逊!'其党辄牵曳,因遂害之,时年六十一。"许善心母范氏称许其"能死国难":"善心遇祸,范年九十有二,临丧不哭,抚柩曰:'能死国难,我有儿矣。'因卧不食,后十余日亦终"。

江淮武将中,来护儿权位最重,其父子自在诛戮之列,《隋书·来护儿传》载"江都之难,宇文化及忌而害之",其子楷、弘、整,"化及反,皆遇害,唯少子恒、济获免"。《北史》卷七六《来护儿传》载:"及宇文化及构逆,深忌之。是日旦将朝,见执。护儿曰;'陛下今何在?'左右曰:'今被执矣。'护儿叹曰:'吾备位大臣,荷国重任,不能肃清凶逆,遂令王室至此,抱恨泉壤,知复何言!'乃遇害。……子十二人,楷通议大夫,弘金紫光禄大夫,整左光禄大夫。……至是,并遇害,子侄死者十人,唯少子恒、济二人免。"由来护儿临终所言,可见其对炀帝感情之真切。

当时一些南人武力后进以为炀帝复仇相号召,谋划反抗,其核心人物是麦孟才、沈光等。《隋书》卷八五《宇文化及传》概言,宇文化及弑逆后"十余日,夺江都人舟楫,从水路西归。至显福宫,宿宫麦孟才、折冲郎将沈光等谋击化及,反为所害"。《隋书·沈光传》载:"光自以荷恩深重,思怀竭节。及江都之难,潜构义勇,将为帝复仇。先是,帝宠昵官奴,名为给使,宇文化及以光骁勇,方任之,令其总统,营于禁内。时孟才、钱杰等阴图化及,因谓光曰:'我等荷国厚恩,不能死难以卫社稷,斯则古人之所耻也。今又俛首事仇,受其驱率,有靦面目,何用生为?吾必欲杀之,死无所恨。公义士也,肯从我乎?'光泣下霑衿,曰:'是所望于将军也。仆领给使数百人,并荷先帝恩遇,今在化及内营。以此复仇,如鹰鹯之逐鸟雀。万世之功,在此一举,愿将军勉之。'孟才为将军,领江淮之众数千人,期以营将发时,晨起袭化及。光语洩,陈谦告其事。化及大惧曰:'此麦铁杖子也,及沈光者,并勇决不可当,须避其锋。'是夜即与腹心走出营外,留人告司马德戡等,遣领兵马,逮捕孟才。光闻营内喧声,知事发,不及被甲,即袭化及营,空无所获。值舍人元敏,数而斩之。遇德戡兵入,四面围合。光大呼溃围,给使齐奋,斩首数十级,贼皆披靡。德戡辄复遣骑,持弓弩,翼而射之。光身无介胄,遂为所害。麾下数百人皆斗而死,一无降者。时年二十八。壮士闻之,莫不为之陨涕。"①《隋书·麦铁杖传》也载麦孟才"果烈有父风。帝以孟才死节将子,恩赐殊厚,拜武贲郎将。及江都之难,慨然有复仇之志。与武牙郎钱杰素交友,二人相谓曰:'吾等世荷国恩,门著诚节。今贼臣弑逆,社稷沦亡,无节可纪,何面目视息世间哉!'于是流涕扼腕,遂相与谋,纠合恩旧,欲于显福宫邀击宇文化及。事临发,陈藩之子谦知其谋而告之,与其党沈光俱为化及所害,忠义之士哀焉。"这些江淮武人后进以此表达他们对隋炀帝之"忠义",故《隋书》卷六四"史臣曰"称"孟才、钱杰、沈光等,感恩怀旧,临难忘生,虽功无所成,其志有可称矣"②。

一些江南人士被逼而随宇文化及北归者,或因心情抑郁而死,如庾自直,《隋书·文学·庾自直传》载"化及作逆,以之北上,自载露车中,感激发病卒"。或心存他念遭诛,如耿询,《隋书·艺术·耿询传》

---

① 《隋书》卷六三《元寿传》载元寿乃周、隋功臣,"子敏,颇有才辩,而轻险多诈。寿卒后,帝追思之,擢敏为守内史舍人,而交通博徒,数漏泄省中语。化及之反也,敏创其谋,伪授内史侍郎,为沈光所杀"。

② 对以上记载中的钱杰、陈藩与陈谦父子,汪篯在《宇文化及之杀炀帝及其失败》(前揭《汪篯汉唐史论稿》)中有所考论,以为"钱杰之家世虽难考见,但与吴兴之钱氏可以无疑",故与沈光、麦孟才三人"皆为南方骁将,又统率炀帝宠昵之给使,与江淮士卒,宜其共密谋图化及也。……至于陈谦告密一事,隋传称陈谦是陈藩子,考《南史》卷六五《陈宗室诸王·后主诸子传》,'吴郡王藩,字承广,后主第十子也,……隋大业中,为任城令。'岂沈光等谓其亦是南人,许以心腹而反而所卖欤?"(第536页)

载宇文化及弑逆后,"从至黎阳,谓其妻曰:'近观人事,远察天文,宇文必败,李氏当王,吾知所归矣。'询欲去之,为化及所杀"。

此外,留守江都的陈稜,以另一种方式表达其对隋炀帝的感情。《隋书》卷六四本传载:"俄而帝以弑崩,宇文化及引军北上,召稜守江都。稜集众缟素,为炀帝发丧,备仪卫,改葬于吴公台下,哀杖送丧,恸感行路,论者深义之。"隋炀帝死时,萧后仓促草葬于宫中,陈稜"集众缟素,为炀帝发丧,备仪卫",举行了正式的葬礼。对此,《隋书》卷六四"史臣曰"称"陈稜缟素发丧,哀感行路,义之所动,固已深乎!"①

"江都宫难"之发生,直接原因在于炀帝滞留江都并决意南渡,以致引发关陇骁果为代表之北人群体的离弃与背叛。然究其潜在之深层因素,则在于大业中后期以来南人军政群体之崛起及其与以关陇军政集团为核心的北人群体之冲突。炀帝之所以做出相关战略规划与抉择,在于获得了以虞世基、裴蕴为代表的江南、江淮军政群体的支持,炀帝末基本倾向于南人,与之合体共命,这必然导致北人的背离。其间南北文武朝臣围绕炀帝相关决策多有纷争与对抗,引发江都之难,关中骁果上层对南人军政代表残酷屠戮。当时南人以炀帝遭弑为"国难",出于君臣大义,他们与关陇势力相抗争,以表达对炀帝之"忠义"。由于事起仓促,南人集团谋划、组织不密,军事实力亦不足,遭致覆灭性打击,沦为炀帝之殉葬。②

---

① 关于隋炀帝此次丧葬,《隋书》卷四《炀帝纪下》载义宁二年三月,隋炀帝被害后,"萧后令宫人撤床箦为棺以埋之。化及发后,右御卫将军陈稜奉梓宫于成象殿,葬吴公台下。发敛之始,容貌若生,众咸异之。大唐平江南之后,改葬雷塘"。

② 王夫之《读通鉴论》卷一九隋炀帝之十二条有论云:"杨广之不道而见弑于宇文化及,许善心、张琮抗贼以死,当斯时也,虽欲不死而不得也。麦孟才、沈光讨贼而见擒,麾下千人无一降者;李袭志保始安,闻弑哭临,坚守而不降于萧铣;岂隋氏之能得人心?而顿异于宋、齐以来王谧、褚渊恬不知愧之习者,何也?十三载居位之天子,人虽不道,名义攸存,四海一王,人无贰心,苟知自念,不忍目击此流血宫廷之大变也。唐高祖闻变而痛哭,岂杨广之泽足以感之?而又岂高祖之伪哀以欺世乎?臣主之义,生于人心,于此见矣。"王夫之将许善心等南人文武殉节隋炀帝,与其他相关人物一并论述,归结于"臣主之义",而没有揭示出南人群体与隋炀帝相互间的密切情感、利益关联。

三 大业年间南人军政群体与关陇集团之斗争

隋炀帝大力提携江南、江淮军政代表人物，以之执掌中枢，参决军政，从而在在隋王朝上层培植了一个具有鲜明地域背景的南人军政群体。这一地域军政群体的出现，自是中国古代政治史上具有划时代意义的新现象，由此而引发了隋统治上层一系列冲突与斗争。

（一）炀帝调整用人政策，诛戮关陇旧臣，显露其疏离关陇势力之倾向

如所周知，隋文帝立国，其军政势力因袭西魏—北周以来形成的关陇地域集团及其相关制度，其间虽有所调整、变替，如逐步征召山东人士等，但就关陇本位观念而言，则未有根本性变化。不过，隋灭陈之后，面临着前所未有的新问题，即在军事征服后，如何长期有效地稳定南方局势，巩固统一。作为具有总管南方经历的统治者，隋炀帝对江南地域具有丰富的阅历与认知，于是其继位后便寻求变革，欲意通过培植南人军政群体，以突破关陇集团的局限，改变既有朝廷执政中枢的地缘结构。

关陇地域集团内部自来便存在激烈的斗争与残害。隋文帝时期，为巩固其统治，即不断翦除关陇勋贵。特别在隋炀帝谋取继嗣与帝位过程中，关陇集团出现分化。以左仆射高颎为代表的元老勋旧势力维护太子杨勇，坚持嫡庶之别，隋炀帝利用其藩府嫡系宇文述，联络杨素、杨约兄弟等，促成其事，其间高颎等被罢黜，元旻及诸多东宫僚属被杀；此后废蜀王杨秀与汉王杨谅反叛，关陇人物也多受株连，开启了炀帝打压、疏离关陇势力的序幕。

隋炀帝继位后着手调整中枢决策与执政人员结构。《隋书》卷三《炀帝纪上》载大业五年二月，"制魏、周官不得为荫"，意在通过改革选举与门第恩荫制度，削弱关陇旧族特权，突破关陇本位的局限，具有扩大统一王朝向各地域人士开放的意图。他一再下诏拔擢

新锐之士，从年辈、地域与阶层等方面改变上层官僚队伍的构成。这一变革中，关陇集团受到冲击，南士群体则颇多得益，其代表人物渐次进入隋炀帝政治核心层，参与军政决策，成为大业年间政坛之新兴力量。毋庸讳言，隋炀帝有关选举制度与用人政策的变革，大力拔擢、任用南士群体，意在重新构建新的中枢执政结构，冲击、削弱、打破关陇势力垄断军政的格局，表现出对关陇地域及其旧有军政势力的疏离心态，这必然引发政局动荡与激烈冲突。诚如论者所言，"炀帝信任藩邸旧臣及江淮人士，使文帝时在高层政治中处于排它地位的关陇人士受到排抑，这使大业时期的高层政治孕育着深刻的危机"[①]。

在此过程中，隋炀帝自大业三年以来，已着手清除关陇旧臣代表。《隋书·炀帝纪上》载大业三年七月丙子，"杀光禄大夫贺若弼、礼部尚书宇文弼、太常卿高颎。尚书左仆射苏威坐事免"。高颎，据《隋书》卷四一《高颎传》，他是隋文帝开皇年间的首席功臣，"颎有文武大略，明达世务。及蒙任寄之后，竭诚尽节，进引贞良，以天下为己任。苏威、杨素、贺若弼、韩擒等，皆颎所推荐，各尽其用，为一代名臣。自余立功立事者，不可胜数。当朝执政将二十年，朝野推服，物无异议。治致升平，颎之力也。论者以为真宰相。……所有奇策密谋及损益时政，颎皆削稿，世无知者。"开皇后期，因卷入皇储更易等斗争，一度"除名为民"。炀帝即位，拜为太常，"时诏收周、齐故乐人及天下散乐。颎奏曰：'此乐久废。今若征之，恐无识之徒弃本逐末，递相教习。'帝不悦。帝时侈靡，声色滋甚，又起长城之役。颎甚病之，谓太常丞李懿曰：'周天元以好乐而亡，殷鉴不遥，安可复尔！'时帝遇启民可汗恩礼过厚，颎谓太府卿何稠曰：'此虏颇知中国虚实、山川险易，恐为后患。'复谓观王雄曰：'近来朝廷殊无纲纪。'有人奏之，帝以为谤讪朝政，于是

[①] 何德章：《江淮政治地域与隋炀帝的政治生命》，前揭氏著《魏晋南北朝史丛稿》，第96页。

下诏诛之,诸子徙边。"①隋炀帝诛杀高颎,当时反响极大,本传称"及其被诛,天下莫不伤惜,至今称冤不已"②。

又,《隋书》卷五二《贺若弼传》载:"及炀帝嗣位,尤被疏忌。大业三年,从驾北巡,至榆林。帝时为大帐,其下可坐数千人,召突厥启民可汗飨之。弼以为大侈,与高颎、宇文弻等私议得失,为人所奏,竟坐诛,时年六十四。妻子为官奴婢,群从徙边。"③

又,《隋书》卷五六《宇文弻传》载隋炀帝即位后任为刑部尚书、礼部尚书等,"弻既以才能著称,历职显要,声望甚重,物议时谈,多见推许,帝颇忌之。时帝渐好声色,尤勤远略,弻谓高颎曰:'昔周天元好声色而国亡,以今方之,不亦甚乎?'又言'长城之役,幸非急务'。有人奏之,竟坐诛死,时年六十二,天下冤之"④。

---

① 《隋书》卷四一"史臣曰"论高颎之人生悲剧曰:"属高祖将废储宫,由忠信而得罪,逮炀帝方逞浮侈,以忤时而受戮"。(唐)吴兢撰,谢保成集校:《贞观政要集校》(中华书局2009年版)卷五"论公平"载:"贞观二年,太宗谓房玄龄等曰:'朕比见隋代遗老咸称高颎善为相者,遂观其本传,可谓公平正直,尤识治体。隋室安危,系其存没。炀帝无道,枉见诛夷,何尝不想见其人,废书钦叹!'"(第283页)

② 高颎之死,牵涉关陇人物颇多。《隋书》卷五四《李彻传》载其为隋炀帝藩邸旧属,"晋王广之镇并州也,朝廷妙选正人有文武才干者,为之僚佐。上以彻前代旧臣,数持军旅,诏彻总晋王府军事,进爵齐安郡公。……及晋王广转牧淮海,以彻为扬州总管司马,改封德广郡公"。然"左仆射高颎之得罪也,以彻素与颎相善,因被疏忌,不复任使。后出怨言,上闻而召之,入卧内赐宴,言及平生,因遇鸩而卒。大业中,其妻宇文氏为孽子安远诬以呪诅,伏诛"。又,薛道衡之死,与高颎狱案也有所关联,据前引《隋书·裴蕴传》,早在平陈之役时,炀帝已对薛道衡有宿怨,故后以其"共高颎、贺若弼等外擅威权"。《隋书》卷五七《薛道衡传》载"会议新令,久不能决,道衡谓朝士曰:'向使高颎不死,令决当久行。'有人奏之,帝怒曰:'汝忆高颎邪?'付执法者勘之"。

③ 贺若弼狱案也牵涉关陇集团人物。《隋书》卷六五《吐万绪传》载其郡鲜卑人,"大业初,转光禄卿。贺若弼之遇谴也,引绪为证,绪明其无罪,由是免官"。后刘元进作乱江南,"以兵攻润州,帝征绪讨之",吐万绪占据建安后,"帝令进讨之,绪以士卒疲敝,请息甲待至来春。帝不悦,密令求ληcuπu罪失,有司奏绪怯懦违诏,于是除名为民,配防建安。寻有诏征诣行在所,绪郁郁不得志,还至永嘉,发疾而卒"。又,贺若弼之死还牵连炀帝萧后宗族人物萧琮,《隋书》卷七九《外戚·萧岿传附萧琮传》载其"尝与贺若弼深相友善,弼既被诛,复有童谣曰:'萧萧亦复起。'帝由是忌之,遂废于家,未几而卒"。

④ 叶适《习学记言序目》卷三七"《隋书·高颎传》"条有论云:"颎遭离非命,暮年诛灭,而当时之言如此,可以见其人也。颎与贺若弼被杀,自系隋之存亡,不复关身矣,哀哉!"这指出高颎、贺若弼之死关乎隋炀帝统治大局,影响深远,但未揭示炀帝调整用人政策等深层原因。

关中代表人物尚书右仆射苏威也受到牵连,《隋书》卷四一《苏威传》载:"炀帝嗣位,加上大将军。及长城之役,威谏止之。高颎、贺若弼等之诛也,威坐与相连,免官。"但炀帝毕竟未杀苏威,且"以威先朝旧臣,渐加委任",位列"五贵","参掌朝政"。炀帝之留用苏威,固然与其性格柔媚,易于掌控有关,但主要在于炀帝以其作为关陇旧臣代表,具有象征意义与平衡作用,借以协调军政,维护大局稳定。就中枢决策而言,大业年间苏威作用有限,与开皇年间数司并兼、运作朝纲相比,已不可同日而语。①

由此可见,大业前期,隋炀帝公然诛杀一批最具社会声望与影响的关陇集团军政代表人物,其施政思路表现出游离于"关中旧意"之外的倾向。特别需要指出的是,除了诛杀关陇旧臣,对助其阴谋夺嫡并当权的关陇军政代表杨素及其势力,隋炀帝也暗中打压,有清除之意。《隋书》卷四八《杨素传》载:"素虽有建立之策,及平杨谅功,然特为帝所猜忌,外示殊礼,内情甚薄。太史言隋分野有大丧,因改封于楚。楚与隋同分,欲以此厌当之。素寝疾之日,帝

---

① 开皇年间,苏威与高颎可谓隋文帝最为倚重的辅佐大臣。《隋书》卷四一《苏威传》载其为苏绰子,隋文帝执政,高颎荐之,"渐见亲重,与高颎参掌朝政",以太子少保,领纳言、民部尚书、大理卿、京兆尹、御史大夫等五职。当时治书侍御史梁毗以苏威专权,不能举贤自代,"抗表劾威",隋文帝曰:"苏威朝夕孜孜,志存远大,举贤有阙,何遽迫之!"对苏威说:"用之则行,舍之则藏,唯我与尔有是夫!"又对朝臣言:"苏威不值我,无以措其言;我不得苏威,何以行其道?杨素才辩无双,至若斟酌古今,助我宣化,非威之匹也。苏威若逢乱世,南山四皓,岂易屈哉!"后解少保、御史大夫,历为刑部尚书、礼部尚书等,"时高颎与威同心协赞,政刑大小,无不筹之,故革运数年,天下称治"。开皇九年,为尚书右仆射,母忧居丧,文帝特敕令其"为国惜身","朕之于公,为君为父,宜依朕旨,以礼自存",不久即"起令视事"。尽管因诸多人事纠葛,苏威在开皇后期亦遭冷遇,但延及仁寿初,复拜尚书右仆射,保留其关中旧族权臣代表的身份。又,《隋书》卷四九《牛弘传》载:"隋室旧臣,始终信任,悔吝不及,惟弘一人而已。"由此可见,炀帝时期对关陇军政人物之压制。具体就牛弘个人而言,其之所以能够"始终信任,悔吝不及",固然在于其性格、品德,但与其逝于大业中期也不无关系,如延至大业后期,政局危乱,一旦有所谏言,则难免遭黜。对此,叶适《习学记言序目》卷三七"《隋书·牛弘传》"条有言:"牛弘浅而不俗,柔而不弱,治世之中品耳;若书五厄,则前盖未有能为此论者。然史谓'大业之世,委遇弥隆';'隋室旧臣,始终信任,悔吝不及,惟弘一人'。而其死在大业三年,使其少复延永,未知与苏威出处如何。士固有幸不幸,未可随事为定论也。"

每令名医诊候，赐以上药。然密问医人，恒恐不死。素又自知名位已极，不肯服药，亦不将慎，每语弟约曰：'我岂须更活耶？'"①杨素子杨玄感为礼部尚书，《隋书》卷七〇《杨玄感传》载："自以累世尊显，有盛名于天下，在朝文武多是父之将吏，复见朝纲渐紊，帝又猜忌日甚，内不自安，遂与诸弟潜谋废帝，立秦王浩。"可见炀帝对杨素及其家族"猜忌日甚"，杨素若不病故，似难免诛戮；大业九年，杨玄感变乱被镇压，其家族势力由此毁灭，与之相关的关陇势力遭受严重冲击与打压。

隋炀帝当政以来，致力强化集权，在遏制关陇集团势力膨胀过程中，他必须提携、培植新的军政辅助势力，这不仅是排黜关陇旧有势力后必须补充空缺的需要，更是其在新的地域观念驱动下实施新政策的需要。如前所述，大业年间参掌朝政的核心人物有苏威、宇文述、裴矩、裴蕴、虞世基等人，时称"五贵"。炀帝这一核心辅政、施政团队，苏威是关陇旧臣代表，宇文述出自关陇集团，关键在于他具有炀帝藩府亲信的背景，裴矩由齐入周，可谓山东人士代表，②裴蕴、虞世基则来自陈朝。炀帝朝"五贵"之地缘背景，体现出隋炀帝新的"全国格局"与"天下观念"，其中南士数量较多，体现出隋炀帝突出的"南方意识"，可谓中古时代中国大一统政局之新变。当时南人之参决中枢，正由于隋炀帝之大力拔擢与提携。概而言之，隋炀帝基于新的地域意识，限制、打压关陇集团，提携南

---

① （唐）杜宝撰，辛德勇辑校：《大业杂记辑校》（中华书局2022年版）载："初，太子之遘疾也，时与杨素同在侍宴，帝既深忌于素，并起二匕同至，传酒者不悟是药酒，错进太子，既饮三日而毒发，下血二斗余。宫人闻素平常，始知毒酒误饮太子，秘不敢言。太子知之，叹曰：'岂意代杨素死乎，命也！'数日而薨。后素亦竟以毒毙。"（第223—224页）对此，《通鉴》卷一八〇隋炀帝大业二年七月附录《通鉴考异》引《大业杂记》亦载此事，有案语曰："按他书皆无此说，盖时人见太子与素相继薨，妄有此论耳。"此说固然过于戏曲化，但《大业杂记》载之，正与隋炀帝对杨素的忌恨心理相合。

② 《隋书》卷六七《裴矩传》载其河东闻喜人，"祖他，魏都官尚书。父讷之，齐太子舍人。……齐北平王贞为司州牧，辟为兵曹从事，转高平王文学。及齐亡，不得调。高祖为定州总管，召补记室，甚亲敬之。……及受禅，迁给事郎，奏舍人事。伐陈之役，领元帅记室。既破丹阳，晋王广令矩与高颎收陈图籍"。可见裴矩入隋后渐得任用。

人，从而给南人军政群体的崛起提供了机缘。

（二）南人军政代表人物对关陇势力之攻讦

当时"参掌朝政"的南士群体，作为新兴的军政势力，为拓展军政道路，必然与当朝的传统势力发生矛盾。仔细考察南人的相关军政活动，他们或隐或显地都与关陇集团人物有所冲突。其中裴蕴的相关表现尤为突出，他一再攻讦、陷害关陇人物，涉及高颎、苏威、薛道衡等人。前述裴蕴为太常少卿，"奏括天下周、齐、梁、陈乐家子弟，皆为乐户"，当时高颎为太常，为裴蕴之上司，《隋书·高颎传》载："时诏收周、齐故乐人及天下散乐。颎奏曰：'此乐久废。今若征之，恐无识之徒弃本逐末，递相教习。'帝不悦。"很显然，裴蕴"揣知帝意"以进言，高颎有所微词而致"帝不悦"，由此不难揣测二人之间的矛盾与斗争。裴蕴对高颎的构陷、中伤颇为隐晦，他对苏威的攻击、陷害则是公然的。《隋书·裴蕴传》载："帝问苏威以讨辽之策，威不愿帝复行，且欲令帝知天下多贼，乃诡答曰：'今者之役，不愿发兵，但诏赦群盗，自可得数十万。遣关内奴贼及山东历山飞、张金称等头别为一军，出辽西道，诸河南贼王薄、孟让等十余头并给舟楫，浮沧海道，必喜于免罪，竞务立功，一岁之间，可灭高丽矣。'帝不怿曰：'我去尚犹未克，鼠窃安能济乎？'威出后，蕴奏曰：'此大不逊，天下何处有许多贼！'帝悟曰：'老革多奸，将贼胁我。欲搭其口，但隐忍之，诚极难耐。'蕴知上意，遣张行本奏威罪恶，帝付蕴推鞫之，乃处其死。帝曰：'未忍便杀。'遂父子及孙三世并除名。"可见裴蕴一度搜罗、伪造罪证，欲置苏威于死地。[①] 直到隋炀帝之末，裴蕴与虞世基联手，共同排抵、打压苏威。《隋书·苏威传》载："其年从幸江都宫，帝将复用威，裴蕴、虞世基奏言，昏

[①] 《隋书》卷四一《苏威传》载此曰："后复问伐辽东事，威对愿赦群盗，遣讨高丽，帝益怒。御史大夫裴蕴希旨，令白衣张行本奏威昔在高阳典选，滥授人官；畏怯突厥，请还京师。帝令案其事。及狱成，……于是除名为民。"

毫羸疾，帝乃止。"① 又，裴蕴秉承炀帝旨意，迫害薛道衡，也涉及打压关陇势力，具体情形前文已有详述，此不赘述。

何稠或举报高颎"谤讪朝政"。《隋书·高颎传》载："时帝遇启民可汗恩礼过厚，颎谓太府卿何稠曰：'此虏颇知中国虚实、山川险易，恐为后患。'"对隋炀帝之奢侈、声色、好乐等，高颎也有议论，以为"近来朝廷殊无纲纪"，终为人所奏。高颎私下所议论之对象，何稠之外，还有太常丞王懿、观王杨雄等人，故何稠可能参与告密，以构陷高颎。②

萧吉以术数中伤杨素家族。《隋书》卷七八《艺术·萧吉传》载其乃"梁武帝兄长沙宣武王懿之孙也。博学多通，尤精阴阳算数。江陵陷，遂归于周。……及隋受禅，进上仪同，以本官太常考定古今阴阳书。吉性孤峭，不与公卿相沉浮，又与杨素不协，由是摈落于世，郁郁不得志。见上好征祥之说，欲干没自进，遂矫其迹为悦媚焉。"隋文帝时，他以奏言天文历数瑞应、受命为独孤后"卜择葬所"等而

---

① 何德章《江淮政治地域与隋炀帝的政治生命》（前揭氏著《魏晋南北朝史丛稿》）文中指出："炀帝到江都后，虞世基、裴蕴等江南人士以'昏耄老疾'为由，将苏威排挤出最高领导层。这无疑加深了本就存在的关陇人士和江淮人士的矛盾"。（第99页）所论甚是。然隋炀帝在江都曾一度"将复用威"，这表明当时炀帝处于两大地域军政集团的激烈对抗之中，试图起用关中旧人代表，对江南群体有所制衡，以此安抚强烈思归的关中骁果等北人之情绪。这表明炀帝对滞留江都、南渡江左与北返关中等抉择颇为纠结。当然，其"将复用威"之念，终因虞世基、裴蕴等南人的强烈抵制并未得落实。

② 王夫之在《读通鉴论》卷一九隋炀帝之二条中有论云："杨广之弑君父，杀兄弟，骄淫无度，其不可辅而不相容，途之人知之矣。颎之料敌也，目瞬于千里而心喻若咫尺，弼轻杨素、韩擒虎而自诩以大将，夫岂不能知此，而遂无以处此者？乃不能知也，不能处也。嚅嗫于李懿、何稠佞幸之侧，以讦广之失，其所指摘而重叹之者，又非广之大恶必致败亡者也；征散乐而已，厚遇启民可汗而已。舍其大，讦其小，进不能抒其忠愤，退不能守以缄默，骈首以就狂夫之刃。悲哉！尝颎与弼之铮铮，而仅与王胄、薛道衡雕虫之腐士同膏铁锧乎？其愚不可警，其懦不可扶，还令颎与弼自问于十年之前而岂屑尔哉？"王夫之以为高颎、贺若弼对无道之隋炀帝"不能知也，不能处也"，其所谏又"舍其大，讦其小"云云，涉及二人之见识，这里不予讨论，但其中所言"嚅嗫于李懿、何稠佞幸之侧"，则明确指出何稠诸人为佞幸，正是他们私下告发高颎以致其死，可谓切中要害，颇为深刻。何稠叔父何妥开皇年间一再攻讦关中旧族代表苏威、苏夔父子，《隋书》卷七五《儒林·何妥传》载"威时兼领五职，上甚亲重之，妥因奏威不可信任"云云，究其原因，除其"性劲急，有口才，好是非人物"的个性与门户因素外，或也与南北地域分别不无关系。

得宠，又以阴阳术数进言助力废立太子。可见萧吉与袁充同类，自隋文帝以来已沦为佞幸化术士。炀帝嗣位，即拜太府少卿，加位开府。周、隋之际，他长期受到关陇势力压抑，特别"与杨素不协"，于是颇多怨恨，存心报复："尝行经华阴，见杨素冢上有白气属天，密言于帝。帝问其故，吉曰：'其候素家当有兵祸，灭门之象。改葬者，庶可免乎！'帝后从容谓杨玄感曰：'公家宜早改葬。'玄感亦微知其故，以为吉祥，托以辽东未灭，不遑私门之事。未几而玄感以反族灭，帝弥信之。"萧吉深知炀帝对杨氏之猜忌，于是寻机进言以加中伤。又，《大业杂记》载一则轶事曰："尚书令杨素于东都造宅，新成，僭于宫省。宅方三百步，门院五重，高斋曲池，时为冠绝。既而将入，遣人就卫尉少卿兰陵萧吉，请择良日。吉知其不终，必至祸败，在于此宅，乃以斗加书一卷，封付使人。此书全述死丧之事，极凶恶之书也，素焚于前庭。素宅内造沉香堂，甚精丽，新泥堂讫，闭之三日，后开视，四壁并为新血所洒，腥气触人。"[1] 这表明萧吉对杨素心存敌意，"知其不终，必至祸败"，利用术数以行诅咒。

许善心弹劾宇文述。《隋书》卷五八《许善心传》载："左卫大将军宇文述每旦借本部兵数十人，以供私役，常半日而罢。摄御史大夫梁毗奏劾之。上方以腹心委述，初付法推，千余人皆称被役。经二十余日，法官候伺上意，乃言役不满日，其数虽多，不合通计，纵令有实，亦当无罪。诸兵士闻之，更云初不被役。上欲释之，付议虚实，百僚咸议为虚。善心以为述于仗卫之所抽兵私役，虽不满日，阙于宿卫，与常役所部，情状乃殊。又兵多下番，散还本府，分散追至，不谋同辞。今殆一月，方始翻覆，奸状分明，此何可舍。苏威、杨汪等二十余人，同善心之议。其余皆议免罪。炀帝可免罪之奏。"宇文述乃大业年间关陇集团代表之一，本为炀帝府邸旧属，在炀帝夺嫡嗣位等阴谋活动中发挥了重要作用，故深得隋炀帝宠重，执掌禁卫。就具体行事而言，许善心公然弹劾宇文述之违法乱纪，

---

[1] 前揭《大业杂记辑校》，第223页。

并非阴谋斗争,并且得到了苏威等关陇元老群体的支持,但在客观上不无打击关陇执政权贵的意图。

(三) 以关陇集团为核心的北人群体对南人军政代表人物之掣肘

对炀帝拔擢南人以参决中枢朝政,关陇地域集团代表人物自然心存不满,对其政见与主张多有杯葛,予以抵制,甚至公然中伤与报复。具体而言,如苏威对虞世基、樊子盖的相关建议便有掣肘之举。《隋书·樊子盖传》载炀帝遭遇雁门之围时,樊子盖垂泣谏曰:"愿暂停辽东之役,以慰众望。圣躬亲出慰抚,厚为勋格,人心自奋,不足为忧。"① 然炀帝解围后,纳言苏威"追论勋格太重,宜在斟酌。子盖执奏不宜失信。帝曰:'公欲收物情邪?'"据《隋书·虞世基传》,在雁门之困中,虞世基亦"劝帝重为赏格,亲为抚循,又下诏停辽东之事。帝从之,师乃复振。及围解,勋格不行,又下伐辽之诏。由是言其诈众,朝野离心"。虞世基与樊子盖主张"重为勋格"或"厚为勋格",目的在于稳定军心,激励将士之斗志。以当时二人地位而言,虞世基对炀帝的影响当更大。然解困之后,落实相关承诺时,苏威竟"追论勋格太重,宜在斟酌",以致樊子盖力争而受到炀帝苛责,虞世基亦失信于众。苏威此举,锋芒所指,显然当有意打压虞世基、樊子盖等南人。② 由此可见苏威与南人群体间的矛盾与冲突。又,《通鉴》卷一八三隋炀帝大业十二年载:"治书

---

① 《隋书》卷四《炀帝纪下》载大业十一年八月壬申,"车驾驰幸雁门。癸酉,突厥围城,官军频战不利。上大惧,欲率精骑溃围而出,民部尚书樊子盖固谏乃止"。炀帝突围之计,实际上出自宇文述。《隋书》卷六一《宇文述传》载:"突厥之围雁门,帝惧,述请溃围而出。樊子盖固谏不可,帝乃止。"故樊子盖之"固谏",客观上是反对宇文述"溃围"之计。

② 关于雁门解围后炀帝之失信,李渊太原起事后对此有明确的反省与批评。《大唐创业起居注》卷二载大业十三年八月壬午李渊攻克霍邑而大行奖赏,"人或以授官太谏帝者。帝曰:'不悋爵赏,汉氏以兴,比屋可封,唐之盛德。吾方稽古,敢不遵行。……且皇隋败坏,各归于此。雁门解围之效,东都援台之勋,在难即许授大夫,免祸则惟加小尉。所以士无斗志,将有堕心,版荡分崩,至于今日。覆车明鉴,谁敢效尤。'"见(唐)温大雅撰,仇鹿鸣笺证《大唐创业起居注笺证》,中华书局2022年版,第101页。

侍御史韦云起劾奏：'世基及御史大夫裴蕴职典枢要，维持内外，四方告变，不为奏闻。贼数实多，裁减言少，陛下既闻贼少，发兵不多，众寡悬殊，往皆不克，故使官军失利，贼党日滋。请付有司结正其罪。'大理卿郑善果奏：'云起诋訾名臣，所言不实，非毁朝政，妄作威权。'由是左迁云起为大理司直。"韦云起当出自京兆韦氏，他针对虞世基、裴蕴隐瞒民变实情进行弹劾，"请付有司结正其罪"。韦云起所劾虽言出有据，但不无对虞世基、裴蕴等南人"职典枢要，维持内外"的不满心理。

宇文述对许善心有报复行为，据《隋书·许善心传》，在许善心弹劾宇文述"后数月，述谮善心曰：'陈叔宝卒，善心与周罗睺、虞世基、袁充、蔡征等同往送葬。善心为祭文，谓为陛下，敢于今日加叔宝尊号。'召问有实，自援古例，事得释，而帝甚恶之。又太史奏帝即位之年，与尧时符合，善心议，以国哀甫尔，不宜称贺。述讽御史劾之，左迁给事郎，降品二等"。宇文述凭借其深得炀帝宠信，一再寻机中伤许善心，致使其遭受处分。

特别需要指出的是，杨玄感在谋事过程中，虽笼络炀帝禁中诸南人学士潘徽等人，但在起事之时，公然将矛头指向南人军政得势群体，《隋书·杨玄感传》载大业九年，杨玄感乘炀帝第二次征伐高丽之机，图谋举兵反叛："时将军来护儿以舟师自东莱将入海，趣平壤城，军未发。玄感无以动众，乃遣家奴伪为使者，从东方来，谬称护儿失军期而反。玄感遂入黎阳县，闭城大索男夫。于是取帆布为牟甲，署官属，皆准开皇之旧。移书傍郡，以讨护儿为名，各令发兵，会于仓所"。杨玄感以讨来护儿为名而起兵，虽是权宜之计，但也不无利用北人对南人军政集团得势之敌视心理与情绪以动员士众。杨玄感围攻东都洛阳，致书留守樊子盖，其中有言："今上纂承宝历，宜固洪基，乃自决于天，殄民败德。……朋党相扇，货贿公行，纳邪佞之言，杜正直之口。"杨玄感指斥炀帝朝政"朋党相扇"，"纳邪佞之言"云云，都意在指斥炀帝亲信南人，故其"署官属，皆准开皇之旧"，显然以恢复关中本位为号召，进而动员组成关陇地域群体力量。①

（四）围绕炀帝巡幸、滞留江都与谋议南渡，南北集团间的对抗与残害

大业之末，南人军政群体与关陇势力为核心之北人群体的冲突与斗争全面爆发，其关键是有关炀帝巡幸、滞留江都与南渡江左之决策，双方围绕北归与南渡之公然决裂。随着北方局势日益恶化，隋炀帝巡幸并滞留江都，北人颇有不满。②当时南人文武代表与炀帝同声共气，谋议渡江，主导者其事无疑是虞世基等人。究其起始，在炀帝谋议第三次巡幸江都时当已有所规划。《大业杂记》载大业十二年春正月，"又敕毗陵郡通守路道德集十郡兵近数万人，于郡东南置宫苑，周十二里，其中有离宫十六所。其流觞曲水，别有凉殿四所，环以清流。共四殿，一曰圆基，二曰结绮，三曰飞宇，四曰漏景。其十六宫亦以殿名名宫，芳夏池之左第一曰离光宫，二曰流英宫，三曰紫芝宫，四曰凝华宫，五曰瑶景宫，六曰浮彩宫，七曰舒芳宫，八曰懿乐宫；池右第一曰彩壁宫，二曰淑风宫，三曰清暑宫，四曰珠明宫，五曰翼仙宫，六曰翠微宫，七曰层城宫，八曰千金宫。及江左叛，燔烧遂尽。又欲于禹穴造宫，未就而天下大乱"③。可见炀帝第三次巡幸江都之前，已有在江南之毗陵、会稽诸地筑宫之规划，并有所实施。

炀帝最终确定在丹阳（今南京）修筑宫室。《大业杂记》载大

---

① 何德章《江淮政治地域与隋炀帝的政治生命》（前揭氏著《魏晋南北朝史丛稿》）中论此指出："关陇人士有很多参与了这次叛乱，这在一定程度上反映了开皇、大业两朝政治的差异以及由此产生的关陇人士与江淮人士之间的矛盾。"（第97页）

② 对于隋炀帝第三次巡幸江都，其臣属开始即多有抗议者，留滞江都期间，北人间有返归洛阳、长安之议论。对此，炀帝颇为困扰。及至李密占据洛口，炀帝基本放弃北返之念，决心留滞江都，谋划南渡。李渊占据长安，炀帝完全断绝北归之念，故而廷议南渡，并付诸实施。对此，《隋书》卷八五《宇文化及传》载："是时李密据洛口，炀帝惧，留淮左，不敢还都。"又，《大唐创业起居注笺证》卷二载李渊起事太原后，曾复书李密，其中称"主上南巡，泛胶舟而忘返，……今日銮舆南幸，恐同永嘉之势"。（第87—88页）可见当时李渊等关陇豪右深知隋炀帝已无意回归，故决然起事以竟天下。

③ 前揭《大业杂记辑校》，第244—245页。

业十二年"十二月,修丹阳宫,欲东巡会稽等郡,群臣皆不欲"①。又,《大唐创业起居注》卷三义宁二年三月载:"是月也,宇文化及兼弟智及等并骁果武贲司马德戡、监门郎将裴虔通等谋同逆。因骁果等欲还,精锐遂夜率之而围江都宫,杀后主于彭城阁。初,骁果兵等苦于久在江都,咸思归叛。至是,炀帝知唐据有西京,过江计定,仍先分骁果往守会稽,诳之云往东吴催米,故化及等因之而作难。"② 又,《隋书》卷四《炀帝纪下》载大业十三年十一月丙辰,"唐公入京师。辛酉,遥尊帝为太上皇,立代王侑为帝,改元义宁。上起宫丹阳,将逊于江左"。丹阳之外,炀帝又分别在毗陵、会稽等地建筑宫苑。③ 之所以如此,当时虞世基等南人与炀帝谋议过程中,鉴于江淮地域纷扰,以备再度南徙,故有"过江计定,仍先分骁果往守会稽"之举与"欲东巡会稽等郡"之打算。由此可见炀帝第三次巡幸江都与南渡江左,实际上是一个整体性的战略规划,并非一时兴起的随意之举,参与此密谋者当主要是虞世基等南士。④

---

① 前揭《大业杂记辑校》,第248页。

② (唐)温大雅撰,仇鹿鸣笺证:《大唐创业起居注笺证》,中华书局2022年版,第178页。隋炀帝时期的骁果禁卫武装,除关中关重骁果之外,还有江南、江淮与岭南诸骁果。此次炀帝"先分骁果往守会稽",当为关中骁果,以致引起他们的不满,成为江都之难的导火索。对此,何德章《江淮政治地域与隋炀帝的政治生命》(前揭氏著《魏晋南北朝史丛稿》)一文分析指出:"炀帝分往会稽之骁果,必为关陇人,若为江东、岭南人,则欢呼雀跃有之,化及何得因而作难。"(第99页)在此,我们可进一步推测,炀帝之所以分遣关陇骁果往守会稽,其目的当有二:一是炀帝与虞世基等南士已谋定南渡,其中会稽也是南渡处所之一,故遣骁果先行戍守;二是炀帝与南士惧有戍守江都关陇骁果之异动,分遣其部分至江南,以分化、削弱关陇骁果之整体势力。

③ 炀帝与虞世基等南士谋划渡江,其择都选址,曾有丹阳、会稽、毗陵等处,囿于北人的强烈反对,最终"修丹阳宫"。之所以如此,除了历史与现实背景外,主要原因在面对关陇群体的强烈抗议,以丹阳地处长江南岸,未入江左腹地,就军事战略而言,有北伐中土以图谋回归之可能,故以此寻求北人的妥协与支持。

④ 对于隋炀帝之巡幸江都,传统观点特别是民间议论,多归咎于隋炀帝之纵奢,此无关学理,无须深究。具体就炀帝第三次巡幸江都之缘由而言,汪篯以为主要在于炀帝出于平定南方民变,稳定江淮局势,此后滞留江都,有意南渡,乃形势变化所致,"于此尚可论者,炀帝议幸丹阳,赵才与虞世基辩论至烈。赵才旧籍凉州,又为宇文周之遗臣,故极陈入京之策。虞世基者,……则江左会稽之著姓,陈世清显之重臣,故盛言渡江之便。又劝炀帝幸丹阳之袁充,……更为侨姓之第一流高门,宜乎与虞世基密切结合,同主过江之计,由二人之家世同出南朝也。然则炀帝驻跸江都之时,朝廷中南人与北人嫌疑久著,由是可知矣"。见汪篯《宇文化及之杀炀帝及其失败》,前揭《汪篯汉唐史论稿》,第533—534页。

炀帝谋议巡幸江都,以关陇人士为代表之北人反对者众,炀帝严加惩处。《隋书》卷六五《赵才传》载其为张掖酒泉人,"少骁武,便弓马,性粗悍,无威仪",自隋初即以军功"配事晋王。及王为太子,拜右虞候率。……时帝每有巡幸,才恒为斥候,肃遏奸非,无所回避"。对于炀帝有意巡幸江都,他明确反对:"十二年,帝在洛阳,将幸江都。才见四海土崩,恐社稷之患。自以荷恩深重,无容坐看亡败,于是入谏曰:'今百姓疲劳,府藏空竭,盗贼蜂起,禁令不行。愿陛下还京师,安兆庶,臣虽愚蔽,敢以死请。'帝大怒,以才属吏,旬日,帝意颇解,乃令出之。"赵才出自关陇,素为炀帝藩府旧属,深得信任,故未加杀戮。《隋书》卷四《炀帝纪下》载大业十二年七月甲子巡幸江都,"奉信郎崔民象以盗贼充斥,……谏不宜巡幸。上大怒,先解其颐,乃斩之。……车驾次氾水,奉信郎王爱仁以盗贼日盛,谏上请还西京。上怒,斩之而行"。又,《通鉴》卷一八三隋炀帝大业十二年七月概述其事,其中除赵才、崔民象诸人外,称"朝臣皆不欲行,帝意甚坚,无敢谏者。建节尉任宗上书极谏,即日于朝堂杖杀之"。由"朝臣皆不欲行",可见当时北人多反对炀帝巡幸江都。及至留滞江都,进而谋议南渡江左,关陇人士的反对情绪更为强烈,《隋书·赵才传》载:"帝遂幸江都,待遇踰昵。时江都粮尽,将士离心,内史侍郎虞世基、秘术监袁充等多劝帝幸丹阳。帝廷议其事,才极陈入京之策,世基盛言渡江之便。帝默然无言,才与世基相忿而出。"由虞世基、袁充等"多劝帝幸丹阳",可见此计出自南人,炀帝"廷议其事",赵才坚决抵制。实际上,炀帝之所以"廷议其事",应该是虞世基等南士力主此议,当多有私下沟通而未果,不得已而行"廷议"。

至于炀帝之倾向与态度,虽然面对南北代表人物的严重分歧与激烈对抗,他"默然无言",其内心是认同南人所谓"渡江之便",

并付诸落实。① 《通鉴》卷一八五唐高祖武德元年载："帝见中原已乱，无心北归，欲都丹阳，保据江东，命群臣廷议之，……于是公卿皆阿意言：'江东之民望幸已久，陛下过江，抚而临之，此大禹之事也。'乃命治丹阳宫，将徙都之。"② 这里概述炀帝"无心北归"，决意南渡，可谓洞悉其心，然所谓"公卿皆阿意"，实际上"阿意"者则多是南人。

当时公然反对南渡，请求返归关中的还有李桐客，《旧唐书》卷一八五上《良吏上·李桐客传》载："李桐客，冀州衡水人也。仕隋为门下录事。大业末，炀帝幸江都，时四方兵起，谋欲徙都丹阳，召百僚会议。公卿希旨，俱言'江右黔黎，皆思望幸，巡狩吴会，勒石纪功，复禹之迹，今其时也。'桐客独议曰：'江南卑湿，地狭州小，内奉万乘，外给三军，吴人力屈，恐不堪命。且踰越险阻，非社稷之福。'御史奏桐客谤毁朝政，仅而获免。"前引《大业杂记》称炀帝欲南渡，"群臣皆不欲"。所谓"群臣"，主要以关陇人物为核心之北人，赵才、李桐客即为代表。③

细怪炀帝之心态，面对南北军政朝臣之激烈对抗，炀帝固然倾心于南人之计，但内心里也有痛苦与纠结。他之所以"廷议其事"，实际上希望求得南北朝臣之共识，他对南北朝臣之纷争，始终"默然无言"，显出了某种无奈，表明其内心之挣扎。对此，可由炀帝滞

---

① 对炀帝之"默然无言"，汪篯《宇文化及之杀炀帝及其失败》（前揭《汪篯汉唐史论稿》）指出："斯时炀帝方信南士，筑宫丹阳。"（第531页）又，"今综合前引《隋书·炀帝纪》'上起宫丹阳，将逊于江左'，及《起居注》'过江计定，乃先分骁果往守会稽，诳之云往东吴催米'诸语与此条参证观之，则知炀帝于渡江一端虽未作明确之决定，然既曾廷议其事，复于丹阳筑宫，宜其启关中骁果之猜疑，而致宇文化及等之杀炀帝也"。（第533页）何德章《江淮政治地域与隋炀帝的政治生命》（前揭氏著《魏晋南北朝史丛稿》）以为"炀帝默然不语，实同渡江之计"。（第100页）

② 《通鉴》卷一八五唐高祖武德元年此条下胡三省有注曰："帝改蒋州为丹阳郡，盖欲都建康也。"

③ 《隋书》卷七一《诚节·刘子翊传》载其彭城丛亭里人，早年仕于北齐，入隋后为杨素所重，炀帝擢治书侍御史，"从幸江都。值天下大乱，帝犹不悟，子翊因侍切谏，由是忤旨，令子翊为丹阳留守。寻遣于上江督运，为贼吴棊子所虏"。刘子翊在江都以"切谏"而"忤旨"，当是劝谏北返而受惩"为丹阳留守"。

留江都未曾有意起用裴矩、苏威以见其心迹。《隋书》卷六七《裴矩传》载："寻从幸江都宫。时四方盗贼蜂起，郡县上奏者不可胜计。矩言之，帝怒，遣矩诣京师接候蕃客，以疾不行。及义兵入关，帝令虞世基就宅问矩方略。矩曰：'太原有变，京畿不静，遥为处分，恐失事机。唯愿銮舆早还，方可平定。'矩复起视事。俄而骁卫大将军屈突通败问至，矩以闻，帝失色。"裴矩素受炀帝宠重，为"五贵"之一，滞留江都期间，初以进言"盗贼蜂起"以致"帝怒"而遭遇冷落，然"及义兵入关，帝令虞世基就宅问矩方略"，当是虞世基等进计南渡，炀帝方令其"就宅问矩方略"。裴矩表示"唯愿銮舆早还，方可平定"，即建议尽快返归关中，炀帝命"矩复起视事"，以争取裴矩的支持。至于苏威，前已述裴蕴、虞世基诋毁之事，此不赘。当时"五贵"之中，宇文述已死，①苏威、裴矩倾向返归关中，炀帝一度有起用二人之意，这表明在南北朝臣围绕北归与南渡之抉择斗争，炀帝一度颇为烦难。②

对于南人之谋议南渡，关中骁果势力无缘参与决策，于是决意反叛。《隋书》卷八五《宇文化及传》载："从驾骁果多关中人，久客羁旅，见帝无西意，谋欲叛归。时武贲郎将司马德戡总领骁果，屯于东城，风闻兵士欲叛，未之审，遣校尉元武达阴问骁果，知其情，因谋构逆。共所善武贲郎将蒋元礼、直阁裴虔通互相扇惑曰：'今闻陛下欲筑宫丹阳，势不还矣。所部骁果莫不思归，人人耦语，并谋逃去。我欲言之，陛下性忌，恶闻兵走，即恐先事见诛。今知而不言，其后事发，又当族灭我矣。进退为戮，将如之何？'"于是他们"递相招诱"，联络了内史舍人元敏、鹰扬郎将孟秉，符玺郎李

---

① 《隋书》卷四《炀帝纪下》载大业十二年冬十月己丑，"开府仪同三司、左翊卫大将军、光禄大夫、许公宇文述薨"。

② 《隋书》卷二二《五行志上》"诗妖"条载："帝因幸江都，复作五言诗曰：'求归不得去，真成遭箇春。鸟声争劝酒，梅花笑杀人。'帝以三月被弑，即遭春之应也。是年盗贼蜂起，道路隔绝，帝惧，遂无还心。帝复梦二竖子歌曰：'住亦死，去亦死。未若乘船渡江水。'由是筑宫丹阳，将居焉。功未成而帝被杀。"可见隋炀帝面对时局变化与朝臣分化，显现出颇为无奈之颓废心态。

覆、牛方裕，直长许弘仁、薛良，城门郎唐奉义，医正张恺等，推宇文化及为主，"义宁二年三月一日，德戡欲宣言告众，恐以人心未一，更思谲诈以胁骁果，谓许弘仁、张恺曰：'君是良医，国家任使，出言惑众，众必信。君可入备身府，告识者，言陛下闻说骁果欲叛，多酝毒酒，因享会尽鸩杀之，独与南人留此。'弘仁等宣布此言，骁果闻之，递相告语，谋叛逾急。德戡知计既行，遂以十日总召故人，谕以所为"①。可见关中骁果思归情绪强烈，其上层图谋反叛，在组织过程中，他们利用炀帝与南人群体之关联，谣言惑众，"言陛下闻说骁果欲叛，多酝毒酒，因享会尽鸩杀之，独与南人留此"，以激发关中骁果对炀帝与南人的怨恨，②导致江都难作，南北集团相互残害，炀帝所培植之南人文武军政群体最终几至覆灭。

综合全文，隋炀帝即位后，大力拔擢、重用入隋之江南、江淮人士，培植起南人军政群体。其中虞世基、裴蕴、袁充、许善心等文臣参决军政谋议，执掌中枢，成为炀帝之宠臣；麦铁杖、来护儿、沈光等武将备受信重，积极响应、支持炀帝之征伐，在出征高丽等战事中勇于献身，浴血奋战。这是中国古代大一统王朝第一次出现的规模颇大、影响广泛的南人中枢军政群体，体现出中古时代经历

---

① 《隋书》卷八五《宇文化及传》载司马德戡等骁果统领谋议反叛者多为关陇人，汪篯在《宇文化及之杀炀帝及其失败》（前揭《汪篯汉唐史论稿》）一文指出，其中唯许弘仁为南人，据《隋书》卷五八《许善心传》，宇文化及弑逆之际，许弘仁驰告善心，称之为叔，表示宇文化及对其无恶意，劝其入朝觐见。汪篯推测：许仁弘"呼善心为叔，本是南人，盖为一例外，或者其家属于陈亡时入关而未尝至江都欤？"（第535页）至于许弘仁与司马德戡等关陇骁果统领之关系，由其随宇文化及北返途中之态度可见一斑。《隋书》卷八五《宇文化及传》载宇文化及北返途经徐州，司马德戡与诸骁果统领谋议"以后军万余兵袭杀化及，更立德戡为主。弘仁知之，密告化及，尽收捕德戡及其支党十余人，皆杀之。"《隋书》卷八五《司马德戡传》所载略详，北返途中，宇文化及对司马德戡"仍统本兵"，"意甚忌之"，故"署诸将，分配士卒，乃以德戡为礼部尚书，外示美迁，实夺其兵也"，司马德戡"由是愤怨"，行至徐州而"谋袭化及"，而"许弘仁、张恺知之，以告化及"，以致司马德戡及其党о皆遇害。可见许弘仁与关中骁果将校有所疏离，在关键时刻总是投机以求自保。

② 何德章《江淮政治地域与隋炀帝的政治生命》（前揭氏著《魏晋南北朝史丛稿》）一文分析司马德戡等骁果统领制造此谣言，称炀帝有意毒杀骁果将士，"独与南人留此"，目的在于"以激起关中骁果对'南人'的仇视和反抗情绪"。（第100页）所论甚是。

了南北社会的长期分裂后,江南地域社会的长足发展及对隋统一王朝的深刻影响。毋庸讳言,考察大业年间南人军政群体代表人物之具体表现,可见诸人之身份品格、政治操守等方面普遍表现出佞幸化的特征。其中南人文士朝臣参与军政谋划,完全揣摩炀帝心意,极力附会,对朝政弊失,则少有讽谏;对于炀帝之征战,南人武将多甘愿以死立功,特别在"江都之难"中多有"忠义"表现。究其原因,固然在于其作为"亡国之余",入隋后一度丧失既有政治、社会地位与经济基础,对新王朝及其统治者,他们不可避免地显现出寄生性、软弱性的特质,在政治上则表现出投机性,但更为重要的因素在于,隋炀帝独断专行,禁绝谏议,其军政决策及其实施,绝难容忍臣属进言,一些关陇旧臣正是因为议论朝政而遭戮,南人群体深明此理,特别在隐晦讽议犯忌后,他们普遍噤若寒蝉,日益消极,转而极力揣摩上意,相互欺瞒,乞求恩宠。

作为一个新兴的地域军政势力,南人群体之崛起,主要缘于隋炀帝之超常拔擢与格外信重。炀帝如此,则在军事征服实现统一后,着力调整朝廷中枢执政之地缘结构,寻求统一王朝向各主要区域的适度开放,而其一度坐镇扬州、掌控东南的经历使其对南方地域社会颇具情感,以致继位后大力培植南人。南人军政势力之崛起,借助炀帝之恩幸,一度竞相拓展仕途,追逐利益,这必然与关陇集团为代表的北人军政势力有所抵触,演化为错综复杂的地域军政群体之间的冲突与斗争。在此过程中,南人军政群体不断对关陇勋旧势力代表有所攻讦,北人也对南人代表加以掣肘。这一南北地域群体之纷争,在炀帝巡幸江都、谋议南渡江左过程中表现得尤为激烈,最终导致炀帝遭弑之"江都宫难",南人军政代表则随之沦为殉葬品,大业年间南北军政群体之斗争方告终结。

隋炀帝招揽江南学士群体及其佞幸化

众所周知，隋炀帝杨广具有一定的文学艺术才能，《隋书》卷三《炀帝纪上》称其"好学，善属文"。其自少与江左人士即有所交集，[①] 崇尚江南文学风尚，《隋书》卷五八《柳䛒传》："初，王属文，为庾信体。及见䛒已后，文体遂变。"开皇九年，杨广为行军元帅，参与灭陈之役；开皇十年，江南复叛，他出任扬州总管，统辖东南军政，前后历时十年，与南人交往甚密。其总管扬州期

[①] 杨广萧后出自后梁，这对年少的杨广汲取南方文化当不无影响。此外，杨广出镇并州时，其藩府僚属徐之范、徐敏行父子即来自江左。东莞徐氏为南朝著名医术世家，北魏后期以来，徐謇、徐之才、徐之范等相继入北。《徐之范墓志》[罗新、叶炜《新出魏晋南北朝墓志疏证》（修订本），中华书局 2016 年版] 载其在梁时，武陵王萧纪出镇益州，"妙选朝贤，僚采是寄"，徐之范与彭城刘孝胜、刘孝先兄弟"俱以问望英华，才行秀美，且弹冠结绶，德义绸缪"而入幕，"于是随府入蜀"，"与二刘兄弟，或燮谐好善，驰芳东阁，或翼陪敬爱，命藻西园。声重邹枚，事高梁楚"。可见徐之范在梁交结名士，颇具才学。徐之范北徙入齐，"枢机警发，思理通晤，博洽今古，渔猎典坟，渊卿丽藻之文，谈天炙輠之妙，探求幽赜，往往入神。似周瑜之听声，悬知曲误；如孔融之爱客，罇酒不空。会友必贤，三明八俊，市朝屡变，一心事百。"齐亡后入关中，隋初任职晋阳，得与晋王杨广交结，"临代名邦，优贤是任，公下车布政，高卧共治，磐石维城，有国之重。晋王帝子，出抚汾绛，以公宿望，诏追翼辅"。（第 335—336 页）又，《徐敏行墓志》[罗新、叶炜《新出魏晋南北朝墓志疏证》（修订本），中华书局 2016 年版] 载其颇具学养，北齐后主时，"俄迁太子舍人，待诏文林馆，铜驼□士，□入□间，金马词人，皆愁角折"；隋时也曾入晋王杨广幕府，"皇隋□历，网罗俊异，上柱国、晋王出总河□，君奉诰来参幕府。明月澄光，时振长裾之客，援琴奏曲，犹□□□之声"。（第 342 页）可见徐之范、徐敏行父子颇具江左名士习尚，对少年杨广当有所影响。

间，杨广大力招揽江南文儒学士，构建了以江左文儒之士为主体、数量颇巨的晋王藩府学士群体。这些藩府学士主要从事文学创作，典籍编纂，杨广藉以汲取江左文化，进而稳定江南地域社会，巩固统一。杨广成功夺嫡并继帝位，晋王藩府学士群体亦随之入朝，杨广藉以进一步转输江左文化，推进南北文化融通。对此，以往论之者甚多，相关成果颇丰，实难置喙。不过，考察这类学士代表人物大业年间行迹，可见大多任职"禁中"，主要从事文学、学术活动，即便有出任朝廷要职者，也无法摆脱扮演文学侍从身份。有鉴于此，特就炀帝朝南人文儒群体佞幸化之表现与特征略作专题论述。

一 隋炀帝招揽之江南文儒学士群体

（一）杨广招引江南文人以构建晋王藩府与东宫学士群体

隋灭陈之后，隋文帝诸子竞相招揽南人，以构建各自之藩府学士群体，其中尤以晋王杨广为最。《隋书》卷五八《柳𦒃》载柳𦒃字顾言，"本河东人也，永嘉之乱，徙家襄阳。……少聪敏，解属文，好读书，所览将万卷。仕梁，释褐著作佐郎。后萧詧据荆州，以为侍中，领国子祭酒、吏部尚书。及梁国废，拜开府、通直散骑常侍，寻迁内史侍郎。以无吏干去职，转晋王谘议参军。王好文雅，招引才学之士诸葛颖、虞世南、王胄、朱瑒等百余人以充学士。而𦒃为之冠，……仁寿初，引𦒃为东宫学士，加通直散骑常侍，检校洗马。甚见亲待，每召入卧内，与之宴谑。𦒃尤俊辩，多在侍从，有所顾问，应答如响。性又嗜酒，言杂诽谐，由是弥为太子之所亲狎"。可见杨广为晋王时，以柳顾言为谘议参军，联络、招引文士百余人，上引所列诸人皆为江南人物，柳顾言实为晋王藩府学士领袖。

上述诸人，除柳顾言等少数于《隋书》单独列传外，晋王府邸之江南文士多见载于《隋书》卷七六《文学传》，如诸葛颖、虞绰、王胄、王眘、庾自直、潘徽等。诸葛颖，丹阳建康人，祖、父皆仕于梁，颖少能属文，侯景乱后"奔齐，待诏文林馆"，齐亡入关，"不得调，杜门不出者十余年"，"习《周易》、《图纬》、《苍》、《雅》、《庄》、《老》，颇得其要"；"晋王广素闻其名，引为参军事，转记室。及王为太子，除药藏监"。虞绰，会稽余姚人，"博学有俊才，尤工草隶"，"及陈亡，晋王广引为学士"。王胄，出自琅邪王氏，"少有逸才"，"及陈灭，晋王广引为学士"。王胄兄王眘，"博学多通。少有盛名于江左。仕陈，历太子洗马、中舍人。陈亡，与胄俱为学士"。庾自直，颍川人，"父持，陈羽林监。自直少好学，沉静寡欲。……陈亡，入关，不得调。晋王广闻之，引为学士"。潘徽，吴郡人，"性聪敏，少受《礼》于郑灼，受《毛诗》于施公，受《书》于张冲，讲《庄》、《老》于张讥，并通大义。尤精三史。善属文，能持论。陈尚书令江总引致文儒之士，徽一诣总，总甚敬之。……及陈灭，为州博士，秦孝王俊闻其名，召为学士。尝从俊朝京师，在途，令徽于马上为赋，行一驿而成，名曰《述思赋》。俊览而善之。……未几，俊薨，晋王广复引为扬州博士"。

其他未入《隋书·文学传》者，如朱玚出自江南，为萧梁文士。[①] 虞世南，《旧唐书》卷七二《虞世南传》载其为会稽人，为虞世基弟，"陈灭，与世基同入长安，俱有重名，时人方之二陆。时炀帝在藩，闻其名，与秦王俊辟书交至，以母老固辞，晋王令使者追之。大业初，累授秘书郎，迁起居舍人。时世基当朝贵盛，妻子被服拟于王者，世南虽同居，而躬履勤俭，不失素业"。又有徐仪，《陈书》卷二六《徐陵传》载徐陵子徐仪，陈亡后，"开皇九年，隐于钱塘之赭山，炀帝召为学士，寻除著作郎。大业四年卒。"又，《旧唐书》卷七二《褚亮传附刘孝孙传》载："刘孝孙者，荆州人

---

① 《北齐书》卷三二《王琳传》载王琳北附高齐后，驻镇寿阳，终为陈将吴明彻等攻败而亡，"琳故吏梁骠骑府仓曹参军朱玚致书陈尚书仆射徐陵求琳首"。由其与徐陵之信札等文字，可见其颇具文才与学识。

也。祖贞,周石台太守。孝孙弱冠知名,与当时辞人虞世南、蔡君和、孔德绍、庾抱、庾自直、刘斌等登临山水,结为文会"。①其中虞世南、庾自直明确为晋王府学士。又,蔡允恭也曾为炀帝征召,《旧唐书》卷一九〇上《文苑上·蔡允恭传》载其"荆州江陵人也。……允恭有风彩,善缀文。仕隋历著作佐郎,起居舍人。雅善吟咏,炀帝属词赋,多令讽诵之。尝遣教宫女,允恭深以为耻,因称气疾,不时应召。炀帝又许授以内史舍人,更令入内教宫人,允恭固辞不就,以是稍被疏绝"。其他或辗转炀帝诸子府邸,与炀帝也有关联,其身份与诸学士大体相当,亦当归入江南文学士人群体。②

除以上晋王府邸学士外,炀帝与其他江左文士也有密切联系。如江总,《陈书》卷二七本传载其为陈后主之宰臣,"好学,能属文,于五言七言尤善,然伤于浮艳,故为后主所爱幸。多有侧篇,好事者相传讽玩,于今不绝"。江总入隋,与杨广之关系未见明载,然其"开皇十四年,卒于江都",时值杨广坐镇江都,其相互关联当

---

① 刘孝孙与虞世南等人"登临山水,结为文会",体现了南人入北后延续江左名士雅集之交游方式,以寻求其心理之慰藉。周、隋以来,颇有其例,并感染到北人。《隋书》卷七八《艺术·庾季才传》载其先入西魏、北周,后入隋,"季才局量宽弘,术业优博,笃于信义,志好宾游。常吉日良辰,与琅邪王褒、彭城刘毂、河东裴政及宗人信等,为文酒之会。次有刘臻、明克让、柳䜣之徒,虽为后进,亦申游款"。《隋书》卷七七《隐逸·崔廓附崔赜传》载:"赜与洛阳元善、河东柳䜣、太原王劭、吴兴姚察、琅邪诸葛颖、信都刘焯、河间刘炫相善,每因休假,清谈竟日。"这一清谈雅集团体南北混杂,其中崔赜、刘焯、刘炫等为北人,元善曾流落萧梁,受到南风浸染。由此诸例,可见当时南风北渐之趋向。

② 庾抱,《旧唐书》卷一九〇上《文苑上·庾抱传》载其"润州江宁人也,其先自颍川徙家焉。……抱开皇中为延州参军事。后累岁,调吏部。尚书牛弘知其有学术,给笔札令自序,援翰便就,弘甚奇之。后补元德太子学士,礼赐甚优。会皇孙载诞,太子宴宾客,抱于坐中献《嫡皇孙颂》,深被嗟赏"。又,贺德仁,《旧唐书》卷一九〇上《文苑上·贺德仁传》载其"越州山阴人也。……入隋,仆射杨素荐之,授豫章王府记室参军。王以师资礼之,恩遇甚厚。及炀帝即位,豫章王改封齐王,又授齐王府属。及齐王获谴,府僚皆被诛责,唯德仁以忠谨免罪,出补河东郡司法"。又,袁朗,《旧唐书》卷一九〇上《文苑上·袁朗传》载其为"陈尚书左仆射枢之子。其先自陈郡仕江左,世为冠族,陈亡徙关中。……仕隋为尚书仪曹郎"。

不难推想。① 又，姚察，《陈书》卷二七本传载其陈时官至吏部尚书，善属文，江总、陈后主等常与之诗文唱和，"每制文笔"，后主"敕便索本"，称曰："我于姚察文章，非唯玩味无已，故是一宗匠。"姚察入隋后，参与制作礼乐，修撰梁、陈史书，杨广为太子，颇重之，"数被召见，访以文籍"。其他如许善心、虞世基等自是江左文儒之士代表，多参与礼乐兴制、经籍编纂事务，但诸人在大业年间之表现与影响主要体现在政治方面，此不详述。②

隋炀帝出镇扬州，招揽江左之学士，究其主要表现与作为而言，主要体现在三个方面。其一，在于其"好文雅"，与他们切磋辞赋技艺，以取法江左文风，《隋书》卷五八柳顾言传载："王以师友处之，每有文什，必令其润色，然后示人。尝朝京师还，作《归藩赋》，命䛒为序，词甚典丽。初，王属文，为庾信体，及见䛒已后，文体遂变。"其他文士也大体如此。

其二，诸学士皆具有经史学术修养，炀帝组织他们编纂典籍，《隋书》柳顾言本传载："以其好内典，令撰《法华玄宗》，为二十卷，奏之。太子览而大悦，赏赐优洽，侪辈莫与为比"。《隋书·文学传》载潘徽在秦王俊府邸受命撰"《万字文》，并遣撰集字书，名为《韵纂》"，"凡三十卷，勒成一家"；入晋王府，"令与诸儒撰《江都集礼》一部，复令徽作序"。《江都集礼》"凡十二帙，一百二十卷，取方月数，用比星周，军国之义存焉，人伦之纪备矣"。潘徽序中称颂晋王"允文允武，多才多艺"，以为此书成，"军国之义存焉，人伦之纪备矣"。开皇二十年，炀帝被立为太子，其晋王藩府之

---

① 何德章在《江淮政治地域与隋炀帝的政治生命》（辑入氏著《魏晋南北史丛稿》，商务印书馆2010年版）中有论曰："江总陈末为尚书令，入隋拜上开府，《陈书》本传称他于开皇十四年卒于江都，当亦游于晋王府第。"（第89页）

② 隋炀帝时期地位显著的虞世基、许善心等，皆以善文著称，且声名有过于一般文人学士，在文学、经史、礼乐等方面多有作为，《隋书》卷七六《文学传序》概称"时之文人，见称当世，……会稽虞世基、河东柳䛒、高阳许善心等，……各有本传，论而叙之"云云。然由于虞世基、许善心等仕宦显达，与一般文人学士有别，故《隋书》皆各有专传，其中涉及其文儒之事，此不详述。

学士代表也多随之进入长安,成为"东宫学士",主要职能依然从事词赋创作与编纂典籍。如虞绰,"奉诏与秘书郎虞世南、著作佐郎庾自直等撰《长洲玉镜》等书十余部"。①《通鉴》卷一八二大业十一年载炀帝自为扬州总管以来,"修撰未尝暂停","自经术、文章、兵、农、地理、医、卜、释、道乃至捕博、鹰狗,皆为新书,无不精洽,共成三十一部,万七千余卷"②。晋王府邸、东宫之江南学士群体之文学创作与典籍编纂,推动了南北文化之整合与融通,有助于巩固南北社会之统一。③

---

① 《隋书》卷七六《文学·虞绰传》。关于《长洲玉镜》之主纂,《大业杂记》载为柳顾言:"六月,学士秘书监柳顾言、学士著作佐郎王曹等撰《长洲玉镜》一部,四百卷。帝谓顾言曰:'此书源本出自《华林遍略》,然无复可加,事当典要。其卷虽少,其事乃多于《遍略》。'对曰:'梁主以隐士刘孝标撰《类苑》一百二十卷,自言天下之事毕尽此书,无一物遗漏,梁武心不伏,即敕华林园学士七百余人,人撰一卷,其事数倍多于《类苑》。今文□又富于梁朝,是以取事多于《遍略》。然梁朝学士取事,意各不同,至如'宝剑出自昆吾溪,照人如照水,切玉如切泥',序剑者尽录为剑事,序溪者亦取为溪事,撰玉者亦编为玉事,以此重出,是以卷多。至如《玉镜》则不然。'帝曰:'诚如卿说。'"见(唐)杜宝撰,辛德勇辑校《大业杂记辑校》,中华书局2020年版,第214页。

② 关于隋炀帝注重典籍编纂与文献收藏,(唐)杜宝撰,辛德勇辑校《大业杂记辑校》(中华书局2020年版)大业十年载:"制成新书凡三十一部,总一万七千余卷,入观文殿宝厨。初,欲迁都洛阳,移京师嘉则殿书三十七万卷,大业元年,敕柳顾言等入嘉则殿简次。令造观文殿,前两厢为书堂,各十二间,堂前通为阁道,承殿。每一间十二宝厨,前后方五香重床,亦装以金玉,春夏铺九曲象簟,秋设凤纹花褥,冬则加绵装须弥氈,帝幸书堂,或观书。……其所撰之书,属辞比事,修贯有序,文略理畅,互相明发,及抄写真正,文字之间无点窜之误,装剪华净,可谓冠绝今古,旷世之名实,自汉已来讫乎梁,文人才子诸所撰著无能及者。其新书之名,多是帝自制,每进一书,必加赏赐。"(第240—241页)炀帝大业年间典籍编纂,南人学士群体贡献卓著,可谓主力军。此外,关于隋炀帝重视文献典籍之收藏、保护,《大业杂记辑校》又载一则轶事曰:"武德四年,东都平后,观文殿宝厨新书八千许卷将载还京师,上官魏梦见炀帝,大叱云:'何因辄将我书向京师!'于时太府卿宋遵贵监运,东都调度,乃于陕州下书,著大船中,欲载往京师。于河值风覆没,一卷无遗。上官魏又梦见帝,喜云:'我已得书。'帝平存之日,爱惜书史,虽积如山丘,然一字不许外出。及崩亡之后,神道犹怀爱恡。按宝厨新书者,并大业所秘之书也。"(第253—254页)

③ 王光照先生《隋杨广晋邸王府学士及其与政治、文化之关系》一文论及隋炀帝晋王藩府著述之影响,以为"江都晋邸王府学士所有的旧籍整理,应是南方文化典籍无疑;其所有的新书编纂,集中反映的应是所谓'南学'的成就,亦无疑。那么,在杨广撤府之后,这旧籍整理新书编纂所结晶的'南学'成果亦当随运北土,更属无疑"。

其三，炀帝具有政治进取意识，其晋王藩邸学士群体之学术文化活动，营造出浓郁的文化氛围，取得了丰富的文化业绩，具有广泛的宣传与示范效应，有助于其树立崇文善治的良好形象，对于其夺嫡进位颇有助益。因此，从这一角度看，炀帝所招揽、构建王府藩邸学士群体，显然有其政治目的。就其实际影响而言，潘徽《江都集礼序》有言："上柱国、太尉、扬州总管、晋王握珪璋之宝，履神明之德，隆化赞杰，藏用显仁。地居周、邵，业冠河、楚，允文允武，多才多艺。戎衣而笼关塞，朝服而扫江湖，收杞梓之才，辟康庄之馆。加以佃渔六学，网罗百氏，继稷下之绝轨，弘泗上之沦风，赜无隐而不探，事有难而必综。至于采标绿错，华垂丹篆，刑名长短，儒、墨是非，书围翰林之域，理窟谈丛之内，谒者所求之余，侍医所校之逸，莫不澄泾辨渭，拾珠弃蚌。以为质文递改，损益不同，……简牒虽盈，菁华盖鲜。乃以宣条暇日，听讼余晨，娱情窥宝之乡，凝相观涛之岸，总括油素，躬披缃缥，芟芜刈楚，振领提纲，去其繁杂，撮其指要，勒成一家，名曰《江都集礼》。……求诸述作，未闻兹典。方可韬之濒水，副彼名山，见刻石之非工，嗤悬金之已陋。是知《沛王通论》，不独擅于前修，《宁朔新书》，更追惭于往册。"其中称颂炀帝之"允文允武，多才多艺"，赞誉其学识品格，美化其政治形象。[①]

隋炀帝即位后，大力征召、延揽江左儒学经师。《隋书》卷五八《许善心传》载"大业元年，转礼部侍郎，奏荐儒者徐文远为国子博

[①] 对于隋炀帝江都期间招揽江南文士之政治目的与效用，何德章《江淮政治地域与隋炀帝的政治生命》（辑入氏著《魏晋南北史丛稿》，商务印书馆2010年版）有所分析："杨广夺嫡事秘，江南人士虽荟萃于晋王府，史籍中却没有留下他们参与杨广'夺宗'之计的具体事例。不过，他们确实曾为其大张声势"。他以潘徽《江都集礼序》称颂杨广之文德武功，以为"在江南亡国士人看来，杨广在江都的总管府，实际上是一个保护他们利益的小朝廷"。他进一步分析指出："在引用江南人士实施立脚于江淮的'夺宗之谋'时，杨广对江南人士及江南文化产生了强烈的好感"；"杨广江都'藩邸'对江南人士的借重，以及他'据江淮，复梁陈之旧'的政治图谋，深刻影响了他日后的用人政策并决定了他的最后归宿"。（第89、90页）

士，包恺、陆德明、褚徽、鲁世达之辈并加品秩，授为学官"。许善心所荐诸儒者皆来自江左。①《隋书》卷七五《儒林·褚辉传》载其吴郡人，"以《三礼》学称于江南。炀帝时，征天下儒术之士，悉集内史省，相次讲论"。②《隋书·儒林传》又载有余杭顾彪、鲁世达、吴郡张冲等人简况。③ 又，《旧唐书》卷一八九上《儒学上·陆德明传》载其"苏州吴人也。……陈亡，归乡里。隋炀帝嗣位，以为秘书学士。大业中，广召经明之士，四方至者甚众。遣德明与鲁达、孔褒俱会门下省，共相交难，无出其右者。授国子助教"。又，曹宪，《旧唐书·儒学上·曹宪传》载其"扬州江都人。仕隋为秘书学士。……大业中，炀帝令与诸学者撰《桂苑珠丛》一百卷，时人称其该博。宪又训注张揖所撰《博雅》，分为十卷，炀帝令藏于秘阁"。又，朱子奢，《旧唐书·儒学上·朱子奢传》载其"苏州吴人也。少从乡人顾彪习《春秋左氏传》，后博览子史，善属文。隋大业中，直秘书学士"。又，褚亮，《旧唐书》卷七二《褚亮传》载其杭州钱塘人，"其先自阳翟徙居焉。亮幼聪敏，好学善属文，博览无所不至，经目必记于心。喜游名贤，尤善谈论。……陈亡，入隋为东宫学士。大业中，授太常博士。时炀帝将改置宗庙，亮奏议……议未行，寻坐与杨玄感有旧，左迁西海郡司户"。又，欧阳询，《旧唐书·儒学传上》载其潭州临湘人，"博览经史，尤精三史。仕隋为太

---

① 《旧唐书》卷一八九上《儒学上·徐文远传》载其"陈司空孝嗣玄孙，其先自东海徙家焉。父彻，梁秘书郎，尚元帝女安昌公主而生文远。属江陵陷，被掳于长安，……文远方正纯厚，有儒者风。……开皇中，累迁太学博士。诏令往并州，为汉王谅讲《孝经》、《礼记》。及谅反，除名。大业初，礼部侍郎许善心举文远与包恺、褚徽、陆德明、鲁达为学官。遂擢授文远国子博士，恺等并为太学博士。时人称文远之《左氏》、褚徽之《礼》、鲁达之《诗》、陆德明之《易》，皆为一时之最"。

② 褚辉，诸史或作徽、晖。《隋书·儒林传》所载吴郡褚徽、余杭顾彪，依江左郡望分布，疑有误。当顾彪为吴人，褚辉为余杭人。《旧唐书·儒学上·朱子奢传》载其"少从乡人顾彪习《春秋左氏传》"，朱子奢为吴人，顾彪为其"乡人"，自是吴人。对此，唐长孺先生在《读抱朴子推论南北学风的异同》(氏著《魏晋南北朝史论丛》，三联书店 1959 年版)一条注释中已指出这一问题，以为二人籍贯"应该互易"。(第 381 页)

③ 关于张冲，《新唐书》卷一九八上《儒学上·张后胤传》载其"苏州昆山人。祖僧绍，梁零陵太守。父冲，陈国子博士，入隋为汉王谅并州博士"。

常博士"。又,陆从典,《陈书》卷三〇《陆琼传附子从典传》载其吴人,"从典笃好学业,博涉群书,于班史尤所属意",入隋为著作郎,"右仆射杨素奏从典续司马迁《史记》迄于隋,其书未就"。《隋书·文学·潘徽传》又载:"炀帝嗣位,诏徽与著作佐郎陆从典、太常博士褚亮、欧阳询等助越公杨素撰《魏书》,会素薨而止。"

中古时代,学术上经、史并重。以上诸人为大业年间充任学官的江南儒者,主要成就在经学领域。另有一些文儒之士在史学领域也颇有作为。如许善心,《隋书》卷五八本传载其开皇年间任秘书丞,以"秘藏图籍尚多淆乱",于是仿阮孝绪《七录》制《七林》,既"各为总叙,冠于篇首。又于部录之下,明作者之意,区分其类例焉"。隋炀帝时,他曾与李文博、陆从典等十余人受命"正定经史错谬"。其父初撰《梁史》未成,"善心述成父志,修续家书",共得七十卷。当时南人中史学成就最著者,当推吴兴武康姚察、姚思廉父子。据《陈书》卷二七《姚察传》,其自少习史,尤精于《汉书》,深得有"汉圣"之称的刘臻的赏识。入隋后,姚察受命撰"梁、陈二代史",炀帝时备受亲重,"炀帝初在东宫,数被召见,访以文籍。即位之始,诏授太子内舍人,余并如故。车驾巡幸,恒侍从焉。及改易衣冠,删正朝式,切问近对,察一人而已"。姚察所撰"梁、陈史虽未毕功",但大体已就,故旧史称"梁、陈二史本多是察之所撰",其中序论及纪、传未竟者,命其子姚思廉续成。《旧唐书》卷七三《姚思廉传》载"思廉少受汉史于其父,能尽传其家业",炀帝诏令"许其续成梁、陈史",又令其与崔祖濬等修《区宇图志》等。[①]

[①] 关于隋炀帝招揽文士及其编纂典籍等,唐太宗以其对史籍编纂重视不够,有所议论。(唐)吴兢撰、谢保成集校《贞观政要集校》卷七"论文史"载唐太宗以贞观十年诸史臣撰《五代史》奏上,"太宗劳之曰:'良史善恶必书,足为惩劝。……隋炀帝志在隐恶,虽曰好学,招集天下学士,全不礼待,竟不能修得历代一史。'"(中华书局2009年版,第389页)可见唐太宗批评隋炀帝惧于史书之鉴戒功能,虽招集文士甚众,"竟不能修得历代一史"。

由上可见，隋炀帝自出镇扬州以来，大力招揽江南才学之士，其中一些人或因年辈、地位不高，在陈亡后未北徙，一度留滞乡里，或入隋而未得重用，杨广则大力搜寻，揽入晋王府邸，充任学士。杨广此举，意在笼络南人，以稳定南方，同时借以兴造舆论，提升自身美誉度，助力其夺嫡进位。① 杨广得立太子，这些江南文学之士多随之入都，成为"东宫学士"，其继帝位后，诸人深得宠信，获取朝臣地位，炀帝又征召江南儒学经师入朝。可以说，由于隋炀帝之延揽与信重，大业年间形成了一个数量颇众、地域特征显著的江南文学、经术士人群体，对中古文学、经史学风演进产生了深刻影响。

二 大业年间江南文学人士之普遍佞幸化

隋炀帝自出镇扬州以来，大力招揽江南人士，其中晋王藩邸学士多达百余人，同时笼络江左佛、道领袖，大业年间，群体性招引、起用江南儒学人士，同时对南人代表大力拔擢，委以重任，虞世基、裴蕴、袁充等皆进入中枢军政核心。可以说，在文学艺术、经史学术等思想文化领域，炀帝大业年间形成了一个具有鲜明地域特征的南人群体或集团，对当时南北社会文化交融与军政决策影响显著。作为"亡国之余"的江南地域文学群体，受到了隋炀帝的特别宠遇，具有突出的社会地位，但就其代表人物的生活境遇及其政治品德、人格表现而言，则显示出突出的依附性与佞幸化特征。

---

① 对于隋炀帝江都期间招揽江南文士之政治目的与效用，何德章在《江淮政治地域与隋炀帝的政治生命》（辑入氏著《魏晋南北史丛稿》，商务印书馆2010年版）文中有所分析："杨广夺嫡事秘，江南人士虽荟萃于晋王府，史籍中却没有留下他们参与杨广'夺宗'之计的具体事例。不过，他们确曾为其大张声势"。他以潘徽《江都集礼序》称颂杨广之文德武功，以为"在江南亡国士人看来，杨广在江都的总管府，实际上是一个保护他们利益的小朝廷"。他进一步分析指出："在利用江南人士实施立足于江淮的'夺宗之谋'时，杨广对江南人士及江南文化产生了强烈的好感"；"杨广江都'藩邸'对江南人士的借重，以及他'据江淮，复梁陈之旧'的政治图谋，深刻影响了他日后的用人政策并决定了他的最后归宿"。（第89、90页）

考察隋炀帝朝之江南文儒士人之境遇，无论是出自晋王藩府与太子东宫之"学士"，还是大业年间征召之经学儒士，诸人之政治与社会地位虽有所提升，生活待遇有所改善，但在人格表现方面，终究难以摆脱其"文学侍从"的身份，就其本质而言，可谓文学、儒术类佞幸，其中尤以文学人物最为典型。以下具体考察其代表人物之相关表现。

柳顾言，《隋书》卷五八本传载其作为晋王藩府邸旧与东宫学士之江南文士群体之代表，"炀帝嗣位，拜秘书监，封汉南县公。帝退朝之后，便命入阁，言宴讽读，终日而罢。帝每与嫔后对酒，时逢兴会，辄遣命之至，与同榻共席，恩若友朋。帝犹恨不能夜召，于是命匠刻木偶人，施机关，能坐起拜伏，以像于晉。帝每在月下对酒，辄令宫人置之于座，与相酬酢，而为欢笑。从幸扬州，遇疾卒，年六十九。帝伤惜者久之，赠大将军，谥曰康。撰《晋王北伐记》十五卷，有集十卷，行于世"。

诸葛颖，《隋书·文学传》载："炀帝即位，迁著作郎，甚见亲幸。出入卧内，帝每赐之曲宴，辄与皇后嫔御连席共榻。颖因间隙，多所谮毁，是以时人谓之'冶葛'。后录恩旧，授朝散大夫。帝常赐颖诗，其卒章曰：'参翰长洲苑，侍讲肃成门。名理穷研核，英华恣讨论。实录资平允，传芳导后昆。'其待遇如此。从征吐谷浑，加正议大夫。后从驾北巡，卒于道。颖性偏急，与柳晉每相忿阅，帝屡责怒之，而犹不止。于后帝亦薄之。有集二十卷，撰《銮驾北巡记》三卷，《幸江都道里记》一卷，《洛阳古今记》一卷，《马名录》二卷，并行于世。"①

虞绰，《隋书·文学传》载："大业初，转为秘书学士，奉诏与

---

① （唐）杜宝撰，辛德勇辑校：《大业杂记辑校》（中华书局2020年版）载大业五年，"帝宴秘书少监诸葛颖于观文殿，帝分御杯以赐颖，乃曰：'朕昔有筹禅师，为之合诸药，总纳一竹筒内，取以帽簪插筒药中，七日乃拔取，以对宾客饮酒。盃至，取簪以画酒，中断，饮一边酒，一边尚满，以劝宾客。观者皆以为大圣稀有之事。'"（第222页）这是诸葛颖得炀帝宠信之实例。

秘书郎虞世南、著作佐郎庾自直等撰《长洲玉镜》等书十余部。绰所笔削，帝未尝不称善，而官竟不迁。初为校书郎，以藩邸左右，加宣惠尉。迁著作佐郎，与虞世南、庾自直、蔡允恭等四人常居禁中，以文翰待诏，恩盼隆洽。从征辽东，帝舍临海顿，见大鸟，异之，诏绰为铭。……帝览而善之，命有司勒于海上。……绰恃才任气，无所降下。著作郎诸葛颖以学业幸于帝，绰每轻侮之，由是有隙。帝尝问绰于颖，颖曰：'虞绰粗人也。'帝颔之。时礼部尚书杨玄感称为贵倨，虚襟礼之，与结布衣之友。绰数从之游。其族人虞世南诫之曰：'上性猜忌，而君过厚玄感。若与绝交者，帝知君改悔，可以无咎；不然，终当见祸。'绰不从。寻有告绰以禁内兵书借玄感，帝甚衔之。及玄感败后，籍没其家，妓妾并入宫。帝因问之，玄感平常时与何人交往，其妾以虞绰对。帝令大理卿郑善果穷治其事，绰曰：'羁旅薄游，与玄感文酒谈款，实无他谋。'帝怒不解，徙绰且末。绰至长安而亡，吏逮之急，于是潜渡江，变姓名，自称吴卓。游东阳，……因有识绰者而告之，竟为吏所执，坐斩江都，时年五十四。所有词赋，并行于世。"

王胄，《隋书·文学传》载："大业初，为著作佐郎，以文词为炀帝所重。帝常自东都还京师，赐天下大酺，因为五言诗，诏胄和之。其词曰……帝览而善之，因谓侍臣曰：'气高致远，归之于胄；词清体润，其在世基；意密理新，推庾自直。过此者，未可以言诗也。'帝所有篇什，多令继和。与虞绰齐名，同志友善，于时后进之士咸以二人为准的。从征辽东，进授朝散大夫。胄性疏率不伦，自恃才大，郁郁于薄宦，每负气陵傲，忽略时人。为诸葛颖所嫉，屡谮之于帝，帝爱其才而不罪。礼部尚书杨玄感虚襟与交，数游其第。及玄感败，与虞绰俱徙边。胄遂亡匿，潜还江左，为吏所捕，坐诛，时年五十六。所著词赋，多行于世。"王胄兄王眘，"炀帝即位，授秘书郎，卒官"。

庾自直，《隋书·文学传》载其"大业初，授著作佐郎。自直解属文，于五言诗尤善。性恭慎，不妄交游，特为帝所爱。帝有篇章，必先示自直，令其诋诃。自直所难，帝辄改之，或至于再三，俟其称善，然后方出。其见亲礼如此。后以本官知起居舍人事。……有文集十卷行于世"。

潘徽，《隋书·文学传》载："炀帝嗣位，诏徽与著作佐郎陆从典、太常博士褚亮、欧阳询等助越公杨素撰《魏书》，会素薨而止。授京兆郡博士。杨玄感兄弟甚重之，数相来往。及玄感败，凡交关多罹其患。徽以玄感故人，为帝所不悦，有司希旨，出徽为西海郡威定县主簿。意甚不平，行至陇西，发病卒。"①

蔡允恭，《旧唐书》卷一九〇上《文苑上·蔡允恭传》载其"荆州江陵人也。……允恭有风彩，善缀文。仕隋历著作佐郎，起居舍人。雅善吟咏，炀帝属词赋，多令讽诵之。尝遣教宫女，允恭深以为耻，因称气疾，不时应召。炀帝又许授以内史舍人，更令入内教宫人，允恭固辞不就，以是稍被疏绝"。

由上述诸文学人物之行迹，以下对其身份特征、境遇与表现等略作分析：

隋炀帝即位后，晋王藩府与东宫学士之江南代表人物多随之入朝，由藩府、东宫学士而转为朝臣，政治、社会地位有所提升，其中尤为突出者如柳顾言，"拜秘书监，封汉南县公"，虞世南为秘术郎，诸葛颖为著作郎，其他大多为著作佐郎。诸人还因随驾从征等因素，获得加官与兼职。不过，就诸人之行事与境遇而言，实际上长期活动于炀帝之内廷，充任文学侍从或文学待诏。上引文明确称虞绰"与虞世南、庾自直、蔡允恭等四人常居禁中，以文翰待诏，恩盼隆洽"，这概括了诸人之本质身份特征。其中一度为炀帝尊为师友，平生深受宠信的柳顾言，也只是"退朝之后，便命入阁"，"时逢兴会，辄遣命之至，与同榻共席，恩若友朋"，因"不能夜召，于

---

① 《旧唐书》卷七二《褚亮传》也载："寻坐与杨玄感有旧，左迁西海郡司户。时京兆郡博士潘徽亦以笔札为玄感所礼，降威定县主簿。当时寇盗纵横，六亲不能相保。亮与同行，至陇山，徽遇病终，亮亲加棺敛，瘗之路侧，慨然伤怀，遂题诗于陇树，好事者皆传写讽诵，信宿遍于京邑焉。"

是命匠刻木偶人"以代之。这类恩宠，恰恰表明了诸人特殊的身份特征，即所谓恩幸、佞幸或侍从，相对于一般朝臣群体，颇为尴尬。他们是炀帝军政之余舒展其文学爱好与才性之陪侍，是统治者丰富、充实其"业余生活"的佐料，形同"木偶"，喜则召之，恶则斥之，召之即来，挥之即去。

诸人"常居禁中，以文翰待诏"，或与炀帝诗文唱和，或润饰、讽诵炀帝诗赋，其上者为炀帝之文学师友，其下者迹近俳优与弄臣。他们或奉诏编纂典籍，如虞绰、虞世南、庾自直等"撰《长洲玉镜》等书十余部"；或随炀帝出征、巡幸，记录其事，如柳顾言撰《晋王北伐记》十五卷，诸葛颖撰《銮驾北巡记》三卷，《幸江都道里记》一卷，《洛阳古今记》一卷等，虞绰于征伐高丽返师途中，受命作大鸟之铭，张扬祥瑞。就诸人之任用而言，最为难堪的是蔡允恭，虽为著作佐郎、起居舍人，并以内史舍人相许，但一再遣其"入内教宫人"，以致蔡允恭"深以为耻"，"固辞不就"，炀帝"以是稍被疏绝"。

作为文学侍从，诸人既"常居禁中"，炀帝视之为私物，社会交往等相关活动多有禁忌，尤其与其他朝臣之联络受到严格限制。诸文士中，庾自直"性恭慎，不妄交游，特为帝所爱"，而虞绰、王胄、潘徽、褚亮等人私自与杨玄感往来，事发后都受到流放之严酷责罚。在虞绰与杨玄感交往过程中，虞世南便有劝诫："上性猜忌，而君过厚玄感。若与绝交者，帝知君改悔，可以无咎；不然，终当见祸"。确实，炀帝对此早有警示，必然"甚衔之"，故杨玄感败后事泄，炀帝"穷治其事"，无论虞绰如何解释，"帝怒不解"。

作为隋炀帝"禁中"之文学侍从，诸人虽然身份、职位大体相类，且有一定的地域社会关联，但实际上诸人间并非和谐融洽，屡生裂隙，显现出佞幸群体与生俱来的妒贤嫉能、排他利己的争宠心态。尤为典型的是诸葛颖，其一度得炀帝恩宠，故"多所谮毁，是以时人谓之'冶葛'"，他对柳顾言、王胄、虞绰等人多加诋毁，虞绰等也亦"每轻侮之"。究其原委，其一，自来文人率性，恃才自傲，相互轻视——炀帝内廷文士聚集，自难避免，尤其是王胄"性疏率不伦，自恃才大，郁郁于薄宦，每负气陵傲，忽略时人"，其他诸文士亦大多如此。① 其二，具体就诸葛颖尤"多所谮毁"而言，当与其经历不无关联，他先入东魏—北齐，再入周、隋，与其他大多阵亡后入隋南人文士相比，其入北时间、经历有异，其群体意识相对薄弱，利益倾向或有所不同。其三，从炀帝之"禁中"南人文学群体的身份特征而言，其相互倾轧，根本原因在于其社会身份与地位之"佞幸化"，这种长期身处"禁中"相对封闭的依附状况，必然导致其生活方式与精神状态之日益"内卷化"，其负面之极致必然导致相互攻讦以求宠、固宠。

其中特别需要强调指出的是，诸人作为文学侍从，长期身处"禁中"，沦为炀帝之"文学佞幸"，其得失宠辱皆决定于炀帝之好恶，一味谄媚以求恩幸，相互攻讦以竞宠，其日常境遇与生存状况颇为扭曲。对此，作为曾经深受江左玄化风尚熏染之南朝文学名士，诸人内心难免有所不适，对于现实处境之变态虽深感无奈，但终究心有不甘，于是入北后多有违禁交结关陇豪右与朝臣的情况，如虞绰、王胄、潘徽、褚亮暗中交结杨玄感即是如此。众所周知，杨玄感父杨素是隋文帝时期关陇集团的军政代表之一，杨玄感自为关陇豪右后进之士代表。作为隋炀帝御用文学群体，流寓北方之南人长期困处"禁中"，无社会根基，他们之所以暗中交通杨玄感，目的在于拓展交际范围，寻求新的人生机缘，以突破封闭处境，希冀在未来的社会变动中有所依靠与保障，表现出某种难言之投机心理。

---

① 对于隋炀帝时期诸文士之命运遭际，《隋书》卷七六《文学传》"史臣曰"有论云："魏文有言'古今文人，类不护细行，鲜能以名节自立'，信矣！王胄、虞绰之辈，崔儦、孝逸之伦，或矜气负才，遗落世事，或学优命薄，调高位下，心郁抑而孤愤，志盘桓而不定，啸傲当世，脱略公卿。是知跅弛见遗，嫉邪忤物，不独汉阳赵壹、平原祢衡而已。故多离咎悔，鲜克有终。"这是历代文士品格与境遇的一般看法，具体就隋炀帝朝入北之江南文学人士而言，固然有以上一般性的品格，但作为一个特定时代的地域性文人群体，佞幸化当是其根本性特征，由此而决定其相关表现与境遇。

后　　记

　　人生如草木，春秋有代谢。不经意间，我已超出了法定工作年龄，进入所在单位的"延迟退休"的聘任阶段——尽管对于以研修古代历史为职志的学人而言，无论是出于历史时间观念的历练，还是由于学术史心态的熏染，我们不会自以为是地以"老"自居，更不会倚老卖老，为老不尊。但毕竟依照现行劳动法条文规定，应该考虑适时地退出教职——现在就业岗位紧张，尽快腾出所占职位，或许对解决年轻学人的就业与晋升不无益处。我的延退状态已越二年，在完成学院、学科布置的"刚性"任务后，应当尽快地"自觉"结束这一颇为尴尬的"非法"工作状态。

　　之所以说这些与本书内容无关的"废话"，在于直接关乎本书编辑之缘起。申请、接受"延聘"，除了教学工作外，必须争取项目、多出成果，年度申请与考核颇为严格——当然，对于那些有高级人才"帽子"荣誉或担任国家级学术评审组织"学官"者可以例外——从这个意义上说，各学校延聘政策是颇为功利的，花钱聘任或为了"办事"，或为了"出活"。因此，在"延聘"期间，为履行职责，应付考核，必须有所产出，故不得已而费心劳神地编辑这部论集。

　　这部题为《中国中古社会与文化史论丛》的文集，共收录拙文20篇，除少数未纳入以往本人各专题论著的旧作外，大多是近年的新论，且多在相关学术期刊发表。以下略为归纳诸文选题所论之学术主旨,以明其纲要。

其一,以《魏晋南北朝之士族文化与中华文明之传承》《两晋之际汝南周氏之玄化及对东晋初年政局之影响》《两晋之际江东大族之"接引诸伧"与华夏文明之承传——以顾荣为中心的考察》为代表,尝试论述中古时期士族对中华文化传承、延续与发展的贡献与影响。众所周知,中华文化的一个鲜明的特征是其发展、传承的"连续性",未有明显的"中断"或"断裂",究其缘由,固然非止一端,但就中古时期而言,在华夏文化遭遇冲击与危机的状态下,当时的士族社会发挥了决定性作用。本集所收其他论文也多有从不同侧面涉及这一主题的相关内容。《"敦厉胄子":北魏孝文帝对宗室人物之训诫——以孝文帝训导诸弟为中心的考察》一文,其内核也关乎士族文化传承,通过专题考察北魏孝文帝接受士族社会"家教"文化之熏染,其训诫宗室子弟,从一个侧面揭示拓跋魏之华夏化及其与中华文化流衍、传承之关联。

其二,《南北融通与文质兼备——南北朝后期入北河东柳氏家族之文化风尚及其影响》《齐梁之际豫、梁降魏与南风北渐》《入魏青齐医术人士之境遇及其影响》《入北南朝医术人士之境遇及其影响》《入隋南人术艺化之表现、特征与缘由——从一个侧面考察南北文化之融通》等诸文,考察南北社会的民众迁徙与文化融通问题,其中涉及南朝医术等术艺文化风尚之北传及其影响。

其三,《东晋南朝荥阳毛氏之军事活动与家族文化》《"有魏以来,斯人而已":高允从政为人之品格与北魏士族共同体之构建》二文,对南北地域相关家族及其代表人物的专题论述。中古时代的世家大族素为学界所重视,但当时家族类型、层次颇多,对于荥阳毛氏这类门第偏低的尚武家族及其文化表现,以往关注不多;对于作为北方士族社会代表的高允在北魏中前期构建士族共同体方面的贡献表彰不够,通过相关专题论述,意图拓展、深化对中古士族社会的研究。

其四,《符瑞神异与梁陈鼎革:以陈霸先为中心的考察》《隋文帝之"雅好符瑞"》《隋炀帝之"好祥瑞"与"信邪道"》诸文，专题考察中古统治者倡导符瑞神异之表现，从一个侧面揭示当时的政治文化风尚及其相关特征与表现。

其五，《北魏后期之抑佛思潮及其特征》《隋文帝灭陈之初江南佛教之遭际》《隋炀帝招揽江南高僧与南朝佛学北传》诸文，对北魏后期有关抑佛思潮、隋文帝与炀帝父子的江左佛教旨趣之异同等问题进行专题考察。

其六，《隋炀帝拔擢南人军政群体与南北朝臣之斗争》《隋炀帝招揽南人学士群体及其佞幸化》二文，就隋炀帝招揽、拔擢江左人士及其品格特征、军政表现、社会影响等进行专题论述，进而揭示在经历了长时间的南北分裂之后，隋代统治者力图整合南北社会之尝试、军政格局之变革及其相关举措之得失。

以上大略归纳拙稿所收诸文之学术旨趣，可见与以往本人所汇集相关著述而出版之论著基本一致，依然侧重中古社会历史与文化风尚等领域。这一学术取向与学术趣味，自然关乎自身的性情与思维，但究其原委，也与所受相关师友的影响不无关系。在我的学术起始阶段之学术孕育、积累过程中，与一些文史兼通而以文学史、思想史研究见长的大家交往经年，深受熏染，不知不觉中形成了注重社会文化的学术取向与学术旨趣。

其中对我影响最大的师长当属葛兆光先生。1984年秋，我到扬州师范学院历史系任教，同时葛先生从北大中文系古典文献学专业研究生毕业后一度屈就于此，我们在一个教研室，交往渐深，我受到了一定的文献学的启蒙，先生当时正在著述其成名之作《禅宗与中国文化》《道教与中国文化》等，引导我关注相关文化问题，指导我写书评，以进入相关学术史。葛先生的档案关系在扬州前后八九年，实际上在1988年下半年即借调至北京相关单位工作了——即便在扬州期间，每学年近半时间，他一般在北京与上海讲学，实际在扬州的时间并不多。正因为如此，我代为办理其信件、工资等收发、传送等杂事，结下了深切的个人情谊——万分遗憾的是，葛先生先后给我的上百通信函，我代为收藏其上海人民出版社返回的《道教与中国文化》的手书校稿及一部未刊的有关唐宋之际文化思潮变迁的未定稿，我长期小心地放在一个箱子里，但在一次搬家过程中竟然弄丢了——现在有些人专门收藏、买卖名人信札与手稿，不才如我，据门生告知，我给某出版社编辑的一份工作信函竟然在网上高价出售。借此回忆学术经历之机，顺便特别谈起此事，不知当年丢失的葛先生给我的众多私信与书稿是否已流入社会"市场"——若如此，恭请先生原谅，我真是无意弄丢的，那个箱子里，还有我长期保存的很多其他私信，一并消失了。我帮葛先生处理一些杂务，先生也曾为我出过不少力。我印象最深的事，是我结婚时买了一张床，需要骑三轮车从商店拖回来，可我不会骑三轮车，一天中午在教工食堂吃午饭，葛先生说他会骑三轮车，饭后借了食堂的三轮车，将我的婚床拉了回来。葛先生擅长诸多才艺，比如乒乓球、围棋、桥牌等，我都没有入门与长进，当时跟着他倒是把香烟抽得有点模样了。葛先生当时跟我说他们在北大"高龄"读研究生时，常自嘲"烟酒生"——其实葛先生是不饮酒的，他回北京不久就将烟戒了，而我则"传承"至今，积习未改。

自1984年以来，我在扬州工作、生活，一晃四十年过去了，固定的地方，固定的职业，即便在学术领域与方向上，数十年间也大体维系着基本的历史时段与面貌，可谓"从一而终"了——卞孝萱先生曾对我说，做人要实诚，治学要变通——可我不敏，始终囿于一域，无有大成。数十年工作过程中，有近一半的时间参与过行政管理事务，担任过学校的图书馆馆长、学院院长等差事，客观上耗费了不少心力，能够坚持从事学术研究，终于没有完全虚耗人生，这是窃可以聊以自慰的。成大业者，必立大志；为大学问者，当有上智。区区如我，志向、格局、天赋皆有限，虽机缘巧合，得到诸师长点拨，有所醒悟，但毕竟"内在自觉"不足，惟有坚持向善，能辨是非、知短长、晓善恶，有所心得，不忤先贤，于愿足矣！此拙稿（包括以往出版的其他七八部杂七杂八的所谓著作）究竟有多大的学术价值与贡献，是否有资于学术"繁荣"与"进步"，真的诚惶诚恐——因为我们的动机与态度存在着太多的敷衍与应付，难免"业荒于嬉"了——这是人们应该普遍高度警觉的。对此，我尚有些许"自知"之自觉意识。《世说新语·方正篇》载江斅言："人自量，固为难。"这是一句足以让世人铭记的箴言，以激发人们的自我耻感，进而催促人们不断地自我反省——就人之德性而言，最基本的境界是自觉的羞耻感，"无耻"是一切邪恶的根源，"有耻"则是一切美好的开端。

此稿出版之际，我已进入离岗之倒计时，以此作为工作日常的最后一份"作业"或"总结"，就此告一段落吧。

是为记。

2024 年 6 月 6 日于扬州